TRIPS协定与发展：资料读本

RESOURCE BOOK ON
TRIPS AND DEVELOPMENT

联合国贸易与发展会议　编
国际贸易和可持续发展中心

中华人民共和国商务部条约法律司　译

ICTSD

UNCTAD

中国商务出版社
CHINA COMMERCE AND TRADE PRESS

图书在版编目（CIP）数据

TRIPS 协定与发展：资料读本 /联合国贸易与发展
会议，国际贸易和可持续发展中心编；中华人民共和国商
务部条约法律司译 . —北京：中国商务出版社，2013.8
    ISBN 978-7-5103-0933-5

Ⅰ.①T… Ⅱ.①联… ②国… ③中… Ⅲ.①知识产
权—国际公约 Ⅳ.①D997.1

中国版本图书馆 CIP 数据核字（2013）第 198854 号

TRIPS 协定与发展：资料读本
Resource Book on TRIPS and Development
联合国贸易与发展会议
国际贸易和可持续发展中心 　编
中华人民共和国商务部条约法律司　译

出　　版：中国商务出版社
发　　行：北京中商图出版物发行有限责任公司
社　　址：北京市东城区安定门外大街东后巷 28 号
邮　　编：100710
电　　话：010—64245686（编辑二室）
　　　　　010—64266119（发行部）
　　　　　010—64263201（零售、邮购）
网　　址：www. cctpress. com
邮　　箱：cctp@cctpress. com
照　　排：北京科事洁技术开发有限责任公司
印　　刷：北京京华虎彩印刷有限公司
开　　本：787 毫米×980 毫米　1/16
印　　张：59.25　　字　数：1060 千字
版　　次：2013 年 10 月第 1 版　2013 年 10 月第 1 次印刷

书　　号：ISBN 978-7-5103-0933-5
定　　价：280.00 元

编译说明

《TRIPS 协定与发展：资料读本》是联合国贸易与发展会议（UNCTAD）、国际贸易和可持续发展中心（ICTSD）编纂的关于世界贸易组织《与贸易有关的知识产权协定》（简称《TRIPS 协定》）的重要著作，对《TRIPS 协定》的背景和具体条款进行了翔实介绍和分析。

为使国内各界更好地了解和掌握《TRIPS 协定》，提升利用国际规则的能力和水平，商务部条约法律司特组织专家对该书进行翻译，并委托中国商务出版社出版。中国人民大学的金海军老师等参与了具体翻译工作，华东政法大学的朱榄叶教授对译稿进行了审校。中国商务出版社的汪沁、赵桂茹、邓秀珍编辑等对书稿进行了细致编校，确保了本书的顺利出版。

在此，对参与本书翻译和出版工作的同志致以谢意！

商务部条约法律司
2013 年 10 月

目 录

第三编　知识产权与竞争

第四编　实施以及权利的取得和维持

第五编　解释以及争端的预防和解决

第六编　过渡性安排与机构安排

前　言

　　直到最近之前，知识产权都属于知识产权生产者和专家们的领域。就此而言，《与贸易有关的知识产权协定》（《TRIPS 协定》）被纳入乌拉圭回合谈判当中，标志着一种巨大的转变。将知识产权纳入多边贸易体系，以及它与关键性公共政策议题所涉及的广大领域之间的关系，已经引起人们对于它在人类生活与一般社会中所起的普遍作用的重大关切。利用知识产权来支持国内发展，这种曾经为发达国家所采用的政策选择和灵活性，世界贸易组织（WTO）的发展中国家成员却已不能享受。不过，TRIPS 并不是整个事件的终点。在国际、地区和双边环境中，新的重大发展还在发生，它们通过与技术先进国家的标准相适应的在政策一体化上的不断进步，建立并加强了TRIPS 最低标准。今后要想在国内和国际层面设计和实施知识产权政策，存在着相当大的挑战。

　　本书的设想是成为一本指南，为人们提供有关《TRIPS 协定》的背景和专业信息。它对每一条规定进行了法律和经济分析，以为该协定的实施找到有利于发展的政策选择。从这一点出发，本书内容与所包含的领域应当为包括实务部门人士、学者、外交官和一般政策制定者在内的广大读者感兴趣。

　　本书是 2001 年开始的 UNCTAD-ICTSD 知识产权与可持续发展项目（UNCTAD-ICTSD Project on Intellectual Property Rights and Sustainable Development）① 的一项主要成果。该项目的核心目标是因应知识产权快速发展的形势，帮助知识产权共同体中的决策者、谈判者、私营部门和民间社会，特别是那些身处发展中国家的机构和人士能够明确其各自的发展目标，并且在国内和国际两个层面有效地促进这些目标。

2004 年 9 月

Rubens Ricupero，UNCTAD 秘书长

Ricardo Meléndez Ortiz，ICTSD 执行主任

---

　　① 有关该 UNCTAD-ICTSD 项目的活动与成果的信息，参见〈http：//www. iprsonline. org/unctadictsd/description. htm〉。

致　谢

这本资料读本已经完稿，它由 UNCTAD-ICTSD 联合主持的知识产权与可持续发展项目负责，同时也是以下人士集体努力的结果，他们在不同阶段、不同程度地参与了这项工作。

此项工作的开发进展由 Pedro Roffe（ICTSD 项目主任）和 Christoph Spennemann（UNCTAD 项目助理）直接负责。[①] Graham Dutfield（伦敦大学玛丽女王学院，玛丽女王知识产权研究所高级研究员）负责实质审查，对手稿进行编辑和润色。

Frederick Abbott（佛罗里达州立大学法学院 Edward Ball 杰出学者教授）[②] 和 Carlos M. Correa（布宜诺斯艾利斯大学教授、科学技术和管理学硕士项目主任）[③] 担任主要咨询专家和全程顾问。

以下人员负责本书特定章节：John N. Adams（谢菲尔德大学法律系教授）；[④] Michael Blakeney（伦敦大学玛丽女王学院教授，商法研究中心主任）；[⑤]

Mariano Garcia-Rubio（日内瓦国际关系研究生院法律系，教学与研究助理）；[⑥] Mohan Kumar（印度商务外交官）；[⑦] Peter Muchlinski（肯特大学，肯特法学院教授）；[⑧] Ruth G. Okediji（明尼苏达大学 William L. Prosser 法学教授）；[⑨] Marino Porzio（智利圣地亚哥，律师）；[⑩] Uma Suthersanen（伦

[①]　C. Spennemann 也为本书多个章节撰写特定内容，特别是第 32 章。

[②]　除了全程负责本书工作，F. Abbott 还撰写了第一编、第 14 章、第 15 章、第 25 章和第 36 章的初稿。

[③]　除了全程负责本书工作，C. Correa 还撰写了第 17 章、第 21—24 章、第 27 章、第 28 章和第 30 章的初稿。

[④]　J. Adams 参与撰写第 17—20 章和第 26 章。

[⑤]　M. Blakeney 参与撰写第 14 章和第 15 章。

[⑥]　M. Carcia 参与撰写第 32 章、第 37 章和第 39 章。

[⑦]　M. Kumar 参与撰写第 31—33 章、第 35 章和第 36 章。

[⑧]　P. Muchlinski 参与撰写第 34 章。

[⑨]　R. Okediji 撰写第二编"版权"各章初稿。

[⑩]　M. Porzio 参与撰写第 30 章。

敦大学玛丽女王学院，玛丽女王知识产权研究所高级讲师）；① Geoff Tansey（英国作家和咨询专家）② 以及 Hanns Ullrich（佛罗伦萨欧洲大学研究院法学教授）。③

UNCTAD-ICTSD 项目核心团队的成员包括：Christophe Bellman（ICTSD项目主任,）、Johanna von Braun（ICTSD 知识产权项目官员）、Khalil Hamdani（UNCTAD 政策与能力建设部负责人）、Ricardo Melendez（ICTSD 执行主任）、Assad Omer（UNCTAD 前工作人员）、Pedro Roffe（ICTSD 项目主任）、Christoph Spennemann

（UNCTAD项目助理）、Taffere Tesfachew（UNCTAD 副秘书长特别助理）、David Vivas Eugui（ICTSD 知识产权、技术与服务处项目经理）和 James Zhan（UNCTAD 国际事务处主管）。核心团队向参与本书工作的所有人表示感谢，但本书内容由团队自身完全负责。

本次活动受益于英国国际发展部（Department for International Development/DFID）和瑞典国际发展合作局（Swedish International Development Cooperation Agency/SIDA）的慷慨支持。

---

① U. Suthersanen 撰写第 16 章初稿。
② G. Tansey 为本书各章节提供了宝贵的评论。
③ H. Ullrich 撰写第 29 章初稿。

解释性说明：体例

本书作为资料读本，目的是成为《TRIPS 协定》的实用指南，为该协定的每一个条文提供详细的分析，以便于人们正确地理解 WTO 成员的权利和义务。本书宗旨在于，阐释该协定的含义，特别是突出说明那些为了让各成员根据其发展的不同阶段而追求各自政策目标所留有退路的灵活之处。为此，本书并不提供为客户定制的药方，而是就特定议题的含义以及恰当的选择提供指导。本书并不限于对《TRIPS 协定》的分析，还兼顾考虑在国家、地区和国际层面的相关问题与发展议题。

本书完成于 2004 年 5 月，在今后将定期更新。最新版本可从本项目网站 http：//www.iprsonline.org/unctadictsd/ResourceBookIndex.htm 获取。

结构与主要内容

本书基本上按照《TRIPS 协定》的结构，分为六编。综合起来，它包含如下部分：

第一编：义务的性质、原则与宗旨

从第 1 条到第 8 条，包括 TRIPS 规则作为最低保护标准的特征；成员在实施方法上的标准；TRIPS 所包含的知识产权类别；国民待遇与最惠国待遇的义务；知识产权的权利用尽，以及 TRIPS 的目标与原则。

第二编：实质性义务

第二编对应于《TRIPS 协定》第二部分的第 1 节至第 7 节。它详细讨论了由《TRIPS 协定》所涵盖的所有实质性义务，特别是敏感性话题，比如专利与药品获得的相关问题，以及《TRIPS 协定与公共健康的多哈宣言》(Doha Declaration on the TRIPS Agreement and Public Health)。另外的专利议题涉及目前还在进行的、关于能否根据第 27 条第 3 款(b)项对活体形式授予专利的谈判，本书对此全面分析了成员可如何实施其义务的选择，并且附上成员就这一条文进行审查而各持其立场的简要说明。而且，本书向读者提供了关于地理标志规定的详细分析，以便于理解 TRIPS 理事会正在进行的谈判。其余各章则涉及版权（包括 WIPO 组的"互联网条约"）、商标、工业品外观设计、集成电路和未披露信息。

第三编：知识产权与竞争

第三编包含了《TRIPS 协定》第 8 条第 2 款和第 40 条。它主要规定了为防止对知识产权的滥用所必须采取的措施。

第四编：实施以及权利的取得和维持

这一编包括《TRIPS 协定》的第三部分和第四部分。在这方面，WTO成员在涉及确立适当的法律实施程序上，执行起来就面临着相当大的挑战。

第五编：解释以及争端的预防和解决

它涉及《TRIPS 协定》的第五部分，其中包括透明度和争端解决，以及WTO 专家组与上诉机构所采用的解释方法。关于争端解决的这一部分，详细地解释了根据《争端解决谅解》所确立的 WTO 争端解决制度，并且就有关在 TRIPS 相关争端中可能引入"非违反之诉"（non-violation complaints）所产生的问题，提出了见解。

第六编：过渡性安排与机构安排

本书最后一编涵盖了《TRIPS 协定》的第五部分和第六部分。发展中国家主要感兴趣之处是在过渡期、国际技术合作与技术转让相关的章节上，特别是根据第 70 条第 8 款、第 9 款而规定的"信箱"申请（mailbox application）与专有销售权的义务。

《TRIPS 协定》逐条分析

在考察和分析《TRIPS 协定》的每一条文时，本书遵循一个共同的结构，①

---

① 读者应当注意，尽管本书是遵循一个共同结构的，但由于其系集体创作完成，作者来自不同的法律传统，故一些章节会偏重于采取大陆法系的方法，而另一些章节可能采用普通法系的方法来讨论某些问题。

从而在每一章中均包括以下各节和小节：

1. 引言：术语、定义和范围

这一节包含对于所考虑议题的一般介绍性考察。

2. 条文沿革

这一节分为两小节，分别用来说明：

2.1　TRIPS 之前的状况

这一小节表明，该议题或者所讨论的对象在《TRIPS 协定》之前是否已经存在，或者在何种程度上得到了调整。

2.2　谈判经过

这一小节解释了在乌拉圭回合谈判中所采取的不同的谈判立场，并且为当下所考察的 TRIPS 条文的理解提供历史背景。

一般而言，谈判经过依循一个共同的模式，必然要描述谈判主要参与国家的立场，以及 a) 安奈尔草案（Anell Draft）；b) 布鲁塞尔草案（Brussels Draft）；和在适当情况下的 c) 邓克尔草案（Dunkel Draft）。

a) 安奈尔草案。1990 年 7 月 23 日，在就 TRIPS 谈判组（TRIPS Negotiating Group）的工作状况而向总谈判组（General Negotiating Group）提交的《报告》中，该谈判组主席拉尔斯·安奈尔（Lars E. R. Anell）提出了替代性的草案文本。这些"A"与"B"提案不仅在特定的草案条款上存在差异，而且在涉及一份将来的与贸易有关知识产权协定的总体方法上也不相同。① 该报告的主体部分包括"A"提案（发达国家所支持）与"B"提案（发展中国家支持），它混合了之前由不同代表团所提出草案文本以及根据各

---

① 《关于谈判组工作状况致 GNG 的主席报告》（Chairman's Report to the GNG, Status of Work in the Negotiating Group），与贸易（包括假冒商品贸易）有关的知识产权谈判组（Negotiating Group on Trade-Related Aspects of Intellectual Property Rights, including Trade in Counterfeit Goods），MTN. GNG/NG11/W/76，1990 年 7 月 23 日。

方之间磋商而作的修订。① 该报告还有一个附件，系之前各代表团呈交的、其条文并未成为具体磋商对象的提案的复制件。附件并没有按主报告那种方式来区分"A"提案与"B"提案，而是称为"C"提案。因此，在附件中就不能像在主报告中那样，区分出发达国家提案与发展中国家提案。安奈尔草案的主报告包括了第二部分（一般条款与基本原则）、第三部分（知识产权的实质性标准）、第四部分（实施）、第五部分（知识产权的取得）以及第九部分（假冒和盗版商品贸易），而附件则复制了第一部分（序言性条款与目标）、第六部分（争端的防止和解决）、第七部分（过渡性安排）以及第八部分（机构安排、最终条款）。

b）布鲁塞尔草案对应于 1990 年 12 月的部长会议文本，它包含了《体现多边贸易谈判乌拉圭回合结果、修订和包括假冒商品贸易在内的与贸易有关的知识产权最终文本草案》（Draft Final Act Embodying the Results of the Uruguay Round of Multilateral Trade Negotiations, Revision, Trade-Related Aspects of Intellectual Property Rights, Including Trade in Counterfeit Goods）。② 这一草案文本是由安奈尔主席自负其责准备的，据说反映了直到 1990 年 11 月 22 日的谈判结果。安奈尔主席将该草案文本提交给定于 1990 年 12 月 3 日至 7 日举行的布鲁塞尔部长级会议。

c）邓克尔草案是指时任 GATT 总干事的邓克尔在 1991 年 12 月提出的草案，即《体现多边贸易谈判乌拉圭回合结果最终文本草案》（Draft Final Act Embodying the Results of the Uruguay Round of Multilateral Trade Negotiations）。③

---

① 参见《致 GNG 的主席报告》，MTN. GNG/NG11/W/76，1990 年 7 月 23 日："〔……〕TRIPS 谈判中的两种基本方法通过字母 A 和 B 所标注的文本加以区分。这些方法不仅在内容上不同，而且在结构上也存在差异。方法 A 利用概括性术语，构想出单一的 TRIPS 协定，涵盖所有谈判领域，调整由提案所涉及的全部 7 种知识产权类别；这一协定将作为总协定的一个必然组部分而获得实施。方法 B 则包括两部分，其一部分是关于盗版与假冒商品贸易（反映在所附文本的第九部分），另一部分是关于涉及知识产权获得、范围和使用的标准和原则（反映在第一部分至第八部分）。根据这一方法，后一部分所包含的知识产权类别将与方法 A 的相同，除了商业秘密的保护，因为方法 B 的支持者认为它并不是知识产权的一个类别；这一部分将'考虑到所涉及议题的多学科性和总体方面，而由相关国际组织'予以执行。在方法 A 或者方法 B 之内的不同选项，用方括号或者小写字母'a'、'b'等表示。〔……〕。"

② MTN. TNC/W/35/Rev. 1，1990 年 12 月 3 日。

③ MTN. TNG/W/FA，1991 年 12 月 20 日。

3. 可能的解释

第 3 节包含了对具体条文的专业分析，并且提供法律论证，以利于做出一种与发展相宜的解释（development-friendly interpretation）。

4. WTO 案例

本节根据上一节的内容，针对专家组报告和上诉机构报告对《TRIPS 协定》条文的分析，做出摘要和评析。

5. 与其他国际文件的关系

本节具体考察各个对象在其他相关协定中是如何加以规定的，它对于《TRIPS 协定》可能有何意义。具体分为两个小节：

5.1　WTO 诸协定

5.2　其他国际文件

6. 新近发展

第 6 节对各种不同立法所采取的方法加以对比，并且，在可能的情况下，进一步就新兴和前沿议题提出观点。这一共同结构尽可能地在以下方面给予阐述：

6.1　国内法

6.2　国际文件

6.3　地区和双边情况

6.4　审查建议

这一小节提供了各个主题在 WTO 谈判最新阶段的信息。

7. 评论（包括经济和社会意义）

最后，本书共同结构的第 7 节强调了以发展为导向（development-oriented）的政策议题，并且一般性地广泛考察了它可能具有的经济和社会意义。

缩 略 语 表

英文缩写	英文全称	中文全称	中文简称或备注
AB	Appellate Body	上诉机构	
ARIPO	African Regional Industrial Property Organization	非洲地区工业产权组织	
CAFTA	Central American Free Trade Agreement	中美洲自由贸易协定	
CBD	Convention on Biological Diversity	生物多样性公约	
CTM	Community Trade Mark	共同体商标	
DMCA	Digital Millennium Copyright Act	数字千年版权法	
DSB	Dispute Settlement Body	争端解决机构	
DSU	Dispute Settlement Understanding	争端解决谅解	
EC	European Community	欧洲共同体	欧共体
ECJ	European Court of Justice	欧洲法院	实际为"欧盟法院"
EFTA	European Free Trade Area	欧洲自由贸易区	
EMRs	Exclusive Marketing Rights	专有销售权	TRIPS第70条第9款
EPC	European Patent Convention	欧洲专利公约	
EPO	European Patent Office	欧洲专利局	
EU	European Union	欧洲联盟	欧盟
FTAA	Free Trade Area of the Americas	美洲自由贸易区	
GATS	General Agreement on Trade in Services	服务贸易总协定	
GATT	General Agreement on Tariffs and Trade	关税与贸易总协定	关贸总协定
GIs	Geographical Indications	地理标志	
ICJ	International Court of Justice	国际法院	
IGC	（WIPO）Intergovernmental Committee on Intellectual Property and Genetic Resources，Traditional Knowledge and Folklore	（世界知识产权组织）知识产权与遗传资源、传统知识和民间文艺政府间委员会	
IP	Intellectual Property	知识财产/知识产权	

英文缩写	英文全称	中文全称	中文简称或备注
IPIC Treaty	Treaty on Intellectual Property in Respect of Integrated Circuits	关于集成电路的知识产权条约	IPIC 条约 /华盛顿条约
IPRs	Intellectual Property Rights	知识产权	
ITC	International Trade Commission	国际贸易委员会	
ITPGRFA	International Treaty on Plant Genetic Resources for Food and Agriculture	粮食和农业植物遗传资源国际条约	
IU	International Undertaking on Plant Genetic Resources	植物遗传资源国际承诺书	
LDC	Least-developed country	最不发达国家	
MFN	Most-favoured Nation	最惠国	
NAFTA	North American Free Trade Agreement	北美自由贸易协定	
OAPI	Organisation Africaine de la Propriété Intellectuelle （ African Intellectual Property Organization）	非洲知识产权组织	
OECD	Organization for Economic Co-operation and Development	经济合作与发展组织	经合组织
OHIM	（European ） Office for Harmonization in the Internal Market	（欧洲）内部市场协调局	
SCP	（WIPO） Standing Committee on the Law of Patents	（世界知识产权组织）专利法常设委员会	
SCT	（WIPO） Standing Committee on the Law of Trademarks, Industrial Designs and Geographical Indications	（世界知识产权组织）商标、工业品外观设计与地理标志法常设委员会	
TBT Agreement	Agreement on Technical Barriers to Trade	技术性贸易壁垒协定	TBT 协定
TK	Traditional Knowledge	传统知识	
TNC	Transnational Corporation	跨国公司	
TNC	Trade Negotiations Committee	贸易谈判委员会	
TNG	TRIPS Negotiating Group	TRIPS 谈判组	
TRIMS	Trade-related Investment Measures	与贸易有关的投资措施	
TRIPS	Agreement on Trade-related Aspects of Intellectual Property Rights	与贸易有关的知识产权协定	TRIPS 协定

英文缩写	英文全称	中文全称	中文简称或备注
UPOV	Union Internationale pour la Protection des Obtentions Végétales（International Union for the Protection of New Varieties of Plants）	国际植物新品种保护联盟	
URAA	Uruguay Round Agreement Act	乌拉圭回合协定法	美国 1995 年法律
VCLT	Vienna Convention on the Law of Treaties	维也纳条约法公约	
WCT	WIPO Copyright Treaty	世界知识产权组织版权条约	
WHO	World Health Organization	世界卫生组织	
WIPO	World Intellectual Property Organization	世界知识产权组织	
WPPT	WIPO Performance and Phonograms Treaty	世界知识产权组织表演与录音制品条约	
WTO	World Trade Organization	世界贸易组织	

第一编

义务的性质、原则与宗旨

第 1 章 序 言

各成员，

期望减少对国际贸易的扭曲和阻碍，并考虑到需要促进对知识产权的有效和充分保护，并保证实施知识产权的措施和程序本身不成为合法贸易的障碍；

认识到，为此目的，需要制定有关下列问题的新的规则和行为准则：

（a）GATT 1994 的基本原则和有关国际知识产权协定或公约的可适用性；

（b）就与贸易有关的知识产权的效力、范围和使用，规定适当的标准和原则；

（c）就实施与贸易有关的知识产权规定有效和适当的手段，同时考虑各国法律制度的差异；

（d）就在多边层面防止和解决政府间争端规定有效和迅速的程序；

（e）旨在最充分地分享谈判结果的过渡安排；

认识到需要一个有关原则、规则和行为准则的多边框架，以处理冒牌货的国际贸易问题；

认识到知识产权是私权；

认识到各国知识产权保护制度的基本公共政策目标，包括发展目标和技术目标；

> 还认识到最不发达国家成员在国内实施法律和法规方面特别需要最大的灵活性，以便它们能够创造一个良好和可行的技术基础；
>
> 强调通过多边程序达成加强的承诺以解决与贸易有关的知识产权争端从而减少紧张的重要性；
>
> 期望在 WTO 与世界知识产权组织（本协定中称"WIPO"）以及其他有关国际组织之间建立一种相互支持的关系；
>
> 特此协议如下：

1. 引言：术语、定义和范围

《TRIPS 协定》序言反映了谈判的争议性，以及参与谈判的 WTO 各成员之间的观点差异。

政府官员和法官在执法与争端解决的过程中，可以将一项条约的序言部分用作解释指南的一种渊源。序言中所包含的陈述，并不是要成为创设特定权利或者义务的执行条款（operative provisions）。序言之目的，是为了对参加缔约的各当事方的意图或者宗旨设立一份明确的记录。

《维也纳条约法公约》（Vienna Convention on the Law of Treaties/VCLT）① 第 31 条规定，序言构成条约文本的一部分，且其本身就解释条约而言，就是条约术语和"上下文"（context）的一部分。② 就此而言，序言应当与条约的谈判过程（negotiating history）相区别，后者是"解释的补充资料"，应当在明文规定的术语发生模棱两可之情形时适用，或者用于确证

---

① 该公约于 1969 年 5 月 22 日通过，1980 年 1 月 27 日生效。文本见于：联合国《条约系列》（Treaty Series），第 1155 卷，第 331 页。

② 《维也纳条约法公约》第 31 条的相关部分规定如下：

"一、条约应依其用语按其上下文并参照条约之目的及宗旨所具有之通常意义，善意解释之。

二、就解释条约而言，上下文除指<u>连同弁言及附件在内之约文</u>外，并应包括："（下划线是后加的）

某一种解释（VCLT 第 32 条）。①

2. 条文沿革

2.1 TRIPS 之前的状况

《TRIPS 协定》是国际贸易中有关知识产权的一份"新文件"。它是在乌拉圭回合谈判中开辟"新领域"的结果。② 其序言反映了该协定所独有的在权利与义务之间的一种特定的平衡。从这种意义上说，该序言就不存在"TRIPS 之前的状况"，因为《TRIPS 协定》是为了填补人们所意识到的在 1947 年 GATT 法律体系中的一个漏洞。该序言反映了当事方对于谈判结果的观点，以及这份新文件的目的与宗旨。不过，一份新的法律文件的目的与宗旨，也并不是从一个历史真空中产生的。因此，对于导致该新文件产生的因素略作陈述，也有其用处。

在 TRIPS 谈判之前，知识产权在国际层面上主要是通过由世界知识产权组织（World Intellectual Property Organization，简称 WIPO）管理的一系列条约加以规制。这些条约包括《保护工业产权巴黎公约》（Paris Convention on Industrial Property）和《保护文学艺术作品伯尔尼公约》（Berne Convention on Literary and Artistic Works）。从 20 世纪 70 年代开始，发达国家对此表达了越来越强烈的关切，即由 WIPO 管理的条约未能充分保护它们在以技术为基础的产业以及创意产业上的利益。主要问题在于，WIPO 的条约在某些情况下没有为知识产权保护设定充分的实质性标准，并且，WIPO 体系也

---

① 《维也纳条约法公约》第 32 条规定：

"为证实由适用第三十一条所得之意义起见，或遇依第三十一条作解释而：

（a）意义仍属不明或难解；或

（b）所获结果显属荒谬或不合理时，为确定其意义起见，得使用解释之补充资料，包括条约之准备工作及缔约之情况在内。"

"条约"（treaty）与"国际协定"（international agreement）在很大程度上是同义语，在本章中是互换使用的。在某些国家的法律制度（比如美国法）中，这两个术语有时被用来区分为获得批准而必须遵循的不同的国内批准程序类型。

② 谈判中其他主要的"新领域"涉及服务贸易，并由此导致了《服务贸易总协定》（General Agreement on Trade in Services），简称 GATS。与贸易有关的投资措施（简称 TRIMS）也被纳入了"新领域"，在该领域所产生的协定则主要是对已有的 GATT 1947 规则的重述。

没有提供充分的实施义务的机制。

在 20 世纪 70 年代，发展中国家寻求为国际经济新秩序（New International Economic Order，简称 NIEO）建立新规则，其中包括的目标机制之一，是为了促进利于发达国家向发展中国家转让技术。这项倡议的部分内容是，通过在发展中国家限定知识产权的保护范围，以及对行使知识产权实施严密规制，以确保它们能更多地接触和使用由发达国家利用知识产权加以保护的技术。① 国际经济新秩序的目标被发达国家视为与己方利益相冲突，后者正试图加强知识产权保护，先是通过 WIPO，而后又在 GATT 中。一直到 20 世纪 80 年代早期，都未能说服发展中国家接受如下观点，即修改 WIPO 体系从而加强知识产权保护是必要的，或者说是合适的。

在根据乌拉圭回合的授权而进行谈判的早期阶段，发达国家的行业团体成功地形成了一种政府间的联合，以便达到将知识产权的规制由 WIPO 转向 GATT 的目标。而在 GATT，建立高标准的知识产权保护与设立一个强有力的多边实施机制的双重目标将是可以实现的。

成立 GATT 的目标，是为了世界贸易自由化。② 它并不关注知识产权本身。在发动乌拉圭回合之前，GATT 谈判者所面临的一个主要问题是，能否认为知识产权是足够"与贸易有关"（trade-related），从而可以将之纳入由该制度所包含的调整范围。因为 WIPO 作为联合国的专门机构已经存在，其职责就是确定和管理知识产权的标准，所以，是否以及为何还要由 GATT 来承担这样一项重叠的任务，在这一点上并不明确。

TRIPS 的主题被纳入乌拉圭回合的任务中了，但它没有就将来可能产生的任何协定的内容与形式做出预判。事实上，在谈判伊始，人们的期待是在首轮谈判中，只可能在发达国家与一小部分发展中国家之间就此议题达成一

---

① 这些努力所表明的例子有，安第斯共同体于 20 世纪 70 年代初通过《安第斯集团第 24 号决议》（Decision 24 of the Andean Group）所制订的技术条例。参见 Frederick M. Abbott, *Bargaining Power and Strategy in the Foreign Investment Process：A Current Andean Code Analysis*, 3 SYRACUSE J. OF INT'L L. & COMM. 319（1975）；Susan Sell, *Power of Ideas：North South Politics of Intellectual Property and Antitrust*（1998）, State University of New York Press；以及 S. J. Patel, P. Roffe, A. Yusuf, *International Technology Transfer：The Origins and Aftermath of the United Nations Negotiations on a Draft Code of Conduct*, 2001, Kluwer Law International, The Hague。

② 参见 GATT 1947 的序言。

个像东京回合那样的"守则"(code)。①

从 1986 年乌拉圭回合谈判开始，直到 1989 年年初，发展中国家反对在 GATT 中加入知识产权保护的实质性标准（尽管赞同提供基本保护，以反对假冒商标与盗版）。② 但是，发达国家在其他领域（主要在农业和纺织品）做出妥协，并且以贸易制裁和至少暗示将解散 GATT 相威胁，因此，发展中国家的抵制就在这样的双重压力之下被冲垮了。③

尽管主要的发达国家成员——美国、欧共体、日本和瑞士——在乌拉圭回合中对于 TRIPS 所采取的方法有所不同，但它们作为联合体，在整个谈判过程中，对于大的战略目标则在实质上保持坚定不移。

2.2 谈判经过

2.2.1 早期提案

2.2.1.1 美国

1987 年 11 月，美国最初的"与贸易有关的知识产权谈判提案"(Proposal for Negotiations on Trade-Related Aspects of Intellectual Property Rights) 中含有一款，阐述该协定的目标：

"目标。GATT 知识产权协定的目标是为了减少因知识产权保护和执法程度不够而对合法的贸易和服务贸易所带来的扭曲和阻碍。为实现该目标，各方同意承担如下义务：

——通过执行边境措施，对于侵犯知识产权的国际贸易和服务贸易形成一种有效的经济威慑；

——承认并且执行有关为获得和维持知识产权提供适当手段以及为这些权

---

① 参见下节所引用 1987 年美国提案，它的最后条款是假定在一个由有限的 GATT 缔约方组成的集团中通过一个守则。

② 参见 Frederick M. Abbott, *Protecting First World Assets in the Third World*: *Intellectual Property Negotiations in the GATT Multilateral Framework*, 22 VAND. J. OF TRANSANT'L L. 689 (1989), J. H. Reichman, *From Free Riders to Fair Followers*: *Global Competition Under the TRIPS Agreement*, 29 New York University Journal of International Law and Politics 11 (1996), 以及 UNCTAD, *The TRIPS Agreement and Developing Countries* (1996), 联合国出版物，销售号 E. 96 II. D. 10.

③ 参见 UNCTAD-ICTSD 政策讨论文件, *Intellectual Property Rights*: *Implications for Development* (2003), 日内瓦 [以下简称 UNCTAD-ICTSD Policy Discussion Paper （政策讨论文件）]。

利的有效实施提供基础的标准与规范；

——确保此类保护知识产权的措施不会对合法贸易产生障碍；

——将国际通报、磋商、监督与争端解决程序扩展适用于知识产权保护与知识产权的实施；

——鼓励非签字方政府达到、采用和执行本协定所承认的知识产权保护标准，并且加入本协定。"①

2.2.1.2 欧共体

1988 年 7 月，欧共体向 TRIPS 谈判组递交的一份《行动纲领与目标》(Guidelines and Objectives) 提案中，也提到了协定的一般性目标，其中论及：

"……欧共体建议，就实质性标准的谈判应当记得按照如下纲领采取行动：

——它们应当在这些问题上提出与贸易相关的实质性标准，随着知识产权对于国际贸易日益重要，针对其保护的原则和基本特征需要某种基本程度趋同性；

——GATT 在就与贸易有关的知识产权实质性标准进行谈判时，不应企图制订详细规则，来替代现有的调整知识产权事务的特定公约；不过，缔约各方在其认为必要时，可以详细制定进一步的原则，以减少贸易扭曲与阻碍。此项行动应主要被限定在确认为缔约各方遵守的有关保护原则的一致意见；谈判不应当将目标定位于国内法的一致性上；

——GATT 谈判应当不损及在 WIPO 或者其他地方可能采取的行动……"②

欧共体的提案表明，它无意表明对于"法典"(code) 模式的偏好。③

---

① 《美国关于达成谈判目标的建议》(Suggestions by the United States for Achieving the Negotiating Objective)、《美国与贸易有关的知识产权谈判提案》(United States Proposal for Negotiations on Trade-Related Aspects of Intellectual Property Rights)，与贸易有关知识产权（包括假冒商品贸易）谈判组 (Negotiating Group on Trade-Related Aspects of Intellectual Property Rights, including Trade in Counterfeit Goods)，MTN. GNG/NG11/W/14，1987 年 10 月 20 日，1987 年 11 月 3 日。

② 《欧洲共同体就与贸易有关知识产权实体标准谈判的行动纲领和目标》(Guidelines and Objectives Proposed by the European Community for the Negotiations on Trade-related Aspects of Substantive Standards of Intellectual Property Rights)，与贸易有关知识产权（包括假冒商品贸易）谈判组，MTN. GNG/NG11/W/26，1988 年 7 月。

③ 同上，注释 1。

2.2.1.3 印度

1989 年 7 月,印度提交一份详细文件,具体阐述了一个发展中国家对于谈判所持的观点。其结论是:

"在《关税与贸易总协定》的框架内,就涉及知识产权的可获得性、范围与使用的标准与原则而设定任何新的规则和行为准则,都将是……不恰当的。"①

在 TRIPS 谈判组于 1989 年 7 月举行的一次会议上,讨论了协定的目标与原则。据秘书处报告,有几个国家作出了相当具体的意见(intervention),印度就是其中之一:

"5. 在其介绍印度文件的声明中,印度代表首先提到了美国最近根据它的贸易法所采取的行动,并且回忆道,由于双边的压制与威胁措施还在继续,他的代表团就对有关 TRIPS 谈判的相关性与实用性作出了严正保留。基于这种保留,他的代表团提交该文件,并作为第 NG11/W/37 号文件散发,阐明印度对这一议程事项的观点。在开头部分,他强调了三点。首先,印度认为,只有知识产权所有人的限制竞争和反竞争行为,才可能被认为是与贸易有关的(trade-related),因为它们本身就是对国际贸易的扭曲与阻碍。尽管印度并不认为在该文件中涉及的知识产权的其他方面是与贸易有关的,但它还是在文件中对这些其他方面进行了考察,原因有二:其他一些参加人在向谈判组提交的各种文件中已经提出了这些方面;而更重要的是,它们恰当地属于更为广阔的发展与技术背景,必须以此背景对它们加以考察。印度的观点认为,仅仅给这些方面的问题贴上"与贸易有关"这样的标签,并不能因此就把它们纳入国际贸易的范围。第二,1989 年 4 月 TNC 决议的第 4(b)段和第 5 段是不可分割地相互关联的。对于第 4(b)段的讨论,就应当明白无误地受制于发展中国家在社会经济、发展、技术和公共利益方面的需求。任何有关知识产权的原则或者标准,都应当对照发展中国家的这些需求而细加审查,若将讨论仅仅集中于对知识产权所有人的垄断权利的保护上,是不合适的。第三,他强调指出,任何关于知识产权制度的讨论,都应当从这一角度出发,即知识产权制度的本质在于它的垄断性和限制性特征。这对于发展中国家具

---

① 《印度通报,关于与贸易有关知识产权的可获得性、范围和使用的标准和原则》(Communication from Indian, Standards and Principles Concerning the Availability, Scope and Use of Trade-Related Intellectual Property Rights),MTN. GNG/NG11/W/37,1989 年 7 月 10 日。

有特别意义，因为世界上超过 99％ 的专利是由工业化国家的国民所拥有。有关这一主题的国际公约承认了由该制度所授予的特别权利及其意义，但它们也吸收了这样一种核心哲学，即各成员国拥有将其知识产权保护制度与自身需求和条件相适应的自由。东道国享有这种自由，应当承认其为一项基本原则，并且应当用于指导谈判组所进行的全部讨论……事实上，知识产权的实质性标准是与社会经济、产业以及技术的发展相关的，对于发展中国家而言，尤其如此。正是基于这一原因，GATT 迄今为止在这一领域只是起着一种次要作用，而国际社会已经建立了其他专门机构，来处理知识产权的实体性问题。故谈判组应当将精力集中在知识产权所有人的限制竞争与反竞争的做法上，并为消除这些做法而逐渐形成标准与原则，以使国际贸易不被这些做法所扭曲或者阻碍。"①

印度的立场引起了广泛争论，但也有相当数量的发展中国家代表团给予支持。

2.2.2　安奈尔草案

序言草案文本（以及有关目标和原则的草案）载于 1990 年 7 月 23 日向总谈判组（General Negotiating Group/GNG）提交的《安奈尔报告》（Anell Report）的附件中，它反映了 TRIPS 谈判组（TRIPS Negotiation）的工作状况。② 每一附件提案的来源，用各该国家的源文件的数字编号显示：

"本附件是对 1990 年 6 月 12 日经由谈判组主席而非正式散发的综合草案文本第 I、VI、VII 和 VIII 部分的原件（tel quel）复制。该文本系根据由如下各方提交的草案法律文本制作：欧共体（NG11/W/68）、美国（NG11/W/70）、阿根廷、巴西、智利、中国、哥伦比亚、古巴、埃及、印度、尼日利亚、秘鲁、坦桑尼亚和乌拉圭以及之后加入支持的巴基斯坦、津巴布韦（NG11/W/71）、瑞士（NG11/W/73）、日本（NG11/W/74）、澳大利亚（NG11/W/75）。"

因为序言的特征来源于有关目标与原则的草案，故将有关目标与原则的草案文件一并复制如下：

"第一部分：序言条款；目标

---

① 1989 年 7 月 12—14 日谈判组会议在秘书处的记录，与贸易有关知识产权（包括假冒商品贸易）谈判组，MTN. GNG/NG11/14，1989 年 9 月 12 日。

② 关于安奈尔草案的说明，参见本书开头关于体例的说明性注释。

1. 序言（71）；目标（73）

1.1 回顾 1986 年 9 月 20 日《埃斯特角城部长宣言》 （Ministerial Declaration of Punta del Este）；(73)

1.2 期望增强 GATT 及其基本原则的作用，将范围更广的世界贸易置于各方同意的、有效的和可执行的多边行为准则之下；(73)

1.3 认识到由于对知识产权缺乏保护、保护不充分或者过度保护，致使消除和损害了《关税与贸易总协定》的优点与好处，并导致有损于国际贸易的扭曲，而这种消除和损害既可能由于实体性缺点，也可能因程序性不足所致，包括对现有法律的执行未取得成效，以及不合理地歧视外国个人、法人以及货物和服务；(73)

1.4 认识到对知识产权的充分保护是鼓励国际投资与技术转让的一项基本条件；(73)

1.5 认识到保护知识产权对于促进创新与创造的重要性；(71)

1.6 认识到在境内和边境对知识产权给予充分保护，是震慑和打击盗版和假冒行为所必需的；(73)

1.7 考虑到发展中国家在发展、技术和公共利益方面的目标；(71)

1.8 也认识到最不发达国家的特殊需求，在本协定适用上给予最大灵活性，以使其形成一个良好而可行的技术基础；(71)

1.9 认识到为了成功地实现加强知识产权保护和实施之目的，有必要为发展中国家和最不发达国家提供适当的过渡性安排；(73)

1.10 认识到有必要在国内有关知识产权保护和实施的法律、法规和条件方面，提供充分的手段提高透明度，以防止争端；(73)

1.11 认识到有必要根据有效的多边机制和程序，解决与知识产权保护相关问题的争端，并且抑制对于参加《总协定》这一部分的缔约各方采取不符合该等程序的单边措施；(73)

1.12 认识到通过在知识产权法领域的专门国际组织而协调和促进知识产权法的努力，以及《总协定》的这一部分旨在进一步鼓励此类努力；(73)

2. 本协定之目标（74）

2A 各当事方同意对知识产权提供有效而充分的保护，以确保减少对［国际(68)］［合法(70)］贸易的扭曲和阻碍。知识产权的保护本身并不构成对合法贸易的障碍。(68，70)

2B 本协定的目标，是确立知识产权保护的充分标准和知识产权实施的有效而适当的手段；以此消除与知识产权相关的国际贸易的扭曲和阻碍，并促进其良性发展。(74)

2C 就有关知识产权的可获得性、范围与使用的标准与原则，缔约各方同意如下目标：

（i）完全承认各国在经济、社会和技术发展上的需求和所有国家在国内立法时的主权权利，以确保在这些需求和知识产权持有人所获得的权利之间保持适当平衡，并因此而确定该等权利的保护范围与水平，尤其是在特定的公众关注的领域，比如卫生、营养、农业和国家安全。(71)

（ii）规定知识产权所有人的主要权利和义务，要考虑在该权利和义务的范围与促进社会福利和经济发展之间所存在的重要的相互关系。(71)

（iii）便利于技术知识的扩散，促进国际技术转让，并因此为所有国家更积极地参与世界生产和贸易而作出贡献。(71)

（iv）鼓励各国的技术创新和促进发明。(71)

（v）使得参加方采取一切适当措施，防止因知识产权行使而可能导致的滥用，确保在此方面的政府间合作。(71)"①

对于主要反映在《TRIPS 协定》第 7 条和第 8 条的"原则"，安奈尔文本在其主体部分（即，并不是在附件中）包含一项"B"条款。不过，它与序言具有关联性：

"8. 原则

8B.1 缔约各方认识到，授予知识产权不仅是对发明人和创作者的贡献的承认，也是为了有助于技术知识的扩散，并以导向社会和经济福利的方式向那些可能从中受益者传播知识，缔约各方并同意，这种在所有知识产权制度中固有的权利和义务的平衡，应予遵守。

8B.2 在制定和修改其国内的知识产权法律和法规时，缔约各方有权采取适当的措施，以保护公序良俗、国家安全、公共卫生和营养，或者促进对其社会经济和技术发展具有关键性重要意义的部门的公共利益。

8B.3 缔约各方同意，知识产权的保护与实施应当有助于促进技术创新，加强国际技术转让，以使技术知识的生产者与使用人之间共同受益。

8B.4 缔约各方将采取其认为适当之措施，以防止滥用知识产权，或者实施不合理地限制贸易或者不利于国际技术转让的做法。各方承诺在这方面相

---

① 《就谈判组的工作状况致 GNG 的主席报告》（Chairman's Report to the GNG, Status of Work in the Negotiating Group），与贸易有关知识产权（包括假冒商品贸易）谈判组，MTN. GNG/NG11/W/76，1990 年 7 月 23 日。

互磋商与合作。"①

从安奈尔文本的附件中明显可以看到，发达国家与发展中国家之间在看待问题的角度上存在差异。最终被纳入《TRIPS 协定》序言的大部分内容，可以从来自发达国家方面的日本和瑞士的提案中找到。发展中国家这一组的提案，则看起来影响要小得多。《TRIPS 协定》序言第一段，主要出自美国、欧共体和日本的提案（参见上文"本协定目标"的 2A 和 2B 段）。序言的结构和条文，反映发达国家将知识产权保护合并到 WTO 法律体系之中的努力，在总体性上取得了成功。

2.2.3　布鲁塞尔草案与邓克尔草案

根据安奈尔主席在 1990 年 12 月的倡议，《TRIPS 协定》的草案文本发送给布鲁塞尔部长级会议，实质上就将 1990 年 7 月的提案承认为一种序言、第 7 条（"目标"）和第 8 条（"原则"）。② 布鲁塞尔草案文本的序言，基本上与《TRIPS 协定》的最终文本相同，在邓克尔文本中也没有作任何重大改动。③

3. 可能的解释

如前所述，《TRIPS 协定》的序言可被用作对协定的执行条款（operative provisions）进行解释的一种渊源。④ 由于序言之取向并不在于设定具体的权利和义务，因此，难以预测其条文所可能依据的背景。许多或者大多数的《TRIPS 协定》条款为解释留有某种余地，从这种意义上讲，序言在许多解释性上下文当中就具有了相关性。尽管如此，某些一般性评论还是有用的。

序言第 1 款表明，该协定的主要目标是"为了减少对国际贸易的扭曲和阻碍"。要实现这一目标，就要"考虑到"（taking into account）保护和实施

---

① 《就谈判组的工作状况致 GNG 的主席报告》（Chairman's Report to the GNG, Status of Work in the Negotiating Group），与贸易有关知识产权（包括假冒商品贸易）谈判组，MTN. GNG/NG11/W/76，1990 年 7 月 23 日。

② 《体现多边贸易谈判乌拉圭回合成果的草案最后文本（修订）》（Draft Final Act Embodying the Results of the Uruguay Round of Multilateral Trade Negotiations, Revision），与贸易有关知识产权（包括假冒商品贸易）谈判组，MTN. TNC/W/35/Rev. 1，1990 年 12 月 3 日。

③ 贸易谈判委员会，《体现多边贸易谈判乌拉圭回合成果的草案最终文本》，MTN. TNG/W/FA，1991 年 12 月 20 日（通常称为"邓克尔草案"）。

④ 参见以上本章第 1 节和所引用的《维也纳条约法公约》（VCLT）。

知识产权的必要性。保护知识产权本身并不是目的，而是达到某种目的的手段。这是关键所在，因为利益集团常常对 WTO 的这一基本使命视而不见，正如《WTO 协定》在序言中所述，它的使命是为了促进贸易和经济发展，而不是为了保护特定的知识产权私人主体利益集团的利益。

序言的第 1 款也认识到，实施知识产权的措施，也可能变成贸易的障碍。比如边境措施，它的实施方式就可能允许知识产权持有人阻止生产者合法的贸易机会。

第 2 款的(b)项提出，有必要提供"适当的"（adequate）知识产权标准。起草者的意图并不在于创设一套被特定的权利人集团看作"最优"（optimum）的知识产权保护制度，而是能够适当保护贸易制度之基本健全（basic integrity）的知识产权制度。知识产权法律的发展与实施，涉及以下两个方面之间的平衡，一是公众获取信息和技术的利益，一是确保新作品和新发明的创造者能够从其投资中获得回报的利益。扩大对私权所有人的保护，从而增加他们的投资回报，这通常是可能的，但是，这种权利扩张可能对广大公众的福利造成负面影响。知识产权法的目标并不是为权利所有人提供最大可能的回报，而是在私人利益与公众利益之间达成适当的平衡。在贸易环境中，避免对制度的扭曲（正如序言第 1 款所述）才是目标。WTO 成员可以提出，《TRIPS 协定》的实质标准和实施措施只有在如下情形中才应当成为与贸易有关的事项（trade-related issue），即由于它们不能充分执行，达到了某种严重的程度，以致对贸易流通产生了一种实质性的消极影响。

(c)项认识到，实施措施可以考虑到国内法律制度的差异。它承认了法律在实施中有一种重要的灵活性因素（element of flexibility）。

序言第 4 款提到，知识产权作为"私权"（private rights）。在该序言中提到知识产权作为"私权"，并不是意图排除政府或者公共机构也可能对知识产权享有所有权。① 最恰当的解释是，之所以将"知识产权作为私权"这样的表

---

① 公共机构对知识产权享有所有权，这无论在过去还是现在，都是一种相当常见的做法。根据一位参与了 TRIPS 谈判的 WTO 秘书处资深成员介绍，"私权"这样的术语，是在香港代表团的坚持之下加入其中的，后者想要澄清，知识产权的实施是私权持有人的责任，而不是政府的责任。参见 Frederick M. Abbott, *Technology and State Enterprise in the WTO*，载 1 World Trade Forum：State Trading in the Twenty-First Century 121 (Thomas Cottier 与 Petros Mavroidis 编，1998 年)。假定这一说法准确地反映了相关用语的本意，其他代表团也可以对"private rights"一语赋予不同的含义。

述放在序言部分，是因为《TRIPS 协定》在以下方面独具特色：它所规制的国内法，是用来调整私人权益（例如专利权）的；它所特别指明的救济方式，是由用以保护该等权益的国内法所提供的；并且，它清楚地表明，政府并无责任代表私权所有人来监管侵犯知识产权的行为。

序言的第 5 款认识到"各国知识产权保护制度的基本公共政策目标，包括发展目标和技术目标"。发展中国家的代表团在 TRIPS 谈判过程中已经强烈提出，承认知识产权的公共政策目标的重要性，并且认为该政策目标要求对权利人的需求有所节制。公共政策目标在《TRIPS 协定》第 7 条和第 8 条中有进一步规定。

第 6 款强调，有必要为最不发达国家提供"最大的灵活性"（maximum flexibility）。第 66 条对此有更具体的规定,① 但是，在序言中用"最大的"灵活性这样的表述方式，颇为重要，因为在第 66 条中并无"最大的"一语。

序言第 8 款强调了通过多边程序解决 TRIPS 相关问题的重要性。该款被纳入序言当中，是为了解决发展中国家经常表达的关切，因为发达国家为解决其所指责的发展中国家的知识产权保护不足的问题，往往采取双边威胁和执法措施。

第 9 款认识到，《TRIPS 协定》意图追求与 WIPO 以及其他"相关"国际组织之间形成相互支持的关系。在某种程度上，强调了 WIPO，就降低了其他多边组织，比如联合国贸易与发展会议（UNCTAD）在知识产权保护领域所起的重要作用。就其本身来看，协定并未具体指明有哪些其他国际组织，这可能反映了贸易谈判代表之间就《TRIPS 协定》可能对国际公共政策所具有的更为广泛的影响，普遍缺乏注意。

4. WTO 案例

4.1 "虾—海龟"案

关于《TRIPS 协定》序言所具有的潜在重要性，WTO 上诉机构在"虾-海龟"案（Shrimp-Turtle case）② 的裁决中详加阐述。在该案中，《WTO 协定》中所提到的"可持续发展"（sustainable development）目标，从根本

---

① 参见本书第 33 章。

② "美国—禁止进口某些虾类和虾制品"案（United States -Import Prohibition on Certain Shrimp and Shrimp Products），AB-1998-4 WT/DS58/AB/R，1998 年 10 月 12 日。

上影响了上诉机构对 1994 年《关贸总协定》进行解释的方法。这并不表示，《TRIPS 协定》序言中的特定用语必然起着一种与《WTO 协定》中的"可持续发展"一语同样重要的作用，毋宁说它是表明，该序言可能在解释过程中起到某种重要作用。

在"虾—海龟"案中，上诉机构否定了专家组所采纳的对 1947 年《关贸总协定》第 20 条所作的狭义解释，后者非常强调保护"多边贸易体系"（multilateral trading system）免受威胁。上诉机构称：

"环境目的对于第 20 条的适用具有根本意义，且这样的目的不容忽视，特别是因为，《建立世界贸易组织马拉喀什协定》（Marrakesh Agreement Establishing the World Trade Organization，即"《WTO 协定》"）① 认识到，贸易规则应当'遵循可持续发展目标'，并应当寻求'保护和维护环境'。"（第 12 段）

它进一步称：

"并且，专家组未能认识到，大多数条约并非只有唯一的、纯粹的宗旨和目的，而是具有各种各样不同的、且可能彼此冲突的宗旨和目的。《WTO 协定》当然也是如此。因此，《WTO 协定》序言的第 1 款要求扩大货物和服务贸易，但就在同一款中还承认，按照《WTO 协定》所形成的国际贸易和经济关系，应当考虑到'根据可持续发展目标而以最优方式利用世界的资源'，并应当寻求'保护和维护环境'。专家组在形成一种在协定文件中无法找到的新标准时，实际上对于《WTO 协定》宗旨和目的采用了单方面观点。"（第 17 段）

上诉机构还认为：

"因为第 20 条在乌拉圭回合中未予修改，故《WTO 协定》的序言显示，该协定的签字各方在 1994 年完全意识到，环境保护作为一项国内和国际政策目标的重要性与合法性。《WTO 协定》序言——它所表明的不仅是1994 年《关贸总协定》，还有它所包括的其他协定——明确承认'可持续发展目标'："（第 129 段）

"从《WTO 协定》序言所体现的角度看，我们注意到在第 20 条（g）款中的'自然资源'（natural resources）这个一般性术语，在其内容或者所指上并非'静止的'（static），而是'从定义上看就是发展的'（by definition，

---

① 1994 年 4 月 15 日缔结于马拉喀什。

evolutionary)。"〔第 130 段，脚注省略，斜体字为原文自带〕

　　毫不夸张地说，《WTO 协定》的序言不仅在决定"虾－海龟"案的裁决结果上起到一种关键性作用，因为在该案中，上诉机构提供了一种比专家组所采用的更加细致入微的方法，来评估有关贸易歧视的主张；而且，它更为自 WTO 成立以来在上诉机构的解释方法中最最重要的发展提供了基础，即，"发展的"解释（"evolutionary"interpretation）的概念。①

　　如前所述，因为根据《TRIPS 协定》可能产生各种各样的争端，所以，预测该序言在哪些情况下会被用作一种解释渊源（interpretative source），是不切实际的。"虾－海龟"案所表明的是，序言所具有的潜在作用不可低估。

5. 与其他国际文件的关系

5.1　WTO 诸协定

　　《TRIPS 协定》序言应当与《WTO 协定》的序言相互结合来解读，后者设定了该组织的目标。这些目标旨在减少贸易障碍和歧视，以促进经济发展，提高生活水准，关注可持续发展，特别是关注发展中国家的需求。《TRIPS 协定》被纳入 GATT——即今天的 WTO——的框架之内，是为了确保对知识产权的适当保护能够促进货物和服务的世界贸易；并且确保不因知识产权的保护不足或者过度保护而损害该组织的经济策略和最终目标。知识产权保护是达到目标的部分手段——应当在促进经济发展这一更大的策略范围内"加以考虑"。WTO 的核心目标是，提高世界范围内的生活水准。

5.2　其他国际文件

　　《TRIPS 协定》序言在其最后一段（参见上述第 1 节框中引文）专门指出，要在 WTO 与 WIPO 以及其他相关国际组织之间建立一种相互支持的关系。尽管在乌拉圭回合谈判过程中，对如何建立这样一种关系的讨论考虑并不多，但发展中国家可以依据这一规定，敦促 WTO 与联合国贸发会议（UNCTAD）、世界卫生组织（WHO）以及其他机构形成更大的合作，以实现广泛的发展利益。

---

　　①　关于《TRIPS 协定》的解释，包括"演变"解释，详情请参见本书第 32 章附件 1。

6. 新近发展

6.1 国内法

6.2 国际文件

6.2.1 《TRIPS 协定与公共健康问题的多哈宣言》

《TRIPS 协定与公共健康问题的多哈宣言》（Declaration on the TRIPS Agreement and Public Health）由部长级会议于 2001 年 11 月 14 日在多哈通过，它包含了涉及 TRIPS 目标的重要声明。① 《多哈宣言》包括了叙述部分或者序言性条款（第 1—3 段），位于实施条款（operative provisions，第 4—7 段）之前，并为之提供上下文。② 《多哈宣言》在解释《TRIPS 协定》上所起的作用，相关讨论参见本书第 6 章（目标与原则）。

6.3 地区和双边情况

6.4 审查建议

7. 评论（包括经济和社会意义）

《TRIPS 协定》序言提出了该协定的一般宗旨与目标。这就引发了这样的问题，即该协定作为整体是否代表了 WTO 发展中国家成员的利益，以及从发展中国家成员的观点来看，该协定的部分规定是否可能反映了某种失衡。

相关国际经济学家和其他政策研究专家对知识产权在经济发展过程中的作用有着广泛承认的一点，即我们对于这种作用的集体理解实质上是不完整

---

① 参见 WT/MIN（01）/DEC/W/2，2001 年 11 月 14 日。

② 《多哈宣言》第 1—3 段规定如下：

"1. 我们认识到，公共健康问题严重影响许多发展中国家和最不发达国家，特别是影响那些遭受艾滋病、结核病、疟疾和其他传染病的国家。

2. 我们强调需要将 WTO 协定下的 TRIPS 协定作为国家的和国际社会的广泛举措中的一部分来解决这些问题。

3. 我们认识到知识产权保护对于发展新药的重要性，同时也认识到对有关知识产权保护对价格所产生影响的关注。"

的。这种不完整性，既来自于知识产权本身的特点，也由于它在计量上的困难。①

作为一个基本假设，并且暂时把在各种不同发展环境中的知识产权状况问题排除在外，我们如果想要从实证的角度来确定知识产权在经济发展过程中究竟起到什么作用，就需要衡量以下两者之间的因果关系，一个是知识和创造性作品的生产，另一个是在某一时期内限制其扩散与使用。尽管经济学家和其他政策研究专家已经下了很大的工夫，为这种衡量设计出相应的机制，但至今这一任务仍被证明是不切实际的。

对于任何国家或者地区来说，知识产权只是决定发展进程的一个要素。其他要素还包括自然资源禀赋、劳动力特点、资本的可获得性、市场规模和竞争条件，以及政府在社会中的管理/干预方式。将知识产权从决定经济发展的其他要素中分离出来，这本身就存在难度，因此迄今为止，还无法找到有效的方法，来衡量知识产权在经济发展过程中的作用。

尽管政策研究专家可能无法对于知识产权在经济发展中的作用加以精确衡量，但是，一种新近形成的共识认为，知识产权的影响可能是相当具有个案敏感性的（case sensitive）。例如，有充分的理由认为，专利在汽车工业的发展过程中所起的作用，与专利在制药行业所起的作用存在相当大的差别。同样也有充分的理由认为，知识产权在工业化国家、发展中国家和最不发达国家的经济中所起的作用也是有差异的，并且，即使是在这些经济发展的宏大范畴当中，它们也取决于市场规模、所在地区的创新能力以及诸如此类的因素而会有所不同。②

对于在新兴工业化国家、发展中国家和最不发达国家引入较高的知识产权保护标准，国际知识产权法专家之间当然存在着各种不同的观点。一些人强烈支持引入该等制度，其理由是，这些制度是经济长期发展的前提条件，

---

① 这一节的参考依据是 Frederick M. Abbott，*The Enduring Enigma of TRIPS：A Challenge for the World Economic System*，载 1 Journal of International Economic Law 497 （1998 年，Oxford Univ. Press）。另参见知识产权委员会报告（Report of the Commission on Intellectual Property Rights），《知识产权与发展的整合》（Integrating Intellectual Property Rights and Development Policy），伦敦，2002 年，特别是该报告的第 1 章［以下简称"知识产权委员会"］；另参见 UNCTAD-ICTSD Policy Discussion Paper（政策讨论文件），特别是第 1 部分。

② 参见 Lall，*Indicators of the Relative Importance of Intellectual Property Rights to Developing Countries*，UNCTAD-ICTSD，日内瓦，2003 年；也可见于 http：//www. iprsonline. org/index. htm.

是商业法律在其他方面的重要补充。实践已经表明，良好的治理结构是在发展中国家提高经济福利的核心，引入并提高知识产权相关法律规则和制度，对于这些国家的治理将产生一种总体上的积极作用。

另外一些专家则对于引入知识产权制度抱有相当的怀疑，其理由在于，租金转移效应（rent transfer effects）可能会发挥主导作用，或者说最好将时间、精力放在那些更能够产生看得见利益的领域（比如饮用水和卫生基础设施）。也有些人会主张采取一种稍有差别的方法，将上述专属于工业方面的与专属于农业的因素考虑其中。

尽管存在这样一系列的观察视角，这些专家们还是会同意如下观点：(a)由于知识产权的固有特征和我们在计量其效果时存在困难，因此，在我们的理解上存在着实质性差距；(b)知识产权在经济发展中的作用有可能因行业和国家而存在个案敏感性；以及(c)要划出一条福利最大化（welfare-maximizing）的界线是有难度的，在此条件下，国际知识产权的决策者们正寻求在知识生产与知识扩散的利益之间达成一种平衡。

关于 TRIPS 的平衡，有些观点看起来还是很清楚的。在某些情形中，知识产权的私人利益必须服从于更加紧迫的公共利益。例如，发展中国家由于流行性疾病而面临越来越严重的社会、政治和经济困难。虽然在发达国家的研究型制药企业可能要求很高的投资回报率，以便为新治疗方法的研究提供资金，但是，对于 WTO 的发展中国家和最不发达国家成员而言，就不可能指望它们对此研究承担付费责任。

是否以及在多大程度上存在着其他的情形，知识产权在这些情形中必须让位于更加令人信服的公共利益，这些问题本身还可能继续出现。如果《TRIPS 协定》能够在潜在冲突的利益之间保持适当的平衡，它才能作为一个国际公共政策的文件而存在下去。

第 2 章　义务的性质与范围

第 1 条　义务的性质与范围

1. 各成员应实施本协定的规定。各成员可以，但并无义务；在其法律中实施比本协定要求更广泛的保护，只要此种保护不违反本协定的规定。各成员有权在其各自的法律制度和实践中确定实施本协定规定的适当方法。

---

1. 引言：术语、定义和范围

实施一项国际协定就隐含着这样的要求，即以善意履行义务。善意履行义务（obligation to perform in good faith，亦即"条约必须信守" [*pacta sunt servanda*]）是由《维也纳条约法公约》（Vienna Convention on the Law of Treaties/VCLT）第 26 条所确立的，它实质上是对国际惯例的法典化。《TRIPS 协定》第 1 条第 1 款重申了这项基本的国际法义务，规定各成员将"实施本协定的规定"。

对于条约法的这一基本确认，第 1 条第 1 款又添加了两项规则。第一，各成员可以（may），但不是必须（need not）采用比本协定所要求的更为广泛的知识产权保护；第二，"各成员有权在其各自的法律制度和实践中实施本协定规定的适当方法。"

由于声明各成员可以采用比协定所规定的"更广泛的"（more extensive）保护，故第 1 条第 1 款就将本协定的规则确定为保护的基础（或者底线），即通常将该保护称为 TRIPS "最低标准"（minimum standards）。第 1 条第 1 款表明，各成员并无义务采用比《TRIPS 协定》标准更为广泛的保护，即所谓的"超 TRIPS"（TRIPS-plus）保护水平。

第 1 条第 1 款的第三句规定涉及在实施方法上的自由度，它至少在以下两个方面具有重要意义。第一，在处理《TRIPS 协定》与各成员的国内法律制度之间的关系上，它并未确立关于"直接效力"（direct effect）或者"自动执行效力"（self-executing effect）的明确规则，而是将之留给各成员自主决定。每一成员可以决定，其究竟是通过具体的成文法或者行政法规来实施《TRIPS 协定》，抑或依据该协定的文本而直接作为其国内法的组成部分（参见以下本章第 3 节）。

第二，它承认，在《TRIPS 协定》的明文规定以及更一般而言的在知识产权法中存在着固有的灵活性，从而授权各成员可以按其认为最适当的方式来实施这些规则，只要这些实施行为符合该协定的条款。

2. 条文沿革

2.1 TRIPS 之前的状况

2.1.1 "实施"

在《TRIPS 协定》之前，在多边层面上有关调整知识产权保护的规则，主要是由世界知识产权组织（WIPO）的公约所设定的①。导致某些政府提议进行《TRIPS 协定》谈判的因素，将在以下关于该协定的目标与原则的本书第 6 章中讨论。

如前所述，国际法要求一条约或者国际协定的成员国以善意履行之方式，"实施"（to give effect）该协定。《维也纳条约法公约》（VCLT）也已于 1969 年获得通过，并于 1980 年生效，它承认条约义务应当善意履行。因此，在《TRIPS 协定》谈判之前，"实施"条约之义务已经在国际法上为人所接受。

2.1.2 最低标准与更广泛的保护

一项条约或者国际协定可能规定，它的规则意图包含为某一特定对象设定唯一的一组规范，从而有效地排除某一成员国采用另一组保护更广泛的（或者更狭窄的）替代性规范。《TRIPS 协定》谈判的各方曾经有这样的选择权，决定用一组统一的、经由谈判达成的规则，来表示知识产权保护的上限和下限。一项条约是否意图成为唯一的规范渊源，这是通过适用有关条约解释的一般原则加以确定的。这不是用普遍规则来解决的问题。需要注意的是，各成员国在其各自领土范围内拥有主权，通常有权采取其认为适当的方式进行立法，除非被一条约或者其他国际法规则限定了这种

---

① 这些条约主要是《保护工业产权巴黎公约》（Paris Convention on the Protection of Industrial Property）和《保护文学和艺术作品伯尔尼公约》（Berne Convention on the Protection of Literary and Artistic Works），它们将在本书第 3 章中介绍。

自主决定权①。

在《WTO 协定》生效之前，为多边贸易体系提供规则的是 1947 年的《关税与贸易总协定》(General Agreement on Tariffs and Trade/GATT 1947)。1947 年《关贸总协定》在诸如关税与配额等方面确立了上限或者最高界线。因此，根据 1947 年《关贸总协定》第 2 条，缔约方自身承诺的关税限制，就构成了它们（在最惠国待遇［MFN］基础上）可以施加的最高门槛。它并未赋予每一缔约方以自主决定权，可以采用比其自身所约束的更广泛的关税保护，但是，每一缔约方可以自由决定提供较少的关税保护。

WIPO 诸项公约并不意图确立有关知识产权保护的唯一一套规范，尽管这些公约用某些方法来限制各成员国的自主决定权（例如，要求实行国民待遇）。一般而言，WIPO 诸项公约的成员国仍可以自由采用比这些公约专门要求的规定更广泛的保护。尽管《伯尔尼公约》确立了版权保护的最低标准，但《巴黎公约》并没有界定专利保护的主要的实质性标准，这一问题完全留给各成员国自主决定。

知识产权可能成为贸易障碍，并且/或者导致贸易扭曲②。如果一政府未充分注意一项发明是否具备真正的新颖性并且具有发明步骤，就授予其专利，那么，它就可能为其本国产品或者源自外国的产品的市场准入带来不合理的障碍。美国联邦贸易委员会（U. S. Federal Trade Commission）已经观察到，弱专利给竞争性市场造成了威胁，因此它敦促专利官员们对此保持高度警惕，并改进对此类专利提出异议的机制③。尽管有证据表明，

---

① 《TRIPS 协定》第 1 条第 1 款承认，如果没有一种各方达成的限制性或者强制性规范，则各国保留在其各自领土范围内的主权性权利（sovereign rights）。在这种情况下，它们就保留了采用更广泛保护的权利。

② 正如《TRIPS 协定》序言在第一项引述中承认的："［……］，并保证实施知识产权的措施和程序本身不成为合法贸易的障碍；［……］"。

③ 联邦贸易委员会（FTC）2003 年一项关于在美国的专利与竞争的研究，其关注焦点在于因专利过度保护而导致的限制竞争的风险，包括因为授予存在质量疑问的专利。专利的迅速扩散（proliferation）可能由于对竞争性的研发活动（R&D）形成障碍，并且增加消费者的成本，从而对创新构成威胁。该研究报告的建议包括：创设异议程序（opposition procedure）、减少有利于专利权持有人的诉讼推定（litigation presumptions）、收紧标准、增加用于审查专利申请的资源、在扩大可授予专利的对象上严加注意、在专利制度的运行上提高联邦机构对竞争性的警觉。美国联邦贸易委员会，《促进创新：在竞争与专利法律和政策之间的适当平衡》(*To Promote Innovation：The Proper Balance of Competition and Patent Law and Policy*)，2003 年 10 月。

在《TRIPS 协定》谈判的整个过程中，各个不同的 WTO 成员都对于潜在的知识产权过度保护问题表示关切，并且在《TRIPS 协定》序言中也已提到了过度保护的潜在问题，但是，在该协定中并未具体界定知识产权保护的上限。

2.1.3　实施方法的确定

《维也纳条约法公约》（VCLT）和涉及条约的国际法惯例并没有强制规定各成员国应当履行其条约义务的具体方法。每一成员国的全国性（或地区性）宪法规定了条约义务与国内法之间的衔接。在处理条约与国内法之间的关系上，各国宪法所采取的方法存在着重大差别。①

2.1.3.1　直接效力

一项条约的成员国可能意图让该条约在其国内法中具有"直接效力"[direct effect，也称为"自动执行效力"（self-executing effect）]，也可能意图让该条约不具有这种效力，只要该国国内宪法允许选择这样的可能性。通常说来，如果一项条约具有直接效力，则国民（无论为自然人亦即个人，还是法人）可以在其国内法院据此作为一种法律渊源。如果一项条约具有直接效力，则除了那些涉及条约的批准或者加入的步骤外，成员国政府无需为该条约的实施而再行采取额外的步骤。如果成员国政府在实施过程中，对于某一具有直接效力的条约的条款未作更改，则将限制行政或者立法机关在控制如何实施该条约方面进行自由选择的范围②。对条约的解释权就转移到了需要在具体案件或者争议中适用该条约的法官的手上。

----

① 通常有三种方式。根据"一元论"（monist）的方式，条约在实质上被当作国内法的一部分，除接受（accept）该条约外，无需国内政府再采取任何行动（例如，阿根廷、法国和荷兰）。根据"二元论"（dualist）的方式，条约和国内法被认为是独立的，除非国内政府采取专门措施，将条约的部分或者全部转化（transform）为国内法（例如英国）。第三种是折中方式，条约可能具有直接效力，但其权利和义务可以由国内立法机关予以调整修改（例如美国）。

② 涉及条约直接效力的法律较为复杂。如果一条约具有直接效力，它并不必然排除政府通过相关立法来实施该条约，或者甚至为了国内法而修改条约的条款。例如，在美国的宪法体系中，国会可以通过"事后"立法，为国内适用之目的而修改条约的规定，即便这样做可能导致与美国所承担的国际法义务不相一致。另一方面，在荷兰，一项具有直接效力的条约在被立法机关通过之后，就不得被后来的国内立法所修改。如果国内法需要修改，那么要么修改条约，要么撤销遵守该条约的义务。一般性参见，*parliamentary Participation in the Making and Operation of Treaties：A Comparative Study*（S. A. Riesenfeld & F. M. Abbott, eds. M. Abbott, 编。1994；Martinus Nijhoff/Kluwer），以及该书介绍各国情况的章节（以下简称"Parliamentary Participation"）。

WIPO 诸公约对于直接适用问题未作明确表述。一些国家的法院直接将《伯尔尼公约》① 与《巴黎公约》② 当做国内法加以适用。

GATT 1947 并没有明确说明，它是否被意图设定为具有直接效力。该问题交由各成员的国内机关根据对其条款和上下文的解释而决定，并且该问题在 1947 年《关贸总协定》的整个时期都一直存在争议。在涉及此问题的一系列判决中，欧洲法院（European Court of Justice/ECJ）认定它不具有直接效力，其所根据的就是该协定义务的一般性特征，以及该协定缔约方常常通过政治谈判而非法制化的争端解决程序来解决争议这一事实。③

《TRIPS 协定》的谈判各方曾经有这样的选择权，明确表明该协定的条文究竟是有直接效力的，抑或让它成为一个由各成员的国内机关进行解释的对象，或者受制于各成员的宪法性法律。

2.1.3.2 法律制度与实践

如同普通的国内立法一样，一项条约的条款可能比较具体、精确或者不具体不精确。如果立法是采用一般性条款起草而成的，则常常要求配备更具体的条例（regulation），以便加以实施。同样，当条约是以比较一般性的条款起草而成，则它们也需要更加具体的国内立法，以便对国内法发生效力。

WIPO 诸公约就各成员国应当如何在国内法中实施这些公约，并未设定具体规则。每一成员国可以自由决定以适当的方法在国内法体系中加以实施。

GATT 1947 的各项条款在具体化程度上有所差异，尽管其中大部分的规则仍然是以一种相当一般化的方式加以规定的。《东京回合守则》（Tokyo Round Codes）在诸如对倾销与补贴的规制方面增加了实质性具体化规定，这部分地说明了这样的感受，即 GATT 1947 的一般性规则为缔约各方解释这些规则的方法，提供了太大的灵活性。

在传统上，知识产权属于一个具有高度敏感性的政策领域，而且在乌拉

---

① 参见，例如，*SUISA v. Rediffusion AG*，Bundesgericht（瑞士），［1982］ECC 481，1981 年 1 月 20 日，其中引证了欧洲的其他判决。在 *SUISA* 案的判决中，法院既引用瑞士联邦的法律，也引用《伯尔尼公约》作为本案可适用的法律规则的渊源。

② 参见，例如，*Cuno v. Pall*，729 F. Supp. 234（EDNY 1989），美国联邦地区法院直接适用《巴黎公约》第 4 条之二。

③ 这一系列判决最早的是第 21/72 号至第 24/72 号合并案件 *International Fruit Company N. V. v. Produktschap voor Groenten en Fruit*（No. 3）［1972］，ECR 1219。关于欧洲法院就 WTO 诸协定可能具有直接效力而作出的判决，参见以下本章第 6.3 节，以及本书第 32 章。

圭回合之前，各国在知识产权调整方面，即使就相同问题所作的规定上，采取的也是相当不同的方法。在接近于 TRIPS 谈判之际，《关贸总协定》缔约各方曾经有这样的选择权，或者是采用非常具体的规则，以便排除各国在传统上所享有的对于调整知识产权的自主决定权，或者是采用更为一般性的规则，从而在实施方法上留给各国以更大的自主决定权。从总体上看，最终达成的《TRIPS 协定》在这个传统敏感性领域中，尽管宽泛地规定了所保护对象的范围，但在知识产权规则的具体实施上，还是允许保持实质上的灵活性。这一结果是一种混合的方式：在更为细致的实施方面具有灵活性，但其起点却是一个宽泛的保护范围。

2.2 谈判经过

2.2.1 1987 年美国提案

关于《TRIPS 协定》将在多大程度上提供更为一般化的指导抑或寻求将国内知识产权立法"一体化"（harmonize）的讨论，纵观整个谈判过程，可以看得相当清楚。在 1987 年的最初提案中，美国建议应当与一组明确的标准相符合，其中提到：

"在遵守一项与贸易有关知识产权的《关贸总协定》上，缔约各方同意在其国内法中规定保护知识产权，其保护水平与作为本协定附件之一的、各方达成的规范相一致。"[①]

2.2.2 1988 年欧共体提案

欧洲共同体在 1988 年强调了允许不同国家采取不同方法的重要性：

"（谈判）应当就这些问题设定与贸易有关的实体性标准，因为随着知识产权对于国际贸易的重要性日益增强，在知识产权保护的原则和基本特征方面就需要有一个基本程度的集中；《关贸总协定》就知识产权与贸易有关方面的实质性标准所进行的谈判，不应当试图提供详细的规则，来替代在知识产权方面现有的具体公约；不过，缔约各方在其认为必要时，可以详细制定进一步的原则，以减少贸易扭曲或者障碍。行动应当主要限定于对那些应为所

---

① 《美国关于达成谈判目标的建议，美国关于与贸易有关知识产权谈判的提案》(Suggestion by the United States for Achieving the Negotiating Objective, United States Proposal for Negotiations on Trade-Related Aspects of Intellectual Property Right)，与贸易（包括假冒商品贸易）有关知识产权谈判组，MTN. GNG/NG11/W/14，1987 年 10 月 20 日，1987 年 11 月 3 日。见 "Norms" 部分。

有缔约方遵从的知识产权保护原则的确认与达成一致意见上；谈判不应当将国内法律一体化作为目标。"①（斜体是后加的）

2.2.3 1989 年澳大利亚提案

其他工业化国家的代表则强调指出，TRIPS 谈判应当将焦点集中于基本原则与贸易效果上。例如，澳大利亚代表在 1989 年就采用了如下方式：

"在介绍其本国提案（NG11/W/35）时，澳大利亚代表称，该文件意在讨论如下关键问题，即为了避免在贸易领域对知识产权的保护不足或者过度保护，哪些涉及知识产权的可获得性、范围和使用的标准和原则是适当的。他提到了在 4 月份贸易谈判委员会决定（April TNC* decision）的第 4(b) 段中使用了 'adequate'（适当的）一词，并称这对于其国家的主管机关来说就意味着，谈判组并不必然寻求可能的最高保护标准，或者最广泛的保护范围。"②

2.2.4 1988 年瑞士提案

瑞士针对《TRIPS 协定》所作的提案集中于这样的概念，即政府将保留灵活性，以制定它们认为合适的知识产权法律，只要这些法律与可能被认为对 GATT 权利构成丧失或者减损的做法的指示性清单……不相冲突。③

2.2.5 印度在 1989 年的立场

印度代表团将与知识产权保护标准相关的自主决定权问题附在其提案中，以示其重要性，其代表于 1989 年作出如下评论：

"认识到由该制度所赋予的特别权利及其意义，作为一种核心哲学，与此主题相关的国际公约吸收了各成员国将其知识产权保护制度与它们自身的需

---

① 《欧洲共同体关于与贸易相关知识产权实质性标准谈判而提议的指导方针和目标》（Guidelines and Objectives Proposed by the European Community for the Negotiations on Trade Related Aspects of Substantive Standards of Intellectual Property Rights），与贸易（包括假冒商品贸易）有关知识产权谈判组，MTN. GNG/NG11/W/26，1988 年 7 月，第 II 部分。

    * Trade Negotiations Committee，即贸易谈判委员会。——译者

② 秘书处记录，1989 年 7 月 12—14 日谈判组会议，与贸易（包括假冒商品贸易）有关知识产权谈判组，MTN. GNG/NG11/14，1989 年 9 月 12 日，第 6 段［以下简称"1989 年 7 月会议"（July 1989 meeting）］。

③ 瑞士提案（Proposition de la Suisse），MTN. GNG/NG11/W/25，1988 年 6 月 29 日。

求和条件相协调的自由。所在国的这种自由应当被承认为一项基本原则，并且应当引领谈判组所有的讨论。"①［斜体字是后加的］

2.2.6　安奈尔草案

在 1989 年 10 月至 11 月举行的 TRIPS 谈判会议上，由代表团所提出的许多意见均表明了这样一种为人所广泛接受的认识，即《TRIPS 协定》应当反映一组最低的实质性标准，但它们的意图并不是要将国内法一体化。②

TRIPS 谈判组（TRIPS Negotiating Group）主席安奈尔（Lars E. R. Anell）在 1990 年 7 月 23 日一份关于工作状况的报告中散发了该综合文本（composite text），其中以如下方式提到了实施的问题：

"3A. 除非另有明确规定，本协定第 III 部分至第 V 部分的任何规定均不应当阻止各成员授予比本协定所规定的更广泛的知识产权保护。"

2.2.7　布鲁塞尔草案和邓克尔草案

第 1 条第 1 款出现在 1990 年 12 月就主席倡议书（Chairman's initiative）向布鲁塞尔部长会议（Brussels Ministerial Conference）提交的草案文本中，而其最终形式则出现在邓克尔草案的最终文本中。这两份文本中的该项规定，都与《TRIPS 协定》目前的条文在本质上相同。

TRIPS 谈判进行的这几年，见证了国际贸易学者们对于如下问题的极大关注，即 GATT 1947 以及最终获得通过的《WTO 协定》是否应当由各成员予以"实施"。③ 这一问题的焦点在于，是否应当赋予个人（自然人或者法人）权利，以使其在国内法院诉讼时，可以引用 WTO 的权利与义务。尽管在学术界对这方面进行了大量的研究，而且许多重要的国际贸易学者实质性地影响了乌拉圭回合谈判，但是，直接效力的问题并没有成为一个引起 TRIPS 谈判者明显关注的主题，至少从谈判会议记录所反映的情况来看是如此。

---

①　1989 年 7 月会议记录，第 5 段。

②　例如，来自新西兰的代表称，新西兰的提案是以适当的最低标准为基础而提出来的；它并不寻求限制其他国家在最低标准之上进一步有所提高。假如留给谈判工作的时间有限，他的代表团就觉得，谈判组不应当试图在追求所作承诺的具体程度上，或是在意图发明一套完整的新体制上过于雄心勃勃。秘书处记录，1989 年 10 月 30 日至 11 月 2 日谈判组会议，与贸易（包括假冒商品贸易）有关知识产权谈判组，MTN. GNG/NG11/16，1989 年 12 月 4 日，第 3 段。

③　一般性参见，国家宪法与国际经济法，跨国经济法研究 *National Constitutions and International Economic Law*，*Studies in Transnational Economic Law*（M. Hilf 与 E. - U. Petersmann 编），Deventer，1993 年。

3. 可能的解释

3.1　第 1 条第 1 款第一句

各成员应实施本协定的规定。

考虑到第 1 条第 1 款第三句关于实施"方法"的具体规定，对于第 1 条第 1 款第一句中各成员应当"实施"其规定的解释，就不太可能成为争议的对象。如果没有第三句，倒很有可能就如何完成实施义务而发生争论。因为该问题在第三句中有了更具体的规定，故第一句就应当被理解为起着这样的作用，即对一般性的善意履行条约义务的重申。

如上（本章第 1 节）所述，"实施"义务的完成方式，不仅可以通过专门的成文法或者行政法规来执行《TRIPS 协定》，而且一成员还可以选择直接根据《TRIPS 协定》文本，将之作为其国内法的一部分。不过，在这种情况下应当注意，《TRIPS 协定》的某些规定，如果想要适用于特定的个案，还需要通过国内立法或者判例法而将之进一步具体化。[①]

3.2　第 1 条第 1 款第二句

各成员可以，但并无义务，在其法律中实施比本协定要求更广泛的保护，只要此种保护不违反本协定的规定。

关于这一句规定，产生了若干解释上的问题。

看起来比较合理的结论是，这一规定表示，《TRIPS 协定》的规则是意图作为知识产权保护的"最低"标准。各成员可以采用更广泛的保护，但不得低于这一保护标准。不过请注意，最低保护标准是由该协定所"要求的"（required），而协定中明文规定的要求又常常是以相当灵活的措辞来表示的。从这层意义上讲，最低标准还受到差别性适用（differential application）的影响。

第二句还规定，各成员"并无义务"实施比本协定更广泛的保护。一些

---

①　例如，《TRIPS 协定》中关于专有权之例外的规定，比如有关专利权的第 30 条规定："各成员可对专利授予的专有权规定有限的例外，只要此类例外不会合理地对专利的正常利用发生冲突，也不会不合理地损害专利所有权人的合法利益，同时考虑到第三方的合法利益。"第 30 条的更多细节，参见以下本书第 23 章。

成员就在双边的或者地区性的谈判中要求其他成员采用所谓的"超 TRIPS"保护标准。第二句的明文予以澄清，《TRIPS 协定》并未要求任何成员承担义务，采用这样的超 TRIPS 标准。

一个重要的解释性问题是，如果一成员要求（demands）在双边或者地区性情形中采用超 TRIPS 标准，那么它是否就没有以善意方式履行其 TRIPS 义务。认为一成员应当受到该等要求制约的主张就是，它把接受 TRIPS 义务作为一组通过相互谈判而达成的承诺的一部分，代表该成员得以依赖的权利与义务的平衡。超过已经达成的承诺而再施加双边压力，有悖于《WTO 协定》与《TRIPS 协定》为国际贸易关系的发展提供一个安全架构所设定的目标与宗旨。

相反的主张则认为，每一成员都有其主权，且可自由决定接受还是拒绝在双边或者地区性情形中所形成的额外承诺。外交常常涉及以某种方式施加压力，而施加压力的做法从其固有的本质说就不可能从国际关系中清除出去。

WTO 上诉机构（WTO Appellate Body）与争端解决机构（Dispute Settlement Body/DSB）可能确实需要考虑，在善意履行 TRIPS 义务的范围之外，是否存在着某种形式的双边或者地区性压力。回想一下，在围绕通过《TRIPS 协定与公共健康的多哈宣言》（Doha Declaration on the TRIPS Agreement and Public Health）的谈判中，发展中国家寻求从发达国家成员那里获得一种承诺，即后者将停止为迫使前者放弃《TRIPS 协定》的选择权以及采用超 TRIPS 标准而施加双边和地区性压力。[1] 从《TRIPS 协定》的一个解释性角度看，问题在于确立一个门槛，以此确定一成员有"义务"采用更广泛的保护应被看作是受到双边压力的结果。在哪一个点上，受到压力的成员会放弃其进行自由谈判的主权能力（sovereign capacity）？[2]

由第 1 条第 1 款第二句所引起的另一个重要的解释性问题在于，在什么阶段采用更广泛的保护是违反《TRIPS 协定》的？前述第 1 章所讨论的《TRIPS 协定》序言认识到，"实施知识产权的措施和程序"可能构成"合法贸易的障碍"。但是，《TRIPS 协定》涉及实体性内容的明文规定的文本，在很大程度上却是致力于确立知识产权保护的最低标准，而非最高标准或

---

[1] 参见讨论文件（非洲集团等），"关于 TRIPS 协定与公共健康问题部长宣言"（Ministerial Declaration on the TRIPS Agreement and Public Health），2001 年 9 月 19 日。

[2] 这是与普通法中关于合同"显失公平"（unconscionability）原则的一个类比，后者检验是否应当因为合同一方当事人向另一方施加不适当压力（undue pressure）而撤销一项交易。

者上限。就此意义而言，《TRIPS 协定》文本对那些可能"违反本协定"（contravene the Agreement）的更广泛知识产权实体措施提供的指导有限。另一方面，有关知识产权实施的《TRIPS 协定》条文规定，对于那些被指控实施侵权行为的当事人，必须赋予某些权利。因此，例如《TRIPS 协定》第 42 条规定，被告享有在知识产权执法程序中获得正当程序（due process rights）的权利。如果采用更广泛的保护而削减了这些正当程序的权利，则是违反《TRIPS 协定》的。在这一方面，更广泛的保护不应当包括削弱被指控实施侵权行为者的权利。既然减少程序性权利就将违反《TRIPS 协定》的具体规定，那么第 1 条第 1 款在程序方面就没有增加什么内容。

3.3　第 1 条第 1 款第三句

> 各成员有权在其各自的法律制度和实践中确定实施本协定规定的适当方法。

对上述规定的一种狭义解释可能意味着，"适当方法"（appropriate method）[①] 一词仅仅是指一成员用以实施其 TRIPS 义务的法律程序。因此，例如一成员可以选择通过采用某一成文法或者行政法规的方式，或者允许《TRIPS 协定》具有直接效力并且将该协定直接应用于司法，从而实施之。

对该规定的一种广义解释是，承认《TRIPS 协定》文本中固有的灵活性。它所指的不仅是方法，而且指每一成员的"法律制度和实践"（legal system and practice）。实施方法因此就要考虑到每一成员的法律制度，以及与这些法律的适用相关的实践。从知识产权法的历史发展过程看，各国对于诸如法律所允许的例外（exceptions）的范围，包括用以承认哪些属于例外的方法之类的基本问题，在其法律制度和实践中采用了不同的方法。例如，在一些国家，专利权的例外是作为其成文法架构的一部分而获得立法通过的。在另一些国家，法院则将该例外作为司法适用的问题[②]。承认法院有权决定哪些是法律所允许的例外，这就是内在地承认了，知识产权保护将在各成员之间存在差异，

---

① 《新节本牛津英语词典》（New Shorter Oxford English Dictionary）对于"method"（方法）的定义是"procedure for attaining an object"（为达到某一目标的程序）。

② 参见，例如，"加拿大－仿制药"案裁决的附件五就描述了关于管制性审查之例外（regulatory review exceptions）的国内方法。[加拿大－药品专利保护（*Canada-Patent Protection of Pharmaceutical Products*），专家组报告，WT/DS 114/R，2000 年 3 月 17 日]。

并且各成员在实施《TRIPS 协定》方面将保持其灵活性。

由于《TRIPS 协定》的规则不可以在合理的善意解释（reasonable good faith interpretation）之外任意伸缩，就此而言，《TRIPS 协定》的灵活性还是有限制的。①

第 1 条第 1 款第三句的规定承认了，各成员有决定其实施该协定的适当方法的自由，但它并未要求各成员赋予该协定以"直接效力"或者"自动执行效力"。同时，这一句的规定看起来也没有表示，在那些承认其具有直接效力的国家就不得考虑该协定的直接效力。毋宁说，这个问题是交由每一成员的宪法制度和实践来决定的。

可能有人会主张，因为所有成员并非必须直接适用《TRIPS 协定》，所以，该协定就没有打算让各成员直接适用之。这种主张建立在义务的对等性（reciprocity of obligation）基础上，但这在传统上就没有说服过奉行直接效力的法院。在一些国家，比如英国，它们不允许任何条约具有直接效力，因此即使由于对等性而决定某一条约具有可直接适用的特征，以英国为一缔约方的任何条约仍然不可能具有直接效力。这不是被人接受的做法。看起来对于第 1 条第 1 款第三句的最合理的解释似乎是，每一成员自由决定其是否直接适用该协定，而这将取决于其法律制度和实践。

如果可以有直接效力，则法院倾向于考察该协定的条款是否足够清晰，以便法院将之适用于具体案件或者争议，并且要根据该协定的目标和宗旨。有关直接效力的问题就因此涉及一种"语境分析"（contextual analysis）。如果《TRIPS 协定》被赋予直接效力，那么，它就不仅是对权利持有人赋予权利，而且也是对指控的被告方提供抗辩的权利（例如，允许提出"合理使用"作为抗辩）。如果国内立法机关想要对《TRIPS 协定》在其国内适用的问题享有更大的控制权，它完全可以作出决定，不适用将具体实施问题交由法院来决定的直接效力原则。

4. WTO 案例

4.1 "印度—信箱"案

关于第 1 条第 1 款，以 WTO 上诉机构（AB）在"印度—信箱"案

---

① 参见以下本章第 4 节对"印度—信箱"案的讨论。

(India-Mailbox)① 中的讨论最值得关注。在该案中，印度主张，因为第 1
条第 1 款允许根据它认为适当的（appropriate）方式，来实施关于建立一
套专利申请的接收与维护机制［所谓"信箱"（mailbox）］的要求，所以，
上诉机构应当接受它的如下陈述，即它所建立的机制在其自身法律制度内
是适当的（adequate）。上诉机构承认，印度可自由选择在其自身法律制度
内适当的实施方法，但并不能接受这样的主张，即由此就排除了对于印度
所选择的方法是否在事实上足以符合其义务要求进行审查。上诉机构称：

"58.……我们不同意专家组的观点，它认为第 70 条第 8 款(a)项要求
成员方确立一种方法，'以便消除在如下问题上的任何合理怀疑，即信箱
申请（mailbox application）以及据此而最终获得的专利，是否可以因为在
专利申请日或者优先权日，寻求专利保护的对象在所涉及相关国家是不可
专利的（unpatentable），从而拒绝其专利申请或者宣告专利无效'。我们
认为，根据第 70 条第 8 款(a)项，印度有义务为专利的信箱申请提供一个
法律机制，为维护发明的新颖性以及该专利申请针对相关申请日与优先权
日的优先权而提供一个良好的法律基础（sound legal basis）。

59. 但是，哪些东西构成印度法中的一个良好的法律基础？为回答这
个问题，我们必须首先回忆一下《TRIPS 协定》中一项重要的一般性规
则。《TRIPS 协定》第 1 条第 1 款的相关部分规定如下：

……各成员有权在其各自的法律制度和实践中确定实施本协定规定的
适当方法。

因此，各成员可以自由决定在其法律制度范围内，如何最好地达到其
根据《TRIPS 协定》所承担的义务。印度作为 WTO 成员之一，针对其根
据《TRIPS 协定》所承担的义务，可以在其自身法律制度的范围内，'自
由决定适当的实施方法'。

60. 印度坚称它就是这样做的。印度主张，它已经通过"行政命令"
（administrative instructions），建立了一种与《TRIPS 协定》第 70 条第 8
款(a)项相符合的"方法"（means）。按照印度的说法，这些'行政命
令'确立了提供良好的法律基础的一种机制……

①　印度—药品和农用化学产品专利保护（*India—Patent Protection for
Pharmaceutical and Agricultural Chemical Products*），上诉机构报告，WT/DS50/AB/
R，1997 年 12 月 19 日［简称"印度—信箱"（India-Mailbox）案］。关于该案事实背
景的具体内容，参见本书第 36 章。

（······）

64. 印度声称，专家组在对待印度国内法（municipal law）的问题上存在错误，因为国内法是一个事实，它必须由以此作为依据的当事方向一国际法庭（international tribunal）进行证明。印度认为，专家组对印度法的评估，并未将其作为一个有待美国证明的事实，相反，把它当成了一项由专家组进行解释的法律。印度提出，当就其信箱申请制度在印度国内法中的地位存在怀疑时，专家组本来应当作出有利于印度的裁决。印度进一步主张称，专家组应当就与印度法的解释相关的问题，从印度那里寻求指导。

65. 在国际公法中，国际法庭对待国内法可以有几种方式。国内法可以被当作事实的证据，也可以为国家实践（state practice）提供证据。不过，国内法也可以构成关于符合或者不符合国际义务的证据（······）。

66. 在本案中，专家组只是在履行它的任务，即确定印度关于接收信箱申请的'行政命令'是否与印度在《TRIPS 协定》第 70 条第 8 款（a）项下所承担的义务相符合。显然，考察印度国内法的相关方面，尤其是《专利法》中与'行政命令'相关的规定，对于确定印度是否遵守了其根据第 70 条第 8 款（a）项所承担的义务，是具有关键意义的。对于专家组而言，如果不对印度法作这样一番考察，就没有任何办法做出这样的认定。但是，正如前述所引用的在常设国际法院（Permanent Court of International Justice）所发生的案件那样，在本案中，专家组并未对印度法'本身'（as such）进行解释，而只是为了确定印度是否符合其根据《TRIPS 协定》所应承担的义务才对印度法进行检查。也就是说，专家组本来就应当这样做，否则的话，就只有印度可以评估印度法是否符合印度根据《WTO 协定》（译者注：英文原文为此）所承担的义务了。这显然是不行的。

（······）

70. 印度就这些看似矛盾之处所作的解释，并没有说服我们。相应的，我们也不相信印度的'行政命令'能经受住对印度《专利法》所提出法律异议而继续存在。因此，所谓印度的'行政命令'为维护申请日与优先权日发明的新颖性以及该专利申请的优先权提供了一个良好的法律基础，这一点也无法令我们信服。"

上诉机构的裁决是，在决定适当之方法上享有的自由，并不等同于享有这样的权利，可以自我证明（to self-certify）其符合在《TRIPS 协定》项下的义务。要证明符合其义务，就必须表明其具有一个用以实施该协定的良好的法律基础。

4.2 "加拿大—仿制药"案

在"加拿大—仿制药"案（Canda-Generics）① 中，加拿大主张，第 1 条第 1 款第三句为它确定专利权的例外范围（scope of exceptions to patent rights），提供了实质性标准，特别是把它与第 7 条、第 8 条第 1 款结合起来解读时。根据专家组报告，加拿大的主张如下：

"存在这样一种自主决定权，它与第 1 条第 1 款关于各成员有权确定实施《TRIPS 协定》规定的适当方法的规定相符，而《TRIPS 协定》规定当然包括了第 7 条、第 30 条，以及第 27 条、第 28 条和第 33 条。

规定该自主决定权是为了在每一成员的国内法律制度之间达到一种适当的平衡，这反映了各成员的意图，即确保在该协定谈判时在它们各自的知识产权法律中已经存在的——或者已经考虑接受的——对专利权范围的限制，能够被考虑其中。"（第 4.13 段）（加拿大的观点）

欧共体在回应时则主张：

"加拿大引用《TRIPS 协定》第 1 条第 1 款是为了证明，它对于判定如何实施其根据该协定所承担的义务，有广泛的自主决定权。不过，加拿大认为这一条规定为各成员调整其在该协定项下的义务提供了一个一般性的自主决定权，却是错误的。该条明文规定，由《TRIPS 协定》提供的知识产权保护，应被看作是最低保护水平。该协定所允许的灵活性，则只是涉及在各成员法律制度中用以确保这一最低保护水平的手段。"（第 4.29 段）（欧共体的观点）

专家组在其决定中并没有对第 1 条第 1 款赋予重要意义，而是将焦点集中于第 7 条和第 8 条。它提到：

"7.23 加拿大提请注意《TRIPS 协定》的其他若干规定，作为与第 30 条的宗旨与目标具有相关性的条款。首先要注意的［脚注 385］* 是第 7 条和第 8 条第 1 款……［脚注 385：也需要注意的是在《TRIPS 协定》序言中引言的第一段，以及第 1 条第 1 款的部分文本。相关的引言文本是这样规定的：'期望减少对国际贸易的扭曲和阻碍，并考虑到需要促进对知识产权的有效和充分保护，并保证实施知识产权的措施和程序本身不成为

---

① 加拿大—药品专利保护案（Canada -Patent Protection of Pharmaceutical Products），专家组报告，WT/DS 114/R，2000 年 3 月 17 日（"加拿大—仿制药"案）。

* 指专家组报告的原文脚注。——译者

合法贸易的障碍；'（着重句是由加拿大所加）〕

（……）

7.25 欧共体也引用《TRIPS 协定》引言开头部分以及第 1 条第 1 款的规定，以表明该协定的基本宗旨是在于规定有关知识产权保护和实施的最低要求。

（……）

7.26 在审查这些条件时要考虑第 7 条与第 8 条第 1 款中所规定的目标和限制这两个方面，以及《TRIPS 协定》用以表示其目标与宗旨的其他条款中的目标和限制。"

专家组在"加拿大—仿制药"案中，就加拿大的药品存储与监管审查例外（stockpiling and regulatory review exceptions）作出裁决时，并没有专门依据第 7 条和第 8 条第 1 款，抑或第 1 条第 1 款。

4.3 "美国—版权（家庭式使用免责）"案

专家组在"美国—版权（家庭式使用免责）" 〔U. S. -Copyright (Homestyle exemption)〕案的裁决中，提到了美国在其书面陈述（written submission）中就第 1 条第 1 款所提出的主张①。在其提交的书面陈述中，美国称：

"TRIPS 第 1 条第 1 款也强调了灵活性，并且规定 *'各成员有权在其各自的法律制度和实践中确定实施本协定规定的适当方法'*。"②（斜体是后加的）

值得注意的是，美国在对其实施有关处理版权的限制与例外的《TRIPS 协定》第 13 条进行辩护时，承认第 1 条第 1 款"强调了灵活性"。

5. 与其他国际文件的关系

如前所述，成员国实施条约的义务，隐含在《维也纳条约法公约》（VCLT）所承认的以善意履行义务的要求之中。每一成员国履行此项义务的方式，取决于其国内的宪法安排，以及所涉及条约的条款、上下文以及目的

---

① 美国—《美国版权法》110(5)条(*United States-Section 110(5) of the US Copyright Act*)，专家组报告，WT/DS160/R，2000 年 6 月 15 日（简称"美国—版权（家庭式使用免责）"案），第 6.189 段，注 167。

② 同上，附件 2.1，美国首次提交书面意见，1999 年 10 月 26 日，第 21 段。

和宗旨。

6. 新近发展

6.1 国内法

第 1 条第 1 款规定了实施《TRIPS 协定》的方法。随着该协定于 1995 年 1 月 1 日生效，所有的 WTO 成员都必须实施该协定，至少是该协定的某些部分，因此，已经积累了大量的国内实践经验。因各成员的发展水平而异，在 1996 年 1 月 1 日与 2000 年 1 月 1 日又分别产生了额外的履行义务。[1]

关于在国内《TRIPS 协定》实施经验的调查，应当包括研究各成员已经采用了哪些手段来实施在这些规则中所固有的灵活性，例如，对一般义务之例外的采用。此类例外已经成为 WTO 争端解决的主题，既有发生在专利领域的（"加拿大—仿制药"案），也有在版权领域的（"美国—版权（家庭式使用免责）"案）。[2]

向国内法院起诉，就 WTO 成员是否遵守其《TRIPS 协定》义务提出异议，这方面也已有引起关注的事例。最重要的也广为报道的案件是 39 家制药公司起诉南非政府案，涉及后者 1997 年《药品与相关物质控制修订法》（Medicines and Related Substances Control Amendment Act of 1997）。制药公司在法律上的主张包括，根据《TRIPS 协定》第 28 条，并不允许药品的平行进口。但制药公司最终撤回了它们的起诉状。[3]

考虑到在实施《TRIPS 协定》方面存在着大量的国内经验，因此要在这里做一番系统的评论恐怕并不可行。不过，对于各成员就《TRIPS 协定》在国内法中是否具有直接效力（或者自动执行效力）问题所采取的一些方法进行描述，还是有可能的。阿根廷、南非和美国的经验是各种不同的潜在方法的代表。至于欧洲共同体的情况，则在下文关于地区性安排之处予以描述。

---

[1] 关于《TRIPS 协定》过渡期的具体内容，参见本书第 33 章。

[2] 在"美国—哈瓦那俱乐部"（U. S. -Havana Club）案中，有关商标之例外也进行了有限的讨论，不过在上诉机构的裁决中，它并不被当作一个重要问题。

[3] 关于在南非药品案中法律观点的描述，参见 Federick M. Abbott, *WTO TRIPS Agreement and Its Implications for Access to Medicines in Developing Countries*，英国知识产权委员会（British Commission on Intellectual Property Rights）研究论文第 2a 号，2002 年 2 月，可查于 http：//www. iprscommission. org。关于平行进口与《TRIPS 协定》第 28 条相互作用的分析，参见以下本书第 5 章。

6.1.1　阿根廷

根据法院的解释，《阿根廷宪法》（Constitution of Argentina）允许直接适用国际条约，只要该条约的特定条款足够准确和完整，从而无需立法上的进一步发展即可适用。这项原则已经在若干案件中适用，在这些案件中，原告引用了《TRIPS 协定》的规定，特别是该协定的第 33 条和第 50 条①。最高法院在若干判决中②确认了这种一元论解释（monist interpretation），表明当一项国内法的规定与《TRIPS 协定》的规定发生冲突时，后者优先于前者并且替代前者。

6.1.2　南非

《南非宪法》（South Africa Constitution）最近做过多次修订，从而影响到条约在其国内法中可能实施的方式③。南非议会批准《乌拉圭回合协定》时的《宪法》，要求将条约明确作为国内法的一部分通过，条约就具有直接效力④。南非议会在 1995 年同意批准《乌拉圭回合协定》，但它并没有明文规定这些协定具有直接效力⑤。虽然没有明文规定，但如果一自动执行的条约的条

---

①　参见，例如，*S. C. Johnson & Son Inc. c/Clorox Argentina S. A. s/medidas cautelares*，Com. Sala II，1988 年 4 月 30 日；*Lionel's S. R. L s/medidas cautelares*，Cam. Fed. Civ. y Com. Sala II，1998 年 11 月 24 日。

②　参见 *Unilever NV c/Instituto Nacional de la propiedad Industrial s/denegatoria de patente*，2000 年 10 月 24 日；*Dr. Karl Thomae Gesellschaft mit Beschrankter Haftung c/Instituto Nacional de la propiedad Industrial s/denegatoria de patente*，2001 年 2 月 13 日。另参见 Carlos Correa （2001） "El Regimen de patentes tras la adopcion del Acuerdo sobre los Derechos de la Propiedad Intelectual Relacionados con el Comercio"，Jurisprudencia Argentina （《阿根廷法学》），第 6239 期，布宜诺斯艾利斯。

③　参见，例如 John Dugard 与 Iain Currie，*International Law and Foreign Relations*，载《南非法律年度调查 （1995 年）》（Annual Survey of South Africa Law 1995），第 76 页及以下，Juta & Co. Limited （以下简称 "Dugard and Currie"）。

④　这一文本在很大程度上遵从了英国模式，并要求采取立法行动，以便赋予条约规定在国内法中的直接效力。参见 *Azanian Peoples Organization v. President of the Republic*，南非宪法法院，第 CCT17/96 号案，1996 年 7 月 25 日判决，第 26—27 段。

⑤　参见 Dugard and Currie，其中提到同意批准 "关于建立世界贸易组织和《关税与贸易总协定》（GATT）并入的马拉喀什最后协定 ［Marrakesh Final Agreement establishing the World Trade Organization and incorporating the General Agreement on Tariffs and Trade （GATT）］——国民大会辩论 （*National Assembly Debates*） col 653 （1995 年 4 月 6 日）；参议院辩论 （Senate Debates） col 554 （1995 年 4 月 6 日）"，第 77 页，并且将其排除在由议会决定的具有直接效力的条约名单之外，第 79 页。

款与《宪法》或者议会制定的某一法律并无不一致之情形的话，此后以及当前的《南非宪法》文本都允许条约可以具有直接效力。①

在南非法律中还存在一个令人感兴趣但又迄未解决的问题，即包括《TRIPS 协定》在内的一项条约，如果它是在宪法上的直接效力待遇作出修改之前通过的，那么对它的评估究竟是按照新的宪法规则，抑或仍然按照旧的宪法规则。

无论如何，南非议会通过立法，使其国内法律与包括《TRIPS 协定》在内的 WTO 各项协定相符合了②。这是与美国所奉行的二元论方法（dualist approach）相一致的，它允许条约有直接效力，但又准许立法机关通过此后的立法来控制条约，即使其具有直接效力。这两种方法并不相互排斥。亦即，一项条约可能在某些问题上具有直接效力，但在另一些问题上则由于相关立法而受到控制。

6.1.3　美国

在美国的宪法架构中，国会在处理对外贸易关系上享有根本权限（primary authority），总统以及行政部门则是根据国会普遍的或者具体的授权（general or specific grants of authority），从而可以在国际贸易关系领域采取行动③。在《乌拉圭回合协定法》（Uruguay Round Agreement Act/URAA）中，国会授权美国政府遵守包括《TRIPS 协定》在内的《WTO 协定》，并且在美国的国内法中实施《WTO 协定》④。与美国国

---

① 《南非宪法》第 231 条，1996 年 5 月 8 日通过，1996 年 10 月 11 日修订，1997 年 2 月 7 日生效，其中在相关部分规定如下：

"第 231 条　国际协定

（4）任何国际协定，在其通过国内立法而被制定为法律时，即成为共和国的法律；但经议会批准的协定中有自动执行条款的，该条款即为共和国的法律，除非其与《宪法》或者议会制定的法律存在冲突。

（5）在《宪法》生效时对共和国具有约束力的国际协定，仍受其约束。"

② 关于《南非宪法》、贸易协定以及国内贸易法之间的相互协调，参见 Gerhard Erasmus, *The Incorporation of International Trade Agreements into South Africa Law：The Extent of Constitutional Guidance*，28 South Africa Yearbook of International Law（《南非国际法年鉴》），2003 年，第 157—181 页。

③ 一般性参见，Riesenfeld and Abbott, *The Scope of U. S. Senate Control over the Conclusion and Operation of Treaties*，载 Parliamentary Participation，第 302 页。

④ 《乌拉圭回合协定法》（以下简称"URAA"），Pub. L. 103—465, 108 stat 4809（1994），sec. 101(a)(1)。

会对于 URAA 采用了快速通道（fast-track）批准程序相关的是，行政部门向国会提交了一份《政府行动声明》（Statement of Administrative Action），其意图在于，为了美国的国际义务和国内法，由行政部门发布对 WTO 协定的权威解释①。国会在批准 URAA 之时，也批准了《政府行动声明》②。总统在国会批准《WTO 协定》以及相关的乌拉圭回合协定之后③遵照《WTO 协定》第 14 条所规定的程序，也批准了上述法律文件。1995 年 1 月 1 日，《WTO 协定》与相关各项协定在美国生效。④

　　国会在 URAA 中拒绝了《WTO 协定》的自动执行效力或者直接效力⑤，其所遵循的这一模式，正是在有关《关贸总协定》东京回合诸项协定中所确

---

　　① 美国贸易代表办公室，《乌拉圭回合协定法政府行动声明》（Uruguay Round Agreement Act Statement of Administrative Action），"引言"部分。URAA，sec. 101(d)。

　　② URAA，sec.(a)(2)。

　　③ URAA，sec. 101(b)。

　　④ 参见 19 USCA § 3511 (1996)。

　　⑤ URAA102 条规定："(a)协定与美国法的关系——(1) 两者发生冲突时美国法优先。乌拉圭回合协定的任何规定，以及对任何人或者任何情形适用该等规定的，若其与任何美国法律相抵触，则不生效力。"URAA102 条进一步规定如下：

　　"(c)协定关于私人救济方面的效力——

　　(1) 限制。——除美国外，任何人均不得——"

　　(A) 根据乌拉圭回合诸项协定（Uruguay Round Agreements）的任何规定或者根据国会对该等协定的批准而获得诉因（cause of action）或者抗辩理由（defense），或者

　　(B) 在根据任何法律规定而提起的任何诉讼中，针对美国任何部、局或者其他机构，任何州，或者一州之下的任何分支机构，以作为或者不作为与该等协定相抵触为由而提出异议。

　　(2) 国会的意图。——国会通过上述第 1 段所表明的意图是，由其占据按照乌拉圭回合诸项协定或者与之相关规定而产生的任何诉因或者抗辩理由这一领域，其中包括，排除美国之外的任何人根据乌拉圭回合诸项协定的任何规定或者与之相关联的规定，而就各州法律的适用，对任何州或其下属分支机构提起任何诉讼或者提出任何抗辩——

　　(A) 其根据是美国按照任何该等协定而提起诉讼中所获得的一份判决；或者

　　(B) 任何其他根据。"

　　《政府行动声明》也许比有关排除直接效力的制定法更加确定无疑，特别是它可能涉及双方当事人均为私人主体的诉讼。它提及：

　　"私人主体因此不能以他人与这些［WTO］协定相符合（或者相抵触）为由，起诉美国、某一州或者另一私人主体（或者在针对此类主体的诉讼中提出抗辩）。"同上，第 20 页。

立的。

URAA 中有关拒绝《WTO 协定》自动执行效力或者直接效力的规定，适用于该协定的所有组成部分，因此也包括《TRIPS 协定》在内。这些规定排除了私人主体直接根据《WTO 协定》，作为向另一私人主体提起民事诉讼的依据，或者作为向联邦政府或者州政府提起诉讼的依据。

6.2　国际文件

6.3　地区和双边情况

6.3.1　地区

在 1994 年的一份咨询意见中，欧洲法院（ECJ）认定，《TRIPS 协定》必须由各成员国与欧共体共同采纳，因为各成员国与欧共体在知识产权条例规定方面是共享权能的①。当欧洲共同体理事会（Council of the European Communities）随后批准加入乌拉圭回合协定时，它在表示同意的决议中包含了一个引述部分（recital），即它的理解是，《WTO 协定》将不被看做对于欧共体具有直接效力②。引述部分通常跟一份决议中的实施条款（operative provisions）并不具有相同的法律效力，但是，欧共体的机关在解释该决议以及相应的条约时，该引述部分却被认为具有某种影响。

1999 年，欧洲法院在 *Portugal v. Council* 一案中判决，WTO 诸项协定在欧共体法律中不具有直接效力③。从根本上来说，欧洲法院依据的是它于 1972 年 ［在国际水果（*International Fruit*）案］所采信的相同的主张，即 GATT 1947 在欧共体法中不具有直接效力④。在 2000 年，欧洲法院在

---

①　1994 年 11 月 15 日第 1/94 号意见，［1994］ECR I-5267，第 105 段。

②　理事会决议（1994 年 12 月 22 日），关于代表欧共体就乌拉圭回合多边谈判（1986—1994 年）所达成协议而对在其权能范围内相关事务作出结论，*Official Journal of the European Communities*（《欧洲共同体官方公报》）L 336，23/12/1994，第 1—2 页。

③　参见第 C-149/96 号案件 *Portuguese Republic v. Council of the European Union*，［1999］ECR I-8395，第 47 段："从所有这些因素得出的结论是，就其特征与结构方面看，WTO 各项协定在原则上并不属于法院据以审查由欧共体机构所采取措施的合法性的规则。"（以下简称 "Portugalv. Council" 案）

④　参见第 21/72 号 至 第 24/72 号 合 并 案 件 *International Fruit Company N. V. v. Produktschap voor Groenten en Fruit*（*No. 3*）［1972］ECR 1219。

Parfums Christian Dior v. Tuk Consultancy 一案①中又判决到，它在 *Portugal v. Council* 案中的判决扩大适用于《TRIPS 协定》，从而，《TRIPS 协定》不得直接作为欧共体法律而发生效力。不过，欧洲法院补充道，因为《TRIPS 协定》是欧共体的一项国际义务，故各成员国的法院应当致力于与《TRIPS 协定》相一致的方式来解释欧共体的法律。②

对欧共体来说，这一问题较为复杂，因为在知识产权领域，相对于各成员国而言，它并不具备专有权能（exclusive competence）。欧洲法院因此表示，对于由各成员国保留专有权能的这些领域，直接效力的问题必须作为成员国法律的一个问题而加以解决③。在 *Christian Dior* 案中，这就意味着荷兰法院将决定《TRIPS 协定》中有关临时措施的第 50 条第 6 款是否可以直接适用于荷兰法律。欧洲法院事实上承认，《TRIPS 协定》是否具备直接效力这一问题由 WTO 各成员决定（请记住，欧共体在 WTO 的成员身份可能因上下文而有所不同*）。

6.4 关于审查的建议

作为其根据《TRIPS 协定》第 68 条所享有权限的一部分（参见本书第 35 章），TRIPS 理事会有权监督义务的实施，以及向各成员提供机会，回答有关知识产权问题的咨询，目前它正在审查《TRIPS 协定》义务的

---

① 参见第 C-300/98 号与第 C-392/98 号合并案件 *Parfums Christian Dior SA and Tuk Consultancy BV*，［2000］ECR I-11307。在 *Portugalv. Council* 案中，欧洲法院拒绝了欧盟成员国引用 WTO 的协定反对欧共体立法的可能性，而 *Christian Dior* 案判决则否定了该等协定的有利于个人（亦即欧盟公民）的直接效力。

② 欧洲法院称：

"49.［……］在《TRIPS 协定》所适用的并且欧洲共同体已经对之进行立法的领域，当各成员国的司法机关根据共同体的法律被要求适用国内法的规定以便为落入该领域的权利提供临时措施的保护时，但这样做要尽可能地符合《TRIPS 协定》第 50 条的用语和目的，［……］"

③ 欧洲法院称：

"49.［……］在欧共体尚未进行立法规定从而落入各成员国责权范围的一个领域，知识产权保护以及司法机关为此目的而采取的措施，并不属于欧共体法律的范围。因此，欧共体法律既没有要求也不禁止一成员国的法令（legal order）究竟是应当向个人授予这样的权利，使之可以直接依据《TRIPS 协定》第 50 条第 6 款所设立的规则，还是应当责成法院适用它们自己的规则。"

* 欧共体是 WTO 成员，欧共体各成员国也是 WTO 成员。——译者

实施。对于发达国家成员来说，审查是随着它们在 1996 年 1 月 1 日的普遍实施的最后期限就已经开始了的，而对于发展中国家成员，其审查的开始时间则为 2000 年 1 月 1 日普遍实施的最后期限①。

一些发展中国家成员提出对《TRIPS 协定》进行修改或者解释，以便排除针对某些成员施加双边或者地区性压力，因为这些成员准备利用《TRIPS 协定》所固有的灵活性，例如颁发强制许可证的权利而采取行动②。这一类修改或者解释将针对第 1 条第 1 款第二句，它规定各成员并无义务采用超 TRIPS 的保护。

7. 评论（包括经济和社会意义）

《TRIPS 协定》确立了知识产权保护的最低标准，该标准与大多数高度工业化国家的通行标准相一致。像美国和日本这样的高度工业化国家，已经走过了对知识产权提供弱保护的漫长时期，而达到它们目前的发展水平③。《TRIPS 协定》在某种程度上排除了今天的发展中国家还能依靠同样的经济转型模式，因为它针对发展的稍后阶段的保护水平而量身定制了最低标准。并且，通过设定最低标准，而非最高标准，《TRIPS 协定》就为双边与地区性协定打开了一个通道，而这样的协定可能将经济利益的天平明显地向 WTO 中更强势的成员倾斜，由此而导致在全球财富分配上的难题进一步恶化。从事后来看，发展中国家成员本可能更强烈地坚持，《TRIPS 协定》不仅应当反映知识产权的最低保护标准，而且对这些标准的任何提高，都只应当在 WTO 多边框架内进行谈判（在那里，发展中国家成员对于结果才具有一种更高水平的控制力）。发展中国家成员在实施《TRIPS 协定》标准的灵活性上存在某种余地，对此，它们应当善加利用与维护④。这可能不是提出发展重点（development priorities）的最优方法，但它却是在当下由《TRIPS 协定》所提供的方法。

---

①　对这一审查过程的讨论，见本书第 35 章。

②　参见，例如，发展中国家就《TRIPS 协定与公共健康宣言》所作出的一个提案，参见以上本章第 3 节。

③　参见 UNCTAD-ICTSD Policy Discussion Paper（政策讨论文件），第 1 章。

④　关于理解《TRIPS 协定》条文的灵活性特征的重要意义，在卡洛斯·科雷亚（Carlos Correa）教授与杰罗姆·赖克曼（Jerome Reichman）教授的多个作品中均有详细阐述。参见，例如 Carlos Correa, *Integrating Public Health Concerns into Patent Legislation in Developing Countries*（South Centre 2000），Jerome Reichman, *Securing Compliance with the TRIPS Agreement After U. S. v. India*，1 J. Int'l Econ. L. 585（1998）。

第3章 TRIPS 协定包括的
知识产权类别

第1条 义务的性质和范围

1. [……]

2. 就本协定而言,"知识产权"一词指作为第二部分第1节至第7节主题的所有类别的知识产权。

3. [……][注2]在本协定中,"《巴黎公约》"指《保护工业产权巴黎公约》;"《巴黎公约》(1967)"指 1967 年 7 月 14 日该公约的斯德哥尔摩文本。"《伯尔尼公约》"指《保护文学艺术作品伯尔尼公约》,"《伯尔尼公约》(1971)"指 1971 年 3 月 24 日该公约的巴黎文本。"《罗马公约》"指 1961 年 10 月 26 日在罗马通过的《保护表演者、录音制品制作者和广播组织的国际公约》。"《关于集成电路的知识产权公约》(《IPIC 条约》)"指 1983 年 5 月 26 日在华盛顿通过的该条约。"《WTO 协定》"指《建立世界贸易组织协定》。

第2条 知识产权公约

1. 就本协定的第二部分、第三部分和第四部分而言,各成员应遵守《巴黎公约》(1967)第1条至第12条和第19条。

2. 本协定第一部分至第四部分的任何规定不得背离各成员可能在《巴黎公约》、《伯尔尼公约》、《罗马公约》和《关于集成电路的知识产权条约》项下相互承担的现有义务。

1. 引言：术语、定义和范围

"知识产权"（intellectual property）一词可以用不同方法进行定义。第 1 条第 2 款并未将"知识产权"作为一个概念加以定义，而是提到了该协定中规定其"种类"的各节。

"知识产权"（intellectual property 以及 intellectual property rights）* 这一术语主要出现在《TRIPS 协定》的序言和第三部分（关于实施措施）。在序言部分使用该术语，用于指本协定调整的一般对象范围，并帮助形成本协定的实施条款（operative provisions）的语境。第三部分要求各成员对于"知识产权"（intellectual property 或者 intellectual property rights）提供某些种类的实施措施。WTO 上诉机构和欧洲法院均已作出决定，解释了《TRIPS 协定》中所使用的"知识产权"一词。

《TRIPS 协定》吸收了已经谈判达成的、现正在世界知识产权组织（WIPO）框架下管理的条约（或者公约）。这些吸收部分是在第 2 条中实现的。在涉及实质义务的第二部分中也提到 WIPO 诸公约。《TRIPS 协定》补充和修改了 WIPO 诸公约的某些用语，并且在现有的公约范围之外，创设了新的规则。

一些提案要求扩大《TRIPS 协定》的对象范围，其中大多数提案来自发展中国家。这些提案要求将传统知识、民间文学艺术和遗传资源等领域纳入《TRIPS 协定》的调整范围。①

本章聚焦于《TRIPS 协定》用以界定知识产权对象范围的总体方法。

---

　* 严格来讲，"intellectual property"指知识财产（即知识产权的对象），"intellectual property rights"则指知识产权权利，但通常两者可以互换使用。为统一起见，也为读者理解方便，本书如不作特别声明，将这两个英文术语均译作"知识产权"。——译者

　① 参见本书第 21 章。

2. 条文沿革

2.1 TRIPS 之前的状况

一直到 20 世纪中叶之前，习惯在"工业产权"（industrial property）与由作家、艺术家所创作的作品之间作出一种区分。"工业产权"属于工商业领域，并且通常是指专利和商标。作家和艺术家的领域则通常用版权和相关权利予以保护。这种区分反映在最早的两份关于知识产权保护的多边协定的名称上，即《保护工业产权巴黎公约》（1883 年）和《保护文学和艺术作品伯尔尼公约》（1886 年）。①

如果说这种区分一度是以工商业为根据的，但所谓的"后工业"（post-industrial）时代的开启冲淡了这种关联。作者们，比如说计算机软件开发人，可以提出其作品构成了新一代工商业的基础。工商业和艺术之间的界线变得模糊起来，"知识产权"这一范围广泛的用语，就变成通常用于指受到法律保护的人类创造性活动的成果。

《成立世界知识产权组织公约》（Convention Establishing the World Intellectual Property Organization，1967 年通过，1970 年生效）第 2 条界定了"知识产权"，其中规定：

"（第 8 款）'知识产权'包括以下有关项目的权利：

——文学、艺术和科学作品；

——表演艺术家的表演、录音制品和广播节目；

——在一切人类活动领域内的发明；

——科学发现；

——工业品外观设计；

——商标、服务标记、商号名称和标记；

——禁止不正当竞争，以及在工业、科学、文学或者艺术领域内其他一切

---

① "知识产权"这一术语的创设，通常归功于 19 世纪后期的约瑟夫·科勒（Josef Kohler）与埃德蒙·皮卡德（Edmond Picard）。不过在此后若干年内，该术语的使用仍然并不常见。参见 J. H. Reichman, *Charting the Collapse of the Patent-Copyright Dichotomy*: *Premises for a Restructured International Intellectual Property System*，13 Cardozo Arts & Ent. L. J. 475，480（1995），它引用的诸多资料中包括 1 Stephen P. Ladas, *The International Protection of Literary and Artistic Property*，第 9—10 页（1938 年）。

来自知识活动的权利。"

这一定义的范围非常广泛。它包含了那些在传统上不受工业产权或者知识产权保护的对象（例如，科学发现一般被排除在专利保护范围之外），而且它并未显示出一种以创造性为基础的限制。① 但是，这一定义是被用在为建立联合国的一个专门机构这样的语境中，而不是被用在界定权利范围这样一种实施条款的语境（operative context）中。从某种意义上讲，《成立世界知识产权组织公约》的这个定义还是有用的，它作为一个指标，表明了知识产权概念的外延可以扩展得多宽。它也提供了一个依据，用来跟《TRIPS 协定》中所采用的范围较窄的概念进行比较。

WIPO 诸公约中的主要公约，即《巴黎公约》与《伯尔尼公约》，在对其所调整权益的对象进行定义时，实质上采用了不同的方法。《伯尔尼公约》第 2 条包含了一个关于作家和艺术家表达（expression）的具体而完整的定义，此类表达通常就是版权的对象。另一方面，《巴黎公约》对其调整对象，包括专利和商标，则没有给出任何定义。②

---

①　在其最后一段用语中，《WIPO 公约》指的是"知识活动"（intellectual activity）的结果。这可能是指付出的创作性努力，也指创造结果。

②　从 1985 年开始，经"保护知识产权国际（巴黎）联盟"（International（Paris）Union for the Protection of Intellectual Property）的授权，一个关于协调发明保护法中某些条款的 WIPO 专家委员会（WIPO Committee of Experts on the Harmonization of Certain Provisions in Law for the Protection of Inventions）获准成立。正如该委员会的名称所示，其职责在于寻求建立一套在专利领域的共同规则。参见 *WIPO Experts Make Progress On Patent Harmonization Draft*，BNA's Patent，Trademark & Copyright Journal，Analysis，1991 年 1 月 10 日，41 PTCJ 231（第 1013 期），Lexis/Nexis 数据库，导言。由于各国政府希望在专利法的实体性规定上获得协调，这一计划的范围最初是很广泛的。在 1992 年下半年，随着许多基本条款从谈判内容中被排除出去，这一计划的范围就被限制了。参见巴黎联盟大会第 19 次会议（Paris Union Assembly，Nineteenth Session），WIPO doc. P/A/XIX/3，1992 年 7 月 31 日。关于谈判范围的变化，有过一些不同的解释。有些国家的政府就明确表示，《TRIPS 协定》的缔结将降低为专利法的协调而订立一项协定的必要性。同时，美国在当时显然不愿意赞同其他政府提出的核心要求：即在专利上采取"先申请"（first-to-file）方式。如果美国对此不作让步，就不可能订立协定。对一份内容广泛的协定再作进一步谈判，显然徒劳无功，在这一计划（它以《专利法条约》［Patent Law Treaty］的通过而告终）之后的数年里，谈判精力都花在技术性的行政事务上了。

2.2 谈判经过

2.2.1 WIPO 的参与

从启动 TRIPS 谈判之初，有关 GATT 谈判达成的协定与现有的 WIPO 诸公约体系之间的关系，就已经是广泛讨论的议题了。这是与是否应当将有关知识产权的规制移转给 GATT 这个制度性问题（institutional question）紧密相关的，而这个问题的答案，对于许多代表团来讲，并非不证自明的。这里既存在着技术上的问题（technical question），涉及由 WIPO 诸公约所提供的知识产权保护的范围与性质；也有观念上的问题（conceptual question），事关一旦 TRIPS 谈判达成，在 GATT 与 WIPO 之间关系的性质。

1986 年 10 月 13 日，在乌拉圭回合指令（Uruguay Round mandate）于 1986 年 9 月 15 日通过之后不久，WIPO 总干事阿帕德·鲍格胥（Aprad Bogsch）向 GATT 总干事亚瑟·邓克尔（Arthur Dunkel）送交一份请求书，其中载明：

"世界知识产权组织……愿全程参与在知识产权领域，包括假冒商品问题在内的由 GATT 承担的一切活动，特别是，世界知识产权组织愿意受邀参加贸易谈判委员会（Trade Negotiations Committee）以及其他可能受托处理知识产权问题的不同委员会或者工作组的所有会议。"[1]

WIPO 随后受邀作为观察员参加了 TRIPS 谈判组（TNG）的正式会议，这一参与的层次较前述要求为低。[2]

之后，TRIPS 谈判组请求 WIPO 就现有多边公约对知识产权的处理、在 WIPO 架构内的谈判地位以及现有各成员国法律制度对知识产权的处理等问

---

[1]　MTG. GNG/NG11/W/1，1987 年 2 月 25 日，世界知识产权组织总干事通报（Communication from the Director General of the World Intellectual Property Organization）。

[2]　"1. 谈判组同意向 GNG（货物谈判组〔Group of Negotiation on Goods〕）推荐，邀请国际组织参加该组的正式会议，通过提供它们在其各自专业知识领域相应的专业支持，以弥补主要从谈判参加人那里所获得的专业知识，从而有助于谈判组的工作。这种支持既可以是应谈判组主席的事实查询请求书而在会议期间采取口头回答的形式，以澄清与任何该国际组织相关文件与行动有关的问题，也可以是应谈判组的请求而准备事实说明文件（factual papers）。"秘书处记录，1987 年 6 月 10 日谈判组会议，MTN. GNG/NG11/2，1987 年 6 月 23 日。

题起草较为全面的报告。① 在这一方面，WIPO 在 TRIPS 谈判组的活动中的实际参与是相当突出的。

WIPO 诸公约在多大程度上将构成 TRIPS 规则的基础，以及如何将这些公约整合其中，对这些问题的讨论，在 TRIPS 谈判过程中贯穿始终。在 1988 年 2 月 29 日至 3 月 3 日的 TRIPS 谈判组会议上，这些问题得到了某种较为具体的讨论，并因此向 WIPO 发出了一份事实查询请求书（request for factual information）。会议记录表明：

"22. 针对 MTN. GNG/NG11/W/19 号与 21 号文件，一些谈判参加人称，谈判组在处理因该规范领域所产生的问题时，其工作应当建立在其他组织，特别是世界知识产权组织在这一领域长期工作的历史之上。虽然在某些领域已经存在有关保护知识产权的国际标准或者规范，但在其他一些领域则尚付阙如或有所不足。例如，人们认为，《保护文学和艺术作品伯尔尼公约》包含了相当精细的规范，但在《保护工业产权巴黎公约》中则稍显不足。现有的国际规则就防止因许多国家对基本知识产权的相关规定不足而产生的贸易问题，看起来是不够充分的。现有国际公约的规定在以下方面都有必要作进一步研究：由这些规定所引起的贸易问题的相关方面，它们在各成员国的执行，以及为什么有一些国家没有参加这些国际公约的原因。一些谈判参加人希望就以下方面获得更多信息：现有的国际法律，由此所规定的规范如何与国内法中的规范进行比较，以及向谈判组提出的问题与建议等；例如，根据国际规范所赋予的保护水平是否以'足够的利益'〔sufficient profits〕的概念为基础，并且，如果是这样，那么应当如何评估？有一些问题是向世界知识产权组织的代表提出的，也有建议

---

① 参见，例如，1987 年 11 月 23—24 日谈判组会议，MTN. GNG/NG11/5，1987 年 12 月 14 日：

"37. 在就下次会议文件准备的各种建议进行讨论之后，谈判组同意：

1. 授权主席邀请世界知识产权组织秘书处：

（A）就世界知识产权组织管理的国际公约准备一份事实陈述书（factual statement），对于向 MTN. GNG/NG11/W/12（第二节，第 1 小段至第 6 小段）中所包含的各类知识产权提供保护的现有国际公约，提供一份相关规定的参考。

（B）根据第 1(a) 段应要求准备相同种类的事实查询书（factual information），只要涉及世界知识产权组织正在进行的工作，以便为主席就'与本谈判组所提出事项具有可能利益关系的其他国际组织的活动'（Activities in Other International Organizations of Possible Interest in Relation to Matters Raised in the Group）而更新备忘录。"

是针对世界知识产权组织秘书处可能受邀在这方面起草的文件（参见以下第 39 段关于谈判组的决定）。

[……]

39. 根据由墨西哥和另两个谈判参加方所作的一项提议，谈判组采用了其中所附的决议，邀请世界知识产权组织秘书处为此起草一份文件。谈判组主席称，该文件将是一份事实性文件，独立于谈判组考虑的其他文件，其目的在于增进了解，将无损于任何谈判参加方在谈过中所持之立场，也不影响谈判组的谈判目标（Group's Negotiating Objective）的范围。各方期待谈判组主席与关贸总协定秘书处在该文件准备过程中，将会与世界知识产权组织秘书处保持联络……

40. 世界知识产权组织的代表对于谈判组请求世界知识产权组织发挥主要贡献的决议，表示欢迎。对于世界知识产权组织来说，要在谈判组下次会议召开之前的短暂时间内，提供其被要求提供的所有信息，是有困难的。但世界知识产权组织将尽其所能，为下次会议提供尽可能最多的信息，并且在之后尽快提供其余部分的信息。"①

TRIPS 谈判组（TNG）在 1988 年 5 月 16 日—19 日召开的会议，主要讨论了由 WIPO 准备的文件，即《知识产权保护国际普遍承认与适用之标准/规范的现状、范围与形式》（Existence, Scope and Form of Generally Internationally Accepted and Applied Standards/Norms of the Protection of Intellectual Property）（MTN. GNG/NG11/W/24）。在这次讨论中，代表们就以下问题发表观点：《巴黎公约》与《伯尔尼公约》在多大程度上提供了适当水平（adequate level）的知识产权保护，如果对由这些公约所提供的规则加以修改，那么最好由 GATT 承担谈判还是由 WIPO 来承担。②

通过 1989 年 7 月 12 日—14 日的 TRIPS 谈判组（TNG）会议，代表们就 WIPO 现有公约中所设定的规制性标准的适当性（adequacy），进行了具体讨论。③ 尽管对于是否有必要制定规则来补充《伯尔尼公约》的现有规定，

---

① 谈判组 1988 年 2 月 29 日—3 月 3 日会议，MTN. GNG/NG11/6，1988 年 4 月 8 日。

② 在 TRIPS 谈判的这一阶段，秘书处记录一般并不提到具体的代表团意见（delegation intervening），但通常会指出某一位或多位"谈判参加人"（participant or participants）。但在后来的会议中，提出意见的代表团则有时会被具体点名，虽然并非总是如此。

③ 谈判组 1989 年 7 月 12 日—14 日会议，MTN. GNG/NG11/14，1989 年 9 月 12 日。

代表们提出了疑问，但是大家也承认，《伯尔尼公约》的大多数规定还是为版权保护确立了适当的实质性标准。① 对于《巴黎公约》涉及专利部分的讨论，则反映出尖锐的分歧，而分歧主要存在于发达国家与发展中国家的代表团之间。②

2.2.2 安奈尔草案

TRIPS 谈判组（TNG）主席安奈尔（Las Anell）于 1990 年 7 月所准备的综合文本，③ 包括了有关知识产权种类以及与世界知识产权组织诸公约之间关系的草案条文。安奈尔文本规定如下：

"第二部分：一般规定与基本原则

1. 范围与涵盖类别

就本协定而言，"知识产权"一词是指作为第三部分第……节至……节主题的所有类别的知识产权。这一定义不影响对于该对象所给予的保护是否采用某一种知识产权的形式。

5. 知识产权公约

5A. 缔约各方应当遵守《巴黎公约》（1967 年）、《伯尔尼公约》（1971年）[以及《罗马公约》] 中 [有关财产权利] 的 [实质性] 规定。

第三部分：关于知识产权效力、范围和使用的标准

第 1 节：版权和相关权利

1.《与伯尔尼公约》的关系

1A 缔约各方应当赋予作者及其继承人以《伯尔尼公约》（1971 年）所规定的 [财产] 权利，并受到以下所规定条款的约束。

1B 缔约各方应当为其他缔约方的国民提供由其各自法律在当前或者此后所赋予的权利，以及由《伯尔尼公约》特别赋予的权利。"

对于《保护表演者、录音制作者和广播组织罗马公约》（Rome Convention for the Protection of Performers, Producers of Phonograms and Broadcasting Organizations），安奈尔草案包含了一项提议，这是在现行《TRIPS 协定》相应义务之外的（参见上述提议 5A 的方括号内的文字）。这一提议将对 WTO 成员强制性施加《罗马公约》的实质性义务，

---

① 参见，例如，前注第 23—34 段。

② 参见前注第 67—85 段。

③ 谈判组工作状况，致 GNG 的主席报告，MTN. GNG/NG11/W/76，1990 年 7 月 23 日。关于该草案的更多具体内容，参见本书开头部分关于使用方法的解释性说明。

而这并不是《TRIPS 协定》第 2 条所规定的情形（具体参见以下本章第 3 节）。

2.2.3　布鲁塞尔草案

安奈尔综合文本在 1990 年 12 月的布鲁塞尔部长会议文本中受到修改。布鲁塞尔部长会议文本第 1 条第 2 款（涉及"知识产权"这一术语）与最终的《TRIPS 协定》文本实质性相同（尽管布鲁塞尔文本在相关各节的标号上并不一一对应）。

布鲁塞尔部长会议文本第 2 条第 1 款规定如下：

"1. 就本协定第二部分、第三部分和第四部分而言，缔约各方不得违反《巴黎公约》（1967 年）相关规定。"

在这一阶段，提及《巴黎公约》时还是使用一般性术语，与此后提及特定条款的方式不同。而且，它使用的是"不得违反"（shall not depart）这样一种表述，而不是后来使用的"应当遵守"（shall comply with）。[①]

布鲁塞尔部长会议文本第 2 条第 2 款规定如下：

"2. 本协定的任何内容不得背离缔约各方可能在《巴黎公约》、《伯尔尼公约》、《罗马公约》和《关于集成电路的知识产权条约》项下相互承担的现有义务。"

从安奈尔综合文本到布鲁塞尔部长会议文本的过渡具有重要意义。例如，作为《TRIPS 协定》第 1 条第 2 款前身的安奈尔综合文本包含了额外的一句话，暗示地承认由本协定所调整的某些权利，可能并不被认为属于在通常含义上使用该术语的"知识产权"（参见以上安奈尔草案第 1 段，"范围与涵盖类别"）。而且，布鲁塞尔部长会议文本第 2 条第 2 款（参见上文）增加了关于违反 WIPO 诸公约项下所承担义务（obligation）的一个重要规定，但它并未提到这些公约项下所规定的权利（right）（有关在该上下文中所提到的"权利"和"义务"的区分，参见本章第 3 节）。

2.2.4　邓克尔草案

邓克尔草案与《TRIPS 协定》最终文本相比，其唯一的变化是在第 2 条第 2 款中引入了限定性用语，即把有关不得背离之情形限定在《TRIPS 协定》

---

① 现行《TRIPS 协定》中关于"遵守"《巴黎公约》规定的义务的解释，以及在《TRIPS 协定》与《巴黎公约》之间可能的层级关系问题，参见以下本章第 3 节（恰当的解释）。

"第一至第四部分"。① 从实际情况看，这一限定并未导致该条文有实质性变化；现行第 2 条第 2 款未提到的部分是涉及有关争端的防止和解决（第五部分）、过渡性安排（第六部分）、机构安排与最后条款（第七部分）。而这些条款是《TRIPS 协定》所独有的，因此，不可能影响到各成员根据前述公约所承担的义务。

3. 可能的解释

3.1　《TRIPS 协定》第 1 条第 2 款

> 就本协定而言，"知识产权"一词指作为第二部分第 1 节至第 7 节主题的所有类别的知识产权。

正如在以下讨论中所将表明的，"知识产权的类别"（categories of intellectual property）与《TRIPS 协定》第二部分第 1 节至第 7 节的标题并非同义语。不过，将这些标题列示如下，以便作为进一步讨论的参考，还是有用的。

"第二部分　关于知识产权效力、范围和使用的标准
第 1 节　版权和相关权利
第 2 节　商标
第 3 节　地理标志
第 4 节　工业品外观设计
第 5 节　专利

---

① 《TRIPS 协定》第 1 条第 2 款与第 2 条的邓克尔草案文本与最终通过的文本几乎完全相同，只是在阐明相关章节的编号上有所变化。《TRIPS 协定》第 1 条第 2 款中的"第二部分第 1 节至第 7 节"一句，在邓克尔草案文本是"Section 1 to 7 of Part II"，而在《TRIPS 协定》的最终文本上是"Section 1 *through* 7 of Part II"（斜体表示强调，为本书所加）。《TRIPS 协定》第 2 条第 1 款中的"《巴黎公约》（1967 年）第 1 条至第 12 条和第 19 条"一句，在邓克尔草案文本是"Article 1—12 and 19 of the Paris Convention (1967)"，而在《TRIPS 协定》的最终文本上是"Article 1 through 12, and Article 19, of the Paris Convention (1967)"。同样地，邓克尔草案文本与《TRIPS 协定》中关于《伯尔尼公约》规则的第 9 条第 1 款，在实质内容上也是相同的，只是在说明相关条文的编号时有所变化。其他知识产权种类中涉及 WIPO 公约的谈判过程，在本书相关章节中具体阐述。

第 6 节　集成电路布图设计（拓扑图）
第 7 节　对未披露信息的保护"

《TRIPS 协定》所包含的知识产权对象的范围，决定了每一成员实施和执行该协定的义务。该文本显示，第 1 条第 2 款意在限定"知识产权"的对象范围。通过将"知识产权"定义为是指作为《TRIPS 协定》若干章节主题的"所有类别"（all categories）的知识产权，这样的定义就排除了不属于这些章节主题的、其他潜在的知识产权类别。①

随之而来的问题是，"类别"（category）是指什么意思？"类别"被定义为事物的一个集合或者子集。② 这一术语固有地存在歧义，因为集合或者子集可以被定义得较宽或者较窄，取决于该集合或者子集创立者的意图。因此，例如，当指向"版权和相关权利"这一"类别"时，它可以被理解为仅仅指在第二部分第 1 节所指的特定种类的保护，或者可以被理解为是指与表达性作品"相关的"任何种类的权利（请记住，与版权相对应的"邻接权"[neighbouring rights]，自有其通常理解的含义）。③

而且，既然《TRIPS 协定》第 1 条第 2 款所指的是作为第 1 节至第 7 节"主题"（subject）的类别，那么，其所包含之对象（matter）的范围，就不一定被严格限定为这些章节标题的一般类别（general category headings）。在这些章节中，还提到了那些通常不被认为属于这些一般类别的对象。比如，特别的（sui generis）植物新品种保护，就可以作为《TRIPS 协定》第 5 节项下的专利保护的一种替代形式。这样的保护不涉及专利本身。正如在以下（本章第 4 节）具体讨论的，WTO 上诉机构在"哈瓦那俱乐部"（Harvana Club）案中支持了这样的解释。

因为第 1 条第 2 款是以一种限制性形式加以表述的，因此，就有充分的理由认为，知识产权的类别应当与第二部分第 1 节至第 7 节所列举的对象具

---

①　通过对比可以发现，"知识产权"的定义在《成立世界知识产权组织公约》（上文提及）中不仅包括一份被指定属于知识产权对象领域的清单，而且一般性地提到了"以及在工业、科学、文学或者艺术领域内其他一切来自知识活动的权利"。《成立世界知识产权组织公约》中的这份清单也没有明确地为《TRIPS 协定》所涵盖，例如，"科学发现"（scientific discoveries）就不同于作为专利保护对象的"发明"（参见《TRIPS 协定》第 27 条第 1 款）。

②　《新节本牛津英语词典》将"category"（类别）定义为"Any of a possibly exhaustive set of basic classes among which all things might be distributed"。

③　参见本书第 13 章。

有相当紧密的关系，特别是，《TRIPS 协定》的谈判过程显示了这样的意图，即它所调整的对象范围是那些由缔约各方已经达成一致意见的领域，而不是尚未达成合意的领域。也有某些对象的领域，与现有的知识产权种类处在"交界之处"。一个显著的领域是数据库保护。在这个方面，所涉及的数据库是否因其内容的选择或者编排（by reason of the selection or arrangement of its contents）而构成一种智力创作（intellectual creation），具有决定性意义。如果它符合这一条件，那它就属于由《TRIPS 协定》第 10 条第 2 款所规定知识产权的调整对象。[①] 另一方面，如果数据库内容的选择或者编排并不具有创造性（例如一本电话号码簿），那么它就不能被认为是通常意义上的"知识产权的对象"，因为这种汇编只是反映了所付出的努力。《欧共体数据库指令》（EC Database Directive）为数据库提供了一种特别权利（sui generis right）的保护，区别于由版权所保护的权益。[②] 美国最高法院对于非创造性的数据库，则拒绝给予版权保护。但是，这样的数据库在某种程度上可以获得反不正当竞争法的保护，而由此产生的问题是，由反不正当竞争法所保护的数据库利益，是否可以被认为是一种知识产权。因为非创造性的数据库不属于《TRIPS 协定》第二部分第 1 节至第 7 节的主题，所以，就该协定而言，它看起来就不应被认为是"知识产权"，即便它们可以受到反不正当竞争法的保护。[③]

　　吸收 WIPO 诸公约的规定也在《TRIPS 协定》所包含的知识产权类别上产生了解释上的问题。例如，第 2 条第 1 款规定，各成员应当遵守《巴黎公约》第 1 条至第 12 条以及第 19 条（就《TRIPS 协定》第二部分、第三部分和第四部分而言）。《TRIPS 协定》因此吸收了《巴黎公约》第 1 条的"工业产权"（industrial property）的定义，它在解释《巴黎公约》或者《TRIPS 协

---

　　① 具体内容参见本书第 9 章。请注意，《TRIPS 协定》并未就哪些构成第 10 条第 2 款意义上的"智力创作"（intellectual creation）给出任何定义。

　　② 根据欧共体指令，该种保护是在版权保护之外附加授予的，但又独立于版权保护。关于《欧共体数据库指令》，具体参见本书第 9 章，第 6.3 节（地区性情况）。

　　③ 另一方面，正如之前所述，构成一种智力创作的数据库就被《TRIPS 协定》第 10 条第 2 款所涵盖，并因此符合第 1 条第 2 款意义上的"知识产权"。

定》时都会产生一种不确定性的作用。① 根据 WTO 上诉机构的观点（参见以下本章第 4 节对"哈瓦那俱乐部"案的讨论），即使商号（trade names）并未被明确表述为第二部分第 1 节至第 7 节的任何"类别"，《TRIPS 协定》仍将之包含其中，因为它所吸收的一项义务就是遵守《巴黎公约》第 8 条*。②

《TRIPS 协定》第二部分第 1 节至第 7 节在涉及知识产权保护对象时，是以一种适度具体的方式起草的，从而《TRIPS 协定》对某些对象领域的适用是十分明确的。但是，第 1 节至第 7 节并非都一样精确，而且第 1 条第 1 款赋予各成员自主决定权，以确定它们对这些对象可能采用的保护方式。各成员在决定哪些由法律保护的权益（legal entitlements）可以被看作"知识产权"，并最终决定在其自身法律制度与实践中的"知识产权"范围时，具有某种自由裁量权。

3.2 《TRIPS 协定》第 2 条以及其他对照条文

第 2 条　知识产权公约

1. 就本协定的第二部分、第三部分和第四部分而言，各成员应遵守《巴黎公约》（1967）第 1 条至第 12 条和第 19 条。

2. 本协定第一部分至第四部分的任何规定不得背离各成员可能在《巴黎公约》、《伯尔尼公约》、《罗马公约》和《关于集成电路的知识产权条约》项下相互承担的现有义务。

《TRIPS 协定》与 WIPO 诸公约之间交织而成的关系网，错综复杂。许

---

① 为了说明可能面临的解释问题，《巴黎公约》第 1 条第 3 款规定：

"对工业产权（industrial property）应作最广义的理解，不仅应适用于工业和商业本身，而且也应同样适用于农业和采掘业，适用于一切制成品或天然产品，例如：酒类、谷物、烟叶、水果、牲畜、矿产品\矿泉水、啤酒、花卉和谷类的粉。"

如果将这个定义与《TRIPS 协定》第 27 条第 2 款和第 3 款结合起来考察，就可能主张，这一定义说明了那些被排除在可专利性（patentability）范围之外的类型其实是可以采纳的。但如果由此认为《巴黎公约》第 1 条第 3 款就意图具有这样一种作用，则又似乎值得怀疑。

* 《巴黎公约》第 8 条即关于商号的规定，"商号应在本同盟一切成员国内受到保护，无须申请或注册，也不论其是否为商标的组成部分。"——译者

② 在以下本章第 6.4 节（审查建议）中，简要考查了关于将传统知识（TK）与民间文艺当作现有知识产权类别之外的事物的情形。相关具体内容，参见本书第 21 章。

多《TRIPS 协定》条文，包括但不限于第 2 条，都证明了这一点。① 关于知识产权每一类别的规定，都直接或者间接地指向一个或者多个 WIPO 诸公约。关于各组规范之间关系的详细情况，最好交由阐述各个具体的知识产权对象的章节处理。不过，这里可以略作一些概括性评述。

第 2 条第 1 款规定，就本协定的第二部分、第三部分和第四部分而言，各成员 "应遵守"《巴黎公约》第 1 条至第 12 条以及第 19 条。② 遵守《巴黎公约》相关条文的义务，就因此适用于在知识产权类别、知识产权实施以及知识产权取得机制方面的实质性标准。③

《TRIPS 协定》中不受有关遵守《巴黎公约》之义务约束的部分，涉及总则和基本原则、争端解决、过渡性安排以及机构安排。④

各成员有义务 "遵守" 第 2 条第 1 款，是否意味着《TRIPS 协定》受到《巴黎公约》条文的约束，对此存在模棱两可之处。"遵守"（comply）的通常含义是顺应（conform）或者服从（obey）。⑤

《维也纳条约法公约》在第 30 条中规定：

---

① 本章前述（第 1 节）引用《TRIPS 协定》第 1 条第 3 款的脚注 2，它描述的是其他规定所提到的世界知识产权组织相关公约的特定文本。这很有必要，因为世界知识产权组织诸诸公约常常受到修订的影响，而这些修订文本可能并未被所有受到原先文本约束的缔约国所承认。在某些情况下，WTO 成员可能是分属于世界知识产权组织诸公约不同文本的缔约国。事实上，在少数情况下，WTO 成员并是《TRIPS 协定》第 1 条第 2 款所提到公约文本的缔约方。《TRIPS 协定》第 1 条第 3 款也根据由世界知识产权组织管理的各种协定，就如何界定 WTO 各成员的国民，确立了相应的规则。

② 《TRIPS 协定》第二部分处理 "关于知识产权效力、范围和使用的标准"，第三部分调整 "知识产权的实施"，而第四部分则涉及 "知识产权的取得和维持以及相关的当事人之间的程序"。

③ 《巴黎公约》第 1 条至第 12 条和第 19 条包括了如下规则：基本的国民待遇义务（第 2 条）；专利、实用新型、外观设计和商标的申请以及优先权（第 4 条）；专利的独立性（第 4 条之二）；强制许可（第 5 条）；外观设计（第 5 条之五）；商标的注册与独立性（第 6 条）；驰名商标（第 6 条之二）；服务商标（第 6 条之六）；商号（第 8 条）；对侵犯商标或商号的商品在输入时予以扣押（第 9 条）；不正当竞争（第 10 条之二）；在国内法中对商标、商号和不正当竞争的执行权（第 10 条之三）；知识产权局的设立（第 12 条）；订立专门协定的权利（第 19 条）。

④ 《TRIPS 协定》第一部分规定 "总则和基本原则"，第五部分规定 "争端的防止和解决"，第六部分规定 "过渡性安排"，第七部分规定 "机构安排：最后条款"。

⑤ 《新节本牛津英语词典》将 "comply"（遵守）定义为 "1. fulfill, accomplish" 与 "5. act in accordance with. . ."。

"1. ［……］

2. 遇条约订明须不违反先订或后订条约或不得视为与先订或后订条约不合时，该先订或后订条约之规定应居优先。

3. 遇先订条约全体当事国亦为后订条约当事国但不依第 59 条终止或停止施行先订条约时，先订条约仅于其规定与后订条约规定相合之范围内适用之。"

《TRIPS 协定》并未就其自身规则与《巴黎公约》规则之间提供一套通用的规范层次体系。WTO 成员应当"遵守"《巴黎公约》相关条文，这一指令可能意味着，当发生《维也纳条约法公约》第 30 条第 2 款意义上的冲突时，《巴黎公约》规则应当处于优先地位。又根据《维也纳条约法公约》第 30 条第 3 款的规定，《TRIPS 协定》应当被认为是一项后订条约，其条文优先于《巴黎公约》，但这样的解释看起来不能令人满意，因为它吸收了《巴黎公约》的具体条文，各成员有"遵守"这些条文的义务，并且缺乏明确的表示，意图以《TRIPS 协定》取代《巴黎公约》规则。不过，有必要考虑《TRIPS 协定》第 2 条第 2 款。该条款规定如下：

"本协定第一部分至第四部分的任何规定不得背离各成员可能在《巴黎公约》、《伯尔尼公约》、《罗马公约》和《关于集成电路的知识产权条约》项下相互承担的现有义务。"

通过表明第一部分至第四部分"不得背离"根据《巴黎公约》承担的"现有义务"，第 2 条第 2 款就暗示着，《TRIPS 协定》条文可以背离《巴黎公约》项下的现有"权利"（但不是"义务"）。另一方面，第 2 条第 2 款的文本可能只是一种确认，即《TRIPS 协定》并不意图影响私权持有人借助《巴黎公约》而可能获得的具体权利，也并不意图提出一套更加普遍性的规范层次体系。在布鲁塞尔草案之前，并没有关于第 2 条第 2 款的任何草案文本，而且关于起草者的意图，谈判过程也提供不了什么指导。

《巴黎公约》的条文在《TRIPS 协定》其他地方也有提到，但引用方式有别，产生的结果也不相同。例如，《TRIPS 协定》第 16 条第 2 款与第 3 款适用了《巴黎公约》第 6 条之二，涉及将驰名商标（well-known trademark）的规定应用于服务商标（service mark），同时，它以作必要修改予以准用（*mutatis mutandis*）的方式，将其适用范围修改为货物和服务。《TRIPS 协定》第 22 条第 2 款(b)项涉及原产地的地理标志，它吸收了《巴黎公约》第 10 条之二，后者是将反不正当竞争作为其一项基本的保护标准。《TRIPS 协定》第

39 条第 1 款提出以《巴黎公约》第 10 条之二作为对未披露信息提供保护的依据，规定第 39 条第 2 款与第 3 款的具体规则是"在保证针对第 10 条之二规定的……采取有效保护的过程中"加以适用的。上述这些引用方式，都可能产生不同的法律后果。

《伯尔尼公约》规则的并入方式与《巴黎公约》相同，在《TRIPS 协定》第 9 条第 1 款规定：

"各成员应遵守《伯尔尼公约》（1971 年）第 1 条至第 21 条及其附录的规定。但是，对于该公约第 6 条之二授予或派生的权利，各成员在本协定项下不享有权利或义务。"①

吸收 WIPO 其他公约条文的方法则各有不同。例如，《罗马公约》作为整体被并入《TRIPS 协定》第 14 条（关于表演和广播的权利）中，包括《罗马公约》所允许的某些条件、限制和例外。《TRIPS 协定》第 35 条则吸收了《关于集成电路的知识产权条约》（IPIC 条约）的具体条款，并且提到了在《TRIPS 协定》第 36 条至第 38 条增加的规则。

《伯尔尼公约》、《罗马公约》和《IPIC 条约》均受到第 2 条第 2 款的约束，因此，各成员不得背离这些公约项下的现有义务。诚如提到《巴黎公约》那样，《TRIPS 协定》也没有提到背离《伯尔尼公约》、《罗马公约》和《IPIC 条约》项下的现有"权利"，但这可能并不意味着有一个区分权利和义务的一般性层次体系（general hierarchy）。

WTO 成员全部或者绝大部分也是《巴黎公约》和《伯尔尼公约》的缔约方。对这两个公约而言，第 2 条第 2 款在所有 WTO 成员之间有效地规定了一项总的适用规则。②《罗马公约》的成员国数量有限（截止到 2004 年 7 月 15

---

① 《伯尔尼公约》中被确定有一种遵守义务（compliance obligation）的具体规定，详见本书第 7 章至第 13 章。不过，《伯尔尼公约》第 1 条至第 21 条囊括了针对版权对象的所有实质性规定。附件则是有利于发展中国家而订立的特别规定。该公约中未被提到的条款涉及机构安排。《伯尔尼公约》第 6 条之二确立了某些有利于作家和艺术家的著作人身权，它因《TRIPS 协定》第 9 条第 1 款第二句的规定而被排除适用。

② 可以想象，假如有一国家，它先加入 WTO 与《TRIPS 协定》，后参加这里所列举的 4 个公约中的一个，那么可能提出这样的主张，认为该国并不落入《TRIPS 协定》第 2 条第 2 款的条款之中，因为在它加入 WTO 或者《TRIPS 协定》时，那些其他这些义务尚不是"现有的"（existing）。产生这种情况以及有意义的后果的可能性，看来就是微乎其微的，因此不足以要在这里处理。

日，共 77 个成员国①），而（截止到 2004 年 8 月）《IPIC 条约》尚未生效。②有关不得背离现有义务的义务，仅适用于相关条约的缔约方之间。就此而言，第 2 条第 2 款与第 2 条第 1 款是有区别的：根据第 1 款应当遵守《巴黎公约》某些义务的义务，甚至扩大适用于那些不属于《巴黎公约》成员国的 WTO 成员。相同的方式也适用于《伯尔尼公约》第 1 条至第 21 条及其附录（参见《TRIPS 协定》第 9 条第 1 款），《IPIC 条约》第 2 条至第 7 条（第 6 条第 3 款除外）、第 12 条以及第 16 条第 3 款（参见《TRIPS 协定》第 35 条）。就《罗马公约》而言，《TRIPS 协定》并没有包含一种对于非 WTO 义务的类似引用。如前所述，《TRIPS 协定》第 14 条第 6 款宣布了为《罗马公约》所允许的版权的某些例外，从而可适用于《TRIPS 协定》的情形。③但是，这里并无一处提到《罗马公约》项下的任何义务。请注意在这一方面，安奈尔草案的一项提议曾试图在作为第 2 条第 1 款前身的规定中提及《罗马公约》（参见本章第 2.2 节）。如果这样的话，就会使《罗马公约》的义务对 WTO 所有成员具有一般性强制力。

与《TRIPS 协定》第 2 条第 1 款将非 WTO 义务强制性地扩大适用于 WTO 所有成员的做法相反，该条第 2 款只有在属于所列举公约之成员国的 WTO 成员之间才是适用的。这一规定的目的，是为了确保这些公约的成员国无法以《TRIPS 协定》作为借口而不再尊重其所承担的非 WTO 义务，如果这些义务高于《TRIPS 协定》最低标准的话。在"欧共体—香蕉"（EC-Bananas）案中，仲裁裁决中涉及适用于欧共体的中止减让（suspension of concession）的程度，也提到了第 2 条第 2 款。在这一方面，仲裁员称：

"这一规定可以被理解为是指，《巴黎公约》、《伯尔尼公约》、《罗马公约》和《IPIC 条约》缔约方同时又属于 WTO 成员的，在它们之间根据这四个条约所承担的义务。这将意味着，例如，伯尔尼联盟的成员不得借助于《WTO 协定》的缔结而违背它们之间根据《伯尔尼公约》相互承担的现有义务。举例而言，《TRIPS 协定》第 9 条第 1 款吸收了《伯尔尼公约》第 1 条至第 21 条，并不包括第 6 条之二，* 但这一事实并不意味着，伯尔尼联盟的成员就因此被免除了它们根据《伯尔尼公约》所承担的保护版人身权（moral rights）

---

① 参见〈http：//www.wipo.int/treaties/en/documents/pdf/k-rome.pdf〉。

② 关于《IPIC 公约》的具体内容，参见本书第 27 章。

③ 《TRIPS 协定》第 14 条第 6 款的相关部分规定如下："任何成员可就第 1 款、第 2 款、第 3 款授予的权利，在《罗马公约》允许的限度内，规定条件、限制、例外和保留。"

* 该条是关于版权人身权保护的规定。——译者

的义务。"①

作为最后的分析,《TRIPS 协定》与《巴黎公约》以及 WIPO 其他公约之间的关系,可能还需要专门针对此类情形的条约法理的发展,其中,各组不同的规则看起来也要彼此"渗透"。

3.3　国家实践

就《TRIPS 协定》与 WIPO 诸公约之间的关系所提出的一个最重要的问题在于,在多大程度上,针对 WIPO 诸公约的"国家实践"(state practice)可以被看做是与《TRIPS 协定》的解释相关的。《维也纳条约法公约》第 31 条第 3 款(b)项规定,在解释条约的过程中,下列因素应当结合上下文一并考虑:

"(b) 嗣后在条约适用方面确定各当事国对条约解释之协定之任何实践。"

《巴黎公约》和《伯尔尼公约》的生效已经超过一个世纪,对于这些公约已经累积了大量的国家实践。有一种观点支持在解释《TRIPS 协定》时考虑这些国家实践,因为该等实践为本来只是一般性术语的规定提供了大量的法律结构特征或者上下文。而且,通过采纳这些公约的规则,《TRIPS 协定》的谈判者就表明,他们并没有想要与之前已经存在的知识产权的法律发展作一个截然的了断,尽管他们确实选择了对许多规则进行修改。最后,即使在《TRIPS 协定》订立之前,《巴黎公约》和《伯尔尼公约》就已经被 WTO 成员所广泛遵守。

另一方面,在这些公约的大部分历史发展时期,有一些 WTO 成员并不属于《巴黎公约》和《伯尔尼公约》的成员国。在《巴黎公约》和《伯尔尼公约》演变的相当长的时间里,许多发展中国家和最不发达国家的WTO 成员是受外国规则约束的。发展中国家和最不发达国家的 WTO 成员就可能主张,在发达国家成员的国家实践用于解释《TRIPS 协定》之前,应当允许其发展形成它们自身的国家实践。

---

① 参见"欧洲共同体—进口、销售和分销香蕉的体制—由欧洲共同体根据 DSU 第 22 条第 6 款提起仲裁"(*European Communities -Regime for the Importation,Sale and Distribution of Bananas -Recourse to Arbitration by the European Communities under Article 22.6 of the DSU*)—仲裁员所作裁决,WT/DS27/ARB/ECU,第 149 段。关于一般意义上的争端解决制度对于发展的意义,以及特别是"欧共体—香蕉"(*EC-Bananas*)案之于发展的意义,参见本书第 32 章第 7 节。

《维也纳条约法公约》关于将国家实践作为一种解释资源的规则，并没有直接解决这样的问题，即在先存在的国家实践是否适用于该条约后来的参加者。在一般情况下可以这样推定，即在先存在的国家实践应当被考虑其中，因为一项条约因缔约方对它的实施而随时间有所发展，并因而在其解释上形成一致意见。每一个加入该条约的缔约方不能期待发现"一张白纸"（blank slate），上面没有写有任何先行存在的国家实践。

不过，很有可能提出这样的问题，即《TRIPS 协定》与《巴黎公约》、《伯尔尼公约》之间的关系是否涉及一种独特的情况，从而将导致条约的解释者形成一套特殊的法理来解决这一问题。就在当时，有相当数量的一组国家并不属于《巴黎公约》和《伯尔尼公约》的缔约方，但它们同意在新的《TRIPS 协定》文本中适用这些公约的规则。《TRIPS 协定》的目标和宗旨有别于 WIPO 诸公约的目标和宗旨。前者的目标和宗旨在于阻止因知识产权规则（例如，知识产权的过低或者过度保护）而导致的贸易扭曲。后者则旨在促进知识产权的保护。只有将《TRIPS 协定》一起考虑，才可以理解在《TRIPS 协定》语境中的 WIPO 诸公约。在适用《TRIPS 协定》之前针对 WIPO 诸公约而存在的国家实践，可能在《TRIPS 协定》的解释过程中具有某种相关性，但是，必须从另外一个角度来观察在先存在的世界知识产权组织的国家实践。

国家实践总是在演变的，而且，发展中国家和最不发达国家的 WTO 成员在《TRIPS 协定》规则适用之后的实践，也将为《巴黎公约》和《伯尔尼公约》规则的解释提供信息。

在许多情形下，《TRIPS 协定》对 WIPO 诸公约的条款要么加以补充，[①]要么予以修改。[②] 在此等情况下，在先存在的关于 WIPO 诸公约的国家实践，就只有在《TRIPS 协定》未对该国家实践予以修改的情况下，才具有相关性。

---

① 例如，《TRIPS 协定》第 10 条第 1 款规定，计算机程序受版权保护。在《TRIPS 协定》订立之前，已经有根据《伯尔尼公约》的国家实践（state practice）承认了这一观点，因此，这一条款就通过对该实践的确认，补充了《伯尔尼公约》。

② 例如，《TRIPS 协定》第 16 条第 2 款就驰名商标的含义提供了新的规则，它可以被认为是对《巴黎公约》第 6 条之二的修改。《TRIPS 协定》第 16 条第 2 款创设了新的规则，从这一层面上讲，根据《巴黎公约》第 6 条之二而产生的国家实践，与《TRIPS 协定》第 16 条第 2 款的解释不具有关联性。

4. WTO 案例

4.1　"哈瓦那俱乐部"案

关于《TRIPS 协定》的对象范围，包括它与 WIPO 诸公约的关系，WTO 上诉机构（AB）在"美国—《1998 年综合拨款法》211 节（'哈瓦那俱乐部'）"案〔United States-Section 211 Omnibus Appropriations Act of 1998（"Havana Club"）〕① 中有详细的考察。

"哈瓦那俱乐部"案的专家组作出裁决，认为商号并不是《TRIPS 协定》第 1 条第 2 款意义上的"知识产权"，因为它不属于第二部分第 1 节至第 7 节中的"类别"。② 专家组称：

"我们根据《TRIPS 协定》第 1 条第 2 款对'知识产权'的定义，来解释'知识产权'和'知识产权权利'这样的术语。对第 1 条第 2 款的文本解读是，它确立了一个封闭式定义，且其中的用语'所有类别'（all categories）也确认了这一点；'所有'一词表明，这是一个穷尽式列举。因此，例如，在《TRIPS 协定》第 3 条和第 4 条中包含的国民待遇和最惠国待遇的义务所指的'知识产权保护'，就被解释为是指《TRIPS 协定》第 1 条第 2 款所涵盖的那些知识产权类别。我们认为，正确的解释是，对于在第 1 条第 2 款中未予规定的知识产权类别，比如商号，根据上述条款就不需要承担任何义务，而这一解释也与《维也纳公约》第 31 条相一致。"（第 8.26 段）

专家组接着考虑了第 2 条第 1 款是否通过吸收《巴黎公约》第 8 条（成员国有义务提供商号保护）而将商号带入了由协定所包含的知识产权的范围。专家组的推理是，既然第 2 条第 1 款规定，遵守所引用的《巴黎公约》条文是"就本协定第二部分、第三部分和第四部分而言"的，并且既然各该部分均未提到商号，则《巴黎公约》第 8 条并未对 WTO 成员增加在商号方面的义务。专家组引用谈判经过来证实其结论，尽管该引文与其推理不太切合。

上诉机构不同意专家组意见。它认为：

"333. 我们不同意专家组的推理以及专家组在商号问题上对《TRIPS 协

---

① AB-2001-7，WT/DS176/AB/R，上诉机构报告，2002 年 1 月 2 日。

② *United States -Section 211 Omnibus Appropriations Act of 1998*，*WT/DS176/R*，专家组报告，2001 年 8 月 6 日。

定》的范围所作的结论。

334. 为便于说明，我们先来看看专家组对《TRIPS 协定》第 1 条第 2 款的解释。我们记得该条款是这样规定的：

就本协定而言，'知识产权'一词指作为第二部分第 1 节至第 7 节主题的所有类别的知识产权。

335. 专家组在解释'"知识产权"一词指作为第二部分第 1 节至第 7 节主题（subject）的所有类别的知识产权'（着重号是后加的）这一句话时，就如同将这句话解读为'知识产权意味着在第二部分第 1 节至第 7 节标题（title）中所出现的所有类别的知识产权'。我们认为，专家组的解释忽视了第 1 条第 2 款的清晰用语，因为它没有考虑到'第二部分第 1 节至第 7 节主题'不仅要处理由每一节的标题所表明的知识产权类别，而且还有其他的主题。例如，在第二部分第 5 节中规定了'专利'，而第 27 条第 3 款（b）项规定，各成员可选择采用特别权（比如育种者权 breeder's right）而非通过专利权，来保护植物新品种的发明。按照专家组的理论，这样的特别权就没有被《TRIPS 协定》所包含。由第 27 条第 3 款（b）条所规定的选择权就将被解读为不属于《TRIPS 协定》了。

336. 而且，我们不相信专家组对第 1 条第 2 款的解释可以与第 2 条第 1 款的清晰用语相调和。第 2 条第 1 款明确地将《巴黎公约》（1967 年）第 8 条并入了《TRIPS 协定》之中。

337. 专家组的观点是，在第 2 条第 1 款中使用'就……而言'（in respect of）这样的用语，其效力就是对于各成员根据被《TRIPS 协定》所吸收的《巴黎公约》（1967 年）的规定而承担的义务'设定条件'，由此产生的结果就是，商号并不包含其中。我们对此表示反对。

338.《巴黎公约》（1967 年）第 8 条规定的就只是商号的保护；第 8 条并不包含其他主题。如果《TRIPS 协定》的谈判者意图将商号排除在保护范围之外，那么无论如何都没有理由将第 8 条列入那份被《TRIPS 协定》所吸收的《巴黎公约》（1967 年）具体条文的清单了。如果采用专家组的方法，就要剥夺《巴黎公约》（1967 年）第 8 条——它已经通过《TRIPS 协定》第 2 条第 1 款而被该协定所吸收——的所有意义和效力。正如我们在此前所述：

《维也纳公约》中"一般解释规则"的推论之一就是，解释必须对一条约的所有条文用语赋予意义和效力。解释者不能随意采用会导致一项条约中的整个条文或者段落变得冗余或者无用的解读。

339. 关于引入谈判过程，我们并没有看到它对于解决我们面临的问题有任何决定性意义。专家组所倚重的文件，并不能就《TRIPS 协定》是否包含商号这一问题得出结论。专家组从有关第 1 条第 2 款的谈判过程所引用的段落，甚至没有提到商号。在这些段落中根本没有什么文字，表明 WTO 成员支持或者反对将商号包含其中。实际上，只有一处引文是有关《TRIPS 协定》所包含的知识产权类别而发生的一场辩论，但它并不针对商号，而是针对商业秘密。专家组自己也承认，'该记录并没有包含如下信息'，说明出于何种目的，要在第 2 条第 1 款的开头部分添加'就……而言'这样的词语。因此，我们并不认为，就有关商号问题对第 2 条第 1 款中的'就……而言'这一词语进行解释，可以从这些记录中得出任何结论。

340. 因此，我们的观点是，专家组就《TRIPS 协定》第 1 条第 2 款和第 2 条第 1 款的解释是与这些条文所用术语的通常含义相矛盾的，从而，与《维也纳条约法公约》第 31 条所规定的解释通则不相一致。并且，从《维也纳条约法公约》第 32 条的意义上而言，我们不认为谈判过程证实了专家组对第 1 条第 2 款和第 2 条第 1 款的解释。

341. 基于上述全部理由，我们撤销专家组在《专家组报告》第 8.41 段中关于《TRIPS 协定》未包含商号的认定，进而我们认定，WTO 成员应当承担根据《TRIPS 协定》而提供商号保护的义务。"[脚注省略]

上诉机构的分析证实了这样的观点，即第二部分第 1 节至第 7 节标题中包含的广泛对象，并没有严格限定"知识产权"对象的范围。但是，这并不意味着"知识产权"的对象是无限的。在商号的情形中，它们是属于知识产权的对象，因为它们通过《巴黎公约》第 8 条而被并入了。但是，从某种程度上说，上诉机构对第 1 条第 2 款中"知识产权"一词采用的是广义的，而非狭义的解释。

在"哈瓦那俱乐部"案中，上诉机构也说明了《TRIPS 协定》与《巴黎公约》之间的法律关系。对此说明，本无令人称奇之处，不过，它既然出自上诉机构之手，不妨陈述于后：

"123. 第 6 条之五 [关于商标的"原样"规则（"as is"或"telle quelle"）] 构成了 1967 年 7 月 14 日《巴黎公约（斯德哥尔摩文本）》(Stockholm Act of the Paris Convention) 的一部分。斯德哥尔摩文本是对 1884 年 7 月 7 日开始生效的《保护工业产权巴黎公约》原始文本的修订。《巴黎公约》的成员国，通常被称为"巴黎联盟成员国"(countries of the Paris Union)，有义务实施该公约的规定。

124. 《TRIPS 协定》第 2 条第 1 款规定："就本协定的第二部分、第三部分和第四部分而言，各成员应遵守《巴黎公约》(1967 年) 第 1 条至第 12 条和第

19 条。"因此，《巴黎公约》（1967 年）第 6 条之五就与《巴黎公约》（1967 年）其他特定条款一起被《TRIPS 协定》，以及因此被《WTO 协定》所吸收。

125. 因此，WTO 各成员，无论其是否属于巴黎联盟的成员国，均根据《WTO 协定》承担实施这些被《TRIPS 协定》所吸收的《巴黎公约》（1967 年）条款的义务。正如我们在此前所述，《巴黎公约》（1967 年）第 6 条之五就是这样的条款之一。"

4.2　"欧共体一香蕉"案

关于在本案中对《TRIPS 协定》第 2 条第 2 款的解释，参见以上本章第 3 节。

5. 与其他国际文件的关系

5.1　WTO 诸协定

如何正确地解释诸如"知识产权"之类的术语，这个一般性问题在所有的 WTO 协定中均属常见。从历史上看，"知识产权"是由 WTO 以外的多边文件所广泛调整的主题，从这种意义上讲，这个术语是非常独特的。但是，也存在着可与之类比的术语，比如"国民待遇"，这些术语也是在 GATT 1947 之前早就应用于各种不同的条约之中（包括在《巴黎公约》和《伯尔尼公约》中）。

确定在《TRIPS 协定》第 1 条第 2 款项下"知识产权"对象的范围，可能与其他的 WTO 协定相关，因为从某种意义上说，未被《TRIPS 协定》所涵盖的对象，就可能主要由另一个 WTO 协定加以调整。

《TRIPS 协定》对世界知识产权组织诸公约的广泛吸收与交叉引用，使得《TRIPS 协定》（在 WTO 各项协定中）别具特色。

5.2　其他国际文件

尽管《TRIPS 协定》吸收并且交叉提到 WIPO 诸公约，但世界知识产权组织诸公约并没有在其文本中吸收或者提到《TRIPS 协定》。不过，1996 年《世界知识产权组织版权条约》（WIPO Copyright Treaty）[①] 包

---

①　该条约于 1996 年 12 月 20 日在日内瓦通过。其内容可见 http：//www. wipo. int/ clea/docs/en/wo/wo033en. htm。

括了许多的"议定声明"（Agreed Statement），而其中有三项声明提到了
《TRIPS 协定》。① 在每一例当中，这些议定声明所假定的目标就是为了澄清
世界知识产权组织所采纳的规则是与《TRIPS 协定》规则相一致的。但是，
用来表示这种一致性的用语，对于解决其中存在的模棱两可之处，作用非常
有限。

　　举例来说，《世界知识产权组织版权条约》第 4 条与《TRIPS 协定》第
10 条第 1 款均规定计算机软件受版权保护，但是，两者在描述"计算机程序"
的对象时则不相同。世界知识产权组织的定义较为宽泛（"无论其表达采用何
种方式或者形式"），显然，它规定的是一个有利于技术发展的更宽的范围，
而这就可能最终淘汰《TRIPS 协定》所提到的规定（"无论是源代码还是目标
代码"）。针对《世界知识产权组织版权条约》第 4 条的议定声明这样规定，
《世界知识产权组织版权条约》（以及《伯尔尼公约》）的"保护范围"与
"《TRIPS 协定》的有关规定相同"。这可能被解释为是指，世界知识产权组织
规则并没有包含那些没有被纳入由《TRIPS 协定》所指的源代码或者目标代
码的发展技术，这样，就把随技术发展而作出任何调整的权利留在了 WTO
的手中。

　　除了最近在《世界知识产权组织版权条约》中所采用的这些交叉提及
之外，在 TRIPS 理事会与世界知识产权组织之间还建立了一种紧密而不
断发展的工作关系。世界知识产权组织已经受托承担任务，接受 WTO 各
成员就知识产权法律所作的通知，并在各成员为制定符合《TRIPS 协定》
的相关法律时，为之提供帮助。此外，WTO 各成员对于 WIPO 有关制定
规则的活动也在密切关注，因为这可能影响到它们在《TRIPS 协定》项
下的权利和义务。WIPO 与 WTO 之间的后一种关系，本书在以下关于

---

　　①　这些议定声明如下：

　　　　"关于第 4 条的议定声明：按第 2 条的解释，依本条约第 4 条规定的计算机程序
保护的范围，与《伯尔尼公约》第 2 条的规定一致，并与《TRIPS 协定》的有关规定
相同。"

　　　　"关于第 5 条的议定声明：按第 2 条的解释，本条约第 5 条规定的数据汇编（数据
库）保护的范围，与《伯尔尼公约》第 2 条的规定一致，并与《TRIPS 协定》的有关
规定相同。"

　　　　"关于第 7 条的议定声明：不言而喻，第 7 条第(1)款规定的义务不要求缔约方对
依照该缔约方法律未授予其对录音制品权利的作者规定商业性出租的专有权。这一义
务应被理解为与《TRIPS 协定》第 14 条第 4 款相一致。"

TRIPS 理事会的章节再予以考察。①

6. 新近发展

6.1 国内法

6.2 国际文件

6.2.1 《生物多样性公约》

《TRIPS 协定》并没有吸收或者交叉提及《生物多样性公约》（Convention on Biological Diversity/CBD），② 该公约于《TRIPS 协定》缔结之前（亦即 1992 年）就已通过。在一批发展中国家就此主题发出提议之后，WTO 各成员的部长们在多哈部长会议上达成一致意见，认为 TRIPS 理事会应当检查《TRIPS 协定》与《生物多样性公约》之间的关系。部长们建议 TRIPS 理事会，

"在实行其工作计划，包括对第 27 条第 3 款(b)项的审查、根据第 71 条第 1 款对《TRIPS 协定》实施的审查，以及根据本宣言第 12 段所预见的工作时，需审查的问题之一是《TRIPS 协定》与《生物多样性公约》的关系，传统知识与民间文艺的保护，以及各成员根据第 71 条第 1 款所提出的其他相关的新的发展。在承担这一工作时，TRIPS 理事会应当受到《TRIPS 协定》第 7 条和第 8 条设定的目标与原则的指导，并且充分考虑到发展空间。"③

关于 TRIPS-CBD 关系的实质性方面，本书后面将专门予以讨论。④ 既然这一工作计划尚处于初始阶段，故预示《生物多样性公约》的法律机制最终可能《TRIPS 协定》所吸收或者交叉提及，尚为时过早。

6.2.2 WIPO 针对专利与商标的活动

WIPO 已经针对国际专利制度，发起了相当多的系列活动［世界知识产权组织专利议程（WIPO Patent Agenda）］，旨在确定对现有专利规则的修改或者补充是否有必要或者有用。这一计划可能导致修订《专利合作条约》

---

① 参见本书第 35 章第 3 节。

② 该公约英文本可见 http：//www. biodiv. org/doc/legal/cbden. pdf。

③ 参见 2001 年 11 月 14 日《部长宣言》（Ministerial Declaration），WT/MIN（01）/DEC/W/1，第 19 段。

④ 关于在这方面向 TRIPS 理事会提出的各种提案，参见本书第 21 章，第 3.5 节。

（PCT）的提议。① 也许更可能发生的变化是，就实体专利法的趋同或者协调形成一项新的协定。无论在知识产权领域的这种发展可能采取哪种形式，它们都将与《TRIPS协定》发生牵连关系，并且可能是一种深远的关系。在世界知识产权组织设有专利法与商标法的各种常设委员会（Standing Committees），每个委员会都在对有关新的实体性规则的提案进行审查。在这一阶段，如就这些工作计划的结果将可能如何与《TRIPS协定》发生正式的或者非正式的整合，还是为时过早。

6.3 地区和双边情况

6.3.1 地区性情况

欧洲法院（ECJ）在 *Parfums Christian Dior* 案②的判决中，直接处理了对《TRIPS协定》第1条第2款中"知识产权"的解释。法院被要求就此做出裁判，即欧盟成员国在其（国内）立法中，通过一般性民事立法的"不法竞争"（unlawful competition）规则来保护工业品外观设计，是否属于适用于"知识产权"的第50条的范围。只有当不法竞争的规则创设了一种"知识产权"时，《TRIPS协定》有关实施的规则（在本案中，即指第50条第1款）才可以在欧盟各成员国法院适用。欧洲法院认定，"工业品外观设计"保护显然属于"知识产权"的一个类别，因为它在《TRIPS协定》第二部分第4节中有具体列举，而且，（从《TRIPS协定》第1条第1款的意义上而言）在以其各自的法律制度实施《TRIPS协定》的情况下，WTO成员得自主决定将采用何种国内法规则，来保护该种知识产权（并因此确定某一种"知识产权"）。它提出：

> "'知识产权'这一术语的解释
> 50. 在第C-392/98号案件中的第三个问题，意在确定为保护工业品外观设计免于受到复制而根据国内法有关不法行为（wrongful acts）——特别是不法竞争行为——的一般性规定所产生的起诉权，是否应被归为在《TRIPS协定》第50条第1款意义上的一种'知识产权'。
> 51. 据此定义，该问题就分为两部分：第一，一个工业品外观设计，比如

---

① 参见 Correa and Musungu, *The WIPO Patent Agenda：The Risk for Developing Countries*，第12号工作论文，南方中心（South Centre），2002年。

② 参见合并案件第C-300/98号与第C-392/98号，*Parfums Christian Dior SA and Tuk Consultancy BV*，［2000］ECR I-11307。关于本案判决，另参见本书第2章，第6.3节。

在本案主要诉讼程序中所争议的这项设计，是否落入《TRIPS 协定》的范围。第二，如果回答是，则必须确定为保护外观设计免于受到复制而根据国内法的一般性规定，比如在主要诉讼程序中所凭借的规定，从而所产生的起诉权，是否构成在《TRIPS 协定》第 50 条意义上的一种"知识产权"。

52. 针对第一个方面，国内法院已经准确地指出，根据《TRIPS 协定》第 1 条第 2 款，在第 50 条中的'知识产权'一语是指作为该协定第二部分第 1 节至第 7 节主题的所有知识产权类别。第 4 节即为"工业品外观设计"。

53. 第 25 条对根据《TRIPS 协定》所保护的工业品外观设计规定了条件。第 26 条则涉及保护的性质、可能的例外以及保护的期限。

54. 在主要诉讼程序中发生争议的工业品外观设计是否符合第 25 条所规定的构成条件，这是由国内法院决定的。

55. 针对第二个方面，《TRIPS 协定》对于哪些东西构成就本协定而言的一种'知识产权'，并没有给出任何明确的定义。因此就有必要在《TRIPS 协定》的语境中，根据该协定的目标和宗旨，来解释这一个在序言以及正文中多次出现的术语。

56. 根据在该协定序言中的第一段陈述（recital），《TRIPS 协定》的目标是为了"减少对国际贸易的扭曲和阻碍，并考虑到需要促进对知识产权的有效和充分保护，并保证实施知识产权的措施和程序本身不成为合法贸易的障碍"。在第二段陈述中，缔约各方认识到需要制定有关下列问题的新的规则和纪律：

'（a）[······]

（b）就与贸易有关的知识产权的效力、范围和使用，规定适当的标准和原则；

（c）就实施与贸易有关的知识产权规定有效和适当的手段，同时考虑各国法律制度的差异；

[······]'

57. 在第三段和第四段陈述中，缔约各方认识到'需要一个有关原则、规则和行为准则的多边框架，以处理冒牌货的国际贸易问题'，以及'知识产权属于私权'的事实。

58. 第 1 条第 1 款涉及'义务的性质和范围'，规定各成员有权在其各自的法律制度和惯例中确定本协定规定的适当方法。

59. 第 62 条构成《TRIPS 协定》第四部分，其标题为'知识产权的取得和维持及相关的当事方之间程序'，它在第一段和第二段中规定，各缔约方可要求作为取得或维持知识产权的一项条件，应当符合合理的程序和手续，包括授权和注册的程序。不过，该等程序并不是取得或者维持一项在《TRIPS 协定》意义上的知识产权的必要条件。

60. 上述规定作为一个整体来看，显然《TRIPS 协定》为各缔约方留下了这样的任务，即在其各自法律制度的框架内，尤其是在其私法的规则内，具体确定哪些是根据《TRIPS 协定》而作为'知识产权'加以保护的利益，以及采取何种方法进行保护，只要：第一，该保护是有效的，特别是在阻止冒牌货的贸易方面；第二，该保护未导致对国际贸易的扭曲和阻碍。

61. 为阻止对某一工业品外观设计的复制而采取的法律程序，就可以用于阻止冒牌货的贸易，但也可能阻碍国际贸易。

62. 由此可以得出，为保护工业品外观设计免于被复制而根据国内法有关不法行为——特别是不法竞争行为——的一般性规定所产生的起诉权，属于《TRIPS 协定》第 50 条第 1 款意义上的一种'知识产权'。

63. 从上述所有的考察中也可以得出，第 C-392/98 号案件中第三个问题的答案就是，《TRIPS 协定》第 50 条为各缔约方留下了这样的任务，即在其各自法律制度的框架内，具体确定为保护工业品外观设计免于被复制而根据国内法有关不法行为——特别是不法竞争行为——的一般性规定所产生的起诉权，是否可被归为《TRIPS 协定》第 50 条第 1 款意义上的一种'知识产权'。"

6.4　审查建议

一些发展中国家敦促扩大《TRIPS 协定》的对象范围，以包含诸如传统知识（traditional knowledge/TK）、民间文艺和相关利益。此外，也有一部分发展中国家敦促扩张范围，希望《TRIPS 协定》承认它们在遗传资源上的利益。后一问题涉及《TRIPS 协定》与《生物多样性公约》之间关系的谈判（参见以上本章第 6.2 节）

传统知识，比如植物品种的医药用途，通常被认为并不属于现有的"知识产权"保护的类别。例如，该种知识可能已经被某一部分公众所知，从而不符合专利保护的条件（因为缺乏新颖性）。民间文艺常常在某一文化当中多年以来就已经为人所知，故而不得被看作重新受到版权的约束。如果诸如此类的利益将由《TRIPS 协定》所涵盖，则必需扩张知识产权的类别，或者至少要扩大由知识产权现有类别所处理的对象。①

在 2001 年 11 月的多哈部长会议上，部长们指令 TRIPS 理事会审查有关传统知识和民间文艺的保护（参见以上本章第 6.2 节）。

如前所述，TRIPS 理事会正在考察《TRIPS 协定》与《生物多样性公约》之间的关系。目前尚无提案，要求审查由《TRIPS 协定》所包含的知识产权的类别，或者《TRIPS 协定》与世界知识产权组织诸公约之间的关系。

7. 评论（包括经济和社会意义）

扩大或者限制在《TRIPS 协定》范围内的对象究竟会给发展中国家带来什么效果，这一点并不容易归纳。一般而言，因为知识产权的优势掌握在发达国家手里，当某一知识产权落入保护范围时，为使用该知识产权而付出的租金就会增加，故发展中国家在经济上处于不利地位。② 从这方面看，用某种方式限制知识产权的对象范围，是有利于发展国家利益的。但是，发达国家的当事人对之享有所有权利益的主要的知识产权种类，都在第 1 条第 2 款的范围之内了。发展中国家在知识产权领域内已经受到范围广泛的对象的影响，而其中，发达国家在这些对象的所有权上占据主导地位。

传统知识、民间文艺以及遗传资源的领域，则是发展中国家具有显著优势之处。因此，扩大现有在《TRIPS 协定》中的知识产权保护类别，以涵盖上述领域，将有利于发展中国家，这种观点还是很有道理的。不过，这样的冒险之举其实也存在风险。一旦把扩大《TRIPS 协定》保护范围之门打开，那么再要限制权利的增加就会变得很难。

《TRIPS 协定》本可以采取重复 WIPO 诸公约规则的做法，而不是将这些公约加以吸收或者交叉提及。但是，如果它选择了吸收或者交叉提及，是

---

① 关于保护传统知识与民间文艺的可能方法，有一个详细的分析，参见 G. Dutfield, *Protecting Traditional Knowledge and Folklore -A review of progress in diplomacy and policy formulation*，UNCTAD-ICTSD，日内瓦，2003 年 6 月。该论文也可见 http://www.ictsd.org/pubs/ictsd series/iprs/CS dutfield. pdf。

② 发达国家所提出的主张之一是，由于发展中国家增加支付的租金导致发达国家做出更大的投资，从而发展中国家就可能接触使用一个更大的创意物品池（pool of creative matter）。但是，如果对于发达国家所承担的创造性活动缺乏提供知识产权保护，那么，它们所能接触的来自发达国家的创意物品池，将扣除因它们增加支付租金所导致的在创意物品池上产生的增量。

否就对发展中国家的利益具有重要意义，这种说法令人怀疑。通过将 WIPO 保持为一个知识产权进步发展的论坛，发达国家就在无法达成 WTO 共识的情况下，留有一条步步推进知识产权保护水平的途径，这却是有可能的。不过，这与其说是这些法律协定之间关系的问题，更多地是机构组织与职能的问题。

第4章 基本原则

第3条 国民待遇

1. 在知识产权保护*方面，在遵守《巴黎公约》（1967）、《伯尔尼公约》（1971）、《罗马公约》或《关于集成电路的知识产权条约》中各自规定的例外的前提下，每一成员给予其他成员国民的待遇不得低于给予本国国民的待遇。就表演者、录音制品制作者和广播组织而言，此义务仅适用于本协定规定的权利。任何利用《伯尔尼公约》（1971）第6条或《罗马公约》第16条第1款(b)项规定的可能性的成员，均应按这些条款所预想的那样，向 TRIPS 理事会作出通知。

2. 各成员可利用第1款下允许的与司法及行政程序有关的例外，包括在一成员管辖范围内指定送达地址或委派代理人，只要这些例外为保证遵守与本协定条款不相抵触的法律和法规所必需，且这种做法的实施方式不会构成一种变相的贸易限制。

［脚注］* 在第3条和第4条中，"保护"一词应包括影响知识产权的可得性、取得、范围、维持和实施的事项，以及本协定专门处理的影响知识产权的使用的事项。

第4条 最惠国待遇

对于知识产权保护，一成员对任何其他国家国民给予的任何利益、优惠、特权或豁免，应立即无条件地给予所有其他成员的国民。一成员给予的属于下列情况的任何利益、优惠、特权或豁免，免除此义务：

(a) 自一般性的、并非专门限于知识产权保护的关于司法协助或法律实施的国际协定所派生；

(b) 依照《伯尔尼公约》（1971）或《罗马公约》的规定所给予，此类规定允许所给予的待遇不属国民待遇性质而属在另一国中给予待遇的性质；

（c）关于本协定项下未作规定的有关表演者、录音制品制作者以及广播组织的权利；

（d）自《WTO 协定》生效之前已生效的有关知识产权保护的国际协定所派生，只要此类协定向 TRIPS 理事会作出通知，并对其他成员的国民不构成任意的或不合理的歧视。

第 5 条　关于取得或维持保护的多边协定

第 3 条和第 4 条的义务不适用于在 WIPO 主持下订立的有关取得或维持知识产权的多边协定中规定的程序。

1. 引言：术语、定义和范围

国民待遇（national treatment）原则与最惠国（most favoured nation/MFN）原则的目标，都是为了创设非歧视性的国际法律安排。国民待遇原则与最惠国待遇原则是包括《TRIPS 协定》在内的 WTO 法律体系的基础。国民待遇原则在《巴黎条约》和《伯尔尼条约》中也处于核心地位。

1.1　国民待遇

简而言之，国民待遇原则要求 WTO 各成员在知识产权方面给予其他成员国民的待遇不得低于给予本国国民的待遇。《TRIPS 协定》中所规定的国民待遇义务不同于由 GATT 1994 第三条确立的国民待遇义务。GATT 解决的是货物贸易问题，在此背景下，国民待遇要求对"同类产品"（like products）或有体物给予非歧视性待遇。知识产权则是由人（不论是自然人还是法人）所享有，从而，《TRIPS 协定》的国民待遇规则是要求对人给予非歧视性待遇。就此而言，《TRIPS 协定》所规定的国民待遇原则与《服务贸易总协定》（General Agreement on Trade in Services/GATS）第 17 条的国民待遇相类似，后者适用于服务提供者（亦即，提供服务的人）。但是请注意，《服务贸易总协定》的国民待遇规则，其运作方式与《TRIPS 协定》的并不相同。①

国民待遇原则的适用并非如此直接。GATT 1947 的许多案例，都被用于完善国民待遇规则，包括来决定"同类产品"的方法。在 GATT 1994 框架下的争端解决，仍然继续用来解决与货物贸易有关的复杂的国民待遇问题。

GATT-WTO 的案例已经确认了两种类型的歧视：法律上的（de jure）歧视和事实上的（de facto）歧视。在法律规则中用明确的条款将外国国民与本国国民相区别，这就可能构成在法律问题上的歧视，或者法律上的歧视（如果这种区别无法用非歧视性目的（non-discriminatory purposes）来解释其正当性的话）。另一方面，法律规则对外国国民与本国国民适用的是同一个条款，这可能看起来是中立的，但在事实上通过实际操作而产生了歧视性结果。如果表面中立的法律规则在实际上却是歧视性的，则被称为事实上的歧视。《TRIPS 协定》的国民待遇条款包括法律上的歧视与事实上的歧视。

《TRIPS 协定》在确立国民待遇原则时，采用了不同于在 WIPO 诸公约中所采用的法律方案（参见以下第 3.1.2 节）。WIPO 诸公约的国民待遇条款被《TRIPS 协定》所吸收。这些差异并不大，并且其实际影响不确定。在各种不同的世界知识产权组织公约中，存在着若干相对复杂的国民待遇的例外，而这些例外也大部分被纳入了《TRIPS 协定》。

1.2　最惠国待遇

在知识产权保护方面，最惠国原则要求各成员在平等的基础上对待所有其他成员的国民。最惠国原则在传统上并未被纳入 WIPO 诸公约。原本认为，世界知识产权组织成员国给予外国国民的知识产权保护不会大于其给予本国国民的保护范围。在此背景下，国民待遇义务就把所有外国人置于同一水平线上了。在 20 世纪 80 年代末，随着要求提升知识产权保护力度的双边压力不断加大，乌拉圭回合的谈判者开始担忧有一些国家的确会把知识产权的特别待遇给予外国国民，这比给予其本国国民的权利更为广泛。这使得关注点聚焦在将最惠国原则纳入《TRIPS 协定》上，从而，即使一成员给予外国人更广泛的保护，所有其他成员也

---

① 在《服务贸易总协定》中，一成员的国民待遇义务是由其《承诺表》（Schedule of Commitments）所限定的，其中可以包含基于不同行业而设定的例外和限制。

将获得同等水平的保护。

《TRIPS 协定》的最惠国原则，因其与地区一体化安排的关系而具有特别重要的意义。第 4 条的起草，在一定程度上是用于调和在某些先前存在的地区安排中的利益。但是第 4 条(d)项用于建立这种调和关系的法律方案，却以一种奇怪的方式来适应这样一种目的（参见以下本章第 3.2 节）。受此影响的地区安排已经通知 TRIPS 理事会，告知其潜在的广泛的免责主张，尽管这些主张的实际影响还有待确定。

第 3 条、第 4 条与第 5 条不受对发展中国家成员与最不发达国家成员有利的过渡性安排的约束，因此，这些条款也于 1996 年 1 月 1 日起在这些国家适用（参见《TRIPS 协定》第 65 条第 2 款、第 66 条第1 款）。①

2. 条文沿革

2.1　TRIPS 之前的状况

国民待遇原则在 19 世纪就被放入双边友好协定与商业协定中了，这早于《巴黎公约》与《伯尔尼公约》的谈判。② 最惠国待遇原则出现在 18 世纪的贸易协定中。③ 在贸易与投资环境中，这两大原则通过禁止歧视进口商品与投资，从而为自由市场准入提供了基础，该原则的适用有利于进口商品与投资的来源国。在知识产权的情况下，这些原则要求外国国民的合法利益至少得到与东道国国民同等的保护并且力求确保贸易与投资伙伴获得平等的保护，从而从有利于外国国民的角度推进市场准入。

---

① 关于 TRIPS 过渡期的详细分析，参见第 33 章。

② 参见，例如：1845 年 11 月 10 日《比利时—美国通商航海外交协定》（Belgian-American Diplomacy Treaty of Commerce and Navigation），第 1 条；1850 年 11 月 25 日《瑞士—美国友好通商与引渡外交公约》（Swiss-American Diplomacy Convention of Friendship, Commerce and Extradition Between the United States and Switzerland），第 1 条。http：// www. yale. edu/lawweb/avalon/。在《伯尔尼公约》之前的版权双边条约中也吸收了国民待遇条款。参见 Samuel Ricketson，*The Birth of the Berne Union*，《伯尔尼公约》一百周年纪念大会（伦敦大学玛丽女王学院知识产权部与英国文学艺术版权协会共同举办，伦敦，1986 年 4 月 17—18 日）。

③ 参见，例如 1778 年 2 月 6 日《美国—法国友好通商条约》（Treaty of Amity and Commerce Between The United States and France），第 3 条和第 4 条。另参见 1815 年《美国—英国通商规制条约》（Convention to Regulate Commerce between the United States and Great Britain），第 2 条；〈http：//www. yale. edu/lawweb/avalon/〉。

国民待遇和"无条件"最惠国待遇未要求给予同等权利或优惠条件以交换非歧视性待遇。① 但是，国民待遇的给予有可能受制于例外条款②，并且可以对最惠国待遇设置条件（比如一国有可能同意对其所有贸易伙伴提供同等待遇，但前提条件是这些伙伴同意接受其所提出的相应减让）。

国民待遇和最惠国待遇的概念也许可以与"互惠"概念进行有效比较。当法律关系建立在互惠的基础上，一国所给予权利或优惠条件，仅仅是为了从他国换取权利或优惠条件。如果缺少了平等的或互惠的待遇，可能就不会得到特别待遇。在 WIPO 诸公约中有一些条款，它们在"实质性互惠"（material reciprocity）的基础上允许对外国人区别对待。③ 有意思的是，GATT 1947 和 WTO 的贸易谈判回合都建立在互惠的基础上，而这些谈判结果所体现的协定却都是以非歧视原则为运作基础的。

2.2 谈判经过

2.2.1 美国与欧共体最初立场的概述

美国就《TRIPS 协定》谈判所提出的最初提案中，并没有明确地就国民待遇和最惠国待遇原则进行讨论，虽然它确实提到了审查现有的有关知识产权的国际协定。④ 欧共体提出的第一份提案是关于实质性标准的，但其中重点

---

① "附条件的最惠国待遇"（conditional MFN）则意味着，如果一个国家的贸易伙伴同意向其提供同等优惠待遇，则该国同意向其贸易伙伴提供同等待遇（"互惠"［reciprocity］，参见下文）。与之相反，以非互惠为基础而运作，则是无条件最惠国待遇和国民待遇的一个核心要素。

② 正如在《服务贸易总协定》中的规定。

③ 例如，《伯尔尼公约》第 7 条第 8 款将版权保护期限限定于作品起源国，除非该国主张更长的保护期限。《伯尔尼公约》第 14 条之三，则将保护"追续权"（droit de suite）的义务限定在艺术作品作者所属国的保护程度的范围之内。

④ 《美国关于达成谈判目标的建议，美国关于与贸易有关知识产权谈判的提案》（Suggestion by the United States for Achieving the Negotiating Objective, United States Proposal for Negotiations on Trade-Related Aspects of Intellectual Property Right），与贸易（包括假冒商品贸易）有关的知识产权谈判组，MTN. GNG/NG11/W/14，1987 年 10 月 20 日，1987 年 11 月 3 日。

提及国民待遇和最惠国待遇原则。①

欧共体的提案称：

"6.（ⅱ）两大基本原则是最惠国待遇原则和国民待遇原则。这些 GATT 原则所涉及的是给予货物的待遇，而一项关于知识产权的协定则涉及对人所拥有之权利的保护。如果记住了这一区别，那么，这些原则应该构成一项与贸易有关知识产权的 GATT 协定的必要成分。"②

2.2.2　国民待遇

2.2.2.1　安奈尔草案

将国民待遇标准纳入《TRIPS 协定》之中，这项建议本身并无争议。相反，谈判所关注的是合并机制的更为具体的方面。例如，人们注意到，《巴黎公约》

---

①　《欧洲共同体关于与贸易相关知识产权实质性标准谈判而提议的指导方针和目标》（Guidelines and Objectives Proposed by the European Community for the Negotiations on Trade Related Aspects of Substantive Standards of Intellectual Property Rights），与贸易（包括假冒商品贸易）有关知识产权谈判组，MTN. GNG/NG11/W/26，1988 年 7 月，第 III. D. 6 段。

②　欧共体的提案继续写道：

"—— 依照最惠国待遇原则，成员有义务给予其他成员的国民和居民以关于保护与实施知识产权而赋予任何其他国家国民和居民的优惠。

但是，有必要界定最惠国待遇原则某些含义和限制。特别是，给予某一成员的优惠是基于某项知识产权公约，并且该优惠未被 GATT 条约所吸收，则该优惠仅赋予该公约缔约国的国民或居民。···

—— 国民待遇原则要求 GATT 条约另一缔约方的国民或居民获得不低于同等条件下该进口国国民或居民享有的保护。在基于相关他方没有参加的知识产权公约而产生的专有保护方面，这一原则并不适用。

在适用这些 GATT 原则时，应当注意《保护工业产权巴黎公约》和《保护文学与艺术作品伯尔尼公约》也向缔约国民提供国民待遇。适用这些 GATT 原则不应当损害《巴黎公约》和《伯尔尼公约》的这项基本原则的全面实施。"同上。

（第 2 条第 1 款和第 3 条）① 的国民待遇标准要求给予外国人同等待遇（equivalent treatment），并且《伯尔尼公约》似乎也有着同样的要求（第 5 条第 1 款和第 3 款）②。另一方面，《关贸总协定》第 3 条的国民待遇则以"不低于"标准（"no less favourable" standard）为基础，③ 这意味着，进口产品可能享受比本地产品更好的待遇。一些谈判者指出，在《TRIPS 协定》中采取严格的同等待遇标准可能会消除对最惠国待遇条款的需求，因为各成员将被要求给予所有成员国民相同的待遇。④ 但是，似乎人多数谈判者都支持 GATT 1947 所使用的规则，即允许给予外国国民优惠待遇（preferential treatment）。⑤

曾经有讨论涉及，在何种程度上，国民待遇原则在适用于有关权利授予

---

① 《巴黎公约》相关规定如下：

第 2 条

（1）本联盟任何国家的国民，在保护工业产权方面，在本联盟所有其他国家内应享有各该国法律现有授予或今后可能授予各该国国民的各种利益；一切都不应损害本公约特别规定的权利。因此，他们应和各该国国民享有同样的保护（they shall have the same protection as the latter），对侵犯他们的权利享有同样的法律上的救济手段，但是以他们遵守对各该国国民规定的条件和手续为限。

······

第 3 条

本联盟以外各国的国民，在本联盟一个国家内有住所或设有真实有效的工商业营业所的，应享有与本联盟国家国民同样的待遇（treated in the same manner）。［着重号是本书后加的］

② 《伯尔尼公约》第 5 条规定：

（1）根据本公约得到保护作品的作者，在除作品起源国外的本联盟各成员国，就其作品享受各该国法律现今给予或今后将给予其国民的权利（the rights which their respective laws do now or may hereafter grant to their nationals），以及本公约特别授予的权利。

······

（3）起源国的保护由该国本国法律作出规定。即使作者并非作品起源国的国民，但他就其作品根据本公约受到保护，他在该国仍享有同该国公民作者相同的权利（the same rights as national authors）。［着重号是本书后加的］

③ 例如，GATT 1947 第 3 条规定：

4. 一缔约方领土的产品输入到另一缔约方领土时，在······的全部相关法令、条例、规定方面，所享受的待遇应不低于（no less favourable）相同的国产品所享受的待遇。······［着重号是本书后加的］

④ 1990 年 1 月 5 日至 6 日谈判组会议，秘书处记录，MTN. GNG/NG11/18，1990 年 2 月 27 日，第 20 段。

⑤ 同上，第 19 段。

和实施的法规之外，还将延伸适用于有关知识产权"使用"（use）的政府法规。①这一讨论没有取得结论。谈判者似乎同意，国民待遇标准至少适用于《TRIPS 协定》所包含的知识产权，并且也同意，世界知识产权组织诸公约中有关国民待遇的例外应予承认。② 还有观点表明，事实上的歧视与法律上的歧视一样，都应包括进来。

由 TRIPS 谈判组（TNG）主席安奈尔所准备的草案综合文本反映了在讨论中所得出的要点。该文本规定：

"6. 国民待遇

6.1 在知识产权保护方面，每一缔约方应当给予其他缔约方国民的待遇［不低于］［同等于］其给予己方国民的待遇，［遵守已经分别规定在如下公约中的例外］［不损及在如下公约中具体规定的权利和义务］：《巴黎公约》［（1967 年）］，《伯尔尼公约》［（1971 年）］，［《罗马公约》］以及《关于集成电路的知识产权条约》（注 2）。［本协定缔约方有未加入《罗马公约》而有可能适用该公约第 16 条第 1 款(a)项(iii) 小项与(iv)小项或者第 16 条第 1 款(b)项的，应该按照条款预先的规定通知（管理本协定的委员会）。］

（注 2）关于这些公约中的前两个和最后一个，其例外条款已经列示于世界知识产权组织第 NG11/W/66 号文件中。对于《罗马公约》，相关条款见第 15 条、第 16 条第 1 款(a)项(iii)小项、(b)项以及第 17 条。"③

_____

① 同前注。
② 同前注。
③ 谈判组工作状况，致 GNG 的主席报告，MTN. GNG/NG11/W/76，1990 年 7 月 23 日。安奈尔草案继续写道：

"6.2A 因对国民待遇受益人施加程序要求而就此产生的任何例外，包括在一成员方管辖范围内指定送达地址或委派代理人，不得损害在该成员方市场上的准入和机会的平等，并且应当被限制在为确保法律的合理有效执行和安全所必需的范围内。

6.3A 如取得本协定所包括的知识产权是根据授权或注册而获得的知识产权，成员方应当提供授权或注册程序，且该程序不得就法律、法规和要求而在成员方国民之间构成法律上或事实上的歧视。

6.4A 在有关知识产权保护方面，各成员方应当遵守《关税与贸易总协定》第 3 条的规定，遵守该协定中规定的例外。【注 3】

【注 3】正如部分谈判参加人所提议，如果谈判结果是要成为《关税与贸易总协定》的不可分割的部分，则该条规定并非必要。"

2.2.2.2　布鲁塞尔草案

在安奈尔主席的倡导下，《TRIPS 协定》草案文本于 1990 年 10 月转呈布鲁塞尔部长会议，其中包括一项国民待遇条款，类似于邓克尔草案文本（见下文）和最终通过的《TRIPS 协定》。① 布鲁塞尔草案针对国民待遇采纳的是"不低于"待遇（"no less favourable" treatment）这一选项，并且就现有的例外条款，采用"遵守"（subject to）用语。

2.2.2.3　邓克尔草案

邓克尔草案文本增加的一句话，与表演者、录音制品制作者和广播组织的权利相关。② 它还在"保护"一词之后添加了脚注 2（该脚注在此后成为《TRIPS 协定》最终文本的脚注 3），其中规定：

"在第 3 条和第 4 条中，保护应包括影响知识产权的可得性、取得、范围、维持和实施的事项，以及本协定专门处理的影响知识产权使用的事项。"

这个新增的脚注意义重大，因为它把国民待遇义务的范围扩张到知识产权的使用上，并且从这个意义上讲，它处理了市场准入主体的问题。WTO 的成员不仅有义务允许外国国民取得并维护知识产权，并且必须允许他们行使这些权利，至少要与本国国民处于同等有利地位。

《TRIPS 协定》最终文本第 3 条对邓克尔草案文本未作任何实质性变动。

2.2.3　最惠国待遇

2.2.3.1　欧共体与美国的提案

虽然许多发展中国家质疑将最惠国待遇义务纳入《TRIPS 协定》的必要

---

① 布鲁塞尔文本不包括 TRIPS 最后文本中的"就表演者、录音制品录制者和广播组织而言，此义务仅适用于本协定规定的权利"（第 3 条第 1 款，第 2 句）。正如在下文所提到的，脚注 3 是在邓克尔草案阶段添加的。《包含多边贸易乌拉圭回合谈判结果、修订、与贸易有关知识产权（包括假冒货物贸易）最终法律文本草案》（Draft Final Act Embodying the Results of the Uruguay Round of Multilateral Trade Negotiations, Revision, Trade-Related Aspects of Intellectual Property Rights, Including Trade in Counterfeit Goods），MTN. TNC/W/35/Rev. 1，1990 年 12 月 3 日。

② 同上。邓克尔草案的用语是"广播组织"（broadcast organizations）而非"广播者"（broadcasters）。

性，尤其随着将来的例外条款列表不断扩大，① 但是，把它纳入其中，这一点并不是争议的主要内容。讨论的主要争点在于，是否以及如何将基本概念的例外条款纳入其中。

有一种针对最惠国待遇原则的方法得到了一些支持，即规定一种"较弱"的标准，只对成员之间的任意性或者不合理的歧视予以禁止，但不再附加例外条款。② 不过，大多数成员似乎同意这样的一种观点，即《TRIPS 协定》中基本的最惠国原则应该反映 GATT 1947 中所采取的方法，亦即，授予一成员的权利或者特许权，应当立即、无条件地授予所有 WTO 成员，除了有限的例外。③

一个主要的争论观点是，在何种程度上诸如关税同盟（customs unions）、自由贸易区（free trade areas）这样的地区性安排可以免予最惠国义务，以及如何处理现有的双边协定（尤其在地理标志领域）。欧共体对此问题特别关注，因为它在当时正逐步试图将其内部的知识产权框架进行整合。不过，对于将来地区一体化举措与 TRIPS 规则之间的关系表示关切的，并不只有欧共体一家。

欧共体于 1990 年 3 月起草了针对地区一体化例外而提出的建议，规定了区别对待的广泛权利。④ 其有关最惠国待遇和例外条款的提案称：

"第 3 条　最惠国待遇/非歧视

除了充分实施《关贸总协定》第 1 条，缔约方还应确保实行知识产权保护所采取的方式并不会在一缔约方国民与任何其他缔约方国民之间构成一种任意的或不合理的歧视，或者对国际贸易构成一种变相的限制。

第 4 条　关税同盟和自由贸易区

---

① 参见，例如，1990 年 11 月 1 日谈判组会议，秘书处记录，MTN. GNG/NG11/27，1990 年 11 月 14 日，第 4 段。在会议上，一位代表一部分发展中国家的代表发言说"他仍然认为不应当在文本中加入最惠国待遇原则，因为这一原则是与知识产权制度相违背的，而且无论如何都会因为在这一原则中加入越来越多的例外而使变得毫无意义。"

② 1990 年 1 月 5 日至 6 日谈判组会议，秘书处记录，MTN. GNG/NG11/18，1990 年 2 月 27 日，第 20 段。

③ 同上。

④ 《与贸易有关的知识产权协定草案》(Draft Agreement on Trade-Related Aspects of Intellectual Property Rights) （1990 年 3 月 27 日由欧共体送交），MTN. GNG/NG11/W/68，1990 年 3 月 29 日。

缔约方构成在《关贸总协定》第 24 条意义上的关税同盟或自由贸易区的，可以为了促进它们地域间的贸易，彼此相互适用有关知识产权保护的措施，而无需将这些措施延伸至其他缔约方。"

几乎没有成员明显支持建立在第 24 条基础上的开放式条款，例如欧共体的提议。在 1990 年 5 月 14 日至 16 日举行的 TRIPS 谈判组（TNG）会议上，大多数明确表态的代表，都不支持欧共体的方式。① 美国提交了一份关于最惠国待遇和关税同盟的提案，此项建议开始接近《TRIPS 协定》第 4 条中最终形成的解决方案。② 美国的提案称：

"对于一缔约方向另一缔约方的知识产权人所给予的、影响知识产权保护或实施的任何利益、优惠、特权或豁免，均应当立即和无条件地给予所有其他缔约方的知识产权人，除了超过本协定要求而在缔约方所属的一项国际协定中所规定的任何利益、优惠、特权或豁免，只要该等协定对本协定的任何缔约方均开放加入。"

在这一点上，对美方提案所做出的反应是值得关注的：

"第 3 条：最惠国待遇/非歧视。一些谈判参加者声称，他们将遵照《关贸总协定》第 1 条所确定的原则而倾向于一种更严格的最惠国义务，这对于中小国家来说尤为重要。据称，从这一观点看，这是对欧共体所提方案的改进。许多参加者试图澄清在这一条款最后几行话中所包含例外条款的含义和范围；它是否包括第 24 条下的协定和已有的双边协定？新加入的成员与原始成员是否适用相同条件？以及，它是自动适用抑或取决于谈判成功？一些代表怀疑，加入协定的权利是否必然预防或纠正由某些双边协定所导致的歧视，因为这可能取决于那些协定是如何起草的。它没有明确提及关税同盟，这一点同样受到了关注。"③

---

① 1990 年 5 月 14 日至 16 日谈判组会议，秘书处记录，MTN. GNG/NG11/21，1990 年 6 月 22 日，第 17 段和第 38 段。

② 美国通报，《与贸易有关的知识产权协定草案》（Draft Agreement on Trade-Related Aspects of Intellectual Property Rights），MTN. CNG/NG11/W/70，1990 年 5 月 11 日，引文同上，第 11 段。

③ 1990 年 11 月 1 日谈判组会议，秘书处记录，MTN. GNG/NG11/27，1990 年 11 月 14 日，第 17 段。

2.2.3.2　安奈尔草案

安奈尔综合文本关于最惠国待遇是这样规定的：

7. 最惠国待遇/非歧视

7.1aA 缔约各方还应确保实行知识产权保护所采取的方式［并不会在一缔约方国民与任何其他缔约方国民之间构成一种任意的或不合理的歧视，或者对国际贸易构成变相限制］［具有损害其市场准入和机会平等的效果］

7.1b.1 在知识产权保护方面，对于一缔约方给予其他任何一个［国家］［缔约方］国民的任何利益、优惠、特权或豁免，均应当立即和无条件地给予所有其他缔约方的国民。

7.1b.2 一缔约方给予的属于下列情况的任何利益、优惠、特权或豁免，免除此项义务：

——自一般性的、并非专门限于知识产权保护的关于司法协助或法律实施的国际协定所派生的。

——涉及有关在若干国家取得与维持知识产权保护的国际协定所规定的程序，只要该等协定对所有缔约方均开放加入。

——根据《伯尔尼条约》(1971 年)［以及《罗马条约》］的规定所给予的待遇，不属于国民待遇的性质，而属在令一国中国家所给予的待遇。(注 4)

——派生于在本协定生效之前已经生效的有关知识产权法律的国际协定，只要此类协定不对其他缔约方的国民构成一种任意的和不合理的歧视，并且只要任何关于其他某一缔约方的任何例外条款，其保持有效的时间不长于本协定对发生争议双方生效之后［X］年。

(注 4) 相关的条款可能出现在《伯尔尼条约》第 2 条第 7 款，第 6 条第 1 款，第 7 条第 8 款，第 14 条之三第 1 款和第 2 款，第 18 条以及第 30 条第 2 款 b 项，《罗马条约》第 15 条和第 16 条第 1 款(a)项(iv)小项、(b)项。

——超过本协定要求而在某一缔约方所属的一项国际协定中所规定的，只要［该等协定对本协定的所有缔约方均开放加入］［任何该等缔约方愿意将该利益、优惠、特权或豁免，以与该协定同等的条件扩展至其他所有提出此种请求的缔约方，并且为了实现此目标而进行善意谈判］。

7.2A 在知识产权保护方面，缔约各方须遵守《关税与贸易总协定》第 1 条之规定，服从该协定所规定的例外条款。(注 5)

(注 5) 正如一些参加者所提议的，如果谈判的结果就是要成为《关税与贸易总协定》的不可或缺的组成部分，那么，这一规定就并非必要了。

2.2.3.3 布鲁塞尔草案

1990 年 12 月的布鲁塞尔部长会议文本吸纳了第 4 条的草案。该草案就基本的最惠国义务以及(a)、(b) 两项例外规定而言，与《邓克尔草案》和《TRIPS 协定》最终文本完全相同。布鲁塞尔部长会议文本还规定了针对最惠国义务的其他两项免除承担最惠国义务的规定：

"(c) 派生于在本协定生效之前已经生效的有关知识产权的国际协定，只要此类协定向根据以下第七部分而设立的委员会作出通知，并且不对其他缔约方的国民构成一种任意的和不合理的歧视；

(d) 超过本协定要求而在某一缔约方所属的一项国际协定中所规定的，只要该等协定对本协定的所有缔约方均开放加入，或者只要任何该等缔约方愿意将该利益、优惠、特权或豁免，以与该协定同等的条件扩展至其他所有提出此种请求的缔约方，并且为了实现此目标而进行善意谈判。"

需要着重注意的是布鲁塞尔部长会议文本中关于权利用尽的第 6 条，本书在第 5 章中将对之进行讨论，其中包括的一个脚注 3 称："在权利用尽方面，欧共体应被视为一个成员"。欧共体试图在布鲁塞尔草案第 4 条(c)款中保护其在欧共体内部权利用尽的规则（参见上文），在此范围内，它也寻求在其他地方保护这一规则。第 6 条的脚注 3 在邓克尔草案阶段被删除。

布鲁塞尔部长会议文本的(d)项在邓克尔草案中被删除。(c)项经过修改形成了邓克尔草案和《TRIPS 协定》最终文本的(d)项。请注意，布鲁塞尔部长会议文本所规定的免除最惠国义务的范围，本来比《TRIPS 协定》第 4 条(d)项所规定的更大。后者规定的免除义务，取决于存在特指的"与知识产权保护相关的"国际协定，而以上援引的布鲁塞尔草案(d)项则指包含了"超 TRIPS"条款的任何种类的协定。同样，布鲁塞尔草案在(d)项中也并不像《TRIPS 协定》第 4 条(d)项所规定的那样，要求各该等国际协定在《TRIPS 协定》之前生效。

《TRIPS 协定》第 4 条(c)项涉及表演者、录音制品制作者和广播者（最终定名为"广播组织"），这是在邓克尔草案阶段所添加的。

无论在基本的最惠国义务上，还是在例外条款方面，布鲁塞尔部长会议文本第 4 条都反映了对安奈尔综合文本的重大修改。关于基本的最惠国义务，它放弃采用以不合理歧视（unjustifiable discrimination）作为标准（这是由欧共体最早提议的）以及直接提及损害市场准入。对之前已存在协定的例外只在某一限定时期有效的观念也被消除了（参见上述第 7.1b.2 项）。安奈尔主席在向部长们所做的送文评论（transmittal Commentary）中称：

"说到在实质要点方面的几个有待解决（outstanding）的主要问题，在关于总则和基本原则的第一部分当中，有必要在有关最惠国待遇的第 4 条，尤其是(d)项上作进一步的工作。"①

2.2.3.4　邓克尔草案

邓克尔草案第 4 条与《TRIPS 协定》最终文本第 4 条相比，两者并无显著差异。

上述援引的布鲁塞尔草案(d)项在邓克尔草案和《TRIPS 协定》最终文本中均被删除。

请注意，在邓克尔草案的脚注 2（它在此后变成《TRIPS 协定》最终文本第 3 条的脚注 3）中所述的知识产权的"使用"，也适用于第 4 条，并且从这个意义上讲，市场准入问题也被包含其中（参见上文对邓克尔草案条款关于国民待遇的讨论）。

2.2.4　关于知识产权取得与维持的 WIPO 协定的例外

在 TRIPS 的谈判过程中，WTO 秘书处与 WIPO 准备了大量的报告，事涉现有的与知识产权相关的国际协定，② 包括那些与知识产权的取得与维持相关的协定。③ 谈判者认识到，成员当中属于有关知识产权取得与维持的多边协定的缔约方的，相对于未参加该等协定的成员，就将享受某些权利或

---

① 见前文引用的布鲁塞尔部长会议文本。

② 参见，例如，《有关知识产权的国际公约及其成员》（International Conventions Regarding Intellectual Property and Their Membership），秘书处记录，MTN. GNG/NG11/W/13，1987 年 9 月 2 日，以及，《现有国际条约中规定知识产权保护的条款》（Provisions of Existing International Conventions Providing Protection for Intellectual Property），WIPO 秘书处通报，MTN. GNG/NG11/W/21，1988 年 2 月 12 日。后一份报告指出，因为它描述的是实质性条款，故其未描述对有关权利取得的协定，"《关于商标国际注册马德里公约》,《工业品外观设计国际保存海牙协定》,《专利合作条约》,《商标注册条约》和《国际承认用于专利程序的微生物保存布达佩斯条约》。出于相同原因，现在的文件也没有包含关于原产地名称国际注册的《保护原产地名称及其国际注册里斯本协定》的相关条款"，第 4 段。

③ 特别参见，《国际普遍承认与适用的知识产权保护标准/规范的内容、范围和形式》Existence, Scope and Form of Generally Internationally Accepted and Applied Standards/Norms for the Protection of Intellectual Property，由 WIPO 国际局制作的备忘录，MTN. GNG/NG11/W/24/Rev. 1，1998 年 9 月。

者特权。① 虽然《TRIPS 协定》的谈判记录并未反映当时就此问题进行过广泛讨论，但显而易见的是，要保留成员根据诸如《专利合作条约》之类的协定而享有的差别性权利，就得把它作为《TRIPS 协定》国民待遇和最惠国待遇原则的一个例外。若无此例外，则没有加入有关知识产权取得与维持的协定的成员，就会被推定在没有加入的情况下享有该等协定的利益（和对之承担义务）。

一个重要的问题是，排除适用国民待遇和最惠国待遇的例外，是适用于所有关于知识产权取得与维持的国际协定，还是只适用于特定的协定。由 TNG 主席安奈尔准备的综合文本包含有一项明确的、针对有关权利取得之协定的例外条款，并将此作为最惠国提议的一部分。这将被规定为对最惠国待遇义务的免除：

> "涉及有关在若干国家取得与维持知识产权保护的国际协定所规定的程序，只要该等协定对所有缔约方均开放加入。"（参见上文，第 7.1b.2 项）。

这一广泛制定的免除条款将可能包括如《欧洲专利公约》（European Patent Convention）。

布鲁塞尔部长会议文本和邓克尔草案文本包括了第 5 条，它被采用为《TRIPS 协定》第 5 条，并且未作实质性改动。第 5 条对第 3 条（国民待遇）和第 4 条（最惠国待遇）规定了一种例外情形，但只限于 WIPO 主持下订立的有关取得或维持知识产权的协定。

3. 可能的解释

3.1 国民待遇

3.1.1 一般评论

各成员根据第 3 条承担的基本义务是，在知识产权保护方面给予其他成员国民的待遇至少不低于给予本国国民的待遇。根据传统的 GATT 1947 的争端案例，国民待遇原则被理解为允许在进口货物与本国货物之间存在明确的或形式上的法律差异，只要在其待遇上不产生歧视性效果（discriminatory effect）。例如，对进口牛进行卫生检疫方式，就可能与对当地饲养牛所采取

---

① 参见，例如，《书面报告与口头声明汇编》（Compilation of Written Submissions and Oral Statements），由秘书处制作，MTN. GNG/NG11/W/12/Rev. 1，1988 年 2 月 5 日，第 66 段。

的卫生检疫方式不同。进口牛可能是在进入该国时进行检疫，而对当地牛则可能通过定期前往牧场的方式进行检查。在这两种情形中，确保食品安全的目标都是相同的。它们在形式上存在不同待遇，可以通过环境不同而获得合理解释。在谈判过程中或者在第 3 条的文本中均没有迹象显示，各成员打算改变这一做法。因此，《TRIPS 协定》允许在本国与外国国民之间存在明确的或形式上的差异，只要其效果是非歧视性的。

　　一般而言，《巴黎条约》和《伯尔尼条约》看起来也允许存在规则上的形式差异，只要其给予本国国民与外国国民同等的保护水平（参见《巴黎条约》第 2 条第 1 款和第 3 条，《伯尔尼条约》第 5 条第 1 款和第 3 款）。

3.1.2　不低于待遇和同等待遇

　　《巴黎条约》和《伯尔尼条约》均要求成员国给予本国国民与外国国民同等待遇。《巴黎条约》的方案（在第 2 条第 1 款）是在有关侵权的问题上加以具体规定，称外国国民"在他们的权利被侵犯时享有同样的法律上的救济手段，但是以他们遵守对国民规定的条件和手续为限。"①

　　一成员可能在根据《TRIPS 协定》第 3 条提供更优惠的待遇时，违反了《巴黎公约》和《伯尔尼公约》的同等性要求。然而，正如在本书第 3 章中提到的，WTO 成员不得违背其根据《巴黎公约》和《伯尔尼公约》所承担的义务，包括国民待遇义务（《TRIPS 协定》第 2 条第 2 款）。因此，虽然第 3 条赋予一种灵活性，对外国国民的待遇可以比本国国民更优惠，但是，被吸收的《巴黎公约》和《伯尔尼公约》的条款又可以解释为剥夺了这种灵活性。这种明显的冲突可能从《TRIPS 协定》的立场得到解决，它的解释是，既然适用《巴黎公约》和《伯尔尼公约》的同等保护规则在事实上可能减少了外国国民的潜在权利，故《巴黎公约》和《伯尔尼公约》的同等要求就没有就外国国民确立一项"义务"。

　　WTO 成员可能给予外国国民比本国国民更优惠的待遇（并且，更大的难题在于，对不同国家的国民实行选择性歧视［selectively discriminating］），这就导致把最惠国待遇原则纳入到《TRIPS 协定》之中。鉴于成员缺乏明显的动机，会照这样去做，因此，WTO 成员选择对外国国民给以更优惠待遇就只能是极例外的情形（这个推论已经潜在于 WIPO 公约体系中）。因此，

---

　　① 但是，根据《巴黎公约》第 2 条第 3 款，"关于司法和行政程序、管辖权……的规定，工业产权法中可能有要求的，均明确地予以保留。"这样，在必须"同样"的"救济手段"和被"保留"或豁免的"程序"之间，可能就难以划定其区别。就此意义而言，《巴黎公约》绝非行文清楚的典范。

《TRIPS 协定》与《巴黎公约》、《伯尔尼公约》的国民待遇条文之间的潜在矛盾，只有在极例外的情况下才可能成为一个问题。

3.1.3 法律上的歧视

国民待遇的争议可能源于成员在法律规则上的形式差异，即成员声称其对外国国民提供"不低于"（或同等）待遇（法律上的差异）。

GATT 1947 和 WTO 的案例主要致力于对货物贸易中的国民待遇义务进行解释。作为一项总的前提，当形式上存在差异的规则对于在进口货物与本地所生产货物之间的"竞争条件"（conditions of competition）产生不利影响，使得进口货物潜在地（potentially）更难于参与竞争时，这些规则就被认为是违反国民待遇义务的。竞争条件是否以及如何受到重大影响，取决于实际情况，从而难以一概而论。不过，有一点是明确的，即在货物贸易的情形中，不需要证明对进口货物的实际负面影响（adverse effects-in-fact），而仅需要证明，由于受到质疑的法律规则，进口商品的经济环境（economic environment）已经发生了不利的改变。①

如果 WTO 一成员起草其知识产权规则时，采用了一种对本国国民与外国国民加以区别的方式，那么，这些规则当然存在歧视外国国民的可能性。第 3 条的问题是，这些规则是否使得外国国民在取得和实施知识产权保护上变得更加困难，从而在这种意义上来说，它们实际上是歧视性的。

关于采用形式差异的规则，第 3 条第 2 款提供了一些指导意见。它规定，根据第 3 条第 1 款所具体指出的世界知识产权组织诸公约而允许的国民待遇的例外，在以下情形可以适用：

> 包括在一成员管辖范围内指定送达地址或委派代理人，只要这些例外为保证遵守与本协定条款不相抵触的法律和法规所必需，且这种做法的实施方式不会构成变相的贸易限制。[着重号是后加的]。

《巴黎公约》第 2 条第 3 款对国民待遇义务适用于有关司法和行政程序做了保留（或免除）。《TRIPS 协定》第 3 条第 2 款则大大减少了《巴黎公约》的国民待遇义务例外的范围。它规定，例外必须是"必要的"，且其"实施方式不会构成一种变相的贸易限制"。

如果说第 3 条第 2 款是在司法和行政程序上建立了差别对待外国国民的严格标准，那么，这表明在形式上（或明文）具有差异的实体性规则（substantive rules），可能在形式和实践两个方面都受到严格审查。WTO 上诉机

---

① 另参见本书第 32 章第 3 节。

构对下文所要讨论的"美国—哈瓦那俱乐部"案（*U. S. -Havana Club* case）的裁决似乎证实了，对于《TRIPS 协定》国民待遇标准的适用，要采用一种严格的方法。

在涉及因形式不同的规则而引发的争端时，举证责任的分配可能发挥重大作用。一成员选择对本国国民和外国国民起草不同的知识产权规则，是否因为这一事实就要由该成员承担举证责任，对于这种待遇上的形式差异给出合理解释？第 3 条没有明确说明这个问题。一方面，各成员可自由决定以它们认为恰当的方式来起草法律（参见第 2 章关于《TRIPS 协定》第 1 条第 1 款的讨论）。① 可以这么说，成员利用这一权利不应带来任何负面影响，比如举证责任倒置。另一方面，对外国国民待遇上的形式差异，当然会有助于证明它是与国民待遇标准不一致的表面证据案件（prima facie case），从而增加了这种可能性，即把举证责任转移至采取了差别待遇的该成员，由其来解释这种差异的合理性。②

3.1.4　事实上的歧视

在国民待遇问题上的歧视性待遇，不仅可能因明文或形式上有差异的法律规则所致，而且还可能发生于规则在表面上一致但实际操作方式存在歧视的情形（事实上的歧视）。这一原则长久以来就被 GATT 1947 的案例所确认，并且反映在欧洲法院长期形成的案例中。

在 GATT 1947 中关于事实歧视的典型案件，发生在根据 1930 年《美国关税法》（U. S. Tariff Act）337 条款③而涉及对美国知识产权人的保护。337 条款使得在美国的专利权人更容易阻止被指控侵犯专利权的货物进口到美国，比提起诉讼打击在国内的类似的侵权货物还要简单。④ 前者可以通过一个迅速

---

① 参见有关在履行 WTO 义务时各成员主权之重要性的讨论，"欧共体涉及肉类和肉制品（荷尔蒙）措施案（*EC Measures Concerning Meat and Meat products*（*Hormones*）），上诉机构报告，WT/DS26/AB/R；WT/DS48/AB/R，1998 年 1 月 16 日 ［以下简称"欧共体 — 牛肉荷尔蒙"案（EU-Beef Hormones)"]。

② 参见下文对"美国—哈瓦那俱乐部"案（U. S. -Havana Club）的讨论。在该案中，WTO 上诉机构指出，欧共体表明美国立法从表面上就对美国国民和外国国民予以区分，从而证明这是一个构成歧视的表面证据案件（*prima facie case*)，见第 281 段。这就把美国置于对表面证据案件进行反驳的地位，从而在实质上就构成一种举证责任的转移。

③ 参见"美国—1930 年《关税法》337 条款"案（United States-Section 337 of the Tariff Act of 1930），专家组报告，1989 年 11 月 7 日通过，BISD 36S/345（以下简称"美国 337 条款"案 ［U. S. -Section 337]）。

④ 参见下文（第 4 节）关于"美国—哈瓦那俱乐部"案裁决的讨论。

行政程序来完成目标，该程序消除了反诉的权利；而后者则必须经过一个更加复杂和费时的法院审理。从形式意义上讲，337 条款是在同等待遇的基础上对待所有进口货物的。从表面看，该项立法在外国国民和美国国民之间是非歧视的。但是，专家组注意到，绝大多数进口到美国的货物是由外国国民生产的，所以，该项立法实际上通常是影响到外国国民，而对美国国民的影响也许会很小。专家组的结论是，337 条款在操作上或者事实上（in an operational or de facto sense）违反了美国根据 GATT 1947 第 3 条承担的国民待遇义务。

《TRIPS 协定》的谈判记录表明，各成员都已经意识到在国民待遇方面的事实歧视原则。但没有迹象表明，成员国在通过第 3 条时企图改变这一原则。

3.1.5 WIPO 诸公约项下国民待遇的例外

通过第 3 条所提到的《巴黎公约》、《伯尔尼公约》和《IPIC 条约》的例外，WIPO 在 TRIPS 谈判期间对此加以汇编，并且在安奈尔草案中一项关于国民待遇的条文中被交叉提及。为了便于参考，WIPO 所列的这份清单附在本章之后，作为附件 1。《罗马公约》并不完全由 WIPO 管理，因此在它的报告中并没有涉及。不过，安奈尔文本指出：

> 关于《罗马公约》，相关的条文显然是指第 15 条，第 16 条第 1 款（a）项（iii）小项、（iv）小项、（b）项，以及第 17 条。①

对国民待遇义务的另一个限制存在于有关表演者、录音制品制作者和广播组织者的权利中。《TRIPS 协定》第 3 条第 1 款的第二句规定：

---

① 《罗马公约》第 15 条允许对保护设定某种合理使用的例外；第 16 条第 1 款（a）项（iii）小项和（iv）小项，允许就基于互惠条件对录音制品的二次使用（secondary use）支付合理报酬（equitable remuneration）的义务进行限制。第 16 条第 1 款（b）项允许缔约国免除对在公共场所进行进行电视节目广播的保护，允许受到影响的缔约国也取消该种保护。第 17 条允许在 1961 年 10 月 26 日仅根据录制标准给予唱片制作者以保护的国家，为某种目的而继续保持这一标准。正如下文关于通知的做法中所提到的，一些世贸组织成员向 TRIPS 理事会提出了对于适用《罗马公约》第 5 条第 1 款（b）项或（c）项的例外，涉及按照在另一缔约国的录制标准（criterion of fixation）或发行标准（criterion of publication）而赋予录音制品以国民待遇。在《罗马公约》中没有界定"录制"（fixation），但在后来的《世界知识产权组织表演和录音制品条约》（WPPT）中对它的定义是"系指对声音或声音表现物的体现，从中通过某种装置可感觉、复制或传播该声音"（WPPT，第 2 条 c 款）。用更通俗的方式来说，"录制"是指将音乐（或其他表达）记录在一张 CD 或其他有形载体上。

"就表演者，录音制品制作者和广播组织而言，此义务［亦即，国民待遇］仅适用于本协定规定的权利。"

这意味着，任何由其他国际协定所规定的额外权利①，不需要给予不属于该其他协定的 WTO 成员的国民。②

3.2　最惠国待遇

在知识产权保护方面适用最惠国待遇标准，这在多边环境中是一项创新，因此，先例非常有限。《TRIPS 协定》第 4 条规定，在知识产权保护方面，对任何国家（包括非 WTO 成员）国民给予的"任何利益、优惠、特权或豁免"，应立即和无条件地给予所有 WTO 成员的国民。这一条是仿照 GATT 1947 和 GATT 1994 第 1 条制定的。

哪些构成在知识产权保护中的利益或特权，这一点并不一定清楚。给予另一成员国民的权利更广泛的保护，可能会被认为是应当给予所有成员国民的利益。但是，如果一个国家决定提供更广泛的例外，比如在对享有版权的材料进行合理使用的方面，并且决定将这些例外仅仅适用于某些 WTO 成员的国民，那么，其他"不受影响"的成员是否就会认为这是一种与保护有关的"利益"（advantage），从而应当自动适用于它们呢？一些"不受影响"的外国国民可能希望利用这些例外，但发现他们并不能这样做。这也可能会给这些外国国民造成负面的商业影响。③ 如果考虑到第 4 条(d)项的义务免除以

---

① 有一份国际协定在这方面规定了额外的权利，它就是 1996 年 12 月 20 日在日内瓦通过的《世界知识产权组织表演和录音制品条约》（WPPT）。该条约可见于〈http://www.wipo.int/clea/docs/en/wo/wo034en.htm〉。但是，由于它是在《TRIPS 协定》之后通过的，故该条约中专有的义务将无论如何不能对非《表演和录音制品条约》成员国的世贸组织成员适用。有关这一方面，在 TRIPS 之前通过的国际协定是《保护表演者、录音制品制作者和广播组织罗马公约》。该公约对于不属于其缔约国的世贸组织成员，同样是非强制性的（参见本书第 3 章）。

② 这一限制的目的是为了避免后加入的世贸组织成员"搭便车"（free riding）。比如，既不属于《表演和录音制品条约》成员国也不是《罗马公约》缔约国的世贸组织成员，就不能主张其国民享有在其领土范围内所享受不到的权利。国民待遇义务被限定在《TRIPS 协定》第 14 条所规定的最少权利范围内（关于《TRIPS 协定》第 14 条的具体内容，参见本书第 13 章）。

③ 例如，假设电视节目广播者在这样一种情形中，一些外国广播者获准转播有新闻价值的事件，而其他广播者未获批准。对于无权转播的广播者，它们的观众就可能流失，从而剥夺了它们的经济收益。因此，"例外"可能会产生一种收益。

及该条规定对地区性市场的适用，那么，哪些构成在知识产权保护事项和最惠国待遇适用上的一种利益，这个问题就变得相当重要了。

第 4 条提到在"知识产权"方面的利益。在这里回顾一下本书第 3 章有关"知识产权"这一术语的定义和范围的讨论，最惠国待遇义务只适用于这些对象。

第 4 条有关最惠国待遇的例外是比较复杂的。特别是第 4 条第 4 款留下了相当大的解释余地。根据第 4 条规定，最惠国待遇不需要提供属于下列情况的利益、优惠、特权或豁免：

"（a）自一般性的、并非专门限于知识产权保护的关于司法协助或法律实施的国际协定所派生；

（b）依照《伯尔尼公约》（1971 年）或《罗马公约》的规定所给予，此类规定允许所给予的待遇不属国民待遇性质而属在另一国中给予待遇的性质；

（c）关于本协定项下未作规定的有关表演者、录音制品制作者以及广播组织的权利；

（d）自《WTO 协定》生效之前已生效的有关知识产权保护的国际协定所派生，只要此类协定向 TRIPS 理事会做出通知，并对其他成员的国民不构成任意的或不合理的歧视。"

关于第 4 条（a）项，存在着许多国际协定——双边的、地区性的和多边的——用于处理司法协助和法律实施问题。这包括有关取证、引渡、反竞争行为的调查以及判决书强制执行等方面的协定。这些协定中的大多数涉及在知识产权领域的某些应用。在这些协定中，各国相互之间做出的许多承诺是基于明确的或暗示的互惠。也就是说，一国同意在获取证据方面向另一个国家提供帮助，是为了换取该国家承诺也将提供同样的帮助。企图将所有这些协定都进行合理化处理（rationalized），以便每一成员根据这些不同协定为共同基础而对待其他所有成员，这超越了 TRIPS 谈判的范围，因此，就规定了一个总的义务免除条款。

正如在前面关于国民待遇的那几节中所提到的，《伯尔尼公约》和《罗马公约》的某些条文允许在互惠的基础上对外国国民给予差别待遇。例如，《伯尔尼公约》允许缔约国对于源自外国作品，按照其起源国（the country of origin）来确定其保护期限。在最惠国待遇的情形中，第 4 条（b）项允许对外国国民的待遇存在这种差别。

表演者、录音制品制作者和广播组织者的权利由多边、地区性和双边协定所组成的松散集合体（patchwork）管理。1996 年缔结的《世界知识产权组

织表演和录音制品条约》（WPPT）试图对这样的安排合理化，但它不属于
TRIPS 框架的一部分。《TRIPS 协定》确立了有利于表演者、录音制品制作
者和广播组织的最低权利（参见第 14 条），但是也做出了一个审慎的选择，
并不要求每一成员将其完整的一揽子保护性权利均给予所有其他成员。第 4
条(c)项承认了这一决定，因而构成了一个与有关表演者、录音制品制作者和
广播组织国民待遇的第 3 条第二句相平行的规定（见上文第 3.1 节）。

　　第 4 条(d)项阐明了在《TRIPS 协定》中所反映出来的最困难的问题之
一，但它在处理上并未采用一种清晰和明确的方式。然而，以下两个因素还
是降低了不确定性：第一，例外仅限于那些在《TRIPS 协定》之前生效的协
定；第二，成员必须把此类协定向 TRIPS 理事会作出通知。

　　第 4 条(d)项明文提到"自有关知识产权保护的国际协定所派生"的利
益。根据这一条文的谈判经过，值得注意的是，没有任何明文提到（GATT
1994 第 24 条的）关税同盟或自由贸易区，或者（《服务贸易总协定》第 5 条
的）地区性服务安排。之所以这样做，大概是为了使"纯粹"（pure）的知识
产权安排所形成的优惠（preferences）纳入其范围，这些安排包括像《欧洲
专利公约》——它一度被设想为《共同体专利公约》（Community Patent
Convention）、ARIPO①、OAPI② 以及诸如此类的协定。同时，对于为许多人
所熟悉的欧洲共同体、安第斯条约（Andean Pact）、南方共同市场议定书
（Mercosur/l）＊或者《北美自由贸易协定》（NAFTA），人们通常将这些协定
理解为是"有关知识产权保护的"，但这是值得怀疑的。虽然这些地区性协定
确实各自在其范围内设有知识产权保护的规定，但这只是各该协定的一部分；
这就好比《巴西宪法》或者《美国宪法》说是关于知识产权保护的宪章性文
件，因为它们在若干处提到了知识产权这个对象。

　　"自……派生"（deriving from）这一短语用在这里也具有重要意义，因为
它表明，免除最惠国待遇的利益、优惠等等并不是静止不变的，而是可能根
据其所依据的、在之前存在的协定而随时间发展的。这一点尤其重要，因为

---

　　① 非洲地区知识产权组织（African Regional Intellectual Property Organizatioin），其
成员为非洲英语国家。——译者

　　② 非洲知识产权组织（Organisation Africaine de la Propriété Intellectuelle/African
Intellectual Property Organizatioin），其成员为非洲法语国家。——译者

　　＊ 该组织的首字母缩写在西班牙语为"Mercosur"，在葡萄牙语为"Mercosul"。最
常见的情况是用英语写作"Mercosur"。在本书中，使用"Mercosur/l"是为了体现两种语
言的不同拼写。——译者

它可能给地区性安排留有非常大的空间，比如欧共体就可以根据早期通过的《欧共体条约》（EC Treaty）而对于减少适用最惠国待遇的范围予以扩张。

第 4 条(d)项的谈判经过确实表明，谈判参加者意识到欧共体的关切是建立一个区域，以使自己的知识产权制度可以享有某些特权，因此，一部分谈判成员也明确表示，对最惠国待遇义务的免除应当作狭义解释。在此背景下，有理由提出这样的问题，即第 4 条(d)项是否真正意图建立一个免除最惠国义务的开放式除外条款（open-ended exclusion），把由欧共体或者类似的地区性安排所考虑的所有将来行动都包括在内。

考虑到这一点，第 3 条赋予的国民待遇在事实上就大大地降低了最惠国待遇义务免除条款被滥用的可能性。也就是说，一个地区性安排中各成员之间的优惠待遇（preferential treatment）不会对第三国国民造成负面影响，因为属于该地区性组织的每一 WTO 成员需向其提供国民待遇，除非出现了不大可能发生的情况，即其中一个成员向该组织的其他成员给予"超国民待遇"（better than national treatment）。

那么，第 4 条(d)项是否完成了任务呢？欧共体一直对于捍卫其"共同体内部用尽"（intra-Community exhaustion）原则抱有兴趣。当货物经知识产权权利持有人同意而被投放至某一成员国的市场，这些货物就可以在共同体的其他成员国进行自由流通。① 欧共体的观点是，这种对于投放在共同体内部市场的货物所给予的待遇，并不必然就延伸至投放在共同体外部市场的货物。不过，既然在那些投放于欧共体内部市场的货物上，欧共体每一成员国剥夺了对其国内知识产权权利持有人的保护，这就很难看出是一种给予欧共体国民并且欧共体可免予将其延伸适用于非欧共体国民的"利益、优惠、特权或豁免"，尽管这似乎正是欧共体所采取的立场。②

在这一背景下，让我们来考察几个到目前为止就第 4 条(d)项条所作出的通知。欧共体的通知称：

"根据《与贸易有关的知识产权协定》第 4 条(d)项，我们在此谨代表欧洲共同体及其成员国，就有关建立欧洲共同体的条约（Treaty establishing the European Community）和建立欧洲经济区的协定（Agreement establis-

---

① 同一个（或者处于同一经济链中的）知识产权所有人可能并不能制止向向另一成员国进口。

② 在这一意义上，在欧共体区域之外的知识产权所有人比在欧共体区域内的知识产权所有人受到"更好"的待遇，因为域外的知识产权所有人在将其货物置于一个域外市场时，可据此而不受权利用尽规则的约束。

hing the European Econimic Area），向与贸易有关的知识产权理事会作出通知。就这些协定所作出的通报，不仅涵盖其中直接包括的那些条款，通过相关案例所作的解释，而且涵盖了现有的或将来由欧共体本身和/或其成员国随着地区一体化进程所通过的、符合这些协定的法案。"①

安第斯条约在通知中声称：

"根据《与贸易有关的知识产权协定》（TRIPS）第 4 条(d)项，作为安第斯共同体（Andean Community）的成员国，玻利维亚、哥伦比亚、厄瓜多尔、秘鲁和委内瑞拉共和国政府特此就《卡塔赫纳协定》（Cartagena Agreement）向与贸易有关的知识产权理事会作出通知。

本项关于《卡塔赫纳协定》的通知不仅包括其中直接包含的条款，在相关法律中的解释和适用，而且涉及由安第斯共同体或其成员国在地区一体化过程中已经或将来可能通过的、符合该协定的法规。"②

南方共同市场的通知声称：

"共同市场组织（Common Market Group）要求临时主席就《亚松森条约》(Treaty of Asunci′on) 和《欧鲁普雷图议定书》（Ouro Preto Protocol）向世界贸易组织与贸易有关的知识产权协定（TRIPS）理事会作出通知，其范围不仅指其中包括的条款，还包括由南方共同市场或其成员国在地区一体化进程中已经通过或者将来通过的、与 TRIPS 相关的、符合本协定的所有协定、议定书、决定、决议和准则。

综上所述，且按照《TRIPS 协定》第 4 条(d)项的规定，本人谨此通告为建立南方共同市场而于 1991 年 3 月 26 日签署的《亚松森条约》和 1994 年 12 月 17 日签署的《欧鲁普雷图议定书》的文本。"③

美国就《北美自由贸易协定》（NAFTA）的通知声称：

---

① 《根据协定第 4 条(d)项的通知》（Notification under Article 4(d) of the Agreement），欧共体及其成员国，IP/N/4/EEC/1，1996 年 1 月 29 日。

② 《根据协定第 4 条(d)项的通知》（Notification under Article 4(d) of the Agreement），玻利维亚、哥伦比亚、厄瓜多尔、秘鲁、委内瑞拉，IP/N/4/BOL/1，IP/N/4/COL/1，IP/N/4/ECU/1，IP/N/4/PER/1，IP/N/4/VEN/2，1997 年 8 月 19 日。

③ 《根据协议第 4 条(d)项的通知》（Notification under Article 4(d) of the Agreement），阿根廷、巴西、巴拉圭、乌拉圭，IP/N/4/ARG/1，IP/N/4/BRA/1，IP/N/4/PRY/1，IP/N/4/URY/1，1998 年 7 月 14 日。

"根据《与贸易有关的知识产权协定》（TRIPS）第 4 条(d)项，合众国特此通告，《北美自由贸易协定》（NAFTA）第 1709 条第(7)款免除承担《TRIPS 协定》的最惠国待遇义务。"①

这些通告，尤其是欧共体、安第斯条约和南方共同市场所作的通告，是以提出一种宽泛的授权免除范围的方式起草的。例如，欧共体的通知中包括了"随着地区一体化进程"而产生的"相关案例"和"将来的法案"。如果同一地区性集团及其成员国不受国民待遇义务的约束，那么，这种免除似乎就允许对集团内的成员国给予任何的优惠，而不将这些优惠给予外国国民。但是，无论是作为一个地区性安排的欧共体（以及欧共体成员国），还是上述其他每一种安排，它们都必须向第三国的国民提供国民待遇，所以，通过减少最惠国待遇而予以免除的范围实际上可能是相当有限的。

3.3 取得和维持知识产权的 WIPO 诸条约

第 5 条规定，对于在 WIPO 主持下订立的有关取得和维持知识产权的协定，免除《TRIPS 协定》的国民待遇和最惠国待遇义务。例如，所提到的协定可能要求各成员国的政府机构接受来自其他成员国申请人所提交的某种形式的登记、注册或其他数据。这些要求一般延及源自非成员国的申请（尽管不属于该成员国的国民，但与该成员国有密切联系的人，也可能获得这一权利）。如果未免除国民待遇和最惠国待遇义务，那么，根据 WIPO 取得和维持知识产权各条约取得的权利，将自动给予所有 WTO 成员（及其国民），而无需承担相应的义务。

WIPO 取得和维持知识产权的各协定，被理解为包括《商标国际注册马德里协定（及其议定书）》（Madrid Agreement（and Protocol）Concerning the International Registration of Marks）、《外观设计国际保存海牙协定》（Hague Agreement Concerning the International Deposit of Industrial Designs）、《专利合作条约》（Patent Cooperation Treaty）、《专利法条约》（Patent Law Treaty）、《商标法条约》（Trademark Law Treaty）和《国际承认用于专利程序的微生物保存布达佩斯条约》（Budapest Treaty on the International Recog-

---

① 《根据协定第 4 条(d)项的通知》（Notification under Article 4（d）of the Agreement），美国，IP/N/4/USA/1，1996 年 2 月 29 日。《北美自由贸易协定》第 1709 条第 7 款规定："在遵守第 2 款和第 3 款［同于《TRIPS 协定》第 27 条第 2 款和第 3 款有关可专利性（patentability）的排除规定］的情况下，应可获得专利并且可享有专利权，不因技术领域、完成发明所在成员国的区域，以及该产品是进口的还是当地生产的而受到歧视。"

nition of the Deposit of Microorganisms for the Purposes of Patent Proce-
dure)，以及《保护原产地名称及其国际注册里斯本协定》（Lisbon Agreement
for the Protection of Appellations of Origin and their International Registra-
tion）的某些条款。此类协定的清单是不固定的，由 WIPO 主持而通过的有关
取得和维持知识产权的新的多边协定也符合条件，可根据第 5 条免除国民待
遇和最惠国待遇义务。

　　由于《巴黎公约》、《伯尔尼公约》和《IPIC 条约》也是在 WIPO 主持下
缔结的多边协定，并且包含了某些条款，用来处理有关专利、商标、工业品
外观设计、版权、集成电路设计的权利取得和维持，因此，就可能提出这样
一种观点，认为这些协定至少就其涉及权利取得与维持的条款而言，也应当
落入第 5 条所规定的免除范围。不过，既然这些协定已经以另外的方式提到
而被《TRIPS 协定》所具体吸收，① 如果再作这样一种解释，显然就与
《TRIPS 协定》起草者的明显意图不相符了。

4. WTO 案例

4.1　"美国—哈瓦那俱乐部"案

　　在"美国—哈瓦那俱乐部"案中，② WTO 上诉机构（AB）适用了
《TRIPS 协定》和《巴黎公约》有关国民待遇的规则。上诉机构认为，《巴黎
公约》的国民待遇义务可回溯到 19 世纪 80 年代，本案件中的当事方即便不
是《TRIPS 协定》的成员，也应当遵守《巴黎公约》的国民待遇规则。虽然
上诉机构对《TRIPS 协定》和《巴黎公约》的规则都加以引用，但其并没有
提到两个条约所采用的法律方式的不同，相反，它强调将国民待遇条款纳入
《TRIPS 协定》这一决定的作出，就表明了"国民待遇义务对于《TRIPS 协
定》［制定者的］目的而言，有着根本性的重要的意义"。③ 上诉机构还阐明了
《关贸总协定》关于国民待遇原则的案例的相关性，其称：

---

　　①　参见，《TRIPS 协定》第 2 条第 1 款针对《巴黎公约》；第 9 条第 1 款针对《伯尔
尼公约》；第 35 条针对《IPIC 条约》。相关具体内容，参见本书第 3 章。
　　②　"美国—《1998 年综合拨款法》211 节"案（*U. S. -Section 211 Omnibus Appro-
priations Act of 1998*），WT/DS176/AB/R，上诉机构报告，2002 年 1 月 2 日，（以下简称
"美国—哈瓦那俱乐部"案［U. S. -Harvana Club]）。
　　③　同上，第 240 段。

"正如我们所理解的，国民待遇义务是《TRIPS 协定》的一项基本原则，正如它在现行 GATT 1994 的前身*所起的作用。专家组认为，《TRIPS 协定》第 3 条第 1 款的用语，特别是与 GATT 1994 第 3 条第 4 款的用语相同，所以，GATT 1994 第 3 条第 4 款的案例，也许可用来解释《TRIPS 协定》中的国民待遇义务，这一结论是正确的。"（上诉机构报告："哈瓦那俱乐部"案，第 242 段）。

"美国—哈瓦那俱乐部"案专家组裁决认为，美国用立法调整已经被古巴政府没收（confiscated）的商标，这样的法律不符合《TRIPS 协定》第 3 条的规定。事实上，用相关法律处理美国国民和外国国民的方式存在着形式上的法律差异，但是专家组认为，作为一个实践问题，让美国国民获得优惠待遇的可能性微乎其微。美国国民的某些优惠待遇，就得要求美国的监管当局采取积极的行政行为（而不是该当局长期以来的实践，亦即拒绝采取这样的行为），并且美国表示，其监管当局实际上不会以提供该优惠待遇的方式采取行动。

上诉机构引用有关 GATT 1947 第 3 条第 4 款的"美国—337 条款"案的裁决，否定了专家组的法律分析。[①] 在之前发生的"美国—337 条款"案的裁决中，专家组称，即使根据一项立法安排而出现某种类型的歧视的可能性很小，然而，毕竟存在这种可能性，故这一事实就足以构成与国民待遇不一致的歧视。在"美国—哈瓦那俱乐部"案中，上诉机构称：

"美国的看法也许是正确的，即如果必须克服由《美国联邦法规》（CFR）第 31 卷第 515.201 条和第 221 条(a)款第(2)项这两者共同形成的障碍，那么这种可能性也许是很小的，这可以与"美国—337 条款"案的专家组相呼应。但是，再次与该专家组相呼应的是，非美国国民的财产权继承人需面临两大障碍，而没有争议的事实是美国的财产权益继承人只需面对一个障碍，仅仅是这一可能性就表明前者就固有地不及后者优惠（inherently less favourable）。"（上诉机构报告，"哈瓦那俱乐部"案，第 265 段）

上诉机构的分析方法可能会让那些熟悉"美国—337 条款"案裁决的人们认为过于牵强。在那个案件中，美国采用了一种综合性的行政机制，以便专利（或者其他知识产权）的权利持有人寻求救济，反对侵权产品的进口。337

---

* 指 GATT 1947。——译者

① 参见以上本章第 3 节关于事实上的歧视。

条款机制包含的许多特点，使得针对进口产品而获得的救济，与（在国内的侵权诉讼程序中）针对在美国国内流通的货物而获得的救济相比，变得更加容易。337 条款制度安排中的一个要素（虽然从歧视的角度看并不是最重要的要素）是，在理论上，进口商可能会就同一个被指控的侵权行为同时遭受在美国国际贸易委员会（U. S. International Trade Commission/ITC）和在联邦法院的诉讼。（从实践的角度看，国际贸易委员会程序的主要歧视性特征在于，它不允许被指控侵权的一方主张专利上的反诉（patent counterclaim）。而且，国际贸易委员会的程序与法院诉讼程序相比，时间确实更为紧迫。）从进口商的角度看，美国专利法的歧视性适用的前景是真实的、始终存在的。在这种情况下，"337 条款"案的专家组否定了美国关于该立法的歧视性特征并没有产生任何实际结果的建议，也就不足为奇了。

"美国—哈瓦那俱乐部"案的情况截然不同。在"哈瓦那俱乐部"案中，上诉机构面临着这样的局面：美国一贯拒绝授予的许可正是欧共体表示关切的那种许可类型；而且，美国还声明将来永不授予此类许可。此外，欧共体所设想的可能出现歧视的事实情节，是极不可能发生的。就此意义而言，上诉机构实际上做出了这样的裁决：任何在法律程序上的形式差异都会经不起国民待遇的严格审查，即使其实际结果微乎其微，并且采纳了这些程序的政府同意并不适用该类程序。上诉机构"美国—哈瓦那俱乐部"案中还适用了第 4 条。其中提到：

> "类似于国民待遇义务，提供最惠国待遇义务一直以来都是世界贸易体系的基石之一。五十多年来，GATT 1994 第 1 条中规定的提供最惠国待遇的义务，一直是确保全球货物贸易规则体制的核心和必备条件。与国民待遇原则不同的是，在《巴黎条约》（1967 年）中并没有就有关商标或其他工业产权设定最惠国待遇的义务。但是，《TRIPS 协定》的制定者决定将最惠国义务扩展至由协定所包含的知识产权保护上。作为世界贸易体系的一块基石，最惠国义务对于在《TRIPS 协定》项下的知识产权而言所赋予的重要性，必须与它长期以来所赋予《关贸总协定》的货物贸易的重要性相同。总而言之，这是根本性的。"（上诉机构指出："哈瓦那俱乐部"案，第 297 段）

从表面来看，发生争议的美国立法针对古巴国民和其他外国国民（非古巴籍外国国民）规定了在形式上不同的待遇。上诉机构再次注意到，这构成了一种具有表面证据的不一致（*prima facie* inconsistency）。美国曾试图通过证明这一点，即作为一个实际问题，在不同的外国国民会见并不存在歧视，从而否定上述种不一致。专家组接受了美国的观点。但上诉机构依据欧共体针对有关非美国国民的商标持有人的差别待遇提出的一系列间接的假定情形，否定了专家组的裁决。上诉机构针对最惠国原则的适用则是确立了一个极其严格的标准，这样，如果针对来自不同外国成员的国民实行在形式上有差异的待遇，就极少能够过得了关。

4.2 "欧共体— 商标和地理标志保护"案

根据澳大利亚[①]和美国[②]各自提出的请求，WTO 争端解决机构（DSB）在 2003 年 10 月 2 日的会议上成立了一个专家组来审理相关申诉，这些申诉是关于 1992 年 7 月 14 日（EEC）第 2081/92 号《欧共体理事会条例》（EC Council Regulation）（刊登于 1992 年 7 月 24 日《欧盟公报》（EU's Official Journal）L208，第 1—8 页），涉及地理标志和农产品、食品原产地名称的保护。[③] 这些申诉主要针对的是上述欧共体理事会条例，涉嫌违反《TRIPS 协定》国民待遇义务和最惠国待遇义务。[④] 在这方面发生争议的条款是条例中保护外国产品地理标志的第 12 条。[⑤] 第 12 条规定：

"第 12 条

1. 在不违反国际协定的情况下，本条例适用于来自第三国的农产品或食品，只要：

— 该第三国能够给予与第 4 条所提到的相同或等同的保证，

— 相关第三国有与第 10 条所规定的同样的审查安排，

— 相关第三国已经准备为来自共同体的相应的食用农产品提供保护，该保护与共同体现有的保护等同

2. 如果在第三国受保护的名称与在共同体受保护的名称相同，则在准予注册时，应当顾及当地的传统用法和实际上发生混淆的风险

---

① WT/DS290/18，2003 年 8 月 19 日。

② WT/DS174/20，2003 年 8 月 19 日。

③ "欧共体—农产品和食品的商标与地理标志保护"案（*European Communities - Protection of Trademarks and Geographical Indications for Agricultural Products and Foodstuffs*）（以下简称"欧共体—商标与地理标志的保护"案），2004 年 2 月 24 日，WT/DS174/21 和 WT/DS290/19，依美国和澳大利亚关于成立专家组的请求。

④ 见前述由澳大利亚和美国提出的关于成立专家组的请求。请注意，在同一份申诉中还有《TRIPS 协定》的其他条款作为依据，特别有关保护商标和地理标志的条款。参见本书第 14 章和第 15 章。

⑤ 关于欧共体对地理标志立法的分析，另参见本书第 15 章，第 2.1 节。

只有当该产品在标签上清楚可见地标明来源国时，才可批准使用该类名称。"

5. 与其他国际文件的关系

5.1　WTO 诸协定

正如上诉机构在"美国—哈瓦那俱乐部"案的裁决中所述，对《TRIPS 协定》的国民待遇原则和最惠国待遇原则进行解释时，可通过对 WTO 其他协定中类似条款的解释而获得信息。类似条款为《TRIPS 协定》提供信息的程度，将取决于该等条款在这些其他场合中运用的具体情形。GATT 1994 和《服务贸易总协定》(GATS)，分别包含了明确的国民待遇和最惠国待遇义务，而《技术性贸易壁垒协定》(TBT)和《与贸易有关的投资措施协定》(TRIMS)则只是将国民待遇条款纳入其中。在各种不同的协定之间进行类比时，必须要求谨慎，因为对进口货物的待遇，与对外国权利人的待遇可能暗示着不同的结果。在任何情况下，除了上诉机构所建议的这一点，即这些协定可以相互提供信息，难以对各种不同协定之间的关系以及它们对非歧视规则的适用提出一般性原则。

在由欧共体、安第斯条约和南方共同市场根据《TRIPS 协定》第 4 条(d)项所作出的通知中，①直接提出了这样一个问题，即 GATT 1994 第 24 条的）关税同盟或自由贸易区，或者（《服务贸易总协定》第 5 条的）地区性服务安排，在多大程度上提供了歧视待遇的余地，以使该种安排之内的个人或企业获得优惠。关于在多边贸易体系中的地区性安排的地位，这一问题无论在 GATT 的案例与实践中，还是在学术文献当中，都有着悠久的历史，而这样的历史也暗示着，此类地区性安排往往倾向于在多边规则中主张广泛的例外。这些主张包括了减少国民待遇义务以及最惠国待遇义务，即便 GATT 1994 第 3 条也似乎只是考虑最惠国待遇要求的例外。② 这样的主张也可能出现在 TRIPS 的情形中，尽管这种可能性缺乏明确的指向。

---

① 美国就《北美自由贸易协定》(NAFTA) 所作出的通知，相比于其他这些通知，范围更小。

② 有关免除国民待遇义务的主张，其描述和分析见于 Frederick M. Abbott, *GATT and the European Community：A Formula for Peaceful Coexistence*，12 Mich. J. Int'l. L. 1 (1990 年)。

5.2 其他国际文件

《TRIPS 协定》的国民待遇和最惠国待遇条款与 WIPO 诸公约之间的关系，前面已经进行了讨论（参见本章第 3 节）。

《TRIPS 协定》的国民待遇和最惠国待遇条款，在决定其与《生物多样性公约》（CBD）的关系时，可能起到某种作用。假如 WTO 一成员制定规则，来履行它根据《生物多样性公约》所承担的义务，从而，这些规则可能与知识产权保护，比如专利保护有关。根据国民待遇原则，这些规则也将适用于 WTO 其他成员的国民。

6. 新近发展

6.1 国内法

从 1996 年 1 月 1 日起，第 3 条、第 4 条和第 5 条开始适用于 WTO 所有成员。因为大部分的成员就是《巴黎公约》和《伯尔尼公约》的成员国，而这两大公约已经就专利、商标和版权规定了国民待遇，所以，《TRIPS 协定》的国民待遇要求并未对这些成员施加任何特别的实施负担。但是，许多 WTO 成员修改了它们的知识产权立法，以便把《TRIPS 协定》的要求考虑进来，而与国民待遇仍然保持不一致之处，则各成员应修改其立法。

6.2 国际文件

6.3 地区和双边情况

6.3.1 地区

关于地区性集团所作出的通知，上文已经讨论（参见第 3 节）。

欧洲法院（ECJ）相比于任何其他司法机构，也许会有更多的机会去分析在市场一体化环境中的国民待遇原则。GATT 1947 关于国民待遇的专家组报告，所处理的几乎全部涉及进口货物的待遇问题，然而，欧洲法院的判例则常常处理人的待遇问题。从分析《TRIPS 协定》的国民待遇这个角度看，对欧洲法院的判决进行分析和比较，将有助于进一步理解 WTO 上诉机构可能如何评估对人的差别待遇，从而确定是否存在歧视。①

---

① 目前欧洲法院关于国民待遇的判例和原则，可见于 Paul Craig 和 Grainne de Burca，*EU Law*，第 2 版，牛津大学出版社，1998 年。

具体来看国民待遇这一问题，欧共体在 1995 年通过的《数据库指令》（Database Directive），① 提出了一些令人感兴趣的问题，涉及欧共体对《TRIPS 协定》中有关国民待遇和最惠国待遇的理解。在《数据库指令》中，欧共体确立了一种对数据保护的特别权利（第 7 条），它比 TRIPS 所要求的更为宽泛。② 关于这种新权利的受益人，该指令第 11 条规定如下：

"1. 第 7 条规定的权利应适用于由欧共体成员国国民或在欧共体领域内有惯常居所的居民作为制作者或权利继受人的数据库。

2. 第 1 款的规定也应当适用于依据成员国法律成立的公司和企业［……］。

3. 将第 7 条所规定的权利扩大适用于在第三国制作的、且不属于第 1 款和第 2 款所规定范围的数据库的协定，应由理事会根据委员会的提议订立"。

《数据库指令》明确排除了对非欧共体成员国的国民适用国民待遇。也就是说，要想获得数据库保护的利益，该人必须是欧共体成员国的国民（或者在欧共体成员国内有惯常居所）。第 11 条第 3 款预见到了对欧共体之外的国家排除适用最惠国待遇，因为它授权欧共体可以基于国与国之间的关系来扩展数据库保护的利益。

关于《数据库指令》明确的歧视性特点，唯一能够解释其合理性之处在于，欧共体并没有把数据库保护看作是《TRIPS 协定》第 1 条第 2 款意义上的 "知识产权"。③ 假定欧共体的这一观点是正确的，那么，《数据库指令》就表明，至少在欧共体看来，有关信息保护的利益严格说来并不属于知识产权的定义之内，从而可以不按照有关国民待遇和最惠国待遇的基本原则来对待它。

6.3.2　双边

WTO 的发展中国家成员常常受到发达国家成员的鼓励，采取所谓的 "超 TRIPS" 的知识产权保护标准。④国民待遇和最惠国待遇是与建立超 TRIPS 保

---

① 1995 年 7 月 10 日通过的（欧共体）共同立场（Common Position）第 20/95 号，同意通过欧洲议会和理事会……关于数据库法律保护的 95/EC《指令》（OJC 288，1995 年 10 月 30 日，第 14 页）。

② 关于欧共体《数据库指令》的详细分析，参见本书第 9 章，第 6.3 节。

③ 关于数据库是否构成《TRIPS 协定》第 1 条第 2 款意义上的 "知识产权"，对该问题的分析，参见本书第 3 章，第 3.1 节。

④ 关于《TRIPS 协定》在这方面的动力，参见本书第 2 章，第 3.2 节。

护标准相关的。① 在地区和双边贸易协定中引入不断提高的知识产权保护标准，由此造成的结果尚需从最惠国待遇原则的角度加以充分研究。地区和双边协定的成员采用超 TRIPS 标准的，是否有义务向并不属于该等协定安排组成部分的 WTO 成员，提供那些更高标准的保护？对于在《TRIPS 协定》之后谈判达成的安排中所存在的对知识产权的歧视性待遇，没有任何的例外（参见第 4 条(d)项），所以上述例子可能就是一例。但是，如果此类更高的标准使得进口商（由于国内壁垒）更难进入市场，那么，这对于从最惠国待遇中受益的成员而言是一种"减让"（concession），抑或，这对第三国而言，意味着取消优惠和竞争条件的根本改变？这一问题的答案，可能会给 WTO 带来广泛的系统性影响。

6.4　审查建议

在 TRIPS 理事会那里，并没有关于对国民待遇和最惠国待遇原则进行审查的正式提案。但是，作为地区一体化工作组议程（agenda of the working party on regional integration）的组成部分，《TRIPS 协定》的地位就和地区一体化的其他方面一道受到了评估。此外，关于在 WTO 框架下提高发展中国家成员待遇的多哈议程讨论，其中也暗含这样的意思，即为了促进发展之利益有必要在此范围内调整国民待遇和最惠国待遇。比如，贸易和竞争工作组（Working Group on Trade and Competition）需要处理的一个主要议题是：在什么范围内，发展中国家成员的国内竞争政策可能会为当地企业（例如中小型企业）提供好处，以及，在有关竞争的 WTO 协定中的国民待遇条款，是否可能对这种好处产生不利影响。②知识产权是一般性竞争政策的主题，而关于在竞争环境中实行国民待遇的决定，将影响到《TRIPS 协定》的竞争条款。

---

① 在最惠国待遇义务方面，有关超 TRIPS 协定（TRIPS-plus agreement）的含义，另参见 Vivas-Eugui, *Regional and bilateral agreements and a TRIPS-plus world: the Free Trade Area of the Americas (FTAA)*，TRIPS 议题论文 1，日内瓦贵格会联合国办公室（Quaker United Nations Office/QUNO）；渥太华贵格会国际事务项目（Quaker International Affairs Programme/QIAP）；日内瓦贸易与可持续发展国际中心（International Centre for Trade and Sustainable Development/ICTSD），2003 年（可见于〈http://www.geneva.quno.info/pdf/FTAA%20(A4).pdf〉）。

② 参见，例如《贸易与竞争政策互动工作组致总理事会报告》（Report of the Working Group on the Interaction Between Trade and Competition Policy to the General Council），WT/WGTCP/6，2002 年 12 月 9 日，第 44 段。

7. 评论（包括经济和社会意义）

对于国民待遇原则和最惠国待遇原则，上诉机构将它们归结为包括《TRIPS 协定》在内的 WTO 法律体系的根本原则。这两项原则在 GATT 1947 和 WTO 多边贸易体系中处于中心地位，这已经没有什么争议。采用最惠国待遇，不仅要把它作为促进贸易自由的机制，而且也许更重要的是要把它作为一种政治手段，减少政府基于经济因素而形成同盟的倾向。20 世纪上半叶，此类政治同盟最终成为了导致战争发生的背景。那时人们得出的一个令人信服的正当理由（并且现在仍旧）是，应当寻求尽可能降低导致全球经济瓦解的潜在危险。

但是，从 WTO 发展中国家成员的角度看，国民待遇和最惠国待遇并不一定全部都是好处。这些原则要求将外国的经济主体与当地的经济主体同等对待，这就可能会把发展中国家的个人和企业置于明显不利的地位，因为他们的外国对手更具全球竞争实力。发展中国家成员当其产品具有竞争力的情况下，才可能因其更容易进入发达国家市场而有所"获利"。但是，如果这些发展中国家成员的当地企业没有能力在本国与资本实力更雄厚、工作效率更高的外国厂商进行竞争，那么，这些成员也将有所"损失"。在一些案例中，因进入外国市场所得之获利，尚无法与当地企业在利润和就业上的损失相抵。① 因此，需要注意，从 WTO 发展中国家成员的角度看，不能过分夸大由国民待遇和最惠国待遇所带来的好处。

这种潜在的利益失衡在 TRIPS 的语境下显得尤为重要。WTO 发达国家成员在现有技术资产存量和将来的研发能力方面，都比发展中国家成员拥有显著优势。发展中国家成员同意平等对待外国专利所有人和国内的专利所有人，这就等于建立了一个竞技场，让力量悬殊的两支队伍同场较量。

发达国家对此的回应是，技术转让和能力建设将提高发展中国家的技术"队伍"的能力。这一概念尽管在理论上非常完美，但人们已经发现，其在实践中的可操作性极弱。② 到目前为止，发展中国家成员仍然有理由对此持怀疑

---

① 参见 Joseph Stiglitz, *Globalization and Its Discontents*（2002 年）。

② 有关知识产权保护与技术转让之间相互作用的深入分析，参见 UNCTAD-ICTSD, *Intellectual Property Rights：Implications for Development*，政策讨论报告，日内瓦，2003 年，第 5 章（技术转让）。有关《TRIPS 协定》第 66 条第 2 款（涉及促进向欠发达国家的技术转让）的分析，参见本书第 34 章。

态度。

附件

《世界知识产权组织所管理条约项下国民待遇的例外及其受益方》（Beneficiaries of and Exceptions to National Treatment under Treaties Administered By WIPO），世界知识产权组织通报，MTN. GNG/NG11/W/66，1990年2月28日。

II. 国民待遇例外的清单

（a）《巴黎公约》项下规定

6. 以下国民待遇的例外包含在《巴黎公约》中：

i)《巴黎公约》各缔约国法律中关于司法或行政程序、关于管辖权的规定，工业产权法律中可能有要求的，均明确地予以保留。（《巴黎公约》第2条第3款）；

ii)《巴黎公约》各缔约国法律中关于指定送达地址或委派代理人的规定，工业产权法中可能有要求的，均明确地予以保留。（《巴黎公约》第2条第3款）；

（b）《伯尔尼公约》项下规定

7. 以下国民待遇的例外包含在《伯尔尼公约》中：

i) 在来源国仅仅作为工业品外观设计—而不是（同时）作为实用艺术作品，亦即通过版权法——受到保护的作品，在《伯尔尼公约》其他成员国只享受该国对工业品外观设计所给予的那种专门保护，即使其在该国是可以获得版权保护的（《伯尔尼公约》第2条第7款第二句，前半部分）；

ii) 任何非《伯尔尼公约》成员国如未能充分保护《伯尔尼公约》某一成员国国民作者的作品，后者国家可对首次出版时系其他国家国民而又不在《伯尔尼公约》成员国内有惯常居所的作者的作品所给予的保护加以限制—以作品在该国家首次出版作为保护的依据。如首次出版国利用这种权利，则《伯尔尼公约》其他成员国对由此而受到特殊待遇的作品也无须给予比首次出版国所给予的更广泛的保护（《伯尔尼公约》第6条第1款）；

iii) 在被要求给予保护的国家，除非该国家的法律另有规定，保护的期限不得超过作品起源国规定的期限（《伯尔尼公约》第7条第8款）；

iv) 对于艺术作品原作或作家与作曲家的手稿，作者或作者死后由国家法律所授权的人或机构享有的权利（"追续权"），在作者第一次转让作品之后对作品进行的任何出售中分享利益。只有在作者本国法律承认这种保护的情况下，才可在《伯尔尼公约》成员国内要求该保护，而且保护的程度应限于被要求给予保护的国家的法律所允许的程度（《伯尔尼公约》第 14 条之三第 1 款、第 2 款）

v）关于作品的翻译权，如作品起源国是利用在这方面可以采取的有限保留 * 而宣布在《伯尔尼公约》所包含的翻译权上适用该条款的意图的国家——除某些发展中国家以外，则任何国家有权实行与作品来源国提供的相同的保护（《伯尔尼公约》第 30 条第 2 款(b)项，第二句），其中提到的翻译权规定在 1886 年《伯尔尼公约》，并由 1896 年《补充巴黎文本》（Additional Act of Paris）予以完备（它涉及翻译权的限制，需具备的某些条件，以及保护期限为自作品首次出版后 10 年）。

(c)《IPIC 条约》项下规定

8. 以下国民待遇的例外包含在《IPIC 条约》中：

i）就指派代理人或者指定送达地址的义务而言，任何缔约方应享有不适用国民待遇的自由（《IPIC 条约》第 5 第 2 款）；

ii）就法院程序中外国人适用的特别规定而言，任何缔约方应享有不适用国民待遇的自由（《IPIC 条约》第 5 条第 2 款）。

* 只有 4 个国家维持这样一种保留。

第5章　权利用尽

1. 引言：术语、定义和范围

第6条处理的是知识产权权利用尽的问题。权利用尽的概念在决定知识产权规则以何种方式影响国际贸易中货物和服务的流动方面，起着极其重要的作用。

知识产权，比如专利权、商标权或版权，通常被定义为授予其持有人以阻止他人使用的权利。例如，一项专利，就授予发明人以阻止他人在未经其同意的情况下制造、使用、销售、许诺销售或进口此项发明的权利。商标权则授予其持有人以阻止他人在相同或相似的货物上使用受保护之标记的权利，如果这种使用可能导致消费者混淆的话。版权授予其持有人以阻止他人复制或传播作品的权利。

权利用尽学说是要说明有这样一个点，一旦达到这个点，知识产权的权利人在货物或服务上的控制即告停止。这种控制的终结，对于市场经济发挥功能具有关键意义，因为它使得货物和服务得以自由转让。如果没有权利用尽学说，最初的知识产权权利人将对含有某一知识产权的货物或服务的出售、转让或使用施以永久的控制，并将因此控制经济生活。

一项知识产权，通常由于含有该知识产权的货物或服务进行了"首次销售"（first sale）（美国规则）或将其"投放市场"（placing on the market）而导致权利用尽。它的基本理念在于，一旦权利人能够从首次销售或投放市场中获得经济回报，则货物或服务的购买人或受让人就获得了使用和处分该货物或服务的权利，而不再受到进一步的限制。

试举例加以说明，假定有一罐汽水贴上了著名的"可口可乐"商标。因为可口可乐公司拥有该商标的权利，它可以阻止他人未经其同意而首次销售这罐汽水。如果你从获得授权进行首次销售的经销商那里购买了这罐汽水，那么，可口可乐公司在其商标上所拥有的权利即告用尽，它并不能阻止你饮用这罐汽水，或者将这罐汽水赠予或出售给其他人。商标权利人已经丧失了控制该产品进一步处分的权利。但是，你购买这罐可口可乐，并没有授权你制造自己的可口可乐，或将此商标许可给其他人。换言之，首次销售原则并没有使你获得商标权，而是消除了可口可乐公司对特定的这罐汽水的流动加以控制的权利。

从国际贸易体系的立场来看，权利用尽问题的焦点在于，它的实施是以国内、地区抑或国际范围为依据。知识产权通常是由国家机关授予的。授予知识产权之后，专利权人、商标权人或版权人就获得了可以在授权机关境内行使的"一束权利"（bundle of rights）。当某一货物或服务在一国首次销售或投放市场，这就用尽了包含其中的知识产权。[1] 然而同一个知识产权人可能在许多国家拥有相同的或"平行"（parallel）的权利。为了说明问题，我们再次以可口可乐公司为例，它可能在世界上每一个国家都拥有可口可乐标记的商标注册。

一国可以选择承认，若某一货物或服务在境外首次销售或投放市场之后，即发生知识产权的权利用尽。也就是说，"平行"的专利权、商标权或版权因在境外的首次销售或投放市场，而用尽了在该国内的知识产权持有人的权利。如果货物或服务在一国之外首次销售或投放市场而导致权利用尽的，在本国的知识产权人就不可以再依据其知识产权而反对此货物或服务的进口。货物

---

[1]　权利用尽规则对于知识产权的影响方式，可能由于知识产权保护种类的特点而有所不同。例如，图书的首次销售将导致版权人控制该图书发行的权利用尽，而一部电影的首次放映，却不会使得版权人控制该电影进一步放映的权利用尽。关于根据《TRIPS 协定》第 11 条规定的电影作品的出租权，相关讨论参见本书第 10 章。

或服务上的知识产权是在境外发生权利用尽的，该货物或者服务的进口通常被称为"平行进口"（parallel importation），而此类贸易的货物或服务，则常常称作"平行进口货"（parallel imports）。因为发生知识产权权利用尽的货物或服务既有进口也有出口，故在此类货物上的贸易对象通常就称为"平行贸易"（parallel trade）。

如果一国认可"国内"（national）权利用尽学说，则知识产权人对于货物或者服务的流动控制权，只能因为货物或服务在该国境内进行首次销售或投放市场才会消失。如果一国承认"地区"（regional）权利用尽学说，知识产权人在该地区任何一个国家将货物或服务进行首次销售或投放市场时，控制该货物或服务流动的权利即被用尽。如果一国承认的是"国际权利用尽"（international exhaustion）学说，当一货物或服务在世界上任何一个地方被首次销售或投放市场时，知识产权人对该货物或服务流动的控制权就穷竭了。

WTO 成员选择采取何种权利用尽学说，会对货物和服务的跨境流通产生重大影响。根据国际权利用尽学说，货物和服务在世界任何地方按某种条件而被首次销售或投放市场之后，即可以跨境自由流通。而根据国内权利用尽学说，货物和服务的流动就可能被知识产权人所阻止。在国内权利用尽之下，知识产权人有权进行市场分隔。

从经济、社会、政治和文化等等各种不同的视角来看，关于授予知识产权人以市场分隔的权力究竟是好还是坏，存在相当的争议。从那些偏好开放市场和竞争的立场上看，让知识产权成为一种限制贸易的机制，显然是根本不相协调的。但是知识产权人主张，进行市场分隔以及因此必然导致的价格差异（price discrimination），还是具有积极意义的。

在 GATT 的 TRIPS 谈判期间，各成员在知识产权的权利用尽问题上展开了非常广泛的讨论，但是各成员的政府之间却未能就是否为新成立的 WTO 设立一套权利用尽的规则，达成一致意见。他们转而同意，每一 WTO 成员将有权采用其自己的权利用尽政策和规则。这种合意体现在第 6 条中，它规定在遵守《TRIPS 协定》的国民待遇规定和最惠国待遇规定的前提下，排除本协定中的任何条款用以在争端解决中处理权利用尽的问题。

2. 条文沿革

2.1　TRIPS 之前的状况

在《TRIPS 协定》谈判之前，就知识产权权利用尽问题上的政策和规则对国际贸易的影响而言，各成员的政府之间维持着各不相同的政策和规则。① 这种情况在欧洲和美国都相当复杂，因为这些国家之间不仅对知识产权的国内、地区和国际权利用尽问题遵循着各自不同的解决办法，而且，它们常常根据不同的知识产权类别而采取不同的政策和规则。

例如，在美国，最高法院在商标领域已经处理了权利用尽问题，并且对国内法进行解释，以建立一种"普通控制"原则（"common control" doctrine）。② 如果一件受到美国商标保护的产品，是由一家美国公司所拥有的或者普通控制的公司在境外首次销售，那么，不得援引此商标而阻止其平行进口。然而，如果该产品是由一家独立的公司或者由美国商标权人的被许可人在境外首次销售的，则可以阻止平行进口。

美国最高法院从未明确处理过在专利领域的平行进口问题。③上诉法院（Court of Appeals）有几份重要的判决，都是支持专利权的国际权利用尽规则

---

① 第一次对于知识产权的权利用尽概念作出清楚表述的，有时追溯至 1873 年美国最高法院在 *Adams v. Burke* [U. S. (17Wall) 453 (1873)] 案中的判决。此案涉及一项在殡葬棺材盖子上的专利，专利权人试图对带有该盖子的棺材购买者，限制其将之再销售的地域范围。最高法院认定，专利权人在首次销售之后，对于该发明的控制权即告用尽。最高法院称：

"从事情的本质特征看，当专利权人或者拥有其权利的人出售一部机器或者设备，而该机器设备的唯一价值就是其使用，那么，他就已经获得了该机器设备使用的对价，并且他与限制该机器设备使用的权利发生了分离。从法院的用语来讲，该产品获得了通行证，而不再受垄断权的限制。也就是说，专利权人或其受让人通过销售行为，已经获得了他对于他人使用其在该特定机器或设备上的发明而主张的使用费或对价，购买者的使用变成开放的了，不再由于专利权人的垄断而存在进一步的限制。"（453 U. S，第 456 页）（脚注略）。

② *Kmart v. Cartier*，486 U. S. 281（1988）。

③ 时常被引用来证明美国对于受专利保护的产品禁止平行进口的一个案例是 *Boesch v. Graff* 案 133 U. S. 697（1890）。然而，该案涉及的是根据专利权的"在先使用人"例外（prior user's exception），并非根据专利权人的同意而在美国境外首次销售的产品。（根据在先使用人例外，专利申请日之前善意使用该发明的第三人，即使该专利获得授权，仍可以继续使用该发明。）这一判决的潜在意义，下文将予以分析。

的。① 但在地区法院（district courts）的层面，则存在着某种相反的观点。② 至于版权领域，在《TRIPS 协定》之前几乎没有用司法判决的方式处理过有关国内权利用尽和国际权利用尽的问题，尽管随着这一主题开展谈判以来，这方面的问题已经频频获得了处理。

就权利用尽问题对货物跨境流动所产生的影响而言，欧洲法院（ECJ）是处理这方面案件的先行者。1964 年，在欧洲共同体形成之后不久，欧洲法院在 *Consten and Grunding* 案中就遇到了这样的问题，一家音响设备制造商企图援引平行的商标权，来阻止其产品在欧共体各成员之间所进行的贸易活动。③ 欧洲法院直接承认，如果商标权人可以阻止货物的自由流动，那么欧洲市场一体化的目标将会受阻，而在早期阶段，欧洲法院是援用竞争法原则来禁止此类行为的。随后，欧洲法院就此问题形成了它自己的法理，它以《欧共体条约》（EC Treaty）有关反对数量限制和具有等同效果之手段的规定（《欧共体条约》1999 年编号第 28 条）为基础，确定了"共同体内部权利用尽原则"（intra-Community exhaustion doctrine）。④

在 TRIPS 谈判之前，欧共体全体成员在所有的知识产权保护领域均遵守"共同体内部"权利用尽规则。⑤ 欧洲法院有一套内容广泛的判例法，其中，它针对特定情形对该项规则进行细化。例如，欧洲法院认识到，对电影的放映或者播放就表现为特殊的情形，故需要对一般"投放市场"规则设定某些

---

① 参见最突出的案件 *Curtiss Aeroplane & Motor Corp. v. United Aircraft Engineering Corp.*，266 F. 71（2d Cir. 1920），而更多案件的讨论，参见 Margreth Barrett, *The United States' Doctrine of Exhaustion: Parallel Imports of Patented Goods*，27 N. KY. L. REV. 911（2000）。

② 参见，例如，*Griffin v. Keystone Mushroom Farm，Inc.*，453 F. Supp. 1283（E. D. Pa 1978）。

③ *Consten and Grundig v. Commission*，第 56、58/64 号案件，［1966］ECR 299。

④ 欧洲法院关于权利用尽的法律，其早期历史形成于《欧洲共同体条约》第 30 条（禁止数量限制和具有等同效力的措施）与《欧洲共同体条约》第 36 条（允许保护知识产权的措施）之间的对立中。1999 年《欧洲共同体条约》重新编号，之前的第 30 条成为现在的第 28 条，而之前的第 36 条成为现在的第 30 条。在讨论欧洲法院在此领域的法律时，这造成了很大的困惑。

⑤ 有关专利方面，主要案例是 *Centrafarm v. Sterling Drug*，第 15/74 号案件，1974 ECR1147。

限制。① 在商标领域，该法院允许在药品的重新包装和重贴标签上对平行贸易给予灵活处理，只要上述举措不会对消费者的安全造成威胁。② 欧洲法院在一份有关出租权的判决的上下文中进一步显示，成员之间的知识产权法在某种程度上保持相似性，是保护知识产权人的利益所必需的。③ 欧洲共同体的成员就因此而在所有的知识产权领域（或者，至少是那些处于充分相近程度的知识产权领域）遵守统一的"共同体内部"或"地区"权利用尽规则。

　　尽管不能免于质疑，但欧共体有关专利的规则看起来是在考虑，只有投放于某一成员国市场的货物才受制于权利用尽规则。④ 因此，将某一专利产品投放于共同体领域内的市场的，专利权人的权利即告用尽，从而允许该货物在共同体境内自由流动，然而，如果在共同体境外的市场上投放专利货物的，则并不影响专利权人在共同体内部的权利，并且能够禁止平行进口。在商标领域，欧共体各成员国则对于国际权利用尽规则持不同的模式，而直到 1988 年通过第一个《商标指令》（Trade Marks Directive）之前，欧洲法院都一直未寻求实行统一的模式。至于该指令是否在国际权利用尽问题规定了统一的模式，欧共体各成员也是持有不同意见。⑤ 在 TRIPS 谈判之前，欧共体成员对于在版权领域的国际权利用尽问题，也是各持不同的方式。⑥ 从 1986 年

---

　　① 参见 *Coditel SA v. Cine-Vog Films*，第 62/79 号案件，［1980］CMLR 362，1980 年 3 月 18 日判决（即"Coditel I"）；另参见 *Coditel SA v. Cine-Vog Films*，第 262/81 号案件，［1982］ECR 3381，［1983］1 CMLR 49，1982 年 10 月 6 日判决（即"Coditel II"）［认为《欧共体条约》关于反竞争的公司之间协议的原第 85 条，对于相同的事实具有潜在的可适用性］。

　　② 参见 *Pharmacia & Upjohn SA v. Paranova A/S*，第 C-379/97 号案件，1999 年 10 月 12 日。

　　③ 参见 *Warner Brothers v. Christiansen*，第 158/86 号案件，［1988］ECR2605，［1990］3 CMLR 684。

　　④ 参见，例如 *Merck v. Stephar*，第 187/80 号案件，［1981］ECR 2063，［1981］3 CMLR 463 和 *Polydor v. Harlequin Record Shops*，第 270/80 号案件，［1982］ECR329，［1982］1 CMLR 677，1982 年 2 月 9 日［广泛涉及工业产权］；比较 W. R. Cornish, INTELLECTUAL PROPERTY，4th ed. 1999，第 6-15 段/第 6-16 段［以下简称 Cornish］。

　　⑤ 1988 年 12 月 21 日的《欧洲理事会第一指令》（First Council Directive）是为了使各成员关于商标的法律相互趋于接近（89/104/EEC），OJL040, 11/02/1989 P. 0001-0007。这些不同之处直到欧洲法院 1998 年在 *Silhouette v. Hartlauer* 案中做出判决才得以解决，欧洲法院在该判决中强行施加了一项在商标上的"共同体内部"权利用尽规则，排除了国际权利用尽。参见以下本章第 6.3 节的讨论。

　　⑥ 比较 Cornish，第 1—59 段。

TRIPS 谈判伊始，欧共体就没有在权利用尽问题上形成"一个声音"。

其他国家和地区也在考虑国内抑或国际用尽的问题。日本①和瑞士②对此问题已各有其实质性法律。拉丁美洲国家在很大程度上看起来是偏好于国际用尽的。《安第斯委员会关于工业产权的第 85 号决议》（Decision 85 on Industrial Property of the Andean Commission）排除专利权人享有禁止专利产品进口的权利，实际上就是规定了国际用尽。③《第 85 号决议》在商标方面确立了明确的地区用尽规则。④ 南非在专利⑤和商标⑥领域维持国际用尽的规则。

在 TRIPS 谈判之前，几乎没有以系统调查的方式，研究过由于各种不同的权利用尽制度给国际贸易以及（或者）经济发展造成的潜在影响。欧洲法院确认，实施国内知识产权规则对于欧洲市场一体化的努力将发挥某种重要的作用。

---

① 《松下满尾致国际法协会国际贸易法委员会的报告》（Report of Mitsuo Matsushita to Committee on International Trade Law of the International Law Association），记录在阿伯特的《第一报告》中，Frederick M. Abbott，*First Report （final） to the Committee on International Trade Law of the International Law Association on the subject of Parallel Importation*，1 J. Int'l Econ. L. 607 （1998）。

② 参见 Thomas Cottier 和 Marc Stucki ，*Parallelimporte im Patent-，Urheber-und Muster-und Modellrecht aus europarechtlicher und volkerrechtlicher Sicht*，载 B. Dutoit （编），Conflits entre importations Paralleles et propriete intellectuelle?，Librairie Droz, Geneva 1996，第 29 页及以下。

③ 《第 85 号决议》第 28 条规定如下：

"第 28 条。由于现行条例中所规定的限制，专利应授予其所有权人以排他性方式实施其发明的权利，为实施其发明而给予一项或多项许可的权利，以及从第三人实施该发明中获取使用费或报酬的权利。

专利不应授予进口专利产品或根据专利方法所制造产品的独占权。" ［13 Int'l Legal Matl's 1478，1492 （1974）]。参见 Frederick M. Abbott，*Bargaining Power and Strategy in the Foreign Investment Process；A Current Andean Code Analysis*，3 SYR. J, INT'L. L. & COMM. 320，346—51 （1975）。

④ 《第 85 号决议》第 75 条规定如下：

"第 75 条。商标所有权人对于来自另一成员的带有相同商标的商品或产品，不得反对其进口或进入。国内当局应当要求在进口商品上标注有关生产该商品的成员，以便清楚地、充分地加以区别。" ［13 Int'l L. Matl's 1478]，（1974）。［这项规则是否意在商标领域排除适用国际权利用尽，这一点尚不清楚。]

⑤ 参见 *Stauffer Chemical Company v. Agricura Limited* 1979 BP 168。

⑥ 参见 1993 年《商标法》（Trade Mark Act），第 34 条第（2）款（d）项。

2.2 谈判经过

2.2.1 早期提案

在乌拉圭回合期间，有关权利用尽和平行进口的问题在 TRIPS 谈判组（TNG）进行了很多次讨论。从这些讨论中明显可见，代表们意识到了问题的重要性，并且对于谈判的适当结果，各持不同的看法。需要重点指出的是，在 TRIPS 谈判的大部分时间中，同期对这一问题的讨论还发生在世界知识产权组织就专利法统一所进行的谈判中。在两个组织的谈判中，参加方的政府都没有在权利用尽问题的统一处理上趋于达成一致意见。

1987 年美国就《TRIPS 协定》提交的最初提案，其中并没有提及权利用尽问题。①

在 GATT 秘书处 1988 年 4 月一份有关假冒商品贸易的书面和口头意见书汇编中，提到了有关平行进口的问题。该文件称：

"27. 由此提出的问题在于，用于界定假冒商品的实体性知识产权规范有哪些。就此方面，提出如下观点：

......

— 平行进口并不是假冒商品，并且一个多边架构不应迫使各缔约方规定有关禁止此类货物的行动措施。"②

这份文件汇编还提到了类似的观点，即在与边境措施和保障措施相关的方面，有必要保留平行进口的权利，以保护合法贸易。③

1988 年 7 月，欧共体关于知识产权保护实质性标准的首份提案中，承认

---

① 《美国关于就与贸易有关的知识产权进行谈判的提案》（United States Proposal for Negotiations on Trade-Related Aspects of Intellectual Property Rights），1987 年 11 月 3 日，关于专利（文本重印于 *U. S. Framework Proposal to GATT Concerning Intellectual Property Rights*，4 BNA INT'L. TR. REPTR 1371（1987 年 11 月 4 日））。

② 《假冒商品贸易：书面意见和口头声明汇编》（Trade in Counterfeit Goods：Compilation of Written Submissions and Oral Statements），秘书处制作，MTN. GNG/NG11/W/23，1988 年 4 月 26 日。

③ 同上，第 38 段(iii)项。

了在商标方面的权利用尽问题，尽管它没有具体指明是在进口的情形中。①

通过 1989 年的谈判过程，大量的评论趋向于这样的观点，即确保无论在版权还是在商标权方面，有关边境执法措施而形成的任何规则都不应当适用于平行进口。② 印度代表团特别反对美国的一项关于在商标方面规定国内权利用尽的提案：

"印度代表称，他不同意美国关于权利用尽的提案。他引用印度文件第 38 段指出，国际权利用尽原则应当适用于商标。"③

1989 年，加拿大的一项提案，特别是在有关集成电路布图设计的保护方面规定了国际权利用尽。④

1990 年 3 月，欧共体提出了一份关于《TRIPS 协定》的草案文本⑤，在权利用尽问题上引发了其他代表团的实质性评论。在 GATT 秘书处的一份记录中这样表述：

"第 4 条：关税同盟和自由贸易区……欧洲共同体的代表称，本条款的基本目的是为了使共同体能够在成员国之间的贸易中继续适用共同体权利用尽的原则。

……

商标。一位谈判参加者表达了这样的关切，即在提议的协定草案中缺少了对有关平行进口和权利用尽这样一些非常重要的概念的规定。其他谈判参

---

① 欧共体提案中声明：

"考虑到商标专有权人和第三人的合法利益，应当对于在一商标上所授予的排他权设定有限的例外，比如对描述性用语的正当使用、权利用尽。"《欧洲共同体关于与贸易相关知识产权实质性标准谈判而提议的指导方针和目标》（Guidelines and Objectives Proposed by the European Community for the Negotiations on Trade Related Aspects of Substantive Standards of Intellectual Property Rights），与贸易（包括假冒商品贸易）有关知识产权谈判组，MTN. GNG/NG11/W/26，1988 年 7 月 26 日，第 III. D. 3. b(i)段。

② 秘书处记录，1989 年 7 月 3—4 日谈判组会议，MTN. GNG/NG11/13，1989 年 8 月 16 日，例如第 D7 段；秘书处记录，1989 年 7 月 12—14 日谈判组会议，MTN. GNG/NG11/14，1989 年 9 月 12 日，第 26 段。

③ 同上，1989 年 7 月 3—4 日会议，第 45 段。

④ 秘书处记录，1989 年 10 月 30 日—11 月 2 日谈判组会议，MTN. GNG/NG11/16，1989 年 12 月 4 日，对提案第 13 段的讨论。

⑤ 欧洲共同体，《与贸易有关的知识产权协定草案》，MTN. GNG/NG11/w/68，1990 年 3 月 29 日。

加者则提出这样的问题，根据欧共体的提案，商标权能否被用来阻止平行进口。进一步有谈判参加者认为，提议中有关商标的条款将能够禁止真品的平行进口；这是与《巴黎公约》相冲突的，并且可能导致一种市场分隔，并因此产生贸易阻碍和扭曲。

……

［专利］第 24 条：授予的权利。一位谈判参加者表达了这样的观点，认为提议中有关授予权利的规定与知识产权保护的原则不相符，比如说，该等条款在尽力使平行进口和权利用尽原则归于失效……①

紧随欧共体的提案而提交的是美国提案，② 它在权利用尽问题上也同样引发了广泛关注。根据关贸总协定秘书处的记录：

第 2 条。［版权］……在回答该问题时，他［即美国代表］提出，第（2）(b) 款可以在此后阶段予以进一步澄清，但是该段的用意在于，在一国境内的权利用尽，将不会在其他地方也发生权利用尽。据此，如果在一国被投放市场的货物出口至未发生权利用尽的另一国，则不会破坏由第（2）(a) 款所确定的权利。一些谈判参加者称，他们关注的是在这一条款和第 9 条 (b) 款中所引入的进口权（right of importation），因为这会影响到发生平行进口的权利；这样一种权利（指进口权——译者）在《伯尔尼条约》中并无要求，且其本身可能引起贸易扭曲，尤其是在一些小国。另一谈判参加者觉得，进口权和首次发行权（right of first distribution）之间的关系并不清晰，后者似乎涵盖了前者。在回答这些问题时，美国代表指出，第（2）(a) 款将不会阻止合法货物的进口。

19. 关于提议中有关商标的规定，一位谈判参加者对于有关平行进口和权利用尽规定的缺失，表达了关切。以下是针对美国关于商标的提案而提出的具体观点：

……

第 12 条：授予的权利。在回答质询时，美国代表称，第一段的最后一句话并不是指平行进口。之所以采用如此方式，在于其代表团对于在欧共体文本中的类似表述——其提出在相同货物上使用相同标记的，不需要以导致消费者混淆作为构成要件——感到困惑，因为在商标领域如果不存在混淆，就难以

---

① 秘书处记录，1990 年 4 月 2 日、4 日和 5 日谈判组会议，MTN. GNG/NG11/20，1990 年 4 月 24。

② 美国的通报（NG11/w/70）。

规定权利。有提议认为为了弥合这种差异，在此种情况下将推定混淆的存在。有一位谈判参加者想知道，商标的"使用"（use）是否包括广告和发行以及能否推定有关权利用尽问题将留给国内立法解决。一些谈判参加者觉得，第 2 款的天平可能过度地倾向于国际性公司的利益了，并可能给国内产业造成不确定因素……"①

2.2.2　安奈尔草案

安奈尔主席于 1990 年 7 月完成并发布的文本中，有限地提到了权利用尽的问题。② 其中规定：

"4. 例外

4A. 考虑到商标所有人和第三方的合法利益，应当做出对于商标所赋予的独占性权利的限制性例外，比如对描述性用语的合理使用。

4B. 如果含有商标的货物或服务在缔约各方境内在商标权利人的许可下投入市场，则应遵守权利用尽规则。

……

第 4 节：有关边境措施的特殊要求[1]

15. 海关当局中止放行

15A. 在不损害本部分第 21 点的情况下，缔约各方应符合以下规定而建立程序，使得权利人在有正当理由［怀疑侵犯其知识产权的货物］［假冒商标或盗版的货物］的进口有可能发生时，能够据此程序向行政或司法主管机关提出书面申请，要求海关当局暂时中止放行此类货物进入自由流通。［本规定未创设要求将此程序适用于平行进口货物的义务］。"

［……］

［注1］：在任何协定的适当位置将予明确，就欧洲共同体以及本节规定而言，"边境"（border）一词将被理解为是指欧洲共同体与第三国的外部边境。

2.2.3　修改的安奈尔草案

然而，在 1990 年 7 月文本正式发布之后，安奈尔主席在 1990 年 10 月又发布了一份非正式文本，其中吸收了一项关于权利用尽的修改规定。尽管这份非正式文本迄未能够公开获取，但是它在 1990 年 11 月 1 日的 TNG 会议上

---

①　秘书处记录，1990 年 5 月 14—16 日谈判组会议，MTN. GNG/NG11/21，1990 年 6 月 22 日。

②　谈判组工作状况，致 GNG 的主席报告，MTN. GNG/NG11/W/76，1990 年 7 月 23［以下简称 Anell Draft（安奈尔草案）］。

曾经讨论过。

"3. 在代表许多发展中国家发表的演说中，一位谈判参加者对该文件的结构表示欢迎，他说，该文件结构与在中期审议中所规定的授权是一致的。将文本分成两个独立的协定，分别处理与贸易有关的知识产权以及假冒货物和盗版货物的贸易，这样，该文件就符合埃斯特角城（Punta del Este）谈判授权的意图了……关于其实质意图，他希望将此观点记录在案，即该文件未充分重视发展中国家的特殊需求和问题。鉴于它们特殊的发展和技术需求，在任何与贸易有关的知识产权协定中都必须要有对发展中国家有利的灵活措施……

4. 接着，他又突出说明了此文本中一些与其他规定不同的条款，因为其中所涉及的问题更具有根本性特征，但他也强调指出，这不应被解释他对未提到的条款表示接受……他欢迎在该文本中包含一项关于权利用尽的一般性规定，它是有关知识产权的一项基本原则，并且其本身不应受制于可能致其适用受到减弱或无效的例外和条件（exceptions and conditions）。在这种情况下，他指出，贯穿整个文本应当予以澄清的是，在提到独占性的进口权时，均意味着仅仅是指排除侵权货物的权利。如其不然，是否授予这种权利，应留给各缔约方自由决定。"①

2.2.4　布鲁塞尔草案

布鲁塞尔草案开始接近于第 6 条的最终文本，但两者之间的差别还是很重要的，并具有指导意义。

"第 6 条：权利用尽³

在遵守以上第 3 条和第 4 条规定的情况下，本协定的任何规定不得在以下方面对缔约方施加任何义务或限制其自由，即由其自主决定一旦货物由知识产权人或者经由其同意投放市场，从而在使用、销售、进口或分销货物方面授予的任何知识产权发生权利用尽的制度。"

［脚注 3］：就权利用尽而言，欧洲共同体应被视为单独一个缔约方。"

首先应当指出，上述布鲁塞尔文本是作为《TRIPS 协定》项下的实质性义务而构建的，并非作为有关权利用尽问题争端解决的一种限制。在后续回合中趋向于将其排除在争端解决之外，则是各方不能在权利用尽问题上达成任何实质性协议的象征。

---

① 　1990 年 11 月 1 日谈判组会议，MTN. GNG/NG11/27，1990 年 11 月 14 日。

之所以不能得出任何实质性结论，其原因至少可由"一旦货物由知识产权人或者经由其同意投放市场"（once those goods have been put on the market by or with the consent of the right holder）这样的表述而部分得到解释。在整个乌拉圭回合中，就权利用尽条款的范围存在相当大的争议。许多发展中国家不希望将权利用尽原则的适用限定在知识产权人同意将货物投放市场的情况下，因为还有其他的情况也可能考虑适用权利用尽，例如在强制许可情况下的销售。

此外，"在使用、销售、进口或分销货物方面授予的任何知识产权"（rights conferred in respect of the use，sale，importation or other distributions of goods）发生权利用尽，这一说法与同时期在世界知识产权组织谈判中就有关专利法协调问题所形成的权利用尽的方式，也具有实质性不同，对此将在以下段落予以讨论。

同样重要的是应当看到，在此阶段，欧共体有关共同体内部权利用尽的规则本来是明确表述在第 6 条的脚注中，但它随后被删除了。

谈判各方最终否决了本来要对权利用尽原则的范围做出基本界定的方案。

自 1985 年开始，[①] 发明保护法若干条款统一专家委员会（Committee of Experts on the Harmonization of Certain Provisions in Law for the Protection of Inventions）在保护知识产权国际（巴黎）联盟（International (Paris) Union for the Protection of Intellectual Property）的授权下成立了。正如其名所示，该委员会负责寻求建立在专利领域的共同规则。最初，这一项目范围广泛，各政府寻求在专利法实质性规定的协调上达成一致意见。在 1992 年下半年，随着许多基本条款从谈判当中删除，这一项目的范围受到了限制。[②]

《专利法协调条约专家委员会草案》（Committee of Experts Draft Treaty on the Harmonization of Patent Laws）（第 8 次会议，1990 年 6 月 11—22 日）第 19 条涉及的是专利所授予的权利。该提案的前两款旨在确立产品专利和方法专利的基本权利。第 3 款涉及的是专利权可允许的例外，而第四款则处理有关辅助侵权（contributory infringement）的问题（与此处讨论无关）。该文本规定如下：

---

① 参见 *WIPO Experts Make Progress On Patent Harmonization Draft*，BNA's Patent，Trademark & Copyright Journal，Analysis，1991 年 1 月 10 日，41 PTCJ 231（总第 1013 期），Lexis/Nexis Database，引言部分。

② 参见巴黎联盟大会，第九次会议，WIPO 文件第 P/A/XIX/3 号，1992 年 7 月 31 日。

"第 19 条

（［前草案文本］第 302 条）

专利所授予的权利

选项 A

［产品］如果专利的对象涉及产品，专利权人应有权阻止第三方未经其授权实施专利，至少包括以下行为：

制造产品，

提供或将产品投放市场，使用产品，或者为此类提供或将产品投放市场或使用而进口或贮存产品。

［方法］……

［第(1)款和第(2)款的例外］（a）尽管有上述第(1)款和第(2)款，任何缔约方可自由规定，在下列情况下，专利权人无权阻止第三方未经其授权而实施第(1)款和第(2)款所指的行为：

如果该行为所涉及的是已经由专利权人或经其明确同意而投放市场的产品，只要该行为是在该产品已经投放在缔约方境内的市场，或者在地区市场的情况下，投放在该地区组织的任何一个成员的境内。"

WIPO 草案文本原本允许一国采用国内或地区权利用尽，但它不允许采用国际权利用尽。事实上，它在 WIPO 谈判过程中始终是一个争议不断的问题，直到这些谈判发生搁置。就当前目的而言，重点之处在于，WIPO 文本在实质性定义权利用尽原则时所采用的方式，不同于在 GATT 项下所讨论的方式。WIPO 文本指的对于专利产品允许实施的"行为"，而这本来属于专利权人的权利。

2.2.5　邓克尔草案

1991 年下半年所发布的邓克尔草案文本第 6 条，与《TRIPS 协定》第 6 条已经完全相同。

在 1998 年举行的一次关于权利用尽和平行进口问题的会议上，曾经在乌拉圭回合谈判中担任贸易谈判组（Trade Negotiation Group）秘书，时任 WTO 知识产权司主任的阿德里安·奥特（Adrian Otten）先生发表演讲，口头描述了这些谈判过程。在一份有关 1998 年会议的报告中，载有这次演讲的摘要：

"阿德里安·奥特（WTO）——奥特先生指出，《TRIPS 协定》对于权利用尽问题的处理是乌拉圭回合中的一个难点，并为此进行了密集谈判。当前《TRIPS 协定》第 6 条的规定方式，反映了以下两派政府之间的一个妥协：一派政府倾向于明确承认有关权利用尽的做法，包括选择采用国内权利用尽还是国际权利用尽，应由各国自由决定，而另一派政府尽管并不寻求对此类做法作出具体规制，但也不希望规定上述这种承认。倒数第二次提议的方案表明，《TRIPS 协定》并没有处理权利用尽的问题，而最后的方案则显示，就《TRIPS 协定》项下的争端解决而言，协定的任何规定（在遵守第 3 条和第 4 条的前提下）不得用于处理权利用尽问题。谈判的双方都倾向于支持最后的方案。奥特先生评论道，早先的提案在谈判过程中都被否决了，一方面是在价格受到政府措施——比如价格控制——影响的情况下对平行进口的范围加以限制的规定，以及在版权领域规定的平行进口禁止权的特殊规则，另一方面是要求知识产权——至少在商标领域——实行国际权利用尽的规定。在他随后对与会发言所作的评论中，奥特先生表示他仍然确信，如果所给予的待遇取决于货物的原产地而不是所涉及人员的国籍，那么，《TRIPS 协定》之外的 WTO 诸协定中的规定，不得用于处理关于知识产权权利用尽的国内法律。"①

3. 可能的解释

对于《TRIPS 协定》第 6 条的解释，是该协定中得到密集讨论和撰文评述的方面之一。它的争议在于两个主要的领域，尽管其中一个已经通过《TRIPS 协定与公共健康的多哈宣言》得到了最终解决。（参见下述讨论）

> "就本协定项下的争端解决而言……"

第一句专门指出"就本协定项下的争端解决而言。"知识产权的权利也可能对 WTO 在其他领域的规则产生效力。例如，受知识产权保护的技术，可能成为技术标准的组成部分，而技术标准是由《技术性贸易壁垒协定》（Agreement on Technical Barriers to Trade/TBT 协定）所调整的。有关一项技术标准是否与《TBT 协定》相符的问题就可能在争端解决过程中受到质

---

① 阿德里安·奥特的评论，载 Frederick M. Abbott, *Second Report（Final）to the Committee on International Trade Law of the International Law Association on the Subject of the Exhaustion of Intellectual Property Rights and Parallel Importation*，在伦敦的演讲，2000 年 7 月，国际法协会第 69 届大会（the 69th Conference of the International Law Association），rev. 1.1〔以下简称"第二次报告"（Second Report）〕（资料可见于 http：// www. ballchair. org）。

疑。第 6 条的字面意思暗示着，《TRIPS 协定》的规则可以被用来处理在《TBT 协定》项下所发生争端解决中的知识产权权利用尽问题。而且，正如欧洲法院在早前所承认的，权利用尽问题是与货物的自由流通问题纠集关联。一项知识产权可以与一份配额（quota）具有相同的效力。以下这种可能性是存在的，即一成员可以主张，允许知识产权人阻止货物进口的国内权利用尽规则与 GATT 1994 第 11 条不一致，该条规定：

"1. 任何缔约方不得［……］设立或维持除关税、国内税或其他费用外的禁止或限制，无论是通过配额、进出口许可证或其他措施实施"

从其明文规定来看，第 6 条允许由一个 GATT 专家组评估知识产权作为一项措施是否与一份配额具有相同效果。几位曾深入参与了乌拉圭回合谈判的 TRIPS 主要专家承认了这种可能性。[①]

其他的 TRIPS 专家主张，《TRIPS 协定》构成了一部"特别法"（lex specialis），或是一套可适用于知识产权和贸易规制的独立规则，因此，权利用尽问题不能由一个 GATT 专家组来审查。[②] 对此问题，WTO 争端解决机构（DSB）尚无相关的案例，目前，这一问题处于开放状态。不过，上诉机构（AB）极大地依赖于 WTO 协定的明确用语和含义，而该条款的明文规定显然是支持如下观点的，即权利用尽问题和《TRIPS 协定》的相关规则，可以在因《TRIPS 协定》之外的协定发生的争端中受到审查。

第一句话的另一方面意思是，它用于指导 WTO 争端解决，因而它并不直接排除向国内法院提起有关权利用尽问题的诉讼。一些成员及其产业组织主张，这种限制就等于是说不允许 WTO 各成员就权利用尽问题采取自己的政策和规则，而是要由《TRIPS 协定》设立这方面的规则。最突出的是，制药行业协会主张，《TRIPS 协定》第 28 条为专利权人创设了包括禁止进口在

---

① 参见 Thomas Cottier, *The WTO System and the Exhaustion of Rights*，1998 年 11 月 6 日论文稿，"世界贸易中的知识产权权利用尽和平行进口会议"（Conference on Exhaustion of Intellectual Property Rights and Parallel Importation in World Trade），日内瓦，1998 年 11 月 6—7 日，国际贸易法委员会；该文以及托马斯·科蒂埃（Thomas Cottier）和阿德里安·奥特（Adrian Otten）各自在《第二报告》（Second Report）中的评论，所持的立场都是认为，第 6 条并没有阻止将 1994 年 GATT 或 GATS 应用于有关平行进口的问题。

② 参见 Marco C. E. J. Bronckers, *The Exhaustion of Patent Rights under World Trade Organization Law*, 32 J. WORLD TR. L. 32 (1998)，以及 Marco Bronckers 和 William Cornish 的评论，见于 Second Report。

内的权利，从而排除了在专利领域采取国际用尽的政策。

那种认为《TRIPS 协定》排除了各成员在权利用尽问题上采取自己的政策和规则的主张，与《TRIPS 协定》的规定、WTO 成员的实践以及《TRIPS 协定》的谈判过程均不一致。

第 6 条称，就 WTO 争端解决而言，本协定的规则不得用于处理知识产权的权利用尽问题。这就意味着，本协定的规则是可以用于处理在国内法院诉讼中的该问题的。不过，它并没有说，各成员在选择其权利用尽政策时是受到限制的，这是截然不同的另一码事。

例如，第 28 条授予专利权人以阻止第三方未经其同意进口受专利保护的产品的权利。但是，该条并没有规定，将如何确定专利权人的同意。成员采取国内权利用尽规则的，则专利权人的同意只是针对投放于该成员境内市场的产品而发生权利用尽。成员采取地区权利用尽规则的，专利权人的同意将影响到投放在该地区性组织任何成员市场的产品。而成员如果采取的是国际权利用尽规则，则专利权人的同意将对于投放到世界上任何地方的市场的产品都有影响。《TRIPS 协定》没有关于以地理范围为根据而确定权利人同意的规则，并且明确允许知识产权的国际权利用尽。

《TRIPS 协定》第 28 条的脚注 6 规定："此权利与根据本协定授予的关于使用、销售、进口或分销货物的权利一样，应遵守第 6 条规定。"这表明第 28 条授予的专利权人的进口权不能在根据《TRIPS 协定》所发生的争端解决中，用于处理权利用尽的问题。换言之，如果一成员根据第 28 条中的"进口"一词采取国际用尽规则，不得因此而对其在 WTO 提出质疑。

在 TRIPS 谈判之际，GATT 的缔约方采取了不同的权利用尽规则，常常随着不同的知识产权保护领域而有所不同。[①] 在 TRIPS 的谈判过程中，没有迹象表明，成员们在该协定达成之时，就实行统一的权利用尽规则达成了一致意见。此外，正如本章后面部分所指出的，自《TRIPS 协定》开始生效以来，各成员继续采取和适用不同的权利用尽政策。[②]

如果说对于第 6 条是否阻止了各成员在知识产权权利用尽问题上采取自己的政策和规则还存有任何疑问的话，那么，这个疑问也肯定随着《TRIPS 协定与公共健康的多哈宣言》第 5 款(d)项的规定而消除了。这一条款规定如下：

"（d）在遵守《TRIPS 协定》第 3 条和第 4 条有关最惠国待遇和国民待遇

---

① 参见上述第 2.1 节的讨论。

② 参见，例如，以下第 6.1 节对世贸组织各个不同成员的国内立法的讨论。

原则的规定的前提下,《TRIPS 协定》中有关知识产权权利用尽的规定应当使各成员能够自由地、不受干扰地建立其权利用尽制度。"①

不过,尽管明确承认了各成员可以建立自己的权利用尽制度,但它仍然没有解决第 6 条中所有的解释性问题。仍然留在"桌面上"的主要问题涉及到,各成员是否必须把它们承认权利用尽的根据限定在经由权利人"同意"而投放市场的、受知识产权保护的货物或服务上。

知识产权一般授予权利人以阻止他人采取与知识产权相关之行动的权利,例如销售某一受到知识产权保护的产品。以权利人的同意作为权利用尽的依据,其背后的基本原理在于,权利人自愿放弃其阻止他人实施相关行为的权利。一旦权利人"同意"(consents),也就不再"阻止"(prevent)。知识产权权利用尽的概念是,权利人被授予的并不是一种永久的或者无限的同意权,而是一种有限的权利。

知识产权人可能提出,对他们的同意权(right to consent)进行限制或者干涉,违背了在财产上的基本权利。既然权利用尽就表示对于受知识产权保护的货物和服务的控制权的终结,那么,未经同意而实行权利用尽,就是一种不被容许的对财产权的征收。

然而,政府并没有在知识产权方面授予绝对权利。所有的知识产权都要遵守在公共利益上的例外(exceptions in the public interest)。有一些例外可能比其他例外更多地侵入知识产权。

有一种情形经常被认为是未经知识产权人同意而导致权利用尽的基础,那就是强制许可(compulsory licensing)。《TRIPS 协定》承认政府可以授予强制许可,并且对授予强制许可的条件和程序加以控制。一些 TRIPS 专家认为,以这种方式将受知识产权保护的产品首次销售或投放市场以后,就发生权利用尽,其方式就如同经权利人同意而首次销售或投放市场所发生的知识产权用尽,因此,WTO 成员可以采取承认以强制许可作为权利用尽的基础的国际用尽规则。另外的 TRIPS 专家则持这样的观点,认为知识产权人的同意才是知识产权国际用尽政策的唯一可接受的基础。后一种观点在很大程度上根源于地域性概念(concept of territoriality)。这就意味着,如果一成员授予强制许可,则在该成员之外的知识产权的权利持有人就不再享有阻止受到该成员此项决定的影响的首次销售的权利(亦即,他们的"财产权")。允许一成员作出一项可能影响到其他成员的权利用尽决定,这就把太多的权力交到

---

①　参见 WT/MIN(01)/DEC/W/2, 2001 年 11 月 14 日。

了前者的手上。①

尽管允许基于强制许可而实行的国际用尽，就等于把权力交到了授予强制许可的成员手上，既然 TRIPS 允许各个成员在权利用尽问题上决定其各自的政策和规则，不清楚为什么这会对进口成员构成一种威胁。虽然它们不必承认将强制许可作为实行权利用尽的基础，但是它们也可能这么做。

对国际用尽所持的一种自由主义方法，将受知识产权法保护的货物或服务"合法"投放到世界上任何地方的市场，都认为穷尽了进口权。正如在之前所指出的，除了规定强制许可，还存在着知识产权保护的其他例外，比如《TRIPS 协定》第 30 条所承认的那些例外。假定有一产品，依据所谓的先用权这种专利权的例外（prior user's exception）投放到了在欧共体境内的市场。② 尽管该发明的在先使用人是未经专利权人同意所实施的行为，但是，出于市场一体化的目标，投放市场的该产品还是被当作如同专利权人已经授权投放市场那样来对待。欧共体之外的 WTO 成员在由专利权人首次投放市场的产品和由在先使用人首次投放市场的产品之间，必须采用不同的权利用尽政策吗？

关于各成员采用权利用尽原则的范围，第 6 条的文本并没有给出一个明确的答案，也许可以主张，这倾向于允许将诸如强制许可承认为权利用尽的基础。

尽管第 6 条规定，《TRIPS 协定》的任何规定不得用于处理知识产权的权利用尽问题，但是它并没有给"权利用尽"下定义。如果一成员采取的某项关于权利用尽的政策和规则，被另一成员认为超出了这个概念的合理范围，那么，要在争端解决中对该成员的解释提出异议，似乎就不存在什么障碍。

······遵守第 3 条和第 4 条规定······

第 6 条也并非没有明确的限制。各成员所采取的权利用尽政策和规则，要遵守《TRIPS 协定》第 3 条和第 4 条的规定。③

---

① 就知识产权的其他方面以及权利用尽政策而言，有关强制许可的规则可能因保护类别而有所不同。

② 根据在先使用人例外，专利申请日之前善意使用该发明的第三人，即使专利获得授权，仍可以继续使用该发明。

③ 关于这些分别处理国民待遇和最惠国待遇的条款，其目的和效力的考察参见本书第 4 章。

将《TRIPS 协定》关于国民待遇的规定适用于权利用尽原则，表明各成员在适用权利用尽规则保护知识产权方面，必须给予外国国民至少与本国国民相同基础的待遇。从权利人的角度看，这将表明，某一成员不能对于外国知识产权人适用国际权用尽规则，允许相关产品进口；而对于本国知识产权人适用国内用尽规则，阻止相关产品进口。这样做，将保证外国国民不会比本国国民面对由于较低价格的产品所导致的更大的竞争压力。

《TRIPS 协定》中的最惠国待遇原则应用于权利用尽的规定，则表明成员方不应该对于不同成员的国民采取不同的权利用尽规则。因此，例如，假如美国对中国国民所拥有的知识产权采用了国际用尽的规定，则其对于欧共体国民所拥有的知识产权也必须采用相同的权利用尽规则。假设成员的国民最有可能在其起源国（countries of origin）所生产的产品上拥有知识产权，那么从实际情况看，这就意味着从中国进口的货物和从欧盟进口的货物都应当遵守相同的美国的权利用尽规则。

地区用尽规则被认为与 TRIPS 基本的最惠国待遇原则不相符合，因为该规则使得从本地区内部国家进口的货物和从本地区之外国家进口的货物，在实际效果上获得了不同的地位。在这种情况下，地区内部成员的知识产权人相对（vis-à-vis）地区外成员的知识产权人而言的可能处于不利地位。权利人把产品首次投放在地区外成员的市场上，他就可以阻止将该产品进口到地区内某一成员（并且控制该产品的分销），而在地区内的权利人则不能阻止产品从地区内另一成员进口该产品。这样就引起了一个有趣的问题，欧共体成员或其他地区性安排（regional arrangement）的国民是否可以成功地提出这样一种主张：相比于居住在欧共体成员之外的国民，他们得到的知识产权保护更少。欧共体称，第 4 条（d）项允许它对居住在该地区境内的知识产权人给予歧视待遇，以排除他们阻止共同体内部货物和服务的自由流通。

4. WTO 案例

WTO 争端解决机构、上诉机构或者任何专家组，均没有被要求对第 6 条做出解释。也没有争端解决的裁决对这个问题进行过讨论。

然而，如上所述，多哈部长会议通过了《TRIPS 协定与公共健康多哈宣言》，其中明确讨论了"《TRIPS 协定》中有关知识产权权利用尽的规定。"《多哈宣言》第 5 段（d）项并没有严格地限定于用第 6 条来解释由 WTO 一些成员和工业集团所提出的主张，即《TRIPS 协定》其他一些条款（比如第 28

条）以暗示的方式推翻了第 6 条。

尽管在法律专家之间对于应当如何准确地归结《多哈宣言》的特点还存有一些争论，但是，没有任何争议的一点是，在争端解决的情况下它将被决策机构考虑。很显然，部长们在多哈采取行动是有目的的，如果他们不想用这样的承认来影响对《TRIPS 协定》的解释，就没有任何理由"承认"（recognize）对《TRIPS 协定》的解释。《多哈宣言》的法律特征将在本书第 6 章和第 33 章中进一步讨论。①

5. 与其他国际文件的关系

5.1 WTO 诸协定

正如之前所讨论的，第 6 条特别是涉及解决《TRIPS 协定》项下争端的。这没有解决将有关权利用尽问题的《TRIPS 协定》规定适用于由 WTO 其他协定所产生的争端解决的可能性。

上述提到，根据 GATT 1994 可能提出一种主张是，通过实施知识产权阻止货物进口，涉及适用与配额类似的措施。如果一成员允许采取的一项技术标准包含受知识产权保护的对象，那么由此可能产生的问题，就牵涉到知识产权人能够在多大程度上控制这一标准的使用或者修改，需要把有关权利用尽的 TRIPS 规则适用于《TBT 协定》项下的问题。既然，比如视听服务就经常包含着受知识产权保护的成分，因此，可以肯定的是，根据《服务贸易总协定》（GATS）而发生的争端，就可能适用与权利用尽有关的《TRIPS 协定》的规定。

包括第 6 条在内的与权利用尽相关的《TRIPS 协定》规定和 WTO 其他协定之间的关系，仍然需要在争端解决过程中加以确定。对于第 6 条是否排除了在 WTO 其他协定中考虑权利用尽的问题，法律专家之间存在不同观点。第 6 条的"文本字面"看起来并没有排除将有关权利用尽的 TRIPS 规则适用于根据其他协定发生的争端解决，但是它也不表示有这样的可能性，即TRIPS 将被认定为一项调整贸易与知识产权问题的特殊协定，或者称为特别法，从而在权利用尽问题上"占领了这一领域"。

---

① 参见该两章的第 6.2 节（国际文件）；另参见 F. Abbott，*The Doha Declaration on the TRIPS Agreement and Public Health：Lighting A Dark Corner at the WTO*，载 Journal of International Economic Law（2002），第 469—505 页。

5.2　其他国际文件

1996 年 12 月，有关知识产权的两个新条约在 WIPO 获得通过：《版权条约》（WCT）和《表演和录音制品条约》（WPPT）。① 这两个条约包含了有关权利用尽的规定，但它们就像第 6 条一样，② 反映了政府之间在权利用尽问题的统一模式上缺乏一致意见。③ 无论是在 WIPO 的《版权条约》还是在《表演和录音制品条约》中，都有几处"议定声明"（agreed statements）用来处理权利用尽问题，例如，它们试图在受保护作品的有体复制品（physical copies）与该作品的数字化复制件（digital copies）的再分销作一个清晰的区分。④

《版权条约》和《表演和录音制品条约》并未被《TRIPS 协定》所吸收，

---

①　《世界知识产权组织版权条约》［1996 年 12 月 20 日在日内瓦通过］，36 I. L. M. 65 (1997) 以及《世界知识产权组织表演和录音制品条约》［1996 年 12 月 20 日在日内瓦通过］，36 I. L. M. 76 (1997)。

②　《版权条约》第 6 条规定：

（1）文学和艺术作品的作者应享有授权通过销售或其他所有权转让形式向公众提供其作品原件和复制件的专有权。

（2）对于在作品的原件或复制件经作者授权被首次销售或其他所有权转让之后适用本条第(1) 款中权利的用尽所依据的条件（如有此种条件），本条约的任何内容均不得影响缔约各方确定该条件的自由。［着重号是本书后加的］

《表演和录音制品条约》第 8 条规定：

（1）表演者应享有授权通过销售或其他所有权转让形式向公众提供其以录音制品录制的表演的原件和复制件的专有权。

（2）对于在已录制的表演的原件或复制件经表演者授权被首次销售或其他所有权转让之后适用本条第(1) 款中权利的用尽所依据的条件（如有此种条件），本条约的任何内容均不得影响缔约各方确定该条件的自由。［着重号是本书后加的］

③　负责为这两个条约准备提案的专家委员提供了两份草案条文以供选择：一份是排除适用国际权利用尽，另一份是允许条约各缔结方采用国际权利用尽的规则。参见专家委员会主席，《有关外交会议所考虑的保护文学和艺术作品若干问题条约的实质性规定的基本提案》（Basic Proposal for the Substantive Provisions of the Treaty on Certain Questions Concerning the Protection of Literary and Artistic Works to be Considered by the Diplomatic Conference)，WIPO 文件第 CRNR/DC/4 号，1996 年 8 月 30 日，第 8 条。

④　例如，关于上文引述的《版权条约》第 6 条，就是作为"关于第 6 条和第 7 条的议定声明"而获得通过，其中规定："该两条中的用语'复制件'（copies）和'原件和复制件'（original and copies），受该两条中发行权和出租权的约束，专指可以作为有体物投入流通的固定的复制品。"

并且它们的规则（包括议定声明）并不受制于 WTO 的争端解决。目前，加入这两个条约的成员有限。但是在将来，这些条约有可能在 WTO 成员当中获得足够广泛的遵守，从而，争端解决的专家组或者上诉机构在解释《TRIPS 协定》有关版权的规定时，可以将之视为国家实践（state practice）的证据。

6. 新近发展

6.1 国内法

自从《TRIPS 协定》生效以来，在有关权利用尽的问题上，已经形成了相当数量的由国内法院和地区性法院所作的判决。

6.1.1 澳大利亚和新西兰

澳大利亚和新西兰各自通过了相应的立法，允许受版权保护的作品平行进口。澳大利亚通过的法律，对于受版权保护的作品按不同种类加以区分。① 2000 年 6 月，根据其知识产权和竞争审查委员会（Intellectual Property and Competition Review Committee）的建议，澳大利亚政府宣布，它将消除有关进口商需要等待澳大利亚版权人在当地市场（local market）发行产品这一条件，从而进一步放宽其在版权领域的国际用尽规则。②

---

① 参见 Chris Creswell，*Recent Developments in Australia and New Zealand*，（1998 年 11 月 6 日—7 日委员会会议之后提供的论文）。另参见 Abraham Van Melle，*Parallel Importing in New Zealand：Historical Origins，Recent Developments，and Future Directions*，［1999］EIPR 63。

② 参见《司法部知识产权司第 14 期版权通讯》（Fourteenth Copyright Newsletter of the Intellectual Property Branch of the Attorney-General's Department），〈http：// law. gov. au/copyright _ enews〉，2000 年 6 月 29 日：

"政府在 2000 年 6 月 27 日宣布，它将修改《1968 年版权法》，以允许平行进口合法制作的书籍、期刊、印刷乐谱和包括电脑游戏在内的软件产品。一旦实施，这一决定将消除由《版权法》所强加的法律障碍，一俟这些产品在世界上任何地方发售，澳大利亚进口商即可获得并将其投放给消费者。他们将不必等到澳大利亚版权人在澳大利亚发售这些产品才能这么做。"

6.1.2　日本

1997 年在 BBS 案中，① 日本最高法院认定，当产品在海外首次销售时，专利权人根据《日本专利法》（Japanese Patent Act）所享有的阻止专利产品进口的权利即告用尽，除非受到相反合同限制的约束。

6.1.3　南非

1997 年《南非药品和相关物质控制修正法》（South Africa Medicines and Related Substances Control Amendment Act）包括一项规定，允许卫生部长设定条件，授权对专利药品的平行进口。既然南非承认，对专利权的国际用尽是其普通法事务，并且议会在为实施《TRIPS 协定》而修改《专利法》时，并没有任何迹象表明它意图改变这一规则，所以，《药品修正法》第 15 条 C 款就不可能是在南非制定新的法律，而只是向卫生部长授予了进行管制的权力。尽管如此，这一有关平行进口的法律还是引起了美国和欧洲共同体强烈的外交抗议，以及由 39 家制药公司提起的诉讼（它还涉及《药品修正法》的其他规定）。对《药品修正法》的起诉于 2001 年被撤回。

6.1.4　其他发展中国家

WIPO 最近一份报告逐一确认，各发展中国家是否在它们的法律中(a)允许强制许可，以及(b)采取知识产权的国内还是国际用尽。②

6.1.5　瑞士

瑞士联邦最高法院 1999 年在 *Kodak v. Jumbo-Markt* 案③的判决中，专门分析了第 6 条是否允许每一 WTO 成员在专利领域采取它们自己的权利用尽

---

①　*BBS Kraftfahraeugtechnik AG and BBS Japan，Inc. v. Rasimex Japan，Inc.*，日本最高法院 Heisei7（o）第 1988 号（1997 年 7 月 1 日），J. of S. Ct.，第 1198 号（1997 年 7 月 15 日）。

②　参见世界知识产权组织就有关《〈与贸易有关的知识产权协定〉和〈多哈宣言〉的实施》提供的立法协助，http：//www.wipo.int/cfdiplaw/en/trips/index.htm，2004 年 4 月 8 日访问。

③　*Kodak SA v. Jumbo-Markt AG*，第 4C. 24/1999/rnd 号，1999 年 12 月 7 日。

制度这个问题，并且发现，每一成员确实是这样做的。[①] 瑞士最高法院判决，（基于对现有国内法律的解释）支持对于瑞士专利实行国内用尽规则（而不是国际用尽规则），尽管它对版权和商标权采取的是一套国际用尽的规则。

1998 年，瑞士联邦最高法院在 *Nintendo* 案[②]中，将在商标领域的国际权利用尽规则[③]扩展至版权所保护的作品领域。在 *Nintendo* 案中，一家电子游戏生产商（即任天堂公司——译者）在瑞士和美国受到平行的版权保护，它试图阻止他人将经其同意首次投放美国市场的游戏产品进口到瑞士。瑞士联邦法院认定，没有依据针对版权而采取不同于它在 *Chanel* 案（1996 年判决）中针对商标所采取的方法。该法院称，平行的版权人有权决定将其作品首次

---

① 在 *Kodak* 案中，瑞士最高法院认定：

"3 b）根据《TRIPS 协定》第 28 条，专利权人所享有的权利中，包括阻止第三方销售专利产品和为销售目的进口专利产品的权利。这一关于保护进口的条文，仅仅规定必须禁止侵犯专利权的产品的进口，而其本身并没有规定对平行进口产品的禁止。这不仅遵守了《TRIPS 协定》第 6 条，而且澄清了在该协定第 28 条的脚注中提到第 6 条的意义（GATT Message 1，1994 Federal Gazette IV，第 301—302 页；并比较，<u>Bollinger</u>，Die Regelung der Parallelimporte in Recht der WTO，[原文如此！] 1998，第 548 页；<u>Alesch Staehelin</u>，Das TRIPs-Abkommen，第 2 版，1999 年伯尔尼，第 57 页以下并且第 148—149 页；<u>Cottier & Stucki</u>，loc. Cit.，第 52 页；Cohen Jehoram，International Exhaustion Versus Importation Right：A Murkey Area of Intellectual Property Law，1996 GRUR Int.，第 284 页）。另一方面，在学术文献中偶而也有人表达了这样的主张，认为对进口的实质性保护，实际上就是通过《TRIPS 协定》要求国内权利用尽，但这一主张是没有说服力的（持此观点的是<u>Straus</u>，Bedeutung des TRIPs fur das Patentrecht，1996 GRUR Int.，第 193—194 页）；因为企图从《TRIPS 协定》中推演出排他性适用国内权利用尽规则，就是忽略并曲解了该协定的目标，它是为了 1994 年 4 月 15 日建立的世界贸易组织（《TRIPS 协定》是其组成部分之一），亦即消除各种各样的贸易限制。相反，《TRIPS 协定》试图平衡两种利益，也就是说，一方面是对自由贸易的需求，另一方面是对知识产权的增强保护（<u>Bronckers</u>，The Exhaustion of Patent Rights under WTO Law，1998 Journal of World Trade 1988，第 144 页）。不过，权利用尽以及因此产生的关于享有专利权的一方当事人是否可以禁止进口，特别是平行进口的问题，并不是由《TRIPS 协定》第 28 条所调整，而是根据该协定第 6 条的规定，明确地留给国内法予以调整（比较，另参见 Kunz-Hallstein，Zur Frage der Parallelimporte im internationalen gewerblichen Rechtsschutz，1998 GRUR，第 269—270 页）。"

② *Imprafot AG v. Nintendo Co. et al.*，瑞士联邦最高法院，第 4C. 45/1998/zus 号，1998 年 7 月 20 日。

③ *Chanel SA，Geneva and Chanel SA，Glarus v. EPA SA*，BGE 122 II 469，1996 年 10 月 23 日。

投放在哪个市场上，并且它从首次投放市场的行为中已经获得了经济回报。①

6.1.6　美国

在乌拉圭回合以及此后相关专家观点都认为，美国在专利领域遵循的是国际用尽原则。然而，在 2001 年下半年，联邦巡回上诉法院（CAFC）作出的一份判决，即 Jazz Photo v. ITC 案［（CAFC 2001）264 F. 3d 1094］，却似乎推翻了早前在这个问题上的先例，并且此案在最高法院进一步的发展尚悬而未决，这可以被理解为反映了当前的规则。

该案涉及向联邦巡回法院提起的上诉，原审则是由国际贸易委员会（International Trade Commission）在由富士胶卷公司发动的一起 337 调查案件（Section 337 action）中所作出的一份判决。富士公司试图阻止进口由第三方已更换胶卷的旧的一次性相机。这些一次性相机中有部分是在美国首次销售（并且出口做替换胶卷用），而有一些则是在国外首次销售。富士公司在美国和其他地方拥有一次性相机的大量专利。

联邦巡回上诉法院认定，富士公司在将一次性相机进行首次销售时，其有关该相机的专利权即已经用尽，它不能阻止第三方将这些相机翻新或再次销售。但是，该法院（在一份结案陈述意见书中）接着认定，专利权人的权利用尽仅仅发生在在美国首次销售的相关产品，②并且提到：

> "富士公司声称，一些进口的 LFFP 照相机是原产于海外并在海外销售的，但是被一些被告组装在经过翻新的进口产品中。本案记录支持这一表述，而该记录看起来并无争议。美国专利权并不因为产品产自国外而用尽。如要适用首次销售规则加以保护的，经权利人授权的首次销售必须系根据美国专利而发生。参见 *Boesch v. Graff* 133 U. S. 697，701-703，33 L. ED. 787，

---

① 参见 Carl Baudenbacher, *Trademark Law and Parallel Imports in a Globalized World-Recent Developments in Europe with Special Regard to the Legal Situation in the United States*，22 Fordham Int'l L. 645（1999 年），第 688 页［以下简称 Baudenbacher］。

② 联邦巡回上诉法院（CAFC）的判决大部分涉及第三方的行为是否构成美国专利法上的"修理"（repair）或"重做"（reconstruction）。根据现有规则，专利权人不能阻止第三方"修理"已经首次销售的专利产品，但是他可以阻止对一件产品的"重做"。重做被视为等同于"制造"一个新的产品，并因此属于专利权人可以阻止他人实施的行为。

国际贸易委员会（ITC）裁决，第三方所实施的行为构成重做，并且，对使用过的和重做的一次性照相机的进口，一般应当予以禁止。联邦巡回上诉法院不同意国际贸易委员会的法律分析，认为第三方的行为构成"修理"，并因此对于已首次销售的一次性相机而言，是允许的。也就是，专利权人控制对照相机修理的权利，在照相机首次销售时就已经被"用尽"了。

10S. Ct. 378 (1890)（在国外的合法购买没有排除在向美国进口和销售该产品之前需获得美国专利权人的许可这一要求）。本院判决仅仅适用于那些由于在美国首次销售而导致美国专利权用尽的 LFFP 照相机。而那些仅仅从国外产地进口的 LFFP 照相机，则因其翻新产品的性质而不能免除侵犯美国专利权的责任。"（264 F. 3d 1094，1105）

联邦巡回上诉法院判定，富士不能阻止在美国已经首次销售的照相机进口，以及为了修理先行出口然后再进口的照相机。不过，既然在美国境外首次销售的照相机并没有导致美国专利权用尽，故可以禁止在美国境外首次销售和修理的照相机的进口。①

6.2　国际文件

参见以上本章第 5.2 节关于 WIPO 诸条约的讨论。

---

①　联邦巡回上诉法院的分析可能无法充分解决此前美国法关于专利和平行进口的问题。对于那些熟悉美国判例法的人来讲，在权利用尽问题上众所周知的判例是最高法院在 1890 年的 Boesch v. Graff 案判决，但它与当前案件涉及不同和有限的的情况。在 Boesch 案中，煤油灯头的发明人在德国和美国拥有平行的专利权。根据德国法，该发明存在着一个"在先使用"的例外，从而允许第三方在德国合法生产和销售专利产品。在德国销售并被运往美国的产品（煤油灯头）是由专利权人之外的第三方根据在先使用例外而制造和销售的。美国的专利权人并没有将产品投放在德国的市场上，并且就那些产品而言，其美国的专利权也没有用尽。

自 Boesch 案之后，已经有一些重要的上诉法院判决中认定，美国遵循的是一种对专利权的国际用尽规则。这些判决中最重要的一个是第二巡回上诉法院对 Curtiss Aeroplane v. United Aircraft 案的判决，266 F. 71（2d. Cir. 1920）。在该案中，涉及飞机零件的一位美国专利权人许可英国政府在加拿大生产飞机（用于第一次世界大战）。战争结束之后，英国政府向第三方出售其生产的部分飞机，第三方又将这些飞机进口至美国，进行再次销售。第二巡回法院认定，美国专利权人同意使用其专利，以便在加拿大生产飞机，因而对于由此产生的飞机，已经用尽了控制其进口美国的权利。

虽然关于专利权的国际用尽问题，在地区法院的层面上存在着一些相互冲突的判例法，但是，对判例法进行最广泛的分析之后发现，美国在专利方面遵循的就是国际用尽的规则（参见前注 205，Margreth Barrett），换言之，至少在 Jazz Photo 案之前就是如此。在 Jazz Photo 案中，联邦巡回法院提出了一项从 Boesch v. Graff 案推演出来的原则，但是 Boesch 案已经被其他的上诉法院在之前适当地加以限制和区分了。联邦巡回法院未能注意这个相反的、之前已经存在的判例法。

6.3　地区和双边情况

6.3.1　地区

1998 年，欧洲自由贸易区（European Free Trade Area/EFTA）法院对 Maglite 案作出判决。① 在该案中，商标所有权人在挪威和美国拥有平行商标权，他试图阻止经商标权人同意而最初投放美国市场的产品（由与之并无关联的一方）进口至挪威。② 欧洲自由贸易区法院承认，欧洲经济区（European Economic Area/EEA）国家通常有义务遵守欧盟关于知识产权的判例，包括欧洲经济区内部权利用尽的规则。但是，欧洲自由贸易区法院认定，既然欧洲自由贸易区作为一个自由贸易区，缺乏共同的对外商业政策，而欧盟是一个关税同盟，遵守共同的对外商业政策，因此，欧洲自由贸易区内的各个国家均有权在有关商标权的国际用尽方面采取自己的规则。挪威因而有权遵循其长期以来奉行的国际用尽的规则。

在 1998 年判决的 *Silhouette v. Hartlauer* 案中，③ 欧洲法院（ECJ）考虑的是，《第一商标指令》（First Trade Marks Directive）是否规定在商标领域

---

①　*MAG Instrument Inc. v. California Trading Co. Norway, Ulsteen*，第 E-2/97 号案件，1997 Rep. EFTA Ct. 127，［1998］1 C. M. L. R. 331.

②　根据鲍登巴赫（Baudenbacher）教授的观点：

在腓特烈斯塔城法院（Fredrikstad City Court, Fredrikstad Byrett）提起诉讼的原告是玛格工具公司（Mag Instruments Inc.），这是一家生产和销售所谓"玛格丽特"牌手电筒（Maglite lights）的美国公司。在挪威奥斯陆，维京国际产品公司（Viking International Products A/S）是这些产品的独家授权进口商和分销商。该商标在挪威是以原告的名义注册的。被告是位于奥斯坦的挪威加利福尼亚贸易公司（California Trading Company Norway），它未经原告同意，直接将"玛格丽特"牌手电筒从美国进口至挪威并且在挪威销售。原告在国内法院对被告提起诉讼，主张这些进口产品侵犯了它专有的商标权。（前注 259，Baudenbacher，第 650 页）

③　*Silhouette International Schmied Gesellschaft mbH & Co. KG v. Hartlauer Handelsgesellschaft mbH*，第 C-355/96 号案件，　［1998］E. C. R. I-4799，　［1998］2 C. M. L. R. 953. 总法务官弗朗西斯·雅各布斯（Advocate General Francis Jocobs）建议欧洲法院作出判决，认定《第一商标指令》要求欧洲经济区各成员完全遵循欧盟内部权利用尽的规则。对该总法务官观点的一个批评性分析，参见 Frederrick M. Abbott 和 D. W. Feer Verkade，*The Silhouette of a Trojan Horse：Reflections on the Advocate General Jacobs' Opinion in Silhouette v. Hartlauer*，Bijblad bij De Industriele Eigendom 111，1998 年 4 月 16 日，以及 W. R. Cornish，*Trade Marks：Portcullis for the EEA?*，20 EIPR 172，1998 年 5 月。

实行统一的欧共体内部权利用尽（intra-EC exhaustion）的规则。本案涉及一起由奥地利商标权人提起的诉讼，他对已经出口并销售给在保加利亚（其属于欧洲经济区之外）的一位无关联购买人的货物，要阻止他人将该货物再行进口至奥地利。在没有获得奥地利商标权人同意的情况下，第三人试图把相同的货物从保加利亚出口至奥地利并再次销售。欧洲法院的解释是，《第一商标指令》第 7 条第(1)款要求欧盟（以及欧洲经济区）成员遵守商标权在欧盟内部权利用尽的规则，而该《指令》也排除了各成员采取国际用尽的规则。《第一商标指令》排除了奥地利继续遵守其在商标领域的国际权利用尽规则。①

因为欧共体在《TRIPS 协定》缔结之前和之后所通过的关于知识产权的指令和条例，一般都包括了与在《第一商标指令》中所认定的共同体内部权利用尽规则相同的立法方式，所以，最有可能的决定是，那些指令和条例就要求欧共体各成员只能适用地区权利用尽的规则。②

6.3.2 双边

《TRIPS 协定与公共健康多哈宣言》第 5 款(d)项确认了 WTO 成员有权在有关权利用尽的问题上采取它们自己的政策和规则。但是，自从该《宣言》通过以来，有若干国家已经订立了双边的"自由贸易"协定，而这些协定使得它们有义务阻止专利产品的平行进口，至少是在专利权人通过合同或"其他方式"在产品的分销上设定地域限制的情况下。③ 正如第 2 章所讨论的，《TRIPS 协定》确立的是知识产权保护的最低标准，但它也给各成员留下了是否采取更高标准的自主决定权。《TRIPS 协定》并没有阻止各成员同意放弃允

---

① 根据 *Silhouette* 案判决，欧洲法院认定，将产品投放于欧洲共同体以外市场的，商标权人就可能通过默示方式授权将该产品平行进口到欧共体市场（亦即，放弃其阻止产品进口的权利），但是以默示方式表示的同意，须可获得明确证明。*Davidoff v. Levi Strauss* 案与 *Tesco Stores v. Levi Strauss* 案，合并为第 C-414/99 号至第 C-416/99 号案件。

② 参见，例如，《版权指令》（Copyright Directive）、《生物技术指令》（Biotechnology Directive）、《出租权指令》（Rental Rights Directive）、《数据库指令》（Database Directive）。

③ 例如，《美国—摩洛哥自由贸易协定》（U. S.-Morocco FTA）规定在第 15 条第 9 款：专利

"15.9(4) 各方应规定，专利所有权人享有阻止他人未经其同意而进口专利产品或者由专利方法所产生之产品的专有权，该权利不应由于该产品在其境外销售或分销而受到限制［脚注 9］。［脚注 9：一方在专利所有权人通过合同或者其他方法对进口施加限制的情况下，可以限定本款的适用］。"

另参见，在《美国—澳大利亚自由贸易协定》（U. S.-Australia FTA）第 17 条第 9 款第(4)项有一个可供对比的规定。

许平行进口的权利。然而，如果成员已经就各国具有决定其权利用尽政策的自治权达成了一致意见，现在又被要求作为双边贸易一揽子让步条件的一部分而放弃该项自治权，那么，这样做似乎就与《多哈宣言》的精神不相符了。

6.4　审查建议

《TRIPS 协定与公共健康的多哈宣言》的通过解决了关于 WTO 成员是否被允许在权利用尽问题上采用它们各自制度的问题（参见以上本章第 3 节）。现在尚没有建议提出对于这个问题重启谈判。

不过，在专利权的权利用尽规则与为支持发展中国家解决公共健康需求而促进价格差异（price discrimination）的建议之间的关系，已经导致了关于对平行贸易的限制在何种程度上是令人满意的重新讨论。在关于实施《多哈宣言》第 6 段而继续进行的谈判中，人们在此背景下考虑了这些问题。

7. 评论（包括经济和社会意义）

对于由不同的权利用尽制度所产生的经济和社会意义，已经产生了相当大的争议。[①] 重要的是需要在一开始就承认，不能把相同的结论适用于所有的知识产权类别，或者受这些不同类别的知识产权保护的货物和服务上。可能存在某个最优的权利用尽规则，但也可能并不存在。照此而言，可以做出如下若干一般性评论。

首先，权利用尽规则的设定，是为了在生产商之间培育竞争，也是为了使消费者受益。知识产权的权利用尽就限制了生产商在首次销售和合法投放市场之后继续控制货物和服务的流通的法律能力，并且减少了实行贸易限制（包括限制竞争）行为的潜在可能。作为一项"首要原则"，权利用尽之所以获得承认，是为了消费者的利益。

---

①　参见，例如，Frederick M. Abbotte, *First Report（Final）to the Committee on International Trade Law of the International Law Association on the Subject of Parallel Important*, 1 J. Int'l Econ. L. 607 (1998)；Keith Maskus, *Parallel Imports in Pharmaceuticals: Implications for Competition and Prices in Developing Countries*,《致世界知识产权组织的最终报告》(Final Report to the World Intellectual Property Organization)，2001 年 4 月草案；宏观经济和健康委员会（Commission on Macroeconomics and Health），CMH 工作论文系列，论文号 WG4：1—F. M Scherer 和 Jayashree Watal, *Post-TRIPs Options for Access toPatented Medicines in Developing Countries*，2001 年 6 月。

在国际环境中，支持对权利用尽和平行进口应当限制的人提出了两项主要的主张。第一，允许知识产权人分隔市场以及实行不同的定价，生产商就可借此而在知识产权投资上获得更高的回报率。这也使得生产商可以在创造更新和更好的产品和服务上作出更大的投资，而这将使消费者受益。

为了总的提高知识产权的保护水平，也常常有人提出类似的主张，但是也有充分的理由对此表示怀疑，即是否有必要采用更高的保护水平和以让公众承担更高的价格而来增加知识产权人的回报。

第二项主张是，平行进口产品损害了发展中国家的利益，因为如果投放在发展中国家市场上的产品可以自由流通至发达国家，那么生产商就会避免在发展中国家给出较低的定价。

令人好奇的是，一些发达国家是自由贸易的最积极倡导者，这就要求维持货物和服务的自由流通、竞争性市场和利用比较优势（comparative advantage），但在涉及知识产权和平行进口时，它们却偏向于实行市场分隔和区别定价。一种观点认为，开放市场有利于发展中国家，因为它使得发展中国家的低成本产品能够进入发达国家的市场，另一种观点则认为，低价产品必然保留在发展中国家，然而这两种观点之间却难以调和。如果说价格差异有利于发展中国家，它作为一般命题是正确的话，这可能就意味着自由贸易规则并不是对发展国家是最有利的。

作为一个一般命题，知识产权的国际用尽可能是与培育竞争、专门化和全球经济福利最相符合的原则（假定经济学家不是倡导对 WTO 制度的基础作出反思的话）。但是，这是否意味着价格差异就永远不会有利于发展中国家？恐怕也并非如此。在一些情况下，对国与国之间的价格竞争给予限制可能是令人满意的，因为这样做可以促进发展中国家消费者的利益，比如当发展中国家建立它们自己具有全球竞争性资源供给的前景受到限制的情况下。①这样的例子可能不会很多，并且，即使有那些例子，也是由于对发达国家的技术授予知识产权保护而引起的。不过，问题的重点在于，可能存在国际用尽制度的好处被发展中国家的消费者利益超过的例外情形。在这些情况下，就有可能针对本来在其他情况下可适用的规则而给予一个例外，而不是选择一种从整体来说对发展中国家不利的封闭的权利用尽制度。

---

① 例如，英国政府成立的知识产权委员会（Commission on Intellectual Property Rights）建议，以较低的差别性价格向发展中国家提供专利药品，可能在发达国家阻止这些药品的平行进口的情况下变得更为容易。不过，该委员会也建议，发展中国家应当继续允许专利药品的平行进口，以保证最低成本的供货来源。IPR Commission，第 2 章。

一些发达国家认为，允许平行贸易的规则损害了发展中国家的利益，因为这些规则禁止销售价格较低的商品，但在许多情况下，这种主张是源于一个错误的事实性前提。这一点也许是自相矛盾，在发展中国家销售的货物和服务，其价格常常比在发达国家的价格更高，而发展中国家的消费者恰恰可以从发达国家的进口中获益。

第6章　目标和原则

第7条　目标

知识产权的保护和实施应有助于促进技术创新以及技术转让和传播，有助于技术知识的创造者和使用者的相互利益，并有助于社会和经济福利以及权利与义务的平衡。

第8条　原则

1. 在制定或修改其法律和法规时，各成员可以采用对保护公共健康和营养，促进对其社会经济和技术发展至关重要部门的公共利益所必需的措施，只要此类措施与本协定的规定相一致。

2. 只要与本协定的规定相一致，可能需要采取适当措施以防止知识产权权利持有人滥用知识产权或采取不合理地限制贸易或对国际技术转让造成不利影响的做法。

---

1. 引言：术语、定义和范围

条约的条款为缔约各方设立了权利和义务。条约解释的一般原则就是，条约的术语被假定并不是多余的。在一条约中的用语必出于某一原因，并且应当在该条约的上下文中赋予其通常含义。① 当《TRIPS 协定》的谈判者决定在协定中纳入有关"目标"（objectives）和"原则"（principles）的特定条

---

① 参见，例如，WTO 上诉机构在"美国—配方和普通汽油标准"（United States - Standards for Reformulated and Conventional Gasoline）案的裁决，WT/DS2/9，1996 年 5 月 20 日，上诉机构在其中称：

"通过适用基本的解释原则，诸如《关贸总协定》之类条约中的用语，应当根据该条约的目的和宗旨（object and purpose），赋予其在该语境中的通常含义（ordinary meaning），上诉机构认为，专家组报告未适当考虑第 20 条在其若干款中所实际使用的用语。"同上，第 18 页。

款时，他们可能就是带着设立权利和/或义务的目标。

　　各成员援引第 7 条和第 8 条来证明他们对《TRIPS 协定》的目的的截然不同的观点。这些条款反映了在谈判过程中内在的紧张关系。发展中国家成员对于发达国家成员所追求的只是该协定目标的一个方面表达了极大的担心，这些就是有关保护技术"财产"的目标，然而，明确规定的"知识产权的保护和实施应有助于促进"技术转让和积极促进发展利益的目标，则被降至次要地位，甚至可能成为虚设。

　　2001 年 11 月 14 日，在多哈举行的 WTO 成员会议通过了一份《TRIPS 协定和公共健康的部长宣言》，该《宣言》就直接与第 7 条和第 8 条有关。该《宣言》对于这些规定的意义，将在以下本章第 6.2.1 节予以描述和分析。

2. 条文沿革

2.1　TRIPS 之前的状况

　　《TRIPS 协定》第 7 条和第 8 条为这一专门协定设立了目标和原则。既然《TRIPS 协定》是第一次将知识产权的规定带入 GATT 以及现在的世界贸易组织（WTO）这一多边贸易体系，① 就该协定的目标和原则而言，就不存在任何在 TRIPS 之前的状况。换言之，《TRIPS 协定》的目标和原则对于该协定来说，是独一无二的。

　　就知识产权的国际治理而言，TRIPS 之前的状况涉及到由 WIPO 和其他机构所管理的条约。即使在像《伯尔尼公约》这样内容更为具体的条约方面，TRIPS 之前的国际状况也在很大程度上将规范知识产权的自主决定权留在每一成员国的手中，要考虑到该国家的国内管制性利益（domestic regulatory interest）。《TRIPS 协定》体现了对该种情形的一个戏剧性的转变，去除了大量的在国内管制性规定上的自主决定权，并且潜在地改变了之前存在的国内利益的平衡。由于此次相当戏剧性的转变，第 7 条和第 8 条所详细阐述的目标和原则，就可能有理由被看作一种在多边层面建立利益平衡的方式，以代替传统上的在国内层面建立平衡。

　　《巴黎公约》和《伯尔尼公约》都没有包含类似于第 7 条和第 8 条的规

---

　　①　正如在本书其他地方所述，GATT 1947 中有一些规定涉及不正当竞争问题，并且第 20 条（d）项对于保护知识产权所采取的措施规定了一项例外。不过，该协定并没有试图建立实质性的知识产权标准。

定。也就是说，它们那里并没有任何这样规定，可以起到在协定的解释和实施方面确立一套支配性原则的作用。

2.2 谈判经过

2.2.1 早期提案①

2.2.1.1 美国

美国最初于 1987 年 11 月提出的"关于与贸易有关知识产权谈判的提案"（Proposal for Negotiations on Trade-Related Aspects of Intellectual Property Rights），就包括了用来处理本协定目标问题的一节：

"目标。GATT 知识产权协定的目标将是减少由于知识产权保护和实施水平不足而对货物和服务的合法贸易所造成的扭曲和阻碍。为了实现这一目标，所有谈判参加人应同意承担如下事项：

——通过实施边境措施，对于侵犯知识产权的国际货物和服务贸易制造有效的经济威慑；

——承认并实施为获得和维持知识产权提供适当措施的标准和规范，以及为有效实施该等权利提供依据的标准和规范；

——确保此种用以保护知识产权的措施不会对合法贸易产生障碍；

——将国际通知、磋商、监督和争端解决程序扩展适用于知识产权保护和知识产权的实施；

——鼓励对本协定未签字的政府达到、采纳和实施有关知识产权保护的受到承认的标准，并加入本协定。"②

2.2.1.2 欧共体

1988 年 7 月，欧洲共同体向 TRIPS 谈判组提交了一份《指导方针和目标》（Guidelines and Objectives）的提案，也阐明了作为一项协定的一般宗旨，其中特别提到：

---

① 美国和欧洲共同体的提案，以及随后由印度代表所作的声明，在关于《TRIPS 协定》序言的本书第 1 章中已经原文照录。不过，这些谈判过程中的因素对于第 7 条和第 8 条以及序言的形成发展起到了直接作用，为便于阅读，在此再次照录。

② 《美国关于达成谈判目标的建议，美国关于与贸易有关知识产权谈判的提案》（Suggestion by the United States for Achieving the Negotiating Objective, United States Proposal for Negotiations on Trade-Related Aspects of Intellectual Property Right），与贸易（包括假冒商品贸易）有关知识产权谈判组，MTN. GNG/NG11/W/14，1987 年 10 月 20 日，1987 年 11 月 3 日。

"……欧洲共同体建议，关于实质标准的谈判应当记着按照以下指导方针进行：

—它们应当处理与贸易有关的实质性标准，考虑到随着知识产权对国际贸易日益增长的重要性，就要求在该保护的原则和基本特征方面有一个基本的集中程度；

—GATT 就与贸易有关的知识产权的实质标准所进行的谈判，不应试图制定详细规则，以代替现有的有关知识产权事务的专门公约；不过，各缔约方在认为必要时，可以详细制定进一步的原则，以减少对贸易的扭曲和阻碍。谈判的具体操作，在很大程度上应当限定于确认一项协定，即以那些应当为各缔约方尊重的保护原则为基础的协定；谈判不应以协调各缔约方的国内法为目标；

—GATT 的谈判应当不影响那些可能在 WIPO 或其他地方被采纳的倡议……"①

2.2.1.3　印度

1989 年 7 月，印度提交了一份详细的文件，阐述了作为一个发展中国家对于谈判目标的观点。它的结论是：

"在《关税与贸易总协定》框架内建立有关知识产权效力、范围和使用之标准和原则的任何新的规则和纪律，……是不合适的。"②

在 TRIPS 谈判组于 1989 年 7 月举行的一次会议上，讨论了该协定的目标和原则。正如秘书处所报告的，印度是提出相当详细意见的国家之一：

"5. 在介绍印度文件的声明中，印度代表首先提及美国根据其贸易法律在最近所采取的行动，并且回顾了其代表团对于 TRIPS 谈判的相关性和实用性所做出的严重保留，只要双边的强迫和威胁措施还继续存在的话。根据此项

---

①　《欧洲共同体关于与贸易相关知识产权实质性标准谈判而提议的指导方针和目标》（Guidelines and Objectives Proposed by the European Community for the Negotiations on Trade Related Aspects of Substantive Standards of Intellectual Property Rights），与贸易（包括假冒商品贸易）有关知识产权谈判组，MTN. GNG/NG11/W/26，1988 年 7 月，第 II 部分。欧洲共同体的提案表明，它无意表明对于"法典"模式的偏好。

②　《印度通报，关于与贸易有关知识产权的可获得性、范围和使用的标准和原则》（Communication from Indian, Standards and Principles Concerning the Availability, Scope and Use of Trade-Related Intellectual Property Rights），MTN. GNG/NG11/W/37，1989 年 7 月 10 日。

保留，其代表团提交了该文件，并以第 NG11/W/37 号文件散发，其中列举了印度就此议题的观点。在开头部分，他强调了三点。第一，印度认为，只有知识产权所有人的限制竞争和反竞争的做法，才可以被认为是与贸易有关的，因为只有这些做法才是对国际贸易的扭曲和阻碍。尽管印度没有把在其文件中论及的知识产权的其他方面看作是与贸易有关的，但是基于以下两个原因，它还是在该文件中考察了这些其他的方面：在其他一些谈判参加者向 TRIPS 谈判组提交的各种不同的书面意见中，已经提到了这些方面；并且更重要的是，这些方面必须在它们所适当归属的、更为广泛的发展和技术环境中加以观察。印度认为，仅仅将这些方面贴上（与贸易有关）（trade-related）的标签，并不能因此就将这些问题带入国际贸易的范围。第二，1989 年 4 月贸易谈判委员会（TNC）决议的第 4 段(b)项和第 5 段具有不可割裂的相互关联性。第 4 段(b)项的讨论应确定无疑地受到发展中国家在社会经济、发展、技术和公共利益方面需求的支配。对于有关知识产权的任何原则和标准，都应当对照发展中国家的这些需求加以仔细考察，并且，如果把讨论仅仅集中于对知识产权所有人垄断权利的保护上，是不合适的。第三，印度代表强调，任何有关知识产权制度的讨论应当集中于这样的视角，即该制度的本质是它的垄断性和限制性特征（monopolistic and restrictive character）。这对于发展中国家具有特殊意义，因为世界上 99％ 的专利归工业化国家的国民所拥有。在承认由知识产权制度所赋予的非常权利及其含义的情况下，有关这一主题的国际公约包含了这样一种核心哲学，承认各成员享有将其知识产权保护制度和自身的需求和条件协调一致的自由。所在国的自由（freedom of host countries）应当被认为是一项基本原则，并且应当指导谈判组的所有讨论……知识产权的实质标准确实与社会经济、工业和技术方面的发展相关，特别是对于发展中国家而言更是如此。正是基于这一原因，GATT 迄今为止在这一领域只是起着一种边缘的作用，而国际社会已经建立了其他的专门机构，来处理知识产权的实质性问题。谈判组因此就应当把关注焦点放在知识产权所有人的限制竞争和反竞争的做法上，并且为消除这些做法而逐渐发展出标准和原则，以便使国际贸易免受扭曲和阻碍。"①

印度的立场引起了广泛争议，但有相当数量的发展中国家的代表团表示支持。

---

① 秘书处记录，谈判组 1989 年 7 月 12—14 日会议，与贸易有关知识产权（包括假冒商品贸易）谈判组（Negotiating Group on Trade-Related Aspects of Intellectual Property Rights，including Trade in Counterfeit Goods），MTN. GNG/NG11/14，1989 年 9 月 12 日。

2.2.2　安奈尔草案

安奈尔文本［与其附件（Annex）相对］①的主体部分包括了关于"原则"的一份草案，这是一份"B"文本（亦即，发展中国家所支持的文本）

　　"8. 原则

8B.1　各缔约方承认，赋予知识产权不仅是为了承认发明人和创造者的贡献，而且是有助于技术知识的扩散（diffusion of technological knowledge），并且以一种有益于社会和经济福利的方式向那些可以从中受益的人传播；各缔约方同意，应当遵守在所有知识产权制度中固有的权利和义务的平衡。

8B.2　在制定和修改它们有关知识产权的国内法律和法规时，各缔约方有权采取适当措施来保护公共道德、国家安全、公共健康和营养，或者促进对其社会经济和技术发展方面至关重要的部门的公共利益。

8B.3　各缔约方同意，知识产权的保护和实施应有助于促进技术创新和提高使技术知识的创造者和使用者相互受益的国际技术转让。

8B.4　每一缔约方将采取其认为合适的措施以防止知识产权的滥用或不合理地限制贸易或对国际技术转让造成不利影响的做法。各缔约方保证在此问题上互相磋商和彼此合作。"②

　　第 7 条和第 8 条的大多数要素可以说与第 8B 条是相同的，尽管第 7 条和第 8 条的有些因素也可以在附件中找到。③

---

　　①　关于安奈尔草案的解释，参见本书开头关于使用方法的解释性说明。

　　②　致 GNG 的主席报告，谈判组工作状况，与贸易有关知识产权（包括假冒商品贸易）谈判组（Chairman's Report to the GNG, Status of Work in the Negotiating Group, Negotiating Group on Trade-Related Aspects of Intellectual Property Rights, including Trade in Counterfeit Goods），MTN. GNG/NG11/W/76，1990 年 7 月 23 日。

　　③　附件（另见本书第 1 章）规定：

"本附件是对 1990 年 6 月 12 日经由谈判组主席非正式散发的综合草案文本第 I、VI、VII 和 VIII 部分的原样（tel quel）复制。该文本系根据由如下各方提交的草案法律文本制作：欧共体（NG11/W/68），美国（NG11/W/70），阿根廷、巴西、智利、中国、哥伦比亚、古巴、埃及、印度、尼日利亚、秘鲁、坦桑尼亚和乌拉圭以及之后加入支持的巴基斯坦、津巴布韦（NG11/W/71），瑞士（NG11/W/73），日本（NG11/W/74），澳大利亚（NG11/W/75）。

"第一部分：序言条款；目标

1. 序言（71）；目标（73）

1.1 忆及 1986 年 9 月 20 日《埃斯特角城部长宣言》（Ministerial Declaration of Punta del Este）；(73)

1.2 期望增强 GATT 及其基本原则的作用，并将范围更广的世界贸易纳入各方同意的、有效的和可执行的多边行为准则（multilateral disciplines）；(73)

1.3 认识到由于对知识产权缺乏保护、保持不充分或者过度保护，致使消除和损害了关税与贸易总协定的优点与好处，并导致有损于国际贸易的扭曲，而这种消除和损害既可能由于实体性缺点，也可能因程序性不足所致，包括对现有法律的执行未取得成效，以及不合理地歧视外国个人、法人以及货物和服务；(73)

1.4 认识到对知识产权的充分保护是鼓励国际投资与技术转让的一项基本条件；(73)

1.5 认识到保护知识产权对于促进创新与创造的重要性；(71)

1.6 认识到在境内和边境对知识产权给予充分保护，是震慑和打击盗版和假冒行为所必需的；(73)

1.7 考虑到发展中国家在发展、技术和公共利益方面的目标；(71)

1.8 也认识到最不发达国家的特殊需求，在本协定适用上给予最大灵活性，以使其形成一个良好而可行的技术基础；(71)

1.9 认识到为了成功地实现加强知识产权保护和实施之目的，有必要为发展中国家和最不发达国家提供适当的过渡性安排；(73)

1.10 认识到有必要在国内有关知识产权保护和实施的法律、法规和条件方面，提供充分的手段提高透明度，以防止争端；(73)

1.11 认识到有必要根据有效的多边机制和程序，解决与知识产权保护相关问题的争端，并且抑制对于参加《总协定》这一部分的各当事方采取不符合该等程序的单边措施；(73)

1.12 认识到通过在知识产权法领域的专门国际组织协调和促进知识产权法的努力，以及总协定的这一部分旨在进一步鼓励此类努力；(73)

2. 本协定之目标（74）

2A 各当事方同意对知识产权提供有效而充分的保护，以确保减少对［国际(68)］［合法(70)］贸易的扭曲和阻碍。知识产权保护本身并不构成对合法贸易的障碍。(68，70)

2B 本协定的目标，是确立知识产权保护的充分标准和知识产权实施的有效而适当的手段；以此消除与知识产权相关的国际贸易的扭曲和阻碍，并促进其良性发展。(74)

2C 就有关知识产权的可获得性、范围与使用的标准与原则，各成员同意如下目标：

(i) 完全承认各国在经济、社会和技术发展上的需求和所有国家在国内立法时的主权权利，以确保在这些需求和知识产权持有人所获得的权利之间保持适当平衡，并因此而确定该等权利的保护范围与水平，尤其是在特定的公共关切的部分，诸如卫生、营养、农业和国家安全。(71)

这一点具有重要意义，即发展中国家关于目标和原则的提案变成了《TRIPS协定》的实施条款（operative provisions）（例如第 7 条和第 8 条），而在附件中列举的大部分属于发达国家提出的提案，却被反映在更为一般性的意图声明（亦即，《TRIPS 协定》序言）中。因为一条约的条款意在确立权利和义务，所以，第 7 条和第 8 条在《TRIPS 协定》的实施和解释过程中应当具有更大的份量。

2.2.3　布鲁塞尔草案

1990 年 12 月，应 TRIPS 谈判组安奈尔主席的倡议向布鲁塞尔部长会议（Brussels Ministerial Conference）提交的《TRIPS 协定》草案文本将 1990 年 7 月关于"原则"的提案重新分为第 7 条（"目标"）和第 8 条（"原则"）。④布鲁塞尔草案保留了发展中国家提案的重要部分，但是在具体操作过程中，也增加了有关限制公共政策选择范围的用语。这是通过在第 8 条第 1 款和第 8 条第 2 款中使用"不背离"（do not derogate）的表述而最终完成的。

关于第 7 条，布鲁塞尔草案规定如下：

"知识产权的保护和实施应有助于促进技术创新及技术转让和传播，有助于技术知识的创造者和使用者的相互利益，并有助于社会和经济福利事业以及权利与义务的平衡。"

关于第 8 条第 1 款，布鲁塞尔草案规定如下：

（ii）规定知识产权所有人的主要权利和义务，考虑到在该权利和义务的范围与促进社会福利和经济发展之间所存在的重要的相互关系。(71)

（iii）便利技术知识的扩散，促进国际技术转让，并因此为所有国家更积极地参与世界生产和贸易而作出贡献。(71)

（iv）鼓励各国的技术创新和促进发明。(71)

（v）使得参加方采取一切适当措施，防止因知识产权行使而可能导致的滥用，确保在此方面的政府间合作。(71)"

致 GNG 的主席报告，谈判组工作状况，与贸易有关知识产权（包括假冒商品贸易）谈判组（Chairman's Report to the GNG, Status of Work in the Negotiating Group, Negotiating Group on Trade-Related Aspects of Intellectual Property Rights, including Trade in Counterfeit Goods），MTN. GNG/NG11/W/76，1990 年 7 月 23 日。"

①　《体现多边贸易乌拉圭回合成果的草案最终文本，修订，与贸易有关知识产权（包括假冒商品贸易）》(Draft Final Act Embodying the Results of the Uruguay Round of Multilateral Trade Negotiations, Revision, Trade-Related Aspects of Intellectual Property Rights, Including Trade in Counterfeit Goods)，MTN. TNC/W/35/Rev. 1，1990 年 12 月 3 日。

"1. 只要各缔约方不背离根据本协定而产生的义务，它们在制定或修改其国内法律和法规时，就可以采用对保护公共健康和营养，促进对其社会经济和技术的发展至关重要部门的公共利益所必需的措施。"

关于第 8 条第 2 款，布鲁塞尔草案规定如下：①

"2. 只要不背离根据本协定所产生的义务，可能需要采取适当措施以防止权利持有人滥用知识产权或采取不合理地限制贸易或对国际技术转让造成不利影响的做法。"

2.2.4　邓克尔草案

关于第 7 条，从布鲁塞尔草案到邓克尔草案以及《TRIPS 协定》的最后文本，都没有作任何改动。

关于第 8 条第 1 款，在邓克尔草案文本中，对布鲁塞尔草案只有一处改动，并且也被《TRIPS 协定》的最后文本所采纳。此后在 1991 年的邓克尔草案以及《TRIPS 协定》的最后文本，将布鲁塞尔草案第 8 条第 1 款（如上述引用条款）的第一个从句，移至该段的末尾，并且使用了这样的法律表述，"只要此类措施与本协定的规定相一致。"一个是保证不背离，而另一个是保证相一致，这两者之间的区别很难分清。关于第 8 条第 2 款，布鲁塞尔草案的"不背离"规定，在邓克尔草案文本中也被修改为"相一致"（consistent with）的规定。

从邓克尔草案到《TRIPS 协定》，就没有再做任何大的改动了。

3. 可能的解释

3.1　第 7 条（目标）

《TRIPS 协定》第 7 条是这样规定的：

> 知识产权的保护和实施应有助于促进技术创新以及技术的转让和传播，有助于技术知识的创造者和使用者的相互利益，并有助于社会和经济福利事业以及权利与义务的平衡。

---

① 关于《TRIPS 协定》第 8 条第 2 款的谈判经过，另参见本书第三编（知识产权和竞争）第 2.2 节。

知识产权为引入新的发明和创造提供激励，并以此使社会受益。① 第 7 条阐明了这一点，即知识产权本身并不是目的。该条列举了各成员通过对知识产权的保护和实施所应当可以达到的目标。第 7 条的用语（"保护……应有助于……"［The protection...should contribute...］）就暗示着，这种保护并不会自动导致此处所描述的结果。在引入知识产权保护时，各国应确定可适用的规则，以便促进技术创新以及技术转让和传播，"有助于社会和经济福利"。② 知识产权不可能在那些科学和技术能力低下的国家，或者在缺乏为创新活动提供融资资本的国家促进创新。"技术知识的创造者和使用者相互利益"（mutual advantage of producers and users of technological knowledge）的概念在这个语境中具有特别重要的意义，因为发展中国家在很大程度上就是国外所产生的技术的使用者。③

第 7 条为本协定的解释提供了指导，强调协定的意图是在值得期待的目标之间达致一种平衡。它支持为鼓励技术转让而做出的努力，这涉及第 66 条和第 67 条。在有关知识产权的诉讼中，法院通常寻找国内立法者的根本目标（underlying objectives），寻求在设定某一特定权利的背后的目的。第 7 条所明确的是，TRIPS 的谈判者们并没有放弃知识产权对社会所起的平衡作用。《TRIPS 协定》并不是意图仅仅保护权利持有人的利益。它意图达到一种平衡，能够更广泛地促进社会和经济福利。

3.2　第 8 条（原则）

第 8 条第 1 款规定如下：

> 1. 在制定或修改其法律和法规时，各成员可以采用对保护公共健康和营养，促进对其社会经济和技术发展至关重要部门的公共利益所必需的措施，只要此类措施与本协定的规定相一致。

---

① Correa, Carlos, *Effective Pro-development National Intellectual Property Policies*，载 Trading in Knowledge. Bellmann, C. , Dutfield, G. and Melendea-Ortiz, R. , London, 2003, Earthscan：9, 209。

② "转让"（transfer）通常是指在双方当事人的情况下（例如在一份许可协议中）的技术传授，而"传播"（dissemination）则暗指创新的扩散。知识产权一般就减少了对创新的扩散，因为知识财产的产权持有人是在边际成本（marginal costs）之上来收取价格，以便从其所享有的专有权中获得收益。

③ 有意思的是，尽管《TRIPS 协定》将商标和版权也包含其中，但它在第 7 条中仅仅指"技术"知识。

第 8 条第 1 款以与 GATT 1994 第 20 条(b)款相似的用语，为采取国内措施确立了一个依据。不过，GATT 1994 第 20 条(b)款是用来证明，采取那些必需的但却与 GATT 1994 不相一致的国内措施是正当的。与之形成对比的是，第 8 条第 1 款规定，那些必需措施必须与《TRIPS 协定》"相一致"。

既然条约用语被假定为没有多余的成分，第 8 条第 1 款显然就被解读为是对 TRIPS 的解释性原则（TRIPS interpretative principle）的一个声明：它建议各成员可享有自主决定权，采用它们认为对保护公共健康和营养，促进对于社会经济和技术发展至关重要的部门的公共利益所必需的国内措施。其约束条件是，它们所采取的措施不应违反协定的条款。这就意味着，各成员采取的用以处理公共健康、营养和至关重要的社会经济问题的措施，应当被推定是与《TRIPS 协定》相一致的，从而，任何成员如欲对其他成员行使该项自主决定权提出异议，应承担证明存在不相一致之情形的举证责任。采取措施的自主决定权协定的组成部分。质疑者应承担责任，证明该自主决定权已经遭到了滥用。

提到为"促进对其社会经济和技术发展至关重要部门的公共利益"，这就把在第 8 条第 1 款的情况下所可能采取措施的种类和对象的实质性自主决定权，交到了 WTO 各成员的手上。至关重要的部门（sectors of vital importance）随国家不同，因地区而异，并且该规定也不限于由发展中国家实行。只要部门和措施是善意确定的，采用该等措施之成员的这种主权性自主决定权就应当是被认可的。

对第 8 条第 1 款的原则的这一声明，在限制根据《TRIPS 协定》可能提起利益丧失或者减损的非违反之诉（non-violation nullification or impairment）诉因的潜在范围方面，将证明具有重要意义。① 第 8 条第 1 款显示出，各成员被合理地期待会采取与协定相一致的措施。在此方面，发达国家成员可能无法成功地主张，它们在有关减让平衡（balance of concessions）方面的期待落空了。

第 8 条第 2 款规定如下：

---

① 请注意，关于延缓实行《TRIPS 协定》项下非违反之诉（non-violation complaint）的可适用性，已经被递交至 2005 年 12 月的第六届部长会议。参见本书第 32 章，它提出了有利于在《TRIPS 协定》情形中继续排除此类控诉的解释。该章还详细分析了在《TRIPS 协定》情形中非违反之诉的含义。

> 2. 只要与本协定的规定相一致，可能需要采取适当措施以防止知识产权权利持有人滥用知识产权或采取不合理地限制贸易或对国际技术转让造成不利影响的做法。

这一条款在很大程度上反映了在乌拉圭回合谈判期间，特别是由印度代表团提出的观点，即《TRIPS 协定》的一个主要目标应当是提供机制，以限制那些依靠知识产权保护所带来的竞争性滥用（competitive abuse）。

与第 8 条第 1 款相似，第 8 条第 2 款也包括了这样的要求，即所采取的措施应当与《TRIPS 协定》"相一致"。它对第 40 条形成一种补充，后者处理的是限制贸易的反竞争性许可（anti-competitive licensing）的做法或者条件。[①]有关专利强制许可的第 31 条，也专门规定了可适用措施，以为限制竞争的做法提供补救。[②]

《TRIPS 协定》对于 WTO 各成员采取措施以控制反竞争做法的权限，未设置重要的限制。[③]

4. WTO 案例

《TRIPS 协定》的序言、第 7 条以及第 8 条在"加拿大－仿制药品"（*Canada - Generics*）争端案[④]中，受到各当事方（包括第三国）和专家组的适度关注。专家组称：

"（b）目标和宗旨

7.23 加拿大提请注意《TRIPS 协定》中许多与第 30 条的宗旨和目标相关的其他规定。首要关注［脚注］的是第 7 条和第 8 条第 1 款……

加拿大认为，……上述第 7 条宣布，《TRIPS 协定》的关键目标之一是，在由本协定所设定的知识产权和由 WTO 各成员政府所制定的其他重要的社会经济政策之间保持一种平衡。第 8 条详细阐述了所涉及的社会经济政策，并对健康和营养政策予以特别关注。就专利而言，加拿大主张，这些宗旨就

---

① 对第 8 条第 2 款和第 40 条的一个具体分析，参见本书第 29 章。

② 具体内容，参见本书第 25 章。

③ 参见 Frederick M. Abbott, *Are the Competition Rules in the WTO TRIPS Agreement Adequate?*, 7 J Int 'l Econ. L 第 3 卷，2004 年，第 687—703 页。

④ *Canada-Patent Protection of Pharmaceutical Products*，专家组报告，WT/DS114/R, 2000 年 3 月 17 日（以下简称"加拿大—仿制药"案［Canda-Generics］）。

要求对于本协定第 30 条所规定的三个条件做不拘泥于字面的解释（liberal interpretation），以便政府在调整专利权方面具有必要的灵活性，使之与其他重要的国内政策保持平衡。

欧共体就有关知识产权制度在重要的国内政策之间保持平衡的明确目标，并无争论。但是，欧共体认为，第 7 条和第 8 条所描述的平衡目标已经在《TRIPS 协定》最后文本的谈判中得到确定。根据欧共体的看法，将第 30 条看作授权各成员政府对本协定的整体平衡'重开谈判'（rcnegotiate），就涉及对该社会经济政策的重复计算。特别是，欧共体指出，第 8 条第 1 款最后的用语是要求政府为保护重要的社会经济政策而采取的措施与《TRIPS 协定》项下的义务相一致。欧共体也提到了《TRIPS 协定》序言开头的考虑和第 1 条第 1 款的相关规定，以此说明，《TRIPS 协定》的基本宗旨在于，为知识产权的保护和实施设定最低要求。

专家组认为，第 30 条的存在本身等于是承认，第 28 条所包含的专利权的定义需要作某种调整。另一方面，第 30 条所带来的三个限制性条件有力地证明了，本协定的谈判者并没有意图让第 30 条导致这样的结果，即等同于对本协定的基本平衡再行谈判。显然，第 30 条授权的确切范围将取决于对这三个限制性条件所赋予的特定含义。对于这些条件的用语，必须就此观点做特别仔细的检验。在做这样的检验时，显然必须同时记住第 7 条和第 8 条第 1 款所规定的目标和限制（goals and limitations），以及用以表明其目标和宗旨的《TRIPS 协定》其他规定中的目标和限制。"

［脚注］：同样需要注意的是《TRIPS 协定》序言中第一项陈述（first recital）的文本和第 1 条第 1 款的部分文本。所涉及的序言文本如下：

"期望减少对国际贸易的扭曲和阻碍，并考虑到需要促进对知识产权的有效和充分保护，并保证实施知识产权的措施和程序本身不成为合法贸易的障碍。"（着重号由加拿大所加）

第 1 条第 1 款的文本部分内容如下：

"各成员国有权在其各自的法律制度和实践中确定实施本协定规定的适当方法。"

专家组在分析《TRIPS 协定》第 27 条第 1 款和第 30 条之间的关系时，采用了第 7 条和第 8 条第 1 款，并称：

"7.92……此外，认为第 27 条就要求第 30 条的全部例外都适用于所有产品，这是不对的。第 27 条只是禁止就发明的地点、技术领域、产品是进口的还是当地生产的而受到歧视。第 27 条并不禁止为处理只是在某些产品领域可能存在的问题而适用善意的例外（bona fide exception）。<u>而且，禁止歧视在处理第 7 条和第 8 条第 1 款所提到的某些重要的国内政策时确实限制了以某些产品为目标的能力，就这一点而言，该事实可以很好地构成刻意的限制而不是目的落空。正如欧共体所主张的，《TRIPS 协定》是要求政府以非歧视的方式来适用例外，以便保证政府不会屈服于国内压力而把例外的范围确定在倾向于由外国生产者作为权利持有人的领域，这一说法非常在理。</u>"（下划线以示强调，这是后加的）

专家组提出第 7 条和第 8 条第 1 款以及在这些条款中所反映的政策，就专利而言，都要遵守第 27 条第 1 款的非歧视原则。大概专家组在引用第 27 条第 1 款具体的非歧视性要求时，是作为对在第 7 条和第 8 条第 1 款所述的更一般性政策的一种控制，它还引用了第 8 条第 1 款的一致性要求。将特定义务优先于更一般性的政策，这种想法应当扩展至多大程度，这一点并不明确。①

5. 与其他国际文件的关系

5.1　WTO 诸协定

《TRIPS 协定》的目标和原则必须结合《WTO 协定》的目标进行考察，后者的目标就反映在其序言中。除了促进与可持续发展相适应的一般性经济增长之外，《WTO 协定》的序言还规定：

"进一步承认有必要作出积极努力，以确保发展中国家，尤其是最不发达国家，在国际贸易增长中获得与其经济发展相适应的份额。"

实际上，WTO 的大部分协定包括了有关对发展中国家给予特殊与差别待遇（special and differential treatment）的规定。既然第 7 条和第 8 条提到了发展目标，在争端解决的情形中，交叉引用相应协定中的发展目标和原则，可能还是有用的。

---

① 同样重要的是要记住，专家组在同一段中说，善意的例外（bona fide exception）可以适用于某些产品领域（亦即技术领域），从而就以恶意"歧视"（bad faith "discrimination"）为一方，善意"区分"（good faith "differentiation"）为另一方，对这两者做了关键性的区别。

5.2 其他国际文件

第 7 条和第 8 条所设定的目标和原则，受到了各种各样其他国际文件的支持，这些国际文件旨在促进经济发展、技术转让、社会福利（包括营养和健康方面的需要），以及诸如此类。人权方面的国际文件，例如《有关经济、社会和文化权利的国际盟约》（International Covenant on Economic, Social and Cultural Rights），就支持了一些与第 7 条和第 8 条相同的目标和原则。国际劳工组织（International Labour Organization）的各种不同的协定，以及世界卫生组织（World Health Organization）的章程都支持《TRIPS 协定》以发展为导向（development-oriented）的目标和原则。在《TRIPS 协定》的实施过程中以及在任何争端解决的程序中，如果能在第 7 条和第 8 条所述之目标和原则与其他国际文件的目标和原则之间建立起互相支持的联系，则将是十分有用的。正如在本书第 1 章（第 4 节关于"虾—海龟"［Shrimp-Turtles］案）中所述，上诉机构已经坚定地摒弃了关于 WTO 作为一个"自立"（self-contained）法律体系的概念，因此，在其他国际文件中所确立和支持的目标和原则，就可能帮助说服上诉机构承认发展的优先性（development priorities），并赋予其效力。

6. 新近发展

6.1 国内法

6.2 国际文件

6.2.1 《TRIPS 协定与公共健康的多哈宣言》

《TRIPS 协定与公共健康的宣言》于 2001 年 11 月 14 日在多哈由 WTO 各成员部长所通过，其中包括关于《TRIPS 协定》的目标和原则的重要声明。①

《多哈宣言》第 4 段是实施条款，它可以被理解为指向对《TRIPS 协定》第 8 条第 1 款含义的详细解释。它规定如下：

"4. 我们同意，《TRIPS 协定》没有并且不应当妨碍各成员采取措施以保护公共健康。因此，在重申我们对《TRIPS 协定》所作的承诺时，我们确认本协定可以并且应当以有助于 WTO 各成员保护公共健康的权利，特别是促

---

① 参见 WT/MIN（01）/DEC/W/2, 2001 年 11 月 14 日。

进所有的人享有获得药品之权利的方式进行解释和实施。

在这一方面，我们重申 WTO 各成员有权充分运用《TRIPS 协定》中为此目的而给予灵活性的条款。"

有关这一段的第一个重点是，它是以一种协商一致（agreement）的形式（亦即，其用语是"we agree"［我们同意］）进行表述的。既然该声明是由各成员部长一致同意通过的，并且，既然它的实施性用语（operative language）采用的是一种协定的形式，因此，这可以被解释为各成员根据《WTO 协定》第 9 条第 1 款所作的一个"决议"（decision）。尽管《多哈宣言》第 4 段不是一种正式意义上的解释，因为它没有依据 TRIPS 理事会根据《WTO 协定》第 9 条第 2 款而做成的一项推荐文（recommendation），但是，一项用以声明该协定之意思的决议，应当被看作非常接近于一种解释，并且从两者功能的角度来看，也是难以区分的。

该声明称《TRIPS 协定》"没有……妨碍各成员采取措施以保护公共健康"，这可以解释为是对发展中国家和最不发达国家的一项广泛授权，允许它们为了处理公共健康问题而采取其认为合适的任何措施。一种比较激进的解释是，发展中国家不受《TRIPS 协定》的限制，例如有权根据情况需要而推翻对专利的保护。不过，此段的第二个分句对这种广泛的授权加以限制，重申各成员有权使用的是在《TRIPS 协定》中"为此目的"（for this purpose）而规定的现有的灵活性。可以这样认为，本段开头的声明只是确认了《TRIPS 协定》允许各成员在该协定所确立的规则框架内处理公共健康的问题。这一点在第 5 段的开头部分得到了强化。（请见下文）

第 4 段的第二句显示出，《TRIPS 协定》"可以并且应当……以促进所有的人获得药品的权利的方式进行解释和实施"。这意味着，协定不应当被用来维持令穷人无法承受的价格。这也意味着，为了实现以较低价格获得药品的权利，专利保护就可能要受到限制，但是，须符合第 4 段第二句（以及第 5 段）的条件。

在第 4 段的第二句中，各成员重申了它们对于《TRIPS 协定》的承诺，并且在第三句中，各成员表明协定包含了一定的灵活性。这就意味着，尽管第 4 段第一句话语气强烈，但各成员并不意图用《多哈宣言》来摒弃或者取代《TRIPS 协定》的现有用语。

《多哈宣言》第 5 段的开头部分规定如下：

"5. 因此并且根据上述第 4 段，在维持我们对于《TRIPS 协定》所作承诺的同时，我们承认这些灵活性包括：

（a）在适用有关解释国际公法的习惯性规则时，《TRIPS 协定》的每一条款均应当根据本协定所表述的目的和宗旨，特别是其目标和原则来理解。"

第 5 段（a）项中说明的这一项解释原则，在"加拿大—仿制药"案中已经由专家组阐明，它也通过《维也纳条约法公约》第 31 条的适用而被人们所理解。《多哈宣言》特别提到了目标和原则，它显然是以此方式间接地提到《TRIPS 协定》的第 7 条和第 8 条，并且就解释性目的来说，这样做可能具有将这些规定提升至高于《TRIPS 协定》序言的效果。①

6.3 地区和双边情况

6.4 审查建议

《TRIPS 协定与公共健康的多哈宣言》（参见上文）是 TRIPS 理事会的会议之后产生的，而这些会议包括了对《TRIPS 协定》的目标和原则的实质性讨论。人们的理解是，最初那些会议是考察《TRIPS 协定》对公共健康的影响的一个持续性过程的一部分。②

一些发展中国家已经指出，对第 7 条的实施，应当由 TRIPS 理事会在就《TRIPS 协定》是否实现其有助于技术转让和传播之目标作出决定的背景下，进行检验。③

7. 评论（包括经济和社会意义）

第 7 条承认，知识产权被设想为在各种社会福利的利益和知识财产生产者的利益之间达到一种平衡，前者包括技术转让的利益。

《TRIPS 协定》并没有包含一种类似于 GATT 1994 第 20 条或者 GATS 第 14 条的一般性保障措施。在其他多边贸易协定（Multilateral Trade

---

① 《TRIPS 协定》序言可以被理解为，相对于公共利益，它多少有些更偏重于知识产权持有人的利益。

② 一些发展中国家已经建议，《TRIPS 协定》第 8 条第 1 款可以做到与 1994 年《关贸总协定》第 20 条（b）款相一致，后者即允许那些与本协定不一致的例外措施。尽管尚不清楚 TRIPS 理事会是否会考虑这个问题，因为它至少在《多哈宣言》中已经作了部分处理，但是，这是一个在议程上的潜在问题。

③ 虽然在《多哈宣言》中提到要重申根据第 66 条第 2 款所作的承诺，但它涉及的是鼓励企业和机构实施有利于最不发达国家的行为。关于第 66 条第 2 款的更多内容，参见本书第 34 章。

Agreements/MTΛs）中，保护人类生命或健康的必要性优先于该协定的一般可适用的规则，只要符合非歧视性的一般原则。但是对于知识产权而言，所谓的"例外"（exceptions）由于各种在程序上或者补偿上的负担而受到限制，这使得对这些"例外"的适用变得更加困难。第 8 条第 1 款所包含的用语，与 GATT 第 20 条和 GATS 第 14 条的相似，但是，它要求的是一致性，而不是对不一致性的容忍。如何解释这种在表述方式上的区别？知识产权高水平保护的支持者们认为，必需实行保护以防止例外的滥用，而诸如专利之类的知识产权则代表着一种特殊情况。GATT 第 20 条被用来阻止渔业船队采用对海豚和海龟有害的方式从事捕捞作业。但是在《TRIPS 协定》中并没有类似的规定，允许各成员一般性地中止对知识产权的保护，以便允许生产和销售对于挽救生命极为必需的药物。这种区分就对有关 WTO 的性质提出了一个根本性问题。这一问题不可能很快消除。

第二编

实质性义务

第7章　享有版权的作品

第 9 条　与《伯尔尼公约》的关系

1. 各成员应遵守《伯尔尼公约》（1971）第 1 条至第 21 条及其附录的规定。但是，对于该公约第 6 条之二授予或派生的权利，各成员在本协定项下不享有权利或义务。

2. 版权的保护仅延伸至表达方式，而不延伸至思想、程序、操作方法或数学概念本身。

1. 引言：概述、术语、定义和范围

1.1　概述：一般版权与 TRIPS 中的版权[①]

版权法处理的是创造性表达（creative expression）。版权保护由明确列举

---

①　参见 UNCTAD，The TRIPs Agreement and Developing Countries，日内瓦，1996年［以下简称 UNCTAD 1996］。

的若干权利所组成，这些权利最初授予可享有版权之作品的作者。①

版权法保护各种各样不同的作品，它们通常就被共同归结为文学或艺术作品。从传统上看，此类作品限于小说、诗歌、戏剧、作曲、绘画和制图。不过，技术的发展不断地推动着创造力的表达和作品利用方式的改变，相应地也就需要对传统的"文学和艺术作品"（literary and artistic works）概念的范围加以扩展。目前，版权已经延及实用作品（utilitarian works），例如计算机程序、数据库以及建筑作品。事实上，随着技术进一步改变创造力的表达、传播以及管理的方式，"文学"和"艺术"概念的涵盖范围可能继续扩展。数字技术的出现以及对工业应用性"表达"的保护需求，导致要作出"工业产权"与"艺术表达"之间的历史性区分了更加困难。

为适应新的技术发展，受版权保护作品的范围得到了扩展，随之而来的是，增加新的权利，以适应在市场上可能利用作品的各种方式。② 因此，

---

① "作者身份"（authorship）这一概念在 TRIPS 谈判过程中引起了较大的关注。美国电影协会（Motion Picture Association of America/MPAA）希望在对作者身份这一概念进行定义时，承认法人也可以成为作者。从历史上来看，大陆法系国家一直强调，作者只能是"有血有肉"（flesh and blood）的创作者。尽管普通法系国家也倾向于认为作者是创作作品的自然人，但是，这些国家的版权传统却很少使用"作者身份"这一概念。至于如何确定作者，《伯尔尼公约》（巴黎文本）第 15 条第 1 款规定了如下规则：其名字"以通常方式"（in the usual manner）出现在作品上的人，就是作者——至少在提起侵权诉讼时如此。各国的国内立法可以对这一概念按其自身所需加以改造，以反映其各自的政策，而很多国家事实上就是这样做的。例如，在法国和英国，作者就被推定为其名字出现在已发表的（published）作品的复制件上的人。参见：法国《知识产权法典》（Intellectual Property Code）第 L 113-1 条；英国《1988 年版权、外观设计和专利法》（Copyright Designs Patent Act 1988 ）第 104（2）条。在美国，则是根据版权登记证（certificate of copyright registration）上所记载的信息来推定作者身份的。美国《版权法》（Copyright Act）第 410(c)条规定，作品在出版后 5 年内登记的，登记证"应当"构成关于版权有效性以及由此所记载内容的推定证据（presumptive evidence）。总体而言，《伯尔尼公约》在确定谁是作者以及如何确定作者身份方面，给予各成员国的国内立法以相当大的灵活性。参见 WIPO, Guide to the Berne Convention for the Protection of Literary and Artistic Works (Paris Act，1971) 93 (1978)。考虑到《TRIPS 协定》已经将《伯尔尼公约》第 1 条至第 21 条吸收其中，因此，在解释《TRIPS 协定》时，也应当吸收上述《伯尔尼公约》，尊重各成员国对作者身份这一概念进行定义。参见《TRIPS 协定》第 9 条第 1 款。

② 参见，例如，WIPO 专门制定了两个条约，用以处理随着数字传播技术而引发的特殊问题。这两个条约是《WIPO 版权条约》（WIPO Copyright Treaty）以及《WIPO 表演和录音制品条约》（WIPO Performers and Phonograms Treaty）。两条约均于 1996 年 12 月 20 日在瑞士日内瓦召开的外交会议上获得通过。

版权仍然是一个动态的法律体系，可以对于在激励机制架构中所出现的各种变化作出回应，而该架构的特征从历史上看就是对创造性活动的投资。与此同时，一些新的规范与原则也被制定出来，以应对信息时代带来的挑战。

从发展的眼光来看，《TRIPS 协定》的专利规则可能对那些已经成为大多数专利技术持有人的企业，以及拥有较好条件从事新的研究和开发工作的企业更为有利。在发达国家的版权依赖型（copyright-dependent）企业，当然比发展中国家的企业更具优势，因为它们更容易获取资本，同时发展出成熟的发行渠道。不过在版权领域，发达国家比发展中国家的竞争环境多少要更为公平一些，因为很多表达性作品的创作并不需要太多资本，它们依据版权法就可以自动获得保护（这一点与专利不同），而且作品的销售可能也并不需要成本高昂的发行渠道。尽管一台新的喷气式飞机引擎或者雷达系统可能需要花费大量的金钱才能发明出来并获得专利；但是，世界上的大多数人都可以写作一个故事或者录制一首歌曲。互联网使得新的表达性作品的发行变得几乎不需要任何成本；即便就目前而言，要在数字网络中保护享有版权的材料可能并不那么容易。在版权领域，发展中国家与发达国家之间的竞争环境要更为公平一些，这一点可从以下情况反映出来，即相比于由《TRIPS 协定》所调整的其他领域，这两方迄今为止在版权保护问题上发生争议的程度更低些。

一般而言，版权保护提供的是针对某一特定表达，制作和发行其复制件的专有权，并且，此种保护也针对演绎作品的专有权，比如改编作品和翻译作品。专有权是在某一限定时间内有效，《TRIPS 协定》和《伯尔尼公约》一般规定，专有权的最低保护期限是作者终生加上 50 年。版权的保护范围比专利的保护范围更为有限，特别体现在：版权并不禁止不同作者的"独立创作"（independent creation）可以与其作品相同。尽管版权的保护期比专利的要长得多，但它毕竟是有期限的，从而，当艺术作品可以被人自由使用时，社会最终可以从中受益。版权给予作者—创作者向更具效率的传播者——比如出版商或音乐公司——进行转让的权利，至少可以转让其著作财产权，以获得报酬。版权也保护作者的某些"人身权"，而这些权利在有些情况下，是不得转让或转移的。

版权保护的目的，是激励新的艺术作品、音乐作品、文学作品、电影作品以及其他表达形式的创作。一般来说，保护版权被认为是必要的，因为如果没有版权保护，人们就可以相对容易地在这些创造性成果上搭便车，而表达性产品的价格也将降至这些产品的复制成本的水平。① 版权保护之所以是必要的，还因为人们对于新的创作能否取得成功很不确定，而且在某些情况下，后期开发还需要付出大量的费用，比如对电影作品或交响乐作品而言，就是如此。搭便车者可能比创作者更清楚哪些作品值得复制，从而避免了由创作者所承担的经济风险。法律对版权的保护范围也设有重要的限制。版权的主要限制，在普通法系国家就是合理使用（fair use 或者 fair dealing）原则，而在大陆法系国家，则是各种具体的法定例外（statutory exception）。这两种限制都承认，教育、新闻和评论以及社会批评对于社会具有重要意义。因此，它们都允许为了特定目的可以对作品作某种未经授权的复制。② 对于更具工业可应用性的享有版权的作品，比如计算机程序，已经允许在满足某些条件的情况下，根据合理使用原则进行反向工程（reverse engineering），而这些条件则在各国之间有所不同。总而言之，版权既为创造性表达提供了专有权保护，但同时也要受某些公共利益的限制。

---

① 大多数智力产品都具有需要以版权法（或专利法）的形式加以介入的特征。例如，假定制作一本书需要花费 X+1 美元。一旦出版，该书将以 X+2 美元的价格销售。但是，在该书出版以后，要复制该书的复制件，则只需要花费很少的成本。例如，对整本书进行照相式复印，可能只需要 X 美元或者甚至更少。消费者自然愿意付更少的钱；从短期来看，这对公众是有利的。但是，从长期来看，这对公众却是有害的，因为作者无法制止对作品的非法复制，这将降低其写作的意愿。用经济学术语来说，这一现象被称为与无形的东西相关联的"公共产品"（public goods）问题，诸如受专利法保护的思想，以及受版权法保护的思想的表达，都有这样的问题。创造一公共产品的成本通常很高，而复制该公共产品的成本却很低。况且，复制并没有对原作造成任何损耗。换句话说，从内容上来看，一本书的复印件（photocopy）与该书的任何其他复本一样好。这一特点被称为"非竞争性"（non-rivalrous），这也使得知识产权与其他财产权区别开来了。公共产品也具有"非排他性"（non-excludable）。换言之，一旦产品被生产出来，就无法阻止他人享受其利益。享有版权的歌曲一旦发表以后，就不可能再阻止未付费的公众收听和欣赏该歌曲，无论他们是在朋友家里还是在聚会场所听到的。版权法的一个正当性理由就是，它解决了公共产品的问题。不过，这一观点暗含的意思是，把版权作品的产量置于最优水平（optimal level）是社会所期望的目标。关于版权法的其他观点还包括一种人权哲学（human rights philosophy），它假定，保护智力产品是承认人之尊严的一个固有方面。不过，无论版权的哲学基础是什么，显然，存在一种保护创造性作品的机制，对于经济增长与发展是具有积极收益的。版权也能实现其他的非经济目标（non-economic goals），这一事实就使得它比本来可能提出的纯粹的经济正当性更具有价值。

② 关于版权的这些例外，包括合理使用原则，详细内容请参见本书第 12 章引言部分。

　　《TRIPS 协定》（第二部分第 1 节）为作者、广播组织、表演者以及录音制品制作者规定了保护的标准。《TRIPS 协定》在版权以及相关权领域规定的主要义务包括：(i)保护《伯尔尼公约》①涵盖范围内的各种作品，但人身权排除在外，就版权保护而言，它延及表达，而不延及思想、程序、操作方法或数学概念本身（第 9 条）；(ii)计算机程序应作为文字作品受到保护，保护数据汇编（第 10 条）；(iii)至少就录音制品、计算机程序及电影作品（除非出租并未导致对作品的广泛复制从而严重损害其复制权）而言，承认出租权（第 11 条）；(iv)承认表演者、录音制品制作者及广播组织的权利（第 14 条）。

　　此外，《TRIPS 协定》（第 51 条）也对各成员施加了义务，要求它们对涉嫌侵权的盗版产品采取边境措施，以及对具有商业规模的版权盗版②行为采取刑事程序及制裁措施（第 61 条）。与该协定所涉及的其他议题一样，在版权与相关权领域，《TRIPS 协定》也给予了发展中国家及最不发达国家以实施有关义务的过渡期。③

　　从发展的角度来看，提高版权保护水平，在长远看会，对发展中国家建立其本国的文化产业起到激励作用，只要阻碍文化产业发展的其他障碍能够得以消除。不过，从中短期来看，较高水平的版权保护制度的确会引起一些令人忧虑的问题。既然版权具有专有性，它们就在其保护对象，例如书籍、计算机程序以及科学信息上，造成了接触使用的障碍。④因此，发展中国家的政策制定者必须在鼓励创造和缩小与发达国家在知识鸿沟上的差距这两者之间建立适当的平衡。为此目的，《TRIPS 协定》的版权条款就规定了某种弹

---

　　① 参见《保护文学和艺术作品伯尔尼公约》（Berne Convention for the Protection of Literary and Artistic Works），1886 年 9 月 9 日签订，1896 年 5 月 4 日在巴黎补充完备，1908 年 11 月 13 日在柏林修订，1914 年 3 月 20 日在伯尔尼补充完备，1928 年 6 月 2 日在罗马修订，1948 年 6 月 26 日在布鲁塞尔修订，1967 年 7 月 14 日在斯德哥尔摩修订，1971 年 7 月 24 日在巴黎修订，1979 年 9 月 28 日更改［以下简称《伯尔尼公约》］。

　　② 就《TRIPS 协定》而言，"盗版货物（pirated copyright goods）指任何如下货物：未经权利持有人同意或未经在生产国获得权利持有人正当授权的人同意而制造的复制品，及直接或间接由一物品制成的货物，而对该物品制作复制品在进口国法律项下就将构成对版权或相关权利的侵犯"（第 51 条的脚注）。

　　③ UNCTAD 1996，第 161、162 段。

　　④ 参见 IPR Commission，第 99 页。该报告可查于 http://www.iprcommission.org/graphic/documents/final_report.htm. 所标示页码系该报告的 pdf 版以及纸质版的页码。

性，对此，本书后面的章节将作详细分析。

另一项重要的发展议题涉及，有关执行《TRIPS 协定》的版权条款所需要的直接成本。①由于获得版权与相关权无需履行任何手续，因此扩展版权保护范围、提高版权保护水平，并不会必然增加行政成本。不过，在有些国家，为了某些特殊的法律目的或者为了给将来发生诉讼时在证据上提供便利，会要求对作品进行登记；在这种情况下，《TRIPS 协定》就可能对版权部门的工作量造成影响，也可能要求额外的资源（主要是人力资源以及计算机设备）。

实施《TRIPS 协定》的版权条款，最主要的直接成本可能来自于执法。行政机关（警察和海关）以及司法机关可能会越来越多地涉及有关禁令以及其他救济的程序，暂停将有关产品投入流通，以及其他与执法有关的程序。这些活动可能都意味着大量的成本——尽管这还有待评估，而原则上说，这些成本只有一部分将由权利持有人承担。

本章接下来部分以及之后关于版权的各章将详细讨论以下问题：版权作品（可获得版权保护的对象）；计算机程序；数据库；出租权；保护期限；限制与例外；与版权相关的权利。

1.2　术语、定义和范围

《TRIPS 协定》第 9 条并没有对版权作品进行定义，而是规定应当遵守《保护文学和艺术作品伯尔尼公约》的规定。②因此，哪些构成在《TRIPS 协定》项下可以获得版权保护的作品，取决于《伯尔尼公约》的规定。③ 不过，《TRIPS 协定》第 9 条第 2 款明确规定了不受版权保护的对象。它规定，版权保护应延及表达，而不延及"思想、程序、操作方法或数学概念本身"（ideas, procedures, methods of operation or mathematical concepts as such）。④ 这一规定援引了在许多普通法系国家通常所称的"思想—表达二分

---

① 接下来的内容，参见 UNCTAD，第 185、186 段。
② 《TRIPS 协定》第 9 条通过引用吸收了 1971 年《伯尔尼公约》（巴黎文本）。因此，WTO 所有成员均应遵守《伯尔尼公约》巴黎文本。
③ 参见《伯尔尼公约》第 2 条，其引用在以下本章第 3 节中。
④ 关于可享有版权的对象，更详细内容请参见以下本章第 3 节。

法"（idea/expression dichotomy）。① 不过，事实上，版权保护只延及表达而不延及作为其基础的思想，这一原则在世界各国得到了普遍承认。②

根据《TRIPS 协定》，为了准确地确定某一特定作品中哪些部分可以获得版权保护，就需要对思想和表达加以区分，而这一职能被默示地保留给一成员的立法机关、司法机关或由两者共同行使。不过，在一项国际协定中明确吸纳"思想—表达二分法"，这是具有先例意义的，从而为创造性作品的专有权利的范围设立了重要的边界。思想是创造性作品的基本要素，将其排除在版权保护范围之外，是一个重要的政策性策略，以保证版权保护不致在创造性活动的基本要素上设立垄断权。确立思想——表达二分法的另一重要意义在于，它成为一种渠道，将某些创造性作品纳入版权领域，而将另一些纳入专利法领域。最后，思想——表达二分法还确保了将来的作者不至于因为先前作者对其作品的基础思想存在垄断，而对后来者的创造性活动造成阻碍。③

因此，思想—表达二分法有利于维护公有领域（public domain），而公有领域是支持未来创新、使公众可以自由使用和获取整个作品（例如版权保护期届满的作品）或作品中不受版权保护的那些方面（例如基础思想、程序等

---

① 该原则由美国最高法院在 Baker v. Selden 案（101 U.S. 99，1879）作了很好的阐述："一篇关于药品成分和用途的论文，无论其新旧；或者是关于犁、表或者奶桶的制造、使用；或者是关于上漆、染色时的色彩应用；或者是对绘制出具有透视效果的线条画法，都是版权保护的对象；但是，任何人都不能主张，因为该论文享有版权，就对其中所描述的技术或制造方法赋予专有权。……对技术的使用，跟出版一本解释该技术的图书，完全是两码事。对一本关于如何记账的图书所享有的版权，并不确保其享有制作、销售和使用根据该书所列举方案所设计完成的账簿（account-book）的专有权利。"

② Claude Masouye，Guide to the Berne Convention for the Protection of Literary and Artistic Works，12（1978）。

③ 在这里举一个简单的例子，可能有助于理解。如果某一作者写了一本书，描写西班牙的一座美丽的城堡，这并不妨碍后来的作者就同一座城堡也写一本书。写一本关于该城堡的书，这一想法并不受版权保护。只有思想的表达——也就是说，该小说实际上对城堡作了怎样的描述——才受版权保护。此外，版权所提供的保护，是禁止他人复制（copying）该表达，而不是禁止第三方独立创作（independent creation）相同的表达。因此，如果第二个作者就该城堡写了相同的东西，也许甚至使用了相同的词汇和短语，那么，第一个作者也是无权提起侵犯版权之诉的，除非第二个作者复制了他的作品。区分思想与表达，对于某些种类的作品，例如本例中所举的图书而言，这一任务可能相对较为简单。但是，对于诸如计算机程序之类更具功能性的作品而言，要把"表达"从"思想"中区分开来就可能十分复杂。在大多数国家，思想—表达二分法的适用是司法机关的任务，由其根据个案作出决定。

等）的各种重要资源的储备库。一位著名的版权学者指出，"丰富的公有领域对版权制度起到了重要的支撑作用"，如果没有公有领域，版权制度是令人不能容忍的。①

为了扩大思想—表达二分法的适用范围，《TRIPS 协定》第 9 条第 2 款还将操作方法和数学概念排除在版权保护范围之外。应当注意的是，除了《TRIPS 协定》第 9 条第 2 款所列举的例外，《伯尔尼公约》还将"日常新闻"（news of the day）和"纯属报刊消息性质的社会新闻"（miscellaneous facts having the character of mere items of press information）排除在版权保护范围之外。② 因此，上述额外的两类作品在《TRIPS 协定》项下也是不受版权保护的。

正如《TRIPS 协定》第 9 条第 1 款的第二句所明确规定的那样，WTO 各成员没有义务对《伯尔尼公约》第 6 条之二规定的人身权提供保护。人身权不具有财产性质，它是指作者"要求其作品作者身份的权利，反对对其作品的任何有损其声誉的歪曲、割裂或其他更改，或其他损害行为的权利。"③

最后，《TRIPS 协定》第 9 条第 1 款明确规定，各成员有义务遵守《伯尔尼公约》附录的规定。《伯尔尼公约》的附录包含了针对发展中国家的特别规定。最重要的是，该附录规定，发展中国家可以在满足某些条件的情况下，对享有版权材料发放进行复制的强制许可（附录第 3 条）以及翻译成授权国之通用语文的强制许可。④

2. 条文沿革

2.1　TRIPS 之前的状况

《TRIPS 协定》第 9 条第 1 款本身并没有设立一项新的国际版权标准，而仅仅是对 TRIPS 谈判之前已经在大多数国家形成惯例的规则进行法典化。《TRIPS 协定》第 9 条第 2 款反而对《伯尔尼公约》第 2 条的规定作了澄清，后者确立了可享有版权的对象的范围。进而，通过将思想—表达二分法设为明确的规定，《TRIPS 协定》第 9 条第 2 款就在国际层面促进实现了一个重要

---

① Jessica Litman, *The Public Domain*, 39 Emory L. J. 965 (1990).

② 《伯尔尼公约》第 2 条第 8 款。

③ 参见《伯尔尼公约》第 6 条之二。

④ 有关《伯尔尼公约》附录的论述，另参见本书第 12 章。

的社会目标，亦即，为了一般大众的利益而鼓励形成一个蓬勃发展的公有领域，并且确保这一资源对于将来几代作者而言都是安全的。

通过定义方式，《伯尔尼公约》第 2 条第 1 款对于必须获得版权保护的作品，提供了一份非穷尽的列表。它们包括：

> 文学、科学和艺术领域内的一切成果，不论其表现形式或方式如何，诸如书籍、小册子和其他文字作品；讲课、演讲、讲道和其他同类性质作品；戏剧或音乐戏剧作品；舞蹈艺术作品和哑剧；配词或未配词的乐曲；电影作品……；图画、油画、建筑、雕塑、雕刻和版画作品；摄影作品……；实用艺术作品；与地理、地形、建筑或科学有关的插图、地图、设计图、草图和立体作品。"

除了上述"第一代"作品以外，《伯尔尼公约》第 2 条第 3 款还要求，对翻译、改编、乐曲改编以及其他对文学或艺术作品的改动，提供版权保护。基本上，该款要求根据第一代作品派生创作的作品，应得到同等的版权保护，但不得损害在先作品的版权。例如，一部葡萄牙小说的英语翻译应当获得版权保护，该版权独立于作为其创作基础的葡萄牙小说的版权。类似地，根据一小说拍摄成的电影，或者对音乐进行一种新的音乐编排，都必须独立于其在先作品而受到版权保护。这些"演绎作品"（derivative works），正如在某些法律管辖区域如此称呼它们一般，就享有与作为其基础或据其派生的作品相独立的版权地位。

2.2　谈判经过

2.2.1　安奈尔草案

就现行《TRIPS 协定》第 9 条的内容而言，1990 年 7 月 23 日的安奈尔草案①包含了如下提案：

1A "在遵守下述条款规定的前提下，缔约各方应授予作者及其继承人享有在《伯尔尼公约》（1971 年）所规定的［财产］权利。"

1B "在与《伯尔尼公约》特别赋予的权利相一致的前提下，缔约各方应将其各自法律现在或将来赋予的权利，提供给其他缔约方的国民。"

上述发展中国家提案中在方括号内所提到的"财产"权利，显示出一些

---

① 致货物谈判组的主席报告（Chairman's report to the Group of Negotiations on Goods），文件 MTN. GNG/NG11/W/76，1990 年 7 月 23 日［以下简称"安奈尔草案"］。

谈判者意图将人身权排除在新设定的版权义务的范围之外。不过，除此之外，各代表团都意图让第 9 条的范围能够实质性地与《伯尔尼公约》相符。

2.2.2　布鲁塞尔草案

就现行《TRIPS 协定》第 9 条第 1 款的内容而言，布鲁塞尔部长会议文本①与现行第 9 条第 1 款的规定很相似。布鲁塞尔草案规定如下：

"缔约各方应遵守《伯尔尼公约》（1971 年）［有关财产权利］的实质性条款的规定。［但是，对于该公约第 6 条之二授予或派生的权利，缔约各方在本协定项下不享有权利或义务］。"

两者的主要区别在于，布鲁塞尔文本提到了《伯尔尼公约》的"实质性条款"（substantive provisions），而不是《TRIPS 协定》现在的第 9 条第 1 款所明确列举的具体条文。第 9 条最终文本的这一修改受人欢迎，因为这样就可以避免人们对第 9 条所提及《伯尔尼公约》的确切范围发生理解上的混乱。②

之所以将人身权排除在第 9 条的范围之外，是由于一些来自英美法系版权制度的国家担心，如果加强人身权的保护，就可能对合法获得授权的购买人在充分享有权利方面造成障碍。③大陆法系国家则本来就倾向于在第 9 条第 1 款中纳入人身权的内容。④

就第 9 条第 2 款而言，它源于日本为计算机程序所保留的一项提案。⑤1990 年 7 月还在为计算机程序制定专门规则的框架，安奈尔草案的提案就作出如下规定：

---

①　《体现多边贸易乌拉圭回合成果的草案最终文本，修订，与贸易有关知识产权（包括假冒商品贸易）》（Draft Final Act Embodying the Results of the Uruguay Round of Multilateral Trade Negotiations，Revision，Trade-Related Aspects of Intellectual Property Rights，Including Trade in Counterfeit Goods），MTN. TNC/W/35/Rev. 1，1990 年 12 月 3 日［以下简称"布鲁塞尔草案"］。

②　参见 Daniel Gervais，*The TRIPs Agreement：Drafting History and Analysis*（1998）［以下简称 Gervais］，第 72 页，第 2.51 段，其中列举了可能造成混淆的例子。

③　同上注，第 2.52 段。这一立场是基于如下观点，即著作人身权不能为作者所放弃。

④　同上注，通过主张根据《伯尔尼公约》而可以放弃这些权利，就驳斥了上述英美法系国家对著作人身权问题的担心。根据该书作者的观点，著作人身权是否可以放弃，取决于各成员国国内法的决定，参见第 2.52 段、第 2.53 段。

⑤　同上注，第 2.56 段。

"此种保护不应延及思想、程序、方法［、算法］或者系统。"

上述用语与现行《TRIPS 协定》第 9 条第 2 款基本相同，这是首次在一项国际协定中规定一份不受版权保护的对象清单。在布鲁塞尔草案中，上述提案仍被保留在专门针对计算机程序的草案条款中。[1]该草案后来从专门针对计算机程序的条款中被提取出来，扩大适用于版权的一般领域。因此，1991年 12 月邓克尔草案的相关条款就变了："版权保护应延及表达，而不延及思想、程序、操作方法或数学概念本身。"[2]

3. 可能的解释

3.1　文学和艺术作品

《伯尔尼公约》第 2 条——通过《TRIPS 协定》第 9 条而被吸收到该协定中——规定如下：

"（1）'文学和艺术作品'一词包括文学、科学和艺术领域内的一切成果，不论其表现形式或方式如何，诸如书籍、小册子和其他文字作品；讲课、演讲、讲道和其他同类性质作品；戏剧或音乐戏剧作品；舞蹈艺术作品和哑剧；配词或未配词的乐曲；电影作品和以类似摄制电影的方法表现的作品；图画、油画、建筑、雕塑、雕刻和版画作品；摄影作品和以类似摄影的方法表现的作品；实用艺术作品；与地理、地形、建筑或科学有关的插图、地图、设计图、草图和立体作品。

（2）本联盟各成员国得通过国内立法规定所有作品或任何特定种类的作品如果未以某种物质形式固定下来便不受保护。

（3）翻译、改编、乐曲改编以及对文学或艺术作品的其他变动应得到与原作同等的保护，但不得损害原作的版权。

（4）本联盟各成员国对立法、行政或司法性质的官方文件以及这些文件的正式译本的保护由其国内立法确定。

（5）文学或艺术作品的汇编，诸如百科全书和选集，凡由于对材料的选择和编排而构成智力创作的，应得到相应的、但不损害汇编内每一作品的版权的保护。

---

[1]　参见布鲁塞尔草案关于现行《TRIPS 协定》第 10 条第 2 款的部分（本书第 8 章）。
[2]　参见邓克尔草案第 9 条第 2 款，文件 MTN. TNC/W/FA，1991 年 12 月 20 日。

（6）本条所提到的作品在本联盟所有成员国内享受保护。此种保护系为作者及其权利继承人的利益而行使。

（7）在遵守本公约第 7 条第 4 款之规定的前提下，本联盟各成员国得通过国内立法规定其法律在何种程度上适用于实用艺术作品以及工业品平面和立体设计，以及此种作品和平面与立体设计受保护的条件。在起源国仅仅作为平面与立体设计受到保护的作品，在本联盟其他成员国只享受各该国给予平面和立体设计的那种专门保护；但如在该国并不给予这种专门保护，则这些作品将作为艺术作品得到保护。

（8）本公约的保护不适用于日常新闻或纯属报刊消息性质的社会新闻。"

《伯尔尼公约》第 2 条对作品的列举概览，通过《TRIPS 协定》第 9 条而被该协定所吸收，这就意味着，至少有 7 类作品是必须在 WTO 成员的国内版权法律制度中受到保护的。它们分别是：①文字作品（literary works），包括各种文字形式，无论是以语词、数字还是由符号所构成；②音乐戏剧作品（dramatico-musical works），例如舞台剧、哑剧、舞剧、歌剧和音乐剧；③电影作品（cinematographic works），包括电影、已录像的戏剧作品以及被固定在胶片中的其他种类的内容；④音乐作品（works of music），包括配词的或未配词的；⑤视觉艺术作品（visual art works），平面的和立体的，含实用艺术作品，这一类作品包括了诸如建筑作品、雕塑作品、雕刻作品、版画作品、地图、设计图和摄影作品；⑥演绎作品（derivative works），包括翻译、改编和音乐编曲；⑦汇编作品和集合作品（compilations and collective works），比如百科全书以及近来出现的数据库。对上述作品种类中的任何一种，各国对其版权的保护范围则有所不同。

例如在美国，对现有作品所作翻译、改编和修改而给予保护的权利，被授予该基础作品的作者，作为其最初被授予之版权的一部分，[①] 据此禁止他人未经版权所有人的许可而创作演绎作品。未获版权所有人的许可而对作品进行改编或修改的，权利人可以对此提起侵权之诉。在其他法律管辖区域，尤其是在欧洲国家，人身权是版权的一个不可分割的部分，从而有效地限制了第三方对于受版权保护的作品进行改动或修改。上述两种模式的立法目标是相似的：即通过版权来限制其他当事人改动或修改作品的自由，而不是第一

---

① 17 U. S. C. § 106(2)。美国版权法包含了专门条款，处理某些传统上属于人身权的利益，例如禁止毁损著名的艺术作品。在其他方面，美国法通过作品演绎权（derivative right）和反不正当竞争规则，也可以用来处理传统上属于人身权的利益。

169

代作品作者的自由。

对于演绎作品的美国模式或欧洲模式，《TRIPS 协定》均未予以强制适用。尽管《伯尔尼公约》要求对人身权给予保护，但《TRIPS 协定》却明确地将此种要求排除在外。①因此，依据《TRIPS 协定》，一成员可以选择规定将创作演绎作品的权利授予基础作品的作者，或者可以仅仅规定允许其他人进行改编和翻译。《TRIPS 协定》只是要求，当演绎作品创作出来之后，各成员的国内版权立法必然对其予以保护。各国可自由确定保护的方式和主体。不过，需要指出的是，对汇编而言，《伯尔尼公约》要求应给予作者对其自己的作品进行汇编的权利。②

对第 9 条第 2 款的一种适当的解释是，它要求对所有符合第 9 条第 1 款所规定情形的"表达"均给予保护，而这从理论上来说，就将扩展版权作品的范围。③但从实际情况看，除了《伯尔尼公约》明确排除的对象以外，似乎很少有作品不能获得版权保护。由于《TRIPS 协定》吸收了《伯尔尼公约》关于哪些构成可享有版权的对象的标准，因此有必要理解在《伯尔尼公约》第 2 条项下有资格获得版权保护的作品的范围。

3.2 官方文件、讲课、演说

《伯尔尼公约》还授予各成员国自由裁量权，以确定对于官方文件，例如司法判决、法律以及行政规则是否给予版权保护。④比如英国、加拿大以及其他英联邦国家，对于此类作品给予版权［通常称为"皇家版权"（Crown Copyright）或"议会版权"（Parliamentary Copyright）］，但同时又规定了很多允许公众自由使用的条款。其他比如美国、德国和日本等国家，⑤ 则明确地将联邦政府的作品排除在版权保护的范围之外。⑥ 其他由国内立法自主确定是否给予版权保护的领域还有：政治演说；诉讼过程中发表的言论；对于

---

① 参见《TRIPS 协定》第 9 条第 1 款。

② 《伯尔尼公约》第 2 条之二第 3 款。

③ 参见 Gervais，第 78 页。

④ 参见《伯尔尼公约》第 2 条第 4 款。

⑤ 17 U. S. C. §101，§105；2004 年《德国版权法》（German Copyright Act）第 5 条第 1 款；《日本版权法》（Japan Copyright Act）第 13 条。

⑥ 参见 17 U. S. C. §101，§105。尚不明确的是，州政府的材料是否属于版权的适当对象，因为该制定法只是明确将联邦政府的作品排除在外。大部分的学术观点认为，基于将联邦政府的作品排除在外的相同的政策考虑，州政府的作品也应被排除在版权的保护范围之外。不过，迄今为止，尚无法院就此问题作出任何决定性裁判。

向公众发表的讲课、演说或讲话，新闻报刊、广播或有线公共传输可以对之加以复制并向公众传播的条件，如果该种使用因出于新闻报道目的（informatory purpose）而具有正当性的话。①不过，《伯尔尼公约》第 2 条之二在此方面授予成员国的自由裁量权，要受到《伯尔尼公约》第 11 条之二的限制，后者要求成员国授予文学艺术作品的作者以向公众传播其作品的专有权。因此，成员国可以决定行使上述向公众传播权的条件，但这样做不应损害作者对此广播获得合理报酬（equitable remuneration）的权利。

3.3 创造性和独创性要求

需要着重指出的是，《伯尔尼公约》第 2 条第 1 款所列举的作品，只是在于说明符合作为"文学和艺术作品"条件的作品种类。因此，完全可以将版权保护扩展至第 2 条第 1 款所没有列举的作品，只要这些作品能合理地满足"文学、科学和艺术领域内的成果"这一条件。《伯尔尼公约》对于这一短语的确切定义未提供更多的深入理解。不过，从《伯尔尼公约》的谈判经过看，谈判代表们一致认为，在作品中必须要体现出某种创造性活动的要素（some element of creative activity）。②换言之，受保护的作品必须是一种智力创造。按照德国法的表述，作品必须是一种"个人智力创造"（personal intellectual creation）。③作品的实质性水平与该作品是否有资格获得版权保护这一问题无关；因此，一个初涉诗坛的作者平生所创作的第一首诗，跟一位成就满满、享有盛誉的诗人所创作的诗，一样有权获得版权保护。实际上，这已经成为共识，即作品的美学价值中立（neutrality to the aesthetic value），或者美学价值无关（indifference to the aesthetic value），是版权调整的一项标准原则。从国际视野来看，采取美学中立原则，就有利于避免世界上不同地区在对文学和艺术作品的价值进行文化上的主观评估时作出有争议的决定。同时，从国内的视角看，采取美学中立原则，也使得司法机关在实施版权时，所依据

---

① 参见《伯尔尼公约》第 2 条之二。

② 参见 Sam Ricketson, *The Berne Convention for the Protection of Literary and Artistic Works*: *1886-1986*, Queen Mary, Univ. of London, 1987, 229-230〔以下简称 Ricketson〕。

③ 参见《德国版权法》第 2 条第 2 款（German Copyright Act, §2(2)）。

的是法律标准而不是法官对作品的美学判断（或偏好）。①因此，目前绝大多数国家采取如下做法就不足为奇了，即要求作品具有创造性或"独创性"，就意味着该作品要想获得版权保护，就需要显示其中有智力投入，而不必显示其达到了某一质量标准。在这方面，《伯尔尼公约》第2条第5款命令，作品的汇编如果在内容的选择和编排（selection and arrangement）上构成智力创作的，则应给予保护。此类汇编作品（collective works）包括百科全书、学术期刊和作品选集。②

尽管已经获得成员国的普遍同意，作品应当具有独创性（亦即，作品应是人类智力和创造活动所产生的独立成果），但是，独创性要求（originality requirement）的程度高低，却可能在国与国之间有所不同。在美国，对独创性采取的是一种程度相当低的标准，"只要作品是由作者独立创作，并且其中至少包含最低程度的创造性（a minimal degree of creativity）。"③ 在日本，独创性标准相对较高，要求"以一种创作性方式表达思想和情感。"④ 至于主要根据事实材料创作完成的作品，其独创性要求就倾向于应当结合某一创造性要素。在 *Feist Publ'ns v. Rural Tel. Serv. Co.* 案⑤中，美国最高法院认定，像本案所涉及此类作品的独创性需要具有某种少量的创造性（modicum of creativity）。此案判决被加拿大联邦上诉法院在 *Tele-Direct*（*Publ'ns*）*Inc. v. American Bus. Infor. Inc.* 案⑥中采纳。加拿大法院在该案中称，"版

---

① 尽管尤其在普通法系国家，司法机关总是不可避免地被怀疑在进行美学判断，即使它们宣称是版权标准的中立的执法者。一般性参见 Alfred Yen, *Copyright Opinions and Aesthetic Theory*, 71 S. Cal. L. Rev. 247（1998）。

② 请注意，此类作品之所以享有版权保护的依据是，在对作品进行选择以及如何把这些作品进行编排以形成一个汇编时所显示出来的智力创造。此外，该汇编中的每一作品享有独立于整个汇编版权的版权保护。因此，通过复印一本期刊而对整个汇编作品进行复制，就侵犯了汇编作品的版权，而复印一本期刊中的某一篇文章，则是对该特定文章的版权的侵犯。

③ 499 U. S. 340。

④ 参见《日本版权法》第1条以及第2条第1款（i）项，其英文翻译载于 Dennis S. Karjala & Keiji Sugiyama, *Fundamental Concepts in Japanese and American Copyright Law*, 36 Am. J. Comp. L. 613（1988）；重印于 Comparative Law: Law and the Legal Process in Japan, 717（Kenneth L. Port 编, 1996）。

⑤ Feist Publ'ns Inc. v. Rural Tel. Serv. Co., 449 U. S. 340（1991）[以下简称"Feist"案]。

⑥ 76 C. P. R. 3d 296（1997）。

172

权保护的依据，是涉案作品的独创性，只要在作品创作中融合了作者的工作、品味和判断，即证明了具有独创性。"法院的结论是，被告"对信息进行了编排，但其根据该行业中被人接受的、通常的选择标准进行编排，因此，其绝大部分都不受版权保护。被告在对信息进行编排时，只是运用了最低限度的技巧、判断或劳动，这并不足以主张此种汇编满足了为获得版权保护所必需具备的独创性。"

在欧洲，各国的独创性标准也各不相同。例如，德国是对独创性采取较高标准的代表性国家，特别是对事实性作品的汇编方面，而在英国和爱尔兰，其独创性要求就与美国的标准更为相近。① 不过，《欧共体版权指令》（EC Copyright Directive）已经限制了各成员国在独创性标准上的差异程度，并且现在趋向于形成一个统一标准。② 上述对独创性标准进行定义的这些例子表明，创造性要求（creativity requirement）与独创性要求（originality requirement）存在汇合之处；在很多国家，创造性就构成了独创性要求的一部分。

3.4　固化的要求

《伯尔尼公约》第 2 条第 2 款允许各成员国规定，作品"如果未以某种物质形式固定下来"便不受保护。例如，在美国，文学或艺术作品只有"固定

---

① Herman Cohen Jeroham, *The EC Copyright Directives*, *Economics and Authors' Rights*, 25 Int'l Rev. Indus. Prop. & Copyright Law 821（1994）（对欧洲各国的独创性的要求作了比较）。

② 参见 Gerhard Schricker, *Farewell to the "Level of Creativity"*（*Schöpfungshöhe*）*in German Copyright Law?* 26 Int. Rev. of Industrial Property and Copyright Law, 1995（请注意，《欧共体计算机程序法律保护指令》［EC Directive on the Legal Protection of Computer Programs］对于德国版权法所要求的较高水平创造性的影响。该文作者指出，德国在实施该指令时，吸收了该指令引述部分（Recitals）中对质量和审美标准的排除。）另参见，Paul Goldstein, International Copyright, 164, 2001。最后，需要指出的是，《TRIPS 协定》和 WCT 对于数据库的版权保护，都要求一种"智力创作"的标准。参见《TRIPS 协定》第 10 条第 2 款；WCT 第 5 条。这里也存在着某种可能性，把这一标准最终变成针对所有种类版权作品的一般标准。

在有形的表现媒介上"，才有资格获得版权保护。① 在其他许多国家，例如比利时、德国、法国、巴西和意大利，只要作品以他人能够感知的方式存在，无论其是否"固定"在有形的表现媒介上，都可获得版权保护。《伯尔尼公约》授权各成员国，可以自主选择是否将固化作为版权保护的要件。② 有观点认为，以固化作为版权保护的条件是有好处的，这是基于以下若干理由：①因为固化就要求创造性作品以某种便利于公众接触的形式存在，这样使得公众能够持续地接触该作品（例如，如果未加以固定，人们怎么能够拥有一首歌曲或一本图书的复制件呢？）；③ ②因为固化就要求作者再"额外"承担工作，用以表明他们有兴趣通过版权来获得回报，这样就可能便于在可受版权保护的作品与不受版权保护的作品之间作出区分；③固化可以起到实现公共政策目标的作用，因为它便于确定在作品上所存在的版权保护的时间长度——如果作品不是以一种稳定的形式存在，可能就更加难以确定版权保护何时开始以及（对于公共政策考虑更为重要的是）何时结束。不过，正如一位学者所指出的，现代发展的轨迹是抛弃对固化的要求。④ 既然根据《TRIPS协定》，对固化的要求并非强制性的（《TRIPS 协定》第 9 条第 1 款只提到《伯尔尼公约》第 2 条第 2 款，而后者允许各成员国对此作出自主选择），因此，只有当一国具有明确的公共政策目标，并且通过固定化的要求才能最好地实现该政策目标时，才应当考虑规定这样的要求。

4. WTO 案例

WTO 还没有任何主要用来处理可享有版权的作品这一主题的专家组报告。不过，在"美国—版权法 110 条第 5 款"案（*US -Section 110 (5) of the Copyright Act* ）中，专家组简要地阐明了《伯尔尼公约》第 11 条及第 11 条

---

① 17 U. S. C. § 102(a)。在美国版权法中，如果作品由作者本人或经作者授权而体现在一复制件或录音制品中，而该种体现足够地持久或稳定，以使其可以被感知、复制或者在一段时期而非短暂时间内（a period of more than transitory duration）进行传播的，则该作品就满足了固化的要求。

② 参见《伯尔尼公约》第 2 条第 2 款。

③ 今天，随着诸如互联网之类的通讯技术的发展，这种可能性也并非完全不可想象。

④ Ysolde Gendreau，*The Criteria of Fixation in Copyright Law*，159 R. I. D. A. 100，126（1994）。

之二的内容。① 这两项规定都在《TRIPS 协定》第 9 条所提到的条款之列，分别专门规定了戏剧和音乐作品作者所享有的权利（《伯尔尼公约》第 11 条），以及与广播的关系和相关权利（《伯尔尼公约》第 11 条之二）。② 欧共体主张，《美国版权法》110 条第 5 款违反了《TRIPS 协定》第 9 条第 1 款、《伯尔尼公约》第 11 条第 1 款(ii)项和第 11 条之二第 1 款(iii)项的规定。③ 专家组对《伯尔尼公约》这两项规定加以区分，其中称：

　　"就第 11 条和第 11 条之二的关系而言，我们注意到，第 11 条第 1 款(ii)项所赋予的权利，涉及将一般作品的表演向公众传播。第 11 条之二第 1 款第(iii)项则是赋予专有权的一项专门规则，涉及通过扩音器或任何其他用来传输信号、声音或图像的类似工具而向公众传播。"④

　　此外，专家组还强调指出，只有当作品是向公众传播时，这两个条款才都是适用的，因为如果纯粹是私人表演，则并不需要从权利持有人那里获得任何授权。⑤

---

　　① 参见 US -Section 110(5) of the Copyright Act，欧共体提出申诉，WT/DS160/R，2000 年 6 月 15 日，第 6.18 段至第 6.29 段。请注意，这一争端的焦点是在另一个问题上，也就是对《TRIPS 协定》第 13 条的分析（即版权专有权利的限制和例外）。具体内容，参见本书第 12 章。

　　② 参见《伯尔尼公约》第 11 条第 1 款："戏剧作品、音乐戏剧作品和音乐作品的作者享有下列专有权利：

　　(i) 授权公开表演和演奏其作品，包括用各种手段和方式公开表演和演奏；

　　(ii) 授权用各种手段公开播送其作品的表演和演奏。"

　　《伯尔尼公约》第 11 条之二第 1 款规定："文学艺术作品的作者享有下列专有权利：

　　(i) 授权广播其作品或以任何其他无线传送符号、声音或图像的方法向公众传播其作品；

　　(ii) 授权由原广播机构以外的另一机构通过有线传播或转播的方式向公众传播广播的作品；

　　(iii) 授权通过扩音器或其他任何传送符号、声音或图像的类似工具向公众传播广播的作品。

　　这两个条款涉及的都是作者的权利的问题，因此不同于《TRIPS 协定》第 14 条，后者涉及的是表演者、录音制品制作者以及广播组织的权利。

　　③ 参见 US -Section 110(5) of the Copyright Act，第 6.26 段。

　　④ 同上注，第 6.25 段。

　　⑤ 同上注，第 6.24 段和第 6.28 段。美国并没有辩驳其法律规定违反了上述《伯尔尼公约》的规定，并因而违反了《TRIPS 协定》第 9 条第 1 款（参见专家组报告第 6.29 段）。因此，该案的主要争议点是，这种对《伯尔尼公约》的违反，是否根据《TRIPS 协定》第 13 条而具有正当性。

5. 与其他国际文件的关系

5.1 WTO 诸协定

其他任何 WTO 协定都不涉及有关可享有版权的对象的问题。因此，在《TRIPS 协定》及《伯尔尼公约》的版权条款与其他 WTO 协定之间并不存在任何特别的关系。不过，在 GATT 第 20 条中提到了知识产权，而且还专门提到了版权：为了保护版权，在满足某些条件的情况下，WTO 成员可以不遵守 GATT 有关最惠国待遇、国民待遇以及禁止数量限制的基本义务。[①]因此，与《TRIPS 协定》和《伯尔尼公约》不同的是，GATT 将保护知识产权视为一项例外。不过，GATT 第 20 条并没有涉及有关可享有版权对象的问题。

5.2 其他国际文件

《TRIPS 协定》将《伯尔尼公约》吸收，这就意味着《伯尔尼公约》的谈判背景对 WTO 成员而言，是一个重要的解释渊源。最初根据《TRIPS 协定》发生的版权争端已经表明，负责争端解决的专家组在解释《TRIPS 协定》时明显依赖《伯尔尼公约》的历史沿革。[②] 而且，《世界知识产权组织版权条约》（WCT）也采用了《TRIPS 协定》第 9 条第 2 款的用语，将"思想、程序、操作方法或数学概念本身"排除在版权的保护范围之外。[③]因此，对《TRIPS 协定》第 9 条第 2 款的解释，无疑将会有助于对《世界知识产权组织版权条约》的解释。

---

① 参见 GATT 第 20 条(d)款，其在相关部分规定如下："在遵守关于此类措施的实施不在情形相同的国家之间构成任意或不合理歧视的手段或构成对国际贸易的变相限制的要求前提下，本协定的任何规定不得解释为阻止任何缔约方采取或实施以下措施：……(d)为保证与本协定规定不相抵触的法律或法规得到遵守所必需的措施，包括与［……］保护专利权、商标和版权［……］有关的措施。"

② 参见 US -Section 110(5) of the Copyright Act，欧共体提出申诉，WT/DS160/R，2000 年 6 月 15 日。

③ 参见 WCT 第 2 条。

6. 新近发展

6.1　国内法

绝大多数成员的国内立法都采纳了《伯尔尼公约》和《TRIPS 协定》所规定的可享有版权的对象范围。有一些国家在其国内版权法中，增加规定新的作品种类，例如民间文学艺术。

7. 评论（包括经济和社会意义）

上述就《TRIPS 协定》对版权作品的要求所作的讨论，提出了一些重要的经济和社会问题。从初步观察的角度看，第 9 条规定了各国可享有版权的对象之条件方面，可以享有某些自由裁量权。智力作品在多大范围内能够获得版权保护，这就决定了在提供创作激励与一般公众获取知识产品之间的平衡。《TRIPS 协定》在某种程度上为 WTO 各成员提供自由，可根据其特殊的需求以及经济发展状况来维持上述平衡。各成员可选择要求创造性和独创性达到某种程度；各成员也可以选择，对政府出版物是否提供版权保护；版权保护不延及思想，或单纯的事实、时事新闻。各成员还有权决定，对政治演说以及诉讼过程中发表的言论是否给予版权保护。当然，由于《TRIPS 协定》规定的只是最低保护标准，因此，那些希望将版权保护扩展至《TRIPS 协定》所没有规定的对象的 WTO 成员，就可以行使这样的自由裁量权，扩大保护对象的范围。不过，在《TRIPS 协定》没有强制性规定专门保护规则的那些领域，都牵涉到重要的社会目标。例如，将思想明确地排除在版权保护范围之外，就起到了为上文曾提及的一项重要的公共政策目标服务的作用，该目标就是，维持和丰富在资料和资源上的一个公有领域，公众可以从中自由提取。政治演说在版权上的地位，就影响到诸如新闻出版自由和言论自由这样的社会—政治问题。同样地，将版权保护延及政府作品，这一决定会影响到公众能否自由获取对其具有约束力的法律。[①] 国家在这些领域行使自由裁量权，对于经济和社会目标具有重要意义，而这些经济和社会目标构成了版权

---

① 事实上，美国版权法之所以将政府作品排除在版权的保护范围之外的政策原因，是对如下问题的重大关切，即在一个实行法治的民主社会中，法律必须可以为公众自由获取。

制度的基础。在此背景下，知识产权委员会（Commission on Intellectual Property Rights）提出，从以往形成的证据看，在某些情况下，由于发展中国家的版权执法水平较低，反而对于在这些国家的知识扩散（knowledge diffusion）起到了积极作用。该委员会接着表达了这样的看法，发展中国家的许多贫困人口以相当低的价格，通过使用非法复制品，才得以接触使用某些知识产品。①

版权提供一种激励，从而鼓励创造性活动。这些创造性活动最终又将使公众受益。关于哪些作品受到版权保护以及获得该种保护需要具备何种条件，此类决定应当根据过去各国已经试验过的丰富多样的方案，特别是考虑到经济发展的目标，予以慎重考虑。在执行各种为版权保护所必需具备的标准时，有必要建立一种审慎的平衡，以确保公共福利不会因为那些只考虑到激励效果的规则而受到损害。反过来，在执行这些标准时，也应当考虑到那些为鼓励版权作品的最优产量（optimal production）所必需的标准。例如，对创造性采取一种较高的标准，可能无法像在诸如美国之类采取较低的创造性标准的国家所证明的那样，有效地鼓励作品的大量产出。或者，一国也可以选择对某些种类的作品采取较高的创造性标准，比如对于计算机程序，而对其他种类的作品则采取较低的标准。由于独创性/创造性的要求是由各国自主决定的问题，因此，如果对不同的作品采取不同的标准，也不大可能称其违反了《TRIPS 协定》的任何强制性规定。

总之，可享有版权保护的作品的范围，对于与版权制度密切相关的社会目标具有重要意义。这些社会目标包括：表达自由、为人们将来进行创作提供便利、公众获取某些类型作品的机会，以及某些民事自由的重要政治意义。在确定采取何种特定模式，来实施《TRIPS 协定》中经由谈判约定的关于版权作品的标准时，上述所有这些目标均应予以考虑。此外，在将来就版权作品的范围进行谈判时，也应考虑上述目标。

---

① 参见知识产权委员会的报告，第 101 页。该报告还提及，在过去，一些发达国家出于满足本国的知识需求的驱使，也曾拒绝给予外国作者以任何的版权保护。这可以被看作是在鼓励各该国家的国民使用未经授权的、属于外国作者的作品复制件。但到如今，再采取这种做法，就将显然违反《TRIPS 协定》第 3 条（国民待遇）和第 9 条第 1 款。值得注意的是，一些发达国家正在寻求否定发展中国家有权采用正是它们在过去曾经使用过的公共政策。

第8章 版权：计算机程序

1. 引言：术语、定义和范围

第 10 条第 1 款要求各成员，承认计算机程序是《伯尔尼公约》项下的文字作品。《伯尔尼公约》本身并没有明确规定，计算机程序是可享有版权的对象；不过，《伯尔尼公约》第 2 条所列举的作品种类，只是对版权保护可能扩展的作品种类的举例说明。况且，这些举例并非穷尽式列举。因此，像计算机程序之类的既表现出实用特征（utilitarian characteristics）又包含表达性要素（expressive elements）的作品，就是版权保护的适当的候选对象。[1]

由于《TRIPS 协定》并没有对"计算机程序"这一用语加以定义，因此各成员可以继续保留它们在《TRIPS 协定》生效之前在其国内法中对"计算机程序"所作的定义。[2]例如，1976 年《美国版权法》将"计算机程序"定义为："一组直接或间接用于计算机以使之产生某种结果的说明或指令"。[3]《日本版权法》规定，计算机程序是指"一种用于计算机使之运行和获得某种特定结果的组合指令的表达。"[4]尽管英国法并未对计算机程序作出一个定义，但它规定，版权保护延及计算机程序以及由计算机程序所产生的图画、故事以

---

　①　请注意，计算机程序也必须像其他版权作品那样，满足版权保护的所有要求，例如独创性的要求。

　②　另参见以下本章第 6.1 节。

　③　17 U. S. C. § 101。

　④　《日本版权法》（Copyright Act）第 2 条第 1 款第 10 项之二。

及其他传统的作品。①

《TRIPS 协定》第 10 条第 1 款规定，计算机程序，无论是以"源代码"（source code）还是以"目标代码"（object code）出现，都应获得版权保护。源代码是指由文字、符号以及字母数字构成的计算机语言。它是人可以理解的一种"高级"语言。目标代码是另一种计算机语言，与源代码不同，它不能为人所理解。目标代码是由一串以"0"和"1"组成的二进制数字出现的机器语言。许多计算机程序都是以源代码形式编写，但以目标代码的形式发行。有一种以"编译器"而为人所知的计算机程序，即用于将源代码翻译或转换成目标代码。

根据《TRIPS 协定》第 9 条第 2 款，就计算机程序而言，版权保护的对象，并不是计算机软件所依据的思想，而是通过目标代码或源代码对该思想的表达。

2. 条文沿革

2.1 TRIPS 之前的状况

在《TRIPS 协定》缔结之前，已经有相当数量的国家对计算机程序给予版权保护。例如在美国，计算机程序一直受到版权的保护，并随着 1976 年《版权法》的修改而获得确认，当时修法时就明确承认，计算机程序属于版权保护的对象范围。类似地，1991 年《欧洲共同体计算机程序法律保护指令》（European Community Directive on the Legal Protection of Computer Programs，简称《欧共体软件指令》[EC Software Directive]）② 要求各成员国将版权保护延及计算机程序。③事实上，截至 1991 年，至少有 54 个国家已经承认对计算机程序提供版权保护。尽管其中大多数国家是采取立法修改的方式作出此种规定的，但也有一些国家是通过行政命令或司法判决的方式，将其现有的版权法扩展适用于计算机程序。④

---

① 英国《1988 年版权、外观设计和专利法》（Copyright，Designs and Patents Act 1988）第 178 条。

② 《1991 年 5 月 14 日关于计算机程序法律保护的理事会指令》（Council Directive of 14 May 1991 on the Legal Protection of Computer Programs），1991 O. J. （L-122）42。

③ 第 1 条第 1 款。

④ 参见 Michael S. Keplinger，*International Protection for Computer Programs* 315 PLI/Pat 457 （1991）。

2.2　谈判经过

与其他条文一样，《TRIPS 协定》第 10 条也存在若干不同的提案。就计算机程序而言，第 10 条第 1 款的早期草案体现出各方的斗争，目的是为了就这样一种规定所可能存在的确切保护范围达成一种妥协性一致意见。

2.2.1　安奈尔草案

"2. 可保护的对象

2.1 缔约各方应对计算机程序［，作为就上述第 1 点而言的文字作品，］［以及对数据库］提供保护。此种保护不应延及思想、程序、方法［、算法］或系统。

2.2B.1 就保护计算机程序而言，缔约各方应在其国内法律中确定对此种作品提供保护的性质、范围和期限。

2.2B.2 鉴于对计算机程序提供保护所引起的复杂的法律和技术问题，缔约各方应相互合作，以确定一种适当的保护方式，并发展出有关调整此种保护的国际规则。"

在上述草案中，并没有对数据库作出任何单独的规定，这一点不同于当前《TRIPS 协定》第 10 条（参见第 9 章）。上述草案的第一段内容，源于日本代表团提出的一项提案，它建议采用如下文字：

"根据本协定对计算机程序作品所提供的版权保护，不应延及完成此类作品的任何编程语言、规则或算法用途。"①

这一提案后来作了修改，以更加接近于 1976 年《美国版权法》102 条，后者规定如下：

"对独创作品的版权保护［不得］延及任何思想、程序、方法、系统、操作方法、概念、原理或发现，而无论其以何种方式在该作品中加以描述、解释、说明或者体现。"

上述日本代表团的提案被放入布鲁塞尔草案（在下文引用），但最终又把它从计算机程序的背景下移出来，反而插入到前面的条款中，成为一项一般规则，用以区分可享有版权的对象与不可享有版权的对象。这就是现在体现

①　参见 Teruo Doi, *The TRIPs Agreement and the Copyright Law of Japan: A Comparative Analysis*, Journal of the Japanese Group of AIPPI (1996).

在第 9 条第 2 款的规则，对此，本书已在第 7 章中作了讨论。

2.2.2　布鲁塞尔草案

该草案第 1 段包含了基本上与现行《TRIPS 协定》第 10 条第 1 款相同的用语，但是，"文字"（literary）一语仍然被加了方括号。谈判各方最终同意将计算机程序作为"文字"作品给予保护，这对于保护范围的确定具有重要意义。如果没有这样明确的规定，WTO 各成员在这方面就是自由的，它们会转而选择将计算机软件作为实用艺术作品或与之类似的作品给予保护。[①]如果这样，计算机程序的保护范围，就可能比狭义上的"文字"作品所获得的保护范围要小得多。之所以这样说，是因为《伯尔尼公约》第 2 条第 7 款将实用艺术作品的保护问题交由各成员国的国内立法来决定的，因此，成员国就有权决定此类作品受保护的程度以及要想获得保护所需具备的条件。此外，《伯尔尼公约》第 7 条第 4 款还特别规定，实用艺术作品免于适用一般的版权保护期（亦即，作者有生之年加上死后 50 年），而是设定了一个不少于自该作品完成之后算起 25 年的最低期限。

此外，布鲁塞尔草案第 1 段中还有被加了方括号的第二句话，规定如下：

"［此种保护不应延及思想、程序、操作方法或数学概念。］"

这是对前述日本代表团提案的一个修改版本，它在后来（亦即，布鲁塞尔草案之后的文本）从与计算机相关的草案规定中被移除出来，以更加一般性的形式放入第 9 条第 2 款之中。

与现行《TRIPS 协定》第 10 条第 1 款相比的第三个不同之处是，布鲁塞尔草案第 1 段还包含了第 2 项，涉及以遵守某些手续作为计算机程序获得保护的一项要求。这个加了方括号的条款规定如下：

"［上述条款不妨碍缔约方要求以遵守与本协定第四部分的原则相一致的程序和手续，作为保护计算机程序的条件，也不妨碍缔约方对复制和改编的权利以及人身权作出必要的调整，以便使计算机程序得以正常利用，只要该利用不会不合理地损害权利持有人的正当利益。］"

这一提案并没有被放入第 10 条第 1 款的最终版本之中。它的前半句跟现行《TRIPS 协定》第 62 条非常相似，不过，第 62 条并不仅限于计算机程序的版权，它还可适用于《TRIPS 协定》所涵盖的各种类别的知识产权。[②]该提

---

① 参见 Gervais，第 81 页，第 2.60 段。

② 关于《TRIPS 协定》第 62 条的详细讨论，参见本书第 30 章。

案的后半句提到，为了对计算机程序的正常利用，可以对某些权利进行调整，但这些内容在最终版本中被完全删除。

3. 可能的解释

为鼓励计算机程序创作而体现出来的公共政策利益，并不必然要求仅仅采用版权的方式来保护计算机程序。第 10 条规定，版权保护应延及计算机程序。但是，《TRIPS 协定》并没有排除对计算机程序采取额外的保护方式。因此，根据《TRIPS 协定》，WTO 的成员可以对计算机程序提供专利、版权以及商业秘密的保护。[①]在这种情况下，作者有权选择其最希望的保护方式，当然，如果他要想获得软件专利的保护，就必须满足专利法所要求的更高的创造性标准。

应当指出的是，在 TRIPS 之前，人们就已经考虑了对计算机程序采取替代性保护方式的可能性，并且在一些成员的国内法中确实存在着此类替代性保护方式。[②]但是，《TRIPS 协定》所要求的是，在这些法律保护方式的选项中，版权法的保护方式必须是其中之一。

不过，《TRIPS 协定》并没有就 WTO 各成员必须适用于计算机程序的、有资格获得保护之标准作出界定，并且，除了一般性地规定思想、程序、操作方法以及数学概念本身不受版权保护（第 9 条第 2 款）以外，该协定本身也没有涉及关于这种对象的版权保护范围的问题。同时，软件产业一直处于高速发展的状态，而在一些国家，涉及计算机程序版权保护的诉讼也在不断

---

① 人们可以主张，《TRIPS 协定》第 27 条第 1 款禁止根据领域来排除可获得专利的对象，因此，这就要求各成员承认，与软件有关的发明可以获得专利保护，只要该发明满足可专利性的其他要求。参见 J. H. Reichman, *Universal Minimum Standards of Intellectual Property Protection under the TRIPs Component of the WTO Agreement*, 29 International Lawyer 345, 360 (1995)。更清楚的是，《TRIPS 协定》第 39 条要求各成员对未披露的信息提供保护，因而，它就提供了一种商业秘密的保护方式，作为对于软件版权保护的一种替代。请注意，由于《TRIPS 协定》第 10 条第 1 款是强制性规定，因此，各成员必须对计算机程序提供版权保护。不过，发明人可以选择采取商业秘密的方式来保护其软件。这种选择结果根据《TRIPS 协定》是被允许的。

② 参见美国最高法院对 *Diamond v. Deihr* 案的判决，450 U. S. 175 (1981)，该案为在法律上承认软件的可专利性（patentability of software）铺平了道路。最近对 *State Street Bank & Trust Co. v. Signature Fin. Group*, 149 F. 3d 1368 (Fed. Cir. 1998) 案所作的引起争议的判决，确认了商业方法软件专利的可专利性（patentability of business method）。

增加。①

《TRIPS 协定》允许通过诚实途径对计算机程序进行反向工程（reverse engineering）。这就意味着，尽管对计算机程序进行整体性复制是被禁止的，但是在"克隆版本"中对某一受保护程序的功能性要素（functional components）进行再实施，这一做法并不受到禁止。独立编写代码的程序尽管基本上能够显示与原创者软件相同的功能性表现或者行为，但它并不侵犯后者的权利。②这样就可以促进各国的企业进行竞争与创新，包括那些已经具备某些软件制作能力的发展中国家的企业。

《TRIPS 协定》第 9 条第 2 款关于可保护的表达与不可保护的思想之间的这种区分，在各成员的国内法层面实施起来却是情况各不相同，对此可以美国的计算机程序保护方式和《欧共体软件指令》为例加以说明。根据欧共体的这项《指令》，只要他人从事的是被许可之行为，则许可人即不得限制该人为了理解计算机程序所体现的思想，而对程序运行的方式进行观察、研究或测试的权利。在某些情况下，《指令》还承认计算机程序的合法所有权人，*有权对程序进行反编译（to decompile，也就是将目标代码转换成源代码），以便为实现该程序与其他计算机程序的"可交互运行性"（interoperability）获得所需的信息。③该权利行使的限制条件是，此种信息无法通过其他方式获得。④在美国版权法中并没有类似的权利，尽管美国司法判决通常会得出与欧共体上述规定相同的结论。就目前而言，为计算机程序提供版权保护的范围，就必然仍旧保持其灵活性，并且取决于各成员的国内法院对此所作的解释与适用。

至于在计算机程序保护范围上的限制与例外而言，诸如美国和欧盟之类的主要软件生产者的做法存在某种重大分歧。最明显的差异是在有关反向工

---

① 关于这一段和之后的两段，参见 UNCTAD, *The TRIPS Agreement and Developing Countries*, *New York and Geneva*，1996，第 181 段至第 183 段。

② 回想一下，计算机程序中受版权保护的对象并不是基础思想（underlying idea），而是用来表达该思想的计算机语言（亦即，源代码或目标代码，参见以上本章第 1 节）。因此，关键性的问题是，编写计算机程序应当是独立完成的。在这种情况下，构成该计算机程序基础的思想，是以一种与原程序编写者表达该思想的方式所不同的方式加以表达的。新的代码因此构成（该基础思想的）表达，而只能归属于对原始程序进行反向工程的人。因此，在这里起作用的是表达（亦即代码）是否系独立完成，而不是结果的相似性。

　* 指软件复制件的所有权人，并非指软件版权的所有权人。——译者

③ 参见《欧共体软件指令》（EC Software Directive）第 6 条。

④ 同上注，第 6 条第 1 款。

程的问题上。实施反向工程，可以基于各种不同的目的，包括为了研究和更易于兼容（或可交互运行），以便制作竞争性软件或与软件有关的产品。无论基于何种目的，反向工程的过程都影响到原始计算机程序所有人的复制权。在美国，反向工程的某一特定行为的适当性，是属于司法判定的问题。美国的国内法院是以个案为基础来审查这种做法的。然而在欧盟，反向工程是由《软件指令》所调整。这已经导致了不同的政策。

例如在美国，法院一直认为，在满足某些条件的情况下，软件的反向工程是允许的。[1]至于条件，则根据版权的一般性限制，比如以合理使用原则为指导进行判定。因此，在这些案件中，作为其基础的使用目的就显得非常重要。如果是为了研究目的进行反向工程，法院就很可能作出有利于被告的判决。事实上，许多评论家将此看作版权法的一个重要的政策工具，而这样的目的也在推动实现最初设定版权制度的目标。[2] 在制作兼容性软件的行为中进行反向工程，这也已经被美国的法院认为是可以允许的。[3]

相比较而言，《欧共体软件指令》第 6 条对于为兼容目的而进行的反编译（亦即，反向工程），则是以这样的事实为条件的，即为达到兼容性所必需的信息，必须是在之前无法轻易获得的。此外，反编译行为也被限定于该计算机程序的与兼容性需要相关的方面。《指令》禁止为制作竞争性产品而进行反向工程。《指令》也没有对研究目的规定专门的例外，并且，根据《指令》条款而被允许进行反编译的限定范围，不得解释为可以不合理地干涉计算机程序所有权人对该程序的正常利用。

可以得出的结论是，一旦确定了计算机程序可享有版权的要素这一问题，那么根据《TRIPS 协定》，尊重各成员的国内政策，允许实施诸如反向工程或制作"备份"（back-up）或"档案"（archival）副本的行为，是可接受的，只要这些例外合理地遵守了《TRIPS 协定》对版权保护的强行性规定。这些例外的范围，可能受到《TRIPS 协定》第 13 条（参见本书第 12 章）的挑战，该条款要求 WTO 各成员限定版权例外的性质与范围。不过，第 13 条并不涉

---

[1] 参见，例如 *Sega Enterprises Ltd. v. Accolade, Inc.*, 977 F. 2d 1510（9th Cir. 1992）。

[2] 参见 Lawrence D. Graham & Richard O. Zerbe, Jr., *Economically Efficient Treatment of Computer Software：Reverse Engineering, Protection and Disclosure*, 22 Rutgers Computer & Tech. L. J. 61, 67 (1996).

[3] 参见 *Sega Enterprises*, 77 F. 2d 1510；*Atari Games Corp. v. Nintendo of America Inc.*, 30 U. S. P. O. 2d 1401（N. D. Cal. 1993）。

及可享有版权的对象问题，相反，它只是针对受保护作品的版权上所存在的限制与例外。就计算机程序的哪些方面可享有版权而言，国内法院仍然需要将思想与表达加以区分；《TRIPS 协定》并未提出任何明确的规则，说明计算机程序中哪些部分构成"表达"。因此，各国在确定某一特定计算机程序的版权保护范围时，可以有某种灵活性。

最后，软件制造商还可以从《TRIPS 协定》的其他规定获益，这些规定要求 WTO 各成员保护未披露的信息，并且制止不正当竞争。例如，一旦WTO 成员的国内法根据《TRIPS 协定》第 39 条的规定，立法保护未披露的信息，那么，该成员的本地竞争者可能就无法从其不当获得的专有技术（know-how）中获利了，而这些专有技术本来就不是版权法所予以保护的。① 同样，被《TRIPS 协定》所吸收的《巴黎公约》第 10 条之二就是有关不正当竞争的规范，它禁止竞争者冒用商标或商品包装装潢，即使它们本来可以模仿外国计算机程序中不受版权保护的部分。

4. WTO 案例

迄今为止，尚无任何 WTO 专家组裁决涉及这一主题。

5. 与其他国际文件的关系

《伯尔尼公约》在其所列举的版权作品种类中，并没有明确提及计算机程序。因此，第一个明确提到计算机程序的国际条约就是《TRIPS 协定》。1996年，在 WIPO 的主持下，通过谈判达成了另外两个版权条约。这两个条约就是《WIPO 版权条约》（WCT）和《WIPO 表演和录音制品条约》（WPPT），它们就是专门为了应对数字革命对版权的影响。

《版权条约》是《伯尔尼公约》第 20 条意义上的专门协定（《伯尔尼公约》第 20 条规定："本联盟各成员国政府保留在它们之间签订给予作者比本公约所规定的更多的权利，或者包括不违反本公约的其他条款的专门协定的权利……"）。用《版权条约》自己的术语来说，除了《伯尔尼公约》，它与其他所有条约都没有任何关联。② 然而，这也不能将《版权条约》解释为可以损

---

① 专有技术（know-how）并不是一种表达，而是一种思想，因而不受版权保护。
② 参见 WCT，第 1 条第 1 款。

害在其他条约项下的任何权利和义务。① 这就意味着，对于那些同时批准了《版权条约》和《TRIPS 协定》的国家而言，应当以相互一致的方式，来实施和解释这两个条约。

就计算机程序而言，《版权条约》是第二个明确规定提供版权保护的国际条约。《版权条约》第 4 条规定："计算机程序作为《伯尔尼公约》第 2 条意义下的文字作品受到保护。此种保护适用于各计算机程序，而无论其表达方式或表达形式如何。"这里提到《伯尔尼公约》就意味着，作为一个国际法问题，《伯尔尼公约》第 2 条对于版权作品的要求，将在作必要修改后（*mutatis mutandis*）适用于根据《版权条约》的规定而受保护的计算机程序。因此，即使《版权条约》没有明确提到"思想—表达二分法"，但仍然可以合理地推定，该项"思想—表达二分的原则"扩展适用于由《版权条约》第 2 条所确认的计算机程序的保护范围。将《TRIPS 协定》第 10 条与《版权条约》第 4 条结合起来所产生的法律效力，就证实了这样的结论，即计算机程序已经确定无疑地变成了根据国际版权法享有版权的对象。不过，正如之前的讨论所示，这一确论并不意味着，所有国家是以相同方式和在相同的范围内保护计算机程序的。

6. 新近发展

6.1　国内法

在 TRIPS 谈判之前，就有许多不同类型的国家已经将版权保护扩展至计算机程序。因此，就计算机程序可获得版权保护而言，很多国家就已经符合《TRIPS 协定》第 10 条的规定了。不过，各国在保护上的差异仍然存在，尤其明显的是在保护之例外或限制的范围方面。例如，美国的司法判决表明，软件的结构、序列和组织都是可根据版权法获得保护的。② 其他国家则尚未明确决定，这些东西根据其国内法律是否可以受到保护。此外，《TRIPS 协定》规定，计算机程序应作为文字作品受到保护，享有作者有生之年加死后 50 年

---

① 同前注。

② *Whelan v. Jaslow*, 797 F. 2d 1222 (3d Cir. 1986)。另参见 Dennis S. Karjala, *The Relative Roles of Patent and Copyright in the Protection of Computer Programs*, 17 John Marshall J. of Computer & Information L., 41, 53 (1998)［以下简称 Karjala］。

的保护期。① 那些在《TRIPS 协定》之前对计算机程序提供较短保护期的国家，就必须修改其法律，以遵守《TRIPS 协定》关于保护期的要求。

《TRIPS 协定》未予处理的一个问题是，版权持有人对加密技术（encryption technologies）的使用。② 在此情形中，值得注意的是美国为实施《版权条约》在 1998 年制定的《数字千年版权法》（Digital Millennium Copyright Act/DMCA），它将那些规避加密技术的行为规定为非法，即便在传统上按照合理使用之例外（fair use exception）应被认为属于合法的行为，也是如此。③ 这种对待加密技术的方式，无论在《TRIPS 协定》还是在《版权条约》中均未作强制性要求。发展中国家可以自由选择，拒绝对加密技术给予保护，假如它们被用来阻碍某些诸如远程教育之类的公共政策目标的话。

除了采取行动以支持通过版权方式保护加密技术外，在某些国家的一些产业集团还对其政府施加压力，以通过这样的立法，甚至要求计算机制造商在其产品中安装特殊装置，从技术上阻止他人未经作者同意而复制其受保护的作品。④ 不过，任何此类立法迄今为止尚未被通过。

6.2　国际文件

与《TRIPS 协定》不同，《世界知识产权组织版权条约》（WCT）确实处理了加密的问题：《版权条约》第 11 条（关于技术措施的义务）规定如下：

"缔约各方应规定适当的法律保护和有效的法律补救办法，制止规避由作者为行使本条约或《伯尔尼公约》所规定的权利而使用的、对就其作品进行未经该有关作者许可或未由法律准许的行为加以约束的有效技术措施。"

该规定所使用的措辞，为缔约方的实施提供了相当程度的灵活性。什么是"适当的"（adequate）法律保护，这是由缔约方的国内法根据其国内优先（national preferences）而予以决定的。重点需要指出的是，上述规定并没有要求缔约方承担义务，在任何情况下都保护加密技术。《版权条约》第 11 条的最后部分澄清，未经许可（即未获得作者的同意）的使用并不是加密技术

---

① 这是《伯尔尼公约》第 7 条第 1 款的要求。

② "加密"（Encryption）是指"对计算机信息或文档的内容进行某种操作，使得未获得授权阅读的人无法理解该内容。通过被称作数据密钥（*data encryption key*）的字符串对信息进行数学编码。[……]"（参见 J. Friedman 编，*Dictionary of Business Terms*，第 3 版，2000 年，第 220 页）。

③ 参见知识产权委员会报告，第 107 页，其中提到了上述美国法。

④ 参见知识产权委员会报告，第 107 页。

可以获得国内版权法支持的唯一情形。相反，缔约方可以把国内法对加密技术的支持限定在如下情形中，即对受保护材料的使用是依法不被允许的，而不管作者的意愿如何。这样一来，判断何种程度上的加密技术是正当的，以及在什么范围内合理使用的情形应当优先适用，就取决于国内立法机关和国内偏好了。[①]　各国可以选择采用准绝对（quasi-absolute）的版权保护，只要作者不希望让他人自由获得某些作品，即不得规避加密技术。抑或，它们也可以拒绝通过版权法来保护加密技术，假如规避加密技术是为了实现某些诸如教育和技术转让之类的公共政策目标的话。

7. 评论（包括经济和社会意义）

软件市场的特征就是许多经济评论家所提到的网络效应（network effects）。简单来说，它的意思是指，软件市场是这样一种市场，其产品的价值随着购买人数的增加而增加。例如，像电话或传真机这样的通讯技术，通常就被认为极易受到网络效应的影响。设想一下，假如有一个人购买了一部电话机或传真机，那么当其他人也购买了相同产品时，无论电话机还是传真机的价值就会增加。反过来，如果只有一个人拥有电话机或传真机，那么电话机或传真机的价值就可能降低至零。

同样地，在一计算机操作系统上运行的软件，其市场也受到网络效应的影响。这个问题对于计算机程序的扩散具有重要的影响。操作系统都有一个"接口"（interface），其中包含计算机模块进行传输的各种路径。应用性计算机程序，必须以某一种能够允许其在一操作系统上运行的方式编写。在一操作系统上运行的应用程序越多，该操作系统就变得越有价值。随着软件开发商编写的应用程序越来越多，也就可能有越来越多的消费者来购买该操作系统，因为有各种各样不同的应用程序可以在该特定的操作系统上运行。随着更多的消费者购买该操作系统，就有更多的应用程序被开发出来，如此循环往复。这种良性循环效果，可以让我们在某种程度上理解，为什么会产生出占据市场主导地位的软件企业。为了鼓励软件产业的竞争，对于受版权保护的软件所具有的确切特征，必须给予审慎的注意。

例如，一些评论家主张，某些"内部"接口（internal interfaces）不应受到版权保护，因为它们在本质上就是"实用专有技术的工业汇编"（industrial

---

[①]　关于合理使用，参见本书第 12 章，《TRIPS 协定》第 13 条。

compilations of applied know-how）。①这种反对给予计算机程序的"接口"以版权保护的观点，其核心思想是，计算机程序员在编写能够在操作系统上运行的程序时，必须使用此类"接口"。如果对此类"接口"排除版权保护，那么，竞争者就可以自由地利用它们来开发出竞争性产品，这将是促进公共利益的一个重要的方面。计算机屏幕上显示的用户界面（user interfaces），则更有可能按不同类别的作品而受到版权保护。这种显示可能构成图形作品（例如，电子游戏中的角色）或者文字作品（例如，帮助屏显）。②

　　计算机程序对于现代生活具有重要意义，使得保护的经济和社会意义对各国来说都非常重要。正如上文所探讨的那样，这个重要问题就是，将计算机程序的思想从其表达中"抽象"出来，以保证版权保护不会被人利用，来获得比该制度本来所允许的更多的权利。此外，一些国家对于计算机程序所享有的版权，规定了三种一般性限制或例外。它们分别是：①"备份复制件"（back-up copies）例外；③ ②为了便于获得计算机程序中不受版权保护的要素而规定的例外，例如"反向工程"；④ ③为了促进"可交互运行"而规定的例外。对后两类例外作出正确的界定，对于竞争与技术扩散具有重要影响。

　　如果一个国家的软件产业还不成熟，那么这个国家可能希望考虑对可受版权保护的要素采用较严格的保护，以鼓励在软件开发上的投资。但是，如果一个国家的软件产业已经成熟，那么其重点在于，一是要培育竞争，通过允许对软件作某些使用，以利于进一步的研究和开发，二是要确保软件市场不被第一个进入者不当支配。这种市场支配地位可能对发展中国家造成严重

---

　　① 参见 Pamela Samuelson et al.，*A Manifesto Concerning the Legal Protection of Computer Programs*，94 Columbia Law Review，2308（1994）.

　　② 参见 Karjala，第 55 页。

　　③ 例如，根据《欧共体软件指令》，可以对计算机程序制作一份备份（a back-up copy）。而且，1990 年捷克斯洛伐克的版权法允许计算机程序的使用者制作该计算机程序的备份（back-up copies），既不需要经过其版权所有人的许可，也不用承担支付报酬的义务。最后，1987 年巴西法的第 7 条规定，"将计算机程序整合（integration）到一应用程序中，且仅供整合该程序的人使用的"，不构成侵权。

　　④ 关于反向工程在《TRIPS 协定》项下的合法性，以及它在国内法中的实施，参见以上本章第 3 节。不过请注意，*独立*开发出符合当地产业与行政管理需要的计算机程序，比起重新编写外国的计算机程序，可能获得更大的回报，因为后者通常是一件既需要高超的技术能力又需要高昂成本的工作。通过直接投资、许可或其他协议方式而获得最新的软件的，对其潜在收益的衡量，通常要与对现有软件（在反向工程的意义上）的重新编写进行比较。参见 UNCTAD，1996，第 184 段。

的影响，因为垄断者收取的过高价格将导致大多数公众无法购买这些受版权保护的软件。对此，知识产权委员会（Commission on Intellectual Property Rights）倾向于通过发展中国家的政府和它们的愿意提供低价软件产品的捐助伙伴，采取一种积极的促销措施。①

从积极方面来看，对于已经拥有一定程度技术能力的国家，计算机软件为它们提供了缩小与工业化国家之间知识差距的重要契机。与计算机有关的技术是人们获取信息、促进技术转移的主要手段。② 受到版权保护的计算机软件就有收取更高价格的可能性，这对于鼓励本地产业界开发出更适合当地条件的软件，也可能产生积极效果。这最终将提高发展中国家在计算机软件世界市场上的参与程度，而它们在目前的参与程度还是相当低的。③因此，在判定由于加强版权保护而产生的成本—收益比（cost-benefit ratio）时，必须既考虑其对计算机技术扩散，特别是为教育目的传播技术所产生的影响，也要考虑到它为当地软件生产者所带来的更好机会，因为如果版权保护不力，就能够以廉价而便利的方式复制它们的软件产品，这些软件企业就可能受害而无法创业和得到发展。④

加强版权保护，也可能产生准入障碍的问题，尤其是在涉及互联网的情况下。考虑到与建立完整的图书馆相比，提供互联网接入的花费要少得多，因此，万维网就成了远程教育的一个重要媒介。⑤另一方面，在互联网上发表的作品（例如科学技术类论文），也越来越多地受到新技术，例如加密技术的保护，阻止了他人的自由获取。这种做法导致网络使用者无法访问某些网站，即使这种访问只是为了私人目的（例如个人学习目的）。⑥

---

① 参见知识产权委员会报告，第 105 页。为此目的，知识产权委员会建议，发展中国家及其捐助伙伴应审查其软件产业购买政策，"以确保适当地考虑了选择使用低成本和/或开源软件产品，并对采用此类软件的成本和收益进行了审慎的评估。"（同上注）。"开源"软件（open source software）指的是一计算机程序的源代码，它不同于目标代码，是可以为人所理解的（参见以上本章第 3 节）。根据知识产权委员会的看法，也可以采用另一种方法来促进竞争以确保软件价格维持在可承受水平，那就是将计算机程序的保护限定在目标代码上，而使发展中国家的软件产业可以获得其源代码。

② 参见知识产权委员会报告，第 104 页。

③ 参见 UNCTAD，1996（第 170—172 段），它回应了如下关切，即由于实际的市场份额，加强软件保护就可能提高了发达国家相比于发展中国家的市场地位。

④ 同上注，第 172 段。

⑤ 参见知识产权委员会报告，第 107 页。

⑥ 参见知识产权委员会报告，第 106 页。

因此，发展中国家在制定有关不得规避加密技术的规定时，应当十分谨慎，因为加密技术会阻止人们自由获取在线文档，而这些文档对于传播知识，包括远程教育而言至关重要。这也将抑制发展中国家为缩小与发达国家之间的技术差距所付出的努力。因此，知识产权委员会建议：

"在发展中国家，使用者对于在互联网上可获得的信息，应当被赋予'合理使用'权（'fair use'rights），例如为了教育和研究目的，有权将电子资源制作成合理数量的纸质复制件并予以发行，以及有权在评论和批评中使用这些资料的合理摘要。如果数字化信息或软件的提供者企图在关于数字资料发行的合同条款中对'合理使用'权加以限制，那么，相关的合同条款应被认定为无效。如果是企图通过技术手段施加同样的限制，那么在此情况下，用来破坏技术保护手段的措施就不应被认为是违法的。发展中国家在加入《世界知识产权组织版权条约》之前，应当三思而行；其他国家也不应唯美国和欧盟之马首是瞻，照着《数字千年版权法》（DMCA）或《数据库指令》（Database Directive）来实施其国内立法。"①

除了在法律中规定专门的例外，就像《欧共体软件指令》所规定的那样，还可以将版权其他的一般性限制，扩展适用于计算机程序。因此，一国也可以选择这样的做法，在其版权法中明确规定有关版权的限制，同时允许法院将适用于其他版权作品的一般性限制扩展适用于计算机程序。

总之，计算机程序的版权保护，就如同一般的版权保护那样，都会引发人们同样的关切，即如何在鼓励智力活动与基于公共政策目的而自由获取某些资料这两者之间，建立适当的平衡。

---

① 参见知识产权委员会报告，第 109 页。

第9章 版权：数据库

1. 引言：术语、定义和范围

数据库，可以被简单地定义为数据的集合。为了判定一个数据的集合是否有资格获得版权保护，在上述定义中还要吸收其他的要素。《伯尔尼公约》没有使用"数据库"一语，而只是在第 2 条第 5 款中提到，文学和艺术作品的"汇编"（collections），"凡由于对材料的选择和编排而构成智力创作的，应得到相应的保护。"

因此，短篇故事集、选集或者学术作品汇编，只要对其内容的"选择和编排"（selection and arrangement）体现了一定的智力创作，则无论故事或学术作品本身是否受到版权保护，该汇编根据《伯尔尼公约》都是可受版权保护的。在本质上，这里所指的就是独创性（originality）要求。

《TRIPS 协定》第 10 条第 2 款扩大了数据库概念的范围。它规定："数据或其他资料的汇编，无论机器可读还是其他形式，只要由于对其内容的选择或编排而构成智力创作，即应作为智力创作加以保护。该保护不得延伸至数据或资料本身，并不得损害存在于数据或资料本身的任何版权。"因此，在《TRIPS 协定》项下，无论汇编的是享有版权的资料，还是不享有版权的资料，只要在选取或编排（selection *or* arrangement）上满足了独创性要求的，都应受到保护。①

《TRIPS 协定》合并了关于版权保护的基本要求，例如独创性要求，就暗示着对数据库作者所授予的权利，应当与授予其他版权作品的作者的权利相同。不过，《TRIPS 协定》并没有要求必须提供人身权的保护。②

2. 条文沿革

2.1　TRIPS 之前的状况

《伯尔尼公约》第 2 条之二第 3 款要求对作者授予汇编其作品的专有权。因此，《伯尔尼公约》的所有缔约方都必须承认对于汇编提供保护，并且授予作者权利，可以将其自己的作品进行汇编。不过，对于纯粹事实材料（factual material）的集合或者汇编，在有些国家可能就很少受到保护或者没有任何保护，原因主要在于它无法满足独创性的要求。③ 独创性要求，再加上《伯尔尼公约》将日常新闻和"社会新闻"（miscellaneous facts）排除在版权的保护范围之外，两者相结合就强调了这样的政策决定，亦即某些作品尽管体现了经济和劳动密集型投入，但缺乏创作性要素（creative element），则对之也不给予保护。

2.2　谈判经过

2.2.1　安奈尔草案

"2. 可保护的对象

2.1 缔约各方应对计算机程序［，作为就上述第 1 点而言的文字作品，］

---

①　具体说明《TRIPS 协定》和《伯尔尼公约》之间在独创性要求上的不同之处，这是十分重要的。《TRIPS 协定》第 10 条第 2 款所要求的独创性，可以是在资料的选择上，或者是在资料的编排上。《伯尔尼公约》对独创性的要求，则是在资料的选择"和"编排上。事实上，《TRIPS 协定》放宽了《伯尔尼公约》的独创性标准。这种解释与《TRIPS 协定》第 10 条所使用的宽泛性用语一致，后者在界定汇编的对象时，可以是"数据"和任何形式的"其他资料"。

②　《TRIPS 协定》第 9 条第 1 款。当然，那些选择对作者授予人身权的国家根据《TRIPS 协定》，也是可以这样做的。问题的重点在于，《TRIPS 协定》并没有强制要求保护人身权。

③　参见美国最高法院对 Feist 案的判决，499 U.S.340，以及加拿大法院对 Tele-Direct 案的判决，后者遵从了在 Feist 案判决中所阐明的原则。另参见本书第 7 章关于独创性的讨论。

［以及对数据库］提供保护。此种保护不应延及思想、程序、方法［、算法］或系统。"①

上述规定只是简单提及数据库，这表明在这一谈判阶段，各代表团关心的重点并不在专门的数据库问题上，而是在对计算机程序给予保护所需具备的条件上。不过，这一情况随着布鲁塞尔草案而发生了急剧的变化，该草案提供了一个关于数据库的详细提案，这时它已经从关于计算机程序的草案条款中独立出来了。

2.2.2　布鲁塞尔草案

"2. 数据或其他资料的汇编，无论机器可读还是其他形式，只要由于对其内容的选择和编排而构成智力创作，则本身即应得到保护。该保护不得延伸至数据或资料本身，并不得损害存在于数据或资料本身的任何版权。"

这一提案与现行《TRIPS 协定》第 10 条第 2 款的规定相比，除了有一处不同，其余部分完全一样；与第 10 条第 2 款不同的是，该草案要求对数据的选择和编排（selection *and* arrangement）都要构成智力创作（参见以上第 1 节）。它由此就照搬了《伯尔尼公约》的类似规定（即《伯尔尼公约》第 2 条第 5 款有关文学和艺术作品汇编的规定），② 后者同样提到，在选择和编排上都要具有独创性。

3. 可能的解释

《TRIPS 协定》第 10 条第 2 款将《伯尔尼公约》中的汇编概念（第 2 条第 5 款）扩展至包括数据库以及"其他资料"（other material）。换句话说，只要满足了独创性的要求，《TRIPS 协定》就要求各成员保护由任何资料所构成的汇编作品，而不仅仅对文学和艺术作品所构成的汇编才给予保护。③这个资料，并非必须构成一个数据库或者数据，这一点《TRIPS 协定》已予澄清，

---

① 上述引文仅限于该草案中提到数据库的部分。

② 这一条规定："(5) 文学和艺术作品的汇编，诸如百科全书和选集，凡由于对材料的选择和编排而构成智力创作的，应得到相应的、但不损害汇编内每一作品的版权保护。"

③ Gervais（第 82 页，第 2.61 段）书中提到了 WIPO 秘书处和一些评论家所表达的观点，即甚至是《伯尔尼公约》对汇编所提供的保护，也不仅仅限于文学或艺术作品的汇编。这一观点根据对《伯尔尼公约》第 2 条第 1 款和第 5 款的相互结合理解而得出的。

因为它提到的是"数据或其他资料"（data or other material）。不过，《TRIPS协定》第 10 条第 2 款仍然要求，数据或其他资料的汇编，应当符合独创性标准。因此，符合条件的汇编应当是作为"智力创作"（intellectual creation）而受到保护。由此所给予的保护就跟对计算机程序所提供的保护是相似的。

至于文学或艺术作品，并不存在任何国际统一的独创性标准。因此，各成员可以根据国内政策偏好，自由决定数据汇编应当符合什么标准才能构成"智力创作"。作为在汇编的情况下所适用的一般规则，可以提供参考的，例如美国最高法院对 Feist 案的判决，[①] 以及加拿大上诉法院（Canadian Court of Appeal）对 Tele-Direct 案的判决，[②]而根据这两个案件的判决，在汇编中对信息的编排应当含有比最低程度的技巧、判断或劳动更多的东西（more than just the exercise of a minimal degree of skill, judgment or labour）。

《伯尔尼公约》的成员国非常广泛，这就意味着，有很多国家已经对属于《伯尔尼公约》定义的汇编提供了保护。不过，考虑到《TRIPS 协定》第 10 条第 2 款对"汇编"的扩张性定义，可能导致一些国家对保护范围做出大幅度的扩展。对于下文即将讨论的《WIPO 版权条约》（WCT）关于数据库的规定而言，这样的评论甚至更具重要意义。

最后，数据库制作人对于在该数据库中所复制的作品，需要获得其版权所有人的授权。

4. WTO 案例

尚无任何专家组报告涉及这一主题。

5. 与其他国际文件的关系

5.1 WTO 诸协定

5.2 其他国际文件

5.2.1 《伯尔尼公约》

《伯尔尼公约》第 2 条第 5 款对"文学或艺术作品"的汇编（collections）所提供的保护，与《TRIPS 协定》第 10 条第 2 款对"数据或其他资料"的汇

---

① *Feist Publ'ns Inc. v. Rural Tel. Serv. Co.*, 449 U.S. 340 (1991)。

② *Tele-Direct (Publ'ns) Inc. v. American Bus. Infor. Inc.* 76 C.P.R. 3d 296 (1997)。

编（compilations）所保护，两者在保护方式上相似。这两个条款的相同方面在于，汇编如果想要获得保护，必须构成一种智力创作。①两者之间的第一个不同之处在于，《伯尔尼公约》要求在汇编的选择和编排上都具有独创性，而《TRIPS 协定》只要求汇编的选择或编排之一必须具有独创性。②

两者之间的第二个不同之处是，《伯尔尼公约》项下的保护仅限于"文学或艺术作品"的汇编。换言之，构成汇编的要素，其本身必须（在《伯尔尼公约》第 2 条第 1 款的意义上）是可以获得版权保护的资料。《TRIPS 协定》则与此不同，它提到的是"数据或其他资料"一语，而这些东西就不一定受版权保护了。③因此，《TRIPS 协定》项下构成汇编的要素，其本身并非必须是可受版权保护的对象。与《伯尔尼公约》相比，《TRIPS 协定》扩大了对作品汇编的保护范围。

6. 新近发展

6.1 国内法

6.2 国际文件

6.2.1 《WIPO 版权条约》（WCT）

《版权条约》第 5 条与《TRIPS 协定》第 10 条第 2 款的规定实质性相同。该第 5 条规定："数据或其他资料的汇编，无论采用任何形式，只要由于其内容的选择或编排构成智力创作，其本身即受到保护。这种保护不延及数据或资料本身，亦不损害汇编中的数据或资料已存在的任何版权。"就像《TRIPS 协定》那样，《版权条约》将保护的范围扩展至"数据"，而广义的数据则包括了享有版权的资料和不享有版权的资料。而且，与《TRIPS 协定》一样，《版权条约》也把这种保护建立在这样的前提条件之上，即作者在对资料的选

---

① 参见美国最高法院对 *Feist* 案的判决（参见上文），据此，以事实材料为根据而创作的作品，若没有纳入充分程度的创造性（sufficient degree of creativity），则无资格成为可享有版权的对象。

② 参见以上本章第 1 节（引言）。

③ 回想一下，就版权保护的创造性要求而言，《TRIPS 协定》第 9 条和《伯尔尼公约》第 2 条都为 WTO 各成员留下了相当大的灵活性（参见本书第 7 章）。WTO 成员因此就不必对数据提供版权保护，如果其认为该数据不能满足充分的创造性标准的话。但是，只要对此类数据的汇编符合《TRIPS 协定》第 10 条第 2 款所规定的条件，则 WTO 成员必须对该汇编给予保护。

择或者在资料的编排上存在着某种智力创造性或独创性。《版权条约》紧随
《TRIPS 协定》的措辞，实际上放宽了本章在之前所表明的《伯尔尼公约》的
独创性标准。

6.3 地区情况：《欧共体数据库指令》

对汇编提供保护，其本身在大多数国家的版权法中，并不是一个新鲜的
或革命性的发展。无论从《TRIPS 协定》还是从《版权条约》之中，可以明
确的一点是，"汇编"（compilation）的概念已经被扩展至包括任何类型的数
据。但是，由于将版权保护仅仅留给被汇编数据的选择或编排，而不是作为
汇编之基础的数据，因此，对于汇编所提供的版权保护，也就被限定在作者
付出创造性努力所产生的结果上。

不过最近以来，数据库已经变成了一种与版权保护不同的特殊（*sui
generis*）保护方式的对象。数据库保护的模式之一，是《欧共体数据库法律
保护指令》（EC Directive on the Legal Protection of Databases，简称"《欧共
体数据库指令》"[EC Database Directive])。① 这种模式区别于对汇编所采取
的版权保护模式，表现在如下几个重要方面。首先，版权保护所依据的是在
现有作品的选择或编排上的创造性投入（独创性）。相反，《欧共体数据库指
令》则意图保护在制作数据库上所作的投资，这在美国被称为"额头流汗"
（sweat of the brow）。② 从本质上看，采取这种保护模式，并不是为了激励在
创造新作品时的智力创作，而是为了鼓励和保护在数据库的开发中的经济投
资。《欧共体数据库指令》第 1 条第 2 款将数据库定义为："通过一定系统的
或方法上的编排，使人们能采用电子方式或其他方式单独加以利用的由各种
独立作品、数据或其他资料形成的集合。"这个定义包括"硬拷贝"（hard
copy）或纸质的数据库，但它明确地将用于制作或运行数据库的计算机程序
排除在外。③

根据《欧共体数据库指令》，数据库如果满足了版权的创造性要求，就必
须按版权方式给予保护。④ 对于符合条件的数据库，其所有人就被授予版权中

① 参见《1996 年 3 月 11 日欧洲议会和理事会关于数据库法律保护的第 96/9/EC 号
指令》（Directive 96/9/EC of the European Parliament and of the Council of March 11, 1996
on the Legal Protection of Databases），1996 O. J.（L77）20。

② 参见 *Feist* 案，499 U. S. 340。

③ 参见《欧共体数据库指令》第 1 条第 3 款。

④ 参见《欧共体数据库指令》第 3 条。

各项具体的、专有的权利。这些权利包括：对数据库进行临时或永久复制，或者授权他人进行临时或永久复制的权利；对数据库进行翻译、改编、编排或其他改动的权利；对数据库或其复制件以任何形式向公众发行的权利；对数据库进行任何形式的向公众传播、展览或表演的权利；以及，对数据库的翻译、改编、编排或其他改动之结果进行复制、发行、向公众传播、展览或表演的权利。① 不过，《指令》没有提到数据库作者的人身权。

除了版权保护模式以外，《欧共体数据库指令》还创设了一种新的特殊权利（*sui generis right*），以禁止未经授权摘录或者再利用数据库的内容。②该种权利使得数据库的作者能够完全控制对其数据库中所包含信息的任何使用。根据《指令》第 7 条第 4 款，该权利是在第 3 条所要求的版权保护之外额外授予的；③对数据库的内容进行摘录或者再利用的专有权利，是在版权保护之外额外授予的，但又独立于版权。这就意味着，实际上，《欧共体数据库指令》在其观念上所采取的模式，是一种较强的财产权制度，它对于向数据库的作者所授予的专有权，要说有任何例外的话，也只规定了极少数的例外。《欧共体数据库指令》所规定的保护条件，也反映出其目标是为了奖赏经济投资而非智力创作。例如，该《指令》第 7 条第 1 款规定，特殊权利应授予"能够证明在获取、检验或展现数据库内容的过程中实施了质量上和/或数量上的实质性投入"的数据库制作者。

《欧共体数据库指令》对数据库权利规定了若干例外。这些例外包括：为了私人目的而使用非电子类数据库；为进行解说和教学而作摘录，只要表明其出处，并且该使用属于某一非商业目的所要求的范围之内；为了公共安全或者行政或司法程序而进行的摘录或再利用。④最后，数据库的特殊权利保护在互惠的基础上，也可以在国际扩展适用。

作为对《欧共体数据库指令》的反应，美国的数据库私人产业也开始对

---

① 同上注，第 5 条。

② 参见《欧共体数据库指令》第 7 条第 1 款。

③ 第 7 条第 4 款规定，特殊权利"应予适用，而无论数据库是否具备受到版权保护或其他权利保护的资格。而且，无论数据库的内容是否受到版权保护或其他权利的保护，特殊权利都应予以适用。对数据库提供的特殊权利保护……不损害数据库的内容所享有的权利。"这个关于特殊权利的概念，与《伯尔尼公约》、《TRIPS 协定》以及 WCT 对汇编作品的保护方式之间的区别，在上述引文的第一句中已经反映出来了；这三个国际文件要求在汇编的选择或/和编排上有一种创造性要素。《欧共体指令》放弃了这个要求，因为它的目的并不是为了促进创造，而是为了保护在数据库上的投资。

④ 参见《欧共体数据库指令》第 9 条。

类似于欧共体所提供的特殊权利感兴趣。美国方面特别关切的是如下事实，即除非美国对欧盟的数据库制作者提供互惠保护，否则，欧盟就不会对在欧洲的美国数据库制作者提供保护（如果《欧共体数据库指令》项下的数据库不属于《TRIPS 协定》第 1 条第 2 款意义上的"知识产权"，那么对此拒绝适用国民待遇原则，并不违反《TRIPS 协定》第 3 条。参见本书第 4 章第 6.3.1 节）。不过，欧盟所采取的较强的财产权保护模式，已经在美国引起了公众极大的关注。尽管人们承认有必要鼓励数据库的制作，但是，包括教育机构、研究机构以及图书馆在内的公共利益集团，都反对国会最初提案中所采取的财产权模式。它们所表达的主要关切是：如何确定数据库权所享有的适当的保护期限；为了便利于研究，是否有必要规定合理使用条款；担心因使用数据可能带来过高的交易费用；财产权模式对言论自由的影响；以及，在数据使用方面规定这样一种较强的权利，可能引起的阻碍竞争的效果。

一些对较强的财产权模式持反对意见的人，转而提出了盗用/不正当竞争（misappropriation/unfair competition）模式，作为财产权模式的替代方式。[1]根据这种方式，只有当未经授权使用数据，对于数据库所有人的实际市场或相邻市场造成实质性损害的，才需承担责任。到目前为止，仅仅针对在制作数据库时所作经济或劳动投入而提供保护的法律，在美国尚未获得通过。

7. 评论（包括经济和社会意义）

对数据汇编的版权保护，和目前在欧共体已经存在、在美国尚在考虑之中的特殊权利保护，这两者的经济和社会意义并不相同。与《TRIPS 协定》和《WIPO 版权条约》（WCT）对汇编所采取的版权保护模式一样，对数据库的特殊保护模式，目的也是为了保护某一特定种类的投入（亦即，主要是经济上的投入），以鼓励将数据库的制作达到最优水平。两者的不同之处在于，特殊权利模式被限定在上述这种保护，而版权保护模式还寻求对创造性活动的保护。

正如上文所述，就计算机程序而言，只要具备市场和技术条件，对其制作者授予权利，就可能鼓励提高此类作品的生产水平。不过，法律所提供的保护水平，必须跟有关限制或例外的规定相协调，以确保在数据库制作上存

---

[1] 参见 J. H. Reichman and P. Samuelson, *Intellectual Property Right and Data?*, 50 Vanderbilt Law Review, 51 (1997)。

在适当的竞争。一个需要着重考虑的因素是，特殊权利（sui generis right）把它的保护范围扩展到那些不受版权法保护的材料。因此，在版权制度中的一个已经被看作故意设置的"漏洞"——它希望为第二代创新者提供可以使用的"原材料"——就被像欧共体这样的数据库保护模式给堵住了。按照这种制度，公众为获取信息就可能需要支付高昂的成本，竞争也会因此受到影响，这些都必须跟保护数据库之目的加以平衡。一项数据库保护制度，就应当努力做到在利害攸关的竞争性利益（competing interests at stake）之间保持平衡，以保证经济福利目标的最大化。①

---

　① 知识产权委员会甚至走得更远，它建议发展中国家不应建立类似于《欧共体数据库指令》那样的特殊制度（*sui generis system*）。参见知识产权委员会报告，第 109 页（其引文在本书第 8 章第 7 节）。

第 10 章　版权：出租权

第 11 条　出租权

　　至少就计算机程序和电影作品而言，一成员应给予作者及其合法继承人准许或禁止向公众商业性出租其享有版权作品的原件或复制件的权利。一成员对电影作品可不承担此义务，除非此种出租已导致对该作品的广泛复制，从而实质性减损该成员授予作者及其合法继承人的专有复制权。就计算机程序而言，如该程序本身不是出租的主要标的，则此义务不适用于出租。

1. 引言：术语、定义和范围

　　一般来说，出租权（rental right）是发行权（right of distribution）的一个子集，而无论在国内法还是在国际条约中，发行权更是常常被认为包含了各种各样不同的形式。从广义来说，发行权包括出租权、借阅权（lending right）以及转售权（resale right）。根据出租权，版权持有人可以从对其享有版权的作品进行商业性出租的第三人那里收取使用费。《TRIPS 协定》在计算机程序和电影作品上确立了出租权。按照《TRIPS 协定》规定，这两类作品的权利所有人应被授予"准许或禁止向公众商业性出租其享有版权作品的原件或复制件"的权利。就电影作品而言，一成员可选择不授予其出租权，除非商业性出租已经导致对该作品的广泛复制，从而对所有权人复制该作品的专有权造成了实质性损害。如果计算机程序本身不是出租的主要标的，则出租权也不适用于包含该计算机程序的标的。

　　该条款的简要历史表明，它被纳入《TRIPS 协定》，即便是存有争议，也是一项重大的成就。

2. 条文沿革

2.1 TRIPS 之前的状况

在 TRIPS 谈判之前，很多国家已经规定了发行权。例如，美国版权法就承认，尽管有首次销售原则（first sale doctrine），但在录音制品和计算机程序上享有出租权（参见以下本章第 3 节）。对禁止未经授权出租这些作品，美国版权法规定了若干条件和例外。就录音制品而言，①录音制品的所有人必须是在未经该录音制品所包含的录音（sound recording）和音乐作品（musical works）的版权所有人授权的情况下，处分该录音制品；②此种处分是为了直接或间接的商业利益；以及③此种处分是以"出租（rental）、租赁（lease）或借阅（lending）或具有出租、租赁或借阅性质的任何其他行为或做法"的形式进行的。①就计算机程序而言，禁止未经授权出租的规定不适用于以下情况：① "机器或产品中所包含的计算机程序，并且在机器或产品的常规操作或使用过程中不可能复制该计算机程序的"；② ② "在为电子游戏或其他目的而设计的用途有限的计算机中所包含或使用的计算机程序"；③ ③ "非营利性图书馆为非营利目的而出借计算机程序的。"④非营利性教育机构转让计算机程序的，也在责任豁免的范围内。

另一个例子是欧盟，它在 1992 年就通过了一个规制各类享有版权作品的出租、租赁或借阅的《出租权和借阅权指令》［Rental Right and Lending Right Directive，以下简称 "《欧共体出租权指令》" （EC Rental Right Directive)]。⑤《欧共体出租权指令》对于除建筑作品和实用艺术作品以外的所有种类的作品，确立了准许或禁止出租或借阅的专有权。《欧共体软件指令》（EC Software Directive）也规定了控制计算机程序出租的权利。⑥

---

① 17 U.S.C. § 109(b)(1)(A)。

② 17 U.S.C. § 109(b)(1)(B)(i)。

③ 17 U.S.C. § 109(b)(1)(B)(ii)。

④ 17 U.S.C. § 109(b)(2)(A)。

⑤ 《欧共体关于出租权和借阅权以及关于在知识产权领域与版权相关某些权利的指令》 （EC Directive on Rental Right and Lending Right and on Certain Rights Related to Copyright in the Field of Intellectual Property)，理事会指令 92/100，1992 年 11 月 19 日，O.J. （L346) 61。

⑥ 参见《欧共体软件指令》第 4 条(c)款。

2.2 谈判经过

2.2.1 安奈尔草案

（出租权）

"3A.2.1［至少就计算机程序［、电影作品］［和音乐作品］而言，］缔约各方应给予作者及其合法继承人［以准许或禁止出租其享有版权作品的原件或复制件的权利］［或者，要不然，］［获得［与这样一种使用相应的］合理报酬的权利］，［假如采取出租或者其他有偿方式提供原件或复制品］。［不言而喻，授予作者以在一定期限内准许或禁止出租其作品的权利，而在余下的期限内享有获得合理报酬的权利，应被认为充分履行了本条款规定。］

3A.2.2 就前一点而言，出租（rental）应当指为了［直接的营利目的］［直接或间接的商业利益］［而在一限定的时间期限内］处分原件或复制件的占有。

3A.2.2 缔约各方并无义务对实用艺术作品和建筑作品规定出租权。"①

安奈尔草案还对发行权和进口权规定了一个更具一般性的条款：

"（进口权和发行权）

3A.1 财产权应包括：

3A.1.1 有权将合法制作的作品复制件进口或者授权进口到缔约方的领土范围内，以及有权制止将未经权利持有人授权而制作的作品复制件进口到缔约方的领土范围内；

3A.1.2 有权通过销售、出租或其他形式首次向公众发行作品的原件或被授权的复制件，但是，至少就计算机程序而言，该原件或复制件的首次销售，不应导致出租权或进口权用尽。［注 1］

［注 1］不言而喻，除非本协定有明确的相反规定，否则，本协定不得限制各缔约方可自由规定，一旦有关的产品由权利人持有人或经权利持有人同意投放到市场以后，任何所授予的关于使用、销售、进口或以其他形式分销产品的知识产权即告用尽。"

在 TRIPS 谈判之前（参见以上"TRIPS 之前的状况"），一些国家已经承认了版权所有人享有发行权，但是，从来没有一个关于此种权利的明确的国

---

① MTN. GNG/NG11/W/76，1990 年 7 月 23 日。

际协定,① 而从历史上看，各国对于五花八门的发行权概念采取了各种不同的方式。从上述草案条款中可以清楚地看到，一些代表团希望能够在国际层面上引入对于享有版权材料的一般性的进口权和发行权。这就不可避免地需要各方在争议性的权利用尽（exhaustion）问题上达成一致意见，因为对于某些享有版权的作品，其进口和发行的权利，在首次销售特定产品之后，通常即告用尽。② 各代表团无法在权利用尽方面达成一致意见。不过，他们却在发行权的一个子项，即出租权的问题上，达成了一致意见；但这并不针对一般性的享有版权的作品，而只针对两种类型的作品，亦即计算机程序和电影作品。与一般性的进口权和发行权相比，上述出租权的范围因此是受到限制的。这一规定意在为计算机程序的所有权人以控制其作品出租的权利，并且为 WTO 各成员设立一项附条件的义务，承认在视听作品上有一种出租权。布鲁塞尔草案代表着朝这一方向迈出的第一步。

2.2.2　布鲁塞尔草案

"至少就计算机程序和电影作品而言，[如果对享有版权作品的原件或复制件的商业性出租已导致对该作品的 [未经授权的] 复制，实质性减损缔约方授予作者及其合法继承人的专有复制权,]一缔约方应给予作者及其合法继承人准许或禁止向公众商业性出租其享有版权作品的原件或复制件的权利 [，或者，要不然获得与此种使用的经济价值相应的合理报酬的权利]。"③

在布鲁塞尔草案阶段，关于对享有版权的资料授予一般性的进口权和发行权的提案已经消失，取而代之的是上述规定。上述有关出租权的规定，仅限于计算机程序和电影作品，因此，它与现行《TRIPS 协定》第 11 条的规定已经非常接近了。

布鲁塞尔草案仍然将获得报酬权（remuneration right），作为准许或禁止商业性出版版权作品的权利的一个替代，用方括号加以引用。不过，这一替代方案并没有被《TRIPS 协定》采纳。

---

①　WCT 对文学和艺术作品引入了一项发行权。参见 WCT 第 6 条第 1 款。

②　参见以下本章第 3 节。关于权利用尽原则（或"首次销售原则"）的具体分析，参见本书第 5 章。

③　参见《体现多边贸易乌拉圭回合成果的草案最终文本，修订，与贸易有关知识产权（包括假冒商品贸易）》（Draft Final Act Embodying the Results of the Uruguay Round of Multilateral Trade Negotiations, Revision, Trade-Related Aspects of Intellectual Property Rights, Including Trade in Counterfeit Goods），MTN. TNC/W/35/Rev. 1, 1990 年 12 月 3 日。

现行《TRIPS 协定》第 11 条第 2 句提到，由于广泛复制而导致对复制权的实质性减损，这一内容在布鲁塞尔草案的规定中已有出现，不过它被置于方括号之中，而且看起来并不像《TRIPS 协定》那样仅限于电影作品。[①]

此外，布鲁塞尔草案没有使用"广泛"（widespread）一语，而是使用了"未经授权的"（unauthorised）复制（外加方括号）这样的措辞。因此，《TRIPS 协定》现在所采取的方案，经济色彩更浓：真正导致专有复制权"实质性减损"（material impairment）的，并不是复制的违法性（illegality）有多强，而是此种复制达到了"广泛"程度这一经济事实，以致阻碍了权利持有人销售其自己的复制件。当然，不证自明的事实是，在这些情况下，大多数的复制也都是"未经授权的"。因此，特别提到"未经授权的"这一措辞，看起来似乎是多余的。

布鲁塞尔草案与现行《TRIPS 协定》文本的最后一个区别是，在《TRIPS 协定》项下还规定，就计算机程序而言，如该程序本身不是出租的主要标的，则一成员没有义务授予专有的出租权（参见下文第 3 节）。

3. 可能的解释

就一作者的作品可以在市场中流通而言，各国承认并且规定了不同的保护形式。例如，1976 年《美国版权法》（U. S. Copyright Act）规定了一种专有权，"以销售或其他转移所有权的方式，或者以出租、租赁或借阅的方式向公众发行享有版权作品的复制件或录音制品"。[②]美国的首次销售原则（在其他国家被称为"权利用尽"原则）是对这项发行权的重要限制。首次销售原则有效地终结了作者在首次销售以后对作品发行的控制权。不过，对于首次销售原则，也存在一些例外，这样就保证尽管有首次销售原则，作者仍然能够对某些种类的作品加以控制。对于在作品进入商业渠道以后，应当规制作者在什么时间以及采用何种方式来控制其作品的问题，存在着不同的观点和做法，因此，要在首次销售/权利用尽原则的问题上，在国际间达成一致是不可能的。所以，《TRIPS 协定》和《WIPO 版权条约》都允许各成员，通过其各

[①] 一位评论家就 TRIPS 的谈判过程指出，现行的《TRIPS 协定》第 11 条第二句的这种起草方式，就把美国排除在外了，因为关于授予电影作品以出租权在美国是有争议的，但它又同时尽可能地让更多的国家规定这种出租权。参见 Gervais，第 84—85 页，第 2.65 段。

[②] 17 U. S. C. § 106(3)。

自的国内法来决定首次销售/权利用尽原则这一项例外的范围。①

《TRIPS 协定》第 11 条反映了在计算机程序和电影作品领域，各国已经达成一致意见，允许对发行权的这些限制作为例外。此外，《TRIPS 协定》第 14 条第 4 款要求各成员将第 11 条有关计算机程序的规定，适用于录音制品制作者及在录音制品上的任何其他权利持有人（参见本书第 13 章）。就计算机程序而言，第 11 条的第 1 句授予作者一种无条件的权利，即享有准许或禁止对其作品进行商业性出租的权利。不过，就电影作品而言，第 11 条第 2 句的规定（"一成员对电影作品可不承担此义务，除非此种出租已导致对该作品的广泛复制……"）已经明确表明，授予专有的出租权应当被看作是一种例外。使用"除非"（unless）一语，显示了举证责任的倒置；这就应当由权利持有人来提供证据，证明由于第三人出租其作品而导致了对其作品的"广泛复制"，从而"实质性减损专有复制权"。除非权利持有人能够提供此种证据，否则 WTO 成员就可以自由选择是否针对电影作品而授予此种专有的出租权。这样，就产生了一个解释上的问题，涉及在什么情况下可以认为这些条件已经得到满足，以及被用来决定某一特定国家是否有义务对视听作品（audiovisual works）授予出租权的标准。这似乎应当属于国内立法者自主决定的范围，例如，决定在什么情况下，复制权的专有性受到了实质性减损。②然而，在某一特定成员内广泛盗版的证据，就可能引致该成员负有授予专有出租权的义务。

最后，就计算机程序而言，如该程序本身不是出租的主要标的，则 WTO 的成员就没有义务授予一种专有的出租权。③

4. WTO 案例

至今尚无任何 WTO 专家组就此主题作出过裁决。

---

① 参见《TRIPS 协定》第 6 条；WCT 第 6 条第 2 款。

② Gervais，第 85 页，第 2.66 段，其中表达了这样的观点，即权利持有人为了证明其受到了实质性减损，就必须表明对其作品的复制，既影响其准许他人复制的能力，也影响其禁止他人复制的能力。

③ 例如，出租一辆汽车，而该车含有诸如燃油喷射装置之类的软件操作设备（software-operated devices）。

5. 与其他国际文件的关系

5.1　WTO 诸协定

5.2　其他国际文件

就像《TRIPS 协定》那样，《WIPO 版权条约》（WCT）也把商业性出租权扩展适用于："①计算机程序；②电影作品；③按缔约各方国内法的规定，以录音制品体现之作品。"①不过，就录音制品而言，《版权条约》采取了不同于《TRIPS 协定》的方式。《版权条约》将出租权授予以录音制品体现的作品的作者（该作者身份由国内法确定），而《TRIPS 协定》第 14 条第 4 款则将出租权授予"录音制品制作者和按一成员法律确定的录音制品的任何其他权利持有人"。为了调和这两种不同的规定方式，一种可行的办法是，就录音制品的出租权而言，授予作者及制作者一种共有权利（joint right）。当然，也可以简单地把作品的作者或曲作者视作该出租权的合法所有人，因为毕竟首先是作者享有权利，禁止未经授权而复制作为录音制品基础的作品。

与《TRIPS 协定》一样，《版权条约》也承认在计算机程序的出租权上存在若干限制。首先，出租权不适用于"程序本身并非出租主要标的的计算机程序"；对于电影作品，一国可以选择不将出租权适用于这些作品，除非商业性出租已导致对此类作品的广泛复制，并因而"严重损害了复制专有权。"（《版权条约》第 7 条第 2 款(i)项和(ii)项）。至于各国在以前对于出租录音制品所采取的做法，《版权条约》的祖父条款②规定，这些做法应受到与视听作品相同条件的约束，亦即"以录音制品体现的作品的商业性出租没有引起对作者专有复制权的实质性减损。"③再说，这一标准在涉及如何适用时，在解释上是开放的。对此前已经存在的制度规定适用祖父条款，是为了回应由日本代表团在谈判过程中所提出的关切。

---

① 参见 WCT 第 7 条第 1 款，《TRIPS 协定》第 14 条第 4 款第 1 句，并结合第 11 条。

② "祖父条款"（grandfather clause）允许成员国在加入一协定之后，继续保留先前存在的、与相关协定不一致的国内立法。

③ WCT 第 7 条第 3 款。

6. 新近发展

6.1　国内法

6.2　国际文件

6.3　地区情况

7. 评论（包括经济和社会意义）

《TRIPS 协定》第 11 条为 WTO 成员对出租权的确立和实施留下了相当大的灵活性。尽管一般来说，在大陆法系国家，出租权都被承认为作者权（author's right）的一个组成部分，但是，在有些法律管辖区域，出租权可能仍然有待专门加以明确规定。尽管计算机程序的出租尚未成为普遍做法，因此，这一规定的经济影响并不太大，但是，电影作品的出租在很多国家已经变得非常普遍。对于个人使用的电影复制件（拷贝）的发行加以控制，就可能增加对此类作品作其他形式利用而产生的租金。但是，在实施出租权时，通常会遇到相当大的障碍，因为复制十分容易，而发现侵权人和对其提起诉讼却十分困难，并且花费很大。

有关借阅权（lending right）的最重要的问题之一是，诸如图书馆之类的非营利机构，在一套综合性的出租权制度之下应当如何应对。《欧共体出租权指令》授权各成员国规定，只要作者能从出租其作品的行为中获得某些费用，即应当允许公共借阅。[①]这种方式最恰当被描述为一种"责任规则"（liability rule），而不是一种产权规则（property rule）。尽管在《TRIPS 协定》项下并没有任何关于授予此种权利的义务，但是，在欧盟以外的一些国家，对公共借阅权的采纳已经是大势所趋。当然，对于那些存在综合性出租权制度的国家，应当审慎考虑如何确保能够向社会提供便于公众获取和使用版权作品的公共服务。此外，由于传统的版权作品，例如书籍和其他书面资料，越来越多地呈现为数字化形式，因此，有关出租权的规定必将起到一种重要作用，在权利所有人的利益与获取版权作品对于公众成员所具有的重要意义之间保持平衡。

---

① 参见《欧共体出租权指令》第 5 条。

第 11 章　版权：保护期限

> **第 12 条　保护期限**
>
> 除摄影作品或实用艺术作品外，只要一作品的保护期限不以自然人的寿命为基础计算，则该期限自作品经授权出版的日历年年底起算即不得少于 50 年，或如果该作品在创作后 50 年内未授权出版，则为自作品完成的日历年年底起算的 50 年。

1. 引言：术语、定义和范围

《TRIPS 协定》暗示着，它并没有统一可适用于所有种类的享有版权作品的保护期。《伯尔尼公约》第 7 条第 1 款规定了版权保护的最低期限，即作者有生之年加上死后 50 年。这一规定，通过参引《伯尔尼公约》的方式被《TRIPS 协定》第 9 条第 1 款所吸收。《TRIPS 协定》第 12 条所处理的，是不以自然人的寿命作为计算保护期之依据的情况。它针对的是法人具有作者身份的作品（works of corporate authorship）的情形，或者更直接地说，是作者被确定为并非自然人的作品。此类作品的例子，包括美国法中的录音作品（sound recording）和电影，以及法国法中的集合作品（collective works）。

2. 条文沿革

2.1　TRIPS 之前的状况

在《TRIPS 协定》之前，有关版权的存续期限问题是由《伯尔尼公约》第 7 条来处理的，它在该条第 1 款规定，版权最低保护期限为作者有生之年加上死亡后 50 年。不过，即便是在《伯尔尼公约》中，以作者有生之年为依据来确定版权保护长度的，也并不可适用于所有种类的作品。问题关键在于，对于那些不能以自然人的寿命为基础来计算保护期的作品，就必须采用其他指标。

《伯尔尼公约》用来处理电影作品以及假名作品和匿名作品的规定，就为确定此类指标提供了很好的例子。《伯尔尼公约》第 7 条第 2 款规定，就电影作品而言，成员国"可以"规定保护期自作品在作者同意下公之于众后 50 年期满。如自作品初次完成后 50 年内未在作者同意下公之于众的，则保护期自作品完成后 50 年期满。

至于匿名作品和假名作品，《伯尔尼公约》第 7 条第 3 款规定的保护期是自作品合法公之于众之日起 50 年。但如果该作品的作者公开其身份的，第 7 条第 3 款对其适用的保护期，就与一般标准相同，亦即作者有生之年加上死后 50 年。如果根据作者所使用的假名可以"毫无疑问地"确定作者的真实身份，则也发生同样的结果。在此情况下，版权保护期就转换为标准期限，即作者有生之年加上死后 50 年。

《伯尔尼公约》第 7 条第 4 款规定，摄影作品和作为"艺术作品"保护的实用艺术作品的保护期限，由各成员国的法律自主规定。但是，对这些种类的作品，最低保护期限不应少于自该作品完成之后起算的 25 年。正如《伯尔尼公约》第 7 条第 6 款所明确规定的，对于所有种类的作品，各成员国有权给予比最低保护期更长的保护期。

最后，《伯尔尼公约》没有就非自然人（即法人）作者的作品，规定一个专门的保护期。

尽管还有其他的版权条约，比如《世界版权公约》（Universal Copyright Convention）也规定了最低保护期，① 但是，正如上文所述，《TRIPS 协定》第 12 条还是直接由《伯尔尼公约》第 7 条进一步演绎而来的。

2.2　谈判经过

2.2.1　安奈尔草案

"7. 保护期限

7A.1 作者是法人的作品，其保护期限应不少于自作品经授权出版当年年底起算的 50 年，或者，如果该作品在完成后 50 年内未作此种授权出版的，则为自作品完成当年年底起计算的 50 年。

7A.2 计算机程序的保护期限应不少于自作品创作完成当年年底起计算的 50 年。"

---

① 作者有生之年加上死亡后 25 年。参见《世界版权公约》，1971 年巴黎文本，第 4 条第 2 款(a)项。

　　尽管上述草案条款已经规定了跟现行的《TRIPS 协定》第 12 条相同的保护期限，但它在以下两个重要的方面与后者存在区别：第一，它包含关于计算机程序的额外一款，而《TRIPS 协定》现行文本中并没有该规定；第二，它在第 1 款中明确提到"法人"（legal entities）作为该受保护作品的作者。

　　就有关计算机程序所规定的额外条款而言，必须要记住，在准备安奈尔草案的阶段，谈判各方还没有就将计算机程序作为文字作品获得保护达成一致意见。[①] 上述安奈尔草案第 2 款的规定，看来反映了一些代表团的目标，即对于计算机程序，确保其能够获得由《伯尔尼公约》第 7 条第 1 款给予文字作品的相同的保护期限，而不管计算机程序是否有资格作为文字作品受到保护。否则，计算机程序如果没有被明确视为"文字作品"，它就可能被一些成员解释为属于《伯尔尼公约》第 7 条第 4 款意义上的"实用艺术作品"，而对于"实用艺术作品"，强制性的保护期只是自作品完成起之后起算的 25 年。不过，由于最终在《TRIPS 协定》第 10 条第 1 款中承认计算机程序为文字作品，因此，这个关于计算机程序的特别保护期就没有必要了：它们的保护期限，要么直接适用《伯尔尼公约》第 7 条第 1 款的规定（在软件的作者属于自然人的情况下），要么适用《TRIPS 协定》第 12 条的规定（在软件的作者是法人的情况下）。在这两种情况下，保护期都是 50 年（从自然人死亡后起算，或者从授权出版或从作品完成当年年底起算）。

　　至于第二个区别（亦即明确提到"法人"作为该作品的作者），上述 1990 年的草案反映了美国电影生产商的愿望，即明确承认法人作者。美国电影生产商通过美国电影协会（Motion Picture Association of America/MPAA）[②] 所表达的关切是，在一些国家存在着歧视，这些国家只承认"有血有肉"的自然人作者。在有作者权传统的国家，非自然人可以被视为一作品最初的权利持有人（right holders，区别于"作者"［authors］）。在这些国家存在一种偏好，认为作者只能是自然人。在 TRIPS 谈判期间有一份美国提案，就是要达到在该协定中明确承认法人作者身份的目标，但该提案最终未获成功。《TRIPS 协定》第 12 条默示性承认了关于非自然人作者的概念，但它与安奈尔草案不同，因为它没有明确作这样规定。

2.2.2　布鲁塞尔草案

　　布鲁塞尔草案的文本与《TRIPS 协定》最终文本基本上一样。唯一的区

---

①　参见本书第 8 章。

②　该组织现被称为电影协会（Motion Picture Association/MPA）。

别在于，根据布鲁塞尔草案，有一提案是要求把计算机程序排除在关于 50 年的强制性保护期之外，就如同目前《TRIPS 协定》对待摄影作品和实用艺术作品（它们适用《伯尔尼公约》第 7 条第 4 款）那样。将计算机程序排除在外就反映出，在准备布鲁塞尔草案之时，参加谈判的各代表团在是否将计算机程序作为文字作品给予保护的问题上，还未能达成一致意见。有意思的是，布鲁塞尔草案对计算机程序所作的规定，采用的与之前安奈尔草案的规定相反的方式。后者的提议是，应对软件产品给予最少 50 年的保护期，而布鲁塞尔草案则建议，将计算机程序作为 50 年保护期的例外。

与安奈尔草案相比，布鲁塞尔草案已经删除了明确提及"法人"作为受保护作品的作者。

3. 可能的解释

如前所述，《TRIPS 协定》第 12 条与《伯尔尼公约》第 7 条第 2 款以及第 3 款非常相似。《TRIPS 协定》第 12 条规定，如果版权的保护期限不以自然人的寿命为计算依据，则享有版权作品的最低保护期限应为自作品经授权出版的日历年年底起计算的 50 年。如果作品在创作后 50 年内未授权出版，则最低保护期限为自作品完成的日历年年底起计算的 50 年。例如，如果一作品的作者并非自然人，于 1999 年创作，在 2000 年经授权出版，则该作品的最低保护期限是 50 年。这就意味着，该作品受版权保护的期限可以一直到 2050 年年底。但是，如果该作品自 1999 年（创作完成之年）起至 2049 年（自创作完成后的 50 年）间，没有任何授权出版，那么，该保护期限应自创作完成之年（1999 年）的年底起计算；因此，该作品的版权将于 2049 年年底届满。

应当指出的是，在未对作品授权出版的情况下所导致的该作品的保护期，将比在 2000 年授权出版该作品的情况下的保护期要少一年。当然，如果作品是在 1999 年创作完成的，并且在 1999 年授权出版，那么，从实际情况看，即使最终在该作品未授权出版的情况下，其最终结果都是一样的。换句话说，在这种情况下，作品的保护期都将于 2049 年年底届满。

以上分析表明，作品经授权出版的时间越晚，从实际效果看，作品可以获得版权保护的期限就越长。例如，如果一作品在 1999 年创作完成，于 2030 年（亦即，作品创作完成后的第 31 年）经授权出版，则版权保护期应自 2030 年年底起计算。因此，版权的保护期将直到 2080 年年底才届满。《TRIPS 协定》第 12 条将"授权出版"（authorized publication）作为计算版权保护期的条件，从而就改变了《伯尔尼公约》规定的起算标准，即版权保护期自作品"公之于众"（making available to the public）之日起计算。[①]"出版"这一用语的范围比"公之于众"要窄。作品公之于众的方式可以有很多种，并不仅仅只能通过出版的方式。《TRIPS 协定》没有对"出版"一词加以定义，因此最有可能的情况就是，在《伯尔尼公约》（第 3 条第 3 款）中所采用的"出版"的定义，会被用来解释《TRIPS 协定》的用语。[②]因而，任何根据《伯尔尼公约》第 3 条第 3 款被排除在"出版"的定义范围之外的行为，就构成了"公之于众"的行为。《TRIPS 协定》第 12 条的最后部分所提到的（"……或者，如果未授权出版……"），正是这种情况。所以，版权保护的期限应以作品创作完成之年为基础计算（亦即，自该年年底起算的 50 年）。

最后，《TRIPS 协定》第 12 条保留了版权保护一般期限的例外情形，这些已经成为《伯尔尼公约》的历史特征。事实上，《TRIPS 协定》第 12 条并不适用于摄影作品和实用艺术作品。对此类作品的版权保护期限，仍然适用《伯尔尼公约》第 7 条第 4 款所规定的标准，亦即，最低保护期限为 25 年。[③]

4. WTO 案例

尚无任何 WTO 专家组的裁决涉及这一主题。

5. 与其他国际文件的关系

5.1　WTO 诸协定

5.2　其他国际文件

《TRIPS 协定》第 12 条只是对于保护期限不以自然人的寿命为计算依据

---

① 参见《伯尔尼公约》第 7 条第 2 款和第 7 条第 3 款。

② 参见 Gervais，第 87 页。《伯尔尼公约》被吸收到《TRIPS 协定》之中，这一事实可被用来支持上述观点。《伯尔尼公约》第 3 条第 3 款将"已出版作品"（published work）定义为得到作者同意后制作的复制件，并且该复制件的发行方式能满足公众的合理需要。该条款规定："戏剧、音乐戏剧或电影作品的表演，音乐作品的演奏，文学作品的公开朗诵，文学或艺术作品的有线传播或广播，美术作品的展出和建筑作品的建造不构成出版。"

③ 不过，请注意，1996 年 WCT 对摄影作品的保护期限作了修改。参见以下本章第 5.2 节。

的作品，确立了该作品版权保护期的最低标准。除了这些作品，其余作品的版权保护期仍依《伯尔尼公约》的规定。因此，对于大多数享有版权的作品而言，在计算其版权保护期时，仍可适用《伯尔尼公约》第 7 条的规定。关于摄影作品，《WIPO 版权条约》规定："缔约各方不得适用《伯尔尼公约》第 7 条第 4 款的规定"（亦即，自该作品完成之后起算的 25 年）。[①]这就意味着，《版权条约》命令各缔约方将摄影作品的保护期，提高至《伯尔尼公约》规定的作者有生之年加上死后 50 年。[②]

6. 新近发展

6.1　国内法

对于大多数以个人（自然人）为作者的享有版权的作品，大部分国家遵循的版权保护期是，作者去世之后的某一特定期限。《伯尔尼公约》第 7 条第 1 款将最低保护期限确定为作者有生之年加上死后 50 年，而该标准也已经被《TRIPS 协定》所吸收。不过，这一关于保护期限的要求，只是最低标准；各成员国可以自由选择更长的保护期限，而且有许多国家也已经这样做了。《欧共体保护期指令》（EC Term of Protection Directive）[③] 要求的版权保护期，就是作者有生之年加上死后 70 年（第 1 条第 1 款）。1998 年，美国依循欧盟之例，将版权保护的一般期限延长至作者有生之年加上死后 70 年。[④]不过，就

---

① 参见 WCT 第 9 条。

② 参见 Goldstein, *International Copyright*，第 235 页（2001 年）。由于 WCT 规定，缔约各方不得适用《伯尔尼公约》第 7 条第 4 款的规定，因此，缔约各方就应当适用《伯尔尼公约》第 7 条第 1 款的规定，后者规定版权保护的一般期限是作者有生之年加上死亡后 50 年。

③ 《1993 年 10 月 29 日关于协调版权和某些相关权利保护期限的第 93/98 号理事会指令》（Council Directive 93/98 of 29 October 1993 Harmonizing the Term of Protection of Copyright and Certain Related Rights），O. J.（L290）9。

④ 在美国，有关版权保护期限的规则比这里所叙述的要复杂得多。事实上，其他国家，比如英国的情形也是如此。这是因为，对版权保护期的延长可以是追溯性的。所以，对于那些在延长保护期的时候仍然存在并且可以获得版权保护的作品而言，在计算其保护期时，应当仔细阅读该作品在之前获得保护的法律规定，以及确定应当如何计算其保护期限的延长。参见，例如，1976 年《美国版权法》（U. S. Copyright Act），第 302—305 条；John N. Adams & Michael Edenborough, *The Duration of Copyright in the United Kingdom after the 1995 Regulations*，11 E. I. P. R. 590（1996）.

法人作者（corporate authors）享有版权的作品而言，美国版权法将其保护期延长到了 95 年，而上述欧共体立法则将其保护期限定为只有 50 年。

几个拉丁美洲国家将版权保护期延长到了比《伯尔尼公约》所规定的更长的期限，比如墨西哥（作者有生之年加上死后 75 年）、巴西、厄瓜多尔和秘鲁（作者有生之年加上死后 70 年）。①

在近来涉及的以娱乐业大公司为一方，互联网出版商联盟为另一方而发生的一起争议案中，美国最高法院支持了上述美国法律，否定关于其违宪的指控。②网络出版商企图出版一些作品，其中包括早期的米老鼠动画片、经典的爵士乐以及弗·斯科特·菲茨杰拉德（F. Scott Fitzgerald）* 的小说，故而主张，把所有版权保护期延长 20 年的规定，违反了《美国宪法》第 1 条第 8 款中的一项规定。根据这一规定，可以授予"有限时间内"（for limited times）的版权。延长版权保护期的反对方的主要论据是：延长保护期所带来的效果，就是延长了依据以往法律制度（较短保护期）创作的作品进入公有领域的时间。既然对于已经创作出享有版权作品的作者而言，不会再受到任何新的激励去进行创作，因此，延长保护期所产生的主要效果，就只剩下限制作品进入公有领域了，而这是与《美国宪法》版权条款的目标相悖的。③根据多数法官的意见，国会有权（Congressional power）授予版权保护，就暗示着有权对所有现存的版权延长其保护期限。正如在判决中所称：

"历史表明，国会持续不断的实践就是，对于已存在版权的作品的作者，赋予其就延长版权保护期所带来的利益，从而，所有受到版权保护的作品得

①　参见 Roffe, Pedro (2004), *Bilateral Agreements and a TRIPs-plus World: the Chile-USA Free Trade Agreement*, TRIPs Issues Paters-No. 4, Quaker International Affairs Programme, Ottawa, Section 3.3.1 [以下简称 Roffe, 2004]。就巴西和墨西哥的情形，该文作者解释了保护期的延长与这些国家重要的文化产业的关系。

②　*Eldred v. Ashcroft*, 123 S. Ct. 769 (2003).

*　美国著名编剧和小说家，代表作有长篇小说《了不起的盖茨比》等。——译者

③　上述法律的反对者还主张，将版权保护期再延长 20 年，就等于使版权变成了一种永久性的权利，而不是有限定时间的权利。不过，从宪法的角度看，这并不是可靠的论据，因为反对者默示地承认了，美国最高法院将会发现，要干涉国会关于究竟是作者死后 50 年还是 70 年才是版权保护的适当期限的判断，是相当困难的。该案判决以 7 比 2 的多数结果作出。

以在同一制度下公平地受到保护。①

　　另一方面，1998 年的这项美国立法也受到了持反对意见的法官的严厉批评。他们尤其是提出警告，认为延长保护期将由于阻碍人们获取享有版权的资料，因而会损害教育与研究。②

　　针对以非自然人（non-natural persons）为作者的作品，或者在某些情况下，针对特定种类的作品，各国制定了不同的法律。因此，就《TRIPS 协定》项下的版权保护期限而言，《伯尔尼公约》的要求仍然是标准，同时以在《TRIPS 协定》第 12 条中所引入的修改为例外。除了对于自然人作者的作品所设定的那个著名的保护期以外，《伯尔尼公约》对于其他种类的作品，则给予成员国以自由裁量权。本章结尾处附件 1 的表格，说明了在不同种类作品上的版权保护期。

　　最后，重点需要指出的是，各国在确定版权保护期限是否以自然人的寿命为基础来计算的问题上，确实享有一定的自由裁量权。例如，在美国，雇佣作品（works made for hire）的保护期限为自作品首次出版当年起算的 95 年，或者自作品创作完成后的 120 年，以两者之中最先届满者为准。无论雇主是自然人还是法人，都适用上述保护期。在英国，计算机创作作品（computer-generated work）的版权保护期，为自作品创作完成当年年底起计算的 50 年。③关键问题在于，如果国内立法对版权保护期限并不是以自然人的寿命为基础计算的，那么，《TRIPS 协定》第 12 条就可能对之产生影响。至于作品的作者身份是否属于自然人的问题，则可能需要依据该作品所寻求保护的国家对于作者身份的特定观点而加以确定。

6.2　国际文件

6.3　地区和双边情况

　　就双边而言，近来美国与若干发展中国家签署了自由贸易协定（free trade agreements），追随发达国家的立法趋势，正如上文所述，即相比于

---

　　①　多数派法官的观点，由金斯伯格大法官（Justice Ginsburg）撰写，123 S. Ct. 769，778。

　　②　参见斯蒂芬斯大法官（Justice Stephens）和布雷耶大法官（Justice Breyer）的反对意见，123 S. Ct. 769，790 及以下各页。

　　③　参见《1988 年英国版权、外观设计和专利法》（United Kingdom Copyright, Designs and Patents Act 1988）第 12 条第 3 款。

《TRIPS 协定》所规定的 50 年，将大多数作品的保护期限延长至 70 年。[①]

7. 评论（包括经济和社会意义）

更长的版权保护期，延长了作者对于享有版权作品的使用和处分施加控制的期限。因此，每次延长版权保护期，都会牵涉到公共政策问题。例如，公有领域（public domain）除了其他东西，包括了保护期届满的版权作品。保护期限越长，保护期届满而进入公有领域的作品越少，公有领域的增长速度也就越慢。由于担心延长保护期限会影响公共利益，在美国，人们对于国会通过的延长保护期限的法律提出了激烈批评。事实上，已经有人就该项立法的合宪性问题提出挑战。在美国，反对延长保护期限的批评者所提出的一个重要论据是：对延长保护期限的规定作追溯性适用（retroactive application），是与版权法的立法目标相悖的，这是鉴于这样的事实，即现有作品的作者并不需要再额外给予 20 年的保护，来激励他们创作这些作品。因此，延长保护期限只会增加公众的成本。对于任何国家具有重要意义的是，版权保护期限应当一方面能够为作者提供充分的时间，以使其从投入中获得回报，另一方面又能够促进公有领域可持续的增长，以维护公共利益。

附件 1：《TRIPS 协定》项下的版权保护期限

作品类别	所要求的最低保护期限（吸收了《伯尔尼公约》第 7 条）
以自然人为作者的传统版权作品	作者有生之年加上死后 50 年（《伯尔尼公约》第 7 条第 1 款）
可分割合作作品	对每一作者所作贡献而言，为作者有生之年加上死后 50 年。如果对贡献的选择和组织构成具有独创性的表达，合作作品作为一个整体也应享有版权保护，则为作者（编者）有生之年加上死后 50 年。
不可分割合作作品的作者	作者终生及死亡后 50 年，保护期自最后死亡的作者死亡时计算。
匿名作品和假名作品	自作品合法公之于众后 50 年。如果作者身份可以确定（尽管是匿名的作品）或者被公开，保护期转为作者有生之年加上死后 50 年（《伯尔尼公约》第 7 条第 3 款）。

---

① 参见 Roffe，2004。

续　表

作品类别	所要求的最低保护期限（吸收了《伯尔尼公约》第7条）
电影作品	自作品在作者同意下公之于众后50年，或如作品完成后50年内尚未公之于众，保护期则为自作品完成后50年（《伯尔尼公约》第7条第2款）。
摄影作品和实用艺术作品	自作品完成后25年。（《伯尔尼公约》第7条第4款）①
保护期限不以自然人的寿命为基础计算的作品（《TRIPS协定》第12条）	自作品经授权出版的日历年年底起计算的50年，或如果作品在创作后50年内未授权出版，则保护期为自作品完成的日历年年底起计算的50年。

请注意，上述规定的每一个保护期都只是《TRIPS协定》要求的最低标准；各成员有权对上述作品中的任何类型的作品规定更长的保护期限。

---

① 请记住，已经属于《WIPO版权条约》成员的国家有义务对摄影作品提供比《伯尔尼公约》第7条第4款规定的更长的保护期限。参见《版权条约》第9条，它规定对摄影作品适用《伯尔尼公约》第7条第1款的一般保护期限（亦即，作者有生之年加上死亡后50年）。要注意的是，美国对于符合保护条件的摄影作品，就像欧共体那样，提供的保护期限为作者有生之年加上死亡后70年。

第 12 章　版权：限制和例外

> ## 第 13 条　限制和例外
>
> 各成员对专有权作出的任何限制或例外规定仅限于某些特殊情况，且与作品的正常利用不相冲突，也没有不合理地损害权利持有人的合法利益。

1. 引言：术语、定义和范围

有关版权的限制和例外的问题，直接切中命题，即如何在创作者的权利与公众利用版权作品的公共利益之间保持适当的平衡。如果一国采用了太多的例外和限制（这将可能违反《TRIPS 协定》第 13 条），则可能因减少权利持有人的经济回报，从而对创作激励机制产生消极影响。反过来，为了有效实现版权在促进公共福利（public good）上的更大目标，又有必要设定一些限制。因此，为了便利私人使用、教学、研究以及其他有社会价值的目标而设定的限制，通常就被认为是版权规范的一个重要方面。在大陆法系国家，国内版权法对于上述情况都规定了版权的特定情形的例外（case-specific exceptions）。[1]普通法系国家则遵行合理使用（fair use 或 fair dealing）原则，并在这一原则的基础上，通过判例法的形式发展出与大陆法系国家类似的例外。[2]

---

[1]　参见，例如《德国著作权法》第 1 部分，第 6 节，第 44a 条以下，它在明确界定的范围内规定了各种具体的例外。

[2]　参见 C. Correa, *Fair use in the digital era*, *International Review of Industrial Property and Copyright Law*（IIC），vol. 33, No. 5/2002。关于美国法律制度中的合理使用原则的分析，参见 R. Okediji, *Toward an International Fair Use Doctrine*, Columbia Journal of Transnational Law, vol. 39, 2000—2001，第 75 页及以下。合理使用的很多情形都是出于非商业目的，例如教育、研究、个人使用、档案馆和图书馆使用以及新闻报道（参见以下本章第 3 节，以及知识产权委员会的报告，第 173 页）。有关合理处置原则，参

合理使用原则以及大陆法系国家对各种特定情形例外的成文法规定，都允许对作品进行某些不经授权但对社会有利的使用行为，其原因或者是因为交易成本过高以致不能采取谈判许可的方式，或者是因为由此产生的公众利益被认为大于私人利益的损失。

2. 条文沿革

2.1 TRIPS 之前的状况

在《TRIPS 协定》生效之前，《伯尔尼公约》就已经规定了版权的例外和限制。

《伯尔尼公约》明确规定，成员国可以对以下行为规定为例外：

· 报刊或广播组织对讲课、演说或其他同类性质的作品加以复制（第 2 条之二第（2）款）；

· 在某些特殊情况下对作品的复制，只要这种复制没有不合理地侵害作者的合法利益（第 9 条第（2）款）；①

· 从一部合法公之于众的作品中摘出引文，只要引用符合公平惯例，且范围未超过引用目的的正当需要（第 10 条第（1）款）；

· 为教学目的使用文学或艺术作品，只要此种使用符合公平惯例（第 10 条第（2）款）；

· 通过报刊、广播或向公众有线传播而复制发表在报纸、期刊上的讨论经济、政治或宗教的时事性文章。作品出处均应明确说明（第 10 条之二第（1）款）；

见 W. Cornish and D. Llewelyn，*Intellectual Property*：*Patents*，*Copyright*，*Trade Marks and Allied Rights* （5th ed. 2003），第 440～443 页。此外，国际条约以及大陆法系和普通法系的国内法律都承认，为了教育和社会目的还可以有其他的例外和豁免，并且在一些国家，还允许对已录制的音乐作品和广播节目给予强制许可。还有其他一些限制则是由于国家对其监管权力（police powers）的一般行使，以及针对滥用法定垄断，而不论该垄断行为是否达到违反反托拉斯法的程度。有一些国家甚至认为，人身权（moral rights）的保护也具有公共利益的性质，因此授权国家机关在创作者死亡以后负责维护文化产品的完整性（integrity），或者就民间文学作品而言，由于缺乏可以确定的具体作者，也授予国家机关维护文化产品完整性的权利。

① 该条款规定："本联盟成员国法律得允许在某些特殊情况下复制上述（亦即文学和艺术）作品，只要这种复制不损害作品的正常使用也不致不合理地侵害作者的合法利益。"

· 在为报道目的正当需要范围内，为报道时事新闻而复制作品（第 10 条之二第 (2) 款）。

《伯尔尼公约》第 9 条第 (2) 款规定的是一般例外（其措辞与《TRIPS 协定》第 13 条很相似），而上述其余条款则是对版权作品进行某些使用所规定的特定例外。所有这些例外又通过《TRIPS 协定》第 9 条第 1 款，统统被吸收到了《TRIPS 协定》中。关键问题是，《TRIPS 协定》第 13 条究竟是对这些例外进行扩展，是对现状（status quo）的法典化，抑或是对这些例外予以限制。

在此背景下，了解体现在《伯尔尼公约》第 9 条第 (2) 款中的一般例外的历史沿革就很有价值了，因为《TRIPS 协定》第 13 条的措辞就是从这一条款而来的。

《伯尔尼公约》第 9 条第 (2) 款是在 1967 年修订会议上被引入其中的，随后在 1971 年巴黎文本中获得采纳。很多国家已经对复制权规定了各种例外；因此，要通过谈判，达成一个为各方都可接受的权利限制的范围，是很困难的。谈判各方面临的问题是，如何最好地协调各成员国法律中现有的各种例外，同时又对它们在规定新的例外时施加限制。从瑞士政府和保护知识产权联合国际局（Bureau for the Protection of Intellectual Property/BIRPI）[①] 对《伯尔尼公约》第 9 条第 (2) 款的一份初始提案的报告来看，各成员国法律在规定例外时最重要的考虑因素是，这些例外不得与权利持有人展开经济上的竞争。《伯尔尼公约》第 9 条第 (2) 款要求采用三步检验法（three-step analysis），来分析成员国法律所包含的任何对版权的例外是否符合《伯尔尼公约》。

首先，该例外是否被限于"某些特殊情况"？其次，该例外是否与享有版权的作品的"正常使用"相冲突？第三，该例外是否"不合理地损害权利持有人的合法利益"？《TRIPS 协定》第 13 条原封不动地照搬了这三个重要条款，从而进一步证实，对《伯尔尼公约》第 9 条第 (2) 款的解释必定对于解释《TRIPS 协定》第 13 条具有某种效力。

2.2 谈判经过

2.2.1 安奈尔草案

"8. 限制、豁免和强制许可

---

① BIRPI 是 WIPO 的前身。

8A.1 就第 3 点规定的权利而言，《伯尔尼公约》（1971）所承认的限制与豁免，包括强制许可的规定，在作必要变通后应予以适用。［为私人使用目的而对权利所作的限制，应当不适用于计算机程序。］［缔约方还可对计算机程序规定与其特殊性质相符的其他范围有限的对权利的例外。］

8A.2 缔约方应将对专有权规定的任何限制或豁免（包括将专有权限制为仅适用于"公开"行为的任何限制或例外）限于明确、细致界定的特殊情况，以此而不会损害受保护作品的实际或潜在市场或其价值。

8A.3 就《伯尔尼公约》（1971）附件中允许的翻译和复制许可制度而言：

8A.3.1 如果当地的合法需求能够通过版权所有人的自愿行为得到满足，或者本可以通过版权所有人的自愿行为得到满足但由于版权所有人无法控制的干预因素而造成阻碍的，就不应适用该强制许可；并且

8A.3.2 在授予任何该种许可之前，应为版权所有人提供有效机会听取其意见。

8A.4 适用任何强制许可（或者任何将专有权限制为获得报酬权的规定），都应确保权利人能获得与通过自愿谈判达成的报酬标准相当的报酬，并确保报酬能迅速支付。

8B（参见以下第 8 节和第 9 节。）"

2.2.2　布鲁塞尔草案

"1.［与《TRIPS 协定》第 13 条基本相同］

［2. 如果权利持有人的自愿行为能够满足缔约方国内的合法需求，但由于该缔约方政府所采取的措施对此造成了阻碍，则《伯尔尼公约》（1971）附件所允许的翻译和复制强制许可不得适用。］"

上述带有方括号的第 2 段与前文引用的安奈尔草案第 8A.3.1 条提议非常相似。这一条款将限制发展中国家适用《伯尔尼公约》附件规定的强制许可制度的可能性，尤其是在复制版权作品以及将其翻译为当地语言方面。不过，这一限制最后并没有出现在第 13 条的最终文本之中。正如第 9 条第 1 款明确规定的那样，各成员同意适用《伯尔尼公约》的附件而不带任何限制（当然，附件本身所带的要求除外）。

3. 可能的解释

第 13 条所采用的措辞与《伯尔尼公约》第 9 条第（2）款的用语实质性相同，而后者规定的是对复制权的限制范围。考虑到《伯尔尼公约》第 1 条至第 21 条都已经被《TRIPS 协定》吸收，因此，任何对第 13 条的解释，都必须与《伯尔尼公约》关于版权的限制与例外的规定相一致。

> 《伯尔尼公约》第 9 条：[复制权：1. 一般规定；2. 可能的例外；录音和录像]
> "（1）受本公约保护的文学艺术作品的作者，享有授权以任何方式和采取任何形式复制这些作品的专有权利。
> （2）本联盟成员国法律得允许在某些特殊情况下复制上述作品，只要这种复制不损害作品的正常利用也不致不合理地侵害作者的合法利益。
> （3）[……]"

下文将考察根据第 13 条规定构成版权例外合法性所需具备的三个独立条件。

3.1 某些特殊情况

> 各成员对专有权作出的任何限制或例外规定仅限于某些特殊情况……

按照里克森（Ricketson）教授的观点，特别是就"三步检验法"的第一步而言，"某些特殊情况"这一短语应当被解释为，它要求一个例外就必须是为了一个具体的目的。[①]涵盖诸多对象或使用方式的宽泛例外，就被认为与这一规定不符。此外，例外应当由于某一明确的公共政策或其他特殊情况而被证明是正当的。[②]就里克森教授所提议的后一要求而言，WTO 的一个专家组

---

① 参见 Ricketson。需要注意的是，他的这个解释是针对《伯尔尼公约》第 9 条第（2）款的。不过，由于《伯尔尼公约》第 9 条第（2）款与《TRIPS 协定》第 13 条规定的都是相同的三个条件，因此下文的分析也适用于《TRIPS 协定》第 13 条的相关内容。

② 同上注，第 9.6 段。

已经拒绝了这种解释。① WTO 专家组认为，就三步检验法的第一步而言，《TRIPS 协定》第 13 条禁止具有一般适用性的广泛例外，从而拒绝了根据国内法律的主观目的作出的解释。

专家组的裁决只在争端当事方之间具有效力，对于 WTO 其他成员而言，它并不构成具有约束力的先例。②由于上诉机构可能并不同意专家组所作的法律分析，因此，对于未被提起上诉的专家组报告，应当审慎对待。不过，需要着重指出的是，上述专家组处理的是两个发达成员之间的争端，一方是美国，另一方是欧共体。即使专家组拒绝考虑任何公共政策的因素，在争端一方涉及发展中国家成员时，它也不会忽视《伯尔尼公约》的附件。通过《TRIPS 协定》第 9 条第 1 款，《伯尔尼公约》的附件已经成了《TRIPS 协定》一个不可分割的组成部分。该附件除规定其他事项外，允许发展中国家对于复制享有版权的资料发放强制许可。前提条件是，有关的成员通知了其他成员，它有意援用该附件向其提供的便利。③此外，只有当有关作品在一定期限以后，尚未"以与同类作品该国通行的价格相似的价格"向该国的公众出售，才能发放强制许可。④这里所要求的时间期限通常是 5 年，但是对于自然科学、数学以及技术类作品，则为 3 年。⑤

在符合上述要求的情况下，该国家的"任何国民"（any national）"都可获得许可证，以此种价格或更低价格复制和出版该版本［亦即，符合第 3 条的前述要求］，以供系统性教学活动之用。"⑥

不得通过对《TRIPS 协定》第 13 条做一种过于严苛的解释，从而排除发展中国家发放强制许可证的可能。这将违反 WTO 成员依据《TRIPS 协定》第 9 条第 2 款*所承担的完全遵守《伯尔尼公约》附件的义务。而且，如果国内法律将《伯尔尼公约》附件所规定的要求，作为未经授权印刷教科书和其他教学资料的条件，实际上也就是限于《TRIPS 协定》第 13 条意义上的"某些特殊情况"。

---

　　① 参见 WTO 专家组报告，Section 110(5) of the U. S. Copyright Act，2000 年 6 月 15 日，NT/DS160/R，第 6. 111—112 段。

　　② 因此其他专家组有权对《TRIPS 协定》第 13 条采取一种不同的解释。

　　③ 参见《伯尔尼公约》附录第 1 条第(1)款。

　　④ 参见《伯尔尼公约》附录第 3 条第(2)款(a)项(i)目。

　　⑤ 参见《伯尔尼公约》附录第 3 条第(3)款(i)目。

　　⑥ 参见《伯尔尼公约》附录第 3 条第(2)款(a)项(ii)目。

　　* 原文如此，实际上应为第 9 条第 1 款。——译者

此外，应当注意的是，尽管《TRIPS 协定》第 13 条的适用范围相当狭窄，但发达国家也规定了未经授权使用享有版权的材料。在这一方面，存在多种立法模式。各国可以具体列举各种例外和限制，或者，它们也可以选择采用一个范围宽泛的条款，来界定什么时候、在什么情况下权利持有人的权利将受到限制。第三种可能是，一国可以将上述两种模式结合起来。在大多数国家，这是一种占主导地位的立法模式。①例如，1976 年《美国版权法》（U. S. Copyright Act）既对版权所有人的权利规定了明确的限制，②同时又规定了一般性的"合理使用"条款，作为针对权利人提出侵权之诉的一种抗辩理由。英国、法国和德国的版权法也都采取了这种立法模式。

可以发现，在国内立法中对复制权和改编权的限制，通常有以下几种情况：

· 为研究和私人使用的目的进行复制。至于软件，《欧共体软件指令》（EC Software Directive）第 5 条第（3）款和第 6 条专门规定对于制作备份复制件、黑箱分析（black box analyses）以及反编译（decompilation）免除责任。美国 1976 年《版权法》对于软件的反编译（或"反向工程"）规定一个专门的免责条款，但是，其合理使用条款已经扩展适用于此类活动：③

· 滑稽模仿；
· 媒体（报刊）为报道时事新闻而进行的使用；
· 教育机构的使用，包括为了教学目的而进行的使用；④
· 研究；⑤
· 引用；

---

① 这种立法模式在《伯尔尼公约》中也有所体现。例如，第 10 条列举了一些专门的例外，而第 9 条第（2）款则对复制权的例外规定了一般条款。

② 参见，例如《美国版权法》114 条（d）款允许对录音作品进行某些形式的数字声音传输；111 条允许进行某种广播的转播；512 条允许在线服务提供商进行某些形式的临时复制。

③ 参见 *Sega Enterprises Ltd. v. Accolade, Inc.*, 977 F. 2d 1510 (9th Cir. 1993); *Sony Computer Entertainment, Inc. v. Connectix Corp.*, 203 F. 3d 596 (9th Cir. 2000)。

④ 参见，例如最近通过的美国《技术、教育与版权协调法》（TEACH Act）。对该法律的分析，参见本章第 6.1 节。

⑤ 参见，例如《德国著作权法》第 52a 条，它规定为了研究和大学教学（不包括中小学教学）的目的，可以不经授权使用他人享有版权的作品。

· 临时复制。

有一些国家，比如美国的版权法，针对享有版权作品的强制许可，设立了重要的法律制度。例如，《美国版权法》114 条就确立了这样一种安排，据此，对录音作品（sound recordings）的数字声音传输就可以通过法定许可（statutory license）进行授权，条件是在某些情况下需要支付使用费。该法115 条则规定了另外一种安排，据此，享有版权的非戏剧音乐作品（non-dramatic musical works）就可以被录制为录音制品（phonograms）并予以发行，其条件同样是需要支付使用费。

3.2　与作品的正常利用相冲突

> 与作品的正常利用不相冲突……

就三步检验法的第二步而言，WTO 专家组认为，"正常"（normal）一词既包括实证的成分，也包括规范的成分。因此，在根据该第二步对某一例外进行分析时，就需要分析一作品在实际中被利用的方式，也要分析该利用从性质上讲是否为可允许或者可取的。[1]专家组认为，尽管对作品的每一种商业性使用并非必然与作品的正常利用相冲突，但是，如果依据例外或限制的规定对作品的使用"与权利人在正常情况下从该权利获取经济利益的利用方式产生竞争"，就会产生这样一种冲突。[2]

对于任何试图通过免费提供享有版权的材料以鼓励知识传播的发展政策而言，该第二步不应造成太多的负担。合理使用条款或法定例外的一个主要特征是，它们都限于非商业性使用。在欠发达国家为了私人使用、研究或教学目的而复制文件的情况下，正如专家组在报告中的措辞所言，这些复制品并不会与版权的"权利人在正常情况下从该权利获取经济利益的利用方式产生竞争"。为了上述目的而制作的复制品将不会在市场上销售，也就不会削减版权人的销售机会。当然，有人可能会提出，合理使用条款阻止了权利人将这些必需的材料出售给那些为了学习目的而使用材料的个人或机构。但该观点忽视了以下事实：那些免费获得未经授权之复制品的受益人，并不具备购买这些复制品的经济能力。从权利持有人的角度来看，他们并没有丧失任何销售机会。这样的机会就根本就不存在。

---

① 参见专家组报告第 6.166 段。
② 同上注，第 6.183 段。

3.3 对权利持有人合法利益的不合理损害

> 也没有不合理地损害权利持有人的合法利益。

关于"利益"（interest）一词的含义，上述提到的 WTO 专家组认定，它包括了经济方面和非经济方面的利益或损害。至于"合法"（legitimate）一词，专家组指出，它意味着从法律实证的角度来看，由法律授权的一种利益；它也是一个规范的问题，对于促进版权保护的目标而言是具有正当性的利益加以保护。[①]这就意味着，在分析哪些构成权利持有人的"合法"利益时，就会有一些公共政策利益（public policy interests）是可能需要考虑的。例如，在许多国家，言论自由是支撑版权制度的基础性目的，因此，如果权利持有人打算利用其享有的版权来阻碍某些作品的传播，就可能并不是在以合法方式行使其权利。换言之，该作者可能并没有"合法的"权利来阻碍对其作品的传播。与之类似，也可能提出这样的主张，即如果权利持有人打算阻止他人为非商业性目的免费发行其作品的复制品，那么他这样做就缺乏任何的合法性。在非商业性使用的情况下，权利持有人并没有遭受重大经济损失的风险，但与此同时，她/他却妨碍了一项政策的执行，而该政策向欠发达国家提供了发展知识经济社会（knowledge-based society）的充满希望的前景。

最后，对于"损害"（prejudice）一词，专家组认为，如果例外或限制"有造成版权所有人不合理的收入损失的潜在可能"，[②] 那么，它们就是不合理的，并且对作者达到了损害的程度。

在合理使用的例外被限定于教学或研究目的的情况下，权利持有人遭受"不合理损失"的可能性是很低的。不过，具体情况还要根据个案仔细分析。

《TRIPS协定》第 13 条（以及《伯尔尼公约》第 9 条第（2）款）规定的三步检验法是累积性的（cumulative）。换言之，发生争议的例外或限制，只有在满足了这 3 个中的每一个要素之后，才能被认定与

---

① 同前注，第 6.224 段。
② 同前注，第 6.229 段。

《TRIPS 协定》相一致。①因此，如果一项例外或限制被认为是广泛性或一般性的（亦即，不限于"某些特殊情况"），那么就没有继续进行分析的实际必要了。在这种情况下，该例外或限制就被认为与第 13 条的规定不相一致。

4. WTO 案例

1999 年 1 月 29 日，WTO 秘书处收到了欧洲共同体根据《争端解决谅解》（DSU）第 4 条以及《TRIPS 协定》第 64 条提出的要求与美国进行磋商的通知。欧共体认为：《美国版权法》110 条第(5)款与《TRIPS 协定》第 9 条第 1 款不相一致，后者要求 WTO 各成员遵守《伯尔尼公约》第 1 条至第 21 条的规定。1999 年 4 月 15 日，欧洲共同体根据 DSU 第 6 条以及《TRIPS 协定》第 64 条第 1 款，请求成立一个 WTO 专家组，指控《美国版权法》110 条第(5)款［也被称为《音乐许可公平法》（Fairness in Music Licensing Act/FIMLA）］违反了美国根据《TRIPS 协定》所承担的义务，而且美国法的规

---

①　请注意，《TRIPS 协定》第 13 条与第 30 条的规定很相似，后者规定的是专利权的例外。除了在措辞上稍有不同以外，这两个条款中的三步检验法的规定看起来几乎完全一样。第 30 条中三步检验法的第一步是分析有关的例外是否为"有限的"（limited）。这与第 13 条中的"某些特殊情况"这一条件类似，这同样揭示了可能的例外是具备有限性的。第 30 条中第二个条件指的是对专利权的"正常利用"，与第 13 条的唯一区别是，它规定的是该例外不应与此类利用"不合理地"（unreasonably）发生冲突。在这一点上，版权的例外似乎要求更严格，因为它禁止发生任何冲突，当然也就包括合理的冲突。最后，两个条款中规定的第三个条件都指的是权利持有人的合法利益不应受到不合理地损害。不过，专利的例外条款还规定了第四个条件，这在《TRIPS 协定》第 13 条以及《伯尔尼公约》第 9 条第(2)款中没有明确提及：在考察专利持有人的利益时，还必须考虑第三方的合法利益。不过，可以认为，在考察权利持有人的合法利益是否受到了不合理的损害时，这第四个条件已经默示地存在于第 13 条之中了。从这一意义上来看，在适用第 13 条和第 30 条规定的例外时，实际上没有太大的区别。关于对第 30 条所规定例外的详细分析，参见本书第 23 章。

定无法依据 WTO 所允许的任何例外或限制获得合理解释。①美国在答辩时提出的多项主张中特别认为，其版权法 110 条第(5)项完全与《TRIPS 协定》相一致，并且满足了该协定第 13 条的标准。②

在评估《TRIPS 协定》第 13 条的范围时，专家组注意到该条款与《伯尔尼公约》第 9 条第(2)款之间存在着两个区别。③第一个区别是，后者规定各成员国可以在其国内立法中"允许"（permit）对作品的复制，而《TRIPS 协定》第 13 条规定的表述则是，各成员应当"限定"（confine）限制与例外。④欧共体则部分地主张，应当将《TRIPS 协定》第 13 条的上述措辞解释为是对根据《伯尔尼公约》而可允许之例外所作的一种限制，因为《TRIPS 协定》的主要目的是为了提高知识产权的保护水平。⑤专家组认为，在适用第 13 条时，无须采用不同于根据《伯尔尼公约》可适用的标准。⑥换言之，专家组没有采纳欧共体的关于第 13 条的意图在于限制由《伯尔尼公约》所允许之例外的观点。

专家组注意到，在《伯尔尼公约》与《TRIPS 协定》之间的第二个区别是，根据《伯尔尼公约》第 9 条第(2)款所允许的例外，仅适用于复制权，而《TRIPS 协定》第 13 条则可能适用于版权的全部权利。⑦除此之外的所有其他方面，这两个条款则简直一模一样：限制或例外都是限于①特殊情况；②不

---

① 参见 First Submission of the European Communities and Their Member States to the Panel，United States-Section 110(5) of the U. S. Copyright Act，1999 年 10 月 5 日，WTO Doc. WT/DS。另参见 panel report on Section 110(5)，第 3.1 段（参见以上本章第 3 节）。欧共体提出了两项指控，一项是针对"商业性使用免责"（business exemption，参见 17 U. S. C. § 110(5)(b)），另一项是针对"家庭式使用免责"（home style exemption，参见 17 U. S. C. § 110(5)(a)）。

② 参见 First Submission of the United States of America，United States-Section 110 (5) of the U. S. Copyright Act，1999 年 10 月 26 日，WTO Doc. WT/DS。另参见 panel report on Section 110(5)，第 3.3 段。

③ Panel report on Section 110(5)，第 27 页。

④ 同上注，第 26 页，第 6.71—6.72 段。

⑤ 同上注，第 28 页，第 6.78 段。

⑥ 同上注，第 6.81 段。欧共体还就《TRIPS 协定》第 13 条对于《伯尔尼公约》条款的一般可适用性问题提出质疑（同上注，第 6.75 段）。专家组否定了这一观点，认为在《TRIPS 协定》第 13 条（或《TRIPS 协定》的任何其他条款）中没有任何明确的措辞可以得出结论认为，第 13 条的适用范围仅限于根据《TRIPS 协定》产生的新权利（同上注，第 6.80 段）。

⑦ 同上注，第 27 页，第 6.74 段。

得与作品的正常利用相冲突；并且③没有不合理地损害权利持有人的合法利益。①欧共体和美国都同意，这三个条件根据《TRIPS协定》第13条是累积适用的。② 对于《伯尔尼公约》第9条第(2)款而言，这种累积适用之解释也已经被普遍接受。③

5. 与其他国际文件的关系

5.1 WTO 诸协定

在WTO各项协定中，《TRIPS协定》是唯一对版权的例外作出规定的。尽管GATT第20条项下也提到了版权，但并没有涉及任何的版权的例外。④

5.2 其他国际文件

正如之前所述，《TRIPS协定》第13条实质上来源于《伯尔尼公约》第9条第(2)款。无论是《WIPO版权条约》（WCT)⑤ 还是《WIPO表演和录音制品条约》（WPPT)⑥，也都将同样的三步检验法纳入其中，作为对这两个条约所承认的专有权的限制与例外的评估标准。人们所期待的是，在所有吸收了三步检验法的条约中，对它的解释应当保持一致。

通过引用方式，《罗马公约》部分地被《TRIPS协定》所吸收，⑦ 而《罗马公约》本身允许国内法对于为私人使用和为教学或科学研究目的之使用规

---

① 同前注。参见《伯尔尼公约》第9条第(2)款；《TRIPS协定》第13条。

② Panel report on Section 110(5)，第6.74段。

③ 参见 Ricketson。专家组也采纳了这一解释，并且指出，争端双方都同意这种标准。Panel report on Section 110(5)，第6.74段。

④ 这是因为GATT对知识产权采取的是另一种进路：知识产权被认为是GATT基本规则的例外。参见本书第7章。

⑤ 参见第10条。

⑥ 参见第16条第(2)款。

⑦ 参见《TRIPS协定》第2条第2款，它规定：《TRIPS协定》的任何规定都不得有损于WTO各成员之间依照《罗马公约》及其他国际公约已经承担的现有义务。与《巴黎公约》（参见《TRIPS协定》第2条第1款）、《伯尔尼公约》（参见《TRIPS协定》第9条第1款）以及《华盛顿公约》（参见《TRIPS协定》第35条）不同的是，《TRIPS协定》并没有对那些还没有加入《罗马公约》的WTO成员施加义务，要求其必须遵守《罗马公约》的规定。基于上述理由，《罗马公约》只是"部分被吸收到了"《TRIPS协定》之中。对此的详细讨论，参见本书第3章。

定为免责。① 这些免责规定也扩展至根据《伯尔尼公约》而作为"文字作品"保护的计算机程序。

最后需要指出的是，根据《伯尔尼公约》附件而给予发展中国家的减让（亦即颁发关于复制享有版权之材料的强制许可证），要求符合条件的发展中国家按一定期间作出明确的续展。新加入《伯尔尼公约》的国家如果提出请求，也有权享受这些减让。②

6. 新近发展

6.1　国内法

美国国会于 2002 年通过《技术、教育与版权协调法》（简称《TEACH 法》），把未经授权使用他人享有版权的材料的范围，由传统课堂教学延伸至远程教学活动。在遵守一系列要求的情况下，《TEACH 法》授权非营利性教育机构在远程教育中使用他人享有版权的材料，而无须征得版权持有人的同意，也无须支付使用费。③

6.2　国际文件

6.3　地区和双边情况

7. 评论（包括经济和社会意义）

对于《TRIPS 协定》所要求的版权保护最低标准，是允许设定有限例外的。此种例外服务于这样的目的，确保对于享有版权的作品所给予的专有权保护，不至损害公共利益。授予作者以专有权，反映了有必要向表达性作品的创作者提供经济上的激励，以利其创作活动。不过，版权的最终目的并不是为了确保作者的物质财富，而是为了促进智力创作活动，以丰富社会的文化资源。之所以授予作

---

①　参见第 15 条第 1 款(a)项和(d)项。

②　参见 UNCTAD 1996，第 179 段。

③　参见《技术、教育与版权协调法》"Technology, Education and Copyright Harmonization Act"，缩写为"TEACH Act"。对该项立法的简要介绍，参见 http://www.ala.org/Template.cfm? Section = Distance _ Education _ and _ the _ TEACH _ ACT&Template =/ContentManagement/ ContentDisplay.cfm&ContentID=25939.

者利用其作品的专有权，是为了换取其对社会的文化贡献。假如社会不能从作者的作品中获得令人满意的收益，例如作者的要价过高，这就会扰乱作者与社会之间的相互交换关系。在这种情况下，第三方不经作者同意就复制其享有版权的材料是正当的。另一方面，为了确保持续给予作者以足够的激励，使之从事创造性表达，例外就应当被限定在完全出于公共利益之必需，而且不应影响权利持有人的经济利益。这就要求在公众与作者这两方的竞争性利益（competing interests）之间，采取一种微妙平衡的标准。

从发展的角度来看，有必要在解释有关版权的例外时，允许政府实现弥合其与发达国家之间知识鸿沟（knowledge gap）的政策目标。合理使用条款或法定例外，决定了第三方可以不经授权而使用受版权保护作品的范围。这对于教学、研究、私人使用和技术转让之目的而言，尤为重要。通过诉诸合理使用条款或专门的例外，国内立法者就是在寻求以下两个方面之间的适当平衡，一方面是鼓励创造性活动，另一方面是向公众传播知识。

在这一背景下，知识产权委员会同样认为，版权的例外对于实现发展目标具有重要意义，并建议道：

"为了促进对于他人享有版权的作品的获取，实现其教育和技术转让的目标，发展中国家应当在版权法中采取促进竞争的措施。发展中国家应当被允许在其国内版权法中继续保留或采用以教育、研究和图书馆使用为目的的广泛例外。在发展中国家实施国际版权保护标准时，必须考虑这些国家一直存在的亟待改善获得享有版权作品状况的需求，以及这些作品对社会经济发展的极端重要性。"①

尽管一国可能立法规定非常刻板的例外或限制，但是，对于权利持有人与公众之间的利益作出界定，通常是法院的职责，而法院在对这些限制进行解释的方式，必须考虑反映出该国的版权政策，当然还要牢记该国承担的国际义务，例如由《TRIPS 协定》第 13 条施加的义务。

最后，需要重点指出的是，有关复制权的强制许可在《TRIPS 协定》项下仍然可以继续存在。②

----

① 参见知识产权委员会报告，第 104 页。该委员会还鼓励所有学术期刊的免费在线获取（free on-line access），参见同上注，第 102 页。

② 不过，那些希望保留其援引《伯尔尼公约》附录之权利的国家，必须采取一些措施，以保留其可以如此行事。泰国是在 1996 年这样做的第一个国家。请注意，《伯尔尼公约》的附录除其他规定外，还允许为了将作品翻译为本国语言而发放范围有限的强制许可。不过，这一选择权就没有取得太多成功，只有一小部分发展中国家曾经使用过（参见知识产权委员会报告，第 99 页）。

第 13 章 版权：相关权利

第 14 条 对表演者、录音制品（唱片）制作者和广播组织的保护

1. 就将其表演固定在录音制品上而言，表演者应有可能防止下列未经其授权的行为：将其未曾固定的表演进行录制，以及复制该录制品。表演者还应有可能阻止下列未经其授权的行为：以无线方式广播和向公众传播其现场表演。

2. 录音制品制作者应享有准许或禁止直接或间接复制其录音制品的权利。

3. 广播组织有权禁止下列未经其授权的行为：将其广播进行录制、复制该录制品、以无线方式转播，以及将其电视广播向公众传播。如各成员未授予广播组织此类权利，则在遵守《伯尔尼公约》（1971）规定的前提下，应给予所广播对象的版权所有人以阻止上述行为的可能性。

4. 第 11 条关于计算机程序的规定在细节上作必要修改后应准用于录音制品制作者和按一成员法律确定的在录音制品上的任何其他权利持有人。如在 1994 年 4 月 15 日，一成员在录音制品的出租方面已实施向权利持有人公平付酬的制度，则可维持该制度，只要录音制品的商业性出租不对权利持有人的专有复制权造成实质性减损。

5. 本协定项下表演者和录音制品制作者可获得的保护期限，自该录制或表演完成的日历年年底计算，应至少持续至 50 年年末。按照第 3 款所给予的保护期限，自广播播出的日历年年底计算，应至少持续 20 年。

6. 任何成员可就第 1 款、第 2 款和第 3 款授予的权利，在《罗马公约》允许的限度内，规定条件、限制、例外和保留。但是，《伯尔尼公约》（1971）第 18 条的规定在细节上作必要修改后也应准用于表演者和录音制品制作者对录音制品享有的权利。

1. 引言：术语、定义和范围

"相关权"（related rights）是指授予表演者、录音制品制作者以及广播组织的那一类权利。在一些国家，比如美国和英国，这些权利只是被吸收在版权的一般标题之下。其他一些国家，比如德国和法国，则是在被称为"邻接权"（neighbouring rights）的专门类别之下来保护这些权利。之所以存在这种区别，是因为后一类国家认为，受相关权保护的对象并不能满足像文学和艺术作品那样的关于个人智力创作（personal intellectual creativity）方面的要求。[①]例如，制作一套广播或者一张 CD，被认为是一项技术性和组织性的活动，而不是个人智力创作的表达。[②]但是，考虑到它们的经济价值以及在客观上很容易被仿制，因此，对此类对象的保护也是必须的。

《TRIPS 协定》允许各成员自由选择，究竟是在适当的版权项下，还是作为在相关权项下的单独种类，而对这些作品加以保护。在下文中，第 14 条所涵盖的表演者权、录音制品制作者权以及广播组织的权利，将被统称为"相关权"。[③]

《TRIPS 协定》第 14 条对于何谓"表演者"未加以定义。不过，在《罗马公约》第 3 条（a）款以及后来缔结的《WIPO 表演和录音制品条约》（WPPT）中对"表演者"的定义，可以有助于解释这一术语。后两个条约将"表演者"定义为：

"演员、演唱者、演奏者、舞蹈者和演出、演唱、叙述、朗诵、演奏、表现，或以其他方式表演文学或艺术作品［或民间文艺表达］的其他人"。（方括号内的文字来源于《表演和录音制品条约》第 2 条）

《TRIPS 协定》第 14 条同时使用了"录音制品"（phonograms）和"唱片"（sound recording）这两个用语，这样做的目的是为了确保该条

---

① 关于版权法中的创造性（creativity）和独创性（originality）要求，参见本书第 7 章第 3 节。与独创性要求不同的是，版权法并没有要求作品符合某种质量标准（参见同前）。

② 这是德国著作权法所采取的立法模式。参见 J. Ensthaler, *Gewerblicher Rechtsschutz und Urheberrecht*, 2. edition 2003, Berlin, Heidelberg, New York。

③ 本书的目的并不在于决定对这些权利的保护究竟是按照适当的版权（就像比如在美国和英国那样），还是作为单独一类的"邻接权"（neighbouring rights）（就像例如在法国和德国那样）。

款能够明确涵盖以下两类国家的做法：一类国家是采取相关权制度来为录音制品提供保护，另一类国家，最主要的是美国，则是按版权作品来保护唱片（录音作品）。一般来说，在采用相关权制度的国家，对录音制品的定义已经作了扩展，从而使该术语可以合理地涵盖唱片。《表演和录音制品条约》第 2 条（b）款进一步强化了这一趋势，它把录音制品定义为"除以电影作品或其他视听作品所含的录制形式之外，对表演的声音、或其他声音、或声音表现物所进行的录制。"无论各个法律管辖区域之间对于录音制品的定义有何不同，《TRIPS 协定》第 14 条都包含了这两类作品。

2. 条文沿革

2.1　TRIPS 之前的状况

尽管国际社会于 1961 年就为缔结一项国际公约进行谈判，但对相关权利的保护，在国内法上则一直处于一种非常缓慢和不平衡的发展中（参见下文）。《保护表演者、录音制品制作者和广播组织的国际公约》（International Convention for the Protection of Performers, Producers of Phonograms and Broadcasting Organisations，简称《罗马公约》[Rome Convention]）于 1964 年生效。[①]《罗马公约》对相关权利所提供保护的范围，普遍要比《伯尔尼公约》所提供的保护为低。例如，《罗马公约》规定的保护期是 20 年，[②] 相比较而言，《伯尔尼公约》规定的保护期则是作者有生之年加上死后 50 年。在 TRIPS 之前，对相关权利的保护存在不同的形式，其实际效果是软化了成员国就某些作品（例如广播）所承担的《伯尔尼公约》义务，因为这些作品根据单独的相关权利制度，就不被看作是文学作品。就广播而言，《TRIPS 协定》对上述状况影响不大，因为第 14 条所体现出来的协调程度是非常低的。事实上，第 14 条在规定一成员有义务应当提供何种保护以及在什么条件下应提供该保护义务时，设想了很高程度的灵活性。[③]

---

① 不过，美国一直没有批准《罗马公约》。

② 参见《罗马公约》第 14 条。

③ 例如，《TRIPS 协定》第 15 条规定，对表演者和录音制品制作者的最低保护期限是 50 年，对广播组织的最低保护期限是 20 年（自各自行为的日历年年底起算，参见本章第 3 节）。这就为那些对版权和相关权作出区分的成员留下自由决定的空间，它们可以对之提供比文学和艺术作品保护期（作者有生之年加上死后 50 年）更长的保护期限。

在美国，采用的是单一的公开表演权（unitary public performance right），该权利既包括现场表演（live performance），也包括传输表演（performance by transmission）。该权利授予"文学、音乐、戏剧、舞蹈作品、哑剧、电影作品以及其他视听作品"的版权所有人。[①]唱片（亦即录音制品）的权利所有人被授予的不是这种公开表演权，而是另一种仅仅限于数字声音传输的公开表演权。[②]此外，表演者还享有禁止未经授权对其现场表演进行录制的权利。[③]美国的这种方式是典型的将相关权利吸收到版权制度中的立法模式，从而区别于很多欧洲国家所采用的双重制方式（two-system approach）。

《欧共体出租权指令》（EC Rental Right Directive）规定，表演者应享有准许或禁止出租或借阅固化了其表演的录制品的专有权。[④]根据该指令，表演者可以转移其出租权，但是，就出租而获得合理报酬的权利，则是不可转让的。[⑤]该指令还规定，广播组织应享有录制其广播，以及直接或间接复制该录制品的专有权。[⑥]广播组织享有向公众转播和传播权[⑦]以及公开发行权[⑧]，这也是为该指令所承认的。

2.2　谈判经过

《TRIPS 协定》第 14 条第 1 款规定，表演者应"有可能防止"未经授权将其未曾固定的表演进行录制，以及对该录制品进行复制。此外，表演者还应有权利阻止"未经授权以无线方式广播和向公众传播其现场表演。"从历史上看，对表演者权的保护一直属于《罗马公约》的领域。《TRIPS 协定》第 14 条第 1 款只是要求各成员授予表演者享有有关权利的"可能"（possibility），这是源于《罗马公约》谈判时的特殊历史背景，当时，英国是通过刑法来处理未经许可录制表演的行为的。采用这种用语来表示该项权利，就便利于英国批准《罗马公约》。[⑨] 一般而言，《罗马公约》为《TRIPS 协定》

---

① 17 U. S. C. § 106(4)。

② 同上，§ 106(6)。

③ 同上，§ 1101(a)。

④ 《欧共体出租权指令》第 2 条第(1)款。

⑤ 同上，第 4 条第(1)款、第(2)款。

⑥ 同上，第 7 条第(1)款。

⑦ 同上，第 8 条第(3)款。

⑧ 同上，第 9 条第(1)款。

⑨ Gervais，第 96/97 页。

第 14 条提供了相当大篇幅的内容。因此，对《TRIPS 协定》第 14 条全部内容的解释，就与《罗马公约》以及该条款的谈判经过直接相关了。

2.2.1 安奈尔草案

"10. 与《罗马公约》的关系

10A 各缔约方应提供与《罗马公约》实质性条款相一致的保护，作为保护表演者、广播组织以及录音制品制作者的最低实质性标准。[《罗马公约》第 1 条至第 20 条可以被视为构成实质性条款。]

11. 录音制品（唱片）制作者的权利

11A.1 各缔约方应授予录音制品制作者享有准许［以任何方式或形式，完全或部分地］对其录音制品直接或间接进行复制的权利。

11A.2a［就录音制品的出租而言，］第 3 点关于计算机程序的规定在细节上作必要修改后应适用于录音制品制作者［或表演者或两者兼之］。

11A.2b 为录音制品制作者所提供的保护，应包括防止任何第三方未经其许可将录音制品的复制品投入流通、销售或以其他方式发行的权利。

11A.3 第 4A 点的规定在细节上作必要修改后应适用于录音制品制作者。

12 表演者的权利

12A 对表演者提供的保护应包括有可能防止：

12A.1 广播［通过任何技术手段或方式，例如以无线电波、有线或其他设备的方式］［以无线手段和向公众传播其现场表演］；

12A.2 将其未曾固定的表演录制［在录音制品或数据载体上，以及复制该录制品］；

12A.3 复制录制有其表演的录制品；

12A.4 在表演发生地以外的任何其他地方展示其表演；

12A.5 向公众提供、销售或以其他方式发行含有其表演的录制品的复制件；

13. 广播组织的权利

13.1 广播组织应有可能防止：

13A.1 将其广播录制［在录音制品或数据载体上，以及复制该录制品］；

13A.2 复制该录制品；

13A.3 向公众传播其［电视］广播；

13A.4 以无线方式转播其广播；

13A.5 以有线方式转播其广播；

13A.6 将该广播的复制件投放市场、销售或以其他方式发行。

14. 录音制品的公共传播

如果一录音制品系为商业目的而出版，或者对此类录音制品的复制是被直接用于广播或向公众进行任何的传播，那么，使用者应当向表演者，或者录音制品制作者，或者这两者支付一笔合理报酬。

15. 保护期

15A.1a 授予录音制品制作者、表演者和广播组织的保护期，应自录制完成或表演或广播发生当年年底算起，至少持续［20］［50］年期满为止。

15A.2a 但各缔约方可规定少于 50 年的保护期，只要保护期至少持续达 25 年，并且各缔约方在一同等期限内提供实质上相同的保护来打击盗版。

15Ab 第 7 点的规定在细节上作必要修改后应适用于录音制品制作者。

16. 例外

16Aa 就第 11 点、第 12 点、第 13 点和第 14 条点所赋予的权利而言，各缔约方可以在《罗马公约》允许的范围内规定限制、例外和保留。

16Ab 本部分第 8A.2 点至 8A.4 点的规定，在细节上作必要修改后应适用于录音制品。

16B（参见本部分第 8 节。）

17. 权利的获得

17A.1 本部分第 6 点和第 9 点的规定在细节上作必要修改后应适用于录音制品制作者。

17A.2 各缔约方对于在其他缔约方境内首次录制或出版的录音制品，包括在其他地方出版后 30 天之内在某一缔约方境内出版的录音制品，以及其制作者是某一缔约方国民或其制作者的总部是位于某一缔约方境内的公司的录音制品，应提供保护。

17A.3 在录音制品上的知识产权，其取得和有效性不需要履行任何手续，该保护自录音制品创作完成后即应自动获得。"

就实质性保护而言，目前《TRIPS 协定》第 14 条对表演者权的规定，或多或少与安奈尔草案第 12 段所列举的表演者权的内容是相似的。《TRIPS 协定》第 14 条第 2 款与安奈尔草案第 11 段对录音制品制作者权的规定，以及《TRIPS 协定》第 14 条第 3 款与安奈尔草案第 13 段对广播组织权利的规定，也是同样的情况。安奈尔草案与《TRIPS 协定》最终文本在保护范围上所存在的区别是，《TRIPS 协定》的最终文本没有规定任何有关发行权(distribution rights)的内容，而安奈尔草案第 12A.5 段（针对表演者）以及第 13A.6 段（针对广播组织）规定了发行权。之所以如此，是因为在准备安奈尔草案时，一些代表团仍然试图引入适用于享有版权之材料的一般发行权。① 这种想法后来被放弃了，并且，后来的（布鲁塞尔）文本在提到发行权时，也作如是处理，详见下文引用。

安奈尔草案第 12A.4 段和第 13A.5 段的内容，在《TRIPS 协定》中均未提到。② 上述第 17A.2 段提到了一项国民待遇的义务。由于《TRIPS 协定》第 3 条规定了一般性的国民待遇义务，因此在《TRIPS 协定》的最终文本中，也就没有必要再规定专门的国民待遇了。

最后，安奈尔草案第 17A.3 段的规定没有被吸纳到《TRIPS 协定》第 14 条中，但它现在被包括在《TRIPS 协定》第 62 条第 1 款之中，后者授权各成员可要求作为获得和维持《TRIPS 协定》（第二部分）第 2 节至第 6 节规定的权利的一项条件，应符合合理的程序及手续。因此，所给予的此类授权，并不适用于（《TRIPS 协定》第二部分）第 1 节项下的版权。这符合版权的一般规则，即版权自作品创作完成之时起自动产生。

2.2.2　布鲁塞尔草案

［"1. 就将其表演固定在录音制品上而言，表演者应有可能防止：将其未曾固定的表演进行录制；以及，复制该录制品。表演者还应有可能防止以无线方式广播和向公众传播其现场表演。］

2. 录音制品制作者应享有准许或禁止直接或间接复制其录音制品的权利。

［3. 广播组织应有权准许或禁止将其广播进行录制、复制该录制品、以无线方式转播，以及将其电视广播向公众传播。如各缔约方未授予广播组织此类权利，则应给予所广播对象的权利持有人以阻止上述行为的可能性。］

4. 第 11 条的规定在细节上作必要修改后应适用于录音制品的权利持有人。

5. 本协定项下表演者和录音制品制作者可获得的保护期限，自该录制或表演完成的日历年年底计算，应至少持续至［50］年年末。按照上述第 3 款给予的保护期限，自广播播出的日历年年底计算，应至少持续［25］年。

6. 本协定的任何缔约方可就上述第 1 款至第 3 款授予的权利，在《罗马公约》允许的限度内，规定条件、限制、例外和保留。但是，本节第［—③

---

① 参见本书第 10 章，第 2.2 节。

② 关于第 13A.5 段，它在规定转播权（retransmission right）时，并没有提及公开传播（public communication），这可能被认为是对公共传输者施加了过重的责任。至少来说，第 12A.4 段起草得不够好。

③ 这是关于对在公约生效时即已存在的作品进行保护的规定。

条的规定在细节上作必要修改后也应适用于表演者和录音制品制作者对录音制品享有的权利。]"

布鲁塞尔草案与《TRIPS 协定》现行版本第 14 条的规定基本上相同。与布鲁塞尔草案不同的是，《TRIPS 协定》现行版本在第 14 条第 1 款和第 3 款中专门规定，对表演者和广播组织具体列举的权利只适用于第三方未经权利持有人授权而使用其受保护对象的情形。

在谈判期间，各方对第 3 款的争议很大。[1] 一些国家支持授予广播组织对其广播享有版权。其他国家则反对授予广播组织此种权利，而只同意授予广播组织就其制作的视听节目（audiovisual productions）本身（而不是对这些节目的广播）享有版权。作为一种妥协，布鲁塞尔草案（就像现行《TRIPS 协定》第 14 条第 3 款一样）将是否授予广播组织以具体列举之权利，交由各成员自己作出决定。如果某一成员拒绝授予广播组织此类权利，那么，它仍然有义务将相同的权利更一般性地授予所广播对象的版权所有人（有可能包括了广播组织）（参见以下本章第 3 节）。

布鲁塞尔草案文本第 4 款规定，出租权（第 11 条）可以适用于表演者、录音制品制作者和广播组织。不过，它并没有就计算机程序和电影作品予以区分。之所以如此，是因为根据布鲁塞尔草案有关出租权的条款，对这两类作品也没有加以区别。[2]

布鲁塞尔草案该条第 4 款有关出租权的规定，并没有像现在《TRIPS 协定》第 14 条第 4 款第二句那样，规定获得报酬权（remuneration right）。如此安排的原因在于，根据布鲁塞尔草案，它在相当于现行《TRIPS 协定》第 11 条之处提到了获得报酬权。[3]这种权利被解释为专有出租权的一个替代方案。既然布鲁塞尔草案第 14 条第 4 款提到了第 11 条，因此也就提到了获得报酬权，在这种情况下，也就没有必要在该草案第 14 条中再额外地、明确地提及该权利。不过，由于《TRIPS 协定》第 11 条的最终文本删除了有关获得报酬权的内容，因此，该内容就不得不被添加到《TRIPS 协定》第 14 条中，专门适用于录音制品的出租。

最后，布鲁塞尔草案建议的授予广播组织权利的最低保护期限是 25 年（第 5 款）。根据《TRIPS 协定》，该期限被减少至 20 年。

---

[1]　接下来的内容，参见 Gervais，第 99 页，第 2.80 段。

[2]　参见以上本书第 10 章。

[3]　同上，第 2.2 节（谈判经过）。

3. 可能的解释

3.1 《TRIPS 协定》第 14 条第 1 款（表演者权）

> 1. 就将其表演固定在录音制品上而言，表演者应有可能防止下列未经其授权的行为：将其未曾固定的表演进行录制，以及复制该录制品。表演者还应有可能阻止下列未经其授权的行为：以无线方式广播和向公众传播其现场表演。

上述条款第一句，对应于《罗马公约》第 7 条第 1 款（b）项和（c）项。对表演者所授予的权利，并不被看作是一种准许或禁止某种行为的完整权利（full right），而只是一种消极权利（negative right），亦即，有可能阻止未经授权的行为。这一规定就为各成员留有某种自由裁量权，它们可据此选择采取何种方式，来授予表演者此种权利。《罗马公约》第 7 条第 1 款在传统上一直被解释为，它给予该公约的缔约各方以如下自由，即可以将民事司法程序排除在表演者权利的保护范围之外，从而将权利持有人保护其权利的可能性，限制在诉诸刑事制裁或者行政诉讼。[①]既然《TRIPS 协定》第 14 条第 6 款引用了《罗马公约》，就会引发这样的问题，即上述同样的灵活性根据《TRIPS 协定》是否还是被允许的。[②] 考虑到《TRIPS 协定》第 42 条规定，"各成员应使权利持有人可获得有关实施本协定涵盖的任何知识产权的民事司法程序"，这个问题看起来似乎就令人怀疑了。但该义务[*]在地理标志的情形中，已通过第 23 条第 1 款注释 4 的明确说明，从而被明确放弃了。然而，就第 14 条第 1 款而言，此种义务并未被明确排除。[③]

就第 1 款所涉范围而言，它被限定为将受保护作品固定在某一录音制品上。因此，第 1 款并不包括音像录制（audiovisual fixations）。

---

① Gervais，第 98 页，第 2.79 段。

② 同上注，认为该种灵活性符合《TRIPS 协定》第 14 条第 6 款所提到的、为《罗马公约》所允许的一种可能的例外。

* 即《TRIPS 协定》第 42 条的义务，各成员有义务使权利持有人得以提起民事司法程序。——译者

③ 同上注。不过，也可能提出这样的主张，即由于使用了与《罗马公约》相同的措辞，因此《TRIPS 协定》第 14 条第 1 款就被认为"引进"（imported）了对《罗马公约》条款的传统解释，而不论《TRIPS 协定》第 42 条作何规定。

3.2　《TRIPS 协定》第 14 条第 2 款（录音制品（唱片）制作者的权利）

> 2. 录音制品制作者应享有准许或禁止直接或间接复制其录音制品的权利。

《TRIPS 协定》第 14 条第 2 款与《罗马公约》第 10 条的规定相类似。它授予录音制品制作者以准许或禁止直接或间接复制其录音制品的权利。直接复制（direct reproduction）指的是，直接从录音制品中复制音乐等内容，"间接"复制（indirect reproduction）则是指如下方式，例如，录制某一电台或电视节目，而该节目就含有已经被固定在录音制品上的音乐。

3.3　《TRIPS 协定》第 14 条第 3 款（广播组织的权利）

> 3. 广播组织有权禁止下列未经其授权的行为：将其广播进行录制、复制该录制品、以无线方式转播，以及将其电视广播向公众传播。如各成员未授予广播组织此类权利，则在遵守《伯尔尼公约》（1971 年）规定的前提下，应给予所广播对象的版权所有人以阻止上述行为的可能性。

这一款把是否对广播组织授予特殊权利，交由各成员决定，只要它们对于所广播对象的一般版权所有人（owners of copyright in general）提供了上述权利。尽管必须向某人提供一项权利，以阻止这一款所列举的行为，但是，对于该人应当是谁，各成员在这个问题上就具有灵活性。各成员可能希望避免出现如下情况，其中，就同一广播而向两个不同的当事人授予权利，亦即，"内容"（content）的创作者和/或所有权人（也就是传统的版权人）为一方当事人，广播组织为另一方，后者只是将该内容以广播的形式向公众提供。假如传统的版权人和广播组织对同一广播传输（transmission）都享有权利，这就可能在，例如对内容的再度使用时发生冲突。

3.4 《TRIPS 协定》第 14 条第 4 款（出租权）

> 4. 第 11 条关于计算机程序的规定在细节上作必要修改后应适用于录音制品制作者和按一成员法律确定的在录音制品上的任何其他权利持有人。如在 1994 年 4 月 15 日，一成员在录音制品的出租方面已实施向权利持有人公平付酬的制度，则可维持该制度，只要录音制品的商业性出租不对权利持有人的专有复制权造成实质性减损。

除第 14 条第 2 款规定的专有性复制权之外，第 14 条第 4 款还授予录音制品制作者就其录音制品享有一种专有的出租权。这是通过将第 11 条的规定扩展适用于"录音制品制作者和按一成员法律确定的在录音制品上的任何其他权利持有人"，从而实现这种权利设定的。因此，根据一成员的国内法条款，出租权应当既适用于录音制品制作者，也适用于由该国内法确定的在录音制品上的其他权利持有人。如果该国内法并没有决定在录音制品上还有其他的权利持有人，那么，依据第 14 条，该成员仍有义务将出租权授予录音制品制作者。

3.5 《TRIPS 协定》第 14 条第 5 款（保护期限）

> 5. 本协定项下表演者和录音制品制作者可获得的保护期限，自该录制或表演完成的日历年年底计算，应至少持续至 50 年年末。按照第 3 款所给予的保护期限，自广播播出的日历年年底计算，应至少持续 20 年。

本款的规定在很大程度上是不言自明的。不过，它在以下两者之间作了重要的区分，一是表演者和录音制品制作者，一是广播组织。

如果根据第 14 条第 3 款，一成员选择的是不授予广播组织以特别权利，则其必须将此权利授予所广播对象的创作者，而该对象是有资格作为文学或艺术作品受到一般版权法保护的。在这种情况下，适用《伯尔尼公约》规定的版权保护的一般期限。

3.6 《TRIPS 协定》第 14 条第 6 款（条件、限制、例外和保留）

> 6. 任何成员可就第 1 款、第 2 款和第 3 款授予的权利，在《罗马公约》允许的限度内，规定条件、限制、例外和保留。但是，《伯尔尼公约》（1971）第 18 条的规定在细节上作必要修改后也应准用于表演者和录音制品制作者对录音制品享有的权利。

根据本款第一句，可以对广播适用强制许可，只要是在《罗马公约》允许范围内，并且只要针对的是在广播上已授予的权利。在《罗马公约》中，根据第 13 条(d)款而授权实施强制许可，其规定如下：

"广播组织享有授权或禁止实施下列行为的权利：［……］

(d) 在收取入场费的公共场所公开传播其电视节目；被请求保护的缔约国国内法可以规定行使这一权利的条件。"①

本款第二句提到了《伯尔尼公约》第 18 条。该条规定如下：

"（1）本公约适用于所有在本公约开始生效时尚未因保护期满而在其起源国进入公有领域的作品。

（2）但是，如果作品因原来规定的保护期已满而在被要求给予保护的国家已进入公有领域，则该作品不再重新受保护。

（3）本原则应按照本联盟成员国之间现有的或将要缔结的有关专门公约所规定的条款实行。在没有这种条款的情况下，各国分别规定实行上述原则的条件。

（4）新加入本联盟时以及因实行第 7 条或放弃保留而扩大保护范围时，以上规定也同样适用。"

《伯尔尼公约》第 18 条第 3 款第一句中的"专门公约"（special conventions），其中之一就是《TRIPS 协定》本身。《TRIPS 协定》第 70 条第 5 款规定：

"一成员无义务对于在其适用本协定之日前购买的原版或复制品适用第 11 条和第 14 条第 4 款的规定。"

---

① 该规定的最后部分可以被解释为是在授权缔约方授予强制许可。

4. WTO 案例

迄今尚无任何 WTO 专家组裁决涉及这一主题。

5. 与其他国际文件的关系

5.1 WTO 诸协定

5.2 其他国际文件

就相关权利的保护水平而言，《TRIPS 协定》从其他国际协定中究竟引入了多少内容，只有参照其他处理相关权利保护的国际协定，才能完全予以确定。事实上，《TRIPS 协定》明确提到，本协定的任何内容均不得减损各成员依照《罗马公约》已承担的现有义务。① 不过，还有若干条约也处理了各种不同相关权利的保护。除《TRIPS 协定》之外，对相关权利给予保护的主要条约就是《罗马公约》和《WIPO 表演和录音制品条约》（WPPT）。在许多方面，这些条约在实质上吸收了相同的规则和原则。不过，它们之间也存在一些区别，以下通过简单的表格，即可明确。

相关权利保护之比较总览

	《罗马公约》	《TRIPS 协定》	WPPT
表演者权	第 7 条第 1 款（b）项、（c）项〔"有可能阻止"未经授权广播和向公众传播尚未录制的表演；复制未经授权录制的表演的录制品。〕	第 14 条第 1 款〔就未录制的表演而言，"有可能阻止"未经授权录制和复制未经授权录制的表演的；录制品以及有可能阻止未经授权以无线方式广播和向公众传播现场表演。〕	第 6 条〔授予广播和向公众传播尚未录制的表演和录制尚未录制的表演的专有权；第 7 条授予复制以录音制品录制的表演的专有权；第 8 条授予发行专有权；第 9 条授予出租专有权；第 10 条授予通过交互式系统提供作品的专有权。典型的交互式系统的例子是互联网。需要注意的是，WPPT 第 5 条也要求授予表演者著作人身权。〕

---

① 参见《TRIPS 协定》第 1 条第 3 款。（原文如此，实际上应当是第 2 条第 2 款。——译者注）

续　表

	《罗马公约》	《TRIPS 协定》	WPPT
录音制品和唱片制作者权	第 10 条［授权或禁止直接或间接复制录音制品的权利。］《罗马公约》规定了表演权。参见第 12 条。《日内瓦录音制品公约》规定了公开发行权。	第 14 条第 2 款［授权或禁止直接或间接复制录音制品的权利］。需要注意的是，与《罗马公约》不同，《TRIPS 协定》只规定了以录音制品录制，没有规定其他录制形式。对于其他录制形式的，可以在其他条文中得到保护。例如，视听作品就可以受到《罗马公约》第 19 条和 WPPT 第 2 条的保护。	第 11 条［授权以任何方式或形式对录音制品直接或间接地进行复制的专有权。］第 12 条规定了公开发行权；第 13 条规定了商业出租权；第 14 条规定了以有线或无线方式向公众提供录音制品的权利；第 15 条规定了对于将为商业目的发行的录音制品直接或间接地用于广播或用于对公众的任何传播而获得一次性合理报酬的权利。
广播组织权	第 13 条［授权或禁止：（a）转播其广播节目；（b）录制其广播节目；（c）复制未经授权而制作其广播的录制品；（d）向公众传播其电视节目。］	第 14 条第 3 款［有权禁止下列未经其授权的行为：录制、复制录制品、以无线方式转播以及将其电视广播向公众传播。《TRIPS 协定》允许成员在遵守《伯尔尼公约》的前提下，将上述权利授予所广播对象的版权所有人。］	

第 14 条第 5 款规定，授予表演者和录音制品制作者的权利，其保护期"应当"自该录制或表演完成之日起算至少持续至第 50 年。广播组织的权利，则应自广播播出的日历年年底起算至少持续 20 年。[1]就第 14 条第 1 款至第 3 款授予的权利而言，《TRIPS 协定》项下所允许的条件、限制、例外和保留，跟《罗马公约》规定的条款是相同的。[2]《伯尔尼公约》第 18 条也被援引，适用于表演者和录音制品制作者对录音制品本身享有的权利。[3]需要着重指出的是，《罗马公约》允许的强制许可应在该公约允许的限度内，在《TRIPS 协定》中予以适用。

---

① 参见《TRIPS 协定》第 14 条第 5 款。
② 参见《TRIPS 协定》第 14 条第 6 款。
③ 同上注。

6. 新近发展

6.1 国内法

6.2 国际文件

6.3 地区情况

7. 评论（包括经济和社会意义）

表演者、录音制品制作者和广播组织的权利，被认为是与版权制度的激励架构不相干的。换句话说，这些权利种类更多地是关于基础性文学和艺术作品的利用（exploitation），这就意味着，可能并不需要采用较强的财产权利来鼓励它们的发展。实际情况是，大多数受相关权制度保护的作品，并不需要享有版权保护的完整期限，因为在该保护期限届满之前，它们的经济价值可能早就耗尽了。《TRIPS 协定》为保护这些相关权利提供了一个框架，给各成员留有相当大的空间，使其能够具体确定适应国内经济和政治现状的保护。需要重点指出的是，由于规定这些权利类型是为了对享有版权的作品加以利用，因此真正需要加以规制的问题是，如何设计好〔通过下文即将讨论的集体管理组织（collecting societies）实行的〕权利管理制度（rights administration），以便利于录音制品制作者和广播组织对这些作品进行公共传播。因此，与相关权有关的经济和社会问题，必须放在国内背景中加以考察，目的是在以下两者之间维持平衡，一是集体管理组织的有效机制（efficient mechanism），一是必需确保基础性版权作品的所有权人不会因该机制而遭到不当利用。对相关权的保护之所以可能影响到对作者的激励，正是就集体管理组织对版权所有人适用的调整规则而言的。

从一个发展的角度看，①相关权对于那些拥有丰富的口述传统（oral traditions）和文化禀赋的国家，可能具有特殊的利害关系，因为在进行口述时，作者通常也是表演者。民间文艺表达（expressions of folklore）通常不能获得版权保护，但它们却因此可以间接地通过在表演者、录制和广播上的权利获得保护。同样，对录音制品制作者提供保护，也有助于发展中国家建立

---

① 下述讨论，参见 UNCTAD，1996 年，第 168 段、第 169 段。

自己的录音产业，从而促进其本土文化的传播，无论是在国内传播还是向外国传播，并因此提高其出口机会。①同理，对制作成本高昂的广播提供保护，以制止未经授权的复制，也可以使发展中国家的广播组织受益，此外，在国外，授权转播重要的文化和体育节目，也是发展中国家潜在的外汇收入来源。

出于上述目的，发展中国家有必要建立一套包括国内集体管理组织在内的制度性架构（institutional framework），以确保在文化产品的生产领域所投入的公共和私人资金能够在国内和国外市场上获得回报。这些机构还可以帮助其本国的作者和艺术家，重新获得那些起源于其本国国民的作品，因为依据《伯尔尼公约》和《TRIPS 协定》的有关规定，外国主管机关现在必须把这样的作品从公有领域中移除出去。

另一方面，发展中国家也应当采取适当的措施，以确保集体管理组织不至因为其所拥有的市场控制力（market power）而阻止竞争，因为竞争是将享有版权之材料保持在可承受的适当价格水平所必需的。这就意味着，一国如果没有同时建立起一套有效的竞争规则，包括建立起用来管理这些规则的职能机构，就不应当先推进集体管理组织。②

---

① 关于音乐产业与发展中国家的关系，参见 UNCTAD-ICTSD，*Intellectual Property Rights*：*Implications for Development*，Policy Discussion Paper，Geneva，2003，第 3 章（特别是第 70—71 页）。

② 知识产权委员会（IPR Commission）也对盲目地鼓励集体管理组织的发展提出了警告（参见知识产权委员会报告，第 98 页、第 99 页）。该委员会提出了两条理由来支持上述观点。第一，它指出，发展中国家的集体管理组织为来自于工业化国家的外国权利持有人所收取的使用费，"远远多于"其为来自发展中国家的本国权利持有人所收取的使用费。当然，这一现象可能正好反映了发展中国家的经济现实，亦即，大多数的版权持有人是来自发达国家的国民。知识产权委员会提出的第二条理由是，涉及上述已经提到的、由于集体管理组织拥有相当大的市场控制力所带来的问题，并因此对竞争和可承受的定价造成一种威胁。知识产权委员会的结论就是，在相关国家未建立起为保护软件市场上的竞争所必需的机构和管理规范之前，不应当先设立集体管理组织。知识产权委员会还表达了这样的观点，即在更大的市场上，集体管理组织给当地人口所带来的收益将更加直接，因为在人口较少的发展中国家，本地版权持有人的绝对数量就很少。按照知识产权委员会的看法，版权持有人作为直接受益人，应当承担集体管理组织的建立和运营成本。

第14章 商 标

第 15 条 可保护客体

1. 任何标记或标记的组合，只要能够将一企业的货物和服务与其他企业的货物或服务相区别，即能够构成商标。此类标记，特别是包括人名在内的单词、字母、数字、图案的成分和颜色的组合以及任何此类标记的组合，均应符合注册为商标的条件。如标记无固有的区别有关货物或服务的特征，则各成员可以将通过使用而获得的显著性作为注册的条件。各成员可要求，作为注册的条件，这些标记应为视觉上可感知的。

2. 第 1 款不得理解为阻止一成员以其他理由拒绝商标的注册，只要这些理由不背离《巴黎公约》（1967）的规定。

3. 各成员可以将使用作为注册条件。但是，一商标的实际使用不得作为提交注册申请的条件。不得仅以自申请日起满 3 年商标意图使用未实现为由拒绝该申请。

4. 商标所适用的货物或服务的性质在任何情况下不得形成对商标注册的障碍。

5. 各成员应在每一商标注册前公布或在注册后迅速公布之，并应对撤销注册的请求给予合理的机会。此外，各成员可提供机会以便对商标的注册提出异议。

第 16 条 授予的权利

1. 注册商标的所有权人享有专有权，以阻止所有第三方未经该所有权人同意，在贸易过程中对与该注册商标的货物或服务相同或类似的货物或服务，使用相同或类似的标记，且此类使用会导致混淆的可能性。在对相同货物或服务使用相同标记的情况下，应推定存在混淆的可能性。上述权利不得损害任何现有的优先权，也不得影响各成员以使用为基础提供权利的可能性。

2.《巴黎公约》(1967) 第 6 条之二在细节上作必要修改后应适用于服务。在确定一商标是否驰名时，各成员应考虑相关公众对该商标的了解程度，包括在该成员中因促销该商标而获得的了解程度。

3.《巴黎公约》(1967) 第 6 条之二在细节上作必要修改后应适用于与已注册商标的货物或服务不相类似的货物或服务，只要该商标在对那些货物或服务的使用方面可表明这些货物或服务与该注册商标所有权人之间存在联系，且此类使用有可能损害该注册商标所有权人的利益。

第 17 条　例外

各成员可对商标所授予的权利规定有限的例外，如描述性词语的合理使用，只要此类例外考虑到商标所有权人和第三方的合法利益。

第 18 条　保护期限

商标的首次注册及每次续展的期限均不得少于 7 年。商标的注册应可以无限续展。

第 19 条　关于使用的要求

1. 如维持注册需要使用商标，则只有在至少连续 3 年不使用后方可撤销注册，除非商标所有权人根据对商标使用存在的障碍说明正当理由。出现商标人意志以外的情况而构成对商标使用的障碍，例如对受商标保护的货物或服务实施进口限制或其他政府要求，此类情况应被视为不使用商标的正当理由。

2. 在受所有权人控制的前提下，另一人使用一商标应被视为为维持注册而使用该商标。

第 20 条　其他要求

在贸易过程中使用商标不得受特殊要求的无理妨碍，例如要求与另一商标一起使用，以特殊形式使用或要求以损害其将一企业的货物或服务与另一企业的货物或服务相区别之能力的方式使用。此点不排除要求将识别生产该货物或服务的企业的商标与区别该企业的所涉具体货物或服务的商标一起使用，但不将两者联系起来。

第 21 条　许可和转让

各成员可对商标的许可和转让确定条件，与此相关的理解是，不允许商标的强制许可，且注册商标的所有权人有权在转让商标时转移或不转移该商标所属业务。

---

1. 引言：术语、定义和范围

商标（trademark 或 trade mark）[1] 是指能够将一个企业的货物或服务与另一企业的货物或服务相区别的标记。它们是意在向消费者快速传递信息的区分工具（identifiers）。人们的常识和鲜有争议的共识是，商标使得个人可以一看到产品的陈列，就能把标记与货物或服务的已知质量或特征（包括生产者的声誉）联系起来，从而作出购买决定，这样就降低了消费者的交易成本。商标的第二重功能——从一个法和经济的观点来看较有争议——是方便生产者投资于广告和宣传，从而刺激消费需求，亦即通过自我宣传来创造商誉（goodwill）。

整个 TRIPS 谈判的努力，部分动因即在于对假冒商标行为的关切，也就是直接盗用一生产企业形象（persona）的行为。[2] 虽然假冒商标在有限的情

---

① 同样用来表示商标，美式英语使用的是"trademark"这一个单词，而英国和英联邦国家的英语则将其分写为"trade mark"两个单词。

② 根据《TRIPS 协定》第 51 条脚注 14，冒牌货物（counterfeit trademarked goods，又称假冒商标商品——译者注）"指包括包装在内的任何如下货物：未经许可而载有的商标与此类货物已有效注册的商标相同，或其基本特征不能与此种商标相区分，并因此在进口国法律项下侵犯了所涉商标所有权人的权利。"

况下是有利于消费者的,① 但是，在 TRIPS 谈判过程中，没有任何一类国家集体维护这种做法。事实上，很多在总体上反对在 GATT 中对知识产权进行实质性谈判的发展中国家，转而努力将谈判的范围限制在商标"假冒"和版权"盗版"中。

尽管商标的基本功能已被广为接受，但其保护范围仍然存在重要的问题。一方面的问题是，商标是否可能并且应当被用来阻止货物或服务的平行进口。由于国际贸易中有很大比例的货物是通过商标来区分的，用商标权来禁止平行进口的规则就可能严重影响贸易流通。另一方面的问题事关商标的合理使用（fair use）。在什么情况下，记者或者竞争者可以用商标来提及货物或服务？在一药品上使用的颜色，是否使得其生产者有权阻止他人在同类药品的不同形式上使用相同的颜色？

《TRIPS 协定》是商标法发展过程中的重要一步。就像在专利领域那样，《保护工业产权巴黎公约》包括了规制商标的授予和使用的规则，但它并没有对保护对象作出定义。虽然尤其是欧洲共同体在地区层面（regional level）上对于协调商标法方面曾迈出过重要步伐，但《TRIPS 协定》首次在多边层面（multilateral level）上定义了商标保护的对象。

2. 条文沿革

2.1 TRIPS 之前的状况

在 TRIPS 谈判之前，大多数国家已经授予商标权并且对之实施保护，尽管在保护对象的范围、使用条件的适用以及诸如续展期限之类的程序事项上存在较大差异。

2.1.1 《巴黎公约》

《巴黎公约》（1883 年，并经修订）设立了商标申请人和所有权人的国民待遇原则（第 2 条）。它为商标申请人提供优先权（right of priority），尽管 6 个月的优先权期短于专利申请的优先权期（第 4 条）。对于商标因不使用而被撤销的，《巴黎公约》设定了"合理"的前置期间（第 5 条 C 款第(1)项）。它承认，申请的条件将通过国内立法加以确定（第 6 条第(1)款），并确认了商标的独立性（第 6 条第(3)款）。《巴黎公约》对于"驰名商标"作了相当概括的规定（第 6 条之二）。它包括了转让的规则，允许商标随在一国之内生产或

---

① 它是指，比如当假冒商标者提供质优价廉的替代商品时。

销售相关货物的企业一同转移（第 6 条之四）。《巴黎公约》设立了"原样（"telle quelle"或"as is"）规则，规定商标必须按原属国（country of origin）注册的原样而被接受注册（第 6 条之五）。它规定，各成员国必须保护"服务标记"（service marks），但不要求以注册为前提条件（第 6 条之六）。《巴黎公约》包括了有关保护"集体商标"（collective marks，第 7 条之二）和"厂商名称"＊（trade names，第 8 条）的承诺。它包括了成员国有义务在进口或类似情况下扣押侵权货物（第 9 条），以及对虚伪来源标记的货物提供类似的救济（第 10 条）。《巴黎公约》要求各成员国提供保护以反对"不正当竞争"（第 10 条之二），包括在本质上是为了引起与竞争对手货物相混淆的行为；它并要求各成员国为其他国家的国民（以及协会社团）提供适当的法律救济，以有效地制止在第 9 条、第 10 条和第 10 条之二所述的行为（第 10 条之三）。

2.1.2　GATT 1947

GATT 1947 中包含若干关于商标的条款。第 12 条第 3 款(c)项(iii)要求在适用平衡收支的措施时，缔约各方不应"阻碍对专利、商标、版权或类似程序的遵守"。第 18 条第二节第（10）项规定的是保障对低收入国家的灵活性，其中也同样排除了对商标程序的干预。第 20 条则是一般例外，它允许采取的措施有：

"（d）为了保证某些与本协定的规定并无抵触的法律或条例的贯彻执行所必需的措施，包括有关……保护商标……，以及防止欺诈行为的措施。"

如本书第 15 章所述，GATT 第 9 条涉及的是"原产地标记"（marks of origin），与商标并不相同。①

2.1.3　《尼斯协定》

1957 年《关于供商标注册用商品和服务国际分类尼斯协定》（Nice Agreement Concerning the International Classification of Goods and Services for the Purposes of Registration of Marks）为货物和服务的分类建立了框架，

＊　一译商号或字号。本书通常称"商号"。——译者

①　相对于标明生产者（producer）的商标，GATT 1947 项下的原产地标记所显示的是产品的地理来源（territorial origin）。因此，原产地标记与《TRIPS 协定》第 22 条至第 24 条项下的地理标志这一更为精细的概念，具有共同的基本特征。关于商标和地理标志之间区别的详细解释，参见本书第 15 章。

并正被广泛采用。①

2.1.4　地区性法律

20 世纪 70 年代早期，在地区层面协调商标法的努力始于安第斯集团。欧洲共同体在乌拉圭回合谈判开始不久，于 1988 年通过了《第一商标指令》（First Trade Marks Directive）。

2.2　谈判经过

美国和欧洲的产业界团体对于假冒商标的关切，是乌拉圭回合中启动 TRIPS 谈判的一个重要因素。② 虽然对这一现象在当时缺乏扎实的数据，但发达国家产业界普遍认为，这种侵权行为侵蚀了它们的销售和利润，特别是在发展中国家。

2.2.1　东京回合的进展

东京回合临近结束之际，美国散发了一份关于《反假冒守则》（Anti-Counterfeiting Code）的提案，尽管该项提案未获得积极推动。③ 1982 年 11 月 29 日通过的《部长宣言》（Ministerial Declaration）包括了一份《关于假冒货物贸易的决议》（Decision on Trade in Counterfeit Goods），指示 GATT 理事会"研究假冒货物的问题，以确定在 GATT 框架内就与贸易有关的商业性假冒行为采取联合行动的恰当性，且如果该等行动被认为是恰当的，则确定该等行动的模式"。在 1984 年 11 月举行的第 40 届缔约方大会（40th Session of the Contracting Parties）上，组成了一个"假冒货物贸易专家组"（Group of Experts on Trade in Counterfeit Goods）来研究此问题。专家组于 1985 年召开了 6 次会议，并于 1985 年 10 月 9 日提交其报告。该报告指出：

"（a）虽然各类知识产权均受到了影响，但是带有受保护商标的货物受到了更为直接的影响；

---

① 《尼斯协定》当前各缔约方名单，参见〈http：//www. wipo. org/treaties/documents/english/pdf/i-nice. pdf〉。

② 关于 TRIPS 谈判的最初动机，参见 *Intellectual Property Rights：Implications for Development*，Policy Discussion Paper，UNCTAD-ICTSD，Geneva，2003，第 44 页及以下（"The emergence of TRIPS"）（还可见于〈http：//www. ictsd. org/iprsonline/unctadictsd/projectoutputs. htm♯policy〉）［以下简称"Policy Paper"（政策文件）］。

③ Frederick M. Abbott, *Protecting First World Assets in the Third World：Intellectual Property Negotiations in the GATT Multilateral Framework*, 22 Vand. J. Transnat'l L. 689（1989）。

（b）在假冒货物贸易上存在的问题与日俱增；

（c）国际法的现有条款［……］，特别是《巴黎公约》在防止假冒货物贸易方面，是非常有效但并不充分的文件……

……

（f）为防止假冒货物贸易所采取的任何措施，不应成为正牌货物贸易的障碍。"

2.2.2　1987 年美国提案

1987 年美国《关于与贸易有关知识产权谈判的提案》（Proposal for Negotiations on Trade-Related Aspects of Intellectual Property Rights）对商标有如下表述：

"商标

商标应包括任何单词、符号、设计或图案，包括任何具有显著性形状的三维物体，但货物或服务的通用名称（generic name）或描述性词语（descriptive words）除外。商标一词应包括服务标记。

商标专用权应来自使用或注册。驰名商标应受保护。冒犯国家象征、公共政策或公众情感的商标不应享有专用权。

商标或服务标记的注册制度应以平等条件和合理成本提供。与寻求注册的商标相同或混淆性近似的标记，其所有权人应获得机会对该商标注册及时提出异议。

商标注册期限应不少于 5 年，且可以按相同期限无限续展。如果商标在若干年没有使用，且未显示有特殊情况来解释该等不使用存在合理理由，则商标权应丧失。商标的使用不应受限于任何特殊要求。

在对许可人给予充分费用的情况下，允许商标的许可。不得对商标实行强制许可。商标的转让不应受到非必要的限制。"①

2.2.3　1988 年欧共体提案

欧洲共同体于 1988 年提交《欧洲共同体关于与贸易相关知识产权实质性标准谈判而提议的指导方针和目标》（Guidelines and Objectives Proposed by the European Community for the Negotiations on Trade Related Aspects of Substantive Standards of Intellectual Property Rights），其中称：

---

① 1987 年 10 月 19 日《美国关于将谈判目标归档的建议》（Suggestion by the United States for Achieving the Negotiating Objective），MTN. GNG/NG11/W/14，1987 年 11 月 20 日，附录。

"D. 3. b 商标

(i) 商标注册应授予所有权人以专有权。所有权人有权阻止任何第三方未经其许可而在贸易过程中对与商标注册的货物或服务相同或类似的货物或服务，使用相同或类似的标记。在对相同货物或服务使用相同标记的情况下，就不应要求存在混淆的可能性。

根据商标法或其他法律，保护应尽可能扩展至下列情形：在贸易过程中在与商标注册的货物或服务不相类似的货物或服务上使用任何与该商标相同或类似的标记，如果该商标享有声誉，且无正当理由而使用该等标记就是在不合理地利用或损害该商标的显著特征或声誉的话。

对商标所授予的专有权，在考虑到商标所有权人和第三方的正当利益的情况下，设定有限的例外，例如描述性词语的合理使用和权利用尽。商标一词应包括服务标记和集体商标。

(ii) 保护应给予任何可以图文方式表现的标记，特别是包括人名在内的单词、图案、字母、数字、产品形状或产品包装，只要这些标记能够将一个企业的货物或服务和另一个企业的货物或服务区别开来。对于特别是以下标记不应给予保护：①缺乏任何显著特征的；②违背公共政策或公认的道德原则的；③在货物或服务的性质、质量或地理来源等方面具有欺骗公众的性质的；和④与在先权利相冲突的。

(iii) 商标权可以通过注册或使用取得，特别是通过使用导致商标的声誉的情况下。商标注册制度应予维持。不得以在商标注册之前使用该商标作为注册的条件。

(iv) 商标注册可以无限续展。

(v) 如果对注册商标的使用是维持商标权所必需的，则只有在至少连续 5 年不使用后方可以撤销注册，除非存在不使用的正当理由。出于商标权人意志以外的情况而构成对商标使用的严重阻碍的（例如，商标所保护的产品被限制进口），足以构成不使用的正当理由。

不得允许对商标进行强制许可。无论拥有商标的企业是否一并转移，该商标均可转移。"[1]

欧共体提出了一些在美国提案中所没有的概念。其中包括合理使用和权利用尽的例外，以及商标"裸"转移（亦即，企业资产不一起转移）的可能性，还有，它明确地承认，商标使用不应成为商标注册的前提条件。

---

[1]　MTN. GNG/NG11/W/26，1988 年 7 月 7 日。

2.2.4 1989 年巴西提案

1989 年 12 月，巴西就商标问题作出如下提案：

"商标

（a）定义

31. 商标保护应授予具有显著性的标记，比如出于商业目的而能够区分货物或服务的人名、单词、名称、字母组合、徽记和标志。

32. 商标还应能够在两个企业的货物或服务之间加以区分，并向消费者确保质量。

33. 标记中含有构成已注册商标组成部分的某种元素或与已注册商标相冲突或为法律或《巴黎公约》所禁止的，不得注册为商标。

（b）权利的产生

34. 商标保护应产生于注册。商标的使用不应成为注册的前提条件。

（c）授予的权利

35. 商标注册应授予所有权人对商标的专有权。

36. 第三方对商标进行使用、复制、制造和未经授权的模仿，导致误解或混淆的，应看作是对商标所有权人权利的侵犯。

（d）驰名商标的保护

37. 对于在授予保护的国家为公众所知的商标，应予以保护。为此，各国应根据自己的利益和需要，审查采用国内保护的规则。这些规则可以规定，例如，驰名商标应在所有类别上受到保护，并被置于特别登记簿中，以便防止复制或模仿该驰名商标的另一商标进行注册，如果由此可能导致对货物或服务来源的混淆或损害驰名商标声誉的话。

38. 商标权人应有权利用国内法提供的手段对抗侵犯驰名商标的行为。

（e）所授权利的例外

39. 考虑到第三方利益和公共利益的情况下，对一商标所授权利的例外应予允许。国际权利用尽原则应适用于平行进口的情况。

（f）国内注册制度

40. 各国应维持商标注册制度，以在尽可能透明的条件下管理现有的商标权。除了允许保障本国第三方的权利、执行法律以及方便具有利害关系的第三方对商标（包括驰名商标）在本地的使用进行行政控制之类的其他程序以外，该制度应当包含允许第三方对商标注册提出异议的规定。

（g）保护期限

41. 保护期限以及进行续展注册的条件，应由各国国内立法规定。

(h) 使用要求

42. 国内立法如果要求商标强制使用的，应包含这样的规定，即经过一段合理时间而没有使用或间断使用，且商标所有权人未能举出正当理由的，则宣告该商标丧失权利。

43. 针对商标的使用，国内立法可规定下列标准：（i）许可协议本身并不是商标使用的证据；（ii）关于第三方使用的证据，要求将商标所有权人发放的许可在相关政府机关登记。

(i) 许可和转让

44. 国内立法应当可以规定商标转让的条款和条件。

(j) 无歧视性待遇

45. 国内立法应严格遵守《巴黎公约》中所包含的国民待遇原则。

(k) 商标所有权人的义务

45. 为避免滥用，商标所有权人应承担下列义务：

(i) 在东道国使用商标，以免该商标的注册被宣告丧失权利；

(ii) 避免对商标作限制竞争性使用；

(iii) 避免从事与许可协议相关的限制性商业行为，例如搭售产品、禁止或限制从东道国出口、在协议到期后限制使用以及其他行为等；

(iv) 通过透明的和更有利的许可协议条件，帮助向东道国进行技术转让。

47. 谈判参加方承担义务，控制和制裁从事对第三方权利有不利影响的限制性商业行为的国内商标权人。"①

2.2.5　1990 年发展中国家联合提案

阿根廷、巴西、智利、中国、哥伦比亚、古巴、埃及、印度、尼日利亚、秘鲁、坦桑尼亚和乌拉圭于 1990 年 5 月 14 日提交的一份提案，在商标方面包括以下内容：

"第 7 条：商标

(1) 各方应对于按其各自国内法规定的程序和要求而注册于其领土内的商标和服务商标提供保护。

(2) 商标或服务商标的注册应授予注册商标的所有权人阻止他人在与注册的货物或服务相同或类似的货物或服务上以可能导致混淆的方式使用该商标或类似商标的权利。如果带有商标的货物或服务由商标所有权人或经其同意在本协定缔约各方的领土内销售的，则应当遵守权利用尽原则。

---

① MTN. GNG/NG11/W/57，1989 年 12 月 11 日。

（3）关于商标使用的条件以及所授予保护的期限，应属于由国内立法决定的问题。"①

此提案呼吁制定一个关于商标权国际用尽的统一规则，并将保护期限留由各缔约方决定。

2.2.6 安奈尔草案

安奈尔主席的整合文本（1990 年 6 月）在商标问题上包括如下条款（"A"代表发达国家的提案，"B"代表发展中国家的提案）：

"第 2 节：商标

可保护的对象

1A.1 商标是能够将一个企业的货物或服务与另一个企业的货物或服务相区别的标记。它可能包括特别是单词和人名、字母、数字、产品形状及其包装、颜色的组合、其他图形化表现形式或这些标记的任何组合。

1A.2 下列商标［不应受到保护］［不能获得有效注册］。特别是，对于违背公序良俗的商标得拒绝给予保护：

（i）缺乏任何显著特征的；

（ii）在货物或服务的性质、质量或地理来源等方面具有欺骗公众的性质的；或者

（iii）与在先权利冲突的。

1A.3 "商标"一词应包括服务标记以及集体商标［和］［或］证明商标。

1B 各方应对于按其各自国内立法规定的程序和要求而在其领土内注册的商标和服务商标提供保护。

2. 权利的获得和程序

2A.1 各方应当使得商标权利可以通过注册或使用获得。通过使用获得商标权的，各方可以要求商标为该方的消费者或贸易者所周知。

2A.2 应当提供商标注册的制度。商标所适用的货物［或服务］的性质，在任何情况下均不得构成商标注册的障碍。

2A.3 ［商标在［申请］注册前的［实际］使用不得成为注册的一项条件］［商标的使用可以被要求作为注册的前提条件。］

2A.4 鼓励各方参加商标国际注册体系。

2A.5 各方应在每一商标注册前公布或在注册后迅速公布之，并应对他人撤销注册的请求给予合理的机会。此外，各方可为他人提供机会以便对商标

---

① MTN. GNG/NG11/W/71，1990 年 5 月 14 日。

注册提出异议。

2B 各方应当对于按照各自国内法包括或规定的程序和要求在其领土内注册的商标和服务商标提供保护。

3. 授予的权利

3.1 [注册商标的所有权人应享有商标的专有权。] 注册商标 [或服务标记] 的所有权人应有权阻止任何第三方未经其同意在商业活动中就商标注册的货物或服务相同或类似的货物或服务使用相同或类似的标记 [如果此类使用会导致混淆的可能性。] [但是，在相同货物或服务上使用相同标记的情况下，应推定存在混淆的可能性。]

3.2A 对注册商标或未注册商标的保护，应根据商标法或其他法律而扩展至在贸易过程中对在与商标注册的货物或服务不相类似的货物或服务使用任何与该商标相同或类似的标记，如果该商标享有声誉，且无正当理由而使用该等标记就是在不合理地利用或损害该商标的显著特征或声誉。

3.3A 一商标可能导致与 [在该国] 被认为驰名的另一商标发生混淆的，各方应当拒绝该商标的注册或撤销注册，并禁止其使用。[此类保护应扩展至将该标记用于与原货物或服务不相类似的货物或服务的情形。] [在决定一商标是否驰名时，必须考虑该商标在国际贸易中的使用和推广程度。一方不得要求其声誉超出相关货物或服务通常涉及的那部分公众的范围。]

3.4A 商标的所有权人应有权针对任何构成不正当竞争行为的未经许可的使用提起诉讼。

4. 例外

4A 可以对商标所授予的专有权规定有限的例外，例如描述性词语的合理使用，只要此类例外考虑到了商标所有权人和第三方的正当利益。

4B 如果带有商标的货物或服务由商标所有权人或经其同意在各方领土内销售的，则应当遵守权利用尽原则。

5. 保护期限

5A 商标的首次注册应享有不少于 10 年的期限。商标注册应可以无限续展。

5B 所授予保护的期限应属于由国内立法决定的问题。

6. 使用要求

6.1 如维持商标权必需使用注册商标的，则只有在至少连续 [3 年] [5 年] [一段合理期间] 不使用后方可撤销注册，除非商标所有权人根据对商标使用存在的障碍说明正当理由。

6.2A 他人经商标所有权人同意而使用商标的，就维持商标注册而言，应被看作对该商标的使用。

6.3A 不使用的正当理由应包括因商标权人意志以外的情况而构成对商标使用的障碍，例如对于商标所保护的货物实施的进口限制或其他政府要求。

7. 其他要求

7A 在商业中使用商标不得受特殊要求的［无理］妨碍，例如要求与另一商标一起使用，要求以减损该商标指示来源功能的方式使用，［或者以某一特殊形式使用］。

7B 商标使用的条件应属于由国内立法决定的问题。

8. 许可与强制许可

8A 不允许对商标强制许可。

8B 商标使用的条件应属于由国内立法决定的问题。（另参见第8节）

9. 转让

9A［注册］商标权可以也可以不与商标所属的企业同时转移。［各方可以要求商标所属的商誉随同商标权一并转移。］［各方对于与标示国家或地方公共机构或其下属部门、非营利性组织或致力于公共利益的企业的驰名商标相同或类似的商标，可以禁止转让。］

9B 商标使用和转让的条件应属于由国内立法决定的问题。（参见下述第8节）"①

发展中国家成员的立场包括了要求商标权的国际用尽和保护期限由各国决定。此外，发展中国家成员希望保留权利，来决定商标使用的条件。在这个阶段，商标被定义为包括了服务商标。在发达国家的提案中，对使用是否仍是注册的前提条件尚存疑问。它包括了一项承认合理使用的特别条款，尽管有诸多限制。

2.2.7 布鲁塞尔草案

随后就是1990年12月的布鲁塞尔部长文本（Brussels Ministerial Text）。在该阶段，文本随附的主席评论（Chairman's Commentary）就商标问题指出："在有关商标的第二部分第2节中，就商标使用的特殊要求（第22条）尚存问题。"②

"第2节：商标

第17条：可保护对象

1. 任何能够将一企业的货物或服务与其他企业的货物或服务相区别的标记或标记组合应能够构成商标。此类标记，特别是包括人名在内的单词、字

---

① MTN.GNG/NG11/W/76，1990年7月23日。
② MTN.TNC/W/35/Rev.1，1990年12月3日。

母、数字、图案的成分和颜色组合以及任何此类标记的组合，均应符合注册为商标的条件。如标记无固有的区别有关货物或服务的特征，则各方可以将通过使用获得显著性作为注册的条件。各方可以要求，作为注册的条件，这些标记应当是能够用图文形式表现的。

2. 以上第 1 款不得理解为阻止一方以其他理由拒绝商标的注册，只要这些理由不背离《巴黎公约》(1967) 的规定。

3. 各方可以将使用作为注册条件。但是，一商标的实际使用不得作为提起注册申请的条件。不得仅以自申请日起满 3 年商标意图使用未实现为由拒绝该申请。

4. 商标所适用的货物或服务的性质在任何情况下不得构成商标注册的障碍。

5. 各方应在每一商标注册前公布或在注册后迅速公布之，并应对撤销注册的请求给予合理的机会。此外，各方可提供机会以便对商标的注册提出异议。

第 18 条：授予的权利

1. 注册商标的所有权人享有专有权，以阻止所有第三方未经其同意在贸易过程中在与已注册商标的货物或服务相同或类似的货物或服务上使用相同或类似的标记，且此类使用会导致混淆的可能性。在对相同货物或服务使用相同标记的情况下，应推定存在混淆的可能性。

2. 《巴黎公约》第 6 条之二在细节上做必要修改后应适用于服务。在确定一商标是否驰名时，应考虑相关公众对该商标的了解程度，包括因在国际贸易中推广该商标而获得的在该方境内的了解程度。

3. 《巴黎公约》第 6 条之二在细节上做必要修改后应适用于与已注册商标的货物或服务不相类似的货物或服务，只要该商标在对那些货物或服务的使用方面会不正当地显示这些货物或服务与注册商标所有权人之间存在联系。

第 19 条：例外

各方可以对商标所授予的权利规定有限的例外，如描述性词语的合理使用，只要此类例外考虑到商标所有权人和第三方的合法利益。

第 20 条：保护期限

商标的首次注册及每次续展的期限均不得少于 7 年。商标的注册应可以无限续展。

第 21 条：关于使用的要求

1. 如维持注册需要使用商标，则只有在至少连续 3 年不使用后方可撤销注册，除非商标所有权人根据对商标使用存在的障碍说明正当理由。出现商标人意志以外的情况而构成对商标使用的障碍，例如对受商标保护的货物或服务实施进口限制或其他政府要求，此类情况应被视为不使用商标的正当理由。

2. 在受所有权人控制的前提下，另一人使用一商标应被视作为维持注册而使用该商标。

第 22 条：其他要求

A. 在贸易过程中使用商标不得受特殊要求的无理妨碍，例如要求与另一商标一起使用，以特殊形式使用或要求以损害其将一企业的货物或服务区别于另一企业的货物或服务能力的方式使用。

B. 商标使用的条件应属于由国内立法决定的问题。

第 23 条：许可和转让

各方可对商标的许可和转让确定条件，与此相关的理解是，不允许商标的强制许可，且注册商标的所有权人有权在转让商标时转移或不转移该商标所属业务。"①

相当有趣的是，请注意只是在布鲁塞尔草案中，才引入了关于驰名商标的较为详细的规定。这些规则代表了商标法中一个非常重要的创新。现在，商标的期限被确认是无限的。续展期限现在被确定为最短 7 年。它提到的权利用尽，则被挪到了适用范围更广的第 6 条。正如主席指出的，关于商标使用的条件，仍然存在分歧。

2.2.8　邓克尔草案

邓克尔草案文本（1991 年 12 月 20 日）与《TRIPS 协定》最终文本的第 15 条至第 21 条相比，不存在任何实质性差异。

3. 可能的解释

3.1　第 15 条

3.1.1　第 15 条第 1 款：定义

第 15 条　可保护对象

1. 任何标记或标记的组合，只要能够将一企业的货物或服务与其他企业的货物或服务相区别，即能够构成商标。此类标记，特别是包括人名在内的单词、字母、数字、图形的成分和颜色的组合以及任何此类标记的组合，均应符合注册为商标的条件。如标记无固有的区别有关货物或服务的

---

① 　MTN. TNC/W/35/Rev. 1，1990 年 12 月 3 日。

特征，则各成员可以将通过使用获得的显著性作为注册的条件。各成员可要求，作为注册的条件，这些标记应为视觉上可感知的。

　　商标可保护对象的定义，虽然相对简短，却内容丰富。第一句指出"任何标记……即能够构成商标"。这个定义将包括任何可以为人类感知的并可作为符号工具的东西，不但包括可以为视觉感知的单词和图案，而且包括声音、气味、味道和质感。实际上，在若干法律管辖区域内，声音和气味已经被确定为符合商标保护的条件，且第 15 条 1 款的第一句并未将之排除。但是，第二句说"特别是"被列举的对象"均应符合注册为商标的条件"（亦即人名、字母、数字、图形成分和颜色的组合以及任何此类标记的组合）。这个列举并未包括不可为视觉感知的标记。它并且在提到颜色时将其限定在颜色的"组合"（combinations of colours）上，尽管有一些法律管辖区域已经认定，单一颜色（single colours）符合商标保护的条件。第四句允许各成员规定以视觉可感知性（visual perceptibility）作为商标注册的条件。[①] 这就说清楚了，声音、气味、味道和质感本身即便可以作为"标记"，但并非必需加以保护。因此，本条款的第一句是宽泛规定，意在允许各成员采用比较宽的商标保护对象范围，第二句意在列出各成员负有保护义务的对象，而第四句则允许排除某些对象。

　　以前曾有评论认为，商标的功能尚未完全确定。传统上，商标具有标示货物来源的功能已经被人广为接受。例如，一罐汽水标有"可口可乐"这一驰名商标，就表示它是可口可乐公司的产品。但是，标示来源并非商标唯一的潜在功能，而且，传统上被人广为接受的"标示来源"（source identification）功能，在某种程度上已被《TRIPS 协定》的明文规定所淡化了。

　　除了标示来源，商标还起到保护企业的所谓"商誉"的功能。从商标的意义上讲，"商誉"一词用以涵盖一种无形资产：企业所建立的声誉。[②]这种声誉不完全是靠投放在市场上的产品质量或其他特征赢得的。企业可以不对产品或服务的改动或改进做任何事情，却专门投资于其声誉。这就是对广告或推广的投资，意在使消费者对其产品或服务留下一定印象，即

---

　　① 关于气味标记的视觉可感知性或者图形化可呈现性，参见下文第 6.3.1 节根据欧共体法律所采用的方法。

　　② "商誉"一词还有财务会计上的含义，通常是指一公司的实体资产（hard assets）与其市场价值之间的差价（或买家愿意在实体资产价值之外支付的溢价）。

便他们从未购买过。这是人为创造的声誉。对生产者而言，广告和推广具有真实的经济价值。同时，也存在一种潜在的经济和社会成本。消费者可能被鼓励去购买他们并不需要的产品，也可能因为广告而去购买了质量较差的产品。

商标法应该保护企业对其货物或服务进行推广的投资，即便该投资与货物或服务的质量或其他特征并无直接关联吗？这个问题也许貌似玄妙，而从企业针对被控侵权人行使权利的角度和从救济（包括赔偿）的角度来讲，其答案对商标诉讼或有重大意义。如果第三方被理解为只是因为虚假陈述货物或服务的来源才会侵犯商标所有权人的权利，那么，这可能使得第三方通过清楚地表明其货物或服务的来源从而避免构成侵权，即便他在其货物上援引了该商标（或者，比如在对比广告［comparative advertisement］的情形中）。反过来，如果第三方被理解为通过利用商标所有权人的商誉而侵犯其权利，那么，对商标的任何援引都足以给第三方带来声誉上的收益（亦即通过吸引消费者注意的方式），即便货物或服务的真实来源是清楚的。这事实上降低了侵权的门槛。而且在计算损害赔偿时，究竟根据消费者对货物真实来源的混淆来计算损害，还是根据对商标所有权人商誉的影响来计算损害，这两种方法可能有着很大差异。

第 15 条第 1 款规定，商标是"能够将一企业的货物或服务与其他企业的货物或服务相区别"的标记。一个标记能够使消费者分辨或区分出不同的企业，与一个标记把某一特定企业确定为货物或服务的来源，这两者不是同一回事。第 15 条第 1 款第一句并未要求消费者能够确定货物或服务的具体来源。而是消费者应当能够决定，该商标所确定的货物或服务不同于其他的货物或服务。①

至于商标保护是否必须在保护标示来源之外扩展至商誉这一关键特征，第 15 条第 1 款第一句能否回答这个问题值得怀疑。另一方面，第 15 条第 1 款第一句看起来允许各成员将商标保护扩展至商誉。

第 15 条第 1 款特别提到用于区分"服务"的标记要给予注册。这在很大程度上改变了《巴黎公约》第 6 条之六，该条只要求各成员国保护服务商标，

---

① 例如，第 15 条第 1 款没有要求带有 Coca-Cola（可口可乐）商标的汽水必须由可口可乐公司生产。它只是要求消费者能够将 Coca-Cola 与 Pepsi（百事可乐）以及其他可乐汽水相区别。

但未要求为其提供注册。^① 不过，由于大多数 WTO 成员在《TRIPS 协定》缔结之前本来就允许注册服务商标，因此，将服务商标的注册要求纳入其中是否就导致各成员的做法发生重大变化，这一点值得怀疑。正如 GATS 并未定义"服务"的对象，《TRIPS 协定》也没有对此加以定义。

第 15 条第 1 款第三句规定，"如标记无固有的区别有关货物或服务的特征，则各成员可以将通过使用而获得的显著性作为注册的条件。"商标一般被理解为可以归为以下类别。"任意性"商标（arbitrary marks）或"臆造性"商标（fanciful marks），例如"Exxon"（埃克森），它们本身没有含义。这些商标是由使用它们的企业创造出来的。"暗示性"商标（suggestive marks）在普通语言中也许有其含义，但其普通含义一般不会与货物或服务联系起来。这样，比如"Sunrise"（日出）在指一种天文现象时有其普通含义。但"Sunrise"可以用在洗碗液的营销中，暗示光亮和洁净。这就是一件暗示性商标。"描述性"商标（descriptive marks）依靠词汇的普通含义来标示货物或服务。在其普通含义中，这些词语并不标示或区分各个企业。比如，我们来看"General Electric"（通用电气）之于电器，或者"Volkswagen"（大众汽车）之于汽车。在这两个例子中，组成商标的单词传达了一种含义，即使有一定的间接性，但它们描述了该企业的货物。商标法通常允许描述性词语也能取得商标地位，但是在很多法律管辖区域，这取决于这些词语与一个企业的货物或服务的联系必需在消费者当中达到一定的认可度。这是第 15 条第 1 款第三句谈到"通过使用而获得的显著性"（distinctiveness acquired through use）的含义。这样，各成员可以将是否在消费者心目中取得一定程度的显著性作为"描述性"商标注册的条件。关于何时达到足以使消费者认可的程度，各国要求有所不同。^②

---

① "第 6 条之六 商标：服务标记本联盟各国承诺保护服务标记。不应要求它们对该项标记的注册作出规定。"（《巴黎公约》）

② 应当指出的是，"通用"词语（generic terms）不得成为其所区分的商品的商标。"通用"词语是指用于一种或一类（"种类"[genus]）产品或服务的词语，比如"床"或"汽车"。所以，床的生产者不能单单用"床"这个字作为自己的商标。但是，通用词语有时可以作为组合词语商标的一部分，且它只有用在该组合时才能得到保护。此外，通用词语取其非通用性含义时，可以用作商标，例如，在计算机上使用"Apple"（苹果）作为商标。

3.1.2　第15条第2款

> 2. 第1款不得理解为阻止一成员以其他理由拒绝商标的注册，只要这些理由不背离《巴黎公约》（1967年）的规定。

一成员可以选择依据其他理由来拒绝注册一商标，而不是因为该商标不能区分一个企业的货物或服务。例如，在 WTO 上诉机构（AB）裁决的"美国—哈瓦那俱乐部"案中，美国对一商标拒绝注册，理由是对该商标主张所有权的一方并非该商标的真正所有权人。上诉机构维持了美国拒绝注册的决定，因为它属于美国拥有的、决定商标合法所有权人的自主权范围之内。[①]

"美国—哈瓦那俱乐部"案中所争议的《巴黎公约》第6条之五，要求各成员按商标在原属国注册的原样（"as is"或"telle quelle"）接受商标注册。这一规定旨在避免商标注册机关要求对商标进行翻译或其他调整以满足本地的偏好或规定。根据第15条第2款，成员必须遵守"原样"义务，只有这样才不会背离《巴黎公约》。即使是"原样"义务也有例外。那就是，《巴黎公约》第6条之五承认存在某些理由，甚至可以用来拒绝接受原样商标。它们是：

"B......1. 商标具有侵犯第三方在被请求给予保护的国家的既得权利的性质的；

2. 商标缺乏显著特征，或者完全是由商业中用以表示货物的种类、质量、数量、用途、价值、原产地或生产时间的符号或标记所组成，或者在被请求给予保护的国家的现代语言中或在善意和公认的商业实践中已经成为惯用的；

3. 商标违反道德或公共秩序，尤其是具有欺骗公众的性质。这一点应理解为不得仅仅为商标不符合商标立法的规定即认为该商标违反公共秩序，除非该规定本身同公共秩序有关。但本规定以适用第10条之二为条件，方可适用。"

《巴黎公约》还列举了其他可以拒绝商标注册的理由（第6条之二和之三）。第6条之二规定各成员国有义务拒绝第三方注册驰名商标。关于驰名商标的规定见下述第3.2.2小节。第6条之三为成员国设定义务，拒绝对国旗和国徽作为商标注册。

---

① 上诉机构在"美国—哈瓦那俱乐部"案的裁决，详见下文第4.1节的讨论。

3.1.3　第 15 条第 3 款：商标的使用

> 3. 各成员可以将使用作为注册条件。但是，一商标的实际使用不得作为提交注册申请的条件。不得仅以自申请日起满 3 年商标意图使用未实现为由拒绝该申请。

商标保护源自一种反不正当竞争法。英联邦法律管辖区域的"假冒"侵权（tort of passing off）不断发展，用来处理关于不当利用他人商标、商号的请求。这个诉因并不依赖于商标的注册。假冒侵权这个概念宽于侵犯商标权（trademark infringement），可以包括滥用商号和企业的其他显著特征。它过去是并且现在仍然是普通法的调整对象。[①] 在美国，商标保护是作为反不正当竞争法的一部分而发展起来的。虽然商标在很早以前就已经得益于英联邦国家和美国法中的注册制度，但仍有可能通过在商业活动中的使用（use in commerce）而获得"普通法"商标（"common law" Trademark）并得到实施。

在《TRIPS 协定》谈判之前，美国要求以在商业活动中使用商标作为该商标获得联邦注册的前提条件。这个前提条件意在确保商标只是与真实的货物或服务相关联。

除其他目标外，这一目标旨在避免未使用商标在美国专利商标局（USPTO）的登记簿上泛滥。以使用作为前提条件，还能鼓励企业尽快将其货物和服务推向市场。

但是，即使不考虑这一基于使用的注册制度在国际层面所制造的复杂性（因为这与允许未经使用即可注册的大多数国家存在根本的不相容），这一前提条件越来越被视为妨碍了在新产品和服务实际上市前就向公众作广告的现代营销策略。如果以使用作为注册的前提条件，企业在发布产品和服务之前做广告就会面临风险。做广告的企业在将其货物或服务投放市场之前，其他企业可能在货物或服务上实际使用了该商标。

随着更为全球一体化的商标注册制度的优势对美国企业来讲愈益明显，美国在乌拉圭回合谈判期间转而采用了一种经过修订的基于使用的注册制度。一种以《马德里议定书》（Madrid Protocol）为基础的注册制度（由 WIPO 管理）可以用来减少在商标注册上的低效率，并且，基于使用的注册制度而在国内给营销策略带来的某些困难也可因此得以克服。美国的商标制度仍然建

---

① 关于"假冒"的普通法原则，参见 W. R. Cornish, *Intellectual Property: Patents, Copyright, Trade Marks and Allied Rights*（1999 年第 4 版），第 16 章。

立在以"使用"（use）作为注册条件的基础上，但是，它现在已经可以接受在申请注册时声明"意图使用"（intent to use）的商标，以及随后在一定期限内提交的关于该商标在商业活动中实际使用的证明。① 只有申请人向美国专利商标局提交了实际使用的证明之后，商标才能正式注册。同时，申请人得益于商标"拟制使用"（constructive use）的优先权，因为它实际上就防止第三方在申请人意图使用期间（intent-to-use period）获得与之竞争的联邦商标权，并且允许申请人根据该拟制使用而提起侵权主张。②

第 15.3 条第三句规定，不得仅以自申请日起满 3 年商标意图使用未实现为由拒绝该申请。这实际上就要求，对于已申请但未使用的商标应当设立某种形式的优先权，因为在这 3 年期间内，该商标（就申请之目的而言）应被视为已经使用。但是，它看上去并未要求向申请人授予权利，来对抗在"优先权"期间被指控侵犯未使用之商标的人，因为它仅仅涉及最终的商标注册，而不涉及中间时期。关于一项商标注册申请的效力，由各成员在其国内法中确定。《巴黎公约》第 4 条规定，在申请国之外首次提出商标注册申请的，享有 6 个月的优先权。这一规定就阻止他人在该期间内使用商标或提出一项注册申请，从而与优先权人的权利构成抵触（interfering）。

第 15 条第 3 款包容了美国式注册制度，后者得以继续要求将使用作为完成注册的前提条件，但是，该条款允许在实际使用之前提出注册申请。有趣的是，在为期 3 年的时间内，不使用（non-use）不可能是拒绝商标注册申请的唯一理由，但是，以其他方面理由而对一项注册申请所产生的影响，该条款则未予明文规定。

3.1.4 第 15 条第 4 款

> 4. 商标所适用的货物或服务的性质在任何情况下不得形成对商标注册的障碍。

第 15 条第 4 款实质上重申了《巴黎公约》第 7 条，只是明确提到了服务

---

① 参见 15 U.S.C. §1051(b)-(d)。提交使用证明（verification of use）的规定时间是自"批准通知"（notice of allowance）发布起的 6 个月内，可另行延长 24 个月。由于批准通知是经过了审查、答辩期、公告和异议期之后才发出的，因此，是否会以商标在《TRIPS 协定》第 15 条第 3 款所规定的 3 年期限内未使用为由而被拒绝注册，就很值得怀疑了。

② 参见 15 U.S.C. §1057(c)。"拟制使用"的好处在商标注册之后才会产生，但是，它在适用时具有追溯效力。

商标。① 正如在本书另外部分所述，知识产权不是市场准入权（market access rights）。第 15 条第 4 款虽然规定必须针对所有类别的货物和服务而可给予商标注册，但这并非要求成员允许销售这些货物和服务。

《巴黎公约》第 6 条之五（"原样"规则）允许以商标"违反道德或公共秩序，尤其是具有欺骗公众的性质"为由拒绝该商标的注册。请注意，这里讲的是商标本身，而不是与之关联的货物或服务。

道德或公共秩序的问题可能由于货物而产生，例如香烟就被认为是有害于健康的，各成员可以选择严格监管甚至禁止香烟的广告或销售。第 15 条第 4 款暗示，一商标比如说在香烟上使用，就不得因与之关联的产品而被拒绝注册。这似乎与《巴黎公约》第 6 条之五矛盾，后者允许以道德和公共秩序为由拒绝商标注册。如果将第 6 条之五解释为仅限于拒绝注册"本身"具有冒犯性的标记或符号，可以解决这一表面矛盾。但是，由于一个标记或符号本质上会引起（或刺激）公众联想到某些产品、服务、活动或信仰，所以，这条界线很难划清。一成员可能辩称，它有权阻止注册用于香烟的商标，其理由并不是基于产品，而是因为对该商标本身的推广就对公众产生了不利影响；亦即，商标"本身"就有害于公共秩序，因为它鼓励一种已知会造成严重损害的行为（并且该行为并不联系到或限定于特定企业的产品）。无论这种辩解是否有说服力，从公共政策的观点来看，关键问题在于，允许注册一商标或服务商标无损于政府对与该商标相联系的产品进行管制的权力。即使一成员必须同意在香烟上注册商标，它还是可以公共健康为由禁止（或限制）香烟的销售。

3.1.5　第 15 条第 5 款

> 5. 各成员应在每一商标注册前公布或在注册后迅速公布之，并应对撤销注册的请求给予合理的机会。此外，各成员可提供机会以便对商标的注册提出异议。

第 15 条第 5 款规定了公布、撤销和异议这些程序问题。它的规定非常直截了当。商标应当公布，以使得有兴趣反对该商标注册的第三方可以注意到。各成员必须为当事人提供寻求撤销（cancellation）的程序，并且可以（而非必须）实施一种异议（opposition）制度。异议制度能够阻止商标的注册，而撤销是在注册之后发生的。

---

① 《巴黎公约》第 7 条规定："使用商标的商品的性质绝不应成为该商标注册的障碍"。

也许有人会问，哪一种公布符合本条款的要求。第 15 条第 5 款并未将公布限于纸质文本（hard text），因此可以想见，在互联网上公布也已足够。这当然可以为商标局节约成本。还可能有人会问，"迅速"（prompt）公布必须多快完成，而对撤销注册的请求给予"合理的机会"（reasonable opportunity）又是指什么。诸如"迅速"、"合理"之类的词语，如何定义就给各成员留下了某种解释的余地。探究这些词语的潜在界限在此似无裨益。毫无疑问，有许多在内容上存在差异的程序都是符合这些要求的。

3.2 第 16 条

3.2.1 第 16 条第 1 款：专用权

第 16 条　授予的权利

1. 注册商标的所有权人享有专有权，以阻止所有第三方未经该所有权人同意，在贸易过程中在与该注册商标的货物或服务相同或类似的货物或服务上使用相同或类似的标记，且此类使用会导致混淆的可能性。在对相同货物或服务使用相同标记的情况下，应推定存在混淆的可能性。上述权利不得损害任何现有的优先权，也不得影响各成员以使用为基础提供权利的可能性。

第 16 条第 1 款这区区几句话都可以写成一本商标法专著，因此，此处有必要择其要者论之。

权利归于"注册"商标的所有权人。各成员可以保护"普通法"商标，但并非必须。在"美国—哈瓦那俱乐部"案中，美国辩称，其有权决定谁是商标的"所有权人"，以此作为决定该所有权人可以享有哪些权利的前提条件。

就像其他知识产权，商标权也是一项"消极权利"（negative right），其所有权人得"阻止所有第三方"。如果所有权人已经"同意"使用该商标，则其不再有权阻止使用。所有权人将带有某商标的货物投入市场，就是以此方式同意使用该商标，并因此授权第三方转售或以其他方式转移该货物。这种同意就构成了权利用尽原则的基础。

商标所有权人的禁止权的范围是"在贸易过程中使用〔商标〕"。这就意味着，在"贸易过程"之外使用商标不得加以阻止。所以，例如，一篇涉及某一货物质量或其他特征的报纸文章，如果旨在使读者了解信息，而不是（作为一则广告）推广或阻却该货物的销售，那么，商标的所有权人可能就无法以在"贸易过程"中使用商标为由而予阻止（此类使用作为商标权的有限例外之一，也是被允许的）。

可阻止的使用是指有关"在与该注册商标的货物或服务相同或类似的货物或服务上，使用相同或类似的标记，且此类使用会导致混淆的可能性。"如果是未经同意而在与注册商标的货物或服务"相同"（identical）货物或服务上使用"相同"（identical）标记，则在认定构成侵犯商标权时，作出不同解释的余地相对不大。这是假冒商标的基本情形。这些问题诸如①商标何时"类似"（similar），②货物或服务何时"类似"（similar），以及③何时存在"混淆的可能性"（likelihood of confusion），就构成了商标法的主要内容。其基本的思想是，不应当让竞争者通过使用足够类似的标记来利用商标所有权人的身份，致使消费者受到误导，以为商标所有权人与由竞争者所提供的类似货物之间存在联系。

从理论上讲，有无穷数量的标记都可被用作区分商业活动中的货物和服务的商标。但在实践中，这个数量还是相当有限的。普通的描述性词汇就常常被用作商标。每种语言中这些词汇的数量都是有限的，而这些词汇中为普通消费者所熟知的就更有限了。在实践中，当企业准备在市场上发布产品时，他们往往想出相同或类似的念头来称呼这些产品，这种事一点儿也不稀奇。

两个标记或商标是否足够类似，以至于使用一个标记就会侵犯另一个标记上的权利，这基本上是一个事实问题（question of fact）。法官、行政执法官员或陪审团必须比较两个商标，然后决定它们是否传达了一种相似的印象。如果一成员决定对于被控侵权的商标采用非常严格的比较标准，致使商标所有权人很难证明受到了类似的而非相同标记的侵权，那么就会产生一个《TRIPS 协定》的解释问题。纯粹为了说明问题，我们假设有一成员制定了一项规则，而据此规则，"Coco-Cola"被认为与"Coca-Cola"（可口可乐）并不构成类似，并允许当地生产商利用这个驰名商标。虽然，类似性（similarity）这个概念具有灵活性，但就像很多其他的知识产权概念一样，也不能无限地扩大解释。

货物或服务的类似性也存在同样的问题。就商标混淆而言，机动船和帆船是否类似？冰箱与汽车是否类似？第 16 条第 1 款的规定是，不得在类似货物或服务上使用相同或类似的商标。这就暗指，在不相类似的货物上可以使用相同或类似的商标。这是个事实问题。法官、行政执法官员或陪审团必须决定，在消费者心目中是否会在两种货物或服务之间产生足够联系，以致可能作出这样一种推定，认为它们是由同一企业生产的。

最终需要提出的问题在于，是否"此类使用会导致混淆的可能性"。"可能性"（likelihood）一词的意思是，消费者在实际上发生混淆的概率很大（significant probability）。但是，至于多大比例的消费者已经发生或者可能发生混淆，商标法上并无统一标准，而且甚至在同一国家司法管辖区域内的各个法院适用的标准也可能大相径庭。如果能证明消费者购买一货物或服务，其本以为是一企业提供的，但实际上由另一家企业所提供，这就在事实上发生了混淆，它通常是证明存在混淆"可能性"的有力证据。但是，事实上的混淆（confusion in fact）常常难以证明。

几乎可以肯定，各成员在用于判定"混淆的可能性"的标准上有很大差异。考虑到这些判断很大程度上取决于具体的背景，这就难以限定什么才能被认为是合理的善意方法。最终，混淆的可能性是由事实认定者（finder of fact）依据多种因素综合得出总体印象来决定的。法院已经采取了不同的多因素考察方法，指出所要考虑的因素（在美国，也许最著名的是八要素的"Sleekcraft"分析法①），但即便如此，各要素的权重也可能视情况不同而有差异。②

第 16 条第 1 款第二句规定，"在对相同货物或服务使用相同标记的情况下，应推定存在混淆的可能性。"在他人意图直接占商标所有权人的便宜变得很显然时（例如，直截了当地假冒商标），这一规定应有助于侵权主张的成功。在标记和货物/服务均属相同的情况下推定存在混淆的可能性，据此而发生举证责任倒置，由被控侵权人证明不存在混淆的可能性。这就大大减轻了商标所有权人的举证任务。但是，该推定是有可能被推翻的。科蒂埃教授（T. Cottier）曾经指出，在（在实行商标权国际用尽规则的国家）平行进口的情况下，通过证明该货物经由商标所有权人同意而在另一国家投放市场，就可以推翻这个推定。③

第 16 条第 1 款第三句提到不得损害现有的优先权。这一短语的意图并不完全明确。一方面，它可能指这样一种常见的情况，即两方当事人在同一国

---

① AMF Inc. v. Sleekcraft Boats，599 F. 2d 341（9th Cir. 1979）。

② 例如，侵权人是否恶意实施侵权行为就占有很大的权重，即便这并不直接影响到消费者的感受。

③ Thomas Cottier, *Das Problem der Parallelimporte im Freihandelsabkommen Schweiz-EG und im Recht der WTO-GATT*，Revue Suisse de la Propri′et′e Intellectuelle, I/1995，37，53-56［以下简称"Cottier"］。请注意，这些情形必须与上面所举的假冒商标的例子相区别：在平行进口的情况下，该相同之标记来自于同一个商标所有权人；而在假冒的情况下，商标权人之外的他人在其自己的产品上使用了商标权人的商标。

家领土内，也许是在不同地点，使用了可能发生冲突的商标，而该国判例已经认可不同所有权人可以同时使用相同或类似的商标。即使其中一个是注册商标或变成了注册商标，也可以允许这两个商标继续同时使用。不损害这一概念将允许在先或同时使用的权利继续存在，无论这种行为发生在《TRIPS协定》生效之前还是之后。另一方面，该短语可以这样解释，以便使第 16 条第 1 款的规定无意对在其生效之前产生的商标权产生影响，从而该种使用仍可继续。但是，一旦《TRIPS 协定》的规则生效之后，就不再允许出现类似情况了。这将在实际上修改第 70 条第 2 款的规则，它设定了这样的义务，即除非另有规定，《TRIPS 协定》项下的新权利延及现有的对象。第 16 条第 1 款第三句是在布鲁塞尔部长会议之后增加的。

第 16 条第 1 款的第二组短语（"也不得影响各成员以使用为基础提供权利的可能性"）则没有任何模棱两可之处。它清楚地表明，如果各成员选择保留或新设普通法商标权制度，则该制度可以继续存在。但是，第 16 条第 1 款的第一句和第二句所规定的权利，并不自动适用于普通法商标，后者享有的是与注册商标不同的一系列权利。

3.2.2　第 16 条第 2 款：驰名商标

> 2.《巴黎公约》（1967 年）第 6 条之二在细节上作必要修改后应适用于服务。在确定一商标是否驰名时，各成员应考虑相关公众对该商标的了解程度，包括在该成员中因促销该商标而获得的了解程度。

《巴黎公约》第 6 条之二处理的是所谓"驰名商标"（well-known trademarks）的问题。① 为此类商标制定的特殊制度，目标是为了保护已属于

---

① "第 6 条之二：驰名商标

（1）本联盟各国承诺，如本国法律允许，应依职权，或依利害关系人的请求，对商标注册国或使用国主管机关认为在该国已经驰名，属于有权享受本公约利益的人所有、并且用于相同或类似商品的商标构成复制、仿制或翻译，易于产生混淆的商标，拒绝或撤销注册，并禁止使用。这些规定，在商标的主要部分构成对上述驰名商标的复制或仿制，易于产生混淆时，也应适用。

（2）自注册之日起至少 5 年的期间内，应允许提出撤销这种商标的请求。本联盟各国可以规定一个期间，在这期间内必须提出禁止使用的请求。

（3）对于依恶意取得注册或使用的商标提出撤销注册或禁止使用的请求，不应规定时间限制。

如前所述，《巴黎公约》区分商品商标和服务标记。例如，它并不要求各国提供服务商标的注册。《TRIPS 协定》要求为服务商标提供注册。

某人且在一国为公众所周知的商标，即使它们没有或者尚未在该国通过注册获得保护。在驰名商标未注册的情况下，与之相冲突的商标在理论上可以得到注册，并且实施该商标权利，以致对驰名商标造成损害，因为在多数情况下会导致消费者的混淆。这种做法被普遍认为是一种不正当竞争行为，[①] 因此需要对驰名商标加以保护。

驰名商标保护的必要性一般产生于新兴市场，亦即，原来对外国贸易商不开放的国家，或者由于其经济不断发展而吸引品牌产品供应商的国家。在这些情况下，未注册驰名商标的所有权人被认为是值得保护的，应当如同他/她已经实际注册了该商标那样给予保护。这表明，注册并不被看作是保护的最终标准。人们认为更重要的是，与驰名商标相同或类似商标的注册可能导致公众发生混淆，他们会将注册商标与尚未注册但已经驰名的商标的所有权人及其产品联系起来。

为表明驰名的服务商标与（针对货物的）商标享有同样的保护，第 16 条第 2 款第一句明确地将《巴黎公约》第 6 条之二的保护延及服务商标。

《巴黎公约》第 6 条之二已被理解为给各国确定商标是否驰名所适用的标准留下了很大的不确定性。[②]《TRIPS 协定》第 16 条第 2 款第二句处理了这种不确定性的一个方面。它规定，商标是否驰名的问题应就"相关公众"（relevant sector of the public）而定。比如，假设有一家企业是供科学实验室用的材料化学成分先进分析仪的领先制造商。该企业的商标可能只在化学成分技术专家中间非常有名，但一般公众对此却很可能知之甚少。第 16 条第 2 款暗示，商标驰名与否应在"相关"部门公众的基础上考虑，像在上述情况中，相关部门的公众就是技术专家。根据相关部门的公众来定义"驰名"与否就存在着这样一种风险，即可能造成驰名商标的泛滥。为应对这种风险，可以通过为相关公众对商标的了解程度设定一种相对较高的标准，而这样做的可能性属于本条款允许的范围之内。

---

① 参见 G. H. C. Bodenhausen, *Guide to the Application of the Paris Convention for the Protection of Industrial Property as revised at Stockholm in 1967*, BIRPI, Geneva, 1968，第 90 页（关于第 6 条之二，（d）款）。

② 1999 年 9 月，WTO 各成员方通过了一份联合决议，为驰名商标的各个不同方面提供了指南，包括在作出有关驰名商标的决定时可能适用的标准。参见以下文章，第 6.2.2 小节。参见，例如，WIPO 全体大会和巴黎联盟大会于 1999 年 9 月通过的《关于驰名商标保护规定的联合推荐文》（*Joint Recommendation Concerning Provisions on the Protection of Well-Known Marks*）。

第 16 条第 2 款第二句对相关公众的解释，又加上了这样的短语："包括在该成员中因宣传该商标而获得的了解程度"。① 通常，商标的广告水平是事实认定者在判断某一描述性商标是否已取得"第二含义"（secondary meaning）时，借以评估公众了解程度的一个根据。《TRIPS 协定》的文本澄清了，商标即使从未在相关成员境内使用于货物和服务上，但已通过广告为那里的人们所了解，也仍可以认定为驰名。如上所述，《巴黎公约》为驰名商标提供特殊保护的主要原因之一，就是防止第三方在外国商标所有权人尚未进入的市场上注册该驰名商标（并允许将由此获得注册的商标予以撤销）。第三方常常会把他人的驰名商标进行注册，再向希望在新兴市场获得注册的该外国商标所有权人索取"赎金"。不过，《巴黎公约》第 6 条之二没有明确回答这个问题，即一商标即使在货物还未上市时是否应予保护。第 16 条第 2 款第二句现在说得很明确，将货物或服务投入一成员境内的市场，并不是在那里持有驰名商标利益的前提条件。

3.2.3　第 16 条第 3 款：驰名商标

> 3.《巴黎公约》（1967 年）第 6 条之二在细节上作必要修改后应适用于与已注册商标的货物或服务不相类似的货物或服务，只要该商标在对那些货物或服务的使用方面可表明这些货物或服务与该注册商标所有权人之间存在联系，且此类使用有可能损害该注册商标所有权人的利益。

第 16 条第 3 款所处理的情况是，第三方将驰名商标使用在该商标所有权人并不驰名的货物或服务上。本款规定与第 16 条第 2 款有三方面的区别。第一，从本款规定的行文上看（参见上述引文），争议的驰名商标是已经注册的。第二，混淆性类似商标所使用的货物或服务，不同于该驰名商标所使用的货物或服务。② 第三，本款规定强调对驰名商标声誉（reputation）的保护。这一点反映在本款的最后部分，它要求第三方商标的使用"有可能损害该注册商标所有权人的利益"（详见下文）。《TRIPS 协定》第 16 条第 2 款和《巴黎公约》第 6 条之二并未如此提及权利人的利益，而是把焦点集中于公众发生混淆的可能性上。但是，已经有评论指出，通过援引《巴黎公约》第 6 条

---

① 布鲁塞尔部长级会议文本（1990 年 12 月）提到，"包括由于在国际贸易中宣传该商标而在在该成员方获得的了解"。

② 这也使得本规定区别于第 16 条第 1 款的规定，后者适用于与一注册商标所保护的商品或服务相同或类似的情形（以下简称"普通商标混淆"）。

之二，《TRIPS 协定》第 16 条第 3 款也考虑了有关公众混淆的问题。[①]

为说明第 16 条第 3 款如何操作，可以考虑这样一个例子，第三方将汽车驰名商标"Audi"（奥迪）用于电视机的营销。首先，存在这样一个难题，从普通商标混淆的意义上讲（亦即根据第 16 条第 1 款），电视机可否成为汽车制造商的产品线自然延伸的一部分。如果是的话，那么由该注册商标潜在覆盖的电视机就将与第三方的电视机存在着类似性。这样可能就不会产生驰名商标的问题了，因为已经有在类似货物之间发生混淆的可能性了。但是，如果在普通商标（ordinary trademark）意义上没有混淆的可能，第 16 条第 3 款就指出，事实认定者应当进而探究，消费者是否会认为两类货物之间存在某种关联（connection），即便它们并不构成产品线的自然延伸（亦即在货物不相类似的情况下）。消费者看到电视机上的"Audi"字样，会认为它与汽车公司之间有某种关联吗？近年来，在一个商业领域驰名的生产者越来越多地进入与之并无关联的其他商业领域。比如，谁曾预料到"Marlboro"（万宝路）和"Camel"（骆驼）这样的香烟商标会被用于服装和鞋类？在这种情况下，第 16 条第 3 款处理的正是这样一个与驰名商标有关的重要问题。

第 16 条第 3 款包含一项重要的限制条款。"此类使用有可能损害"该驰名商标所有权人的利益。此类损害可能预见通过以下两种方式产生。第一，驰名商标所有权人自己可能已经做好计划，准备进入与使用该商标的第三人相同的市场。驰名商标所有权人将因此丧失获得收入的机会，从而受到损害。第二，使用该商标的第三方可能采取的是败坏或损害商标所有权人声誉的方式。由于第三方将商标用于不相类似的货物，该行为一般不能推定会造成损害，所以，应当由商标所有权人承担举证责任，证明存在损害的可能性。

将商标用于不相类似的货物而存在着损害的可能性，诸如此类的主观性问题在不同成员之间可能会有不同的答案。这是意料之中的事。在适用诸如第 16 条第 2 款和第 16 条第 3 款之类的《TRIPS 协定》条款时，从 WTO 法律的角度看，问题在于各成员是否合理且善意地（reasonably and in good faith）适用这些规则，而不在于是否采用某一特定的方法来获得一个确定的结果。

---

① 参见 Gervais，第 111 页。

3.3　第 17 条：例外

> **第 17 条　例外**
>
> 各成员可对商标所授予的权利规定有限的例外，比如描述性词语的合理使用，只要此类例外考虑到商标所有权人和第三方的合法利益。

商标权涉及在标记或符号上的专有性。实际上，一个标记或符号可能被排除于公众使用的范围之外，保留给私人控制。若商标涉及的是臆造的字母组合和/或图案，对公众的影响或许还相对较轻。但是，在许多不同情况下，它们对公众的影响都可能是实质性的。

当描述性词语变成商标保护的对象时，表达的能力就受到了限制。即使商标所有权人的权利一般限于在贸易过程中针对某些货物或服务的使用，但围绕该词语的使用还是存在着一种心寒效应（chilling effect），阻却他人使用该词语。考虑到在词语之上授予私权而带来的影响，无论是直接的还是间接的，这就促使人们禁止对"通用"词汇（generic terms）授予商标权。

一个企业在将自己的产品和其他企业的产品进行比较时，很难在提到后者产品的同时而不提及它们的商标。因此，在对比广告（comparative advertising）时使用竞争对手的商标，就通常作为商标所有权人权利的一个例外而被法律所允许。

还有许多其他情况下，可以未经所有权人同意而提及商标。常见的一类是在新闻报道和评论中提及商标。在谈及一企业的货物或服务时，往往很难不提到它们的商标。再以"奥迪"（AUDI）商标为例加以说明。一本面向奥迪车迷的杂志，它在评测奥迪车性能的时候，很难不使用"奥迪"这个词。当然，杂志社可以把它说成一家在产品线上以某些特征而闻名的德国汽车制造商，但这会导致作者和读者大众绞尽脑汁。杂志社在这种情况下使用"奥迪"一词就是对商标的一种合理使用，有时称作"指示性合理使用"（nominative fair use）。

就像版权那样，商标保护的只是产品的身份（identification）而不是功能（function）。制药公司利用着色的胶囊或片剂来销售药品。医生、药剂师和消费者——患者通过药品各自的显著性颜色来分辨药品。药品的使用者逐渐依靠颜色作为一种主要手段，来确定他们服用的是什么药。从公共健康的角度来看，颜色发挥了一种至关重要的作用。当后来者生产仿制药时，如果消费者——患者无法通过同样的颜色分辨同样的药品，那么他们就会面临大问题。颜色在此时已经具备了重要的功能性特征（functional characteristic）。根据以下两种理由，第三方在同样的药品上使用相同颜色或许是有道理的。第一，这时可以说该颜色具有功能性，并不是发挥一种商标的功能，因此不受保护。第二，这时也可以说该颜色的使用是对商标所有权人权利的一个有限的例外，是符合公共利益的一种合理使用。①

《巴黎公约》没有明确处理商标权的例外的问题，而且从这个角度讲，《TRIPS 协定》第 17 条在多边层面上并无条文上的先例。这一条款和关于专利的第 30 条类似，同样没有条文先例。（与之形成对比的是，关于版权的第 13 条则是来源于《伯尔尼公约》第 9 条第(2)款，因此，它有着在既往适用的历史。）在 2004 年中期，WTO 专家组（那时相关争端还没有到上诉机构那里）就第 13 条和第 30 条的解释作出了裁决，但它并未涉及第 17 条。尽管由于三种例外规定都使用了类似的用语，使人不免倾向于将它们进行类比，但重点是应当意识到，各类知识产权的作用迥异，在其中的公众利益和私人利益也会大相径庭。

对"有限的例外"（limited exception）一语，可作不同的合理解释。在"加拿大—仿制药"（*Canada -Generic Pharmaceuticals*）案中，② 专家组认为该用语指向一种狭义的减损。③ 而加拿大曾主张，"有限的例外"是指一种具

---

① 请注意，欧洲自由贸易区法院（Court of the European Free Trade Association）已经允许第三方在同样的药品上使用相同的颜色。（欧洲自由贸易区，简称 EFTA，由冰岛、卢森堡、挪威和瑞士组成。除瑞士之外，EFTA 成员国与欧共体及其成员国缔结有《欧洲经济区条约》（Treaty on the European Economic Area），从而使它们也参加欧共体的共同市场，并受欧共体法律的约束）。参见 *Merck v. Paranova* 案，EFTA 法院 2003 年 7 月 8 日第 E-3/02 号案件：欧洲最大的平行进口商之一 Paranova 公司向挪威进口药品，而该批药品是由默克（Merck）制药公司之前打上其商标在南欧销售的。在挪威销售这批药品之前，Paranova 公司对其重新包装，但未触及药品本身。新包装上显示了默克公司的商号、商标以及在默克公司原包装上使用的颜色。但是，这些颜色的位置与默克公司原包装上的位置不同；Paranova 公司没有把该颜色置于中心，而是将它们挪到包装的边角上。针对默克公司提出的侵犯商标权之诉，EFTA 法院判决，根据欧共体法律，商标所有权人只有在某种设计损害了权利人声誉或者其商标时，才可以阻止平行进口商使用该种设计。平行进口商出于方便消费者区分该进口商自己的产品线的考虑，将原来的颜色用在了不同位置，这并不构成此类损害。不同于设计新的包装本身，平行进口商在创作自己的包装设计时可以做超出进口国要求的最低限度的修改。

② WT/DS114/R，2000 年 3 月 17 日。有关详细讨论，参见本书第 23 章。

③ *Canada - Generic Pharmaceuticals* 案，第 7.30 段。

有确定边界的例外。就该用语的文本而言，这两种解释都是可行的。

第 17 条以"描述性词语的合理使用"（fair use of descriptive terms）作为一种有限例外的示例，但因为它明确地在该用语之前加了"比如"（such as）一词，就表示它显然不是一种穷尽式列举。如上所述，还有许多其他类型的有限例外也在不同的法律制度中得到了承认。

第 17 条进一步规定，有限例外应当"考虑到商标所有权人和第三方的合法利益"。适用这一用语必将涉及主观判断，来平衡商标上的公共利益和私人利益。在"加拿大—仿制药"案中，专家组认定，"合法利益"（legitimate interest）应当被理解为宽于"法定利益"（legal interest）并考虑更广泛的社会利益。① 以上讨论的每一种商标权的例外在主观平衡的范围内，都是可以被允许的，隐含着需考虑商标所有权人和第三方合法利益。

3.4 第 18 条：保护期限

第 18 条 保护期限

商标的首次注册及每次续展的期限均不得少于 7 年。商标的注册应可以无限续展。

在 TRIPS 之前，世贸组织各成员执行的续展期限大不相同。许多成员的商标局曾经（并且仍然）依靠收取续展费来维持其运作，自然就热衷于收费。美国的提案是 10 年的最低期限，而发展中国家的提案则主张将期限问题留待各成员自行规定，目前规定的不少于 7 年的首次注册以及续展期限，则是上述两种提案之间达成的一个妥协（参见上文 2.2.5）。

商标的期限可以是无限的。但这并不意味着，只要缴纳续展费，商标权就可以无限延续。依据诸如不使用商标（参见以下第 19 条）等理由，商标是可以被撤销的。不过，第 18 条明确规定，如果满足了维持商标权的要求，那么在商标可以存在多久的问题上没有时间限制。

---

① *Canada - Generic Pharmaceuticals* 案，第 7.68 段和第 7.73 段。

3.5 第 19 条：关于使用的要求

> **第 19 条 关于使用的要求**
>
> 1. 如维持注册需要使用商标，则只有在至少连续 3 年不使用后方可撤销注册，除非商标所有权人根据对商标使用存在的障碍说明正当理由。出现商标人意志以外的情况而构成对商标使用的障碍，例如对受标保护的货物或服务实施进口限制或其他政府要求，此类情况应被视为不使用商标的正当理由。
>
> 2. 在受所有权人控制的前提下，另一人使用一商标应被视为为维持注册而使用该商标。

第 19 条第 1 款第一句设定了（连续）3 年不使用的最低期限，作为撤销一注册商标的理由。《巴黎公约》第 5 条 C 款第(1)项规定，"注册商标只有经过适当的期间才可以撤销注册"。①《TRIPS 协定》因此就在实际上界定了《巴黎公约》所指的"适当的期间"（reasonable period）。

《巴黎公约》第 5 条 C 款第(1)项和《TRIPS 协定》第 19 条第 1 款各自规定了商标所有权人可以阻止其商标被撤销的理由。《巴黎公约》允许商标所有权人"证明其不使用有正当理由"。《TRIPS 协定》则提到"商标使用存在障碍"。但二者都没有说清哪些种类的事实或情形可以构成不使用的正当理由，从而为各成员留下了实质性的自主裁量空间，来确定这一理由的范围。这些事实或情形可以非常宽泛，比如允许注册商标所有权人以其因技术原因未能投产而作为不使用的正当理由。另一方面，它们也可能很狭窄，例如仅仅指在商标所有权人控制范围之外所产生的障碍，比如政府禁售该标的产品。

《巴黎公约》的规则允许商标所有权人对于不使用而"证明其有正当理由"，这可以被理解为，不得以政府采取的行动作为借口。政府的行动可以被解释为是对商标所有权人借口的去正当性（de-legitimize）。第 19 条第 2 款的第二句则清楚地表明，商标使用的障碍确实可能在商标所有权人控制范围之外而产生，包括政府对标的货物或服务实施的限制。这样，基于正当施加的政府限制而提出的借口，应仍构成一种正当借口（legitimate excuse）。

---

① 《巴黎公约》第 5 条规定：

"C.(1) 如果在任何国家，注册商标的使用是强制的，只有经过适当的期间，而且只有有关人员不能证明其不使用有正当理由，才可以撤销注册。"

第 19 条第 2 款规定了商标所有权人将商标许可给第三方的情形。出于防止商标因不使用而被撤销之目的，被许可人的使用就等同于商标所有权人的使用。然而，被许可人对商标的使用只有"在受所有权人控制的前提下"才属此列。可以看出，"裸许可"（naked license），亦即商标所有权人只收许可费但不对被许可人履行监督之责的许可，并不构成本款所指的许可。这不但是语言上的逻辑推导，而且谈判经过也支持这种理解，该谈判过程表明，现在关于控制的用语替代了早期文本中关于只需商标所有权人同意而使用商标的用语。[①] 或者还有一种主张认为，只要商标所有权人对于商标拥有一种合同利益（contractual interest），那么被许可人就受其控制（无论多么松散），因而这种控制足以构成第 19 条第 2 款意义上的"控制"。根据该条款的明文规定和谈判过程来看，这种理解看起来并不很具有说服力。

3.6　第 20 条：其他要求

第 20 条　其他要求

在贸易过程中使用商标不得受特殊要求的无理妨碍，例如要求与另一商标一起使用，以特殊形式使用或要求以损害其将一企业的货物或服务与另一企业的货物或服务相区别之能力的方式使用。此点不排除要求将识别生产该货物或服务的企业的商标与区别该企业的所涉具体货物或服务的商标一起使用，但不将两者联系起来。

在 TRIPS 谈判之前，在各国国内商标立法中，特别是在发展中国家，关于商标使用方式的规定屡见不鲜。外国商标的国内被许可人，可能被要求将其自己的商标与许可人的商标一起使用。还可能有额外的法规，规定在货物上使用本国商标和源自外国的商标的相对位置。尽管有关于以相同形式注册商标的"原样"规则，但对于源自国外的商标的所有权人，还是可以要求其将商标转换为一种更加本地友好型（locally-friendly）的形式，比如提供描述性词语的翻译版本。这些要求具有以发展为导向（development-oriented）的目标，其中就在于假定外国许可人在该市场的存在可能是暂时的，从而要确保建立有利于国内企业的某种名称或商标认同。通过要求外国许可人将其商

---

① 请注意，在安奈尔草案的"A"建议中并没有关于控制的要求，它规定：

"6.2A 他人经商标所有权人同意而使用商标的，就维持商标注册而言，应被看作对该商标的使用。"参见上文第 2.2 节。

标与一国内企业相联系，发展中国家的政府机关就是在鼓励业务关系的连续性，因为如果一企业的名称或产品已经在公众心目中与许可人联系起来了，那么许可人就会不那么愿意中断它与该企业的联系。从国外许可人的角度来看，此类要求对业务规划构成障碍。如果被许可人（比如经销商）的商标或名称与许可人的商标联系起来，那么许可人就面临着因被许可人的行为而致其自身声誉受到损害的风险。而且，由于这些特殊要求可能阻挡来自外国的许可人更换或中断其业务关系，因此，许可人对此事评价不高。

第 20 条排除了施加"特殊要求……例如要求与另一商标一起使用，以特殊形式使用或要求以损害其将一企业的货物或服务与另一企业的货物或服务相区别之能力的方式使用"。本条款首先提到的"与另一商标一起"使用，意思比较清楚。"特殊形式"使用的意思，则既可以指规定适用于所有商标权人的标准样式（比如，"翻译"形式，或者以特定的尺寸或颜色），也可以指由商标机关作出的个案审查决定。而本条款规定"以损害……区别能力的方式使用"，其意图究竟为何则不甚清楚。如果要求商标所有权人把商标尺寸缩小到或放置到令消费者难以辨认的程度，或者要求其将商标与可能降低该商标对消费者影响力的信息或材料并列在一起，那么，就会出现这样的后果。因此，比如要求将一产品的通用名称与一商标并列使用，就可能被认为具有这样的效果。但是，这种立法形式还是为解释者留下了相当大的灵活性。

然而，第 20 条特别授权各成员制定这样的规则，要求将生产企业的商标或名称与商标所有权人的商标或名称一起使用。这种要求旨在服务于发展目标，因为它告诉公众，某一当地的生产企业才是货物或服务的实际提供者（de facto supplier），以期待当地公众会对国内供应商的能力建立信心。与此同时，第 20 条规定国内企业使用其商标并不与商标所有权人的商标"联系起来"。这可能是为了阻止国内企业"不正当地利用"源自外国的商标。尽管第 20 条没有规定或者暗指某一具体方式，但应当存在着某种形式上的区别。虽然这一条款的谈判达成是为了回应发展中国家关于应当允许它们促进对本地生产能力的知晓度的主张，但是，在文本中并没有区分本地生产企业和外国生产企业。假如一个中国生产商制造了带有一美国商标的产品，且该产品只在印度尼西亚销售，那么，中国生产商的商标（根据国民待遇原则）也将被要求与美国商标一起显示于在印度尼西亚所销售的产品上，就如同一印度尼西亚生产商的商标被要求与该美国商标一同显示于该产品上一样。

3.7 第 21 条: 许可和转让

第 21 条 许可和转让

各成员可对商标的许可和转让确定条件,与此相关的理解是,不允许商标的强制许可,且注册商标的所有权人有权在转让商标时转移或不转移该商标所属业务。

传统上,商标被看作用于区分货物来源的手段。消费者的预期是,一特定生产商投放市场的货物符合由商标所代表的质量标准,也因此表示该生产商或供货来源的质量标准。因此,在很多国家的法律制度中,要么不允许将商标许可给第三方,要么虽然允许给予许可(这在很大程度上是商标法在 20 世纪中叶的一大发展),但要求许可人对被许可人实施控制,以向消费者确保该商标继续代表着同等质量的产品。

如果一企业拥有某一商标,那么当该企业被出售时,商标随着企业一并转让通常是没有法律障碍的。随着企业变得更具跨国性,并且分成单独的经营单位,越来越常见的情况是,所出售和转移的只是企业的一部分或在某一特定国家的经营业务,而不是企业整体的出售或转移。国内商标法以及《巴黎公约》第 6 条之四第(1)款承认,如果至少是"该商行或商誉所在该国的部分,连同在该国制造或销售标有被转让商标的货物的专有权一起转移予受让人",则应当允许该商标的转让或转移(assignment or transfer)。①

---

① 第 6 条之四

"商标:商标的转让

(1)根据本联盟国家的法律,商标的转让只有在与其所属厂商或商誉同时移转方为有效,如该厂商或商誉坐落在该国的部分,连同在该国制造或销售标有被转让商标的商品的专有权一起移予受让人,即足以承认其转让为有效。

(2)如果受让人使用受让的商标事实上会具有使公众对使用该商标的商品的原产地、性质或基本品质发生误解的性质,上述规定并不使联盟国家负有承认该项商标转让为有效的义务。"

第 21 条承认，各成员有权继续对商标的许可和转让施加限制。① 例如，各成员可以继续要求商标许可人充分控制被许可人的行为，以保障商标区分来源的功能（亦即从消费者角度来看保持商标的同一性 [integrity]）。第一分句用语未作限制，"各成员可对商标的许可和转让确定条件"。限制是设在第二分句中。

第一，不允许对商标的强制许可。虽然《巴黎公约》第 5 条 A 款授权对专利的强制许可，但是第 5 条 C 款没有具体谈到商标的强制许可。它规定，只有经过"适当的期间"而不使用商标才可以因此撤销注册（参见上文第 2.1.1 小节）。商标一旦被撤销，就可以为第三方所使用。从一种间接的角度看，商标的撤销可能被视为一种强制许可，但是，这是两个不同的概念。

由于商标之目的在于区别产品来源，因此，允许将其强制许可给第三方，似乎与其基本功能相悖。产品来源就将发生定义上的变化，而消费者可能因此被误导。不过，这里的问题比乍看上去的还要多。让我们来考虑药品专利强制许可的情形。在根据强制许可而引入第三方所制造的药品之前，药品是打上专利所有权人的商标卖给医生—药剂师—消费者的。专利所有权人可以主张，其商标权扩展至该药片的颜色。如果药片的颜色没有随着专利强制许可一起许可，这就可能导致使消费群体（即医生、患者和药剂师）发生混淆的情形。但作为一个实践问题，根据《TRIPS 协定》而对该等商标颁发强制许可——这是第 21 条所禁止的——则是没有必要的，其理由有二。其一，商标并不涵盖"功能"，因此，如果药片的颜色对于医生、患者和药剂师发挥某种功能，那么该颜色就不能独占性保留给商标所有权人。其二，《TRIPS 协定》第 17 条允许商标权的有限例外，因此，一成员可以在此等情形中承认对

---

① "许可"（license）通常被理解为是指一项法律协议，以此允许一人使用另一人所拥有的东西，但并不转移该许可标的之所有权。"转让"（assignment）则一般被理解为是指将所有权从一人处转移给另一人的法律协议。但是，由于法律有时对于物之所有权的正式转让施加限制条件，因此，权利的"转让"并非在所有情况下都涉及所有权变更的正式登记。基于这个原因，"assignment"与"transfer"都用来首先表示在某物之上的法律利益（legal interest）发生变动，其次用来指涉及所有权变动登记的正式行为。

商标权的一种"合理使用"。①

第二,"注册商标的所有权人有权在转让商标时转让或不转让该商标所属业务"。这一措辞体现了在关于商标具有区分来源功能的传统观点上的分野。这是目前所允许的商标的"裸转让"(naked assignment)。商标实质上就变成了像木材一样可以交易的独立商品。这就承认了在商标法基本原则上的一大变化。

然而,商标可以像商品一样出售和转让这一事实,并没有取消维持商标的基本要求。在维持商标必须实际使用该商标的国家,商标的新所有权人必须保证在所注册的货物或服务上对商标做一定使用,以免因超过法定最低期限而被撤销商标。与此相似,商标不得被"通用化",从而丧失其商标的功能。(即使是臆造商标也可能变成通用名称,假如该商标被广泛用以指某一产品,而商标所有权人又没有采取措施来主张其权利并控制该词语的使用。)

4. WTO 案例

4.1 "美国—哈瓦那俱乐部"案

4.1.1 事实背景

美国—《1998 年综合拨款法》211 节(即"美国—哈瓦那俱乐部"〔U. S. -Havana Club〕案),② 是上诉机构对于《TRIPS 协定》和《保护工业产权的巴黎公约》的知识产权的实体规则进行解释的第一起案件裁决。这也是适用《TRIPS 协定》国民待遇和最惠国待遇条款的第一案。

本案案情较为复杂,这里简要概括之。在古巴的革命政府上台之前,古巴有一个家族企业用"Havana Club"(哈瓦那俱乐部)这个商标制造和销售朗姆酒。该企业在古巴和美国均注册了"Havana Club"商标。革命政府没收

---

① 如正文中所述,当用单一颜色来区分药品时,该颜色常常被消费者作功能性使用(functionally used),作为区分药品的手段。在这种情况下,就产生了强有力的根据,要么(a)对于发挥功能性(因而不是商标的)作用的单一颜色,拒绝给予商标权,要么(b)承认第三方生产者享有合理使用权。即使是有限度地提到商标权人的"品牌名称"(brand name),如果并非以暗示商标所有权人对第三方的产品表示支持的方式为之,则也可以作为合理使用而为法律所允许。

② WTO Appellate Body,*United States -Section 211 Omnibus Appropriations Act of 1998*,WT/DS176/AB/R,2002 年 1 月 2 日(以下简称"美国—哈瓦那俱乐部"案〔U. S. —Havana Club〕)。

了该家族企业的资产，包括这个商标，但没有对前所有权人给予补偿。该前所有权人也没有试图续展他们在美国注册的商标，并因此致该商标过期。后来，在古巴继受该商标的古巴国有企业在美国注册了这个商标。

20 世纪 90 年代，一家总部在法国的跨国酒类制造和经销企业保乐利加（Pernod Ricard）与这家古巴的国有企业建立合资企业，在全球销售"Havana Club"牌朗姆酒。该合资企业受让了在美注册的商标。与此同时，一家总部设在美国（注册于百慕大）的酒类制造和经销企业百加得（Bacardi）收购了以前拥有"Havana Club"商标的古巴家族企业的剩余权益，并开始以"Havana Club"为商标在美国销售朗姆酒。由于美国法律和法规禁止古巴及其国民在美国以及与美国做生意，所以，古巴—法国合资企业就被排除在美国市场之外。但是，古巴—法国合资企业在美国联邦法院起诉美国销售企业侵犯了它的商标和商号（并提出有关不正当竞争的主张），以维护其在美国市场的权利。

正当该侵权诉讼进行之时，美国国会通过了针对古巴国民被没收的商标和商号的法律。根据该项法律，将"Havana Club"注册商标转让给古巴—法国合资企业的行为就被溯及性归于无效，并剥夺了古巴在美国续展"Havana Club"商标注册的权利。此外，该项立法指示美国法院，不要执行古巴国民或其权益继受者基于以往的没收而主张的商标权或商号权。审理古巴—法国合资企业所提起的侵权及不正当竞争诉讼的美国联邦法院，根据这一新通过的法律，驳回了原告的诉讼请求。美国联邦上诉法院维持原判，而美国最高法院拒绝给予进一步上诉的权利。

4.1.2 欧共体的立场

欧共体根据《争端解决谅解》（DSU）提起了一项争端解决之诉，它声称美国采取了一系列不符合《TRIPS 协定》的行动。其主要诉请是指控美国与它根据《TRIPS 协定》商标条款以及被吸收的《巴黎公约》规则所承担的义务不相符。最主要的依据是体现所谓的"原样"规则的《巴黎公约》第 6 条之五（参见上文第 3.1.2 小节）。这项规则一般性地规定，一成员方的商标注册主管机关必须按商标所有权人在原属国此前所注册的商标原样接受商标注册。该规则旨在防止商标主管机关要求修改商标的形式或外观以适应本国偏好，并且使得商标按一个统一的基础在整个巴黎公约体系内得到使用。欧共体把这个规则又向前推进了一步，声称不但商标注册必须按原样被接受，而且商标注册也必须被接受，从而试图将一项关于商标形式的规则转化为一项关于商标注册条件的规则。

专家组和上诉机构同意，《TRIPS 协定》通过引用的方式吸收了《巴黎公约》的规则，因此，对《巴黎公约》的解释就被认为等同于对《TRIPS 协定》的解释。值得注意的是，专家组请求并收到了 WIPO 国际局（或秘书处）一份关于《巴黎公约》第 6 条之五谈判过程的详细的事实报告。[①] 专家组依赖这份关于谈判过程的报告，用以确定其对《巴黎公约》的解释。[②] 上诉机构还依赖 WIPO 提供的报告，以及博登豪森（Bodenhausen）教授所著的《巴黎公约（1967 年）指南》（Guide to the Paris Convention（1967）），作为其解释的指导工具。[③]

4.1.3　上诉机构对《巴黎公约》"原样"规则的解释

专家组和上诉机构均驳回了欧共体关于《巴黎公约》第 6 条之五"原样"规则所提出的诉请。与欧共体所表达的观点相反，上诉机构将"原样"规则解释为仅限于商标的形式（form）。WTO 各成员因此可以通过其国内立法自由决定商标申请和注册的条件。上诉机构依据的是《巴黎公约》第 6 条第(1)款，该条规定

"商标的申请和注册条件，在本联盟各国由其本国法律决定。"

---

① *United States -Section 211 Omnibus Appropriations Act of 1998*，专家组报告，WT/DS176/R，2001 年 8 月 6 日，第 VI 部分。专家组提到了它的请求和回复（已经提供该回复的一个摘要），具体如下：

"8.11 如前所述，在第一次实体性会议上，我们告诉各当事方，我们意图根据《关于争端解决规则与程序的谅解》（DSU）第 13 条，向世界知识产权组织（WIPO）国际局寻求信息。世界知识产权组织国际局负责管理《保护工业产权巴黎公约》(1967 年)。

8.12 DSU 第 13 条第 1 款规定，专家组享有"向其认为适当的任何个人或机构寻求信息和技术建议的权利"。第 13 条第 2 款进一步规定，专家组可"向任何有关来源寻求信息，并向专家咨询以获得他们对该事项某些方面的意见。"

8.13 根据第 13 条赋予专家组的权力，我们在 2001 年 2 月 1 日的信函中，请求世界知识产权组织国际局为我们提供事实信息，尤其是与争端相关的《巴黎公约》(1967 年)的规定（包括《巴黎公约》(1967 年)第 2 条第(1)款、第 6 条、第 6 条之二、第 6 条之五和第 8 条）的谈判历史和后续发展。就第 6 条之五，我们请求提供关于该条款所意图之范围的任何事实信息。我们还请求世界知识产权组织国际局提供关于如下问题的任何事实信息，即《巴黎公约》(1967 年)是否有规定调整关于如何根据巴黎联盟成员国的国内法确定商标的所有权人。2001 年 3 月 2 日，世界知识产权组织国际局对我们的请求作出了回答。"〔脚注略〕

② 同上，见第 8.82 段。

③ AB, *U. S. -Havana Club*，第 122—48 段（参见，例如，脚注 81）。美国在其答辩状中广泛引用 WIPO 前高级官员博登豪森教授在其任职于该组织期间所撰写的《巴黎公约指南》，作为一个解释性渊源。

根据上诉机构的意见，如果第 6 条之五要求各成员不但接受一外国商标的形式，还要同样接受另一国在商标申请和注册上的实质性条件，那么，上述条款的效力将受到破坏。①

4.1.4　上诉机构对《TRIPS 协定》第 15 条和第 16 条的解释

专家组和上诉机构也驳回了欧共体的如下诉请，即第 15 条和第 16 条要求美国应当接受一商标的注册，尽管其立法机关已经认定该商标并非由主张商标所有权的该方当事人所合法拥有。欧共体主张，第 15 条定义了可受商标保护的标记的性质，而第 16 条定义了必须授予商标所有权人的权利，这两条都要求美国必须接受商标注册。美国则辩称，一商标是否有资格获得注册以及商标所有权人享有哪些权利的问题，区别于以下这个更为原始的问题，即谁是该商标合法的所有人或者拥有人。根据美国的观点，第 15 条和第 16 条无意规制所有权的问题。

在本质上，专家组和上诉机构支持美国的这一解释。它们确认美国享有如下权限，即对于依据违反法院地国（forum state）公共政策所做的外国没收而主张商标所有权的，可以决定不予承认。

专家组和上诉机构主要依据第 15 条和第 16 条的字面含义，来反驳欧共体的诉请，并且在确认美国的解释时提出，TRIPS 的谈判过程并没有支持欧共体对这两条规定作扩大解释。

关于第 15 条第 1 款，上诉机构评论道，"符合条件"（eligible）注册的商标并不就有权（entitled）获得保护；它们只是有资格（qualify）获得保护。换言之，一商标具备第 15 条第 1 款所规定的显著性要求，并没有给各成员施加自动（automatically）为该商标提供注册的义务。各国还可以根据其国内法中确定的其他要求（比如商标的所有权问题）拒绝注册（参见上文）。②

上诉机构之所以支持这种文本解释（textual interpretation），是基于与第 15 条第 1 款上下文相关的若干论据。尤其是，上诉机构强调了第 15 条第 2 款的重要意义，该款授权各成员可根据第 15 条第 1 款所规定以外的理由，拒绝商标注册。这就意味着，按上诉机构的理解，各成员没有义务对于所有满足了第 15 条第 1 款中的显著性要求的标记，均予以注册。③ 上诉机构根据上下文提出的另一论据，是基于《巴黎公约》的第 6 条第(1)款。根据《巴黎公约》第 6 条之五（参见上文），上诉机构这样评论道，欧共体对第 15 条第 1

---

①　同上，第 139 段及以下。

②　参见上诉机构报告，第 155 段及以下。

③　同上，第 157—159 段。

款的解释就将剥夺由《巴黎公约》第 6 条第(1)款给予 WTO 各成员的立法自
主权。如果各成员有义务自动注册任何满足了第 15 条第 1 款所规定之显著性
标准的商标，则各成员在国内法中就没有规定额外标准的余地了。①

关于第 15 条第 2 款，欧共体主张，相关的美国法律除了违反第 15 条第 1
款，并不能依据第 15 条第 2 款意义上的"其他理由"而被认为是正当的。②
在这种语境中，欧共体认为，第 15 条第 2 款所指的那些"其他理由"，只是
在《巴黎公约》或《TRIPS 协定》中明确预见到（expressly foreseen）的那
些例外。由于《巴黎公约》和《TRIPS 协定》都没有一项规则明确要求，以
诸如美国相关法律所规定的那类所有权证据作为商标注册的前提条件，所以，
这样的要求不能依据第 15 条第 2 款意义上的"其他理由"而被认为是正当
的。③ 上诉机构根据《巴黎公约》第 6 条第(1)款拒绝采纳欧共体的这种解释。
在上诉机构看来，巴黎公约联盟各成员国享有的决定商标注册条件的自主权，
包括了决定拒绝商标注册的条件。对后者权利的唯一限制是不能根据《巴黎
公约》所明文禁止的那些理由。④

上诉机构因此就表达了一种与欧共体的解释相左的观点：世贸组织各成
员可以自由决定依据其国内规则而拒绝商标注册的理由，除非这些理由是
《巴黎公约》或《TRIPS 协定》明文禁止的。

至于第 16 条，上诉机构认为，这一条款以及《TRIPS 协定》的任何其他
规定均未包含一项关于商标所有权的定义。⑤ 上诉机构从《巴黎公约》第 6 条
第(1)款（参见上文）推断，各成员保留了在其国内法中规制有关商标所有权
的条件的自主权。⑥

---

① 同上，第 165 段。上诉机构还进一步依据《TRIPS 协定》第 15 条第 3 款和第 4
款，以支持其对第 15 条第 1 款所作的上述解释。同上，第 160~164 段。

② 同上，第 169 段。上诉机构注意到即使没有违反《TRIPS 协定》第 15 条第 1 款，
审查是否能以第 15 条第 1 款所指"其他理由"使相关美国立法正当化并无必要，但考虑
到其在 DSU 第 17.6 条下对专家组据称错误的法律解释作出裁决的义务，仍然决定这
样做。

③ 同上。

④ 同上，第 176 段。关于此类明文禁止，参见《巴黎公约》第 6 条第(2)款，根据该
条规定，商标注册申请不得因未在原属国申请、注册或续展为由而予以拒绝，也不得使注
册无效。

⑤ 参见上诉机构报告，第 187 和 195 段。

⑥ 同上，第 189 段。

4.1.5 专家组和上诉机构在"哈瓦那俱乐部"案中的分歧

上诉机构推翻了专家组裁决中的四个方面。就本章而言，其中最重要的一个方面是关于如下问题，即"商号"（trade names）是否被认为属于《TRIPS 协定》第 1 条第 2 款意义上的"知识产权"。

专家组认定，由于"商号"不是《TRIPS 协定》第二部分第 1 节到第 7 节中的一个"类别"，所以它们并不属于《TRIPS 协定》第 1 条第 2 款意义上的"知识产权"。[①] 专家组进而考虑，《TRIPS 协定》第 2 条第 1 款是否通过引用的方式吸收了《巴黎公约》第 8 条（它规定缔约各方有义务提供商号的保护），从而将商号纳入了本协定所覆盖的知识产权的范围。专家组的推理是，既然第 2 条第 1 款规定了，就《TRIPS 协定》第二、第三和第四部分而言，须遵守协定所引用的《巴黎公约》条款，而且，既然这些部分均未提到商号，所以，《巴黎公约》第 8 条就没有对 WTO 成员增加关于商号的义务。专家组援引谈判过程来证实其结论，虽然该引用与它的推理不甚贴切。

上诉机构不同意专家组的看法。上诉机构称，专家组对《TRIPS 协定》第 1 条第 2 款的解释过于严格，并且在实质上就假定，"知识产权"仅限于协定相关章节的标题中所列明的具体主题，而无视在这些章节里面所涉及的其他对象。[②] 也许更重要的是上诉机构所称的，专家组的解释将会实际上使得《TRIPS 协定》第 2 条第 1 款对《巴黎公约》第 8 条（它专门处理商号问题）的吸收变得毫无用处，从而剥夺了第 8 条的"任何含义和效果"（any and all meaning and effect）。[③]

除了这个涉及商号的解释外，上诉机构还推翻了专家组在其他三个方面的认定结论，涉及美国相关立法分别与《TRIPS 协定》第 3 条（国民待遇义

---

① *United States -Section 211 Omnibus Appropriations Act of 1998*，专家组报告，WT/DS176/R，2001 年 8 月 6 日，第 823—840 段。

② 在此情况下，上诉机构提到了《TRIPS 协定》第二部分第 5 节，其标题仅仅提到"专利"，虽然第 27 条第（3）款 b 项还包括了对植物品种的特殊保护制度（参见上诉机构报告，第 335 段）。

③ 同上，第 338 段。

务)、第 4 条(最惠国义务)和第 42 条(公平和公正的程序)的一致性
问题。①

总之,"哈瓦那俱乐部"案说明,《巴黎公约》对于解释《TRIPS 协定》
仍然具有重要意义:上诉机构提出的有关商标的多数论据,或多或少地直接
依据对《巴黎公约》第 6 条第(1)款的解释。而该条款反过来表明,WTO 各
成员在考虑商标申请和注册的条件方面享有较大的自主权。

4.2 "印度尼西亚—影响汽车行业的若干措施"案

为求完整,需要指出的是,美国在"印度尼西亚—汽车"案中对印度尼
西亚提出了某些商标方面的诉请。② 美国、欧共体和日本在本案中主要是根据
《补贴与反补贴措施协定》 (Agreement on Subsidies and Countervailing
Measures) 提出主张的。但是,在其《国家汽车计划》 (National Car
Programme) 中,印度尼西亚要求合资企业和本国公司取得和维持一个为此
目的而在印尼注册的商标。其用意在于,根据该计划生产的汽车将具有印尼
特征,而不依赖于外国品牌。美国主张,因为这一规定在取得商标方面为印
度尼西亚的国民提供了一种优惠,所以,它与《TRIPS 协定》的国民待遇规
则不一致。专家组驳回了这一诉请,理由是即便印度尼西亚人拥有的商标在
补贴计划中享有一种优惠,但外国人和印度尼西亚人同样有权注册商标。美
国还主张,印尼的计划在商标维持方面对外国人构成歧视,因为该计划不允
许外国的商标权人在本地市场像印度尼西亚人所拥有的商标那样使用其全球
公认的商标。专家组再次指出,外国商标所有权人有权维持并使用其在印度
尼西亚注册的商标,只是他们不能从特定的补贴计划中受益。最后,美国主
张,因为印度尼西亚在有关参与其计划的方面对于商标使用设置了特殊的要
求,所以,印度尼西亚的该计划与《TRIPS 协定》第 20 条(以及第 65 条第 5
款关于不降低与 TRIPS 规则一致性的要求)的规定不相一致。美国认为,商

---

① 关于上诉机构对这些规定的具体分析,分别参见本书第 4 章和第 30 章。上诉机构针对
《TRIPS 协定》第 3 条和第 4 条的主张,也见于 F. Abbott, *WTO Dispute Settlement Practice
Relating to the TRIPS Agreement*,载于 WTO Jurisprudence 1995-2002 Law and Dispute Settlement
Practice of the World Trade Organization, Kluwer Publishers, Studies in Transnational Economic
Law, 2003, under I. C. 另参见 UNCTAD, Course on Dispute Settlement, Module 3. 14 (TRIPS)
(F. Abbott),第 5.5 节(可见于 〈http://www.unctad.org/en/docs/edmmisc232add18 en.pdf〉)。

② 专家组报告,WT/DS54/R, WT/DS55/R, WT/DS59/R, WT/DS64/R, 1998 年
7 月 2 日。

标如果在该计划中使用，就无法另作他用，从而剥夺了其所有权人在该商标上的潜在价值。专家组指出，由于在该计划中所使用之商标的开发者和所有权人一开始就充分意识到，其商标的用途将会受到限制，因此，印度尼西亚的规定并不构成第 20 条所指的关于商标使用的一种"要求"。专家组还指出，尽管只有印度尼西亚人拥有的商标才会从该计划中受益，但这并不是与商标本身挂钩的事实，而是参与该计划的一个条件。这不构成一种有关外国商标使用的"要求"。

在"印度尼西亚—汽车"争端中，美国试图将一起关于补贴—货物争端（它在该案中取得部分胜利）部分转化为一起 TRIPS 争端。印度尼西亚的该项计划有利于其国内生产，同时它对于能够参与该计划的国内商标所有权人而言，也是有优惠的。专家组回避了关于对《TRIPS 协定》义务采用一种广义理解的建议，因为根据该种理解，就可能把所有的国内优惠计划都转化成知识产权歧视计划。

4.3　"欧共体—商标和地理标志的保护"案

针对澳大利亚①和美国②分别提出的请求，WTO 争端解决机构（DSB）在其 2003 年 10 月 2 日会议上，成立了单独一个专家组，③ 来审查 1992 年 7 月 14 日（EEC）第 2081/92 号《欧共体理事会条例》，该条例是关于农产品和食品的地理标志和原产地标志保护。④ 申诉的依据中，包括被控违反《TRIPS 协定》第 16 条（对商标权人授予的权利）和第 20 条（对商标使用之特殊要求的禁止）⑤。

该《欧共体条例》在第 14 条中规定了保护措施，禁止将受保护的地理标志注册为商标。根据这一规定，⑥ 在相同产品上的该类商标应当被拒绝注册或宣告无效：

---

① WT/DS290/18，2003 年 8 月 19 日。

② WT/DS174/20，2003 年 8 月 19 日。

③ *European Communities -Protection of Trademarks and Geographical Indications for Agricultural Products and Foodstuffs*〔以下简称"欧共体—商标和地理标志保护"案（EC -Protection of Trademarks and GIs）〕，WT/DS174/21，WT/DS290/19，2004 年 2 月 24 日，应美国和澳大利亚请求设立的专家组。

④ 参见《欧洲共同体官方公报》（Official Journal of the European Communities/OJEC），L 208，1992 年 7 月 24 日，第 1—8 页。

⑤ 参见上述澳大利亚和美国关于设立专家组的请求。

⑥ 参见上述《欧共体条例》第 14 条第(1)款。

·如果商标注册的申请是在地理标志注册申请公布之后提交的；

·或者，如果商标注册的申请是在地理标志注册申请公布之前提交，但地理标志注册申请的公告在该商标获得注册之前发布。

换言之，与地理标志相对应的商标只有在此情况下才能继续有效，即地理标志注册申请是在该商标善意注册（bona-fide registration）之后才公布的。但即便如此，商标的使用在下列情况下也要停止：①

·商标完全由在贸易中可以标示货物或服务的种类、质量、数量、用途、价值、原产地、货物生产时间或服务提供时间或者产品其他特征的标记和标志所组成；

·或者，商标具有欺骗公众的性质，例如在货物或服务的特性、质量或原产地上；

·或者，在商标注册日之后，由于商标所有权人或经其同意的他人将该商标使用在所注册的货物或服务上，致使商标误导公众的，特别是在这些货物或服务的特性、质量或原产地方面。

自从该专家组成立以来，在本争端上还没有采取任何进一步的 WTO 行动（截至 2004 年 7 月）。*

5. 与其他国际文件的关系

5.1　WTO 诸协定

如前所述，GATT 1994（其前身为 GATT 1947）第 20 条(d)款允许各成员采取必要措施以保护商标（并防止不正当竞争），而且第 13 条和第 18 条排除了通过采取某些保障措施来干预商标。

GATT 第 11 条禁止采用非关税措施（例如配额或相关措施）来限制进出口。有些评论家提出，《TRIPS 协定》第 6 条只是指根据该协定所产生权利的用尽（并且因此不排除就此问题上适用 GATT），所以他们主张，GATT 第

---

①　参见上述《欧共体条例》第 14 条第(2)款，其中提到用于协调各成员国有关商标法律的《第一商标指令》（First Council Directive，89/104/EEC），1998 年 12 月 21 日。

*　需要补充的是：2005 年 4 月 20 日 WTO 争端解决机构（DSB）通过了专家组报告，该报告支持美国和澳大利亚的主张。2005 年 5 月 19 日，在 DSB 会议上，欧共体表示它准备执行 DSB 的建议。2005 年 6 月 9 日，欧共体、澳大利亚和美国通知 DSB，依照《争端解决谅解》第 21 条第 3 款(b)项规定，它们同意履行的合理时间为 11 个月零 2 周，2006 年 4 月 3 日截止。——译者

11 条排除制定有关限制带有商标货物的平行进口的规则。① 进而言之，有人认为，由于平行进口的货物最初也是由商标所有权人或经其授权的人投放市场的，所以，禁止平行进口的规则在功能上就相当于配额，从而对商标保护来说是不必要的。② 这种推理思路长期以来为欧洲法院所采用，以此反对利用国内商标来阻止货物在欧盟境内自由流动的做法〔援引《欧共体条约》（EC Treaty）第 28 条和第 30 条〕，而且它从逻辑上来说也可能被扩展至 WTO 的情形中。其他人则提出，《TRIPS 协定》是在 WTO 框架内调整知识产权的特别法（lex specialis），该协定第 6 条允许各成员针对权利用尽问题而采取其各自的政策，从而就该问题在实际上排除了援引 GATT。③

第 6 条的明文规定只是提到"就本协定项下"所提出的权利用尽主张。如果按照上诉机构就 WTO 协定用语的效力所作的指示，那么，就没有任何原因来解释为什么对于附有商标货物的平行进口问题就不能根据 GATT 来加以评估。这也并不必然得出这样的结论，认为有关限制平行进口的规则乃不必要的配额（unnecessary quotas）从而应予否定，因为上诉机构可能会说：(a)《TRIPS 协定》允许一成员采取其自己的权利用尽政策，(b) 如果成员行使其自主权而只规定商标权的国内用尽，那么在这种情况下(c)阻止平行进口对于保护商标所有权人的权利而言就可能是必需的。无论哪种情况，这个解释性问题仍然没有被专家组抑或上诉机构所解决。

就 GATT 之外的其他 WTO 协定而言，商标并没有打算将其有效性依赖于产品特征或其生产地区〔不像地理标志，其有效性可能依赖于产品的某些客观特征，并因而在《技术性贸易壁垒协定》（TBT Agreement）项下可能产生问题〕。④ 商标是作为使消费者用以区分货物和服务来源的手段而由《TRIPS 协定》所规制的，因此，商标和其他的 WTO 协定之间没有特定的关联。正如"印度尼西亚—汽车"案所显示，这并不意味着在根据其他 WTO 协定而发生的争议中，就不会产生与商标相关的问题。但

---

① 参见 Cottier。关于知识产权的权利用尽问题和《TRIPS 协定》第 6 条的具体分析，参见本书第 5 章。

② 这样说并不影响有关是否可以专利权强制许可为依据而平行进口的问题。《TRIPS 协定》第 21 条不允许商标的强制许可。

③ 参见 Marco C. E. J. Bronckers，*The Exhaustion of Patent Rights under World Trade Organization Law*，32 J. World Tr. 137-159（No. 5，1998）。另参见本书第 5 章。

④ 关于《技术性贸易壁垒协定》规则和《TRIPS 协定》关于地理标志的规定之间的潜在冲突，详见本书第 15 章和第 34 章。

是，就像专家组在该案中所阐述的，在涉及其他 WTO 协定的争端中浮现出有关商标的问题，这就很可能涉及将《TRIPS 协定》扩展为一项市场准入协定（market access agreement）的企图，但实际上《TRIPS 协定》并非如此。

5.2 其他国际文件

《TRIPS 协定》中的商标条款与世界贸易组织管理的各类协定有着密切关联。《巴黎公约》通过引用方式而被《TRIPS 协定》直接吸收，但它们两者之间存在诸多方面的区别，比如就商标的转让而言：① 根据《巴黎公约》第 6 条之四，一商标是否必须与其所属企业同时转让才有效，这个问题取决于各缔约方的决定。与之相对的是，《TRIPS 协定》第 21 条则为各成员设定义务，应当提供有关商标"裸转让"的可能性（参见上文第 3.7 小节）。这样，WTO 成员就被否定了由《巴黎公约》授予给它的自主权——商标转让的有效性依赖于企业的一并转让。至于这些相反规定之间的关系，《维也纳条约法公约》（Vienna Convention on the Law of Treaties）的相关条文（第 30 条第 3 款）规定，后订条约优于先订条约。就《巴黎公约》与《TRIPS 协定》而言，后者因此而优先适用。但是，根据《维也纳公约》第 30 条第 4 款（a）项，这只涉及都参加了该两个条约的那些国家。如果后订条约的缔约方没有包含先订条约的所有缔约方，则第 30 条第 4 款（b）项规定：

（b）在为两条约之当事国与仅为其中一条约之当事国间彼此之权利与义务依两国均为当事国之条约定之。

由此，在处理来自其他 WTO 成员的商标所有权人时，《TRIPS 协定》第 21 条所表明的在企业转让方面对国家主权的限制，对所有 WTO 成员均有影响。② 但是，如果是来自于一不属于 WTO 成员③的商标所有权人，有意将其商标转让给一来自于 WTO 成员的国民，那么，后者也不受第 21 条的约束，并因此可以根据《巴黎公约》第 6 条之四的规定，要求将企业与商标一并转

---

① 关于服务商标保护方面所存在的另一个重要区别，参见以上本章第 3.1.1 小节。

② 这是与《TRIPS 协定》第 2 条第 1 款相符的，后者禁止 WTO 各成员背离，特别是在《巴黎公约》项下所承担的义务。《TRIPS 协定》第 21 条并不要求 WTO 各成员无视其在《巴黎公约》项下承担的任何义务；该条只是要求它们放弃其在该公约项下的一项权利。

③ 例如俄罗斯，它还不是 WTO 的成员（彼时情况，如今俄罗斯已为 WTO 成员——译者注），但它属于《巴黎公约》的缔约国。

移（只要被转让的商标是在该 WTO 成员境内注册或者使用的）。

用于调整商标的还有《商标注册用商品和服务国际分类尼斯协定》（1957年）（参见上文讨论）。1994 年制定的《商标法条约》（Trademark Law Treaty）就有关商标申请确立了统一的规则，除了在该协定中列出的要求外，禁止其他额外的要求。

WIPO 还管理另两个协定，它们提供在多个法律管辖区域进行商标注册的机制，即《商标国际注册马德里协定》（1891 年，后经修订）和《商标国际注册马德里协定议定书》（1989 年）。商标国际注册体系对于商标的取得和维持显然具有重要意义，并且代表了全球知识产权框架整合的部分趋势。然而，在马德里注册体系和 TRIPS 商标规则之间还未形成一种具体的相互关系，这在目前阶段值得进一步探讨。

6. 新近发展

6.1 国内立法

为了与《TRIPS 协定》建立一致性，许多 WTO 成员修订了它们的知识产权法，包括有关商标的规定。在本书范围内，不可能对所有这些进展一一加以评述。

在美国，《乌拉圭回合协定法》（Uruguay Round Agreements Act）具体针对商标法所作的唯一修改是，阐明了商标连续三年不使用即构成商标抛弃（abandonment）的表面证据。[①] 不过，在 TRIPS 谈判结束之前，用于调整商标的美国《拉纳姆法》（U. S. Lanham Act）进行修订，它规定商标在实际使用之前可以提出注册申请（参见本章第 3 节），这是在 TRIPS 谈判（以及同时进行的北美自由贸易区谈判）的背景下所采取的行动。

1999 年，美国财政部采取了所谓的"杠杆规则"（Lever-rules），允许阻止平行进口那些与在美国市场销售的货物带有相同商标但又存在实质性不同（materially different）的货物，除非在进口货物上打上明显标注，显示它们是

---

① URAA，§ 521.

实质性不同的货物,在此情况下,可以平行进口这些货物。① 这一规则必须在
关于可适用于带有商标之货物的一般规则这个背景下来解读,亦即如果由与
美国商标所有权人受到"共同控制"(common control)的某一企业投放到美
国以外市场的货物,可以被平行进口,但是,如果由第三方被许可人(third
party licensee)投放到美国以外市场的货物,则不得平行进口。② 在这种情况
下,"杠杆规则"在一定程度上限制了关于允许受共同控制的企业平行进口的
一般原则。

6.2 国际文件

6.2.1 ICANN

互联网"域名"的演变对国际商标法的发展已经产生了重大影响。为回
应商标所有权人对于他人未经同意将其商标用作域名,尤其是恶意使用其商
标(例如以此将网络用户引向色情网站,或者将域名高价卖给商标所有权人)
而提出的抱怨,WIPO 启动了一个进程,其高潮是互联网名称与数字地址分
配机构(the Internet Corporation for Assigned Names and Numbers/ICANN)
通过的《统一域名争端解决政策》 (the Uniform Domain Name Dispute
Resolution Policy,UDRP)。《统一域名争端解决政策》适用于各类顶级域名
(例如". com"和". org")以及多种国家代码域名的域名注册。ICANN 已经

---

① 美国商标权人指控某商品体现了"在授权向美国进口或在美国销售的特定商品和
未经此项授权的商品之间所存在的物理性和实质性区别(physical and material
differences)"的,可以向海关作出通知。[19 CFR § 133.2(e)("杠杆规则"保护)]。当事
人必须提交用以支持该指控的证据。海关将禁止进口被其认定具有物理性或者实质性区别
的、由共同受控企业(commonly controlled enterprises)生产的"灰色市场" (gray
market)商品(19 CFR § 133.23(a)(3));除非这些商品或其包装"带有明显和可辨识的
标签(label),意在当该商品到达面对美国零售消费者的第一个销售点时,该标签仍须留
在商品上,并且该标签载明:'本产品未获得美国商标所有权人的进口授权,且与被授权
产品存在着物理性和实质性区别(This product is not a product authorized by the United
States trademark owner for importation and is physically and materially different from the
authorized product).'该标签必须置于商标相邻之处,显示在货物本身或零售包装或容器
的最突出位置……"(19 CFR § 133.23(b))。

② 美国最高法院在 *K mart Corp. v. Cartier* 案(486 U. S. 281 (1988))中采用这一
规则,作为一个法律解释的问题。关于美国在这方面规则的详细讨论,参见 Frederick
M. Abbott, *Political Economy of the U. S. Parallel Trade Experience*:*Toward a More
Thoughtful Policy*,4 World Trade Forum(Thomas Cottier 与 Petros Mavroidis 主编,
2002 年)(密歇根大学出版社)。

授权若干争端解决服务提供者，包括 WIPO 仲裁与调解中心（Arbitration and Mediation Centre），来裁决特定域名是否属于不当注册或使用。裁决由该服务提供者委任的行政专家组成员（administrative panellists）所作。几乎从各方面看来，由 WIPO 建立并由 ICANN 采用的这一制度，成功地为互联网域名领域带来了一种适度的法律秩序。

《统一域名争端解决政策》中特别令人感兴趣之处在于，在不存在传统的国际法律框架（亦即一项具有约束力的条约）的情况下，它固有的多边特征。ICANN 是一家美国特许机构，它有一个跨国管理委员会来制定互联网运行的规则，而《统一域名争端解决政策》正是根据 ICANN 的权限发挥其作用。争端解决服务提供者（比如 WIPO 仲裁与调解中心等）和域名持有人之间的关系是通过合同建立的（亦即域名注册协议）。

专家组成员根据《统一域名争端解决政策》裁决案件时，并不经常被要求解决涉及来自不同国家当事人之间的商标争议，或是引用在各个不同国家商标法中的权利。部分是由于《TRIPS 协定》在商标规则上的协调效果（这一点在许多根据《统一域名争端解决政策》所作的裁决中已经提到），专家组成员在处理涉及商标和域名冲突的问题时，得以采取或多或少相同的方式。

依据《统一域名争端解决政策》处理争议所取得的成功，可能预示着可以开发出其他更高效率的知识产权争端解决制度。

6.2.2 WIPO 和巴黎联盟的共同推荐文

巴黎联盟大会（Paris Union Assembly）和 WIPO 全体大会（General Assembly of WIPO）迄今已提出三项《共同推荐文》（Joint Recommendations），分别涉及驰名商标的保护、商标许可、在互联网上保护商标和其他标记上的工业产权。① 这些推荐文不具有约束性；WIPO 成员国因此没有义务在其国内法中采用在推荐文中包含的更高标准。但是，以印度为例，它提出将有关驰名商标保护的《推荐文》整合到该国 1999 年商标法草案中。② 在一些双边自由贸易协定中，也专门提到了关于驰名商标的《WIPO 联合推荐文》。例如在智利和美国之间订立的协定中，当事方承诺它们将受到《推荐文》所包含原则的指导。③

---

① 参见 http：//www. wipo. org/about-ip/en/index. html? wipo content frame =/about-ip/en/trademarks. html。

② J. Watal, *Intellectual Property Rights in the WTO and Developing Countries*, Kluwer Law International，2001，第 394 页。

③ 参见智利和美国所签订的《自由贸易协定》（FTA）第 17 条第 1 款第 9 项。

6.3　地区和双边情况

6.3.1　地区

6.3.1.1　安第斯集团

安第斯集团第 486 号决议①对商标领域作出了具体调整。各成员国的国内商标主管机关仍然负责该决议的执行，包括作为注册机关而采取行动。第 486 号决议规定商标权的国际用尽，其中称：

"第 158 条。一旦注册商标所有权人或经其同意的他人或与所有权人有经济联系的他人将带有该商标的产品投入到任何国家的贸易活动中，尤其是当任何该类产品、与相关产品可能直接接触的封装与包装没有受到任何变动、修改或损坏时，该商标的注册不得对所有权人授予权利，来阻止第三方就受到注册商标保护的产品进行贸易。

就前款规定而言，当一方能够对另一方在商标的使用方面直接或间接施加决定性影响时，或者当该双方都受到第三方所施加的影响时，则该双方被认为有经济联系。"

关于商标许可，第 486 号决议要求许可协议必须在相关成员国的主管机关登记备案。第 163 条规定如下：

"对于任何不符合《关于外国资本待遇及商标、专利、许可和使用费的共同制度》（Common Regime for the Treatment of Foreign Capital and for Trademarks，Patents，Licenses，and Royalties）的规定或不符合安第斯共同体或国内反托拉斯规定的商标许可协议或商标转让或转移协议，国内主管机关不得予以登记。"

6.3.1.2　欧盟

欧盟在商标领域有着大量的规定，而且，欧洲法院（ECJ）在商标问题上也有很多判例。直到 1988 年制定《第一商标指令》之前，② 商标几乎完全由成员国的国内法规制。主要的例外是涉及到货物自由流动的问题（即欧盟内权利用尽），欧洲法院对此也积极关心。《第一商标指令》确立了一套相近的

---

①　安第斯共同体委员会（Commission of the Andean Community）第 486 号决议，《共同知识产权制度》（Common Intellectual Property Regime），2000 年 9 月 14 日，见于 http://www.ictsd.org/iprsonline/legalinstruments/regional.htm。

②　1998 年 12 月 21 日的《理事会第一指令》（First Council Directive）是为了协调各成员国有关商标的法律（89/104/EEC）。

商标规则，要求各成员国将这些规则反映到其国内法中。在商标保护对象方面，《指令》规定各成员国有义务将任何"能够以图形方式表现的标记"作为商标予以保护。① 根据欧洲法院的观点，这并非意味着该标记必须是能够被视觉感知的，只要该标记

"可以用图形方式呈现（represented graphically），特别是通过图像、线条或字符的方式，且该呈现是清楚、准确、独立、易获取、可理解、可持续和客观的。"②

关于嗅觉标记（olfactory signs），则无论是化学配方、书面文字描述还是提存气味样本，或者以上这些要素的组合，均不能满足可用图形方式呈现的要求。③

根据欧共体《商标指令》，商标在各成员国内仍保持独立，而商标注册的职能和争端裁决仍属于国内事务。除《指令》外，《1993 年共同体商标条例》（Community Trade Mark Regulation）也获得通过，④ 从而为欧盟开创了一种新局面。虽然各成员国仍保留它们自己的商标注册制度，但现在已可能获得单一的共同体商标（Community Trade Mark/CTM），其权利延及欧盟全境。共同体商标主管机关［即内部市场协调局（Office for Harmonization in the Internal Market/OHIM）］设立于西班牙的阿利坎特市（Alicante），由其行使商标注册职能，包括对异议程序的处理。对侵犯商标权诉讼的裁决则较为复杂，因为在把商标无效和撤销之诉交由 OHIM 处理时，在有权受理侵权诉讼请求的一成员国法院需要中止侵权之诉的审理。共同体商标不得仅将其有关

---

① 参见该《指令》第 2 条："商标可以由可以图形方式呈现的任何标记组成，特别是包括人名在内的单词、图案、字母、数字、商品形状或其包装，只要该等标记能够将一企业的商品或服务与另一企业的商品或服务区别开来"。

② *Ralf Sieckmann v Deutsches Patent-und Markenamt*（案件第 C-273/00 号），欧洲共同体法院，欧洲法院报告（European Court Reports）2002 年版，第 I—11737 页，2002 年 12 月 12 日，第 55 段（着重号是后加的）。

③ 同上，第 73 段。欧洲法院认为，一个化学分子式并不足以让人们能够分辨出相关的气味。此外，一个化学分子式并非代表某种物质的气味，而是代表该物质本身（第 69 段）。某一气味的书面描述，虽然也是图形化的，但它不够清楚、准确和客观（第 70 段）。而提存的某一气味样本，则并不构成一种图形化的呈现形式；而且，这样的样本也不够稳定或持久（第 71 段）。最后，即使是以上所有要素的一个组合，也不能满足图形化呈现形式所必需的清楚和准确的要件（第 72 段）。

④ 关于共同体商标的 1993 年 12 月 20 日《理事会条例》（Council Regulation）（EC）No 40/94。

欧盟部分地域的权利进行转让，尽管它可以把许可的范围限定在欧盟的部分地域，因此从这个意义上讲，共同体商标是"不可分的"。

由于要把成员国长期存在的商标制度整合为一个统一的共同体商标（CTM）制度是相当复杂的，所以，欧盟商标制度中存在着许多有趣之处。就本文而言，特别令人感兴趣的是欧盟对商标权利用尽的态度。① 欧洲法院提出并长期承认的是"共同体内部"（intra-Community）或"联盟内部"（intra-union）权利用尽原则，它被理解为，对于由商标所有权人或经其同意的他人投放到一成员国市场上的货物，不得以在另一成员国的平行商标为由而阻止其进口。欧洲法院有大量的判决来处理由这一基本原则所产生的微妙问题。例如，药品的商标权人曾经试图通过在不同成员国为同种药品注册不同的商标，来阻止欧盟内部的平行进口。除非进口商更换药品上的商标，以反映在进口国国内所用的特定商标，否则，药剂师就可能不愿意出售该"外国"产品（或者药品登记规则甚至有可能禁止该药品的销售）。欧洲法院判决，在这种情况下，进口商有权对该药品更换商标，因为否则的话，制药商就能够规避欧盟内部权利用尽的规则了，当然，该行为的前提条件是须以一种保护消费者的方式为之。②

欧洲法院在 Silhouette v. Hartlauer 案中作出的判决，也许与 WTO 和《TRIPS 协定》最具有直接相关性。③ 在本案中，欧洲法院将《第一商标指令》解释为只是设立了共同体内部商标权利用尽的规则，同时通过延伸方式，排除了对欧共体适用国际权利用尽的规则。法院的推理是，各成员国在权利用尽方面只应有一个政策，而既然有一些成员国不承认国际权利用尽原则，那么让各成员国各自实行不同的政策就会造成一种困境。尽管这种推理并非不可质疑（因为政策各异的局面由来已久，却没有造成明显的问题），但是，欧盟今天仍然维持着一种共同体内部商标权利用尽的单一政策。因此，在欧共体境内的一位商标所有权人，可以阻止来自共同体境

---

① 另参见本书第 5 章。

② 参见 Bristol-Myers Squibb v. Paranova 案（ECJ 合并审查案件第 C-427/93 号，第 C-429/93 号和第 C-436/93 号）；Up-john v. Paranova 案（ECJ 案件第 C-379/97 号）和 Boehringer v. Swingard 案（ECJ 案件第 C-143/00 号），以及欧洲自由贸易区法院（EFTA Court）的 Paranova Inc v. Merck & Co 案，案件第 E-/302 号。

③ Silhouette International Schmied GmbH & Co, KG v. Hartlauer Handelsgesellschaft mbH（案件第 C-355/96 号），欧洲共同体法院，[1998] 2 CMLR 953，1998 年 7 月 16 日。

外的平行进口。①

6.3.1.3 北美自由贸易协定（NAFTA）

在商标问题上，《北美自由贸易协定》（NAFTA）第 1708 条通过某种方式有效地把《TRIPS 协定》的要求吸收到了这个地区框架之中（该框架是与《TRIPS 协定》同时开展谈判的）。虽然有一些细微差别（例如，商标续展期限最低为 10 年，而不是《TRIPS 协定》标准中的 7 年），但是，从《TRIPS协定》执行的角度来看，似乎不会产生什么特别的问题。

6.3.1.4 南方共同市场（MERCOSUL/R）

1995 年 8 月 5 日，南方共同市场理事会通过了《就商标、货源标志和原产地名称事务南方共同市场内相关知识产权规范议定书》（Protocol on the Harmonization of Norms regarding Intellectual Property in the Mercosul/r in Matters of Trademarks, Indications of Source and Appellations of Origin）。② 在该《议定书》中，成员国承诺遵守《巴黎公约》和《TRIPS 协定》的规则（《议定书》第 2 条）。此外，《议定书》中还有其他的共同规则，分别涉及保护对象（第 5 条和第 6 条）、注册所授予的权利（第 11 条）、注册和撤销的程序（第 7 条至第 10 条、第 15 条）和商标的使用（第 16 条）。不过，南方共同市场中商标法的具体规定大多数还是留给各国的主管机关来决定。

6.4 审查建议

目前还没有关于审查《TRIPS 协定》商标规定的未决提议。

---

① 有趣的是，欧洲自由贸易区法院（EFTA Court）在解释同一个《欧盟商标指令》（EU Trade Marks Directive）时却得出了相反的结论：根据 EFTA 法院的意见，《商标指令》给 EFTA 成员国留下自由空间，它们可以继续实行商标权利的国际用尽制度。参见 *Mag Instrument Inc./California Trading Company Norway, Ulsteen*，（案件第 E-2/97号），载 Gewerblicher Rechtsschutz und Urheberrecht（GRUR）国际版，1998 年，第 309页及以下（1997 年 12 月 3 日）。

② MERCOSUR/CMC/DEC. No. 8/95，可见于 http://www.mercosur.org.uy/espanol.snor/normativa/decisiones/DEC895.htm。

7. 评论（包括经济和社会意义）

7.1　机遇

经济学家相信，在市场经济中，一个运行良好的商标制度会带来很大的净收益。[①] 大家普遍承认，商标通过为消费者提供信息，帮助他们在纷繁的市场中作出选择，从而发挥一种有益的社会和经济功能。确实，商标保护由于可能提升对优质手工艺品、服装和音乐的品牌认知，所以在发展中国家可能特别具有价值。[②] 发展中国家的企业可以通过恰当的商标和在市场上推出不同于以往的产品，建立它们自身的市场身份。在遵守第 20 条（指特殊要求，参见上文）的前提下，部分发展中国家政府可以考虑采取政策和激励措施，鼓励外国企业允许被许可人对更多的被许可产品进行调整，满足内销和出口两个需求，并促进使用本地的商标。日本产业界就成功地一边引进国外技术，一边发展本土商标，形成了可供他国效仿的典范；甚至是那些处于较低发展阶段的国家，它们在制定适当法规时的谈判能力较弱，因此可能还要更多依赖于引进外国商标。

除了促进本土商标发展，加强商标制度还可以鼓励那些希望在全球市场监控质量、维护品牌和声誉的外国生产商来进行直接投资和许可。整体而言，如果许可人既能够依靠标准的知识产权规范来降低交易成本，又能够通过商标许可协议来保持对质量的控制，那么，就会有更多技术许可给本地的企业。通过许可而在本地生产，又会降低对进口产品的需求，从而有助于建立一个产业基础设施。

几乎无可辩驳的是，企业应当能够保护其在市场中的身份。因此，在乌拉圭回合谈判中，有关商标应予保护以免被盗用的这一基本观点几无争议，而且这一基本观点直到今天也同样没有争议。在全球一体化的市场中，来自不同国家的产品自由流动，通过公开竞争决定价格，因此，很难看出容忍假冒货物的贸易会给任何国家带来什么社会收益，至少从中长期的角度看就是如此。无论是从商标的一般性规则，还是将《巴黎公约》第 10 条之二所设定

---

① 参见 *The TRIPS Agreement and Developing Countries*，UNCTAD 1996，第 188 段及下。[以下简称 UNCTAD 1996]。

② 参见 UNCTAD 1996，第 189 段；另参见 Policy Discussion Paper，第 69 段。

的反不正当竞争法国际标准吸收到《TRIPS 协定》中的规定，这二者的逻辑结果之一，就是实行边境控制。所以，开展边境控制，抑制假冒货物进口就成为《TRIPS 协定》的一项重要成果，只要实施该措施的国家是以一种真正的非歧视方式为之，并且没有设立变相的贸易壁垒。①

7.2 挑战

《TRIPS 协定》可能要求对商标法作多方面的立法变革，包括加强对服务商标和驰名商标的保护。但是，在这一领域，执法规则的实施以及尤其是关于边境措施的要求，可能比有关权利授予的规则本身更具有重要意义。

此外，就像各种形式的私人财产权一样，围绕着所有权以及在哪里划出最恰当的权利边界等也都会产生问题。在这方面除了合理使用权（fair use rights）的问题外，商标所有权人是否应被允许阻止平行贸易的问题，也值得特别重视。

《TRIPS 协定》允许各成员决定其自身的平行进口政策。平行进口如果通过国内立法而被允许，那么，它就是一个可资利用的工具，以解决商标所有权人的过高定价或施加其他不合理商业条件的问题。平行贸易能够使消费者得到在国外以更优惠条件销售的合法产品，从这个层面而言，它可以促进良性竞争。它还可以避免有害于消费者的价格歧视，并提高商标保护的社会效益。但是，如果在平行进口的产品上使用商标，从而使得受保护产品或服务的质量和其他特征方面使公众产生了混淆，那么，这些效益的实现也将受到削弱。另外，在商标法和专利法的国内权利用尽制度之间，也有必要确保一致性。如果相关 WTO 成员在商标和专利两方面都遵行国际权利用尽规则，那么，对诸如药品等带有商标的货物进行平行进口，就将是针对过高定价的一种最有效的救济手段。②

从发展中国家利益的角度来看是否存在着与商标相关的问题，取决于上诉机构是否允许各成员保有合理程度的自主权，来界定它们各自在商标保护上的利益。迄今，上诉机构强调的是，各成员应遵守协定的条款，但没有义

---

① UNCTAD 1996，第 194 段。

② 如果一国在商标领域采用的是国际用尽规则，但在专利领域则采用一种国内用尽的制度，那么，在同一药品上拥有国内商标和专利的公司，虽然不能根据其国内商标反对该产品的平行进口，但其可以凭借该国内专利阻止进口。虽然仍有可能进口未被该专利所覆盖的其他药品，但是，这样做就将大大削弱价格控制的效果（尤其是在对专利药品还不存在任何的仿制药作为替代品的情况下）。

务满足其他成员所期望的协定本来可能提到但实际没有提到的规定。

　　当然，大型跨国企业利用商标来推广其货物，而这些商标本身又与被一些人在贬义上指称为"全球化"的进程联系在一起。作为资本主义的一个可以看得见的象征，驰名商标也许成了众矢之的。然而，抵制住诱惑，不要把起区分作用的标记与深层次问题联系起来，恐怕才是明智之举。商标虽然可能成为强大的跨国公司的一种工具，但它们也可为小业主所用。商标是一种可能被滥用的无形财产。从促进和保护发展中国家利益的角度来看，要对商标以及其他知识产权的滥用保持警惕。相应地，加强商标制度就应当与这样的最新规则相互配套，这些规则直接解决随着市场权力可能带来的滥用许可的做法。①

---

　　①　参见 UNCTAD 1996，第 193 段。

第 15 章 地 理 标 志

第 22 条　地理标志的保护

1. 就本协定而言，"地理标志"指标示一货物来源于一成员领土或该领土内一地区或地方的标识，该货物的特定质量、声誉或其他特征主要归因于其地理来源。

2. 就地理标志而言，各成员国应向其利害关系方提供法律手段以防止：

（a）在一货物的标志或说明中以任何手段使用该地理标志，标明或暗示所涉及货物来源于真实原产地之外的一地理区域，从而在该货物的地理来源方面致使公众产生误解；

（b）任何构成《巴黎公约》（1967）第 10 条之二意义上不正当竞争行为的使用。

3. 如一商标包含的或作为该商标组成部分的地理标志中所标明的领土并非货物的来源地，且如果在一成员内在此类货物的商标中使用该标志致使公众对其真实原产地产生误解，则该成员应当在其立法允许的情况下依职权或根据一利害关系方的请求，拒绝该商标注册或宣布注册无效。

4. 根据第 1 款、第 2 款和第 3 款给予的保护可适用于反对虽在文字上真实表明货物来源的领土、地区或地方，但却向公众虚假表明该货物来源于另一领土的地理标志。

第 23 条　对葡萄酒和烈酒地理标志的额外保护

1. 每一成员应为利害关系方提供法律手段，以防止将标示葡萄酒的地理标志用于并非来源于该地理标志所指示地方的葡萄酒，或防止将标示烈酒的地理标志用于并非来源于该地理标志所指示地方的烈酒，即使标明了货物的真实来源，或以翻译的形式使用该地理标志，或伴有诸如"类"、

"型"、"式"、"仿"或其他类似的表达。*

2. 如一葡萄酒商标包含标示葡萄酒的地理标志或由此种标志构成，或如果一烈酒商标包含标示烈酒的地理标志或由此种标志构成，一成员应当在其立法允许的情况下依职权或根据一利害关系方的请求，对不具备此来源的此类葡萄酒或烈酒，拒绝该商标注册或宣布注册无效。

3. 在葡萄酒的地理标志同名的情况下，在遵守第 22 条第 4 款规定的前提下，应对每一种标志予以保护。每一成员应确定相互区分所涉同名标志的可行条件，同时考虑有必要保证公平对待有关生产者且使消费者不致产生误解。

4. 为便利葡萄酒地理标志的保护，应在 TRIPS 理事会内谈判建立关于葡萄酒地理标志通知和注册的多边制度，使之能在参加该制度的成员中获得保护。

［脚注］* 尽管有第 42 条第一句的规定，但是就这些义务而言，各成员仍可通过行政行为对实施作出规定。

第 24 条　国际谈判：例外

1. 各成员同意进行谈判，以加强根据第 23 条对单个地理标志的保护。一成员不得使用以下第 4 款至第 8 款的规定，以拒绝进行谈判或订立双边或多边协定。在此类谈判中，以单个地理标志的使用作为此类谈判主题的，各成员应自愿考虑这些规定继续适用于该单个地理标志。

2. TRIPS 理事会应继续对本节规定的适用情况进行审议：第一次审议应在《WTO 协定》生效后 2 年之内进行。任何影响遵守在这些规定项下之义务的事项均可提请理事会注意，理事会在一成员的请求下，应当就有关成员之间未能通过双边或诸边磋商找到满意解决办法的事项，与任何一成员或多个成员进行磋商。理事会应采取各方同意的行动，以便利本节规定的运用，并促进本节目标的实现。

3. 在实施本节规定时，一成员不得降低《WTO 协定》生效日之前已在该成员中存在的对地理标志的保护。

4. 本节的任何规定均不得要求一成员阻止其任何国民或居民在货物或服务方面继续以类似方式使用另一成员用以标示葡萄酒或烈酒的一特定地理标志，如其国民或居民在该成员领土内已经在相同或有关

的货物或服务上连续使用该地理标志（a）在 1994 年 4 月 15 日前已至少有
10 年，或（b）在该日期之前的使用是善意的。

5. 如果一商标的善意申请或注册，或一商标通过善意使用而取得权利
是发生在：

（a）按第六部分所确定的这些规定在该成员的适用日之前；或

（b）该地理标志在其起源国获得保护之前；

则为实施本节规定而采取的措施不得因一商标与一地理标志相同或类
似而损及该商标注册的适格性、注册的有效性或使用该商标的权利。

6. 如任何其他成员关于货物或服务的地理标志与一成员以通用语文的
惯用术语作为其领土内此类货物或服务的普通名称相同，则本节的任何规
定不得要求该成员对其他成员的相关标志适用本节的规定。如任何其他成
员用于葡萄酒产品的地理标志与在《WTO 协定》生效之日一成员领土内
已存在的葡萄品种的惯用名称相同，则本节的任何规定不得要求该成员对
其他任何成员的相关标志适用本节的规定。

7. 一成员可规定，地理标志并非恶意使用或注册的，根据本节提出的
关于一商标的使用或注册的任何请求，必须在对该受保护标志的有不利影
响的使用已在该成员中广为人知后的 5 年内提出，或如果商标在一成员的
注册日期早于上述有不利影响的使用在该成员中广为人知的日期，只要该
商标在其注册之日已经公布，则该请求必须在该商标在该成员注册之日起
5 年内提出，只要该地理标志未被恶意使用或恶意注册。

8. 本节的规定决不能损害任何人在贸易过程中使用其姓名或其业务前
任之姓名的权利，除非该姓名使用的方式致使公众产生误解。

9. 各成员在本协定项下无义务保护在起源国不受保护或已停止保护，
或在该国中已废止的地理标志。

1. 引言：术语、定义和范围

20 世纪 70 年代中期，"地理标志"（geographical indication）一词开始用
于 WIPO 的谈判过程中，并随着《TRIPS 协定》的订立而被迅速推广并广泛
使用。尽管与地名有关的产品名称保护，很长时间以来在各种不同的法律原
则中都有体现，但在《TRIPS 协定》中使用"地理标志"一词，还是意图帮
助在这个争而未决的领域达成一致。

《TRIPS 协定》第 22 条第 1 款对"地理标志"作出定义，即"标示一货

物来源于一成员领土或该领土内一地区或地方的标志，该货物的特定质量、声誉或其他特征主要归因于其地理来源。"在这一法律定义中包含了许多重要的组成部分。"标志"（indication）一词并未被明确限定在地名上，因此，一产品的名称只要为人所知是与一个地方相联系的，它就有可能受到保护。虽然一货物与一个地方的联系可能是基于该货物具有的"特定质量"（given quality），而它可以被理解为某种能够客观判定的特征，但是，"特定质量"并不是地理标志受保护的一项条件。该地方性标记也可能在消费者中代表着一种声誉（reputation）或商誉（goodwill）。这一保护标准就可能并不是一种客观可计量的产品特征，毋宁说是消费者将一产品与某一地方联系起来的一个决定因素。

地理标志与绝大多数其他种类的知识产权存在区别，虽然它因为具有某种共同特点而与这些知识产权规定在《TRIPS 协定》中。地理标志并不是只属于单独一个权利人的财产，而是由在某一地方的众多生产者所使用的一个标志。这一特征——亦即没有一个特定的权利所有人——就将地理标志与商标区别开来了。①

尽管《TRIPS 协定》规定 WTO 成员有义务保护地理标志上的权利，但是对于以何种方式提供该项保护，还是为各成员预留了实质性的自由决定空间。

2. 条文沿革

2.1　TRIPS 之前的状况

为防止商业滥用，很多国家早已开始对货物的地理原产地的标记给予保护。② 在普通法上的反假冒规则（doctrine of passing off）是以反对不正当竞

---

① 集体商标（collective trademarks）涉及共有的所有权，但通常针对一组范围特定的所有权人。地理标志（geographical indicatioin）则通常为一地区所有的生产者均可使用，尽管该地区有权使用该地理标志的生产者，可能受到各种不同规定的限制。

② 参见《关于地理标志的第 SCT/6/3 号修订文件：历史背景、权利本质、现行保护制度以及在其他国家获得保护》（Document Sct/6/3 Rev. On Geographical Indications: Historical Background, Nature Of Rights, Existing Systems for Protection and Obtaining Protection in Other Countries），世界知识产权组织商标、工业品外观设计和地理标志常设委员会（WIPO Standing Committee On The Law Of Trademarks, Industrial Designs And Geographical Indications）秘书处起草，SCT/8/4，2002 年 4 月 2 日。

争侵权行为所给予的保护为基础的，它被用来保护商人，以制止欺骗性的地理表示。① 例如，在美国和英国的法律中，地理原产地采用集体商标（collective marks）和证明商标（certification marks）进行保护；② 而在大陆法系的法律管辖区域，则采用了原产地名称（appellation of origin）的保护，以防止对货物来源地的虚假表示。此外，调整国际贸易的相关法律也通常要求进口货物必须标明其地理来源，以相应适用关税、配额条例以及诸如此类的规定。

2.1.1 多边规则

2.1.1.1 《巴黎公约》

《巴黎公约》第 10 条之二中规定了反不正当竞争保护的基本原则。该条规定既被《TRIPS 协定》第 2 条概括吸收（参见本书第 3 章），又被第 22 条第 2 款(b)项专门吸收，成为地理标志保护的一个基础。《巴黎公约》第 10 条之二规定如下：

"不正当竞争

（1）本联盟国家有义务对各该国国民保证给予制止不正当竞争的有效保护。

（2）凡在工商业事务中违反诚实的习惯做法的竞争行为构成不正当竞争的行为。

（3）下列各项特别应予以禁止：

1. 具有采用任何手段对竞争者的营业所、货物或工商业活动产生混淆性质的一切行为；

2. 在经营商业中，具有损害竞争者的营业所、货物或工商业活动的信用性质的虚假说法；

3. 在经营商业中使用会使公众对货物的性质、制造方法、特点、用途或数量易于产生误解的表示或说法。"

此外，《巴黎公约》在第 10 条第 1 款中规定（第 9 条引用了这一条），各

---

① 关于普通法上的反假冒原则，参见 W. R. Cornish, *Intellectual Property*: *Patents, Copyright, Trade Marks and Allied Rights*（第 4 版，1999 年），第 16 章。

② 在英国，比如 Stilton（斯蒂尔顿）奶酪和 Harris Tweed（哈里斯毛料）就是通过证明商标加以保护的。Harris Tweed（哈里斯毛料）商标最早于 1909 年注册，现在属于"哈里斯毛料局"（Harris Tweed Authority）所有，该机构系根据 1993 年一部议会法律而成立。

成员国有义务在进口商品"直接或间接使用虚伪的货源标记，或者生产者、制造者或商人的标记"时，对该进口商品进行扣押。第 10 条第 2 款规定，制止该种进口商品的权利应当赋予"所有从事此项货物的生产、制造或销售的生产者、制造者或商人，无论为自然人或法人，只要其营业所设在被虚伪标为货源的地方、该地所在的地区，或在虚伪标为货源的国家、或在使用该虚伪货源标记的国家"。

2.1.1.2　《马德里协定》

1891 年 4 月 14 日的《制止虚假或欺骗性商品产地标记马德里协定》（Madrid Agreement for the Repression of False or Deceptive Indications of Source on Goods），在一定程度上扩大了《巴黎公约》第 10 条的规定，它调整的不仅是"虚假"（false）的产地标记，而且还有"欺骗性"（deceptive）产地标记。《马德里协定》第 1 条第 1 款这样规定：

> "凡带有虚假或欺骗性标志的货物，其标志系将本协定所适用的国家之一或其中一国的某地直接或间接地标作原产国或原产地的，上述各国应在进口时予以扣押。"

这里额外提到的欺骗性标记，被支持者们看作是一种方法，以处理如下做法，即在地理名称之前附加限定词（qualifer）或免责声明（disclaimer）[例如"加利福尼亚勃艮第酒"（California Burgundy）或"加利福尼亚夏布利酒"（California Chablis）]，在此情况下，这样的组合标识可能仍然会导致消费者的混淆。

加入《马德里协定》的成员国数量有限，并且至今如此。①

---

① 关于缔约各方的名单，参见 http：//www.wipo.int/treaties/en/documents/pdf/f-mdrd-o.pdf。

2.1.1.3 GATT 1947

GATT 1947 第 9 条规定了原产地标记（marks of origin），① 在第 9 条第 1 款要求对原产地标记采取最惠国待遇。在第 9 条第 6 款预先提到了地理标志的概念，其中规定：

"缔约各方应通力合作，制止滥用商业名称假冒产品的原产地，以致使某一缔约方领土产品的受到当地立法保护的特殊区域名称或地理名称受到损害。每一缔约方对其他缔约方提出的有关对产品名称适用上述义务的要求或陈述，应予以充分的同情考虑。"

GATT 1947 第 9 条第 6 款并没有对缔约方规定严格的义务，而只是提出各缔约方为制止不当表示（mispresentation）进行合作。而且，合作义务还建立在提出合作请求的国家通过立法对特殊地域名称或地理名称给予保护的基础上，并进而还要求对可适用的名称进行通知。

GATT 1947 第 9 条第 6 款受制于"日本—酒精饮料"（*Janpan-Alcoholic Beverages*）案专家组的解释。② 专家组在该案中认定，日本要求在产品标签上披露货物真实来源地的做法有效地消除了消费者对产品来源地的潜在混淆，

---

① GATT 1947 第 9 条：

"原产地标记

1. 一缔约方在有关标记规定方面对其他缔约方领土产品所给的待遇，应不低于对第三国相同产品所给的待遇。

2. 缔约各方认为，在采用和贯彻实施原产国标记的法令和条例时，对这种措施对出口国的贸易和工业可能造成的困难及不便应减少到最低程度；但应适当注意防止欺骗性的或易引起误解的标记，以保护消费者的利益。

3. 只要行政上许可，缔约各方应允许所要求的原产地标记在进口时贴在商品上。

4. 缔约各方的有关进口产品标记的法令和条例，应不致在遵照办理时会使产品受到严重损害，或大大降低它的价值，或不合理地增加它的成本。

5. 缔约方对于输入前未依照规定办理标记的行为，除不合理地拖延不更正，或贴欺骗性的标记，或有意不贴要求的标记以外，原则上不得征收特别税或课以特别处罚。

6.（参见以上正文）。"

② 日本—进口葡萄酒和酒精饮料关税、税收和标签措施案（*Japan-Customs Duties, Taxes and Labelling Practices on Imported Wines and Alcoholic Beverages*），专家组报告，于 1987 年 11 月 10 日通过（L/6216-34S/83）。

如果此种混淆有可能发生的话。①

---

① 同前注，该专家组报告的相关节选，其中写道：

"专家组指出，通过分析第 9 条第 6 款（Article IX：6）的起草过程，其已经达成一致意见，认为第 9 条第 6 款的文本

'不得对关于某些特色产品名称（distinctive names of products）而形成的现状带来损害效果（effect of prejudicing），只要该名称附着在产品上通常不会错误地标识其真实产地。生产国的国名已经清楚予以标明的，则尤其如此。如果使用特色产品名称，且在其使用国依法持续使用可能致使该名称丧失其最初含义（original significance）的，那么由此产生的争议，将依靠相关政府就个案进行联合审查'（《联合国贸易和就业大会各委员会和主要分委员会报告》〔（Reports of Committees and Principal Sub-Committees, UN Conference on Trade and Employment），1948 年，第 79 页〕。

专家组指出，日本关于酒类商业协会和确保征收酒类营业税之措施的法律和内阁命令中规定，'任何酒类生产商必须在酒容器明显位置以明显的方式标明……从生产场所装运出来的产品，生产商名称，生产场所地址……，容器的容积……，酒的种类……，酒的级别以及与酒类相关的其他事项'，包括葡萄酒、威士忌、白兰地、烈性酒和利口酒的酒精含量。专家组审查了由欧洲经济共同体作为证据提交的大量标签、图片、葡萄酒酒瓶和包装。专家组认定，这些证据看起来足以支持日本向专家组所提交的意见，即这些在日本生产的酒瓶上的标签说明了其日本原产地。

5.15 专家组审查了欧共体的观点，后者认为，日本生产商使用法语词汇、法语名称、其他欧洲国家的语言以及欧洲的标签风格或符号，持续致使日本消费者对于酒类原产地发生误解，并且，日本生产商的标志未清楚表明其确切行为，比如在日本装瓶的葡萄酒可以装入 95％的进口散装葡萄酒。专家组从第 9 条第 6 款的用语中推断出，该条款的义务被限定为'缔约各方应通力合作，制止滥用商业名称假冒产品的原产地，以致使某一缔约方领土产品的受到当地立法保护的特殊区域名称或地理名称受到损害。'专家组指出，在 GATT 中没有关于'商号'（trade name）的定义，而且在不同国家的法律中关于哪些可以构成商号有着不同的规定。专家组认为并无必要在本案中对'商号'作出定义，理由如下：第 9 条第 6 款是为了保护'缔约方领土内产品的受到当地立法保护的特殊区域或地理名称（distinctive regional or geographical names）'。专家组未处理此类证据，也没有发现日本生产商使用部分以英语（在威士忌和白兰地酒的情况下）或以法语（在葡萄酒的情况下）标注的标签，使用葡萄品种的名称〔例如'Riesling'（雷司令）或'Semillon'（赛美蓉）〕，或使用外国语文来描述日本烈酒〔'whisky'（威士忌）、'brandy'（白兰地）或日本葡萄酒〔'chateau'（城堡），'reserve'（珍藏），'vin rose'（玫瑰酒）〕已经实际损害了在欧洲经济共同体中合法保护并且所生产的'产品的特殊区域或地理名称'。专家组也不能认定日本——比如，它加入《制止虚假或欺骗性商品产地标记马德里协定》以及它的国内法律和法规涉及对特殊地区或地理名称的标签和保护〔例如'Armagnac'（雅马邑）或'Chianti'（香堤）〕——未履行其依据 GATT 第 9 条第 6 款所承担的合作义务。"

2.1.1.4　《里斯本协定》

"原产地名称"（appellations of origin）这一术语出现在 1958 年通过的《保护原产地名称及其国际注册里斯本协定》（Lisbon Agreement for the Protection of Appellations of Origin and their International Registration）中。该协定对地理名称给予实质性的扩大保护，其保护范围远远超过了之前的条约，但该保护取决于在起源国（country of origin）最初获得了一个原产地名称的注册，① 并且该原产地名称在 WIPO 也获得注册，不过该项注册可能被意图寻求保护的各成员国所拒绝。② 该协定第 2 条第(1)款举出了调整对象，其中规定：

"在本协定中，'原产地名称'系指一个国家、地区或地方的地理名称，用于指示一项产品来源于该地，其质量或特征完全或主要取决于地理环境，包括自然和人为因素。"

该协定的保护范围超过了注册地理名称的字面含义，其中第 3 条规定：

"保护旨在防止任何假冒和仿冒，即使标明的系产品真实来源或者使用翻译形式或附加'类'、'式'、'样'、'仿'字样或类似的名称。"

原产地名称保护还包括，反对将一已注册的原产地名称变成"通用名称"（generic）（第 6 条）。加入《里斯本条约》的成员国数量也不多，现今仍然如此。③

2.1.1.5　WIPO 倡议

1974 年至 1975 年间，WIPO 着手起草一个有关地理标志保护的新的多边条约。但是，由于当时已明确要把精力放在《巴黎公约》的修订上，并且该修订将考虑有关地理标志规定的进一步细化，因此，这项新的多边条约的起草工作随之停止了。④

作为 20 世纪 80 年代及 90 年代初有关《巴黎公约》修订谈判的一部分，

---

① 《里斯本协定》，第 1 条第(2)款。

② 同上，第 5 条第(3)款。

③ 关于缔约各方的名单，参见 http：//www.wipo.int/treaties/en/documents/pdf/j-lisbon.pdf。

④ WIPO 商标、工业品外观设计和地理标志常设委员会，SCT/8/4，2002 年 4 月 2 日，第 66—71 段。

WIPO 成员国考虑采用一个新增加的第 10 条之四，来处理有关地理标志的问题。① 对该议题讨论的实体内容由 WIPO 国际局为"商标、工业品外观设计和地理标志常设委员会"（Standing Committee on the Law of Trademarks, Industrial Designs and Geographical Indications/SCT）准备的一份报告（SCT/8/4 号文件）中进行了总结，该报告的相关部分请参见本章附件 1。

2.1.2　国内法及区域性协定

正如刚刚提到的由 WIPO 国际局准备的报告所指出的，② 各国为保护地理标志而采取的方法各有不同，但基本上可以分为以下四种类型：（1）反不正当竞争和反假冒；（2）集体商标和证明商标；（3）受保护原产地名称和注册地理标志；（4）行政体制的保护。

2.1.2.1　反不正当竞争和反假冒

根据普通法的反不正当竞争和反假冒原则（principles of unfair competiton and passing off）而对地理标志作出处理，是基于一企业因为竞争者虚假宣称其产品来自相同的货源地从而所遭受的损失。这种行为的不正当性，一方面是涉及利用了受害方（通过其努力而建立起来）的声誉。不正当性的第二方面是涉及这样的损失，即如果投放市场的产品质量低劣，就会因此造成地理标志持有人的声誉损失。不正当性的第三方面是对公众的损害，因为他们受骗购买了并非本来想要购买的货物。

为了就货物的地理来源提起一项反不正当竞争或反假冒的诉讼请求，起诉方通常需要证明，公众已经在该货物与地域名称之间形成了一种充分的识别或联系，并且被诉方对该地域名称的使用导致了公众的误解。运用反不正当竞争和反假冒理论来保护地理标志的情形，可以一系列"香槟"（Champagne）案为例，在这些案件中，普通法的法院对这个法国葡萄酒产区

---

① 这样做的原因之一是由于如下事实，即《巴黎公约》第 10 条第(1)款所给予的保护，只是针对虚假的（false）地理标志，而没有针对欺骗性（deceptive）标志。

② SCT/8/4，2002 年 4 月 2 日。

的名称提供了保护。①

商标保护也是以反不正当竞争为基础的，尽管在许多地区，商标保护在很大程度上依赖于注册制度。但地理标志并不是按商标本身获得保护的，因为商标是用来表示某一企业的货物的，通常并不与一个集体或社区相关联（当然，下文所讨论的"集体商标"的情形除外）。而且，商标并不受到地域的限制。它只是限定于标明某一企业。商标作为一种财产，越来越具有可转让性。而地理标志以与某一地域的联系为基础，因此，它们是不可转让的（指不可归于该地理区域范围之外的人）。

2.1.2.2 集体商标和证明商标

一些国家采用集体商标和/或证明商标的方式，以克服按照商标本身来保护地理名称所存在的固有障碍。集体商标可以属于某一协会或团体，其成员都有权使用该集体商标，因此，它可以将地理名称纳入其中（也取决于其所在的法律管辖区域）。证明商标属于具有证明能力的个人或机构，而该个人或

---

① 参见，例如 *Wineworths Group Ltd v. Comite Interprofessionel du Vin de Champagne*，2 NZLR 327 [1991]（简称 "*Wineworths v. CIVC*"），由新西兰上诉法院（New Zealand Court of Appeal）对此案进行审理判决。J. Gault 法官在判决书中称：

"香槟是一个地理名称。当用于葡萄酒时，对于知道这一名称的人而言，其第一含义（primary significance）是作为该产品在地理上的来源。如果说该名称传递了有关该葡萄酒的某些特征，那是因为那些熟悉葡萄酒的人在销售时将该名称与它的这些特征联系在一起了。……对供应商而言，这个名称的吸引力就构成了其业务之商誉（goodwill）的一部分。无论该名称仅与一名供应商相联系抑或对该名称处于相同地位的一组供应商相联系。该商誉可以由所有的人享有，或者由市场特定部分的人享有。

如果其他的人在一商品上使用该名称，其使用的方式是欺骗消费者相信该商品具有通常与该名称相联系之商品的特征，而该商品并不具备这些特征，那么，商誉可能受到损害。这种损害可能引发'假冒'（passing off）之诉，尽管称之为欺骗性交易（deceptive trading）可能更为准确。"（2 NZLR 327，336）。

机构通过附加或允许附加该商标，为一系列规则或资格提供保证。[①]

国内法在调整集体商标和证明商标的方式上存在着诸多实质性差别，并且至今仍然如此。《巴黎公约》规定：

"第 7 条之二

商标：集体商标

（1）如果社团的存在不违反其原属国的法律，即使该社团没有工商营业所，本联盟各国也承诺受理申请，并保护属于该社团的集体商标。

（2）各国应自行审定关于保护集体商标的特别条件，如果商标违反公共利益，可以拒绝给予保护。

（3）如果社团的存在不违反原属国的法律，不得以该社团在其要求保护的国家没有营业所，或不是根据该国的法律所组成为理由，拒绝对该社团的这些商标给予保护。"

第 7 条之二第（2）款为一国授予集体商标，将一地理名称纳入其中的做法提供了相当大的自由空间。从理论上而言，如果地理名称在商标法意义上属于"通用名称"的话，那么，可据此而拒绝提供此类保护。

2.1.2.3　原产地名称和地理标志

对地理标志的另一种保护方法是通过"原产地名称"，这种保护通常通过国内的成文法加以确定。"原产地名称"与后来出现的"地理标志"概念有所区别，因为"原产地名称"要求在该地域与货物的某种质量或特征之间存在一种特定的联系，包括因人为努力而形成的质量或特征。而后来发展起来的"地理标志"概念，则分散了与货物的某种质量或特征之间的关联这一要求，并允许将货物的声誉作为与地域之间发生关联的一个依据。要确切地证明一货物具有差别性的质量或特征与一地域之间以某种方式存在联系这一要件，

---

① 在美国，集体商标和证明商标均在《商标法》〔Trademark Act，通常称为《拉纳姆法》（Lanham Act）〕中加以定义，15 USC §1127。《商标审查指南》（Trademark Manual of Examining Procedure/TMEP）就地理区域名称作为证明商标进行保护的问题，提到了如下司法判决："*Community of Roquefort v. William Faehndrich, Inc.*, 303 F. 2d 494, 133 USPQ 633（2d Cir. 1962）；*State of Florida, Department of Citrus v. Real Juices, Inc.*, 330 F. Supp. 428, 171 USPQ 66（M. D. Fla. 1971）（产自佛罗里达州的"SUNSHINE TREE"柑橘）；*Bureau National Interprofessionnel Du Cognac v. International Better Drinks Corp.*, 6 USPQ2d 1610（TTAB 1988）〔产自法国一地区的COGNAC（科涅克）蒸馏白兰地〕"（TMEP §1306.01）。

从生产者的一般角度来看，是存在难度的。① 原产地名称一般通过注册方式而获得保护。

1992 年 7 月 14 日，欧洲共同体理事会通过了关于农产品和食品的地理标志和原产地标志保护的（EEC）第 2081/92 号条例。② 该条例对于除葡萄酒和烈性酒之外的在农业领域的地理标志提供了一个共同的注册和保护制度。③ 它要求欧洲委员会维持一个"受保护原产地标志和受保护地理标志的登记簿"，④ 并吸收了如下条款，涉及委员会对地理标志申请的审查⑤、公开⑥以及为反对地理标志的注册提供机会⑦。该条例还列出了受保护地理标志（PGIs）需要遵守的一系列细则，并规定各成员国建立监督机制，以符合这些细则的要求。⑧

该条例对地理标志所给予的保护在第 13 条中特别规定：

"第 13 条

1. 注册名称受到保护，禁止：

（a）将一注册名称在该注册所未包含的产品上作直接或间接的商业使用，只要该等产品与以该名称注册的产品具有可比性，或者这种对名称的使用利用了该受保护名称的声誉。

（b）对注册名称的任何滥用、模仿或提及，即使标明了产品的真实原产地，或将该受保护的名称用于翻译中，或伴有诸如'式'、'型'、'法'、'制造于'、'仿'或其他类似表达；

（c）在有关产品的内外包装、广告材料或文件上，以及在用于罐装产品的包装上就有关产品来源、产地、性质或主要特征作任何其他的虚假或欺骗性标注，以致传递一种关于其来源地的错误认识；

（d）任何可能使公众就产品的真实来源地产生误解的其他行为。在一注册名称中含有一个农产品或者食品名称被认为属于通用名称的，如在相应的

---

① 比如，能够依靠葡萄酒品酒师在盲测品酒（blind taste tests）中稳定地区分出产自不同地区的产品吗？

② OJ L 208, 24.7.1992, 第 1 页。关于该条例，另参见以下本章第 4 节。

③ 同上，第 1 条。

④ 同上，第 6 条第 3 款。

⑤ 同上，第 6 条第 1 款。

⑥ 同上，第 6 条第 2 款。

⑦ 同上，第 7 条。

⑧ 同上，第 10 条。

农产品或食品上使用该通用名称，则不应被认为违反本款(a)项或(b)项的规定。

2. 对于违反第 1 款(a)项和(b)项的行为，各成员国可以在国内法中规定允许在自注册申请公告日起不超过 5 年的期间内使用依照第 17 条注册的名称，只要：

——本条例颁布前该产品已在市场上销售并合法使用该名称 5 年以上，

——在上一行所提到的时间内，企业将使用了该名称的相关产品连续进行合法销售，

——在标签上清楚注明该产品的真实产地。

但是，上述违反行为并不导致在禁止使用此类名称的一成员国领土内可以自由销售该产品。

被保护的名称不得变成通用名称。

［……］"

第 14 条规定对地理标志的保护，禁止将对应于受保护地理标志的商标进行注册。

1992 年条例第 12 条包含一项规定，涉及对外国产品的地理标志的保护。它规定：

"第 12 条

1. 在不违反国际公约的情况下，本条例可适用于来自第三国的农产品或食品，只要：

——该第三国能够提供与第 4 条的保证相同或等同的保证，

——该第三国有与本条例第 10 条等同的监控制度，

——该第三国已经准备为来源于共同体的相应的作为食品原料的农产品提供保护，该保护与共同体现有的保护等同。

2. 如果第三国某一受保护的名称与共同体某一受保护的名称相同，在充分顾及当地和传统的用法以及发生混淆的实际风险后应准予注册。

只有当该产品在标签上清楚可见地标明来源国时，才可批准使用该类名称。"

第 12 条第 1 款要求"该第三国已经准备为来源于共同体的相应的作为食品原料的农产品提供保护，该保护与共同体现有的保护等同"可以认为构成一种实质上的互惠要求（reciprocity requirement），从而导致澳大利

亚和美国指控欧洲共同体违反《TRIPS 协定》的国民待遇和最惠国待遇义务。①

除了这个关于农产品和食品的条例，欧共体还通过了调整葡萄酒和烈性酒地理标志的专门法律。欧共体关于葡萄酒和烈性酒名称的条例，至少最早可追溯至 1970 年 4 月 28 日的（EEC）第 817/70 号欧共体理事会条例，它对在特定地区所生产葡萄酒的质量制定了特别条款。该条例后被 1979 年 2 月 5 日通过的（EEC）第 338/79 号欧共体理事会条例所取代而废除，后者也对于在特定地区所生产葡萄酒的质量设有特别规定。② 1979 年条例的监管体系极为复杂，它依靠各成员国的相关机构制定符合在一特定地区所生产葡萄酒质量的标准，并表明，是否有权使用某一标志是依据包括葡萄种植、葡萄酒酿造方法在内的一系列生产因素，以及葡萄生长条件的分析。③ 葡萄酒需经分析测试以判定其是否符合各成员国制定的可注册名单要求。1979 年条例又被 1987 年 3 月 16 日的（EEC）第 823/87 号欧共体理事会条例所取代，后者对于在特定地区所生产葡萄酒的质量也设有特别规定。④ 1987 年条例与 1979 年条例基于相同的基本原则，由各成员国维持符合其规定标准的葡萄酒名单，并对葡萄酒进行分析测试。这一监管体系将在本章第 6.3.1 节中加以讨论，它随着《TRIPS 协定》的生效而进行了修改。它仍然是一个复杂的问题。⑤

2.1.2.4 行政体制保护

WIPO 国际局为"商标、工业品外观设计和地理标志常设委员会"（SCT）准备的报告（参见本章最后附件 1）也提到了地理标志的行政体制保护，其中包括通过国内行政法规，对与葡萄酒生产和销售相关的标签贴附以及其他行政事项进行监管。这种行政体制包括可以对于使用虚假或误导性产品标签的行为处以罚款，其中包括涉及货物地理来源的方面。

显然，在 TRIPS 谈判之前以及谈判过程中，"地理标志"这一概念一直争而未定。对该议题持最高关注度的是欧洲共同体，特别是它将之视作共同

① 参见本书第 4 章。同样的争议也涉及被指控违反了《TRIPS 协定》的关于地理标志的一些条款；参见以下本章第 4 节。

② OJ L 054，05/03/1979 p. 0048-0056。

③ 同上，第 2 条。

④ OJ L 084，27/3/1987 p. 0059-0068。

⑤ 参见，例如 1999 年 5 月 17 日（EC）第 1493/1999 号关于葡萄酒市场共同组织的欧共体理事会条例。

农业政策的一个特点。

2.2　谈判过程

在 TRIPS 谈判初始，美国的提案中并没有提到地理标志，① 而最早对地理标志提出实质性意见的是 1988 年 7 月欧共体的提案，它包括一项有关地理标志保护的具体规定，从中已经可以看到《TRIPS 协定》的基本框架。②

2.2.1　欧共体提案

"3. f. 包括原产地名称在内的地理标志

（i）就本协定而言，地理标志是标示一产品来源于一国家、地区或地方的标志，该产品的特定质量、声誉或其他特征主要归因于其地理来源，包括自然因素和人文因素。

（ii）地理标志应受到保护，以防止任何构成不正当竞争行为的使用，包括致使公众对该产品真实来源产生误解的使用。构成此种使用，应特别考虑：

——在贸易中将一地理标志直接或间接地使用在并非来自该地理标志所指示或标明地方的产品上；

——任何冒用、模仿或提及，即使标明了产品的真实来源，或者以翻译方式使用该名称或标记，或者伴以诸如'类'、'型'、'式'、'仿'或其他类似表达；

——在该产品的标志或说明中使用任何手段，可能暗示该产品与非真实来源地的其他地理区域具有某种联系；

（iii）在适当情况下，该保护应当给予原产地名称，特别是对于葡萄酒产品，该保护程度是在其起源国所给予的保护范围内。

（iv）在国内法中应当为利害关系方采取适当措施，以防止一地理标志因为在贸易中被使用于来自其他地区的产品而变成一个具有通用特征的标记，这被理解为葡萄酒产品的原产地名称不得变为通用标记。

如一商标包含的或作为该商标组成部分的地理标志或其他标志表示或暗

---

① 《美国关于达成谈判目标的建议》（Suggestion by the United States for Achieving the Negotiating Objective），MTN. GNG/NG11/W/14（1984 年 10 月），以及《修改建议》，1988 年 10 月 17 日，MTN. GNG/NG11/W/14/Rev. 1。

② 《欧洲共同体关于与贸易相关知识产权实质性标准谈判而提议的指导方针和目标》（Guidelines and Objectives Proposed by the European Community for the Negotiations on Trade Related Aspects of Substantive Standards of Intellectual Property Rights），MTN. GNG/NG11/W/26。

示有关该产品的国家、地区或地方并非其真实的地理来源，应拒绝该商标注册或宣布注册无效。国内法应当为利害关系方提供机会，以反对此类商标的使用。

（v）为了便利于保护包括原产地名称在内的地理标志，应当为受保护标志建立一个国际注册簿。在适当情况下应提供文件，用以证明具有使用相关地理标志的权利。"

2.2.2 瑞士提案

1989 年 7 月的瑞士提案也包含一项有关地理标志的相当详细的规定。①请注意，瑞士文本提出，服务也应属于地理标志所包括的范围：

"III. 地理标志——

<u>地理标志的定义</u>

14. 地理标志是旨在标示一产品来源于一国家、地区或地方的任何标记、表达或符号。

关于地理标志的规范也适用于服务。

<u>地理标志的使用</u>

15. 地理标志应受到保护，以防止致使公众对该产品真实来源产生误解的使用。构成此种使用，应特别考虑：

——在贸易中将一地理标志直接或间接地使用在并非来自该地理标志所指示或标明地方的产品上；

——任何提及，或者以翻译方式使用该标记，或者伴以诸如'类'、'型'、'式'、'仿'之类的表达，即使标明了产品的真实来源；

——在该产品的标志或说明中使用任何手段，可能暗示该产品与非真实来源地的其他地理区域具有某种联系；

应当采取适当措施，以防止一地理标志因为在贸易中被使用于来自其他地区的产品而变成一个具有通用特征的标记。

如一商标包含的或作为该商标组成部分的地理标志或其他标志表示或暗示有关该产品的国家、地区或地方并非其真实的地理来源，且如果该标志的使用致使公众对该产品真实地理来源产生误解的，应拒绝该商标注册或宣布注册无效。"

---

① 《关于与贸易有关知识产权的有效性、范围和使用的标准和原则》（Standards and Principles Concerning the Availability, Scope and Use of Trade-Related Intellectual Property Rights），瑞士通报，MTN. GNG/NG11/W/38，1989 年 7 月 11 日。

2.2.3 美国提案

即使在其于 1990 年 5 月向 TRIPS 谈判小组（TNG）递交的充分阐述的提案中，① 对于扩大地理标志的保护范围，美国看来仍然抱有怀疑：

"C. 包括原产地名称在内的地理标志

第 18 条

缔约方应当通过提供注册为证明商标或集体商标的方式来保护证明其区域来源的地理标志。

第 19 条

缔约方应当为非通用名称的葡萄酒原产地名称提供保护，在由于使用该原产地名称致使公众对葡萄酒真实地理来源产生误解时，禁止该种使用。为有助于提供此种保护，鼓励缔约方向其他缔约方提供证明，表明该原产地名称是一个国家、州、省、地区或者相当于州或县的类似政治区划；或是一葡萄种植区。"

2.2.4 一组发展中国家的提案

尽管 1989 年 7 月印度提交的意见书并未论及地理标志，② 但在 1990 年 5 月，由一组发展中国家（包括阿根廷、巴西、智利、中国、哥伦比亚、古巴、埃及、印度、尼日利亚、秘鲁、坦桑尼亚和乌拉圭）所作的提案，③ 在很大程度上依赖于反不正当竞争原则而提出了地理标志保护的问题，该提案中规定：

"第三章

地理标志

第 9 条：对包括原产地名称在内的地理标志的保护*

各方承担义务为包括原产地名称在内的地理标志提供保护，以防止任何可能导致公众对产品真实来源地产生混淆或误解的使用。

［脚注］* 地理标志是指任何旨在标示一产品来源于一国家、地区或地方的标记、表达或符号。"

---

① 《与贸易有关知识产权协定草案》（Draft Agreement on the Trade-Related Aspects of Intellectual Property Rights），美国通报，MTN. GNG/NG11/W/70，1990 年 5 月 11 日。

② 《关于与贸易有关知识产权的有效性、范围和使用的标准和原则》（Standards and Principles Concerning the Availability, Scope and Use of Trade-Related Intellectual Property Rights），印度通报，MTN. GNG/NG11/W/37，1989 年 7 月 10 日。

③ 来自阿根廷、巴西、智利、中国、哥伦比亚、古巴、埃及、印度、尼日利亚、秘鲁、坦桑尼亚和乌拉圭的通报，MTN. GNG/NG11/W/71，1990 年 5 月 14 日。

2.2.5 安奈尔草案

1990 年 7 月的安奈尔草案（"A"代表发达国家的提案，而"B"代表发展中国家的提案）包括了有关地理标志的具体内容，其中规定：[①]

"第 3 节：地理标志

1. 定义

1.1 地理标志是指任何［为了标示］［直接或间接标示］一产品［或服务］来源于一国家、地区或地方的标识、表达或标记。

1.2 就本协定而言，［地理标志］［原产地名称］是指为了标示一产品来源于一缔约方领土或该领土内一地区或地方的［地理］标志。该产品的特定质量、声誉或其他特征［专门或主要］归因于其地理来源，包括自然因素［和］［或］人文因素。［一具有地理特征的名称与一具有特定质量、声誉或特征的产品相关联的，则也可被视为原产地名称。］

1.3 缔约各方同意，以下第 2b.1 点和第 2b.2 点的条款也适用于虽在文字上真实表明货物来源的领土、地区或地方，但却向公众虚假表明该货物来源于另一缔约方领土的地理标志。

2. 保护

2a. 缔约各方应根据 1891 年制定、1967 年最新修订的《制止虚假或欺骗性商品产地标记马德里协定》项下的规定，对地理标志提供保护。

2b.1［根据一利害关系方的请求，］缔约各方应保护［标明或暗示一缔约方的领土或该领土内的地区或地方］的地理［或其他］标志，以制止将其用于并非来源于该领土的产品上，如果该使用行为［构成在《巴黎公约》（1967 年）第 10 条之二意义上的反不正当竞争行为，包括该使用］［可能导致］［导致］公众对该产品真实来源地产生误解。

［此种保护应当特别用于制止：

——在贸易中将一地理标志直接或间接地使用在并非来自该地理标志所指示或提及地方的产品上；

——任何冒用、模仿或提及，即使标明了产品的真实来源，或者以翻译方式使用该名称或标记，或者伴以诸如'类'、'型'、'式'、'仿'或其他类似表达；

——在该产品的标志或说明中使用任何手段，可能暗示该产品与非真实来源地的其他地理区域具有某种联系。］

---

① 参见 MTN.GNG/NG11/W/76，1990 年 7 月 23 日。

2b.2［根据一利害关系方的请求，］缔约各方应当拒绝一商标的注册或宣布注册无效，如该商标包含的或作为其组成部分的是：

［标明或暗示一地理标志的标志，］

［标明或暗示一缔约方的领土或该领域内的一地区或地方的地理标志或其他标志，］

并用在并非来源于该标志所指示地方的产品上，［如果［在该产品上］使用此类标志致使公众［对其真实原产地］产生误解或发生混淆］。［国内法应当为利害关系方提供机会，以反对此类商标的使用。］

2b.3 缔约各方应当提供适当措施，以使利益关系能够制止一地理标志［，它被一缔约方领土内某产品或类似产品的消费者认为是指示了在另一缔约方领土内所生产或制造的该产品的地理来源，］因为在贸易中被使用于来自不同地理来源的［相同或类似］产品上而变成一个［该产品或类似产品的］具有通用特征的标记［，这被理解为葡萄酒产品的原产地名称不得变为通用标记］。

2c.1 缔约各方应当通过提供注册为证明商标或集体商标的方式来保护证明其区域来源的地理标志。

2c.2 缔约方应当为非通用名称的葡萄酒原产地名称提供保护，在由于使用该原产地名称致使公众对葡萄酒真实地理来源产生误解时，禁止该种使用。为有助于提供此种保护，鼓励缔约方向其他缔约方提供证明，表明该原产地名称是一个国家、州、省、地区或者相当于州或国的类似政治区划；或是一葡萄种植区。

2d 缔约各方承担义务为包括原产地名称在内的地理标志提供保护，以防止任何可能导致公众对产品真实来源地产生混淆或误解的使用。

3. 国际注册簿

缔约各方同意就建立一个受保护地理标志的国际注册簿进行合作，便利于保护包括原产地名称在内的地理标志。在适当情况下应提供文件，用以证明具有使用相关地理标志的权利。

4. 例外

4.1 任何缔约方不必适用地理标志保护的规定，如果：

（a）会损及与该地理标志或名称相同或相类似的某一标记的权利人，并且该标记在本协定对该缔约方生效日之前已经进行善意使用或提出申请的；

（b）关于货物的地理标志或名称就是该缔约方领土内以通用语文表示的该货物的普通名称，或与以通用语文表示的惯用术语相同。

4.2a 缔约方同意上述条款并不阻止根据《巴黎条约》（1967 年）第 19

条而缔结关于在该等条款项下权利的双边或多边协定，以提高对具体的地理标志或其他标志的保护，并进一步同意，由此类双边或多边协定而产生的任何利益、优惠、特权或豁免，免除根据本协定第二部分第 7 点所规定的义务。

4.2b 考虑到各国［地理标志］［原产地名称］的特殊性，这应当被理解为，就有关此类［标志］［名称］的双边协定所产生的任何利益、优惠、特权或豁免，并且超出本协定要求的，依照本协定第二部分第 7 点所规定的最惠国待遇义务就意味着要求每一属于该双边协定当事方的缔约方准备将此类利益、优惠、特权或豁免，以与该双边协定当事方的同等条件，扩展适用于任何提出请求的其他缔约方，并且为实现这一目标而进行善意谈判。"

该草案显示出，各方代表在多项议题上存在分歧。草案对地理标志的定义（参见以上本章，第 1 节"定义"）也发生了相当大的变动。尽管有一项提案的定义非常具有概括性，它甚至没有提到产品的特征与其地理来源地之间的关联（《安奈尔草案》第 1.1 段），但另一个替代性的草案定义（第 1.2 段）则更加接近于现行《TRIPS 协定》第 22 条第 1 款的规定。这两个草案定义都使用了"产品"（product）一词而非"货物"（good）。这可能体现了一些谈判代表希望将服务也纳入保护范围的意愿。另一方面，在第 1.1 段中的草案定义提到了"产品［或服务］"（product［or service］）这样的表述。在这种语境下，"产品"这个词就被认为仅限于"货物"，虽然"产品"这个词的平常含义可能也包括服务。在《TRIPS 协定》的最终文本中，第 22 条第 1 款提到的是"货物"一词，因此就将服务排除在外了（关于其具体分析，参见以下本章第 3 节）。

关于保护的范围，安奈尔草案包含一个加了方括号的提案（参见上文第 2b.1 段），根据该段而给予的保护是为了制止

"任何冒用、模仿或提及，即使标明了产品的真实来源，或者以翻译方式使用该名称或标记，或者伴以诸如'类'、'型'、'式'、'仿'或其他类似表达。"

这一提案的用语与现行《TRIPS 协定》第 23 条第 1 款的用语几乎完全相同。甚至在并未导致公众对产品来源地产生误解时，它也提供保护。但是，从一个重要的方面看，这一提案的保护范围超过了《TRIPS 协定》第 23 条第 1 款的范围：它适用于所有的产品，而不是局限于葡萄酒和烈酒。该提案在后来的布鲁塞尔草案未予保留（参见下文）。

安奈尔草案在第 2c.1 段中明确提到了美国的地理标志保护制度，即作为

证明商标或者集体商标进行保护。这一表述在布鲁塞尔草案或《TRIPS 协定》中均未予保留。取而代之的是，后两者都要求各成员有义务提供"法律手段"（legal means）来保护地理标志。

关于为地理标志建立一个多边注册簿，安奈尔草案在第 3 节中规定的范围也超出了现行《TRIPS 协定》第 23 条第 4 款的规定：它并不限于葡萄酒，而是涵盖一般性地理标志。这一方法在布鲁塞尔草案中得以保留（参见下文），但在后来 1991 年 12 月的邓克尔草案中被限定在葡萄酒上。①

有关保护之例外的规定，安奈尔草案已经包括了现行《TRIPS 协定》第 24 条的某些要素，尽管它比后来的条款要简短得多。特别是它提到了通用名称的例外（《安奈尔草案》第 4.1(b) 段；《TRIPS 协定》第 24 条第 6 款），以及与受保护地理标志相同或相类似标记的持续性在先使用（continuous prior use）的例外（《安奈尔草案》第 4.1(a) 段；《TRIPS 协定》第 24 条第 4 款）。对于持续性在先使用，该草案提供了一个比《TRIPS 协定》第 24 条的范围要大得多的例外，它适用于所有类别的产品，而《TRIPS 协定》第 24 条第 4 款只适用于"在货物或服务方面用以标示葡萄酒或烈酒的"地理标志。其次，在安奈尔草案中，如果《TRIPS 协定》在一成员生效之前，当事人已经对一地理标志善意注册或使用的，则缔约方同意当事人继续使用该标志的这一做法是被允许。不过，在另一方面，安奈尔草案规定了一个比《TRIPS 协定》第 24 条第 4 款更为严格的例外：依据第 24 条第 4 款的规定，只要此类使用在 1994 年 4 月 15 日之前已至少有 10 年，则该持续性使用不需要以善意为条件（详细内容参见本章第 3 节）。

除了这两个例外，安奈尔草案还针对提高地理标志保护的双边协定而包括了两项相互矛盾的提案（参见上文第 4.2a 段、第 4.2b 段；现行《TRIPS 协定》第 24 条第 1 款）。虽然谈判代表们同意此类双边协定的一般可接受性，但对于因此类双边协定而获得的更高保护水平，是否依照最惠国待遇原则扩展适用于其他的 WTO 成员，则并不明确。其中一项提案（第 4.2a 段）主张，因双边协定达成的超 TRIPS 保护，免除适用最惠国待遇原则，而另一提案（第 4.2b 段）则提议，此类超 TRIPS 保护应当受到最惠国待遇原则的约束。在布鲁塞尔草案和《TRIPS 协定》的最终文本中，这样明确提到最惠国待遇

---

① 参见，《与贸易有关知识产权（包括假冒商品贸易）协定草案》（Draft Agreement on Trade-Related Aspects of Intellectual Property Rights, Including Trade in Counterfeit Goods）第 23 条第 4 款，它被包括在 1991 年 12 月"邓克尔草案"（Dunkel Draft）中（MTN. TNC/W/FA 文件的一部分，1991 年 12 月 20 日）。

的表述被删除了（参见下文）。①

2.2.6 布鲁塞尔草案

针对 1990 年 12 月布鲁塞尔部长会议文本（Brussels Ministerial Text）的主席备忘录指出："关于第二部分第 3 节地理标志，应当明确的是，在第 25 条、第 26 条和第 27 条上仍然存在着相当大的分歧。"布鲁塞尔草案文本规定如下：②

"第 3 节：地理标志

第 24 条：地理标志保护

1. 就本协定而言，地理标志指标示一货物来源于一缔约方领土或该领土内一地区或地方的标志，该货物声誉所依据的特定质量或其他特征主要归因于其地理来源。

2. 就地理标志而言，缔约各方应当通过国内法向利害关系方提供法律手段以防止：

（a）在一货物的标志或说明中以任何手段使用该地理标志，标明或暗示所涉货物来源于真实原产地之外的一地理区域，从而在该货物的地理来源方面致使公众产生误解；

（b）任何构成《巴黎公约》（1967 年）第 10 条之二意义上的不公平竞争行为的使用。

3. 如一商标包含的或作为该商标组成部分的地理标志所标明的领土并非货物的来源地，且如果在一缔约方内在此类货物的商标中使用该标志致使公众对其真实原产地产生误解，则该缔约方根据一利害关系方的请求，拒绝该商标注册或宣告注册无效。

4. 本条上述各款的规定可适用于虽在文字上表明货物来源的真实领土、地区或地方，但却向公众虚假表明该货物来源于另一领土的地理标志。

第 25 条：对葡萄酒地理标志的额外保护

1. 每一缔约方应当在其国内法中为利害关系方提供法律手段，以防止将

---

① 双边协定中关于地理标志的超 TRIPS 条款与最惠国待遇义务之间的关系，详见以下本章第 3 节（关于《TRIPS 协定》第 24 条第 1 款）。

② 参见《体现多边贸易乌拉圭回合成果的草案最终文本，修订，与贸易有关知识产权（包括假冒商品贸易）》（Draft Final Act Embodying the Results of the Uruguay Round of Multilateral Trade Negotiations，Revision，Trade-Related Aspects of Intellectual Property Rights，Including Trade in Counterfeit Goods），MTN. TNC/W/35/Rev. 1，1990 年 12 月 3 日。

标示葡萄酒的地理标志用于非来源于该地理标志所指示地方的葡萄酒，即使标明了该货物的真实来源，或以翻译形式使用该地理标志，或伴有诸如'类'、'型'、'式'、'仿'或其他类似的表达。

2. 如一葡萄酒商标包含标示葡萄酒的地理标志或由此种标志构成，则应根据一利害关系方的请求，对不具备此来源的此类葡萄酒，拒绝该商标注册或宣布注册无效。

3. 在葡萄酒的地理标志同名的情况下，在遵守上述第 24 条第 4 款规定的前提下，应对每一种标志予以保护。每一缔约方应确定相互区分所涉同名标志的可行条件，同时考虑有必要保证公平对待有关生产者且使消费者不致产生误解。

第 26 条：例外

1. 如果一缔约方的一地理标志被另一缔约方的国民或者居民善意地并且以广泛而持续的方式使用在来源于前一缔约方领土以外的货物上，包括用作商标，并且如果该使用行为发生在根据以下第 68 条所确定的这些规定在该另一缔约方的适用日之前，则本协定的任何规定均不得阻止由该另一缔约方的这些国民或者居民继续使用该地理标志。

2. 一缔约方不得采取行动拒绝一商标的注册或者宣布注册无效，如该商标首次申请或者注册是在：

（a）按以下第 68 条所确定的这些规定在该缔约方的适用日之前；

（b）该地理标志在其起源国获得保护之前；而该商标与一地理标志相同或类似。

3. 如任何其他成员的关于货物的地理标志，其相关标志与一成员以通用语文的惯用术语作为其领土内此类货物或其生产方法的普通名称相同，或者在该货物为葡萄酒产品的情况下，该相关标志就是一葡萄品种的名称，则不得要求该成员适用本条的规定。

4. 在本协定项下无义务保护在起源国不受保护或已停止保护，或在该国中已废止的地理标志。

5. 根据一缔约方的请求，每一缔约方应自愿进行善意谈判以便［原文如此］。上述条款的规定不得制止各缔约方就本节所提供的保护缔结双边和多边协定，目的是提高对特定地理标志的保护。

第 27 条：地理标志的通知

为便利地理标志的保护，委员会应检查建立关于地理标志通知和注册的多边制度，使之能在参加该多边制度的缔约方中获得保护。"

如同《TRIPS 协定》的最终文本那样，这一草案在适用于所有货物的一般保护（即第 24 条）与适用于葡萄酒的额外保护（即第 25 条）之间作了明确的区分。对烈酒的额外保护，则是在之后 1991 年 12 月的邓克尔草案中才被添加进来的。

2.2.6.1 草案第 24 条

就布鲁塞尔草案第 24 条而言，它与现行《TRIPS 协定》第 22 条相比存在着两点区别：第一，第 22 条第 1 款规定地理标志保护的根据之一是货物的声誉，并且该声誉归因于货物的地理来源（"……该货物的特定质量、声誉或其他特征主要归因于其地理来源"）。而在布鲁塞尔草案中，货物声誉与货物的地理来源这两者之间是一种更为间接的联系，该条款的相关部分规定如下："……该货物声誉所依据的特定质量或其他特征主要归因于其地理来源。"（着重号是后加的）。换言之，并不是货物声誉本身直接依据地理来源而产生，而是由货物的质量或特征产生了这一声誉。《TRIPS 协定》最终文本将声誉本身看作构成货物的一个特征。之所以作这样的阐明，可能是为了强调它与《里斯本协定》之间的区别，后者并不保护货物的纯粹声誉。

布鲁塞尔草案与《TRIPS 协定》最终文本的第二个区别，涉及对包含地理标志或作为其组成部分的商标拒绝注册或宣布无效的规定（布鲁塞尔草案第 24 条第 3 款；《TRIPS 协定》第 22 条第 3 款）。布鲁塞尔草案规定只有在利害关系方的请求下才授权采取此类行动，而《TRIPS 协定》第 22 条第 3 款则同时还允许各成员依职权拒绝此类商标注册或宣布其无效。这一选项是在 1991 年邓克尔草案（第 22 条第 3 项）中被提出来的。

2.2.6.2 草案第 25 条

布鲁塞尔草案第 25 条第 1 款为葡萄酒的地理标志规定了一种额外保护（正如《TRIPS 协定》第 23 条第 1 款）。该草案第 25 条第 2 款与《TRIPS 协定》第 23 条第 2 款相似，也规定如任何葡萄酒商标包含一地理标志但又不具备该标志所指示来源的，则缔约方有义务宣布该商标无效。两者之间的主要区别在于以下几个方面：

（a）布鲁塞尔草案在这一款中只提到葡萄酒，而未提到烈酒。

（b）如果地理标志被用于一商标之中并且所指示的并非真实的原产地，那么布鲁塞尔草案（第 25 条第 2 款）只是规定应当根据一利害关系方的请求而拒绝该商标的注册或者宣布注册无效，而《TRIPS 协定》第 23 条第 2 款则赋予各成员依职权（ex officio）提供这些救济的权利。

（c）根据该草案的条款，其中并无第 4 款（而现在《TRIPS 协定》第 23 条有此款规定），要求就建立关于葡萄酒和烈酒地理标志通知和注册的多边制度进行国际谈判。不过，无论是布鲁塞尔草案第 27 条，还是安奈尔草案（参见上文），都有关于此事项的单独条款，并且它的适用范围不仅仅涉及葡萄酒的地理标志，而是涵盖所有的产品。但这一适用范围由于 1991 年 12 月的邓克尔草案（第 23 条第 4 款）而被限定于葡萄酒。此后，关于多边注册簿的谈判则又有所扩展（参见本章第 6.4 节）。

2.2.6.3　草案第 26 条

与安奈尔草案相比，布鲁塞尔草案有关例外的规定（上述该草案第 26 条；现行《TRIPS 协定》第 24 条）包含了两个新增的因素；即该草案第 26 条第 2 款和第 4 款，与之对应的是《TRIPS 协定》第 24 条第 5 款和第 9 款。[①] 该草案第 26 条第 4 款已经与《TRIPS 协定》第 24 条第 9 款在文字表述上完全一致，而草案第 26 条第 2 款则与《TRIPS 协定》第 24 条第 5 款在形式上保持基本一致。

布鲁塞尔草案第 26 条第 1 款和第 2 款（关于第三方对受保护标志的持续和善意使用）在很大程度上修改了安奈尔草案的方法，具体而言，如果第三方是在各相关成员的实体义务生效之前已经在先使用或注册的，则该第三方可以善意使用（第 1 款）或善意注册（第 2 款）作为抗辩理由。布鲁塞尔草案与安奈尔草案相同的是，该例外情形完全以善意作为前提。但根据《TRIPS 协定》第 24 条第 4 款(a)项，对于并非以善意为前提的情形也规定为例外（参见本章第 3 节）。

布鲁塞尔草案第 26 条第 1 款与安奈尔草案一样，指的都是一般地理标志，而不是像《TRIPS 协定》第 24 条第 4 款那样仅仅是指葡萄酒和烈酒的地理标志。

最后，布鲁塞尔草案第 26 条第 3 款和第 5 款所包含的提议与现行《TRIPS 协定》第 24 条第 6 款和第 1 款的规定实质性相同（亦即，关于通用名称的规定以及关于超 TRIPS 的双边或多边谈判的规定）。

2.2.7　邓克尔草案文本（1991 年 12 月）

这一草案的第 22 条至第 24 条与《TRIPS 协定》最终文本第 22 条至第 24 条基本上完全一样。[②] 两个文本之间唯一的实质区别是，邓克尔草案第 24 条

---

①　亦即，一个是有利于商标申请的例外，因为该商标是在产生保护与之相同或类似的地理标志的义务之前就已经善意注册或通过善意使用而获得的；另一个是地理标志保护的例外，是由于其在起源国（country of origin）已经不受保护。

②　请注意，《邓克尔草案》中有关地理标志条款的编号与《TRIPS 协定》的编号相同。

第 4 款对于继续以类似方式使用地理标志之例外适用于一个较为有限的范围，即仅仅提到了用以标示葡萄酒的地理标志，而《TRIPS 协定》将此例外扩展至烈酒。

3. 可能的解释

3.1 第 22 条（一般地理标志）

3.1.1 第 22 条第 1 款

> 就本协定而言，"地理标志"指标示一货物来源于一成员领土或该领土内一地区或地方的标识，该货物的特定质量、声誉或其他特征主要归因于其地理来源。

第 22 条第 1 款对地理标志的定义回避了具体指明在其外延中所包含的"标志"（nidications）的种类。一个词语虽然本身并不是一个地域名称，但它可能"使人想起"（evoke）该地域，则其仍可能成为一个地理标志。除了词语可以作地理标志，其他种类的标记，比如图像，也可以成为一种地理标志。

该定义的适用对象被限定为"货物"（good），表明本协定的谈判者拒绝了关于"服务"（service）也可能归因于地域的提案。这一定义并没有排除这样的可能性，即各成员可以根据国内法，允许因为在服务领域方面误导公众而提出反不正当竞争的诉讼请求，但这样的保护并非《TRIPS 协定》在这一节中所要求的。

虽然由于提到的是"货物"，从而将服务排除在外，但它的含义还是相当广泛的，适用于任何与地理具有一种适当关联的货物。比如，所有的农产品都有可能成为地理标志的保护对象，而并非只有第 23 条专门规定的葡萄酒和烈酒。

地理标志标示一货物"来源于"（originating）一成员的领土。这意味着该货物必须在该领土内被开采、生长或制造。因此，不可能把与一地理标志相附随的权利转让于该地域之外的一方当事人。不过应当注意的是，"来源于"一词可能具有某种灵活性。涉及某一货物制作的一部分工作在该地域之外进行，可能并不会损害该货物"来源于"该地域的特征。但是，该种在当地区域外的工作在多大程度上是被允许的，则是 GATT-WTO 法中的货物原产地规则（rules of origin）领域常见的问题。因为可适用于地理标志的法律并未确定，所以，关于可允许的在当地区域外的工作（permissible outside work）这一问题的灵活程度，就很可能产生争议。

第 22 条第 1 款的定义提到了"该货物的特定质量、声誉或其他特征主要归因于其地理来源"。"质量"（quality）这一概念包含了货物的物理特征，亦即，该货物可以客观衡量的部分。然而，该定义单独提到了"声誉"（reputation），这就清楚地说明，标示一货物的某一特定的客观特征，并不是获得地理标志保护的前提条件。只要由于公众相信一货物具有令人向往的特征从而将该货物与一地域相联系，亦即，该货物拥有一种与该地域的标志相关联的"声誉"，那么，这就足以构成保护的条件。

与商标一样，地理标志也可以通过在广告上的投资而建立起来。这就存在这样的可能性，即通过虚假或误导的广告，公众实际上在货物的质量以及货物与它的地域之间的联系上受到欺骗。

第 22 条第 1 款还提到了该货物的"其他特征"。如果说质量通常被理解为暗示着货物具有一种正面的特性，声誉通常暗示着一种受人欢迎的印象，那么，"其他特征"则意味着一货物可能具有的一些较为中立甚至对于消费者而言并不讨人喜欢的特点，比如颜色、质地或气味，但这仍然使得该生产地域有权保护其在该产品上的地理名称。

质量等等必须"主要归因于"（essentially attributable）该地理区域。[①]这一短语是为了在该产品与相关地域之间建立"联系"。从广义上来讲，产品特性或声誉是否归因于某一地域这个问题，是解决关于地理标志可能包括范围这一争议的根本所在。对"地域"一词的字面解读就意味着这种联系必须是物质上的，亦即，该产品必须体现出由于某一地方的土壤状况、天气或其他物理因素所产生的某些特征。这也许是可以看得到的，比如，在某些地方就能够盛产用于酿造葡萄酒的葡萄。但是，"主要归因于"其地理区域这一概念由于第 22 条第 1 款定义中的其他术语而有所扩展，也用于指声誉，这就暗示与地域的联系也可能基于在该地方的人类劳动而形成。它甚至可能扩展至因投入广告而形成的与该地方有关的商誉，虽然这种解释在某种意义上可能与"归因于"的概念不符，因为"归因于"一词从表面上看，就要求该特征

---

① 《新节本牛津英语大词典》（Oxford New Shorter English Dictionary）对形容词"attributable"（可归因的）的定义是"可归因于；由于"（able to be attributed *to*, owing *to*）。作为名词，"attribute"（属性）的定义是：

"2. 属于（特别是在共同的评价中）某人或某物的品质或特征。……4. 某人或某物的一种固有的特征性品质；特性；在统计学等领域，指一种不可量化的特性（non-quantifiable property）。"

或声誉是该地方所固有的，而非仅仅由产品营销者的想象虚构而成。这并不意味着每个 WTO 成员的国内机构都必须对"声誉"或"主要归因于"这些词语采用一种广义上的解释，毋宁说它暗示着这些用语本身具有某种内在的灵活性。

3.1.2　第 22 条第 2 款

> 就地理标志而言，各成员国应向其利害关系方提供法律手段以防止：
>
> （a）在一货物的标志或说明中以任何手段使用该地理标志，标明或暗示所涉及货物来源于真实原产地之外的一地理区域，从而在该货物的地理来源方面致使公众产生误解；
>
> （b）任何构成《巴黎公约》（1967）第 10 条之二意义上不正当竞争行为的使用。

第 22 条第 2 款确立了地理标志保护的基本标准。它是一个非具体标准（non-specific standard），从而为各成员留下了实质灵活性。在开始探讨这一部分时，应当注意《TRIPS 协定》第 23 条在很大程度上取消了有关葡萄酒和烈酒的地理标志上的这种灵活性，而我们在后面的讨论或有助于理解为什么通过了第 23 条。

成员必须"提供法律手段"（provide the legal means）。其中，"法律手段"可以指各种各样成文法的、行政性的和/或普通法上的保护方式，并且看起来包括了在《TRIPS 协定》生效时各成员所采用的各种可能的保护。正如在之前所述，它包括了根据普通法的反不正当竞争和反假冒原则、集体商标和证明商标的注册保护、地理标志和原产地名称的注册保护以及行政体制模式。

成员必须向"利害关系方"（interested parties）提供法律手段。这将超出政府机关之于相关地理标志的权利人的范围，但是，对于如何执行关于利害关系方的构成条件，它再一次为各成员提供了实质灵活性。比如，就某一个地区而言，在某一地理标志上的利害关系方可能是一个组织或生产者集体，它们对相关词语的使用行使控制权，从而，"利害关系方"就可能被限定为该组织或集体。在这种情况下，国内法可以把有关保护地理标志的法律手段只限定适用于它为此目的所定义的一个"利害关系方"上。第 22 条第 2 款看起来并没有要求，凡是可能主张在一地理标志上享有某种利益的人，都有权提出请求保护该地理标志。①

第 22 条第 2 款(a)项的保护范围扩展到"在一货物的标志或说明中以任何手段使用该地理标志,标明或暗示所涉及货物"来源于某一地方。其中提到"在标志或说明中以任何手段"（any means in the designation or presentation），其涵盖范围相当广泛,并且看起来包括了这样的概念,即该标志或说明只需要能"使人想起"（evoke）该地域即可,从而并不限于某个地理名称（geographic name）。比如,一奶酪名称通常可能并非一地区域的名称,但它与生产奶酪的一个特定地方有联系。第 22 条第 2 款(a)项提到的"标志或说明",并没有排除这种使人想起某一地方的奶酪名称。此外,这里提到的"任何手段"可能扩展至一地区的图形或者图片表达。由于"任何手段"这组词语是与"标明或暗示"结合起来理解的,因此,这个定义看起来就是开放的,包含了各种各样可能的标志,只要该标志能使人想起一货物与一地方之间存在某种联系。

由于注意到标志可能涵盖的范围非常广泛,因此,该定义就用这样的用语加以限定:"来源于真实原产地之外的一地理区域,从而在该货物的地理来源方面致使公众产生误解"。"真实原产地"（true place of origin）是指货物真正生长、开采或制造的地方,它与在利害关系方看来该货物本来应该出产的地方相对。对第 22 条第 2 款(a)项定义的关键性限制在于,该标志"在该货物的地理来源方面致使公众产生误解"（着重号是后加的）。

在什么情况下,一标志会被理解为"致使公众产生误解"？"公众"（public）一词可以被理解为对于产品来源具备有限知识的普通消费者,抑或可以被理解为经常购买相关产品的更为专业的消费者群体。试举例说明,许多在美国销售的奶酪使用了欧洲的原产地名称。但是,如果说在美国就有相当一部分消费者公众把这些奶酪与任何地理位置联系在一起了,这是很值得怀疑的。单纯从讨论的角度,即使假定美国消费者对于某一类奶酪从某些方面看是在欧洲所制造这一点具有某种模糊的意识,但就该奶酪与一地理区域之间具有联系这样的专门知识（sepcific knowledge）而言,可能只限于非常

---

① 请注意,《巴黎公约》第 10 第 2 款具体列举了相关当事方,他们应当根据第 10 条而被授予阻止商品进口之权利。但是,在《巴黎公约》第 10 条和《TRIPS 协定》第 22 条第 2 款的实质性义务之间存在着相当大的区别,而且,并不清楚从后者对前者的引用中可能得出什么样的结论。另参见以上本章第 2.1.1.1 节。

小量的一部分消费者了。① 如果只有很小一部分美国消费者可能对其所购买货物的地理来源产生误解，那么，这一小部分人就构成了"公众"吗？

如果在标签或包装上标有关于真正（或真实）产品来源地的充分信息，那么即使把一地理标志也显示在该标签或包装上，国内机关仍然可以决定，这并不会导致消费者产生误解。当然，内容详尽的标签能否消除可能的混淆，这也取决于该标签的表现方式。因为即使是正确的信息，也可能通过一种误导的方式表现出来。

"香槟"（Champagne）一词通常被用作地理标志的范例，它享有保护，以制止一地区之外的生产者使用该标志。但值得怀疑的是，对于大多数在其他地理名称的利益关系方而言，他们也能够在地理名称与产品之间建立这样一种紧密的联系，就像消费者在法国香槟地区与这种高品质起泡葡萄酒之间所建立的联系。即使像"香槟"这样具有如此强烈关联性的地理名称，德国"塞克特起泡酒"（Sekt）的生产商还要在欧洲法院辩称，只要在瓶贴上标明了该酒的产地为德国，那么"香槟方法"（champagne-method）这样的标签并不会导致消费者产生混淆。② （欧洲法院驳回了德国生产商的请求，其中的理由是，欧共体并未以一种明显不适当的方式采取行动。该条例是在欧共体条例所允许的范围之内的。）

关于一地理标志致使公众对该货物来源地产生误解的这个要求，就让各个国内相关机关的手中握有相当大的自由裁量权，由它们决定应如何界定"公众"的范围，以及在证明公众被"误导"时必须存在着一种如何强烈的关联。

第22条第2款(b)项提到"任何构成《巴黎公约》（1967年）第10条之二意义上不正当竞争行为的使用。"③ 正如在本章第2.1.1.1节中所指出的，《巴黎公约》建立了有关不正当竞争的一般框架，而有关不正当竞争的规则在所有国家的法律制度中均有体现，尽管各国在这些规则的立法与实施上有所

---

① 在美国商标法中，要证明存在着消费者混淆（consumer confusion），通常要求有相当数量的相关消费公众将一商标与一商品相关联，而不仅仅是小部分具备专业知识的人。在欧洲商标法中，可能更为人所接受的观点是，具有专业知识的消费者，即使数量很少，如果他们发生了混淆，就被认为达到了充分的混淆目标。

② 参见 *SMW Winzersekt GmbH v. Land Rheinland-Pfalz*，ECJ，（C-306/93），[1995] 2 CMLR 718。

③ 不正当竞争的对象在本书有关商业秘密的部分也有涉及，《TRIPS 协定》第39条第1款正是依赖《巴黎公约》第10条之二作为法律依据的。参见本书第28章。

不同。又如在本章引言性的讨论中所提到的，普通法制度对于地理名称的误导性使用（或者，在本质上，就是假冒竞争对手的货物），允许根据"假冒"原则（doctrine of "passing off"）或者以一种不正当竞争的侵权行为而作为提起诉讼的诉因（cause of action）。由于不正当竞争这一概念缺乏严格定义，第 22 条第 2 款(b)项从表面看来，主要是想提出在普通法系和大陆法系制度中已有的针对地理标志的诉因，而并不意图对如何界定或实施这些诉因作出更准确的调整。例如，《巴黎公约》第 10 条之二第 3 款第(3)项规定，根据不正当竞争原则而被禁止的行为包括"在经营商业中使用会使公众对货物的性质、制造方法、特点、用途或数量易于产生误解的表示或说法。"并不清楚的是，这一规定在多大程度上加强了《TRIPS 协定》第 22 条第 2 款(a)项所确立的义务，防止以一种导致公众对于该货物的来源产生误解的方式使用地理标志，特别是，既然《TRIPS 协定》规定的可保护特征包括与该货物相关联的质量、声誉或"其他特征"。之所以提到《巴黎公约》第 10 条之二，可能是为了表明，第 22 条第 2 款(a)项不应被理解为是对以往根据《巴黎公约》第 10 条之二而在有关地理标志方面可获得诉因的一种限制。有人可能认为，第 22 条第 2 款(b)项扩大了第 22 条第 2 款(a)项所规定的保护范围，因为前者所提供的保护是防止在"货物的性质或特征"上导致公众产生误解，从而更直接地包括了这样的情形，亦即，将一地理标志伴以某一限定词或免责声明［例如，加利福尼亚夏布利酒（California Chablis）］。这种情形也许已经包括在可能导致消费者对"来源"产生误解的范围内，因为在商标法中（通过类比的方法）加以限定词或免责声明，并不必然妨碍认定消费者产生混淆的问题。事实上，消费者可能最终意识到"加利福尼亚夏布利酒"并不是产自法国的某一地区*，但这并不意味着消费者的初始兴趣（initial interest）没有受到一种误导性来源暗示的影响。这最终是一个事实问题。

前已述及，第 23 条为葡萄酒和烈酒提供了额外保护，并对第 22 条所固有的灵活性明确加以限制。此外，对第 22 条第 2 款的理解必须与第 24 条相结合，后者对某些普遍适用的规则设定了例外。

3.1.3 第 22 条第 3 款

> 如一商标包含的或作为该商标组成部分的地理标志中所标明的领土并非货物的来源地，且如果在一成员内在此类货物的商标中使用该标志致使

---

* 指位于法国勃艮第地区最北部的夏布利，以盛产白葡萄酒而闻名。——译者

> 公众对其真实原产地产生误解，则该成员应当在其立法允许的情况下依职权或根据一利害关系方的请求，拒绝该商标注册或宣布注册无效。

第 22 条第 3 款应当结合第 24 条第 5 款进行解读。第 22 条第 3 款的实际效果深受第 24 条第 5 款的影响。

第 22 条第 3 款的本质是确立了这样的规则，即如果一个商标所包含的或作为其组成部分的地理标志以某种方式致使公众对货物原产地产生误解，则该商标不得注册。它既针对将来的注册申请，对此申请应予驳回；也针对已经获得注册的商标，对此应当宣布注册无效。第 22 条第 3 款所依据的是第 22 条第 2 款(a)项中的"致使公众产生误解"（mislead the public）一语。但并不清楚的是，第 22 条第 3 款的起草者为什么没有选择转引第 22 条第 2 款(a)项，来作为那些应当被排除注册或应当被宣布注册无效的商标的定义上下文，也许是起草者考虑到，如果援引第 22 条第 2 款(b)项，就会扩展那些应当作为第 22 条第 3 款调整对象的地理标志的潜在范围。

第 22 条第 3 款把实质性自由裁量权交给了商标注册机关，因为(a)它规定如果国内法允许，则该等机关应当依职权行事，并且(b)它把关于使用某一地理名称是否致使公众产生误解的认定，至少是对该问题作出最初认定（initial determination）的权力交给了这些机关。第 22 条第 3 款看起来是对商标注册机关施加了一项积极职责（affirmative duty），它们应当审查已注册商标的记录，获得有关商标与地理标志相冲突的证据，以便排除可能产生误导的商标，尽管商标注册机关实际上不大可能做好准备，承担对已注册商标进行追溯性审查的职责。此外，既然第 24 条第 5 款排除了在《TRIPS 协定》规定于各该成员生效之前已经善意注册或通过使用取得商标的情况，那么，需要作追溯性审查的就只是那些"恶意"取得的商标了。无论如何，商标机关的行为应当符合《TRIPS 协定》第四部分有关权利取得和维持的要求（参见本书第四编）。

3.1.4　第 22 条第 4 款

> 根据第 1 款、第 2 款和第 3 款给予的保护可适用于反对虽在文字上真实表明货物来源的领土、地区或地方，但却向公众虚假表明该货物来源于另一领土的地理标志。

第 22 条第 4 款针对的是这种情况：在甲成员内的一地域或地方与乙成员内一地域或地方的名称相同，而在甲成员的某人使用该地理名称，以利用一货物在乙成员内树立起来的声誉。这可能适用于，比如美国的一个地方，它在建立之时使用了欧洲某一地方的名称。该条款实际上是一种反规避的措施（anti-circumvention measure）。有人可能主张，来自相同名称之地区的生产者，不应被排除在商业活动中使用它们自己的地理名称，只要它们在标签上充分标明其货物的真实地理来源。

3.2　第 23 条（葡萄酒和烈酒）

3.2.1　第 23 条第 1 款

> 每一成员应为利害关系方提供法律手段，以防止将标示葡萄酒的地理标志用于并非来源于该地理标志所指示地方的葡萄酒，或防止将标示烈酒的地理标志用于并非来源于该地理标志所指示地方的烈酒，即使标明了货物的真实来源，或以翻译的形式使用该地理标志，或伴有诸如"类"、"型"、"式"、"仿"或其他类似的表达*。
>
> ［脚注］* 尽管有第 42 条第一句的规定，但是就这些义务而言，各成员仍可通过行政行为对实施作出规定。

在开始讨论第 23 条之际，重点是要看到，它所规定的义务受到了第 24 条所设定的各种例外的重大限制。这些例外将在有关第 24 条的讨论中予以详述（参见以下本章第 3.3 节）。

第 23 条的适用范围被限定于"葡萄酒"① 和"烈酒"。② 葡萄酒和烈酒的定义存在着相当大的范围，其定义或多或少是非穷尽的。虽然在大多数情况下，提到"wine"一词就是指一种用葡萄制造的产品，但其他一些蒸馏型酒精饮料也被归入"wine"的范畴，比如"米酒"（rice wine）以及除葡萄之外其他水果酿造的酒［例如"桃酒"（peach wine）］。乌拉圭回合的谈判者表明他们的理解是，wine 可以包括更多的产品，而不限于由葡萄酿造的酒，因为在第 24 条第 6 款中专门提到了"葡萄产品"（products of the vine）和"葡萄品种"（grape varieties）。"spirit"（烈酒）一词可能就被限定于指一种酒精含量较高的饮品，这或许就是该词语的最通常的理解。狭义的"葡萄酒"和"烈酒"可能会将界于葡萄酒（一般其酒精含量较低）和烈酒（一般其酒精含

---

① 《新节本牛津英语大词典》（Oxford New Shorter English Dictionary）对"wine"（葡萄酒；酒）的定义是，名词："1. 由发酵葡萄汁酿造的含酒精饮品；这一类这一种酒。2. 由发酵的其他果汁、或从谷物、花卉、各种不同树的汁液等等酿造的含酒精饮品的总称。"

② 《新节本牛津英语大词典》对"spirit"（烈酒）一词的定义是，名词："13c 高浓度蒸馏的适于饮用的酒精饮品"。

量较高）之间的饮品排除在保护范围之外，比如某些甜酒（liqueur）。第 23
条第 1 款也不包括"啤酒"，① 它当然不属于葡萄酒，而且也不是通常理解的
"烈酒"（因为，特别是啤酒的酒精含量通常较低）。从第 23 条第 1 款的文本
看，起草者对于设定"葡萄酒"和"烈酒"范围的意图并不明确，这就给各
成员对这些词语所包含的范围留下了某种自主决定的余地。

正如第 22 条第 2 款那样，在第 23 条第 1 款中使用的"法律手段"一词，
也为各成员留有余地，可自行决定采取何种手段履行其义务，以使得"利害
关系方"防止此类使用。而且，有权采取行动的"利害关系方"，也可以在国
内法中加以定义。由于葡萄酒产区通常对当地生产商施加条件，这些生产商
才能被看作是该地理名称的授权用户，这可能就解释了，为何在某些国内法
中对于谁有权作为"利害关系方"采取行动需要加上限制条件。

与第 22 条第 2 款(a)项不同的是，第 23 条第 1 款没有以地理标志的使用
致使公众产生误解作为一项构成条件。因此，要证明消费者将产品与地方相
联系的固有困难就被消除了。而且，第 23 条第 1 款还更进一步提出了在标签
问题上的潜在处理办法。无论是标明货物的真正原产地，还是与地理标志联
合使用"类"、"型"、"式"、"仿"或"同"之类的词语，均不属于地理标志
使用上的一种可被接受的解决办法。

排除了以正确标签的方式作为解决方案，这在标记保护的情形中也并非
罕见。例如，在商标法中，他人以商业目的使用第三人的商标的，通常并不
因为附有标明该货物真实生产者的标记而不被认为侵犯第三人的商标权。这
是因为消费者是被该商标引向该货物的。即使消费者的混淆最终消除了，但
该商标还是让消费者产生了混淆。

虽然排除了通过附加标签的方式作为解决办法，但它并没有解决有关产
品和地方相联系的所有问题。第 22 条第 1 款对"地理标志"的定义也适用于
第 23 条，而该定义要求在产品——无论是通过质量、声誉还是借助其他特
征——与地方之间存在某种联系。虽然依据第 23 条的规定，对某一葡萄酒或
烈酒的地理标志主张权利的人，并不需要证明第三方的使用导致消费者产生
误解，但是，主张该权利的人还是必须证明，在葡萄酒或烈酒与该地域之间
存在某种联系——这就排除了他人可能提出的善意使用（bona fide use）的主
张〔尽管正如下文将提到的，由于同名地理标志（homonymous indications）

---

① 《新节本牛津英语大词典》对"beer"（啤酒）一词的定义是，名词："1 由麦芽等
发酵酿造的含酒精饮品，并且带有啤酒花味或其他苦味，特别是照此酿造的低度型饮品；
这一酒；这一种啤酒"。

都可能具有实施效力，因此就会产生这样的可能，即不止一个权利人有权制止他人非法使用]。也就是说，实施一地理标志的能力，取决于拥有一项地理标志而排除他人的使用。

脚注 4 规定，尽管有第 42 条第一句的规定，各成员仍可通过行政行为来实施其在第 23 条第 1 款项下的义务。第 42 条第一句规定如下：

"各成员应使权利持有人*可获得有关实施本协定涵盖的任何知识产权的民事司法程序。"

[脚注]* "在本部分中，'权利持有人'一词包括具有在法律上主张这种权利的资格的联盟和协会。"

这说明，相比于《TRIPS 协定》项下的其他知识产权持有人，葡萄酒和烈酒的地理标志持有人可获得的司法救济措施可能更加有限。不过，这不应理解为降低了对其利益所给予的保护，正如在第 49 条有关行政程序所做的规定：

"如由于行政程序对案件是非曲直的裁决而导致责令进行任何民事救济，则此类程序应符合与本节所列原则实质相当的原则。"①

3.2.2　第 23 条第 2 款

> 如一葡萄酒商标包含标示葡萄酒的地理标志或由此种标志构成，或如果一烈酒商标包含标示烈酒的地理标志或由此种标志构成，一成员应当在其立法允许的情况下依职权或根据一利害关系方的请求，对不具备此来源的此类葡萄酒或烈酒，拒绝该商标注册或宣布注册无效。

第 23 条第 2 款应结合第 24 条第 5 款进行解读，因为第 24 条第 5 款对该条款的实施效果有着重要影响。

第 23 条第 2 款与第 22 条第 3 款相似，只是前者去掉了"如果在一成员内在此类货物的商标中使用该标志致使公众对其真实原产地产生误解"。就此而言，商标注册机构依照第 23 条第 2 款而进行审查的范围，应当远远窄于其根据第 22 条第 3 款的审查范围。不过，需要再次指出的是，主张权利者（claimant）仍然要证明其为地理标志的持有人——在一产品与一地方之间存在联系——而这就为主张权利者施加了一种举证责任。

---

① 关于本条款的更多内容，参见本书第 30 章。

3.2.3 第 23 条第 3 款

> 在葡萄酒的地理标志同名的情况下，在遵守第 22 条第 4 款规定的前提下，应对每一种标志予以保护。每一成员应确定相互区分所涉同名标志的可行条件，同时考虑有必要保证公平对待有关生产者且使消费者不致产生误解。

在《新节本牛津英语大词典》（New Shorter Oxford English Dictionary）中，"同名的"（homonymous，作为形容词）的定义是：

"1. 不同事物采用相同名字的，双关的，歧义的；2. 有相同名字的"。

第 23 条第 3 款处理的是这种情况，其中两个不同的地理区域对葡萄酒或烈酒的都使用了相同名称，而且各方对该名称的使用都是善意的。［回引前述第 22 条第 4 款，排除了一地理名称的后使用人（second-user）为了不正当地利用该名称的原始使用人（origin user）之利益的情况。］关于"相互区分所涉同名标志的可行条件"，则留由各成员自行确定。这一指示确实含糊不清，从而给各成员留有实质性自主裁量权，以便决定要求生产地区如何采取措施，区分其产品。这可能包括，比如，要求必须以某种特定形式在标签上注明其原产国（除标注更为具体的地理标志之外）。本条款指示要考虑公平对待有关生产者，这就暗示着，此类措施的使用不应存在歧视，即对一地区的生产者给予优惠而不利于其他地区的生产者。有关保护消费的指示则说明，无论各成员采取哪一种制度，都应清楚地告知消费者。

3.2.4 第 23 条第 4 款

> 为便利葡萄酒地理标志的保护，应在 TRIPS 理事会内谈判建立关于葡萄酒地理标志通知和注册的多边制度，使之能在参加该制度的成员中获得保护。

第 23 条第 4 款将一项只限于葡萄酒的谈判纳入 TRIPS 理事会的固有议程（built-in agenda）之中。① 这一款提到"参加该制度"的各成员，这就很可能被理解为是在展望达成一个诸边协定（plurilateral agreement）的可能性。②

---

① 请注意，这些谈判的范围后来发生扩展，也包括了烈酒。参见以下本章第 6.4 节。

② 依照 WTO 法，诸边协定是指并非每一 WTO 成员均为其缔约方的协定。加入此类协定是可选择的［例如，《WTO 政府采购协定》［WTO Agreement on Government Procurement］即是］。绝大部分 WTO 协定都是多边协定：参加此类协定是强制性的，并且是该国作为 WTO 成员的一个不可分割的组成部分［"单一承诺"（single undertaking）］。

如其不然，这也可能暗示着，既然并非所有 WTO 成员都有葡萄酒生产商，因此即使建立起一个关于地理标志注册簿的真正的多边协定（multilateral agreement），也并不是所有 WTO 成员都可以被解释为"参加"了该多边制度。（但这种解释因如下事实而存在困难，即对葡萄酒出口商提供的保护取决于进口葡萄酒的成员也要承认该权利，因此，那些没有葡萄酒生产商的 WTO 成员仍然必须"参加"该制度，如果该制度想要在一个多边基础上发挥作用的话。）或者，这些谈判将导致一个其成员可自行选择是否参加的多边协定，尽管这样的多边协定从本质上看起来主要还是一个诸边协定。

"通知"（notification）一词说明，谈判的一部分努力应当致力于建立一套信息提供制度。当然，通知制度对于那些寻求地理标志保护者而言，会产生使之从中受益的效果，比如，商标机关就得依据第 23 条第 2 款的规定，依职权撤销含有地理标志的商标。由于存在一个通知制度，商标机关可以不必对可能相关的地理标志进行检索了。

"注册"（registration）一词就意味着，这是向着更具实施效力的制度迈出了步伐，因为知识产权的注册登记通常就创设了一种有利于权利注册人的推定。注册是否创设出一种权利推定，取决于该注册究竟需经相关机关的实质审查，抑或只要申请就自动获得。如果注册是通过申请自动获得的，就充分说明了应当排除该注册是一种具有创设权利推定（presumption-creating）之效力的行为。

在 TRIPS 理事会，各成员已经表达了它们关于本条款解释的不同意见。①

无论如何，第 23 条第 4 款除了要求各成员承担参加 TRIPS 理事会谈判之义务外，并未要求从事任何其他行为。

3.3　第 24 条（国际谈判：例外）

3.3.1　第 24 条第 1 款

各成员同意进行谈判，以加强根据第 23 条对单个地理标志的保护。一成员不得使用以下第 4 款至第 8 款的规定，以拒绝进行谈判或订立双边或多边协定。在此类谈判中，以单个地理标志的使用作为此类谈判主题的，各成员应自愿考虑这些规定继续适用于该单个地理标志。

第 24 条第 1 款为今后进一步谈判奠定了基础。第一句中提到的"单个

---

① 参见以下本章第 6.4 节。

地理标志"（individual geographical indications）表明，各成员意在以逐个标志为基础的方式来解决地理标志的问题，而不是以逐类产品为基础的方式。"单个"（individual）一词既作形容词也作名词，是指一个单独的事物。①"单个地理标志"一词除了是指用以表示地域的特定名称，很难再作其他解释。

尽管后面部分的规定并无歧义，但本条款的解释却成了在 TRIPS 理事会上引发重大争议的原因。代表们未能达成一致意见的问题是，第 24 条第 1 款是否只限于葡萄酒和烈酒的地理标志，抑或该条款授权进行谈判，将《TRIPS 协定》第 23 条项下可获得的额外保护扩展至葡萄酒和烈酒之外的其他货物。②

反对此类保护扩张的成员提出，该条款中的"根据第 23 条对单个地理标志"一语，就说明它专门是指有关第 23 条所包含的货物，亦即葡萄酒和烈酒。依此观点，对其他地理标志提高保护水平，可能导致目前第 24 条第 4 款有关免责规定的废除。③ 因此，根据第 24 条第 1 款而授权的谈判将被限定在"单个的葡萄酒和烈酒地理标志"。④ 所以，不存在对谈判的如下授权，将第 23 条规定的保护范围扩大到葡萄酒和烈酒之外的产品上。否则，此类谈判就变成了在没有任何法律依据的情况下，重开 TRIPS 谈判。⑤

赞成扩大保护范围的成员则认为，"第 24 条第 1 款的规定是普遍适用于所有产品的，而它提到第 23 条，并不涉及该条所包含的产品，而是涉及所将

---

① 《新节本牛津英语大词典》（The New Shorter Oxford English Dictionary）把"individual"（单个）定义为名词和形容词："3 作为单独不可分割的个体存在；计数的一个；单一，区分于同类的其他几个；总体中的一个。4 特属于某一人或一物的，而非一组的；个体性的。"

② 关于在 TRIPS 理事会上的对立性观点的详细讨论，以及对 WTO 各成员所采取立场的一个综述，参见 Rangnekar, *Geographical Indications. A Review of Proposals at the TRIPS Council: Extending Article 23 to Products other thanWines and Spirits*, UNCTAD-ICTSD，日内瓦，2003 年（以下简称"Rangnekar"）（另可见于〈http://www.iprsonline.org/unctadictsd/projectoutputs.htm#casestudies〉）。以下段落均出自于该项研究。

③ 参见新西兰的通报（IP/C/W/205，第 23 段）。

④ 同上，第 22 段；另参见 2001 年 3 月 6 日 TRIPS 理事会会议纪要（TRIPS Council Minutes of Meeting of 6 March 2001）（IP/C/M/29，第 G 点）。

⑤ 参见来自阿根廷、澳大利亚、加拿大、智利、危地马拉、新西兰、巴拉圭和美国的通报（IP/C/2/289，第 3 段）。

提供的一种额外保护的方式。"① 为了支持其观点，这些成员引用了第 24 条第
2 款，该条款授权 TRIPS 理事会对有关地理标志条款的适用情况进行审议。
就这项授权进行的审查而言，TRIPS 理事会于 1996 年向新加坡部长会议提交
的报告指出，允许代表们在该保护议题上的投入。② 扩大保护范围的支持者们
把 TRIPS 理事会对该审议"范围"所提到的这一内容，视作支持③就上述意
义上的扩大保护范围进行谈判。④

　　到目前为止，这个解释性议题仍无定论。

　　第 24 条第 1 款第二句提到了第 24 条第 4 款至第 8 款的例外，并且表明，
此类例外不应作为拒绝今后进行谈判的理由。显然，一些成员考虑到其他成
员会认为，因为某些地理标志在目前未受保护，所以将来也不应受到保护。
也就是说，一协定所排除的那些地理标志，从一开始即被禁止在将来考虑对
其予以保护。作为一个实际问题，允许对自始即被排除的议题在将来进行讨
论，并不影响各成员可能就此进行谈判，因为将来的谈判可能涉及由一协定
已经处理过的任何事项。但是，该条款看起来是为了澄清其最初的意图。

　　一些成员也担心，此类例外会被其他一些成员利用，拒绝在 WTO
《TRIPS 协定》框架之外的双边或多边背景中就有关地理标志保护进行谈判。
尽管各成员可以要求就未被《TRIPS 协定》所包含的知识产权问题进行谈判，
但是，要在 TRIPS 理事会的背景之外达成有关地理标志的双边或多边谈判，
会由于在有关最惠国待遇（MFN）的第 4 条中所体现的非歧视原则
（principle of non-discrimination）而产生某些难题。⑤ 比如成员甲在双边谈判
中同意，对成员乙的某些地理标志给予保护，但并不同意保护成员丙的其他
一些地理标志，那么，成员甲对成员乙给予优惠而不利于成员丙，显然构成
了歧视。从《TRIPS 协定》的角度看，不能达成互惠（reciprocity）并不是针
对歧视指控的一个充分的抗辩理由。《TRIPS 协定》的权利和义务并不是以互
惠为基础的。但是，要把双边保护地理标志的权利扩展到 WTO 其他成员，

---

　　① 参见来自保加利亚、捷克共和国、埃及、冰岛、印度、肯尼亚、列支敦士登、巴
基斯坦、斯洛文尼亚、斯里兰卡、瑞士和土耳其的通报（IP/C/W/204，第 12 段）。

　　② 参见文件 IP/C/8，第 34 段。

　　③ Rangnekar，第 45 页，它还有进一步的论据和讨论。

　　④ 参见来自保加利亚、捷克共和国、埃及、冰岛、印度、肯尼亚、列支敦士登、巴
基斯坦、斯洛文尼亚、斯里兰卡、瑞士和土耳其的（修订）通报（IP/C/W/204/Rev.1，
第 14 段）。

　　⑤ 在第 4 章中已有讨论。

却被证明是十分复杂的，因为双边保护是根据第 24 条第 1 款的授权，针对单个地理标志进行谈判所达成的，并非针对某一类全部产品。[①] 如果成员甲针对成员乙的某个特定地理标志提供了超 TRIPS 的额外保护，它不能将这种对该特定标志的保护简单地扩展到成员丙，因为该受保护的货物并不是在成员丙中生产，而且在成员丙的生产商不得使用在成员乙中受保护的该地理标志。[②] 相反，成员甲和成员丙应当另行开展双边谈判，约定成员丙中哪些特定地理标志在成员甲中享有保护，且与成员甲给予成员乙的地理标志的保护相一致。[③] 对此情形，仍由各成员予以解释澄清。

第 24 条第 1 款的最后一句基本上将各成员又带回到了起点。也就是说，各成员如果本来可以某些地理标志属于第 24 条第 4 款至第 8 款规定的例外为由而拒绝谈判的，则其仍可以在谈判中决定，希望看到这些例外得到保留。此处无从得出任何推定，有利于扩展地理标志的保护范围。

3.3.2 第 24 条第 2 款

> TRIPS 理事会应继续对本节规定的适用情况进行审议：第一次审议应在《WTO 协定》生效后 2 年之内进行。任何影响遵守在这些规定项下之义务的事项均可提请理事会注意，理事会在一成员的请求下，应当就有关成员之间未能通过双边或诸边磋商找到满意解决办法的事项，与任何一成员或多个成员进行磋商。理事会应采取各方同意的行动，以便利本节规定的运用，并促进本节目标的实现。

第 24 条第 2 款第一句将针对《TRIPS 协定》第二部分第 3 节的"适用情况"的审议置于 TRIPS 理事会的固有议程之中，而该理事会的第一次审议按

---

① 参见《TRIPS 协定》第 24 条第 1 款，它提到的是"单个地理标志"。参见上文关于第 24 条第一句的解释。

② 例如，美国不能将对"香槟"（Champagne）所给予的保护扩大适用于来自阿根廷的生产商，因为后者没有也必然不能生产"香槟"。

③ 这就解释了为什么在安奈尔草案关于双边协定的条款（第 4.2b 段，参见以上本章第 2.2 节）中要作如下提议，"要求每一属于该双边协定当事方的缔约方准备将此类利益、优惠、特权或豁免，以与该双边协定当事方的同等条件，扩展适用于任何提出请求的其他缔约方，并且为实现这一目标而进行善意谈判。"（着重号是后加的）。这个问题是地理标志特有的。在涉及其他知识产权的情况下，双边协定给予超 TRIPS 保护的，通常是围绕整个权利种类（比如专利权）进行谈判，而不是针对单一产品。因此，将后者这种保护扩展至其他 WTO 成员，并不需要进一步谈判。例如，如果成员甲给予来自成员乙的专利权人超 TRIPS 的保护，那么此类保护就可以同样扩展至来自成员丙的专利权人。

计划应于 1996 年 12 月 31 日之前进行。这里提到的是"适用情况",说明审议对象是各成员为实施这些规定所采取的行动,而并非该条文本身。该条款第二句授权一成员就遵守这些规定的问题提出申诉（complaint）,将该申诉提请理事会注意,以进行磋商,并且,在成员之间的双边或诸边磋商失败之后,TRIPS 理事会应就该争端与一个或多个成员进行磋商。第三句规定,理事会"应采取各方同意的行动,以便利本节规定的运用,并促进本节目标的实现"。该第三句可能与前面两句都有关系,亦即,理事会的一般义务是审议本节规定的适用以及由各成员提出的专门申诉。第三句中还有若干令人感兴趣之处。第一,行动被限定在"各方同意"的问题上。这一点说明,假定 TRIPS 理事会仍然需要根据各方一致同意而采取行动的话,那么任何成员都不可能被命令采取其所反对的措施。第二,该行动应涉及可能"便利本节规定的运用并促进本节目标的实现"的措施。此类行动可能是关于遵守本协定的问题而向一个或者多个成员提出的推荐文,或者,它可能涉及有关本节修正或修改而提出的范围更加广泛的推荐文。尽管本条款算不上文本清楚的典型,但是,要说第 3 款意图授权 TRIPS 理事会采取措施,以不同于《WTO 协定》所规定方式而改变《TRIPS 协定》,则看起来还是令人怀疑的。

3.3.3　第 24 条第 3 款

> 在实施本节规定时,一成员不得降低《WTO 协定》生效日之前已在该成员中存在的对地理标志的保护。

该条款看起来是意图禁止各成员利用在第 3 节中固有的灵活性损害当事人对地理标志主张权利。虽然它与《TRIPS 协定》第 65 条第 5 款有相似之处,后者排除了发展中国家成员在过渡期内降低与 TRIPS 协定规定的一致性,[1] 但是,两者在措辞上有所不同。第 65 条第 5 款并没有要求国内法必须保持不变,只要该法律的结果符合协定的规定即可。第 24 条第 3 款意味着存在一个可用以衡量地理标志保护的标准,并且将来的行动不应将地理标志置于该标准以下。这是一个模棱两可的方法或者概念,因为它假定存在着一个关于地理标志保护力度的测量方法,但这一测量法在《TRIPS 协定》中却无从发现,并且,也不清楚该测量方法的基准到底是什么。

---

[1]　第 65 条第 5 款规定如下:

"利用第 1 款、第 2 款、第 3 款或第 4 款下的过渡期的一成员应保证,在过渡期内其法律、法规和做法的任何变更不会导致降低其与本协定规定一致性的程度。"

关于本条款的详细分析,参见本书第 33 章。

3.3.4　第 24 条第 4 款

> 本节的任何规定均不得要求一成员阻止其任何国民或居民在货物或服务方面继续以类似方式使用另一成员用以标示葡萄酒或烈酒的一特定地理标志，如其国民或居民在该成员领土内已经在相同或有关的货物或服务上连续使用该地理标志(a)在 1994 年 4 月 15 日前已至少有 10 年，或(b)在该日期之前的使用是善意的。

第 24 条第 4 款为第 23 条的保护范围确立了一个关键性例外。一成员并非必须阻止"继续以类似方式使用"在葡萄酒或烈酒上的特定地理标志。该排除性规定适用于"货物和服务"。这一点非常重要，因为第 3 节其他所确立的规则都只涉及"货物"。服务可以包括，比如葡萄酒和烈酒的广告或者餐厅酒水单。这一规定不仅适用于使用该标志的某成员的国民，也适用于在该成员内居住的人。适用该例外需满足两个标准。第一个标准是，该标志至少从 1984 年 4 月 15 日（即 1994 年 4 月 15 日之前 10 年）起在相同或有关货物或服务上连续使用。① 这一标准并没有限定于善意要件。该类似或相同的地理标志本来可能就是故意采用的，目的是为了利用外国生产商的声誉。

另一个（替代性）标准是，该地理标志在 1994 年 4 月 15 日之前已经被"善意使用"。"善意"要素是引发争议的一个潜在来源。从采用该地理标志的当事人的观点看，"善意"可能意味着其相信自己的行为并没有违反法律规定，即使其明知在某一外国领土内有使用该相同地理标志的生产商。而从提出申诉的生产区域的角度来看，"善意"可能就说明采用该地理标志的人不知道或没有理由应当知道该标志已经被人使用。如果一外国的地理标志是在 1994 年 4 月 15 日之前开始使用，并且根据国内法是可以允许使用的，那么，要通过证明其为恶意使用来赢得这场官司就可能相当困难了。恶意行为意味着是不法行为（wrongful conduct），而在商业情形中，不法行为通常就是指违反法律规范的行为。②

对于葡萄酒和烈酒地理标志除外规定的这两个标准，说明第 23 条所提供

---

① 1994 年 4 月 15 日是乌拉圭回合各项协定在马拉喀什部长级会议上通过之日。各成员在第 24 条第 3 款中采用这一日期，大概是为了防止商业经营者把首次"善意"使用地理标志的日期延迟至 1995 年 1 月 1 日，以此图利。

② 《TRIPS 协定》第 39 条提到了违反"诚实商业行为"的做法，还列举了一系列违反法律规范的行为。

的保护本质上是面向将来的（prospective），而不是要追溯到在马拉喀什部长会议阶段还在持续的做法。

3.3.5　第24条第5款

> 如果一商标的善意申请或注册，或一商标通过善意使用而取得权利是发生在：
> （a）按第六部分所确定的这些规定在该成员的适用日之前；或
> （b）该地理标志在其起源国获得保护之前；
> 则为实施本节规定而采取的措施不得因一商标与一地理标志相同或类似而损及该商标注册的适格性、注册的有效性或使用该商标的权利。

第24条第5款排除了对第22条第3款和第23条第2款的适用，如果该商标(i)已经善意申请或注册，或(ii)已通过善意使用而取得。该条款对于"善意"的标准未予专门定义，但可能意味着并无不正当利用竞争者之意图，或者，商标申请人或注册人有理由相信其申请或注册行为并不违背在其所在法律管辖区域内现有的法律原则。

该例外从时间上被限定为两种情形。一种情形是，在《TRIPS 协定》的本节规定开始在该国生效（例如，对于发展中国家而言，是指 2000 年 1 月 1 日）之前，该商标注册已经提出申请或获得批准，或者开始使用；另一种情形是，上述行为发生于该地理标志在其起源国受到保护之前。尽管该文本的起草未臻细致，但从表面来看，在（a）项和（b）项中所确定的时间限制对于注册商标和普通法商标（common law marks）均适用，而且在该条款中没有任何地方显示出，要对注册商标和普通法商标区别对待。

3.3.6　第24条第6款

> 如任何其他成员关于货物或服务的地理标志与一成员以通用语文的惯用术语作为其领土内此类货物或服务的普通名称相同，则本节的任何规定不得要求该成员对其他成员的相关标志适用本节的规定。如任何其他成员用于葡萄酒产品的地理标志与在《WTO 协定》生效之日一成员领土内已存在的葡萄品种的惯用名称相同，则本节的任何规定不得要求该成员对其他任何成员的相关标志适用本节的规定。

第24条第6款认识到，一些词语虽然作为地理标志而被主张权利，但它们在成员内就是货物和服务的普通名称，并且，该条款针对以地理标志保护来制止该等名称使用的情形，规定了一般性例外。第 24 条第 6 款在描述该类名称时，没有选择用商标法中的"通用的"（generic）这一重要术语，而是采用了"以通用语文的惯用术语作为普通名称"（the term customary in common language as the common name）这样的短语。在谈判过程中，"通用的"（或"非通用的"）一词曾被提议用于本节的部分内容中。最终没有采用该词语，或许是因为谈判者们不想让该词在商标法中的特定含义移植到这一条款中（同时认识到"通用的"一词在各成员当中也有不同的定义），或者也许是因为"通用的"一词倾向于指一产品的大类，而地理标志一般可能用于指某一具体的产品。无论如何，一词语是否为货物和服务的普通名称，这是一个事实问题（factual question），类似于在商标法中认定一词语是否为通用名称就属于事实问题。对该问题的调查可能依赖于词典、书刊、消费者调查以及法官的认识。①

本款的第二句起草得不够细致。这句话的含义模棱两可，是因为句中用到"成员"（Member）一词达 3 次之多，但并没有完全清楚地说明第 3 次提到的"该成员"是意图指哪一个"成员"。这句话可以被解释为：假如在成员甲生产的葡萄酒，并且在成员甲内惯常知晓的葡萄名称正是以成员乙内的某一地理区域名称命名的，那么，在成员乙内的这一地理区域名称就不需要受到保护。布鲁塞尔文本第 26.3 条（参见本章第 2.2.6 小节）表明，起草者所意图表达的就是这种解释。如其不然，第二句话就可能对于在成员甲就一葡萄酒的地理标志保护规定了一种例外，而该地理标志对于成员乙来说，既是与葡萄酒相联系的一个地理名称，也是酿造该葡萄酒的葡萄品种的惯用名称。②

3.3.7 第 24 条第 7 款

> 一成员可规定，地理标志并非恶意使用或注册的，根据本节提出的关于一商标的使用或注册的任何请求，必须在对该受保护标志的有不利影响的使用已在该成员中广为人知后的 5 年内提出，或如果商标在一成员的注

---

① 在商标案件中，当涉及一词语被主张为通用名称时，如果该词语足够为人所熟知，例如，"椅子"这样的词，那么法官可根据其自身认知而判定该词的通用性。

② 因此，例如，若成员乙的葡萄酒是在"X"地区从"X"葡萄中制造而成，则成员甲的葡萄酒酿造者可以制造和销售"X"葡萄酒，因为它是以"X"葡萄品种来命名的，即使"X"本来可能作为地理标志而受到保护。

册日期早于上述有不利影响的使用在该成员中广为人知的日期，只要该商标在其注册之日已经公布，则该请求必须在该商标在该成员注册之日起 5 年内提出。

对于本节所涉及商标提出的一项请求，是向商标机关提出的，请求其对于与某一受保护地理标志相冲突的商标拒绝注册或宣布注册无效。一项"请求"（request）可能需与"使用"（use）联系在一起，因为从某种程度上说，商标注册申请是以该商标在商业活动中的使用为基础的，而请求拒绝该商标的注册也是基于该使用。

第 24 条第 7 款允许一成员规定，首先，该"请求"必须自该地理标志在作出该请求的成员内"广为人知"之后的 5 年内提出。之所以采用"广为人知"（generally known）这一概念，是因为地理标志可能是受反不正当竞争规则（而不是注册制度）的保护，从而将不可能由地理标志的注册推定得出他人知道（knowledge）该地理标志。

其次，成员可以规定，该"请求"应当自商标注册之日起 5 年内提出（只能提出宣布注册无效的请求），如果这一期限短于该广为人知的地理标志有不利影响的使用的时间。该第二个选项在某种程度上是受到限制的，即该商标持有人并非将地理标志恶意注册为商标。一地理标志可能被恶意注册为商标，例如作为阻止其竞争对手进入该市场的手段，而不是商标注册人善意地为了以该地理标志的名称进入市场。

对于该请求的时间期限，并非必需为各成员所采用。它列出来是为了供各成员作为一种选项。

3.3.8　第 24 条第 8 款

本节的规定决不能损害任何人在贸易过程中使用其姓名或其业务前任之姓名的权利，除非该姓名使用的方式致使公众产生误解。

第 24 条第 8 款从表面看来，就是针对这种情形，其中，一个人的姓名既被用于一企业或产品的名称，而且该姓名又是一个地理标志的名称。该人保留在商业中使用其姓名的权利，但不能"使公众产生误解"。这个问题在商标法中也会出现，即个人的姓名被用作商标，而且该个人姓名是被用于商业目的。事实上它是这样一个问题，亦即，使用个人姓名是否企图为了不正当地利用该商标。

3.3.9 第24条第9款

> 各成员在本协定项下无义务保护在起源国不受保护或已停止保护，或在该国中已废止的地理标志。

第24条第9款实际上是规定，如果向一成员寻求地理标志的保护，则该成员作出是否给予保护的选择，取决于该等标志在起源国的待遇。这一规定，比如说就与专利的处理并不相同，各国对发明是否给予专利保护，无关于该发明在其起源国的待遇。它反映了地理标志的本质，即取决于与某一地域之间的某种联系。如果联系中断，则保护相应丧失。这条规定为地理标志持有人带来了一定的风险，其地理标志能否受保护，依赖于其地域所在国的行政机关的行为，因为该机关的作为或不作为可能剥夺了地理标志持有人基于公众对该地理标志和产品之间的联系而本来可以主张的权利。最后半句话表明，一地理标志可能因其在起源国被废止而丧失。这与对商标的处理相似，只是商标一般是由其注册国（country of registration）或使用国（country of use）决定其维持有效抑或被废止（而不是由其起源国决定）。①

4. WTO 案例

4.1 "欧盟—商标与地理标志保护"案

随着澳大利亚②和美国③分别提出请求，WTO 争端解决机构（DSB）在其 2003 年 10 月 2 日的会议上，成立了单独一个专家组，④ 来审查 1992 年 7 月 14 日（EEC）第 2081/92 号欧共体理事会条例，该条例是关于地理标志和农产品、食品原产地标志的保护。⑤ 申诉所依据的理由是该条例违反了

---

① 尽管在马德里商标注册体系中，一商标在限定期间内可能由于其在起源国（country of origin）被宣布注册无效而丧失。

② WT/DS290/18，2003 年 8 月 19 日。

③ WT/DS174/20，2003 年 8 月 19 日。

④ *European Communities -Protection of Trademarks and Geographical Indications for Agricultural Products and Foodstuffs*［以下简称 "*EC-Protection of Trademarks and GIs*"（欧盟—商标与地理标志保护案）］，WT/DS174/21 和 WT/DS290/19，2004 年 2 月 24 日，应美国和澳大利亚请求设立专家组的章程。

⑤ 参见以上本章第 2.1 节。

《TRIPS 协定》第 22 条第 1 款（地理标志的定义）、第 22 条第 2 款(a)项和 (b)项（有义务提供法律手段以防止对地理标志的误导性使用并且防止任何构成不正当竞争行为的地理标志使用），以及第 24 条第 5 款（商标的善意申请、注册或使用）。①

上述欧共体条例第 2 条对"原产地标志"（designations of origin）和"地理标志"作出定义。② 前者看起来比后者的范围要窄：与"地理标志"相对，"原产地标记"并不指向产品的声誉，没有把产品声誉作为受保护对象的一个独立要素。此外，在产品的特征与该产品原产地之间存在联系这一要件，在"原产地标记"中要求得更为严格：它提到了特定的地理环境，包括提到"固有的自然和人文因素"（inherent natural and human factors），而在"地理标志"中并未提及于此。

《TRIPS 协定》第 22 条第 1 款对"地理标志"的定义是"标示一货物来源于一成员领土或该领土内一地区或地方的标志……"而上述欧共体条例将"地理标志"定义为"一地区的名称、一特定地方的名称，或者在例外情况下，一个国家……"

关于对地理标志所授予的权利，《TRIPS 协定》第 22 条第 2 款(a)项确立了消费者混淆的要件（"……在该货物的地理来源方面致使公众产生

---

① 参见前述由澳大利亚和美国提出的关于设立专家组的请求。有关违反第 22 条第 1 款（地理标志的定义）的指控仅仅由美国所提出。另一方面，澳大利亚提起了关于违反第 22 条中(a)项和(b)项的指控，而美国则明确提出，只针对误导性使用地理标志（即第 22 条的(a)项）。请注意，两国相同的申诉还在于都是根据《TRIPS 协定》的其他条款，特别是关于国民待遇和最惠国待遇义务以及商标保护的条款。参见本书第 4 章和第 14 章。

② 该条款的部分规定如下："2. 就本条例而言：(a)原产地标记：是指一地区、一特定地方的名称，或者在特殊情况下指一国的名称，用以说明一种农产品或食品：
——源于该地区、特定地方或国家，并且
——其质量和特征实质上或完全取决于由某一特殊的地理环境中固有的自然和人文因素，而该产品的生产、加工和制备都是在该特定范围的地理区域内完成；
(b) 地理标志：是指一地区、一特定地方的名称，或者在特殊情况下指一国的名称，用以说明一种农产品或食品：
——源于该地区、特定地方或国家，并且
——其拥有的特殊质量、声誉或其他特征归因于该地理来源，而该产品的生产和/或加工和/或制备是在该特定范围的地理区域内完成；
3. 某种标示一农产品或食品源自一地区或特定地方的传统的地理或非地理名称，如其满足第 2 款(a)项缩排第 2 行所指的条件，则应视作原产地标志。"

误解"）。

欧共体条例第 13 条第 1 款（b）项规定，已注册为"地理标志"或"原产地标记"的名称应受保护，禁止：

"（b）任何滥用、模仿或提及，即使标明了产品的真实原产地，或将该受保护的名称用于翻译中，或伴有诸如"式"、"型"、"法"、"制造于"、"仿"或其他类似表达"

这一规定就使得该权利的行使并不依赖于消费者的实际混淆。[1]

上述欧共体条例第 14 条规定，禁止将受保护的地理标志注册为商标。根据这一规定，[2] 在相同产品上的如下商标，应当拒绝其注册申请或宣布注册无效：

· 如果商标注册的申请是在地理标志注册申请公布之后提交的；

· 或者，如果商标注册的申请是在地理标志注册申请公布之前提交，但地理标志注册申请的公告在该商标获得注册之前发布。

因此，只有在一种情况之下，此类商标才可以继续保持有效，即在地理标志注册申请公告之前，该商标已经获得善意注册（bona fide registration）。但是，即使在这种情况下，该商标的使用仍将被终止，如果：[3]

· 商标完全由在贸易中可以标示货物或服务的种类、质量、数量、用途、价值、原产地、货物生产时间或服务提供时间或者产品其他特征的标记和标志所组成；

· 或者，商标具有欺骗公众的性质，例如在货物或服务的特性、质量或原产地上；

· 或者，在商标注册日之后，由于商标所有权人或经其同意的他人将该商标使用在所注册的货物或服务上，致使商标误导公众的，特别是在这些货物或服务的特性、质量或原产地方面。

4.2 "日本—酒精饮料"案

正如以上在本章第 2.1 节中所提到的，"日本—酒精饮料案"的专家组对

---

① 请注意在这方面，上述条款与《TRIPS 协定》第 23 条第 1 款相似，后者提高了对葡萄酒和烈酒地理标志的保护。

② 参见上述《欧共体条例》第 14 条第 1 款。

③ 参见上述《欧共体条例》第 14 条第 2 款，其中提到用于协调各成员国有关商标法律的《第一商标指令》（First Council Directive，89/104/EEC），1998 年 12 月 21 日。

GATT 1947 第 9 条进行了解释。

5. 与其他国际文件的关系

5.1　WTO 诸协定

5.1.1　GATT

在前述本章第 2.1 节中已经指出，GATT 1947 第 9 条以一种非强制性方式处理了地理标志的问题，并且该第 9 条继续作为 GATT 1994 的一部分，仍然有效。第 9 条是非强制性的，而《TRIPS 协定》中对地理标志的处理则更加具体，两相对比，如果认为相关条款的实施会产生任何冲突，那就值得怀疑了。

5.1.2　《技术性贸易壁垒协定》(《TBT 协定》)

另一方面，《TBT 协定》可能对地理标志有着更为具体的适用性，从而有可能发生潜在的规范冲突。《TBT 协定》在附件 1 的第 1 段中，对"技术法规"(technical regulation) 定义如下：

"规定强制执行的产品特性或其相关工艺和生产方法、包括适用的管理规定在内的文件。该文件还可包括或专门关于适用于产品、工艺或生产方法的专门术语、符号、包装、标志或标签要求。"

《TBT 协定》在附件 1 的第 2 段中，对"标准"(standard) 作出如下定义：

"经公认机构批准的、规定非强制执行的、供通用或重复使用的产品或相关工艺和生产方法的规则、指南或特性的文件。该文件还可包括或专门关于适用于产品、工艺或生产方法的专门术语、符号、包装、标志或标签要求。"

WTO 成员用来调整有关原产地名称、[1]地理标志[2]以及证明商

---

① 如以上本章第 2.1.2.3 节所讨论，原产地名称通常只有在符合质量或特征标准的基础上才允许使用。

② 例如，以下本章第 6.3.1 节将讨论的关于葡萄酒市场共同组织的《欧共体理事会条例》(EC Council Regulation)，其中包括具体的葡萄酒质量标准。

标①的应得权利（entitlement）的规定，通常是设定质量标准，而在一地域内的生产者如欲使用该标记，就必须满足这些质量标准。

《TBT 协定》以一种综合性方法调整技术法规、标准、认证程序以及其他相关问题。它适用不同的方法来对待政府机关和非政府机构。其基本目标是，避免将技术法规和标准作为变相的贸易壁垒。可能出现这种情况，即一成员采用的关于承认地理标志的规则可能构成对来自其他成员的生产者的歧视，而无论这些规则是否与《TRIPS 协定》相符，这种方式都是不符合《TBT 协定》的。因此，当各成员在采用、实施与执行有关地理标志保护的规则时，重点是要考虑《TBT 协定》中可能适用的那些规则。

5.2　其他国际文件

包含了与地理标志相关规定的 WIPO 诸公约，在本章前述第 2.1 节中已经讨论，它们包括：《巴黎公约》、《制止虚假或欺骗性商品产地标记马德里协定》和《保护原产地名称及其国际注册里斯本协定》。这些公约和协定现在仍属有效。其中，《巴黎公约》有关地理标志的条款，通过引用的方式被《TRIPS 协定》所吸收（参见本书第 3 章）。

6. 新近发展

6.1　国内法

6.2　国际文件

WIPO "商标、工业品外观设计和地理标志常设委员会"（SCT）正致力于一项关于地理标志的积极的工作计划，它的目标在很大程度上就是要确定

---

① 例如美国《商标法》（U. S. Trademark (Lanham) Act），15 U. S. C. 1127，它对"证明商标"定义如下：

"证明商标是指任何词语、姓名、符号、设计或以上之组合，其中：

（1）由其所有权人之外的人使用，或者

（2）其所有权人出于善意目的准许除所有权人之外的其他人在商业中使用，且该所有权人向依据本法设立的商标注册主簿（principal register）提交注册申请，以证明该人的商品或服务具有在地域或其他来源、材料、制造方式、质量、精确度或其他方面的特点，或者证明在该商品或服务上的工作或劳动是由某一工会或其他组织的成员所为。"

共同的法律原则，以推荐为各国的国内法所采用。①

6.3　地区和双边情况

6.3.1　地区

6.3.1.1　欧盟

欧共体在地理标志这一主题上已经进行了广泛调整。正如在本章第 2.1 节中所指出的，在订立《TRIPS 协定》之前，欧共体已于 1992 年 7 月 14 日通过了（EEC）第 2081/92 号欧共体理事会条例，涉及对农产品和食品原产地的地理标志保护。

此外，欧共体又于 1999 年 5 月 17 日通过了一项具体的、关于葡萄酒共同市场组织的（EC）第 1493/1999 号欧共体理事会条例。1992 年条例（适用对象是除葡萄酒和烈酒之外的产品）基本上限定于对标志的保护。相反，1999 年条例则广泛地处理葡萄酒行业的问题，并且包括了地理标志的保护，将之作为在更广泛调整框架内的一个重要因素。该条例第 2 章［某些产品的描述、标志、说明和保护（Description，Designation，Presentation and Protection of Certain Products）］与附件 7 和附件 8 一起，专门处理了地理标志和标签的问题（参见第 47 条(e)项和(f)项）。第 48 条确立了地理标志保护的基本标准，其规定如下：

"第 48 条

在本条例中所提到产品的标志和说明，以及该产品的任何种类的广告，不应该是错误的，或对于该产品相关人员来说可能导致混淆或产生误解，特别是关于：

——在第 47 条中规定的信息。即使该信息采用了翻译的形式，或者标明了产品的真实来源，或者附加诸如'类'、'型'、'式'、'仿'、'牌'或其他类似表达，这一规定仍应适用；

——产品的特征，特别是其性质、成分、酒精度、颜色、原产地、质量、葡萄品种、酿酒年份或者容器的标称容量；

——在该产品的生产或分销过程中涉及的自然人或者法人或团体的身份和地位，特别是装瓶者。"

第 49 条设定了一项规则，禁止不符合规定的葡萄酒上市销售，其中规定如下：

---

① 参见，例如商标、工业品外观设计和地理标志常设委员会，SCT 8/4，9/4 & 9/5。

"第 49 条

1. 产品的标志或说明不符合本条例规定或本条例实施细则的具体规则的，该产品不得用于销售或投放在共同体内的市场或出口。"［针对出口的限制条款是后来增设的］

第 50 条对进口产品做出如下规定：

"1. 各成员国应采取一切必要的措施，以使利害关系方可以按照《与贸易有关的知识产权协定》第 23 条和第 24 条的规定，防止在共同体内将一地理标志用于第 1 条第 2 款(b)项所指的并非来源于该地理标志所指示地理区域的产品上，即使标明了该货物的真实来源或者以翻译的形式使用该地理标志，或者伴有诸如'类'、'型'、'式'、'仿'或其他类似的表达。

2. 就本条而言，'地理标志'是指用来标示一产品来源于作为 WTO 成员的第三国领土或其领土内一地区或地方的标志，该产品特定的质量、声誉或其他某些特征主要可归因于其地理来源。

3. 尽管如此，第 1 款和第 2 款适用于欧共体立法中针对本条例所涉及产品的标志和说明而制定的其他特别条款。"

该第 50 条不同于 1992 年条例的第 12 条，并不包含一项实质性互惠的要求（参见本章第 2.1 节）。然而，有意思的是，需要指出，对于符合有关葡萄酒地理标志的欧共体内部监管计划（EC's internal regulatory scheme）的葡萄酒，可以直接受到保护，以反对竞争者将使用该地理标志的葡萄酒投放市场，但是第三国的葡萄酒还是要遵守各成员国所通过的规则。欧盟的葡萄酒生产商和第三国的葡萄酒生产商在保护问题上是否获得同等待遇，这是一个令人关注的问题。

根据欧洲法院（ECJ）最近作出的两份判决，不仅受保护的货物必须在该地理标志所指示的地区生产，而且同样地，该货物的进一步加工（例如某些受保护奶酪的磨碎，某些受保护火腿的切片以及受保护产品的包装）也应在该地理标志所指示的地区进行，假如这些是在受保护地理标志的说明中有明确规定的话。该法院的理由是，如果这些加工过程操作不当，会对相关产品的质量带来消极影响，从而损害其纯正性（genuineness）。①

6.3.1.2 《北美自由贸易区协定》(NAFTA)

NAFTA 第 17 章是关于知识产权的规定，其中第 1721 条"定义"中对地

---

① 见欧盟法院第 C-469/00 号和第 C-108/01 号案件（涉及 "Grana Padano" 奶酪和 "Prosciutto di Parma" /Parma 火腿），以及 *Belgium v. Spain* 案，C-388-95（2000）ECR 1-3123（涉及 "Rioja" 酒）。

理标志所作的定义，与《TRIPS 协定》第 21 条的定义基本一致，它规定：

"地理标志指标示一货物来源于一成员领土或该领土内一地区或地方的任何标志，该货物的特定质量、声誉或其他特征主要归因于其地理来源。"

第 1712 条设立了利害关系方在地理标志上享有的权利，其中规定：

"第 1712 条：地理标志

1. 就地理标志而言，每一缔约方应向利害关系人提供法律手段以防止：

（a）在一货物的标志或说明中以任何手段使用该地理标志，标明或暗示所涉及货物来源于真实原产地之外的一地理区域，从而在该货物的地理来源方面致使公众产生误解；

（b）任何构成《巴黎公约》（1967 年）第 10 条之二意义上不正当竞争行为的使用。

[……]"

此外，NAFTA 第 3 章"货物的国民待遇和市场准入"中包含如下规定：

"第 314 条：特色产品（Distinctive Products）

每一缔约方应当遵守附件 314 中关于所列举的特色产品的标准和标签所作出的规定。"

"附件 314

特色产品

1. 墨西哥和加拿大承认，Bourbon Whiskey（波本威士忌）和 Tennessee Whiskey（田纳西威士忌）是美国的特色产品，其中，Tennessee Whiskey 是被授权只在田纳西州生产的一种纯粹的 Bourbon Whiskey。因此，墨西哥和加拿大不得允许其他产品作为 Bourbon Whiskey 或 Tennessee Whiskey 进行销售，除非这是依据美国关于制造 Bourbon Whiskey 和 Tennessee Whiskey 的法律法规而在美国制造的产品。

2. 美国和墨西哥承认，Canadian Whiskey（加拿大威士忌）是加拿大的一种特色产品。相应地，美国和墨西哥不得允许其他产品作为 Canadian Whiskey 进行销售，除非是依加拿大有关制造用于在加拿大消费的 Canadian Whiskey 的法律法规而在加拿大制造的产品。

3. 美国和加拿大承认，Tequila（龙舌兰酒）和 Mezcal（梅斯卡尔酒）是墨西哥的特色产品。相应地，美国和加拿大不得允许其他产品作为 Tequila 和 Mezcal 进行销售，除非是依墨西哥有关制造 Tequila 和 Mezcal 的法律法规而在墨西哥制造的产品。本条款适用于 Mezcal 的时间为：本协定生效之日，或者墨西哥政府强制性规定本产品的官方标准之后 90 日，以时间在后者为准。"

6.3.1.3　安第斯集团

《安第斯集团第 486 号决议》（Andean Group Decision 486）规定，对于官方承认的"原产地名称"（appellations of orgin），保护其专有使用权。①

6.3.1.4　《班吉协定》

1977 年的《班吉协定》（Bangui Agreement）涉及成立非洲知识产权组织（OAPI），于 1999 年进行修订。它规定了包括原产地名称在内的各种不同类型知识产权的地区性保护。

6.3.1.5　《三国集团协定》②

关于建立三国集团（Group of Three）的协定为各成员国规定了权利，保护"原产地标志"（designations of origin）③ 和地理标志。不过，关于保护的条件，则交由各成员国立法加以确定。④

6.3.1.6　南方共同市场（Mercosur /l）

1995 年《就商标、货源标志和原产地标志事务协调南方共同市场内相关知识产权规范议定书》（Protocol on the Harmonization of Norms regarding Intellectual Property in the Mercosul/r in Matters of Trademarks，Indications of Source and Appellations of Origin）包含了各缔约方的一项基本义务，保护地理标志和原产地名称。但是，该议定书并未确定保护的范围。⑤

6.3.1.7　《中美洲保护工业产权修订公约》

1994 年《中美洲保护工业产权修订公约》（The Revised Central American Convention for the Protection of Industrial Property）要求保护地理标志，采用了与《TRIPS 协定》第 22 条第 1 款所做的相同定义。⑥

---

①　参见 2000 年《第 486 号决议》第 1 章第 12 节。

②　这是在哥伦比亚、委内瑞拉和墨西哥之间订立的一项自由贸易协定。它的目标是到 2005 年建立一个自由贸易区。该协定的英文版全文，可见于〈http://www. sice. oas. org/Trade/G3 E/G3EC1. asp〉。

③　该术语常常被用作"原产地名称"（appellation of origin）。

④　参见 C. Correa，*Protection of Geographical Indications in the CARICOM Countries*，2002 年 9 月（手稿）。

⑤　同上。

⑥　同上。

6.3.2　双边

地理标志的保护已日渐成为双边贸易投资协定的主题。特别是通过创建一个由各方同意的受保护地理标志登记簿，各国就避免了随后在特定名称上的争议。但并不非常明确的是，此类双边协定究竟在多大程度上考虑到了消费者的利益，因为此类协定可能反映的是生产商在谈判过程中的影响力。并且，从此类双边协定为来自一国的生产商提供保护的角度而言，它们就可能在实际上排除了来自另一国的生产商对有关提供该保护的决定提出异议。在这一方面，双边保护协定由于对 WTO 某成员提供比其他成员更广泛的保护，就可能破坏了最惠国待遇原则。①

现在已有大量的双边和少边（mini-lateral）协定包含了地理标志的保护，它们或者是一般性规定，或者是就一份共同同意的注册簿达成一致意见。这在欧共体方面尤其如此，它在这一问题上表现非常积极。最近以来，欧共体已经达成多份双边协定，提到地理标志的保护，特别是与澳大利亚、智利、墨西哥以及南非之间的双边协定。当然，对这些协定的具体讨论就不属本书范围了。

6.4　审查建议

前文已提及，《TRIPS 协定》第二部分第 3 节从两个方面，把有关地理标志的进一步谈判列入 TRIPS 理事会的工作议程中。第一，第 23 条第 4 款提到了建立关于葡萄酒地理标志通知和注册的多边制度。第二，根据第 24 条第 1 款，"各成员同意进行谈判，以加强根据第 23 条对单个地理标志的保护。"除进一步谈判之外，第 24 条第 2 款要求继续对本节规定的适用情况进行审议。

无论第 23 条第 4 款还是第 24 条第 1 款，于 2001 年 11 月 14 日在多哈通过的《部长宣言》（Ministerial Declaration）中均有所体现：②

"18. 为完成在与贸易有关的知识产权理事会（TRIPS 理事会）中已经开始的关于实施第 23 条第 4 款的工作，我们同意在第 5 届部长级会议

---

①　关于最惠国待遇义务和在单个地理标志上的双边性超 TRIPS 条款之间的复杂关系，参见以上本章第 3 节。

②　WT/MIN（01）/DEC/1，2001 年 11 月 20 日。请注意，该《宣言》明确地将谈判范围扩大到烈酒的多边注册簿上（第 23 条第 4 款只提到葡萄酒）。在这里明确提到烈酒之前，各成员就烈酒是否实际属于谈判范围并未达成一致意见。详细内容请参见 Rangnekar，第 41 页。

召开时就建立一个葡萄酒和烈性酒地理标志的通知和注册的多边制度问题进行谈判。我们注意到，有关将第 23 条规定的对地理标识的保护扩大到葡萄酒与烈性酒以外产品的问题，将由 TRIPS 理事会中根据本宣言第 12 段加以处理。"

在此次多哈部长级会议召开前后，均有 WTO 成员向 TRIPS 理事会递交关于建立一个注册簿以及扩大第 23 条所规定额外保护的适用范围的提案。

6.4.1　多边注册簿

2003 年 2 月 18 日，WTO 秘书处准备了一份《关于建立葡萄酒与烈酒地理标志通知和注册多边制度的讨论：争点与观点汇编》（*Discussions on the Establishment of a Multilateral System of Notification and Registration of Geographical Indications for Wines and Spirits：Compilation of Issues and Points*）的说明（TN/IP/W/7）。该文件表明，各成员关于建立一个多边制度的方方面面都难以达成共识，尤其是有关注册的法律效力。其中特别加以讨论的一些问题包括：（1）"通知"（notification）和"注册"（registration）这两个术语的含义，（2）在适用一项制度时可能带来的程序问题，包括是否实行"异议"（opposition）程序以及如何实行，（3）在注册或异议阶段所产生的争议是否可以通过某种仲裁机制加以解决，（4）关于注册具有的推定效力，（5）一项新制度的成本应如何分担，包括政府的成本、生产商的成本、消费者的成本以及行政机构的成本，以及（6）WIPO 在一项新制度的管理中可能起到什么作用。

6.4.2　关于扩大保护范围的争论

《多哈部长宣言》之后，有关根据《TRIPS 协定》第 24 条第 1 款扩大地理标志保护范围而进行的谈判就被看作是一个"未解决的实施性议题"（outstanding implementation issue）。① 就这些谈判的范围而言（亦即，是否在谈判中包括将第 23 条所规定额外保护扩展至葡萄酒和烈酒以外的产品），

---

① 参见 2001 年 11 月 20 日《多哈部长宣言》第 12（6）段，WTO 文件 WT/MIN（01）/DEC/1，以及《未解决的实施性议题汇编》Tiret 87。（这一汇编的制作是基于 2001 年 11 月 14 日在多哈通过的《与执行相关议题与事务的部长决议》（Ministerial Decision on Implementation-related Issues and Concerns）第 13 段，WTO 文件 WT/MIN（01）/17。它被包含在 WTO 文件 Job（01）/152/Rev.1 之中，可见于〈http：//www.ictsd.org/ministerial/doha/docs/imp iss.pdf〉）。

代表们仍然未能形成一个折中方案。①

7. 评论（包括经济和社会意义）

地理标志问题在 TRIPS 乌拉圭回合谈判过程中并未引起很大的关注。但从那以后，对此问题的关注开始逐渐加强，以致在今天，地理标志成了多哈发展回合（Doha Development Round）中讨论最激烈的议题之一。对这种关注程度的变化，可以解释为由于过去 10 年来在世界经济，尤其是在农业领域的发展所致。

尽管地理标志并不仅仅针对农产品，但是，它最常见的适用领域以及潜在的适用领域还是原始的和加工的农产品。农业领域是竞争优势取决于不同要素的领域，它一方面可能有利于高度机械化的规模化经营者，另一方面则有利于低成本劳动密集型生产者。

对于在其农业政策中寻求给予小规模农场和食品生产者提供实质性补贴的成员来讲，它们可以通过产品区分（differentiation of products）的方式来保持竞争优势，这种产品区分是建立在"短时性"（ephemeral）特征的基础上的，比如其产品名称能使人想起具有异国情调的地方。虽然消费者可能相对不会去关注一种标示其为"产于某一特别地区的高品质起泡葡萄酒"的酒精饮料，但是，消费者们并不会不关注"香槟"（Champagne），这是一个可以投入大量广告宣传和推广的名字。后乌拉圭回合（post-Uruguay Round）对地理标志的关注，是与有关减少或取消农业补贴的努力同时发生的。在一种新自由化农业贸易环境中，地理标志可能成为竞争优势的一个基础。

对于 WTO 的发展中国家成员而言，继续进行有关地理标志的谈判为它们提出了一些较难分析的问题。目前，欧洲在对地理标志的权利主张上存在最大的利害关系。在一种静态的经济意义上，对这些权利主张接受得越多，就可能导致发展中国家向欧洲支付更多的知识产权租费（IP-rent payment），至少在中短期内是如此。然而，也有一些重要的地理标志存在于发展中国家成员，而且假以时日，发展中国家的出口商在对待发达国家市场的方法上会变得更加老练，因此就有可能愈加关注以地域为基础的产品区分。很难预测提高地理标志保护对发展中国家成员将产生什么样的经济影响。

---

① 关于扩大保护范围之争论的详细分析，参见 Rangnekar。

这在很大程度上取决于一特定国家的经济特点。如果该国不是农产品的生产国或出口国，那么它通过为地理标志提供额外保护而获益的可能性就相当有限。反而更可能的情况是，增加了它的消费者购买受保护货物的成本。

如果一发展中国家生产的农产品用于出口，则该国在增强地理标志保护方面仍然面临着一个难题。如果，比如说欧洲的葡萄酒和奶酪生产商能够更好地保护在欧盟和国外市场上的产品的传统名称，那么，其中的一个后果就是对于新兴的发展中国家出口商而言，要想进入这些市场就变得更加困难。商店的货架空间是有限的，如果其中大部分都摆上了受地理标志保护的"特殊"货物，那么对于其他生产商而言，要找到市场空间就不那么容易了。

目前，一些发展中国家出口的是它们认为在海外市场没有受到地理标志充分保护的产品。这些国家的生产商可能更愿意利用现有法律机会来保护它们的标志。[①] 在一些情况下，可以发现对地理标志明显缺乏保护，这可能就意味着还没有找到正确的保护路径。不过应当注意的是，在采用反不正当竞争模式（而不是对受保护名称的注册模式）保护地理标志的国家，可能需要投入一些额外的诉讼成本，从而使得这种保护路径更加成本高昂。

随着时间推移，发展中国家的生产商也许会创造出新的地理标志，这将帮助它们进入国外市场，并能保护其本土市场。如果发展中国家的生产商愿意并有能力在产生出可受保护的地理名称上进行投资，它们赞同提高地理标志的保护就有道理了。

在一个静态的基础上，扩大地理标志的保护看起来最主要的受益者可能还是那些已经在这一领域占据竞争优势的国家。而且，很难确定发展中国家的生产者何时可以获得动态性收益（dynamic gains）。[②]

---

① 举例来说，日本曾经严厉指责美国《1930 年贸易法》（U. S. Trade Act of 1930）的 337 条款，直到后来日本生产商认识到，美国富有经验的律师能够将 337 条款转化为一个有力的机制，来保护日本的产业。

② 关于对保护地理标志的经济影响所作的一份详细评估，参见 D. Rangnekar, *The Socio-Economics of Geographical Indications. A Review of Empirical Evidence from Europe*，UNCTAD-ICTSD，日内瓦，2004 年（另可见于 〈http://www.iprsonline.org/unctadictsd/projectoutputs.htm#casestudies〉）。

附件 1　WIPO SCT/8/4 号文件节选（2002 年 4 月 2 日）

商标、工业品外观设计和地理标志常设委员会

第 8 次会议

日内瓦 2002 年 5 月 27 日至 31 日

关于地理标志的第 SCT/6/3 号修订文件：历史背景、权利本质、现行保护制度以及在其他国家获得保护

Ⅲ. 1958 年以来修订多边保护制度的努力

……

(b)《巴黎公约》的修订

72. 正如前文所示，在 WIPO 关于地理标志的条约正在准备起草过程中，《巴黎公约》的修订程序也启动了。在有关《巴黎公约》修订的讨论过程中，原产地名称和商标冲突问题工作组（working group on conflicts between an appellation of origin and a trademark）准备了一份提案，建议将一个有关原产地名称和货源标记的新条款纳入《巴黎公约》。根据《〈巴黎公约〉修订外交会议议事规则》（Rules of Procedure of the Diplomatic Conference on the Revision of the Paris Convention），该提案成为修订《巴黎公约》的一项基本提案。[29]① 在该提案中，采用了 1975 年 WIPO 条约草案中所使用的术语；"地理标志"（geographical indication）一词遂被采用。提案中的新条款暂定为《巴黎公约》第 10 条之四，其目的主要有两个。第一，该条款将保证给予原产地名称和产地标志更为广泛的保护，以防止其被用作商标。第二，该条款将包括一项有利于发展中国家的特殊规定，它将允许这些国家预留一定数量的潜在的地理标志，以供将来使用，从而，即使它们还没有被作为地理标志使用，也不能将之用作商标。

73. 草案第 10 条之四在其第(1)款中确立了一项原则，即直接或间接表示一巴黎联盟成员国或其国内一地区或地方的一地理标志，如果使用在并非来源于该国的货物上，从本质上来说会导致公众对货物来源国产生误解的，那么该标志不得被作为商标使用或者注册。草案第(2)款将第(1)款的适用范围

---

①　[29] 按顺序重新编号［PR/DC/4。]

扩大到那些虽然在文字上真实，但却向公众虚假表明该货物来源于某一特定国家的地理标志。

74. 草案第（3）款包含一项附加规定，针对在来源于某一国家、地区或地方的货物上已经获得一定声誉的地理标志，只要该声誉在寻求保护国的国内为从事同类货物生产或交易的人普遍所知。如果该地理标志在其普遍知名的国家中寻求保护的，可以适用该附加条款。该附加规定确立了对于在某种程度上普遍所知的（certain generally known）地理标志提供一种增强保护，它并不以误导性使用作为条件。

75. 草案第（4）款对于已经开始的善意使用，允许其继续使用。草案第（5）款要求，在适用前述各款规定时应当考虑所有的事实情形。草案第（6）款保留在巴黎联盟成员之间进行双边或多边谈判的可能性。

76. 最后，草案第（7）款规定，每一发展中国家可以向国际局（International Bureau）通知最多 200 个以其国家本身或在其领土内一地区或一地方命名的地理名称（geographical names），其结果是国际局将把这些地理名称通知给所有的巴黎联盟成员，而这些成员国对于包含已通知名称（notified names）或者以这些名称作为组成部分的商标，有义务禁止该商标的使用或注册。通知的效力将持续 20 年。在此期间，任何已经作出通知的发展中国家都有使其地理标志变得知名并予以保护的可能，以便表示某种货物来源于其领土内某一地理区域，从而适用地理标志保护的一般规定。

77. 外交会议第四次会议以及其后的几次磋商会议都对草案第 10 条之四进行了讨论。虽然在最初，工业化市场经济国家阵营内部就有关已获得一定声誉之地理标志的保护问题发生了分化，但是到 1984 年，这些国家就一份关于第 10 条之四新条款的提案达成了一致。该提案的内容概括起来包括以下几个方面：①

78. 除几处小的变化外，该草案第（1）款和第（2）款与关于修订《巴黎公约》基本提案中所包含的第 10 条之四草案第（1）款和第（2）款的规定相同；该草案第（3）款处理的是这样一种特定情形，即任何"在一国为某一产品或类似产品的消费者普遍所知的地理标志，标明的却是在联盟另一国生产或制造的产品来源"，并且规定，对此的保护并非像基本提案那样，禁止将该地理标志用作商标，而是要防止该地理标志进一步发展成为上述产品或类似产品的一个具有通用特征的标志（designagion of generic character）。

---

① PR/DC/51。

79. 草案第（4）款针对有利于发展中国家的规定提出了一个修正版本；与基本提案相对的是，发展中国家可以保留的地理标志数量被缩减为最多 10 个，而且只有当这些地理标志所使用或打算使用的货物已经加以说明的情况下，才能作出保留；草案第（5）款至第（7）款在有关取得的权利、对所有事实因素的考虑以及签订双边或多边协定的可能性等方面的规定，也只是对基本提案作了些许修改。但是，这份新提案从未在外交会议的各次会议上进行过讨论。

80. 还应提及的是，在 1982 年，有法定资格的修订《巴黎公约》外交会议主要委员会（Main Committee of the Diplomatic Conference on the Revision of the Paris Convention）通过了对《巴黎公约》第 6 条之三的修正。① 根据其现行可适用的文本，该条款规定，禁止将任何国家的国徽、官方标记以及政府间国际组织的徽章等作为商标使用。这次提议的修改把成员国的正式名称（official names of States）纳入了不得作为商标使用的国徽等等之列。这将对地理标志的保护具有重要意义，因为成员国的正式名称必须被排除用作商标了。

81. 由于修订《巴黎公约》外交会议一直未能达成协议，上述两项关于在《巴黎公约》框架内处理地理标志的提案也就从未进行充分讨论，因而一直处于草案的状态。

（c）1990 年地理标志国际保护专家委员会

82. 1990 年，WIPO 地理标志国际保护专家委员会（Committee of Experts on the International Protection of Geographical Indications）考虑起草一部新的条约，以解决地理标志的国际保护问题。② 主要原因是《巴黎公约》有关条款的范围较窄，而有关货源标记的《马德里协定》以及《里斯本协定》签署国又较少，因此地理标志的国际保护就处于一种令人不满意的状况。人们感觉到，这种状况只能通过建立一个新的世界性条约才能加以克服。

83. 为了使该条约对所有的《巴黎公约》成员国都具有吸引力，就提出了用"地理标志"的概念取代"原产地名称"和"货源标志"的概念。人们的感受是，"地理标志"这一概念可以涵盖全部现有的保护概念。而且，人们觉得有必要建立一个新的国际注册制度，它将比《里斯本条约》具有更广泛的

---

① PR/DC/INF/38Rev。

② GEO/CE/I/2。

可接受度。为此目的，该条约的一个基本原则就是，各缔约方有权自由选择是否采用在地理标志起源国内的保护方式，而不是要求其采取某一特定的保护模式。此外，新条约还应当提供行之有效的保护，以防止地理标志变成通用名称（generic term），并确保保护措施的有效实施。

84. 专家委员会就与制定新条约有关的三类议题进行了讨论，它们分别是：保护的对象应当是什么？保护的一般原则，包括保护的条件、内容、执行机制以及根据新条约而产生争端的解决机制是什么？是否应当建立一个国际注册制度，以及如果建立，它应当由哪些部分构成？①

85. 该委员会在这些问题上没有形成一个共同的立场。在其首次会议结束之际，会议主席总结指出，尽管很多代表已经表示了筹备新条约的愿望，但其他代表也表示了保留意见。这些保留意见涉及，特别是新条约是否应规定一个注册制度或是否应当建立有关受缔约方保护之地理标志目录的问题。② 在第一次会议结束之后，地理标志国际保护专家委员会就没有再举行新的会议，所以，新条约的起草工作也就未再继续了。

---

① GEO/CE/I/2，第 64 段。
② GEO/CE/I/3，第 122 段。

第 16 章　工业品外观设计

第 25 条　保护的要求

1. 各成员应当对新的或原创性的独立创造的工业品外观设计提供保护。各成员可规定，如工业品外观设计不能显著区别于已知外观设计或已知外观设计特征的组合，则不属新的或原创性外观设计。各成员可规定该保护不应延伸至主要出于技术或功能上的考虑而进行的外观设计。

2. 每一成员应保证为获得对纺织品外观设计的保护而规定的要求，特别是有关任何费用、审查或公布的要求，不得不合理地损害寻求和获得此种保护的机会。各成员有权通过工业品外观设计法或版权法履行该项义务。

第 26 条　保　　护

1. 受保护工业品外观设计的所有权人有权阻止第三方未经所有权人同意而制造、销售或进口所载或所含外观设计系该受保护外观设计的一个复制件或实质性复制件的物品，如果此类行为是出于商业目的而采取。

2. 各成员可对工业品外观设计的保护规定有限的例外，只要此类例外不会与受保护工业品外观设计的正常利用发生不合理的抵触，也不会不合理地损害该受保护工业品外观设计所有权人的合法利益，同时考虑第三方的合法利益。

3. 可获得的保护期限应至少达到 10 年。

---

1. 引言：术语、定义和范围

"设计"（design）一词可适用于几乎所有的产品或作品。但是，在传统法律术语中，工业品外观设计（industrial design）的概念则聚焦在产品的外观上。因此，"设计"意味着与它所提升的或所适用的物体完全分离的一种元素或特征。它通常是附加于一物体的某样东西，与它的总体形状或功能没有任何关系。有时，外观设计是由一位与该设计甚至毫无关系的艺术家所完成。此类行为的例子很多：将古式咖啡研磨机或者瓷像制作成灯泡，带有各种不同装饰物和动物的烟灰缸等。

这种在定义上的难度，就部分地解释了立法者在对外观设计的保护进行分类时所面临的复杂性。"外观设计"的含义模糊不清，导致它与其他的知识产权，比如版权、反不正当竞争、实用新型和商标等相互重叠。例如，欧洲联盟的立法者已经确定，"外观设计"一词更为现代的概念，是指能提升产品可销售性（marketability）的任何方面，此概念为现行的欧盟外观设计法（EU design laws）所采用。但是，在欧洲联盟内部，由于对外观设计的保护采用了一种特别的（sui generis）外观设计法，这就使得一个紧邻的反常现象无法解决，即可以通过其他知识产权，尤其通过版权来保护外观设计。

由于《TRIPS 协定》对待外观设计是一种含糊不定的态度，故这一难题并未得到缓解。《TRIPS 协定》同时采取了《巴黎公约》和《伯尔尼公约》的立场，要求各成员有义务提供一种最低标准的保护，但并不具体指明保护的性质。不过，关于纺织品外观设计，各成员必须通过工业品外观设计法或者通过版权法提供保护。[①] 因此，各成员为实现其意欲达成的国内目标，就在起草国内法时具有相当大的灵活性，[②] 只要它将某些要素吸收到国内的外观设计法当中。相反，如果成员的利益在于保护其国内外观设计产业免受来自国内和国外的盗版侵害，那么应当指出的是，《TRIPS 协定》中有关工业品外观设计的这两个条款就没有提供太多的强制性规则。因此，本章引言部分将扩展讨论在工业品外观设计的范围广泛的定义问题以及比较法方法。

1.1　定义

这一节简要解释在本章中经常用到的一些术语。

版权（copyright）：版权一词在此处被用于更大的语境中，以包括英美法的版权概念和欧洲大陆法系的作者权概念。

外观设计（design，法语 dessins et modèles）：在法国和比荷卢经济同盟（Benelux）的法律中，该特定术语被称为 "dessins et modèles"，其用英语大

---

① 《TRIPS 协定》第 25 条第 2 款。

② J. H. Reichman，*Symposium：Uruguay Round-GATT/WTO Universal Minimum Standards of Intellectual Property Protection under the TRIPS Component of the WTO Agreement*，（1995）29 International Lawyer 345，第 375 页及以下 ［简称 Reichman，Symposium］。

体可翻译为"平面图画或图案以及立体模型"。为我们行文便利考虑，我们使用"外观设计"一词。外观设计这一概念受到广泛应用，可以包括根据版权法和外观设计法以及其他补充性规定而可保护的对象。

特别的外观设计法（*Sui generis* design law）：本书所有提及"外观设计法"之处，均指为工业品外观设计提供保护的国家的特别或特定的外观设计法。该等保护或者采用登记制（registration-based system），或者采用外观设计保存制（deposit-based system）。

实用新型〔utility model，又称小专利（petty patents），法语 certificat d'utilité，德语 Gebrauchsmuster 等〕：它通常是指对于程度较低的或增量型发明提供次要的和补充的专利保护，其保护期限较短，几乎没有或根本不作审查，并且保护的门槛较低。对于哪些方面构成实用新型，世界各国对此问题并没有形成一致意见，也缺少国际协调，因此，大多数国家在提到这一法律保护时采用了不同的名称：小专利，小型专利（small patent），实用证书（utility certificate），创新证书（innovation certificate）和实用创新（utility innovation）。与外观设计不同，实用新型关注的是一产品的技术新颖性，而非该产品在外观装饰上的新颖性。[1]

实用艺术作品（work of applied art，法语 œuvre des arts appliqués）：该词用于版权法中，尤多见于大陆法系法律管辖区域。虽然在各成员的法律中并没有规定"实用艺术作品"的定义，但它一般用以指在工业上适用于某一随后获得商业利用价值的特定物品的艺术作品，它通常是一种立体的外观设计。在许多场合，人们将该词视为与"工业品外观设计"的概念同义，尽管它只是在版权法的情形中如此。该词也可以与普通法系法律管辖区域中所使用的"工艺美术作品"（works of artistic craftsmanship）的概念相类比。

1.2　术语

正如以上所解释的，外观设计的性质导致其本身或者被看作一种工业产权，或者被当作一种可享有版权的作品而受到保护，因此，就引申出外观设计特别法的保护方式与版权保护方式。这一节将具体列举这两种保护方式的特点。

1.2.1　版权保护方式的基本特点

以版权保护外观设计的方式，表现为以下共同方面：

---

[1]　参见以下本章第 3.7.4 节。

· 版权是自动取得的；因此，既不需要任何手续，也无需登记程序；

· 它提供的是一种反对复制的权利（anti-copying right），而不是一种专有权（exclusive right）；①

· 版权保护的主要标准是独创性（originality），这一标准比新颖性（novelty）标准更易于实现；②

· 其保护期限远远长于外观设计保护的时间：大多数国家提供的保护是作者有生之年加死后 50 年。

1.2.2 外观设计特别法保护方式的基本特点

世界上大多数的外观设计特别法都是照着专利法制定的。这种保护方式的共同特点是，基于外观设计的登记或保存而给予法律保护。此外，大多数外观设计特别制度一般表现为如下特征：

· 如果依据登记给予保护的，则登记之后通常要将外观设计公开，尽管一些国家规定了秘密公开或延迟公开；

· 外观设计一经登记，大多数国家即授予一种专有权。外观设计权的所有人即因此有权起诉任何制造一相同或近似之外观设计的人，指控其构成侵权，即使后者的外观设计系独立创造而成；

· 其保护的通常标准是新颖性，尽管各国要求的新颖性标准有所不同（从国内新颖性到全球新颖性都有）；

· 保护期限比版权通常授予的保护期限为短。例如欧洲共同体登记外观设计权（European Community Registered Design Right）给予最高 25 年的保护。③

1.2.3 非登记外观设计特别法保护方式的基本特点

第三种可能的保护方式是非登记外观设计权制度，它已经被英国、中国

---

① 这就意味着，如果第三人独立创造了一项工业品外观设计，碰巧与受保护的外观设计相似，那么，受保护外观设计的版权并不赋予权利人以阻止该第三人制作或销售其独创之外观设计的权利。此类权利只赋予其权利人以阻止他人复制其受保护之外观设计的权利。因此，版权并不赋予任何绝对的保护，从而与专有权相对（参见之后该段落）。

② 如果一件作品是独立的人类智力和创造的产物，它就符合独创性标准，即使有一相似的产品已经在之前为公众所知晓。反之，新颖性标准则要求，在申请保护的工业品外观设计提出登记申请之日前，不得有任何相同的外观设计为公众所知（参见 2001 年 12 月 12 日关于共同体外观设计的（EC）第 6/2002 号《欧共体理事会条例》第 5 条第 1 款（b）项，OJ L 3，5.1.02，第 1 页，涉及登记共同体外观设计）。

③ 《欧共体外观设计条例》（EC Design Regulation）第 12 条。

香港、欧盟①和新西兰所采用。不过，由于这是一种新的权利类型，目前还没有用以规范这一领域的任何国际公约，尽管人们可能提出，只要遵守《TRIPS 协定》第 25 条第 1 款所规定的保护标准和第 26 条第 3 款所规定的最低 10 年的保护期限，该协定就是可适用的。② 请注意，这一保护方式的特征在于：

- 所有的非登记外观设计权制度给予的是自动保护，无需登记或保存；
- 其保护期限较短（在欧洲联盟为 3 年，③ 在英国则为 10—15 年）；
- 根据英国和香港的制度，其保护标准是一种客观的独创性标准，该标准低于专利法和外观设计特别法中的新颖性标准；
- 欧盟制度的保护标准是新颖性和个体特征（individual character）。④

2. 条文沿革

2.1　TRIPS 之前的状况

对于外观设计保护的适当方法，始终缺乏一种国际共识。⑤ 《伯尔尼公

---

① 请注意，《欧共体外观设计条例》同时规定了两个选项，亦即，登记外观设计权制度和非登记外观设计权制度。参见下文中框 5。

② 另一方面请注意，在 *Azrak-Hamway International Inc. v. Meccano* SA（1997）RPC 134（United Kingdom）一案的判决中，法院将英国的非登记外观设计权制度视为在《TRIPS 协定》范围之外的一种补充性保护制度。

③ 请注意，如果只是这一规定，它并不符合《TRIPS 协定》关于保护期限最低为 10 年的要求。不过，欧共体同样还规定了登记外观设计权，其保护期限为申请日起的 25 年（权利人需每隔 5 年办理续展。参见《欧共体外观设计条例》第 12 条）。

④ 参见《欧共体外观设计条例》第 5 条第 1 款 a 项、第 6 条。如果在申请保护的外观设计首次为公众所知之日以前，并没有任何相同的外观设计为公众所知，则该外观设计即符合新颖性的要求。

⑤ 参见 AIPPI Annuaire 1982/III，第 27 页；1984/I，第 79 页；1985/III，第 19 页和第 271 页；1991/VIII，第 XI 页至第 XIII 页。关于一种国际视角，参见 L. Duncan，*Improvement of international protection of designs and models.*，（1993）*AIPJ* 32；*U. Suthersanen, Design Law in Europe*，Sweet & Maxwell 2000，第 22 章（以下简称 Suthersanen, Design Law in Europe）. 另参见澳大利亚外观设计法律改革委员会（Australian Law Reform Commission on Designs），Report No. 74，1995.

约》① 和《巴黎公约》② 均通过承认外观设计为版权和工业产权的适当保护对象，从而回避了对外观设计的定性问题。有关工业品外观设计国际登记的《海牙协定》（Hague Agreement）及其日内瓦文本（Geneva Act，1999 年），参见下文的讨论（本章第 5.2.1 节）。

2.2　谈判过程

2.2.1　《TRIPS 协定》第 25 条

2.2.1.1　安奈尔草案③

"4. 工业品外观设计

1. 保护的要求

1.1 缔约各方应对新的［和］［或］原创性的［，装饰性和非显而易见的］工业品外观设计提供保护。

1.2 缔约各方［可以］［应当］要求此类保护以登记［或其他形式］为条件。

1.3 缔约各方可规定该保护不应延伸至由于技术原因所必需的特征。

1.4 此类保护的规定不应影响任何依据版权法［或其他法律］所享有的保护。

2. 纺织品外观设计

2A 在纺织品或服装上获得外观设计权，不应受任何特别要求的阻碍，比如在登记前依职权作新颖性审查、对设计本身进行强制公开或者因多人使用登记外观设计而收取不当费用。"

2.2.1.2　布鲁塞尔草案④

"1. 缔约各方应对新的［和］［或］原创性的工业品外观设计提供保护。

---

①　《保护文学和艺术作品伯尔尼公约》，1886 年 9 月 9 日，巴黎文本（1971 年）。参见第 2 条第 7 款。

②　《保护工业产权巴黎公约》，1883 年 3 月 20 日，斯德哥尔摩文本（1979 年 10 月 2 日）。参见第 1 条第 2 款，第 5 条之五。

③　文件 MTN. GNG/NG11/W/76，1990 年 7 月 23 日。

④　《体现多边贸易乌拉圭回合成果的草案最终文本，修订，与贸易有关知识产权（包括假冒商品贸易）》（Draft Final Act Embodying the Results of the Uruguay Round of Multilateral Trade Negotiations，Revision，Trade-Related Aspects of Intellectual Property Rights，Including Trade in Counterfeit Goods），MTN. TNC/W/35/Rev. 1，1990 年 12 月 3 日。

缔约各方可规定，如果工业品外观设计不能显著区别于已知的外观设计或已知外观设计特征的组合，则不属于新的［和］［或］原创性设计。缔约各方可规定该保护不应延伸至主要出于技术或功能上的考虑而进行的外观设计。

2. 每一缔约方应保证为获得对纺织品外观设计的保护而规定的要求，特别是有关任何费用、审查或公布的要求，不得不合理地损害寻求和获得此种保护的机会。缔约各方有权通过工业品外观设计法或版权法履行该项义务。"

正如这些草案所表明的，主要争议在于工业品外观设计的保护标准究竟应当以范围狭窄的美国方式为基础，抑或以范围广泛的欧洲方式为基础。上述草案反映了欧共体和美国在先前各自所作的提案。美国的草案范围狭窄，并规定为"新的、原创性、装饰性和非显而易见的"(new, original, ornamental and non-obvious)工业品外观设计提供保护。随后，"原创的"一词也为欧共体、发展中国家和日本所赞同。代表们对于外观设计的要求应当是"新的或原创性的"（欧共体）、"新的和/或原创性的"（日本）抑或"新的和原创性的"（发展中国家）而未达成一致意见，美国则继续坚持其"装饰性和非显而易见的"标准。

欧共体之所以急于将工业品外观设计问题纳入 TRIPS 谈判，主要原因是试图让美国把它的工业品外观设计保护调整得与其他发达国家相一致，从而扩大外观设计保护的范围。从美国的角度看，它的一个主要论点是，工业品外观设计的保护不应扩大到诸如保护"功能性外观设计"(functional designs)这样的程度，比如机动车备用零件或"应急零件"的外观设计。备用零件或"应急"零件的制造商和消费者团体联合加强游说，抵制欧共体的做法。[①]

2.2.2 《TRIPS 协定》第 26 条
2.2.2.1 安奈尔草案

"3. 工业品外观设计权

3. ［受保护的］［登记的］工业品外观设计的所有权人有权阻止第三方未经其同意而为商业目的进行：

制造；

［销售］［许诺销售，投放市场］；

使用；

或进口；

---

① 参见 J. C. Ross and J. Wasserman, *Trade-Related Aspects of Intellectual Property Rights*, 1993，第 55—56 页。

［作为工业品外观设计权的对象的一物品］［其工业品外观设计］［其外观不能实质性区别于受保护外观设计之外观的物品］［所载外观设计是该受保护外观设计的一个复制件或实质性复制件的物品］。

4. <u>工业品外观设计所有权人的义务</u>

4B 关于工业品外观设计所有权人的义务，应适用以下第 5 节第 3 点项下有关专利发明的要求。

5. <u>保护和续展的期限</u>

5A.1 可获得的保护期限应至少为 10 年。

5A.2 缔约各方应为登记工业品外观设计提供一个［从申请之日起］至少5 年的最初保护期限，并且可以续展［至少另一次的期间］［连续两次的期间］为期 5 年。

5B 保护期限应由国内立法加以规定。

6. <u>根据各国立法的救济措施；工业品外观设计的强制许可</u>

6A.1［缔约各方不得对工业品外观设计颁发强制许可，除非是为了对已经判决违反竞争法的情形提供救济，对此，以下第 5 节第 3 点所列举的条件在细节上作必要修改后应予适用。］　［不得允许对工业品外观设计的强制许可。］

6A.2 对工业品外观设计的保护不得以其未利用为由而宣告丧失。

6B（见以下第 8 节）"

2.2.2.2　布鲁塞尔草案

布鲁塞尔草案该条的开头两款和第 4 款与《TRIPS 协定》最终文本第 26条第 1 款至第 3 款基本上完全相同。此外，布鲁塞尔草案还包含了一项由发展中国家提出的建议，其中规定：

"3B 关于受保护工业品外观设计所有权人的义务，应适用以下第［29］条第 3 款(b)项所作出的规定。"

对专利权人某些义务的一种可供对比的引用，已经被纳入安奈尔草案（前文引用第 4B 段）。布鲁塞尔草案第 29 条第 3 款(b)项规定如下：

"3. 缔约各方可规定专利所有权人应承担下列义务：

［……］

［(b) 就专利许可合同和转让合同而言，不得从事滥用权利或限制竞争、不利于技术转让的行为。］"

这项草案义务响应了一些发展中国家的关切，后者担心专有的知识产权可能在实际上会对技术转让产生负面影响。不过,对滥用权利或限制竞争的许可行为的提及,无论在《TRIPS 协定》最终版本关于专利权人义务的第 29 条,还是在现行《TRIPS 协定》有关工业品外观设计所有权人权利的第 26 条,均未予以保留。取而代之的是在该协定的第 40 条中,专门处理有关在合同许可中对限制竞争行为的控制。①

在外观设计保护灵活性方面所做的一个让步,反映在如下事实中:安奈尔草案第 1 段中提到了"登记的"工业品外观设计,但在此后的布鲁塞尔草案以及《TRIPS 协定》最终文本中都没有保留此规定。这种以登记作为保护条件的制度,本来就可以排除其他两种可能的制度,即版权制度的保护和非登记外观设计特别法的保护。

在安奈尔草案的规定中还有一个更大的特点,就是它明确提到了有关宣告权利丧失和强制许可(上文引用第 6A.1 段和第 6A.2 段)。在布鲁塞尔草案和《TRIPS 协定》最终文本中都没有再提到这一点。倒是在《TRIPS 协定》第 26 条第 2 款包含了一个一般性例外条款,类似于第 30 条项下有关专利权的例外条款。②

3. 可能的解释

《TRIPS 协定》规定各成员必须作如下规定:

(a)对于独立创造的新的工业品外观设计,或者独立创造的原创性工业品外观设计,必须提供保护——第 25 条第 1 款;

(b)纺织品外观设计的所有权人在获得保护时不应面临由于费用、审查或公布而产生的障碍——第 25 条第 2 款;

(c)外观设计的所有权人应当有权阻止第三方为商业目的而制造、销售和进口所包含外观设计与受保护外观设计完全相同或实质性相似的物品——第 26 条第 1 款;

(d)最短保护期限为 10 年——第 26 条第 3 款。

3.1 工业品外观设计的概念

虽然《TRIPS 协定》声称所有的工业品外观设计都必须得到保护,但它并没有试图就哪些构成工业品外观设计的对象的种类提供指导原则。第 25 条第 1

---

① 关于第 40 条的详细内容,参见本书第 29 章。

② 参见以下第 3 节〔关于《伯尔尼公约的附加声明》(Annex to the Berne Convention),该声明只适用于发展中国家〕。

款中的"工业品外观设计"概念，可以指各类具有审美效果的（aesthetic）、有用的（useful）和功能性的（functional）外观设计，包括了根据版权法按"实用艺术作品"或"工艺美术作品"保护的对象，或者按实用新型保护的对象。重要的是，对于实用艺术作品（在第12条中专门提及）和工业品外观设计这两者之间的关系，《TRIPS 协定》没有给予任何指导。而且，"工业品外观设计"还可以被用来包括原住民的和民间的图像、标志和设计。

3.2 保护的性质——版权抑或特别的外观设计权（登记的或非登记的）

在遵守第 25 条第 1 款所规定之保护要求的范围内，各成员可以视本地产业的需要，选择通过版权或特别的外观设计权来提供保护。请注意，《TRIPS 协定》遵循并且补充了《伯尔尼公约》和《巴黎公约》。①

版权保护方式（包括严格意义上的版权和非登记外观设计权，参见以上本章第 1 节）和登记的特别外观设计权，这两者之间的主要区别在于保护的范围：登记外观设计权的保护既制止有意的复制，也防止独立开发出一个相似的外观设计。根据版权方式，其保护只是禁止有意的复制。如相同的外观设计系独立创作出，则不得加以阻止。② 最后，非登记的外观设计权具有与版权相同的特征（参见以上本章第 1 节）。这两者之间的主要区别在于保护期限，非登记外观设计权在保护期限上通常比版权保护期限短得多。③

---

① 还应当进一步注意到，实用艺术作品和工业品外观设计都免于适用《TRIPS 协定》第 3 条和第 4 条项下的国民待遇和最惠国待遇的要求。参见本章以下第 3.6 节。

② 参见，例如，《欧共体外观设计条例》第 19 条有关共同体外观设计权所授予的权利，规定如下："1. 登记的共同体外观设计应赋予其权利持有人以专有权，得使用该外观设计并阻止任何第三方未经其同意而使用该外观设计。上述使用应包括，尤其是制造、许诺销售、投放市场、进口、出口或使用含有或适用了该外观设计的产品，或为这些目的而储存此类产品。

2. 但是，非登记的共同体外观设计对其持有人所赋予的权利是，只有在第三方的发生争议的使用是源于对受保护外观设计的复制时，才可以阻止第 1 款所提到的行为。如果第三方的行为是源于某一设计人独创的作品，而又有合理理由认为该设计人并不熟悉权利持有人为公众所知的该外观设计，则不应认为发生争议的使用行为是源于对受保护外观设计的复制。［……］"（着重号是后加的）。

③ 版权保护的最低期限通常是作者有生之年加 50 年，例如《伯尔尼公约》第 7 条第 1 款、《TRIPS 协定》第 9 条第 1 款。与之形成对照的是，《欧共体外观设计条例》对于非登记外观设计，规定了一种 3 年的保护期限。

WTO 成员也可以自由采用这两种特别保护（*sui generis* protection）的方式，正如日本的例子所示：除了登记外观设计法之外，日本现在也根据一项以责任原则（liability principles）为基础的反不正当竞争制度，保护非登记的外观设计。①

3.2.1 《伯尔尼公约》关于外观设计的规定

如果 WTO 成员采用版权法作为外观设计保护的优先手段，就必须遵守《伯尔尼公约》第 1—21 条。② 与此相关的《伯尔尼公约》关键条款是第 2 条第(7)款，该条款基本上将此问题留给伯尔尼联盟/WTO 成员来决定，即实用艺术作品和工业品外观设计是否有资格根据版权法受到保护，如果有，那么保护的条件又是什么。伯尔尼联盟/WTO 成员可以自由选择，明确排除对实用艺术作品或工业品外观设计的版权保护，它们的具体做法可以是，把通过立法或司法手段排除版权保护的各种对象规定如下：工业制造的物品；不具有审美效果的外观设计；可专利的对象；审美要素与实用方面无法分离的外观设计（参见下文框 1 和框 5）。不过，无论保护的方式如何，伯尔尼联盟/WTO 成员必须对实用艺术作品和工业品外观设计提供某种类型的保护：该条款明确规定，如果没有特别的外观设计法，则此类作品必须根据版权法获得保护。③ 这与《巴黎公约》中的类似义务相对应。

3.2.2 《巴黎公约》对外观设计的规定

所有 WTO 成员都必须遵守《巴黎公约》第 1 条至第 12 条以及第 19 条。④ 虽然《巴黎公约》第 1 条第(2)款规定了将外观设计归类为工业产权，但是，该公约并没有就其保护的性质或条件提供任何指导。因此，工业品外观设计可以或者受到特别的外观设计权的保护（登记的外观设计、非登记的外观设计，或者两者兼而有之），或者受到版权的保护，或者受到其他某种准

---

① 参见 UNCTAD, *The TRIPS Agreement and Developing Countries*, *Geneva*, 1996, para. 251 [以下称为 UNCTAD 1996]。在日本，非登记外观设计的保护期限是 3 年（同上）。请注意，仅这一条就不符合《TRIPS 协定》第 26 条第 3 款（其规定的保护期限至少 10 年）。

② 参见《TRIPS 协定》第 9 条第 1 款，它通过引用的方法，合并了《伯尔尼公约》的这些条款。另参见本书第 7 章。

③ 《伯尔尼公约》第 2 条第 7 款最后，第 2 条第 1 款。

④ 参见《TRIPS 协定》第 2 条第 1 款。

版权（quasi-copyright）或准外观设计权（quasi-design）的保护。①

3.3 保护的条件（第 25 条第 1 款）

1. 各成员应当对新的或原创性的独立创造的工业品外观设计提供保护。各成员可规定，如工业品外观设计不能显著区别于已知外观设计或已知外观设计特征的组合，则不属新的或原创性外观设计。各成员可规定该保护不应延伸至主要出于技术或功能上的考虑而进行的外观设计。

3.3.1 独立创造

独立创造的外观设计必须得到保护，这是一项强制性要求。随之而来的问题在于，就其意义而言，是应将它理解为该外观设计并非抄自他人，抑或它意味着该外观设计必须包含某种最低限度的创造性（creativity）或独特性（individuality）。比较具有说服力的观点是，《TRIPS 协定》起草者清楚地表明了他们的意图，即原创性标准比单纯的独立创造要求具有更多的创造性贡献，其理由在于如下事实，在（第 25 条第 1 款——译者）同一个句子中用这两个术语就是为了表达不同的意思。② 但有一位评论家提出，该词极有可能意指对复制或仿制他人外观设计的排除，这在某种程度上是为了安抚那些曾经主张追加新颖性和原创性标准但未获成功的 WTO 成员。③ 各成员在国内法中对这一概念作定义时，可采用以上任一种含义。

框 1：美国的制度

在美国，"对一制造品的任何新的、原创的和装饰性的外观设计"都可根据专利法获得保护。而且，一外观设计如要符合外观设计专利保护的条件，则其必须呈现一个让人产生审美愉悦的，并非由功能所决定的外

---

① 参见《巴黎公约》第 5 条之五；另参见 G. H. C. Bodenhausen，*Guide to the Application of the Paris Convention for the Protection of Industrial Property*，BIRPI，Geneva，1968，第 86 页 [以下简称为 Bodenhausen]。

② Reichman，Symposium，第 376 页。依照这种观点，原创性要求和独立创造要求就不是一个相同的标准，而应构成两个相互独立的要求。

③ 参见 Gervais，第 2.125 段。依照该作者的观点，那些成员所关心的是，对于已经不具有新颖性的外观设计是否仍有可能基于其独创性而获得保护。为防止这样一种可能性的发生，在 TRIPS 谈判行将结束之际，那些成员本来可以推进这样一个额外的标准，即外观设计必须是独立创造的。因此，独立创造的标准就不会与原创性标准相分离了，毋宁说是对原创性标准的限定。

观，而且它必须满足可专利性的一般标准，亦即，完全的新颖性和非显而易见性（《美国专利法》§§102，103，1717）。

简言之，法律并不对"新的外观设计"或者"原创性外观设计"给予保护，而是对同时符合这两项标准的外观设计给予保护，并且，它要求符合非显而易见性，这个术语与专利的"发明步骤"（inventive step）标准更为相同，以此要求申请人达到一个更高的保护门槛。

但需注意，外观设计在美国法中也受到版权的保护和商品装潢的保护（商标法保护的一个分支），因此，外观设计专利相对严格的标准，主要是与它在这几种保护类别中保护强度最大有关。

3.3.2　新的或原创的

究竟实行新颖性标准抑或原创性标准，这一问题留由各成员从中选择其一。在最终表述为"新的或原创性的"（new or original）之前的发展沿革，很能够说明"工业品外观设计法"的含糊不清的特征。[①]　各成员是否更进一步，并同时采用这两项保护标准，亦即要求一项外观设计既具有新颖性又具有原创性呢？从该条文的历史看，以及从该条文如一些谈判代表所提议的，明确地使用"或"（or）一词而非"和/或"（and/or）来看，这种情况很不可能发生。再者，是否允许各成员采取更高的保护标准呢？现行美国的外观设计专利制度（参见框 1），就是明显的例子。而且，根据欧洲共同体外观设计权[②]（参见框 2），情况可能也是如此。

框 2：欧共体的外观设计制度

欧共体的外观设计制度是对符合新颖性和个性特征这一双重标准的外观设计给予保护。后者可能构成在《TRIPS 协定》第 25 条第 1 款所列标

---

①　"新的"（new）这一概念是源于以美国、瑞士为一方［主张新的（new）］和以欧共体、日本以及一组发展中国家为另一方［主张"新颖的"（novel）］之间所达成的妥协；后来，欧共体、美国、发展中国家和日本又提出使用"原创性的"（original）这一术语。关于应当采用"新的或原创性的"（new or original，由欧盟所主张），"新的和/或原创性的"（new and/or original，日本），抑或"新的和原创性的"［new and original，发展中国家，而后美国还增加新的标准"装饰性的和非显而易见的"（ornamental and non-obvious）］，各方发生了轻微的争执。

②　2001 年 12 月 12 日 EC 6/2002 号关于共同体外观设计的《欧共体理事会条例》（Council Regulation EC No 6/2002 of 12 December 2001 on Community designs），OJ L 3，5.1.02，第 1 页。

准之外的一个额外要求。但是，根据欧共体的外观设计制度，"个性特征" (individual character) 这一概念也可能是对《TRIPS 协定》第 25 条第 1 款中的 "独立创造的" (independently created) 标准的一种重复表述。如果一项外观设计对于了解情况的使用人所产生的总体印象，与任何在登记申请日之前，或者如果当事人主张优先权的话，则在优先权日之前已经为公众所能够获知的外观设计所带给该使用人的总体印象存在区别，则应当被认为该外观设计具有个性特征。评估个性特征时，应考虑到设计人在研发该外观设计时的自由程度。①

　　各成员有机会为它们选定的保护标准（亦即，原创性或新颖性）确定一个构成 "已知外观设计或已知外观设计特征的组合"（即第25条第1款第二句）的现有技术基础 (prior art base)。这可以允许一成员选择为原创性要求采用一种客观标准，而不是版权法的标准（正如英国的非登记外观设计制度项下的标准，参见框 3）。②

框 3：英国的非登记外观设计制度

　　英国的非登记外观设计制度代表着一种混合的准版权。该权利满足了人们意识到的对一种自动、短期、准版权保护制度的需要，它对于功能性和非功能性的立体外观设计都可适用。该设计必须是原创性的，意思是它在相关外观设计领域中并不是习以为常的，并且不得违反除外规定，后者禁止对某些类型的特征，主要是与备用零件的相关外观设计特征给予保护〔参见《1988年英国版权、外观设计和专利法》(U. K. Copyright, Designs and

---

　　① 第 3 条至第 5 条，关于外观设计法律保护的 98/71/EC《欧共体指令》(Directive 98/71/EC on the legal protection of designs)，OJ L 289，28. 10. 98，第 28 页；第 4 条至第 6 条，2001 年 12 月 12 日第 EC No 6/2002 号关于共同体外观设计的《欧共体理事会条例》(Council Regulation EC No 6/2002 of 12 December 2001 on Community designs)，OJ L 3，5. 1. 02，第 1 页。

　　② 依照版权法，原创性标准并非一个客观标准，而是一个主观标准：任何产品，只要它是人类智力和创造活动而独立获得，都受到版权保护，即使它与另一产品是相似的。因此，给予保护的理由是创造的独立性，而不在于所获得之产品与其他产品之间存在的差异。与这一主观方法不同的是，《TRIPS 协定》第 25 条第 1 款（如前所引）使得各成员可以将外观设计保护的依据确定为所获得的产品与其他产品之间存在的差异。因此，一项独立创造的外观设计，如果与某一已知的外观设计之间没有显著的不同，就可能被拒绝给予保护。

Patent Act）第 213 条及以下〕。① 中国香港也采用英国的非登记外观设计权制度。英国的非登记外观设计权有一部分是以有关拓扑图（topography）保护的第 87/54/EEC 号《欧共体指令》② 为基础的，而该指令转而又以《1984 年美国半导体芯片保护法》（United States Semiconductor Chip Protection Act）为基础。

各成员也可以自由决定在新颖性标准上自由采用国内/地区/全球新颖性，以及是否实行优惠期（参见框 4）。

框 4：优惠期

　　根据《巴黎公约》第 11 条，得为展览目的而规定一种优惠期。巴黎联盟各成员对于在本联盟任何成员领土内由官方举办的或经官方承认的国际展览会展出货物中的可专利的发明、实用新型和工业品外观设计，必须给予临时保护。③ 所规定的优惠期不得超过优先权期限：实用新型为 12 个月，工业品外观设计为 6 个月。

　　在欧盟范围内，无论各成员国的外观设计法还是欧共体的外观设计法，都就登记外观设计提供 12 个月的优惠期。④ 在此期间内，外观设计的所有权人可以主张欧共体的非登记外观设计权。

---

　　① 关于英国制度的说明，参见 Suthersanen, *Design Law in Europe*，第 16 章。

　　② 关于半导体产品拓扑图法律保护的 87/54/EEC《欧共体理事会指令》（Council Directive 87/54/EEC on the legal protection of topographies of semiconductor products），OJ L 24，24.1.87，第 36 页。

　　③ 这一规定的理由在于，根据《巴黎公约》，一成员国对公约所包含之工业产权的保护，独立于在另一成员国的此类保护〔亦即，地域性原则（principle of territoriality）〕。因此，一项发明在甲国已经获得专利权保护，但还没有在乙国和丙国受到专利权保护，所以，在某一国际展览上将该发明向公众展示的，就可能被提出，该发明在乙国和丙国丧失了新颖性。之后在乙国和丙国的专利申请就会因此被拒绝。这一做法明显地阻止了一国专利权的持有人同意让其发明在国际展览会上为公众所获取。有鉴于此，《巴黎公约》第 11 条规定各成员国有义务在一有限时间内对展览货物给予保护。请注意，提供此类保护可以通过不同方式：在国内法中规定此类展览不破坏发明的新颖性，或者赋予权利持有人在巴黎联盟其他成员国提交后续申请时以一种临时优先权（参见 Bodenhausen，第 150 页，(c)小项）。

　　④ 第 6 条第 2 款，关于外观设计法律保护的 98/71/EC《欧共体指令》（Directive 98/71/EC on the legal protection of designs），OJ L 289，28.10.98，第 28 页；第 4 条至第 6 条，2001 年 12 月 12 日 EC 第 6/2002 号关于共同体外观设计的《欧共体理事会条例》（Council Regulation EC No 6/2002 of 12 December 2001 on Community designs），OJ L 3，5.1.02，第 1 页。

3.3.3 登记

登记或保存并不是外观设计保护的一项要求。[①] 因此，各成员有权选择采用下列三种替代性制度中的一种或全部：

a）版权；

b）登记的特别外观设计权；

c）非登记的特别外观设计权。

第 3 个选项提供的是一种反对复制的制度（anti-copying regime），英国的非登记外观设计权（参见框 3）和欧共体的非登记外观设计权（参见框 5）即为其例。[②] 另外，英国还可以作为一个例子，说明可由一个国家提供全部三种保护类型，亦即，版权、登记外观设计权和非登记外观设计权。

框 5：共同体外观设计权

《欧洲共同体外观设计条例》（European Community Design Regulation）规定了共同体外观设计权（Community Design Right/CDR）。共同体外观设计权为外观设计的所有权人提供了一种双层权利制度。根据非登记共同体外观设计权（Unregistered CDR）而获得的准版权保护，在其外观设计首次投入市场时即自动产生；作为另一种选择，外观设计的持有人可以选择根据登记共同体外观设计权（Registered CDR）而获得更强的、独占性保护。无论是非登记还是登记的共同体外观设计权，其保护标准都是一样的：新颖性和个性特征。此外，对于某些类型的外观设计特征，包括完全由其技术功能所规定的特征，则不能给予保护。[③]

---

① 与之相对的是，安奈尔草案规定，各成员有权选择依登记或依其他形式提供保护。参见以上本章第 2.2 节。

② 关于根据《TRIPS 协定》第 25 条、第 26 条而可以获得不同形式的保护，更多详情请参见以上本章第 3.2 节。

③ 参见第 4 条至第 12 条，2001 年 12 月 12 日 EC 第 6/2002 号关于共同体外观设计的《欧共体理事会条例》（Council Regulation EC No 6/2002 of 12 December 2001 on Community designs），OJ L 3，5.1.02，第 1 页。

3.4　纺织品外观设计（第 25 条第 2 款）

> 2. 每一成员应保证为获得对纺织品外观设计的保护而规定的要求，特别是有关任何费用、审查或公布的要求，不得不合理地损害寻求和获得此种保护的机会。各成员有权通过工业品外观设计法或版权法履行该项义务。

《TRIPS 协定》增设第 25 条第 2 款，是为了回应由不登记制度所提供的快捷而低成本的保护，但它只限于纺织业的领域。该条款要求一种不会"不合理地损害寻求和获得此种保护的机会"的保护制度，但除非采用一种不审查、不登记/保存的制度，否则难以遵守这一要求；各成员所能够选择的，似乎就是要么允许对纺织品提供版权保护，要么引入一种准版权的短期保护制度，比如非登记外观设计权（参见框 3 和框 5）。①

最后一个问题是，纺织品外观设计是否会被归类为《伯尔尼公约》第 2 条第(7)款项下的实用艺术作品抑或工业品外观设计，在此情况下，各成员得自由决定对之提供特别的外观设计权保护抑或版权保护。②

3.5　保护的范围（第 26 条第 1 款）

> 1. 受保护工业品外观设计的所有权人有权阻止第三方未经所有权人同意而制造、销售或进口所载或所含外观设计系该受保护外观设计的一个复制件或实质性复制件的物品，如果此类行为是出于商业目的而采取。

所有 WTO 成员的立法都必须确保一受保护工业品外观设计的所有权人享有最低程度的权利，即阻止未经授权的第三方为商业目的而制造、销售或进口载有或含有该受保护外观设计的物品。该条款不影响一成员享有如下权利：或者授予以登记为基础的专有权利，或者授予一种仅仅反对复制的权利。但不论权利的性质如何，权利的范围都必须延伸至与受保护外观设计完全相同的或是其实质性复制件的外观设计。

就《TRIPS 协定》中所有的阻止进口的权利而言，第 26 条第 1 款项下的

---

① 就此方面，另参见《TRIPS 协定》第 62 条第 2 款，该条款要求各成员应确保其给予或注册的程序，允许在一合理期限内给予或注册该权利。

② 参见以上本章，第 3.2.1 节。

该权利须遵守第 6 条的规定，后者允许 WTO 各成员采用其自身的权利用尽制度（参见本书第 5 章）。因此，一成员如果对工业品外观设计权采取国际权利用尽制度，则可以为协定所允许。

3.6 国民待遇与互惠保护（第 26 条第 1 款，第 3 条）

应当注意的是，《TRIPS 协定》第 3 条和第 4 条的国民待遇和最惠国待遇规则，必须遵守《伯尔尼公约》中的例外。实用艺术作品和工业品外观设计居于一种特殊地位，免于适用由《TRIPS 协定》这两项条款确定的基本规则，① 因为根据《伯尔尼公约》这两类作品的国民待遇收到限制。实用艺术作品或外观设计在伯尔尼联盟的其他国家是有权获得保护的，并以它们在起源国（country of origin）所受到保护的性质为限——如果在该起源国未被授予此类特殊保护，则应当将之作为艺术作品（artistic works）得到保护。②

因此，如果一项外观设计在甲国完全是根据其特别的外观设计法受到保护，则该作品在另一个属于伯尔尼联盟/WTO 的成员（乙国）只能获得同样的特别保护，而未必能获得完全的版权保护；例外的情形在于，如果乙国对于实用艺术作品并不提供特别权利的保护，则此类作品将有权获得完全的版权保护。该条款的措辞只包含了一作品在其起源国仅仅得到外观设计法保护的情形；如果它在该起源国还能获得其他类别的保护，则其他成员国有义务给予其国民待遇和最惠国待遇。因此，若在甲国的一实用艺术作品同时受版权法和外观设计法保护，则不适用《伯尔尼公约》第 2 条第 7 款项下的例外。乙国只能为所涉及的作品提供与它向国内权利人的作品所给予的相同保护（版权法、外观设计法或二者兼而有之），舍此而别无选择。

国民待遇义务在此背景下的可适用性，涉及提供累积保护（cumulative protection）国家与提供部分保护国家之间的对比。请考虑如下情形，假如起源国，比如美国，它对实用艺术作品提供版权保护，但此类作品须符合与功能相分离的标准（参见框 6）；那么，在伯尔尼联盟/WTO 的另一成员，比如法国，它能摒弃其对实用艺术作品的自由主义态度，转而适用同样的限制性方法吗？这似乎只有在该另一国（举例所说的法国）不必尊重国民待遇义务的情况下，才有可能。同样，只有适用《伯尔尼公约》第 2 条第 7 款第二句（亦即，如果所涉及作品的起源国仅仅根据外观设计法提供保护），情况才可

---

① 《TRIPS 协定》第 3 条第 1 款和第 4 条(b)项。另参见本书第 4 章对这些条款的讨论。

② 《伯尔尼公约》第 2 条第 7 款。

能如此。但因为在所给出的例子中，起源国提供的是版权保护，故而并不适用第 2 条第 7 款。所以，在前述例子中的法国就必须遵守其国民待遇义务，继而依据其自身之法律，为此类作品提供版权保护。[1]

因此，正如里奇曼（Reichman）指出的，

"发达国家和发展中国家的出口商都应注意，他们遵守了国内外观设计法的要求，并不能保证他们就不会对建立在不同标准基础上的外国的外观设计权不构成侵权。例如，根据现行美国法律合法创造或者复制的外观设计，如果将之出口，有时就会侵犯英国的非登记外观设计权，后者对功能性和外观性设计都提供保护，并且，它也可能违反比如法国版权法，或是新修订的日本反不正当竞争法。"[2]

3.7　功能性设计——例外与限制（第 25 条第 1 款和第 26 条第 2 款）

第 25 条第 1 款

1. 各成员应当对新的或原创性的独立创造的工业品外观设计提供保护。各成员可规定，如工业品外观设计不能显著区别于已知外观设计或已知外观设计特征的组合，则不属新的或原创性外观设计。各成员可规定该保护不应延伸至主要出于技术或功能上的考虑而进行的外观设计。

第 26 条第 2 款

2. 各成员可对工业品外观设计的保护规定有限的例外，只要此类例外不会与受保护工业品外观设计的正常利用发生不合理的抵触，也不会不合理地损害该受保护工业品外观设计所有权人的合法利益，同时考虑第三方的合法利益。

《TRIPS 协定》中没有任何强制性条款，针对被排除在保护范围之外的对象，或者保护的限制/例外，尽管第 25 条第 1 款和第 26 条第 2 款为各成员提供了任意性规定。这两个条款之间的区别如下：第 25 条第 1 款项下的外观设

---

[1]　另参见 Ricketson，第 52 段。

[2]　Reichman, Symposium，第 377 页。

计，一开始就不符合外观设计保护的条件；第 26 条第 2 款项下的作品则通常是可受保护的，只是因为某些特殊原因（下文将对此展开分析）被排除在外。第 25 条第 1 款包含两组不同的排除规则：根据第二句，在特定条件下，各成员可以排除外观设计的新颖性或原创性，从而否定此类外观设计保护的基本的先决条件。[①] 根据第三句，之所以将外观设计排除在保护范围之外，原因在于该作品在本质上具有技术性或功能性特征（在下一小节中将对此展开分析）。

3.7.1 功能性排除，《TRIPS 协定》第 25 条第 1 款第三句

第 25 条第 1 款第三句允许各成员将主要出于技术或功能上的考虑所完成的外观设计排除在外，假如它们希望这么做的话：既然所提到的功能性外观设计是一个任意性要求，那么，各成员也可以在它们的国内法中略去这一规定。换言之，各成员也可以选择替代性方法，对那些既具有审美效果又具有功能性的外观设计，也给予特别权利保护（例如，英国的非登记外观设计权制度就对某些类型的功能性外观设计提供保护，参见框 3）。

由于这些排除/限制规定是任意性的，所以，对外观设计保护所施加的限制，各成员可根据其本国产业发展的条件和需求来作出决定。因此，欧盟的外观设计法采用的是一种特定的"互相联系的"排除条款，而英国/香港的版权法则限制对功能性设计图纸和实用艺术作品的版权保护。[②] 美国版权法限制对工业品外观设计的版权保护，则是 WTO 成员的另一个例子（参见框 6）。

3.7.2 《TRIPS 协定》第 26 条第 2 款，与第 30 条的类比

虽然对于各成员来说，引入保护的例外并不是强制性的，但是《TRIPS 协定》第 26 条第 2 款还是对于在其国内法中引入例外或限制的那些成员，设定了一种义务；这些成员必须确保该例外与下列规则不发生冲突：

· 该例外必须是有限的；

· 该例外不得与受保护工业品外观设计的正常利用发生不合理的冲突；

· 该例外不得不合理地损害受保护工业品外观设计所有权人的合法利益，同时考虑第三方的合法利益（亦即，在以所有权人为一方的权利和以消费者/使用人/竞争对手为另一方的权利之间，必须保持一种平衡）。

---

① 参见上文，涉及第 25 条第 1 款项下之保护的条件（本章第 3.3 节）。

② 参见英国 1988 年《版权、外观设计和专利法》（United Kingdom Copyright, Designs and Patents Act 1988）第 51 条和第 52 条。

第 26 条第 2 款与第 30 条在本质上是相同的,后者涉及的是专利持有人权利的例外。[①] 有关版权限制和例外的第 13 条,源自《伯尔尼公约》第 9 条第 2 款,但它采用了不相同然而限制更加严格的用语(提到了"某些特殊情况",但没有提到"不合理的"和"第三方的利益")。按照 WTO 上诉机构屡次告诫所称,《TRIPS 协定》是基于某种原因才会选择采用精确的用语,显然,谈判者意图根据第 26 条第 2 款的更加灵活的标准(以及它与第 30 条的类比)来规定有关工业品外观设计保护的例外。

专家组在"加拿大—仿制药案"(*Canada - Generic Pharmaceuticals*)中对第 30 条的用语已经作了解释,而对该案件裁决的评论参见以下本书第 23 章。对于发展中国家成员,外观设计保护可能是其实现经济和社会目标的一种不合理的妨碍,例如,外观设计可以被保护用来阻止使用不同生产商的机械或电子装置的接口(interface)。因此可预见的是,发展中国家成员可能就希望规定这样的法律机制,允许在此类情形中使用受保护的外观设计。

此外,由于第 26 条第 2 款是处理有关工业品外观设计之例外的唯一条款,因此,对此类外观设计颁发强制许可也将包含在该规则中。如果《TRIPS 协定》意图对某一知识产权排除颁发强制许可,它通常会明确声明这样一种限制(参见例如第 21 条有关商标的规定)。既然版权的强制许可是一种相当常见的做法,并且根据《TRIPS 协定》第 13 条连同《伯尔尼公约》第 9 条第 2 款,这种强制许可是被允许的,因此,如果第 26 条第 2 款不允许此类强制许可,就与之不相协调了。而且,《巴黎公约》第 5 条 B 项禁止以外观设计的未实施(non-working)或进口为由而宣告丧失权利,但它并没有排除采用强制许可。

框 6：美国版权法中的外观设计

　　根据美国版权法,外观设计可以作为"绘画、图形和雕塑作品"(pictorial, graphic and sculptural works)受到保护。这些术语的定义如下：

[①]　第 30 条规定："各成员可对专利授予的专有权规定有限的例外,只要此类例外不会不合理地对专利的正常利用发生冲突,也不会不合理地损害专利所有权人的合法利益,同时考虑第三方的合法利益。"参见本书第 23 章。

> "绘画、图形和雕塑作品包括美术作品、图形作品和实用艺术作品，摄影，印刷字体和艺术复制品，地图，地球仪，图表，示意图，模型和包括建筑图纸在内的技术草图等的平面和立体作品。就其形式而非机械或实用功能而言，此类作品包括工艺品；本条所定义的实用物品的外观设计应视为绘画、图形或者雕塑作品，但以当且仅当该外观设计所包含的绘画、图形或雕塑的特征可使其与该物品的实用方面相区别并且能够独立存在为限。"（《美国版权法》101 条）
>
> "可分离性"（separability）标准只适用于"实用物品"（useful article）。实用物品是指："具有内在实用功能的、而非仅描述物品外观或传递信息的物品。"（《美国版权法》101 条）

3.7.3 实用新型

实用新型（"小专利"）和工业品外观设计的区别在于，后者一般涉及工业品的装饰性方面（ornamental aspects），而授权实用新型却是由于此类物品的技术新颖性（technical novelty）。[①] 因此，已经有评论认为，实用新型和工业品外观设计罕有涉及同一对象的。[②] 但是，在功能性外观设计（functional design）的情形中，鉴于这些设计主要是出于技术或功能上的考虑（第 25 条第 1 款），故也有可能两者发生重叠。由此，越来越多的法律管辖区域已经选择以实用新型制度来保护功能性外观设计，以之作为工业品外观设计制度的一种替代性选择。《TRIPS 协定》并没有论及实用新型。[③] 《巴黎公约》着重强调了工业品外观设计和实用新型之间的关系，承认实用新型和工业品外观设计之间在优先权期限上是相互依存的。对于工业品外观设计的申请，可以

[①] Bodenhausen，第 52 页。这并不意味着一工业产品的外观不能通过实用新型加以保护：如果在装饰性功能（ornamental function）之外，该外观也具有一种技术功能（technical function），那么，它也符合实用新型保护的条件。

[②] 同上。

[③] 虽然在《TRIPS 协定》中没有专门提到实用新型保护，但可以认为，通过《TRIPS 协定》第 2 条第 1 款的引用，《巴黎公约》条款中的相关规定（包括该公约第 1 条第 2 款）就被延伸至世界贸易组织的所有成员。《巴黎公约》第 1 条第 2 款在相关部分规定如下："工业产权的保护对象有专利、实用新型、[……]"。

根据实用新型的申请日而确保其优先权期限。①

　　实用新型保护据称对于发展中国家具有很重要的意义。工业产权制度的主要目标之一是促进工业社会的创新；人们认为，一项成本较低而方便快捷的实用新型制度将改善中小型公司的法律环境，特别是那些致力于持续创新和改进的公司。在涉及某些类型的产品部门时，情况更是如此，这些部门不太涉及革命性的技术突破，而是更多地与增量型或改良型创新相关。② 例如，有观点认为有必要制定一部欧洲实用新型法，其引证的理由之一是，对于在以下产业中的此类小创新，有必要提供一种快捷和成本较低的保护制度：玩具制造、钟表、光学仪器、微型技术和微型机械。③

3.8　保护期限（第 26 条第 3 款）

> 3. 可获得的保护期限应至少达到 10 年。

　　外观设计保护的期限最少是 10 年。《TRIPS 协定》并没有具体说明这一

---

　　① 参见《巴黎公约》第 4 条 E 款第(1)项。这意味着一旦已经提出实用新型的申请，则同一人在其他国家提出的后续申请将从优先权中受益，即使后续申请的并非实用新型，而是工业品外观设计。不过，对实用新型所给予的优先权期间高达 12 个月，而工业品外观设计的优先权期间只有 6 个月，参见该公约第 4 条 C 款第(1)项。第 4 条 E 款第(1)项清楚地规定，以一项在先的实用新型申请为基础而提出工业品外观设计申请的，其优先权期间不能享受实用新型的较长的优先权期间。该规定只适用于如下情形，即最先申请为实用新型申请，而随后所主张的优先权是以第二个有关工业品外观设计的申请为基础。不过，有人已经注意到，相反的情形也可能包含其中（Bodenhausen，第 52 页）。在该情况下，最先提出有关工业品外观设计的申请，将决定任何后续提出实用新型申请的优先权期间的起算日期。那些后续申请因此将享受根据实用新型申请而获得的更长的优先权期间（亦即，其优先权期间是一年，而非工业品外观设计的 6 个月）。

　　② U. Suthersanen, *Incremental Inventions in Europe：A Legal and Economic Appraisal of Second Tier Patents*, Journal of Business Law 2001, 319；U. Suthersanen, *The Economic Efficacy Of Utility Model Protection：A Comparative Review Of European Union*, *Asia-Pacific And U. S. Policy And Practice*, in：Industrial Property Rights in the Bio-tech Age -Challenges for Asia（eds. Christopher Heath and A. Kamperman Sanders），Kluwer International, 2002（其中讨论了政策制定者在决定实行实用新型保护之前所需提出的不同问题）。

　　③ 《欧共体委员会关于在单一市场保护实用新型绿皮书》（EC Commission Green Paper on the Protection of Utility Models in the Single Market），COM（95）370 final, 1995 年 7 月 19 日，第 16 页。

期限是从申请日（如果有的话）还是从授予证书之日起算。这一条款被认为是指以专门的外观设计法作为唯一保护手段的情形。如果 WTO 一成员选择对工业品外观设计采用版权的保护，则其保护期限受到《伯尔尼公约》第 7 条的调整。① 版权的一般规则是，保护期限必须为作者有生之年加死后 50 年。对该项一般规则的例外包括了实用艺术作品——各成员仍然可以自由规定一种较短的保护期限，只要其最低保护期限为从作品完成时起的 25 年。②

这就产生了以下若干问题。

首先，是否所有对外观设计提供保护的知识产权制度都必须授予最低 10 年的保护期限？例如，是否应当将所提议的"欧洲非登记共同体外观设计权"（European Unregistered Community Design Right）的 3 年保护期修改为 10 年？③ 也有人提出，第 26 条第 3 款只是要求各成员提供至少有一项保护制度，其最低保护期限为 10 年，无论该制度是版权、登记外观设计权还是非登记外观设计权。④ 其次，第 26 条第 3 款是否与依据《伯尔尼公约》第 7 条第 4 款所要求的对实用艺术作品确保享有最低 25 年的保护期限相冲突？一个事实是，各成员可以选择仅仅根据版权制度来保护工业品外观设计，还有一个事实是，有一种强烈的建议主张，至少纺织品外观设计应当从版权保护中受益，因此，考虑到上述任一事实，有关《TRIPS 协定》该条款只是要求各成员引入至少一项为期 10 年的保护制度这样的主张就发生了动摇。有鉴于此，有人就提出主张，如果一成员选择根据诸如专门的外观设计法之类的工业产权制度来保护外观设计，并且这是唯一的保护方式，那么，其最低保护期限必须是 10 年；但是，如果外观设计只能根据版权法而受到保护的，那么依照《伯尔尼公约》，其最低保护期限必须是 25 年。如果版权法和专门的外观设计法都为外观设计提供保护，则适用于版权保护的期限必须为 25 年。而与此同时

① 《TRIPS 协定》第 12 条并不影响实用艺术作品，而我们必须假定其中也指工业品外观设计。

② 《伯尔尼公约》第 7 条第 4 款。关于这一条款的发展沿革，参见 Ricketson，第 6.33 段至第 6.43 段。

③ 第 12 条，2001 年 12 月 12 日 EC 第 6/2002 号关于共同体外观设计的《欧共体理事会条例》 （Council Regulation EC No 6/2002 of 12 December 2001 on Community designs），OJ L 3，5.1.02，第 1 页。

④ 参见 *Azrak-Hamway International Inc. v. Meccano SA* （1997）RPC 134 （United Kingdom）。在该案中，有主张认为，有关对英国非登记外观设计权进行权利许可的规定，违反了《TRIPS 协定》的最低保护要求；但法院认为，英国非登记外观设计权处于《TRIPS 协定》的范围之外，是一种补充性保护制度。

适用于专门的外观设计权保护的期限，则可以短于 10 年；因为第 26 条第 3 款项下所要求的至少 10 年的保护期限，已经通过 25 年的版权保护期而被遵守有余了。

4. WTO 案例

迄今为止，专家组或上诉机构尚未就有关第 25 条或第 26 条作出过裁决。

5. 与其他国际文件的关系

5.1　WTO 诸协定

5.2　其他国际文件

5.2.1　《工业品外观设计国际登记海牙协定》日内瓦文本（1999 年）①

如果采用登记的方法，则登记外观设计权仅限于在授予该保护的国家有效。如果要求获得跨地区的保护，则必须向各该地区提出多个申请。由世界知识产权组织管理的《工业品外观设计国际保存海牙协定》（Hague Agreement Concerning the International Deposit of Industrial Designs），提供了一套国际登记的程序。

《海牙协定》缔结于 1925 年，曾有两个文本：1934 年（伦敦）和 1960 年（海牙）。《海牙协定》的目标是提供一个集中式的国际保存机制，以便于在多个国家申请外观设计保护，这就类似于《马德里协定》项下的商标国际注册。外观设计的所有权人只要在世界知识产权组织提出一次登记申请，就可以在参加该协定的一个、多个或全部国家获得保护。申请人并非必须在起源国（country of origin）获得国内登记。因登记所授予的保护，被严格限定在一国范围内，并且必须遵守当事人在申请中所指定国家的本国法律和条件。如果不符合国内法有关外观设计保护的条件，则当事人在申请中所指定的各个国家均可以拒绝给予保护。

该条约的主要问题是在于如下事实，即许多的主要国家都不是《海牙协

---

① 《工业品外观设计国际保存海牙协定》（The Hague Agreement Concerning the International Deposit of Industrial Designs），1925 年 11 月 6 日制定，1960 年 11 月 28 日经海牙文本修订；《工业品外观设计国际保存海牙协定条例》（Regulations Under the Hague Agreement Concerning the International Deposit of Industrial Designs），1998 年 1 月 1 日。

定》的成员国。这个条约只有 29 个签字国。在成员国名单上明显缺席的有南美洲各国、日本、加拿大、美国和其他大部分亚洲国家。① 与《海牙协定》相关的第二个问题是，缔约国中有的是 1934 年文本的当事方，有的则是 1960 年文本的当事方，从而需要适用不同且复杂的程序规则。

1999 年日内瓦文本（Geneva Act 1999）具有双重目标：一方面，通过允许或便利那些在其立法中规定了新颖性审查的国家加入，将海牙制度延伸至新的成员国；② 另一方面，保持海牙制度根本上的简明性，并使其对申请人更具吸引力。日内瓦文本还规定，政府间国际组织可以成为该协定的当事方，从而在国际登记制度和地区性制度——比如"欧洲共同体外观设计局"（European Community Design Office）或者非洲知识产权组织（African Intellectual Property Organization /OAPI）——之间建立起一种联系。③

6. 新的发展

6.1　国内法④

6.1.1　版权与外观设计保护的所有权归属

《TRIPS 协定》和《海牙协定》都没有包含任何有关所有权归属的规定，也没有规定国内法是否可以规定将作者权（authorship）和/或所有权归属于自然人或法人。这再一次表明，规定上的含糊之处是可以有利于发展中国家的，如果他们希望将外观设计保护延伸至传统/原住民的艺术作品或本土创新的话。例如，在英国的非登记外观设计权项下，一个人无论是作为该外观设计作品（design work）的作者、雇主、代理商（commissioner）或首次营销商（first marketer），均符合受保护的资格。⑤

---

① 在亚洲国家中，只有朝鲜民主主义人民共和国（北朝鲜）、印度尼西亚和蒙古已经在该协定上签字。

② 之所以这样，是因为有一些国内法要求外观设计保护应当遵守有关新颖性和发明性步骤这样的可专利性标准。其例子可见上文，框 1。

③ 但是到目前为止，还没有任何政府间国际组织真正支持《海牙协定》日内瓦文本。有关缔约方的名单，参见 http：//www. wipo. org/treaties/documents/english/pdf/h-hague. pdf。

④ 关于美国、英国和欧盟，参见以上框 1 至框 6。关于日本，参见以上本章第 3.2 节。

⑤ 英国 1988 年《版权、外观设计和专利法》第 215 条、第 217 条及以下。

6.1.2　艺术品外观设计与人身权包括追续权（droit de suite）（再销售权）

《伯尔尼公约》规定了某些人身权：对作品主张作者身份的权利，有权反对对其作品的任何有损其声誉的歪曲、割裂或其他更改，或其他损害行为。[①]此类权利对于某些成员可能具有重要意义，它们希望看到传统的或本地艺术作品停止向其他国家出口和在这些国家被利用。当然，这样做的难题还是出在所有权问题上；不过在传统上，国际协定和条约并不愿意就知识产权的所有权归属提供规则。[②]一些国内法在这一问题上的规定则要明确得多（参见下文，框 7 和框 8）。

框 7：法国的作者权制度

　　根据法国的作者权（droit d'auteur），作者只能是自然人，但这一规则存在一个明确的例外：如果一作品符合"集合作品"（collective work）的条件，则作者身份归属于自然人与法人俱可。[③]"集合作品"这一种类可以产生于各类已创作的作品，包括实用艺术作品和工业品外观设计。而且，在判决中已经认定，严格从专业上来说，法律没有任何规定禁止一个法律实体（legal entity）对由该法律实体所创造的作品主张人身权，就像在集合作品的情形中那样。在集合作品中，如果一个法人既是创作的发起人又是版权的所有权人，它就有权对作品进行修改，只要此类修改是为了让作品在整体上更加协调，并且尊重为该集合作品做出贡献的自然人作者的人身权。但是，法律上所有权人（legal owner）的权利还可以进一步扩展，在一份裁决中，法院就曾认定，雪铁龙（Citroën）公司的外观设计的设计人公开了一项外观设计，其行为侵犯了该公司在信息披露方面的人身权。[④]

---

①　《伯尔尼公约》第 6 条之二。

②　对于《TRIPS 协定》，美国在 TRIPS 谈判期间有一份提案明确承认法人作者（corporate authorship），但未获成功。反过来，《TRIPS 协定》第 12 条规定，如果不以一自然人的终生作为计算版权保护期限的依据，则对版权保护设定一种特别的期限。这就包括了法人作者的作品，并因此构成了对非自然人作者（non-natural author）概念的默认。参见本书第 11 章。

③　法国 1992 年《知识产权法典》（French Intellectual Property Code）第 L. 113-2，113-5 条。参见 Suthersanen, *Design Law in Europe*，第 147—148 页。明确承认作品的（法人）所有权的另一个例子，是美国法中有关录音作品和电影作品的规定，参见本书第 11 章。

④　Suthersanen，同上，第 157 页。

此外，某些种类的作品还享有追续权或者再销售使用费权（resale royalty right）：该权利是为美术作品的原作以及作家和作曲家的手稿原件所保留的权利。① 其中以"原件"为先决条件，就是指该作品的独一无二性，从而区别于版权意义上的独创性或创造性。《伯尔尼公约》关于该项权利规定了一个条款：只有经作者所属国的法律确认，而且只有在被请求保护国允许的范围内，作者才能够在伯尔尼联盟成员国主张追续权或再销售使用费权。②

发展中国家出产非常原始的原住民或民间艺术品，它们就可能希望就纳入追续权的问题提出主张。目前已有若干国家，包括玻利维亚、智利、肯尼亚、印度尼西亚和巴拿马，根据其国内版权法来保护民间文学艺术作品（folkloric work）。③ 该规定可能对这样的国家更有实效，它们鲜有在外国艺术作品或外观设计作品的进口方面的经验，但反过来由于外国对原住民或民间艺术的兴趣而导致其本地或国内的艺术作品或外观设计出口不断增长。应当注意的是，许多国家对于具有工业用途的实用艺术作品或立体外观设计，拒绝给予追续权。

6.2　国际文件

6.3　地区和双边情况

关于为美术作品原件作者的利益规定再销售权的 2001 年欧共体指令，参见框 8。

框 8：欧共体再销售权指令

　　《欧共体再销售权指令》（EC Resale Right Directive）第 1 条第 1 款规定:④

---

　　① 参见《伯尔尼公约》第 14 条之三第 1 款："对于艺术作品原作和作家与作曲家的手稿，作者或作者死后由国家法律所授权的人或机构享有不可剥夺的权利，在作者第一次转让作品之后对作品进行的任何出售中分享利益。"

　　② 参见《伯尔尼公约》第 14 条之三第 2 款："只有在作者本国法律承认这种保护的情况下，才可在本同盟的成员国内要求上款所规定的保护，而且保护的程度应限于被要求保护国家的法律所允许的程度。"

　　③ 参见 UNESCO/WIPO *Model Provisions for National Laws for Protection of Expressions of Folklore Against Illicit Exploitation and other Prejudicial Actions*，1982。

　　④ 2001 年 9 月 27 日关于为美术作品原件作者的利益而规定再销售权的 2001/84/EC《欧共体指令》（EC Directive 2001/84/EC of 27 September 2001 on the resale right for the benefit of the author of an original work of art，OJ L 272，13.10.2001，第 32 页。

"各成员国应当出于美术作品原件作者的利益考虑，规定再销售权，其定义是：在作者首次转移其作品原件之后，以之后对该作品原件的任何再销售的销售价格为基础收取使用费的一种权利，该权利不可转让，也不得放弃，即使预先放弃，亦同。"

上述指令第 2 条规定：

"（1）就本指令而言，'美术作品原作'是指图形或造型艺术，比如图片、拼贴画、油画、素描、版画、印花、石版画、雕塑、织锦、陶器、玻璃器皿和照片，只要它们是由艺术家本人制作，或被视为美术作品原件的复制件。

（2）本指令所包含的由艺术家本人或根据其授权而限量制作的美术作品复制件，应视为就本指令所言的美术作品原件。此类复制件通常由艺术家给予编号、签名或以其他方式恰当认可。"

6.4　审查建议

迄今尚无向 TRIPS 理事会提出的正式的审查建议。

7.　评论（包括经济和社会意义）

上述讨论说明，立法者在实施《TRIPS 协定》有关工业品外观设计的规定时，面临着艰巨的任务。由此得出的结论是，不同的保护方法适合于不同的产品部门。因此，对各个发展中国家而言所需注意的重点在于，哪些产业对其本国的经济发展具有最主要的贡献，这些产业需要哪一种类的保护。

以下讨论强调了由此分析所引发的不同问题。

7.1　版权保护方法对之有利的产业

如能够获得即时和自动的保护，这对于生命周期较短的产品而言，特别实用。独创性的门槛（与新颖性相比）较低，这对习惯上依赖于现有最新技术/艺术（prior state of art）的产业，比如文化或民间艺术，也是有利的。独创性标准使得产业界可以马上着手把它们的产品投入市场进行检测，而无需担心会因此丧失任何保护；① 在早期敏感的市场检测阶段，产业界就需要有一种预先防止他人盗版的权利。因为版权保护不用支出任何申请或登记费用，所以它对于中小企业更为适用。版权保护不是只针对特定的产品，而是包含了使用外观设计的整个产品类别，其保护范围要广泛得多。版权的保护期限较长，这就响应了那些从本质上来说，在产品制造和消费口味上存在周期性反复的产业的需求。版权法被越来越多地应用于保护诸如计算机软件、电子数据库之类的产业对象。由上可见，版权保护对于产品生命周期较短的产业，特别具有吸引力，比如玩具、时装和纺织品等行业，它们瞬息万变，很快就会被人仿制，从而需要即时的保护。

7.2　版权保护方法对之不利的产业

不过，有一些产业是反对版权制度的，因为这样一种非登记的制度会带来法律上的不确定性。既然版权保护能够自动产生，就没有任何东西来显示版权的保护期限。由于缺少任何审查程序、公共记录或信息来源，使得人们无法确定一产品的哪些特征是可以进行安全仿制的。这一点对于重工业和轻工业的制造行业来讲，尤其重要，因为在这些行业中，新的外观设计严重依赖于现有技术，或者新外观设计就是旧外观设计或旧图形的改进，这会使得竞争者对于哪些要素仍处于保护状态或哪些要素已经不受保护，感觉疑虑重重。由于缺乏登记和公共记录，也会在确认权利的所有权人及其继承人/被许可人方面产生困难，并可能因此妨碍权利的可转让性。既然独立创作（independent creation）就不受版权法或反复制法律（anti-copying law）的约束，所以同一项外观设计就可能由不同的设计人同时得到版权保护，这并不利于形成法律上的可预测性。独创性的低门槛可能导致对保护范围的侵蚀，从而可能导致所提供的保护不起作用。反过来也有主张认为，某些版权法提供了过分宽泛的保护，因为它们在原创性上的门槛较低，对艺术价值方面不作任何要求，保护期限又那么长。这可能导致对功能性图纸和产品给予保护，而这样的保护就是在限制竞争，并将迫使许多竞争者退出相关产品的市场。由于版权保护的标准具有主观性，因此可能难以符合其要求：许多国家要求在立体的外观设计中应当表现出艺术或审美的要素。版权法通常没有规定一

---

① 之所以如此，是因为独立创作完成的一项外观设计就符合了版权意义上的独创性，即使该外观设计借助于市场检测（market testing）而已经为公众所获知，也不破坏独创性要求。但是，在特别的外观设计保护方法中，由于采用新颖性要求，情况就不一样了。参见下文。

般性的强制许可条款，来对抗限制竞争的效果。① 版权只提供保护以反对模仿，而不是提供一种专有权，因此在侵权诉讼中，权利人也会面临举证上的困难。

7.3 特别外观设计权方法对之有利的产业

这种方法的主要优势是围绕着登记这个惟一的事实，以及由此带来的法律上的确定性展开的。登记制度就起着一种信息来源的作用，尤其是有关所有权归属、登记日期、优先权申请以及受保护的特征（通过新颖性声明）。一经登记，就等于让竞争对手知道有这样一种保护存在——这是一个为大型制造业组织和贸易协会，特别是工程行业所偏好的因素。这样，就不必证明存在着复制了，因为复制是比较难以证明的，并且通常依赖于情势证据（circumstantial evidence），比如是否接触过作品等等。由于登记和专有权这两种同时产生的好处，就提高了登记外观设计的所有权人的能力，他们可以通过许可他人使用而获得报酬，或者通过以权利作为担保权益或以之设定财产负担从而获得回报利益。由此所授予的保护期限较短，从而更有好处，有利于促进竞争，这对于那些更具实用性的外观设计尤然。而且，大多数专门的外观设计制度都采用一种续展制，从而使得外观设计的所有权人可以选择主张最长期限的保护，但它必须由当事人提出申请才能获得，同时保证，除了商业上切实可行的外观设计外，有稳定数量的外观设计在其最长保护期届满之前就进入公共领域。

为了说明外观设计的登记如何被用来解决发展中国家所关切的问题，由阿根廷原住民社团所发起的一项运动即为例证，该运动旨在施加压力，以建立一个关于其传统知识（traditional knowledge）的登记簿。② 此类登记簿可以包括一系列在南美洲原住民人民中的传统外观设计，并因此防止第三方未

---

① 正如上文（参见本章第 2.2 节）所解释的，安奈尔草案确实包含这样一个一般性条款，但这一条款在《TRIPS 协定》最终文本中并没有出现。

② 参见 "Call for Argentine register of local knowledge"，载于 http：// www. scidev. net/frame3. asp? id ＝ 2103200311090739andt ＝ Nandauthors ＝ Valeria％ 20Romanandposted＝21％20Mar％202003 andc ＝1andr ＝1. 阿根廷国家工业产权局（The Argentine National Institute of Industrial Property（INPI））目前正在审查由 44 名土著首领所递交的这样一种请求。

经原住民创造人的同意而使用这些外观设计。①

7.4 特别外观设计权方法对之不利的产业

不过人们还应当注意到，如果国内的工业产权局不进行具体审查，那么，登记所带来的明显好处就会变得不切实际。而且，登记手续可能较为复杂且难以应付，尤其是就有关的细节，比如图片尺寸、照片种类等。中小型公司对于其创造设计，可能并没有意识到有这样的登记制度，或者感觉该登记制度并不适用于其作品。这就导致其在市场上先行使用或者公开，从而过早披露了相关外观设计。对于玩具、服装、时尚和家具等产品生命周期较短的产业而言，登记程序就对其构成一种特殊的负担。新颖性的概念为本质上以在先技术为基础的外观设计设置了一道不切实际的高门槛；它也不考虑增量的创造性（incremental creativity）。由于实行新颖性标准，以及缺乏相应的优惠期，这就意味着当事人通常会拒绝用市场检测产品。② 在许多产业中，产品的外观设计可能就围绕着若干个基本的设计主题，从而有必要借助市场的检测，来决定哪一批特定的外观设计值得去登记。登记的费用，特别是在多项外观设计登记申请的情况下，通常是非常昂贵的。小公司由于在工业产权事务方面缺乏训练有素的人员，尤其显得困难重重。由于外观设计的公开，也有可能被模仿者用来制造竞争性产品或盗版产品。人们已经提出，这在纺织和陶瓷行业尤其成了一个难题。国际登记的增长率出现下降，这证明了它在产业界不受欢迎的程度。

7.5 实施成本

就实施的费用而言，重点是需要注意，随着所采用的制度种类不同，实施成本也会有所不同。③ 任何依赖于权利登记的制度（亦即，专门的登记外观设计权方法），都要求对所提交的外观设计进行事先审查，判断其是否符合保护的条件（亦即，《TRIPS协定》第25条第1款所规定的独立创造、新颖性或原创性）。此类审查将需要一定的费用，④ 但考虑到这样的事实，即申请人

---

① 同前注，有报道称，包含了南美土著人民传统设计的拖鞋、腰带和其他手工艺品，在布宜诺斯艾利斯大量出售，而这些销售都未经该外观设计的开发者同意。

② 之所以如此，是因为一经检测，该产品就可能无法再能被当作一件新产品。更多有关新颖性要求的讨论，参见本书第17章。

③ UNCTAD, 1996，第256段。

④ 同上。

是在寻求获得一项专有权，所以这样的费用还是合理的。如果是采用非登记制度（亦即，版权方法和专门的非登记外观设计权方法），那么，所授予的权利通常不具有专有性，并且其权利也是随着外观设计的创造完成而自动产生。因此，其间既没有审查，也不需要登记，相关的费用也因此得以避免。

成本因素的考虑占多大的权重，上文所提到其他标准具有多大意义，这些都取决于各国政府的决定。

7.6　小结

· 《TRIPS 协定》关于工业品外观设计的规定是最低限度的，因此就为各成员留有实施各类保护制度的空间，包括非登记的外观设计权（参见本章第 3.2 节、第 3.3.3 节以及框 5）。

· 各成员必须要么选择版权保护，要么选择特别的外观设计权保护，要么二者兼用。《TRIPS 协定》中没有任何规定，禁止根据外观设计法和版权法对工业品外观设计提供累加保护（参见本章第 3.2 节）。

· 保护的标准必须包括，要么是原创性，要么是新颖性（参见本章第 3.3.2 节，框 2 和框 4）。

· 绝大多数成员在实施《TRIPS 协定》时继续维持最低保护标准；但许多发达国家成员，比如欧共体和美国已经选择更高的保护标准。并未明确的是，各成员是否只有为工业品外观设计提供不止一种类型的保护（亦即，版权法和外观设计法）（参见本章第 3.3 节，框 1 至框 3），才可以进一步选择更为繁复的标准。

· 在所有情况下，都应考虑到对纺织品外观设计的强制性要求（参见本章第 3.4 节）。

· 第 25 和第 26 条的主要难题是，就版权法和工业品外观设计法中所吸收的例外而言，这些条款就显得不明确了。例如，根据美国和英国的版权法，立体的工业品外观设计是难以获得保护的。那么，各成员能否进一步对版权保护加以限制/减缩，以至于对实用艺术作品不给予版权保护，而特别的外观设计权制度在新颖性/原创性之外还要求符合更多的条件？（参见框 1 和框 6，本章第 3.3.2 节）

· 国民待遇或互惠原则在何等程度上应仍适用《伯尔尼公约》的例外？（参见本章第 3.6 节）

· 第 25 和第 26 条允许实用新型的保护（参见本章第 3.7.4 节）。

· 就原住民或民间艺术作品，各成员应当考虑，日渐增多的人身权保护是否为一种值得采用的方法（参见框 7 和框 8）。

最终，关于是采用限制知识产权（anti-intellectual property）的市场制度（例如，将功能性外观设计和其他类型的外观设计排除在外），抑或通过促进知识产权（pro-intellectual property）的市场制度（通过加强外观设计保护或引入实用新型法），以试图推动某些从事增量性创新或设计的本国产业的发展，这将取决于各成员的决定。就其他成员的法律而言，特别需要关注的是，这些国家的法律是不是明显具有更浓厚的贸易保护主义色彩，通过采取更宽泛的排除条款和限制条款，实际提供的保护就比人们所意识到的少了很多：对于所有成员而言，问题就在于，它们的法律是否实际上降低或抵消了根据《TRIPS 协定》必须给予的保护。

就第 25 条和第 26 条而言，已经有评论指出，发展中国家应该关注它们自己的利益，并严格审查它们现有的版权制度和外观设计制度。[①] 不过，发展中国家成员在与发达国家成员进行谈判时，比较有利的做法可能还是主张对传统外观设计加强外观设计权、版权或人身权的保护，以此作为一种谈判手段，回应有关在其他产业领域提高保护的要求。

---

① UNCTAD，1996，第 252 段。

第 17 章　专利：对象和可授予专利的条件

第 27 条第 1 款　可授予专利的对象

在遵守第 2 款和第 3 款规定的前提下，专利应授予所有技术领域的任何发明，无论是产品还是方法，只要它们具有新颖性、包含发明性步骤，并可供工业应用。* 在遵守第 65 条第 4 款、第 70 条第 8 款和本条第 3 款规定的前提下，对于专利的获得和专利权的享受不因发明地点、技术领域、产品是进口的还是当地生产的而受到歧视。

［注释］*：就本条而言，各成员可以将"发明性步骤"和"可供工业应用"这两项措辞分别理解为与"非显而易见的"和"实用的"同义。

---

1. 引言：概述、术语、定义和范围

1.1　TRIPS 在专利方面的规定概述

《TRIPS 协定》（第二部分第 5 节）包含有关专利方面的标准，其中包括了对专利普遍适用的实质标准和具体的实施问题。下列条款值得注意：①

（a）各成员不得将任何技术领域排除在可授予专利的范围之外，并且不得因技术领域、发明地点、产品是进口的还是当地生产的而予以歧视（第 27 条）；

（b）各成员可以拒绝对下列内容授予专利权：违反公序良俗（*order public*）或道德的发明；人类或动物的某些治疗方法；以及在一定限制条件下，植物和动物。只要符合某些要求，各成员也可以对专利授予的专有权利规定有限的例外（第 27 条、第 30 条）；

（c）各成员的国内专利法必须提供自申请日起算的最少 20 年的保护期。

---

① 参见 UNCTAD，《TRIPS 协定与发展中国家》（*The TRIPS Agreement and Developing Countries*），日内瓦，1996 年，第 111—114 段（以下简称"UNCTAD，1996"）。

尽管可授予专利权的具体标准交由各成员的国内法予以定义，但是，这种保护必须建立在相同的资格条件的基础上（第 33 条、第 27 条）；

（d）在遵守适当的权利用尽规则的前提下（第 6 条），专利权人的专有权利集合中必须包括阻止专利产品进口的权利（第 28 条）；

（e）在遵守协定所规定条件的前提下，强制许可仍然是可以获得的，并可根据各成员现有法律授予（第 31 条）

这些规定建立在此前由《巴黎公约》所确定的标准上，[①] 比如优先权，即使没有参加《巴黎公约》的 WTO 成员现在也必须遵守这些标准。个别国家只有在利用过渡期的范围内才能背离这些通行的专利法标准，而在过渡期之内，发展中国家、经济转型期的经济体和最不发达国家（LDC）所享有的优惠待遇也各有不同。[②] 例如，发展中国家可以将大部分规定的标准推迟 5 年实行（第 65 条）。而根据第 66 条第 1 款，最不发达国家可以推迟 11 年实行，如果有证据表明实行起来仍有困难的，可以给予它们进一步推迟或其他让步。[③] 根据《TRIPS 协定与公共健康问题的多哈宣言》，这一最初规定的对于最不发达国家的过渡期已经延长到 2016 年，尤其涉及对药品授予专利权。

执行方面的条款（《TRIPS 协定》第三部分）对于专利权是普遍可适用的，尽管各成员不必将有关边境控制措施的特殊要求适用于专利。这些措施对于商标和版权则是必须适用的。此外，在一成员将《TRIPS 协定》第 65 条规定的过渡期适用于药品和农用化学品的情况下，该协定（第 70 条第 8 款和第 70 条第 9 款）规定了该成员所须遵循的程序。这一条款允许发展中国家推迟承认药品专利，最晚可至《TRIPS 协定》生效之日起 10 年。过渡期是可以自动适用的，亦即，无需相关成员事先发出通知或声明。但是，成员对药品和农用化学品适用 10 年延长期的，有义务接受在该延长期内提出的药品专利的新申请，并且，它们进一步有义务最终授予在一个限定时期内的专有销售权（EMRs）（第 70 条第 9 款）。[④]

本章和后续几章（第 18 章—第 26 章）具体处理以下有关专利的问题：对象和可授予专利的条件；非歧视待遇；公序良俗和道德；治疗、外科手术和诊断方法；生物技术发明：遗传资源、植物多样性保护和传统知识；权利

---

① 《保护工业产权巴黎公约》，1967 年 7 月 14 日斯德哥尔摩文本。

② 有关过渡性安排的详情，参见本书第 33 章。

③ 另参见《WTO 协定》第 11 条第 2 款，它要求最不发达国家……"只需在它们各自发展、财政和贸易需要的范围内以及行政管理的能力内作出承诺和减让"。

④ 详细内容，参见本书第 36 章。

和例外；信息披露；非自愿使用；方法专利：举证责任。

1.2　术语、定义和范围

第 27 条第 1 款包含的最重要的要求是，在遵守非歧视原则（关于发明地点、技术领域、产品是进口的还是当地生产的）以及下文讨论的某些授权性例外的前提下，专利对于所有种类的产品和方法发明来说，都应当是可获得的。

专利是一国授予发明人的在特定期间①享有的一种专有权利，以换取发明人在一份称作专利说明书（patent specification）的文件中公开其发明。说明书对发明的描述必须充分，以使其他熟悉该技术领域（"skilled in the art"）的人员能够阅读说明书，并且在专利期满之后能够独立实施该项发明。专有权利的范围是由专利申请的组成部分，即人们所称的权利要求（claims）来界定的。只有当第三方所实施的行为落入权利要求的范围时，才构成侵犯专利权。在各个法律管辖区域，对权利要求的解释方法也各有不同。一些法律管辖区域采用的是一种非常字面化的方法，从而那些在说明书中未主张权利要求但又构成功能性等同（functional equivalents）的技术特征，将不会侵犯专利权。而在其他法律管辖区域，功能性等同的技术特征如果对拥有本领域普通技术的第三方来讲是显而易见的，那么就会被视为落入了权利要求的范围。

根据《保护工业产权巴黎公约》，各成员国可以自行将某些领域排除在可授予专利的范围之外，也可以为某些种类的发明设定特殊规则。此外，各成员国有权自行确定可授予专利的要求。《TRIPS 协定》改变了这一状况。第 27 条第 1 款包含一项关于可专利性的一般义务，从而就以这样一种方式解决了药品行业对有关 TRIPS 之前的通行规则所产生的一大顾虑。此外，所有在不同部门之间（或者根据发明地点）而产生的歧视，也都得以禁止。诚如下文所述，② 总而言之，第 27 条第 1 款也为限制各成员的权力提供了一个基础，以防止它们对于当地生产的和进口的产品给予区别待遇。尽管在该条款中没有明确提及，但是，这一非歧视性条款（non-discrimination clause）的支持者的主要目标是，对于因当地缺乏专利实施而采用强制许可的做法加以限制。作为妥协的结果，第 27 条第 1 款的这一方面已经引发了相当的争议。③

---

① 从申请日起至少 20 年，《TRIPS 协定》第 33 条——参见本书第 22 章。

② 参见本书第 25 章。

③ 参见本书第 25 章。

2. 条文沿革

2.1　TRIPS 之前的状况

在乌拉圭回合谈判开始时，大约有 50 个国家对药品根本不给予保护，而且有些国家还将制药方法排除在保护范围之外。许多国家也把食品和其他产品排除出可授予专利的范围。[1]

在 TRIPS 生效之前，处理专利问题的主要国际文件是《巴黎公约》。与第 27 条第 1 款不同，《巴黎公约》尽管允许排除某些对象的可专利性，但它并没有确立可授予专利的任何标准；[2] 这就由巴黎联盟各成员国在其国内法中决定了。

2.2　谈判经过

第 27 条第 1 款的起草，部分是根据 1991 年《WIPO 专利法条约》（WIPO Patent Law Treaty）草案的第 10 条。它规定，在遵守如下可专利性的通常要求的前提下，所有技术领域的发明都可获得专利：(1) 新颖性；(2) 工业可应用性；以及(3) 体现发明性步骤。第 27 条第 1 款就因此确立了可专利性的一般原则。在谈判的同时，相同的原则也被写入了《欧洲专利公约》第 52 条第(1)款[3]和很多国家国内的专利法。

2.2.1　安奈尔草案

"第 5 节：专利

1. 可授予专利的对象

1.1 专利应当对［所有技术领域的任何发明，无论是产品还是方法］［所有产品和方法］都是［可获得的］［授予的］，只要它们是新颖的，非显而易见的或者包含发明性步骤，并且是有用的或可供工业应用的。

1.2 专利的获得应当根据先申请原则（first-to-file principle）。

1.3 诸如提交时应当在专利申请文件中充分公开、支付合理费用之类要

---

[1]　参见 UNCTAD，1996。

[2]　亦即，《TRIPS 协定》第 27 条第 1 款规定的新颖性、发明性步骤和可供工业应用性标准。

[3]　本条款规定如下："欧洲专利应当授予任何发明，只要这些发明易于工业应用，具备新颖性，并且涉及一个发明性步骤"。

求，不得被认为与提供专利保护的义务不符。

（另参见以下第 3.1 点）①

1.4 以下内容［应当］［可以］被排除在可授予专利的范围之外：

［……］

1.4.2 科学理论、数学方法、发现以及在自然界中［已经存在的］［以相同形式被发现的］材料或物质。

［……］

1.4.5 核材料和核裂变材料［的生产、应用和使用］，［以及通过原子核变换方法产生的物质］。

1.5B 各成员方可以基于公共利益、国家安全、公共健康或营养的理由，将某些种类的产品，以及这些产品的制造方法排除在可专利性之外。

［……］"②

所有技术领域的产品和方法发明的可专利性，是安奈尔草案的一个未解决的问题，但是到布鲁塞尔草案被提交讨论时，在这方面的反对声音消失了。上述第 1.4.2 段，第 1.4.5 段和第 1.5B 段都没有再出现在《TRIPS 协定》的最终版本中。第 1.4.2 段明确认识到，就可专利性而言，发现必须与发明相区别。尽管这一区别在当前《TRIPS 协定》第 27 条第 1 款中并未明确表示，但是，各成员确实具有广泛的自主权，可以将自然物质排除在可专利性之外。③ 第 1.4.2 段用方括号提到了在自然界中"以相同形式被发现的"（in the same form found）材料或物质，这从根本上反映了某些成员的做法，它们允许对已经从其自然环境中分离出来的生物材料授予专利。④ 在第 1.4.5 段中提到的核材料和核裂变材料，后来被从有关专利的情形中抽出来，插入到第 73 条项下关于安全例外的 TRIPS 一般条款中。⑤ 最后，在上述第 1.5B 段中的公共利益条款，本身未被纳入《TRIPS 协定》的最终版本。国家安全利益则在第 73 条中被提及。公共健康与营养以及更普遍意义上的公共利益，则被包括在第 8 条第 1 款中，作为各成员在制定其国内知识产权法律时所可能促进或

---

① 安奈尔草案第 3.1 点涉及公开义务。参见本书第 24 章。

② 参见《致货物谈判组主席报告》（Chairman's report to the Group of Negotiation on Goods），文件 MTN. GNG/NG11/W/76，1990 年 7 月 23 日。

③ 参见本章第 3 节。

④ 参见本章第 3 节，涉及根据《欧洲专利公约》和美国专利法，已分离的微生物的可专利性。

⑤ 更多详情，参见本书第 39 章。

保护的目标。但是，第8条的规定并未允许各成员偏离根据 TRIPS 所承担的实质性义务，正如该条款的最后措辞中所表明的（"只要此类措施与本协定的规定相一致"）。①

2.2.2　布鲁塞尔草案

"1. 在遵守以下第2款和第3款的规定的前提下，专利可授予所有技术领域的任何发明，无论是产品还是方法，只要它们具备新颖性、包含发明性步骤，并可供工业应用。[注释]。[对于专利的获得不因发明是在哪里完成而受到歧视对待。]

[……]

[注释]"②（它与 TRIPS 当前版本在实质上完全相同）

在布鲁塞尔草案阶段，现行《TRIPS 协定》第27条第1款第二句中所包含的关于专利可获得性方面的非歧视性要求，仍然存在争议。在1991年邓克尔草案中，这一条款才采用了它的最终形式。③

3. 可能的解释

3.1　在所有技术领域的专利可获得性

> 在遵守第2款和第3款规定的前提下，专利可授予所有技术领域的任何发明，无论是产品还是方法……

"在遵守第2款和第3款规定的前提下"——它为可专利性规定了非强制性例外——这样的引导语显示出，只要在国内法中有这样的规定，则此类例外就优先于第27条第1款所包含的一般规则。

---

① 关于第8条的更多详情，参见本书第6章。

② 参见《体现多边贸易谈判乌拉圭回合成果的草案最后文本（修订）》(Draft Final Act Embodying the Results of the Uruguay Round of Multilateral Trade Negotiations, Revision)，与贸易有关知识产权（包括假冒商品贸易）谈判组，MTN. TNC/W/35/Rev. 1，1990年12月3日。

③ 参见《体现多边贸易谈判乌拉圭回合成果的草案最后文本》(Draft Final Act Embodying the Results of the Uruguay Round of Multilateral Trade Negotiations)，MTN. TNC/W/FA，1991年12月20日。

　　本条明确要求各成员规定产品和方法都是可获得专利的,[①] 并且禁止因发明所属技术领域的不同而区别对待。因此,虽然各国的国内专利法曾经普遍地将药品排除在可授予专利的范围之外,[②] 但在完全执行《TRIPS 协定》之后,将不再允许这样的排除了。

　　一个重要的解释性问题是,本条款是否迫使各成员除了保护产品和方法之外,还要保护用途本身,例如,已知产品的新用途。比较法在这一问题上的差别相当大。在美国,对用途发明 (use invention) 授予专利是被允许的,能否授权则取决于该使用目的是否具有新颖性和非显而易见性。对方法发明 (method invention) 的判断可能独立于对目的之判断。即使是为了一个新颖的目的,但是,决定一方法发明专利性的关键性因素还是在于,该方法是否被其他方法所占先。[③] 在美国,在用途上的专利被限定于一种特定的"使用方法"(method-of-use),它并不包括对产品本身的保护。[④] 在欧洲,《欧洲专利公约》第 54 条第(5)款允许对某一已知产品的一个新的特定用途授予专利。因此,识别出某一已知产品的第一种医学指征 (medical indication) 的,就可

---

　　① 方法专利可以授予的权利,不仅涵盖该方法的使用,还包括以该方法直接获得的产品,参见《TRIPS 协定》第 28 条第 1 款(b)项。但在后一情况下,如果所述产品是一已知物质或者属于一个发现(关于"发现"的含义,参见以下本章第 3.2.1 节(新颖性)和本章第 7 节),就会产生问题。这类"方法限定产品"的权利要求 (product-by-process claims) 在生物技术方面会产生特殊的问题,本书第 21 章将对此进行讨论。

　　② 其他排除授予专利的例子还包括,例如在印度,就有化学方法,农业和园艺方法(包括除草剂和杀虫剂),合金,以及已知产品和方法的新用途。阿根廷是另一种模式的典型代表,它对药品不授予专利,却允许对其方法授予专利,除非对于药品而言,通过单一程序即可生产出来(因为这被认为是一种间接的产品专利的形式)。这样的排除可授予专利,不为第 27 条第 1 款所允许。

　　③ 参见,例如 Bernd Hanse and Fritjoff Hirsch, *Protecting invention in chemistry. Commentary on chemical case law under the European Patent Convention and the German Patent Law*, WILEY-VCH, Weinheim 1997, 第 120 页〔以下简称" Hansen and Hirsch"〕。

　　④ 参见,例如 Robert P. Merges, *Patent Law and policy. cases and materials*, Contemporary Legal Educational Series, Boston 1992, 第 489 页〔以下简称" Merges"〕。

能允许对该产品授予专利。① 但是，如果申请涉及已知药品的第二种医学指征，则会产生一个针对可专利性的障碍。对已知产品的治疗性用途提出的专利申请，从本质上看，就是对医生发出的关于如何使用特定物质来治疗一种特定疾病的指示。因此，这样一种新用途就等同于一种治疗方法（method of therapeutic treatment），而这根据欧洲法律是不可授予专利的。

不过，为了克服这一障碍，自从 1984 年以来，欧洲专利局根据一种法律拟制，承认了在一已知药品的第二种医学指征上主张的权利要求，假如它是按所谓的"瑞士公式"（Swiss formula）② 加以表述的话。这一法律拟制和上述讨论的《欧洲专利公约》第 54 条第(5)款之间存在如下区别：第 54 条第(5)款允许对具有一种新的特定目的的（已知）产品（product）授予专利；另一方面，"瑞士公式"涉及的则是对产品的用途（use）授予专利，因此是一种方法（method），而不是产品。但是，"瑞士公式"遭到了"逻辑上的反对，认为它缺乏新颖性，因为它是对用于制备药剂的化合物的用途提出权利要求，并且通常说来，该药剂本身与为了第一种医学指征而已经使用的药品是相同的。③

根据《TRIPS 协定》，WTO 各成员可自主决定是否对已知产品的用途授予专利，包括用于治疗用途，④ 而且当然可以自主选择采取"瑞士公式"。《TRIPS 协定》只是强制各成员必须对产品和方法授予专利（第 27 条第 1 款）。最近在发展中国家通过的许多专利法并未专门提到对用途可授予专利，从而留有不明确之处，即对方法的保护是否包括用途或使用方法。

任何一项专利申请都必须符合基本标准：新颖性、包含发明性步骤和可

① 欧洲专利局技术上诉委员会（Technical Board of Appeal of the European Patent Office）已经裁定，此类权利要求应当被认为覆盖了产品的所有治疗用途，就像在对药用组合物（pharmaceutical composition）主张权利要求的情形那样。只有当产品出于直接治疗用途而被产业化，而且不是呈现为散装方式时，才会发生对该权利要求的侵权。(Philip Grubb, *Patents for chemicals, pharmaceuticals and biotechnology. Fundamentals of global law, practice and strategy*, Clarendon Press, Oxford 1999，第 218 页［以下简称"Grubb"］)。

② "为了制造一种治疗 Y 的药品而使用 X"（Use of X for the manufacture of a medicine to treat Y）。

③ 参见，例如 Grubb，第 221 页。

④ 因为专利保护发明而不保护发现，根据专利法的基本原则，发现一种产品的新用途，并不能对相关的已知产品授予专利。现在依然如此，除非与新用途相关时产品不得不以一种经过改变的新形式出现（Hansen and Hirsch，第 104 页）。

供工业应用性。相应地，第 27 条第 1 款明确表示，专利所授予的对象是发明。但是，《TRIPS 协定》并没有定义什么是"发明"；它只是具体规定了一发明为获得专利所应满足的条件（第 27 条第 1 款）。这给各成员留下了相当大的自由空间，由它们来界定哪些应当被认为是发明，并且，如果它们愿意，就可以将任何在自然界已经存在的物质仅仅当作发现，而不是发明，从而将之排除在可授予专利的范围之外。正如上文所指，第 27 条的安奈尔草案①在这一点上是明确的，即对于在自然界中已存在物的发现，原则上是不可获得专利的。上文提到的《专利法条约》草案第 8 条也明确了这一点，在《欧洲专利公约》中同样如此。

在《TRIPS 协定》早期草案中还有关于明确列举排除的其他各种例子，但它们在当前文本中已经统统消失。例如，在《TRIPS 协定》中就没有任何相当于《欧洲专利公约》第 52 条第 2 款的如下规定：

"尤其是以下内容不得视为在第 1 款意义上的发明：

（c）进行智力活动、游戏或商业活动的计划、规则和方法，以及计算机程序……"

但是，包含此类对象的专利申请也不能免除如下要求，仍需满足关于新颖性、发明性步骤和可供工业应用性的基本标准。对于计算机程序，现实情况是该产业目前已经发展到这样一个阶段，即大多数"新"程序在很大程度上就是现有程序的组合。②显然，对现有程序授予专利的企图是不可行的，因为它缺乏新颖性。而另一方面，一个新的组合就可能通过新颖性的检验，③但

---

① 参见以上本章第 2.2 节。

② 根据《TRIPS 协定》第 10 条，原则上这些内容通过版权进行保护。只要涉及信息技术，专利和版权的区别如下：版权按照一种思想的表达（expression of thought）来保护具有独创性的计算机程序，从而反对未经授权的复制行为。而专利保护的则是基础性思想（underlying ideas）、程序和操作方法（另比较《TRIPS 协定》第 9 条第 2 款）。根据《伯尔尼公约》（第 7 条第（1）款）的版权保护期限为作者有生之年加上其死后 50 年。这就意味着从专业上来讲，现在的大多数程序仍然享有版权。但是，版权只保护思想的表达，并且不管怎么样，许多基础程序的作者身份和所有权归属现在已经不明。一个熟练的程序员为了解决特定的问题而将这些程序集合起来，则并不侵犯版权，除非这些基础程序的所有权人将来显示其身份。这种情况在实践中很少发生，但如果发生，则应当支付合理的使用费。

③ 用机械领域的术语来说，就等同于将已知物品进行一种新的组合，比如著名的"Workmate"牌便携式工作台。

是，如果这种组合对于具有本领域普通技术的程序员（skilled programmer）而言是显而易见的，则无法满足发明性步骤的要求。

3.2 可专利性标准

> ……只要它们具有新颖性、包含发明性步骤，并可供工业应用……①

该条款确立了可授予专利的标准，不过，对于如何执行这些标准的方法却未作协调。因此，各成员在适用这三项标准（新颖性、发明性步骤和可供工业应用性）时具有相当大的灵活性。只要各成员遵守下文所述的这些标准的基本定义，就可以根据最适用于其各自特定发展水平的方式来执行这些标准。例如，"可供工业应用性"的标准就可以按狭义或者广义的方式进行解释。各成员可以要求该发明能制造出一个真正的工业产品；或者，它们可以决定采用一种更宽泛的方式，只要求发明在最广泛意义上具备一定程度的实用性即可，亦即，并不坚持要求生产出一个可供工业应用的产品。② 事实上，有一种普遍的观点认为，经合组织（OECD）专利局在授予某些类型的专利，包括药品专利时，就采用不那么严格的标准，而这可能并不符合发展中国家的利益。③ 那些依赖于根据《专利合作条约》进行审查的国家，也可能面临同样的问题。

3.2.1 "新颖性"

这个要求一般是指，在原始申请日（优先权日）之前，信息必须不为公众所知。④ 既然发明人之所以被授予一项专利，是因为他披露了新的内容，由

---

① 本条的一个注释称，就本条而言，各成员可以将"发明性步骤"和"可供工业应用"这两项措辞分别理解为与"非显而易见的"和"实用的"同义。

② 比较下文，本章第 3.2.3 节（可供工业应用性）。

③ 参见，例如 *Carlos Correa*，*Trends in drug patenting. Case studies*，Corregidor，Buenos Aires，2001［以下简称"Correa 2001b"］。

④ 欧洲专利局的判例法要求，只要具有获得信息的理论可能性，就属于可以为公众所知（案件第 T 444/88 号），无论该信息是以何种方式而可获得，并且——在已公开使用的情况下——不考虑是否存在着对产品进行解析的特定原因（案件第 G 1/92 号）。美国则规定，在单一公开物（single publication）中完全披露才会破坏新颖性，而不管这样的事实，即本领域普通技术人员可能无需努力就能够从公开信息的组合中推导出这项发明。此外，根据美国法律，在美国本土以外的口头披露（oral disclosure）并不破坏新颖性。这种相对新颖性的概念，就允许美国对于在国外原住民社区（indigenous community）所使用的知识和材料授予专利。参见，例如 Carlos Correa，*Traditional knowledge and intellectual property. Issues and options surrounding the protection of traditional knowledge*，QUNO，Geneva，2001［以下简称"Correa 2001a"］。

此即可得出，如果该发明已经以文字形式而为公众所知了，那么申请人（"发明人"）就不可能再披露任何新东西来换取专利授权了，并且他也无权要求授予一项专利，或者即使已经获得授权，也有可能被撤销。披露行为既可以发生在本法律管辖区域范围，也可以是世界上其他地方。从发明的本质也可以得知，对自然界中已存在的东西，例如新植物或新矿物的发现，并不是一项发明。

根据一些国家的专利制度，比如根据旧的英国专利法，在先的秘密使用就破坏了可专利性，并构成撤销专利的理由。① 不过，此项英国法为与《欧洲专利公约》相符而不得不进行修改。在先的秘密使用并不属于现有技术的一部分，并且就满足第 27 条第 1 款的新颖性要求而言，在提出专利申请之时的技术状况（"优先权日"）才构成现有技术。

3.2.2　"发明性步骤"

发明必须不仅是新东西；它还必须体现出在现有技术（prior art）之上的一种进步。② 尽管在欧洲和许多其他国家的专利法中，这个要求通常被称为"发明性步骤"（inventive step），在美国，它则被定义为"非显而易见性"（non-obviousness）。第 27 条第 1 款的脚注专门指出，允许一成员将"发明性步骤"看作是与"非显而易见性"的同义词。

对于发明性步骤的评价，通常的方法是考虑权利要求所主张的发明是否具有"出乎意料的"（unexpected）或"惊人的"（surprising）效果。不过，美国法院目前拒绝这种方法，而且强调，可专利的发明可能是通过弹精竭虑的研究、漫长的反复试验和出错所获得的结果，也可能是意外发现所得。③ 由于包括美国在内的一些国家实行较低的发明性标准，导致对发明程度较低的或者细微的技术进步而授予了大量的专利，这种做法经常被大肆采用，以致

---

① 《1949 年专利法》（Patent Act 1949）第 32 条第(1)款(1)项规定，如果一项专利的权利要求所包含的发明在优先权日之前已经在英国被秘密使用的，可以此为由撤销该项专利。

② 根据欧洲专利局的判例，"发明性步骤"是与技术进步（technical progress）有区别的，其相关性在下面讨论。因此，与市场上的产品相比较而具有技术进步，以此证明满足了这一要求，但这样还不够。必须要证明在最新的现有技术方面，存在着一个发明性步骤——参见案件第 T 181/82 号；第 T 164/83 号（另参见案件第 T 317/88 号和第 T 385/94 号）。

③ 参见，例如 Jay Dratler, *Intellectual property law*, *commercial*, *creative*, *and industrial property*，Law Journal Press 1999 年，§ 2.03 [3]。

人为地延长保护期限并阻碍合法竞争。①

对发明性较低或不具有发明性的技术进步授予专利，可能导致市场混乱和成本增加，有鉴于此，发展中国家可以选择较高的发明性标准。因此，世界银行建议，发展中国家"可以为发明性步骤设定较高的标准，从而防止对日常发现授予专利"。②

如前所述，TRIPS 为各成员留下了显著的自由空间，来决定在判断发明性步骤时所适用的宽严程度。尽管采用低门槛便利于对在发展中国家国内产业中占主导地位的增量技术进步（incremental developments）授予专利，但是，这样做的代价是对竞争的不当限制以及在一些关键领域增加诉讼成本，因为比如在药品领域，对程度较低的技术进步广泛授予专利已经变得司空见惯。③ 为了促进和奖励程度较低的创新，可以采取其他相关的知识产权形式，比如实用新型。④

欧洲专利局和《欧洲专利公约》各成员国的国内法院在过去都曾经表达了这样的观点，认为由计算机执行的发明（computer-implemented inventions）如果是以对于本领域技术人员来说非显而易见的方式而对现有技术做出贡献的，那么，它就不只是计算机程序"本身"（computer program "as such"）了，从而可以获得专利。⑤ 但是，对于除了在装有该程序的计算机上运行之外不产生任何"技术效果"（technical effect）的计算机程序，各成员保留权利，可不予以保护。

3.2.3 "可供工业应用性"

发明必须能够用于某一种工业（包括农业）。在这种意义上的工业，是指

---

① 参见，例如 John Barton, *Reforming the patent system*, Science，2000 年 3 月 17 日，第 287 卷，第 1933—1934 页（以下简称"Barton"）。

② 世界银行（2001 年），《全球经济前景和发展中国家》（Global Economic Prospects and the Developing Counties），第 143 页。

③ 参见，例如 Carlos Correa, *Trends in Drug Patenting*. Case Studies，Corregidor，Buenos Aires，2001。

④ 实用新型保护的是模型和设计的功能方面（functional aspect），通常是在机械领域。尽管它也要求具备新颖性和发明性，但是授予实用新型保护的标准，总体上要低于专利。它的保护期限也更短。实用新型关注的是物品的某一特定构造的运作方式，从而与工业品外观设计不同，后者只关注物品的装饰性方面（ornamental aspect）。

⑤ 比较，欧洲委员会文件《专利：委员会关于利用软件之发明而提议的规则》（Patents：Commission proposes rules for inventions using software，可查于 http://europa. eu. int/comm/internal market/en/indprop/comp/02-277. htm。

任何具有技术特征的物质活动。①

各成员在对待工业可应用性问题上存在相当大的差异。美国法所适用的概念是"实用性"。② 因此在美国，某些技术进步即使并不产生工业产品，也可以获得专利：一项发明只要能够操作，并且能够满足对人类有益的某种功能（亦即，是有用的）即可。③ 这一概念比欧洲和其他国家所要求的可供工业应用性更加宽泛。美国的法律规则允许对纯实验性发明（purely experimental inventions）授予专利，而这类发明要么不能在某一工业领域加以制造或者使用，要么不能产生所谓的"技术效果"；④ 在美国授予的大量在商业方法上的专利和在诸如表达序列标签（expression sequence tags/ESTs）和单核苷酸多态性（single nucleotide polymorphisms/SNPs）之类的研究工具上的专利，正说明了这一点。⑤

外科手术技术和诊断程序可能就无法满足这一要求，但正如下文所讨论的，根据第 27 条第 3 款(a)项，它们无论如何都会被明确排除在可授予专利的范围之外。

4. WTO 案例

1996 年 4 月 30 日，美国根据《争端解决谅解》（DSU）请求与巴基斯坦

---

①　发明的技术性特征是可专利性的一项基本要求（参见《TRIPS 协定》第 27 条第 1 款："……专利可授予……所有技术领域的……"（着重号是后加的））。根据《欧洲专利局专利审查指南》（European Patent Office's Guidelines on Patentability），任何具有技术性特征的、符合自然规律的物质活动就是属于有用或实用技术（useful or practical arts）的活动，区别于属于美学或美术（aesthetic or fine arts）的活动—— Guideline C-Ⅳ，4.1。该《审查指南》可查于 http：//www. EuropeanPatent-office. org。

②　第 27 条第 1 款脚注 5 明确允许各成员将"可供工业应用"看作"实用性"的同义词。

③　参见，例如 Donald S. Chisum and Michael A. Jacobs, *Understanding Intellectual Property Law*, Legal Text series, Matthew Bender, New York 1992，p. 2-50 ［以下简称 "Chisum and Jacobs"］。

④　应当注意，"技术效果"一词并没有正式定义。它源于德国的专利法（参见 Graham Dutfield, *Intellectual Property Rights and the Life Science Industries：A Twentieth Century History*, Ashgate, Aldershot 2003，第 81 页）。

⑤　美国在 2001 年修改了关于实用性的审查指南，这可能导致把某些对象排除到可专利性之外。参见 USPTO, Utility Examination Guidelines, Federal Register, Vol 6 No 4, 2001 年 1 月 5 日。

进行磋商，后者被指控特别是违反《TRIPS 协定》第 27 条。① 不过，1997 年 9 月 25 日，争议双方通知争端解决机构（DSB），双方已经找到共同的解决办法。因此，最终连专家组也没有成立。

5. 与其他国际文件的关系

5.1　WTO 诸协定

尚未发现它与其他的协定存在任何特定关系。

5.2　其他国际文件

《巴黎公约》要求保护专利，但它并没有确立有关专利可授予性要求的规则。

如前所述，《TRIPS 协定》第 10 条第 1 款要求将计算机软件作为《伯尔尼公约》项下的文字作品加以保护。②

6. 新近发展

6.1　国内法

大多数为执行《TRIPS 协定》而修改专利法的发展中国家，都采用了全球新颖性（*universal novelty*）、发明性步骤和可供工业应用性作为获得专利保护的要求（《TRIPS 协定》的要求通常与此前的国内法律和做法相一致）。考虑到这些要求在解释和适用上还有相当大的空间，故各国的做法仍可能存在很大的不同，并且随时间推移而逐步变化。

6.2　国际文件

2001 年，WIPO 总干事宣布了一项名为"WIPO 专利议程"（WIPO Patent Agenda）的新倡议，并经 WIPO 大会批准，供世界各国进行讨论，旨在准备一幅战略蓝图，为国际专利制度未来的发展奠定基础。③《议程》的议

---

①　WTO 文件 WT/DS36。

②　《伯尔尼公约》中有关文字作品的基本规定就在第 2 条。

③　参见 WIPO《关于国际专利制度发展的议程》（Agenda for development of the international patent system），文件 A/36/14。

题之一，就是发展并协调实体专利法，目标是通过一个新的《实体专利法条约》（Substantive Patent Law Treaty）。该《条约》如果获得通过，就可以在上述讨论的可专利性要求方面达成规则，并因此消除或者限制目前各国在定义和执行这些要求时所享有的自由。① 在这种背景下，知识产权委员会（Commission on Intellectual Property Rights，简称 IPR Commission）在其报告中提醒道：

"发展中国家应当确定一种战略，以应对这样的风险，因为 WIPO 的协调将导致的标准，并不考虑发展中国家的利益；这一战略设想的实现，可以通过寻求一个反映本报告各项建议的全球标准的方式；可以通过寻求继续保持在 WIPO 标准上的灵活性的方式；如果世界知识产权组织协议的结果对发展中国家不利，还可以通过拒绝 WIPO 程序的方式。"②

6.3　地区与双边情况

6.3.1　地区

2000 年，欧盟委员会提议建立一种共同体专利（Community patent），使得发明人有可能获得一个在整个欧盟都有法律效力的单一专利。③ 目前，欧洲国家的专利要么是由各国的国内专利局授予，作为国内专利权；要么是由欧洲专利局（EPO）授予，作为"欧洲专利"（European patent）。不过，后者并不是最初提议的共同体专利：它并不是一个统一的、单一的权利，而是由各国国内专利组成的一个集合。因此，即使只有一个申请程序，但实体法方面的问题仍然由《欧洲专利公约》（EPC）各成员国调整，后者可以要求将专利文件翻译成其本国语言。此外，各国法院仍然有权适用其本国的专利法，而《欧洲专利公约》各成员国之间在专利法上可能有很大的不同。

除了有关共同体专利的提议，欧洲委员会还发布另一项提议，关于由计

---

① 参见 WIPO 文件 SCP/7/3 和 SCP/7/4，2002 年 3 月 6 日。

② 《知识产权与发展政策的整合》（*Integrating Intellectual Property Rights and Development Policy*），知识产权委员会报告，伦敦，2002 年 9 月，第 132 页。该报告可从以下网址查阅：http://www.iprcommission.org/graphic/documents/final report.htm。

③ 关于共同体专利的理事会条例的草案，可见于欧盟理事会 2004 年 3 月 8 日的一份文件：http://register.consilium.eu.int/pdf/en/04/st07/st07119.en04.pdf。

算机执行的发明的专利保护问题作出一个欧盟指令。① 这一提议区分了两类发明。一方面，这些发明涉及对计算机程序的使用，并以此对相关技术领域的现有技术做出贡献，因而有资格获得专利。另一方面，计算机程序本身或使用现有技术构思的商业方法，将没有资格获得专利。但是，它们仍可享受根据第 10 条第 1 款规定的版权保护。②

欧盟委员会的提议还必须由欧盟理事会（EU Council）和欧洲议会通过。③

7. 评论（包括经济和社会意义）

7.1 对包括第 27 条第 1 款在内的 TRIPS 专利条款的总体观察

在《TRIPS 协定》所包含的各种措施中，专利方面的条款对于发展中国家的经济意义而言可能是最明显的。这一结论源于以下几方面：在主要的产业部门，尤其在研发密集型产业上，专利日趋重要；所包含专利条款的数量和范围；以及，发达国家与发展中国家现在均必须提供的专利保护范围和程度与以往法律相比所存在的不同。

《TRIPS 协定》的主要影响将体现在如下情形中，即为了执行本协定第 27 条第 1 款，专利保护就必须（在过渡期之后）延伸至新的对象领域，例如药品、农用化学品、饮料和食品。延长专利保护期限（自申请日起 20 年）的义务，也可能带来重要的经济影响。

关于在发展中国家引入或加强知识产权保护的一般意义，人们已经做了大量的研究。④ 对于因执行《TRIPS 协定》而引进药品专利保护之后所产生的药品可获得性和定价问题，人们表达了特别的关切。引入专利之后，产品价格通常会比在没有专利时通行的产品价格更高，但是，存在价格差异的部分将由于以下这些因素的影响而有显著不同，比如：（i）一特定成员国适用的

---

① 比较，COM（2002）92，2002 年 2 月 20 日最终文本，可见于：http：//europa. eu. int/comm/internalmarket/en/indprop/comp/com02-92en. pdf。

② 详情参见本书第 8 章。

③ 这两个欧盟机构之间仍然存在一些争议。特别是，欧洲议会倾向于对于计算机执行的发明的可专利性规定广泛的例外，包括将专利技术用于交互操作和数据处理。参见 http：//europa. eu. int/rapid/pressReleasesAction. do？reference ＝ IP/04/659&format ＝ HTML&aged＝0&language＝EN&guiLanguage＝en。

④ 比较，UNCTAD 第一部分，1996 年。

过渡期限的长度；(ii)最终授予的专有销售权（EMRs）的授予日和范围；(iii)授予专利的条件，尤其是强制许可的可获得性，以及竞争法的适用方式；(iv)可归于专利产品的市场份额、专利产品的价格弹性、产品的可替代性、市场结构在 TRIPS 之前和之后的差别、价格控制的最终存在、药品在当地生产的重要性、当地企业的规模和技术能力，以及其他因素。

延长专利保护期限和增强专有权利，这将对当地企业早期合法模仿的范围构成限制。因此，当某一特定发明最终进入公共领域时，该技术可能已经被其他受保护的技术所取代了。不过，当地发明人也会获得更长的保护期，以此收回其投资，尽管这种投资的总量通常远低于发达国家所作的投资数量。

考虑到缺乏可靠的实证数据，就《TRIPS 协定》的专利条款所可能产生的经济影响所作的预测，趋向于随着调查者的一般观点而变化。总体说来，至少从中长期角度而言，似乎可以公平地说，专利条款所带来的经济影响在很大程度上取决于相关国家和产业部门的发展水平，创新的速度、特点和成本，以及发展中国家在适用新法律框架时所采取的措施。引入专利将需要在静态效率①上作出牺牲，尽管对大多数发展中国家而言，能否在动态效率②上获得收益尚未确定，尤其是，对于针对发展中国家的流行病（例如疟疾）的药品的研究和开发继续受到人们的忽视。

有些制药商对于在发达国家处于专利保护的药品具有生产能力并且愿意向世界市场低价提供药品，这些制药商主要位于巴西、印度和中国。在这些（以及任何其他）国家的制药商能够继续制造一系列的仿制药（generic products）而且还符合《TRIPS 协定》，是因为直到最近，根据其国内法，药品还是不可专利的。《巴西专利法》于 1996 年修改，1997 年 3 月 15 日生效。2001 年 12 月 11 日，中国成为 WTO 第 143 个成员国，而在此之前 30 天，中国已经通知总干事，其已经完成了加入 WTO 一揽子文件的国内批准。印度作为 WTO 的创始成员，从 1995 年 1 月 1 日起即成为《TRIPS 协定》的成员，但是它利用过渡期，从而允许其将药品专利保护的引入推迟到 2005 年 1 月 1 日。

现在，一些成员向发展中国家和最不发达国家施压，促使其加快通过对

---

①　静态效率（static efficiency）是以最低的可能价格而对现有资源进行最优利用时所获得的。参见 UNCTAD，1996 年。

②　动态效率（dynamic efficiency）是适当引入新产品或质量更优的产品、更有效率的生产方法与组织形式，并（最终）随时间推移而降低产品价格。虽然专利可能在静态效率上作出牺牲，但它们长远来看又可能促进动态效率。UNCTAD，1996。

药品的专利保护。这种做法并不可取。一篇很重要的经济学文献就发展中国家的药品保护问题进行调查后得出结论认为：

"关于药品专利之于发展中国家（或者更准确地说，专利药品的净进口国）经济福利的净效应，调查结论多数持悲观态度。"[1]

尽管有人可以争辩说，引入专利有利于刺激创新，吸引对内投资，但是很少或根本没有实证证据，证实这可能发生于发展中国家和最不发达国家。

"引人注目的是，人们对于以这种根本方式改变全球政策体制所带来的潜在效果还知之甚少，尽管在事实上，药品领域是在所有知识产权领域中研究得最为全面彻底的。"[2]

今天，药品领域的大多数发明都是由研究团队完成的，而组成研究团队需要一群受过良好教育的研究人员。有一些很贫困的国家却拥有良好的教育制度，在这种情况下，医药公司就会把研究（或生产）设备转移到这些国家，因为这里的劳动力成本较低。爱尔兰共和国在二三十年前正是得益于这种因素。在研究开发设施的所在地是否就一定有专利保护存在，这两者之间的关系并不清楚。例如，印度尽管不给予专利保护，却在制药产业的原材料上发展出相当重要的生产能力。在软件保护方面印度法律一度存在很多问题，但它仍然能够在软件开发上吸引很多的外国投资。不过，印度在相关时期存在一部相当完善的合同法，这从某种意义上就可以代替知识产权法。

从 2005 年 1 月 1 日起，或者（遵守任何进一步延期的前提下）从 2016 年 1 月 1 日起，无论适用哪一种情况，在过渡期内提交的"信箱"申请都将启动（参见第 36 章），只要满足上述规定的可专利性通常标准，此类申请就可获得专利保护。相应地，那些目前在从事非专利药品出口的国家，在信箱申请以及该条款在相关国家启动之后所发明的药品方面，将失去相应的能力。相关过渡期届满之后，并且在遵守权利用尽原则的前提下，[3] 这些非专利药品的进口商也会相应地停止进口。关于在何种程度上，第 31 条项下的强制许可可能在这种新情况之中加以适用，将于下文中讨论。[4]

---

① Keith Maskus, *Intellectual Property Rights in the Global Economy*，IIE 2000，第 160 页（以下简称"Maskus"）。

② Maskus，第 160 页。

③ 参见本书第 5 章。

④ 参见本书第 25 章。

第 27 条第 1 款并未确立义务，要求对计算机程序授予专利。欧洲委员会之所以拒绝考虑计算机程序本身的可专利性，是由于其担心专利权与版权之间的区分会变得模糊不清。① 对于发展中国家而言，这一方式有着重大意义：如果一计算机程序在整体上是可以授予专利的，那么，根据版权保护原本属于合法的反向工程（reverse engineering），② 就可以被专利权人所阻止。③

最后，此处还应当考虑到，发展中国家对于《TRIPS 协定》中一般可授予专利的要求与生物材料和传统知识之间的关系所表达的关切。有几起"生物剽窃"（biopiracy）和盗用（misappropriation）的案件在过去已经得到确认，并且引起人们担心第 27 条第 1 款在这方面的影响。针对这些担心，也已经产生了许多回应。首先，对于在自然界中已存在物的发现，原则上是不能授予专利的。上述《专利法条约》草案第 8 条，以及《欧洲专利公约》都明确了这一点。另参见第 27 条的安奈尔草案。④ 第 27 条第 1 款明确了专利应当授予给发明，而在自然界中已存在物的发现并不是发明。令人遗憾的是，在实践中，由于申请人没有义务披露其寻求获得专利之物质的来源，授权机关通常就未能了解这种物质其实是一个发现。在这种情况下，就完全有可能授予其专利。尽管这样的专利是可以被撤销的，但是，取得专家意见，申请撤销，尤其是通过国内法院撤销该专利，显然都需要支出成本。这些成本可能超出了相关方的财力。不过，根据《TRIPS 协定》，国内专利机构——通常被授权调整其自身的程序——看起来没有任何道理不根据一项控诉而采取主动，

---

①　如上文所述，专利只包括那些以某个发明性步骤为基础的软件适用的特定组成部分（specific components），而版权保护的则是整个程序（entire program），以反对未经授权的复制行为。

②　亦即，将一已完成的产品分拆成各种不同的组成部分，以观察其原本是如何组装在一起的。

③　对计算机程序的反向工程行为，目标在于其基础思想（idea），而不是该思想的表达（expression）。因此，反向工程与版权无关，但如果能够进行反向工程的话，则可能影响到专利。另参见欧共体欧洲委员会文件《专利：委员会关于利用软件之发明而提议的规则》（Patents：Commission proposes rules for inventions using software），可查于 http：//europa. eu. int/comm/internal market/en/indprop/comp/02-277. htm。

④　该草案的相关部分（第 1.4.2 段）这样写道："科学理论、数学方法、发现以及在自然界中［已经存在的］［以相同形式被发现的］材料或物质。"参见以上本章第 2.2 节。

展开调查，撤销一项由其所授权的专利。① 当然，这种权力必须依司法手段行使，并且符合《TRIPS 协定》的要求。但是，将司法权授予专利局并非与TRIPS 不相一致，② 而且比起将控告诉诸法院的方式，它可能会提供一个更有吸引力、更快捷和成本更低的解决方案。

---

① 在 2002 年 2 月 1 日的 R v. Comptroller-General of Patents, Designs and Trade Marks, ex parte Ash & Lacy Building Products 一案中，莱迪法官（Laddie J）认定，英国专利局局长有权继续实行专利撤销程序，即使她不能强迫专利权人参加到该程序中来。在这一方面，英国的实践和欧洲专利局的不同。

② 欧洲专利局的程序允许在专利授权之后提出异议。对此，英国专利局被授予十分广泛的司法权，包括可能审理被控侵权的案件。美国专利与商标局也可以进行专利复审（re-examination）。

第 18 章　专利：非歧视原则

第 27 条第 1 款　可授予专利的对象

……对于专利的获得和专利权的享受不因发明地点、技术领域、产品是进口的还是当地生产的而受到歧视。

---

1. 引言：术语、定义和范围

获得专利和享受专利权时，不得因技术领域而受到歧视，这一要求紧跟在《TRIPS 协定》第 27 条第 1 款第一句所包含的可专利性一般规则之后。[1] 不过，在这第二句话中，增加了一个重要的因素：所有技术领域都必须承认专利（只是除了在以下第 19 章至第 21 章所讨论的可允许的例外），法律不得因为技术领域的不同，而在获取专利和享有专利权的条款方面给予歧视待遇。例如，不能因为所涉及技术领域的不同而规定不同的专利有效期，也不能对于某些技术领域规定比其他技术领域更严格的条件（例如，在专利权的取得方面）。这一规则可以认为既包括积极歧视 [positive discrimination，亦即更高级权利（superior rights）]，也包括消极歧视 [negative discrimination，亦即更低级权利（inferior rights）]。但是，正如下文所讨论的（本章第 3 节），这一规则也并非绝对。

假如有一项规定，试图对于在某一特定成员内所完成的发明，限制其专利权的授予和享有，那么很明显，这是违反上述条款的。如果将有关发明行为的证据仅限于某一特定国家的领土范围内，并且不允许外国申请人提出证据，证明其在该特定国家的申请日（filing date）之前还有一个发明日（date of invention），那么，它也同样违反了上述这项条款。[2]

应当指出，在《TRIPS 协定》其他各节并没有任何可与之相比的非歧视

---

① 参见本书第 17 章。

② 参见以下本章第 2.1 节和第 6 节的讨论。

条款，而且，第 27 条第 1 款规定的义务仅限于该条款所指明的三个因素所受到的歧视，亦即发明地点（place of the invention）、技术领域（field of technology）和产品的当地生产/进口（local production/importation）。基于其他因素给予歧视的，则不受禁止。①

2. 条文沿革

2.1　TRIPS 之前的状况

无论在《巴黎公约》还是在国内法中，都从来没有包含过一项可与《TRIPS 协定》第 27 条第 1 款相提并论的条款。因此，那些现在被禁止的歧视，在以前则是允许的，比如正像某些国家的专利法所规定的，可以根据不同技术领域设定不同的专利保护期。②

专利的获得和专利权的享有不得因发明地点的不同而受到歧视，这一原则早就被《欧洲专利公约》（European Patent Convention）所普遍承认。但是在一些国家，根据作出发明的国家而给予专利区别待遇。其中一个例子就是，加拿大 1988 年引入的关于强制许可的规定，该规定一直有效，直至 C-91 号法案（Bill C-91）在 1993 年 2 月获得通过。③ 美国——在涉及专利授权方面

---

　　①　关于在第 3 条（国民待遇）和第 4 条（最惠国待遇）中所包含的一般性非歧视规则（general rules of non-discrimination），与第 27 条第 1 款规定的针对专利的非歧视规则（patent-specific non-discrimination rule）两者之间的区别，参见以下本章第 5 节。

　　②　关于第 33 条的专利保护期，参见本书第 22 章。

　　③　具体内容，参见 UNCTAD-ICTSD, Jerome H. Reichman 与 Catherine Hasenzahl（2002 年），*Non-Voluntary Licensing of Patented Inventions：The Canadian Experience*。知识产权与可持续发展系列（Intellectual Property Rights & Sustainable Development Series），2002 年 11 月（以下简称 "Reichman, Hasenzahl, The Canadian Experience"），网络可查于 http：//www.iprsonline.org/unctadictsd/docs/reichman _ hasenzahl _ Canada.pdf。

继续保持"先发明"制的唯一国家①*——根据其《专利法》104 条
(U. S. Patent Act，§104)，就为外国发明人设置了歧视性负担。该条款规
定，关于发明行为的证据仅限于美国领土范围内。因此，如果外国发明人提
出证据，证明其发明日早于其在美国的申请日，而该证据只是基于在美国以
外某一国家的知道、使用或其他行为，那么这一证据就是不可采信的
(inadmissible)。这一地域限制 (territorial limitation) 后来根据《北美自由贸
易协定》(North American Free Trade Area Treaty) 而扩展至加拿大和墨西
哥，并随后又扩展到 WTO 各成员。

同样，国内法可以根据产品是当地生产还是进口而在专利上给予不同待
遇。因此，《美国关税法》337 条款 (Section 337，U. S. Tariff Act) 在给予
那些涉嫌侵犯美国专利的进口产品的待遇，与同样涉嫌侵权的美国本土产品
的待遇相比，就较为不利。在"美国—《1930 年关税法》337 条款"(*United
States -Section 337 of the Tariff Act of 1930*) 案中，337 条款被认定与
GATT 不相符。②

在（发达国家和发展中国家的）专利法中，存在着一个共同的特征，即
规定如果发生（符合《巴黎公约》第 5 条 A 款第(4)项所规定的）"未实施"
(non-working) 的情况的，可以给予强制许可，并且应当解释为，"实施"只
能通过当地生产（而非通过进口）才符合要求。一些评论人士将第 27 条第 1
款解释为是要禁止这种差别对待的禁止，但是，正如以下本书第 25 章所讨论
的那样，这种解释本来就存在着争议。

2.2 谈判经过

2.2.1 安奈尔草案
安奈尔草案并没有包含任何可与目前《TRIPS 协定》第 27 条第 1 款的非

---

① 在美国适用的这一规则据称是为了遵守《美国宪法》(U. S. Constitution) 第 1 条
第 8 款，该条款规定议会有权"通过授予……发明人对其……发明在一定期限内的专有
权，以促进科学和实用技术的进步"。也有很多人认为这是公平的，因为专利是授予给最
先完成发明的人，而不是最先提出申请的人。

＊ 2011 年 9 月，美国总统奥巴马签署了美国第 112 届国会通过的《美国发明法
(America Invents Act)》，将一直以来实行的"先发明"制改成了"申请在先"。见中国知
识产权局网站 http：//www. sipo. gov. cn/mtjj/2011/201110/t20111021 _ 624483. html，本
节后面的内容也有变化。——译者注

② 参见 L/6439-365-345 (1989 GATT TPD LEXIS 2)。

歧视条款相近的条款。

2.2.2　布鲁塞尔草案

"专利的获得不因发明地点的不同而受到歧视。"

因此，就获得专利的发明而言，布鲁塞尔草案确实含有一项非歧视条款。但是，这一条款仅仅包括《TRIPS 协定》第 27 条第 1 款最终规定的一部分。该草案只是提到了在发明地点上的非歧视，但并未明确禁止针对技术领域和受保护产品的生产地所发生的歧视行为。后者必须跟发明地相区分，发明地和生产地可能不在同一个地方。

3. 可能的解释

根据第 27 条第 1 款，各成员国有义务使当事人可获得专利，亦即确保当事人有权获得一项专利，而不管该发明的地点、技术领域、产品是进口的还是当地生产的。但是，专利的可获得性（availability）并不意味着在任何情况下都必须授予专利，因为这将取决于申请人是否能够满足可授予专利的要求以及其他条件（例如充分公开）。

在解释这一条款时，一个重要的因素就是"专利权"（patent rights）的概念。尽管在《TRIPS 协定》第 28 条中，专利权人的权利（patentee's rights）被定义为专有（exclusive）权利，但该协定清楚地表明，专利所赋予的是一种消极权利（negative right），亦即，阻止他人实施与发明相关的某些行为的法律效力，而不是就其自身的产品或方法所享有的积极权利（positive right）。因此，在一种药品上授予专利，仅凭这一事实并未赋予该专利的所有权人以销售这种药品的权利，除非它遵守了有关卫生监管的规则，但在另一方面，一经授予专利权，权利人就能马上禁止他人利用这项发明。①

所谓"歧视"（discriminate），是指"在差别的基础上存在、设立或采取行动……予以区别对待，特别是不正当地根据种族、肤色或性别而予以区别对待。"②

在"欧共体—加拿大"　（EC‐Canada）案中，③ 专家组在"歧视"

---

① 　另参见本书第 12 章。

② 　《简明牛津词典》（Concise Oxford Dictionary），第 274 页。

③ 　*Canada‐Patent Protection for Pharmaceutical Products*［*EC‐Canada*］，WT/DS 114/R。

(discrimination) 和"差别"(differentiation) 之间作了区分。专家组阐明了，第 27 条第 1 款所禁止的行为是针对技术领域的"歧视"；"歧视"和"差别"并不相同；世贸组织成员可以针对特定的产品领域采用互有差别的规则，只要所采纳的该等差别是出于善意之目的（参见以下本章第 4 节）。

最后，第 27 条第 1 款还禁止因产品是进口的还是当地生产的而受到歧视。[①]

4. WTO 案例

4.1 "欧共体—加拿大"案

1997 年 12 月 9 日，欧洲共同体及其成员国要求根据《争端解决谅解》与加拿大政府进行磋商，指控后者违反《TRIPS 协定》，特别是违反第 27 条。欧共体主张，根据加拿大法，当事人对专利权的享有并非如第 27 条第 1 款第二句所言，不因技术领域不同而受到歧视。不过，专家组并未认定加拿大法违反了第 27 条第 1 款，理由是加拿大法中受到争议的条款（第 55 条第 2 款（1）项）并不是局限在药品上，而是适用于所有在上市销售前需要得到批准的产品。[②] 尽管专家组的裁决部分地依据第 27 条第 1 款所作，但它拒绝对何谓"歧视"下一般性定义。专家组主张：

"在考虑如何解决这些关于歧视的冲突性请求（conflicting claims）时，本专家组想到，各种不同的关于歧视的请求，无论是法律上的（de jure）歧视还是事实上的（de facto）歧视，都已经成为 GATT 或 WTO 项下的法律裁决的主题。[③] 这些裁定已经处理了这个问题，即争议措施是否与 GATT 或 WTO 中针对各种各样被定义的歧视形式所作的禁止性条款相冲突。正如上诉机构一再明确的，这些裁决中的每一个都必须依据确切的发生争议的法律文

---

① 关于这一规定对于颁发强制许可所可能造成的影响，参见本书第 25 章。

② *Canada -Patent Protection for Pharmaceutical Products* [*EC -Canada*]，*WT/DS* 114/R，第 7.99 段。

③ 参见，例如，*Japan -Taxes on Alcoholic Beverages*，WT/DS8/AB/R，WT/DS10/AB/R，WT/DS11/AB/R（1996 年 11 月 1 日通过）；*European Communities -Regime for the Importation*，*Sale and Distribution of Bananas*，WT/DS27/AB/R（1997 年 11 月 17 日通过）；*EC Measures Concerning Meat and Meat Products*（*Hormones*），WT/DS26/AB/R，WT/DS48/AB/R（1998 年 2 月 15 日通过）；*United States -Import Prohibition of Certain Shrimp and Shrimp Products*，WT/DS58/AB/R（1998 年 11 月 6 日通过）。

本，因此不能将它们当作一般性歧视的定义而加以应用。考虑到在定义《TRIPS 协定》第 27 条第 1 款中的"歧视"一词时可能涉及非常广泛的问题，本专家组决定，最好打消试图在一开始就对这个词语下定义的念头，相反，应当确定在向本专家组提交的记录中提出了哪些问题，并且在为解决这些问题所必需的范围内，对"歧视"这一概念作定义。①

专家组也考察了非歧视条款对于《TRIPS 协定》第 30 条所规定之例外的可适用性。它认定：

"第 27 条第 1 款禁止在'专利权'（patent rights）的享有方面给予歧视，它对该术语是没有任何限制条件的。第 30 条的例外被明确地描述为'对专利授予的专有权的例外'，其中并无任何迹象表明，其意图免于适用非歧视规则。一项歧视性例外剥夺了权利人对某一项专利权的享有，它就是跟在基本权利上的歧视相同的歧视。第 31 条关于强制许可和政府使用之例外，受到第 27 条第 1 款非歧视规则的约束，而无需再做任何这样的文字性规定，这一被人们所承认的事实就进一步强化了如下情形，即非歧视规则是可以适用于第 30 条的。"（第 7.91 段）

专家组补充称，将例外限定在某一特定技术领域，并不能根据第 30 条所施加的"有限的例外"（limited exception）这一条件而变得可以接受。专家组主张：

"……以为针对特定专利而给予歧视，就可以满足第 30 条关于例外为'有限的'要求，但这种看法是不对的。根据第 30 条所作的一个例外，不能通过将其限定在某一技术领域而变成'有限的'例外，因为每一例外当它用受到影响的每一专利进行衡量时，所产生的效果也都必然被认为是'有限的'。此外，认为第 27 条要求将第 30 条的全部例外均适用于所有产品，这一看法也不准确。第 27 条所禁止的，只是因为发明地点、技术领域、产品是进口的还是当地生产而给予歧视。第 27 条并未禁止善意的例外（bona fide exception），以处理那些只有在某些产品领域才可能存在的问题。而且，如果对歧视的禁止确实限定于可以锁定某些产品，以处理在第 7 条和第 8 条第 1 款中所提到的重要的国内政策问题，那么就此意义而言，这一事实就很可能构成一种有意设定的限制（deliberate limitation），而不是故意使反歧视规则落空。正如欧盟所主张，很可能的情况是，《TRIPS 协定》要求各成员的政府

---

① 参见 *EC-Canada*，第 7.98 段。

以一种非歧视的方式来适用这些例外，目的是确保这些政府不会屈从于国内压力，将该等例外的适用限定在那些主要以外国生产商为权利持有人的领域。"（第 7.92 段）

4.2　"美国—巴西"案

2001 年 1 月 1 日，美国针对巴西的立法发动了一项挑战，后者授权当专利未能在本土实施时，可以给予强制许可和平行进口。[①] 但是几个月之后，由于美国撤销了这一申诉，争端得以解决。[②] 在另外一起案件中，巴西政府要求就美国法中的相关条款与美国进行磋商，根据该等条款，任何归联邦所有之发明的使用或销售权只限于这样的被许可人，该人同意将任何能够体现该发明的产品，或者通过利用该发明而制造出来的产品，主要在美国进行生产。[③]

5. 与其他国际文件的关系

如上文所述，《巴黎公约》明确规定，在某种条件之下，若专利未能在当地实施的，可授权实施强制许可。《TRIPS 协定》并未包含这样一项清晰而明确的授权。与《巴黎公约》相反的是，该协定是在一个更高、更统一的层面上适用非歧视原则。虽然两者都包含了国民待遇原则，[④] 但《巴黎公约》并没有要求各成员国承担义务，禁止在国内法中因发明地点、技术领域、产品是进口的还是当地生产而给予歧视待遇。只要这些歧视待遇对本国国民和外国人均予适用，就遵守了国民待遇的一般原则。在这方面，《TRIPS 协定》更向前进一步：各成员不仅必须保证对本国国民和外国人给予平等待遇，而且要

---

① 参见 *Brazil-Measures Affecting Patent Protection* (United States-Brazil)，美国提出的成立专家组请求 (Request for the Establishment of a Panel by the United States)，2001 年 1 月 9 日，WT/DS199/3。2001 年 2 月 1 日，争端解决机构 (DSB) 成立了一个专家组，但并未委任专家组的成员。古巴、多米尼加共和国、洪都拉斯、印度和日本保留作为第三方的权利。另参见本书第 25 章（第 4 节 "WTO 案例"）。

② 在无损于双方各自立场的情况下，美国和巴西同意，在巴西针对美国权利人而适用其专利法第 68 条之前，双方进行双边讨论。*Brazil-Measures Affecting Patent Protection*，双边同意解决争端通知书 (Notification of Mutually Agreed Solution)，WT/DS199/4，G/L/454，IP/D/23/Add.1，2001 年 1 月 19 日。另参见《美国—巴西联合声明》(Joint U.S.-Brazil Statement)，2001 年 6 月 25 日。

③ 参见 WT/DS224/1，2001 年 2 月 7 日。该案件未再继续。

④ 参见《TRIPS 协定》第 3 条，《巴黎公约》第 2 条和第 3 条。

高于这一要求，它们还必须遵守某些最低标准，即从总体而言，禁止上述这些歧视。

在这种情况下，应当注意的是，假如有两个国家均系《巴黎公约》的成员国，但只有一方为 WTO 的成员，那么，《TRIPS 协定》就不会创设任何义务。① 只有在双方均为 WTO 成员的情况下，它才可适用（并因为是在后产生的条约，从而优先于《巴黎公约》）。②

6. 新近发展

非歧视条款确立的这一项原则，其本身并未在国内法中有规定，但是，各成员在为专利所有权人设定权利和义务时应予遵循。由于采纳了这样一项条款，加拿大被迫删除了在强制许可方面因发明完成的国家而给予的差别待遇。这也促成了对上述《美国专利法》104 条的修订，它的修改是为了将其针对一项发明而确定优先权的权利，不仅扩展至北美自由贸易区（NAFTA）国家，而且扩展到所有的 WTO 成员。③

但是，非歧视条款的主要影响可能还是在强制许可的领域。尽管尚可商榷，但是，如果将第 27 条第 1 款的最后一句解释为这样的意思，即为避免强制许可之目的而进口产品的，就可以符合关于专利实施的要求，那么，这就可能导致许多国家认为，出于实施某一发明之目的，进口就等同于当地生产。《巴西专利法》在第 68 条中有一项重要的例外，是在 1996 年修订时所加，但正如上文所述，它受到了美国的异议。此外，2001 年修订的《印度尼西亚专利法》也规定，专利持有人有义务在印尼制造专利产品，或使用专利方法。如果只适合于在一个地区规模（regional scale）上制造该专利产品或使用该专

---

① 参见《维也纳条约法公约》第 30 条第 4 款（b）项。

② 参见《维也纳条约法公约》第 30 条第 4 款（a）项以及第 30 条第 3 款。关于在这种情况下《巴黎公约》和《TRIPS 协定》之间的相互作用，详见本书第 3 章。

③ 《美国专利法》（U. S. Patent Act）现行规定如下——

§ 104 在国外完成的发明

（a）总则

（1）程序

在美国专利商标局、法院以及任何其他主管机构所进行的程序，专利申请人或专利权人在证明其发明日（date of invention）时，不得引用其在北美自由贸易区（NAFTA）国家或 WTO 成员之外的某一外国的知识或使用，除非如本编第 119 条和第 365 条所规定的那样。

利方法的，则专利持有人可免除此项义务（《印尼专利法》第 17 条）。

7. 评论（包括经济和社会意义）

《TRIPS 协定》第 27 条第 1 款所包含的非歧视规则，旨在保护权利人免予其权利因任意性政策而遭到破坏，假如此类政策是基于产品的技术领域、发明地点、或来源（本地生产的还是进口的）而采纳的话。

是否有必要根据所涉及发明的类型而在授予的权利上有所差别，这个问题已经引起了广泛的争论。很多人想知道，为什么对于贡献不同的发明授予的是相同效力和保护期限的专利权，而这些发明有的意义重大，有的就没那么重要了。① 争论主要集中在专利权的保护期限上，因为技术的淘汰率和收回研发投入所需的时间期限，在不同领域之间实在是差别很大的。②

事实上，很多国家现行的专利法都允许基于技术领域而给予区别对待，例如在美国和欧洲，对药品专利延长其保护期限，这是为了弥补新药在获得市场销售批文时所需的时间。

考虑到专家组在"欧盟—加拿大"（*EC - Canada*）案中对"歧视"和"差别"所作的区分，③ 这就产生了这样的问题，即在何种程度上，国内专利法可以出于公平的善意理由而在专利的权利和义务上给予差别待遇。《TRIPS 协定与公共健康的多哈宣言》表明了这一方向。公共健康，尤其是药品（《多哈宣言》第 6 段和第 7 段）被单独挑出来，作为在实施《TRIPS 协定》时需要特别关注的一个问题，这一事实就意味着，与公共健康相关的专利可以给予不同于其他专利的待遇。同样，法国专利法在颁发强制许可证方面也对医药产品给予差别待遇，但迄今为止尚无任何世贸组织成员对此提出争议。④

---

① 参见，例如，Lester Thurow, *Needed：A New System of Intellectual Property Rights*, Harvard Business Review, 1997 年 9—10 月。

② 参见以下本书第 22 章。

③ 参见以上本章第 3 节。

④ 法国专利法规定："出于公共健康利益的需要，药品、获得药品的方法、获得药品必需的产品或生产这一产品的方法的专利，在供应公众的药品的数量或质量不足或（价格过高）的情况下，应公共健康的主管部长的要求，由工业产权主管部长决定在 L.613-17 条的条件下适用征用许可证制度（*ex officio* licences）。"（法第 92-957 号，1992 年 7 月 1 日，L.613-16 条）。

第 19 章 专利：公序良俗和道德

> ### 第 27 条第 2 款　可授予专利的对象
>
> 　　各成员可以排除某些发明的可专利性，如在其领土内阻止对这些发明的商业利用是维护公序良俗或道德，包括保护人类、动物或植物的生命或健康，或者避免对环境造成严重损害所必需的，只要此种排除并非仅仅因为此种利用为其法律所禁止。

1. 引言：概述、术语、定义和范围

　　各国有权保护公共利益，对于这项一般原则，专利法也概莫能外。以专利法中长期形成的传统为基础（特别是在欧洲的环境中），《TRIPS 协定》允许（但不是命令）[1] 对于可专利性（patentability）规定两种可能的例外，即根据公序良俗和道德的例外。要想实施这些例外，就必须在国内法中作出相关规定才能生效，这就意味着，WTO 成员在某些情况下，如其认为有必要保护更高的公共利益，就可以拒绝授予专利。[2]

　　"公序良俗"（ordre public）一词源于法国法，很难翻译成英文，因而在《TRIPS 协定》中使用了原始的法语词汇。该词表达了人们对这些事物的关注，它们可能威胁到将社会联系在一起的社会结构（social structure），亦即，威胁到市民社会（civil society）的结构本身的事物。

　　"道德"（morality）是"人们遵守道德原则（特别是善的）的程度"。[3]道德的概念与一个社会的主流价值有关。在不同文化和不同国家，此类价值是不一样的，并且随时间而变。一些与可专利性相关的重大决定，可能就取

---

　　① 参见第 27 条第 2 款的文本："各成员可以排除某些发明的可专利性……"（着重号是后加的）。

　　② 请注意，第 27 条第 2 款是允许不授予专利，而第 30 条则是关于专有权的例外，亦即，只有当一专利已经获得授权之后，该条才可适用。参见以下本书第 23 章。

　　③ 《简明牛津词典》（Concise Oxford Dictionary），第 637 页。

决于对道德的评判。专利局若不顾道德，对任何发明都授予专利，这是不容许的。[①]

与国内法中类似的先例不同，第 27 条第 2 款明确表示，对公序良俗和道德的保护，包括了对"人类、动物或植物的生命或健康，或者避免对环境造成严重损害"而给予的保护，因此，若以上这些利益中的任何一项因专利授权而受到消极影响，均明确允许将之作为可专利性的例外。"健康"（health）的概念可以被认为不仅包括医疗，还包括对基本需求的满足，例如适当的食物、安全的饮用水、居住、穿着、取暖和安全。[②]"环境"（environment）指的是"周围的物品、区域或者条件，尤其是人或者社会的生活环境"。[③]

最后应当指出的是，正如下文所具体考察的那样，WTO 各成员可以规定这里提到的例外，但必须受到在第 27 条第 2 款项下的一个重要条件的约束：只有在需要阻止该发明的商业利用（commercial exploitation），以便保护上文提到的利益时，才可以确定这种不可专利性。这就排除了在某些情况下，例如当促进某一发明（比如一种药品）的扩散有利于公共健康时，适用这种例外的可能性，因为 WTO 成员不可能一方面以公序良俗或者道德为由而对其拒绝授予专利，同时又允许将该发明进行商业化。

2. 条文沿革

2.1　TRIPS 之前的状况

《TRIPS 协定》通过之前，在许多法律管辖区域就已经考虑到了公序良俗和道德方面的因素。例如在美国，所谓违背公序良俗的发明，传统上这个概

---

① 参见，例如，Alberto Bercovitz，*Panel Discussion on Biotechnology*，载 Kraih Hill 和 Laraine Morse（编），*Emergent Technologies and Intellectual Property. Multimedia，Biotechnology & Others Issues*，ATRIP，CASRIP Publications Series No. 2，Seattle，1996，第 53 页。

② 参见，例如，Robert Beaglehole 和 Ruth Bonita，*Public Health at the Crossroads. Achievements and prospects*，Cambridge University Press，Melbourne 1999，第 45 页；Fraser Mustard，*Health，health care and social cohesion*，载 Daniel Drache 和 Terry Sullivan（编），*Health Reform. Public Success. Private Failure*，Routledge，London and New York 1999。

③ 《简明牛津词典》（Concise Oxford Dictionary），第 323 页。

念应用于法院时，就是指"对于一个社会的康乐、善策或者美德而言是轻薄的或者有害的"。①

欧洲法②和其他属于大陆法系的许多法律管辖区域都采用与《TRIPS 协定》第 27 条第 2 款相似的条款，规定了明确的例外。特别是，《欧洲专利公约》第 53 条(a)款就是这样规定的，其措辞可能还对《TRIPS 协定》的起草者有所启发。在《巴黎公约》第 4 条之四③通过之后，很多国家对其国内法进行改革，从而承认，如果一项专利申请与纯粹的成文法可能存在某种冲突的，并不能将之当作驳回该专利申请的一个充分理由。

2.2 谈判经过

2.2.1 安奈尔草案

"1.4 以下内容［应当］［可以］排除其可专利性：

1.4.1 发明［的公开或使用将会］违背公序良俗、［法律、］道德［的被普遍接受的标准］，［公共健康，］［或者保持人类尊严的基本原则］［或人的价值］。"

［……］

2.2.2 布鲁塞尔草案

"2. 缔约各方可以排除某些发明的可专利性，如在其领土内阻止对这些发明的公开或者任何利用是维护公共道德和秩序，包括为确保遵守与本协定的规定并无不符的法律或者法规，或者为保护人类、动物或植物的生命或健康所必需的。"

该最终文本更接近于《欧洲专利公约》第 53 条。但是，后者提到由此带来的冲突，不仅是由于对该发明的利用，还可能由于该发明的"公开"

---

① 参见 *Lowell v. Lewis*，15（a. 1018 No. 8568）（C. D. Mass. 1817），引文参见 Chrisum and Jacobs，第 2.5 页。在美国，"未来的趋势是，把这种主观性的公共政策方式限制在实用性上"。

② 参见，例如，Rainer Moufang，*The Concept of "Ordre Public" and Morality in Patent Law*，载 Geertrui Van Overwalle（编），*Patent Law，Ethics and Biotechnology*，Katholieke Universiteit Brussel，Bruxelles 1998，No. 13，第 69 页（以下简称 Moufang）。

③ 第 4 条之四规定如下："不得以专利产品的销售或依专利方法制造的产品的销售受到本国法律的禁止或限制为理由，而拒绝授予专利或使专利无效。"这一条款因此就等同于《TRIPS 协定》第 27 条第 2 款。但是，它没有相应地提到公序良俗或者道德。

(publication)，在一些权威人士看来，这是与《TRIPS 协定》第 27 条第 2 款存在着不可调和矛盾的一种替代方案。[1]

《TRIPS 协定》第 27 条第 2 款清楚地表明，不能仅凭一成员现行法律禁止对一项发明进行利用，就排除该发明的可专利性。目前的措辞是由布鲁塞尔草案改变而来的，后者规定"包括为确保遵守与本协定的规定并无不符的法律或者法规"。换句话说，对于可专利性的排除，必须以第 27 条第 2 款本身的规定解释其合理性。

3. 可能的解释

> 各成员可以排除某些发明的可专利性，如在其领土内阻止对这些发明的商业利用是维护……所必需的……

第 27 条第 2 款关注的是对特定的发明拒绝授予专利，但又不属于第 27 条第 3 款中所处理的那些发明类别（参见以下本书第 21 章的讨论）。从条款的措辞中清楚地表明，这里所谓的风险必须是源于对发明的商业利用，而不是该发明本身。同样可以看到的是，考虑到第 27 条第 2 款的措辞，这可能的影响必须是在发生在其领土范围内，而不是发生在其他的成员。

基于本条款的例外，只有当其为阻止该发明的"商业利用"所必需时，才可予以适用。因此，如果需要阻止的是对该发明的非商业性使用（例如，为科学研究而使用），这就不符合适用该例外的条件。

关于这一例外，究竟是只有当对该发明的商业化存在着一种实际禁止（actual prohibition）时，才可予以适用，抑或只要存在着关于禁止该发明商业化的需要（即使相关政府尚未真正加以禁止）时，就可以适用，这个问题一直存在争论。根据其中一种观点，为了让这一例外行得通，就应当存在一项有效的禁令（effective ban）。[2] 不过，人们认为，《TRIPS 协定》"并未要求以对该发明进行商业化的实际禁令作为拒绝授予其专利的一个条件；只要有颁布如此禁令的必要性即可。为了证明第

---

① 参见，例如 Moufang，第 72 页。

② *Adrian Otten*，*Viewpoint of the WTO*，（M. Swaminathan 编），*in Agrobiodiversity and Farmers' Rights Proceedings of a Technical Consultation on an Implementation Framework for Farmers' Rights*，M. S. Swaminathan Research Foundation，Madras 1996.

27 条第 2 款项下对可专利性的排除是合理的，一成员必须证明，禁止对该发明的商业利用——无论采用使用何种方式——是必需的。但是，该成员无需证明，根据其国内法，对该发明的商业化是或者过去曾经是实际受到禁止的"。①

> ……维护公序良俗或道德所必需的……

第 27 条第 2 款引入了一项"必要性标准"（necessity test），以评估维护一项优先性社会利益（overriding social interest）是合理的。尽管《TRIPS 协定》在 WTO 框架内构成了用于处理专利问题的特别法（*lex specialis*），但是，在解释上述条款时，GATT/WTO 关于 GATT 第 20 条的裁决还是有可能起到某种作用的。②

GATT 第 20 条(a)款和(b)款与《TRIPS 协定》第 27 条第 2 款有着相同的结构，显然，就这些规定而言，对其例外必须存在客观上的合理解释。③ 这些条款在 GATT 基本的自由贸易原则的基础上，允许各成员规定若干例外：(a)如其为维护公共道德所必需，并且(b)如其为保护人类、动物或植物的生命所必需（着重号是后加的）。因此，根据 GATT，检验检疫、卫生和类似规定不得对贸易构成任意的或不公平的歧视，或者一种变相的贸易限制。对一成员而言，只有当其无法获得任何不违反的，或者至少在较低程度上违反

---

① Dan Leskien 和 Michael Flitner，*Intellectual Property Rights and Plant Genetic Resources：Options for a Sui Generis System*，Issues in Genetic Resources No. 6，IPGRI，Rome 1997，第 15 页。

② 在"印度—药品与农用化学品专利保护"案（*India -Patent Protection for Pharmaceutical and Agricultural Chemical Products*，WT/DS50）中，专家组认为，《TRIPS 协定》"在 WTO 内部具有一种相对自足的特殊地位"（relatively self-contained，*sui generis* status）。不过，专家组也认为，该《协定》是"WTO 的一个不可分割的组成部分，而 WTO 本身是建立在 GATT 1947 的近半个世纪经验基础上的"（第 7.19 段）。

③ 参见 *GATT Analytical Index*，第 I 卷第 518 页及以下。

GATT 的合理的替代方案时，其采取某一措施才是有正当理由的。①

　　根据欧洲法，公序良俗（*ordre public*）包括了对公共安全和作为社会组成部分之个人的身体健康的保护。② 这一概念还包括对环境的保护，但它被认为较"公共秩序"（public order）的范围要窄，后者曾经出现在《TRIPS 协定》的部分草案中。尽管欧洲法可能是解读这一概念的重要来源，但也不存在一个被人们普遍接受的"公序良俗"的概念，而且其他 WTO 成员也没有任何理由追随欧洲的立法模式。各成员在定义该概念究竟涵盖了哪些情形时，具有相当大的灵活性，取决于它们自身关于维护公共价值（protection of public values）的概念。

　　公序良俗应当与基于道德因素而对可专利性的排除有所差别。就本条而

---

　　① 参见 1990 年"泰国—卷烟进口和国内税收限制"（*Thailand -Restrictions on Importation of and Internal Taxes on Cigarettes*）案专家组报告，BISD 37S/200，1990 年 11 月 7 日通过。如果可以合理期望一缔约方采用一项与 GATT 并不构成不一致的替代措施（alternative measure），那么，该缔约方采用另一项与 GATT 在第 20 条(b)款所述之"必要的"规定不相一致的措施，就不能说是合理的。因此，考虑到可以采取诸如反吸烟运动（anti-smoking campaign）之类的替代措施，并且已经表明此类措施在全世界许多国家行之有效，那么，泰国政府为达到禁止人们吸烟的目的而限制卷烟的进口，就不能说是正当的了。同样，美国根据《海洋哺乳动物保护法》（Marine Mammal Protection Act）而采取措施禁止进口金枪鱼，以挽救海豚的生命和健康（因为海豚经常会被用来捕获金枪鱼的渔网所捕获），但该措施被认定与 GATT 的义务并非完全相一致，因为还可以采取其他方法来保护海豚——参见"美国—限制金枪鱼进口"（United States -Restrictions on Imports of Tuna）案，BISD 29S/155。另一方面，上诉机构认定，法国禁止石棉和含石棉产品的生产、加工、销售、进口和营销，是 GATT 第 20 条(b)款所规定的为保护人的生命所"必需的"〔参见"欧洲共同体—影响石棉和含石棉产品的措施"（*European Communities -Measures Affecting Asbestos or Products Containing Asbestos*）案，简称"欧共体—石棉"（EC -Asbestos）案，WT/DS135/AB/R，2001 年 3 月 2 日〕。特别是，上诉机构否定了替代性和同等有效措施的可能性，比如由加拿大政府所倡导的"控制性使用"石棉的措施（参见 EC-Asbestos，第 174 段。关于这起案件裁决的具体分析，参见 Jan Neumann, Elisabeth Türk, *Necessity Revisited -Proportionality in World Trade Organization Law After Korea -Beef*, EC -Asbestos and EC-Sardines, Journal of World Trade 2003，第 37 卷，第 1 期，第 199 — 233 页）。另参见 Carlos Correa, *Implementing National Public Health Policies in the Framework of the WTO Agreements*, 34 Journal of World Trade 2000，第 34 卷，第 5 期，第 92—96 页。

　　② "公序良俗"一语，长期以来在传统上是国际私法领域的一种法律表达，当适用外国法律将导致一种完全无法被本国的国内法律秩序所接受的结果时，它就被当作最后的手段来排除外国法的适用。参见，例如，Moufang，第 71 页。

言，道德看来取决于一个国家或地区的特定的文化。① 尽管不考虑文化依赖性，也可能给"道德"找到一个定义，但是，这一条款看起来很可能是从一个更加相对主义的观点起草的，而且可能包括了，例如在特定成员内的宗教问题。根据拉达斯（Ladas）的观点，道德

"反映了扎根在某一特定共同体的精神之中的风俗习惯。针对某一特定行为的感觉、直觉或态度，不存在任何明显客观的标准。因此，涉及对某些行为的统一评价而给出具体的规定，这是极度困难的事情。"②

欧洲专利局（EPO）的裁决在公序良俗和道德之间作出区别（第 T.356/93 号裁决）。根据《欧洲专利局审查指南》（Guideline for Examination of the EPO），"公序良俗"是与安全原因相关联的，比如暴乱或公众骚乱，从而针对那些可能导致犯罪行为或一般性违法行为的发明（C 编，IV 章，3.1）。这一概念也包括对环境的保护。③ 而根据道德条款，欧洲专利局必须证明，一项发明对公众而言是如此令人厌恶，以至于对其授予专利是令人不可想象的。道德包括了在一特定文化中根深蒂固的、为人所接受的规范的总和。

对于适用《欧洲专利公约》（EPC）第 53 条 b 款的分析，是建立在个案基础上作出的。为此目的，欧洲专利局采用了两种方式：相关利益的平衡④和

---

① Gervais，第 149 页。

② Stephen P. Ladas，*Patents，Trademarks，and Related Rights. National and International Protection*，Harvard University Press 1975，第 1685—1686 页。

③ 在第 T 356/93 号案中，欧洲专利局上诉委员会（Board of Appeal of the European Patent Office）评论称，"'公序良俗'包括了对公共安全和作为社会组成部分之个人的身体健康的保护，这是受到普遍承认的。这一概念也包括对环境的保护。相应地，根据《欧洲专利公约》（EPC）第 53 条（a）款，如一发明的利用（比如，通过恐怖主义行为）可能破坏公共安宁或社会秩序，或者严重破坏环境的，则可以违背'公序良俗'为由而排除该发明的可专利性。"

④ 利益衡量（balancing of interests）就考虑到了一项发明所带来的好处和坏处，包括基因在自然中的最终扩散所可能带来的环境风险（第 T.19/90 号裁决）。在有关植物技术的领域，欧洲专利局上诉委员会就提出，植物遗传工程并不是一个技术性领域（technical domain），它可能被认为有悖于道德或者公共秩序。在第 T 356/93 号（关于植物遗传体系的）裁决中，上诉委员会的理由是，它必需根据每一个具体案件来判断，一项特定的发明是否涉及不合理的使用，或者对于植物生物技术有毁灭性效果。上诉委员会认为，"如一发明的利用（比如，通过恐怖主义行为）可能破坏公共安宁或社会秩序，或者严重破坏环境的，则可以违背'公序良俗'为由而排除该发明的可专利性。"

绝大多数公众的意见。① 在所有适用这些方法的案件中，欧洲专利局对于受审查之发明的可专利性作出确认。

> ……包括保护人类、动物或植物的生命或健康，或者避免对环境造成严重损害……

第 27 条第 2 款含有关于可专利性之例外的例子，即为了保护人类、动物或植物的生命或健康，以及避免对相关成员的环境造成严重损害。

上文已经提到，欧洲专利局的一些裁决表明，一发明对环境的影响可能构成拒绝对其授予专利的一个有效依据。但是，欧洲专利局拒绝在引入遗传工程发明方面承担监管角色。在处理这个问题时，一份针对异议的裁决是这样主张的：

"一项专利并没有给专利财产权人以一种使用该发明的积极权利，而只是赋予其排除他人在特定期限内使用该发明的权利。如果立法者认为，某些技术知识在限定的条件下应当被使用，那么也只能由他制定相应的法律才可实现。"②

正如穆方（Moufang）所指出的，专利审查员"在伦理或者风险评估方面并未受过专门训练。既然专利并没有给予一种使用受保护之发明的积极权利，那么，其他机构就必须承担责任，以便社会就某项技术是否可以并且应当付诸实践而作出决定。③

> ……只要此种排除并非仅仅因为此种利用为其法律所禁止。

第 27 条第 2 款最后一句规定，如果一项发明的利用被法律所禁止，仅此事实并不构成排除其可专利性的充足理由。这与《巴黎公约》第 4 条之四保持一致，后者包含的一项规则，虽然与《TRIPS 协定》第 27 条第 2 款最后一句的规则并不完全相同，但与之等同：它规定，不得仅仅以专利产品的销售受到本国法律的禁止或限制为理由，而拒绝授予专利（或使专利的登记归于无效）。因此，纯粹的销售限制本身，并不能成为排除可专利性的正当理由。在专利的商业利用和各成员的公序良俗或者道德之间，必须存在着某种特定

---

① 欧洲专利局异议部（Opposition Division of the EPO）在"Relaxin"案第 8.12.94 号裁决中，考虑了绝大多数公众的意见。涉案专利是有关用来对人类蛋白质编码的 DNA 片段。欧洲专利局需要审查的是，对于大多数公众而言，该专利是否看起来是不道德的。

② 第 T0019/90 号裁决，"oncomouse"案。

③ Moufang，第 72 页。

的联系：第 27 条第 2 款要求，这种商业利用将给公序良俗或道德带来某种特定的危害。

4. WTO 案例

关于本条规定，还没有任何专门的 WTO 案例。不过，注意到在"欧共体—加拿大"（*EC-Canada*）案中关于"利用"（exploitation）概念的讨论，可能会令人感兴趣。加拿大所采取的立场是，专利的"利用"涉及通过专利的"实施"（working）而提取专利的商业价值，无论是通过在一个排除了竞争对手的市场上销售其产品，还是许可他人这么做，抑或出卖该专利的全部权利。欧洲共同体在定义"利用"这一概念时，也提到了关于专利"实施"的同样这三种方式（该案专家组报告第 7.51 段）。既然该案当事方的主要分歧是它们对于"通常"（normal）一词的解释上，因此，专家组对"通常利用"（normal exploitation）定义如下：

"跟其他任何知识产权的所有人一样，专利所有人对专利的通常利用行为，就是排除各种形式的竞争，而这些竞争可能严重损害因一专利被授予市场独占权所带来的预期经济回报。利用专利的特定形式当然并非一成不变的，要想有效利用，就必须适应技术发展和市场行为变化所带来的竞争形式的变化。"（第 7.55 段）

5. 与其他国际文件的关系

5.1 WTO 诸协定

GATT 1994 第 20 条(a)款和(b)款授权 WTO 各成员，在受到进一步要求之约束的前提下，可以通过采取为维护公共道德，以及保护人类、动物或植物的生命或健康所必需的措施，从而背离其所承担的 GATT 义务。①

---

① 本条规定如下："本协定的规定不得解释为禁止各缔约方通过或实施以下措施，但对于情况相同的国家之间，适用该等措施不得构成任意的或不合理的差别待遇，或构成对国际贸易的变相限制：

（a）为维护公共道德所必需的措施；

（b）为保障人类、动物或植物的生命或健康所必需的措施；"

5.2　其他国际文件

6. 新近发展

6.1　国内法

《TRIPS 协定》第 27 条第 2 款所表达的方式，在欧洲的后 TRIPS 发展过程中仍然保持,[1] 并且在其他许多国家的国内法中也可以找到。而且，最近以来在专利法上的一些立法变化已经对于那些有关人体器官或者适用于人类的技术发明，基于道德上的考虑而规定了特定的例外。因此，作为在生物伦理领域一项综合性立法创举的结果之一，法国国内的专利法在 1994 年修订时，规定人体器官、其构成元素和产生结果，以及关于人类基因或者元素的整体结构的知识本身不得作为专利的对象。《澳大利亚专利法》(Australian Patent Act) 规定，"人类及其生产的生物方法不属于可专利的发明"。《欧洲生物发明指令》(European Directive on Biological Inventions) 同样规定，人体及其处于自然状态的构成元素不得被看作可专利的发明。但是，对于人类基因或者细胞序列，欧洲专利局已经依循常例而对之授予专利，该专利局的异议部 (Opposition Division) 也未找到任何理由，说明为什么对人类基因授予专利在本质上是不道德的。[2]

---

① 1998 年《欧盟生物技术发明保护指令》(European Directive on Biotechnological Inventions) 包含一项规定（第 9 条），跟《欧洲专利公约》第 53 条相类似。参见，例如，Vandergheynst, Dominique, *La notion d'ordre public et des bonnes moeurs dans la proposition de directive europ'eenne relative `a la protection juridique des inventions biotechnologiques*，载 Geertrui Van Overwalle（编），*Patent Law, Ethics and Biotechnology*，Katholieke Universiteit Brussel, Bruxelles 1998, No. 13，第 82—92 页；Deryck Beyleveld, Roger Brownsword 和 Margaret Llewelyn, *The morality clauses of the Directive on the Legal Protection of Biotechnological Inventions: conflict, compromise and the patent community*，载 Richard Goldberg 和 Julian Lonbay（编），*Pharmaceutical Medicine. Biotechnology, and European Law*，Cambridge University Press 2000。

② 参见 Moufang，第 75—76 页。

6.2 国际文件

6.3 地区与双边情况

有若干地区的和双边的自由贸易协定，比如中美洲自由贸易协定（CAFTA）以及在美国—约旦、美国—新加坡、美国—澳大利亚之间的自由贸易协定，都包含与《TRIPS 协定》第 27 条第 2 款相类似的不可授予专利的例外。另一方面，美国—智利自由贸易协定（USA-Chile FTA）却未明确规定这种例外。①

6.4 审查建议

对于本条款尚无任何要求审查之建议。

7. 评论（包括经济和社会意义）

一项专利就只是授予了专有权。它本身并未授权可以利用该专利发明，而且它还可能受到其他法律规定的调整，只要这些法律与《TRIPS 协定》第 27 条第 2 款是一致的（亦即，比如它是保护人类、动物或植物的生命或健康，或者避免对环境造成严重损害所必需的）。例如，就药品发明而言，在该药品发明被医生向病人开出处方之前，通常必须获得单独的上市销售批准。为了获准上市销售，有时在专利授权之后可能还需要花上好几年时间。关于违背公序良俗的发明，一个典型的例子就是一种新的邮件炸弹。很明显，根据第 27 条第 2 款，这种产品应当可以被排除在可授予专利的范围之外。指出在该专利申请的说明书中对结构未予披露是阻止此类发明授予专利的必要的第一步。

人们需要考虑的一个重点是，专利局根据道德和公共秩序方面的理由进行判断并最终拒绝授予专利的，应当在大多程度上发挥其作用，才足以防止有害结果的发生。考虑到专利局的有限权能，规定不可授予专利（non-patentability）也只能保证某一项发明不成为财产权的对象，但是，要想阻止任何对此感兴趣的人来使用该发明，这无论如何都是做不到的，因为该发明一直处于公有领域。

---

① 详细参见 Roffe，2004，他在这一背景下讨论了《美国—智利自由贸易协定》中所包含的一项 TRIPS 不减损条款（a TRIPS non-derogation clause）。

第 20 章 专利：治疗、手术和诊断方法

> **第 27 条第 3 款(a)项 可授予专利的对象**
>
> 各成员还可以排除下列内容的可专利性：
> 人类或动物疾病的诊断、治疗和外科手术方法；……

1. 引言：概述、术语、定义和范围

尽管《TRIPS 协定》第 27 条第 1 款只要求保护方法和产品，[①] 一些成员的国内法已经将可专利性（patentability）扩展至包含了使用某些产品的方法或实行某些步骤之方法的发明。

第 27 条第 3 款(a)项专门适用于有关人类或动物的疾病治疗方法。这清楚地表明，就可专利性而言，在这一领域（可专利的）产品或方法必需不同于治疗方法。换句话说，为了治疗人类或者动物疾病而使用发明的方法，不能获得专利。规定这种例外，有各种不同的原因，并且取决于各自国家的看法。欧洲国家提出在伦理和道德方面的考虑因素，来解释在《欧洲专利公约》第 52 条第 4 款中的类似规定，[②] 而发展中国家强调了在当地获得治疗方法的需求。[③]

疾病的治疗、手术与诊断方法对于人类（或者动物）的身体产生影响，但并不产生一种产业上的影响。所以，即使没有被规定为特定的不可专利之例外，它们也被认为不可获得专利，因为它们不符合在大多数专利法中所要求的工业可应用性（industrial applicability）。但是，在美国[④]和其他国家，例如澳大利亚和新西兰，其专利法允许对医疗方法（medical methods）授予专利，假如其符合关于方法

---

① 参见本书第 17 章。

② 参见以下本章第 3 节（可能的解释）。

③ Gervais，第 150 页。

④ 在美国，法律要求的是"实用性"（utility），而不是工业可应用性，因而可授予专利的范围更广。

（process）的定义，以及有资格获得专利的其他条件的话。①

2. 条文沿革

2.1　TRIPS 之前的状况

在 TRIPS 之前，疾病的治疗、手术与诊断方法根据欧洲法和许多其他国家的法律，是被排除在专利保护范围之外的。例如，根据《欧洲专利公约》第 52 条第 4 款，疾病医治方法的可专利性之所以被排除，是从工业可应用性的要求中推导出来的。这在第 52 条第 4 款中有具体阐明，其中规定如下：

"通过在人或者动物的身体上施行手术、治疗或者诊断方法而完成的对人或者动物身体的疾病医治方法，不应被视作能够经受第 1 款所指的工业可应用性的发明。这款规定不得适用于在这些方法中所使用的产品，特别是物质和合成物。"

2.2　谈判经过

安奈尔草案和布鲁塞尔草案均含有一条类似于现行《TRIPS 协定》第 27 条第 3 款(a)项的规定。

2.2.1　安奈尔草案

"1.4 下列内容［应当］［可以］被排除可专利性：
［……］
1.4.3 人类［或动物］的［医学］治疗方法。"

2.2.2　布鲁塞尔草案

"3. 各缔约方可以排除以下内容的可专利性：
（a）用于治疗人类或动物疾病的［诊断、治疗和］手术方法；"

3. 可能的解释

各成员还可以排除下列内容的可专利性：

---

① 但是，1996 年通过的一项法案（美国专利法修订，35 USC 287.c）决定，对于享有专利的手术方法进行使用是受法律保护的，免于受到侵权诉讼。参见，例如 Grubb，第 220 页。

《TRIPS 协定》允许各成员在所提及的情形中，规定一种对可专利性的排除，但它并非要求各成员承担这样做的义务。这种排除是授权性的，或者可以被限定于第 27 条第 3 款(a)项所提及的那些方法。

> （a）人类或动物疾病的诊断、治疗和外科手术方法；……

该例外适用于医疗方法；亦即，旨在治疗人类或动物疾病的程序。这种可能的例外并不包括为实施疾病治疗而运用的手段。相应地，例如，一种新的手术操作步骤不能获得专利，但一种为了开展这一手术操作步骤而被发明出来的新型设备，原则上却是可以获得专利的。可能有人会提出，药品（pharmaceutical products）构成了一种用于治疗人类或动物疾病的治疗方法（therapeutic treatment），因而可以被排除授予专利。但是，考虑到 TRIPS 的谈判经过，这一观点恐怕难以成立，因为《TRIPS 协定》相当详尽地处理了围绕药品专利所带来的问题，并且在诸如第 70 条第 8 款"信箱"规则（"mailbox"rule）之类的条款中，明确规定了药品专利。

4. WTO 案例

至今尚无任何特定争端事项涉及到本条款。

5. 与其他国际文件的关系

5.1　WTO 诸协定

5.2　其他国际文件

如上文所述，《欧洲专利公约》第 52 条第 4 款中有一项与本条款相类似的规定。这种对可专利性的排除，也符合《巴黎公约》第 1 条第 1 款的目的，后者明文规定，适用本公约的国家组成联盟，以保护工业产权。该公约第 1 条第 3 款还规定，对工业产权应作最广义的理解，它不仅应适用于工业和商业本身，而且也应同样适用于农业和采掘业，适用于一切制成品或天然产品，例如：酒类、谷物、烟叶、水果、牲畜、矿产品、矿泉水、啤酒、花卉和谷物粉。① 这个定义如此宽泛，却明显没有包括疾病治疗、手术与诊断方法。

6. 新近发展

6.1 国内法

6.2 国际文件

6.3 地区和双边情况

6.4 审查建议

第 27 条第 3 款(a)项对可专利性的排除，是与人们普遍承认的可授予专利的对象这一概念联系在一起的，并且，除非在国际范围内对这一事物的看法发生重大改变，否则也不可能修改这一条款。尽管如此，还是不时有人表达这样的观点，即允许对一项新的手术操作步骤（surgical procedure）授予专利可能是适当的，因为这样做就将保证其公开和传播。② 但是，这种观点不太可能在医疗专业领域获得广泛承认，而如果没有这样的承认，该种排除就可能会继续保留。

7. 评论（包括经济和社会意义）

由第 27 条第 3 款(a)项授权的这种排除，范围其实相当窄，而且它对于医疗研究资金流向的方式影响也很小。举例来说，诸如扫描仪、光纤摄影机之类的新设备，使得无需借助在以前所必需的人体侵入式技术（invasive techniques）即可以开展手术，而这些设备在原则上是可授予专利的。另一方面，通过此类设备而得以实现的技术，例如微创手术，则被排除在可授予专

---

① 这份清单不应当被解读为，要求该清单上列出的物品本身能够获得专利。如上文所述，专利是授予发明的，发现在自然界中存在的新的植物或矿物，就不是发明。因此，上述列举的自然产物，只有当其以某种方式发生改变，符合了可授予专利的标准，即新颖性、发明性步骤和工业可应用性之后，才可能获得专利。

② Jeremy Phillips 和 Alison Firth，*Introduction to Intellectual Property*，4th ed.，Butterworths，Witltshire 2000，第 59 页，其中援引 Cuthbert，*Patent Law Reform in New Zealand：Should Methods of Medical Treatment be Patentable？* Patent World，May 1997；Kell，*Expanding the Frontiers of Patentability：Methods of Medical Treatment of the Human Body*，EIPR 1995，第 202 页。

利的范围之外。同样地，在以前必须通过手术治疗的疾病，现在借助于药品和设备，变得不必再动手术了，而这些产品和设备都是可专利的。

即使在允许对此类方法授予专利的国家，真正授权的专利其实也相当罕见。一个原因可能是，要实施这样的专利会遇到很多问题。专利的所有权人需要对为数众多的医生和外科医师的行为实行监督，而这些人所提供的服务通常要受到严格的隐私规则约束的。如果是由一小部分易于识别其身份的专业人士来采用新型、复杂的方法，这样执行起来才较有可能。基因疗法可能就属于这种情况，至少是到这些疗法变得更安全、传播更广泛时。

将治疗方法排除在可授予专利的范围之外，可能对于药品行业有重要意义，因为它涉及已知药品的新用途能否获得专利。[1] 事实上，针对一种物质的用途提出的专利权利要求，与关于治疗方法的专利权利要求，两者并无任何实际差异：在这两种情况下，权利主张所涉及的，都是一种新的医疗行为，亦即，对一个或多个已知产品的新的使用方式。[2] 对一个已知药品的一种新疗效授予专利，就因此违背了对医疗方法授予专利的禁令。一些国家为了克服这一难题，就根据所谓的"瑞士权利要求"（Swiss claims），承认了对已知药品的新用途可以授予专利，据此，一项方法专利权利要求在起草时，就把本来是作为产品用途（use of a product）的权利要求，变为制造药品（manufacture a medicine）的权利要求。[3] 不过，《TRIPS 协定》并未规定各成员有义务采用这种方式。

---

① 这个问题具有日益重要的经济意义，其部分原因在于，在新的、具有显著治疗价值的分子上的发现数量呈现下降。

② Bengt Domeij, *Pharmaceutical Patents in Europe*，Kluwer Law International/ Norstedts Juridik, Stockholm 2000，第 178 页。

③ 参见本书第 17 章，第 3 节。

第21章 专利：生物技术发明：遗传资源、植物品种保护、传统知识

> **第27条第3款(b)项 可授予专利的对象**
>
> 各成员还可以排除下列内容的可专利性：
>
> 除微生物之外的植物和动物，以及在非生物方法和微生物方法之外的、用于生产植物和动物的基本生物方法。但是，各成员应规定通过专利制度、一种有效的特殊制度或者这两者结合的制度来保护植物新品种。本项规定应在《WTO协定》生效之日起4年后进行审议。

1. 引言：术语、定义和范围

第27条第3款(b)项所处理的，是《TRIPS协定》中包含的最具争议的问题之一。这个人们通常所称的"生物技术条款"(biotechnology clause)，描述的是各成员可以拒绝授予专利的对象，而与此同时，它又要求各成员承担义务，保护微生物和某些生物技术方法。

本条款的起草——它是整个《TRIPS协定》中受到提早审议（early review）之约束的唯一条款[①]——从一个方面反映了一些发达国家在确保对生物技术创新给予保护方面有着强烈的兴趣，另一方面也反映出在这些国家之间就保护范围存在重大分歧，以及许多发展中国家在对于生命形式授予专利这个问题上的关切。

自从《TRIPS协定》通过以来，发达国家之间在对待生物技术发明方面

---

① 该项审议本应于1999年进行。

的分歧已经减少，① 但并未消失。② 许多发展中国家在审议第 27 条第 3 款（b）
项，以及在准备 WTO 第三次部长级会议（1999 年 12 月）的过程中已经显示
出，它们对于这一条款的影响感到不安，特别是考虑到在发达国家发生的几
起案件，涉及对起源于发展中国家的生物资源和传统知识（比如奎宁、死藤
水③以及姜黄的治疗性用途）④ 的保护。在这些国家看来，有必要调和第 27
条第 3 款（b）项的规定跟《生物多样性公约》 （Convention on Biological
Diversity）的相关规定，特别是在事先知情同意（prior informed consent）和
利益共享（benefit sharing）方面。

第 27 条第 3 款(b)项给各成员留有相当的灵活性，它们对于有关动物和植
物的发明的可专利性，可以采用不同的立法方式，但是，该条款明确要求各成
员对微生物给予保护。⑤ 此外，本条款要求各成员有义务为"植物品种"（plant
variety）提供保护。在解释这一条款时，必须记住"植物"和"植物品种"⑥ 之

---

① 特别是随着《欧盟生物技术发明指令》 （EU Directive on Biotechnological
Inventions）的批准（No. 96/9/EC，1996 年 3 月 11 日）。

② 因此，动物和植物的品种在欧洲是不可授予专利的，尽管它们在美国可以获得专
利保护。

③ 用南美一种藤本植物的根泡制而成的有致幻作用的饮料。——译者

④ 参见 Correa，2001 和 UNCTAD-ICTSD，Policy Discussion Paper （2003）。

⑤ "微生物"（micro-organism）是指"一种用肉眼无法看见的生物"（《简明牛津词典》
(The Concise Oxford Dictionary)，Oxford University Press，第 7 版，1982 年）。但是请注意，
在 TRIPS 理事会那里，关于哪些构成一种微生物的共同定义，却未能达成一致意见（参见
2002 年 10 月 17 日《欧洲共同体及其成员国至 TRIPS 理事会通报》[Communication from the
European Communities and their Member States to the Council for TRIPS]，IP/C/W/383，
第 1 页）。

⑥ 根据《UPOV 公约》（1991 年修订），"植物品种"是指"已知最低一级植物分类单
元中的一个植物分类，不论授予育种家的权利的条件是否充分满足，分类可以由某一特定的
基因或基因型组合的特征的表达来定义；由于表示至少一种所说的特性，因而不同于任何其
它植物分类；经过繁殖后其适应性未变，被认为是一个分类单元。"该定义中的一个基本要
素就是，植物"品种"是植物的一个"分类"，它们通过种子繁殖或通过无性方式（例如，
插枝）繁殖后仍保留其特性。参见 National Research Council，Committee on Managing Global
Genetic Resources：*Agricultural Imperatives*，*Managing Global Genetic Resources. Agricultural
Crop Issues and Policies*，National Academy Press，Washington，D. C. 1993 年，第 412 页。用
不那么专业的术语来表达，植物新品种是指对自然界中现有植物的技术改造。这一改造的结
果是，改造后的植物在通过种子或无性方式（后者指的是繁殖并非通过种子，而是通过插
接、分株、压条等方法）繁殖后，仍然保留某些特征。

间的区别，前者属于植物界的活体生物。例如，通过遗传工程将一个抗虫害基因引入特定数量的棉花作物，① 这样就可以产生一种或多种"转基因"植物（transgenic plants）。这些植物的可专利性可以为国内法所承认，也可以不承认。但是，这些植物并不必然构成一个"植物新品种"，除非它们在任何时候培育出来的植物都保留某些预定的特征，并且能够进行繁殖而保持特征不变。

如果一成员选择通过专利来保护活体生物，② 那么只有当此种生物进行了某种特殊改造，已经不再是此前在自然界中所存在的，因此可以被认为是新的生物时，才可授予其专利。既然关于新颖性的确切含义是由 WTO 各成员自主确定的（与可授予专利的其他标准一样），因此，满足新颖性标准所必需的技术干预度，在各国专利法之间就有很大的不同。③

尽管第 27 条第 3 款（b）项对于植物新品种的保护形式是灵活的，但是，它毕竟将知识产权保护强行带入了一个为大多数发展中国家在加入《TRIPS 协定》之前所从未涉及的领域。这一义务已经让一些发展中国家感到担心了，因为它涉及知识产权保护对于农业活动（尤其是农民再利用和交换种子）、基因多样性和食品安全所产生的影响。

---

① 插入基因是生物技术学家（biotechnologists）的任务，而培育新品种则是育种者（breeders）的任务。"植物培育"（plant breeding）是指以科学为基础的活动，旨在提高植物新品种的质量和产量。参见 W. Hale 和 J. Margham, *The Harper Collins Dictionary*：*Biology*, Harper Perennial, New York 1991, 第 430 页。[以下简称"Hale and Margham"]。必须区分这两种培育方式。"传统培育"（conventional breeding）与基因工程相对，是指运用分选、杂交和其他方法，以便在一组植物中获得所想要的特性的表达。基因工程（genetic engineering）指的是从一个有机体中分离出特定的遗传材料（亦即 DNA），并将其植入另一个有机体之中，使后者变成"转基因"（transgenic）的所有技术的总称。参见 Geoff Tansey, *Food Security, Biotechnology and Intellectual Property. Unpacking some issues around TRIPS. A Discussion Paper*, Quaker United Nations Office, Geneva 2002, 第 6 页，其中引用 Peter Lund。

② 请注意，根据第 27 条第 3 款（b）项，只有微生物、微生物方法和非生物方法是必须通过专利法来保护的。对于植物新品种，各成员可以设立特殊制度，其所依赖的保护标准不同于专利保护的标准（亦即，新颖性、发明性步骤和工业可应用性）。具体内容，参见本章第 3 节和第 5 节。

③ 更多具体内容，请参见本章第 3 节。

2. 条文沿革

2.1　TRIPS 之前的状况

随着美国法院对 *Diamond v. Chakrabarty*（1980）案①作出判决，首次承认了对一个活体生物本身可以授予专利，② 此类对象的可专利性在工业化国家已经扩展到了细胞，包括基因在内的亚细胞部分，以及多细胞生物。自从 20 世纪 80 年代以来，在这些国家获得认可的原则就是，一发明由活体物质（living matter）所组成、以活体物质为基础或者使用了活体物质的，该事实本身并非排除其获得专利保护的一个充分原因，包括对于在自然界中已经存在的生物材料（只要后者主张权利要求的是一种分离的或提纯的形式），亦同。尽管存在这一趋势，但是这些国家对于生物技术相关发明的可专利性范围，还是有着很大的差异。就发展中国家而言，它们在这方面的分歧更大。③

在植物新品种方面，少数国家（其中又多为发达国家）在《TRIPS 协定》谈判期间，立法通过了关于植物育种者权（breeders' rights）的专门条例，并且参加了《国际植物新品种保护公约》（Convention for the protection of New Varieties of Plants，简称《UPOV 公约》），该公约制定于 1961 年 12 月 2 日，后于 1972 年、1978 年和 1991 年修订。④ 此外，《UPOV 公约》1978 年文本并不允许这样的规定，对于植物的同一类或同一种既提供育种者权保护，又提供专利保护（第 2 条）。⑤

---

① 447 U. S. 303（1980）。

② 这项在 1972 年申请的专利与基因改造微生物相关。它主张 36 项权利要求，所涉及的发明是"一种来自于假单细胞中的细菌，其中至少包含两种生成能量的稳定质体，每个质体都提供一种独立的烃降解路径。"

③ 参见 WIPO，Memorandum on Exclusion from Patent Protection，Doc. No. HL/CE/IV/INF/1，重印于 27 Industrial Property，192（1988）。

④ UPOV 是"国际植物新品种保护联盟"的法语首字母缩写，WIPO 和 UPOV 这两个国际组织之间具有密切联系。《UPOV 公约》即指由该组织所管理的条约的简称。（UPOV 的法语全称是"Union internationale pour la protection des obtentions végétales"，对应的英文为"the International Union for the Protection of New Varieties of Plants"——译者）

⑤ 该公约 1991 年修订时删除了这个限制（参见以下本章第 5.2 节）。

2.2 谈判经过

美国、日本、北欧国家和瑞士最初的谈判提案，目的是为了扩大专利保护范围，故将植物和活体生物包含在内。① 相反，大多数发展中国家（与植物和动物品种相关的欧洲共同体国家也参加进来）反对这一模式。

2.2.1 安奈尔草案

1990 年 7 月通过谈判形成的安奈尔草案文本（W/76）表明，各方之间存在相当大的实质性分歧。这个用很多方括号引起来的文本，就提到了以下内容可能被排除可专利性：

"1.4.4［任何］植物或动物［包括微生物］［品种］或者生产植物或动物的［基本生物］方法；［这并不适用于微生物方法或者由此获得的产品］。［关于生物技术发明，允许根据国内法而作进一步的限制］。"

2.2.2 布鲁塞尔草案

到 1990 年 12 月，谈判各方并未就动物和植物的专利保护达成一致意见，各方分歧仍很突出。布鲁塞尔草案文本的用语也加了方括号，其中规定，缔约各方可以排除以下内容的可专利性：

"［b) A. 动物品种［和其他动物发明］以及生产动物的基本生物方法，但微生物方法及其产品除外。各缔约方应规定通过专利制度、一种有效的特殊制度或者这两者相结合的制度来保护植物新品种。这项规定应在本协议生效后［……］年进行审议。］

［b) B. 植物和动物，包括微生物，及其组成部分，以及它们的生产方法。关于生物技术发明，允许根据国内法而作进一步的限制。］"

A 段主要反映了发达国家的观点，B 段则是发展中国家的观点。作为一个简单的对比，随着第 27 条第 3 款(b)项的通过，表明在很大程度上，发达国家所提出的模式最终占了上风。

---

① 参见 Terence Stewart（编），*The GATT Uruguay Round. A negotiating History（1986—1992）*，Kluwer Law and Taxation Publishers 1993，第 2294 页。

3. 可能的解释

3.1　植物和动物

> 各成员还可以排除……植物和动物……的可专利性

第 27 条第 3 款(b)项允许从总体上排除"植物和动物"的可专利性。由于未作任何区分，并且考虑到第 27 条第 3 款(b)项第二句中引入了一个针对某一特定类型（植物新品种）的例外，因此，第 27 条第 3 款(b)项关于排除可专利性的范围，应当作广义解释。所以，各成员可以对植物本身（包括转基因植物），① 植物新品种（包括杂交品种）以及植物细胞、种子和其他植物材料，排除其可专利性。它们还可以对动物（包括转基因动物）和动物品种排除授予专利。

各成员可以选择只是对特定类别的植物和动物排除其可专利性。因此，在欧洲国家，对一植物"品种"禁止授予专利，但并不妨碍对植物本身授予专利。同地，欧洲专利局对"哈佛肿瘤鼠"（Harvard oncomouse，一种经过基因改造以利于检测抗癌药物的老鼠）授予专利，也是基于这样的判断，即它并不是一个动物"品种"（race），而是一只经过专门改造的"动物"（animal）。②

3.2　微生物

> ……除微生物之外……

"微生物"是肉眼通常看不到的生物。"微生物"的科学定义是指"以下类别中的一种：细菌、真菌、藻类、原生动物或者病毒。"③

---

① 请注意，仅凭转基因特征尚不足以将植物视为植物新品种。在转基因改造的最高层次，经过改造的植物必须具有稳定的特征，亦即，它在繁殖之后仍能保持这些特征。参见以上本章第 1 节。

② 《TRIPS 协定》第 27 条第 2 款允许成员国对于违背"公序良俗"和道德的发明不授予专利。参见本书第 19 章。根据欧洲法规定的这种不授予专利的例外，在欧洲专利局就有关转基因动物和植物的专利申请中曾经被引用过（尽管未能成功）。参见 Fr′ed′eric Pollaud Dulian, *La Brevetabilit′e des inventions. Etude comparative de jurisprudence*, France-OEB, Le Droit des Affaires, No. 16, Paris 1997。

③ 参见 J. Coombs, *Macmillan Dictionary of Biotechnology*, Macmillan, London and Basinstoke 1986, 第 198 页。

这里的一个重要问题是，在自然界中发现的微生物能否根据本条款授予专利。人们普遍认为，"微生物要想获得专利授权，就不能以自然界中的状态存在"。① 但是在一些法律管辖区域，将微生物从自然界中分离出来并确定其具有某种用途的，即足以因此而获得一项专利。

因此，在《欧洲专利公约》成员国中，当一种在自然界中发现的物质，能够通过分离方法或其他标准获得其结构特征时，如果从该种物质在此前无法为公众所获知的意义上来讲，它就是新的，那么可以对它授予专利。《欧洲生物技术发明指令》（European Directive on Biotechnological Inventions）中阐明，"从自然环境中分离出来的或者通过一项技术方法加工而成的生物材料，即使它已经存在于自然界中，也可以成为发明的对象"（第 3 条第 2 款）。

在美国，自然产品的一种分离或提纯形式，可以获得专利。新颖性要求中的"新的"（new）这一概念，并不是指"此前不存在"，而是指在现有技术（prior art）的意义上而言是"新的"，因此，一个自然存在但不为人知的产品，并不会被排除在法律规定可授予专利的对象之外。同样地，日本的《物质专利实施标准》 （Enforcement Standards for Substance Patents）规定，从自然材料中人工分离出来的化学物质可以被授予专利，假如不借助物理或化学方式而预先将之分离出来，就无法测得该物质存在的话。

各成员也可以选择一种较窄范围的可专利性，将其限定在经过基因改造的微生物上。② 实际上，《TRIPS 协定》并未定义何为"发明"；它只是具体规定了一项发明要想获得专利所应当满足的条件（第 27 条第 1 款）。③

另一个重要的实际问题，涉及对细胞、基因和其他亚细胞成分的专利授

---

① 《美国致 TRIPS 理事会通报》（U. S. Communication to the Council of TRIPS），IP/C/W/209，2000 年 10 月 3 日。

② 参见，例如，《巴西工业产权法典》（Brazilian Industrial Property Code，法第 9.279 号，1996 年 5 月 14 日）第 10 条第 XI 款规定，对于"在自然界中发现的生物技术材料"（biological materials found in nature），即使已经被分离出来，也不可授予专利，其中包括任何活体的"基因组或种质"（genome or germplasm）。

③ 参见本书第 17 章。

权。在许多法律管辖区域，对这些材料授予专利已属司空见惯。[①] 尽管这些材料用肉眼无法看到，但它们并不构成"微生物"，因此，不受第 27 条第 3 款 (b)项所设定的义务的约束。

3.3　方法

> 各成员还可以排除……在非生物方法和微生物方法之外的、用于生产植物和动物的基本生物方法……的可专利性。

另一种可能被排除授予专利的对象，涉及用于生产植物和动物的基本生物方法（essentially biological processes）。这项排除性规定并不包括疾病治疗方法、使用动物和植物的方法。[②]

欧洲专利局以"技术干预"（technical intervention）的程度为基础，来定义"基本生物方法"这一概念；如果"技术干预"对于结果的确定或控制起到重要作用，那么，该方法就是可授予专利的。[③] 按照这一定义，传统的培育方法一般是不可专利的。相反，以现代生物技术为基础的方法（例如，组织培养、[④] 对植物进行基因插入），由于技术干预的作用明显，因此可以授予专利。

对"基本生物方法"排除其可专利性，这一规定并没有扩展至生产动物和植物的"非生物"方法（non-biological processes）。它也没有扩展至微生物方法（microbiological processes），后者通常是可专利的。确定某一方法是否为"微生物"方法，并不那么简单。原则上，"微生物"方法这一概念包括了任何利用或者改变微生物的方法。但是，有些方法只有一个或几个步骤是属

---

① 例如，遗传材料在许多国家可以被授予专利，如果它的权利要求是一种非自然发生的形式（in a non-naturally occurring form），亦即，作为被分离或者提纯的分子形式。在美国，1995 年 *Re Deuel* 案的原则已经为对 DNA 授予专利铺平道路，即使该 DNA 只是把已知的蛋白质进行编码，而授予专利权的依据是——由于遗传密码的退化——它们的结构本来是不可预测的。然而在欧洲，对已知的蛋白质进行编码的基因序列（gene sequences）现在一般被认为从初步看就是显而易见的（*prima facie obvious*），尽管在分子生物学最初时期，情况并非如此。

② 根据《TRIPS 协定》第 27 条 3 款(a)项，动物的诊断、治疗和手术方法可以被排除在可授予专利的范围之外。

③ 《欧洲专利局审查指南》（Guidelines for Examination of the EPO），No. X-232. 2。

④ 这是一种技术，让单细胞在无菌的营养液体中成长、分裂，该技术特别被用于植物育种（Hale and Margham，第 528 页）。

于"微生物的"。根据《欧洲生物技术发明指令》，如果此类方法中至少有一个基本步骤是微生物的，那么它们就应当被认为属于"微生物"方法（《指令》第 2 条第 2 款）。

3.4 植物新品种

> 但是，各成员应规定通过专利制度、一种有效的特殊制度或者这两者相结合的制度来保护植物新品种。

《TRIPS 协定》要求各成员承担义务，通过专利制度、一种有效的特殊制度（an effective *sui generis* regime）或者这两者相结合的制度来保护植物新品种。授予专利要受到非常具体的标准的监管，但对于特殊制度，其唯一的要求是必须提供一种"有效的"保护。各国因此就能够决定所授予之权利的范围和内容。

第 27 条第 3 款就有关植物新品种保护的形式而允许存在的灵活性，在很大程度上反映了工业化国家之间在 TRIPS 谈判期间，对于这个问题缺乏一致性意见。尽管在美国、澳大利亚和日本，植物新品种本身是可以获得专利的，但正如上文所述，在欧洲就并非如此。这里提到的"特殊制度"，可以认为它是指国际植物新品种保护联盟（UPOV）所确立的育种者权制度（breeder's rights regime）。但是，将专利制度与育种者权制度相结合，或者形成其他"特殊的"保护形式，这些可能性也是存在的。

对植物新品种的工业产权保护，并不是一个新问题。早在 20 世纪 20 年代和 30 年代，就有若干国家开始引入立法，后来就逐步演变成为一种与专利制度相区别的特殊保护制度（"育种者权"）。育种者权是以特异性（distinctness）、新颖性（novelty）、一致性（uniformity）和稳定性（stability）为条件的，它通常允许对繁殖材料（例如种子）的商业化施加控制，但是，它既不干预农民在自己的土地上使用其留存的种子〔"农夫特权"（famers' privilege）〕，也不干预第三方以一受保护之品种为起点而开发出新的品种〔"育种者豁免"（breeders' exemption）〕。随着《国际植物新品种保护公约》的通过，这种特殊制度在 20 世纪 60 年代获得了国际层面的承认。该公约引入了承认育种者权的最低标准，并且正如前文所述，它最初禁止对植物新品种既进行专利保护又给予特殊保护。①

　　育种者权对于那些新的、特异的、一致的和稳定的植物新品种提供保护。它们所授予的权能是，排除未经授权的人对于该受保护品种的繁殖材料进行使用和繁殖。育种者权和专利之间存在着若干不同特点。前者适用于具体的品种（必须有实物存在），而专利可以指基因、细胞、植物、种子或（如果被允许的话）品种本身。另一个重要的区别是，育种者权制度一般允许农民自己进行开发时再次使用此前获得的种子，而这种做法一般为专利制度所禁止。② 此外，在育种者权利制度下受保护的品种，可以不经育种者权持有人的授权而被用于进一步的育种（"育种者豁免"）。这种做法根据各国的国内法，在专利法制度下可能行不通。

3.5　审议

> 本项规定应在《WTO 协定》生效之日起 4 年后进行审议。

　　《TRIPS 协定》于 1995 年 1 月 1 日生效。尽管审议本来应当于 1999 年进行，但 TRIPS 理事会并未就"审议"（review）的含义达成一致意见。发达国家认为，这里所要求的是一种"对该条款实施情况的审议"，③ 对发展中国家而言，"审议"就应当是开放的，有可能对条款本身进行修订。④

　　对第 27 条第 3 款(b)项的审议，也是 2001 年多哈部长级会议所处理的 TRIPS 议题之一。对此，《多哈宣言》就包括了如下对 TRIPS 理事会下达的

---

　　① 1978 年文本第 2 条中所包含的限制，不适用于在 1978 年文本（第 37 条）的签字期届满之前提供双重保护的缔约国。这就允许美国继续保持对植物新品种同时可授予专利和育种者权利。

　　② 因为活的有机体是自我复制的（self-replicating），因此，出售某一享有专利的有机体，就同时在出售该有机体得以被复制的方法。在这种情况下，专利权就被认为扩展到受保护之有机体的后代。

　　③ 参见，例如，《美国通报》（U. S. communication）IP/C/W/209；《澳大利亚通报》（Australia communication）IP/C/W/310（"这个议程问题的范围是相对较窄的，也就是说，该问题所涉及的是对一项选择性排除可专利性规定的实施效果进行审议……"）。

　　④ 这种观点基于该条款的字面文本，与第 71 条第 1 款相比较，谈判各方在后一条款中所使用的是"审议本协定的实施情况"这样的表达。根据《简明牛津词典》（牛津大学出版社，第 7 版，1982 年，1989 年重印），"审议"即"修订"（revision），而后者反过来则指"解读、检查、重新考虑和改正，改进或修正……法律、宪法，等等。"

指示:①

"19. 我们指示 TRIPS 理事会，在实施其工作计划时，包括在第 27 条第 3 款(b)项审议项下、根据第 71 条第 1 款对实施《TRIPS 协定》进行的审议项下以及在根据本宣言第 12 段所预见的工作中，除其他外，特别审查《TRIPS 协定》与《生物多样性公约》之间的关系、审查对传统知识和民间文学艺术的保护以及成员们根据第 71 条第 1 款提出的其他相关新进展。在进行这一工作时，TRIPS 理事会应以《TRIPS 协定》第 7 条和第 8 条所列目标和原则为指导，并应充分考虑发展问题。"

在执行这一指示时，TRIPS 理事会特别讨论了下列待议事项：

(a) 审议第 27 条第 3 款(b)的规定；

(b)《TRIPS 协定》和《生物多样性公约》(CBD) 之间的关系；

(c) 传统知识（TK）和民间文学艺术的保护。②

理事会将这些问题集中起来处理，是因为它们之间是相互关联的。尽管主席已经主持了几次磋商，但是各成员迄今为止仍未能在这些问题上消除实质性分歧。在接下来的这几段中，将就以上三项议题所提出的若干建议进行分析。

3.5.1 第 27 条第 3 款(b)项的审议

关于第 27 条第 3 款(b)项的审议，如上文所述，一些发展中国家的成员把"审议"解释为有可能修改第 27 条第 3 款(b)项。特别是，非洲集团（African Group）于 2003 年 6 月向理事会提交意见书，③建议修改 27 条第 3 款(b)项：

"非洲集团对于向任何生命形式授予专利的做法继续持保留意见，对此非洲集团和其他几个代表团已经在此前多次解释。在这方面，非洲集团提议，对第 27 条第 3 款(b)项进行修订，禁止对植物、动物、微生物、用于生产植物和动物的基本生物方法、用于生产植物和动物的非生物方法以及微生物方法授予专利。对于《TRIPS 协定》项下所保护的植物新品种，必须清楚地，而不能只是暗示

---

① 参见《部长宣言》第 19 段，WT/MIN（01）/DEC/1，2001 年 11 月 20 日。

② 参见，例如，WTO/AIR/2322，2004 年 5 月 27 日；WTO/AIR/2246，2004 年 2 月 5 日；以及 WTO/AIR 2104，2003 年 5 月 20 日。

③ 参见《非洲集团联合通报》（Joint Communication from the African Group），IP/C/W/404，2003 年 6 月 26 日［以下简称"African Group June 2003"］。

地或者通过例外之方式表明，要将该保护与社区整体的利益以及农民权利和传统知识的保护形成一种良性平衡，并且保证维护生物多样性。

无论如何，TRIPS 理事会都必须确保，不会通过第 27 条第 3 款(b)项的规定，要求各成员做出违背其社会之公序良俗和道德的事情，从而使得第 27 条第 2 款关于公序良俗和道德的例外变得毫无意义。在这点上的最低限度就是，阐明第 27 条第 3 款(b)项不会以任何方式限制各成员采用该条第 2 款之例外的权利。

［……］

正如上文所指出的那样，非洲集团对于向生命形式和研究工具授予专利持续表示严重关切，并且基于这种关切，本集团还是主张，在《TRIPS 协定》的框架下应当不能对微生物，用于生产植物和动物的非生物方法和微生物方法授予专利。

非洲集团认为，在第 27 条第 3 款(b)项中所予以区别的微生物，以及用于生产植物和动物的非生物方法和微生物方法，都是人为的和没有保证的区分，从而应当把它们从《TRIPS 协定》中移除出去，这样，第 3 款(b)项中关于可授予专利的例外，就包括了植物、动物、微生物，以及用于生产植物和动物的基本生物方法、非生物方法和微生物方法。"

这一提议成了 2003 年和 2004 年在理事会内部进行争议性辩论的基础。发达国家成员拒绝对第 27 条第 3 款(b)项按上述意思进行修改，特别提到了它们的生物技术产业。① 例如，欧共体提议，那些试图回避对自然材料授予专利的国家，可以利用《TRIPS 协定》的灵活性，亦即，它们可以对可专利性标准采用狭义规定。照此规定，在自然界中存在的遗传资源就不具有可专利性了（因其无法满足新颖性的要求）。②

如果确实要修订，一些发达国家的目标就是，消除动物和植物的例外，并且确定，1991 年修订的《UPOV 公约》应当成为植物新品种保护的唯一方式，排除其他的特殊制度。因此，根据美国的观点，TRIPS 理事会应当考虑

---

① 这个观点是由欧共体在 TRIPS 理事会 2004 年 3 月会议上提出来的。

② 在 TRIPS 理事会 2004 年 3 月会议上，欧共体表达了这一观点。另参见 2002 年 10 月 7 日《欧洲共同体及其成员国致 TRIPS 理事会通报》(Communication from the European Communities and their Member States to the Council for TRIPS)，IP/C/W/383（以下简称 "EC October 2002"），欧共体在其中拒绝了一项针对第 27 条第 3 款(b)项的修正案，并且声称，现行条款为各国根据其国家的需求、利益和道德标准而设计专利保护，提供了充分的灵活性。

"通过删除将植物和动物排除在可专利性之外的规定，再结合《UPOV 公约》中关于植物新品种保护的主要条款，这样来修改《TRIPS 协定》是否可取。"①

相反，对于许多发展中国家而言，重要的是继续保留对动物和植物不授予专利之例外，以及在植物新品种上采用特殊制度的灵活性，以便适应于有关国家的种子供应制度。

3.5.2 《TRIPS 协定》和《生物多样性公约》之间的关系

在 TRIPS 理事会关于第 27 条第 3 款（b）项的审议进行讨论时，针对《TRIPS 协定》和《生物多样性公约》之间的关系所持有的各种不同意见都得到了表达。虽然发达国家没有发现这两者有任何不一致之处，②但一些发展中国家还是表明，需要对它们进行调和，可能的方法是修订《TRIPS 协定》。③

许多发展中国家的主要担心是，《TRIPS 协定》对于在其发明中吸收或者使用了遗传材料（genetic material）或附属知识（associated knowledge）的专利申请人，并未要求其遵守《生物多样性公约》（CBD）的某些义务。该公约规定，取得遗传资源应当经过提供该遗传资源的缔约国的事先知情同意，并与其公平分享利益。④ 发展中国家一再表示担心的是，其遗传资源可能遭到发达国家申请人的不法盗用。⑤

为了消除这些担心，发展中国家向 TRIPS 理事会提议，在某些方面修改《TRIPS 协定》，以便要求与生物材料或传统知识相关的专利申请人提供以下信息，作为获得专利的条件：

· 披露在其发明中所使用的生物资源和传统知识的来源和起源国；
· 根据相关国家制度，通过相关机关的批准，从而证明获得了事先知情

---

① 1998 年 1 月 19 日《美国通报》（Communication from the United States），WT/GC/W/115，在第 II.A 项。另参见《欧洲委员会致理事会和欧洲议会通报》（Communication from the European Commission to the Council and the European Parliament），*The EU approach to the Millennium Round* 1999，第 16 页。请注意，在近来的双边自由贸易协定中存在这样一种趋势，将 UPOV 作为植物新品种保护的唯一可采取的方式。参见本章第 6.3 节。

② 参见，例如，《美国通报》（U. S. communication）IP/C/W/209；《澳大利亚通报》（Australia communication）IP/C/W/310。

③ 参见，例如，非洲集团关于协调 TRIPS 协定与 CBD 的提议（the African Group proposal to harmonize the TRIPS Agreement with the CBD），见 WT/GC/W/202；以及印度的提议，见 WT/GC/W/225。

④ 参见 CBD 第 15 条。更多具体内容，参见本章第 5.2 节。

⑤ 参见，例如，African Group June 2003，第 4 页。

同意；并且

- 根据相关国家制度公平分享利益的证据。①

通过《TRIPS 协定》的专利制度来执行《生物多样性公约》的义务，这一模式遭到了一些发达国家的反对，② 这些国家支持另一种替代性观点，即继续推进 WIPO 的"知识产权与遗传资源、传统知识和民间文艺政府间委员会（WIPO's Intergovernmental Committee on Intellectual Property and Genetic Resources，Traditional Knowledge and Folklore/IGC）的工作。③ 总的来说，这一问题仍然存在争议。

---

① 参见 2003 年 6 月 24 日由玻利维亚、巴西、古巴、多米尼加共和国、厄瓜多尔、印度、秘鲁、泰国提交的意见书，IP/C/W/403。2004 年 3 月 2 日由巴西、古巴、厄瓜多尔、印度、秘鲁、泰国和委内瑞拉向 TRIPS 理事会提交的一份核对清单（参见 IP/C/W/420）中，还是包括的这三项议题。非洲集团也有类似的提议，倡导对《TRIPS 协定》第 29 条（关于专利申请人的条件）进行修改，要求在该条款中包括一项专利申请人的义务，即披露任何生物资源和传统知识的来源国，并且提供证据，证实其遵守该国国内关于获取资源的规定。参见 African Group June 2003，第 6 页。

② 在 2004 年 3 月和 6 月的理事会会议上，美国和日本对这一模式特别表示反对。另一方面，瑞士承认，这些问题应当在专利制度中解决，并且提议修改《专利合作条约》（PCT），以便加入这样的规定，即在适当的情况下，在专利申请中将遗传材料的来源声明作为一种自愿性要求（IP/C/W/400；重申于 IP/C/W/423）。该提议包括了关于以下内容的具体说明，即何时披露才具有相关性，不遵守披露要求的惩罚制度，即在这种情况下，专利有可能被驳回或撤销。最后，欧盟（参见 EC October 2002）表示，同意审查并讨论引入一项新的制度，即追踪所有与遗传资源相关的专利申请。但同时，欧盟也表明（出处同上），不遵守披露义务的法律后果，应当不属于专利法调整的范围。与披露来源议题相对，在 2004 年 3 月的 TRIPS 理事会会议上，欧盟表示不愿参与关于事先知情同意事项的讨论。关于 TRIPS 理事会 2003 年 6 月和 2004 年 6 月会议的概述，参见 ICTSD Bridges Trade BioRes，2003 年 6 月 13 日，*CBD－TRIPS Discussion Picking Up Speed At the WTO*（〈http：//www. ictsd. org/biores/03-06-13/story1. htm〉）；和 ICTSD, Bridges Weekly Trade News Digest，2004 年 6 月 23 日，*Quiet TRIPS Council Focuses on Health, Biodiversity-Related Issues*（http：//www. ictsd. org/weekly/04-06-23/story3. htm）。

③ 关于 IGC 目前所承担工作的概述，参见 South Centre/CIEL IP Quarterly Update：First Quarter 2004. *Intellectual Property and Development：Overview of Developments in Multilateral，Plurilateral，and Bilateral Fora*，可查于〈http：//www. ciel. org/Publications/IP Update Spring04. pdf〉。另参见 South Centre/CIEL IP Quarterly Update：Second Quarter 2004. *Intellectual Property and Development：Overview of Developments in Multilateral，Plurilateral，and Bilateral Fora*，可查于 http：//www. ciel. org/Publications/IP Update Summer04. pdf。

3.5.3 传统知识和民间文学艺术的保护

TRIPS 理事会的讨论主要集中在传统知识保护的适当平台上。发展中国家几乎一致表示，坚决支持将传统知识保护纳入 WTO 进行谈判的看法。① 这些国家认为，包括 WIPO 在内的任何其他平台，都无法提供实施该等权利的适当手段。

另一方面，发达国家成员反对在 WTO 解决传统知识的问题，并且坚持认为，应当在 WIPO 的支持下（在 IGC 中）解决这一问题。② 部分论据涉及，一是 WIPO 在这方面具备专业知识，另一个是已经任务繁重的 WTO 多哈议程，将不允许再有充足的资源来承担诸如传统知识之类的新议题。

这一背景下的另一个争议问题是，传统知识的保护期限。尽管发展中国家支持非洲集团的立场，③ 即应当是无限期的保护，就像地理标记一样，但是发达国家强调在这一方面有必要保留公共领域。④

4. WTO 案例

迄今为止还没有任何 WTO 案例涉及这一主题。⑤

---

① 参见，例如，the African Group June 2003。

② 参见，例如，EC October 2002，第 2 页："欧共体支持开展进一步的工作，以便在 WIPO 内形成一种关于传统知识的法律保护的国际特殊模式。在现阶段，TRIPS 理事会并不是一个适当的场所，来就诸如传统知识和民间文艺之类的复杂的新对象进行谈判。根据这个议题，WTO 较为理想的做法是，把它的工作建立在 WIPO "知识产权与遗传资源、传统知识和民间文艺政府间委员会"所完成工作的基础上。根据 WIPO 的工作结果，TRIPS 理事会才必需确定这一结果是否保证了它在 WTO 的进一步工作。"

③ 参见 the African Group June 2003，《关于传统知识的决定草案附件》（Annex Draft Decision on Traditional Knowledge），第 4(c) 段。

④ 这个观点是由欧共体在 TRIPS 理事会 2004 年 3 月会议上提出来的。欧共体主张，传统知识和地理标志是不同的，后者只保护名称，而传统知识则保护在一产品中所包含的知识。

⑤ 美国要求根据《争端解决谅解》（DSU）而与阿根廷进行磋商，其中特别涉及微生物的可专利性问题（WT/DS 196/1）。

5. 与其他国际文件的关系

5.1 WTO 诸协定

其他的 WTO 协定对于《TRIPS 协定》第 27 条第 3 款(b)项所调整的对象并无直接影响。

5.2 其他国际文件

5.2.1 国际植物新品种保护联盟（UPOV）

《国际植物新品种保护公约》由国际植物新品种保护联盟（UPOV）管理，1961 年在巴黎订立，此后修订 3 次。UPOV 设定了包括国民待遇在内的对"育种者权"授权的标准，该权利是植物新品种保护的一种特殊形式。该公约的最后一次修订是在 1991 年，[①] 它对公约的 1978 年文本引入了重大的变革。[②]

为了获得保护资格，一植物品种必须满足以下要求：

（i）新颖性（novelty）。该品种尚未经育种者同意在申请人寻求保护的国家提供出售或者市场销售——或者，若该国法律另行规定，则不能超过 1 年，如果是在任何其他国家，则经育种者同意提供出售或者市场销售距申请日不得超过 4 年（藤本和树木包括其根茎的情况下，未超过 6 年）。1991 年文本将这个 1 年的宽限期变成强制性的，并要求"植物品种的繁殖或收获材料"必须尚未"出售或以其他方式转让给他人"。（1991 年文本第 6 条）

（ii）特异性（distinctness）。该品种必须具备一个或多个重要特征，以明显区别于已知的任何其他品种。（1991 年文本第 7 条）

（iii）一致性（uniformity）。在其繁殖特性中预期可能出现变异的情况下，该品种在有关性状上表现足够的整齐一致。（1991 年文本第 8 条）

（iv）稳定性（stability）。在其繁殖特性中预期可能出现变异的情况下，

[①] 尽管 UPOV 的新成员只能加入 1991 年文本，但是，有许多国家仍然遵守该公约 1978 年文本项下的义务。

[②] 主要的变化包括：将保护范围扩展至所有植物的属和种；育种者的专有权，在某些情况下就超越了繁殖材料，扩展至收获材料和通过非法使用繁殖材料所获得的产品；允许成员国选择就植物新品种而采取育种者权和专利保护相累加的方式（1978 年文本则排除了这种可能）；引入"依赖性派生品种"的概念（关于该术语的解释，参见本节以下部分）。

该品种的基本特征是稳定的。如果后者经过反复繁殖其相关性状仍然保持不变，或者在特定繁殖周期中的各个周期结束时，其有关性状保持不变，就属于这种情况。（1991 年文本第 9 条）

（v）命名（denomination）。植物新品种必须命名，以资识别；名称不应导致误解，或在品种特征、特性、价值或类别或育种者身份方面造成混淆。（1991 年文本第 5 条第 2 款和第 20 条第 2 款）

该公约在第 11 条中规定了所谓的优先权。任何育种者（一成员国的国民或居民）可以在任何成员国提出第一次申请，要求对某一特定的植物品种进行保护。如果育种者在提出首次申请后 12 个月内在任何其他成员国就同一植物品种提出申请的，在后申请就可以享受在先申请的优先权。

受理保护申请的成员国的主管当局在确定寻求保护的植物品种已经满足了上述标准之后，就会授权加以保护。如上文所述，对同质性（homogeneity）和稳定性的审查，必须考虑到该品种繁殖模式的特性。

根据 1991 年修订的该公约第 14 条第 1 款（a）项，有 7 种使用行为必须获得育种者的授权：①生产和繁殖（reproduction/multiplication）；②为繁殖而进行的种子处理；③提供销售；④售出或其它市场销售；⑤出口；⑥进口；⑦为上述任何目的进行存储。

上述权利可以通过繁殖材料（propagating material）实施，也可以通过收获材料（harvested material）（包括植物的全部或部分）实施，只要后者是通过未授权使用繁殖材料而获得的，并且育种者没有合适的机会去行使与繁殖材料相关的权利。

除了保护植物品种本身，育种者的权利还扩展至与受保护品种并无明显区别的品种，但这些品种是受保护品种的"依赖性派生"品种（essentially derived variety），[①] 和需要反复利用受保护品种进行生产的品种。

就像《UPOV 公约》1978 文本的情况那样，根据《UPOV 公约》1991 年文本，第三方可以自由获得在受保护植物品种当中潜在的遗传资源，以便培育其他品种（育种者的豁免）。这对于改进现有品种而言，至关重要。但

---

① 参见《UPOV 公约》1991 年文本第 14 条第 5 款(a)项。一品种属于某一受保护品种的依赖性派生品种，并且符合新颖性、特异性、一致性和稳定性标准的，就可以成为第三方主张保护的对象，但是，未经原始品种的育种者授权，该第三方不得使用。依赖性派生品种的概念，适用于那些主要从另一品种派生出来的品种，除派生引起的性状有所差异外，在表达出原始品种基因型（genotype）或基因型组合（combination of genotypes）产生的基本特征方面与原始品种相同（《UPOV 公约》1991 年文本，第 14 条第 5 款(a)项）。

是，《UPOV 公约》1991 年文本的第 15 条第 1 款和第 14 条第 5 款现在规定得很清楚，如果第三方的育种行为没能培育出新品种，而是得到了最初的、受保护品种的依赖性派生品种的，那么，该育种者的豁免不得适用。[①] 这是因为，育种者对于最初品种的专有权扩展到了如上文所述的依赖性派生品种。[②] 因此可以这样说，《UPOV 公约》1991 年文本所引入的"依赖性派生"品种的含义就扩大了育种者的专有权，把这些权利从最初品种扩展至由此产生的

---

① 另参见 *Biswajit Dhar*，*Sui Generis Systems for Plant Variety Protection. Options under TRIPS. A* Discussion Paper，Quaker United Nations Office，Geneva 2002，第 15 页〔以下简称 Dhar〕。

② 实际上，这一规定意味着，如果品种 B 是品种 A 的依赖性派生品种，那么，品种 A 的育种者因为受到育种者权的保护，就有权要求品种 B 的育种者在对品种 B 进行商业化应用时，须获得其授权。这里的中心思想是，育种者不应当因为对现有品种的细微改变或自己不进行育种的搭便车行为而过于容易地获得保护，否则，在这一领域因生物技术申请的增长所带来的问题，看起来就可能加剧。除了解决这些特定问题，本条款也旨在确保专利权和育种者权在某些法律管辖区域内可以一种和谐方式行使，因为在那里，植物及其部分、种子和基因是可以获得专利的，从而，专利持有人可以阻止对这些对象的取得。该做法就破坏了育种者权保护的一个主要理由，即育种者权虽然能够保障育种者从其投资中获得回报，但它不能阻止他人自由取得育种材料而与之进行竞争。这里举一个例子，或许有助于理解。我们假定如下情况，品种 A 受到育种者权的保护，而另一家公司拥有一个受到专利保护的基因要素。该基因要素的专利权人可以自由使用 A，来生产出他或她的品种 B，而如果没有关于依赖性派生品种的条款，那么，将 B 投入市场将无需对 A 的所有权人承担义务，尽管在事实上，B 之所以区别于 A 仅仅在于它增加了该拥有专利的基因要素。但是，A 的所有权人需要从 B 的生产者那里获得许可，才能在为进一步的品种进行育种时使用该享有专利的基因要素。那么在这种情况下，专利就产生了这样的效果，即育种者权通常所允许的育种者豁免（breeders' exemption）被挡住了。这里应当指出的是，授予育种者权的机关并不自行确定一个品种是否为原始品种的依赖性派生品种。这个问题交由法院来决定。参见 Graham Dutfield，*Intellectual Property Rights*，*Biogenetic Resources and Traditional Knowledge*，Earthscan：London 2004，第 35 页；R. Jördens，*Legal and technological developments leading to this symposium*：UPOV's perspective，在"WIPO-UPOV 关于专利与植物育种者权并存以促进生物技术发展研讨会"（WIPO-UPOV Symposium on the Co-existence of Patents and Plant Breeders' Rights in the Promotion of Biotechnological Developments）上宣读的论文，2002 年 10 月 25 日，日内瓦，第 6 页。值得注意的是，《欧共体关于生物技术发明保护指令》（EC Directive on the Legal Protection of Biotechnological Inventions）试图让育种者权和专利能够和谐相处，故而规定，如果不侵犯专利就无法获得或使用育种者权利的，或者反过来，就可以申请强制许可。如果给予强制许可，则许可方也有权获得针对被许可方的专利或者育种者权利的交叉许可。

所有依赖性派生品种（第 14 条第 5 款(a)项）。

根据《UPOV 公约》1978 年文本，农民被允许保留种子，以便其在开发时再次使用。《UPOV 公约》1991 年文本将这种豁免变成由各成员国自行选择，这种豁免可能限制育种者权，"以便允许农民在自己土地上为繁殖之目的，使用在其土地上种植的保护品种所收获的产品。"（第 15 条第 2 款）此外，这一豁免在适用时应当"在合理的范围内，并在保护育种者合法权益的条件下"。因此，通过《UPOV 公约》1991 年修订版的外交会议表明，第 15 条第 2 款不应当被解释为将该"特权"（privilege）扩展到农业生产或者园艺生产中，因为在那里，它并不是"一种惯例"（a common practice）。① 在此，《UPOV 公约》1991 年文本的规定再一次加强了育种者的专有权。尽管根据《UPOV 公约》1978 年文本，农民有权以任何方式使用受保护的材料，并无义务向商业性育种者支付任何使用费，② 但《UPOV 公约》1991 年文本第 15 条第 2 款则导致了对农民特权（farmers' privilege）的一个重大限制。农民不再被允许出售受保护的种子，而只能限定在自己土地上为繁殖之目的而重复使用种子。③

《UPOV 公约》也允许为了公共利益，他人可以在未经权利人同意的情况下获得并使用受保护的材料，但要向其支付公平报酬（equitable remuneration）。

5.2.2 《生物多样性公约》

1992 年《生物多样性公约》（Convention on Biological Diversity/CBD）处理的是遗传资源的保存和可持续使用问题。该公约承认，各成员国对于在其法律管辖区域内的遗传资源拥有主权权利（第 3 条）。该公约要求各缔约方采取若干措施，以确保遗传资源的就地保护（in-situ conservation）和移地保护（ex-situ conservation）。

《生物多样性公约》第 15 条确认，各国政府有权根据本国法律，决定能

---

① 应当指出的是，《UPOV 公约》包含了最低保护标准，因而，任何成员国可以提供比该公约规则所确定的更高保护。

② 参见 Dhar，第 15 页。

③ 此外，农民特权应当"在保护育种者正当权益的条件下"行使（《UPOV 公约》第 15 条第 2 款），这在有些国家也可能被当作一种授权，要求农民为再次使用受保护的种子而向育种者支付使用费。

否取得遗传资源。① 尽管有这样确认，各缔约方还是"应致力于创造条件，以方便其他缔约方取得遗传资源，用于无害环境的用途，不对这种取得施加违背本公约目标的限制"（第 15 条第 2 款）。

根据该公约第 15 条第 4 款和第 5 款，在被批准取得遗传资源应按照共同商定的条件，并且需经提供遗传资源的缔约方②的事先知情同意（prior informed consent，简称 PIC），除非该缔约方另有决定。此外，《生物多样性公约》规定，每一缔约方使用其他缔约方提供的遗传资源从事开发和进行科学研究，应力求这些缔约方充分参与。最重要的是，每一缔约方应当采取立法、行政和政策措施，以期与提供遗传资源的缔约方公平分享研发和开发的成果，以及商业和其他方面利用此种遗传资源所获得的利益。这种分享应当按照共同商定的条件（第 15 条第 6 款和第 7 款）。

第 16 条规定了技术的取得和转让，这被认为是"实现本公约目标必不可少的要素"。缔约方保证向其他缔约方提供和/或便利其取得并向其转让"有关生物多样性保护和持久使用的技术或利用遗传资源而不对环境造成重大损害的技术"（第 16 条第 1 款）。对于发展中国家而言，"应当按公平和最有利条件提供或给予便利，包括按共同商定的减让和优惠条件，并于必要时按照第 20 条和第 21 条设立的财务机制，提供或给予便利"（第 16 条第 2 款）。

该公约解决了与生物多样性的保护和可持续使用相关的，或与遗传资源的使用相关的技术在受到知识产权约束时的情况。在此情况下，这种取得和转让所根据的条件应当承认且符合知识产权的"充分有效保护"（第 16 条第 2 款）。但是，各缔约方应在这方面遵照国家立法和国际法进行合作，以确保此种权利有助于而不违反本公约的目标（第 16 条第 5 款）。

此外，就知识产权、生物技术的处理及其利益的分配而言，每一缔约方应酌情采取适当的立法，行政或政策措施，以期：

---

① 根据由 1983 年《植物遗传资源国际承诺》〔International Undertaking on Plant Genetic Resources，简称"IU"，它是 2001 年《粮食和农业植物遗传资源国际条约》（International Treaty on Plant Genetic Resources for Food and Agriculture）的前身〕所确立的框架，粮食和农业植物遗传资源（PGRFA）被视为"人类共同的遗产"，受到一项在 IU 各缔约方之间的自由交换制度的约束（IU 序言中称，"植物遗传资源是全人类共同的遗产，应当受到保护、自由获取使用、为今人和后代谋利"）。

② 就本公约目的而言，"由一缔约方提供的遗传资源"仅指由作为此种资源的原产地国家（countries of origin）的缔约方，或者根据本公约获得（acquired）遗传资源的缔约方所供应的遗传资源。

· 根据共同商定的条件向提供遗传资源的缔约方，特别是其中的发展中国家，提供利用这些遗传资源的技术和转让此种技术，其中包括受到专利和其他知识产权保护的技术，必要时通过第 20 条和第 21 条的规定，遵照国际法，以符合第 16 条第 4 款和第 5 款规定的方式进行。（第 16 条第 3 款）

· 私营部门为第 16 条第 1 款所指技术的取得、共同开发和转让提供便利，以惠益于发展中国家的政府机构和私营部门，并在这方面遵守第 16 条第 1 款、第 2 款和第 3 款规定的义务。（第 16 条第 3 款）

· 让提供遗传资源用于生物技术研究的缔约方，特别是其中的发展中国家，切实参与此种研究活动。（第 19 条第 1 款）。

· 促进提供遗传资源的缔约方，特别是其中的发展中国家，在公平的基础上优先取得基于其提供资源的生物技术所产生成果和惠益。此种取得应按共同商定的条件进行。（第 19 条第 2 款）

最后，每一缔约方应直接或要求其管辖下提供由生物技术改变的任何活生物体的任何自然人和法人，将该缔约方在处理这种生物体方面规定的使用和安全条例的任何现有资料以及有关该生物体可能产生的不利影响的任何现有资料，提供给将要引进这些生物体的缔约方（第 19 条第 4 款）。

关于《TRIPS 协定》和《生物多样性公约》的规定之间的关系，从和谐一致到互有冲突，各种意见纷纷呈现。① 两者的冲突跟可能授予的知识产权相关，因为这种授权是基于遗传资源或由遗传资源所组成，但它又没有遵守《生物多样性公约》所确立的事先知情同意和利益分享的义务。还有人认为，可能引发冲突的是同时实施（implementation）这两个国际条约的情况下，但是，这种冲突并不必然是由于规范性抵触（normative contradictions）所导致的结果。②

---

① 参见 UNCTAD-ICTSD Policy Discussion Paper。关于在 TRIPS 理事会目前讨论的一个概述，参见以上本章第 3 节。

② "很多政策制定者和市民社会成员担心，《TRIPS 协定》鼓励私人商业利益是以其他重要的公共政策目标为代价的，比如在 CBD 所包含的那些公共政策目标。他们具体关心的是，《TRIPS 协定》正在给 CBD 的成功实施带来严重挑战，包括关于……取得和利益共享、传统知识的保护、技术转让、生物多样性的保存和可持续使用"，WWF/CIEL，*Biodiversity & Intellectual Property Rights*：*Reviewing Intellectual Property Rights in Light of the Objectives of the Convention on Biological Diversity*，Joint Discussion Paper，Gland-Geneva 2001，第 11—12 页。

6. 新近发展

6.1　国内法

在各成员的国内法中，关于生物技术发明的可专利性问题，存在相当大的差异。《TRIPS 协定》第 27 条第 3 款(b)项所允许的授权性例外，已经被许多发达国家和发展中国家的法律所吸收。① 在大多数国家，植物和动物的品种是不可授予专利的。② 基于《TRIPS 协定》所允许的例外，一些发展中国家明确地将已经存在的生物材料，包括基因，排除在可专利性范围之外，除非它们经过了基因改造。但在这些情况下，为获得一个以生物技术为基础的产品而使用的方法，还是可能获得专利的。

对大多数发展中国家而言，由于它们中的大部分在《TRIPS 协定》谈判和通过之时并不保护植物新品种，故而，第 27 条第 3 款(b)项就要求对它们的国内法进行实质性修改。许多发展中国家已经加入了 UPOV，或者正在加入，而其他国家则在探索采用 UPOV 以外的保护模式，③ 包括承认"农民权利"（Farmers' Rights）。④ 例如，印度议会在 2001 年 8 月 9 日通过了一部《植物新品种保护与农民权利法》（Plant Variety Protection and Farmers' Rights Act）。该法律所规定的内容包括：农民的植物品种在政府和非政府组织的帮助下进行登记；品种登记的申请人必须披露关于其使用由部落或农村家庭所保存遗传材料的信息；任何村落或当地社区可以就其对于品种发育的贡献而要求补偿。它还规定成立一个基因基金（Gene Fund），领受所有应当

---

①　参见，例如，对 WTO 秘书处所发放的调查问卷的回答，IP/C/W/122 和 126；OMPI/BIOT/WG/99/1，1999 年 10 月 28 日。另参见 OECD, *Intellectual property practices in the field of biotechnology*，Working Party of the Trade Committee，TD/TC/WP（98）15/Final，Paris 1999［以下简称 OECD］.

②　只有在 5 个 OECD 国家，植物本身、植物的组成部分以及植物品种都是可授予专利的。只有在 6 个 OECD 国家，专利可以针对动物本身、动物的器官以及动物品种（OECD，第 5 页）。很多发展中国家所制定的专利法，则将植物和动物排除在可专利性之外，或者范围更窄的做法是，将植物品种和动物品种也排除在外。

③　参见，例如，Organization of African States（OAU），*African Model Legislation for the Protection of the Rights of Local Communities，Farmers and Breeders，and for the Regulation of Access to Biological Resources*。

④　关于这一概念，参见 Carlos Correa, *Options for the implementation of Farmers' Rights at the national level*，South Centre，Working Paper，Geneva 2000。

向农耕社区支付的收入。该法律还包含一项关于"农民权利"的规定，根据该条款

"农民……应当被认为有权保存、使用、播种、重复播种、交换、分享或销售其农业产品，包括根据本法而受保护的品种的种子，与本法生效前其有权使用的方式相同，只是该农民不得出售受本法保护之品种的品牌种子"（第39条（iv）款）。①

秘鲁已经建立了一套综合性法律制度，以保护与生物多样性相关的传统知识。② 该法律体现了《生物多样性公约》所要求的事先知情同意和利益共享。这使得原住民和当地社区可以就其集体拥有的知识来主张权利。为此目的，该法律要求利害关系方有义务从这些提供了与生物多样性相关知识的社区那里，获得事先知情同意。根据这部新制定法律的第 27 条，此类合同（或许可）必须包括，原住民社区有要求获得最低补偿的权利，亦即，从集体知识所派生商品的总销售额的 5%。

6.2 国际文件

6.2.1 《粮食和农业植物遗传资源国际条约》（ITPGRFA）

2001 年 11 月在罗马举行的联合国粮农组织大会（FAO Conference）上，通过了《粮食和农业植物遗传资源国际条约》（International Treaty on Plant Genetic Resources for Food and Agriculture/ITPGRFA）。该条约建立在 1983 年《粮食和农业植物遗传资源国际承诺》（International Undertaking on Plant Genetic Resources for Food and Agriculture/IU）的基础上，并于 2004 年 6 月 29 日经 40 个成员国批准后生效。与 IU 不同，ITPGRFA 在关于粮食和农作物方面遗传资源的取得和利益分享方面，包括了具有法律约束力的义务。它协调了早先的 IU 条款和《生物多样性公约》之间的关系，承认各缔约国对其植物遗传资源的主权，以及它们出于粮食安全而与其他成员交换这些资源。ITPGRFA 试图避免因《生物多样性公约》（第 15 条）要求的双边交换育种材

---

① 就（iv）款而言，品牌种子（branded seed）是指装入口袋或任何其他容器中，并贴上标签，标明该种子属于受本法保护的一个植物品种。

② 法第 27811 号，自 2002 年 8 月 10 日起生效。更多具体内容，参见 M. Ruiz 和 I. Lapena, *New Peruvian Law Protects Indigenous Peoples' Collective Knowledge*，载 Bridges Between Trade and Sustainable Development, September 2002（year 6，no. 6），第 15 页，可查于 http：//www.ictsd.org/monthly/bridges/BRIDGES6-6.pdf。

料所导致的高额交易成本，而是建立了一套多边系统，以便利遗传资源的获取和利益共享。① 这一多边交换系统（multilateral system of exchange）的运行，是通过 ITPGRFA 管理机构采用的一种标准的《材料转让协议》（Material Transfer Agreement）而实现的（参见 ITPGRFA 第 12 条第 4 款）。根据该条约，还建立了一个包含所涉及农作物的资源总库，可供进一步研究、育种和教育目的所用。②

关于 ITPGRFA 和《TRIPS 协定》之间的关系，ITPGRFA 第 12 条第 3 款(d)项尤其容易引发争议。③ 在这两个条约之间，有若干之处都可能存在冲突。第 12 第第 3 款(d)项和(f)项解决的是粮食和农业的植物遗传资源的取得问题，其中规定，这种取得要符合以下条件，包括：

（d）获得者不得以从该多边系统所获得的形式而主张任何知识产权和其他权利，以此限制他人便利于获得粮食和农业植物遗传资源、或其遗传性部分或成分；（着重号是后加的）

（f）获取受知识产权和其他财产权保护的粮食和农业遗传资源，应符合相关国际协定和相关的国内法律；

第(f)项表明，ITPGRFA 并非意在规避《TRIPS 协定》的规章制度。这样就为(d)项的解释传递了信息，即不能将之看作是在授权缔约国违反《TRIPS 协定》关于专利的规定。根据该条款的用语，(d)项并没有针对一般性植物遗传资源而不允许授予专利，它只是针对从该多边系统所获得的形式（in the form received）。这就明显地将从种子库取得的种子排除在专利授权范围之外。另一方面，该规定是否对于经过改造或从自然环境中分离出来的遗传材料，也不能授予专利，这一点尚不清楚。不过，对此问题再作过多详细分析，就超过本书范围了。

最后，ITPGRFA 第 13 条规定，因便利获取所涉及的植物遗传资源而产生的收益，应当公平合理地分享（第 13 条第 1 款）。以下四种利益共享机制是可以预见的（第 13 条第 2 款）：信息交换、技术取得和转让、能力建设、从商业化中所产生收益的分享。

该条约第 13 条第 2 款(b)项(i)目规定，技术的取得和转让应尊重可适用

---

① 参见 Tansey，第 10 页。

② 关于 ITPGRFA 的更多具体内容，参见 Tansey，第 10 页，以及 UNCTAD-ICTSD Policy Discussion Paper。

③ 参见 UNCTAD-ICTSD Policy Discussion Paper，第 109 页。

的财产权和有关取得的法律。同款(d)项(ii)目则具体规定，标准的《材料转让协议》(亦即，该条约为所涉遗传资源的便利取得而提供的标准化手段)应当包括这样一项要求，从多边系统获取材料的获取者有义务将因包含该材料的产品进行商业化所产生收益的一个合理份额，支付给一特定的财政资源机构。①

6.2.2　多哈宣言

正如以上本章第 3 节所述，2001 年的《多哈部长宣言》第 19 段向 TRIPS 理事会发出指示，根据第 27 条第 3 款(b)项，审议如下事项，比如《TRIPS 协定》和《生物多样性公约》之间的关系，传统知识和民间文学艺术的保护等。

6.2.3　缔约方大会第 7 次会议

在 2004 年 2 月举行的第 7 次会议上，《生物多样性公约》缔约方大会(Conference of the Parties/COP) 决定，指令其"取得和利益共享特别开放式工作组"(Ad Hoc Open-ended Working Group on Access and Benefit-sharing) 就遗传资源的取得和利益共享，详细设计并且谈判形成一套国际机制，以便有效地实施在该公约第 15 条和第 8 条(j)项中的规定，② 实现该公约的三个目标(亦即，生物多样性的保存、生物多样性的可持续使用和公平的利益共享)。③ 在该相同情况下，缔约方大会也解决了知识产权与遗传资源以及相关传统知识的关系：

"7. 要求"取得和利益共享特别开放式工作组"确认与如下问题相关的议题，即在知识产权申请过程中披露遗传资源和相关传统知识，包括因提议中的起源/来源/合法出处的国际证书 (international certificate of origin/source/ legal provenance) 而产生的问题，并且将审查结果呈交 WIPO 和其他相关平台。

8. 邀请 WIPO 审查，并且考虑到有必要确保这一工作对于《生物多样性

---

① 关于 ITPGRFA 的利益共享条款的更多内容，参见 Tansey，第 11 页。关于 ITPGRFA 的农民权利模式，参见 UNCTAD-ICTSD Policy Discussion Paper，第 109 页。

② 关于《生物多样性公约》第 15 条，参见以上本章第 5.2 节。《生物多样性公约》第 8 条(j)项规定，每一缔约方应当尽可能并酌情"依照国家立法，尊重、保存和维持原住民和地方社区体现传统生活方式而与生物多样性的保护和可持续使用相关相关的知识、创新和做法并促进其更广泛应用，由此等知识、创新和做法的拥有者认可和参与其事并鼓励公平地分享因利用此等知识、创新和做法而获得的惠益"。

③ 参见 UNEP/CBD/COP/7/L.28，2004 年 2 月 20 日。

公约》的目标是支持性的而不是与之冲突的，应以适当方式解决有关取得遗传资源与在知识产权申请中的披露要求之间相互关系的问题，其中特别包括：

（a）提议中的关于披露要求的示范条款多种选择；

（b）有关引发披露程序的知识产权申请程序的多种实际选择；

（c）对申请人激励措施的多种选择；

（d）确定在各种由世界知识产权组织所管理条约中的披露要求的功能影响；

（e）因提议中的起源/来源/合法出处的国际证书所带来的知识产权相关事项；并且就其工作定期向《生物多样性公约》提交报告，特别为解决上述问题而提议的行动或者步骤，以便《生物多样性公约》根据相互支持精神向世界知识产权组织提供额外信息。

9. 邀请联合国贸易与发展会议以及其他相关国际组织按照对《生物多样性公约》目标的支持性方式，来审查由第 7 段和第 8 段所确定的以及相关的事项，并准备一份关于《生物多样性公约》在取得和利益共享方面正在进行的工作流程的报告。"①

6.3 地区和双边情况

6.3.1 地区和双边

如上文所述，《欧洲生物技术发明指令》（第 96/9/EC 号，1996 年 3 月 11 日）设定了关于生物技术发明专利保护的具体标准。相对于在整个欧洲大部分地方所长期存在的法律，该《指令》可以被视为基本上是宣示性的（declaratory）。②

在很多双边协定和地区协定中，关于生物技术发明的可专利性问题和植物新品种的保护问题，都已经得到了解决。在很多情况下，此类协定要求可以对植物和动物授予专利，并且要求（发展中国家成员）加入 UPOV。事实上，关于在生物技术发明领域的"超 TRIPS 条款"，最活跃的谈判是发生在地区和双边层面。对这些协议作一详尽无遗的分析，恐怕就超出了本书范围。最近以来的例子包括，《中美洲自由贸易协定》（Central American Free Trade

---

① 参见 UNEP/CBD/COP/7/L.28，第 10/11 页。

② 参见，例如，Grubb，第 213 页。

Agreement)、①《北美自由贸易协定》（NAFTA）、《美洲自由贸易区协定》（Free Trade Area of the Americas/FTAA）草案，以及在美国—约旦、欧盟—墨西哥之间的自由贸易协定和部分的欧洲—地中海联盟协定（Euro-Mediterranean Association Agreements）。② 这些协定宣布，UPOV 是保护育种者权利的恰当机制，尽管根据《TRIPS 协定》第 27 条第 3 款(b)项，各成员有权采用 UPOV 之外的特殊保护制度。UPOV 新成员的数量迅速增长，就说明了这些地区和双边协定所产生的效果。③

6.4 审查建议

如前所述，在有关第 27 条第 3 款(b)项的审议方面，已经提出过若干建议。④

7. 评论（包括经济和社会意义）

尽管人们在利用发酵酿造啤酒、制作面包时，就已经知道了生物技术，但是直到 20 世纪 70 年代后期，随着单克隆抗体、分子生物和 DNA 重组技术的发展，"现代"生物技术开始出现，从而在生物技术上的经济利益才发生激增。⑤ 自 20 世纪 80 年代以来，生物技术制药（例如，重组红细胞生成素、生

---

① 美国同萨尔瓦多、危地马拉、洪都拉斯，尼加拉瓜和哥斯达黎加达通过谈判而于 2004 年 1 月缔结。

② 参见 OECD, *The Relationship Between Regional Trade Agreements and the Multilateral Trading System*：*Intellectual Property Rights*，TD/TC/WP（2002）28/FINAL，2002 年。在美国与智利的谈判中，后者承诺在 2009 年 1 月 1 日之前参加《UPOV 公约》1991 年文本。此外，《智利—美国自由贸易协定》（Chile-USA FTA）规定了一项"最大努力"条款（"best effort" clause），目的是要各方尽最大努力形成并提出立法建议，在某些情况下为植物提供专利保护。关于《美国—智利自由贸易协定》的详细分析，参见 Roffe，2004。

③ 自 1995 年 1 月 1 日之后，白俄罗斯，玻利维亚，巴西，保加利亚，智利，中国，哥伦比亚，克罗地亚，厄瓜多尔，爱沙尼亚，肯尼亚，吉尔吉斯斯坦，拉脱维亚，立陶宛，墨西哥，尼加拉瓜，巴拿马，巴拉圭，葡萄牙，韩国，摩尔多瓦共和国，罗马尼亚，俄罗斯联邦共和国，新加坡，斯洛文尼亚，特立尼达和多巴哥，突尼斯和乌克兰等国，也成为《UPOV 公约》1991 年文本或者 1978 年文本的成员国。

④ 参见本章第 3 节。

⑤ CEFI, *The Challenges of Biotechnology*，Madrid 1997，第 218 页。

长激素）以及动物和植物的遗传工程应用（例如，对除草剂或昆虫有抵抗力的转基因品种）都取得了相当大的进步。

尽管以遗传工程为基础的产业主要集中在发达国家，但发展中国家拥有世界上可以获取的大部分的生物多样性资源。它们是遗传资源的来源地，而这些遗传资源对于农业和工业（例如，制药企业）而言，价值巨大。特别是，传统的农民在改进植物品种和保存生物多样性方面，过去曾经作出了贡献，现在仍在继续贡献。他们提供的基因库，对于主要粮食作物和其他植物至关重要。发展中国家针对它们认为的外国公司和研究人员根据专利制度所实施的不法盗用（illegitimate appropriation），已经发出声音，表达了它们的担心，并且在某些情况下已经采取了切实行动。①②

由于承认在植物上的知识产权，具体来说就是专利，这也引起人们的重大关切。许多人，特别是发展中国家的人们担心，知识产权可能阻止农民再次使用留存的种子，从而限制了他们维持生存所必不可少的传统农业活动。此外，由于在某些特征（例如高含油量、抗病性能、高产等）上被授予专利，这些基因和植物品种就可能限制了进一步的研究和育种，其中包括对于食品安全至关重要的粮食作物。最后，有一种观点认为，知识产权可能促成更为一致的单作战略（further uniform and monoculture strategies），对生物多样

---

① 因此，印度的科学与工业研究委员会（Council for Scientific and Industrial Research/CSIR）请求对美国 5，401，5041 号专利重新进行审查，该专利所授予的对象是姜黄根（turmeric）治愈伤口的性能。美国专利商标局（USPTO）查明这项创新几个世纪以来已经在印度使用并且有报导，从而不具有新颖性，随之撤销了这一专利。印度还设立了一个项目，以数字化方式记录传统医学知识，并且发出提议，在国际专利分类表（International Patent Classification/IPC）中增加一组特别的分类，以便在作专利审查时能够检索到传统知识方面的信息。

② 有关这个方面，参见《美国致 TRIPS 理事会通报》（the Communication from the USA to the Council of TRIPS），IP/C/W/209，2000 年 10 月 3 日。

性构成损害，并且在农业和种子产业上更趋集中。① 中小型的农场或育种者可能遭受最具破坏性的影响。②

但是，也有人支持一种扩张的、强化的、以专利为基础的保护模式，在他们看来，提供保护是必须的，它是一种对创新的激励，是对于在研究开发上高投入的必要回报。他们认为，知识产权保护可能带来的负面影响，将因为出现新的、更好的植物品种而被抵消。

植物新品种和传统知识的特殊制度在未来的发展，③ 作为维护传统社区和原住民社区正义的一种方式，也吸引了不少人的兴趣，因为该等特殊制度为这些社会的贡献提供了经济补偿。④

最后，应当注意到知识产权委员会（IPR Commission）在其最终报告中所采纳的建议。关于植物和知识产权保护，该委员会的结论是：

"发展中国家一般不应当对植物和动物提供专利保护，而这根据第 27 条第 3 款 (b) 项也是被允许的，因为如果有专利，就可能限制农民和研究人员使用种子。毋宁说，发展中国家应当考虑的是对植物新品种采用不同形式的特殊制度。

发展中国家如果技术能力有限的，则应当在农业生物技术的专利申请上，采取与《TRIPS 协定》相一致的限制措施，并且，对"微生物"这一术语采用一种限缩定义。

具有生物技术相关产业的或者想要发展该产业的国家，可能希望在这一

---

① 在这种情况下，人们已经观察到，一个公司在基因材料上获得专利后，就会阻止其他公司在这一基因材料的基础上做进一步的研究。无论在发达国家还是发展中国家，通常的应对方法是，跨国公司越来越多地进行兼并收购，目的是为了控制其他公司的专利，或从中获利。这又为创新型创业企业设置了重大的入门障碍，因而引发人们的严重关切，即在农业产业领域能否维持有效竞争。参见 IPR Commission report，第 65 页。该报告可查于 http：//www. iprcommission. org/graphic/documents/final report. htm。此处页码是指在线可查的该报告全文 pdf 版的页码，与纸质版页码相同。

② 关于对植物授予专利所产生影响的分析，参见 The Crucible Group，*People*，*plants and patents. The impact of intellectual property on trade，plant biodiversity，and rural society*，IDRC，Ottawa，1994。

③ 参见，例如，OAU，*African Model Legislation for the Protection of the Rights of Local Communities，Farmers and Breeders，and for the Regulation of Access to Biological Resources*。

④ 关于该主题相关文献的一个评论，参见 Graham Dutfield，*Literature survey on intellectual property rights and sustainable human development*，Geneva 2002。

领域提供某种专利保护。如果它们这样做，就应当对这种专有权确立特定的例外，以便进行植物育种和研究。专利权的范围扩展到发明专利的成果和繁殖性产品的，也应当对这一范围进行审查，以便为农民重复使用种子规定一个明确的例外。

对《TRIPS 协定》第 27 条第 3 款（b）项的继续审议，也应当允许各国保留权利，不对植物和动物，包括基因和经过基因改造的动物和植物授予专利，并且，可以形成一种适用于其农业体系的保护植物新品种的特殊制度。这种制度应当为进一步研究和育种而允许使用受保护的品种，并且至少规定农民享有保存和再植种子的权利，包括进行非正式出售或交换的可能性。"①

关于植物遗传资源的获取和农民权利的问题，该委员会的建议是：

"发达国家和发展中国家应当加快进程，批准联合国粮农组织《粮食和农业植物遗传资源国际条约》，特别是实施该条约的与以下内容相关的规定：

• 不对任何通过多边系统框架下转让的材料，就按获取时的形式授予知识产权保护。

• 在国家层面实施农民权利，包括（a）保护与食物和农业植物遗传资源相关的传统知识；（b）对于因利用食物和农业植物遗传资源所带来的利益参与公平分配的权利；（c）在国家层面，就食物和农业植物遗传资源的保存和可持续使用享有参与决策的权利。"②

关于人们担心过度宽泛的专利可能阻碍进一步的研究，该委员会指出：

"发展中国家对生物技术发明提供专利保护的，应当适当考虑美国专利商标局的指南，以评估这些发明是否能够有效进行工业应用。

发展中国家应采用最佳实施例的规定，以保证专利申请人不会保留可能对第三方有用的信息。如果发展中国家允许对基因本身授予专利，则相关条例和指南就应当规定，其权利要求仅限于专利说明书中有效披露的用途，以便鼓励对该基因的任何新用途作进一步研究和商业应用。"③

---

① IPR Commission report，第 66 页。
② 同上注，第 69 页。
③ 同上注，第 117/118 页。

第 22 章 专利：授予的权利

第 28 条 授予的权利

1. 一专利授予其所有权人下列专有权利：

（a）如一专利的客体是产品，则防止第三方未经所有权人同意而实施以下行为：制造、使用、许诺销售、销售或为这些目的而进口* 该产品；

（b）如一专利的客体是方法，则防止第三方未经所有权人同意而使用该方法，并防止实施以下行为：使用、许诺销售、销售或为这些目的而进口至少是以该方法直接获得的产品。

2. 专利所有权人还有权转让，或以继承方式转移其专利，并有权订立许可合同。

［注释］*："与根据本协定授予的关于使用、销售、进口或其他分销货物的所有其他权利一样，此项权利也应遵守第 6 条的规定。"①

第 32 条 撤销/宣告丧失

对任何有关撤销或宣告一专利丧失的决定应当提供司法审查的机会。

第 33 条 保护期限

可获得的保护期限不得在自申请之日起计算的 20 年期满前结束。*

［注释］*：各方理解，无原始授予制度的成员可规定保护期限应自原始授予制度中的申请之日起计算。

---

① 《TRIPS 协定》第 6 条规定："就本协定项下的争端解决而言，在遵守第 2 条和第 4 条规定的前提下，本协定的任何规定不得用于处理知识产权的权利用尽问题。"

1. 引言：术语、定义和范围

对有关产品和方法授予专利权，分别规定于第 28 条第 1 款和第 2 款。产品是指"通过自然过程或者制造而产生的物质或物品。"① 方法是指"在制造、印刷、摄影等活动中的一系列操作。"②

第 28 条规定各成员有义务确保专利所有权人享有专有权，并详细列举了与在制造过程中所实施行为和在制造完成后所实施行为相关的可行使的此类权利的最低标准。所授予权利的专有性，③ 是专利授权所固有的，尽管对于所有种类的知识产权而言并非如此。④ 一旦在发明的实施方面取得成功，就允许权利持有人在专利生命期内获得重大的经济收益，从而实现专利授权的基本目的。

《TRIPS 协定》将专利人的权利界定为专有权，这就明确了专利所授予的是一种消极权利（negative right），亦即，阻止他人对有关发明实施特定行为的法律能力 [ius excluendi（排他权）]，而不是对其产品和方法享有的积极权利（positive right）。⑤ 这一区分，对于解释第 28 条以及在这一节中的其他条文具有重要意义。⑥

第 28 条第 1 款(a)项的大部分内容所反映的，是在这一问题上以往立法的现状。相比较而言，第 28 条第 1 款(b)项规定，对于法所授予的保护，延伸到由该方法直接获得的产品，这样就引入了一项在许多发达国家所适用但在大多数发展中国家通常一无所知的标准。

---

① 《简明牛津词典》（The Concise Oxford Dictionary），第 821 页。

② 《简明牛津词典》，第 820 页。

③ "专有"（exclusive）指"排除、不容许"。《简明牛津词典》，第 336 页。

④ 参见，例如《TRIPS 协定》第 22 条第 2 款（地理标志）和第 39 条第 1 款（未披露信息）。

⑤ 因此，在某一产品上获得专利并不等于授权该专利的所有权人可以制造该产品，如果，比如该产品与环保法规相违背的话；也不等于授权其可以将该产品商业化，如果产品上市前必须获得批准的话。

⑥ 例如，第 27 条第 1 款规定的"专利权"的享受，如果作严格解释，应当被理解为是指与第三人所制造、使用、销售等的产品相关，而不是与专利权人自己的产品相关。

第 32 条解决的是专利法中的一个重要问题：专利的撤销①或者宣告丧失②。然而，这一条款只是确立了一个程序要求（司法审查的可能性），并没有规定采取该行为的依据或者其他实质性条件，从而为各成员在该问题的立法上留下了相当大的灵活性。特别是，第 32 条并没有限制成员的权利，以决定撤销和宣告丧失的理由。

第 33 条确定了专利权的存续期限，它强制规定了从申请日起算的最少 20 年的保护期限。既然根据《保护工业产权巴黎公约》，各成员国可以自由决定专利的存续期限，因此，在 TRIPS 谈判之时，各国在这一问题上存在相当大的差异。第 33 条在某种程度上可能具有一种强大的协调效果，正如最近的立法变化所显示的，大多数国家趋于采用 20 年的保护期。在一起根据《争端解决谅解》裁决的案件中，已经阐述了有关这一条款的解释，详见下文讨论。

2. 条文沿革

2.1　TRIPS 之前的状况

第 28 条第 1 款(a)项反映了许多国家在 TRIPS 之前所遵守的标准。虽然在规定方式上有所不同，但专利法通常包括了对发明进行制造、销售或者其他处理的行为。有的专利法还包括保留或者存储专利产品，以及第三人在准备侵权过程中提供帮助的行为［"帮助侵权"（contributory infringement）］。③在某些情况下，使用发明的行为是受到专利人专有权利约束的，包括未进行制造和销售的使用。④ 与之相反的是，在 TRIPS 之前，进口行为通常未被列举为专利所有权人的一项专有权，尽管在一些法律管辖区域内，该行为被间

---

① "撤销"（revocation）是指因废止、无效、撤回、废除或终止权利等行为而产生的结果。参见《简明牛津词典》，第 893 页。在当前语境下，称一专利可以被撤销，是指存在着这样的理由，使得在一开始就拒绝授予其专利是合理的。

② "宣告丧失"（forfeiture）是指作为对犯罪、疏忽大意等行为的处罚而导致的权利消失。参见《简明牛津词典》，第 384 页。与专利的撤销不同，专利的宣告丧失并不解决在一开始本来就不应当授予专利的情形，而是指最初授予专利是正当的，只是此后专利权人以某种方式实施的行为，导致被宣告丧失专利。

③ 参见，例如 W. Cornish, *Intellectual Property*：*Patents, Copyright, Trade Marks and Allied Rights*, second edition, Sweet & Maxwell, New York 1989, 第 167 页。

④ 例如，购买和使用机器的行为。（参见，例如 Chisum and Jacobs, 第 2—217 页）。

接纳入其中。①

正如第 28 条第 1 款(b)项所规定的那样，把保护范围延伸至依照专利方法直接获得的产品，这样的做法在 TRIPS 之前并未被各国普遍接受。《巴黎公约》提到了有关对于在外国依照方法专利直接获得的产品所享有的权利，但是，它委托国内法来决定，是否选择承认进口产品的专有权。(《巴黎公约》第 5 条之四)。

一些发达国家开始采用这样的延伸保护，也常常带来相当大的争议。② 例如在美国，它只是通过 1988 年的一项立法修改才引入了这种延伸保护。③ 但是大多数发展中国家并没有规定延伸保护，在那里，方法专利通常只包括排除他人在国内使用该方法的权利，而不包括阻止在国外依照该专利方法所制造的产品的进口。将这项义务纳入《TRIPS 协定》，是通过一场漫长而艰难的谈判所取得的成果。④

各国在 TRIPS 之前对于专利保护期存在着巨大差异。根据《巴黎公约》，各成员国在决定保护期限上是完全自由的。各国的国内法就因此规定了不同的保护期限，有的是从授权日起算，有的则从申请日起算。因此，许多发展中国家和发达国家的专利保护期限，是从专利授权日（date of grant）起算的 15 年至 17 年。在一些国家，保护期限甚至更短。例如在印度，食品和药品的保护期限是从授权日或盖章日起算的 5 年，或者从申请日起算的 7 年，并且以其中较短者为准。⑤

---

① 参见，例如 Lionel Bently and Brad Sherman, *Intellectual Property Law*, Oxford University Press, New York 2001, 第 490 页 [以下简称 "Bently and Sherman"]。

② 参见，例如 Hansen and Hirsch, 第 356—359 页；Joseph Straus, *Reversal of the burden of proof, the principle of 'fair and equitable procedures' and preliminary injunctions under the TRIPS Agreement*, The Journal of World Intellectual Property 2000, vol. 3, No. 6, 第 807—823 页（在第 809 页）（以下简称 "Straus"）。

③ 1988 年《方法专利修改法》(Process Patent Amendments Act of 1988)。在这次立法修改之前，专利所有权人可以通过《关税法》337 条款（Tariff Act 337）向美国国际贸易委员会（U. S. International Trade Commission）申请禁止某一产品进口的命令，只要"与专利保护之产品相关的一个产业在美国……存在或正在建立过程中"，参见，例如 Chisum and Jacobs, 第 2—220 页。

④ 参见，Gervais, 第 154 页。

⑤ 1970 年《专利法》第 53 条第(1)款。

2.2 谈判过程

2.2.1 专有权

2.2.1.1 安奈尔草案

安奈尔草案反映出各成员之间在专有权的具体列举上存在相当大的差异：

"2. 授予的权利

2.1A 一专利应授予其所有权人至少下列专有权利：

（a）防止第三方未经所有权人同意而实施下列行为：制造、使用、［投放市场、许诺］［或者销售］［或者进口］［或者为以上目的进口或者存储］作为专利对象的产品。

（b）如一专利的对象是方法，则防止第三方未经所有权人同意而使用该方法，并防止实施下列行为：使用、［投放市场、许诺］［或者销售］［或者进口］［或者为以上目的进口或者存储，］至少是以该方法直接获得的产品。

2.2B 专利一旦授予，专利所有权人应享有下列权利：

（a）有权防止他人为商业或工业目的而制造、使用或者销售专利产品，或者使用专利方法。

（b）有权转让，或以继承方式转移其专利，并有权订立许可合同。

（c）在本协定成员方的主管当局为政府目的使用该专利或者规定授予权利许可或者强制许可时，有权获得合理的补偿金。此类合理补偿金将由该成员方的经济状况、发明的性质、开发该专利涉及的费用以及其他相关因素决定。

（另参见下文第 5A.3.9 点）"

2.2.1.2 布鲁塞尔草案

布鲁塞尔草案（1990 年 12 月 3 日）关于专利专有权利的规定，与《TRIPS 协定》当前版本的第 28 条在本质上是相同的；但是，目前在第 28 条中包含的涉及方法专利所有权人对于依照该专利方法直接获得的产品而享有权利的这一部分，是被加了方括号的，因此显示出谈判各方对这一问题存在不同意见。

"第 28 条：授予的权利

1. 一专利授予其所有权人下列专有权利：

（a）防止第三方未经所有权人同意而实施下列行为：制造、使用、许诺销售、销售、或者为这些目的而进口［注释］作为该专利对象的产品；

（b）如一专利的对象是方法，则防止第三方未经所有权人同意而使用该方法［，并防止实施下列行为：使用、许诺销售、销售、或者为这些目的而进口至少是以该方法直接获得的产品］。

（c）专利所有权人还有权转让，或以继承方式转移其专利，并有权订立许可合同。

［注释］："与根据本协定授予的关于使用、销售、进口或其他分销货物的所有其他权利一样，此项权利也应遵守第 6 条的规定。"

2.2.2 撤销/宣告丧失

2.2.2.1 安奈尔草案

安奈尔草案规定：

"6. 撤销/宣告丧失

6A.1 一专利［（不能［仅仅］因为上述第 5A.2 规定的［未实施］而被撤销或宣告丧失）］［只能因其不符合上述 1.1 和 1.3 规定的要求而被撤销］。

6A.2 在一专利被宣告丧失的情况下，应当可以进行司法审查。

6B 在授予强制许可的条件不能满足的情况下，一专利可以基于公共利益的原因而被撤销。"

2.2.2.2 布鲁塞尔草案

布鲁塞尔草案的内容与《TRIPS 协定》当前版本的第 32 条完全相同。

2.2.3 保护期限

2.2.3.1 安奈尔草案

安奈尔草案规定：

"4. 保护期限

4A.1 保护期限应当［至少］［从递交申请之日起 15 年，药品领域的发明例外，其保护期限为 20 年］［从递交申请之日起 20 年］［或者如果该申请是以其他申请为根据而产生的，则 20 年期限应从所由产生的申请的最早提交之日起算，而该日期并非该申请的优先权日］①

4A.2 鼓励各成员方在适当的情况下延长专利的保护期限，以补偿由于监管审批程序而导致发明专利实施的迟延。

---

① 在 TRIPS 谈判的最初阶段，日本提议从专利授权日起算的 15 年保护期，这正是在其本国法律中可获得的保护期；澳大利亚和新西兰提议的保护期是从递交完整说明书之日起算的 16 年；欧盟和美国提议的是一个更高标准的 20 年保护期，从申请日起算，而该提议最终获得通过。支持较短保护期的国家未能够联合起来，提出任何替代性建议，因此，该问题就以弃权而定了。参见 Jayashree Watal, *Intellectual property rights in the WTO and developing countries*, Kluwer Law International, The Hague/London/Boston 2001，第 114 页。

4B 决定保护期限属国内立法的一项事务。"

2.2.3.2 布鲁塞尔草案

"[1A 可获得的保护期限不得在申请之日起算的 20 年期满前结束。[脚注]] [1B 决定保护期限属于国内立法的一项事务。]

[脚注] 各方理解，无原始授予制度的成员可规定保护期限应自原始授予制度中的申请之日起计算。"

前一项提案（即最少 20 年保护期）最终被采用为《TRIPS 协定》第 33 条。

3. 可能的解释

3.1 第 28 条第 1 款(a)项

第 28 条第 1 款授予的权利

一专利授予其所有权人下列专有权利：

（a）如一专利的客体是产品，则防止第三方未经所有权人同意而实施以下行为：制造、使用、许诺销售、销售或为这些目的而进口 [6] 该产品；

第 28 条第 1 款在很大程度上受到 WIPO《专利法条约》（Patent Law Treaty）草案第 19 条的启发，[1] 后者以与既有法律实质性相同的方式，具体列举了就产品所享有的专有权利。本条款包括如下行为：

（a）"制造"（making），指用部分或其他物质建造、构造、创造。[2] 该专有权利的行使可以是导致产品之生产的任何行为，包括通过制造（manufacturing）和其他方法（例如，从某一自然产物中提取），且其独立达到规模生产的程度，[3] 并且最重要的是，它属于生产产品所使用的方法。这意味着无论第三人使用的是何种方法，只要制造的是专利产品，就将构成侵权，即便使用的是一种独立开发并且具有创造性的方法。[4] 同样地，无论该产品是

---

① 参见，例如 Gervais，第 153 页。

② 《简明牛津词典》，第 611 页。

③ 许多国家的法律规定，如下情况为专利权人的专有权的一种例外，即在药店或由医师根据一份医生处方而为个案配制药品。

④ 除非第三人——根据《TRIPS 协定》第 31 条第 1 款——获得了一项从属专利（dependent patent）以及强制许可。

为本地消费还是为出口而制造，就认定其构成侵权而言，也属无关紧要。[①]

原则上，专利所有权人可以阻止"制造"的行为，包括为非商业目的而制造的产品。为避免出现这样的结果，专利法通常规定，关于个人非商业目的、和/或为科学研究和教学目的的行为，属于例外。[②]

根据国内法来确定什么是"制造"时，很少出现问题，除了在对专利产品的修理或者改动的情况下，这是否构成侵权，就取决于修理或者改动的程度以及特定案件的具体情况。[③]

(b)"使用"(using)，指第三方对该产品的利用。这个概念可以包括销售展示(sale demonstration)，但不包括纯粹地占有(possession)或展览(display)、[④] 诸如租借(renting)或租赁(leasing)之类的不必进行销售的商业行为，以及将专利产品用作陆上车辆、飞机或者船舶的一部分。[⑤] 它可以允许权利人对于侵权产品的获得人和使用人采取行动，而不仅仅针对制造或者销售该侵权产品的当事人。

不过，专利所有权人在"使用"行为上的专有权利，受到权利用尽原则的约束。根据这项原则，正如在大多数的法律中所解释的，专利所有权人在产品首次销售之后即不能控制该产品的使用。但是各成员的国内法对于这个概念以及权利用尽的地域范围的规定不尽相同。权利用尽可能被确定在国内层面上(亦即，只针对在国内发生的行为)；在地区层面上(亦即，针对在属于共同市场的成员国范围内发生的行为)；或者是在国际范围内。若干国家在其最近的立法变化中，遵循了后面这种国际范围内权利用尽的方式。[⑥]

(c)"许诺销售"(offering for sale)，包括为了产品的商业化而采取的行

---

① 例如在美国，制造完整的专利产品用于出口是侵犯专利权的(参见，例如 Chisum and Jacobs，第 2—219 页)。专利权人的专有权所包括出口产品的范围是《TRIPS 协定与公共健康的多哈宣言》第 6 段讨论的根本问题之一，而且，为什么要有一项以该协定第 30 条为根据的例外，其原因从根本上讲也在于此。参见 "Doha Ministerial Declaration on the TRIPS Agreement and Public Health" [以下简称 "《多哈宣言》"(the Doha Declaration)]，WT/MIN (01)/DEC/W/2，2001 年 11 月 14 日。另参见欧盟向 TRIPS 理事会提交的意见书，IP/C/W/ 339，2002 年 3 月 4 日。关于《多哈宣言》第 6 段的详细内容，参见本书第 25 章。

② 参见本书第 23 章。

③ 参见，例如 Bently and Sherman，第 488 页。

④ 参见，例如 Chisum and Jacobs，第 2—217 页。

⑤ 参见《巴黎公约》第 5 条之三。

⑥ 参见本书第 5 章。

为，即使商业行为实际并未发生。这项权利可以被认为部分地暗含在销售权当中，但是在一些法律管辖区域，并不必然认为如此。①

（d）"销售"（selling），包括以收取某一价格而转让专利产品的交易。它代表了一种最普遍的侵权模式。没有进行制造而仅仅进行销售的行为，即属于这项权利所包含的范围，例如，某人购买某一专利产品并进行转售，或者某人进口该专利产品。

（e）"进口"（importing），它涵盖的是将专利产品引入授予其专利保护之国家的行为，即使该行为是出于非商业目的或者是免费的。对产品的进口，尚未在各国内专利法中被普通列示为专有权利的一部分。② 脚注 6 使得这一条款的适用受制于由各国内法所确定的权利用尽原则。③

第 28 条第 1 款并未提到帮助侵权人（contributory infringer）的行为，也没有提到保留（keeping）和存储（stocking）专利产品的行为，而这些行为在某些国家的国内法中有专门规定。

3.2 第 28 条第 1 款(b)项

> （b）如一专利的客体是方法，则防止第三方未经所有权人同意而使用该方法……

第 28 条第 1 款(b)项描述了方法专利的所有权人可以阻止他人实施的行为。方法专利通常被认为包括了"制造"产品的方法。④ 专利所有权人可以在该专利授权登记的国家阻止他人使用该方法。如果一产品是通过其他方法获

---

① 例如在美国，专利法并没有对于许诺销售专利产品的行为规定处罚。参见，例如 Richard Neff and Fran Smallson（1994），*NAFTA. Protecting and enforcing intellectual property rights in North America*，SHEPARD'S，Colorado，第 86 页。

② 在某些法律管辖区域，只有当事人在交易过程中或者出于营利目的处理专利发明时，进口才构成侵犯专利权（Bently and Sherman，第 490 页）。在美国，单纯进口专利产品的，并不被认为是侵权行为，但是任何在后来对该产品的销售或使用则可以构成侵权。（参见，例如 Chisum and Jacobs，第 2—220 页）。

③ 参见本书第 5 章。

④ 在美国，方法专利也包含"使用方法"（method-of-use）专利，据此，当一产品已经为公众所知从而不可获得专利时，允许对于根据现有技术未表明的该产品的用途存在的发明给予保护。使用方法专利并不必然保护该产品本身。参见，例如 Merges，第 489 页。不过，《TRIPS 协定》并未规定各成员有义务遵守这一特别方法。

得的，则第三方可以合法地制造该产品，只要它采用的是另一种不同的方法，① 且专利权人在该产品上并不拥有专利。②

> ……并防止实施以下行为：使用、许诺销售、销售或为这些目的而进口至少是以该方法直接获得的产品。

这一条款还允许把在方法上授予的保护延伸至"依照该方法直接获得"的产品。这种延伸保护也伴随着举证责任倒置，③ 意味着根据《TRIPS 协定》而对方法发明的专利权保护的显著增强。

如果没有这种延伸保护，在甲国被授予的方法专利，对于在乙国使用该专利方法并将由此产生的产品进口到甲国的情形，就不能适用了。对于依照方法专利直接获得的产品进行延伸保护，就解决了这个问题。它构成一般原则的一个例外，因为根据一般原则，对发明所给予的保护范围是由发明的对象所界定的。

第 28 条第 1 款（b）项所适用的，是依照方法专利直接获得（directly obtained）的产品，而不是只在根据该专利方法可获得（obtainable）产品的情况下。④ 这种区分具有重要意义，因为在化学领域，相同的产品在许多情况下可以通过不同的方法获得。只有在证明该产品是通过方法专利所产生时，才能适用这种延伸保护。⑤ 不过，在某些情况下，可能难以确定某一产品是否系依照方法专利直接获得，例如，在产品的制造方法涉及不同步骤，而只有部分步骤为该专利所覆盖的情况下。⑥ 为了适用延伸保护，在方法和产品之间必须存在直接关系，也就是说，在该方法和所争议的产品之间，不应当还存在除专利权利要求的范围之外的任何实质性或重大步骤的介入。⑦

---

① 如果涉及某一侵权行为的，法院通常会判断该替代方法是否与专利方法"等同"。参见，例如 Harold Wegner, *Patent law in biotechnology*, *chemicals & pharmaceuticals*, Stockton, Chippenham 1994，第 526 页（以下简称"Wegner, 1994"）。

② 如果属于那种情况，则专利权人可以援引其专有权利来阻止他人制造产品，参见第 28 条第 1 款(a)项。正如上述所解释的，这种专有权利阻止第三人制造该受保护的产品，不管采用何种方法制造该产品。

③ 参见本书第 26 章。

④ 第 28 条第 1 款(b)项的最后一句中插入了"至少"（at least）一词，这表明成员国可以，但并不是必须，对于并非从受保护的方法中直接获得的产品给予延伸保护。

⑤ 如果符合第 34 条规定的条件，则发生举证责任倒置；在该情况下，当被控侵权人不能证明其产品是通过不同于专利方法的方法所制造时，即适用延伸保护。详情另参见本书第 26 章。

⑥ 参见，例如 Hansen and Hirsch，第 357 页。

⑦ 参见，例如 Bentley and Sherman，2001，第 493 页。

如果国内法专门排除了由专利方法所获得产品的可专利性，比如在植物和动物的情形中，那么就会产生一个与适用这种延伸保护相关的重要问题，但这一问题的答案目前仍处于开放不确定状态。① 有人就可能主张，如果所知道的是唯一的方法，那么，这种延伸保护就相当于对产品本身的保护，从而在事实上推翻了（*de facto* overriding）对该产品禁止授予专利的规定。

3.3 第 28 条第 2 款

> 专利所有权人还有权转让，或以继承方式转移其专利，并有权订立许可合同。

知识产权与其他财产一样，可通过转让或继承方式转移。第 28 条第 2 款明确规定，专利所有权人在转让其权利时不受任何限制，无论以有偿或无偿的方式。本条款意在禁止可能限制专利权利转让能力的条件（比如要求将企业或商誉一并进行转让）。② 不过，诸如要求转让以书面形式进行并且向专利局登记之类的措施则是允许的。

"订立许可合同的权利"似乎就是指合同自由，亦即，专利所有权人按其自由意志订立许可协议。这一规定似乎排除了可能强加给专利所有权人许可其发明的义务。但是，第 31 条明确允许各成员规定强制许可，从而授权各成员可以在未经专利所有权人同意或者违背其意愿的情况下授予许可。③

虽然专利所有权人在原则上对于其授予的许可，享有决定其条款和条件的权利，但是，第 28 条第 2 款并未阻止各成员规定，该等条款和条件应当遵守商业法律和其他国内法，包括竞争法。然而，《TRIPS 协定》第 40 条限定了各成员可能采取的用于规制许可行为和条件的措施。④

3.4 撤销（第 32 条）

> **第 32 条　撤销/宣告丧失**
>
> 对任何有关撤销或宣告一专利丧失的决定应提供司法审查的机会。

---

① 参见本书第 21 章。
② 参见，例如《TRIPS 协定》第 21 条和第 31 条（e）项。
③ 参见本书第 25 章。
④ 参见本书第 29 章。

本条规定，任何撤销或者宣告一专利丧失的决定，无论出于任何理由，均应当可以进行司法审查。本条并不是要规定撤销专利或宣告专利丧失的依据，这些可由国内法来决定。例如，根据欧盟法律①，当确定有下列情形时，可以撤销专利：

（1）该发明因不符合可专利性要求（patentability requirements）而不可以获得专利；

（2）被授予专利的人是无权享有该专利的；

（3）专利的说明书没有足够清楚和足够全面地披露该发明，以达到使本领域普通技术人员能够实施的程度；或者

（4）专利的对象超出了专利申请对象的范围。

正如在涉及安奈尔草案（参见上文）的谈判中所显示的，有谈判者企图将专利的撤销限定在该专利未符合授予专利之标准的情形，但这一立场未能获得充分的支持。因此，各成员可以规定，例如可以公共利益为由而撤销专利。②

专利的撤销可以针对整个专利，或者是专利的部分权利要求。在一些国家，法律要求应当提交一项主权利要求（principal claim）和一项或多项从属权利要求（subordinated claims）的，如果主权利要求被宣告无效，则意味着整个专利的撤销。《TRIPS 协定》留给各成员完全的自由，它们可以通过国内立法来解决这些问题。

同样，第 32 条也没有对宣告专利丧失的理由和条件作出任何具体的规定。大多数成员的专利法规定，如果没有按时缴纳专利维持费的，可宣告专利丧失。收取此类费用，既是为了对专利局的活动提供资金，在某些情况下，也是为了追求某些政策目标，比如促使专利权提早终止（参见下文）。

《巴黎公约》规定，"关于规定的工业产权维持费的缴纳，应给予不少于 6 个月的宽限期，但是如果本国法律有规定，应缴纳附加费"（第 5 条之二第（1）款）。在任何情况下，本联盟各国对于因未缴费而终止的（lapsed）专利权有权规定予以恢复（第 5 条之二第（2）款）。专利的丧失也可以作为专利权人滥用权利的一种制裁措施，比如在不实施（non-working）专利的情况下。不

---

① 参见《欧洲专利公约》第 52 条至 57 条和第 138 条 C 款第（1）项。

② 参见，例如 Gervais，第 168 页。一些发展中国家的法律（例如安第斯集团、哥斯达黎加）规定，如果是在权利要求中的生物材料未披露其来源的情况下授予专利的，则允许撤销该专利。此解决方案与《TRIPS 协定》的一致性问题，在当前引起了相当大的争论。参见本书第 24 章。

过,《巴黎公约》第 5 条 A 款第(3)项规定,"除强制许可的授予不足以防止上述滥用外,不应规定专利的取消（forfeiture）。自授予第一个强制许可之日起两年届满前不得提起取消或撤销专利的诉讼。"

第 32 条要求"司法审查"的可获得性。这是以撤销和宣告专利丧失的决定系由某一行政机关所作出这样的假定为前提条件的,从而必须由司法机关后续介入,以确保法律的正当程序（due process）。但是,根据许多国家的法律,只有司法机关才可撤销专利,因此,一旦由承审案件的最高审级法院作出终审判决时,才可能进行司法审查。这就提出了一个问题,即在这一语境下的"司法"① 一词,是否必然意味着由一法院（judicial court）所作的干预,抑或可以由一行政机关进行强制性审查,只要它遵照法院的正式法律程序进行即可。

3.5 保护期限

第 33 条 保护期限

可获得的保护期限不得在自申请之日起计算的 20 年期满前结束。[脚注 8]

[脚注 8]:"各方理解,无原始授予制度的成员可规定保护期限应自原始授予制度中的申请之日起计算。"

本条款确立了一项最低标准,亦即,专利保护必须自申请日起至少存在 20 年。② 不过,在这一条款的谈判期间,一些发达国家企图为需要获得监管审批才能上市销售的产品,确定更长的保护期限;比如,美国、欧盟和其他国家对药品规定了监管审查。但这一方法未被谈判各方接受;因此,各成员并没有义务对任何技术领域授予自申请日起超过 20 年的专利保护期。③

第 33 条的内容在"加拿大—专利保护期限案"（*Canada—Term of patent protection*）中得到了澄清。专家组基于"可获得的"（available）一词

---

① "司法的"（judicial）,是指"法院的、法院所作出的、法院专有的"（《简明牛津词典》,第 543 页）。

② 本条款的脚注适用于那些对于在其他法律管辖区域已经授予之专利而赋予其效力的国家,比如那些依靠前宗主国（ex-metropolis）专利法的国家。

③ 参见《TRIPS 协定》第 1 条第 1 款,其中规定"……各成员可以,但并无义务,在其法律中实施比本协定要求更广泛的保护……"。

的通常含义（ordinary meaning）①，得出结论认为，"作为一个权利问题，专利持有人有权享有的保护期限，从申请日起算的 20 年届满之前不会结束"，②并且，使用这一词语*，"可能反映了这样的事实，即专利持有人必须时常支付费用，以维持专利保护期限，而专利机关将使得该等保护期限对于行使其权利的专利权利持有人是'可获得的'，以维持该专利所授予的专有权利"（专家组报告第 6.110 段）。

　　WTO 上诉机构对专家组报告进行复审时，主张如下：

　　"我们认为，第 33 条中所使用的语词几乎不存在解释上的困难。'申请日'是指专利申请的提交之日。保护期限在从提交专利申请之日起算的 20 年届满之前'不得结束'。'20 年'期限的计算，明确而且具体。简单地说，第 33 条界定了一专利的保护期限可能结束的最早日期。该最早日期通过直接的计算即可确定：提交专利申请的日期加上 20 年。由于提交专利申请的日期和 20 年这两个数字都是明确无疑的，因此，专利保护期限的最早结束日期也是明确无疑的。"③

　　为了支持专家组的解释，上诉机构又补充道："在《TRIPS 协定》第 33 条中，'可获得的'（available）一词是指'作为一个权利问题而可获得的'，也就是说，可获得的是法律上的权利和确定性。"④

4. WTO 案例

4.1　专有权利

　　针对第 28 条还没有具体的案例。不过，在"加拿大—药品专利保护案"（*Canada-Patent protection of pharmaceutical products case*）中，专家组强调，排除"各种形式的竞争"是专利权的本质。专家组认定：

　　"与任何其他知识产权的所有权人一样，专利所有权人正常的实施行为，

---

　　①　《布莱克法律词典》（*Black's Law Dictionary*）对"可获得的"（available）一词定义为"有足够执行力和效力的；有约束力的；有效的"，而"有效的"（valid）一词反过来是指"有法律能力或者执行力的，不能无正当理由而加以推翻驳回或宣告无效的"。

　　②　参见 WT/DS170/R，第 6.103 段。

　　＊　指 available（可获得的）一词。——译者

　　③　参见 WT/DS170/AB/R，2000 年 9 月 18 日，第 85 段。

　　④　参见 WT/DS170/AB/R，2000 年 9 月 18 日，第 90 段。

就是为了排除各种形式的竞争，这些竞争可能对一专利所授予的市场独占（market exclusivity）中预期获得的经济回报造成重大减损……专利法设定了一个经过细致界定的市场独占期限，作为对创新的激励，并且，除非这种激励一旦确定之后就允许专利所有权人对之加以有效利用，否则这些法律的政策目标就无法实现。"①

4.2　保护期限

如上文所述，"加拿大—专利保护期限案"② 中，专家组和上诉机构阐述了对第 33 条的解释。加拿大主张，其《专利法》第 45 条确定的从专利授权之日起 17 年的保护期限，并不是规定了一个自申请之日起计算的 20 年期满前结束的保护期限。加拿大提出，根据第 45 条"可获得的"一个保护期限，至少等于（而且常常大于）自申请之日起计算的 20 年期限，因此，这一条规定与《TRIPS 协定》第 33 条的规定是相一致的。它认为，其《专利法》授予"有效"（effective）保护"专有特权和财产权"（exclusive privilege and property rights）的 17 年，"等于或者高于"《TRIPS 协定》第 33 条规定的"专有特权和财产权"的保护期限。加拿大之所以提出这样的主张，是基于如下事实：

"从专利的申请日到专利授权日之间存在的期间，必然缩短了如第 33 条所规定的从申请日起算的专利保护期限。既然在加拿大，从专利申请日到专利授权日的期间平均为 5 年，因此加拿大就辩称，根据从专利申请日起算 20 年保护期限的制度，专利权持有人将只能得到 15 年的'专有特权和财产权'，而 [加拿大《专利法》——译者] 第 45 条则为成功的专利申请人提供了 17 年持续的'专有特权和财产权'的保护。"（第 6.90 段）。

专家组和上诉机构均驳回了加拿大的主张。考察在本争端语境下第 33 条中的"可获得的"一词含义时，上诉机构指出：

"关于'可获得性'（availability）主张的关键性考虑问题是，加拿大《专利法》第 45 条，结合加拿大的相关监管程序和实践，作为一个法律权利和确定性问题（as a matter of legal right and certainty），是否能够使每一项专利（each and every patent）可获得一个从申请日起算的 20 年的保护期限。答案

---

① 参见 WT/DS/114/R，第 7.55 段。

② 参见 WT/DS114/R（专家组报告），并参见 WT/DS170/AB/R（上诉机构的报告）。

显然是否定的，甚至都不需要对加拿大在如下方面的主张提出争议，即关于专利申请人可用以控制专利申请过程的法定的或其他非正式的方法。《TRIPS 协定》第 33 条所规定的专利保护期在专利授权过程中可能发生迟延的结果，但这一事实并不意味着该保护期从作为一个法律权利和确定性的问题上看，可以为在加拿大的每一个旧《专利法》的专利申请人所获得（第 91 段）。

"为了说明第 33 条规定的专利期限是'可获得的'，像加拿大所指出的那样，把用于特定顺序和利用特定方法的各种程序结合起来，可能加总到 20 年，这是不够充分的。如果只是对于那些在某种程度上能够以迂回曲折的方式胜利通过纷繁复杂的行政程序者而言，才有 20 年专利保护期的机会，那么，这样的机会就必定不是'可获得的'。有机会获得 20 年的保护期限，这必须是一项易于识别并且特定的权利，并且是专利申请人在递交申请时就已经对该权利本身清楚可见。授予的专利必须本身足以获得第 33 条所规定的最低保护期限。第 33 条使用'可获得的'一词并没有削弱（undermine），相反地却是强调（underscore）了这一义务。"（第 92 段）。

5. 与其他国际文件的关系

5.1 WTO 诸协定

5.2 其他国际文件

6. 新近发展

6.1 国内法

许多发展中国家为实施《TRIPS 协定》而修改其专利法时，采纳了在第 28 条中具体列举的专有权利，在有些情况下，甚至是原文照录。[①]

第 33 条对许多发达国家和发展中国家都产生了重要影响，使得其必须修

---

① 参见，例如《巴西工业产权法典》（Brazilian Industrial Property Code，1996 年）第 42 条；安第斯共同体"关于工业产权的共同体制"（Common Regime on Industrial Property，2000 年第 486 号决议）；不过，2001 年《肯尼亚工业产权法》（Kenyan Industrial Property Act）明确把对专利产品的"存储"权利纳入其中（第 54(1)(a)(ii) 条）。

订有关授予专利存续期间的规定。发达国家如美国、新西兰、葡萄牙①和加拿大都修改了其国内立法，以符合《TRIPS 协定》强制规定的 20 年保护期限。许多在之前只授予较短的专利保护期限的发展中国家，也相应修改了它们的法律。

6.2　国际文件

6.3　地区和双边情况

6.3.1　地区

《北美自由贸易协定》（NAFTA）第 1709 条第(5)款具体列举了授予专利所有权人的专有权利。与《TRIPS 协定》第 28 条第 1 款（a）项不同的是，NAFTA 既没有列举阻止他人许诺销售的权利，也没有列举阻止进口专利产品的权利。不过，对于方法专利的所有权人，《北美自由贸易协定》的条款授权其阻止他人进口依照该方法直接获得的产品。

6.3.2　双边

《美国—约旦关于建立自由贸易区协定》（The USA-Jordan Agreement on the Establishment of a Free Trade Area，2000 年 10 月）规定，对药品专利延长专利保护期限：

"关于受专利保护的药品……各方应当延长专利保护期限以补偿专利所有权人由于上市批准程序而导致的专利保护期限的不合理缩短。"（第 23 条(a)款）

6.4　审查建议

对于第 28 条、第 32 条以及第 33 条还没有提出过任何审查建议。

7. 评论（包括经济和社会意义）

产品专利所授予的权利比方法专利所授予的权利更广。因此，一旦某一产品被授予专利，第三人即使开发出自己的方法来制造相同的产品，也仍然会被排除在该市场之外。这就解释了为什么有一些行业，例如制药行业，如

---

① 美国于 1996 年对葡萄牙发动一起 WTO 争端，原因是葡萄牙未在 1995 年 6 月 1 日（即对葡萄牙专利法进行修改的日期）之前，将专利保护期延长至自申请日起算的 20 年。葡萄牙在 1996 年修改了该条款，案件也随之撤销。

此渴求在《TRIPS 协定》中纳入这样的一性般义务，要求对任何技术领域的产品发明给予保护，正如第 27 条第 1 款所规定的那样。对制药方法的保护只会使得一些国家的国内产业获得发展，以使其能够生产和销售在其他地方享有专利产品的仿制药品。

不过，方法专利的保护也具有潜在的广泛性，因为用同一种方法所获得的所有不同的产品，也落入该方法专利的范围；另外，方法专利不仅保护由该方法所产生的产品，还包括基于该产品而获得的产品，也就是它们的衍生产品。①

根据第 28 条第 1 款(b)项，在国外制造的产品可以被认定为侵犯了在进口国的方法专利。这一延伸保护是对方法专利的明显加强，也是基于经济因素的考虑，因为在一些国家，产品并不一定能够获得专利，或者即使获得了专利，也可能其专利保护期限已经届满。但是，在方法和产品之间必须存在一种直接关系（direct relationship）。如果作为方法专利权利要求之外的实质性步骤（material steps）发挥作用而产生的产品，专利权人都能够控制，那么，垄断的范围就不适当地扩张至专利发明的范围之外了。②

虽然在后 TRIPS 的情形中，药品专利将在世贸组织各成员获得承认，但是，根据第 28 条第 1 款(b)项而产生的延伸保护仍然涉及与专利以外产品的关系，尤其在只有一种制造方法具有经济效益性或者技术可行性的情况下。事实上，大型制药公司正在积极申请方法专利，目的是为了在其产品专利的保护期限届满之后能够获得延伸保护，或者为了缓解在某些国家对产品专利保护的不足。③ 这些公司可能利用方法专利的延伸保护，阻止当地企业根据进口的活性成分（active ingredient）来制造药品，如果这些活性成分是根据方法专利直接获得的话。

及时撤销错误授予的专利，就是在保护公共领域免受不当占用，从而有利于知识传播和竞争。各成员对于此类撤销理由，可以自由选择较宽或者较窄的范围。由于对现有技术的检索不足，对可专利性标准的宽松适用，或者在说明书或权利要求书上多有瑕疵等原因，在许多国家，低质量专利的数量不断增多，④ 有鉴于此，如果增加专利撤销程序的可适用性，并降低其成本，

---

① 参见，例如 Bently and Sherman，第 493 页。

② 参见，例如 Bently and Sherman，第 494 页。

③ 参见，例如 Carlos Correa, *Reforming the Intellectual Property Rights System in Latin America*, The World Economy 2000, vol. 23, No. 6.

④ 参见，例如 Barton，第 1933—1934 页。

就可以避免代价高昂的、专利制度运行中的扭曲。①

经济学家们广泛考察了专利制度的效率意义和最优专利寿命。对于任何给定的发明，先验地判断其最优专利寿命是一件成本高昂的事情，在某些情况下简直是不可能的。如果专利的存续时间过长，那么，社会成本（social cost）就可能超过该专利所实现的社会收益（social benefits）。该成本明显包括了因价格高于边际成本（marginal costs）而在静态效率（static efficiency）上作出的牺牲，② 以及由于竞争者进行"周边创新"（invent around）而产生的成本。在重大发明的情况下，给予一个较长的保护期限可能是正当的，但对于已经构成今天专利授权中主体部分的程度较低的改进发明，其最优保护期就应当缩短，并且与专利权人在技能、时间和资源上所作的较低投入相当。③

---

① 从这一目的出发，也应当考虑专利授予前（pre-grant）的异议机制。参见，例如 Carlos Correa，*Integrating Public Health Concerns into Patent Legislation in Developing Countries*，South Centre 2000（以下简称 Correa，2000a）。

② 需要提醒的是（与上文相比较），静态效率的实现是指以最低可能的成本而获得现有资源的一个最优效用（optimum utilization），而动态效率（dynamic efficiency）则是指引入新产品或质量更优的产品、更有效率的生产方法与组织形式，并（最终）随时间推移而降低产品价格。专利刺激创新，从某种程度上来说可能会在静态效率上作出牺牲，但长远来看又可能促进了动态效率。

③ 授予实用新型专利，或者对小发明授予"小专利"（petty patents），这可能提供了一种解决这一问题的方法。（参见 U Suthersanen，*Incremental inventions in Europe：a legal and economic appraisal of second tier patents*. Journal of Business Law，July 2001，第 319—343 页）。另一种选择方案是，在专利保护期最初若干年收取一种少量的专利维持年费，之后专利维持费则按固定的时间间隔逐步增加，直到专利保护期届满。例如在德国，这一方案实施的结果是"在整个保护期间内维持有效的德国专利不到 5%，平均专利寿命略低于 8 年。因此，专利续期费制度就减少了因专利垄断所带来的社会成本。而且，它显然并没有对德国的发明活动产生任何副作用"（Robert Cooter and Thomas Ulen，*Law and Economics*，Harper Collins Publishers，USA 1988，第 138 页）。应当注意的是，德国同时也存在实用新型制度。

第 23 章　专利：授予权利的例外

1. 引言：术语、定义和范围

专利所授予的是一种专有权，亦即，阻止他人未经专利持有人授权而（以各种不同方式）使用该发明的权利。因授予专利而带来的市场控制力，以及专利所有权人可能获得的重大收益，这就构成了专利授权的一个基本要素。但是，所授予的权利也不是绝对的。根据大多数国家的专利法，对于第三人的某些行为，专利权人不得行使上述这些权利。这就意味着，在某些特定情况下，该等专有权可以存在例外。[①]

这些例外的目的和范围在各国国内法之间可能存在显著不同，这取决于每一国家所追求的政策目标。此类例外可适用于非商业行为（例如，个人使用、科学研究）或商业行为。在有些情况下，它们旨在通过促进竞争而提高静态效率（static efficiency，例如提前实施之例外），而在其他情况下，它们主要关注的是，通过避免后续研究的障碍而提高动态效率（dynamic efficiency，例如实验例外）。

专利权的例外是依法律规定自动产生的，从这种意义上来说，它不同于强制许可的情形，一方当事人无需从政府机关或法院那里获得某一项专门的授权，即可实施该等免责行为。因此，在专利存续期内的任何时候，第三人都可以在被指控侵犯专利权的案件中，援引这些例外作为一种抗辩事由。

[①]　这些例外不应与可专利性的例外（exceptions to patentability）相混淆，后者是将某一对象排除在保护范围之外，由此所导致的结果是，不授予其专利（参见《TRIPS 协定》第 27 条第 2 款、第 3 款）。此处所考察的例外，适用于已经获得专利授权的情况。

《TRIPS 协定》允许根据具体条件而规定专利权的例外。既然在《巴黎公约》中没有找到类似规定，谈判各方转而依据《伯尔尼公约》第 9 条第 2 款的文本。①

由于《TRIPS 协定》第 30 条没有列举可以免责的具体行为，因此，可允许之例外的种类和范围，正如下文所述，就取决于对第 30 条所规定的这三个累积性条件（cumulative conditions）的解释。各国立法者面临着这个复杂的任务，即根据这些条件来界定哪些是专利权的可能的例外。比较法研究和 WTO 判例法可以为专利法这一重要部分的设计，提供有效的指导。

2. 条文沿革

2.1　TRIPS 之前的状况

在《TRIPS 协定》谈判和通过之时，各国的国内法规定了各种不同的专利权的例外。这些例外除了其他方面，其中特别包括：

- 为教学和研究而使用发明；②
- 为了对发明进行测试和改进而对该发明进行商业性实验；③
- 为了在一专利保护期届满后销售某一产品而获得监管部门的批准所进行的实验；④

---

①　《伯尔尼公约》第 9 条第 2 款规定如下："本同盟成员国法律得允许在某些特殊情况下复制上述作品，只要这种复制不损害作品的正常使用也不致无故危害作者的合法利益。"

②　该例外已经通过一种有限的方式获得了承认，例如在美国，基本上是为了科学目的（Wegner，1994，第 267 页）。

③　例如，欧洲的判例法已经接受，可以为如下目的进行研究，即为了获得关于一产品的更多信息——只要该研究不只是为借此让特许机关或者消费者相信一替代产品——和为了获得关于一产品的用途及其可能的副作用和其他使用后果的进一步信息。参见 W. Cornish, *Experimental Use of Patented Inventions in European Community States*, International Review of Industrial Property and Copyright Law 1998，vol. 29，No. 7，第 736（以下简称 Cornish，1998）。

④　这就是通常所说的"波拉例外"（Bolar exception），最早出现在美国 1984 年《药品价格竞争与专利保护期补偿法》 （U. S. Drug Price Competition and Patent Term Restoration Act），目的是允许在相关专利保护期届满之前就对某一药品进行试验，以开发出具有生物等效性（bio-equivalency）的仿制药。该例外之所以被命名为"波拉"，是源于美国法院在 *Roche Products Inc. vs. Bolar Pharmaceutical Co.* （733 F. 2d. 858，Fed. Cir.，cert. denied 469 US 856，1984）案的判决，这个案件处理的就是该例外的问题。法院在该案中否定了波拉制药公司在专利保护期届满之前即开始在食品药品管理局（FDA）的审批程序的权利。

•根据个人处方配制药品；

•由在该专利的申请日之前已经善意使用该发明的第三人所作的使用（"在先使用"）；

•进口在国外已经被合法销售的专利产品（"平行进口"）。①

这些例外都是在限制专利所有权人的权利，但其中的免责行为在目的和范围上却差别相当大。《TRIPS协定》并未试图限制成员决定这些可能之例外的理由的自由（grounds），但它确立了可容许这些例外的实质性条件（conditions）。

2.2 谈判经过

对这一条的谈判集中在受允许之例外的范围，以及对它们如何表述的方式上。正如安奈尔草案所指出的，一些谈判参加方（主要是欧洲共同体、② 巴西③和加拿大④）倾向于形成一份对具体例外作非穷尽式列举的清单。⑤

2.2.1 安奈尔草案

"2.2 授予权利的例外

2.2〔如果考虑到了专利所有权人和第三人的正当利益，〕针对某些行为，可以就一专利所授予的专有权规定有限的例外，比如：

2.2.1 基于先用权。

2.2.2 私人行为和出于非商业目的的行为。

2.2.3 为实验目的的行为。

2.2.4 药店在个案中根据处方配制药品，或利用由此配制的药品而实施的行为。

2.2.5A 在专利最初授予时其有效之权利要求并不禁止，但该专利在授予后根据程序而对该有效之权利要求进行改变从而禁止的行为。

2.2.6B 政府仅为自己使用之目的而实施的行为。

---

① 平行进口根据《TRIPS协定》所承认的"权利用尽原则"并根据任何国内法的规定，足资证明是合理的，只要国内专利法并不采用一套国内权利用尽（national exhaustion）的制度。参见本书第5章。

② 参见 MTN. GNG/NGII/W/26，1988年7月7日（第D.a.(i)节）。

③ 参见 MTN. GNG/NGII/W/57，1989年12月11日。

④ 参见 MTN. GNG/NGII/W/47，1989年10月25日。

⑤ 美国提案没有涉及该问题。根据美国代表团的意见，缔约各方可能"仅仅通过强制许可来限制专利所有权人的权利"（参见 MTN. GNG/NGII/W/70，1990年5月11日）。

2.2.2 布鲁塞尔草案

布鲁塞尔草案与《TRIPS 协定》第 30 条的规定基本相同。相比于安奈尔草案列举的特定例外，布鲁塞尔草案和《TRIPS 协定》最终文本都采用了更为概括的表述，它们以《伯尔尼公约》第 9 条第 2 款为模板，而对可以免责的特定行为，则未作具体规定。

3. 可能的解释

3.1 第 30 条规定的条件

根据《TRIPS 协定》第 30 条，专利权可容许的例外应当符合三个条件，而按照专家组在"加拿大—药品专利保护"（Canada-Patent Protection of Pharmaceutical Products）案[①]（以下简称"欧共体—加拿大案"［EC-Canada]）中的观点，这些条件是"累积的，每一条件都是必须满足的单独而独立的要求。如果不符合第 30 条所规定三个条件中的任何一个，该例外就是不允许的。"[②] 专家组补充道：

"当然，以上三个条件必然把它们联系在一起进行解释。其中的每一个条件，都必然被推定不同于其他两个条件的含义，否则，其他条件就变得多余。[③] 通常，三个条件列举的顺序可以这样解读，它暗示着，符合了第一个条件的例外可能违反第二个或第三个条件，而符合了第一个和第二个条件的例外，仍可能违反第三个条件。第 30 条的句法结构支持了这样的结论，即一项例外可能是'有限的'，但它仍然有可能没有满足另两个条件中的一个条件或全部两个条件。排列顺序进一步表明，一项例外如果没有'不合理地对专利的正常利用发生冲突'，它就不可能'不合理地损害专利所有权人的正当利益'"。[④]

---

① WT/DS114/R，2000 年 3 月 17 日。

② 同上，第 7.20 段。

③ 参见"美国—精炼汽油和传统汽油标准"（United States‐Standards for Reformulated and Conventional Gasoline）案，WT/DS2/AB/R，第 23 页（1996 年 5 月 20 日通过）。

④ EC‐Canada，WT/DS114/R，2000 年 3 月 17 日，第 7.21 段。《伯尔尼公约》第 9 条第 2 款是这一文本的来源，其起草委员会报告的结论是，与"正常利用"不相冲突的措施，仍然可能损害版权所有人的"正当利益"。"欧共体—加拿大"案的专家组报告第 7.72 段引用了该报告。

> 各成员可对专利授予的专有权规定有限的例外……

需要满足的第一个条件是，该例外必须是"有限的"（limited）。根据其通常含义，"有限的"是指"被限定在确定的界线内；在规模、范围、数量等方面受到限制的。"当它涉及到数字和数量时，指"少的"（small）；或者在涉及收入时，指"低的"（low）。①

当一项例外受到某些界线的约束时，它就可能被认为是有限的。比如，所涉及的相关行为（例如，进口、出口、估价）、使用目的（例如，为个人或教育之目的）、使用该发明所产生的结果（例如，为个人的医疗处方配制药品）、可以适用例外的人或者该例外的存在时间。一项例外也可能被限制在某一特定技术领域（例如，食品或者药品领域）。虽然专家组在"欧共体—加拿大"（EC‑Canada）案中提到了关于这后一种限制跟《TRIPS 协定》第 27 条第 1 款的非歧视条款的一致性问题，但是，专家组对此问题并没有给出一个清楚的解释。②

专家组对第 30 条中"有限的"一词的含义，提供了一种解释：

"［……］'例外'一词本身的言外之意就是一种有限的减损（limited derogation），它不会削弱该规则所由订立的主体部分。当一条约中使用了'有限的例外'（limited exception）这一短语时，'有限的'一词必须被赋予一种与'例外'一词本身所暗含的限制（limitation）之意相区别的含义。'有限的例外'一语因此必须被解读为意指一种狭义的例外（narrow exception）——只对所涉及权利作少量削减。③

［……］在没有其他表示的情况下，本专家组的结论是，从字面上理解该文本是合理的，从而把注意力集中于它对法律权利的削弱程度，而不是经济

---

① 《新牛津节本英语大词典》（New Shorter Oxford Dictionary），第 1592 页。

② 专家组认为"第 27 条所禁止的，只是因为发明地点、技术领域、产品是进口的还是当地生产而给予歧视。第 27 条并未禁止善意的例外（bona fide exception），以处理那些只有在某些产品领域才可能存在的问题。而且，如果对歧视的禁止确实限定于可以锁定某些产品，以处理在第 7 条和第 8 条第 1 款中所提到的重要的国内政策问题，那么就此意义而言，这一事实就很可能构成一种有意设定的限制（deliberate limitation），而不是故意使反歧视规则落空。正如欧共体所主张，很可能的情况是，《TRIPS 协定》要求各成员的政府以一种非歧视的方式来适用这些例外，目的是确保这些政府不会屈从于国内压力，将该等例外的适用限定在那些主要以外国生产商为权利持有人的领域。"（第 7.92 段）。

③ *EC‑Canada*，第 7.30 段。

影响的规模或程度上。为支持这一结论，本专家组注意到，第 30 条的后两个条件更专门地是在询问该例外的经济影响，并且提供了据以判断该影响的两套标准。［脚注省略］"有限的例外"一词只是第 30 条的三个条件中的一个，该条件所处理的是它对权利本身的削弱程度。"①

专家组采纳了"有限的"一词的狭义概念，这样，它所关注的是权利被削弱的程度，而不是由此带来的经济影响的程度。因此，一项几乎没有什么经济影响的例外，根据该原则也可能不被允许，即便该专利的所有权人在实践中并未因此受到不利影响。专家组认为，例外的经济影响，必须根据第 30 条中的其他条件去进行评估。

鉴于专家组报告并未创设具有约束力的先例（但事实是，该份报告未发生上诉），因此，正如加拿大提交的陈述材料中所建议的，该报告并不能阻止将来的专家组和上诉机构在这个问题上采纳一个更宽泛的概念。②

……只要此类例外不会不合理地与专利的正常利用发生冲突……

第 30 条规定的第二个条件是，例外不应当"不合理地与专利的正常利用发生冲突"。这段用语，实质上是从《伯尔尼公约》第 9 条第 2 款借用而来，它要求确定，在特定情形中，哪些东西是"不合理的"，并且，在什么时候就会与一专利的"正常"利用发生"冲突"。GATT/WTO 专家组所遵循的文义解释方法，就要求仔细理解这些关键性要素。

"不合理的"（unreasonable）这一概念表示行为"超过了合理或公平的限度"。③"冲突"（conflict）则意指"斗争、冲撞、不相容"，④"正常"（normal）是指"符合标准的、正规的、通常的、典型的。"⑤ 最后，"利用"（exploitation）就是指使用（utilization）。⑥

专家组在"欧共体—加拿大"案中，并未处理关于"不合理地"一词的

---

① *EC - Canada*，第 7.31 段。

② 参见加拿大在"欧共体—加拿大"案中提交的陈述材料，涉及到产品的有限特征、可能援引该例外的人及其期间，以及专家组对于根据《加拿大专利法》第 52 条第 2 款第(2)项所提出论据的批判性立场。（第 7.37 段）

③ 《简明牛津词典》（The Concise Oxford Dictionary），第 1176 页。

④ 《简明牛津词典》，第 197 页。

⑤ 《简明牛津词典》，第 690 页。

⑥ 《简明牛津词典》，第 340 页。

含义，因为专家组的分析已经可以得出这样的结论，即与一专利的正常利用不存在任何"冲突"，故而没有必要再来阐述关于加拿大的例外合理与否。但是，如果认定存在这样一种冲突，那么，解释"不合理地"的方式就意义重大了，并且将成为一个微妙的问题。

在解释何为"不合理"上，各成员有相当大的自由度。最后，一项例外的不合理性将取决于作出一项决定时所凭借的概念框架。例如，专家组在"欧共体—加拿大"案中即持如下观点：

> "专利法确立了一个经过仔细确定的市场独占性期间，作为对创新的一种激励，来鼓励创新，而且，除非专利所有权人在该种激励一旦确定之后即被允许加以有效利用，否则，这些法律的政策就不可能实现。"①

该陈述暗示了专家组对于专利制度的作用和目标的看法，对此主题，人们已经阐述了各种不同的立场和理论。② 有人可能认为，专家组虽然强调了激励之于创新的作用，但它并没有考察专利制度的其他同样重要的目标。知识扩散和不断改进，就是该制度中同样重要的目标，而它最后的落脚点是为公共利益服务。③ 在这方面需要着重指出的是，在《TRIPS 协定与公共健康的多哈宣言》中，各成员声明如下：

> "应用国际法的习惯解释规则，《TRIPS 协定》的每一条均应当根据协定所表达的目标和意图进行理解，特别是根据该协定关于目标和原则的规定。"④

发展中国家尤其强调，有必要解释《TRIPS 协定》的"意图"（purpose）

---

① *EC - Canada*，WT/DS114/R，2000 年 3 月 17 日，第 7.55 段。

② Alan Gutterman，*Innovation and competition policy：a comparative study of regulation of patent licensing and collaborative research & development in the United States and the European Community*，Kluwer Law International，London 1997。

③ Paul Welfens；John Addison；David Audretsch；Thomas Gries 和 Hariolf Grupp，*Globalization，Economic Growth and Innovation Dynamics*，Springer，Berlin 1999，第 138 页。

④ 《TRIPS 协定与公共健康宣言》（Declaration on the TRIPS Agreement and Public Health），WTO 文件 WT/MIN/（01）/DEC/2，2001 年 11 月 20 日，第 5(a)段。

以及建立在该协定第 7 条基础上所给予的保护。①

关于第 30 条的解释，另一个重要问题在于，所谓"正常"利用是指什么意思。正如专家组在"欧共体—加拿大"案中所指出的，"正常"是指"正规的、通常的、典型的、日常的、常规的"。② 专家组还指出

"该术语还可理解为，或者是指在一相关共同体内关于什么是通常的（what is common）这一问题形成的一种经验性结论，或者是指关于授权的一种规范标准（a normative standard of entitlement）。本专家组的结论是，第 30 条所使用的'正常的'（normal）一词，兼有以上两种意思。"③

专利所授予的是消极权利（negative rights），亦即，有权排除任何未经授权而使用该发明。在"欧共体—加拿大"案中，专家组认定

"'利用'是指这样的商业活动，即专利所有权人运用其专有性的专利权而从专利中获取经济价值。"④ "专利所有权人利用专利的通常方式，与其他知

---

① 参见由如下国家和地区提交的意见书（IP/C/W/296）：非洲集团、巴巴多斯、玻利维亚、巴西、古巴、多米尼加共和国、厄瓜多尔、洪都拉斯、印度、印度尼西亚、牙买加、巴基斯坦、巴拉圭、菲律宾、秘鲁、斯里兰卡、泰国和委内瑞拉（以下简称发展中国家提案，IP/C/W/296）；"《TRIPS 协定》的每一条款都应当根据第 7 条和第 8 条规定的目标和原则进行解读。"这样一种解释可以在《维也纳条约法公约》（1969 年 5 月 23 日缔结于维也纳）中找到支持的依据，该公约第 31 条规定"条约应依其用语所具有之通常意义按其上下文并参照条约之目的及宗旨，善意解释之。"（第 17 段）。"第 7 条是界定《TRIPS 协定》目标的一个关键性条款。该条明确规定，对知识产权的保护和实施并不存在于真空状态。它们是要惠及全社会而不仅是保护私权。在第 7 条中的某些要素对于为了确保《TRIPS 协定》的规定与健康政策不冲突而言，特别具有相关性：促进技术创新和技术的转移与传播之间；技术知识的生产者和使用者之间的相互利益；社会福利和经济福利；以及权利和义务的平衡"（第 18 段）。

② 《新牛津节本英语大词典》（The New Shorter Oxford English Dictionary），第 1940 页。

③ EC-Canada，WT/DS114/R，2000 年 3 月 17 日，条 7.54 段。不过，有人可能会主张，"正常"与否完全依赖于一种经验分析，因为排除他人未经授权而使用发明的权利，并不只是一种"正常"的权利行使方式，而是由法律所确立的一种法律上的能力。

④ EC-Canada，第 7.54 段。正如专家组所解释的，"加拿大认为，对该专利的'利用'（exploitation）包括通过该专利的'实施'（working）从专利中获取商业利益，要么在一个排除了竞争对手的市场上销售其产品，要么许可他人实施上述行为，或者将整个专利权完全出售。欧洲共同体也对"实施"一词作出定义，提到了'实施'专利的同样三种方法。缔约各方在对'正常'一词的解释上存在根本性差别。"（第 7.51 段）。

识产权的权利人一样，就是排除所有诸如此类的竞争，这些竞争可能对于专利权人因为被授予市场独占权而预期获得的经济回报，造成显著减损。利用专利的具体形式并不是静态的，当然，为了有效地利用专利，就必须适应由于技术发展和销售实践的演变而相应改变的竞争形式。对于所有的正常利用做法给予保护，是在所有专利法中所反映出来的政策的一个关键性要素。"①

……也不会不合理地损害专利所有权人的正当利益……

第 30 条所要求的一项进一步的条件是，该例外'不会不合理地损害专利所有权人的正当利益'。"损害"（prejudice）的意思是"破坏（权利、主张、声明、机会等的）有效性或力量。"② "正当的"（legitimate）是指"合法的、适当的；正规的；符合标准类型的；逻辑上允许的。"③ "欧共体—加拿大"案的专家组驳回了欧共体关于"正当利益"（legitimate interests）基本上就是指"合法"利益（legal interests）的解释。专家组的考虑是

"要使'正当利益'一词在这个语境下有意义，必须以它通常在法律话语（legal discourse）中所使用的方式来定义该术语——即作为一项规范性主张（normative claim），它要求保护那些'具有正当性的'（justifiable）利益，就是指这些利益受到相关公共政策或其他社会规范所支持。这就是该词经常出现在诸如'X 能够去做 Y 事是没有任何正当利益的'之类的陈述中所具有的含义"。④

……同时考虑第三方的正当利益。

第 30 条的最后一个条件是在《伯尔尼公约》第 9 条第 2 款的文本中所没有的，而后者正是《TRIPS 协定》第 30 条起草者的灵感来源。根据"欧共体—加拿大"案专家组的观点

"不过，由于在 TRIPS 的谈判记录中缺少进一步的解释，本专家组除了在该文本本身中已经明确规定的意思之外，不可能对于这种变化* 添加一种实

------

① 同前注，第 7.55 段。

② 《简明牛津词典》，第 810 页。

③ 《简明牛津词典》，第 574 页。

④ *EC - Canada*，WT/DS114/R，2000 年 3 月 17 日，第 7.69 段。

* 这种变化是指：《TRIPS 协定》第 30 条的最后一句在《伯尔尼公约》第 9 条第 2 款中并不存在。——译者

质性意思，亦即，这里提到'第三方的正当利益'，但只有在'正当利益'（legitimate interests）这一用语被解释为一个比合法利益（legal interests）的含义更广的概念时，这样的提法才有意义。"①

3.2 可以免责的行为

对于若干被免责的特定行为的具体规定，在 TRIPS 谈判中也受到考察（参见以上本章第 2.1 节），但是，《TRIPS 协定》第 30 条的最终文本，却只包括了一项总括性规则。比较法上的分析表明，在国内立法中可以规定各种不同的免责。

3.2.1 研究和实验

对于科学研究，亦即，只是为获得新知识而不是出于商业意图的行为，可以给予例外。对受到专利保护的发明进行实验的，该行为即使有商业目的（commercial purposes），也可能免除其责任，② 例如是为了"周边发明"（invent around）、改进受保护之发明、对一发明进行评估以便向权利人请求许可，或者是出于其他正当意图，比如测试该发明能否有用、被授权的专利是否有效等。

在"欧共体—加拿大"案中，专家组尽管没有就研究行为免责（research exemption）与《TRIPS 协定》第 30 条之间的一致性问题作出最终判决，但它考虑了这种例外

"……作为在各国专利法中被最为广泛采用的第 30 条类型的例外（Article 30-type exception）的一个例子——为科学实验目的而使用专利产品的例外，它虽是在专利权保护期之内，且未经专利所有权人同意而实施的，但并不构成侵权。常常有人提出，该例外是以这样的观念为基础的，即作为专利法之基础的一个关键性公共政策目标是，促进技术知识的传播和提高，因此，如果允许专利所有权人在专利权利保护期内阻止进行实验性使用，就会使这一目标部分地落空，该目标要求发明的本质就是向公众披露。相反，有观点认为，根据专利法律政策，无论社会还是科学家，它们在使用专利披露以支持科学和技术的进步上，都享有一种'正当利益'。"③

---

① 同前注，第 7.71 段。

② 例如，《共同体专利公约》（Community Patent Convention）规定，"为实验目的而就有关专利发明的对象所实施的行为"不构成任何侵权（第 27 条 b 款）。

③ *EC - Canada*，第 7.69 段。

3.2.2　提前实施

第 30 条的另一项重要应用，可能就是"提前实施"（early working）或称为"波拉例外"（Bolar exception）。① 它的目标是为在专利保护期限届满时，允许仿制药的制造商（generic drug producers）迅速将其产品投放市场，并因而使消费者可以很快地以较低的价格获得药品。"欧共体—加拿大"案已经确认，此类例外是与第 30 条的规定相一致的（参见以下本章第 4 节）。

3.2.3　个人处方

该项例外允许依照个人处方（individual prescription）来制备药品，它看起来与第 30 条是相容的，并且实际上已经在许多国家的国内法中设有这样的规定。此类例外通常被限定为在药店或由专业医师为个案而根据需求配制药品。

3.2.4　在先使用

第三人在该专利的申请日之前善意使用一发明，这也是针对专利的专有权而规定例外的常见理由。考虑到在科技活动中存在着许多重复研究，两个或者更多的公司和研究者可能得出了实质性相同的结果。事实上，许多人都在寻求对同一问题的解决方法，通常相互竞赛，以成为第一个获得可行的（并且可授予专利的）解决方案。在世界知识产权组织为协调专利法而起草的条约文本中，已经将在先使用承认为例外的有效理由。② 承认先用权〔prior user rights，例如 1977 年《英国专利法》（UK Patent Act）第 64 条的规定〕，已经被认为与《欧洲专利条约》（European Patent Convention）相一致，③ 并且可以与《TRIPS 协定》兼容。

3.2.5　平行进口

第 30 条可能也允许在一专利产品已经在某一外国合法销售之后进口至国内（这样的产品通常被称为"平行进口"），从而致其进口专有权利受到减损。第 28 条规定，如一专利的对象是产品，则其专有权在于防止第三方未经所有权人同意，为制造、使用、许诺销售或销售之目的而"进口"该产品。但在该条的脚注中明确，专有进口权"与根据本协议授予的关于使用、销售、进

---

①　关于这一术语的解释，参见以上本章第 2 节。

②　参见 1991 年在海牙举行的外交会议上所提出的条约草案，第 20 条。

③　《欧洲专利条约》的部分成员国承认先用权，而另一些成员国则不予承认。由于这样一种情况可能阻碍货物在欧盟和欧洲经济区（European Economic Area）各成员国之间的自由流通，因此，欧洲议会和欧盟理事会可以为其成员国进行立法，以消除这些在其成员国之间阻碍货物自由流通的禁止性规定。

口或者其他分销货物的所有其他权利一样，也应遵守第 6 条的规定。"①

4. WTO 案例

4.1 "欧共体—加拿大"案

在"欧共体—加拿大"（EC-Canada）案中，专家组对《TRIPS 协定》第 30 条作了广泛的解释，② 用来处理《加拿大专利法》第 55 条第 2 款所规定的"波拉例外"，该条款规定：

"（1）任何人制造、建造、使用或销售专利发明，仅仅是为合理地用于开发和提供信息，而该信息是对任何产品的制造、建造、使用或者销售进行管制的加拿大或其中一省或者加拿大以外另一国家的法律所要求的，则该等行为对专利不构成侵权。

（2）任何制造、建造、使用或销售一专利发明的人，如果是为了在专利保护期届满后销售的产品进行制造和存储，而在条例规定的适用期内，根据上述第(1)项进行制造、建造或使用该发明的，则对该专利不构成侵权。"

专家组认为，该条款第(1)项是与《TRIPS 协定》的义务相一致的，但是，第(2)项中所包含的存储规定，则与《TRIPS 协定》的义务不一致。

专家组指出，在《TRIPS 协定》的框架中，

"［……］吸收了在此之前已经存在的有关知识产权的主要国际文件中的某些条款，这是专家组在解释《TRIPS 协定》的具体条款——本案中即指第 27 条和第 28 条——所依赖的背景，它并不限于《TRIPS 协定》本身的文本、序言和附件，还包括《TRIPS 协定》所合并的知识产权国际文件中的规定［……］。"③

在此基础上，专家组认为，《保护文学和艺术作品伯尔尼公约》（1971 年）

---

① 《TRIPS 协定》第 6 条规定："就本协定项下争端解决而言，在遵守第 3 条和第 4 条规定的前提下，本协定的任何规定不得用于处理知识产权的权利用尽问题。"详见本书第 5 章。

② *Canada-Patent Protection of Pharmaceutical Products*，WT/DS114/R，2000 年 3 月 17 日。不过，正如前面所提到的，专家组并不认为有必要对第 30 条中的所有要素都进行检查，才能得出其结论。它既没有处理在何种情况下，与专利所有权人的冲突就是"不合理的"，也没有涉及该条最后这个短语的含义（关于第三人的正当利益）。

③ *EC-Canada*，第 7.14 段。

第 9 条第 2 款

"［……］是解释《TRIPS 协定》第 30 条的一个重要的背景要素。"①

作为专家组所考虑的扩展性背景的一个结果，专家组的结论是

"该解释可能超出了《TRIPS 协定》本来的谈判历史，还调查了其中被吸收的有关知识产权的国际文件。"②

虽然根据欧共体的观点，第 7 条和第 8 条的规定被认为是对于在《TRIPS 协定》最终文本的谈判中已经提出的目标进行平衡的描述，但在专家组看来：

"第 30 条的存在正意味着，它承认了在第 28 条中所包含的专利权定义可能需要作出某种调整。另一方面，第 30 条所附的三个限制条件也有力地证明了，《TRIPS 协定》的谈判各方并不打算让第 30 条所带来的结果，等同于对《TRIPS 协定》的基本平衡进行重新谈判。显然，第 30 条授权的确切范围，将依赖于对其限制条件所赋予的特定含义。在这一点上，必须对这些条件的用语作特别仔细的审查。在作此审查时，必须牢记第 7 条和第 8 条第 1 款分别规定的目标和限制，以及《TRIPS 协定》中表明了目标和宗旨的其他规定。"③

专家组认定，《加拿大专利法》第 55 条第 2 款第(1)项规定的例外——包括为在外国寻求产品的批准而进行的活动——从《TRIPS 协定》第 30 条的意义上而言，就是"有限的"：

"该例外是'有限的'，因为它是在狭窄的范围内削减了第 28 条第 1 款的权利。只要该例外被限定在那些为符合监管部门批准程序的要求所必需的行为，那么由该例外所允许的未经权利人授权而实施的行为，就将是范围狭小并被仔细划定的。即便管制性批准程序可能要求做出相当数量的试验，来论证生产的可靠性，但专利所有权人本身不会由于该生产规模而带来进一步的损害，只要该等试验纯粹是为了管制性审批目的，而未对所获得的最终产品作任何商业性使用。"④

---

① *EC - Canada*，第 7.14 段。
② 同上，第 7.15 段。
③ 同上，第 7.26 段。
④ 同上，第 7.45 段。

虽然欧共体认为，如加拿大法律所规定的提前实施的义务，应当与专利保护期的延长相联系，就像在欧共体、瑞士和美国所给予的专利延期那样，但专家组驳回了这一主张。专家组强调指出：

"由于上市批准的迟延而缩短了专利所有权人在市场专有权上的有效保护期限，但权利人为此所主张的利益，既不那么具有说服力，也并没有得到广泛承认，不能被认为它就属于在《TRIPS 协定》第 30 条意义上的一种'正当利益'（legitimate interest）。且不论已经有多少政府，对于通过给予补偿性专利保护期限延长而对该主张之利益做出了积极回应，但就该问题本身来看，它也是在相对晚近之时才获得目前这种地位的，而各国政府间显然对该主张的是非曲直尚存分歧。此外，本专家组认为这一点非常重要，即对于管制性审查例外（regulatory review exceptions）的整体性关切，虽然在 TRIPS 谈判之时已经众所周知，但显然它还不够清楚，或者不具有足够的说服力，以致于未被明确纳入有记录的 TRIPS 谈判议程之中。专家组认为，第 30 条的'正当利益'的概念，不应当通过司法裁判的形式而被用来决定一个规范性的政策问题（normative policy issue），该问题显然仍处于未决的政治争论之中。"①

关于"存储条款"（stockpiling provision），加拿大辩称，它对专利所有权人法律权利的削减是"有限的"，只要该例外维持了专利权人在专利保护期内向最终消费者销售产品的专有权利。不过，专家组认为：

"存储例外是否系一项'有限的'例外，这个问题取决于专利所有权人排除他人'制造'和'使用'专利产品的权利遭到削减的程度。在整个专利保护期内，除了因排除他人销售之权利所提供的保护外，因为排除他人'制造'和'使用'之权利而为专利权人所提供的保护，就从源头上切断了竞争性货物的供应，并且阻止了对该产品的使用，无论它是如何被人获得的。如果在产品的数量上完全没有限制，那么存储例外就完全排除了专利权人在专利保护最后 6 个月的保护，而没有顾及它在之后可能产生的其他后果。仅仅根据该结果来看，存储例外可以说完全剥夺了在专利有效期内的这些权利。"②

专家组考虑的另一重要事项是，专利所有权人在专利保护期届满之后数月内所获得的市场优势（market advantage），能否被看作是专利所有权人在专利保

---

① 同前注，第 7.82 段。
② 同上，第 7.34 段。

护期内享有排除他人"制造"和"使用"之权利的一个目标。专家组认为：

"无论在理论还是实践中，本专家组都认为，这种额外的市场利益属于这些权利的目标范围。在理论上，专利所有权人的权利通常被认为就是一种阻止他人竞争性商业活动的权利，而为商业销售之目的进行制造，就是一种典型的竞争性商业活动，其性质并不纯粹因为延迟获得商业回报而发生改变。从实践中看，必须承认的一点是，由于实施在专利保护期内排除他人'制造'和'使用'之权利，将必然在专利保护期届满之后一小段时期内，还能给予所有的专利所有权人对所有的产品以延长的市场独占性。在明知它们的全面性市场影响的情况下，还为该种排他性权利（exclusionary rights）重复立法，这只能理解为是对制造这种市场效果之目的的一种确认。"①

专家组驳回了加拿大的如下辩解，后者一方面认为，考虑到只有那些利用了第 55 条第 2 款第(1)项的管制性审查例外的人才可以适用该例外，这一事实就把该例外的范围限定在那些需要获得管制性批准的人和产品上了，另一方面，存储例外也是"有限的"，因为该例外只有在专利保护期届满之前 6个月才可适用。专家组认为，"每一例外必须根据它对每一受影响之专利的影响而独立进行评估"，并且，该例外只是在专利保护期的最后 6 个月才可以适用，这一事实就明显地减少了它对于所有相关专利产品的影响。专家组同意欧共体所提出的，6 个月是一个在商业上具有重要意义的时间期限，特别是，因为该限定对于被允许制造的产品数量或者这些产品的市场目标都根本没有作出任何限制。

最后，着重需要指出的是，专家组认为，第 30 条和第 31 条都是受到第27 条第 1 款所包含的非歧视条款（non-discrimination clause）约束的。② 不

---

① 同前注，第 7.35 段。

② "第 27 条第 1 款禁止在'专利权'的享有方面予以歧视，它对该术语不作任何限制条件。第 30 条的例外被明确地描述为'对专利授予的专有权的例外'，其中并无任何迹象表明，其意图免于适用非歧视规则。一项歧视性例外剥夺了权利人对某一专利权的享有，它就是跟基本权利本身之上的歧视相同的歧视。第 31 条关于强制许可和政府使用之例外，是受第 27 条第 1 款非歧视规则的约束，从而，无需再做任何这样的文字性规定，这一被人们所承认的事实就进一步强化了如下情形，即非歧视规则可以适用于第 30 条。第 30 条和第 31 条是联系在一起的，因为第 31 条开头的用语就把第 31 条的调整范围，限定在那些未被第 30 条所包含的例外上"（专家组报告第 7.91 段）。专家组把在第 31 条上适用非歧视条款，看作一个"公认的事实"（acknowledged fact），是因为加拿大和欧共体之间在这种对第 31 条的解释上达成了一致意见，参见本书第 25 章。

过，这种解释已经受到一些发展中国家的异议。①

4.2 "美国—《美国版权法》110 条第 5 款"案

在 "《美国版权法》110 条第 5 款"（United States-Section 110(5)of the US Copyright Act）案中，② 专家组审查了《TRIPS 协定》第 13 条项下的三项标准（该协定关于版权部分的例外条款）。③ 考虑到第 13 条和第 30 条的规定都受到《伯尔尼公约》第 9 条第 2 款的启发，因此，在分析该案时提到的某些考虑因素，也可能对于解释第 30 条项下的例外具有相关性。

5. 与其他国际文件的关系

5.1 WTO 诸协定

5.2 其他国际文件

正如本章所指出的，第 30 条与《伯尔尼公约》第 9 条第 2 款有着明确的关联。

6. 新近发展

6.1 国内法

在《TRIPS 协定》通过之后，各成员就制定或者修改其国内专利法，对专利所有权人规定了不同种类的例外。不过，综观发展中国家的专利法，至今它们只是有限地利用了第 30 条所保留的空间。

在许多国家，为"科学目的"而进行的研究行为被明文规定为一种例外。④ 在其他国家，为实验目的之行为则根据不同的条件下而被特别规定为免予承担责任。例如在蒙古国，"为科学研究和实验目的"而使用一项发明，不构成侵权行为。⑤ 在中国台湾省，第三人被允许使用发明，如果"仅为研究或

---

① 参见发展中国家提案，IP/C/W/296，第 33 段。

② WT/DS160/R，2000 年 6 月 15 日。有关本案的详细分析，参见本书第 12 章。

③ 该条规定："各成员对专有权做出的任何限制或例外规定仅限于某些特殊情况，且与作品的正常利用不相冲突，也没有不合理地损害权利持有人的合法利益。"

④ 例如，Guinea-Bissau，Decreto-Ley of 1996，第 4. c 条。

⑤ 1993 年《专利法》（Patent Law of 1993），1997 年修订，第 18. 2. 1 条。

者实验目的，且不以获利或者未打算以获利为目的”。①

许多国家的法律还包括为“实验目的”的例外，且不限于非商业行为，例如以下国家的法律：博茨瓦纳、② 土耳其、③ 特立尼达和多巴哥、④ 不丹、⑤ 萨尔瓦多⑥和新加坡⑦。

阿根廷根据 1996 年第 24.766 号法律实行“波拉例外”，允许在各项专利期限届满之前为获得对仿制药销售的批准而进行实验和提出申请（第 8 条）。该例外与专利保护期的延长没有关联。

以色列在 1998 年引入的相关规定是以美国法为模板的，⑧ 它允许第三人在一专利保护期届满之前，为了在以色列或者另一具有类似例外的外国获得产品销售审批注册而进行实验。该法律不仅允许使用该发明，以在当地进行试验，而且允许少量的材料出口，以便在该专利保护期限届满之前在那些允许此类例外的国家着手进行审批程序。它还授予一种专利期限的延长，最多可达 5 年（或者，从世界范围内首次登记之日起或者自被授予的一个延长期限届满之日起 14 年，以二者中最早结束的日期为准）。澳大利亚也通过了一种类似的例外，并且将其与专利保护期限的延长相联系。

“波拉例外”也被《巴西工业产权法典》（Brazilian Industrial Property Code，法第 10.196 号，2001 年 2 月 14 日）第 43 条所吸收。

在欧洲，尽管这种例外尚未被正式引入，⑨ 但德国联邦最高法院

---

①　《专利法》，1994 年、1997 年修订，第 57.1 条。

②　1997 年修订，第 24.3.a.iii 条。

③　1996 年法，第 75.b 条。

④　1996 年法第 21 号，第 42.b 条。

⑤　《工业产权条例》，1997 年，第 4.a.iii 条。

⑥　法第 35 号，1996 年，第 19.2 条。

⑦　1994 年《专利法》（Patent Act），1995 年修订，第 66.2.b 条。

⑧　美国 1984 年《药品价格竞争与专利保护期补偿法》采纳了“波拉例外”，允许延长专利保护期，以弥补药品专利的所有权人为获得药品上市批准所耗费的时间，最长可达 5 年。

⑨　欧洲议会（European Parliament）已经表明其观点，赞成采纳一种“波拉”型例外。在 1996 年 4 月 16 日决议的第 17 段中，它指出：“应当引入措施，使制药公司能够在专利或者补充保护证书（supplementary protection certificate/SPC）的期限届满之前，就开始进行此种实验室实验和监管性准备，它们必须仅仅是为了对在欧洲所开发的仿制药进行审批注册，以便在并且仅在一专利产品的专利或者 SPC 的保护期届满之后，可以立即将仿制药投放市场。”

（German Federal Supreme Court）在 *Boehringer Ingelheim Int. GmbH v. Dr. Rentschler Arzneimittel GmbH and others*（11. 7. 95）一案中，承认了一种"波拉"型例外（"Bolar" Type exception）。该法院指出"……这与允许被告根据与药品相关法律，为获得许可之进一步目的而实施或者支持相关的临床试验并不相悖"。在另一份判决中（*Wellcome Foundation Ltd. vs. Parexel International and others*（1. 1. 98）案），巴黎上诉法院（Paris Court of Appeal）认定，为获得上市销售批文而进行试验，本身并不构成侵权。

对进口的专有权明确予以削减，这在一些国家的法律中是根据"权利用尽"原则而加以规定的。例如，采用这一做法的有：阿根廷①、安第斯集团国家（第 486 号决议）、南非（针对药品）② 和肯尼亚。

6.2 国际文件

6.3 地区和双边情况

6.3.1 地区

6.3.2 双边

美国和约旦之间的协议明确允许缔约双方采用一种"波拉"型例外，包括为满足一外国的管制性要求而实施的出口。该协议第 19 条指出

"如果一缔约方允许第三人使用一现存有效的专利，以支持某一产品的上市批准申请，则该缔约方应当规定，除了为满足获得上市批准所必需的相关要求，否则，任何根据该授权所生产的产品均不得在该缔约方领土范围内进行制造、使用或者销售。如果允许出口，则该产品应当只能为了如下目的而被出口到该缔约方以外的领土，即为了满足在该缔约方或者另一外国获得上市批准的要求，而该外国也允许第三人使用一现存有效的专利以支持某一产品的上市批准申请。"

《美国—智利自由贸易协定》（USA-Chile FTA）第 17 条第 9 款第 4 项亦规定了与之同类型的例外。

---

① 但是，实施条例（第 260/96 号令）显著缩小了该例外的范围。

② 允许平行进口的规定被《药品法》（Medicines Act）所吸收，但该法律因为这一规定以及其他理由而被制药行业告到南非最高法院。不过，原告在 2001 年 4 月撤诉。

6.4 审查建议

迄今尚无任何提议要求对第 30 条进行审查。

7. 评论（包括经济和社会意义）

第 30 条所允许的例外，具有重要的经济和社会意义。该等例外减轻了专利的专有权所产生的潜在抑制竞争的效果，并因此可能提高静态效率的和动态效率。

因此，实验使用的例外，特别是如果允许出于商业性目的而作实验使用，就可能推动后续创新和技术进步。它还可能在不降低静态效率的同时，明显地提高动态效率。

正如上文所指出的，"波拉例外"允许一竞争性产品——通常是药品——的提前引进，这样，一旦专利保护期限届满，就能使消费者以较低的价格获得药品。如果没有这样的例外，被审批通过的仿制药品就可能要推迟数月甚至数年才能被引进市场，而在此期间，虽然专利保护期限已经届满，但专利的所有权人仍然可以收取高价。该例外就因此提高了静态效率；既然专利的所有权人在直到专利保护期届满之前，都可以保持其垄断性，因此它也不可能降低动态效率。关于美国引入该例外之法律所产生的福利影响，有一项分析指出

"……从经济福利的视角看，该法律产生了两类具有重大潜能的积极成果。第一，它消除了成本高昂但又没有任何有效目标的科学试验。第二，该法律降低了消费者的价格，因为消除了某些无谓损失（deadweight losses）和由生产商向消费者转移的成本。"①

先用权例外建立在公正之理（阻止拥有某一发明但又没有去申请专利的人使用该发明，这是不公平的）和静态效率的基础上。如果在专利的所有权人之外还存在一个替代性产品供应者，就可能促进价格下降，从而有益于消费者。②

最后，平行进口作为专利的专有权的例外，就可能成为提高配置效率

---

① 参见，例如，W. Viscusi；JohnVernon 和 Joseph Harrington，*Economics of regulation and antitrust*，Second Edition，The MIT Press，Cambridge 1997，第 857 页。

② 请注意，上述例外中的若干也被知识产权委员会的报告所提到（第 119 页）。除了这些例外，该委员会还提出为教育目的之例外（同上注），并且强调指出，由于专利权不断地侵入到传统版权的领域，比如计算机程序，因此这种免责就愈显其重要性。

(allocative efficiency)＊ 的一个强有力的工具。① 如果消费者能够从外国获得合法的专利产品，而价格低于该专利所有权人在当地所收取的价格，那么，这里就有一个静态效率的提高，而没有必然降低动态效率，亦即，该专利所有权人所付出的智力贡献已经（在外国市场）得到了回报。当然，专利所有权人由此获得的利润水平，可能低于假如他或她能够分割市场并且在进口国收取更高价格时所获得的利润，但是，这并不意味着专利所有权人未能收回其在研究开发上的费用。

制药行业提出，如果允许平行进口就可能危及将来的研究和开发。它们主张，将在发展中国家低价销售的药品出口到高价销售的市场，就将影响该行业回收资金以供将来研发的能力。② 不过，也有观点认为，药品交易是受到非常严格的国家管制的，这就建立了有效的市场准入屏障。而且，只有当存在显著的价格差异时才会发生平行进口的情况。制药公司就可以采取诸如减少这种价格差异，或者在销售专利产品时，在主要市场上采用不同的商标和包装，以此增加平行进口的难度或者减少它们的吸引力。③ 发达国家如果认为来自价格较低的国家的"平行进口"会损害其产业，它们就可以根据其国内立法，采取措施以禁止平行进口。因此，知识产权委员会（IPR Commission）在其报告中建议

"发达国家应当保持和加强其立法，以阻止源于发展中国家的低价药品的进口。"④

＊ 所谓配置效率，是指在一定的技术水平条件下因各投入要素在各产出主体的分配所产生的效益。——译者

① 关于《TRIPS 协定》项下之权利用尽原则的一般性分析，参见本书第 5 章。关于商标平行进口问题的讨论，参见本书第 14 章。

② 不支持平行交易的论据也包括这样的反对意见，即平行进口会增加"让假冒伪劣产品进入市场"的机会（Harvey Bale, TRIPS, *Pharmaceuticals and Developing Countries: Implications for Drug Access and Drug Development*，向世界卫生组织关于 TRIPS 协定及其对医药领域的影响专题讨论会（WHO Workshop on the TRIPS Agreement and its Impact on Pharmaceuticals）提交的论文，IFPMA, Jakarta 2000，第 18 页），但它基本上是一个法律实施的问题，可以通过正常程序加以解决。

③ 参见，例如，Jayashree Watal, *Pharmaceutical patents, prices and welfare losses: a simulation study of policy options for India under the WTO TRIPS Agreement*，Washington DC 2000（誊写印刷品）。

④ 参见知识产权委员会报告，第 41 页。通过在发达国家采用或维持一种知识产权的国内权利用尽或地区权利用尽的制度，这就可以做到。关于权利用尽原则的更多内容，详见本书第 5 章。

与此同时，也有建议提出，为了保持分层定价（tier pricing）制度，阻止发展中国家的低价药品流向发达国家，前者也应当采取措施，阻止其药品的出口。①

最后，考虑到发展中国家的情况，知识产权委员会建议如下：

"发展中国家不应当消除从发达国家或其他发展中国家获得低价进口产品的潜在来源。为了使之成为一项完全符合《TRIPS 协定》的有效的竞争性措施，平行进口都应当得到允许，无论专利权人的权利在国外是否已经用尽。既然《TRIPS 协定》允许各成员自行设计其权利用尽的制度（这一点在多哈会议上得到重申），发展中国家应当在其立法中设定宗旨，以便利于平行进口。"②

---

① 因此，美国代表团在 2001 年 6 月 21 日举行的 TRIPS 理事会特别会议（Council for TRIPS Special Session）上认为，"在我们看来，平行进口的倡导者忽视了这样的事实，即允许这样的进口产品，就会挫伤专利权人根据不同国家经济发展水平而在不同市场上确定不同的价格的想法，因为这样做就有可能，例如，在贫穷国家销售的低价产品就会被中间人全部买走，并且输送到富裕国家的市场上，以高价出售，这样一来，利润就主要让中间人拿走了。缺乏对进口的保护，也会对健康和安全产生重大影响。我们的执法和管理机关，例如食品药品管理局（FDA）已经作出评论，即使像在美国采取了强有力的平行进口保护措施的情况下，要将假冒药品和未经批准的药品挡在美国之外也是非常困难的。因此，提倡平行进口，恰恰可能让这些提倡者所意图代为发出声音的人遭受不利。"正如在奥斯陆的布伦特兰博士（Dr. Brundtland，她曾任挪威首相和世界卫生组织总干事。——译者）指出的，"就大规模的区别定价而言，我认为我们完全可以同意，必须要有严密的方法来阻止低价药品找到某种方式回流到富裕国家的市场"。

② 知识产权委员会报告，第 42 页。实现这一目标的可能方法之一，就是在发展中国家采用一种国际权利用尽制度，与向发达国家所建议的国内/地区权利用尽制度相反，参见同上。

第 24 章　专利：披露义务

第 29 条　专利申请人的条件

1. 各成员应要求专利申请人以足够清晰和完整的方式披露其发明，使该专业的技术人员能够实施该发明，各成员并可要求申请人指明发明人在申请日，或在要求优先权的情况下在该申请的优先权日所知的实施该发明的最佳方式。

2. 各成员可要求专利申请人提供关于申请人相应的国外申请和授予情况的信息。

1. 引言：术语、定义和范围

一份专利申请包括了说明书、权利要求书以及该发明的摘要。发明的说明书（specification 或 description）通常被撰写成像一份科学报告或者工程报告，描述发明人所遇到的问题、现有技术和解决这一问题所采取的步骤。在有的法律管辖区域，专利申请人还必须提供一个关于解决该问题的"最佳方式"（best model）的具体描述，以便利于其他人在该专利保护期届满之后，可以通过（在专利申请时）所披露的最为公众熟知的方式来实施该发明。[1]

说明书的基本目的，是作为证明已经完成发明行为的证据，[2] 亦即，证明该发明人是否已经有效地完成了某一可专利的发明；并且使得最新的技术信

---

[1] 参见，例如，Jay Dratler (Jr.), *Intellectual property law: commercial, creative and industrial property*, vol. 1, Law Journal Seminars-Press, New York 1996，第 2—85 页（以下简称 Dratler, 1996）。

[2] 参见，例如，Mark Janis, *On courts herding cats: contending with the "written description" requirement (and other unruly patent disclosure doctrines)*, Washington University Journal of Law and Policy 2000, vol. 2，第 68 页（以下简称 Janis）。

息为公众所知，这样，其他人就能够在该发明的基础上进行再创造和改进。①

从历史上看，披露义务很早就是专利法的基本原则之一。它在早期为授予专利的做法提供了一种正当理由。② 以披露为基础而授予专利权，其正当理由在某些情况下就被放到一种"社会契约"理论（"social contract" theory）中："社会与发明人之间订立契约，授予其对发明在一定期限内的专有使用权利，作为回报，发明人同意披露其技术信息以使其在将来能为社会所用。"③

专利申请的另外部分是一组权利要求（claims），它们应当以准确的用语，来定义发明人认为其发明的具体范围到底是什么。④ 专利的权利要求书起着一种与说明书的很不相同的作用：它们将发明人的知识产权与它的周边区域分开，⑤ 也就是说，它们划定了技术区域（technological territory），第三人如果侵入其中就有被提起侵权诉讼的风险。在划定技术区域的方式上，不同法律管辖区域之间存在差别。正如本书第 17 章（第 1 节）所解释的，有的国家采取一种字面解释方式（literal approach），而其他国家则依据功能等同原则（doctrine of functional equivalents）。

专利的说明书和权利要求之间具有紧密联系。在所披露的范围和权利要求的范围之间，必然存在着一种相关性。前者应当"支持"后者，以确保对专利所有权人授予的专有权，可以因其对技术知识的实际技术贡献而被证明

---

① 参见，例如，Robert Merges 和 Richard Nelson，*On limiting or encouraging rivalry in technical progress：the effect of patent-scope decisions*，The Journal of Economic Behaviour and Organization 1994，No.25，第 129 页（以下简称 Merges and Nelson）。

② "如果缺乏保护来反对他人的模仿，发明人就会选择对其发明加以保密。这个秘密将随着发明人去世而消失，社会也就失去了这项新的技术。因此，必须设计出一种方法，促使发明人披露其秘密，以供后代使用。通过授予其一种排他的专利，以保护其不被模仿，这可能是最好的办法。"［Edith T. Penrose，*The economics of the international patent system*，The Johns Hopkins Press，Baltimore 1951，第 32 页（以下简称 Penrose）］。

③ Penrose，第 32 页。曼斯菲尔德勋爵（Lord Mansfield）可能是阐述专利的社会契约理论的第一位法学家，他在 1778 年的一起案件中宣布，"与专利相关的法律要求发明人应当尽其所能，以其最好的知识和判断，对于其发明效果所依赖的所有具体情况做出最完整和充分的说明，这就是他为了享有垄断而必须向社会支付的对价"。*Liardet v. Johnson*，［1778］1 WPC 52 at 54。

④ 权利要求就是专利权利的"界线"（metes and bounds），参见 *Markman v. Westview Instruments Inc.*，517 US，370，372(1996)。

⑤ 参见，例如，Merges and Nelson，第 129 页。

是正当的。①

《TRIPS 协定》规定了对发明进行披露的特定义务，但是，WTO 各成员有权自由决定它与权利要求之间的关系，尤其是关于权利要求解释（claims interpretation）这个复杂的问题。②

2. 条文沿革

2.1 TRIPS 之前的状况

虽然在有关披露发明之义务的具体要求以及（通过专利局和法院）对它们的实际执行上，各国之间有所不同，但是，此项义务在 TRIPS 谈判期间就已经成为专利法中一个非常确定的组成部分了。

最佳方式要求（best mode requirement，但正如下文所讨论的，它在《TRIPS 协定》项下并不是强制性的）在美国法中尽管还有某种模棱两可之处，但已经规定得很完备了,③ 可是，在其他许多国家，包括欧洲和日本在内，它们的立法都没有这样的规定。而且，提供关于申请人相应的国外申请和授予情况信息，这一义务（它也是非强制性的）即使有先例的话，也没有什么重要的先例。

2.2 谈判经过

2.2.1 安奈尔草案

"3. 专利所有权人的义务

专利的所有权人应当负有下列义务：

3.1 在专利授予之前应当清楚、完整地披露其发明，以使本技术领域的人

---

① 关于美国法和欧洲法在这方面关系的讨论，参见 Janis，第 55—108 页。

② 参见，例如，John Duffy, *On improving the legal process of claims interpretation*：*administrative alternatives*，Washington University Journal of Law and Policy 2000，vol. 2，重印于 Richard R. Nelson, *The sources of economic growth*，Harvard University Press，Cambridge (USA) -London（UK），1996，第 109—166 页；Carlos Correa, *Integrating Public health Concerns into Patent Legislation in Developing Countries*，South Centre 2000，第 81 页（以下简称 Correa，2000a）。

③ 参见，例如，Dratler，1996，第 2—85 页；Charles Hauff, *The best mode requirement of the U. S. patent system*，载 Michael Lechter（编），Successful Patents and Patenting for Engineers and Scientists，IEEE Press，New York 1995，第 219 页。

员能够将该发明付诸实施［并且特别要指明实施该发明的最佳方式］；

（另参见以上第 1.3 点）①

3.2 提交相关国外申请和授予情况的信息；

3.3B 在国内立法所确定的时间期限内，在授予其专利的缔约方领土内实施该专利发明；

3.4B 就专利许可合同和转让合同而言，克制从事对技术转让造成不利影响的滥用或者限制竞争行为，并可受到以下第 8 节、第 9 节所规定的制裁。"

草案中关于"专利所有权人的义务"的规定，是整个 TRIPS 谈判中最有争议的条款之一，因为发展中国家试图引入一种关于将专利发明在本地实施的义务（参见上引草案的 3.3B 段）。同样地，发展中国家还试图添加一款，以反对专利所有权人从事滥用或限制竞争的许可行为。（参见上引草案的 3.4 段）

2.2.2 布鲁塞尔草案

该草案的头两段与现行《TRIPS 协定》第 29 条的规定基本一致。另外，布鲁塞尔草案仍然包含了有关本地实施的义务和滥用或限制竞争许可行为的规定。然而，与安奈尔草案不同的是，这些义务是可选择的：

"3. 缔约各方可以规定，专利所有权人应当负有下列义务：

（a）确保专利发明的［实施］［利用］，以满足公众的合理要求。［就本协定而言，缔约各方可以认为，"实施"一词通常是指一专利产品的制造或者一专利方法的工业应用，不包括进口。］

［（b）就专利许可合同和转让合同而言，克制从事对技术转让造成不利影响的滥用或者限制竞争行为。］

4. 缔约各方可以采取在以下第［31、32 和 40］条②中所提到的措施，以对未履行上述第 3 款所提及之义务的行为提供救济。"

在接下来的谈判中，有关实施专利发明的义务在《TRIPS 协定》第 29 条的最终文本中消失了，这是由于 1991 年 12 月所达成妥协的一个结果，它最后被体现在《TRIPS 协定》第 27 条第 1 款的用语之中。按照被通过的第 29 条，它最终限定在有关发明披露的事项上，目的是为了专利审查以及在专利

---

① 安奈尔草案第 1.3 点提到了可授予专利的对象，并规定："诸如提交时应当在专利申请文件中充分公开、支付合理费用之类要求，不得被认为与提供专利保护的义务不符合。"参见本书第 17 章。

② 在《TRIPS 协定》最终文本中，所提到的条款分别是指强制许可、专利的撤销/丧失、对限制竞争的许可行为的控制。

保护期届满之后实施该发明。关于限制竞争的许可行为的条款，被移至《TRIPS 协定》第 40 条项下更为一般性的规定中，因此就把它与专利申请程序分开了。

3. 可能的解释

第 29 条所包含的各个组成部分中，有一个是强制性的，另两个是任意性的。第一，它要求各成员披露发明，应当"以足够清晰和完整的方式，以使本领域的技术人员能够实施该发明"。因此，毫不奇怪的是，它吸收了通常在国内专利法中所规定的"可实施性"要求（enablement requirement）。[1] 此项要求旨在保证专利发挥其信息功能（informative function），为此，它要求专利说明书应当能够使本领域内普通技术人员不需要再做过度的实验，即可充分地制造和使用该发明。[2]

第二，第 29 条第 1 款以一种任意性方式，引入了最佳方式的要求（best model requirement），这是受美国法的启示。该要求旨在防止发明人获得保护但又向公众隐瞒其发明的优选方案。可实施性要求与最佳方式要求并不相同，前者要求的是一种客观分析，后者则是一种主观分析：哪些构成实施该发明的最佳方式，取决于发明人在递交专利申请之日[3]或优先权日[4]知道和被认为

---

[1]　例如，在目前的美国法中，可实施性原则（enablement doctrine）的法典化规定是在 35 U. S. C. No. 112，para. 1（1984 年），该条款规定，"专利说明书应当包含对该发明的书面描述，制造和使用该发明的方法和程序，并且使用完整、清晰、简明、准确的术语，以使与该发明所包含或者具有最接近关联的领域内的所有技术人员都能够制造和使用该相同发明，说明书并应当阐明发明人所预期的实施其发明的最佳方式"。

[2]　说明书中关于实施发明的指示，必须做到能够使得该发明达到效果，而无需再做过度的实验。例如，参见如下英国判例，*Plimpton v Malcolmson*（1876）3 Ch D 531，576。

[3]　参见，例如 Dratler，1996，第 2—86 页。

[4]　根据《巴黎公约》第 4 条，优先权日是指第一次提出申请的日期。设置优先权的目的，是为了使申请人在巴黎联盟（Paris Union）的一国提交专利申请后，能够就相同专利向巴黎联盟其他成员国提交后续申请。在此情况下，第三人位于该其他成员国的某一国，就有可能在原始申请人有机会在该国提交申请之前，提交相同的专利申请。优先权日所导致的结果是，在其他所有巴黎联盟成员国都承认该原始申请。因此，任何第三人的申请如果介于原始申请和原始申请人在其他国家的后续申请之间的，都被认为晚于原始申请。但是，优先权的条件是，在其他国家的后续申请必须在第一次申请日之后的 12 个月内完成。具体内容，详见《巴黎公约》第 4 条 A 款、B 款和 C 款。

是实施其发明的最佳方法。这样的信息极少包含实施该发明的实际的技术决窍（know-how），因为在申请专利时还很少有生产经验。

第三，第 29 条允许各成员要求申请人提供相关的国外申请和授予情况的信息。这些信息可能具有重要意义，特别是对于发展中国家的专利局而言，可以帮助促进和加快其专利审查程序。然而，该要求并不影响专利申请独立性（independence of patent application）这一基本原则。[1]《TRIPS 协定》并没有提到，如果不遵守这一要求会有什么样的后果。但是，既然该要求可能成为强加给专利申请人的一项条件，那么，如果申请人未提供所提到的信息，其申请就有可能被驳回。

《TRIPS 协定》为各成员实施第 29 条所规定的标准，留了足够的空间。例如，WTO 各成员可以严格地执行这些标准，以利于竞争性创新，以使受保护之发明与当地的条件相适应，或者只是规定在保护期限届满之后再来实施该发明。[2]

给 WTO 各成员留有空间的另一方面是，如果针对该发明的若干实施方案都提出了权利要求，那么，在何种程度上，申请人有义务提供充足的信息，以使申请人寻求专利保护的每一实施方案都能够做出来。一项严格的可实施性要求，可能会强制命令对每一实施方案都进行披露。[3] 采用这种模式，就可以阻止过于宽泛的专利，将申请人未加以说明的、从而有效地允许第三人实施的该发明的实施方案也包括进去了。

各成员也可以引入一项书面说明要求（written description requirement），以便确定在提交专利申请时，专利披露是否合理地向本领域的技术人员传达了关于该发明人拥有权利要求所针对之对象的信息。[4]

---

[1] "本联盟国家的国民向本联盟各国申请的专利，与在其他国家，无论是否本联盟的成员国，就同一发明所取得的专利是相互独立的。"（《保护工业产权巴黎公约》第 4 条之二(1)(1967)）。

[2] 参见，例如 UNCTAD，1996，第 33 页。

[3] 但是，在有些专利局，例如欧洲专利局就承认，说明书不必为了保持专利有效而在权利要求定义范围内所可能的所有变化形式都作出具体的描述。参见，例如，Trevor Cook，Catherine Doyle，and David Jabbari，*Pharmaceuticals biotechnology & The Law*，Stockton Press，New York 1991，第 80 页。

[4] 但是，第 29 条第 1 款的谈判经过显示，此处并无意图要吸收一项"书面说明"（written description）要求。参见，例如 Janis，第 59 页和第 88 页，脚注 133。

进一步而言，各成员还可以对说明书与权利要求书之间的关系作出界定，① 并可以规定权利要求解释的方法。而且，WTO 各成员可以决定，这些要求究竟是适用于由专利局对专利申请作原始审查（original examination）阶段，还是在授予专利之后的异议程序（opposition procedure）中，抑或两个阶段均可适用。②

《TRIPS 协定》未予处理的一个重要问题，涉及与微生物③和其他生物材料相关发明的披露。在这些情况下，仅有书面描述就不够了；只有通过获取该生物材料本身，才可能获得相关的知识。④ 第三人（为实验目的）应被允许获取上述生物材料，其时间阶段如果按欧盟法的规定，是在专利申请公开之后，或者按美国法则是在专利授权之后。

最后，还有一个存在争议的问题，国内法是否可以要求专利申请人告知该生物材料的起源国（country of origin），并且/或者表明该申请人遵守了与获取该等材料相关的规定。这一要求⑤将有助于确保符合《生物多样性公约》（Convention on Biological Diversity）的利益共享条款，并且避免可能发生的对遗传资源和相关知识的不法盗用（"生物剽窃"）。

这一额外要求⑥与《TRIPS 协定》第 27 条第 1 款和第 29 条的一致性已经受到质疑，特别是，如果不符合这个要求就将导致专利申请被驳回或者已授

---

① 例如，根据《欧洲专利条约》，权利要求应当"清晰、简明并且由说明书所支持"（"支持要求"［support requirement］）（第 84 条）。

② 这意味着第三人可以提出，该专利的披露对于本领域技术人员实施该发明而言是不充分的，从而对专利授权提出异议。

③ 《布达佩斯条约》（The Budapest Treaty，1977 年）设立了一套国际承认的微生物保存体系，以便利专利局完成任务，并且为申请人/专利所有权人提供了担保。

④ 确保对生物材料专利的保护范围与实际保存的材料相一致，这是十分重要的。如果在说明书与所保存的材料之间缺乏对应性（correspondence），则该专利（或权利要求）可能被认定为无效。

⑤ 根据 1997 年 7 月欧洲议会的建议，此类义务已经被吸收到有关生物技术专利的欧盟指令草案之中。虽然在最终获得批准的文本中已将之删除，但该指令引述部分的第 27 条还是提到，如果已经知道生物材料的地理起源，则有义务提供有关这方面的信息，但是不影响专利的有效性。参见《欧洲生物技术发明指令》（European Directive on Biotechnological Inventions），No. 96/9/EC，1996 年 3 月 11 日。

⑥ 它在一些国家的国内法中已有规定（参见以下本章第 6.1 节）。

予的专利归于无效的话。① 美国政府认为，施加这样的要求

　　"对于遗传资源或者传统知识的来源国而言，是一种极其没有效果的方法。……而且，对所有的专利申请人施加额外要求，只会增加获得专利的成本，而对个人发明家、非营利性组织和中小企业，包括发展中国家的这些个人或者组织、企业来说，将造成更大的不利后果。"②

　　对有些 WTO 成员来说，该事项将要求对《TRIPS 协定》进行修改（参见以下本章第 6.4 节）。已经有人提出建议，如果获得和实施在一发明上的权利，是来自于明知而故意采取的直接或者间接的非法行为，比如未经授权而获得遗传资源，那么，它可能被认为构成滥用。因此，由此获得的专利可以被认为属于有效但不可实施（valid but not enforceable）。③

4. WTO 案例

迄今尚无根据《争端解决谅解》提起的任何案件涉及这一问题。

5. 与其他国际文件的关系

5.1　WTO 诸协定

其他任何 WTO 协定都不涉及该主题。

---

　　①　"遗传资源的来源和关于其获取的其他相关环境，对于本领域技术人员实施该发明来讲，并不是必需的"。Pires de Nuno CarvalhoCarvalho, *Requiring disclosure of the origin of genetic resources and prior informed consent in patent applications without infringing the TRIPS Agreement*：*The problem and the solution*，Re-Engineering Patent Law 2000，vol. 2，第 380 页（以下简称 Pires de Carvalho）。

　　②　参见 WTO DOC. IP/C/W/162（1999 年 10 月 29 日）。

　　③　参见，例如，Pires de Carvalho，第 395 页和第 399 页。这样的选择是基于"欺诈取得原则"（fraudulent procurement doctrine）："如果在可能影响到有关最终决定可专利性的问题，比如在新颖性或者创造性的问题上，专利申请人未能做到坦率的话，那么该专利可能会被宣告无效。如果是在无关乎专利授予或驳回的根本事项上缺乏坦率，那么，对欺诈取得的惩罚就是使该专利不具有可实施性（non-enforceability）。当专利所有权人纠正其错误陈述或者其他不公平行为时，换句话说，当他洗净自己的双手（he cleans his hands）时，恢复该专利的可实施性"（同上，第 397 页）。

5.2　其他国际文件

1977 年《国际承认用于专利程序的微生物保存布达佩斯条约》（Budapest Treaty on the International Recognition of the Deposit of Microorganisms for the Purposes of Patent Procedure）于 1980 年修订，① 它构建了一个关于国际承认的为专利程序之目的而保存微生物的联盟。缔约各国允许或要求为专利程序之目的保存微生物的，应当为此目的而承认在任何国际保存机关（international depositary authority）对微生物的保存。

同样有意思的是需要指出，在 WIPO 专利法常设委员会（Standing Committee on the Law of Patents）于 1999 年 9 月 6 日至 14 日举行的会议上，哥伦比亚的提案是，在提议的《专利法条约》（Patent Law Treaty）中插入如下文字（但最终未被采纳）：

"1. 所有工业产权保护应当保证对国家的生物和遗传资源遗产的保护。因此，与该等遗产要素相关的专利的授权或者登记，应当受到关于其系合法获取之约束。

每一文件应当具体载明获取遗传资源的合同的注册号，以及从遗传资源中制造和形成的寻求保护的商品和服务的一个副本，或者由此获得的产品，而在若干成员国中有一国为该遗传资源的起源国。"

6. 新近发展

6.1　国内法

在 2002 年《印度（第二次修订）专利法》（Indian Patents（Second Amendment）Act）中，驳回专利申请和撤销专利的理由中就包括了在专利申请时明知或者应当知道该生物资源的原始来源（source of origin of biological resource）而不披露或披露不当的，无论以口头方式还是其他方式披露。专利申请人还负有义务，要在其专利申请中披露在该发明中所使用的生物材料的

---

① 截至 2004 年 7 月 15 日，它有 59 个成员国（参见 http：//www.wipo.int/treaties/en/registration/budapest/index.html。

原始来源（source of origin of the biological material）。①

2000 年，丹麦修改其《专利法》（Patent Act），部分原因是为了执行《欧共体生物技术发明指令》（EC Directive on Biotechnological Inventions）（参见以下本章第 6.3.1 节）。根据该法，现有的专利部门规章相应修改，将下列条款增补为第 3 款：

"发明涉及或者利用植物或动物的原始生物材料的，如果专利申请人知道，应当在专利申请中包括该材料的地理起源地的信息。如果申请人不知道该材料的地理起源地，应当在该申请中说明。缺少该生物材料的地理起源地信息的，或在此不知道其来源的，并不影响对专利申请的评估或者已授予专利的权利的有效性。

违反本规定的，可以认定为违反了《丹麦刑法典》（Danish Penal Code，第 163 段）所规定的向国家机关提供正确信息的义务。"

巴西第 2.186—16 号临时措施（Brazil's Provisional Measure No. 2.186—16，2001 年 8 月 23 日）第 31 条是关于信息获取和利益共享，其中规定：

"职能部门对于利用遗传基因成分的样品所获得的方法或产品授予工业产权的，依其遵守本临时措施的情况而定，申请人有义务视具体情况详细说明遗传材料和相关传统知识的来源。"

同样地，2002 年埃及知识产权保护法第 13 条规定如下：

"发明涉及生物、植物或动物产品，或者传统的医药、农业、工业或者手工艺知识，文化或者环境遗产的，发明人应当以合法手段获取该资源。"

---

① 此外，2002 年《印度生物多样性法》（Indian Biological Diversity Act）第 6 条指出，任何人对于以从印度获取的遗传资源或知识为基础所进行的研究，寻求任何知识产权的，需要事先获得国家生物多样性管理局（National Biodiversity Agency/NBA）的批准。NBA 将对之施加有关利益分享的条件。第 18 条（iv）款规定，NBA 的功能之一，是采取措施，对于从印度获得的生物资源或与该生物资源相关的知识反对在印度之外的任何国家授予其知识产权。

6.2 国际文件

《实体专利法条约》（Substantive Patent Law Treaty）草案①第 3 条包含了有关发明披露与说明的规则。第 3 条第 1 款规定如下：

"［……］如果在递交申请之日，如《条例》所规定的那样，以足够清晰和完整的方式阐述发明，达到使本领域的技术人员能够实施该发明的程度，那么，在申请中对发明的披露总体来说就应当被认为是充分的。"

此外，第 3 条第 2 款规定

"［……］就披露而言，除第 1 款所规定的以外，不得再施加任何额外的或不同的要求。"

6.3 地区和双边情况

6.3.1 地区

根据安第斯集团（Andean Group）"关于遗传资源获取的共同制度"（Common Regime on Access to Genetic Resources），专利申请人有义务向专利局提供所涉及遗传资源的来源的信息以及关于已经获得政府主管机关和传统知识持有人的事先知情同意的证据。② 如果生物资源的获取或使用违反了根据本《决议》而要求对位于任何安第斯国家的生物资源获得许可的规定，则对该资源的任何知识产权或者权利要求均被认为是无效的。

---

① 2000 年 12 月 19 日草案第 5 稿，可查于 http：//www.wipo.org/scp/en/documents/session 5/pdf/splt 5.pdf。请注意，该草案尚未变成具有法律约束力的协定。与《TRIPS 协定》只是确立有关专利的最低保护标准不同，该条约旨在实体性专利法方面达成国际协调（international harmonization）。关于 1991 年一份更早的草案，参见 WIPO, *Records of the Diplomatic Conference for the Conclusion of a Treaty Supplementing the Paris Convention as far as Patents are Concerned*, vol. 1："First Part of the Diplomatic Conference, the Hague", Geneva 1991, 第 15—16 页（以下简称 WIPO, 1991）。《实体专利法条约》草案必须与 2000 年 6 月 1 日通过的 WIPO《专利法条约》（Patent Law Treaty）相区别。后者已成为一项具有法律约束力的协定，但它只限于程序性规定，而并未试图协调实体性专利法。《专利法条约》可查于 http：//www.wipo.int/clea/docs/en/wo/wo038en.htm。

② 参见《获取遗传资源共同制度》（Common Regime on Access to Genetic Resource），1996 年 7 月 2 日安第斯决议第 391 号。另参见在此背景下，哥斯达黎加于 1998 年 5 月 27 日制定的《生物多样性法》（Biodiversity Law, 法第 7788 号）。

《欧共体生物技术发明指令》① 在引述部分的第 27 条间接提到，如果已经知道生物材料的地理起源，则有义务提供有关这方面的信息，但是不影响专利的有效性。

6.4 审查建议

正如在本书第 21 章中所分析的，TRIPS 事理会的各成员已经讨论了对于未经授权遗传材料和相关传统知识而申请专利的处理方法。在这种背景下，发展中国家成员已经倡导要修订《TRIPS 协定》，规定作为授予专利的要求之一，申请人有义务披露所涉及的遗传材料的来源。② 非洲国家集团（The African Group）提出了对第 29 条的一项修订案，由此将导致一种强制性的披露要求：

"与其他替代性方案相比，《TRIPS 协定》第 29 条看起来是最适于作适当修改，将有关公平、对遗传资源和传统知识起源地社区的披露、遵守适当的国内程序等的要求纳入其中，以包含这些方面的权利义务。这些要求就使得本集团对所有此类专利申请的期待有了形式化的规定。考虑到缺乏特定的国内制度，以防止专利对遗传资源和传统知识构成一种盗用，所以，这些要求对于此类事情的重复发生甚至案件增加，有助于起到预防作用或者使之变得最小化。

本集团建议，修改第 29 条，将下列内容增设为第 3 款：各成员应要求专利申请人披露在该发明中所使用或涉及的生物资源和传统知识的来源国家和地区，并提供证据，说明其遵守了该来源国所有关于资源获取的管制规定。"③

另一方面，有些发达国家表达这样的立场，反对通过专利制度来强制实施有关遗传资源来源的披露义务（参见本书第 21 章）。④ 瑞士承认，应当根据

---

① 第 96/9/EC 号指令，1996 年 3 月 11 日。

② 除了披露来源的要求，这些提议也包括了专利申请人有义务提出有关证明遗传资源来源国给予事先知情同意和公正利益共享的证据。参见《非洲国家集团联合通报》（Joint Communication from the African Group），2003 年 6 月 26 日 IP/C/W/404 [以下简称 African Group June 2003]，以及由玻利维亚、巴西、古巴、多米尼加共和国、厄瓜多尔、印度、秘鲁、泰国和委内瑞拉等国的提交的意见书，IP/C/W/403，2003 年 6 月 24 日。另参见 2004 年 3 月 2 日由巴西、古巴、厄瓜多尔、印度、秘鲁、泰国和委内瑞拉向 TRIPS 理事会提交的清单（IP/C/W/420）。

③ 参见 African Group June 2003，第 6 页。

④ 欧共体已经签署协议，同意讨论关于披露的要求，但是它反对在专利制度项下来解决这个问题。参见《欧洲共同体及其成员国致 TRIPS 理事会通报》（Communication from the European Communities and their Member States to the Council for TRIPS），2002 年 10 月 17 日，IP/C/W/383。

专利制度来处理有关披露的义务，但它同时建议，应当在 WTO 框架之外跟进此项议题，亦即，通过修订世界知识产权组织的《专利合作条约》（Patent Cooperation Treaty），使披露成为授予专利的一项自愿性要求。①

7. 评论（包括经济和社会意义）

专利的交易本质就要求，专利申请人对于其主张权利要求而令其获益的对象，应当进行充分的披露。② 这样做有两个目的。

第一，专利说明书所包含的信息，是从事研究和提高技术的一个重要工具。今天，由于有了若干在线数据库和非在线数据库的便利，获取这些信息已经为工业和科研单位提供了一种有用的工具。

第二，在专利上所承载的技术信息，在专利权保护期届满之后必然会被推向公众进行无限制的利用。专利所有权人获得的是一种暂时的垄断，它受到这样的条件约束，即一旦保护期届满，社会大众都可以从对该信息的充分利用中受益。

要实现以上两个目的，关键依靠专利说明书的完整性和质量。如果申请人可以向公众隐瞒为实施其发明所必需的信息，那么这两大目的均无法实现。

而且，只有在发明人能够证明其实际拥有了被主张具有发明性的信息，对之授予一项排他权才是合理的。说明书就因此而可能扮演双重角色，一是确保进行充分披露，二是将保护范围限制在申请人已经实际完成的发明上。③

确保专利披露的完整性和质量，以使其能为本国研究者和产业所获取，这对于发展中国家来说非常重要。它们的专利局应当注意将专利披露内容翻译为本国文字的质量。但是，在一些发展中国家，如果只是把在其他国家提交的原始申请单纯进行翻译，还不足以能够让第三人实施该发明。④ 因此，专

① 参见 IP/C/W/400l，第 2 页："基于《专利法条约》（PLT），国内法可以预见到，已授予之专利的有效性可能因为申请人没有声明或不正确地声明其来源而受到影响，假如其有欺诈意图的话。"IP/C/W/423 和 TRIPS 理事会 2004 年 6 月会议对此予以重申。

② 参见，例如，Peter Groves, *Source Book on Intellectual Property Law*, Cavendish Publishing Limited, London 1997，第 202 页。

③ 知识产权委员会在其报告中也强调了对保护范围进行限制的重要性，特别是在遗传材料的专利方面。该委员会建议（第 118 页）："如果发展中国家允许对基因本身授予专利，那么，在其条例和指引中应当规定，将其权利要求限定在专利说明书中有效披露的用途上，以鼓励对该基因的任何新用途作进一步的研究和商业应用。"

④ 参见，例如，UNCTAD, 1996，第 132 段。

利局可以采用这样的规则，要求对发明作适当的确认和说明，以使当地的本
领域技术人员能够理解。

各成员对第 29 条的遵守似乎并不是什么难题，因为该条所包含的强制性
要素与国内专利法中已经较为成熟的做法是一致的。各成员对于该规定的非
强制性要素，则可自由决定是否引入其国内法。总的来说，各成员可以因吸
收有关最佳方式的要求①以及有关提供国外专利申请与授予情况的信息的义务
而从中受益。此外，各成员还有相当大的自由空间，来确定披露义务的具体
范围、说明书和权利要求书的关系、以及权利要求的解释方法。

只要有可能，制造商还是更愿意对生产工艺保密。事实上，全部的技术
诀窍（know-how），包括那些可专利的与不可专利的，通常都能带来竞争优
势，使得制造者能以更实惠的价格生产出更好的产品。而且，商业秘密最大
的优势是在保护没有时间限制。例如，用于制造瑞士著名品牌干酪糊的秘密
工艺，就可以追溯到好几代人，而瑞士的母公司还在不惜一切代价，以保证
世界范围内的被许可人无从知悉该工艺的秘密。因此，制造商倾向于只是在
这样的范围内进行披露，即如果没有专利保护则竞争对手本身就可以复制出
该产品。正是这一事实，就削弱了专利制度作为发展中国家信息来源的作用。

如上所述，针对专利申请中提出权利要求的生物材料而要求披露其来源，
这可能具有重要的经济意义。这样一种披露虽然不是作为一项必要条件，但
是，它可以便利该材料的来源国（根据其与《生物多样性公约》相一致的、
关于生物材料获取的国内立法）要求分享利益。许多发展中国家抱有很大的
期望（虽然迄今为止尚未在实践中得到确认），希望获得因遵守有关利益共享
之义务而可能产生的收入。

如果国家或者其他利益相关者认为发生了一种对生物材料的盗用（"生物
剽窃"），那么，披露生物材料的来源，还可能便利于它们对专利授权的监督，
以便最终对所授予专利的效力提出挑战。与披露生物材料来源相关的一个关
键性问题是，如果此种披露是强制性的，那么披露到何种程度才会被认为是
与《TRIPS 协定》项下的义务是相容的，特别是在如果不遵守披露义务就可
能导致一项专利被撤销的情况下。

---

①　另参见知识产权委员会的建议（在该报告第 117 页）："发展中国家应当采纳关于
最佳方式的条款，以确保专利申请不会扣留那些对第三人有用的信息。"

第25章　专利：非自愿使用（强制许可）

第31条　未经权利持有人授权的其他使用

如一成员的法律允许未经权利持有人授权即可对一专利的对象作其他使用*，包括政府或经政府授权的第三方所作的使用，则应遵守下列规定：

(a) 授权此种使用应一事一议；

(b) 只有在拟使用者在此种使用之前已经按合理商业条款和条件努力从权利持有人处获得授权，但此类努力在合理时间内未获得成功，方可允许此类使用。在全国处于紧急状态或在其他极端紧急的情况下，或在公共非商业性使用的情况下，一成员可豁免此要求。尽管如此，在全国处于紧急状态或在其他极端紧急的情况下，应尽快通知权利持有人。在公共非商业性使用的情况下，如政府或合同方未作专利检索即知道或有明显的理由知道一有效专利正在或将要被政府使用或为政府而使用，则应迅速告知权利持有人；

(c) 此类使用的范围和期限应仅限于被授权的目的，并且如果是半导体技术，则仅能用于公共非商业性使用，或用于补救经司法或行政程序确定为限制竞争行为；

(d) 此种使用应是非专有的；

(e) 此种使用应是不可转让的，除非与享有此种使用的那部分企业或商誉一同转让；

(f) 任何此种使用的授权应主要为供应授权此种使用的成员的国内市场；

(g) 在充分保护被授权人合法利益的前提下，如导致此类使用的情况已不复存在且不可能再次出现，则有关此类使用的授权应终止。主管机关根据当事人的积极请求，有权审议这些情况是否继续存在；

(h) 在每一种情况下应向权利持有人支付适当报酬，同时考虑授权的经济价值；

(i) 与此种使用之授权有关的任何决定的法律效力应受制于司法审查或其他由该成员中不同上级机关所作的独立审查；

　　(j) 与就此种使用提供的报酬有关的任何决定应受制于司法审查或其他由该成员中不同上级机关所作的独立审查；

　　(k) 如允许此类使用以补救经司法或行政程序确定的限制竞争的行为，则各成员无义务适用(b)项和(f)项所列条件。在确定此类情况下的报酬数额时，可考虑纠正限制竞争行为的需要。如导致此类授权的条件可能再次出现，则主管机关有权拒绝终止授权；

　　(l) 如一专利（"第二专利"）在不侵害另一专利（"第一专利"）的情况下不能被利用，从而为允许利用该专利而授权此种使用的，则应当适用下列额外条件：

　　　　(i) 与第一专利中主张权利要求的发明相比，第二专利中主张权利要求的发明应包含一个具有相当经济意义的重要技术进步；

　　　　(ii) 第一专利的所有权人有权以合理的条件通过交叉许可使用在第二专利中主张权利要求的发明；以及

　　　　(iii) 对第一专利授权的使用不得转让，除非与第二专利一并转让。

　　[脚注]* "其他使用"指除第 30 条所允许的使用以外的使用。

1. 引言：术语、定义和范围

　　第 31 条规定的这种做法通常被称为强制许可（compulsory license）。强制许可是指政府未经专利权人同意，向专利权人以外的一方当事人给予授权，以使用该权利所包含的发明。专利本身来自于政府为特定当事人利益而颁发的一纸特许（charter），从而赋予该人以特定的权利。强制许可的做法，就在于当这些私权（private rights）的行使涉及公共利益（public interest）时予以约束。强制许可是政府借以限制因专利授权所产生之私人权力（private power）的机制之一。它承认，在各种不同的情况下，在更直接地获取技术知识上所存在的公众利益应该优先于其他的专利利益。

　　第 31 条的标题是"未经权利持有人授权的其他使用"（Other Use Without the Authorization of the Right Holder），并且在其引导性条款中提到"未经权利持有人授权即可对一专利的对象作其他使用［脚注："其他使用"指除第 30 条所允许的使用以外的使用］"。这种尴尬的表述反映了《TRIPS 协定》起草者的良苦用心，以便区分根据第 30 条所授予的"有限例外"（limited exceptions）与根据第 31 条所授予的强制许可。第 31 条（强制许可）解决的是在特定个案中专利持有人的利益——强制许可所针对的是一个确定的专利和被授权人——而第 30 条的例外，则涉及对专利持有人和被授权人而言更具有普遍效力的立法。

第 31 条并未企图以任何方式确定或限定可能授予该种许可的理由。它规定了各成员的政府在其授予该种许可时所应遵循的程序，并对强制许可所应当体现的某些条件加以说明。这些程序和条件取决于采用强制许可的情形而有所不同。

在多哈部长级会议上通过的《TRIPS 协定与公共健康宣言》（Declaration on the TRIPS Agreement and Public Health）声明：

"每一成员都有权授予强制许可，并自由决定授予此种许可所依据的理由。"①

2. 条文沿革

2.1 TRIPS 之前的状况

在《TRIPS 协定》之前，世界各国大都通过立法来授权给予强制许可。这种立法的条款有很大出入。包括加拿大②和印度③在内的一些国家是在某些对象的领域，比如食品和药品专利上提供"权利许可"（licences of right），因此，在《巴黎公约》规定的最低时限过后，任何有兴趣利用某项专利的人都将自动有权获得一种强制许可。④ 绝大多数或几乎所有国家的法律都允许政府为国家安全目的而使用任何专利。专利法包括了可导致强制许可获得批准的

---

① 《TRIPS 协定与公共健康宣言》，WTO 部长会议第四次会议，多哈，2001 年 11 月 9 日—14 日，WT/MTN（01）/DEC/W/2，2001 年 11 月 14 日，第 5 段(b)项。

② 参见"加拿大—药品专利保护"（*Canada-Patent Protection of Pharmaceutical Products*）案中对加拿大在 1993 年之前的强制许可制度的描述，专家组报告，WT/DS114/R，2000 年 3 月 17 日（以下简称"EC-Canada"案），第 4.6 段。特别参见，Reichman 与 Hasenzahl，*The Canadian Experience*。另参见，安第斯共同体的"共同工业财产制度"（Common Industrial Property Regime，第 85 号决议）。

③ 参见 Elizabeth Henderson，*TRIPs and the Third World：The Example of Pharmaceutical Patents in India*，19 Eur J. Int. Prop. Rev. 651，658—59（1997），其中讨论了印度《1970 年专利法》（Patent Act of 1970）。请注意，因为印度在那时对食品和药品并不授予专利，因此，该种权利许可（licence of right）就只是针对在这些领域的方法专利。

④ 在 1977 年修订其专利法之前，加拿大的立法以英国专利法为示范，而对药品和食品领域提供权利许可。参见 Cornish，1998，pp. 7—43。

其他公共利益依据。它们包括：专利在一国领土范围内未实施的（non-working），未能以合理条件满足被授予专利权之发明的需求，以及作为限制竞争行为的补救。例如，在美国所授予的大量的强制许可，就是为了对限制竞争行为给予补救。①

作为涉及专利的主要国际条约，《巴黎公约》承认各缔约国有权通过颁发强制许可，来对滥用专利权的行为给予补救，包括在未实施专利的情况下（《巴黎公约》第 5 条 A 款）。尽管《巴黎公约》规定，必须在一最低期间之后才可以适用强制许可（该期间取决于不同的情况，为 3 年或者 4 年），但它并没有对此类许可的授予作出限制，也没有代表专利持有人设立获得报酬的权利（right of compensation）。就强制许可的适当范围所发生的争论，被援引为启动 TRIPS 谈判的原因之一。② 在 20 世纪 70 年代末至 80 年代初，发展中国家要求建立一种国际经济新秩序（New International Economic Order），包括更多地获取技术。这些要求被体现在关于《巴黎公约》修订的谈判中。这些谈判在 1982 年宣告破裂，这在很大程度上是因为各方在关于强制许可的方面有着相互冲突的需求。这些谈判的失败使得产业利益相关方相信，它们不可能在 WIPO 范围内成功解决它们所认为的"知识产权问题"。这就导致了它们将为知识产权作出努力的关注焦点转向 GATT。

2.2 谈判经过

2.2.1 早期各国提案

美国对于将 TRIPS 谈判纳入乌拉圭回合起到了一种主导作用，而它在

---

① 参见，例如，Carlos Correa, *Intellectual property rights and the use of compulsory licences：options for developing countries*，与贸易有关议程、发展与公平（Trade-Related Agenda, Development and Equity），工作论文，南方中心（South Center），日内瓦 1999 年。另参见 UNCTAD-ICTSD, Jerome H. Reichman and Catherine Hasenzahl, *Non-Voluntary Licensing of Patented Inventions：Historical Perspective, Legal Framework under TRIPS, and an Overview of the Practice in Canada and the United States of America*，可见于 http：//www. iprsonline. org/unctadictsd/projectoutputs. htm # casestudies。另参见上述作者专门以美国实践情况为关注焦点所作的案例研究，即将出版。

② 同上，第 3—17 节至第 3—18 节。另参见 Frederick Abbott, Thomas Cottier 与 Francis Gurry, *The International Intellectual Property System：Commentary and Materials*，Kluwer Law, 1998 年，第 717—718 页。

1987 年 11 月提出的 "与贸易有关的知识产权谈判提案"（Proposal for Negotiations on Trade-Related Aspects of Intellectual Property Rights）中，就有关强制许可的问题表述如下：

"政府一般不应对专利颁发强制许可，如果对于未实施该发明存在正当理由的话，比如由于政府的管制性审查，也不应颁发专利强制许可。如果一政府颁发强制许可，则其不应针对特定技术领域的发明而有所歧视，而且应当因该项许可对于专利权人给予充分补偿（full compensation）。所有的强制许可都是非独占的。"①

1988 年 7 月，欧洲共同体向 TRIPS 谈判组（TRIPS Negotiating Group）提交了一份关于该协定的替代提案，其中关于强制许可规定如下：

"因缺乏利用或利用不足而授予强制许可，针对从属专利授予强制许可，官方许可（official licences），以及任何基于公共利益而对专利发明享有的使用权，特别是其补偿，都要受到法院的审查。"②

1989 年 7 月，印度提交了一份详细文件，提议采用关于强制许可的方法，针对专利的不实施而授予许可，并且对于诸如食品、药品和农业化工产品领域给予权利许可（licences of right）。③ 根据一项权利许可而给予的公平补偿（fair compensation），将作为一个国内法问题加以确定。④

---

① 《美国关于达成谈判目标的建议，美国关于与贸易有关知识产权谈判的提案》（Suggestion by the United States for Achieving the Negotiating Objective, United States Proposal for Negotiations on Trade-Related Aspects of Intellectual Property Right），与贸易（包括假冒商品贸易）有关知识产权谈判组，MTN. GNG/NG11/W/14，1987 年 10 月 20 日，1987 年 11 月 3 日。

② 《欧洲共同体关于与贸易相关知识产权实质性标准谈判而提议的指导方针和目标》（Guidelines and Objectives Proposed by the European Community for the Negotiations on Trade Related Aspects of Substantive Standards of Intellectual Property Rights），与贸易（包括假冒商品贸易）有关知识产权谈判组，MTN. GNG/NG11/W/26，1988 年 7 月，第 III. D. 6 段。

③ 《印度通报，关于与贸易有关知识产权的可获得性、范围和使用的标准和原则》（Communication from Indian, Standards and Principles Concerning the Availability, Scope and Use of Trade-Related Intellectual Property Rights），MTN. GNG/NG11/W/37，1989 年 7 月 10 日。

④ 在 TRIPS 谈判的这一阶段，印度反对设立 "任何涉及有关知识产权可获得性、范围和使用的标准和原则的新的规则和纪律"。

1989 年 7 月在 TRIPS 谈判组的一次会议上，强制许可的议题得到了广泛讨论，特别是关于专利不实施的问题，① 在 1989 年 10 月至 11 月的一次会议中，对这一问题作了进一步的考虑。②

2.2.2 安奈尔草案

根据安奈尔草案，标注"A"的文本在关于强制许可的引导条款称："各缔约方为了不妨碍专利权的充分保护，应当把强制许可的授予降到最少程度。"③ 它在其中列举了允许授予强制许可的具体而有限的依据，包括"以涉及国家安全的，或者对普通公众的生命或身体有重大危险的公共利益为由"。④ 该文本详细地说明了有关专利当地实施（local working）的要求，其中规定："如果专利权持有人能够表明，其专利在该国当地缺乏实施或实施不充分系由于法律、技术或商业原因所致，则不得以在该授予机关所在领土范围内专利未实施或实施不充分为由而授予强制许可。"⑤ 强制许可的被许可人（compulsory licensees）将只是被允许供应国内市场（"所授予的强制许可只允许制造产品以供应国内市场"）。⑥ 在这一阶段，有关对于强制许可的授予负责进行审查的机关是被放在方括号内的："任何关于授予或维持强制许可以及因此提供补偿费用的决定，应经过［司法审查］［不同上级机关的审查］"。⑦

在安奈尔草案中，特别标注"B"的唯一的强制许可文本规定如下：

"5B 本协定的任何内容不得被解释为阻止任何缔约方采取如下必要行动：(i)为政府目的而实施或使用一专利；或者(ii)如果授予专利的是能够被用来准备或制造食品或药品的一发明，则向任何提出申请的人授予许可，限于为准备或制造和分销食品和药品之目的而使用该专利。"

在 TRIPS 谈判组主席总结之后的该谈判组会议记录显示，对于由发达国家提出的就有关强制许可的理由作出严格限制的提案，在发展中国家这一方

---

① 1989 年 7 月 12 日至 14 日谈判组会议由秘书处所作的记录，与贸易有关知识产权（包括假冒商品贸易）谈判组，MTN. GNG/NG11/14，1989 年 9 月 12 日。

② 1989 年 10 月 30 日至 11 月 2 日谈判组会议由秘书处所作的记录，与贸易有关知识产权（包括假冒商品贸易）谈判组，MTN. GNG/NG11/16，1989 年 12 月 4 日，第 34 段。

③ 参见文件号 MTN. GNG/NG11/W/76，第 5 节：专利，5A.1。

④ 第 5 节，5A.2.2 b。

⑤ 第 5 节，5A.3.2。

⑥ 第 5 节，5A.3.5。

⑦ 第 5 节，5A.3.10。

发出了强烈抵制。

2.2.3　布鲁塞尔草案

布鲁塞尔部长文本（Brussels Ministerial Text）①含有一个关于强制许可的条款（第 34 条），其内容与邓克尔草案以及《TRIPS 协定》最终文本相近似，但是有几处重大差异。②布鲁塞尔草案删除了任何关于允许授予强制许可的

---

①　《体现多边贸易谈判乌拉圭回合成果的草案最后文本（修订）》（Draft Final Act Embodying the Results of the Uruguay Round of Multilateral Trade Negotiations, Revision），与贸易有关知识产权（包括假冒商品贸易）谈判组，MTN. TNC/W/35/Rev. 1，1990 年 12 月 3 日。

②　布鲁塞尔草案第 34 条规定如下：

"第 34 条：未经权利持有人授权的其他使用

如一缔约方（PARTY）的法律允许未经权利持有人授权即可对一专利的对象作其他使用，包括政府或经政府授权的第三方所作的使用，则应遵守下列规定：

（a）此类使用的每种情况应当一事一议。

（b）只有在拟使用者在此种使用之前已经按合理商业条款和条件努力从权利持有人处获得授权，但此类努力在合理时间内未获得成功，方可允许此类使用。在全国处于紧急状态或其他极端紧急的情况下，一成员可豁免此要求。尽管如此，在该种情况下，应尽快通知权利持有人。

（c）此类使用的范围和期限应仅限于被授权的目的。

（d）此种使用应是非独占的。

（e）此种使用应是不可转让的，除非与享有此种使用的那部分企业或商誉一同转让。

（f）任何此种使用的授权应主要为供应授权此种使用的缔约方的国内市场。

（g）在充分保护被授权人合法利益的前提下，如导致此类使用的情况已不复存在且不可能再次出现，则有关此类使用的授权应终止。主管机关根据当事人的请求，应有权审议这些情况是否继续存在。

（h）在每一种情况下应向权利持有人支付公平合理的适当报酬（fair and equitable adequate remuneration），同时考虑授权的经济价值。

（i）与此种使用之授权有关的任何决定的合法性（legality）应经过司法审查或经过该缔约方中不同上级机关的其他独立审查。

（j）与就此种使用提供的报酬有关的任何决定应经过司法审查或该成员中不同上级机关的其他独立审查。

（k）有关此种使用的法律、条例和要求，不得因以下情形的不同而有所歧视：在不同的技术领域之间，或者是因为在公共健康、营养或环境保护领域的行动，或者是为确保公众可以最低可能价格获得某一产品这一目的所必需，而该最低可能价格是与导致该发明之研究的正当回报相符合的。

理由的具体列举，相反，它将关注焦点集中于可能授予该种许可的程序，以及该种许可所应当包括的条件上。

在布鲁塞尔草案中，"公共非商业性使用"（public non-commercial use）被表述为其中一项条款（第 34 条(o)项），这样就把它从关于全国紧急状态和极端紧急的情况中分离出来了（与《TRIPS 协定》第 31 条(b)项进行比较）。对此的设想是，公共非商业性使用就使得在其他情形中所需适用的强制许可规则的要求，至少有一部分可以免除。意在反映美国立法的用语也被纳入其中，因为根据美国法律，通知专利权持有人并不是必需的。

在关于专利权持有人获得报酬的一般条款（布鲁塞尔草案第 34 条(h)项）中，以及在公共非商业性使用的条款中，在"适当"（adequate）一词之前还出现了"公平合理"（fair and equitable）这样的用语。

在布鲁塞尔草案阶段，关于强制许可需经一司法机关或不同上级机关审查的原则获得了采纳。

在这一阶段，一项关于非歧视性的条款被直接吸收到了有关强制许可的草案条文之中，而不是在有关可获得专利对象（patentable subject matter）的草案条文中（正如它在《TRIPS 协定》最终文本中所显示的那样）。布鲁塞尔

（l）如允许此类使用以补救经司法或行政程序确定的限制竞争的行为，则各缔约方无义务适用（b）项和（f）项所列条件。在此类情况下可以给予相应报酬（appropriate remuneration）。

（m）如一专利（"第二专利"）在不侵害另一专利（"第一专利"）的情况下不能被利用，从而为允许利用该专利而授权此种使用的，则应当适用下列额外条件：

　　（i）与第一专利中主张权利要求的发明相比，第二专利中主张权利要求的发明应包含一个具有相当经济意义的重要技术进步；

　　（ii）第一专利的所有权人有权以合理的条件通过交叉许可使用在第二专利中主张权利要求的发明，以及

　　（iii）对第一专利授权的使用不得转让，除非与第二专利一并转让。

（n）一缔约方以专利产品或方法未实施或者实施不充分为由而授权作该种使用的，在该专利申请之日起满 4 年或者专利授权之日满 3 年之前不得适用，以期限届满在后者为准。如果进口可以充分供应国内市场，或者如果专利权持有人未实施或未充分实施存在着正当理由，包括法律上、技术上或者经济上的原因，则不得给予该种授权。

（o）尽管有前述（a）项至（k）项的规定，如此种使用系由政府或政府所授权的任何第三方出于公共非商业目的而为之，则各缔约方并无义务适用在上述各项中设定的条件。如政府明知一专利将按照本项规定而被利用的，则该政府应确保专利的所有权人得到通知并获得公平合理的适当补偿。

草案第 34 条规定如下：

"(k) 有关此种使用的法律、条例和要求，不得因以下情形的不同而有所歧视：在不同的技术领域之间，或者是因为在公共健康、营养或环境保护领域的行动，或者是为确保公众可以最低可能价格获得某一产品这一目的所必需，而该最低可能价格是与导致该发明之研究的正当回报（due reward）相符合的。"

草案(k)项的用语模棱两可。例如，"或者如果是为确保公众可以……获得……这一目的所必需"这样开头的短语究竟指向什么，这一点并不清楚。这也许是为了禁止以强制许可的方法来处理特定领域的产品，比如药品的定价问题。但是，这一项规定中将"不得区别对待"与"如果必需"这两个短语组合在一起，就产生了一种令人困惑的结果。GATT 1947 第 20 条中的例外，通常都被框定在"必需"（necessity）的情形中。这里如果把为公共健康所"必需的"（necessary）措施排除出去，似乎就与《关贸总协定》的做法不一致了。在《TRIPS 协定》的最终文本中，要求《TRIPS 协定》条款与"必需的"公共健康措施相一致的用语，出现在《TRIPS 协定》第 8 条（原则）之中。

布鲁塞尔草案的第(l)项是将强制许可作为限制竞争做法的一种补救，它规定各成员"可以"给予相应的报酬（appropriate remuneration）。在《TRIPS 协定》第 31 条(k)项中提到，在决定该报酬时，"可考虑"纠正限制竞争行为的需要。

布鲁塞尔草案(n)项明确地处理了专利不实施的问题，其中规定：

"(n) 一缔约方以专利产品或方法未实施或者实施不充分为由而授权作该种使用的，在该专利申请之日起满 4 年或者专利授权之日满 3 年之前不得适用，以期限届满在后者为准。如果进口可以充分供应国内市场，或者如果专利权持有人未实施或未充分实施存在着正当理由，包括法律上、技术上或者经济上的原因，则不得给予该种授权。"

这一项规定没有被收入邓克尔草案或《TRIPS 协定》最终文本之中。该条款的第一句在本质上是对《巴黎公约》第 5 条 A 款第(4)项所述时间期限的吸收（而《巴黎公约》实际上已经通过 TRIPS 谈判布鲁塞尔文本第 2 条和《TRIPS 协定》最终文本第 2 条的引用而被吸收了）。第二句将对"当地实施"（local working）要求产生实质性影响。如前所述，《TRIPS 协定》最终文本第 27 条第 1 款中吸收了这样一项规则，即专利权的享受不因产品是进口的还是当地生产的而受歧视。

在强制许可方面，邓克尔草案与《TRIPS 协定》最终文本之间没有实质性差异。正如谈判代表团的声明所反映的那样，在达成有关强制许可的文本上所存在的一个主要障碍是，各方代表对于政府是否有权以专利不实施为由授予强制许可发生了争论。针对该项议题，在整个谈判过程中提出了许多的谈判文本，但谈判各方并没有就此达成一个直接的解决方案。该问题间接地反映在《TRIPS 协定》第 27 条第 1 款①和第 70 条第 6 款②之中。

3. 可能的解释

第 31 条并不打算限制可以授予强制许可的条件。WTO 成员如果选择提供该种许可的，必须满足如下条件：

3.1　一事一议

> （a）授权此种使用应一事一议；

在强制许可的这些条件中，第一个条件就是每一项许可都应当考虑到个案的情况（第 31 条(a)项）。这个规定的通常含义是指，政府不应企图按技术种类或者企业类型而给予一揽子的强制许可授权，相反地，应该要求每一宗针对强制许可的申请都必须经受一种审查程序，以判定该申请是否满足了可授予此种许可的既定标准。

美国在授权政府使用专利上的做法，在《TRIPS 协定》第 31 条被采纳之际已经为人们所熟知（这也在很大程度上解释了第 31 条中的特殊用语），而美国的做法显示出，对每一项强制许可的个案情况进行审查的要求，可以作灵活解释。根据美国法律，政府可以在未事先通知专利权持有人的情况下，使用任何专利发明（或授权政府的承包商使用该发明），只是专利权持有人有权向索赔法院（Court of Claims）提起一种诉讼程序，要求获得赔偿。但美国的专利权持有人不可能获得一项禁令（injunction），来反对这种政府的使用。这就说明了，在政府使用某一专利的情况下，对个案情况的考虑可以是在授

---

① 参见本书第 18 章。

② 该条款规定如下："如在本协定公布之日前政府已授权使用的，则各成员对于此类未经权利持有人授权的使用，不必适用第 31 条的规定或第 27 条第 1 款关于专利权享有不应因技术领域的不同而有所歧视的要求。"

予该种许可之后，并且只是考虑有关赔偿的问题。

此种许可的授予应当根据个案情况一事一议，但是，该要求并不意味着不可以在特定情况下做出有利于授予强制许可的推定，从而把推翻该推定的举证责任放在专利权持有人的身上。例如，一项关于强制许可的成文法可能规定，若某一专利产品未能以合理价格供应本国市场，就可以对该专利授予强制许可，这样就得由专利权持有人来承担举证责任，证明该专利产品以合理价格而在本国市场上有着充分的供应。

关于由谁来考虑授予强制许可的个案情况，这个问题将由下文处理。

3.2　先行谈判

（b）只有在拟使用者在此种使用之前已经按合理商业条款和条件努力从权利持有人处获得授权，但此类努力在合理时间内未获得成功，方可允许此类使用。在全国处于紧急状态或在其他极端紧急的情况下，或在公共非商业性使用的情况下，一成员可豁免此要求。尽管如此，在全国处于紧急状态或在其他极端紧急的情况下，应尽快通知权利持有人。在公共非商业性使用的情况下，如政府或合同方未作专利检索即知道或有明显的理由知道一有效专利正在或将要被政府使用或为政府而使用，则应迅速告知权利持有人；

第 31 条一般性地要求，一成员如果寻求授予强制许可，就得首先与专利权持有人进行谈判，以获得一份自愿许可（voluntary licence），并且"已经按合理商业条款和条件努力从权利持有人处获得授权，但此类努力在合理时间内未获得成功"。由于合理条款（reasonable terms）以及合理时间期限（reasonable period of time）的概念都取决于具体情况，因此，这个要求就存在着固有的灵活性。

3.2.1　商业条款和条件

如果强制许可的申请人声称，其已经以合理的商业条款向专利权持有人寻求许可，但未能获得该许可，那么，受理此项申请的主管机关可能就需要判定，专利权持有人对于专利费的立场是否合理。

专利许可通常涉及被许可人向专利权持有人支付专利使用费（royalty）。专利使用费是因使用专利而收取的费用，其具体数额可以根据不同的标准计算。例如，专利使用费的数额可以制造或销售的被许可产品的数量为标准计算，或者可以根据被许可人从该产品销售中获得的净收入计算。专利使用费可以按一定时间间隔收取某一固定数额。

对一专利产品或专利方法的许可按惯例收取的使用费，依据不同行业而有所不同，而在同一行业内，专利使用费则取决于所涉及特定技术的价值。一般来说，一项高新技术因透过大量的研究和开发（R&D）成本才能研制完成，故其使用费就将高于对一项成熟技术的使用费，因为后者可能已经临近该技术的生命周期。此外，专利使用费的水平也将取决于该产品在市场中已经被证实的或预想的成功。

专利使用费的全球性流转在很多情况下是在跨国企业内部进行的，这些企业将收入与支出在它们于各国开办的运行机构中转移，而且这通常是基于税收负担最小化等因素的考虑。如果想要根据某一产业的惯常做法得出专利使用费的合理数额，可能就必须把关于企业内部支付专利使用费（intra-enterprise royalty payments）的证据排除在外。①

关于专利使用费率，将在以下涉及向专利权持有人支付费用补偿的问题时，再作进一步的讨论。

对于寻求一项专利许可的当事人而言，需要支付的专利使用费率并不是唯一具有重要影响的商业条款或者条件。其他重要因素还包括：

1. 许可的时间期限。被许可人必须确保其能够在必要的期限内使用该项技术，直到它在所作出的任何投资上能够收回成本并获得合理的收益。

2. 附加技术（additional technology）。专利申请通常并没有充分公开信息，因此，如果不借助于额外的商业秘密或者专利权持有人通过实践经验所获得的其他知识，就无法实际利用该专利技术。专利权持有人在实施该技术解决方案时提供协助的程度，就可能实质性地影响到该专利对于被许可人而言的价值。

3. 回授条款（grant-backs）。专利被许可人通常对那些具有重大商业价值的发明进行技术改进。专利许可人就可能试图要求被许可人将该发明的任何技术改进向他进行"回授"。被许可人在这方面承担多大程度的义务，将影响到该项许可对于双方当事人的价值。

4. 搭售安排（tying arrangements）。专利权持有人可能试图要求被许可人购买专利产品的零部件、附带产品、无关产品或者后期支持性服务，以此作为授予专许可的条件。通过这些搭售安排，被许可人就被锁定在比市场承

① 通常情况下，谈判者寻求获得一项商业性专利许可的，就将努力把他付给专利权持有人的费用降至最低水平，而专利权持有人则试图将其收入流（stream of income）最大化。专利权持有人也许不会追求最高的许可使用费费率，因为其收入流的总额取决于该专利产品的销售状况，而支付过多的使用费就可能削减其总回报。

诺的情况下更高的风险之中，从而，由于要求履行这样的承诺，这也将影响到一项专利许可的价值。

5. 出口限制。专利的所有权人通常在自愿许可中施加关于该被许可产品的出口限制。这可能会限制被许可人利用其生产设施达到规模经济的能力。

3.2.2 合理的时间期限

一位专利权持有人如果既不希望将其技术许可他人，也不愿意看到其技术被授予强制许可，那么他很可能运用各种不同的技巧来延长谈判的时间。这样的技巧可能包括：看似在进行严肃的谈判，但该谈判却是在无法达成一致性最终结论的具体条款和条件上进行的。寻求以合理的商业条款获得许可的谈判者，完全可以给出正当理由，为成功达成许可而设定一个外部界限，并且拒绝就该界限以外的内容进行谈判。

谈判的合理时间可能取决于所要达成之许可的目的。例如，假设一谈判者谋求开始生产一种救命药品（life-saving pharmaceutical），那么相比于试图开始生产一种改进型钓鱼竿的谈判者，他就更有正当理由要求快速地达成谈判结果。

3.2.3 免除先行谈判

在某些情况下，与专利权持有人的先行谈判并非必需。这些情况包括：

1. "全国紧急状态"（national emergency）；

2. "其他极端紧急的情况"（other circumstances of extreme urgency）；或者

3. "公共非商业性使用"（public non-commercial use）。

这些词语在用于定义每一种此类情况时，都留有解释的空间。许多国家制定了这样的法律，行政机关或其他机关可根据这些法律，正式宣布全国进入紧急状态，而这样一来，某些在正常状态下本来可以适用的限制条件就被搁置起来了。例如，在全国处于紧急状态时，行政机关就可以在那些通常需经过议会同意的领域，直接采用法令（decree）形式进行治理。"其他极端紧急的情况"一语就清楚地表明，免除先行谈判的要求，并非取决于对全国紧急状态的正式宣布。即使一国的法律对宣布全国紧急状态设有具体规定，跟着产生确定的后果，但这并不意味着必须援引这一具体条款。例如，一国政府可以宣布，因为某一种流行性疾病的传播而构成全国紧急状态，尽管它这样做通常并不是企图改变其正常的宪政政府模式。

把"极端"（extreme）和"紧急"（urgency）这两个词语合在一起使用，说明了在引用有关免除先行谈判的规定时，除了更快地授予许可之外，还涉及到其他更多要求。"极端"一词，是指紧急之程度范围内所能呈现的最高等级，但是，要想设定这样一项普通规则，将"极端紧急"与"适度紧急"（moderate urgency）这两者区别开来，却也是不可能的。

在全国处于紧急状态或其他极端紧急状态的情况下可以免除先行谈判，这样的规定适用于为私人商业目的而授予强制许可，就像适用于为公共目的的授予强制许可那样。

免除先行谈判，也适用于为公共目的而使用专利。在很多情况下，并非必须依赖于"全国紧急状态"或"其他极端紧急状态"才能作为免除先行谈判之依据。"公共非商业性使用"这一短语可以用很多方法来善意地加以定义。"公共的"一词，可以指由政府部门所作的使用，与私人部门的使用相对。[①] 该词也可以指使用的意图，亦即，使用是为了"公共"利益。私人部门也可以应政府要求为实现公共利益而利用某一专利。

"公共非商业性使用"既可以从有关交易的本质进行定义，也可以从使用的意图加以定义。就交易的本质而言，"非商业性"（non-commercial）可以被理解为"非营利性"使用。通常，一商业企业通常不会不以营利为目的而进入市场。就使用的意图而言，"非商业性"可以指由并非以商业企业而发挥功能的公共机构（public institutions）所提供的专利使用。由一非营利性经营的公立医院所提供的专利使用，就可以被认为是对该专利的"非商业性"使用。

"公共非商业性使用"是一个灵活变通的概念，使得各成员的政府在授予强制许可的问题上有相当的灵活性，而不必事先进行商业性谈判。不过请注意，免除先行谈判并没有消除这样的要求，即在这些情况下还应当向专利权持有人支付足够的补偿费用（对此将在下文讨论）。

3.2.4 通知

在全国处于紧急状态或其他极端紧急状态时，只要合理可行，政府都有义务将授予强制许可的情况通知专利权持有人。是否合理可行，则将依据个案的情况而定，并且该通知并非必须在授予强制许可之前作出。就公共非商

---

① 例如，在美国，为政府提供服务的私人承包商可以不经先行谈判而被授权使用属于第三方的专利。

在 WTO 的协定中，有许多情况下会提到"政府的"使用（"governmental"use）。例如，GATT 第 3 条第 8 款(a)项中规定："本条的规定不适用于调整政府机构采购供政府公用、非商业转售或非用以生产供商业销售的物品的法律、法规或要求。"

《政府采购协定》（Agreement on Government Procurement）所指的是"政府"部门（"government"entities）而不是"公共"部门（"public"entities）。

业性使用而言，《TRIPS 协定》第 31 条(b)项规定："如政府或合同方未作专利检索即知道或有明显的理由知道一有效专利正在或将要被政府使用或为政府而使用，则应迅速告知权利持有人。"这一特殊措辞来源于美国的法律和实践，它允许政府及其承包商使用专利，而无需事先通知专利权持有人。[①] 虽然根据美国法，即使政府明知一有效专利，也不需要对该专利权持有人作出通知，但是，该条款从表面看来就是，如果一政府部门或者私人部门在因公共非商业性使用而获得强制许可授权时，意识到存在着一有效专利的（无需进行专利检索），则其还是应当通知该专利权持有人。

3.2.5 竞争法的补救

重要的是应注意，根据《TRIPS 协定》第 31 条(k)项之规定，如果强制许可是被政府用来作为对限制竞争行为（依据司法机关或行政机关的认定）的补救，[②] 则既不要求存在第 31 条(b)项下的先行谈判，也不要求在该同一条款项下的通知专利权持有人。

3.3 范围与时限

> （c）此类使用的范围和期限应仅限于被授权的目的，并且如果是半导体技术，则仅能用于公共非商业性使用，或用于补救经司法或行政程序确定的限制竞争行为；[③]

授权的目的是为了确定此种许可的范围。这就意味着，强制许可并不必然是为被许可人提供一个没有限制的应用领域。例如，向一飞机零件供应商授予一项强制许可，涉及军用飞机的零部件，据此，就没有授权该供应商销售同样的享有专利的零部件，以用于民用飞机。

强制许可的期限也受到授权目的的限制，但这并未阻止被许可人获得一项具有足够长时间的强制许可，以便从商业角度看，其生产投资具有合理性。在任何情况下，授予一项强制许可都应当有足够长的期限，以便为生产提供适当的激励。如若不然，设立第 31 条的目标就将因此受挫。

---

① 但它允许专利权持有人在随后寻求补偿。

② 关于在发展中国家的竞争法和知识产权的关系，参见 Carlos Correa，*The strengthening of IPRs in developing countries and complimentary legislation*（2000），这是作者应英国国际发展部（DFID）的要求而撰，可查于 www.dfid.gov.uk 网站。

③ 关于对半导体技术的特别规定，其适用范围有限，在此不做进一步讨论。

3.4 非专有性

> （d）此种使用应是非独占的；

在通常的商业情形中，如果一专利权持有人为某一特定地域授予一项许可，那么它就会同意，不将该许可所包含专利产品的市场开发权授予同一地域的其他人〔亦即，它授予的是一项独占许可（exclusive license）〕。否则，被许可人就将面临着与其他被许可人竞争的风险，从而可能减少该许可的价值，削弱其在利用该专利时所作的任何投资。被许可人也可能面临来自专利所有权人的竞争，除非后者也同意其自身不进入该地域。

从潜在的强制许可被许可人的角度来讲，强制许可的非独占性要求提高了他们实际操作的难度。他们面临着这样的可能，即专利权持有人以及其他获得强制许可的被许可人会企图抢走其生意，而这将降低他们进行投资的激励。

在一些情况下，通过签订政府合同（government contract）以确保被许可的产品有人收购，就可能缓解被许可人的这种担心。在另一些情况下，潜在的被许可人就必须采取自保措施，比如提前谈判获得商业承诺，以确保其在利用一项强制许可时不会涉及超出想象的风险。

3.5 非转让性

> （e）此种使用应是不可转让的，除非与享有此种使用的那部分企业或商誉一同转让；

本条款的目标，是为了防止开发这样一种市场，把强制许可当作具有独立价值的工具。创立这样一种市场，通常就会提高强制许可的价值，并可能因此鼓励当事人去寻求获得强制许可。该要求并未阻止被许可人出售或转移其已经获得了强制许可的业务，并以此使得在该种许可上的投资具有持续性。

其中提到的商誉（goodwill）转让，意思是指，并非必需要有任何的有形资产，当事人才能拥有此种许可。这为有关非转让性规则，增加了一种灵活性要素。如果寻求强制许可的某一当事人建立了一个法律实体，其资产大部分就是由该强制许可所构成的，那么，将整个实体（即"商誉"）作为二级市场交易的组成部分而进行转让或转移，这种做法就是可行的。

3.6　主要为供应国内市场

> （f）任何此种使用的授权应主要为供应授权此种使用的成员的国内市场；

"主要"（predominantly）一词指的是大部分，并且一般是指由强制许可所完成的产品，百分之五十以上应当是为了供应该成员的国内市场。

很清楚的是，一成员之政府可以授予一种强制许可，制造产品以出口国外，只要该种许可包括这样一种义务，即主要是为供应其国内市场而进行生产。一成员可以在其领土范围内颁发强制许可，并允许被许可人通过进口的方式来满足所授权的条款，这种观点为各方所普遍接受。因此，如果一专利产品在其他国家可以作为非专利产品而为人所获得，那么，对该专利授予强制许可的被许可人，就可以不经专利权持有人的同意而进口这些产品。

2003 年 8 月 30 日，WTO 总理事会通过了《关于执行〈TRIPS 协定与公共健康的多哈宣言〉第 6 段的决议》（Decision on Implementation of Paragraph 6 of the Doha Declaration on the TRIPS Agreement and Public Health，以下简称《决议》）。[①] 在通过该《决议》之前，先行宣读了一份《主席声明》（Chairperson's Statement），表达了各成员就解释和实施《决议》的方式所达成的某些"共识"。《决议》确立了一套机制，据此，如一出口成员（exporting Member）系应另一适格之进口成员（importing Member）的请求，向后者供应在出口国领土范围内根据强制许可所制造的产品，那么，《TRIPS 协定》第 31 条(f)项对该出口成员的限制将予以免除。关于这一免除的具体细节，将在本章的"新近发展"项下讨论（参见本章第 6.2 节）。

重点是应当注意，根据《TRIPS 协定》第 31 条(k)项的规定，如果强制许可被政府用来作为对限制竞争行为（根据司法机关或行政机关的认定）的补救，那么就不存在任何要求，规定被授予的许可主要是为了供应国内市场。

---

① 《关于执行〈TRIPS 协定与公共健康的多哈宣言〉第 6 段的决议》（Decision on Implementation of Paragraph 6 of the Doha Declaration on the TRIPS Agreement and Public Health），WT/L/540，2003 年 9 月 2 日，[以下简称《决议》（Decision）]。

3.7 终止

（g）在充分保护被授权人合法利益的前提下，如导致此类使用的情况已不复存在且不可能再次出现，则有关此类使用的授权应终止。主管机关根据当事人的积极请求，应有权审议这些情况是否继续存在；

正如在以上关于强制许可的条款和条件部分所述，强制许可的被许可人可能必须在与该种许可项下的生产和分销有关的环节上进行实质性投资。如果要使强制许可在运营上获得成功，它就必须向被许可人提供充分的经济激励。

可以考虑采用许多的机制，以确定在足以保护被许可人合法利益的条件下，允许终止强制许可。例如，首次授予的强制许可就可以确定为被许可人收回成本和获得合理回报所必需的最低期限，也可以规定，在专利权持有人未表明导致授予强制许可的条件已不复存在且不可能再次出现时，则该种许可自动延期。在为确保被许可人合法利益受到保护的首个授权期限内，强制许可不得被终止。如其不然，假如专利权持有人希望接替被许可人进入该市场并由其提供专利产品的，那么他还必须向被许可人就该许可的余留价值作出补偿。

一国的强制许可规则应当包含某种机制，专利权持有人得以此向主管机关申请审议，以确定导致授予强制许可的情况是否已不复存在且不可能再次出现。当然，该机制也允许强制许可的被许可人提出自己的证据，以证明继续实行该种许可的合理性，并且完全有权对于任何就此问题所作的裁决向法院提出上诉。

3.8 适当报酬

（h）在每一种情况下应向权利持有人支付适当报酬，同时考虑授权的经济价值；

支付适当费用（adequate compensation）的要求并不在《巴黎公约》有关强制许可的规定范围之内。该规定既适用于对专利权的政府使用，也适用于私人当事人对于专利权的使用。

《TRIPS 协定》对于强制许可费用的规定，因其中使用"在每一种情况下"这样的语词而体现出相当大的灵活性，它表示，在与授予该种许可之根本原因相关的因素中，可能还要将设定费用的水平考虑在内。该条款指示授予强制许可的机关要"考虑授权的经济价值"，但这些机关并非必须以此价值为基础来决定向专利权持有人支付的使用费。

"适当"一词通常用于表示某物品数量充足，或者符合最低标准，但又没有多于该最低标准。① 在向专利权持有人支付费用的情况下，适当支付费用可以各种不同的方法进行定义。

授予强制许可，不同于宣告专利丧失（forfeiture）或撤销（revocation）。强制许可必须是非独占的，而且，授予第三方（包括政府）强制许可，并未排除专利权持有人在国内市场上利用其专利，或将该专利产品出口。

要让该种许可费用接近于适当，方法之一是求问：在通常情况下，被许可人本来必须向专利权持有人支付多少的费用。假设存在着一个市场，对于在特定案件中所涉及的那一类技术进行许可交易，那么，该市场费率（market rate）就将提供一种指标，至少可以显示出专利权持有人对于其技术许可的收入预期。

不过，由于以下多方面的原因，"市场费率"可能较难确定，或者具有误导性。首先，在一市场中，其特征是只有限定数量的专利权持有人在其中发挥作用，那么，这些专利权持有人之间就可能发生主动或被动的串通，从而导致其市场费率高于假如在该市场有效运行的情况下所产生的市场费率。其次，即便不是大多数，但也有许多的专利许可是由属于同一企业集团（enterprise group）的成员所授予的。企业之间收取高额的专利使用费，这就非常符合集团的利益，因为减少了税收负担，但是，这也变得很难分离出现有的数据，以便确定假如没有集团内许可（intra-group licences）所可能形成的市场费率。甚至在涉及名义上竞争者（nominal competitors）的许可交易中，也可能存在诸如合资企业利益（joint venture interests）之类的因素，它们可能产生影响，被认为是按市场费率进行的交易。

另一种可能的方法是，要求每一专利权持有人提供具体详尽的理由，解释其收取专利使用费的申请。专利权持有人可能被要求提供详细数据，说明他的研究和开发成本（包括任何在税收或者会计收益方面的抵让）、在其完成发明的过程中是否获得或使用过任何由政府资助的研究、该专利发明的全球市场情况、授予强制许可的国家在该专利全球市场中的占有率、该专利产品的平均回报率等等。授予强制许可的机关就可以依据这些数据来确定该专利

---

① 一学生完成了"适当"数量的作业（adequate work），是指他所完成的作业达到了基本的最低标准，但该作业并未显示其质量高于最低标准。

的使用费水平，以适当地反映出该专利权持有人在争议所在国的利益。

还可以依靠某一国际组织，制定以某一产业或专利产品/方法为依据的使用费指南，以供授予专利强制许可的机关作为确定补偿费用的标准。

被许可人支付使用费的义务，可以按其从被许可专利产品的销售中所获得收入的一定百分比计算。该收入可以呈现为，比如其批发销售所得的金额，或者是其税后的净收入。

费用的高低取决于每一种具体的情况，而其中涉及的许多因素，都可能发挥作用。假如允许强制许可是为了对限制竞争行为给予补救，那么，在这种情况下的费用可以作出调整，以反映对以往不当行为的补救和积极促进新的竞争者进入该市场的需要。虽然《TRIPS 协定》第 31 条的规定并没有删除有关为对限制竞争行为提供补救而授予强制许可需支付费用的要求，但它也没有以任何方式暗示，该费用不得被严格限定在体现政府目标的范围之内。第 31 条(k)项明确承认，"在确定此类情况下的报酬数额时，可考虑纠正限制竞争行为的需要"。

授权强制许可的机关还可以将因有效利用该种许可所产生的公共利益（public interest）考虑在内，将之与从某一特定回报率中获得收入的私人利益（private interest）进行比较。例如，一发展中国家政府为解决殃及国内大量人口的公共健康危机而授予强制许可的，则该政府可以仅支付一种最低标准的使用费，其理由是，在这种情况下的公共利益说明，减少支付使用费是合理的。

在确定费用水平时，应"考虑"该授权的经济价值。如果授予一项强制许可是为了实现某一产业政策目标，那么，被许可人拿到该许可的经济价值，就会成为决定其所需支付费用的重要因素。如果授予一项强制许可是为了解决紧急的公共需求，那么，该许可对于被许可人的经济价值，就可能只是一个影响很小的因素。

《关于执行多哈宣言第 6 段的决议》（Decision on Implementation of Paragraph 6 of the Doha Declaration）也规定，在出口成员已向专利权人支付报酬的情况下，则对适格之进口成员免除有关支付适当报酬的要求（《决议》第 3 段）。此项免除之所以被纳入其中，主要是为避免在利用该《决议》所建立的体系中，可能出现的专利权持有人领取双重报酬的结果。《决议》第 3 段称，在确定出口成员所支付的报酬时，"应考虑该在出口成员中所授权的使用而给进口成员带来的经济价值"。给进口成员带来的经济价值，这一概念可以按多种方式理解。按为了避免双重报酬的理念，费用的高低就应当根据进口成员的经济发展和财政能力水平决定，而不是根据出口成员的经济发展水平和财政能力水平。加拿大政府在其执行该《决议》时针对报酬支付所采取的方法，说明了这是一个在报酬问题上的建设性方法，对其讨论参见本章第6.1节。

3.9 司法机关或不同上级机关的审查

> （i）与此种使用之授权有关的任何决定的法律效力应经过司法审查或其他由该成员中不同上级机关所作的独立审查；
>
> （j）与就此种使用提供的报酬有关的任何决定应经过司法审查或其他由该成员中不同上级机关所作的独立审查；

在决定是否申请以及适用强制许可时，对有关强制许可的决定进行审查所采取的程序，可能起着一种关键性作用。任何理性的企业在考虑是否寻求强制许可时，都不会有兴趣将大量的资源投放在旷日持久的法律纠纷上，因为这不仅会削弱企业资金，还会对企业经营造成极大影响。

因为各成员的法律机构和程序有很大的不同，因此《TRIPS 协定》只是用概括性语言对审查的要求做了规定，并给予各国在实施这一要求时以实质的自由裁量权。

对授予强制许可和支付报酬的决定所作的审查，可以是司法审查，或者是由"不同上级机关"（distinct higher authority）进行的"独立审查"（independent review）。第 31 条并没有对最初授予强制许可或决定支付报酬水平的机关的性质作出规定。这一决定权可以掌控在某一行政部门手中。既然包括《TRIPS 协定》在内的 WTO 各协定对各成员有透明度和基本公平的要求，那么各成员的政府应当制定和颁布有关授予强制许可的管理程序。但是，因为已经预见到政府可能在紧急状况下授予强制许可，所以，协定中并无任何规定禁止各成员的政府在这种情况下，免除适用那些通常适用的规则。

利用法院作为独立审查的机关，这自然是不释自明的。在通常情况下，法院系统包括一审法院以及一级或多级上诉法院。在许多成员的法律制度中，还有为特定对象设置的专门法院（specialized courts），其中就可能包括专利法院。第 31 条对于就强制许可的进行审查的法院的特征，并未暗示有什么偏好，而且，基于这一条款的总体目标，它可能更偏向于采用普通法院而非专门法院来作此种审查。

第 31 条(i)项和(j)项也允许由"不同上级机关"进行"独立"审查。"独立的"一词，意指进行审查的个人或机构不应受制于最初授予强制许可或决定支付报酬的个人或者机构。独立性就暗示着，审查人能够修改或撤销最初的决定，而不会遭受政治上或经济上的报复。"不同上级机关"这一术语，是指比授予强制许可的个人或机构的级别更高的政府工作人员或机构。"不同的"（distinct）一词可以指与最初授予强制许可的个人或机构在同一政府部门（same government agency）的个人或机构，只要这两组个人或机构之间有着在人事与职能上的适当分离。假如在一成员政府内最初授予强制许可的机关是专利局的一位行政长官，并且该成员的专利局是受经济和贸易部部长统辖，那么，该部长就可以作为"不同"于专利局行政长官的机关。

这些规定还应当与《TRIPS 协定》第 44 条第 2 款结合起来解读，后者涉及禁令的规定。第 44 条第 2 款在第一句中规定，就政府使用许可（government use licensing）而言，其救济可以被限定为支付报酬。这意味着，只要遵守第 31 条中关于政府使用许可的要求，并且支付了报酬，那么，不得禁止政府在未经专利权持有人同意的情况下使用其专利。既然政府可以不经事先通知专利权持有人或与之进行谈判即可使用其专利权，那么这就意味着，专利权持有人并不必然享有阻止授予或利用专利许可的机会。这一规定在起草阶段就考虑了美国式的政府使用许可。

第 44 条第 2 款在第二句规定："在其他情况下，应适用本部分项下的救济，或如果这些救济与一成员的法律不一致，则应可采取宣告式判决，并应可获得适当的补偿。"一旦被授予强制许可，则被许可人的行为不会对专利权持有人的权利构成侵犯。假定授予该项许可是适当的，那么，就没有任何依据给予禁令救济。尽管如此，在授予强制许可之前，专利权持有人还是可能寻求获得一份法院的禁令，以阻止专利局颁发强制许可，而且，即使在授予强制许可之后，在法院或不同上级机关的最终决定做出之前，专利权持有人仍可能寻求获得一份临时禁令（temporary injunction）。第 44 条第 2 款的第二句规定，禁令救济并不是必然可以获得的，如果它们"与一成员的法律不一致"的话。这一表述，模棱两可。一种解释是，如果在国内法中没有针对禁令的规定，那么禁令就不是必然可获得的。但是，鉴于第 44 条第 1 款要求在某些情况下应当给予禁令救济，故这种解释非常牵强。一成员如果不允许在这些情况下给予禁令救济，就不符合其在《TRIPS 协定》项下的一般义务。另一个解释，也是更加一致性的解释是，在许可是否合法的决定做出之前，有关强制许可的法律规定无需允许初步禁令（preliminary injunction）或临时禁令。相反，该法院或不同上级机关可以被请求作出一份宣告式判决——这意味着它们可以确定各当事人的权利而不作出关于救济措施的裁定—并为此提供补偿。

3.10 对限制竞争行为的补救

> （k） 如允许此类使用以补救经司法或行政程序确定的限制竞争的行为，则各成员无义务适用(b)项和(f)项所列条件。在确定此类情况下的报酬数额时，可考虑纠正限制竞争行为的需要。如导致此类授权的条件可能再次出现，则主管机关有权拒绝终止授权。

如上所述，如果一项强制许可是依据司法机关或行政机关所认定的限制竞争行为而授予的，则本来应当适用的先行谈判、先行通知和将许可限定于主要供应国内市场的要求，就统统不适用了。此外，关于限制竞争行为的认定还可以反映在向专利权持有人支付的报酬金额上。最后，如果导致最初授予该许可的条件还可能再次发生，则主管机关可以拒绝终止该许可。

在个案中，当事人可以向受理强制许可申请的机关提出授予该种许可的多种潜在理由，以供其考虑。① 有关专利权持有人一方的限制竞争行为的认定，就为强制许可的潜在条款提供了灵活性，并且，如果限制竞争行为有证据得到证实的，则应当作出决定，授予强制许可。

3.11 从属专利

> （l） 如一专利（"第二专利"）在不侵害另一专利（"第一专利"）的情况下不能被利用，从而为允许利用该专利而授权此种使用的，则应当适用下列额外条件：
>
> （i） 与第一专利中主张权利要求的发明相比，第二专利中主张权利要求的发明应包含一个具有相当经济意义的重要技术进步；
>
> （ii） 第一专利的所有权人有权以合理的条件通过交叉许可使用在第二专利中主张权利要求的发明；以及
>
> （iii） 对第一专利授权的使用不得转让，除非与第二专利一并转让。

第31条(l)项解决的是这样一种情况，即如果另一项专利发明依赖于对某一现有专利发明的使用，则可以授予一项强制许可，以使得该另一项专利得

---

① 关于可能属于限制竞争行为的一份有用的清单，可以从联合国大会（UN General Assembly）所通过的《关于控制限制性经营行为的公平原则和规则的多边共识》（*Multilaterally Agreed Equitable Principles and Rules for the Control of Restrictive Business Practices*）中查找。

以利用。它要求：第二发明（second invention）应涉及一个具有相当经济意义的重要技术进步（important technical advance of considerable economic significance）；第一专利（first patent）的持有人应有权以合理的条件通过交叉许可使用第二专利；该强制许可不得转让，除非与第二专利一并转让。

关于一项发明是否系重要技术进步，这个问题涉及一种主观判断，从而必然涉及自由裁量的范围大小。只有当一项主张权利的发明被证明与现有技术相比，具有充分的"发明性步骤"（inventive step），才可以被授予专利，因此，第二专利必定存在着发明性步骤，否则不会在当初被授予专利。关于重要技术进步的概念，可以追溯到旧的德国专利法，它要求以定义模糊的技术进步性作为授予专利权的一项条件。[①] 这个概念之所以在欧洲专利法中被放弃，除其他方面原因外，尤其是因为在重要技术进步和非重要的技术进步之间很难作出区分。

4. WTO 案例

4.1 "欧共体—加拿大"案

直至今日，还没有任何由 WTO 争端解决专家组或者上诉机构直接就《TRIPS 协定》第 31 条作出解释的裁决。如前所述，在"欧共体—加拿大"（EC-Canada）案的裁决中，在对《TRIPS 协定》第 30 条作出解释的背景下，专家组接受了欧共体和加拿大的推定，即在与发明完成地、技术领域以及产品是进口的还是国内制造的等相关的方面，第 31 条也要遵守非歧视待遇规则。[②] 但是，专家组在该案件中，对于第 27 条第 1 款的解释却给予了一种相当程度的灵活性。专家组认为：

"《TRIPS 协定》在首要条款是用来处理歧视待遇的，比如第 3 条和第 4 条的国民待遇和最惠国待遇的规定，但它并没有使用"歧视"（discrimination）一词。它们是用更加精确的词语来表述的。"歧视"一词的通常含义，可能比那些具有更特殊定义的词语之外延更宽。它的范围当然超出了差别待遇（differential

---

[①]　参见 Friedrich-Karl Beier, *The European Patent System*, 14 Vand. J. Transnat'l L. 1 (1981).

[②]　关于第 31 条受到第 27 条第 1 款限制的观点，在"欧共体—加拿大"（*EC-Canada*）案中为各当事方所接受，而专家组确认了当事方的这一理解。*EC-Canada*，WT/DS114/R，第 7.90—7.91 段。

treatment）的概念。它是一个规范术语，语带贬义，指的是因不正当地强加区别性不利待遇而导致的结果。"① [着重号是后加的]

专家组澄清了第 27 条第 1 款所禁止的行为属于歧视，并且，"歧视"（discrimination）与"区别"（differentiation）并非同一回事。专家组也说明，政府是被允许针对特定产品的技术领域或制造所在地而采取不同规则的，只要它们采取这些不同规则是出于善意目的（bona fide purposes）。至于哪些方面的不同会被视作善意，专家组并没有试图给出一种普遍规则。

专家组的推理对于第 31 条的实施具有相当重要的意义，因为它显示出，在采用相关规则和授予强制许可时，可能需要在技术领域方面，以及在产品是进口还是国内制造方面作出区分。WTO 成员被排除采纳或适用以某种方式存在"歧视性"的规则。这暗示着，它在采纳或适用一项规则时系出于某种不适当之目的，比如仅仅是为赋予国内生产商以某种经济优势。不过，在采取区别对待时也可能出于善意之理由，比如是为了确保那些令人信服的公众利益能够获得满足。

《TRIPS 协定与公共健康的多哈宣言》（Doha Declaration on the TRIPS Agreement and Public Health）第 6 段和第 7 段有力地强调了专家组的上述观点，即各成员可以在不同技术领域之间采纳善意的差别待遇。第 6 段指示 TRIPS 理事会专门考虑可能对"制药部门"的生产能力造成影响的情况，而第 7 段则专门处理了《TRIPS 协定》关于"药品"（pharmaceutical products）的规则的实施和执行。

进而，也可能有人提出，第 27 条所处理的是可专利的对象，而第 31 条则是一个独立的条款。如果确认第 31 条应当一般性地遵守第 27 条的规定，那么就以某种方式限制了该规则的适用，而这些方式既非谈判者当初的意图，事实上在文本中也未有此设想。实际上，"欧共体—加拿大"案并不是关于强制许可的，其专家组报告也不能被看作是一个确切的案例。②

4.2 "美国—巴西"案

2000 年 5 月 30 日，美国根据《WTO 争端解决谅解》请求与巴西进行磋商，其中称：

---

① 同前注，第 7.94 段。
② 此外，该专家组报告递交 WTO 争端解决机构（DSB）以获得通过时，从 DSB 会议程序反映出，专家组的观点并没有得到所有成员的赞同。

"［美国］请求与巴西政府进行磋商……涉及巴西 1996 年《工业产权法》（1996 年 5 月 14 日法第 9729 号；1997 年 5 月生效）的规定以及其他相关措施，其中为可享有独占性的专利权设立了一项'当地实施'（local working）的要求，而只有通过将专利对象（patented subject matter）的当地生产——而非通过进口——才能满足这一要求。"

"具体而言，巴西的'当地实施'要求规定，如果专利对象并未在巴西领土范围内获得'实施'，那么该专利就将受到强制许可的约束。巴西随后明确地将'不实施'（failure to be worked）定义为'不生产或不完全生产该产品'或'不充分使用该专利方法'。美国认为，这一要求与巴西根据《TRIPS 协定》第 27 条、第 28 条之规定以及 GATT 1994 第 3 条之规定所承担的义务不一致。"①

在请求与巴西进行磋商之后，美国提出了成立专家组的请求。② 但在各当事方提交书面陈述之前，美国撤回了它在这一问题上的申诉。③ 不过，该项磋商请求已经说明，以专利"不实施"为由授予强制许可的规定，可能根据《TRIPS 协定》第 27 条受到质疑。④

《巴黎公约》授权各成员国可以某一项专利的未实施授予强制许可。在诸如由美国对巴西提起争端之类的案件中，一个重要的问题是，《TRIPS 协定》第 27 条第 1 款是否意图禁止 WTO 成员采纳和执行关于当地实施的要求，从而有效地取代《巴黎公约》的规则。《TRIPS 协定》的谈判历史表明，各成员在关于当地实施的问题上存在很大分歧。若干代表团倾向于直接禁止有关当

---

① 美国提出的磋商请求，*Brazil-Measures Affecting Patent Protection*，WT/DS199/1，G/L/385，IP/D/23，2000 年 6 月 8 日。

② 美国提出的成立专家组的请求，*Brazil-Measures Affecting Patent Protection*，WT/DS199/39，2001 年 1 月。

③ 参见《巴西—美国联合通报》（Joint Communication Brazil-United States），2001 年 6 月 25 日。在就美国（不致其利益受损［without prejudice］的情况下）撤回其申诉的决定作出通知之后，该通报声明如下：

"巴西政府同意，在其认为有必要适用第 68 条之规定，对于由一美国公司所持有的专利授予强制许可时，将提前通知美国，并提供充分机会以与美国就此问题进行先行对话。该对话将在美国—巴西磋商机制（U.S.-Brazil Consultative Mechanism）的范围内，在为此问题安排的特别会议上进行。"

"巴西和美国都认为，此项同意是向着两国之间就抗击艾滋病和保护知识产权的共同目标而进行更广泛合作的一个重要步骤。"

④ 《TRIPS 协定》第 28 条规定了专利权持有人的基本权利。GATT 1994 第 3 条是可适用于货物贸易的国民待遇条款。

地实施的要求，但是，《TRIPS 协定》并没有吸收如此直接的禁止性规定。相反，《TRIPS 协定》说的是，不应当因为产品是当地生产抑或从其他国家进口而在可享有专利权的方面有所歧视。根据"欧共体—加拿大"案的裁决，这就为出于善意（亦即，非歧视性）目的而采用的当地实施要求留下了余地。

5. 与其他国际文件的关系

5.1　WTO 诸协定

5.2　其他国际文件

《巴黎公约》第 5 条 A 款第(2)项规定如下：

"本联盟各国都有权采取立法措施规定授予强制许可，以防止由于行使专利所赋予的专有权而可能产生的滥用，例如：不实施。"

《巴黎公约》第 5 条 A 款第(4)项规定如下：

"自提出专利申请之日起四年届满以前，或自授予专利之日起三年届满以前，以后到期的时间为准，不得以不实施或不充分实施为理由申请强制许可；如果专利权人的不作为有正当理由，应拒绝强制许可。这种强制许可不是独占性的，而且除与利用该许可的部分企业或商誉一起转让外，不得转让，包括授予分许可证的形式在内。"

《巴黎公约》授权各成员国可以授予强制许可，并且对于因不实施而授予强制许可的情况，规定了所应当适用的限制性条件。① 不过，《巴黎公约》并没有就强制许可的授予，确定其他方面的具体条件或限制。

6. 新近发展

6.1　国内法

《TRIPS 协定》的生效已经导致相当数量的国家修订其本国专利法，包括

---

① 《TRIPS 协定》第 2 条第 2 款称，本协定没有背离各成员在《巴黎公约》项下所承担的现有义务。就此主张而言，如果第 27 条第 1 款被解释为限制或排除了以专利的不实施为由而授予强制许可，那么这里所背离的是各成员的一项"权利"，而不是一项"义务"。这一解释本身不能因《TRIPS 协定》第 2 条第 2 款而被排除。

那些尚未加入 WTO 的国家提前进行修订。在这些国家中，许多已经就其所修改的知识产权法条款与 WIPO 进行咨询。由 WIPO 一般性提议的示范专利法（model patent law）所包括的有关专利强制许可的规定，《TRIPS 协定》第 31 条已予考虑。

6.1.1 加拿大

自从《关于执行〈TRIPS 协定与公共健康的多哈宣言〉第 6 段的决议》通过以来，加拿大和挪威已经通过了执行该项决议的立法，而其他一些国家也正在提议采取同样的做法。加拿大的立法列出了在许可项下有资格用于出口的产品清单，但也允许通过行政部门的行动（咨请一专家顾问委员会）而在清单之外增加新的产品。① 强制许可的报酬高低则根据进口国的经济发展水平确定，使用费将低至 1% 直到 4% 之间不等。加拿大将授权向非 WTO 成员的国家出口，条件是进口国承诺遵守该《决议》。如果出口产品的价格高于与加拿大境内价格相关的某一门槛，则专利权持有人有机会对该种许可的授予和条款提出异议。

6.1.2 挪威

挪威所通过的立法及法规，对于产品是否可以出口到其他国家不做限制，这取决于进口国的决定。② 和加拿大一样，挪威将允许向以适当方式承诺遵守该《决议》规则的非 WTO 成员出口产品。强制许可的报酬，则根据个案的具体情况加以确定。

6.2 国际文件

6.2.1 《关于执行〈TRIPS 协定与公共健康的多哈宣言〉第 6 段的决议》③

《多哈宣言》第 6 段意识到有些国家没有制药能力或者制药能力不足的问

---

① 法案第 C-9 号，《关于修订〈专利法〉和〈食品药品法〉的法律》（An Act to Amend the Patent Act and the Food and Drugs Act，又称 Jean Chr'etien Pledge to Africa）。该法案于 2004 年 5 月 4 日由加拿大众议院通过，2004 年 5 月 13 日又在未作修改的情况下由参议院通过，并于 2004 年 5 月 14 日获得御准（Royal Assent）。

② 《关于修订〈专利条例〉的条例》（Regulations Amending The Patent Regulations），挪威司法警察部（Ministry of Justice and the Police）根据 2003 年 8 月 30 日的 WTO 总理事会决议（Decision of the WTO General Council），遵照 1967 年 8 月 15 日第 9 号关于专利的法律第 49 条和第 69 条，依照 2004 年 5 月 14 日御令而制定下列规定。参见"咨询—关于在挪威法中执行《TRIPS 协定与公共健康的多哈宣言》第 6 段"（Consultation-Implementation of paragraph 6 of the Doha Declaration on the TRIPS Agreement and Public Health in Norwegian law），可见于 http：//www. dep. no/ud/engelsk/。

③ WT/L/540，"Decision"（该《决议》包括主席宣言在内，全文刊于本章之附件 1）。

题，这样，它们在有效利用强制许可方面就面临困难，因此，它指示 TRIPS
理事会推荐一个能够立竿见影的解决方案。① 经过将近两年的谈判，2003 年 8
月 30 日，总理事会在宣读一份主席声明之后，通过了该《决议》。该《决议》
意在允许那些具有制药能力的国家制造药品并将其出口至存在公共健康需求
的国家，而不管《TRIPS 协定》第 31 条(f)项关于把强制许可限定为主要用
于供应国内市场的规定。这是通过建立一套机制而实现的，借此机制，出口
国就被免除在第 31 条(f)项中的限制，而进口国则被免除第 31 条(h)项（关于
报酬的规定）。

《决议》第 1 段对"药品"（pharmaceutical product）的概念做了宽泛的
定义，并没有将它限定于用来解决特定的疾病状况。该定义明确地包括了活
性 药 物 成 分 （ active pharmaceutical ingredients/API ）* 和 诊 断 试 剂
（diagnostic kits）。该定义足够广泛到将疫苗（vaccines）也包括在内。除了最
不发达国家的成员（它们是自动包含其中的），它要求 WTO 成员提交一份通
知，说明其意图适用该制度的部分或全部，而该通知也是可以随时修改的。
有此通知即证明该成员为"符合条件的进口成员"（eligible importing
Member），而若干发达国家成员已经自愿选择完全地或有限度地放弃适用该
制度。

《决议》第 2 段规定了适用该项免除的条件。进口成员必须将其需求通知
TRIPS 理事会，并且（除最不发达国家成员之外）必须表明，它已经确认对
于所涉及的产品没有制造能力或制造能力不足。后一项确定系根据该《决议》
的一个附件而作出。如果在一进口成员内存在着一项专利，那么该成员必须
表明，它已经授予或者意图授予一项强制许可（除非是那些根据《多哈宣言》
第 7 段选择不实行专利的最不发达国家）。出口成员也必须将其颁布的出口许
可条款通知 TRIPS 理事会，包括出口的目的地、供应的产品数量以及该项许

---

① 参见 Frederick M. Abbott，*The Containment of TRIPS to Promote Public Health：
A Commentary on the Decision on Implementation of Paragraph 6 of the Doha Declaration*，
作者提供的手稿（2004 年即将出版）；Carlos Correa，*Implementation Of The WTO
General Council Decision on Paragraph 6 of the Doha Declaration on the TRIPS Agreement
and Public Health*，世界卫生组织（WHO）2004 年（即将出版） （以下简称 "Correa
2004"）；Paul Vandoren 与 Jean Charles Van Eeckhaute，*The WTO Decision on Paragraph
6 of the Doha Declaration on the TRIPS Agreement and Public Health*，6 J. World
Intell. Prop. 779（2003）。

* 即原料药。——译者

可的期限。根据此项许可而供应的产品，必须通过特殊包装和/或特殊颜色/外形（special packaging and/or colouring/shaping）加以区分。在产品发运之前，被许可人必须在一个公众可以访问的网站上公布该产品出口的目的地，以及它用来对根据该制度所供应产品加以区分的方式。

《决议》第 3 段针对进口成员支付报酬的义务，给予某种免除。对此的讨论参见本章上述第 3 节。

《决议》第 4 段要求进口成员在其力所能及的范围内采取适当措施，防止根据该制度进口的产品再出口他处。第 4 段并没有具体说明这些措施的性质，但可能包括了专利权持有人据此而得以获得救济的机制。

《决议》第 5 段要求其他成员采取在《TRIPS 协定》中已经规定的措施，以防止该产品被转移进口到它们的领土范围内。

《决议》第 6 段规定，对于在非洲（这一地区在《决议》通过之时，有超过半数的国家为最不发达国家）的地区性贸易安排，还可额外享受对第 31 条（f）项的免除，该免除使得一成员可以只根据一份强制许可而将相关产品出口至该地区的所有国家，尽管它没有明确免除由本地区的进口国发放强制许可的要求。此项免除的主要好处在于，可以允许进口活性药物成分（API）、制作成品药物并出口至整个非洲。

《决议》第 7 段一般性地提到了技术转移。

《决议》第 8 段明确规定，免除并不需要每年续期。

《决议》第 9 段表明，《决议》无损于各成员在《TRIPS 协定》项下享有的其他权利（比如，在第 30 条项下出口产品的可能）。

《决议》第 10 段排除了将与《决议》相关的事项作为利益丧失或者减损的非违反之诉（non-violation nullification or impairment）的诉因。

《决议》第 11 段规定，该项免除将对每一成员保持有效，直至有一项修正案生效并取而代之，并且规定，各成员将开始为这样一项修正案进行谈判，如果适当的话，修正案将该免除作为基础。虽然该《决议》声明，谈判将在 2003 年年底之后的 6 个月内完成，但在 2004 年 6 月，TRIPS 理事会还是将暂定的完成时间推迟至 2005 年 3 月底。

主席声明（Chairperson's Statement）其中特别指出，各成员在利用该《决议》时将以善意行事，其规定如下：

"首先，各成员认识到，由本《决议》所将建立的制度应当为保护公共健康而加以善意使用，并且在不损及《决议》第 6 段的情况下，不会成为用于追求工业或商业政策目标的一个工具。"

这一善意声明（statement of good faith）无论如何都没有排除企业为商业利益而采取行动。既然一成员不大可能把出口作为影响某一工业或商业政策的手段，那么，这样的善意声明是否能禁止对该制度的使用，就值得怀疑了。

6.2.2 《多哈宣言》第5段

WTO 的《TRIPS 协定与公共健康的多哈宣言》（WTO Doha Ministerial Declaration on the TRIPS Agreement and Public Health，简称《多哈宣言》）第5段的相关部分规定如下：

"5. [……]，在保持我们在《TRIPS 协定》中所作承诺的同时，我们也认识到这些灵活措施包括：[……]

（b）每一成员有权授予强制许可，并且可以自由决定授予该强制许可的理由。

（c）每一成员有权决定在哪些情况下构成全国紧急状态或其他极端紧急的情况，……"

这一声明对《TRIPS 协定》没有提出任何实质性修改，只是重申了其中已有的规定。第5段（b）项是关于各成员在授予强制许可的理由上的自由裁量权。第5段（c）项则提到了《TRIPS 协定》第31条（b）项，明确了关于"全国紧急状态"和"其他极端紧急的情况"这两个术语的定义，也由各成员自由裁量。这就为各成员追求实现公共政策目标，特别是关于公共健康的公共政策目标，留有相当大的余地。

6.3 地区情况

6.3.1 美洲自由贸易区（FTAA）

位于西半球国家的提议是，到 2005 年达成一个《美洲自由贸易区（FTAA）协定》[Free Trade Area of the Americas（FTAA）Agreement]。FTAA 的最初草案文本中有一章是关于知识产权的。① 该章包括了许多有关强制许可的提议。

6.3.2 安第斯共同体

2000 年 9 月，安第斯共同体（玻利维亚、哥伦比亚、厄瓜多尔、秘鲁以

---

① FTAA—美洲自由贸易区协定草案关于知识产权的章节（FTAA-Free Trade Area of the Americas，Draft Agreement，Chapter on Intellectual Property Rights），解禁文件，FTAA. TNC/w/133/Rev. 1，2001 年 7 月 3 日。

及委内瑞拉）通过了关于建立一个新的知识产权制度的第 486 号决议。该决议包含单独一章，是关于强制许可的。①

6.3.3 《班吉协定》

非洲知识产权组织（OAPI）于 1999 年最终修订了 1977 年通过的《建立非洲知识产权组织班吉协定》（Bangui Agreement on the Creation of an African Intellectual Property Organization）。1999 年该《协定》第 4 编的附件 1，对非自愿许可做出规定。②

6.4　审查建议

如前所述，《关于执行 TRIPS 协定与公共健康多哈宣言第 6 段的决议》提出了为一项修订案而进行谈判，如果合适的话，这一修订案将以该《决议》为基础。人们预期一些发展中国家成员将提议对该《决议》进行修改，但截至 2004 年 7 月，TRIPS 理事会并没有收到有关这方面的任何正式提案。③

7. 评论（包括经济和社会意义）

对于试图弥合与发达国家之间技术差距的发展中国家来说，专利强制许可是最重要的经济工具之一。伊迪丝·彭罗斯（Edith Penrose）在她 1951 年的经典著作《国际专利制度经济学》（*The Economics of the International Patent System*）中这样评论道：

"减少专利垄断成本的第二种方法是强制许可。它是迄今为止最有效、最具灵活性的方法，使得国家能够阻止将绝大部分更严重的限制加诸产业之上。

---

① 参见 http：//www. ftaa-alca. org/intprop/natleg/Decisions/dec486 e. asp。

② 参见 http：//www. oapi. wipo. net/en/textes/pdf/accord bangui. pdf。

③ 请注意，直至 2004 年 8 月，TRIPS 理事会的各成员尚未达成一致意见，为《TRIPS 协定》第 31 条的修订找到一个共同的方法。主要分歧在于该修订案的内容及其形式。就内容而言，各代表团未达成一致意见的是，与 2003 年 8 月 30 日《决议》一道发布的主席声明是否应该被吸收到《TRIPS 协定》的修正案中。一些成员已经表达了这样的担心，认为如果吸收其中就提高了该主席声明的法律地位。就设想中的修正案的法律形式而言，一些成员倾向于为《TRIPS 协定》第 31 条添加一个脚注，提及该《决议》为一独立的文件。另一些成员则赞同将该《决议》的全文纳入《TRIPS 协定》第 31 条，或者设定为新专利法第 31 条之二，或者是成为一个附件或脚注。

它可以被用来非常有效地削弱一部分更强大的国际卡特尔（international cartels）的垄断力量，后者的地位在很大程度上是依靠它们在较大的工业化国家对产业过程的专利控制；它也可以被用来确保那些在国外所开发完成的享有专利的新技术，为希望使用这些技术的国内产业所用。

国际［巴黎］公约对于国家授予强制许可的权利，设置了限制条件。这些限制应当取消，而应当鼓励各国利用这一手段，以此破除对新技术使用的愈益严重的垄断性控制。"①

技术的所有权仍然集中在发达国家的手中，因为那里投入了大规模的资本用于研究和开发（R&D）。持续的结构失衡使得发展中国家在与发达国家的研发竞争中困难重重。发达国家的企业通常不愿意就新技术授予使用许可，因为发展中国家企业可以通过这样的条款和条件来与其在国际市场展开竞争。虽然《TRIPS 协定》在多处鼓励技术转让，但并没有证据证明它采取了实际行动。强制许可和威胁实施强制许可，这对于技术转让的实现还是很有必要的。

授予强制许可的发展中国家承担着发达国家经济报复所带来的风险，因此，授予强制许可的规定应在国家所应承担的国际义务中有据可查。《多哈宣言》的通过，明确了成员国有权确定给予强制许可的理由。

有不同意见认为，强制许可削弱了发达国家投入研发事业的积极性，从而减少了新发明的产生，对全球都会产生不利影响。然而，发达国家提高研发投入，对于发展中国家也无明显益处，而且并没有证据显示，授予强制许可就会导致研发投入的减少。② 授予强制许可强调了发展中国家在提高生活水平方面的利益。

---

① Penrose。

② F. M. Scherer, *Comments*，载 Robert Anderson 与 Nancy Gallini（主编），*Competition policy and intellectual property rights in the knowledge-based economy*，University of Calgary Press，Alberta 1998 年。

附件 1：《关于执行〈TRIPS 协定与公共健康的多哈宣言〉第 6 段的决议》（《决议》），包括主席声明

2003 年 8 月 30 日决议①

总理事会，

注意到《建立世界贸易组织的马拉喀什协定》（下称"《WTO 协定》"）第 9 条第 1 款、第 3 段和第 4 段的规定；

根据《WTO 协定》第 4 条第 2 款，在两届大会的间隔期内发挥部长级会议的职能；

注意到《TRIPS 协定与公共健康宣言》（WT/MIN（01）/DEC/2，下称"《宣言》"），特别是，《宣言》第 6 段中由部长级会议向 TRIPS 理事会发出的指示，要求其找到一种快速有效的方案，以解决因某些 WTO 成员在医药领域缺乏制药能力或者制药能力不足而可能难以有效利用《TRIPS 协定》项下的强制许可时所可能面临的难题，并且在 2002 年年底之前向总理事会报告；

认识到在符合条件的进口成员根据本《决议》所规定的制度寻求产品供应时，能够对于符合本《决议》规定之需求做出快速反应是具有重要意义的；

注意到，鉴于存在着前述的例外情形确实证明了，就药品而言，免除在《TRIPS 协定》第 31 条(f)项和(h)项中所确定的义务是合理的；

为此决定如下：

1. 就本决议而言：

（a）"药品"（pharmaceutical product）是指在医药领域用来处理《宣言》第 1 段中所承认的公共健康问题的任何专利产品，或通过专利方法制造的产品。当然，它还包括用于药品制造所必需的活性成分和药品使用所需要的诊断试剂。②

（b）"符合条件的进口成员"（eligible importing Member）是指任何最不发达国家成员，以及任何向 TRIPS 理事会发出通知③，表明其意图使用此制度作为进口方的其他成员，当然，一成员可在任何时候通知 TRIPS 理事会，

---

① 本《决议》根据由主席所宣读的一份声明而被总理事会通过，主席声明可从 JOB（03）/177 查得。该主席声明将在总理事会的会议纪要中刊载，发行编号 WT/GC/M/82。

② 这一项规定不损及第 1 段(b)项。

③ 该通知当然无需获得某一 WTO 机构的批准，以便适用由本《决议》所确立的制度。

它将全部或有限地使用该制度，例如只在处于全国紧急状态或者其他极端紧急情况或公共非商业性使用的情况下才使用。值得注意的是，有一些成员将不会使用本《决议》中所确立的制度，作为进口成员，[①] 还有其他一些成员声明，只在全国紧急状态或其他极端紧急情况下才使用本制度；

（c）"出口成员方"（exporting Member）指使用本《决议》中所确定的制度，为"符合条件的进口成员"制造药品并向其出口的成员。

2. 出口成员在《TRIPS 协定》第 31 条(f)项下所承担的义务，在其授予一项为制造药品之目的所必需的强制许可，并且根据本段以下所设定的条件将该药品出口至符合条件的进口成员的，则应当予以免除：

（a）符合条件的进口成员[②]已经向 TRIPS 理事会发出通知，通知内容包括：

（i）指定所需药品的名称和期望的数量；[③]

（ii）除最不发达国家成员之外，确认所涉及的符合条件的进口成员已根据本《决议》附件中规定的方式之一，证实其在相关药品的制药领域生产能力不足或没有生产能力；

（iii）如果一药品在其领土范围内享有专利的，则确认其根据《TRIPS 协定》第 31 条和本《决议》条款的规定已授予或打算授予强制许可；[④]

（b）出口成员根据本《协议》颁发强制许可的，应包含以下条件：

（i）根据此类许可所制造的药品数量必须只是为满足符合条件的进口成员的需求所必需，而且全部产品必须出口到已向 TRIPS 理事会发出通知的有该需求的成员；

（ii）根据此类许可所制造的药品，必须通过特别的标签或标记而被识别为是依据本《决议》所确立的制度生产的。供应商应当通过特殊包装和/或特殊色彩或形状来区分此类产品，只要这样的区分是可行的，并且没有给药品定价带来显著的影响；

---

① 澳大利亚、奥地利、比利时、加拿大、丹麦、芬兰、法国、德国、希腊、冰岛、爱尔兰、意大利、日本、卢森堡、荷兰、新西兰、挪威、葡萄牙、西班牙、瑞典、瑞士、英国、美国。

② 用以提供根据本项规定所必需的信息的联合通知，可以由本《决议》第 6 段提到的地区组织（regional organizations）代表符合条件的进口成员发出，而该进口成员为该地区组织的缔约方，并且由该地区组织发出通知系经这些缔约方的同意。

③ 该通知将通过 WTO 秘书处在 WTO 网站专为本《决议》设计的一个网页上公布。

④ 此项规定不影响《TRIPS 协定》第 66 条第 1 款。

（iii）在产品开始起运之前，被许可人应当在一网站①上公布以下信息：

——运送至上述(i)小项中所提到的各个目的地的产品数量；以及

——在上述(ii)小项中所提到的产品的区别性特征；

（c）出口成员应向 TRIPS 理事会通报②其授予的此类许可，包括对该许可所附加的条件。③ 所提供的信息应包括，被许可人的名字（名称）和地址，被授予此类许可的产品，许可的数量，该产品供应所指的国家以及许可的期限。通知还应当指明，在上述(b)项(iii)小项中提到的网站地址。

3. 当一出口成员根据本《决议》中确立的制度授予强制许可时，应结合考虑在出口成员内所授予的此种使用给进口成员带来的经济价值，根据《TRIPS 协定》第 31 条(h)项支付适当报酬。如果在符合条件的进口成员对同一产品授予强制许可的，则该成员根据第 31 条(h)项所承担的义务，就该等产品根据本段第一句话而已经由出口成员支付报酬的范围内，应予免除。

4. 为了确保根据本《决议》中确立的制度进口的产品被用于作为其进口之基础的公共健康目的，符合条件的进口成员应在其力所能及的范围内采取所有合理措施，防止实际已根据此制度进口其境内的产品再出口到它处。如果符合条件的进口成员是一发展中国家成员或最不发达国家成员，在执行本条款时面临困难，则发达国家成员应请求且根据共同达成的条款和条件，应当提供技术和资金上的协作，以利于其执行本条款。

5. 各成员应当利用在《TRIPS 协定》项下已经要求可获得的手段，确保可以获得有效的法律手段，以防止根据本《决议》中确立的制度所制造的产品进口至其境内并在其境内销售，违反规定而将产品转移至其市场。如任何成员认为，为此目的所采取的措施被证明是不充分的，则根据该成员的请求，TRIPS 理事会可以就此问题进行审议。

6. 考虑到为促进药品的购买力和便利该产品在当地生产之目的而利用规模经济体（economies of scale）：

（i）如果一发展中国家或最不发达国家的 WTO 成员，是在 GATT 1994 第 24 条和 1979 年 11 月 28 日《关于差别和更优惠待遇、互惠及发展中国家更

---

① 就此而言，被许可人可以使用自己的网站，或者在 WTO 秘书处的帮助下，使用 WTO 网站专为本《决议》设计的网页。

② 为使用由本《决议》所确立的制度该通知当然无需获得某一 WTO 机构的批准。

③ 该通知将通过 WTO 秘书处在 WTO 网站专为本《决议》设计的一个网页上公布。

充分参与的决议》（Decision on Differential and More Favourable Treatment Reciprocity and Fuller Participation of Developing Countries，L/4903）含义范围内的某一地区贸易协定的缔约方，而该贸易协定目前的成员中至少有一半属于现在名列联合国最不发达国家名单的国家，则该成员根据《TRIPS 协定》第 31 条（f）项承担的义务应予免除，其免除的范围是为做到下列所必须，即使得在该成员境内根据某一强制许可制造或进口的药品能够出口到那些属于同一地区贸易协定且同样涉及健康问题的其他发展中国家或最不发达国家的成员。当然，这并不会损害有关专利权的地域性特征（territorial nature）。

（ii）认识到应当促进有关授予适用于上述成员之地区专利的制度的发展。为此目的，发达国家成员保证依照《TRIPS 协定》第 67 条提供技术协作，包括与其他相关的政府间组织联合提供协作。

7. 各成员认识到有必要促进在制药领域的技术转移和生产能力建设，以克服在《宣言》第 6 段中确认的难题。为此目的，符合条件的进口成员和出口成员被鼓励以一种能够促进此目标的方式，利用本《决议》中确立的制度。各成员承诺进行合作，对于依照《TRIPS 协定》第 66 条第 2 款、《宣言》第 7 段开展的工作，以及 TRIPS 理事会的任何其他工作中有关制药领域的技术转移和生产能力建设问题，给予特别关注。

8. TRIPS 理事会将每年对本《决议》中所确立制度的运行进行审议，以确保其有效运作并就其运作情况向总理事会做年度报告。此审议应当被认为符合《WTO 协定》第 9 条第 4 款的审议要求。

9. 本《决议》并不损害各成员根据《TRIPS 协定》中除第 31 条（f）项和（h）项之外的其余条款所享有的权利、义务和灵活性，包括《宣言》中予以重申的内容，以及它们的解释。它也无损于按照强制许可所生产的药品可以根据目前《TRIPS 协定》第 31 条（f）项出口。

10. 各成员不得根据 GATT 1994 第 23 条第 1 款（b）项和第 1 款（c）项对所采取的与本《决议》中包含的有关免除的规定相一致的措施表示异议。

11. 对于每一成员而言，本《决议》及其所授予的免除规定，将于替代其现有规定的《TRIPS 协定》的一项修正案在该成员生效之日起终止。TRIPS 理事会将于 2003 年年底启动关于这样一项修正案的准备工作，并希望在 6 个月内予以通过，而对该修正案的理解是，如果适当的话，它将以本《决议》为基础，并且进一步的理解是，它将不作为《多哈部长宣言》（Doha Ministerial Declaration，WT/MIN（01）/DEC/1）第 45 段中所提到的谈判的组成部分。

［《决议》的］附件：

制药领域生产能力的评估 最不发达国家成员被视为在制药领域生产能力不足或没有生产能力。对于其他符合条件的进口成员，就所涉及的产品而言，其生产能力不足或没有生产能力可通过以下方式之一予以确认：

（i）相关成员已证明其在制药领域没有生产能力；

或者

（ii）该成员在本领域具有某种生产能力，但它对此能力进行审查以后发现，如果排除专利权人所拥有和控制的能力，则其能力不足以满足自身需求。一旦确认其能力足以满足其自身需求，则本制度不再适用。

总理事会主席声明（General Council's Chairperson's Statement）

总理事会已经收到《决议》草案，它包含在关于实施《TRIPS 协定与公共健康的多哈宣言》第 6 段的第 IP/C/W/405 号文件中。此《决议》是用以解决在《宣言》第 1 段中所承认之难题的更广泛的国内和国际性行动的组成部分。在通过本《决议》之前，我想将此《声明》留作记录，它表达了各成员对于该《决议》所达成的若干重要共识，以及《决议》解释和实施的方式。我想强调的是，本《声明》仅限于它在《TRIPS 协定与公共健康的多哈宣言》上的意义。

第一，各成员认识到，由本《决议》所将建立的制度应当为保护公共健康而加以善意使用，并且在不损及《决议》第 6 段的情况下，不会成为用于追求工业或商业政策目标的一个工具。

第二，各成员国认识到，如果根据本《决议》所供应的产品从其意图投放的市场转移出口，则将背离本《决议》的初衷。因此，应当根据本《决议》相关各段，采取一切合理措施，以防止产品的转移出口。在这一问题上，《决议》第 2 段 b 项(ii)小项的规定不仅适用于在该制度下生产和供应的制剂药品（formulated pharmaceuticals），而且适用于在该制度下生产和供应的活性成分（active ingredients）以及利用该活性成分生产的成品药（finished products）。各成员都认为，一般而言，以特殊包装和/或者特殊颜色标注或外形的药品不应对药品价格造成重大影响。

在过去，一些公司已经形成程序，用以防止将产品，比如说通过捐赠计划所提供的产品再行转移出口。为具体说明这一问题，本《声明》附有包含这些企业成功经验的"最佳实践"指南（"best practices" guideline）。鼓励各成员和制药商学习和利用这些实践，并分享它们在防止药品转移出口上的经验。

第三，下列措施对于各成员寻求快速而圆满地解决在本《决议》使用和实施过程中所出现的问题，具有重要意义：

• 为提高透明度，避免争议，《决议》第 2 段(a)项(ii)小项中的通知应包含相关成员如何根据《附件》证明其在制药领域生产能力不足或没有生产能力的信息。

• 根据 TRIPS 理事会的通常做法，根据本制度所发出的通知应当提交下一次会议关注。

• 任何成员都可以将有关本《决议》使用和实施的任何问题，包括与产品的转移出口有关的问题，提交 TRIPS 理事会进行快速审议，以求采取相应行动。

• 任何成员如果担心本《决议》的条款未获得全面遵守，则该成员可向现任的总干事或者 TRIPS 理事会主席求助，以寻求一个双方都能接受的解决方案。

第四，所有采集到的与《决议》实施有关的信息均应在 TRIPS 理事会根据《决议》第 8 条所作的年度审查中，提请其注意。

此外，正如在《决议》第 1 段(b)项的脚注 3 中所提到的，下列成员已经同意，选择不会利用本制度成为进口方：澳大利亚、奥地利、比利时、加拿大、丹麦、芬兰、法国、德国、希腊、冰岛、爱尔兰、意大利、日本、卢森堡、荷兰、新西兰、挪威、葡萄牙、西班牙、瑞典、瑞士、英国、美国。下列国家同意，只在发生全国紧急状态或者其他极端紧急的情况下才会利用本制度成为进口方，直至它们加入欧洲联盟：捷克共和国、塞浦路斯、爱沙尼亚、匈牙利、拉脱维亚、立陶宛、马耳他、波兰、斯洛伐克共和国、斯洛文尼亚。这些国家进一步同意，一旦它们加入欧洲联盟，即选择不利用本制度成为进口方。

我们在今日得知，秘书处已经从某些通报中获悉，还有其他一些成员已经同意，它们将只在处于全国紧急状态或者其他极端紧急的情况下才会利用本制度成为进口方：中国香港、以色列、韩国、科威特、中国澳门、墨西哥、卡塔尔、新加坡、中华台北、土耳其和阿拉伯联合酋长国。

附录："最佳实践"指南

一些公司通常使用特殊的标签、颜色、外形、大小等方式，将通过捐赠或折价活动供应的产品与供应其他市场的产品加以区别。此类措施举例如下：

• 百时美施贵宝公司（Bristol Myers Squibb）针对供应撒哈拉以南非洲

地区的胶囊药品，采用不同的标志/印记（markings/imprints）。

·瑞士诺华公司（Novartis）在供应不同国家的抗疟疾药物上使用不同的商标名称。一个商标（Riamet®）使用在供应发达国家的该类药品上，另一个商标（Coartem®）则使用在供应发展中国家的药品上。诺华公司还通过不同的包装，进一步对这些产品作出区分。

·葛兰素史克公司（GlaxoSmithKline/GSK）针对供应发展中国家的抗艾滋病药物双汰芝（Combivir）、拉米夫定（Epivir）和三协唯（Trizivir），分别采用不同的外包装。葛兰素史克公司在供应发展中国家的药品包装中所放入的药片数量，与它供应发达国家的包装中所放入的药片数量不同，从而对这些产品作进一步区分，它还计划通过使用不同的药片颜色来进一步区分产品。

·默克集团（Merck）对于抗艾滋病的抗逆转录病毒药物（antiretroviral medicine）"佳息患"（CRIXIVAN），是通过特殊包装和标签加以区别的，亦即，在胶囊上有金色墨水印记、瓶盖为深绿色以及瓶子标签以一种浅绿色作为底色。

·辉瑞公司（Pfizer）针对供应南非的大扶康丸（Diflucan）采用了不同的颜色和外形。

制药商通过与进口商/分销商订立合同等形式，确保将产品输送至预定的市场，从而尽量减少产品转移出口的情况。

为有助于确保最有效的反转移出口措施（anti-diversion measures），各成员可以通过非正式方式或者通过 TRIPS 理事会，与其他成员分享它们防止产品转移出口的经验和实际做法。各成员和制药行业相互合作，进一步细化这些反转移出口的做法，提高关于确定、补救或预防特定的产品转移出口情况的信息交流，这对于双方都将是大有益处的。

第 26 章　方法专利：举证责任

第 34 条　方法专利：举证责任

1. 就侵害第 28 条第 1 款(b)项所指的所有权人权利而发生的民事诉讼而言，如一专利的对象是获得一产品的方法，则司法机关有权责令被告证明其获得相同产品的方法不同于该专利方法。因此，各成员应规定，至少在下列情况之一时，任何未经专利所有权人同意而生产的相同产品，如无相反证据证明，均应被视为是通过该专利方法所获得的：

(a) 如通过该专利方法获得的产品是新的；

(b) 如存在实质性的可能性表明该相同产品是由该方法生产的，且专利所有权人经过合理努力尚不能确定该方法被实际使用。

2. 任何成员都可以规定，只有满足(a)项所指条件或只有满足(b)项所指条件，第 1 款所指的举证责任才由被指控侵权人承担。

3. 在引述相反证据时，应考虑被告在保护其制造和商业秘密方面的正当利益。

---

1. 引言：术语、定义和范围

第 34 条所涉及的专利，其对象是针对用于制造一产品的方法而提出的一项或多项权利要求，而该产品本身也可能是专利的主题，尽管它并非必须如此。

第 34 条颠倒了关于谁主张谁举证（the person asserting a fact must prove it）这一程序法原则。它的宗旨是为了解决所谓的"魔鬼证据"* 的问题：对于拥有一方法专利的原告来说，总是难以证明被指控侵权人在生产相同产品时所使用的方法是否就是其获得专利的方法，从而侵害了他的专有权，除非

---

* 原文"probatio diabolica"系拉丁文，其英文意思为"devil's proof"，指法律要求提出一个令当事人无法举出的证据。——译者

原告能获知被控侵权人的生产过程。①

符合下列条件的，举证责任应当发生倒置：②

1. 就材料用途而言，被指控侵权人的产品必须与由该专利方法所生产的产品相同。

2. 如果确实如此，则各成员应当实行这样一种推定，即此种产品是通过该专利方法获得的，如果——

（a）通过该专利方法获得的产品是新的；或者

（b）如果存在实质可能性，表明该相同产品（该产品可以是新的或者是已有的）是由该方法生产的，且该专利的所有权人通过合理努力尚不能确定该方法被实际使用，而该专利的所有权人有证据表明，他/她已经尽到了合理努力，试图确定该方法被使用，仍无法作这样的确定。

2. 条文沿革

2.1　TRIPS 之前的状况

专利法中的举证责任倒置（reversal of the burden of proof）规则，由 1891 年德国专利法（第 139 条）引入。后被意大利、比利时和西班牙的专利法所吸收。它也被包括在《共同体专利公约》（Community Patent Convention，第 35 条）＊ 之中，以及所提议的用以协调专利法的《WIPO 条约》（第 24 条）③ 之中，后者的条款与此后在《TRIPS 协定》项下所通过的

---

① 参见，例如，Miguel Vidal-Quadras Trias des Bes，*Process patents on new products and reversal of the burden of proof：factors contributing to the interpretation of its scope*，European Intellectual Property Review 2002，vol. 24，No. 5，p. 237—243（237）（以下简称 "Vidal-Quadras Trias des Bes"）。

② 参见 Gervais，第 171 页。

＊《共同体专利公约》的全称为《共同市场欧洲专利公约》 （Convention for the European Patent for the common market），于 1975 年 12 月 15 日在卢森堡由当时欧洲经济共同体（European Economic Community/EEC）的 9 个成员国签字，故又称《卢森堡共同体专利公约》。不过，该公约由于未被足够数量的国家批准，故从未生效。它不同于《欧洲专利公约》（European Patent Convention），后者订立于 1973 年 10 月 5 日，全称为《授予欧洲专利公约》（Convention on the Grant of European Patents）。该公约已经生效，并据此而设立了欧洲专利局（European Patent Office），由其授予的专利被称作 "欧洲专利"（European patents）。——译者

③ 参见 WIPO，1991，第 32 页。

文本实质性相同。

2.2 谈判经过

关于该项规定的谈判，是以 1990 年由欧洲共同体、美国和瑞士递交的提案为基础的。与这一规定相等同的文本，在《TRIPS 协定》布鲁塞尔草案和 1990 年 7 月 23 日的安奈尔草案中俱已存在。关于举证责任倒置（reversal of the *onus probandi*）的这两项条件，上述两个草案中的规定是相似的，但它在第 34 条第 2 款的最终文本中清楚表明，各成员可以规定，如果满足其中一项条件，举证责任即应该由被指控侵权人承担。在谈判期间，欧共体委员会倾向于第一项条件，而美国则支持第二项条件。[①]

2.2.1 安奈尔草案

"2.3 举证责任的倒置

2.3A.1 如果一专利的对象是获得一产品的方法，当其他任何一方生产相同产品的，应规定［至少］在下列情况［之一］时，如无相反的证据证明，则应被视为是通过该专利方法所获得的：

（a）如果该产品是新的，或者，

（b）产品不是新的，但是如果存在实质性的可能性表明该相同产品是由该方法生产的，［且专利所有权人经过合理努力尚不能确定该方法被实际使用］

2.3A.2 在引述相反证据时，应考虑被告在保护其制造和商业秘密方面的正当利益。

2.3B 如果一专利的对象是获得一产品的方法，不管该产品是新的或者是已有的，证明被指控侵权的产品是通过该专利方法获得的举证责任，应该始终由指控他人侵权的人来承担。"

作为替换选项的 2.3B，是由发展中国家提出来的，它显然意在对抗那些支持举证责任倒置的提案。但从最后通过的文本中明显可以看到，这一策略未获成功。

2.2 布鲁塞尔草案

"举证责任的倒置

1. 就侵害第 28 条第 1 款(b)项所指的所有权人权利而发生的民事诉讼而

---

① 参见 Gervais，第 172。

言，如一专利的对象是获得一产品的方法，各缔约方［应当］［可以］规定，至少在下列情况之一时，任何未经专利所有权人同意而生产的相同产品，如无相反证据证明，均应被视为是通过该专利方法所获得的：

（a）如通过该专利方法获得的产品是新的；

（b）如存在实质性的可能性表明该相同产品是由该方法生产的，且专利所有权人经过合理努力尚不能确定该方法被实际使用。

2. 在引述相反证据时，应考虑被告在保护其制造和商业秘密方面的正当利益。"

3. 可能的解释

> 1. 就侵害第 28 条第 1 款(b)项所指的所有权人权利而发生的民事诉讼而言，如一专利的对象是获得一产品的方法……

举证责任倒置在逻辑上只适用于民事诉讼，因为在刑事案件通常适用的是无罪推定（presumption of innocence）。诉讼中适用举证责任倒置的专利对象，应该是"获得一产品的方法"（process for obtaining a product）。不过，这样一种方法是否应当就是该专利唯一（sole）的对象，抑或，"混合"（hybrid）专利（包括方法和产品的权利）也符合第 34 条的规定，对此的决定权则留给了各成员。

更进一步而言，本条款也仅仅适用于就《TRIPS 协定》第 28 条第 1 款(b)项所述侵权行为提起诉讼的案件，也就是说，是在该相同产品系通过该专利方法直接获得（directly obtained）的情况下才适用。因此，主张该产品通过这样一种方法而可获得（obtainable）的，则理由还不够充分。

> ……则司法机关有权责令被告证明其获得相同产品的方法不同于该专利方法。

第 34 条第 1 款要求各成员向司法机关赋予权力，可以命令举证责任的倒置。它不是一项具有实施效力的（operative）、自动执行（self-executing）的规定，而是需要来自各成员的积极行动，以及在特定案件中，还要求来自主审法官的积极行动。被告可以被要求承担义务，来证明其使用的方法不同于该专利方法，但是，不能要求其承担义务，证明涉案的专利方法未被侵害。如果被告证明其本身所使用的方法和原告获得专利的方法不同，那么，此时仍需由原告承担举证责任，提供有关证明构成侵权的证据，通常就会要求应用"等同原则"（doctrine of equivalents），① 而这是符合程序法的一般原则的。②

> 因此，各成员应规定，至少在下列情况之一时，任何未经专利所有权人同意而生产的相同产品，如无相反证据证明，均应被视为是通过该专利方法所获得的：

一产品是否与通过一专利方法所获得的产品"相同"（identical），这需要依据产品的结构组成加以确定。因此，产品具有"相似性"（similarity）的，并不足以引发举证责任的倒置。③

第 34 条除了要求各成员赋予法官以命令举证责任倒置之权力，还规定建立一种法律上的推定（*juris tantum presumption*），即该专利方法实际上已经被使用了。这一推定允许由相反的证据推翻。

如上所述，第 34 条第 1 款规定的在诉讼过程中实行举证责任倒置的条件，构成各成员的选项。它们可以依其自由裁量权，决定选择这一项条件抑或另一项条件。④

---

① 当没有对专利权构成任何的字面侵权（literal infringement）时，这个原则就为确定是否存在对一专利的侵害，提供了一个概念性框架。参见，例如，Correa，2000a，第 85 页。

② 参见巴塞罗那省上诉法院（Barcelona Provincial Appellate Court）于 2000 年 9 月 18 日对 *Enaaprile II* 案的判决，根据该判决，被告关于相反证据的举证责任"被限定于披露由被告实际使用的方法（这将诉讼程序转化为对两种方法的一个纯粹的比较）而且表明这两种方法是不相同的，但并不是该推定也涉及的关于这两种方法并不构成等同的证据"。另参见德国联邦法院（German Federal Court）于 1976 年 6 月 25 日对 *Alkylendiamine II* 案的判决，该判决认定，在德国法中的类似规则，并没有把关于确定原告权利范围的责任转移至被告那里；而只是要求被告提供充分证据，证明其在生产该产品时实际使用的方法。G. R. U. R 1997，第 103 页（这两个案件被引用于 Vidal-Quadras Trias des Bes，第 240 页）。

③ 德国联邦最高法院（German Federal Supreme Court）在 *Alkylenediamine II* 案中阐明了如下观点，即当两种物质之间在技术经验的范围内已经获得证实的差异表明，这是可归因于对专利方法的一种变换（variation），而不是由于适用了一种不同的方法，那么，旧专利法第 47 条第(3)款项下的"相同物质"（same substance）的概念也是适用的。参见 Straus，第 820 页。

④ 一种"超 TRIPS"的方案显然是命令，当满足任何一项条件时即实行举证责任的倒置，而这正是在 TRIPS 谈判过程中最初由美国所寻求的方案。

3.1　第 34 条第 1 款(a)项

> （a）如通过该专利方法获得的产品是新的；

这项条件可能受到欧洲法律的启发，它要求通过受专利保护之方法所获得的产品具有"新颖性"。在许多情况下，产品可能是新的，但并不具有发明性，从而是不可专利的。而在一些并不对药品或者其他产品给予产品专利保护的国家，就会存在许多这样的情形，即发明人能够对方法获得专利，但不能获得产品专利。这一条件选项的合理性在于，如果一产品是新的，那么竞争者不大可能有时间去开发出一个可以获得相同产品的替代方法。产品越老，开发出替代方法的可能性就越高。[①]

对于那些选择支持选项(a)的国家来说，如果产品不是新的，它们就无需承担义务，命令实行举证责任的倒置。

就此规定而言，《TRIPS 协定》并没有确定何时应当考虑一产品是新的。各成员在这方面拥有很大的操作空间。例如，它们可以确定，对"新颖性"的判断是：

（1）根据在申请日（或优先权日）当时的专利法上的新颖性要求。这一方案对专利权所有人非常有利：虽然在该日期和侵权日之间可能已经隔了很长一段时间，但就举证责任而言，该产品将仍然被认为是新的。根据该方法，产品的新颖性是一次性就被永久固定了的，而不考虑随着时间推移，可以合理地推定，用以获得该产品的其他方法可能已经被开发出来了。[②]

或者：

---

① 因此，人们已经注意到："作出如下假设似乎是合理的：如果用以获得该产品的后来方法（subsequent processes）被认为产生于专利方法，但这样的后来方法或多或少改变了专利方法，带来了不同的优势或只是变得更加实际可行，如果引发后来方法的专利接近期限届满，而替代性方法已经被人加以说明，那么，上述这些情况都必须予以考虑，以便削弱有关假定该专利方法已经被人使用的理由。"（Vidal-Quadras Triasdes Bes，第242 页）。

② 慕尼黑地方法院（早在 1963 年）的考量是，依据《专利法》中关于举证责任倒置的条款所要求的"新产品"（new product）的特征，并非必须被解释为具有与可专利性要件中的新颖性（novelty）相同的含义。更为晚近的德国专家也持有同样的观点，因为如果作两者含义相同之解释，就将有悖于在德国法中所包含的程序性规则的本意（Vidal-Quadras Trias des Bes，第 242 页）。

（2）在该产品被推向市场之时。如果通过非侵权方法获得的其他产品在那时是可以得到的，那么这将构成初步（*prima facie*）证明，用以获得该产品品的其他方法是存在的，因此，实行该法律推定就没有任何逻辑依据了。提出这个方案的，是有关为通过一项专利法公约（Patent Law Treaty）的WIPO 外交会议（Diplomatic Conference）所作的准备工作中加以考察的一个文本,[①] 同时，欧洲的一些权威人士也有如此建议。[②]

3.2 第 34 条第 1 款(b)项

（b）如存在实质可能性表明该相同产品是由该方法生产的，且专利所有权人经过合理努力尚不能确定该方法被实际使用。

2. 任何成员都可以规定只有满足(a)项所指条件或只有满足(b)项所指条件，第 1 款所指的举证责任才由被指控侵权人承担。

"实质可能性"（substantial likelihood）比纯粹的"可能性"（possibility）要求为高。原告必须能够证明，在特定案件的情况下，该相同产品是有可能通过其专利方法而获得的。根据这一条件选项，原告还必须证明，他已经付出了合理的努力来确定究竟使用了什么方法，但没有成功，例如，他对产品进行了化学分析，请求产品制造商提供信息（假如他知道该制造商，而且该制造商并非被指控侵权人的话），或者专利所有权人以合理成本和在合理时间内所能够采取的其他措施。

3.3 第 34 条第 3 款

3. 在引述相反证据时，应考虑被告在保护其制造和商业秘密方面的正当利益。

如上所述，第 34 条第 3 款明确规定，在以上第 34 条第 1 款(a)项或者(b)项中专门设定的任一情况之下，举证责任倒置的义务就可以适用。如果该产

---

① 1987 年《专利法条约草案》（Draft Patent Law Treaty）第 301 条第 1 款(b)项并没有理会如下情况的侵权推定，即 "如果在发生被指控的侵权时，一相同产品是出自专利所有权人以外的另一来源，而且被告在适用该专利的国家已经在商业中知道该专利的"。参见，例如，Harold Wegner, *Patent Harmonization*, Sweet & Maxwell, London 1993，第 334 页。

② 参见，例如，斯特劳斯书中所引用的那些作者，Straus，第 821 页。

品实际上是由一种不同的方法所生产，则被指控侵权人就会不希望把他的方法透露给竞争者。第 34 条第 2 款规定，在引述相反证据时，应考虑被告在保护其制造和商业秘密方面的正当利益。显然，这些正当利益包括，不向他方当事人泄露被告的商业秘密，包括技术信息和经营信息（例如，在该方法中所使用的某一中间体的来源）。

不过，被告必须公布其实际使用的方法，以便反驳该项法律上的推定。否则的话，他就会被视为侵犯了专利。保护被告商业秘密的一个可行策略是，一成员的法院程序规则要求，该商业秘密的披露只能针对一位负有保密义务的独立专家，再由该专家在保密的条件下向法庭提出意见。另一个策略也许更适合对抗制（与纠问制相对）法院程序，它要求把信息披露给原告团队的一名成员，而该成员同样受到保密义务的约束。该人再与原告的独立律师（他同样负有保密义务）就此信息进行交流，然后由该律师提出意见，是否继续该诉讼程序或者予以终止。

正如"加拿大—药品专利保护"（*Canada-Patent protection of pharmaceutical products*）案专家组所作的定义，"正当利益"（legitimate interests）必须"被解释为一个比合法利益（legal interests）范围更广的概念，"① 包括了被告可能正当地希望予以保护的任何商业利益。

4. WTO 案例

关于本条规定，至今还没有任何 WTO 案例。美国和阿根廷之间发生的一起争端，在双方磋商之后已经获得解决，其中，阿根廷政府同意修改其专利法，以便符合《TRIPS 协定》第 34 条第 1 款的规定。提议中的修正案选择采用第 34 条第 1 款(a)项所规定的选项。②

---

① WT/DS114/R，2000 年 3 月 17 日，第 7.71 段。

② 关于"新的"一词的定义，提议中的修正案规定如下："如无相反证据证明，如果被告或者经被告请求而由法院委任的专家能够证明，在被控侵权行为发生时，在市场上就存在着与通过专利方法所生产的产品相同的非侵权产品，且其来自专利权所有人或者被告之外的其他来源，则应当推定，通过该专利方法所获得的产品并不是新的"。参见 WT/DS171/3，WT/DS196/4，IP/D/18/Add.1，IP/D/22/Add.1，2002 年 6 月 20 日。

5. 与其他国际文件的关系

本条款无论在《巴黎公约》还是在《欧洲专利公约》（European Patent Convention）中，均无对应的规定，后两个公约都把举证责任的问题留由各国的国内法处理。不过，《共同体专利公约》（Community Patent Convention）第 35 条规定如下：

"1. 如果一共同体专利的对象是获得一新产品的方法，当他方当事人生产出相同产品时，如无相反证据证明，则应被视为是通过该专利方法所获得的。

2. 在引述相反证据时，应考虑被告在保护其制造和商业秘密方面的正当利益。"

6. 新近发展

在执行由《TRIPS 协定》所规定的举证责任倒置规则时，一些国家选择的是选项（a），[①] 另一些国家则选择了选项（b），[②] 同时也有许多国家对第 34 条第 1 款所设立的两项条件全部加以吸收。[③]

7. 评论（包括经济和社会意义）

方法专利是一种较弱的保护形式，因为在证明侵权构成时会涉及困难。如上所述，以往有一些国家禁止授予药品专利，但允许对方法授予专利。其效果就是，从实际目的看，药品就没有得到充分保护，因为药品的关键特征就是分子，而且在实践中，尽管同样的分子还必须通过另一种替代性方法进行生产，以避免侵犯该方法专利，但分子的组成是非常容易解析出来的。第 34 条试图通过举证责任的倒置来改进这种不足，因此，如果被告所生产的产品与使用该专利方法所生产的产品相同，则举证责任转移至被告，证明其产

[①]　参见，例如，《阿根廷专利法》（Argentine patent law 24.481）（第 88 条）。

[②]　该选项经常可以在比如双边协定中找到，包括美国和以前实行中央计划管理的经济体之间所缔结的双边协定（Straus，第 810 页）。

[③]　参见，例如，《印度尼西亚专利法》（Indonesian patent law，2000 年法第 14 号）（第 119 条）；《安第斯共同体关于工业产权共同制度的第 486 号决议》（Industrial Property Common Regime of the Andean Community，Decision 486）（第 240 条）。

品的生产并未使用该专利所涵盖的方法。当然，在专利法中，被告独立完成了相同的方法，这并不构成任何抗辩理由。独立创造（independent creation）是版权法和商业秘密法上的一种抗辩理由，但作为一项专利，其赋予专利权人的是一种专有权（exclusive right）。

因此，举证责任倒置对于发展中国家和转型经济体可能具有特别重要的意义，因为它们在实施《TRIPS 协定》之前并不承认在药品或其他技术领域产品的专利。随着根据第 27 条第 1 款对药品和化学产品给予产品专利保护的做法被普遍引入这些国家，且因为对产品专利的侵权构成是较为容易证明的，所以，该原则的实际意义就将大为削弱。不过，对于只能获得方法专利而不能获得产品专利保护的专利权持有人来讲，第 34 条仍将提供一个有价值的程序性工具。

那些在实施《TRIPS 协定》第 34 条第 1 款时选择适用选项(a)的国家，通常旨在排除对于已经投放市场的产品适用这样一种规则。不过，在何种程度上可以实现这一目标，将取决于法律和裁决如何定义"新的"这一概念。如果"新的"这一概念就被同化为可专利性要件中的"新颖性"标准，而且一产品在专利申请时是新的，那么，就举证责任倒置而言，它在专利期限届满之前就将一直保持是"新的"，可能要持续至该产品进入商业领域多年之后。

第27章 集成电路

第35条 与《IPIC条约》的关系

各成员同意依照《IPIC条约》第2条至第7条（第6条第3款除外）及第12条和第16条第3款，对集成电路的布图设计（拓扑图）（本协定中称"布图设计"）提供保护，此外还同意遵守下列规定。

第36条 保护范围

在遵守第37条第1款规定的前提下，未经权利持有人 * 授权从事下列行为的，各成员应视之为非法：为商业目的进口、销售或分销一受保护的布图设计、含有受保护的布图设计的集成电路、或含有此种集成电路的物品，只要该集成电路仍然包含非法复制的布图设计。

［脚注］* 本节中的"权利持有人"（right holder）一词应理解为与《IPIC条约》中的"权利的持有人"（holder of the right）一词含义相同。

第37条 无需权利持有人授权的行为

1. 尽管有第36条的规定，但是如果从事或命令从事该条所指的与含有非法复制的布图设计的集成电路或包含此种集成电路的物品有关的行为的人，在获得该集成电路或包含该集成电路的物品时，不知道也没有合理的理由知道其中包含此种非法复制的布图设计，则任何成员不得将从事该条所指的任何行为视为非法。各成员应规定，在该人收到关于该布图设计被非法复制的充分通知后，可对现有的存货和此前的订货从事此类行为，但有责任向权利持有人支付费用，数额相当于根据就此种布图设计自愿达成的许可协议应付的合理使用费。

2. 第31条(a)项至(k)项所列条件在细节上作必要修改后应适用于任何有关布图设计的非自愿许可情况或任何未经权利持有人授权而被政府或为政府而使用的情况。

第 38 条　保护期限

1. 在要求以登记作为保护条件的成员中，布图设计的保护期限不得在自提交登记申请之日起或自世界任何地方首次进行商业利用之日起计算 10 年期限期满前终止。

2. 在不要求以登记作为保护条件的成员中，布图设计的保护期限不得少于自世界任何地方首次进行商业利用之日起计算的 10 年。

3. 尽管有第 1 款和第 2 款的规定，任何一成员仍可规定，保护应在布图设计创作 15 年后终止。

---

1. 引言：术语、定义与范围

集成电路［Integrated Circuits，通常被称为"芯片"（chips）］是信息技术产业的核心要素。在任何数字设备中，集成电路都是不可或缺的部件，并且已经嵌入了林林总总的其他工业物品，从机器工具到各种各样的家用设备和消费产品。

集成电路包含了一张以三维设计为基础研发而成的电子电路图（electronic circuitry）[①] 嵌入一块基片（substrate），该基片通常就是一块半导体材料的固体薄片，[②] 一般使用的材料是硅，少数情况下也采用锗或砷化镓。[③] 集成电路由一系列的产品（微处理器、动态存储器、可编程逻辑器件等）所组成。

由于嵌入芯片的晶体管和其他电子组件都是微小尺寸，所以，无论是布图设计还是，并且特别是对此类电路的生产，都要求有很高的技术能力和在厂房设备上付出大量的投资。制造技术和生产厂房大都由数量相对较少的来自美国和日本的公司所掌控。韩国、中国台湾和新加坡积极支持当地半导体

[①]　基于这个原因，正如下文所示，欧洲的立法选择使用"拓扑图"（topography）一词，而非"设计"（design）。

[②]　由于所使用的材料具有这一特点，集成电路也被称为"半导体"。除半导体之外的其他材料，如蓝宝石，也可以用作基板。

[③]　参见，例如，Jay Dratler, *Intellectual Property Law：Commercial, Creative, and Industrial Property*, Intellectual Property Series, Law Journal Seminars-Papers, Vol. 2，New York 1997，第 8—6 页（以下简称 Dratler）。

产业的发展，而中国、爱尔兰、以色列、马来西亚和更近以来的哥斯达黎加，则争相追逐来自国外半导体制造商的投资。①

《TRIPS 协定》规定对于在集成电路中所使用的布图设计（或拓扑图）提供保护。此种保护延伸至包含该设计或拓扑图的集成电路，并且在特定条件下，也延伸至包含该集成电路的工业产品。《TRIPS 协定》在很大程度上依赖于《关于集成电路的知识产权华盛顿条约》［Washington Treaty on Intellectual Property in respect of Integrated Circuits，简称"华盛顿条约"（Washington Treaty）＊］，尽管事实上该条约自 1989 年通过以来，从未生效过。《TRIPS 协定》要求各成员根据《华盛顿条约》第 2 条至第 7 条（第 6 条第 3 款除外）、第 12 条和第 16 条第 3 款所承担的义务，再加上由该协定额外特别规定的若干义务，来保护集成电路的布图设计（拓扑图）。

2. 条文沿革

2.1　TRIPS 之前的状况

将集成电路布图设计作为一个专门对象加以保护，始于美国 1984 年通过的《半导体芯片保护法》（Semiconductor Chip Protection Act/SCPA）。20 世纪 80 年代，美国在芯片制造和贸易上的竞争优势下滑，促使美国国会通过立法给予特别保护（sui generis protection）。令产业界尤其担心的是，日本竞争对手不断增长的力量和它们最终复制美国设计的能力。

虽然美国国会考虑过根据版权保护集成电路设计的可能性，但是，《半导体芯片保护法》还是建立了一种特别制度，提供 10 年的保护；在"掩膜作品"（mask work）② 上首次进行"商业利用"（commercial exploitation）之后的两年内，必须进行强制性登记。遵照在半导体行业的普遍做法，该法含有一条特别规定，允许进行"反向工程"（reverse engineering）。此外，《半导体

---

①　参见，例如，Debora Sper，*Attracting high technology investment*. INTEL's Costa Rican Plant，FIAS/World Bank，Occasional Paper No. 11，Washington D. C. 1998。

＊　但是在《TRIPS 协定》中，该条约的简称是《IPIC 条约》。——译者

②　这一术语对应《半导体芯片保护法》通过之时所采用的技术，因为那时是利用"掩膜"（mark）来对布图进行复制的。掩膜是一种模板，其表面形态控制着在每一相互连接的晶片层上对特定区域的沉积、添加或蚀刻。在掩膜上有孔洞的地方，会沉积新材料，或添加或蚀刻既有的材料。制造商依照适当的顺序使用一系列不同表面形态的掩膜，以便在晶片上搭建电子设计图所要求的大量晶体管和其他组件（Dratler，第 8—7 页）。

芯片保护法》还包括一项严格的实质性互惠条款（reciprocity clause），根据该条款，起源于他国的布图设计，只有当该他国对美国的设计给予类似保护的，才可以在美国得到保护。

这一互惠条款迫使日本迅速通过了类似的立法，[①] 随之而来的还有欧洲共同体[②]和其他发达国家。

在《半导体芯片保护法》通过后不久，世界知识产权组织即开始进行研究和磋商，以便在这个对象上订立国际条约。它召开外交会议，通过了《华盛顿条约》，该条约以由美国法首次引入的特别权模式为基础，但也不排除适用其他的保护形式。

2.2　谈判经过

《华盛顿条约》谈判是与 TRIPS 谈判同时进行的。虽然该条约在 1989 年获得通过，但美国和日本并没有在条约上签字，因为它们对其中某些条款并不满意，尤其是关于强制许可和获得含有侵权半导体之产品的规定。[③] 这些也正好是 TRIPS 谈判期间所处理的主要问题。

与其他领域的谈判相比，乌拉圭回合中就这一主题所进行的谈判，并不那么艰难和富有争议，除了关于将保护延伸至工业产品的规定以及善意获得产品者应承担支付费用之义务的规定（现行规定即《TRIPS 协定》第 37 条）。发展中国家不情愿接受这些义务，一如它们在 1989 年起草《华盛顿条约》的外交会议上的表现。《安奈尔草案》显示了其中的突出争议。

2.2.1　安奈尔草案

"第 6 节：集成电路布图设计（拓扑图）

1. 与《华盛顿条约》的关系

1. 缔约各方同意 ［，在遵守下列规定的前提下，］依据 1989 年 5 月 26 日开放签字的《关于集成电路的知识产权条约》的 ［实体性］ 规定，对集成电路布图设计（拓扑图）提供保护。

2. 保护的法律形式

2A 根据本协定所给予的保护，不应阻止根据其他法律提供保护。

---

① 《半导体集成电路的电路布图法》（第 43 号法）。

② 《半导体产品拓扑图法律保护理事会指令》 （Council Directive on the Legal Protection of Topographies of Semiconductor Products），87/54/EEC。

③ 参见 Carlos Correa，*Intellectual Property in the Field of Integrated Circuits：Implications for Developing Countries*，World Competition，vol. 14，No. 2，Geneva 1990。

3. 保护的范围

3A 未经权利持有人授权而从事下列行为的，任何缔约方都应视之为非法：

3A.1 在集成电路中含有布图设计（拓扑图）；

3A.2 为商业目的进口、销售或分销受保护的布图设计（拓扑图）、含有受保护的布图设计（拓扑图）的集成电路、或含有此种集成电路的产品。

4. 无需权利持有人授权的行为

4A.1 缔约各方可以根据其法律规定，对于为教学、分析的目的，或者在完成本身属于原创性的布图设计（拓扑图）的过程中为评价的目的而复制布图设计（拓扑图）的行为免于承担责任。本规定将取代《华盛顿条约》第 2 条(a)款和(b)款。

4A.2 如果在从事所争议之行为时，行为人［证明其］不知道［也没有合理的理由相信］布图设计（拓扑图）是非法复制的，则为商业目的进口、销售或分销［非法复制的布图设计（拓扑图），］［含有非法复制的布图设计（拓扑图）的集成电路或］含有非法复制的布图设计（拓扑图）的产品的行为本身［应当］［可以］不被视为侵权行为。但是，缔约各方［应当］［可以］规定，在［收到通知］［此人已经知道或有合理的理由相信］布图设计（拓扑图）是非法复制的之后，他可以对现有的存货或此前的订货从事任何此类行为，但应当有责任向权利持有人支付［合理的使用费］［公平的报酬］。

4A.3a 不得为可能导致国际贸易发生扭曲之目的或以此为条件，授予非自愿许可。

4A.3b 以上第 5 节第 5 点所列条件，在细节上作必要修改后应适用于布图设计（拓扑图）的各种非自愿许可。

4A.3c 对于布图设计（拓扑图）不得授予非自愿许可。

5. 保护期限

5A（i）在要求以登记作为保护条件的缔约方中，布图设计（拓扑图）的保护期限不得短于从［提交登记申请］［登记］或自世界任何地方首次进行商业利用之日起的 10 年，以较早发生的时间起计算［，除非上述事件在首次固定或编码之后的 15 年内均未发生，否则不再有任何义务提供保护］。

（ii）在不要求以登记作为保护条件的缔约方中，布图设计（拓扑图）的保护期限不得少于自世界任何地方首次进行商业利用之日起 10 年［，除非在布图设计（拓扑图）首次固定或编码后 15 年内均未对其进行商业利用，否则不再有任何义务提供保护］。

［（iii）如果法律要求登记而未提交登记申请的，从布图设计（拓扑图）在

世界上任何地方首次商业利用之日起 2 年后，其保护终止。

（iv）尽管有上述第（i）项、第（ii）项和第（iii）项的规定，在布图设计（拓扑图）创作 15 年后，其保护应终止。"①

2.2.2　布鲁塞尔草案

布鲁塞尔草案的规定含有与《TRIPS 协定》现行版本第 35 条至第 38 条非常相似的用语。它规定如下：②

"缔约各方同意依照 1989 年 5 月 26 日开放签字的《关于集成电路的知识产权条约》的实质性规定，为集成电路布图设计（拓扑图）（以下称为"布图设计"）提供保护，此外还同意遵守下列规定。

在遵守以下第［37］条第（1）款规定的前提下，如未经权利持有人授权从事下列行为的，缔约各方应视之为非法：为商业目的进口、销售或分销一受保护的布图设计、含有受保护的布图设计的集成电路［、或含有此种集成电路的物品。只要该集成电路仍然包含非法复制的布图设计，权利也延伸至含有该集成电路的物品。］

尽管有上述第［36］条的规定，但是如从事或命令从事该款所指的与含有非法复制的布图设计的集成电路［或包含此种集成电路的物品］有关的行为的人，在获得该集成电路［或包含该集成电路的物品］时，不知道也无合理的理由知道其中包含此种非法复制的布图设计，则任何一缔约方没有义务将从事该款所指的任何行为视为非法。［各成员应规定，在该人收到关于该布图设计被非法复制的充分通知后，他可对现有的存货和此前的订货从事此类行为，但有责任向权利持有人支付费用，数额相当于根据就此种布图设计自愿达成的许可协议应付的合理使用费。］

上述第［31］条（a）项至（l）项以及（o）项所列条件在细节上作必要修改后应适用于任何有关布图设计的非自愿许可情况或任何未经权利持有人授权而被政府或为政府而使用的情况。"

［最终草案的规定与《TRIPS 协定》第 38 条基本上一致。］

---

① 《致货物谈判组的主席报告》（Chairman's report to the Group of Negotiation on Goods），文件 MTN. GNG/NG11/W/76，1990 年 7 月 23 日。

② 《体现多边贸易谈判乌拉圭回合成果的草案最后文本（修订）》（Draft Final Act Embodying the Results of the Uruguay Round of Multilateral Trade Negotiations, Revision），与贸易有关的知识产权（包括假冒商品贸易）谈判组，MTN. TNC/W/35/Rev. 1，1990 年 12 月 3 日。

在布鲁塞尔草案的时期，就规定的适用范围是否延伸至包含集成电路转而包含了非法复制之布图设计的物品，代表团仍存在意见分歧。在《TRIPS协定》的最终文本中，就该种延伸达成了一致意见。因此，根据《TRIPS协定》，有可能发生善意取得的，不仅有集成电路，甚至可以是包含集成电路的产品。

在布鲁塞尔草案中引用的是第 31 条(a)项至(l)以及(o)项，这与《TRIPS协定》第 37 条的现行版本稍有不同；造成这一现象的原因在于，在布鲁塞尔草案时期，草案就强制许可的规定与现行文本相比，显示出在结构上稍有差别。① 根据《TRIPS协定》现行文本，有关从属专利的规定［即布鲁塞尔草案有关强制许可的规定中的第(m)项］，被排除在布图设计的非自愿许可之外。在前述布鲁塞尔草案中提到但被排除适用于布图设计的规定，是关于在不实施或未充分实施的情况下授予强制许可［即布鲁塞尔草案有关强制许可的规定中的第(n)项］。这一除外规定在《TRIPS协定》第 37 条第 2 款的文本未再出现，因为《TRIPS协定》第 31 条的最终文本没有在任何地方提到不实施。

3. 可能的解释

3.1 《IPIC 条约》所包含的产品的定义

根据《华盛顿条约》，集成电路（integrated circuit）是指"一种产品，在它的最终形态或中间形态，是将多个元件，其中至少有一个是有源元件，和部分或全部互连集成在一块材料之中和/或之上，以执行某种电子功能"（第 2 条第(1)项）。

这个定义同时包括了处于其最终形态和中间形态的产品。它包含"门阵列"（gate arrays）和其他的集成电路［比如，可编程逻辑电路（programmable logic devices-PLDs）］，后者就不能被看作"已完成的"产品。要想获得保护，集成电路应包含"至少"一个有源元件。这意味着"分离的"（discrete）微电子组件并不包含在内。

"布图设计（拓扑图）"（layout-design（topography））在该条约中的定义是"集成电路中多个元件，其中至少有一个是有源元件，和其部分或全部集成电路互连的三维配置，或者是指为集成电路的制造而创制的三维配置"（第 2 条第(i)项）。

---

① 具体内容，参见本书第 25 章。

《华盛顿条约》第 2 条第(ii)项清楚地表明，它所保护的是一种三维的布图设计。它既包括包含在集成电路中的设计/拓扑图，也包括将要包含在集成电路中的布图设计/拓扑图，亦即，在真正的制造发生之前的布图设计/拓扑图。这就意味着，《华盛顿条约》并不要求以布图设计/拓扑图的固定 (fixation) 作为获得保护的条件（在该条约通过之时，一些国家的法律，比如在美国法和日本法中存在这样一种要求）。

该条约并未特别指明可能将布图设计/拓扑图包含其中的材料种类。但是，任何国家都可以将其保护限定在半导体集成电路上（第 3 条第 1 款 c 项），亦即，限定为由硅和其他半导体材料制作而成的集成电路。实际上，很多国家或地区（像美国、日本、欧盟、丹麦等）的法律都特别提到"半导体产品" (semiconductor products)。

3.2　保护的要求

被授予保护的，是"独创的" (original) 布图设计/拓扑图，其中，"独创的意义是指，它们是其创造者自身智力劳动的成果"（《华盛顿条约》第 3 条第 2 款(a)项）。

该条约结合了在美国和欧共体的法律法规中分别使用的"独创性" (originality) 和"智力劳动" (intellectual effort) 这两个概念。这些概念受到如下条件的限制，即该布图设计/拓扑图"在创作时，在布图设计（拓扑图）创作者和集成电路制造者中不是常规的设计"，这正是例如在美国和英国有关该问题的法律中所明文规定的。进而，由常规元件和互连组成的布图设计，只有在其组合作为一个整体符合独创性条件时，才应受到保护。

3.3　保护的方式

正如前文所指出的，《华盛顿条约》沿用了最初由有关该问题的美国法所形成的特别保护方式。但是，无论该条约抑或《TRIPS 协定》，都没有排除适用传统的保护形式（例如版权、专利权），只要在遵守该条约和《TRIPS 协定》所规定的最低标准的范围内。

例如，如果采用版权保护方式，那么，相比于根据一种特别制度所规定的最低保护期限，版权的最短保护期限就会长得多（例如，作者死后 50 年或者按照《TRIPS 协定》第 12 条计算的 50 年）。如果采用专利保护方式，那么布图设计/拓扑图就必须符合新颖性和发明性步骤的要求，而布图设计/拓扑图在绝大多数情况下是不可能达到这些标准的。

根据该条约第 12 条，可能发生多重保护的情形。本条约"不得影响任何缔约方根据《保护工业产权巴黎公约》或者《保护文学艺术作品伯尔尼公约》所承担的义务。"根据世界知识产权组织总干事的观点，第 12 条规定的效果在于。

"如果一缔约方在执行其根据本条约所承担的义务时，选择制定一部法律，该法律全部或部分地以布图设计作为版权法中的作品或是工业产权法所保护的对象作为基础，并且该缔约方不仅是提议中的本条约的缔约方，也是《伯尔尼公约》或《巴黎公约》的缔约方，那么，该法律不仅需要与提议中的本条约相一致，而且也需要与这些公约相符合。例如，如果一缔约方将布图设计看作其版权法中的作品，而该缔约方既是提议中的本条约的缔约方，也是《伯尔尼公约》的缔约方，那么，该布图设计无需办理手续就应当得到保护（即使提议中的本条约是允许规定手续要求的），而且其保护期限也应当是作者终生加死亡后的 50 年（即使提议中的本条约允许对布图设计规定一个较短的保护期限）。或者，如果一缔约方同时属于该提议中的条约和《巴黎公约》的缔约方，并且通过发明专利或实用新型专利的方式来保护布图设计，那么，就可以要求对该布图设计授予专利或其他官方证书（即使提议中的本条约允许对布图设计的保护不必经过在政府机关履行的任何程序）。"①

3.4 国民待遇

根据《华盛顿条约》第 5 条，国民待遇原则的适用是受到某些条件和例外的约束的，这些也为《TRIPS 协定》所确认。②

适用国民待遇的义务，仅限于为布图设计的"创作"（creation）或集成电路的"生产"（production）而设有"真实和有效的单位"（real and effective establishment）的人。③一个纯粹的"商业"（commercial）单位（例如，是为了将在其他地方所设计和制造的集成电路进行分销）并不能因此而有权主张国民待遇。

根据《华盛顿条约》第 5 条第 2 款，就指派代理人或者指定送达地址的义务而言，或者就法院程序中针对外国人适用的特别规定而言，由此涉及的任何义务并不适用国民待遇。

3.5　专有权

第 36 条　保护范围

在遵守第 37 条第 1 款规定的前提下，未经权利持有人［脚注 9］授权从事下列行为的，各成员应视之为非法：为商业目的进口、销售或分销一受保护的布图设计、含有受保护的布图设计的集成电路、或含有此种集成电路的物品，只要该集成电路仍然包含非法复制的布图设计。

［脚注 9］本节中的"权利持有人"一词应理解为与《IPIC 条约》中的"权利的持有人"一词含义相同。

《华盛顿条约》第 6 条第 1 款列举了需要征得权利持有人授权的行为。它们包括：

· 全部或部分复制受保护的布图设计，无论是将其结合到集成电路中，还是采用其他方式（例如，复制到掩膜、计算机磁盘、纸张上，或者通过其他方法，包括制造微型芯片）。①

· 为商业目的进口、销售或以其他方式分销受保护的布图设计/拓扑图，或者其中含有受保护的布图设计/拓扑图的集成电路。

《TRIPS 协定》第 36 条对于由《华盛顿条约》所规定的专有权，增加了有关进口、销售或以其他方式分销含有此种集成电路的物品（article）的专有权。但是，只有在该物品持续包含非法复制的布图设计时，这项义务才予以适用。

3.6　保护延伸至工业产品

第 37 条　无需权利持有人授权的行为

1. 尽管有第 36 条的规定，但是如果从事或命令从事该条所指的与含有非法复制的布图设计的集成电路或包含此种集成电路的物品有关的行为的人，在获得该集成电路或包含该集成电路的物品时，不知道也没有合理的

---

① 参见 WIPO，第 30 页。

理由知道其中包含此种非法复制的布图设计，则任何成员不得将从事该条所指的任何行为视为非法。各成员应规定，在该人收到关于该布图设计被非法复制的充分通知后，可对现有的存货和此前的订货从事此类行为，但有责任向权利持有人支付费用，数额相当于根据就此种布图设计自愿达成的许可协议应付的合理的使用费。

根据《华盛顿条约》第 3 条第 1 款（b）项，"无论集成电路是否被结合在一件物品中，该集成电路权利持有人的权利均应适用。"这意味着，即使布图设计/拓扑图已经被固定在芯片中，该芯片转而又被结合到一件工业物品中，但有关布图设计/拓扑图的权利仍然能够行使。不过，该权利持有人的权利不得延伸至包含有该集成电路的产品（products）。① 《华盛顿条约》之所以纳入这一款规定，是作为对美国和日本所作提案的一种替代方案，后者提议，将权利持有人的权利明确地延伸至包含受保护之集成电路的工业物品。后者的提案遭到欧洲国家和发展中国家的拒绝，特别是因为考虑到电子产品和其他包含半导体的产品的善意买受人（bona fide purchasers）可能面临困难，即他们很难证明此类产品是否包含了侵权的半导体。《华盛顿条约》包括有一个条款，是关于"善意获得的侵权的集成电路的销售和分销"（第 6 条第 4 款），它只是规定，为商业目的进口、销售或分销受保护的布图设计/拓扑图或含有此种受保护的布图设计/拓扑图的集成电路，如果行为人系善意实施此类行为，则"任何缔约方没有义务认定其为非法"。

《TRIPS 协定》第 37 条第 1 款与《华盛顿条约》第 6 条第 4 款之间的区别，至少在以下两个重要的方面。第一，与其像《华盛顿条约》所规定的那样，② 规定各成员可以怎么做，《TRIPS 协定》第 37 条第 1 款则是规定，各成员对于与非法复制布图设计/拓扑图有关的行为，"不得视为非法"行为（着重号是后加的），这就显示了，《TRIPS 协定》要求 WTO 各成员有义务将在第 36 条中所提到的行为视为合法。第二，《TRIPS 协定》规定，善意侵权人（innocent infringer）应向权利持有人支付合理的使用费，这一义务未被《华盛顿条约》所吸收。事实上，第 37 条第 1 款的规定，就使得善意买受人有义务对在权利持有人的侵权通知之前的存货和订货而支付合理的使用费。

---

① 在这方面，《TRIPS 协定》第 36 条对于布图设计权利持有人的专有权规定了一种重要的延伸。

② 通过规定"各缔约方均不应负有"将进口等行为"视为非法的义务"，该条约就留给各缔约方以自由，决定是否将此类行为视为非法。

决定"合理的使用费"的标准，应以自愿许可中可能规定的许可使用费为基础。①

最后，第 37 条第 1 款所涵盖的行为，也涉及包含了非法复制的布图设计的各种物品，而《华盛顿条约》第 6 条第 4 款则只限于跟集成电路和布图设计相关的行为。这一区别是两者就包含了非法制作的布图设计的物品在保护范围上的差异，从而所带来的必然结果。

3.7　例外

《华盛顿条约》第 6 条第 2 款允许就第三人针对一集成电路的布图设计/拓扑图的复制行为规定为例外。特别是，该条款解决了反向工程的问题，亦即，为独立开发出竞争性产品（competitive product）而对一已有的集成电路进行评价，而该竞争性产品可以与原产品相同或近似。在半导体产业中，反向工程是一种常见的做法。

第 6 条第 2 款(a)项规定，对于为了"私人目的"（private purpose）或"单纯为了评价、分析、研究或教学的目的"（"sole purpose of evaluation, analysis, research or teaching)，未经权利持有人授权而实施的行为，任何缔约方不应认为是非法行为。第 6 条第 2 款(b)项进一步澄清了反向工程之例外的范围。该条规定，只要其中涉及独立的劳动（这是为符合独创性要求所必需的），那么，对于被反向工程之布图设计的权利持有人而言，其权利不得用以对抗通过反向工程所完成之布图设计的创作者，即使两个设计完全相同。这就意味着，由《华盛顿条约》和《TRIPS 协定》的规定所授予的专有权利，既不针对布图设计/拓扑图的功能性（functionality），也不在于其特定的表达（specific expression）上。从本质上来说，它们所保护的，就只是针对毫无独创性的抄袭（slavish copying）。最后，第 6 条第 2 款(c)项规定，即使后来出现的布图设计/拓扑图与受保护之设计"相同"（identical），只要前者是"独立创作完成的"（independently created），仍得适用反向工程之例外。

---

① 该标准的适用可能会造成相当大的困难，尤其是在产品买受人只是商业代理人（commercial agent），其对包含芯片的工业产品而不是芯片本身进行贸易的情况下。芯片制造商通常不会向商业代理人给予自愿许可，而是向其他芯片制造商，或者最终向包含芯片的工业产品的制造商给予自愿许可。

3.8 强制许可

第 37 条第 2 款　无需权利持有人授权的行为

第 31 条(a)项至(k)项所列条件在细节上作必要修改后应适用于任何有关布图设计的非自愿许可情况或任何未经权利持有人授权而被政府或为政府而使用的情况。

经过激烈谈判，《华盛顿条约》允许在以下两种情形中，可授予非自愿许可（involuntary license）：（1）"为维护国家机关视为重大的国家利益"；以及（2）"为保证自由竞争和防止权利持有人滥用权利"。此外，这些许可也只可适用于国内市场（第 6 条第 3 款）。尽管有这样的限制，但美国仍然认为有关强制许可的规定过于宽泛，这也是美国拒绝在该条约上签字的主要原因之一。如上文所显示，《TRIPS 协定》第 35 条宣布不适用《华盛顿条约》第 6 条第 3 款。

正如第 37 条第 2 款所声明的，《TRIPS 协定》就给予专利强制许可而设定的条件（第 31 条(a)项至(k)项），在细节上作必要修改后，可以适用于集成电路布图设计。但是，第 31 条第(1)款（在从属专利之情况下的强制许可）不得适用。其中的理由可能是，就集成电路而言，反向工程是明确被允许的。[1]

此外，根据《TRIPS 协定》第 31 条(c)项，只有为对限制竞争行为提供补救和由政府为非商业目的之使用，才能成为对"半导体技术"实施强制许可的根据。[2] 尽管该规定适用于有关专利发明的强制许可，但《TRIPS 协定》第 37 条第 2 款所包含的交叉引用似乎显示出，只有在这两种情形下，才允许对集成电路的强制许可。[3]

---

[1]　参见，例如 Gervais，第 179 页。

[2]　对于任何其他技术，其专利都可能受到根据国内立法所确定的理由而被授予强制许可的约束。参见《TRIPS 协定》第 31 条以及《TRIPS 协定与公共健康的多哈宣言》(Doha Declaration on the TRIPS Agreement and Public Health，WT/MIN（01）/DEC/W/2，2001 年 11 月 14 日)。

[3]　参见，例如 Gervais，第 179 页。

3.9 权利用尽

《华盛顿条约》第 6 条第 5 款明确引入了"权利用尽"例外,作为缔约国的一项选择性条款:权利持有人或者经权利持有人同意的第三人将产品投放市场的,对该产品采取进一步的行为就不再需要获得权利持有人的授权。

《华盛顿条约》第 6 条第 5 款间接提到将集成电路投放"市场"的,其效果就并不限于在国内市场上的商业化。因此,根据这一规定①以及《TRIPS 协定》第 6 条,各成员可以规定权利的国内用尽、地区用尽抑或国际用尽。②

3.10 保护期限

第 38 条 保护期限

1. 在要求以登记作为保护条件的成员中,布图设计的保护期限不得在自提交登记申请之日起或自世界任何地方首次进行商业利用之日起计算 10 年期限期满前终止。

2. 在不要求以登记作为保护条件的成员中,布图设计的保护期限不得少于自世界任何地方首次进行商业利用之日起计算的 10 年。

3. 尽管有第 1 款和第 2 款的规定,任何一成员仍可规定,保护应在布图设计创作 15 年后终止。

《华盛顿条约》规定的最低保护期限为 8 年。但它未规定该期限的起算日期。《TRIPS 协定》将这一最低期限延长至 10 年。③ 此外,第 38 条特别规定了该期限的起算日。无论如何,各成员都可以规定,将该保护期限定在该布图设计创作后的 15 年。

3.11 受保护的条件

《华盛顿条约》第 7 条第 1 款规定了有条件给予保护时可能设定的某些条件。该条允许缔约国自由选择因该设计的创作、或者因该设计的"商业利用"

---

① 参见 WIPO,第 6 页。

② 另参见《TRIPS 协定与公共健康的多哈宣言》,第 5 段(d)项(WT/MIN(01)/DEC/W/2,2001 年 11 月 14 日)。

③ 实际上,该 10 年是由《半导体芯片保护法》(SCPA)所设定的标准期限,并且在《华盛顿条约》谈判之际,已经为其他发达国家所制定的法规所采纳。

或登记而给予其保护。

该条约第 7 条第 1 款提到了对布图设计的"普通"（ordinarily）商业利用。由此，它就排除了这样的情形，即一布图设计可以根据保密条款来进行商品化，而不让消费者公众或竞争者都清楚。

各成员可以采用前述保护条件的任何一种或多种。例如，他们甚至可以选择要求以商品化加上商品化后特定期限内的登记作为保护的条件，美国和日本就采用了这种做法。但是，《华盛顿条约》第 7 条第 2 款(b)项为叠加要求以商业利用和登记作为保护条件的情形设定了限制。各国对登记期限的要求，不得早于自布图设计在世界任何地方首次商业利用之日起的两年。

最后，各成员可以要求申请人披露"集成电路意图实现的电子功能"，但申请人并无义务提交关于集成电路"制作方法"的信息，只要其所提交的材料足以确认该布图设计即可（第 7 条第 2 款(a)项）。

4. WTO 案例

迄今尚无任何案件涉及这一主题。

5. 与其他国际文件的关系

5.1 WTO 诸协定

其他任何 WTO 协定与本主题均不直接相关。

5.2 其他国际文件

正如本章通篇所讨论的那样，《TRIPS 协定》在实质内容上就源自 1989 年《关于集成电路的知识产权条约》，即《华盛顿条约》。

6. 新近发展

6.1 国内法

前文已经提到，美国和日本通过了关于集成电路的特别立法。其他发达和发展中成员（例如，澳大利亚、瑞典、奥地利、波兰、韩国、中华台北、特立尼达和多巴哥、墨西哥）也沿用这种模式。还有许多发展中国家尚未对这种对象实行任何形式的保护。

6.2　国际文件

6.3　地区和双边情况

6.3.1　地区

1986 年 12 月，欧共体通过《关于半导体产品拓扑图法律保护的第 87/54/ EEC 号理事会指令》（Council Directive 87/54/EEC on the Legal Protection of Topographies of Semiconductor Products），建立了有关这一主题的特别保护制度，但该指令并不影响适用其他的保护形式。

集成电路的保护也被规定在《北美自由贸易协定》（NAFTA）中。《北美自由贸易协定》第 1710 条第(1)款至第(8)款的规定与《TRIPS 协定》第 35 条至第 38 条相似。《北美自由贸易协定》中的规定与《TRIPS 协定》中的相关规定几乎完全相同，[①] 但有一个明显的例外：《北美自由贸易协定》第 1710 条第(5)款[②]禁止就集成电路布图设计授予强制许可。

安第斯集团国家（2000 年）第 486 号决议的第 86 条至第 112 条规定了对集成电路的一种特别权保护。

6.4　审查建议

在这一问题上还没有任何审查建议。

7. 评论（包括经济和社会意义）

工业化国家的半导体产业是高度集中的。少数几个公司拥有在半导体最新设计和制造上所必需的技术。

尽管关于集成电路设计的特别制度允许进行反向工程，但在一个竞争激烈的市场上，半导体设计和生产所需要的高额投资，对于潜在的新的市场参与者，特别是来自发展中国家的这类市场参与者，就构成了难以克服的障碍。因此，《TRIPS 协定》的规则所带来的影响，可能主要在这些国家有感受，它

---

① 参见，例如，Richard Neff 和 Fran Smallson，*NAFTA. Protecting and Enforcing Intellectual Property Rights in North America*，Shepard's，/McGraw Hill，Colorado Springs 1994，第 96 页。

② 第 1710 条第(5)款规定："任何缔约方不得允许对集成电路布图设计给予强制许可"。

们涉及半导体进口，或在大多数情况下，是包含了半导体的工业产品的进口。

该特别制度在多大程度上推动了发展中国家在半导体产业上的创新，这一点尚不清楚。在这一领域的技术进步是一个互动的、累积的过程，其中的改进都直接建立在已有的知识存量的基础上。关于知识产权在这一行业对于推动创新所起的作用，研究已经表明，能够从研究和开发的投资中获得回报的主要方法，是在于获得时间领先（lead time）和利用学习曲线的优势（learning curve advantage），而不是知识产权。①

在有关集成电路保护的方面，极少发生诉讼，② 这似乎表明，布图设计/拓扑图的非法复制根本上就是微不足道的。③

最后应当记住的是，《TRIPS 协定》让各成员自由决定对集成电路的保护方式，无论是采用一种特别制度，还是其他现有的知识产权保护方式。一般而言，用版权法或专利法来保护集成电路并没有什么优势。由于需要遵守《华盛顿条约》加上《TRIPS 协定》的标准，有关保护方式选择的灵活性，在事实上是受到明显限制的。一国实行《TRIPS 协定》的最好选择，可能就是建立一种特别制度，以针对集成电路作为可保护对象所具有的专门特征。

---

① 参见 Richard Levin；Alvin Klovorick；Richard Nelson 和 Sidney Winter，*Appropriating the returns from industrial research and development*，Brooking Papers on Economic Activity，No 3，1987，第 788 页。

② 法律上有关半导体的争议，似乎与《华盛顿条约》和《TRIPS 协定》所保护的布图设计并不相干，而是涉及有关半导体技术特定方面的专利。在集成电路制造领域，专利保护具有重要意义。毫不夸张地说，这一领域所授予的专利成千上万，通常，如果只从一家公司获得技术使用许可，是不可能从事半导体生产的。此外，大量的专利控制在少数几家大公司手中，因此，它们在有关技术获取的条件上行使相当大的权力。

③ 参见 Daniel Siegel 和 Ronald Laurie，*Beyond microcode：Alloy v. Ultratek. The first attempt to extend copyright protection to computer hardware*，The Computer Lawyer，vol. 6，No. 4，April 1989，第 14 页，他们把《半导体芯片保护法》描述为"一个为了寻求问题的方案"。在美国只发生过一起案件，即 *Brooktree Corp. v. Advanced Micro Devices Inc*（977 F2d. 1555，Fed. Circ. 1992），它被报道为根据《半导体芯片保护法》提起的诉讼（参见 Mark Lemley；Peter Menell；Robert Merges 和 Pamela Samuelson，*Software and Internet Law*，Aspen Law & Business，New York 2000，第 410 页）。

第 28 章　未披露信息

> ## 第 39 条
>
> 1. 在保证针对《巴黎公约》(1967) 第 10 条之二规定的不正当竞争而采取有效保护的过程中，各成员应对于依照第 2 款的未披露信息和依照第 3 款提交政府或政府机构的数据进行保护。
>
> 2. 自然人和法人应有可能防止其合法控制的信息在未经其同意的情况下以违反诚实商业惯例的方式*向他人披露，或被他人取得或使用，只要此类信息：
>
> (a) 属于秘密，即作为一个整体或就其各部分的精确排列和组合而言，该信息尚不为通常处理所涉信息范围内的人所普遍知道，或不易被他们获得；
>
> (b) 因属于秘密而具有商业价值；并且
>
> (c) 由该信息的合法控制人，在此种情况下采取合理的步骤以保持其秘密性。
>
> 3. 各成员如要求，作为对于使用新型化学物所制造的药品或农用化学品而批准其销售的条件，需提交通过巨大努力取得的、未披露的试验数据或其他数据，则应保护该数据，以防止不正当的商业使用。此外，各成员应保护这些数据不被披露，除非属于为保护公众所必需，或除非采取措施以保证该数据不被用在不正当的商业使用中。
>
> [脚注*] 在本规定中，"违反诚实商业惯例的方式"应至少包括以下做法：如违约、泄密和引诱违约，并且包括第三方取得未披露的信息，而该第三方知道或因重大过失而未能知道该未披露信息的取得涉及此类做法。

1. 引言：术语、定义和范围

"未披露信息" (undisclosed information) 是依照《TRIPS 协定》第 1 条

第 2 款所定义的"知识产权"各个类别中的一种（参见本书第 3 章）。虽然此类信息通常被称为"商业秘密"（trade secret）或"技术诀窍"（know-how），但第 39 条既没有使用这些术语，也没有为"未披露信息"规定一个定义。由于难以在这些概念的含义上达到一种共同的并且可接受的理解，因此，该协定倾向于采用一个更加中性的术语，它并没有给出这些信息在内容上的特征，除了它的"未披露"性。

"未披露信息"涵盖了任何具有商业价值的秘密信息，其中包括：

·技术诀窍（technical know-how），比如设计、方法、配方和其他通常来自经验和创造能力的技术知识；

·具有商业价值的数据（data of commercial value），如市场计划、客户名单和能带来竞争优势的其他与商业有关的信息；

·为获得药品和农用化学品的批准而提交的试验数据或其他数据（test and other data）。

根据第 39 条第 1 款所确立的义务，被限定在"针对《巴黎公约》第 10 条之二规定的不正当竞争"而采取的对未披露信息的保护上。

有关不正当竞争的准则，针对那些违背诚实商业惯例的竞争行为提供了救济，比如混淆或误导消费者的行为和贬损竞争者的行为。不正当竞争行为可以被定义为

"竞争者或其他市场参与者为其自身企业之目的，以直接攫取他人之工业或商业成就为动机而实施的行为，且与原商业成就无实质性分离。"①

不正当竞争规则在某些情况下是对工业产权保护，比如对专利和商标保护的补充。但与后者不同的是，反不正当竞争的保护并不赋予专有权。国内法所必须规定的，只能是在发生了不诚信之行为时才予以适用的救济。

第 39 条第 2 款没有定义"未披露信息"由哪些内容构成。该条仅仅具体规定了这些信息之被视为"未披露的"并且可保护，从而必需符合的条件：它应当是秘密的、具有某种商业价值并且采取了合理步骤来保持其秘密性质。这里所列举的条件，主要以美国《统一商业秘密法》（U. S. Uniform Trade Secrets Act）为基础，该法已为美国许多州所采用。②

---

① WIPO, Protection against Unfair Competition, Geneva 1994，第 55 页。

② 参见，例如，J. H. Reichman, *Universal minimum standards of intellectual property protection under the TRIPS component of the WTO Agreement*, The International Lawyer 1995，vol. 29，No. 2，第 378 页（以下简称 Reichman 1995）。

第 39 条第 3 款的范围，限于为一国内政府机关所要求提交的未披露数据，作为批准销售"使用新型化学物"（utilize new chemical entities）制造的药品或农用化学品的条件，只要该数据的产生涉及一种"巨大的努力"（considerable effort）。

因此，符合如下条件时，该规定就是可适用的：

a）为获得药品和农用化学品的批准销售，有义务提交试验数据；

b）相关信息不可公开获得；

c）提交的信息应提到某个"新型化学物"。因此，在已知产品的新的剂型、新的用途或者这两者的结合方面，就没有任何义务；以及

d）为使该信息有资格获得保护，在数据的产生上应当涉及一种"巨大的努力"。

2. 条文沿革

2.1　TRIPS 之前的状况

在《TRIPS 协定》通过之前，商业秘密在许多国家是通过由法官造法的普通法或者根据反不正当竞争的成文法而加以保护的。在一些国家（例如美国）已经通过了专门的成文法。[1] 但是，在 TRIPS 谈判时，就具有商业价值的未披露信息而言，其保护范围和模式从比较法上看是存在明显差异的。发展中国家已经就能否获得一种有效保护商业秘密的方法而提出了疑问。[2]

如果从与药品和农用化学品有关的试验数据看，前述在比较法上存在的差异就更大了。在 TRIPS 谈判之前，只有少数国家已经在这方面建立了规则。因此，美国在 1972 年为杀虫剂建立了一种管制性数据保护制度（regulatory data protection regime），在 1984 年又通过了药品的管制性专有权规定（regulatory exclusivity provisions）。后者为新型化学物提供 5 年的专有权；如果提交数据是为了对已获批准用于治疗用途的化学物而获得授权，进行新的临床研究，那么，该规定对所提交的数据又规定了 3 年的专有权。从 1987 年以来，欧盟成员国就对于为获得药品上市批准而提交的数据，规定了

---

① 参见《统一商业秘密法》（Uniform Trade Secrets Act）1，14 ULA 438（1985），该法在美国得到广泛采用。

② 参见 R. Gadbaw 和 T. Richards，*Intellectual Property Rights-Global Consensus，Global conflict?*，Boulder 1988，第 60 页。

专有权保护。

《TRIPS 协定》是专门对包括试验数据在内的未披露信息规定保护义务的第一个国际公约。

2.2　谈判经过

2.2.1　早期各国提案

商业秘密最初被纳入进来，作为一项未来的有关知识产权协定的组成部分，是在美国 1987 年 10 月 28 日的提案，以及欧洲和瑞士的提案中提出来的。① 发展中国家在早期谈判中所持的立场则是，拒绝在一项未来的协定中为技术诀窍提供任何形式的保护。例如，印度政府曾经在 1989 年阐明，商业秘密并不是一种知识产权。它进一步认为，根据《巴黎公约》第 10 条之二提供的反不正当竞争保护已经足够，而通过合同和根据民法所提供的保护，比根据知识产权规则所提供的保护更为可取。②

欧共体坚持认为，商业秘密的保护应当受反不正当竞争规则的调整，正如在《巴黎公约》项下所规定的那样。③ 这一观念最终战胜了关于将未披露信息作为一种"财产"（property）的考虑，后者正是在美国提交的非正式意见书（informal submission）中所建议的。④

发达国家还支持为有关药品和农用化学品的试验数据作出专门规定，包括确定一个最低保护期限（5 年）。此类提案的一个先例，可见于"欧洲、日本和美国商业界观点陈述"（Statement of Views of the European, Japanese and United States Business Communities），后者影响到《TRIPS 协定》若干条款的起草。该提案清楚而具体地说明了关于确立一个数据专有权保护期的

---

① 欧共体草案文本，第 28 条；瑞士草案文本，第 241 条第 1 款；美国草案文本，第 31 条第 1 款。

② 《印度通报》（Communication from India），MTN. GNG/NG11/W/37，1989 年 7 月 10 日，第 18 页，引用于 F. Dessemontet, *Protection of trade secrets and confidential information*，载 C. Correa 和 A. Yusuf, Intellectual Property and International Trade, Kluwer Law International, London, 1998，第 238 页（以下简称 Dessemontet）。

③ 参见，例如，J. Reinbothe 和 A. Howard, *The state of play in the negotiations on TRIPS (GATT/Uruguay Round)*，European Intellectual Property Review 1991, vol. 13, No. 5，第 163 页；T. Cottier, *The prospects for intellectual property in GATT*, Common Market Law Review 1991, No. 2，第 396 页；A. Font Segura, *La protecci′on internacional del secreto empresarial*, MONOGRAFIAS, Eurolex, Madrid 1999，第 106 页。

④ 这些不同的模式都反映在安奈尔草案和布鲁塞尔草案中，参见下文。

义务：

"1. 由政府要求任何当事人披露的信息，未经所有权人同意，不得为商业性使用或作进一步披露。

2. 为了产品登记的一个条件而向政府披露的信息，从政府依据该信息而给予批准之日起的某一合理期间内，应当保留由登记人专有使用。该合理期间应足以保护登记人的商业利益。"

在美国提案中，也采用了同样的模式：

"缔约方要求提交商业秘密以实现政府职能的，该缔约方不得为政府或权利持有人之外的任何其他人的商业性或竞争性收益而使用该商业秘密，除非经过权利持有人的同意，支付合理的使用费，或者给予权利持有人以一段专有使用的合理期间。"

2.2.2　安奈尔草案

"第 7 节　违反诚实商业惯例的行为，包括对未披露信息的保护

1. 对未披露信息的保护

1A.1 在保证针对《巴黎公约》(1967) 第 10 条之二规定的不正当竞争而采取的过程中，缔约各方应在其国内法中提供法律手段，以使自然人和法人能够防止其所控制的信息在未经其同意的情况下以违反诚实商业惯例的方式向他人披露，被他人取得或者使用，只要此类信息：

1A.1.1 属于秘密，即作为一个整体或就其各部分的精确排列和组合而言，该信息尚不为普遍知道，或不易被获得；

1A.1.2 因属于秘密而具有实际的［或潜在的］商业价值；并且

1A.1.3 拥有该信息的人，在此种情况下采取合理的步骤以保持其秘密性。

1A.2 '违反诚实商业惯例的方式' 应理解为包括如下做法，例如窃取、行贿、违约、泄密、引诱违约、电子和其他形式的商业间谍，也包括第三方取得商业秘密，而该第三方知道［或有合理的理由知道］该商业秘密的取得涉及此类做法。

1A.3 缔约各方不得限制根据本节所提供保护的期限，只要在第 1A.1 点中所规定的条件存在。

2. 许可

2Aa 缔约各方不得通过对自愿许可强加过度的或不公平的条件，或是淡化未披露信息之价值的条件，妨碍或阻止未披露信息的自愿许可。

2Ab 对于专有的信息，不得给予任何强制许可。

3. 政府使用

3Aa 缔约各方，如果要求公开或提交由试验［或其他］数据组成的、通过巨大努力取得的未披露信息的，则应保护该数据，以防止竞争者的不正当利用。该保护持续一段合理时间，该时间应与取得该数据需要付出的努力、数据的性质、完成数据所需要支付的费用相当，并应考虑该数据有获得其他形式保护的可能性。

3Ab.1 缔约方要求提交商业秘密以实现政府职能的，该缔约方不得为政府或权利持有人之外的任何其他人的商业性或竞争性收益而使用该商业秘密，除非经过权利持有人的同意，支付合理的使用费，或者给予权利持有人以一段专有使用的合理期间。

3Ab.2 缔约各方只有经权利持有人同意或在为执行必要政府职能所要求的程度上，才可以向第三方披露商业秘密。只要可行，权利持有人应当有机会与该缔约方为执行必要政府职能而向其披露商业秘密的任何非政府实体签订保密协议。

3Ab.3 缔约各方可要求权利持有人向第三方披露其商业秘密，以保护人类健康或安全或为了保护环境，但只有在权利持有人有机会与任何获得该商业秘密的非政府实体签订保密协议，以防止该商业秘密被进一步披露或使用的情况下。

3Ac.1 为管制性批准程序，比如临床或安全试验之目的，而向政府机构提交的专有信息，未经其所有权人同意不得披露，除非是为了保护人类、植物或动物的生命、健康或者为保护环境所必要，而向其他政府机构披露该信息。政府机构只有经所有权人同意或者为向一般公众通报一产品的现实或潜在危险所必需的范围内，才能披露该信息。它们无权为商业目的使用该信息。

3Ac.2 在申请获得知识产权保护的过程中，向第三方或其他政府机构披露任何专有信息的，应当受到关于听取申请人陈述和司法审查的约束。未经所有权人的同意，第三人和政府机构获得此类信息的，应防止该信息的进一步披露和商业性使用。"①

2.2.3 布鲁塞尔草案

"1A 在保证针对《巴黎公约》（1967）第 10 条之二规定的不正当竞争而

---

① 致货物谈判小组的主席报告（Chairman's report to the Group of Negotiation on Goods），文件 MTN. GNG/NG11/W/76，1990 年 7 月 23 日。

采取有效保护的过程中，缔约各方应依照以下第 2 款和第 3 款保护未披露信息，并依照以下第 4 款保护向政府或政府机构提交的数据。

2A 缔约各方应在其国内法中提供法律手段，以使自然人和法人能够防止其所控制的信息在未经其同意的情况下以违反诚实商业惯例的方式〔脚注〕向他人披露，被他人取得或者使用，只要此类信息：

　• 属于秘密，即作为一个整体或就其各部分的精确排列和组合而言，该信息尚不为普遍知道，或不易被获得；

　• 因属于秘密而具有实际的〔或潜在的〕商业价值；并且

　• 拥有该信息的人，在此种情况下采取合理的步骤以保持其秘密性。

3A 缔约各方不得通过对自愿许可强加过度的或不公平的条件，或是淡化未披露信息之价值的条件，妨碍或阻止未披露信息的自愿许可。

4A 缔约各方如要求，作为批准销售新的药品或新的农用化学品的条件，需提交创造者通过巨大努力取得的、未披露的试验数据或其他数据，则应〔保护该数据，以防止不正当的商业使用。除非经提交信息的人同意，该数据在合理时间内不得作为对竞争性产品的批准依据，该时间通常不少于五年，与取得该数据需要的努力、数据的性质、取得数据需要支付的费用相当。此外，缔约各方应〕保护这些数据不被披露，除非为保护公众所必需。

〔脚注〕在本规定中，"违反诚实商业惯例的方式"应〔包括〕〔指〕以下做法：如违反合同、泄密和引诱违约，并且包括第三方取得未披露的信息，而该第三方知道或因重大过失未能知道未披露信息的取得涉及此类做法。①

与第 39 条的最终文本相反，布鲁塞尔草案建议为数据确定一个明确的专有权期间（不少于 5 年），正如以上第 4A 款方括号内的文本所示。根据这一款的规定，为获得批准销售新的药品或农用化学品而提交的数据，在一合理期间内不得将之作为批准竞争性产品（competing products）的依据，该合理期间通常不少于 5 年，并应与取得该数据需要的努力、数据的性质、取得数据需要支付的费用相当。换言之，这意味着，WTO 各成员将因此有义务对该数据的原创者给予数据上的专有权。该权利将使权利持有人能够防止第三方依靠该受保护之数据而在竞争性产品上获得上市销售的批准，也使得权利持

---

① 《体现多边贸易乌拉圭回合成果的草案最终文本，修订，与贸易有关的知识产权（包括假冒商品贸易）》（Draft Final Act Embodying the Results of the Uruguay Round of Multilateral Trade Negotiations, Revision, Trade-Related Aspects of Intellectual Property Rights, Including Trade in Counterfeit Goods），MTN. TNC/W/35/Rev. 1，1990 年 12 月 3 日。

有人有权针对该数据的使用行为而主张费用。

这一方法与《TRIPS 协定》第 39 条的最终文本有相当大的区别，根据第 39 条的最终文本，可以认为该协定并未要求各成员承担义务，为数据的原创者提供专有财产权（exclusive property rights）。第 39 条是建立在反不正当竞争规则的概念基础上的。根据这一方法，只有第三方系通过不诚实商业惯例而获得数据时，数据的原创者才可以防止第三方使用其数据。这就增加了竞争性药品为进入市场而使用既存数据的可能性（对这一争议性问题的更多讨论，参见本章第 3 节）。在这种情况下，重点需要指出的是，《TRIPS 协定》赋予各成员可以采用不正当竞争保护方法的灵活性，正在由于双边和地区性贸易协定而迅速缩减（参见以下本章第 6 节）。

3. 可能的解释

3.1 第 39 条第 1 款

在保证针对《巴黎公约》（1967 年）第 10 条之二规定的不正当竞争而采取有效保护的过程中，各成员应对于依照第 2 款的未披露信息和依照第 3 款提交政府或政府机构的数据进行保护。

第 39 条第 1 款确立了在未披露信息领域可适用的主要规则。它也提供了正确解释该条第 2 款和第 3 款的上下文。

第 39 条第 1 款开头的用语（"在保证针对……不正当竞争而采取有效保护的过程中"）已经明确，根据第 2 款和第 3 款所给予的保护，建立在正如《巴黎公约》第 10 条之二所规定的不正当竞争制度的基础之上，而《巴黎公约》该条规定如下：

"（1）本联盟国家有义务对各该国国民保证给予制止不正当竞争的有效保护。

（2）凡在工商业事务中违反诚实的习惯做法的竞争行为构成不正当竞争的行为。

（3）下列各项特别应予以禁止：

1. 具有采用任何手段对竞争者的营业所、商品或工商业活动产生混淆性质的一切行为；

2. 在经营商业中，具有损害竞争者的营业所、商品或工商业活动的信用性质的虚伪说法；

3. 在经营商业中使用会使公众对商品的性质、制造方法、特点、用途或数量易于产生误解的表示或说法。"

人们一般承认，不正当竞争是工业产权准则中的一种。① 如前所述，该保护要求针对"不诚实的"商业惯例提供诉讼救济，但并不因此产生专有权。将未披露信息认定为知识产权的一个"类别"（category）（《TRIPS 协定》第 1 条第 2 款），这一事实并不意味着，在未披露信息中存在着"财产"权（property rights）。而只是对该信息的"占有"（possession）或实际"控制"（*de facto control*）。因此，《TRIPS 协定》第 39 条第 2 款、第 3 款所指的是"控制"未披露信息的人，明显不同于在涉及其他知识产权类别的规定中所使用的所有权（ownership）的概念。②

"不正当"（unfair）一词的通常含义是指，"不公平、不诚实、不公正或不符合规定"。③ 反不正当竞争保护并不排除正当利用在市场中因竞争所产生的外部性（externalities），它所处理的是市场行为（market behaviour），而不是对市场利益（market interests）的保护。正如坎珀尔曼·桑德斯（Kamperman Sanders）所言：④

"如果对他人成就的利用变得不公正，则反不正当竞争法就对之提供一种救济。这就意味着，纯粹利用他人成就这一事实，并不会导致任何根据反不正当竞争规定而受到阻碍。恰恰相反，借用和建立在他人成就的基础上，是文化和经济发展的基石。自由仿制之公理（axiom of freedom to copy）正是自由市场体制的首要体现。"

3.2　第 39 条第 2 款

> 2. 自然人和法人应有可能防止其合法控制的信息在未经其同意的情况下以违反诚实商业惯例的方式＊向他人披露，或被他人取得或使用，只要此类信息：……

---

① "几乎一个世纪以来，反不正当竞争保护已经被确认为工业产权保护的一个组成部分"，WIPO，*Intellectual property reading material*，Geneva 1998，第 124 页。

② 参见，例如第 16 条第 1 款和第 28 条第 1 款分别提到了商标和专利的"所有权人"。

③ 《简明牛津词典》（*The Concise Oxford Dictionary*），第 7 版，Oxford University Press，Oxford，1989。

④ 参见，A. Kamperman Sanders，*Unfair Competition Law*，Clarendon Press，Oxford 1997，第 7 页。

如上所述，这一条中仔细起草的标题部分，确认了未披露信息保护框架中的主要因素。控制着未披露信息的人"应有可能防止"某些对信息的披露、取得和使用，但仅限于当此类行为未经其同意和"以违反诚实商业惯例的方式"所为时。这清楚地表明，只有当所使用的手段是应受责罚的（condemnable），才会产生有关防止此类行为的权利。亦即，这里对于未经授权而披露、取得和使用信息的行为，并不是提供一种绝对的保护，它所保护的只是针对以一种应受责罚的方式所实施的行为。

"诚实"（honest）这一概念涉及特定时间点上在某一特定社会的价值。它在不同的国家会有所不同。正如《巴黎公约》的一位主要评论家所指出的，

"作为反不正当竞争法之来源的道德（morality），只是在理论上的一个朴素概念。事实上，它反映了特定社会精神中固有的习俗和惯例。针对某一特定行为的感受、直觉和态度，并不存在客观的判定标准。因此，具体描述对特定行为的统一评价，这是极其困难的。

遏制不正当竞争行为的压力，在不同国家也有着极大的差别。一般而言，反不正当竞争法的发展，取决于竞争企业在市场中活跃而激烈的竞争。正是利益冲突的压力才导致建立了明晰的法律规则。这样的压力在各个国家并不完全统一，实际上，该压力还在持续不断地发展变化……我们寻求一种可用以对被控诉行为作出判断的标准。这是一种客观标准：在特定社会和特定时间，在贸易过程中的诚实惯例。"①

考虑到这种多样性，不同国家可能对某些情形做出不同的判断。"诚实"是一个内在具有灵活性的概念，而这一灵活性也一直是大陆法系反不正当竞争法的基石。②

第39条第2款的脚注显示了那些应当被认为属于"违反诚实商业惯例"的几种行为，由此降低了在解释上可能产生的分歧。其中所提到的行为，既包括在建立合同关系时可能发生的或与合同关系相关的行为（违约、泄密和引诱违约），也包括第三方在知道——或因重大过失未能知道——未披露信息的取得涉及此类不正当行为的情况下，取得该未披露信息。

……只要此类信息：

---

① S. Ladas, *Patents, Trademarks, and Related Rights. National and International Protection*, vol. III, Cambridge 1975, 第 1685—1686 页, 第 1689 页 [以下称为 Ladas]。

② 参见，例如，A. Kamperman Sanders。

> （a）属于秘密，即作为一个整体或就其各部分的精确排列和组合而言，该信息尚不为通常处理所涉信息范围内的人所普遍知道，或不易被他们获得；

本条款吸收了一种关于秘密性的客观标准。为了证明应当给予保护，当事人就应当证明相关信息"并不为人所普遍知道"或者"易于获得"。

该规定所确立的秘密标准具有相对性，[①] 因为它并不要求该寻求保护者是唯一控制该信息的人。它也可能为其他竞争者所获得（他们也同样将之保持在秘密状态），但是，它不应为通常处理此类信息之范围内的绝大多数或者每一个竞争者所知道或轻易可以获得。

一个重要的解释性问题在于，该规定是否允许以反向工程[②]作为一种手段，借以从信息控制人投放到市场的产品中获取其中所蕴含的信息。第 39 条第 2 款（a）项并不禁止使用这种方法；[③] 从"易于获得"的秘密信息这一层面上而言，根据本条规定，这样的信息就不被认为属于秘密。

> （b）因属于秘密而具有商业价值；

这一要求是未披露信息保护的核心要素，亦即，信息要想得到保护，必须具有实际的商业价值。[④] 该规定的普遍性表明，任何与商业有关的信息都包含在内。各成员的国内法律和法院应当确定某一特定信息是否被认为具有"商业价值"（commercial value）。在一些国家，[⑤] 基本的判断标准是，信息在多大程度上提供了一个机会，相比于不知道或不使用该信息的竞争者而可获得一种竞争优势。

> （c）由该信息的合法控制人，在此种情况下采取合理的步骤以保持其秘密性。

---

① 参见 Dessemontet，第 251 页。

② "反向工程"是指研究某一产品，以理解其功能方面和基础构思。反向工程是从已知产品出发，通过反向工作，以分析产品是如何运行或者如何制造的。

③ 参见，例如，Reichman 1995，第 378 页。反向工程在许多法律管辖区域（例如在美国）被承认为一种用以获取产品所包含信息的合法手段。参见，例如，R. Neff 和 F. Smallson，NAFTA. *Protecting and Enforcing Intellectual Property Rights in North America*，SHEPARD'S，Colorado 1994，第 102 页。

④ 各成员可以将保护延伸至具有潜在商业价值的信息，但《TRIPS 协定》对此未作要求。

⑤ 参见，例如，《墨西哥工业产权法》（Mexican Industrial Property Law）（1991）（R. P'erez Miranda *Propiedad Industrial y Competencia en M'exico*，Editorial Porr'ua，M'exico 1999，第 162 页）。

采取合理的步骤以保持秘密性，这是未披露信息受到保护的一个条件。和其他两个条件一样，这个条件也是受到了美国法的启示。该规定并没有确定可采取步骤的类型，比如采取加密措施、放入保险箱、对工作进行分割、合同性限制等。

3.3　第 39 条第 3 款

> 3. 各成员如要求，作为批准销售使用新型化学物制造的药品或农用化学品的条件，需提交通过巨大努力取得的、未披露的试验数据或其他数据，则应保护该数据，以防止不正当的商业使用。此外，各成员应保护这些数据不被披露，除非属于为保护公众所必需，或除非采取措施以保证该数据不被用在不正当的商业使用中。

3.3.1　为获得销售批准而提交之数据的保护条件

适用第 39 条第 3 款的一个基本前提条件是，一成员设定了提交数据的义务，作为对药品或农用化学品获准销售的一个条件。如果不必提交此类数据，例如，上市销售的批准是由国家机关依据在其他地方的先行登记而给予时，则不适用该条规定。①

在本条项下保护的对象是在书面材料中所包含的未披露信息，其中详细说明药品和农用化学品对于人类、动物和植物的健康，对环境的影响以及使用功效等有关科学健康和安全检测的结果。该信息并非"发明"或"创造"所得，而是根据标准方法研发而成。受保护数据也可以包括制造、保存和包装的方法和条件，视乎它们所提交的数据是否为获准市场销售所必需而定。

受保护的数据必须涉及一个"新型化学物"（new chemical entity）。《TRIPS 协定》并没有界定何谓"新型"。各成员可能采用一种与专利法中所使用概念*相近似的概念，或者，以未就相同药品在先提出过批准申请看作是一个化学物为"新型"的标准。第 39 条第 3 款没有澄清，这一新型的标准应当是绝对的（全球新型）抑或相对的（国内新型）。②

根据这里所使用术语的平常含义，第 39 条第 3 款将不适用于已知产品的新用途，也不适用于已有药品的剂型、复方、新的服用方式、结晶形式、异

---

① 在这种情况下，国家机关对试验数据不作要求，而是以在一外国所获得的登记为基础做出自己的决定。

* 《TRIPS 协定》第 27 条第 1 款关于专利发明的"新颖性"，同样使用的是"new"一词。——译者

② 参见 T. Cook, *Special Report*: *The protection of regulatory data in the pharmaceutical and other sectors*, Sweet & Maxwell, London 2000，第 6 页。

构体等，因为其中不涉及任何新的化学物。

第 39 条第 3 款并没有界定授予保护的任何实质性标准（比如，发明性步骤或新颖性），而只是简单地要求当数据的获得需要付出"巨大努力"（considerable effort）时，才应提供保护。该文本在所涉努力的类型（技术的，抑或经济的?）和幅度（应认为其中的努力是巨大的?）上，并没有加以明确。这里所用的措辞比《TRIPS 协定》第 70 条第 4 款中的措辞外延更宽——后者提到的是进行"大量投资"（significant investment）。合理的理解是，这里所涉及的"努力"（effort）不应仅仅是在经济上有大量投入，还应当从技术和科学的视角，包括从实验活动上考虑。

3.3.2　为获得销售批准而提交之数据的保护方式

根据第 39 条第 3 款所给予的保护是双重的：既防止"不正当的商业使用"（unfair commercial use），也防止相关受保护之信息的披露。

关于在何种程度上有义务保护未披露信息防止被"不正当的商业使用"，这方面的解释存在相当大的争议。有一种观点认为，遵守这一义务的唯一或最有效的方法，[1] 是授予数据的原创者以一定期间内的专有使用权，这也是目前一些发达国家所要求的。依照这一解释，在专有权期间内，国内政府机构不得凭借它们已经收到的数据，来评估此后就相似产品而提交的登记申请。[2]

依照另一种观点，第 39 条第 3 款并不要求承认专有权，而是要求在反不

---

[1]　参见，例如，《欧盟及其成员国关于〈TRIPS 协定〉与药品获取之间关系的通报》（the Communication from the EU and its Member States on *The relationship between the provisions of the TRIPS Agreement and access to medicines*），IP/C/W/280，2001 年 6 月 21 日。同样的观点也见于 R. Kampf, *Patents versus Patients?* Archiv des Völkerrechts, vol. 40（2002），第 90—234 页，见 120 页、第 121 页。

[2]　这一立场背后的依据在于，"数据的原始提交人可能需要花费数百万美元才能形成该数据，为了公平起见，就需要为该数据提供保护。将这一数据向公众披露或允许另一申请人使用，就是不公平地否定了该数据汇编者所付出努力的价值，并为后来的申请人获得销售批准提供了经济优势，使他们得以避免为其自身产品而形成试验数据的成本。允许在后申请人享有这一不正当优势的国家，对新药品和农业化学品的开发者在该国市场中试图推行其最先进产品（state-of-the-art products）形成了阻碍。因此，不仅《TRIPS 协定》要求此类保护，而且从公共和健康政策的立场看，这一保护也是既公平又明智的。"参见 C. Priapantja, *Trade Secret：How does this apply to drug registration data?* 向东盟组织 TRIPS 协定及其对制药产业的影响专题研讨会（ASEAN Workshop on the TRIPS Agreement and its Impact on Pharmaceuticals）提交的论文，卫生部和世界卫生组织，2000 年 5 月 2 日—4 日，第 4 页（以下简称 Priapantja）。

正当竞争规则的框架内提供保护。因此，第三方应当被禁止将由另一公司所承担的试验结果用作背景而独立提交一项销售批准申请，如果该第三方系通过不诚实商业做法而取得相关数据的话。但是，根据该条规定，政府机构则不受禁止，仍可以依靠一公司所提交的数据，来评估另一公司就相似产品所提交的申请。如果不允许监管机构在评估申请材料时，自由运用所有可以获得的信息，包括来自其他申请材料的数据，那么，就会有大量的毒物学和临床调查是被重复要求实施的，而这样做不仅造成浪费，而且在伦理上也值得怀疑。这一立场也建立在这样的基础上，即为低价药品减少准入障碍所具有的促进竞争效应。允许仿制药尽早参与竞争，就可以最低可能的价格销售药品，从而提高公众对药品价格的可承受性（affordability）。①

另一方面，该保护是为了确保秘密数据不被政府机构披露，但它受到第39条第3款所提到的两项例外的约束：①为保护公众所必需的披露；和②如果已经采取措施以保证该数据不被用在不正当的商业使用中。在这些例外中，披露是可以被允许的，例如，该披露是允许强制许可的被许可人为获得销售批准，特别是在该许可旨在针对妨碍竞争的行为而提供救济或者是为了满足公共健康需要的情况下。

4. WTO 案例

迄今为止，还没有任何 WTO 案例涉及这一主题。但是，美国根据《争端解决谅解》（DSU）提出与阿根廷的磋商请求，其中涉及第 39 条第 3 款在药品和农用化学品上的应用。② 2002 年 6 月 20 日，美国和阿根廷向争端解决机构（DSB）作出通知，表示达成了一项双方同意的解决方案。③ 它们在给争端解决机构的通知中称：

"美国政府和阿根廷政府已经就《TRIPS 协定》第 39 条第 3 款规定，表达了它们各自的观点，并且达成一致意见，认为在解释上的分歧应当根据

---

① 参见 Carlos Correa, *Protection of Data Submitted for the Registration of Pharmaceuticals. Implementing the Standards of the TRIPS Agreement*，South Centre，Geneva 2002（可查于〈http：//www. southcentre. org/publications/protection/toc. htm〉）。

② 参见 WT/DS 171/1；WT/DS 196/1（其他争议事项包括：阿根廷有关强制许可的规定；专有销售权；进口限制；方法专利，包括举证责任的问题；临时禁制令；微生物的可专利性和过渡专利）。

③ 参见 WT/DS171/3。

DSU 规则加以解决。各当事方将继续磋商，以评估在立法程序上的进展……并根据这一评估，美国可以决定继续进行磋商，或者请求成立一个关于《TRIPS 协定》第 39 条第 3 款的专家组。"

"此外，各当事方同意，争端解决机构应当通过建议和裁决，来澄清根据《TRIPS 协定》第 39 条第 3 款，为获得销售批准而提交的未披露试验数据所涉及相关权利的内容，并且，假如由上述建议和裁决所澄清的，阿根廷法与第 39 条第 3 款不相一致，那么，阿根廷同意在 1 年内向国会提交阿根廷法的修正案，使其立法符合其根据第 39 条第 3 款所承担的义务，正如在该等建议和裁决中所澄清的那样。"[1]

5. 与其他国际文件的关系

前已述及，第 39 条是以《巴黎公约》第 10 条之二中所包含的反不正当竞争准则为基础，并由此发展而来的，特别是对于未披露信息这一特定情形。因此，《巴黎公约》的解释，包括其谈判经过，都与第 39 条的实施是相关的。[2]

6. 新近发展

6.1　国内法

据报道，自《TRIPS 协定》通过以后，一些国家为执行第 39 条第 3 款而对它们的立法进行了修改。在一些情况下，它们遵循的是美国和欧洲所采用的专有权模式。例如，1996 年 4 月，美国政府根据《美国贸易法》的特别 301 条款（Special Section 301 of the U. S. Trade Act）对澳大利亚发起了一项调查，因为后者并不授予任何专有权，仿制药品生产公司为获准销售类似产品，只须证明具有生物等效性（bio-equivalence）即可。[3] 此外，澳大利亚机关颁发自由销售证书，允许仿制药品生产公司向其他国家出口，而这些其他

---

① 同前注，第 9 段（"保护试验数据免受不正当的商业性使用"）。

② 参见，尤其是 Ladas。

③ 如果两种药品在药学上等效且它们的生物药效率（可获得的比率和程度）相似，亦即，依相同剂型服药能预期他们的效用在实质上相同，则可以认为这两种药品具有生物等效性。

国家将根据澳大利亚的证书自动给予上市销售批准。美国声称，澳大利亚的做法与《TRIPS 协定》第 39 条第 3 款相矛盾。这一案件导致澳大利亚法律的一项修改。根据 1998 年《治疗产品立法修正法》 （Therapeutic Goods Legislation Amendment Act，No. 34，1998），试验数据享有 5 年的专有权。在此期间，想要登记产品通用名称仿制药品的另一公司，需得到原创公司（originator company）关于使用其数据的同意，或者研发出它自身的数据包（data package）。[①]

其他国家则遵循一种非专有权模式。阿根廷在 1996 年就此问题通过了一项法律（法第 24.766 号），[②] 据此，只有为了登记新的化学物，才应当提交试验数据。但是，当药品已经依照法律确定的某些标准在阿根廷或其他国家上市销售的，则国内卫生管理机构可以依赖先前的登记。在这些情况下，申请人就没有必要提交试验数据。

在泰国，食品与药品管理局（FDA）于 1989 年建立了安全监测计划（Safety Monitoring Program/SMP），据此，新药可以有条件地获得批准，并且至少 2 年内应置于 SMP 之下。在此期间，只有在医生能够密切监测药物不良反应的公共医院或私人诊所，才能获得那些新药。在 SMP 期间，生产商必须向食品与药品管理局提交采用适当统计方法得出的关于该产品的基本可信的安全数据。一旦该数据能够令人满意地支持产品的安全性，就可以发给一项无条件的生产许可证。与此同时，对于仿制药品而言，为了证明其品质和功效是比得上原创药品的，也必须进行一项生物等效性研究。在原创药品脱离 SMP 并取得无条件的生产许可证之前，不得提出任何关于仿制药品的批准申请。因为 SMP 推迟了仿制药品进入市场，所以在某些情况下，该计划导致药价提高并限制了病人可获得药品的范围，对于那些患有获得性免疫缺陷综合症/艾滋病（HIV/AIDS）的人，情况尤其严重。结果，药品委员会（Drug Committee）决定，自 2001 年 1 月起，任何时候都可以进行生物等效性研究，无论原创药品是否处于 SMP 之中。但是，如果原创产品仍处于安全监测计划（SMP）中，则那些仿制产品也必须处于 SMP 中。

---

① Priapantja，第 6 页。

② 1997 年，美国以阿根廷对秘密信息的保护不充分为由，对阿根廷实施经济制裁。如前所述，其后美国针对包括阿根廷不遵守《TRIPS 协定》第 39 条第 3 款在内的事项而根据 DSU 请求进行磋商。

6.2　国际文件

如前所述,《巴黎公约》第 10 条之二提供了基本框架,以保护商业秘密,防止不正当竞争。在这种情况下,WIPO 已经推荐了一个示范性规定,来保护秘密信息(参见下框)。除此以外,没有其他国际文件专门处理这一问题。

WIPO 有关秘密信息之反不正当竞争的示范条款
第 6 条

(1)[一般原则]在工业或商业活动中,未经合法控制信息的人(以下称为"权利持有人")同意,以违反诚实商业行为的方式披露、被他人取得或使用秘密信息的各种行动或行为,应构成不正当竞争行为。

(2)[典型的与秘密信息有关的不正当竞争]未经权利持有人同意,披露、被他人取得或使用秘密信息,尤其可能是因为

(i)工业或商业间谍;

(ii)违反合同;

(iii)泄密;

(iv)诱导实施(i)到(iii)中指出的各种行为;

(v)第三方取得秘密信息,而该第三方知道或因严重疏忽未能知道秘密信息的取得涉及从(i)到(iv)中指出的行为。

(3)[秘密信息的定义]在本条中,"秘密信息"是指如果信息

(i)作为一个整体或就其各部分的精确排列和组合而言,该信息尚不为通常处理所涉信息范围内的人所普遍知道,或不易被他们获得;

(ii)因属秘密而具有商业价值;并且

(iii)由权利持有人在此种情况下采取合理的步骤以保持其秘密性质。

(4)[为批准销售程序提交的秘密信息的使用或披露]在工业或商业活动中,构成或导致下列情形的各种行动或行为,均应被认为是不正当竞争:(i)不正当地商业使用秘密的试验或其他数据,而为了获得批准销售使用新型化学物制造的药品或农用化学品,该数据的原始版已被提交到有权的管理机构;或(ii)披露此类数据,除非为保护公众所必需,或除非采取措施以保证该数据不被用在不正当的商业使用中。"①

---

① WIPO《关于反不正当竞争保护的示范条款》 (Model Provisions on Protection Against Unfair Competition),Geneva,1996 年。

6.3 地区和双边情况

6.3.1 地区

6.3.1.1 欧盟

欧盟对于数据保护的问题，采用专有权的方式加以处理，其依据是第 65/65 号指令，并经修正为第 87/21/EEC 号指令。对兽药产品的类似规定则被包含在第 81/851/EEC 号指令中，并经第 90//676/EC 号指令修正。依照最近提议的立法，新药品将享有 8 年的数据专有权，2 年的市场销售专有权〔在此期间，允许仿制公司从事"波拉"型活动（"Bolar"-type activities）〕，对于现有产品的新适应症，再额外给予 1 年的保护。①

6.3.1.2 《北美自由贸易协定》

《北美自由贸易协定》（NAFTA）包含了一项关于这一问题的专门规定（1711 条）。虽然该条是以"商业秘密"而非"未披露信息"的概念为基础的，但它在有关被保护对象的定义上，基本上还是遵循了《TRIPS 协定》第 39 条第 3 款。② 然而，它与《TRIPS 协定》之间存在着两大重要的差别。第一，《北美自由贸易协定》的条款中未包含与《TRIPS 协定》第 39 条第 1 款相类似的规定，后者清楚地说明了有关未披露信息调整的框架。第二，尽管《北美自由贸易协定》1711 条第 5 款类似于《TRIPS 协定》第 39 条第 3 款，但它在第 6 款和第 7 款中又增设了一项关于 5 年最低保护期的"超 TRIPS"义务，具体如下：

"6. 每一缔约方应规定，在遵守第 5 款的前提下，在本协定生效日之后提交该缔约方的数据，除数据提交者以外的其他任何人，除非得到数据提交者的同意，否则，在提交日起的合理期限内，不得依靠此类数据而支持一项产

---

① 参见 2003 年 12 月 17 日欧洲议会决议，第 14 项修正案，第 1 条，第 8 点（Resolution of the European Parliament, Amendment 14, Article 1, Point 8）。该决议是以"欧洲议会环境、公共卫生和消费者政策委员会"（European Parliament Committee on the Environment, Public Health and Consumer Policy）的建议为基础作出的。*Draft Recommendation for Second Reading on the Council Amending Directive 2001/83 /EC on the Community Code Relating to Medicinal Products for Human Use*（2003 年 11 月 28 日），A5-0425/2003。另参见 Meir Perez Puzatch, *Intellectual Property and Pharmaceutical Data Exclusively in the Context of Innovation and Market Access*〔以下简称 Puzatch〕，UNCTAD-ICTSD 关于发展与知识产权的第三次对话（Third UNCTAD-ICTSD Dialogue on Development and Intellectual Property），2004 年 10 月 12 日至 16 日，Bellagio, Italy（该报告可查于〈http://www.iprsonline.org/unctadictsd/bellagio/dialogue 2004/bell3 documents.htm〉）。

② 不过，NAFTA 的定义包括了"已经有或可能有"商业价值的信息。

品的批准申请。为此目的，该合理期限通常从该缔约方批准该数据提交者上市销售其产品之日起算不低于 5 年，同时考虑数据的性质和该人在数据产生过程中所付出的努力和费用。在遵守该规定的前提下，不应限制每一缔约方根据生物等效性（bioequivalence）和生物药效率（bioavailability）研究为基础而对此类产品实行简化的批准程序。

7. 如果一缔约方依赖于另一缔约方所作出的上市销售批准，则对于依据为获得批准而提交的数据的专有使用合理期间，应从首次依据批准销售之日起算。"

6.3.1.3　安第斯共同体

《安第斯共同体工业产权共同制度》（Common Regime on Industrial Property of the Andean Community）中也确立了有关保护营业秘密（business secrets）的规定。此类秘密的定义（第 260 条）以《TRIPS 协定》第 39 条第 2 款为基础。虽然有关经营秘密的法规是在反不正当竞争法之外单独制定的，但是，它所禁止的行为仍然是那些违反正当商业惯例的行为，包括违约行为。第 486 号决议引入了一项针对现存法规（第 344 号决议）的重大修改，涉及数据的保护（第 266 条）：它取消了第 344 号决议所确定的使用此类数据的专有期限。

6.3.1.4　《中美洲自由贸易协定》

2004 年 5 月 28 日，美国、哥斯达黎加、萨尔瓦多、危地马拉、洪都拉斯和尼加拉瓜签署了《中美洲自由贸易协定》（Central American Free Trade Agreement/CAFTA）。① 该协定针对《TRIPS 协定》就有关未披露信息的保护模式作了相当大的修改。实质上，它要求各缔约方承担义务，在其国内法中规定为获得销售批准所提交的数据而给予专有权。② 与《TRIPS 协定》的反不正当竞争模式不同的是，数据的原创者为了禁止第三方依靠其数据，并不需要证明第三方实施了不正当的商业行为。③

此外，CAFTA 要求竞争性仿制产品的销售批准应当获得专利持有人的同

---

① 关于该协定的文本，参见 http：//www. ustr. gov/new/fta/Cafta/final/index. htm。

② 参见第 15 章，第 15.10(1)(a)条。关于 CAFTA 及其在未披露信息领域的影响，其具体的法律分析参见 Frederick Abbott, *The Doha Declaration on the TRIPS Agreement and Public Health and the Contradictory Trend in Bilateral and Regional Free Trade Agreements*, Quaker United Nations Office, Geneva 2004（以下简称 Abbott, Contradictory Trend）。可查于 http：//www. geneva. quno. info/main/publication. php？pid＝113。

③ 考虑到乌拉圭回合谈判期间，将有关数据专有权的规定纳入其中还不可行（参见以上本章第 2.2 节），CAFTA 就"通过后门"为引进此类专有权提供了机会。

意或默许，由此而在专有性的专利权和销售批准程序之间建立了一种联系：

"3. 如果作为批准销售药品的条件，一缔约方允许最初提交安全或功效信息者以外的人，依靠此前已经获得批准的一产品与安全和功效相关的证据或信息，比如在该缔约方或在其他地区先行获得销售批准的证据，则该缔约方：

应在其批准销售程序中采取措施，防止该等其他人在专利保护期内销售一专利产品，该专利权利要求覆盖该产品或其被批准的用途，除非得到专利所有权人的同意或默许［……］。"①

换言之，数据保护的期限被有效地延伸至一专利的整个保护期限，这种做法在《TRIPS 协定》项下并不是必须的。②

与监管机构在决定专利有效性时所产生的困难差不多，该规定被解释为可能就排除了政府采用强制许可作为获得低价药品之手段的可能性。③ 由于销售批准独立于专利法，因此，根据强制许可被授权生产专利药品的第三方，就可以被认为依赖于专利权人就实际销售该产品的同意或默许。

6.3.2 双边

正如在上文《中美洲自由贸易协定》（CAFTA）的情况下所观察到的，在双边层面上也存在着类似的趋势。例如，美国和摩洛哥之间的自由贸易协定（FTA）规定了数据的专有权，而且，正如 CAFTA，它也规定了专利持有人在专利保护期内有权禁止对药品的上市销售批准。④《智利—美国自由贸易协定》（Chile-USA FTA）也包含一项关于数据专有权的规定。⑤

6.4 审查建议

迄今为止，还没有任何对第 39 条进行审查的建议。不过，在 2001 年 6 月 18 日至 20 日由 TRIPS 理事会举办的关于知识产权和药品获得的特别会议（Special Session on Intellectual Property and Access to Medicines）上，一些国家，包括欧盟及其成员国、⑥ 发展中国家⑦和美国以书面或口头形式提交的意见中，

---

① 参见第 15 章，第 15.10(3)(a)条。

② 参见 Abbott，*Contradictory Trend*，第 8 页。

③ 参见 Abbott，*Contradictory Trend*，第 8 页。

④ 参见 Abbott，*Contradictory Trend*，第 11 页。

⑤ 关于《智利—美国自由贸易协定》的具体分析，参见 Roffe，2004。该文也提供了关于其他双边自由贸易协定及其对未披露信息规则的一个概述。

⑥ 参见 IP/C/W/288，2001 年 6 月 12 日。

⑦ 参见 IP/C/W/296，2001 年 6 月 19 日。

已经提到了《TRIPS 协定》第 39 条第 3 款的解释。① 一些发展中国家主张，确立专有权——例如在美国和欧洲就采用这样的做法——将会延迟专利权期限届满后仿制药品进入市场的时间，从而不合理地限制了公众对药品的获取。

7. 评论（包括经济和社会意义）

商业秘密保护涵盖了各种各样不同性质的业务信息，既包括纯粹的商业数据，也包括技术诀窍。此类信息可能具有巨大的经济价值，特别是但并不仅限于加工产业，比如化学品的生产。②

技术诀窍和其他商业信息的保护对于大型企业和中小型企业，无论在发达国家和发展中国家，都同样具有重要意义。商业秘密保护的一个独特优势是，取得相关权利而无需任何登记，并且只要信息被保持在秘密状态，其保护就能一直持续。这些特征使得这种保护形式特别适合于发展中国家的中小型公司。不过，商业秘密的实施成本也可能较高。

商业秘密的保护也可以适用于有关传统知识的问题。已经有人指出：

"反不正当竞争的规定也可以用来保护未披露的传统知识，例如，由原生和原住民社区所保持的、可能具有技术和经济价值的传统秘密。秘密的传统知识可以通过反不正当竞争法得到保护，如果认识到这样的事实，就可以将第三方对这些知识的获得、利用和传播纳入监管之下。对这些知识进行控制，以及对于这些知识的获得、利用和传播方式的管制，将转而使得通过协商订立合同，许可使用秘密传统知识以及从传统知识的商业利用中获得收益等成为可能。在相关部门和社区有必要加大宣传，说明商业秘密制度将提供有关控制传统知识的传播和利用的机会。"③

保护为药品和农用化学品的登记而提交的数据，被认为对于所谓的"以研究为基础的行业"（research-based industry）具有相当重要的经济意义。其

---

① 参见 IP/C/M/31，2001 年 7 月 10 日。

② 例如，根据美国国际贸易委员会（USITC）的一项研究，商业秘密在 20 世纪 80 年代的重要性日益增强。在接受调查的美国企业中，有 43% 认为商业秘密"非常重要"。(USITC, 1988, 第 2 页至第 4 页)。

③ GRULAC, *Traditional knowledge and the need to give it adequate intellectual property protection*，WO/GA/26/9，2000 年 9 月 14 日。另参见 Graham Dutfield, *Protecting Traditional Knowledge and Folklore. A review of progress in diplomacy and policy formulation*，Issue Paper No. 1, UNCTADICTSD, Geneva 2003.

基本的理由在于，制造商已经为相关数据的研发做出了投资，且通常投资巨大，但专利法又不能提供保护①（例如，因为活性组分很快就不受专利权保护，或者因为该药品是建立在利用一种新方法而将已知物质进行结合的基础上的），因此，试验工作的秘密性就成为唯一的障碍，防止竞争者迅速生产和登记该药品的精确复制版。但是，从公共健康的角度看，尽早让仿制药品的竞争者进入市场，也可以被看作是一个重要的政策目标，而通过在法规中允许卫生机构依靠已有的试验数据来批准后续的生产仿制药品的申请，也就推动了这一政策目标的实现。因此，发展中国家成员应意识到这方面的新近发展，即在地区和双边层面上限制《TRIPS 协定》现有的灵活性。

①　实际上，如果对实验数据缺乏任何专利保护的，则其他方式的保护尤其具有相关性。如果存在专利保护，则权利持有人可以直接根据其在专利上的专有权，将竞争者排除在外。参见 Puzatch。

第三编

知识产权与竞争

第 29 章　竞　争

第 8 条第 2 款　原则

2. 只要与本协定的规定相一致，可能需要采取适当措施，以防止知识产权权利持有人滥用知识产权或采取不合理地限制贸易或对国际技术转让造成不利影响的做法。

第 8 节　对协议许可中限制竞争行为的控制
第 40 条

1. 各成员同意，一些与知识产权有关的许可活动或条件如果限制竞争的，就可能对贸易产生不利影响，并会妨碍技术的转让和传播。

2. 本协定的任何规定均不得阻止各成员在其立法中明确规定，在特定情况下可构成对知识产权的滥用并对相关市场中的竞争产生不利影响的许可活动或条件。如以上所规定的，一成员在与本协定其他规定相一致的条件下，可按照该成员的有关法律法规，采取适当的措施以防止或控制此类活动，包括诸如排他性回授条件、以禁止对许可效力提出异议为条件以及强制性一揽子许可等。

3. 每一成员应当根据任何其他成员的请求而进行磋商，只要该其他成员有理由认为作为被请求磋商成员之国民或居民的知识产权所有权人正在采取的做法，违反了请求磋商成员有关本节主题的法律法规，并且该其他成员希望在不妨害根据其法律所采取的任何行动且不损害两成员中任一成员做出最终决定的充分自由的前提下，使该种立法得到遵守。被请求磋商成员应当对于请求方所提出的磋商请求给予充分和同情的考虑，并为此提供适当的机会，而且应当进行合作，提供与所涉事项有关的可公开获得之非机密信息以及该成员可获得的其他信息，但对于提供后一种信息的，应遵守国内法，并且就请求磋商成员保障被请求磋商成员的机密信息而达成双方满意之协议。

4. 如一成员的国民或居民在另一成员领土内因被指控违反该另一成员有关本节主题的法律法规而被起诉，则该另一成员应按与第 3 款所预想的相同的条件，给予该成员以磋商的机会。

1. 引言：术语、定义和范围

知识产权的应用可能产生某些限制市场竞争的行为，不管是通过单个的企业还是通过企业之间的联合行为或者协议来完成。用一种适当加以定义并执行的公共政策来解决上述问题，代表了任何知识产权制度能否有效运行的最重要的标准之一。知识产权法旨在通过对个人赋予专有权，而使其所有权人能够拥有该被保护对象的全部市场价值。由于知识产权持有人可以从市场中获得充分的回报，知识产权可以成为一种激励，促进发明、作品、标记和设计的创造、使用和开发应用。在运行良好的市场经济中，知识产权还可以为市场竞争提供刺激，在某种程度上，受知识产权保护的产品或者服务的替代品就可能因此被开发出来并投入市场。

但是，一些知识产权的所有权人也可能利用其合法权利，不合理地阻挡竞争。他们的做法可能是，比如利用某些受保护产品的独特性质，阻碍竞争对手企业开发替代性产品或者进入某些市场，并且拒绝对潜在的竞争者发放许可。

有一种观点认为，竞争和知识产权之间通常应被看作是相互依存而不是彼此矛盾的。根据这一观点，如果竞争受到扭曲或者人为限制，则知识产权制度的功效也会遭到破坏。而且，一个竞争性市场就可能使因知识产权保护无法调整以适应个体需求而所产生的社会成本（social costs）最小化，尽管在事实上，知识产权的过低或者过度保护常常是不可避免的。

另一种观点则把竞争法看作是对知识产权所赋予之合法权力（legal

powers）的一种必要的限制，其依据是，竞争法与知识产权由于各有不同的目标，因此它们之间产生冲突也是必然的。这种观点强调的是知识产权给竞争所带来的限制——特别是从一个静态的角度。因此，"只有当其存在竞争时，市场经济才能带来有效率的结果，而知识产权破坏的正是竞争的基础"。①

　　为了保护市场的有效运行，如果对竞争性的促进受到了其他因素的干扰和破坏，竞争政策就需要来解决这种情况。在这种情况下，追求竞争与知识产权这两者之间可能产生三种类型的冲突。第一，知识产权的行使可能违背了保护知识产权的目标和为之设定的条件，这种情况被称作知识产权的滥用（misuse）。第二，由知识产权所带来的市场控制力（market power）可能被用于超越其保护之本意和范围，比如是为了提高、扩大或者滥用垄断性控制力（monopoly power）。第三，就知识产权的使用或者利用所订立的协议，可能是为了限制贸易或者对技术和其他知识的转让和传播造成不利影响，这种情况被称作限制性合同（restrictive contracts）或者联合行为（concerted practices）。为了阻止或者控制上述冲突，也为了将有害的做法与促进竞争的做法区别开来，很多国家针对这些限制竞争的行为，制定了反垄断法或者其他与竞争相关的法律。② 究竟采取哪种模式，取决于一个国家的国内市场的具体条件、立法传统和公共利益方面的考虑。竞争法规则并不是为了控制知识产权制度发挥作用，毋宁说是为了保证其适当运行。

　　本书第三编涵盖了知识产权与竞争法之间的关系。这种关系涉及知识产权（它内在地具有排他性）对经济所产生的效果，其功能在不同程度上取决于货物和服务的自由流动。立法者可以利用对这一关系的分析，制定出具体规则（亦即，竞争法），对于知识产权的使用（例如在许可的情况下）划定界线。不过，在许多情况下，知识产权潜在的限制竞争效果必须放在具有更宽泛可适用的竞争法下进行评估，从而，分析家也必须考虑，应当如何在更宽泛的框架中评估知识产权的效果。《TRIPS 协定》已经对各成员必须保持的知识产权保护的范围做了界定，并且正如贯穿本书所分析的那样，要记住它内在的灵活性（in-built flexibilities）。另一方面，《TRIPS 协定》在很大程度上也为各成员留有空间，它们可以采取自己的方式，处理由知识产权所导致的潜在的限制竞争效果。

---

　　① Joseph Stiglitz, *The roaring nineties. A new history of the world's most prosperous decade*, W. W. Norton & Company, New York-London, 2003，第 208 页。

　　② 不过，大量的发展中国家并没有任何的竞争法，或者是缺少相应的传统，并且适用竞争政策的组织机制方面也较弱。

《TRIPS 协定》在这方面的规定是第 8 条第 2 款和第 40 条。其中，第 8 条第 2 款属于《TRIPS 协定》第一部分"总则和基本原则"的组成部分（参见本书第一编）。它应当被理解为是对第 8 条第 1 款的补充，授权各成员采取措施来保护公共健康和营养，并且促进对社会经济和技术发展至关重要部门中的公共利益。《TRIPS 协定》第二部分第 8 节"对协议许可中限制竞争行为的控制"只包括一个条文，即第 40 条。该条的第 1 款和第 2 款处理了与限制竞争性许可行为相关的实体法问题，第 3 款和第 4 款则是关于如何实施的问题。

《TRIPS 协定》与竞争有关的另一个条款是第 31 条(k)项，它处理的是当经过司法和行政程序而被认定为限制竞争行为，并且需要通过授予强制许可来予以补救时，给予强制许可的问题。①

2. 条文沿革

2.1 TRIPS 之前的状况

《TRIPS 协定》是一般性承认有必要对与知识产权有关的限制竞争行为进行控制的第一个国际条约。《保护工业产权巴黎公约》第 5 条 A 款第（2）项的规定虽然较为宽泛（"……以防止由于行使专利所赋予的专有权而可能产生的滥用……"），② 但它确立了对于限制竞争行为提供补救的基础，不过，它对于可能构成滥用的行为种类的界定则关注有限［除了规定"不实施"（non-working）的情形］。至于更一般意义上的滥用，该条规定更为有限，它只涉及专利权。《巴黎公约》第 10 条之二则只涉及制止不正当竞争行为，亦即，

---

① 《TRIPS 协定》第 31 条(k)项规定："如允许此类使用以补救经司法或行政程序确定的限制竞争的行为，则各成员无义务适用(b)项和(f)项所列条件。在确定此类情况下的报酬数额时，可考虑纠正限制竞争行为的需要。如导致此类授权的条件可能再次出现，则主管机关有权拒绝终止授权"。关于第 31 条的讨论，参见本书第 25 章；Roffe, *Control of Anti-Competitive Practices in Contractual Licenses under the TRIPS Agreement*，载 Correa 和 Yusuf（编），*Intellectual Property and International Trade-The TRIPS Agreement*，London，1998，第 261 页，第 281 页及以下。（以下简称 Roffe 1998）。

② 《巴黎公约》（1967）第 5A 条的相关部分规定如下：

"（2）本联盟各国都有权采取立法措施规定授予强制许可，以防止由于行使专利所赋予的专有权而可能产生的滥用，例如：不实施。

（3）除强制许可的授予不足以防止上述滥用外，不应规定专利的取消……"。

商业事务中违反诚实的习惯做法的行为。① 一般而言，这些行为与限制性贸易做法（restrictive trade practices）是相区别的，即便这两套规则之间可能存在某些方面的重叠（例如，联合抵制、歧视，等等）。

关于建立一个国际贸易组织（International Trade Organization/ITO）的 1948 年《哈瓦那宪章》（Havana Charter）虽然夭折了，但它在第 46 条中为各成员规定了一项任务，防止对竞争的限制性行为（并且在防止此类限制性行为上与该组织进行合作），它允许一成员以其他成员未处理与竞争相关的情况为由而向该组织提出一项申诉。该组织的争端解决体系所处理的具体行为种类中，就包括了如下商业行为：

"3(e)通过协议阻止技术或者发明的开发或者适用，无论该技术或发明是否取得专利；

（f）将由任何成员所授予专利、商标或版权项下的权利，扩展适用于根据该成员的法律法规而不属于该等授权范围内的对象，或者扩展适用于同样不属于该等授权对象的产品或者产品的生产、使用或销售条件。"②

国际贸易组织（ITO）具有如下职权：

"要求每一相关成员采取任何可能的救济行动，并且······向相关成员就根

---

① 《巴黎公约》（1967）第 10 条之二（"不正当竞争"）规定如下：

"（1）本联盟国家有义务对各该国国民保证给予制止不正当竞争的有效保护。

（2）凡在工商业事务中违反诚实的习惯做法的竞争行为构成不正当竞争的行为。

（3）下列各项特别应予以禁止：

1. 具有采用任何手段对竞争者的营业所、货物或工商业活动产生混淆性质的一切行为；

2. 在经营商业中，具有损害竞争者的营业所、货物或工商业活动的信用性质的虚伪说法；

3. 在经营商业中使用会使公众对货物的性质、制造方法、特点、用途或数量易于产生误解的表示或说法。"另参见本书第 28 章关于不正当竞争的讨论。

② 《关于建立国际贸易组织哈瓦那宪章》（Havana Charter for an International Trade Organization），联合国贸易与就业大会（United Nations Conference on Trade and Employment），1947 年 11 月 21 日至 1948 年 3 月 24 日于古巴哈瓦那召开，《最后文本与相关文件》（Final Act and Related Documents）（1948 年 3 月），第 5 章 "限制性商业活动"（Restrictive Business Practices），第 46 条。参见 Frederick M. Abbott, *Public Policy and Global Technological Integration: An Introduction*，载 Public Policy and Global Technological Integration 3 （F. M. Abbott 和 D. Gerber 编，1997）（Kluwer）。

据其各自法律和程序采取的救济措施而提出建议。"①

国际贸易组织应当将其裁决以及由各成员采取的救济行动制成一份报告，向各成员分发并且公之于众。②

曾经企图在国际公法中建立一般原则，以便控制一般性的限制贸易行为，特别是与知识产权相关的限制竞争行为，比如准备制定《技术转让行动准则》（Code of Conduct on Transfer of Technology），但这一切都已经被搁置（参见以下本章第5.2节）。因此，对有关知识产权的限制竞争行为进行控制，已变成仅仅是国内法或地区法的问题。在这方面，主要的工业化国家，比如美国、日本、欧盟及其部分成员国（特别是德国）都已经形成了相当完善的规则和控制做法，尽管这些规则和做法并不统一。

2.2　谈判经过

工业化国家已经建立起对有关知识产权的限制竞争行为进行控制的规则，因此它们对于在 TRIPS 框架内建立此类规则并不感兴趣。相反，它们关注的焦点在于，如何为知识产权保护制定适当的标准。因此，正是发展中国家，它们一旦看清 TRIPS 的谈判范围将超越有关假冒和盗版问题时，就力主将限制竞争的议题纳入该协定之中。③ 这部分是因为发展中国家认为，限制性贸易活动才是知识产权保护中唯一与贸易有关的问题，④ 而且，它们担心由许多协议行为所导致的有害结果，与之相对的是，它们坚持继续进行《技术转让行动守则》的谈判，但结果并不成功。⑤ 发展中国家的立场在很大程度上反映在

---

①　同前注，第8条和第48条第7款。

②　同上，第48条第9款和第10款。

③　参见 Gervais，第 2.48 段、第 2.182 段及以下；Cottier，*The prospects for intellectual property in GATT*，28 CML Rev. 第 383 页，第 409 页及以下（以下简称 Cottier）；Roffe 1998，第 278 页及以下。

④　参见 1989 年 7 月 10 日《印度通报》（Communication from India），MTN. GNG. / NG11/W/37 sub. 2 and IV。

⑤　参见 Gervais，第2.48 段，第2.182 段及以下；Cottier，第 409 页及以下；Roffe 1998，第 278 页及以下。另参见 1989 年 12 月 11 日《巴西通报》（Communication from Brazil），MTN. GNG. /NG11/W/57 sub. No. 29；1990 年 5 月 14 日《阿根廷、巴西、智利、中国、哥伦比亚、古巴、埃及、印度、尼日利亚、秘鲁、坦桑尼亚以及乌拉圭通报》（Communication from Argentina，Brazil，Chile，China，Colombia，Cuba，Egypt，India，Nigeria，Peru，Tanzania and Uruguay），MTN. GNG/NG11/W/71，Article 15。

1990 年 7 月 23 日安奈尔草案（W/76）中，① 其中包括两个条文，后来成为《TRIPS 协定》的第 8 条第 2 款和第 40 条。

2.2.1　安奈尔草案

草案中对应于现行《TRIPS 协定》第 8 条第 2 款的规定如下：

"2B 每一缔约方将采取其认为适当的措施，以防止知识产权的权利持有人滥用知识产权或采取不合理地限制贸易或对国际技术转让造成不利影响的做法。缔约各方就此进行相互磋商和合作。"

与《TRIPS 协定》第 8 条第 2 款现行版本相比，该草案条款的重大差别在于，它并没有明确要求采取与本协定的其他规定相一致的国内措施。每一缔约方被授予自由裁量权，可以根据其自身决定，采取其认为合适的任何措施，而不承担任何明确的义务，需要考虑上述措施是否会对知识产权保护的实质性规则产生影响。这种非常宽泛的用语在后来受到限制。②

安奈尔草案中后来成为《TRIPS 协定》第 40 条的条款规定如下：

"1B 缔约各方可以在其国内法中明确规定，在许可合同中的做法可以被认为构成对知识产权滥用或者会对相关市场中的竞争产生不利影响，并且采取适当的措施，以防止或控制此类行为。[……]

2B 缔约各方同意，由许可人所实施的限制竞争、限制获取技术或者进入市场以及强化垄断性控制的行为，可能对贸易和各国之间的技术转让产生有害的影响。因此，每一缔约方同意根据任何其他缔约方的请求而就任何此类行为进行磋商，并且与任何其他缔约方进行合作，以确保作为被请求磋商缔约方的国民或居民的知识产权所有权人，遵守授予其该等权利之国家的国内立法中就这方面所规定的义务。"

第 1 段在很大程度上对应于现行《TRIPS 协定》第 40 条第 2 款。同样，两者的差别在于，上述草案条款没有要求各缔约方所采取的"适当"措施应当与本协定的其他规定相一致。草案第 2 段中的第一句，与现行《TRIPS 协定》第 40 条第 1 款非常相似。它承认某些许可行为可能对贸易和技术转让存在有害的影响。与第 40 条第 2 款不同的是，上述草案没有以举例方式列出哪些是可能的滥用知识产权的行为。

---

① 《致货物贸易谈判组的主席报告》（Chairman's report to the Group of Negotiation on Goods），1990 年 7 月 23 日文件 MTN. GNG/NG11/W/76。

② 关于一致性要求的分析，参见以下本章第 3 节。

草案第 2 段的第二句与现行《TRIPS 协定》第 40 条第 3 款类似，包含了一项关于合作和磋商的程序。不过，草案规定磋商和合作义务，目的是为确保该国的国民或居民遵守其国内法，与此相比，第 40 条第 3 款在范围上更为有限，而且并没有提到这样的最终目标。相反，第 40 条第 3 款明确规定，进行磋商的义务并不影响任一成员就其被指控的违反行为而根据其自身的判断来作出处理的自由。进行合作的义务则被限定为向其他成员提供某些信息。因此，现行条款中没有任何义务，要求各成员采取具体措施，停止被指控的违反行为。①

2.2.2 1990 年 11 月 23 日的主席草案与布鲁塞尔草案

1990 年 11 月 23 日《与贸易有关的知识产权（包括假冒商品贸易）主席草案文本》（Chairman's Draft Text on Trade-Related Aspects of Intellectual Property Rights, including Trade in Counterfeit Goods of November 23, 1990）的第 8 条（第 2 段）与现行《TRIPS 协定》第 8 条第 2 款和第 40 条非常接近。第 8 条（第 2 段）承认：

"可能需要采取（……）适当措施，以防止知识产权的权利持有人滥用知识产权或采取不合理地限制贸易或对国际技术转让造成不利影响的做法。"

1990 年 11 月 23 日《主席草案文本》第 43 条（第 2B 段）列举了可能为各成员认定构成滥用或者限制竞争的许可条款。该条款的相关部分规定如下：

"1. 缔约各方同意，一些与知识产权有关的许可活动或条件如果限制竞争的，就可能对贸易产生不利影响，并会妨碍技术的转让和传播。

2B. 缔约各方可以在其国内法中明确规定，可以被认为构成对知识产权的滥用，或者可对相关市场中的竞争产生不利影响的许可活动或条件，并且可以采取适当的措施以防止或控制此类活动和条件，包括实行与第 34 条相一致的非自愿许可，以及对于违反有关竞争和/或技术转让的法律法规的合同或者合同相关条款宣告无效。下列行为或者条件如果被认为构成滥用或者限制竞争的，可以对其适用前述措施：(i)回授条款；(ii)对有效性的异议；(iii)排他性交易；(iv)对研究的限制；(v)对人员使用上的限制；(vi)固定价格；(vii)限制改动；(viii)排他性销售或代理协议；(ix)搭售协议；(x)出口限制；(xi)专利联合或者交叉许可协议以及其他安排；(xii)限制公开；(xiii)工业产权保护期届满之后的支付义务或者其他义务；(xiv)协议期满之后的限制。"

---

① 关于本条款的详细分析，参见以下本章第 3 节。

该草案文本的第 8 条（第 2 段）要求对某一行为的"不合理性"（unreasonableness）进行评估，但第 43 条可以认为是允许各成员将上文所列举的合同条款本身认定为非法。主要是由于存在着被裁定其本身非法性（*per se illegality*）的风险，所以，该草案文本未能被工业化国家所接受。1990 年主席草案在不久之后即提交在布鲁塞尔举行的贸易部长会议，但就布鲁塞尔草案而言，它也面临同样的问题。[1] 布鲁塞尔草案与上文所引用的主席草案的部分内容，基本上相同。

但是，工业化国家做出了一定让步，承认通过评估一项许可条款对于竞争所产生的影响，还是可以在个案中被认定违法的。[2] 因此，最后的谈判导致了一个更加开放的文本。

3. 可能的解释

3.1　第 8 条第 2 款

第 8 条第 2 款　原则

2. 只要与本协定的规定相一致，可能需要采取适当措施，以防止知识产权权利持有人滥用知识产权或采取不合理地限制贸易或对国际技术转让造成不利影响的做法。

如标题所示，第 8 条第 2 款规定的是"原则"，从而不同于纯粹的"政策声明"。[3] 它由为各成员规定权利和义务的一般性规则所构成。这种只是规定一项"原则"（principle）而非具体规则（specific rule）的做法，反映了条约制定者的意图，即他们并不想对该问题本身做作任何详细的规定，而是让各成员在实施时拥有广泛的自由裁量权。实际上，第 8 条第 2 款旨在承认各成

---

① 《体现多边贸易乌拉圭回合成果的草案最终文本，修订，与贸易有关的知识产权（包括假冒商品贸易）》（Draft Final Act Embodying the Results of the Uruguay Round of Multilateral Trade Negotiations, Revision, Trade-Related Aspects of Intellectual Property Rights, Including Trade in Counterfeit Goods），MTN. TNC/W/35/Rev. 1，1990 年 12 月 3 日。

② Reinbothe, Howard, *The State of Play in the Negotiations on TRIPS（GATT/Uruguay Round）*，(1991) Eur. Int. Prop. Rev. 157，160；另参见 Cottier。

③ 关于其他不同观点，参见 Gervais，第 68 页，第 2.49 段。

员有权调整有关滥用知识产权或采取不合理地限制贸易或对国际技术转让造成不利影响的做法。但是，该条款并不只是详细地说明一项"许可性"原则（"permissive" principle），抑或相反，一项"限制性"原则（"limiting" principle）。① 毋宁说，它是积极地承认，"可能需要"防止上述那些做法，而正是从这个意义上讲，它代表的是一种授权性条款（enabling provision）：各成员同意，此类做法是存在的，并且必须对它们予以法律救济。不过，第 8 条第 2 款也将各成员的权力限定在防止上述做法的范围之内：首先，它涉及防止性措施的实体内容；其次，涉及法律救济的本质。因此，这些措施必须"与本协定的规定相一致"，而且，它们对于防止相关做法来说必须是"适当的"。正是考虑到这些限制，对第 8 条第 2 款的范围必须再作进一步的探讨，包括它的各项要求的确切含义。

3.1.1　适用范围

各成员可予以防止的各种做法，涉及《TRIPS 协定》所调整的全部知识产权准则以及知识产权的不同利用方式。第 8 条第 2 款涵盖的这些做法就必须相应地加以界定。它们可以分为三种：权利持有人滥用知识产权，不合理地限制贸易的做法，对国际技术转让造成不利影响的做法。

既然各成员通过采取国内措施可以防止的做法是以选择性方式（它使用了"或"这个选择连词）列出的，就有必要对它们加以区别。这种区别并不是显而易见的，因为限制性做法可能既包含了单方面的知识产权滥用行为，也包括合同方式的限制贸易行为，并且，合同性限制可以是影响到贸易，也可以是对技术转让造成损害。② 不过，考虑到该条款之所以设立原则，承认各成员有采取行动的权力，是有着双重目的的，再考虑到《TRIPS 协定》第 7 条所阐明的多重目标，因此，对所涉及的做法作一种宽泛的解释，看来是有道理的。特别是，上述条款中所使用的术语，不能按它们在一些成员的国内法中的含义，或者根据反垄断法中已经预设的概念而缩小其内容。对《TRIPS 协定》第 8 条第 2 款作出"国内"解读，但是，任何这样的解读都会遗失该协定的国际化特性以及该条款的基本意图，其恰恰是在很大程度上维持各成员在这一问题上的主权。③

---

① 关于其他不同观点，参见 Fox, *Trade, Competition and Intellectual Property-TRIPS and its Antitrust Counterparts*, 29 Vanderbilt J. Transnat'l. L 481, 484, 491, 494 (1996)（以下简称 Fox）。

② 参见《TRIPS 协定》第 40 条第 1 款，以及本章以下 d) 小节。

③ 另参见 Fox，第 485 页及以下。

通常而言，第 8 条第 2 款只适用于与知识产权有关的滥用或其他做法。这意味着，如果对更宽泛意义上的限制性协议或者其他安排进行评估，它们虽然涉及知识产权，但按照竞争法的一般规则，实际上是作为可能归入反垄断法上之违法行为类型而受到处理的，那么，它们可能就并不属于第 8 条第 2 款所设定的调整范围。因此，控制合并（特别是企业的收购和兼并）可能涉及附带的许可交易，而合并获得授权和批准可能就以合并企业相互之间的某些许可让步或者第三方有权获得相关技术为条件。第 8 条第 2 款的规定并不仅仅因为涉及知识产权的内容而适用于合并控制。通过建立合资企业进行合并控制的，对此的处理亦是如此。

同样，如果知识产权的使用或者利用仅仅间接地与被指控的限制竞争行为相关，例如，竞争者之间就他们各自受知识产权保护的产品的价格达成协议，那么，第 8 条第 2 款能否适用就存在疑问。既然适用第 8 条第 2 款对上述做法的评估结果几乎不产生任何影响，因此就上述例子而言，疑问可能并不重要。但是，如果竞争者之间就市场进行销售区域的划分，这一疑问就变得很重要了。如果对于受保护产品进行的横向市场分割（horizontal market division）是否基于当事方已经存在的知识产权，或者是否以当事方之间解决知识产权冲突所达成的协议为基础，从而在法律后果上殊为不同，那么，第 8 条第 2 款的适用与不适用之间的界线，看来就必须根据一项协议或者交易的重心来予以划分。只有当所争议的做法直接并且主要与知识产权相关时，才可以认为《TRIPS 协定》要求对第 8 条第 2 款予以考虑。毕竟，这是一部关于知识产权的协定，并不是一部关于竞争法的协定。因此，在考察如下做法时也应当同样保持谨慎：研究和开发协议、分包协议或者外包协议，当它们构成一种反垄断控制的对象时，它们涉及的是共谋或者其他具有限制竞争特征的做法，而不是伴随知识产权的利用所形成的，或者说，它们虽然包含了关于知识产权的利用，但这些内容相对于无处不在的与反垄断相关的做法，只是处于从属的或者补充的地位。然而即便如此，与知识产权有关的限制性做法，也绝不会仅仅因为它只是一项大规模交易的组成部分而"免于"受到竞争法上的审查和救济行动。某一特定做法是否被置于一个交易的背景下进行处理，这是由各成员的国内竞争机构决定的。

a) 滥用知识产权的行为

基于上述理由，知识产权"滥用"（abuses）必然包括对知识产权的非法使用（illegitimate use）。特别是，各成员可以考虑知识产权持有人某一特定行为是否构成滥用，而不管相关企业是否在市场上居于支配地位，^①也不管是否存在为限制竞争而进行的使用，或者会导致知识产权立法目的——比如鼓励创新或者技术传播的目的——落空的使用。实际上，对滥用概念进行定义的也不是第 8 条第 2 款，而是各成员自身通过适当的国内措施来进行界定的。之所以如此，是因为《TRIPS 协定》使用"滥用"这一术语，只是为各成员的监管权力提供了一个连接因素。不过，正是由这一术语可以得出，构成滥用的各种使用必须是非法的，亦即，违反了知识产权保护的基础和/或目标。在这一方面，正是一致性要求（consistency requirement）为此界定了范围，各成员得以确定其国内知识产权保护的基础和目标，以及认定某使用行为构成滥用的特征。

b）不合理地限制贸易的做法

同样，所谓的"不合理地"（unreasonably）限制贸易的做法，并不仅仅指那些按照反垄断法上所给定的"合理原则"（rule of reason）概念从而被认定属于限制竞争而不是促进竞争的做法，^②而是指任何可能"合理地"被认定为不合理的做法。第 8 条第 2 款所试图避免的，是将那些内在有益的做法认定为不合法，比如便利于知识产权在生产中使用的合同条款。^③反之，该条款也不能解读为排除了对某些限制性做法假定为非法（*a priori illegality*）的规则〔所谓的"本身违法规则"（per se rules）〕。固然，在《TRIPS 协定》谈

---

① 另参见 Fox，第 482 页；滥用并不意味着以市场支配（market domination）作为先决条件，但它可能是由于关联性的市场控制力（relational market power，例如，歧视性做法）所导致的结果；不过，在缺乏市场控制力的情况下也可能存在滥用，例如，在合同中规定不得对专利有效性提出异议的条款（no challenge agreements）。

② 参见本章第 3.2.1 节 b）小节关于《TRIPS 协定》第 40 条第 1 款的文本。

③ 这种区分并不总是容易做出的，但是，典型的例子是，商业秘密协议和许可中关于保密性要求，或者被许可人在授予分许可（sub-license）时需以许可人的同意为条件。另一方面，赤裸裸的限制（hardcore restrictions），比如限制一方当事人的定价能力，则并不属于这一类有益的做法。参见第 772/2004 号《欧共体委员会条例》（EC Commission Regulation）第 4 条，对关于技术转让协议进行分类的《条约》第 81 条第 3 款的适用，2004 年 4 月 27 日，《欧盟公报》（Official Journal of the European Union/OJEU）2004 L 123/11〔以下简称《欧盟技术转让协议条例》（EU Regulation on Technology Transfer Agreements）〕；关于另外一个例子，参见欧洲共同体法院（Court of Justice of the European Communities/CJEC），1988 年 4 月 19 日，案例第 27/87 号，*Erauw-Jacquery/La Hesbignonne*，Rep. 1988，1919。

判过程中，各成员不愿意将这些本身被禁止的情况纳入该协定之中。① 但是，由于此类规则已经存在于很多成员的国内法中，② 因此，它们并不希望将之作为一个国内法问题而予以排除。更为真实的情况是，第8条第2款的意图只是一般性地指定那些可由各成员自主加以规制的做法，而不是限制各成员的自由裁量权，让该条款自身来对这些做法进行规制。不过，在这方面，不可能通过对所争议做法的狭义理解而预先确定一致性要求（requirement of consistency）的解释和应用。

c）对国际技术转让造成不利影响的做法

各成员可以试图阻止的第三类做法，就是对国际技术转让造成不利影响的做法，对此，也同样应当做从宽理解。首先，对国际技术转让造成不利影响的做法必须与限制贸易的做法相区别。这是因为，这两者在《TRIPS 协定》第8条第2款中是分别予以定名的，③ 并且，该协定第7条也将技术转让作为其目标之一而单独列出。因此，即使某种做法并不产生限制竞争的效果，但是如果可能对技术转让造成不利影响的，也同样可能受到专门的国内法规的调整。④ 这在政治上是否明智，则是另外一回事。⑤ 一致性要求已经提供了必

---

① 参见以上本章第2节。

② 参见《欧盟技术转让协议条例》第3条，以及下列论文中就与知识产权利用相关的国内反垄断法所作的概述，Anderson, *The Interface between Competition Policy and Intellectual Property in the Context of the International Trading System*, J. Int'l Ec. L. 1998，第655页，第662页及以下（以下简称 Anderson）；Marschall, *Patents, Antitrust, and the WTO/GATT: Using TRIPS as a Vehicle for Antitrust Harmonization*, 28 L. Pol'y Int'l. Bus. 第1165页，第1170页及以下（1997）（以下简称 Marschall）。

③ 固然，《TRIPS 协定》第40条第1款使用的是并列连词［"and"（和；并）］，而不是选择连词［"or"（或）］，但是，第40条第1款是一个狭义条款，因此，最可能的做法是进行矫正性解读，参见以下本章第3.2.1节。

④ 相反地，许多可能限制竞争的做法并没有对技术转让构成影响，例如，涉及版权和商标的限制性许可。

⑤ 参见联合国贸易与发展会议（UNCTAD）秘书处所撰导言部分以及文稿，载 Patel, Roffe, Yusuf, *International Technology Transfer-The Origins and Aftermath of the United Nations Negotiations on a Draft Code of Conduct*, 第 III 编，The Hague 2001，第3页及以下，第259页及以下（以下简称 Patel, Roffe, Yusuf）；Stoll, *Technologietransfer-Internationalisierungs-und Nationalisierungstendenzen*, 1994，第365页及以下（以下简称 Stoll）；Cabanellas, *Antitrust and Direct Regulation of International Transfer of Technology Transactions*, Munich 1982，第157页及以下（以下简称 Cabanellas）。另参见以下本章第5.2节。

要的保证，以防止对技术转让作出反生产力的管制。其次，与第 40 条在这方面规定得比较模糊相比，第 8 条第 2 款明确包括的影响国际技术转让的做法，既有合同行为，也有单方行为。[①] 第三，根据《TRIPS 协定》在促进国际贸易关系方面的基本准则，第 8 条第 2 款涵盖了影响到国际技术转让的所有做法，既包括技术输入，也包括技术输出。

不过，该条款只涉及技术的国际转让，并不包括国内技术转让，比如从一国的科学研究基地将技术转移至国内的产业界。这正是与限制贸易的做法相区别之处，后者这类做法在影响到国内市场时，将受到第 8 条第 2 款的调整。一般而言，《TRIPS 协定》涉及的是知识产权在国内市场的取得、使用和利用。上述区别就意味着，对于国内技术转让的调整，就不受针对产生不利影响的做法采取措施时的一致性和比例性要求的约束。

3.1.2 采取适当措施的要求

只有正确地界定了第 8 条第 2 款的适用范围之后，那些用以限制国内反垄断措施实施的各项要求才能发挥作用，亦即，与本协定相一致的要求，以及纠正措施的比例性要求。

a）一致性要求（consistency requirement）

一致性要求可能具有两种不同的意思。对其解释可以仅限于所采取的特定救济措施；抑或，它也可以更为一般性地用于指作为上述救济措施之依据的竞争法实体规则。

（i）狭义解释：在制止各种违法行为的救济措施上的一致性

从字面上解读，第 8 条第 2 款的一致性要求仅仅指向针对以下做法而可能采取的措施，这些做法被认定构成知识产权的滥用、不合理地限制贸易以及对国际技术转让造成不利影响。这样的解读看起来得到了第 40 条第 2 款的印证，后者使用了类似用语，但它明确地把限制竞争做法的构成条件作为一

---

① 例如，滥用知识产权而拒绝给予许可或者预先披露发明信息就会影响到相关产业（备用零部件、辅助设备或者服务，等等），参见 Fox，第 487 页及以下；Ullrich, *Intellectual Property，Access to Information，and Antitrust：Harmony，Disharmony，and International Harmonization*（以下简称 Ullrich, Intellectual Property, Access to Information, and Antitrust），载 Dreyfuss 等编，*Expanding the Boundaries of Intellectual Property*，Oxford 2001，第 365 页，第 385 页及以下（以下简称 Dreyfuss）；同上，*Competition，Intellectual Property Rights，and Transfer of Technology*，载 Patel, Roffe, Yusuf，第 363 页，第 375 页及以下（以下简称 Ullrich, *Competition, Intellectual Property Rights, and Transfer of Technology*）。

个实体法问题（第 40 条第 2 款第一句），与用以制止上述做法的各种救济措施（第 40 条第 2 款第二句）相区别。对该条款的这样一种理解，在下述情况下是有意义的，例如，救济措施通常不应当导致对保密的技术诀窍（know-how）进行公开披露，或者通过一般性许可要求而破坏知识产权保护的专有性。① 如果将一致性要求限定在这种意义上，那么可以说，它的适用在很大程度上将与所采取救济措施的比例性要求发生重叠。另一种观点认为，该条款针对各国的反垄断法实施而引入了一种保留，因为这些反垄断法将以某种方式，系统性地使得知识产权保护在总体上的宗旨和运行受挫。

（ii）广义解释：在与知识产权相关的竞争规则内容上的一致性

对于知识产权滥用和限制竞争做法进行反垄断法上的控制，其一致性要求还可以做一种更为宽泛的解释，即要求在各国竞争法或者反垄断法中的实体规则，与本协定的规定相一致，② 但即便如此，也必须明确一点，即这种广义解释并不说明对该要求作扩张性适用是合理的。既然当它与第 8 条第 1 款和第 40 条第 2 款（第一句）结合起来进行理解时，第 8 条第 2 款就是明确地授权由各成员来界定和实施在竞争法中有关知识产权的规则，那么，就不得利用一致性要求，来迫使各国的反垄断法服从于《TRIPS 协定》的至高权威，更不必说任何具体的反垄断标准都要从《TRIPS 协定》中找到来源，因为后者根本就没有这样的规定。毋宁说，一致性要求是代表着为防止过度适用国内的竞争法规则而做出的一种保留（reservation），因为这些竞争法规则可能将知识产权正常的行使和利用——它们接受《TRIPS 协定》为之设定的标准——也都纳入反垄断部门的调整范围并且予以管制。这种理解源自以下两个事实：首先，竞争法和知识产权法所涉及的是相同的主题（in pari materiae），具体表现为，竞争法被认为是为了保证那种产生于知识产权保护的动态竞争（dynamic competition），并且，动态竞争也应当成为知识产权保

---

① 《TRIPS 协定》的相关规定是关于商业秘密的第 39 条，以及承认强制许可的第 31 条，当然，强制许可的授予须遵守某些先决条件。

② 另参见 Heinemann, *Antitrust Law of Intellectual Property in the TRIPS Agreement of the World Trade Organization*（以下简称 Heinemann），载 Beier, Schricker 编, *From GATT to TRIPS*, Weinheim 1996，第 239 页，第 242 页及以下（以下简称 Beier, Schricker）；一种暗示性说法，参见 Fox，第 492 页及以下。

护的基础。①其次，WTO 各成员，尤其是工业化国家，对于那些在知识产权方面可能限制贸易或者限制竞争的做法，是遵循不同方式进行评估的。②这些国家不会因为加入或者批准《TRIPS 协定》就放弃了任何上述方式，因为这些方式以及由此产生的高度复杂的与知识产权相关的反垄断规则，并不是任何具体谈判的对象。③WTO 的一些成员，特别是一些主要的发展中国家可能过度寄希望于用竞争法来限制其在《TRIPS 协定》项下的各种让步，当然这一点仅仅引起了一般性的关注。④

基于上述原因可知，一致性要求并没有采纳任何在国内法上的方式和标准，来对与知识产权相关的限制性做法作反垄断法上的评估，⑤也没有建立起自己的评估标准。⑥⑦毋宁说，一致性要求必须被理解为一种消极限制（negative

---

① 参见 UNCTAD，*The TRIPS Agreement and Developing Countries*，Geneva 1996，第 3 页及以下（以下简称 UNCTAD 1996）；Ullrich，*Intellectual Property*，*Access to Information*，*and Antitrust*，第 367 页及以下；同上，*Competition*，*Intellectual Property Rights*，*and Transfer of Technology*，第 368 页及以下。

② 参见 Fox，第 486 页及以下，第 492 页及以下；UNCTAD 1996，第 55 页及以下（第 271 段及以下）。另参见 Anderson；Marschall。

③ 参见 Cottier，第 410 页。

④ 参见以上本章第 2 节。

⑤ 根据 Fox，第 492 页及以下，国内竞争法中各种各样已有的方式，特别是那些在主要工业化国家（美国、欧盟）的方式，必须被推定为没有违反一致性要求。

⑥ 请注意，知识产权的反垄断模式随时间而有各种变化，并且，针对知识产权制度和竞争这两者的运作所形成的认识也在不断演进，这就需要国际条约法具有高度的灵活性。

⑦ 特别是，它对于以下这些检验标准既没有偏爱也并未表示不赞同，即所谓的专有性范围（scope-of-the-exclusivity）标准、合理回报（reasonable-reward）标准、纯粹竞争（pure competition）标准，或者利益最大化效率（profit maximizing efficiency）标准。关于各种检验标准，参见 Anderson；Marschall；以及 Ullrich，*Intellectual Property*，*Access to Information*，*and Antitrust*，第 367 页及以下。总体来说，专有性范围标准仍然规定在《德国反限制竞争法》（German Act Against Restraints of Competition）第 17 条中，而曾经为美国法所遵循的合理回报标准，则意味着所有在许可协议中的限制性条款都是正当的，因为这仅仅是专有性权利的反映，或者仅仅体现出知识产权持有人试图依据其"合法的垄断权"（legal monopoly）来确保自身的正当利益。以利益最大化为合理性的效率标准则代表了一种现代的变化形式，它假定，在非竞争者之间所达成许可协议中的限制〔纵向限制（vertical restraints）〕通常是无害的，因为它们在某种程度上只是反映了被许可技术的市场价值——只要市场本身是竞争性的，则被许可人只会接受那些参照技术价值来讲具有合理性的限制。所有这些方式提出了如下问题：

limitation），以防止国内法中的竞争法规则将一般为人所接受的知识产权利用方法规定为非法，而这些知识产权正是《TRIPS 协定》通过要求各成员进行保护的方式所予以承认的。因此，一致性要求旨在防止由国内竞争法的系统发展所带来的（对于《TRIPS 协定》所要求的）知识产权保护的减少。换言之，它所寻求实现的目标是，将各国的国内竞争法置于适当的宗旨之下，并且将这一宗旨纳入如下范围：无论如何定义，都是为了保证竞争。

（iii）违反一致性要求的举例

抽象地看，哪些情况下构成对该要求的违反是很难加以具体说明的。在特定情形下，可以将实施许可的义务纳入有关对限制竞争的做法进行调整的规则之中，①但与此措施不同的是，如果反垄断规则试图把通过赋予专有权而构成知识产权权利保护的各种要素，系统地归为无效，那么作为一个一般性命题，就会被认为与《TRIPS 协定》不相一致。②将所有的限制性许可（restricted licenses）都宣布为非法而不适用任何在具体情况下的限定条件（circumstantial qualification），这就可能与《TRIPS 协定》不相一致，因为从某种程度上来说，专有权是可以按其本质特征进行分割的，因而可以允许将其划分为不同的许可权（即使《TRIPS 协定》中没有任何具体规则，对此种效力作出规定）。反之，竞争法规则如果同样地适用于与知识产权相关的做法和与知识产权无关的做法，亦即，该规则如果具有一般适用性（general

---

——它们只涉及对被许可人所施加的种种限制，而不涉及许可人所可能受到的限制〔例如，许可的排他性要求（exclusivity requirements）、最优惠被许可人条款（most-favoured-licensee clauses）〕；

——它们没有考虑到议价能力（bargaining power）的差异，也没有考虑到这一事实，即许可交易的谈判是建立在总体利益（overall-benefits）的基础上的；

——它们没有对横向/纵向限制进行系统性适用〔许可交易可能是建立在由作为行业潜在进入者的被许可人所作的关于"自制或者外购"决策（make-or-buy decisions）的基础之上的〕；

——技术市场不透明；

——并且，竞争只是对如下问题的答案感兴趣，即如果没有限制性协议，则是否将促进竞争，亦即，该协议从效果上看，究竟是支持竞争的还是限制竞争的。既然该问题的答案取决于给定的竞争政策所希望支持的竞争类型，因此，现代的检验方式的确是将知识产权作为一种财产，亦即，它们将这些基本概念同样适用于与知识产权有关的限制，参见以下本章第 6.1 节。

① 《TRIPS 协定》第 31 条（k）项原则上承认这一做法。

② 关于不合理限制贸易的做法，参见以上本章第 3.1.1 c）小节。

application）的话，那么，可以说这几乎就不可能违反一致性要求。① 只有将知识产权单独挑出来而给予歧视性待遇的反垄断规则，若不能由公共政策问题而得到合理解释，才可能构成对一致性要求的违反。不过同样的，要做如此区分的界线可能很窄，因为，竞争法中专门针对知识产权的规则，就意在控制因知识产权相关行为而可能给竞争所带来的风险，而它们通常是能够满足一致性要求的。大多数国家的竞争法已经形成了这样的规则，不管是采取立法方式，还是通过行政性做法，抑或通过案例法的形式。②

最后，为防止滥用以及其他与知识产权相关的违法行为所采取的措施，必须符合《TRIPS 协定》基本原则。特别是，它们必须符合非歧视性原则。它们还必须为受到该等管制措施影响的其他当事方提供国民待遇和最惠国待遇。通常，一致性原则在这方面不会产生问题；竞争规则从定义上看，就应当是非歧视性的。

b）比例性要求（proportionality requirement）

第 8 条第 2 款在针对与知识产权相关的、违反国内竞争法的行为而适用反垄断救济措施时，应当受到比例性要求的约束，而这一要求就源于如下事实，即第 8 条第 2 款规定这些措施必须是"适当的"（appropriate），并且是为防止由该条款所涵盖的滥用以及其他行为所"需要的"（needed）。既然这一原则已经在许多国家的竞争法中为人所熟知，因此与一致性要求相比，它适用起来可能难度要小得多。但是同样的，还必须充分考虑到这一点，即第 8 条第 2 款是将对于相关做法的控制交由各国的国内法处理。因此，关于可以获得的和可以适用的救济措施，例如刑法、行政法和/或侵权法措施或者它们的合并适用，其本质都是由各成员的国内法决定的。《TRIPS 协定》针对上述问题并没有提供任何规则（除了在第 42 条及以下条款中关于侵犯知识产权的规定）。

救济措施的严厉程度，比如，究竟是采用刑事制裁或其他惩罚性措施，还是纯粹进行损害赔偿，这显然属于国内法的问题。《TRIPS 协定》只是一个关于知识产权的协定，它不能在这些问题上干涉各成员的一般主权。因此，比例性要求同样也应当被解释为，它只是针对为防止与知识产权有关的滥用和限制竞争行为而由各国采取的救济措施，施加了一种消极定义的限制

---

① 参见美国司法部所支持的方式，Federal Trade Commission, *Antitrust Guidelines for Licensing of Intellectual Property*，Washington D. C.，1995 年 4 月 16 日（重印于 4 Trade Reg. Rep.（CCH）§ 13.132 = 49 BNA-PTCJ 714/1995），sub. 2.0，2.1；Ullrich，*IntellectualProperty, Access to Information, and Antitrust*，第 375 页及以下。

② 参见 Anderson；Fox；Marschall；以及 UNCTAD 1996。

(negatively defined limitation)。它将那些明显过度的救济措施规定为非法，因为这些措施毫无必要地将全部知识产权置于危险境地。尤为特别的是，比例性要求可能意味着，它只是一般性地排除了那些针对知识产权相关做法而采取的过度性反垄断救济措施，但对于在个案中根据具体环境所采取的救济措施，则不加以控制。这应当是一个由各国司法机关或者行政机关自由裁量的问题。① 通常，如果一国的竞争法规则专门针对知识产权而规定的救济措施，从反垄断法之违法行为的本质上看是不合理的，② 或者如果与同样的、与知识产权无关的限制竞争行为相比，它针对与知识产权相关的违法行为而存在着任意性歧视，那么，这些就属于没有遵守比例性要求。

3.2　第 40 条

3.2.1　实体法规则

a) 第 40 条与第 8 条第 2 款之间的关系

第 40 条与第 8 条第 2 款之间的关系，并非不言而喻。尽管有一些作者认为，第 8 条第 2 款包含的是一项政策声明，而后由第 40 条将之落实，③ 但是，一种更加连贯的解释是，第 40 条是一项特别法条款（lex specialis provision）。之所以这样理解，是因为：第一，第 40 条的适用范围较第 8 条第 2 款更窄；④ 第二，第 8 条第 2 款是一项条约法上的规则，而不只是一项政策声明；⑤ 第三，第 40 条的各项规则只涉及在第 8 条第 2 款所列举的知识产权持有人行为的一部分，因此，它可以在第 8 条第 2 款的强制性规定之外，为各成员确定义务。也就是说，第 40 条第 1 款可以被认为是对各成员施加了一项义务，要求它们针对"一些有关知识产权的许可活动或者条件如果限制竞争的"……如果这些活动或条件"可能对贸易产生不利影响，并会妨碍技术的转让和传播"，就要采取行动，并且，当且仅当各成员在针对第 40 条第 1 款和第 2 款提到的各种做法而适用其国内的竞争法规则时，它当然也要求各成员根据第 40 条第 3 款和第 4 款进行合作。

---

① 更能说明这一点的是，《TRIPS 协定》第 8 条第 2 款按其本质来讲是不能直接适用的，亦即，它不得在国内法院的诉讼中引为依据。

② 关于以强制许可作为一种反垄断救济措施的可采性，参见《TRIPS 协定》第 31 条(k)项。

③ Gervais，第 68 页，第 2.49 段。

④ 参见以下第 b)(ii)小节。

⑤ 参见以上本章第 3.1 节。

b) 第 40 条第 1 款

> 1. 各成员同意，一些与知识产权有关的许可活动或条件如果限制竞争的，就可能对贸易产生不利影响，并会妨碍技术的转让和传播。

（i）最低限度的行动义务

第 8 条第 2 款只是承认，可能有必要防止某些滥用和限制竞争的行为，因此，是否采取行动就留待各成员自行决定。另一方面，第 40 条第 1 款包含了一项由各成员达成一致意见的明确声明，尽管不是非常具体，即"一些许可活动或者条件……如果限制了竞争就可能产生不利影响……"。虽然有一些作者[①]并不认为这有什么不同，但应当看到，各成员对于存在这样的许可活动是有共识的，即由于其限制竞争而可能对贸易和技术转让产生不利影响，从而就产生了一种不同的法律情形。如果各成员事实上存在一致意见，认为应当对某些许可活动作出处理，那么就很难理解，既然这些活动是直接违反第 7 条的目标的，为何《TRIPS 协定》还允许各成员对此无动于衷呢。将第 40 条第 1 款与第 7 条结合起来解读，就可以正确地理解，它是对各成员施加的一项义务，要求其处理在许可活动中的某些种类的限制竞争活动。

第 40 条第 1 款在措辞上并没有像 GATT/WTO 其他可以相比的协定——例如 GATS 的第 8 条和第 9 条——那样严格。[②] 因此，它并没有为各成员规定这样一项具体的义务，要求它们针对在第 40 条中所包含的事项一旦发生违

---

① Gervais，第 191 页（第 2.184 段最后），其将第 40 条第 1 款视作该条款的不具约束力的"帽子"（chapeau）；Heinemann，第 245 页，它也认为第 40 条第 1 款不够明确。

② GATS 第 8 条和第 9 条相关部分的规定如下：

"第 8 条：垄断和专营服务提供者

1. 每一成员应保证在其领土内的任何垄断服务提供者在有关市场提供垄断服务时，不以与其在第 2 条和具体承诺下的义务不一致的方式行事。

2. 如一成员的垄断提供者直接或通过附属公司参与其垄断权范围之外且受该成员具体承诺约束的服务提供的竞争，则该成员应保证该提供者不滥用其垄断地位在其领土内以与此类承诺不一致的方式行事。"

"第 9 条：商业惯例

1. 各成员认识到，除属于第 8 条范围内的商业惯例外，服务提供者的某些商业惯例也会抑制竞争，从而限制服务贸易。

2. 在任何其他成员请求下，每一成员应进行磋商，以期取消第 1 款所指的商业惯例。被请求的成员对此类请求应给予充分和积极的考虑，并应通过提供与所涉事项有关的、可公开获得的非机密信息进行合作。在遵守其国内法律并在就提出请求的成员保障其机密性达成令人满意的协议的前提下，被请求的成员还应向提出请求的成员提供其他可获得的信息。"

反，即应积极地实施其与竞争有关的规则。同理，作为一种原则性规定，第40条第1款和第2款将相关的限制竞争的做法也交由各成员去定义。[①] 但是，根据《TRIPS协定》第1条第1款（第一句），各成员自身有义务"实施本协定的规定"。而那些对于贸易存在不利影响或者会妨碍技术转让的限制竞争的做法，正如《TRIPS协定》所规定的那样，正是可能使知识产权保护的目标受挫的。因此，如果完全缺乏竞争法规则，甚至针对那些明显的滥用行为也不予调整的话，可以被认为是与《TRIPS协定》的规定（第40条第2款第二句）"不相一致的"。所以，如果有成员系统性地对于直接违反《TRIPS协定》条款和/或原则的目标和基础的做法不采取任何措施的话，或者如果它们系统性地未能实施现有的针对上述做法的国内竞争法规则的话，那么，该等成员就可以被认为是违背第40条第1款的立法精神的。

(ii) 限制性许可活动或条件

第40条第1款仅仅针对协议许可中的限制性做法，而不涉及在其他商业交易，比如在转让、合资、分包和外包中的限制性做法，也不考虑这些交易如何地与知识产权或者技术转让相关。[②] 由于许可活动可能在上文所提到的某些交易背景中发生，因此，必须依据商业交易协议的总体性质以及相关限制内容的重心做出必要的判断和区分。不管怎样，一项滥用性许可活动如果发生在某一大型交易环境中，则该事实本身并不能使该活动免于受到一成员的调整处理。对于各国的竞争监管机关而言，对于在诸如企业并购（mergers and acquisitions）之类大规模协议安排之下的特定的限制竞争行为，通常的做法是对该特定行为做出处理，但并不必然寻求阻止达成此类协议安排。

第40条第1款适用于由《TRIPS协定》所涵盖的任何类别知识产权的许可。即便第40条第2款所提及的大多数行为似乎只是指向专利，或者可能还包括了商标，但是，第40条第1款的适用范围仍然是任何类别的知识产权。其原因在于，从一个体系化的角度看，（第40条所在的）第8节是对第二部分关于"知识产权效力、范围和使用的标准"的补充，也就是说，这里的"使用"应当针对所有的"知识产权"。

---

① 关于第40条第2款，参见以下c)小节。

② 第40条第1款的适用范围是与第8条第2款所涵盖的各种做法的某些特定部分是相关的（参见以上本章第3.1.1 b)小节至d)小节，也就是指许可活动。尽管这些活动在本质上是与知识产权相关的，但在第40条的语境中，它们与那些并非关于知识产权的做法（参见以上本章第3.1.1c)小节）相比的额外区别，并不重要）。

尽管第 8 节标题仅仅涉及"协议"许可，但是，第 40 条第 1 款提到"许可活动或条件"（licensing practices or conditions）这样的一般性术语，以此澄清，它涵盖的是围绕授予许可和实施许可而采取的所有行为。因此，诸如拒绝授予许可、歧视性授予许可和歧视性许可条款，以及一般性限制条款，统统都属于本条规定的适用范围。不太清楚的是，除了单方行为和限制性合同条款之外，第 40 条第 1 款是否也能扩展适用于多边许可关系，比如交叉许可（cross-licensing）或者专利池（patent pools）。尽管在一些国家的国内法中，就反垄断分析而言，双边许可协议和多边许可协议可能存在区别，但是，对于所有的竞争法规则而言，最为常见的还是区分为竞争者之间的协议［横向协议（horizontal agreements）］与非竞争者之间的协议［纵向协议（vertical agreements）］，而这种区分适用于所有类型的许可协议。因此，在承认各成员有权依据国内法采取行动的国际协定中，正像《TRIPS 协定》第 40 条所规定的那样，对于双边许可协议与多边许可协议的区分，看起来并不重要。只是多边许可协定可能更需要被纳入第 40 条之中，因为它们至少会像双边许可协议那样，对于贸易和技术转让产生不利影响。

（iii）限制竞争与对贸易和技术转让所产生影响之间的特别联系

第 40 条第 1 款必须从第 40 条第 2 款的角度加以解释。第 40 条第 1 款构成了各成员对于如下问题的共识，即承认可能存在着各种有害的许可活动和条件，对此，各成员可以根据第 40 条第 2 款而予以控制。这种共识性承认（consensual recognition）就意味着，各成员将尊重其他成员依据第 40 条第 2 款所采取的任何措施，因为这些措施被认为是符合《TRIPS 协定》的宗旨和精神的。不过，这种一般性承认只是涉及"一些"许可活动和条件，它们"限制竞争"，而且可能"对贸易产生不利影响，并会妨碍技术的转让和传播"。这些限制条件并不意味着，各成员不能对其他许可活动采取措施，例如，根据商法的一般规则或者按照各种一般的或者是具体的市场监管规则作出相应处理。它仅仅意味着，第 40 条的特别规则，只是涉及那些对竞争构成潜在危害的做法。相关的危害必须是由这些活动或条件的限制性特点所导致的，亦即，它必须是因为对竞争加以限制的结果，而且，它必须存在着要么对贸易产生不利影响，要么对技术转让或传播构成妨碍。许可活动或者条件的限制竞争性，跟它对于贸易或者技术转让所产生的影响之间必须存在联系，这一点意义重大。这就意味着，第 40 条第 1 款并不承认这样的国内措施，即成员借此使技术转让受到抽象的控制，且不考虑它们与竞争的关系，或者借此以其感觉存在一般性负面结果为由将某些技术转让活动定罪。毋宁说，该条款所承认的只是这样的措施，它们处理的是那些因为限制竞争而产生有害结果的技术转让的个案。从这种意义上来说，第 40 条第 1 款支持用一种竞争的方式来规制技术转让活动，尽管它也没有排除采用其他方式。[①]

第 40 条第 1 款所考虑的，只有那些对贸易产生"不利"影响或者对技术转让构成妨碍的许可活动和条件。尽管该条款中的明确用语是"and"（和；并且），但是，因为这些是否定性标准，所以对它们应当作选择性适用而不是合并适用。原因就在于，第 40 条第 1 款同样涉及到与技术转让无关的知识产权许可。

尽管第 40 条第 1 款提到了一般性的技术转让或者传播，但是，正如第 8 条第 2 款那样，它其实仅仅指国际技术转让。这一方面是因为该协定具有国际性，另一方面是因为第 40 条第 3 款和第 4 款的程序性规则，它们将根据第 40 条第 1 款和第 2 款所采取的措施纳入其约束之下。而这些程序性规则只有在许可活动具有某种国际因素时，才有意义。不过，如果对上述国际因素的要求作限制性理解，则没有任何理由。例如，某个外国直接投资人对一当地企业享有所有权，这就提供了一个充足的国际因素，因为对该当地企业的活动所具有的最终控制权，就说明它具有国际性。此外，这类活动的有害结果可以只涉及国内市场，因为《TRIPS 协定》试图确保对国内市场的适当保护[②]以及对国内市场的技术转让。

最后，第 40 条第 1 款并未对因各类限制性活动的负面结果所导致危害的严重程度做出规定。对贸易造成任何不利影响或者对技术转让造成任何妨碍的，即为足够。第 40 条第 1 款也没有要求所涉及的许可活动和条件造成一种全面的负面结果，或者利弊权衡之后才认定的负面结果。如果把它放在第 40 条第 2 款的背景下进行解读，那么，第 40 条第 1 款只是就各成员为了控制潜在有害的许可活动和条件而采取行动，提供了一个入门条件。至于各成员采用何种方式和标准，决定哪些限制性行为或者条件是非常有害的，以致需要加以干涉或者阻止，则留待各成员自行判断。一致性要求正是用来避免过度控制的适当标准。

---

① 关于技术转让的各种方式，参见 Patel，Roffe，Yusuf；Stoll；以及 Cabanellas。

② 关于作为《TRIPS 协定》基础的地域性原则，参见 Ullrich，*Technology Protection According to TRIPS：Principles and Problems*，载 Beier，Schricker，第 357 页，第 361 页及以下，第 372 页及以下。

c）第 40 条第 2 款

> 2. 本协定的任何规定均不得阻止各成员在其立法中明确规定，在特定情况下可构成对知识产权的滥用并对相关市场中的竞争产生不利影响的许可活动或条件。如以上所规定的，一成员在与本协定其他规定相一致的条件下，可按照该成员的有关法律法规，采取适当的措施以防止或控制此类活动，包括诸如排他性回授条件、以禁止对许可效力提出异议为条件以及强制性一揽子许可等。

第 40 条第 2 款确认，各成员有确立并定义与许可活动和条件相关的竞争法规则的自主权力（sovereign power）（第一句），并进而承认，在与协定的其他规定相一致的条件下，各成员有权采取合适的措施来阻止或者控制此类活动（第二句）。上述两句话必须以相互补充的方式进行理解，并且必须按照第 40 条第 1 款进行解读，因为第 40 条第 2 款是对于第 40 条第 1 款所允许之各成员采取行动的具体描述，如果后者愿意采取行动的话。

（i）限制竞争活动的概念（第 40 条第 2 款第一句）

第 40 条第 2 款（第一句）在措辞上比第 40 条第 1 款更为严密。它确认了各成员拥有自主权，仅仅在"特定情况"下，对于"可构成对知识产权的滥用并对相关市场中的竞争产生不利影响的许可活动或条件"而可以"在其立法中明确规定"。与第 40 条第 1 款不同的是，第 2 款中的负面结果必须与竞争而非贸易相关，并且，对于技术转让与传播的妨碍，则完全没有提及。不过，鉴于第 40 条第 1 款和第 2 款之间的相互关系，并且考虑到，第 40 条第 1 款在许可活动或者条件的限制性特点跟它们对于贸易和技术转让的影响这两者之间所建立的联系，上述区别似乎更多的是在措辞上，而非实质内容上。尤其是，第 40 条第 2 款确认了通过一种竞争法方式来控制技术转让，并且没有将竞争提升到足以排除促进技术转让的高度，特别是根据第 7 条和第 8 条第 2 款促进技术转让，后两项条款正是特别强调了，技术转让是《TRIPS 协定》的目标之一。

第 40 条第 2 款第一句所提出的在解释上的真正困难，在于如下事实，即：第 40 条第 2 款一方面完全确认了各成员拥有自主权，可以在其立法中明确规定，哪些许可活动或条件是它们认为构成对知识产权的滥用和限制竞争的；而另一方面，它又似乎通过规定此类活动或者条件"在特定情况下可构成对知识产权的滥用并对相关市场中的竞争产生不利影响"，从而限制了这种自主决定权。对这一限制之所以难以进行解释，是源于相关措辞不仅同义反复，而且相互矛盾。滥用总是只存在于特定情况下的。而且，许可活动如果构成对知识产权的滥用从而对竞争产生不利影响，这样的许可活动也总是让人不能接受。在所有情况下，如果许可活动同时满足了上述两个条件，那么它也必然是不合法的。因此，该条款通过其限制性用语，试图确保各成员不是通过一般意义上的和抽象的方式在其国内立法中规定有关限制竞争的许可活动或者条件，而是按具体情况作出适度具体的规定，并且要指出它们对于在相关市场上存在的竞争条件所造成的实际影响。①

这种对第 40 条第 2 款（第一句）的特别解释，得到了该条款的历史沿革②以及相关文献③的确认。但它并不意味着，各成员不得根据其自主判断，来定义在哪些情形下构成一种滥用。第 40 条第 2 款明确提到了各成员的国内立法。但是，各成员在作出判断时，必须考虑到某一活动对于竞争所造成的影响。该条款也没有排除各成员确立和发展出那些定义清晰的、本身禁止（*per se prohibitions*）的许可活动或者条件，它们没有任何补偿性价值，亦即，它们本身（*as such*）就先验地（*a priori*）并且在所有可预见的情况下，都是限制竞争的。④ 各成员规定了并且按照传统就曾经有过此类规则，而且它们对于相同的许可协议设定不同的限制条件。⑤ 这些限制条件的范围，可能不是通过预先设想的滥用概念，或者结合它们对于竞争所产生的不利影响而加以认定的，相反，它只能以《TRIPS 协定》的宗旨和规定为参照，亦即，依照一致性要求（requirement of consistency）而作出认定。

---

① 参见 Gervais，第 191 页（第 2.185 段），它强调指出，与谈判阶段所提交的草案文本不同，第 40 条第 1 款要求滥用和对竞争的不利影响这两个条件必须同时满足（连词为"并"），而不是满足其一即可（连词为"或"），从而确认了该条款是通过竞争法的模式来控制许可活动的。

② 参见以上本章第 2.2 节。特别是，第 40 条第 2 款意在包含发展中国家的主张，即认为知识产权及其利用本身应当受到普遍的竞争法的检验。

③ 参见 Heinemann，第 245 页及以下；Fox，第 492 页及以下（1996 年）。

④ Heinemann，第 246 页，其认为在第 40 条第 2 款（第二句）中已经列举了本身违法的（*per se unlawful*）许可活动的例子。

⑤ 参见 Fox，第 486 页及以下，第 492 页及以下。对专利有效性不得提出异议条款（no-challenge clauses）即为适例，它至少在美国法中，原则上是违法的［参见 *Lear v. Adkins*，395 U. S. 653（1969），对此的批评，参见 Dreyfuss，*Dethroning Lear: Licensee Estoppel and the Incentive to Invent*，72 Virg. L. Rev. 677（1986）］。另一方面，根据《德国反限制竞争法》（German Act Against Restraints of Competition）第 17(2)（Nr. 3）条，这一条款则完全合法。因此，即便该条款是第 40 条第 2 款第二句所列举的例子，但它也未必是关于不合格之合同条款的适例。

(ii) 一致性要求和比例性要求（第 40 条第 2 款第二句）

实际上，第 40 条第 2 款的第一句必须与第二句联合解读，该第二句是将各成员所可能采取的措施加以具体化，以防止或者控制在第一句中所提到那些做法。就像在第 8 条第 2 款的情况那样，对此类措施要求与《TRIPS 协定》的规定相一致，这种一致性不仅针对救济措施的本质，而且是在相关竞争规则的实质内容上。在这一方面，本章针对第 8 条第 2 款所作的考察和评论，在细节上作必要修改后可适用于第 40 条第 2 款。

特别是，第 40 条第 2 款第二句所举的例子，亦即排他性回授条件、不质疑条款以及强制性一揽子许可，仅仅是指那些"按照该成员的有关法律法规"可能被认定构成滥用的做法。因此，它们在被认定构成滥用上可能受到不同的限制，就像其他那些未被提及的做法也可以被认定为滥用那样。[1] 事实上，这里所列举的几种做法，只不过是举例，而这些例子从它们的定义以及所处的情形来看，无论是促进竞争抑或限制竞争，绝对称不上典型，还有大量的各种各样的限制性许可活动和条件。[2]

最后，第 40 条第 2 款（第二句）要求各成员将其为防止限制竞争的做法所采取的措施，限定在"适当"的程度上。对于这项比例性要求，也应像对于第 8 条第 2 款的要求那样，做相同的理解。特别是，所采取的措施是否适当，只能"按照该成员的有关法律法规"加以评估。因此，《TRIPS 协定》绝没有阻止各成员依据自身的法律传统和社会经济状况，采取其认为合适的反垄断控制模式。例如，它们可以通过专门的行政机关或者法院，采取事前控制或者事后控制的方式，也可以依据行政法或者刑法的规定进行控制。比例性要求仅仅意味着，这些措施必须适合于有效地处理由特定的许可活动可能给竞争带来的风险与危害。

---

① 关于所列举的例子，参见 Heinemann；关于未列举的做法，参见 Fox，第 488 页，其中涉及在欧盟竞争法中对地域限制的处理。更广泛的内容，参见 Rey, Winter, *Exclusivity Restrictions and Intellectual Property*，载 Anderson, Gallini, *Competition Policy and Intellectual Property Rights in the Knowledge-Based Economy*，Calgary 1998，第 153 页（以下简称 Anderson, Gallini）；Anderson, Feuer, Rivard, Ronayne, *Intellectual Property Rights and International Market Segmentation in the North American Free Trade Area*，载 Anderson, Gallini，第 397 页及以下（以下简称 Anderson, Feuer, Rivard, Ronayne）。

② 关于此类活动的不同处理，参见联合国贸易与发展会议秘书处（UNCTAD Secretariat），*Competition Policy and the Exercise of Intellectual Property Rights*，TD/B/COM. 2 CLP/22，2001 年 5 月 8 日。

3.2.2　程序规则

a）成员之间的磋商与合作（第 40 条第 3 款）

> 3. 每一成员应当根据任何其他成员的请求而进行磋商，只要该其他成员有理由认为作为被请求磋商成员之国民或居民的知识产权所有权人正在采取的做法，违反了请求磋商成员有关本节主题的法律法规，并且该其他成员希望在不妨害根据其法律所采取的任何行动且不损害两成员中任一成员做出最终决定的充分自由的前提下，使该种立法得到遵守。被请求磋商成员应当对于请求方所提出的磋商请求给予充分和同情的考虑，并为此提供适当的机会，而且应当进行合作，提供与所涉事项有关的可公开获得之非机密信息以及该成员可获得的其他信息，但对于提供后一种信息的，应遵守国内法，并且就请求磋商成员保障被请求磋商成员的机密信息而达成双方满意之协议。

（i）本条款有限的宗旨

在第 40 条的意义范围内，第 40 条第 3 款所规定的是，成员甲在针对成员乙的国民或居民而采取反垄断控制的措施时，与成员乙进行磋商和合作的程序。该条必须以同样的双边协定为背景加以解释，而这些就是在《TRIPS 协定》谈判过程中所订立的或者被认为有必要订立的双边协定。[①] 正如第 40 条第 3 款对各成员所施加的主要义务，亦即信息合作的义务所表明的，其目标在于有效提高对这些潜在的限制竞争行为的控制。因此，第 40 条第 3 款所规定的磋商和合作程序，跟 WTO 争端解决机制（WTO Dispute Settlement Mechanism）中的磋商程序无关，两者也没有什么共同之处。[②] 特别是，第 40 条第 3 款的机制并不是为了防止或者解决因第 40 条规定的一致性要求和比例性要求是否得到遵守所引发的争端。之所以这样说，其原因在于，第 40 条第 3 款规定的是为实施国（enforcing State）的利益而承担提供信息的义务，而这一义务是在一成员采取任何与《TRIPS 协定》不一致或者不适当的措施之前就已经存在的。第 40 条第 3 款的重要意义在于，这是第一次在国际公法

---

① 参见联合国贸易与发展会议秘书处（UNCTAD Secretariat），*Experiences Gained so far on International Cooperation on Competition Policy Issues and the Mechanisms Used*，TD/B/COM. 2/CLP/21，2001 年 5 月 8 日，附件 1（以下简称 UNCTAD Secretariat, 2001）；Fullerton, Mazard, *International Antitrust Cooperation Agreements*，24（3）World Competition，第 405 页、第 412 页及以下（2001）（以下简称 Fullerton, Mazard）。

② 但是，请参见 Gervais，第 193 页（第 2.186 段）。

中，通过多边协定为反垄断法的实施设定了协助义务，虽然该义务仅限于对限制性协议许可活动和条件的控制方面。①

（ii）磋商与合作的范围和义务

第 40 条第 3 款在其他方面同样有范围限制。它所确定的，只是一项磋商与合作的基本义务。该义务只存在于如下情形，即成员甲有理由相信成员乙的国民或者居民在许可活动或者条件方面，违反了它在竞争方面的法律法规。这就意味着，如果成员甲未能就被指控的违反行为提供最低限度的信息，成员乙就可以拒绝成员甲的上述请求，从而证实了，提出上述请求的基本条件是存在此种违反行为的可能性，② 而且属于第 40 条意义上的许可活动或者条件。该条对于请求的提出没有设定时间限制，对于成员乙的答复时间也没有设定时间限制。除了要求被请求的成员给予充分和同情的考虑外，该条款也没有就被请求成员应当如何答复作出任何暗示，但既然磋商必然以此精神进行，所以被请求成员应当提供适当的机会，以举行此类磋商。磋商的主要目标似乎就在于界定请求磋商成员所必需的信息上，特别是，关于被指控违反行为的性质和范围方面的信息。

被请求磋商成员的合作义务，则被限定为向请求磋商的成员提供信息。该项义务转而被限定于这样的信息，即与所涉事项相关的、③ 属于非机密的并且可以公开获得的信息，④ 或者它虽然不能公开获得和/或属于机密信息，但可以为成员乙所获得的信息，只要成员乙提供此种信息并不违反其国内法，并且只要"双方就请求磋商成员保障被请求磋商成员的机密信息达成满意之协议"，无论该协议是采用特别方式（*ad hoc form*）还是更为一般的形式。

无论是对磋商和合作提出请求还是做出回应，都不会约束各成员对该案件"根据其法律所采取的任何行动及……做出最终决定"。因此，如果由于请求或者磋商，各成员获悉某项限制竞争的许可活动落入其管辖权范围，那么，各成员均可以在该请求提出之后，自由决定放弃采取执法行动，无论对该磋商请求的回应是否满足其要求，也无论其是否已经开始其自身的执法程序。同样的，

① 参见以上本章第 3 节；另参见 GATS 第 9 条中的类似规定。

② 这种对请求的证实对于确定就所争议的许可活动享有管辖权也有必要，因为各成员可以拒绝由不享有管辖权的其他成员所提出的请求。

③ 此类信息可能包括：国内市场的规模，相关企业的市场份额，该企业的营业额，该企业的关联公司，知识产权的所有权状况，等等。

④ 相反，不能够公开获得的非机密信息并非必须提供，除非它为被请求方成员所可以获得的。

各成员在对该问题的最终决定权上，也享有充分的自由。这意味着，一方面，请求磋商的成员是否遵守一致性要求和比例性要求，是单独的问题，该问题可以而且必须按照与《TRIPS 协定》相一致的一般规则进行处理；而另一方面，被请求磋商的成员并无任何义务采取行动或作出决定，即便有证据表明，该许可活动也属于或者专属于其管辖权范围。之所以这样理解，是因为第 40 条第 3 款并没有对各成员施加任何积极礼让（positive comity）的义务。[①]

(iii) 第 40 条第 3 款与反垄断法实施合作之双边协定

事实上，第 40 条第 3 款是关于在国际反垄断法的实施方面进行磋商与合作的初步规定，它与那些就该主题所达成的更进一步的双边协议相比，存在实质上的差别。[②] 第一，从某种意义上来说，它在实际事项上并不完备，比如对于所需手续、时间限制、职能机关的指定等均未做出具体规定。第二，关于成员进行磋商和合作义务的连接因素（connecting factor），是从事发生争议之许可活动的企业的国籍还是住所，而不是发生争议之许可活动的事实本身以及，之后在大多数情形下，针对上述行为所采取的救济措施，这也会影响另一成员的市场。不过，在关于竞争的国际性限制问题上，若干国家因所采用的连接因素而发生平行管辖或者冲突管辖（concurrent or conflicting jurisdiction）也属正常。[③] 因此，一成员可能仅仅因为属人管辖（personal jurisdiction）而有义务进行合作和提供信息，甚至在限制竞争的行为并未在其

[①]　积极礼让协议（Positive comity agreements）要求各成员对于其享有管辖权的限制竞争活动进行干预，如果此类活动实质性地影响到了其他成员的国内市场。这必须与一般的国际礼让［即消极礼让（negative comity）］相区别，后者正好相反，要求各国在对于发生在本国市场上的限制竞争活动采取措施时，应当考虑到对于其他成员的国内利益和政策所产生的消极影响，参见 1991 年 9 月 23 日美国政府与欧洲共同体委员会达成的关于适用竞争法的协定，第 5 条（积极礼让）和第 6 条（消极礼让），欧盟理事会于 1995 年 4 月 10 日批准了上述协定，OJEC 1995 L 95，45；1998 年 6 月 4 日欧洲共同体与美国政府关于在实施其各自的竞争法时适用积极礼让原则的协定，OJEC, 1998 L 173, 28；Lampert, *International Cooperation Among Competition Authorities*, Eur. Comp. L. Rev. 1999，第 214 页，第 216 页及以下（以下简称 Lampert）。

[②]　参见 UNCTAD Secretariat, 2001；Fullerton, Mazard；Lampert。

[③]　参见 Fullerton, Mazard，第 407 页及以下；关于欧盟：Ritter, Braun, Rawlinson, *European Competition Law*, 2nd ed., The Hague, 2000，第 61 页及以下（以下简称 Ritter, Braun, Rawlinson）；关于美国（以及与欧盟的比较）：Sullivan, Grimes, *The Law of Antitrust：An Integrated Handbook*, St. Paul, 2000，第 968 页及以下（以下简称 Sullivan, Grimes）。

领土范围内产生任何影响的情况下，亦同。这种情形就可能与国内法存在冲突，因而可能损害合作的效果。

第三，第 40 条第 3 款并没有规定任何义务，要求将在其领土范围内发生的、并且反过来可能影响到其他成员领土范围内的限制竞争行为，通知该其他成员。该条也没有就所涉及成员在法律实施方面预先规定任何合作义务。最后，该条款并没有要求各成员考虑到其所采取的反垄断控制措施对于其他成员的市场所产生的影响，或者对其他成员的竞争政策所造成的影响。因此，无论在国际反垄断法实施的消极礼让上还是积极礼让上，从很多方面都体现出它是一个弱条款。从积极的角度看，该条款就是邀请各成员就上述问题达成更为具体细致的双边协定或者复边协定。

b）磋商的机会（第 40 条第 4 款）

> 4. 如一成员的国民或居民在另一成员领土内因被指控违反该另一成员有关本节主题的法律法规而被起诉，则该另一成员应按与第 3 款所预想的相同的条件，给予该成员以磋商的机会。

第 40 条第 4 款规定，如果一成员的国民或者居民在另一成员国领土内因限制性许可活动而被纳入另一国的竞争法诉讼程序的，这就轮到该成员按照第 40 条第 3 款所预想的相同条件，来请求获得磋商机会了。表面看来，该条款似乎就是为了与第 40 条第 3 款形成对应关系。[1] 不过，考虑到第 40 条第 4 款只是规定进行磋商这一项请求，而未有进行合作和提供信息方面的请求，显然实际情况并非如此。如果对第 40 条第 4 款作这样的解读是正确的，那么，该条款的目标显然不是允许请求磋商的成员发动其自身的反垄断法程序，来处理对于其国内市场可能造成不利影响的限制性许可活动。[2] 除非对其中提到的"与第 3 款所预想的相同条件"做广义解释，以便将提供信息和进行合作的义务包含在内，否则，第 40 条第 4 款看来应当采用的是与之不同的意思。该条款只是允许各成员为"保护"处于外国反垄断法程序之下的本国国民或者居民而提出磋商请求。可以说，对第 40 条第 4 款做上述解读，可能就符合《TRIPS 协定》的促进保护的偏好。

但是，这种解释可能：第一，与第 40 条的总体目标不符；第二，可能与《TRIPS 协定》的制度不符，后者对于在各成员之间可能发生的争端，在第 63 条规定了专门的程序，并且最终允许各成员诉诸争端解决机制（第 64 条）；

---

① 参见 Gervais，第 193 页（第 2.186 段）；Heinemann，第 246 页。

② 另参见 Heinemann，第 247 页。

第三，这种解读可能难以与国际竞争法的一般原则相协调，根据后者，各国通常可以针对任何影响国内市场的行为而完全适用其国内的竞争规则，只要该等不利影响是充分实质性的而成为实施控制和防止措施的理由。① 简言之，对第 40 条第 4 款看来有必要予以澄清，以使之成为已经改进的第 40 条第 3 款的真正补充。至少，为实施第 40 条第 3 款而达成的双边协议，也应当使第 40 条第 4 款得以实施。

4. WTO 案例

WTO 并没有就第 8 条第 2 款或者第 40 条发生争端的案例，或者更一般而言，涉及各成员用以调整在知识产权方面限制竞争做法的规则而发生争端的案例，同样也没有。美国—日本"影响消费用摄影胶卷和相纸措施"（*Measures Affecting Consumer Photographic Film and Paper*）争端，看来是迄今为止唯一的、至少间接与竞争法问题相关的案件。不过，美国针对日本提出的申诉，并不是依据日本对某些摄影材料的分销体系不适用其国内竞争法规则从而可能导致违反 GATT，相反，美国指控的是，日本政府通过各种方式，支持或者容忍在事实上封闭的分销体系得以存在和发展，从而排除了美方进入日本市场，这就违反了 GATT 第 23 条第 1 款(b)项的规定。1990 年 3 月 31 日，专家组报告驳回了美国的申诉，主要理由是申诉方未能证明，市场准入因政府行为而受到了阻碍。② 该案因此就表明，针对是否以及应当如何将竞争规则适用于对国内市场准入构成限制的私人行为，由此形成的是在根本上属于私人主体之间或者私人主体与国家之间的诉讼，那么，要将之转换为在 GATT-WTO 层面上的争端，是有难度的。③

---

① 参见 Fullerton, Mazard；Ritter, Braun, Rawlinson；Sullivan, Grimes。

② 专家组报告，*Japan-Measures Affecting Consumer Photographic Film and Paper* WT/DS44/R, 1998 年 3 月 31 日；另参见 Furse, *Competition Law and the WTO-Report*："*Japan-Measures Affecting Consumer Photographic Film and Paper*"，Eur. Comp. L. Rev. 1999, 9。

③ 参见 Drexl, *Trade-Related Restraints of Competition-The Competition Policy Approach*，载 Zäch（编），Towards WTO-Competition Rules, Berne 1999，第 225 页，242 页及以下（以下简称 Zäch）。

5. 与其他国际文件的关系

5.1　WTO 诸协定

由于第 8 条第 2 款和第 40 条只涉及与知识产权有关的限制竞争的活动和商业行为，因此到目前为止，[①] WTO 各项协定都没有包含有关限制竞争的规则或者一般性限制竞争的做法。不过，GATS 有两个条文明确地包括了反垄断主题。[②] 因此，GATS 第 8 条要求各成员承担义务，确保垄断供应商或者排他性服务供应商（第 8 条第 5 款）所实施的行为与各成员在本协定项下的义务和承诺相一致，而且，此类垄断者或者供应商也不得在其合法垄断的范围以外，滥用其在市场上的垄断地位。尽管第 8 条对各成员施加了明确的义务，但第 9 条就像《TRIPS 协定》第 8 条第 2 款那样，只是承认服务提供者有可能从事限制竞争的活动，并因此各成员得在上述情况发生时加以干预。此外，第 9 条第 2 款规定了关于各成员进行磋商和合作的义务，这就类似于《TRIPS 协定》第 40 条第 3 款所包含的规定。

既然 GATS 第 8 条和第 9 条所涉及的是任何与服务有关的限制竞争活动，因此，它们也包括了与知识产权的取得、使用和利用相关的此类情形。这类案件在很多服务行业中都可能发生，特别是在事实上（*de facto*）或法律上（*de jure*）的标准化和系统互连方面。《电信服务协定》（Agreement on Telecommunications Services）就明确指出，从竞争对手那里所获取的信息有被滥用的风险，而反过来，对于基本信息也存在着非正当持有的风险。[③] 显然，在上述两种情形中，知识产权，特别是商业秘密保护（《TRIPS 协定》第

[①]　关于将来纳入竞争法规则的问题，参见以下本章第 6.2 节。

[②]　参见 GATS 第 8 条、第 9 条的文本，在以上本章第 3.2.1 b）(i)小节。

[③]　参见第 1 节"参考文件"，各成员在 1997 年 2 月 15 日签署《服务贸易总协定第四议定书》时作为"附加承诺"接受，(Int'l Leg. Mat. 第 36 卷，第 354，367 页，1997 年重印)：

"1. 确保市场竞争

1.1 防止电信活动中的限制竞争活动

应当采取适当措施防止主要服务商单独或者联合从事或者继续其限制竞争的各种活动。

1.2 保障措施

以上所指的限制竞争活动应当特别包括，

a）从事交叉补贴的限制竞争行为；

b）从竞争者处获取并使用信息，导致限制竞争的后果；并且

c）没有及时地为其他服务商提供后者所必须的主要设备的技术信息以及商业上的相关信息。"

39 条），也包括专利和版权保护，都可能引发特定的问题。

5.2　其他国际文件

在有关限制性商业活动的竞争法规则领域，各类国际文件的发展显露出它们的犹疑不决。[①] 似乎也没有任何其他有约束力的国际[②]文件，专门针对与知识产权相关的限制性活动而直接适用竞争法规则。联合国大会（United Nations General Assembly）于 1980 年通过的《关于对限制性商业行为进行控制的经多边协商一致的一组公平原则和规则》（Set of Multilaterally Agreed Equitable Principles and Rules for the Control of Restrictive Business Practices）涉及对一般性限制竞争行为的调整，它算是唯一的，但也是没有约束力的一个解决方案。[③] 它的特点是向各成员作出推荐，并且本身可能指导各成员设计出它们自己的竞争规则，而在近年来也确实有许多国家已经通过了这样的竞争法规则。[④]

有一些文件，比如《保护工业产权巴黎公约》[⑤] 也间接提到了滥用行为的存在，对此的处理方式则是授予强制许可。在就知识产权相关的商业活动建立起国际竞争法规则方面，最雄心勃勃的努力当属《国际技术转让行动守则》（International Code of Conduct on the Transfer of Technology），[⑥] 它是在联

---

① 关于建立国际竞争法规则的综述以及各种不同的模式，参见 Abdelgawad, *Jalons de l'internationalisation du droit de la concurrence*：*vers l'éclosion d'un ordre juridique mondial de la lex economica*，Rev. int. dr. écon. 2001，第 161 页；Ullrich, *International Harmonisation of Competition Law*：*Making Diversity a Workable Concept*，载 Ullrich（编），Comparative Competition Law：Approaching an International System of Antitrust Law，Baden-Baden，1998，第 43 页。

② 关于地区性协定，参见以下本章第 6.3 节。

③ 重印于 19 Int'l Leg. Mat. 813（1980）。

④ 关于这套规则的设定、实施以及在实践中的作用，参见 Dhanjee, *The Set of Multilaterally Agreed Equitable Principles and Rules for the Control of Restrictive Business Practices-an Instrument of International Law?* 28（1）Leg. Iss. Int'l. Integr. 71（2001）；关于各国现行竞争法的广泛说明，参见 UNCTAD, World Investment Report 1997，Geneva 1998，第 189 页及以下，以及附件 A 22（以下简称 UNCTAD, WIR 1997）。

⑤ 另参见以上本章第 2.1 节。

⑥ 关于其历史发展，参见"大事年表"（Chronology），载 Patel, Roffe, Yusuf，第 XXVII 页，以及 Sell, *Negotiations on an International Code of Conduct for the Transfer of Technology*，同上，第 151 页及以下；Fikentscher 等，*The Draft International Code of Conduct on the Transfer of Technology*，Weinheim 1980，第 5 页及以下（以下简称 Fikentscher）。

合国的支持下开展谈判的。但是，1985 年谈判遭到搁置，[①] 并且自此以后再没有恢复。《守则草案》（Draft Code）[②] 包括的既有技术转让协议的合同法方面内容，也有竞争法方面的内容，并在第 4 章中专门处理各种限制性商业活动。该章针对那些基本上被认定为限制竞争的做法，特别设定了一系列具体规定。而且，根据它在第 2 章中规定的序言、目标以及原则，该《守则》是以转让为主导（transfer-oriented）而不是以竞争为主导（competition-oriented）的。正是基于上述原因，加上一般情况的变化，[③] 《TRIPS 协定》第 8 条第 2 款和第 40 条在本章所解释的范围内，将该问题交付各成员的国内法解决。

6. 新近发展

6.1 国内法

知识产权保护和关于限制性商业活动的竞争法规则之间的衔接界面（interface），在那些制定并且实际执行竞争法的多数国家，都是一个主要关切的问题。一般而言，这种关切更多地集中在与技术有关的知识产权（专利、商业秘密、计算机软件版权以及受版权保护的数据库）上，而不是在与产品发行相关的商标保护（这一问题在很大程度上包含在一般性反垄断规则中，涉及与各种发行体系相关的纵向限制行为），或者一般的版权（尽管在媒体产业以及有关集体管理组织的支配地位方面还是会产生问题）。而且，这些关切也随时间而变，对于限制性活动以及相应产生的竞争法规则的经济和法律分析，也同样随时间而变。这些发展必定随着人们对经济的洞察力的逐渐提高

---

① 参见前注中的引文，以及联合国贸易与发展会议秘书长（UNCTAD, Secretary-General），*Negotiations on an International Code of Conduct on the Transfer of Technology*，Doc. TD/Code TOT/60，1995 年 9 月 6 日。

② 关于《守则草案》的文本以及对第 4 章的评论，参见 Fikentscher，第 39 页及以下，第 64 页及以下，第 151 页及以下；Patel, Roffe, Yusuf，附件 II（第 417 页及以下）；Thompson, *Overview of the Draft Code*，载 Patel, Roffe, Yusuf，第 51 页，第 62 页及以下。

③ 参见 UNCTAD Secretariat, *The Status of Negotiations：A 1990 Evaluation*，载 Patel, Roffe, Yusuf，第 139 页，146 页及以下；Roffe, Tesfachew, *The Unfinished Agenda*，载 Patel, Roffe, Yusuf，第 381 页及以下；Fikentscher，第 22 页及以下。

和技术的不断发展而持续下去，身处信息化社会之中，则尤其如此。[1] 此外，知识产权保护范围不断扩大，知识产权的应用也愈加广泛，以及国际上对于公司间合作（inter-firm-cooperation）的容忍度和依赖度也在提高，这些情况就提出了新的问题，既有一般性问题，也有针对知识产权的问题，比如建立专利池（pool-building）、许可交换、合作研究和开发，等等。但是，以穷尽列举的方式——检验这些发展，对于本书而言并不合适，考虑到反垄断法的经济和法律分析的一般理论背景已经发生变化并且还会持续变化下去，则这样做就更不合适了。在这些重大发展中，本书选取两个例子（美国的例子参见以下本章第 6.1.1 节，欧盟的例子参见以下本章第 6.3.1 节），就可以说明这些变化的特点以及竞争政策不断发展的本质。[2]

6.1.1 美国

自 20 世纪 80 年代所谓的反托拉斯革命（antitrust revolution）[3] 引发的争论在历经多年之后，美国的反托拉斯执法机构颁布了《知识产权许可指南》（Guidelines for Licensing of Intellectual Property），它建立在如下明示或者默

---

[1] 对这些新问题的讨论，参见 Church, Ware, *Network Industries, Intellectual Property Rights and Competition Policy*，载 Anderson, Gallini，第 227 页及以下 [以下简称 Church, Ware]；Anderson，第 655 页，669 页及以下；De Santi, Cohen, *Competition to Innovate: Strategies for Proper Antitrust Assessments*，载 Dreyfuss，第 317 页及以下 [以下简称 De Santi, Cohen]；Ullrich, *Intellectual Property, Access to Information, and Antitrust*，第 365 页及以下；OECD, *Competition Policy and Intellectual Property*，Paris 1998（以下简称 OECD）（由 Tom，所作的背景介绍，第 21 页及以下；由 Barton 提供的特稿，*The Balance between Intellectual Property Rights and Competition*，第 295 页及以下）。

[2] 对此的综述，参见 Omer, *An Overview of Legislative Changes*，载 Patel, Roffe, Yusuf，第 295 页及以下。

[3] 参见 Bowman, *Patents and Antitrust Law*，Chicago 1973。美国"反托拉斯革命"始于芝加哥学派（Chicago School），后者提到在美国法学理论上的转向，即对于许可协议中的纵向和横向限制的认识发生转变。与早期实践相反的是，诸如搭售（tying）之类的纵向协议本身不再被禁止，反而越来越多地被认为是有利于竞争的。这种研究进路的结果就是，反托拉斯法的注意力更多地放在了横向协议可能损害竞争和消费者的方式上。参见 *Vertical Restraints with Horizontal Consequences: Competitive Effects of "Most-Favored-Customer" Clauses*（1995），美国联邦贸易委员会经济局（Bureau of Economics, U. S. Federal Trade Commission）局长乔纳森·贝格（Jonathan B. Baker）的评论，可查于 http://www.ftc.gov/speeches/other/bakersp.htm。

示的原则的基础上：①

· 知识产权被认为基本上应与任何其他种类的财产权同等看待，因此，与知识产权相关的限制竞争行为不应当适用特别规则。

· 不得推定知识产权本身产生了市场控制力。

· 除非许可协议是在竞争者（或者至少是实际的潜在竞争者）之间达成的，通常为人所承认的是，知识产权允许企业之间就互补性生产要素相互进行结合，并因而是有益于竞争；这特别涉及交叉许可，但也涉及许可的实施领域、地域和其他方面的限制。

· 除非一项许可协议的各当事方联合占有的市场份额超过了相关市场的20%，否则，反托拉斯机关将不对此进行干预［所谓的"安全港"（safe haven）规则］。

· 除了少数例外，对于许可限制将不适用"本身违法规则"（*per se* rules of unlawfulness），但可以依据"合理规则"（rule of reason）对个案进行事实评估，以认定某一特定的限制行为在特定情况下是否会提高效率（efficiency-enhancing）。

显然，上述方法与70年代的反垄断法执行政策有很大差别，② 与《技术转让行动守则草案》（Draft Code of Conduct on the Transfer of Technology）所提议的方法也相距甚远。③

6.2　国际文件

《经合组织跨国企业行为准则》 （OECD Guidelines for Multinational Enterprises）于2000年修订并获得通过，④ 其中第9章就是关于竞争，但该

---

① 参见 U. S. Department of Justice, Federal Trade Commission, *Antitrust Guidelines for Licensing of Intellectual Property*, Washington D. C., 1995 年 4 月 6 日（重印于 4 Trade Reg. Rep. （CCH）§ 13.132 = 49 BNA-PTCJ 714/1995）, sub. 2.0, 2.1; Ullrich, *Intellectual Property*, *Access to Information*, *and Antitrust*, 第 375 页及以下，以及 Gilbert, Tom, *Is Innovation King at the Antitrust Agencies? The Intellectual Property Guidelines Five Years Later*, 69 Antitrust L. J. 43 （2001）；请注意，《指南》并不适用于与商标相关的限制性活动。

② 参见 Tom, Newberg, *U. S. Enforcement Approaches to the Antitrust-Intellectual Property Interface*, 载 Anderson, Gallini, 第 343 页，第 347 页及以下。

③ 参见本章第 5.2 节。

④ OECD, *Guidelines for Multinational Enterprises-Revision 2000 —*, Paris 2000, 第 26 页（文本版），第 53 页及以下（评论版）。

准则的调整对象仍然是一般性的，并且不具有约束力。

WTO 框架下正在进行的与竞争相关的工作，最终结果难以预料。① 就目前而言，WTO 各成员并没有就 WTO 法律框架下引入竞争法规则的共同方式达成一致。WTO 部长级会议于 1996 年 12 月建立的"贸易与竞争政策关系工作组"（Working Group on the Interaction Between Trade and Competition Policy），已经就与贸易有关的知识产权和竞争政策之间的关系做过相当广泛的讨论。② 不过，它的作用仅限于收集并且定义相关议题，而没有提出解决方案或者规则。

6.3 地区和双边情况

6.3.1 欧盟

2004 年 5 月 1 日，新的《欧盟技术转让协议条例》（EU Regulation on Technology Transfer Agreements）开始生效。③ 该《条例》是由于欧盟对整个执法体系进行大规模修改和"现代化"改造，以及它重新思考其对应于横向和纵向合作的政策，特别是其对应于许可协议的政策而形成的结果。④《条例》通过一种"更偏重于经济学的方法"（more economic approach），对于竞争者之间所达成的协议和非竞争者之间达成的协议作出了明确区分。对于竞争性企业而言，如果它们之间所达成协议的各方将其所占市场份额加起来，

---

① 关于在 WTO 内的各种不同方式，参见 Jenny，*Globalization，Competition and Trade Policy：Issues and Challenges*，载 Zäch，第 3 页，第 25 页及以下；Petersmann，*Competition-oriented Reforms of the WTO World Trade System-Proposals and Policy Options*，同上，第 43 页及以下。

② 参见 WTO《贸易与竞争政策关系工作组致总理事会报告》（Report of the Working Group on the Interaction Between Trade and Competition Policy to the General Council），1998 年 9 月 8 日（T/WGTCP/2）；WTO《1997 年年度报告》（Annual Report 1997），第 72 页；Heinemann，*Problems of Intellectual Property Rights and Competition Policy-The Approach of the WTO Working Group on Trade and Competition*，载 Zäch，第 299 页及以下。

③ 参见《欧洲联盟公报》（OJEU）2004 L 123/11。另参见以上本章第 3 节。

④ 参见欧洲委员会《2001 年 12 月 20 日关于第 240/96 号技术转让集体免责条例（第 81 条项下的技术转让协议）的委员会评估报告》（Commission Evaluation Report of 20.12.2001 on the Transfer of Technology Block Exemption Regulation No. 240/96 (Technology Transfer Agreements under Article 81)（COM（2001）786 final）。参见〈http：//europa. eu. int/eur-lex/en/com/rpt/2001/com20010786en01. pdf〉。

没有超过受到影响的相关技术和产品市场总额的 20%，则给予一种广泛定义的（自动）集体免责（block exemption）。对于非竞争性企业，如果它们之间所达成协议的各方市场份额加起来，没有超过受到影响的相关技术和产品的市场总额的 30%，则给予自动集体免责。① 超出上述市场份额的，即便是横向协议，仍然可以通过个案进行广泛的"合理规则"分析（rule of reason analysis），而从中受益，② 这种更偏重于经济学的方法是以效率标准作为导向的，类似于美国所适用的标准。③ 进一步的要求在于，该协议并没有落入《条例》中具体列举的赤裸裸的限制（hardcore restrictions）。④ 最后《条例》还规定，对于在本来免责的协议中的个人义务（individual obligations），有可能拒绝对其适用集体免责。⑤

总之，欧盟尽管针对严格的地域限制而仍旧保持其原有的批评立场，但在执法政策方面已经接近于美国的做法。反垄断法的两大体系在方法上的趋同，对于许多国家来说究竟意味着什么，仍然有待观察，因为这些国家或是受到欧盟或者美国的鼓励，或是出于自身利益的考虑和/或希望建立起国际竞争规则，已经建立了它们自己的竞争法规则，或者为了提高其效率而在最近修改了立法。⑥

就欧盟的外部关系而言，欧盟的常规做法是根据《欧共体条约》（EC Treaty）第 81 条及以下诸项条款的规定，在所有的多边或者双边自由贸易协定中都包含相同或类似的竞争法规则，比如《欧洲经济区协定》（Agreement

---

① 参见《欧盟技术转让协议条例》第 3 条第 1 段和第 2 段。

② 欧共体委员会已经出版了以个案审查为基础的指南，参见 *Commission Notice Guidelines on the application of Article 81 of the EC Treaty to technology transfer agreements*，OJEU C 101/2，2004 年 4 月 27 日。

③ 关于其中存在的差别，参见 Anderson；Marschall；Fox；UNCTAD 1996；以及 Gutterman，*Innovation and Competition Policy：A Comparative Study of the Regulation of Patent Licensing and Collaborative Research ＋ Development in the United States and the European Community*，London 1997，第 217 页及以下。

④ 参见《条例》第 4 条，其中提到对一方定价能力的限制；对产量的合同限制；对市场或消费者作某种配置。

⑤ 参见《条例》第 5 条，其中提到排他性回授条款。

⑥ 参见 OECD 的国别报告，以及 Heath，Kung-Chung（编），*Legal Rules of Technology Transfer in Asia*，London 2002。另请注意，日本针对与知识产权相关的限制活动所适用的竞争政策已有修订，参见 Arai，*Recent Developments of Japanese Antitrust Policy Regard Intellectual Property Rights*，46 Antitrust Bull. 591（2001）。

on the European Economic Area) 以及为了让东欧国家加入欧盟而与之缔结的《欧洲协定》(Europe Agreements)。[①] 在这些情形中，欧共体的竞争政策必须被原样接受 (accepted tel quel)，特别是关于技术转让协议的规则。相反，在其他贸易与合作协定中，则只是规定了竞争法的一般原则。[②]。

6.3.2 其他地区性协定

其他的地区性协定，例如北美自由贸易协定 (NAFTA)，要求各成员必须采取适当行动，以阻止各种限制竞争的做法；它们同样不是专门针对知识产权的，而是具有一般适用性。[③] 同样的，南方共同市场 (Mercosul/r) 的规则显然也具有一般适用性特点，而且未得到完全实施。[④]

6.4 审查建议

对于这一主题没有提出过任何审查建议。

7. 评论（包括经济和社会意义）

关于知识产权保护与竞争政策这两者之间的关系，提出了很复杂的问题，

---

① 参见第 53 条及以下，以及《欧洲经济区协定》(EEA Agreement) 附件 14 (OJEC 1994 L1, 1)；附件 14 中所列的"共同体现有法律"(acquis communautaire)，系依据欧盟有关竞争的二级立法而不断更新；关于其他欧盟自由贸易区以及《欧洲协定》，参见 Bellis, *The Treatment of Dumping*, *Subsidies and Anti-competitive Practices in Regional Trade Agreements*, 载 Demaret, Bellis, Garcia Jimenez, *Regionalism and Multilateralism after the Uruguay Round*, Brussels 1997, 第 363 页，第 364 页及以下。

② 参见，例如，《非洲、加勒比和太平洋国家集团与欧洲共同体及其成员国之间伙伴关系协定》(Partnership Agreement between the African, Caribbean and Pacific Group of States of the one Part, and the European Community and its Member States of the other Part) 第 45 条（该协定简称 ACP-EU Agreement of Cotonou, 2003 年 6 月 23 日订立，尚未生效，其文本可查于〈http://europa.eu.int/comm/development/cotonou/agreement en.htm〉)。

③ 参见 1992 年 12 月 17 日《北美自由贸易协定》第 1501 条及以下（重印于 32 Int'l. Leg. Mat. 第 605 页，第 663 页及以下）；与知识产权有关的贸易与竞争问题，参见 Anderson, Feuer, Rivard, Ronayne, 第 397 页及以下。

④ 参见 Tavares de Aranjo, Jr., Timeo, *Harmonization of competition policies among Mercosur countries*, 43 Antitrust Bull. 第 45 页，第 57 页及以下（1998 年）。

由此形成了不同的立法解决方案，也产生了虽有争议但内容丰富的文献。① 在《TRIPS 协定》的情形中，以下评述看来是适宜的。

针对有关知识产权的限制性商业活动而采取的竞争政策，其设计意图和重要性取决于各成员的国内法如何定义知识产权保护，以及就相关市场中占主导地位的经济状况而言，这样的定义是否与之相符。② 以竞争为导向（competition-oriented）的知识产权保护制度，就不会让滥用行为有什么可乘之机。

在工业制造领域的技术转让方面，那些传统问题仍然存在，而在服务产业中，新问题也已开始显现，并且，在许可活动之外的其他活动变得越来越重要，特别是关于外国直接投资、③ 合作协议、外包、标准化、系统关联以及信息公开等。④

竞争政策本身也引发了相当多的问题，因为竞争这个概念是随着相关市场——尤其是发展中国家的市场——的性质和需要并随着时间变化而不断变动的。⑤ 进一步的复杂性在于，受到全球化影响的经济制度中关于市场概念的相对性。虽然有一定的范围限制，但《TRIPS 协定》第 8 条第 2 款和第 40 条还是明确规定，竞争政策应当被认为是一个由各成员决定的问题，然而，各

---

① 参见 Church, Ware; Anderson; DeSanti, Cohen; Ullrich, *Intellectual Property, Access to Information*, and Antitrust。

② 参见 UNCTAD, 1996, 第 14 页及以下。

③ 参见 UNCTAD, WIR 1997, 第 135 页及以下，第 163 页及以下，第 183 页及以下；Maskus, *Intellectual property rights, foreign direct investment and competition issues in developing countries*, 19 Int. J. Tech'y Management 22（2000）（以下简称 Maskus）。

④ 参见 Merges, *Antitrust Review of Patent Acquisitions: Property Rights, Firm Boundaries, and Organization*, 载 Anderson, Gallini, 第 111 页及以下；Ullrich, *Competition, Intellectual Property Rights, and Transfer of Technology*, 第 363 页，第 375 页及以下。另参见 Church, Ware; Anderson; De Santi, Cohen; Ullrich, *Intellectual Property, Access to Information, and Antitrust*。

⑤ 关于竞争政策与发展中国家，一般性参见 Correa, *Competition Law and Development Policies*, 载 Zäch, 第 361 页及以下；UNCTAD, WIR 1997, 第 183 页及以下；Godek, *A Chicago-school approach to antitrust for developing countries*, 43 Antitrust Bull. 261（1998）；关于知识产权—反垄断与发展中国家，参见 Maskus；Primo Braga, Fink, *International transactions in intellectual property and developing countries*, 19 Int. J. Tech'y Management 35（2000）；关于各种竞争政策的目标和概念，以及它们的变化，参见 Anderson; Marschall; Fox; UNCTAD 1996; Ullrich, *Intellectual Property, Access to Information, and Antitrust*；并一般性参见 Ehlermann, Laudati（编），*The Objectives of Competition Policy*, Oxford 1998。

种新的发展以及对国内竞争政策控制力的减弱，就要求各成员在竞争政策的定义和实施方面相互合作。地区性合作模式可以说是国际法在该领域发展过程中的重要一步。[1]

并非只是纯粹与知识产权相关的限制性商业活动才具有控制的意义。其他可能涉及知识产权甚至涉及整个竞争环境的限制性商业活动，也是进行控制的重要对象。[2] 从其本质和功能上看，知识产权都是依赖于竞争的。只有在竞争性构造的市场中作为一种竞争的手段，知识产权才能适当地发挥作用。[3] 因此，一个主要的问题就在于，应当建立起合适的竞争环境，而它除了其他方面的因素外，就包括了有效的地区性整合。

如上文所述，第 8 条第 2 款和第 40 条不应当被理解为是对国内法施加限制，相反，它们是在鼓励各成员建立适当的竞争政策。

对一项与知识产权相关的竞争政策进行有效的管理和实施，显得特别重要，因为考虑到知识产权保护与竞争之间的相互依存关系，如果不实施竞争政策就可能付出很高的成本。如果知识产权的有效功能由于限制竞争的活动而受到损害，那么，以市场为导向的激励机制就会降低作用，社会成本则随之提高。在这一方面，知识产权法中那些达到利益平衡的制度设计，例如，先用权例外、实验使用或者合理使用、要求进行有效且并非保护主义的实施、对滥用的抗辩等，就可能既有助于为竞争政策减轻压力，又能够鼓励人们对不正当的保护请求采取民事行动。同样，对限制性活动的控制应当不仅仅在于采用行政或者刑事制裁，而且也应当提供民事救济途径，比如对限制性协议请求宣告无效、行使撤销权、请求损害赔偿等。

与知识产权相关之竞争政策在适用上存在的复杂性，意味着进行有效并且合法的控制，需要专业化并且经验丰富的执法机构，其中既包括行政机关也包括法院。在限制性活动或者滥用市场支配地位的做法与那些旨在纠正风险管理问题的合理活动之间做出正确区分，就需要相当程度的专业知识。有部分 WTO 成员就规定，由咨询机构或者执法机构行使某些管理控制，而由法院负责审理针对上述机构所作裁决提出的上诉，或者直接受理由私人主体

---

[1] 参见 UNCTAD，WIR 1997，第 217 页及以下；Ullrich, *Competition, Intellectual Property Rights, and Transfer of Technology*，第 370 页及以下。

[2] 参见 UNCTAD，WIR 1997，第 210 页及以下；Zäch, *Competition Law as a Comparative Advantage*，载 Zäch，第 395 页及以下。

[3] 参见 Maskus；Ullrich, *Intellectual Property, Access to Information, and Antitrust*，第 371 页及以下。

提起的诉讼。负责审理的法院既可以是一般法院，也可以是享有专门管辖权的法院，视乎各成员的国内习惯。对于专门法院而言，重要的是它们在竞争问题和知识产权法这两个领域都具备经验。

无论由竞争对手还是由对于限制性协议表示不满的当事方所提起的民事救济程序，其成本都由诉讼当事人之间分担，与之相反的是，反垄断执法机构的建立也可能需要耗费更多的成本，却不能由当事人来分担（尽管可能通过向在反垄断规则上的违法企业收取强制执行费或者根据其实施限制竞争行为所获得收益而征收的罚金，来弥补其中的一部分成本）。但是，此类行政成本（administrative costs）必须按照在未采取执行措施的情况下所需要付出的社会成本（social costs）加以核算。经验证明，对反垄断规则实行民事救济措施通常不够充分，无论是在一般领域还是专门针对行使知识产权的特定领域，因此，为确保竞争政策的有效执行，行政性控制还是至关重要的。①

对于发展中国家而言，重点是要考虑采用适当的法律和经济措施，来应对由于知识产权的滥用或者不当行使而产生的各种限制竞争的活动。它们在遵守《TRIPS 协定》的一般要求的前提下，可以具体调整实施其各自的竞争法，以适应上述工作目标。不过也要引起注意，因为如果适用竞争法操之过急、热情过头的话，也可能增加不确定性，并且抑制投资激励，包括当地企业的投资，而这反过来又会增加在技术协议上的合同成本。同样的，在促进市场激励与控制垄断性以及不正当商业活动之间，必须达到一种平衡。

总而言之，任何通过竞争政策的实体规则来实施《TRIPS 协定》的做法，都必须考虑到大量的复杂因素，例如国内和国际的市场条件，两者的相互依存关系，以及各成员的国内知识产权制度的目标和结构安排（包括知识产权制度内在的竞争法规则，比如实验使用或者合理使用、权利用尽制度、滥用专利权或者版权的抗辩等）。② 其他方面的因素还包括，诸如国内反垄断政策的特定目标，各成员对国际经济组织规定的遵守，以及《TRIPS 协定》本身对竞争的影响等。这当然不是一件轻松的任务，也绝不是用简单草率的立法就能够解决的。毋宁说，这是一项复杂的、具有挑战性的并且旷日持久的事业，而其目标和重点还会随时间不断改变。③

---

① 参见 UNCTAD 1996，第 279 段，第 282 段和第 283 段。

② 参见 Ullrich，TRIPS：*Adequate protection，inadequate trade，adequate competition policy*，载 Pacific Rim Law & Policy Journal，第 14 卷第 1 期，1995 年 3 月，第 154—210 页。

③ 参见 UNCTAD 1996，第 277 段。

第四编

实施以及权利的取得和维持

第30章　实　施

1. 引言：术语、定义和范围

《TRIPS 协定》第三部分（第 41 条至第 61 条）制定了知识产权实施的最低标准。第四部分（第 62 条）则同样为知识产权的取得和维持制定了最低标准。

这两部分因此就是对《TRIPS 协定》实质性最低标准的补充。从权利持有人的角度看，如果没有知识产权实施的有效程序，或者如果世贸组织某一成员可以通过对权利的取得和维持设定某些要求，而使权利持有人无法享有知识产权，那么，实质性最低保护的权利就几乎毫无价值。另一方面，从一国政府的角度而言，将知识产权的取得和维持保留为其主权，要求履行特定的手续和条件，比如交纳注册费和维持费，这又是非常重要的。《TRIPS 协定》第四部分所处理的，正是此类问题。

由于各国关于实施规则的国内法千差万别，《TRIPS 协定》第三部分没有试图去调和这些规则，而只是确立了一般标准，每一成员将根据其所确定的方法，按照《TRIPS 协定》第 1 条第 1 款所规定的一般原则来实施这些标准。因此，《TRIPS 协定》序言指出，谈判各方承认"需要制定有关下列问题的新的规则和行为准则……(c)就实施与贸易有关的知识产权规定有效和适当的手段，同时考虑各国法律制度的差异"。序言还强调，"需要一个有关原则、规则和行为准则的多边框架，以处理冒牌货的国际贸易问题"，在东京回合中，尽管美国试图就此事项确立规则，但这一目标却始终未能实现。①

在这种情形中，"实施"（enforce）是指执行特定的法律、令状、判决或者收取债务或罚款。② 在知识产权语境下，它特指防止侵犯所授予之权利或者针对侵权行为而获得救济。"侵权行为"（infringement）是指，对于由权利持有人享有专有控制权的行为（比如第 11 条、第 14 条、第 16 条和第 28 条所定义的行为），且不存在法律所允许的例外情形（比如根据第 13 条和第 30 条而被允许的行为），第三人未经权利持有人同意或主管机关授权（例如，在强制许可的情况下）而予以实施。

第三部分所包含的实施规则范围很广：它们包括了在境内和边境采取的控制侵权行为的措施，并且无一例外地适用于《TRIPS 协定》所包含的所有权利。不过，有些措施只有在与特定类型的知识产权相关时才具有强制力，例如边境措施和刑事制裁只针对有关商标和版权的侵权行为具有约束力。

第三部分共分 5 节：第 1 节（第 41 条）规定了适用于第三部分所有条款的一般义务；第 2 节（第 42 条至第 49 条）规定民事、行政程序和救济；第 3 节（第 50 条）包含了临时措施；第 4 节（第 51 条至第 60 条）包括了与边境措施相关特殊要求的规则；第五节（第 61 条）规定了刑事程序。

总体而言，第三部分规定了救济③和程序④（包括司法程序和行政程序）。⑤ 这些规范又可分为三大类：一般程序、上诉权和透明度。⑥ 它们所确立的义务在细节上并不清楚，但它们确实是以结果为导向的（result-oriented）。这一方式就解释了在这部分为什么包含那么多意义模糊的短语，比如"有效的"（effective）、"合理的"（reasonable）、"不正当的"（undue）、"无理的"（unwarranted）、"公平和公正的"（fair and equitable）以及"不

---

① 参见，例如，Bernard Hoekman, Michel Kostecki, *The Political Economy of theWorld Trading System*, *From GATT to WTO*, Oxford University Press, Oxford 1997, 第 151 页。另参见本书第 1 章。

② 参见 *Black's Law Dictionary*, sixth edition, 1990, 第 528 页。

③ "救济"（remedy）是指"实施权利或者对侵权行为予以防止、纠正或补偿的方法"（*Black's Law Dictionary*, sixth edition, 1990, 第 1294 页）。

④ "程序"（procedure）是指"法律上的权利得到实施的进行方式，与授予或界定该权利的实体法相区别"（*Black's Law Dictionary*, sixth edition, 1990, 第 1203 页）。

⑤ 参见第 50 条第 8 款、第 49 条和第 61 条。

⑥ 参见，例如，Jay Dratler, *Intellectual property law*, *commercial*, *creative*, *and industrial property*, Law Journal Press, New York 1999, 第 1A—115 页（以下简称 Dratler）。

应……不必要的复杂和费用高昂"（not…unnecessarily complicated or costly）等。①

第三部分包括不同性质的强制性规定。有些规定确立了纯粹的义务（例如第 48 条第 2 款），而其他许多条款则要求各成员授权司法机关（第 43 条第 1 款、第 44 条第 1 款、第 45 条第 1 款和第 2 款、第 46 条、第 47 条、第 48 条第 1 款、第 50 条第 1 款、第 2 款、第 3 款和第 7 款）或其他"主管"机关或"有关"机关（第 53 条、第 56 条和第 59 条）采取特定的行动。尽管各成员必须授权（empower）其司法机关就特定行为作出裁判，但该司法机关却没有义务（not obliged）必须照此行事，它们在适用这些强制性规则时可以行使自由裁量权。即便系统性拒绝行使所授予之权得到了证明——这一点也许很难证明，但是，发生争议之成员还是可以通过授权此类机关在特定案件中采取规定行动的方式，来遵守其在本协定项下的义务，② 在此情况下，法院是按照发生争议之成员的主要惯例行事的。此外，如欲主张违反之诉的还必须证明，与实施问题相关的实质性保护标准是足够地明确无误，以便引发采取某种实施措施。③

第三部分还包括一些任意性规定（例如，对版权和商标权以外的权利适用边境措施），成员可以而不是必须采用这些规定。

因此，这里的实施措施既有强制性的，又有任意性的。初步救济（preliminary relief）、禁令、宣告式救济（declaratory relief）、损害赔偿、违禁品的处置或销毁，以及对故意假冒商标和商业性盗版行为的刑事制裁，这些措施在某些情形中都是强制性的；而其他的救济措施，包括退还侵权利润（recovery of the infringer's profit）、律师费和诉讼成本、法定赔偿（statutory damages），以及自动［"依职权"（ex officio）］采取的边境执法措施，这些则都是任意性的。④

---

① Dreier, *TRIPS and the enforcement of intellectual property rights*，载 F. Beier 和 G. Schricker，From GATT to TRIPS，Max Planck Institute/VCH，Weinheim 1996，第 255 页（以下简称 Dreier）。

② Grevais，第 202 页，其认为相关机关如果系统性拒绝适用其权力，就可能构成"非违反"（non-violation）之诉。不过，《TRIPS 协定》第 64 条第 3 款的可适用性仍在争议之中（该种起诉的范围和类型尚未经 TRIPS 理事会的审议）。

③ 参见 Jerome Reichman，*Enforcing the enforcement procedures of the TRIPS Agreement*，Virginia Journal of International Law 1997，vol. 37，No. 2，第 350 页（以下简称 Reichman）。

④ 参见 Dratler，第 1A—100 页。

实施规则必须符合公平和公正（fairness and equity）这项一般原则。① 此外还有其他可供适用的标准，比如防止权利持有人滥用权利（第 41 条第 1 款、第 48 条第 1 款、第 50 条第 3 款和第 53 条第 1 款）、救济措施对应于侵权严重程度的比例性（第 46 条和第 47 条），以及保护机密信息（第 42 条、第 43 条第 1 款和第 57 条；另参见第二部分第 8 节第 40 条第 3 款）。

尽管第三部分的目标在于确保知识产权在所有成员境内都能有效实施，但是，在本部分中的救济"与一成员的法律不一致"的情况下，《TRIPS 协定》也允许存在广泛的例外，只要能够获得宣告式判决②和足够的赔偿（参见第 44 条第 2 款第二句）。

第四部分（第 62 条）涉及知识产权另一个重要的程序方面的问题，亦即，权利的取得与维持。规定这一问题的只有一个条款，并且采用的术语非常宽泛，从而为各成员实施该条款留下了相当大的自由裁量权。从本质上看，它授权各成员可以要求申请人或权利持有人取得和维持知识产权遵守"合理的"程序和手续（第 1 款）。关于知识产权的授权或注册，各成员有义务确保这些程序在一"合理"期限内结束，以使权利持有人在保护期内有效地享有权利（第 2 款）。"公平和公正程序"以及"裁决要说理"（reasoned decisions）的一般原则，不仅适用于第三部分的实施条款，也适用于第四部分关于权利的取得和维持规则（第 62 条第 4 款）。最后，与第四部分程序相关的行政裁决，在特定条件下应当受到司法审查或准司法审查（第 62 条第 5 款）。

2. 条文沿革

2.1　TRIPS 之前的情形

与此前存在的知识产权条约相比，《TRIPS 协定》的一个重大革新在于，它不仅规定了权利的效力，还规定了权利的实施。这种广泛的覆盖范围正是那些要求在 GATT 中加入有关知识产权协定的支持者们的确切目标，因为他们曾经抱怨，《巴黎公约》和《伯尔尼公约》之下的义务未能得到有效的实施，特别是在发展中国家。他们认为，假如所赋予的权利不能得到有效实施，那么即使知识产权保护的标准再充分，也没有什么价值。③

---

① 参见第 41 条第 2 款和第 42 条。

② "宣告式判决"（declaratory judgment）是指"对诉讼当事人的权利和地位有约束力的裁决，即使未因此而给予救济"（*Black's Law Dictionary*，sixth edition，1990，第 409 页）。

③ 参见，例如，Trebilcock and Howse，第 320—321 页。

2.2　谈判经过

在 GATT 谈判过程中，正是美国①和欧共体②提出倡导，在知识产权实施方面制定具体的规则。在它们独立提出的意见书中，美国和欧共体所提议的文本在某些方面是非常接近的，甚至完全相同。由此举动可以看出，美国和欧共体反映了商界的观点，正如由分别来自美国、日本和欧洲的商业协会（IPC、Keidanren 和 UNICE）③所提交的共同立场文件所表明的那样，它们要求建立一整套"实施程序的基本要素"。④

与《TRIPS 协定》其他章节不同，尽管它们具有至关重要和影响深远的意义，实际上，关于实施和维持的条款的讨论和争议都远远少于该协定中的实体性规则所经受的讨论和争议。⑤ 这可以从以下事实反映出来，即《TRIPS协定》最终版本中关于知识产权的实施、取得和维持的条款，与布鲁塞尔草案中的这些条款基本相同。⑥⑦

与实施条款在谈判过程中相对无争议的本质特点恰成对比的是这样的事

---

① 参见，例如，MTN. GNG/NG11/W/70，1990 年 11 月 5 日，第 3 部分。

② 参见，例如，MTN. GNG/NG11/W/16，1987 年 11 月 20 日；MTN. GNG/NG11/W/31，1989 年 5 月 30 日。

③ IPC 是指美国知识产权委员会（Intellectual Property Committee）；Keidanren（即"经团联"——译者）是指日本经济团体联合会（Japan Business Federation）；UNICE 是指欧洲产业工会与雇主联盟（Union of Industrial and Employers'Confederations of Europe）。

④ 参见 IPC，Keidanren & UNICE（编），*Basic Framework of GATT Provisions on Intellectual Property-Statement of Views of the European，Japanese and United States Business Communities*，June 1998。

⑤ 参见，例如，由以下各国提交的意见书：印度（MTN. GNG/NG11/W/40），加拿大（MTN. GNG/NG11/W/42），（MTN. GNG/NG11/W/43），瑞士（MTN. GNG/NG11/W/44），韩国（MTN. GNG/NG11/W/48），澳大利亚（MTN. GNG/NG11/W/53），中国香港（MTN. GNG/NG11/W/54），北欧各国（MTN. GNG/NG11/W/58）和奥地利（MTN. GNG/NG11/W/62）；以及 GATT 秘书处文件 MTN. GNG/NG11/W/33 Rev. 2，1990 年 2 月 1 日。另参见 Dreier，第 257 页。

⑥ 《体现多边贸易乌拉圭回合成果的草案最终文本，修订，与贸易有关知识产权（包括假冒商品贸易）》（Draft Final Act Embodying the Results of the Uruguay Round of Multilateral Trade Negotiations, Revision, Trade-Related Aspects of Intellectual Property Rights, Including Trade in Counterfeit Goods），MTN. TNC/W/35/Rev. 1，1990 年 12 月 3 日。

⑦ 基于同样的原因，《TRIPS 协定》当前文本与欧共体和美国的提案以及安奈尔草案（文件 MTN. GNG/NG11/W/76，1990 年 7 月 23 日）之间似乎并无实质性差别。基于这些情形，本书在此部分对于谈判沿革的处理与其他各章有所不同。就本书而言，各种相关提案之间的差别在对《TRIPS 协定》各个条款进行讨论时会特别指出来（参见以下第 3 节）。

实，即各国法律制度和国内法之间就有关实施的规则存在着重大差异，而参加谈判的许多发展中国家，实际上缺乏适用更高标准来实施知识产权的基础设施和资源。

既然鉴于上述差异，要想统一各国的实施规则，即便是在发达国家，也似乎不大可能，因此，美国和欧共体便提出建立一套以结果为导向（result-oriented）的规则，也就是说，该规则基本上定义的是想要达到的目标（例如，防止侵权），而不是对各成员所承担义务的具体规定。

一项针对《TRIPS 协定》草案和最终通过文本的分析①指出，虽然许多条款被削弱了，一些措施也留由各成员自主确定，但是，美国和欧共体在总体上贯彻了它们就该议题所持的理念。而在谈判过程中发展中国家的利益在多大程度上得到了适当的关注，这仍是一个有争议的问题。② 基于印度的一项提案，发展中国家得以避免承担任何义务，来建立实施知识产权的特殊司法制度，或者为之分配特别资源，③ 但除此之外，对谈判结果也没有造成太大影响。

3. 可能的解释

3.1 第 41 条

3.1.1 第 41 条第 1 款

第 1 节：一般义务
第 41 条

1. 各成员应保证根据其国内法而可实现在本部分中具体规定的实施程序，以便针对任何侵犯本协定所涵盖知识产权的行为采取有效行动，包括为阻止侵权而采取迅速的救济措施和对进一步侵权构成遏制的救济措施。这些程序的实施应避免对合法贸易造成障碍并为防止这些程序被滥用提供保障。

第三部分第 1 节规定了与实施有关的一般义务。它包括的条款涉及：防止侵权行为和救济程序的可获得性、获得此类程序所需满足的基本条件、裁

---

① 一般性参见 Reichman，第 335—356 页。
② 参见，例如 Dreier，第 257 页。
③ 参见以下第 41 条第 5 款。

决及其审查，以及处理侵权程序的管辖法院。本节所规定的义务，适用于《TRIPS 协定》所涵盖的各类知识产权。

第 41 条适用于与知识产权实施相关的司法程序和行政程序。[①] 行政执法程序必须跟《TRIPS 协定》第四部分所规定的与权利取得和维持相关的程序区分开来，[②] 尽管正如下文所提到的，它们在某些情形中适用的是相同的程序性规定。

第 41 条第 1 款规定了与实施程序相关的基本义务：各成员有义务确立得以针对侵权行为采取"有效"行动（effective action）的程序。尽管"有效"一词在《TRIPS 协定》其他条款中亦有使用，[③] 但在本节的特定语境下，该术语却有着相当大的解释空间。[④] 第 41 条第 1 款的措辞（它几乎就是照抄美国和欧共体提案的原文[⑤]）表明，一成员如果让人能够获得第三部分所要求的适当程序，便是遵守了《TRIPS 协定》规定的义务，也就是说，针对侵权行为而提供有效措施的义务，并不是要让成员承担义务，来引进第三部分所规定以外的措施。[⑥] 因此，任何关于是否遵守 TRIPS 义务的判定，都必须以各成员是否让人能够获得规定的程序作为客观依据。在评判某一成员的实施程序是否在实际上得以采取"有效行动"时，WTO 专家组或上诉机构都必须考虑到，在不同的法律制度中，对于所采取措施的有效性的评估也不尽相同。关于哪些情况下构成"有效性"，不可能存在单一的标准。这一点也为《TRIPS 协定》序言所确认，该序言明确规定，就实施与贸易有关的知识产权规定有效和适当的手段时，需要考虑"各国法律制度的差异"。

---

① 在某些法律管辖区域（例如，墨西哥、秘鲁），行政机关被授予颁布禁令救济的权力，而在其他的法律管辖区域，这属于司法机关的一项专有职权。

② 参见以下本章 3.22 节。

③ 参见本书第 21 章，第 27 条第 3 款(b)项。

④ 在 WTO 裁决中，同一词语在不同条款中可能会被赋予不同含义。参见，例如上诉机构对于 GATT 第 3 条第 2 款和第 4 款中"like"（类似）一词的分析，*European Union-Measures affecting Asbestos and Products Containing Asbestos*，WT/DS135。上诉机关认为，"在每一个使用了'类似产品'（like products）一词的条款中，对该词语的解释必须结合上下文、目的和宗旨、发生争议的条款以及该条款所在之协定的目的和宗旨"（第 88 段）。

⑤ 不过，美国和欧共体递交的原始提案中提到的义务是"提供有效的程序"（provide effective procedures，着重号是后加的）〔这与现行文本中的"有效行动"（effective action）有区别〕。

⑥ 参见，例如 Dreier，第 260 页。

要求各成员提供有效的实施程序，这就提出了关于不一致性（nature of inconsistency）的问题，而这正是争端解决机构（DSB）所应当审查的。一方面，可以认为，如果一成员在特定的个案中未能提供足够的救济，即构成其未能提供有效的实施程序的证据。但另一方面，《争端解决谅解》（DSU）意在提供一个机制，来处理那些影响到各成员权利的问题，而不是变成面向私人主体的诉讼当事人的上诉法院。在评估一成员的实施程序的有效性时，看来更恰当的做法是，如果有证据表明，在被起诉的成员中存在着一种制度性问题（systemic problem），就可以认定存在不一致性；制度性问题，即指可能重复发生的问题。一部法律或者其他在问题处理过程中所意图适用的措施，都可能构成制度性问题的基础。就司法机关或者行政机关的执法而言，如果一系列的裁决都明显有悖于对《TRIPS 协定》义务的有效实施，则可以此证明，存在着一个制度性问题。而孤立的"值得怀疑的裁决"（questionable decisions）或许就不足以构成适当的证据，来证明一成员未提供有效的实施程序。

第 41 条第 1 款要求确立两种救济措施："为防止侵权而采取迅速的救济措施"，和"对进一步侵权构成威慑的救济措施"。一成员如果遵守了第 50 条规定的义务（临时措施）和第 51 条规定的义务（边境措施），就应当被视为提供了"迅速的"防止侵权的救济；而如果在《TRIPS 协定》强制性规定的范围内提供了禁令、赔偿和扣押措施，① 就应当被视为遵守了关于采取措施威慑进一步侵权的义务。

第 41 条第 1 款规定，有必要在权利持有人、被控侵权人以及公众的利益之间保持平衡。该条款的第一句话（正如上文所分析的）反映了权利持有人的利益，第二句话则考虑了公众在那些受知识产权保护之产品的可获得性（availability）方面的利益："这些程序的实施应避免对合法贸易造成障碍并为防止这些程序被滥用提供保障"。这一规定是与《TRIPS 协定》序言②和第 8 条第 2 款③相一致的，表明在采取和适用实施程序方面，各成员必须确保合法贸易（legitimate trade）不会受到——例如，无充分的正当理由而采取禁令措施所导致的——损害。根据"加拿大—医药产品"（*Canada-Pharmaceutical*

---

① 参见以下第 44 条、第 45 条和第 46 条。
② "期望……保证实施知识产权的措施和程序本身不成为合法贸易的障碍；……"
③ "只要与本协定的规定一致，可能需要采取适当措施以防止知识产权权利持有人滥用知识产权或采取不合理地限制贸易或对国际技术转让造成不利影响的做法"。

Products）案①的专家组报告，"对'合法'（legitimate）一词的界定，必须符合其在法律话语中通常所使用的含义——即作为要求保护为相关公共政策或其他社会准则所支持的'正当'（justifiable）利益的规范性主张（normative claim)"（第 7.69 段）。

第 41 条第 1 款第二句话还要求②各成员采取行动，避免对实施程序的滥用。此类滥用同样可能对合法贸易造成障碍或者给公众或竞争者带来额外的负担。例如有证据表明，大公司会针对那些不能承受知识产权诉讼的高额成本和冗长程序的中小公司采取"策略性诉讼"（strategic litigation，该诉讼通常以较弱的或无效的权利为基础而发动）。③

3.1.2 第 41 条第 2 款

> 2. 有关知识产权的实施程序应公平和公正。这些程序不应不必要的复杂和费用高昂，也不应限定不合理的时限或造成无理的迟延。

第 41 条第 2 款引入了一项与实施程序相关的一般条款。它规定了一项十分笼统但却非常重要的义务：涉及知识产权实施的程序必须"公平和公正"（fair and equitable）。接着，它含糊地指出了那些可能导致一个程序不公平或不公正的不良因素，判断的根据则包括了复杂性、费用、时限和期间。④ 不过，在判断是否公平和公正时，还可能需考虑其他因素，比如在根据案件是非曲直作出的裁决之前有无听证的机会和提供证据的机会⑤。

公平和公正原则适用于与实施程序有关的所有当事人，而不仅仅是权利持有人。正如下文所提到的，第三部分中有若干条款，是专门为了保护被控侵权人免于受到权利持有人的虚假诉讼或滥用诉权的。

如果"不必要的复杂和费用高昂"或者"不合理的时限或造成无理的迟延"是此类程序本身的内在特征，而非与特定的、孤立的个案相关，那么，就可以此主张违反了第 41 条第 2 款。如果是根据《争端解决谅解》（DSU）而产生的一个争端，则起诉方将承担艰难的证明责任，证明存在这样的违反行为。事实

---

① WT/DS114R，2000 年 3 月 17 日。

② 此处的用语是强制性的（"这些程序的实施应当……"）。

③ 参见 Carlos Correa, *Internationalization of the patent system and new technologies*，Wisconsin International Law Journal 2002，vol. 20，No. 3，第 543 页。

④ 欧共体和美国的原始提案中还包括"不必要的时间耗费"（unnecessarily time-consuming）这样的条件，但在所采用的文本中未再包括。

⑤ 参见第 42 条关于"公平和公正的程序"。

上，费用和迟延都非常依赖于不同国家的法院在适用现有程序时的方式。并且，要为此类事项设立一个客观的国际标准，也是极端困难的。例如在美国，典型的侵权案件所需化费的成本，据估计在 100 万至 300 万美元之间；况且，诉讼是一个漫长的过程（有一份估计表明，在地区法院进行专利诉讼的"平均"期限为 31 个月），这就意味着，在有关专利的最终裁决下达之前的很长一段时间内，被控侵权人要么缴纳许可使用费（royalties），要么冒着风险，在被判定构成侵权时支付高额的惩罚性赔偿金（penalties）。① 在其他法律管辖区域，高额诉讼费也很普遍。② 考虑到《TRIPS 协定》为各成员在决定是否遵守本协定义务的方法上留有广阔空间，专家组就很难确定某种程序在什么情况下可以被视为是"不必要地"（unnecessarily）复杂和费用高昂，或者限定了"不合理的"（unreasonable）时限或造成"无理的"（unwarranted）迟延。

第 41 条第 2 款（和第 41 条第 3 款）也适用于③同知识产权取得和维持有关的程序，并且在一成员法律对此类程序作出规定的情况下，还适用于行政撤销程序和诸如异议、撤销和注销等当事方之间的程序。④

3.1.3　第 41 条第 3 款

> 3. 对一案件是非曲直的裁决，最好应采取书面形式并说明理由。裁决至少应使诉讼当事方可获得，且不存在不正当的迟延。对一案件是非曲直的裁决，只能根据已向各方提供听证机会的证据作出。

第 41 条第 3 款要求"对一案件是非曲直的裁决，最好（preferably）应采取书面形式并说明理由"。美国和欧共体的提案原文中所使用的副词是"一般"（regularly）。这个变化或许能反映出如下事实，假如当初采用的是后者

---

① 参见，例如 Stuart Graham 和 David Mowery，*Intellectual property in the U. S. software industry*，美国科学技术与经济政策委员会（NRC Board of Science, Technology and Economic Policy）大会"专利制度的运行"（The Operation of the Patent System）会议上的宣读论文，Washington，D. C.，2001 年 10 月 22 日，可查于 http://www4. nationalacademies. org/pd/step. nsf

② 根据某些方面的估计，诉讼费在英国可达 100 万美元，在德国则为 20 万美元。参见，例如 John Orange，*Costs - an Issue for Whom?*，向国际专利制度大会（Conference on the International Patent System）提交的论文，世界知识产权组织，日内瓦，2002 年 3 月 25—27 日。

③ 参见《TRIPS 协定》第 62 条第 4 款。

④ 这些种类的程序为许多法律管辖区域的专利与商标局所采用，比如在欧洲专利局（European Patent Office）和美国专利商标局（U. S. Patent and Trademark Office）。

这种较高标准，＊　即使是发达国家也将不得不修改其立法。①

本条款还确立了与诉讼当事人相关的透明度义务（transparency obligation）②：对一案件是非曲直的裁决至少应当使诉讼当事方可以获得，并且"不存在不正当的迟延"。各成员也有充分的余地，来决定"不正当"（undue）一词在此种语境下可以作何解释。③ 第 41 条第 3 款并不禁止让该裁决为第三人，或者更广泛而言，为公众所知。④

最后，第 41 条第 3 款规定，对一案件是非曲直的裁决，只能根据已向各方提供听证机会的证据作出。这就要求对于由当事人提交的或者来自任何其他来源的证据，建立一个适当的对抗制程序（adversarial procedure）。⑤

第 41 条第 3 款所确立的义务只适用于对案件的"是非曲直的裁决"（decisions on the merits），而不适用于临时措施，后者由《TRIPS 协定》的其他规则所调整。⑥ 不过，本条款并不必然限于对一案件是非曲直的终局裁决（final decisions）。

3.1.4　第 41 条第 4 款

> 4. 诉讼当事方应有机会要求司法机关对行政终局裁决进行审查，并在遵守一成员法律中有关案件重要性的司法管辖权规定的前提下，至少应有机会要求对一案件是非曲直的初步司法裁决的法律方面进行审查。但是，对刑事案件中的无罪判决无义务提供审查机会。

＊　指原来提案要求裁决"一般"采取书面形式并说明理由，而按现在的标准是，裁决"最好"采书面形式并说明理由。两者存在标准上的高低之别。——译者

①　参见，例如 Dreier，第 260 页。

②　另参见《TRIPS 协定》第 63 条，本书第 31 章。

③　《TRIPS 协定》在表示程序性迟延（procedural delay）时所使用的术语并不统一。第 41 条第 2 款用的是"无理由的迟延"（unwarranted delay），第 50 条第 4 款用的是"立刻"（without delay）。目前尚不清楚使用"不正当"和"无理由"是否会导致不同的结果〔"不正当"（undue）是指"过度的，不相称的"；"无理由"（unwarranted）是指"未经授权的，未被证明为正当的"，《简明牛津词典》（*The Concise Oxford Dictionary*），第 8 版，1990 年，第 1334 页和第 1348 页〕。第 50 条第 4 款中的"立刻"这一表达似乎建立了一个更高的标准，要求有关机构及时采取行动。另请注意，第 44 条第 1 款和第 50 条第 1 款(a)项要求的是"立即"（immediately）采取行动。

④　一般来说，司法裁决不论是否正式公布，均应为任何利益相关之当事方所获得。

⑤　参见，例如 Grevais，第 198 页。

⑥　正如下文所考察的（参见关于第 50 条第 4 款的分析），在采取不作预先通知的临时措施的情况下，应当"至迟在执行该措施后立刻"通知受影响各方。

第 41 条第 4 款要求可以获得对与知识产权实施相关的行政终局裁决进行审查的程序，并且，这种审查是专门由"司法机关"进行的。① 而《TRIPS 协定》第 62 条第 5 款则规定，在关于权利取得和维持——而不是关于权利实施——的程序中，行政终局裁决应当受到"司法机关或准司法机关"的审查。② 另一方面，在异议或行政撤销不成立的情况下，则各成员并无义务提供机会对裁决进行此种审查，只要此类程序的根据可以成为无效程序的对象。③

第 41 条第 4 款还规定，应当对"初步司法裁决"（initial judicial decisions）进行司法审查。本条款所奉为圭臬的上诉权，可能在三个方面受到重大限制。首先，这项权利至少必须赋予有关此类裁决的"法律方面"（legal aspects），由此反映一个事实，即在许多法律管辖区域，上诉并不处理有关事实认定的问题。其次，正如许多国家的法律所规定的，一些经济意义不大的案件，根据"一成员法律中的司法管辖权规定"，④ 也会被排除该项上诉权。最后，各成员对于刑事案件中的无罪判决（亦即，关于某人无罪的、在法律上的正式证明）无义务提供审查机会。

3.1.5 第 41 条第 5 款

> 5. 各方理解，本部分既不产生任何义务，要求各成员建立与一般法律实施制度不同的知识产权实施制度，也不影响各成员实施一般法律的能力。本部分的任何规定在实施知识产权与实施一般法律的资源分配方面，也不产生任何义务。

第 41 条最后一款在美国与欧共体提案的原文中并未提及。它之所以被包含于此，是为了解决发展中国家在印度代表团提案的基础上所表达的关切。⑤ 这实际上是第三部分中为数不多的、由发展中国家的意见起作用的条款之一。

---

① 与此形成对比的是，《TRIPS 协定》第 31 条（j）项（关于"其他未经权利持有人授权的使用"）仅要求"与就此种使用提供的报酬有关的任何决定应经过司法审查或其他由该成员中不同上级机关所作的独立审查"（着重号是后加的）。

② 《TRIPS 协定》留给各成员界定"准司法机关"（quasi-judicial authority）含义的机会。这个概念可以包括，例如在许多国家为审查专利商标局所作裁决而建立的上诉委员会（board of appeal），比如美国专利上诉与抵触申请委员会（Board of Patent Appeal and Interferences）和商标审理与上诉委员会（Trademark Trial and Appeal Board）。参见 Dratler，第 1A—118 页。

③ 更多详情，参见以下第 62 条第 5 款。

④ 在联邦制国家的情形中，此类条款可能要看它属于联邦的还是各州（省）的。

⑤ 参见 MTN. GNG/NG11/W/40，第 3 页，No. 4(e)。

第 41 条第 5 款明确规定，各成员并不承担任何义务，来建立处理知识产权问题的专门法院，或者向该领域给予特别的资金配置。这样的特别管辖权实际已经建立起来了，比如在美国；而它的建立，通常被视为该国自 20 世纪 80 年代以来加强知识产权保护的关键因素之一。① 许多发展中国家（比如中国）也已经建立了在知识产权领域的专门法院，即使它们并没有义务这样做。

3.2　第 42 条

> **第 2 节　民事、行政程序及救济**
> **第 42 条　公平和公正的程序**
>
> 　　各成员应使权利持有人* 可获得有关实施本协定涵盖的任何知识产权的民事司法程序。被告有权获得及时的和包含足够细节的书面通知，包括权利请求的依据。应允许当事方由独立的法律顾问代表其出庭，并且程序不应在强制本人出庭方面施加过重要求。此类程序的所有当事方均有权证明其权利请求并提供所有相关证据。该程序应规定一种确认和保护机密信息的方法，除非此点会违背现有的宪法上的要求。
> 　　[脚注]* 在本部分中，"权利持有人"一词包括具有在法律上主张这种权利的资格的联盟和协会。

　　第 42 条仅直接适用于民事司法程序（*civil judicial* procedures）。② 顾名思义，本条是对上文讨论的第 41 条第 2 款中所规定的一般义务的深化。它用来描述某些义务的措辞["及时的"（timely）、"包含足够细节的"（sufficient detail）、"过重"（overly burdensome）]，为各成员的实施留有充分余地。

　　该条款的脚注阐明了"权利持有人"（right holder）概念在本条以及整个第三部分中的含义，特别指出其包括联盟和协会（federations and associations）。这一脚注的用意在于，使得版权集体管理协会（copyright collecting societies）和其他在国内法上被承认具有法律地位的实体，能够提起共同诉讼。但是，这个脚注并没有阐明，"权利持有人"概念所包括的是否

---

① 参见 John Barton，*Adapting the intellectual property system to new technologies*，International Journal of Technology Management 1995，vol. 10. No. 2/3，第 163 页（以下简称 Barton，1995）。

② 在第 49 条中通过引用的方式，使得第 42 条也适用于行政程序。参见以下本章第 3.9 节。

不仅有知识产权的"所有权人"（owner），[①] 还有经合法授权行使该权利的其他当事人。既然《TRIPS 协定》无意协调知识产权和其他相关程序（参见第 1 条第 1 款），各成员可自行决定"权利持有人"的含义。[②] 例如，在一些成员的国内法中，自愿许可的被许可人（voluntary licensee）[③] 在某些情形下可以启动实施程序。[④] WTO 上诉机构最近的一份报告又拓宽了第 42 条项下对于"权利持有人"的宽泛理解：根据上诉机构的观点，第 42 条项下的程序性权利的主体并不限于已经被证实的知识产权所有权人，而且延伸至"声称具有主张该权利之法律地位"的其他人。[⑤] 换句话说，只要法院没有认定原告实际上并不是某一权利的所有权人，则其应被推定为权利所有人并同样享有第 42 条规定的权利。

第 42 条规定的基本义务，就是使民事程序可行。这一点应当不会给各成员带来任何问题。此外它还指，在此类程序中必须规定以下若干要素：

（a）被告有权获得及时的和包含足够细节的书面通知，包括权利请求的依据。这项义务意在给被告一个有效的机会，为案件提出抗辩。

（b）应允许当事方由独立的法律顾问代表其出庭。对这项义务没有规定任何例外，以此表明，当事人在司法程序中的所有行为都可由其选定的法律顾问来代表。

---

① 《TRIPS 协定》在有关集成电路的部分也使用了"权利持有人"的概念。第 36 条脚注 9 表明"本节中的'权利持有人'（right holder）一词应理解为与《IPIC 条约》中的'持有权利的人'（holder of the right）一词含义相同。"不过，在有关版权（第 14 条第 3 款）、商标（第 16 条第 1 款）、工业品外观设计（第 26 条第 1 款）和专利（第 28 条第 1 款）的部分却使用了"权利所有人"（owner）的概念。

② 参见，例如英国未注册外观设计权，据此，作者、雇主、委托人或外观设计作品的首次销售人都有资格获得保护。（英国 1988 年《版权、外观设计与专利法》，第 215 条、第 217 条及以下）。此问题参见本书第 16 章（工业品外观设计）。

③ 尽管在关于本条的谈判过程中，有若干意见书提到的关于独占许可被许可人（exclusive licensees）的引文还是没有被吸收进来。

④ 参见，例如，WIPO 秘书处"工业产权法草案"（Draft Industrial Property Act）第 38 条第 2 款。

⑤ 参见 *United States-Section 211 Omnibus Appropriation Act of 1988*［以下简称"Havana Club"（"哈瓦那俱乐部"案）］；WTO 文件 WT/DS176/AB/R，2002 年 1 月 2 日，第 63 页，第 217 段、第 218 段，它部分提到了最初对案件作出裁决的专家组报告（2001年 8 月 6 日 WT/DS176/R）。在这份报告中，上诉机构将其解释限定在商标的情形。但是，也没有理由说明，为什么不应将对于第 42 条的解释同样适用于《TRIPS 协定》所涵盖的其他知识产权。关于该上诉机构报告的一个详细分析，参见以下本章第 4 节。

（c）程序不应在强制本人出庭方面施加"过重"要求（"overly burdensome" requirements）。该条款的措辞表明，强制本人出庭并没有错，即使这会造成一些麻烦。只是过分麻烦的要求才应当被禁止。

（d）此类程序的所有当事方均有权证明其权利请求并提供所有相关证据。该条款适用于所有类型的民事和行政程序，包括采取临时措施。

（e）最后，第 42 条规定，该程序应规定"确认和保护机密信息"（to identify and protect confidential information）的方法，除非此点会违背现有的宪法上的要求。举例而言，当法院指定一位专家来确定由于侵权行为所产生的损害赔偿金时，就可以适用这种保护。[①] 令人感兴趣的是，第 39 条第 3 款指的是"未披露信息"（undisclosed information），而第 40 条第 3 款、第 42 条、第 43 条第 1 款、第 57 条和第 63 条第 4 款却暗指"机密"信息（confidential information）。后一术语所包含的范围远远大于"未披露信息"：第 39 条第 3 款仅涉及商业数据中一个狭义的子集（关于某种新型化学个体）。而一个企业的"机密信息"则包罗万象，例如，作为商业秘密（trade secret）的成分，当事人在诉讼过程中可能会被要求将此类信息提交给法官或专家，却不能泄露给另一方当事人。[②] 因此，第 39 条第 3 款所指的信息和其他适用更一般规则的机密信息之间泾渭分明。

确认和保护机密信息的义务在以下情形中将不适用，即如果这样做是"违背现有的宪法上的要求"（contrary to existing constitutional requirements）的话。此例外反映了这样的事实，在一些国家的民事司法程序中，某些类型的秘密可能被宪法性法律所禁止。在这些情形中，如果冲突是与不具有宪法性条款或原则之地位的国内法之间产生的，则可能不足以构成不遵守此项义务的正当理由。因此可能产生这样的问题，即在《TRIPS 协定》生效之后所产生的宪法性规则是否符合"现有的"（existing）这一要求。既然《TRIPS 协定》在这里没有包含时间上的参考依据（特别是关于它在一特定成员生效的时间），因此，"现有的"一词应当被解释为仅指在采取或适用特定的实施措施时可适用的。

---

① 参见 Mireille Buydens，*L'Accord ADPIC（TRIPS）et les dispositions destinées `a assurer la mise en oeuvre effective des droits de propriété intellectuelle*，IR DI，Mys & Breess Ed.，1997，第 9 页（以下简称 Buydens）。

② 请注意，在《TRIPS 协定》未作专门定义的情况下，第 42 条、第 43 条第 1 款和第 57 条中的"机密信息"的范围可以由国内法决定，而它可以包括但并不严格符合第 39 条第 3 款项下的标准，比如具有潜在商业价值的信息，或者不属于第 39 条第 2 款（a）项所定义之"秘密"的信息。关于第 39 条的一个详细分析，参见本书第 28 章。

3.3 第43条

3.3.1 第43条第1款

第 43 条 证据

1. 如一当事方已出示可合理获得的、足以证明其权利请求的证据，并指明在对方当事人控制之下的、与证实其权利请求有关的证据，则司法机关有权命令该对方当事人提供此证据，但以在适当情况下遵守保证保护机密信息的条件为前提。

此项义务的目的在于确保一当事方在特定情形下可以获得证据，[①] 而该证据是处于对方控制之下的。[②] 如同第三部分的其他规定一样，第 43 条没有规定一项直截了当的义务，而是要求各成员授权司法机关，由其命令对方当事人提供证据。在特定案件中，是否行使这样的权力将取决于司法机关的决定。根据本条款，在满足下列条件的情况下，司法机关可以命令一方当事人提供在其控制之下的证据：

（a）请求方（complaining party）已出示可合理获得的、足以证明其权利请求的证据。在命令对方（opposing party）提供在其控制之下的证据之前，司法机关必须证实请求方已经提供其"可合理获得的"（reasonably available）证据。法官有很大的自由裁量权，判断该条件是否已经得到满足。但是，该条件可能出现在诉讼的哪个阶段则尚不明确，因为通常法院只有在证据完整性经双方证实之后才对之进行评判。不过在一些国家，要求对方当事人提供在其控制之下的证据的权利，并不受第 43 条第 1 款所规定条件的约束。

（b）请求方已指明与证实其权利请求有关的证据。该证据处于对方控制之下。这一条件使得请求方负有责任，需要指明对方所拥有的具体证据。如果只是一般性陈述在对方控制之下的证据，就无法满足此项条件。这一要求所隐含的意思是，按照本条款而命令提供证据，是司法机关应一方当事人的

---

① "证据"（evidence）包括"用于证明所称事实或主张的证人证言、书证或物证"（*Black's Law Dictionary*，sixth edition，1990，第 555 页）。

② 这一规定反映了"长期以来被海外讲英语国家所支持的、在质证程序'帐篷里的骆驼鼻子'"（Dratler，第 1A—116 页）。（"帐篷里的骆驼鼻子"语出阿拉伯寓言，相当于中文的"得陇望蜀"或"得寸进尺"。这里喻指如果法院命令将处于对方控制下的证据交与一方当事人，则将使该方当事人获得更多好处。——译者）

请求所作，并非其依职权（*exofficio*）而为。

（c）对方控制之下的证据可能包含信息（例如，所使用的分销渠道）或手段（例如，侵权物品、所使用的机器等）。

（d）在适当情况下遵守用以保证保护机密信息的条件。与第 42 条的情形不同，对"机密信息"的保护并不受到关于与宪法一致性的审查，尽管如果出现与宪法不一致的情况，那么后者在冲突时通常还是会被优先适用的。

提供证据的义务适用于任何一方当事人。尽管权利持有人可能被推定为该条款的主要受益人，但被告同样可以要求法院命令权利持有人提供用于支持其权利请求的证据（例如，外国专利局关于一项发明的可专利性的报告）。

3.3.2　第 43 条第 2 款

> 2. 如一诉讼当事方在合理期限内自行且无正当理由拒绝提供或以其他方式不提供必要的信息，或严重阻碍与一实施行动有关的程序，则一成员可授权司法机关，由该司法机关根据向其提供的信息，包括由于被拒绝提供信息而受到不利影响的当事方提出的申诉或指控，作出肯定或否定的初步或最终裁决，但应向各当事方提供就指控或证据进行听证的机会。

第 43 条第 2 款规定各成员可授权司法机关在以下三种不同的情形中，由该司法机关根据向其提供的信息，作出肯定或否定的初步或最终裁决：

（a）一诉讼当事方在合理期限内自行且无正当理由拒绝提供必要的信息。司法机关必须确定这种拒绝是没有正当理由的，并且被拒绝的信息对于司法机关作出裁决不可或缺。仅仅出于便利原因而要求获得额外的信息，这不足以构成行使这项权力的理由。而且，虽然第 43 条第 2 款未明确指出，但该条款必须同第 43 条第 1 款一并解读，由此得到解释就是，能够请求一当事方提供的信息必须是在其控制之下。要求当事方提供不在他/她控制之下的信息，将有悖于每个人享有在法庭上为自己的权利进行辩护的基本权利。

（b）一诉讼当事方在合理期限内"以其他方式不提供"必要的信息。"以其他方式"在这里应当被解释为是同信息的"获得（access）"相关，而不是与"正当理由（good reason）"相关。若非如此，则这句话将与以上（a）句所指的情形相矛盾，因为这句话似乎是在授权法官，即使当事人不提供证据是有"正当理由"的，仍可作出裁决。但如果这样解释，就给被要求当事方造成过重且不公平的负担。

（c）一诉讼当事方"严重阻碍"与一实施行动有关的程序。最后这种情形远远超出了拒绝提供信息的范围，也由此打开了"潘多拉的盒子"

（Pandora's box），因为一当事方在什么情况下属于"严重"（significantly）阻碍实施程序，就得取决于司法机关的决定了。不过，"阻碍"（impede）一词的意思是指"通过阻扰使延迟；妨碍"，① 因此，仅仅表达辩护理由而使对方当事人难以继续推进程序，就不属于这种情形。在任何案件中，这条规则的可适用性都只是一种假定，因为在民事法律实施程序中，双方都要受到特定的条件和义务的约束，而要证明一方当事人能够阻碍程序，将是非常困难的。

应当指出，第 43 条第 2 款所指的是"信息"，而不是第 43 条第 1 款所指的"证据"。另外，尽管这条规则在任何情况下对各成员都没有约束力（non-binding），但它并未授权司法机关拒绝采用调查程序（discovery）而作出推论，因为无论如何，该裁决都是根据"向其提供的信息"，包括"由于被拒绝提供信息而受到不利影响的当事方提出的申诉或指控"而作出的。此外，应当向各当事方，包括被要求提供证据的当事方，提供"就指控或证据进行听证的机会"。

3.4 第 44 条

3.4.1 第 44 条第 1 款

> **第 44 条 禁令**
>
> 1. 司法机关有权责令一当事方停止侵权，特别是有权在结关后立即阻止涉及侵犯知识产权的进口货物进入其管辖范围内的商业渠道。如受保护的对象是在一人知道或者有合理根据知道从事该对象的交易会构成侵犯知识产权之前取得或订购的，则各成员无义务给予此种授权。

第 44 条涉及当侵权行为成立时应当采取的禁令措施。它仍遵循了"司法机关有权"（judicial authorities shall have the authority）这样的表述方式，而在这里，是指司法机关有权责令一当事方停止侵权。与第三部分的一般做法相一致的是，本条款并没有界定所采取措施的性质，而只界定了它的目的。与第 50 条旨在预防侵权行为的发生不同，第 44 条适用于已经被认定的侵权行为。

本条进一步提到如下特定情形，即必须在该类货物结关后立即（immediately after）采取禁令，阻止涉及侵犯任何种类知识产权的进口货物进入商业渠道。尽管按照本协定第 51 条也可能获得救济，但它仅对有关假冒

---

① 《简明牛津词典》（*The Concise Oxford Dictionary*），1990 年，第 591 页。

商标和盗版有拘束力，并且只适用于在海关对侵权货物放行之前。①

第 44 条第 1 款所确立规则的一个重要例外是，如果受保护的对象是在一人知道或者有合理根据知道从事该对象的交易会构成侵犯知识产权之前取得或订购的，则各成员无义务给予此种授权。② 这意味着如果行为人对于侵权物品是无过错取得的（innocently acquired），则各成员有权拒绝给予禁令，并且允许善意取得者（bona fide acquirer）对该侵权物品进行使用或作进一步处置。③

3.4.2 第 44 条第 2 款

> 2. 尽管有本部分其他条款的规定，但是只要符合第二部分专门处理未经权利持有人授权的政府使用或由政府授权的第三方使用而作出的规定，各成员可将针对该使用而可获得的救济限定于依照第 31 条(h)项支付的报酬。在其他情况下，应适用本部分下的救济，或如果这些救济与一成员的法律不一致，则应可以获得宣告式判决和适当的补偿。

受美国法律与实践的启发，④ 第 44 条第 2 款明确排除了对以下情形给予禁令，即未经权利持有人授权的政府使用（government use）⑤ 或由政府授权的其他使用，例如强制许可。⑥ 这一规定明确在这些情形中，权利人不能阻止对相关对象的利用，而其唯一的权利就只是享有按照第 31 条(h)项获得报

---

① 参见下文对第 50 条的分析。

② 美国和欧共体提案的原文中并未包括这项限制。1990 年 7 月 23 日的安奈尔草案规定如下："1A. 司法机关有权应当事人请求下达禁令以避免或停止侵权行为，不管被告的行为是属于故意或过失"（W/76）。

③ 根据 Dralter，第 1A—103 页，实行该例外就像"某种强制许可，因为它拒绝给予禁令，而给予原告损害赔偿之救济"。另参见下文第 45 条。

④ 第 44 条第 2 款的文本在美国的提案中就有，但未见于欧共体关于实施知识产权部分的意见书中（参见 Dreier，第 262 页）。在美国联邦政府未经授权行使专利和版权时，美国法将权利持有人限定于向政府寻求"合理且完全的补偿"（参见 Dratler，第 1A—104 页）。

⑤ 参见本书第 25 章。

⑥ 同上。另参见 Jerome Reichman and Catherine Hasenzahl, *Non-voluntary Licensing of Patented Inventions: Historical Perspective, Legal Framework under TRIPS, and an Overview of the Practice in Canada and the United States of America* (UNCTAD-ICTSD 2002)，可查于 http://www.ictsd.org/iprsonline/unctadictsd/docs/reichman hasenzahl. pdf。

酬。① 本条款要遵守"第二部分专门处理未经权利持有人授权的政府使用或由政府授权的第三方使用而作出的规定"。处理此类问题的条款仅涉及专利（第31条）和集成电路的布图设计（第37条第2款）。② 因此，第44条第2款（第一句话）并不适用于《TRIPS 协定》中除专利和集成电路之外的其他知识产权发生政府使用或非自愿许可的情形。③

对于除专利和集成电路之外的其他知识产权的情形，第44条第2款（第二句话）规定"应适用本部分下的救济"，但"如果这些救济与一成员的法律不一致，则应可以获得宣告式判决和适当的补偿"。应当注意的是，这一规定泛指"本部分下的救济"，而不仅限于第44条所规定的禁令。最重要的是，无论何时，当其他救济与国内法不一致时，这一规定明确允许各成员将救济限定在宣告式判决（declaratory judgment）和"适当的"补偿（"adequate" compensation）。

第三部分规定的某种救济在什么时候可以被视为与国内法不一致呢？当成员不提供这样一种救济，或者当其与国内法关于权利许可或强制许可的条款相反时，就会发生不一致的情况。第44条第2款（第二句话）所规定的不一致性标准（inconsistency standard）并不要求与宪法相矛盾（就像第42条所要求的那样）。总之，除了要受到关于可获得宣告式救济和适当补偿的约束，第44条第2款（第二句话）还是为各成员保留自由，可以建立版权、工业品外观设计和未披露信息的强制许可和政府使用。

最后，关于第44条第2款所规定的补偿何时可被视为适当，各成员在作出决定时也有充分的余地。在这种情形中，补偿意在为利用该受保护之对象而支付报酬（remunerate），而不是像损害赔偿那样，是为了弥补给权利持有人造成的损害④。在此情形中，该项支付若相当于在自由协商订立的合同中所支付的合理的使用费（reasonable royalty），就属于"适当的"。补偿也可以按成本返还为基础。例如，按照美国法律（28 USCS 1498），无论何时，当一项享有专利权的发明在未经专利权人同意的情况下被美国政府或为美国政府而进行使用或制造的，则该所有权人在针对美国政府的诉讼中唯一可享有的救

---

① 参见本书第25章。

② 《TRIPS 协定》第21条明确规定"不允许商标的强制许可"（参见本书第14章）。

③ 关于版权和其他知识产权的强制许可，参见，例如 Carlos Correa, *Intellectual property rights and the use of compulsory licenses: options for developing countries*, South Centre, Geneva 1999。

④ 参见下文第45条。

济是"获得合理且完全的补偿。合理且完全的补偿应当包括所有权人的合理成本，包括在诉讼过程中支出的合理的专家证人费用及律师费……"。

3.5　第 45 条

3.5.1　第 45 条第 1 款

第 45 条　赔偿

1. 对于故意或有充分理由应知道自己从事侵权活动的侵权人，司法机关有权责令侵权人向权利持有人支付足以补偿其因知识产权被侵犯所受损害的赔偿。

能否获得损害赔偿以及判决赔偿的数额，因各成员的国内法而异，但通常取决于所涉及知识产权的类型。第 45 条将损害赔偿规定为一种强制性救济（mandatory remedy）。它要求司法机关有权责令侵权人向权利持有人支付足以补偿其因知识产权被侵犯所受损害的赔偿。各成员则可以自行定义，在什么情况下可以被认为是"足以补偿"（adequate compensation）。[①]

然而，侵权人不知道或没有合理根据应当知道自己从事侵权活动的，则其无须支付赔偿费，不论其违法的性质如何。[②] 应当注意的是，《TRIPS 协定》中只有一个条款明确要求善意获得者（bona fide acquirer）支付赔偿金：即在集成电路构成侵权的情形中，善意获得者应当向权利持有人支付费用，数额相当于根据就此种受保护的布图设计自愿达成的许可协议应付的合理的使用费（第 37 条第 1 款）。[③]

3.5.2　第 45 条第 2 款

---

2. 司法机关还有权责令侵权人向权利持有人支付有关费用，其中可包括适当的律师费用。在适当的情况下，各成员可授权司法机关责令侵权人退还利润和/或支付事先确定的赔偿，即使侵权人不知道或没有合理理由知道自己从事侵权活动。

---

① "足以"（adequate）是指"足够的，满足的（常含有刚好之意）"，《简明牛津词典》，1990 年，第 14 页。

② 参见 Dratler，第 1A—108 页。

③ 参见本书第 27 章。不过请注意，这一责任只有在获得者未处于善意状态（*bona fide status*）时才会产生。这是获得者承担责任的先决条件。

第 45 条第 2 款（第一句话）又一次包含了"司法机关有权"这种类型的规定。它要求各成员授权法官责令侵权人向权利持有人支付有关费用，其中可包括"适当的"（appropriate）律师费。① 如果法官被授权责令侵权人向权利持有人支付与法院诉讼有关的费用，则该义务即告履行，但这些费用并非必须包括律师费，因为在许多法律管辖区域，这是一项例外措施。②

最后，第 45 条第 2 款（第二句话）还包括进一步的任意性条款，根据该条款，在适当的情况下，各成员可授权司法机关责令侵权人退还利润和/或支付法定的赔偿，与第 45 条第 1 款不同的是，这一规定明确指出，赔偿费的计算可允许采用"退还利润"（recovery of profits）的方式，③ 也可以根据国内法确定的损害赔偿［"事先确定的赔偿"（pre-established damages）］为基础。该条款进一步指出，即使侵权人不知道或没有合理理由知道自己从事侵权活动，亦即，在其作为受保护对象的善意获得者或使用者（*bona fide acquirer or user*）的情况下，本条亦适用。④

各成员可以规定比《TRIPS 协定》的要求更为广泛的损害赔偿或其他救济措施，⑤ 但是，如果采用此类救济措施的话，各成员也并非必须遵守第 45 条第 2 款（第二句话）设定的条件。因此，一成员可以规定退还利润或支付事先确定的赔偿，但只将这些措施限定于故意或疏忽的侵权行为人。还应当指出的是，《TRIPS 协定》（通过其序言）不仅意在保护知识产权，还意在防止过度保护给国际贸易造成的扭曲。第 41 条第 1 款重申了这项一般原则，并且可以将之作为一个依据，来评判过分高的救济是否对合法贸易构成阻碍。

---

① 这一规定的授权性质（facultative nature）与美国法相一致；根据美国法，美国法院在允许胜诉方要求赔偿诉讼成本和律师费方面享有自由裁量权。参见 W. Herrington 和 G. Thompson, *Intellectual property rights and United States international trade laws*, Oceana Publications Inc., USA 2002，第 7—20 页。

② 参见 Grevaise，第 270 页。

③ 当利润损失难以计算时，法院通常会将赔偿费建立在因侵权行为所获得净利润的基础上。

④ 1990 年 7 月 23 日安奈尔草案包括如下规定："8A 权利持有人应当有权［获得］［主张］赔偿，赔偿数额应［足以］［完全］弥补其因［故意或过失］侵犯知识产权而遭受的损失。权利持有人还应有权主张赔偿诉讼成本，包括诉讼所导致的合理的律师费。在适当的情况下，各方可规定退还利润和/或支付法定赔偿，即使侵权人的行为不是出于故意或过失"（W/76）。

⑤ 《TRIPS 协定》第 1 条第 1 款（参见本书第 2 章）。

3.6 第 46 条

> **第 46 条 其他救济**
>
> 为有效制止侵权，司法机关有权在不给予任何补偿的情况下，责令将已被确认侵权的货物清除出商业渠道，以避免对权利持有人造成任何损害，或下令将其销毁，除非此点会违背现有的宪法上的要求。司法机关还有权在不给予任何补偿的情况下，责令将主要用于制造侵权货物的材料和工具清除出商业渠道，以便将产生进一步侵权的风险减少到最低限度。在考虑此类请求时，应考虑侵权的严重程度与给予的救济以及第三方利益之间的均衡性。对于假冒商标的货物，除例外情况外，仅除去非法加贴的商标并不足以允许该货物放行进入商业渠道。

与第三部分大多数条款所采用的方式相同，第 46 条规定各成员有义务授予司法机关以额外的权力，在发现侵权货物时"有效地制止侵权"（to create an effective deterrent to infringement）。司法机关有权"在不给予任何补偿的情况下"对侵权人采取如下措施：

（a）将侵权货物清除出商业渠道。不过，如果商业化不会给权利持有人造成损害（例如，在权利持有人未予供应的当地市场上进行分销，或者渗透到其不可能享有利益的市场上），则不宜适用该种清除措施；

对于假冒商标的货物，第 46 条规定，仅除去非法加贴的商标[1]并不足以允许该货物放行进入商业渠道。这一规定的目的在于，防止被放行进入商业渠道的货物再次被非法加贴商标，从而打击专业造假。不过，在"例外情况"下（in exceptional cases），可以仅除去非法加贴的商标便将货物放行。第 46 条没有定义何为"例外情况"，因此就留由各成员自由决定，何时出现此类情形（例如，非专业性侵权的情形）。[2]

（b）销毁侵权货物，除非此点会违背现有的宪法上的要求。这是一种非常有力的制裁，因为在宪法本身未规定这些要求的情况下，销毁会被看作是强制性的，并且会带来严重的经济浪费和遭到社会质疑，特别是在发展中国

---

[1] 令人感兴趣的是，请注意，安奈尔草案将相同的处理方式扩展至加贴的地理标志（尽管该部分文字出现在方括号内）。

[2] 参见 Grevais，第 209 页

家。侵权货物也可以供应给慈善团体或政府（如果不影响到合法货物的商业活动的话）。[①] 不过，司法机关是有权采取此项措施，而不是对此承担义务，因此，它们也可以采取不那么具有破坏性的措施。

（c）将主要用于制造侵权货物的材料和工具清除出商业渠道。如果此类材料和工具"主要"用于制造侵权货物，并且将其清除对于"将产生进一步侵权的风险减少到最低限度"确为必要时，就应当适用此项措施。

最后，第 46 条规定，采取这些措施要受到均衡性标准（proportionality test）的约束，据此，必须考虑到侵权的严重程度与给予的救济以及第三方利益。这意味着司法机关需要平衡相关各方的利益，并且按照其自由裁量权，可以拒绝采取第 46 条第一句和第二句所规定的措施。司法机关可以考虑的因素之一是，强制性救济对于第三方产生的影响，例如，作为第三方的经销商，可能是在不知道侵权人商品为假冒货物的情况下订购及付款的。

3.7　第 47 条

第 47 条　获得信息的权利

各成员可规定，司法机关有权责令侵权人将生产和分销侵权货物或服务过程中涉及的第三方的身份及分销渠道告知权利持有人，除非此点与侵权的严重程度不相称。

从侵权人处获得信息的权利是一项"授权性"规定（a "may" provision），也就是说，各成员并无义务将其规定在国内法之中。这一规定仅涉及司法机关的命令，且适用于民事程序和行政程序。

本条款假定侵权行为已经成立：该义务是施加在"侵权人"（infringer）身上，而非一般意义的"被告"（defendant）身上。并且，该规则引入了均衡性标准，亦即，该义务仅在严重侵权的情形中才会适用。假如一成员选择规定此项义务，那么法院还是有充分余地来决定侵权行为在什么情况下才是足够严重的，以致有正当理由采取该措施。

既然侵权人的义务是将信息告知权利持有人，而不是直接告知法院，因此可以这样推定，即该信息对于法院的裁决而言并非不可或缺，司法机关只

---

① 这些用以替代销毁的处理方式，已经在诸如美国等国家被采用。参见 Dratler，第 1A—109 页。

有应权利持有人的请求方能命令侵权人提供此类信息。

此项义务的内容仅限于提供下列信息：

（a）生产和分销侵权货物或服务过程中涉及的第三方的身份。

提供第三方信息的义务仅限于提供第三方的身份。侵权人没有义务提供其他信息，比如第三方的业务类型或商业活动、所使用的方法或技术等。

（b）该第三方的分销渠道。

要对有关提供"分销渠道"（channels of distribution）信息的义务作出限定就更为困难了，因为涉及此类渠道的信息可能包括关于人员、贮藏和销售地点、侵权产品目的地等方面的数据。此项义务似乎并不包括有关供应商（suppliers）的上游信息。考虑到知识产权的地域性，如果将其解释为仅指侵权发生地法律管辖区域范围内的分销渠道，这应当是合理的，但这一点并不明确。

就对付专业侵权人、帮助权利持有人找出侵权人的同伙并对其采取行动而言，第 47 条规定的此类义务可能具有重要意义。[1]

虽然第 47 条没有涉及机密信息的保护，但第 41 条的一般规则在此仍应适用。

3.8　第 48 条

3.8.1　第 48 条第 1 款

第 48 条　对被告的赔偿

1. 如应一当事方的请求而采取措施并且该当事方系滥用实施程序，则司法机关有权责令该当事方向受到错误禁止或限制的当事方就因此种滥用而受到的损害提供足够的补偿。司法机关还有权责令该申请方支付被告方费用，其中可包括适当的律师费。

实施程序中的责任风险是一把双刃剑。[2] 权利持有人可能是在明知的情况下或者出于恶意，利用知识产权来阻碍合法竞争。在这些情况下，被告就有可能遭受重大经济损失，例如一项临时措施就能迫使其退出市场。

第 48 条第 1 款在处理这些问题时还是采用了典型的"司法机关有权"模

---

[1]　参见 Grevais，第 209 页。

[2]　参见 Dratler，第 A—108 页。

式。它要求各成员授权司法机关责令"滥用"实施程序的原告向"受到错误禁止或限制"的被告"就因此种滥用而受到的损害提供足够的补偿"。本条规定就因此而集中在对实施程序的滥用上。滥用这一概念在《TRIPS 协定》的其他条款中亦有提及（第 8 条第 2 款，第 40 条第 2 款，第 41 条第 1 款，第 50 条第 3 款，第 53 条第 2 款，第 63 条第 1 款以及第 67 条），这就有力地表明，本协定是在寻求知识产权保护与第三方利益之间的平衡。当然，在知识产权被滥用时，不仅特定的竞争者会因为活动受到限制而承受损失，一般公众也会因为被不当剥夺了获得竞争性产品或服务（competitive product or service）的机会而遭到损害。

本条款解释上的一个重要问题是，需确定对于实施程序的行使在何种情况下可以被视为滥用。如果原告在主观上有意排挤无辜竞争者，那么这必然构成滥用。但是在缺乏恶意的情况下，如果认定原告的行为严重偏离了对实施程序的合理利用，则也可能构成滥用的。[1]

对于在第 8 条第 2 款[2]和更明确地在第 41 条第 1 款[3]中所规定的一般原则，第 48 条第 1 款赋予其具体内容，它规定，当一方当事人，例如由于被采取一项初步禁令（preliminary injunction）而"受到错误禁止或限制"时，可适用本条款。在这些情形中，原告被要求"向受到损害的当事方……提供足够的补偿"。[4]

按照在第 45 条第 2 款中所反映出来的规定，[5] 司法机关还应当有权责令申请人向被告支付费用，其中可以包括"适当的律师费"。

根据第 48 条第 1 款第一句的用语，向被告提供赔偿的先决条件之一是原告滥用实施程序。比如，如果原告明知被告实际上并未侵犯其权利，而恶意启动侵权程序，那么按照第 48 条第 1 款，原告就构成滥用。由此产生的一个重要问题是，如果原告一方并没有滥用程序，但与此同时，也不能证明被告一方构成侵权，那么，各成员是否也能规定对于被告所受到的损失给予补偿。这样的例子可能发生在专利诉讼中一些有争议的情况下，即适用等同原则

---

① 参见 Gervais，第 211 页。

② "只要与本协定的规定相一致，可能需要采取适当措施，以防止知识产权权利持有人滥用知识产权……"。另参见本书第 29 章。

③ 参见上文对本条款的分析。

④ 参见上文对"足够的补偿"的分析。

⑤ 参见上文。

(doctrine of equivalents)① 得出结论认为不侵权（non-infringement）。在此情形中，原告在一开始启动侵权诉讼程序时也属正常，因为专利权利要求的确切范围并不是显而易见的，只有通过法院对侵权指控进行充分审查之后才能确定。因此，原告并没有滥用程序，但是被告如受到禁止或限制，也可能因为原告启动侵权指控程序而遭受损害。

《TRIPS 协定》没有禁止一成员规定，原告在这些情况下应当向被告作出补偿（compensation）。固然，按照第 48 条，只有在原告一方滥用程序的情况下，才涉及对被告的赔偿（indemnification）。但是在第 48 条之外，《TRIPS 协定》并不意图修改一成员关于诉讼费用在当事人之间分配的国内法规则，除非这会有违于《TRIPS 协定》所规定的知识产权最低保护标准。如果一成员选择责令由败诉方来承担胜诉方的诉讼费，该费用可以包括由任何实施程序所产生的成本，包括因禁令而遭受的损失。② 这是一个国内法上的问题，且不仅限于知识产权，而是涉及任何种类权利的实施程序。只有当知识产权最低保护标准在一成员境内受到威胁时，《TRIPS 协定》才能在这方面对该成员的主权产生影响。但是上文所说的并不是这种情况。的确，向对方提供赔偿的可能性会有碍于权利持有人去行使权利，特别是在那些结果不明显从而富有争议的案件中。但是，有可能不得不负担对方当事人的诉讼费用（包括因临时措施造成的损害），这样的风险是原告在启动任何针对第三方的诉讼程序时所固有的。这种风险并不是特别与知识产权的实施相关，因此，《TRIPS 协定》并不打算让知识产权持有人免于承担此类风险。

因此可以说，在原告一方没有滥用实施程序，而被告一方也没有侵犯任何知识产权时，是否可能对被告所承担的费用和所遭受的损失给予赔偿，就取决于各成员的国内法的规定。

并且，按照第 48 条第 1 款第二句话，司法机关还有权责令申请方向被告

---

① 对等同原则的解释，参见本书第 17 章第 1 节。在实际操作中，该原则的运用十分复杂，而明确其在美国法中的适用范围，一直是美国最高法院最近所作判决的目标〔参见 *Festo Corp. v. Shoketsu Kinzoku Kogyo Kabushiki Co.*，其判决部分推翻了美国联邦巡回上诉法院（CAFC）关于一项修改后的专利权利要求的判决〕。就本书的这部分而言，注意到以下事实就足够了，即在涉及等同原则的专利案件中，侵权诉讼的结果很不确定，因为一个产品/方法的某一要素是否可以被认定与受专利保护的产品/方法的另一个要素"等同"，是一个非常复杂的问题。在这种情形下，权利持有人启动侵权程序不能被认为构成《TRIPS 协定》第 48 条第 1 款第一句话中的"滥用"，即使最后法院得出结论是认为侵权指控不成立。

② 参见，例如《德国民事诉讼法》第 945 条。

支付费用，其中可以包括适当的律师费。这一规定就是要求，当被告作为实施程序滥用的被害方时，享有与原告在第 45 条第 1 款项下的同等待遇。

3.8.2　第 48 条第 2 款

> 2. 就实施任何有关知识产权的保护或实施的法律而言，只有在实施该法律过程中采取或拟采取的行动是出于善意的情况下，各成员方可免除公共机构和官员采取适当救济措施的责任。

第 48 条第 2 款确立了一项义务，涉及对任何与知识产权的保护或实施相关的法律的实施。这一规定的目的在于确保，公共机构和官员在采取或拟采取的行动是出于恶意的情况下须承担责任。

结合本规定的上下文，这里的"法律"（law）一词既可以从形式意义（formal sense）上理解，指的是由一国家的或地区的议会所通过的立法，也可以从实质意义（material sense）上理解，是指任何涉及知识产权实施的法律法规。本条指的是"任何"法律，就此范围而言，它包括了联邦和联邦以下的立法。而且，这里不区分民事程序和刑事程序、行政程序和司法程序。

第 48 条第 2 款禁止各成员免除公共机构和官员采取适当救济措施的责任，除非"在实施该法过程中采取或拟采取的行动是出于善意"。任何类型的公共机构，不论是司法机关还是行政机关，以及它们的官员都要受到这一规定的约束，它要求判定这些机构和官员之所以采取某一措施的动机。如果所采取的行动虽不符合法律规定，但是出于善意而为，则仍可以免于实行本条所要求的救济措施。

本条对于可适用哪些种类的救济措施，留给各成员自行决定。[①] 无论是应利益相关方而采取的行动，还是依职权采取的行动，只要此类行动是在与实施相关法律的正常过程中作出的，均适用这一规定。如果主张采取或拟采取的行动并非出于善意，则由对不当行动提出指控的当事方承担举证责任；也就是说，该行动被推定为善意。

尽管第 48 条第 2 款没有就可以主张采取救济行动的当事方作出区分，但是，该条款是被包含在"对被告的赔偿"这一标题之下的。这就表明，从它与第 48 条第 1 款之间的逻辑关系看，这一条款意在保护被告方，使其免于受到借助公共机构的干预而实施的滥用之苦。

---

① 对比之下，安奈尔草案仅提到"补偿"（compensation）："缔约各方可以规定，此类当事人［可以］［应当］有权主张在适当的情形下，如出于过失或故意的不当行为，从［机构］［公共官员］处获得补偿。［他们应当将这种可能性规定在行政机关依职权采取行动的情形之下。］"。

3.9　第 49 条

第 49 条　行政程序

如行政程序根据案件的是非曲直而裁决采取任何民事救济的，则在此限度内，此类程序应符合与本节所列原则实质相当的原则。

第 49 条将第 41 条至第 48 条中关于程序和民事救济的规则扩展适用于对案件是非曲直作出裁决的行政程序。不过，这些规则的适用，无需与第三部分第 2 节所列原则完全相同，只要"符合与这些原则实质相当的原则"即可。这里所要求符合的是"原则"（principles）而不是"规定"（provisions），以此表明，各成员在对于由第 2 节所设立的规定作出变动以适应行政程序的特征〔例如，非正式性（informalism）〕上，有相当大的空间。在确定这些原则到底是什么的问题上，也必然会有不同的观点。并且，这里要求的相当是在"实质"上（in substance），而不是在细节上（in detail）。

如前所述，行政程序也要受到第 41 条规定的一般义务的约束。

在一些国家，行政执法程序具有特别重要的意义。例如在中国，知识产权的实施采用"双轨"制，涉及司法机关和行政机关。① 据估计，中国有大约 90％的专利诉讼都有行政机关参与。②

3.10　第 50 条

3.10.1　第 50 条第 1 款

第 3 节　临时措施
第 50 条

1. 司法机关有权责令采取迅速和有效的临时措施，以便：

（a）防止侵犯任何知识产权，特别是防止货物进入其管辖范围内的商业渠道，包括结关后立即进入的进口货物；

（b）保存关于被指控侵权的有关证据。

---

① 参见，例如，Liu Xiaohai, *Enforcement of intellectual property rights in the People's Republic of China*, IIC 2001, vol. 32, No. 2, 第 141 页。

② 参见，例如，Matthew Murphy, *Patent litigation in China. How does it work?* Patent World, June/July 2001, 第 19 页。

第 50 条是第三部分唯一规定"临时措施"（provisional measures）的条款。它包含了用以处理正在进行或即将发生的侵权行为的重要程序规则（第 50 条第 3 款）。①

本条设定了采取临时措施程序所必须满足的最低要求。和第三部分其他规定一样，它为各成员设立了授权司法机关（在这里，是指批准采取临时措施）的义务和界定所要达到之结果的义务，而不是设定这样做的条件。这就给各成员留下了充分的余地，来实行对临时措施的批准，尤其是根据各国法律制度决定采取措施的必要条件。关于第 50 条是否包含了所有使之具有直接实施效力 ["自动执行"（self executing）] 所需的必要因素，对这个问题可能有不同观点。要使一项条款具有自动执行的效力，它必须为使之适用于具体案件提供一个充分的基础，并且各当事方存在着使之具有自动执行效力的意思。② 一方面，可以认为第 50 条对于批准临时措施条件的规定不够确切。司法机关要下达此类命令尚有赖其他相关立法措施。另一方面，认为第 50 条足够确切从而可以直接适用的观点似乎也同样有理：该条规定司法机关应当有某种权限，该种权限仅在两种明确界定的情形下可以行使，即第 50 条第 1 款 (a) 项和 (b) 项规定的情形（参见以上引文）。可以认为，这些条款就批准临时措施所须满足的条件规定了充分的细节。③

无论如何，注意到以下事实都是不无裨益的，即自动执行的效力在许多情况下可能对发展中国家成员是不利的，包括现在这个条款，因为它为这些

---

① 请注意，第 50 条第 7 款也提到了对知识产权发生侵权行为的"威胁"。

② 关于自动执行条款，详见本书第 2 章。

③ 请注意，在一些国家，《TRIPS 协定》第 50 条在判例法中可以被认为具有自动执行效力。参见 Carlos Correa, *Medidas cautelares en material de patentes de invenci'on*, Lexis Nexis Jurisprudencia Argentina, JA-2002-IV, No. 8, 第 21—28 页（以下简称 Correa, Medidas cautelares）。在欧共体法中，欧洲法院已经再三否认了《TRIPS 协定》条款（以及所有其他 WTO 条款）的自动执行效力。参见该法院在 2000 年 12 月 14 日的判决 [*Parfums Christian Dior SA v TUK Consultancy BV and Assco Geru¨ste GmbH* 和 *Rob van Dijk v Wilhelm Layher GmbH & Co. KG and Layher BV*，合并案件第 C-300/98 号和第 C-392/98 号，European Court Reports 2000, p. I-11307（以下简称 Dior 案）]。不过，欧洲法院在 Dior 案中也判决，在不属于欧共体法律（EC law）范围但属于欧盟成员国职权范围的领域（例如，与工业品外观设计有关的规则），国内立法可以授权个人在国内法院直接援引第 50 条的规定（特别是其第 6 款）（参见 Dior 案，第 48 段、第 49 段）。因此，欧洲法院对待《TRIPS 协定》第 50 条的方法上并不统一。这也证实了，对于该条的自动执行效力是允许存在不同观点的。

成员在实施该条款方面留下的自由更少。

至于旨在限制一当事方实施某一特定行为的"临时措施"这一概念，一般又被称为"初步禁令"（preliminary injunctions）、"中间禁令"（interlocutory injunctions）或"临时禁令"（interim injunctions）。①

为应对以下两种情形，必须采取"迅速和有效"（prompt and effective）的临时措施：

（a）防止侵犯任何知识产权，特别是防止货物进入其管辖范围内的商业渠道，包括结关后立即进入的进口货物。② 这一规定仅适用于与成员法域内③的商业化（commercialization）有关的行为，而不直接适用于出口的侵权货物。④ 对于"知识产权"的概念，《TRIPS 协定》并没有下一个明确的定义。相反，在第 1 条第 2 款中，它指的是作为第二部分第 1 节到第 7 节主题的所有类型的知识产权。欧洲法院（ECJ）在 Dior 案的判决中评论道，《TRIPS 协定》是让 WTO 各成员可以自由地详细规定：

"在《TRIPS 协定》项下作为知识产权受到保护的利益和保护的方法，只要首先，该保护始终是有效的，特别是在制止冒牌货物的贸易方面，其次，该保护不会给国际贸易造成扭曲或障碍。"⑤

这就意味着，第 50 条第 1 款授予各成员以自由裁量权，可以决定"知识产权"这一术语是否不仅包括专门涉及知识产权的国内法，还同样包括涉及侵权行为，特别是涉及非法竞争行为的国内法的一般规定，这些法律规定授

---

① 参见 *Interim relief. A worldwide survey*，Managing Intellectual Property，November 1997，第 35—44 页（以下简称 Managing Intellectual Property）。

② 第 44 条采取了与以上所讨论的相同方法。第 44 条与第 50 条第 1 款（a）项的区别在于，在第 44 条的情形中，侵犯知识产权的行为已经发生，而在第 50 条第 1 款（a）项的情形中，首先要采取程序防止侵权行为的发生。第 44 条和第 50 条的共同点在于它们都适用于结关之后，这与第 51 条（海关中止放行）相反，后者适用于结关之前采取的措施。

③ 适用于欧共体的《关于民商事案件司法管辖权与判决执行的布鲁塞尔公约》（Brussels Convention on Jurisdiction in the Enforcement of Judgements in Civil and Commercial Matters）规定，即使一国对于案件的是非曲直作出裁决享有司法管辖权，也允许另一国应当事人请求而在其司法管辖范围内采取临时措施（第 24 条）。例如，荷兰法院就对德国的案件下达过跨界禁令（参见 Managing Intellectual Property，第 35 页）。

④ 参见 Dreier，第 264 页。

⑤ 参见欧洲法院，Dior 案，第 60 段。

权个人起诉第三方侵犯知识产权。①

（b）第 50 条第 1 款处理的第二种情形是，保存关于被指控侵权的有关证据。根据这一规定，临时救济的范围包括了保存任何与证明侵权行为成立有关的证据，而不仅仅是侵权产品。在普通法国家，一般是为此下达"安东·皮勒"命令（Anton Piller order）。②

在许多国家，知识产权纠纷，特别是涉及侵犯专利权的纠纷是很难获得禁令的，因为在大多数案件中，对于侵权行为（和有效性）在审判中得以确定之前所形成的损失，赔偿金就是一种足以弥补的救济方式。因此在美国，法官通常会考虑：

——若被告提出专利无效之异议的，是否存在合理的可能，宣告该专利有效；

——如果在批准该种临时措施上存在任何迟延，是否有可能给专利持有人造成无可挽回的损失（irreparable harm）；

——对权利持有人所造成的损害，是否超过在错误批准该种临时措施而可能对被控侵权的当事方所造成的损害；以及

——该专利受到侵犯的合理可能性是否存在；并且批准该种措施是否与公共利益相一致。③

在美国，包括在商标案件中，临时禁令已经被定性为是在例外情况下所采取的措施，而不是常规措施；授予临时禁令被认为是在行使一种非常重大的权力，若非在个案中确实明确需要，一般不予批准。④

在加拿大和澳大利亚，"便利平衡"（balance of conveniences）也必须能

---

① 参见欧洲法院，Dior 案，第 62 段，涉及《荷兰民法典》和《荷兰民事诉讼法典》，援引这些法律以防止对工业品外观设计的非法复制。

② 采取一项"安东·皮勒"命令，是要求被告允许原告的代理人进入被告所在房屋并取走侵权物品或者获得其他证据（影印件、照片，等等），用以证明侵权行为的发生。["安东·皮勒命令"源于英国 1976 年的 *Anton Piller KG v Manufacturing Processes Limited* 案而得名，这种做法在英国以及英联邦国家和地区较为流行。现在英国更多地称之为"搜查令"（search orders）。——译者]

③ 参见，例如，J. Reichman 和 M. Zinnani，*Las medidas precautorias en el derecho estadounidense：el justo balance entre las partes*，Lexis Nexis Jurisprudencia Argentina，JA 2002-IV，No. 8，第 15—21 页（以下简称 Reichman/Zinnani）。

④ 参见，例如 Thomas McCarthy，*McCarthy on Trademarks and Unfair Competition*，4th. Edition，Thomson，West，USA 2002，vol. 5，第 30—59 页（以下简称 McCarthy）。

够支持授予禁令；这就意味着，法院在下令采取临时措施时，应当平衡由此给双方当事人造成的不便，即所采取的措施与其目的相当（因而是有利于原告利益的），但该措施不应当超过必需的限度（因而是有利于被告利益的）。①法院也会考虑专利已经存在的年数以及该专利的有效性是否处于争议中，并且，如果从被告持有的利润账户上看起来其有能力偿付在终审判决中的赔偿数额，那么法院一般会拒绝对其发布禁令。②英国和其他国家也在适用便利平衡原则。③

类似地，在法国，为了获得中间禁令（*référé d'interdiction provisoire*），涉案专利不得为明显无效，并且侵权行为也必须达到严重程度；在德国，只有当侵权行为和专利有效性都是显然没有怀疑时，才可以采取临时措施，而且，它通常发生在字面侵权（literal infringement）的情形中，如果产生等同侵权问题的，则不予适用；在墨西哥，在侵犯专利权的诉讼中就几乎从未下达过禁令，并且，要采取临时措施的，之前必须由官方专家确定，该专利是否可能为被控侵权人所使用；在英国，要想获得一项禁令通常也很困难，因为法院所持的观点是，赔偿费是可以量化的，因此，只有当损害赔偿金不足以提供适当救济时，才会在考虑到便利平衡之后给予禁令。④

3.10.2　第50条第2款

> 2. 在适当时，特别是在任何迟延可能对权利持有人造成不可补救的损害时，或存在证据被销毁的显而易见的风险时，司法机关有权采取不作预先通知的临时措施。

第50条第2款要求司法机关有权采取不作预先通知的临时措施（provisional measures *inaudita altera parte*）。⑤本条没有规定一般原则，来确定在何时采取该措施是正当的，但它却模糊地指出，在两种情形中采取该措施是"在适当时"：

---

① 参见加拿大竞争法庭（Canadian Competition Tribunal）1991 年 3 月 22 日，*Director of Investigation and Research v. Southam Inc.*，CT-901 4，(c)段（以下网址可查询〈http：//www. canlii. org/ca/cas/cact/1991/1991cact11. html〉）。

② 参见 Managing Intellectual Property，第 36 页。

③ 同上，第 37 页和第 43 页。

④ 同上，第 38 页、第 39 页、第 42 页和第 43 页。

⑤ 原文 *inaudita altera parte* 是拉丁文，英文意思是 "Without hearing the other Party"。

（a）任何迟延可能对权利持有人造成不可补救的损害时；或者

（b）存在证据被销毁的显而易见的风险时。

在情形（a）中，关键因素是可能造成"不可补救的损害"的迟延（"irreparable harm" *delay*）。① 如果权利持有人不可能获得足够的损害赔偿，即属于此种情况（例如，由于侵权人在该国不从事任何永久性商业活动）。只是因为有给权利持有人造成损害的可能性，这还不足以构成正当理由，可以不顾被告所享有的、在被采取禁令或其他救济之前参加听证的基本权利。

在情形（b）中，如果能够证明存在着证据可能被销毁的风险，就可以采取单方面（ex parte）② 临时措施。申请方必须为其请求提供适当证明。

是否还存在其他可采取单方面临时措施的适当情形，这取决于各成员的决定，不过，还是建议对此采取审慎的态度。事实上，在发达国家，单方面临时措施都只是作为例外而采取的。例如在美国、③ 德国和法国，都是如此。④ 在加拿大，侵犯专利权的问题并不被认为是处于极端紧急的状态，因此，"在仅有侵犯专利之指控时，很难想象加拿大法院会认为不经通知而采取救济措施是适当的"。⑤

3.10.3　第 50 条第 3 款

> 3. 司法机关有权要求申请人提供任何可合理获得的证据，以使司法机关有足够程度的确定性确信该申请人为权利持有人，且该申请人的权利正在受到侵犯或此种侵犯已迫近，并有权责令申请人提供足以保护被告和防止滥用的保证金或相当的担保。

第 50 条第 3 款反映了在第三部分的许多规定中所采取的"制约与平衡"

---

① 此类措施的例子之一是普通法所允许的"马利华"禁令（Mareva injunction），根据该禁令，可以暂时冻结被告的资产（通常是银行存款），用于支付判决的赔偿数额，防止其被挥霍或从该法律管辖区域转移。

② 原文为拉丁文，英文即"one-sided"（亦即，法官主要以原告的陈述为依据而作出裁决，如果这些陈述看起来得到证实的话。具体做法则依各国的国内法而有所不同）。设立这项程序的原因是，存在着不可补救的损害或证据被销毁的危险，使法院不得不迅速采取行动。

③ 参见，例如 Reichman/Zinnani，第 19 页。

④ 参见，例如 Joseph Straus, *Reversal of the burden of proof*, *the principle of 'fair and equitable procedures'and preliminary injunctions under the TRIPS Agreement*, The Journal of World Intellectual Property 2000, Vol. 3., No. 6., 第 815—820 页。

⑤ 参见 Managing Intellectual Property，第 37 页。

(check and balances) 方法。司法机关必须有权对于临时措施的申请人提出若干要求：

（a）提供任何可合理获得的证据，以使司法机关有足够程度的确定性，确信(i)该申请人为权利持有人，且(ii)该申请人的权利正在受到侵犯或此种侵犯已经迫近；

（b）提供"足以保护被告和防止滥用"的保证金或相当的担保。保证金或其他担保的数额由国内的司法机关决定。它必须不仅足以补偿被告因此所遭受的损失，而且足以防止原告滥用临时措施，以此干预合法竞争。

3.10.4　第50条第4款

> 4. 如已经采取不作预先通知的临时措施，则至迟应在执行该措施后立刻通知受影响的各方。应被告请求，应对这些措施进行审查，包括进行听证，以期在作出关于有关措施的通知后一段合理期限内，决定这些措施是否应进行修改、撤销或确认。

与第50条第3款（参见上文）相同的平衡方法也启发了第50条第4款，后者涉及采取单方面临时措施。受影响的当事方（亦即，被控侵权人、经销商等等）至迟（at the latest）应在执行该措施后立刻接到通知。按照条文内容，这一规定就暗示着，该通知也可以在执行临时措施之前发出。另外，应被告请求，应当对这些措施进行审查，包括听证，以期在作出通知后的一段合理期限内，决定这些措施是否应当予以修改、撤销或确认。该项审查可以在执行临时措施之前或之后进行，这取决于通知的日期。如果临时措施被撤销的，则应适用第57条所确定的赔偿。

3.10.5　第50条第5款

> 5. 执行临时措施的主管机关可要求申请人提供确认有关货物的其他必要信息。

第50条第5款包括一项非强制性规定，表明执行临时措施的主管机关可要求申请人提供确认有关货物的其他必要信息。这一规定假定，临时措施的执行机关可能并不是命令采取临时措施的（司法）机关，例如，警察机关或海关可以应司法机关的要求而参加执法。

3.10.6　第50条第6款

> 6. 在不损害第4款规定的情况下，如导致对案件的是非曲直作出裁决的程序未在一合理期限内启动，则应被告请求，根据第1款和第2款采取的

> 临时措施应予撤销或终止生效，该合理期限在一成员法律允许的情况下由责令采取该措施的司法机关确定，如未作出此种确定，则不超过 20 个工作日或 31 个日历日，以时间长者为准。

第 50 条第 6 款和第 7 款以较为具体的方式，提到了必须对临时措施的申请人施加的义务。它们意在为被控侵权人确立某种保护，使其免受不当行为或滥用行为之苦。①

第 50 条第 6 款保护的是受临时措施影响的当事人，使其免于受到申请人在法院无效寻求的行动的影响。它规定了受影响当事人的权利，即在导致对案件是非曲直作出裁决的程序未在一合理期限内启动的情况下，该当事人有权请求撤销临时措施或者以其他方式终止其效力。这一期限将由责令采取临时措施的司法机关在一成员法律所允许的范围内确定。司法机关未作出此种确定的，该合理期限不得超过 20 个工作日或 31 个日历日，以两者中时间较长者为准。当然，司法机关或国内法可以规定一个更短的期限，申请人必须在此期限内提起诉讼。②

3.10.7 第 50 条第 7 款

> 7. 如临时措施被撤销或由于申请人的任何作为或不作为而失效，或如果随后认为不存在对知识产权的侵权或侵权威胁，则应被告请求，司法机关有权责令申请人就这些措施造成的任何损害向被告提供适当补偿。

第 50 条第 7 款要求各成员授权司法机关在以下三种情形中，应被告的请求，责令申请人就临时措施造成的任何损害向被告提供适当补偿：

（a）临时措施被撤销。撤销可能在根据第 50 条第 4 款进行审查的情况下发生。

（b）临时措施由于申请人的任何作为或不作为而失效；或

（c）随后认为不存在对知识产权的侵权或侵权威胁。

应当注意的是，这一规定所使用的词语是"适当"（appropriate），③ 而不

---

① 参见上文第 41 条第 1 款。

② 请注意，在 Dior 案中，欧洲法院否定了在欧共体的个人有权在国内法院直接援引《TRIPS 协定》第 50 条第 6 款，如果是涉及欧共体已经通过区域内立法（internal legislation）的那些法律领域的话。详见上文第 50 条第 1 款。

③ "适当"（appropriate）是指"合适的，适宜的"，《简明牛津词典》，（*The Concise Oxford Dictionary*），1990，第 53 页。

是以上第 44 条第 2 款和第 48 条第 1 款中的 "足够"(adequate)。尚不清楚的是,这种在用语上的差别是否系有意为之,意在引入不同的标准。① 无论如何,被告都应当就临时措施所造成的 "任何" 损害而获得相应的赔偿,包括利益损失和由此产生的费用。

3.10.8 第 50 条第 8 款

8. 如由于行政程序而导致采取任何临时措施的,则在此限度内,此类程序应符合与本节所列原则实质相当的原则。

最后,第 50 条第 8 款规定,如果由于行政程序而导致采取任何临时措施的,则在此限度内,此类程序应符合与第 50 条其余各款所列原则 "实质相当的原则"。这一规定(用 "在此限度内……" 这个短语)就澄清了如下观点,即各成员②并无义务授权行政机关批准临时措施。它采用的是与第 49 条相同的措辞,亦即,行政程序不必与适用于司法机关的程序完全相同,但需要遵循相同的原则,只不过这种相同是在实质而非细节上。

3.11 第 51 条

第 4 节 与边境措施相关的特殊要求*
第 51 条 海关中止放行

各成员应在符合以下规定的情况下,采取程序,** 使得权利持有人在有正当理由怀疑假冒商标或盗版货物*** 的进口有可能发生时,能够向行政或司法主管机关提出书面申请,要求海关中止放行此类货物进入自由流通。各成员可以让权利持有人针对涉及其他侵犯知识产权行为的货物提出此种申请,只要符合本节的要求。各成员还可制定关于海关中止放行自其领土出口的侵权货物的相应程序。

[脚注]* 如一成员对于跨越与其形成关税同盟的另一成员的边境的货物流动,已实质性取消所有管制的,则不得要求该成员在该边境上适用本节的规定。

---

① 参见,例如 Gervais,第 205 页。

② 在一些国家(例如,秘鲁、墨西哥、中国),行政机关有权采取临时措施,但在另一些国家,这些措施只能由司法机关授权采取。

> ［脚注］** 各方理解，对于由权利持有人或经其同意投放到另一成员市场上的进口货物或过境货物，无义务适用此类程序。
>
> ［脚注］*** 就本协议而言：
>
> （a）"假冒商标的货物"指包括包装在内的任何如下货物：未经许可而载有的商标与此类货物已有效注册的商标相同，或其基本特征不能与此种商标相区分，并因此在进口国法律项下侵犯了所涉商标所有权人的权利；
>
> （b）"盗版货物"指任何如下货物：未经权利持有人同意或未经在生产国获得权利持有人正当授权的人同意而制造的复制品，以及直接或间接由一物品制成的货物，而对该物品制作复制品在进口国法律项下就将构成对版权或相关权利的侵犯。

第 4 节引入的是第一套针对假冒商标和版权盗版的国际规则，并因此把 TRIPS 支持者的一个重大目标落到了实处。① 本节在很大程度上是以乌拉圭回合谈判期间发达国家当时的国内法②为模板的。根据这一节规定，海关的干预应当是在商品被运送到一成员领土之内以后，被放行进入消费渠道之前。③ 这里所设定的义务，仅适用于有关假冒商标货物或盗版货物的进口。各成员也可以对被确定用于出口的侵权货物规定相应的程序，就像在一些国家④和在最近所订立的双边自由贸易协定⑤中所规定的那样，但是，这是一项"超 TRIPS"要求，各成员并无义务予以实施。

由于在进口货物的来源地未能采取实施措施来制止侵权，所以就必须采取边境措施。第四节项下程序的一个重要特征是，它们涉及到两个不同的步骤。只有在执行某一特定的临时措施时，海关才被要求进行干预，而对案件

---

① 《TRIPS 协定》序言认识到"需要一个有关原则、规则和行为准则的多边框架，以处理冒牌货的国际贸易问题"。参见本书第 1 章。

② 关于国内边境法规的分析，参见 *Border control of intellectual property rights*，Sweet & Maxwell，Hampshire 2002。

③ 参见，例如 Fabio Ponce Lopez，*Observancia de los Derechos de la Propiedad Intelectual en Aduanas. Procedimientos，acciones y competencias*（*Parte III，Seccion 4 de los ADPIC*），WIPO 关于安第斯共同体遵守知识产权边境保护的研讨会论文，波哥大（Bogota，D. C.），2002 年 7 月 11 日，第 2 页（以下简称 Ponce Lopez）。

④ 参见，例如《安第斯共同体关于工业产权共同制度第 486 号决议》（Decision 486 Andean Community Common Regime on Industrial Property），第 246 条(c)款。

⑤ 参见，例如，《智利—美国自由贸易协定》第 17.11.20 条。

是非曲直作出裁决，也就是对于争议货物究竟是否为假冒商标货物或盗版货物作出决定的，则是"行政或司法主管机关"（第51条）。

按照第51条，要求海关中止放行货物的申请也必须是向"行政或司法主管机关"提出。在这种情况下，"行政机关"也可能就是海关本身，有一些国家就是这样规定的。① 不过，第51条并没有规定各成员有义务授权此类机关直接采取临时措施，而在许多国家，这是司法机关的一项专有职权。

各成员有义务采取第51条所规定措施的，只是针对假冒商标货物和盗版货物，而不是针对其他种类的涉及商标的侵权行为［例如，"仿冒"（passing-off）、对商标的不当使用（improper use of a trademark）］② 或者涉及版权的侵权行为［例如，实质相似（substantial similarity）、未经作者同意的改编（adaptation）］。③ 这一规定也不适用于其他种类的知识产权。之所以要把它们与其他情形区别开来，是因为在假冒商标或盗版货物的情形中，侵权与否"在面上"就能看出来，因此，通过对进口货物的目测观察通常就可以相对容易地确定是否存在侵权。

为了获得中止放行，权利持有人必须证明其"有正当理由怀疑"第51条

---

① 例如，西班牙、巴拿马。参见 Ponce Lopez，第9页。

② 在此情形中，澄清第51条所包括的"假冒商标货物"（counterfeit trademark goods）与该条所未包括的"仿冒"（passing-off）之间的区别，具有重要意义。正如第51条脚注14（参见下文）所定义的那样，"假冒商标货物"要求有注册商标的存在，该商标被第三人未经授权使用，因此侵犯了商标所有权人的专有权。相比之下，仿冒原则（doctrine of passing off，有时也称作 palming off）则要宽泛得多，它指的是更一般性的不正当竞争，也适用于不涉及商标或其他知识产权的情形（参见〈http://www. intellectualproperty. org. uk/std/resources/other ip rights/passing off. htm〉）。"仿冒"广义地是指一种诉因（cause of action），即由于竞争者在其产品上虚假表示（false representation）为与另一企业的产品来源相同，致使后者遭受损失。因此，仿冒是比假冒商标更为宽泛的范畴，它包含后者，但又不限于此类情形。所以，那些不涉及商标的仿冒，就不包括在第51条的范围之内。关于普通法的仿冒原则，参见 W. R. Cornish, *Intellectual Property：Patents，Copyright，Trade Marks and Allied Rights*（1999年第4版）第16章。另参见本书第15章关于地理标志部分。

③ 看来有必要强调一下，在第51条所包含的侵犯版权的情形与在该条范围之外的侵犯版权的情形之间所存在的差别。第51条所说的是"盗版"（copyright piracy），它的脚注14（参见下文）要求的是复制（copying）一享有版权的对象，而与这里所提到情形相反的是，第三人所制作的产品并不是对受版权保护之作品的复制，而是与该作品构成实质性相同（substantially similar），或者是未经权利持有人授权而对于受保护之作品进行修改。后者这些情形都不属于"盗版货物"的范畴。

所指的侵权货物正在进口。他必须证明存在初步证据的侵权行为（*prima facie infringement*）。但与第 50 条不同的是，尽管边境措施的采取也不作预先通知（inaudita altera parte），但这一规定并没有要求以造成"不可补救的损害"作为标准。因此，只要有侵权的可能性便足以启动第 4 节项下的程序。

应当指出，第 51 条没有对海关施加任何检查进口货物的义务。事实上，此类机关的惯例是只对这些货物中的一小部分进行检查。[①] 并且，海关没有依职权进行干预的义务。第 51 条要求海关的是，应权利持有人提出的特定要求采取行动。

本条的第一个脚注对于形成关税同盟的各成员免予适用第 4 节的规定，只要它们对于跨越其与关税同盟另一成员（例如，欧盟成员国）的边境的货物流动，已实质性取消所有管制，这也是合乎逻辑的。

本条第二个脚注处理的是商标和版权保护中的平行进口问题。它指出，当货物已经"由权利持有人或经其同意"而被投放到商业领域时，第 51 条规定的中止放行货物的义务就不再适用。许多国家都承认粘附商标之货物的平行贸易 [parallel trade，通常称作"灰色市场"（gray market）]。例如在美国就是这样，最高法院 1989 年 6 月作出一份判决，允许零售商从外国独立经销商处进口在外国生产的附有商标的手表、照相机、香水和其他货物。[②]

可以认为，第二个脚注对于受其他知识产权尤其是专利权保护的货物，亦有解释上的价值。若果真如此，这就暗示着，未经权利持有人同意，例如通过强制许可方式而将产品引进到外国市场的平行贸易，就将是不合法的。但是，这个脚注明确地只适用于侵犯商标权和版权的某些情形，因而，并没有任何可靠的依据将其扩展至其他领域，否则就将限制《TRIPS 协定》第 6 条所赋予各成员的权利，而在《TRIPS 协定与公共健康的多哈宣言》中也对

---

① 参见以下关于第 58 条的评论。

② 为了规避 1989 最高法院的这项裁决，许多生产商曾试图就其货物的包装获得版权。美国商标同一性保护联合会（Coalition to Protect the Integrity of American Trademarks/COPIAT）在如下案件中阐述过这个观点，见 *Parfums Givency，Inc. v. Drug Emporium，Inc.*，38 F. 3d 477（9th Cir. 1994），但是，1998 年 3 月最高法院打破了这一法律策略。参见 Paul R. Paradise，*Trademark Counterfeiting：Product Piracy and the Billion Dollar Threat to the U. S. Economy*，Quorum Books，Westport，Connecticut 1999，第 30 页（以下简称 Paradise）。

此权利予以确认。①

　　第二个脚注也阐明了其并不强制将边境措施适用于"过境货物"（goods in transit）。不过，有一些国家已经将边境措施扩展适用于此类货物。②

　　第三个脚注包括了"假冒商标货物"（counterfeit trademark goods）和"盗版货物"（pirated copyright goods）就本协定而言的定义。除第 51 条外，《TRIPS 协定》的序言以及第 46 条、第 59 条、第 61 条和第 69 条也提到了冒牌货物（counterfeit goods），而盗版货物或盗版则只在第 61 条和第 69 条中有所提及，本书以下章节将对之进行考察。这些定义表明，应当结合进口国的法律来考虑侵权存在的可能性。假冒商标不仅限于未经许可使用与此类货物已有效注册之商标相同的商标，还包括"其基本特征不能与此种商标相区分"的情形。另一方面，盗版则包括了"直接或间接"由一受版权保护的物品制成的复制品，因此，它不仅包括对受保护作品的首批复制品，也包括后续的复制品。

3.12　第 52 条

第 52 条　申请

　　任何启动第 51 条下程序的权利持有人应当提供充分的证据，以使主管机关相信，根据进口国法律，可初步推定权利持有人的知识产权受到侵犯，并且权利持有人还应当提供货物的足够详细的说明，以便海关易于辨认。主管机关应在一合理期限内告知申请人是否已受理其申请，如主管机关已确定海关采取行动的时限，则应将该时限通知申请人。

　　权利持有人要想获得由第 50 条所规定的边境措施，就必须满足以下两项基本要求：③

---

　　①　"在遵守《TRIPS 协定》第 3 条、第 4 条有关最惠国待遇和国民待遇原则的规定前提下，《TRIPS 协定》中有关知识产权权利用尽的规定应当使各成员能够自由地、不受干扰地建立其权利用尽体系。"（第 5 段 d 项）。参见《TRIPS 协定与公共健康的多哈部长宣言》（以下简称"多哈宣言"），WT/MIN(01)/DEC/W/2，2001 年 11 月 14 日。另参见本书第 25 章。

　　②　例如，第 3295/94 号《欧共体条例》就适用于"向外过境"的货物（goods in "external transit"），亦即，在共同体内运送的非共同体货物或者专门用于出口且适用海关程序的共同体货物。参见 Buydens，第 13 页。

　　③　另参见第 53 条，涉及保证金或同等担保。

（a）提供"充分的证据"（adequate evidence），以使主管机关相信，根据进口国法律，可初步推定侵权成立。这意味着权利持有人提供的证据必须足以使主管机关相信知识产权可能受到了侵犯。

（b）提供货物的足够详细的说明，以便海关易于辨认。这一规定只要求提供信息以便海关辨认被控侵权货物，而对这些货物的调查以初步推定侵权存在与否，则可以由另一不同机关，比如由法院来进行。

最后，第52条要求主管机关"在一合理期限内"告知（不管是否采取书面形式）① 申请人，是否已受理其申请，如主管机关已确定海关采取行动的时限，则应将该时限通知申请人。这里只提到"合理期限"，因此，该期限需由各成员的国内法加以确定。通知无需立即（immediate）作出，或者像第50条第4款规定的"立刻"（without delay）作出。该通知可以包括关于海关所将扣留货物的时限，如果主管机关已确定了该时限的话。②

3.13 第53条

3.13.1 第53条第1款

第53条 保证金或同等的担保

1. 主管机关有权要求申请人提供充足的保证金或同等的担保，以保护被告和主管机关，从而防止申请人滥用此程序。此类保证金或同等的担保不得不合理地阻止对这些程序的援用。

第53条第1款的起草方式采用了典型的"主管机关有权"的方式，它意在防止滥用，③ 而采取的方式则是要求边境措施的申请人提供足以保护被告和主管机关的保证金或同等的担保。本条所规定的保护，是针对被告（尽管在此程序阶段可能还没有被告）和海关本身的，后者在其采取的措施构成对交易者合法活动的不当干预时，可能承担法律责任。因此，提供保证金的义务就应当对限制竞争行为起到制止作用。

但是，第53条第1款也提醒注意，"此类保证金或同等的担保不得不合

---

① 正如上文所讨论的，以书面形式告知的要求适用于对案件是非曲直的裁决（第41条第3款）和对被告的通知（第42条）。

② 1990年7月23日安奈尔草案在一段最终未被采纳的、添加方括号的文本中表明，申请人有义务具体指明请求海关采取行动的时限（W/76）。

③ 安奈尔草案提到，"避免边境实施程序被不合理或无意义的申请所滥用"（W/76）。

理地阻止对这些程序的援用",也就是说,不得将保证金提高到不合理的数额,以至于阻碍利益相关当事方申请边境措施。这一规定也给各成员充分自由,来确定此处的"不合理"(unreasonable)是什么意思。

3.13.2 第 53 条第 2 款

> 2. 如按照根据本节提出的申请,海关依据除司法机关或其他独立机关以外的机关所作的裁决,对涉及工业设计、专利、集成电路布图设计或未披露信息的货物中止放行进入自由流通,而第 55 条规定的期限在获得适当授权的机关未给予临时救济的情况下已期满,只要符合所有其他进口条件,则此类货物的所有人、进口商或收货人有权在对任何侵权交纳一笔足以保护权利持有人的保证金后,有权要求予以放行。该保证金的支付不得损害权利持有人的任何其他可获得的救济,如权利持有人未能在一合理期限内行使诉讼权,则该保证金应予解除。

第 53 条第 2 款处理的是如下情形,即海关依据除司法机关或其他独立机关以外的机关所作的裁决,对被控侵权货物中止放行进入自由流通。因此,当法院或其他除海关之外的独立机关没有机会审查案件和关于中止放行的裁决时,这一规定的适用就是为此提供了一道特别的保障。

第 53 条第 2 款仅适用于涉及工业品外观设计、专利、集成电路布图设计或未披露信息的货物,而不包括商标、版权和地理标志。这是一个"有些不同寻常的条款",[①] 因为它调整的是各成员根据第 51 条无义务采取的措施,正如上文所述,第 51 条只有在涉及假冒商标或盗版时,该措施才是强制性的。

本条款适用的情形是,第 55 条规定的期限在"获得适当授权的机关"(它可以是法院或独立于海关之外的另一行政机关)未给予临时救济的情况下已经期满,[②] 并且符合所有其他进口条件(亦即,进口国通常所施加的要求)。

在这些条件之下,被控侵权货物的所有人、进口商或收货人有权在交纳保证金后要求予以放行。本条并没有像第三部分的其他条款那样,提到要确保"足够"(adequate)或"适当"(appropriate)的补偿,而只是提到"一笔足以保护权利持有人的保证金"。各成员可以自由决定用以确定这一金额的标准。但是,该保证金的支付"不得损害权利持有人的任何其他可获得的救

---

① 参见 Dreier,第 266 页,其注意到美国和欧共体提案原文中并无类似条款,其之所以被包括其中,是因为美国担心边境措施在一些发展中国家会被滥用,成为一项阻止美国货物进口的工具。

② 参见下文对这一规定的评论。

济"。如权利持有人未在"合理期限"内行使诉讼权，则该保证金应予解除，而这里的"合理期限"，也应当由国内法加以确定。

3.14 第 54 条

> **第 54 条 中止放行的通知**
>
> 根据第 51 条对货物的中止放行应迅速通知进口商和申请人。

如果主管机关已经决定中止放行货物，则进口商和申请人都应得到通知。通知应当是"迅速的"（promptly）。虽然这可以被解释为与没有"不正当的迟延"（undue delay）[1] 或"立即"（immediately）[2] 同义，但是，各成员在确定其确切的期限方面，仍留有一些余地。当然，考虑到由不正当的中止所可能造成的经济后果，尽可能快速地作出通知，对申请人和进口商都有好处（对主管机关亦是如此）。

3.15 第 55 条

> **第 55 条 中止放行的时限**
>
> 如在向申请人送达关于中止放行的通知后不超过 10 个工作日的期限内，海关未被告知除被告以外的当事方已启动对案件的是非曲直作出裁决的诉讼程序，或未被告知获得正当授权的机关已采取临时措施延长货物中止放行的期限，则此类货物应予放行，只要符合所有其他进口或出口条件：在适当的情况下，此时限可再延长 10 个工作日。如已启动对案件的是非曲直作出裁决的诉讼，则应被告请求，应进行审查，包括进行听证，以期在一合理期限内决定这些措施是否应予修正、撤销或确认。尽管有上述规定，但是如依照临时司法措施中止或继续中止货物的放行，则应适用第 50 条第 6 款的规定。

第 55 条明确适用于进口和出口。与上文讨论的其他条款不同，它包括主管机关采取行动的具体时限。在向申请人送达关于中止放行的通知后不超过 10 个工作日的期限内，如果海关未被告知下列事项，则被控侵权的货物应予

---

① 参见第 41 条第 3 款。
② 参见第 44 条第 1 款和第 50 条第 1 款(c)项。

放行：

（a）除被告以外的当事方已启动对案件是非曲直作出裁决的诉讼程序，或者

（b）主管机关已采取临时措施延长货物中止放行的期限。

在第(a)项之下的条件是，要求申请人或其他当事方为获得对案件是非曲直作出的裁决而启动诉讼。如果是被告本人启动了此类程序，则还是应当裁定放行。第 55 条似乎推定，权利持有人应当请求由采取临时措施的同一机关来对案件的是非曲直作出裁决。

与第 53 条第 2 款的情形相类似，放行也应当"只要符合所有其他进口或出口条件"。在"适当的情况"下（这应由各成员的法规予以确定），该 10 日期限还可以再延长 10 个工作日。

第 55 条特别规定，如已启动对案件的是非曲直作出裁决的诉讼，则应被告请求，应当进行审查，包括听证，以期在一合理期限内决定这些措施是否应予修正、撤销或确认。应当指出的是，它与第 50 条第 4 款不同，根据第 55 条所产生的审查权，受制于已启动对案件是非曲直作出裁决的诉讼。但是，如依照临时司法措施中止或继续中止货物的放行，则应适用第 50 条第 6 款的规定。因此，就需要适用以下期限，即不应超过 20 个工作日或 31 个日历日，以两者中时间较长者为准。权利持有人如果请求对案件的是非曲直作出裁决，则其也可以请求继续维持该临时措施（即中止放行货物），直至作出该种裁决。

3.16 第 56 条

第 56 条 对进口商和货物所有权人的赔偿

有关主管机关有权责令申请人向进口商、收货人和货物所有权人对因货物被错误扣押或因扣押按照第 55 条放行的货物而造成的任何损失支付适当的补偿。

第 56 条授权主管机关，如果货物被中止放行是"错误的"（wrongful），或者没有按照第 55 条启动对案件的是非曲直作出裁决的诉讼程序，则有权根据国内法责令申请人向进口商、收货人和货物所有权人支付"适当的"补偿（"appropriate" compensation）。

补偿必须足以弥补因此"造成的任何损失"，其中可以包括由于扣押货物而导致的利益损失以及由此产生的费用（例如律师费）。补偿是向进口商、收

货人和货物所有权人支付，也就是说，申请人有责任对所有可能因边境措施遭受经济损失的人进行补偿。①

最后应当指出，根据本条款规定的赔偿义务形成了一种客观责任（objective liability），因为它不取决于申请人是否恶意（bad faith）或存在其他险恶动机。

3.17 第 57 条

第 57 条 检验和获得信息的权利

在不损害保护机密信息的情况下，各成员应授权主管机关给予权利持有人充分的机会要求海关对扣押的货物进行检查，以证实权利持有人的权利请求。主管机关还有权给予进口商同等的机会对此类货物进行检查。如对案件的是非曲直作出肯定性决定的，则各成员可授权主管机关将发货人、进口商和收货人的姓名和地址以及所涉货物的数量告知权利持有人。

第 57 条规定了（还是采用"各成员应授权主管机关"的表达方式）在边境程序中两种不同的权利：

（a）检查权（right of inspection）：应当给予权利持有人和进口商"充分的机会"，对任何扣押的货物进行检查，以分别用于证实权利持有人的权利请求和阐述进口商的辩护理由；

（b）获得信息权（right of information）：各成员可授权主管机关将发货人、进口商和收货人的姓名和地址及所涉货物的数量告知权利持有人。很明显，这一规定的目的（但不具强制性）是允许权利持有人采取行动，以对抗所有可能涉嫌侵权的人；尽管事实上，他们可能出于善意行事，并且没有理由知道所涉货物构成侵权。这项权利（若其为国内法所确定的话）只有在对案件的是非曲直作出肯定性裁决之后才能产生。

检查权和获得信息权（若被赋予的话）均须受到保护"机密信息"之约束。② 第 57 条没有阐明这项保护是为谁的利益而设，因此就表明，任何当事

---

① 还有其他受影响的当事方（例如，承运人、经销商、零售商）也可能主张损害赔偿，但须符合国内法的一般原则和规定。

② 参见上文对第 42 条的评论。

方均可请求援用该规定，并且主管机关不得在可能发生信息泄露的情况下授予这两项权利。

3.18　第58条

第58条　依职权的行动

如各成员要求主管机关自行采取行动，并对其已取得初步证据证明一知识产权正在被侵犯的货物中止放行，则：

（a）主管机关可随时向权利持有人寻求可帮助其行使这些权力的任何信息；

（b）进口商和权利持有人应被迅速告知中止放行的行动。如进口商向主管机关就中止放行提出上诉，则中止放行应遵守第55条所列的、在细节上作必要修改的条件；

（c）只有在采取或拟采取的行动是出于善意的情况下，各成员方可免除公共机构和官员采取适当救济措施的责任。

第51条至第60条都没有要求海关承担特定的义务，对受知识产权保护的货物进行检查，也没有规定其依职权采取行动（act *ex officio*）的义务。但是，如果海关选择采取行动，则必须遵守第58条规定的条件。一般说来，海关只会依职权检查所有货物中的一小部分，主要目的是证实货物的价值，以便计征关税和其他费用。①

第58条仅适用于"各成员要求主管机关自行采取行动，并对其已取得初步证据证明一知识产权正在被侵犯的货物中止放行"的情形。这就意味着：（a）若一成员的国内法未规定依职权干预和中止放行的权力，则该条款对其不具有约束力；并且（b）确定这样一种干预形式完全交由各成员自由裁量。

第58条(a)项是作为授权性条款（facultative provision）制定的，但对它的正确解读将表明，主管机关在任何时候向权利持有人寻求可以帮助其行使这些权力的任何信息，权利持有人均有义务提供。若不能提供，则显然会导致主管机关在特定案件中作出不采取行动的决定。

---

① 例如在美国，海关检查人员通常会检查约5%的入境货物，以查找违禁品、受污染食品、致病动物以及不合法或者对公众构成危险的货物。参见 Paradise，第29页。

主管机关有义务告知中止放行，这对于进口商和权利持有人同样适用。因此，第58条(b)项要求进口商提出的上诉须符合与第55条规定相同的条件，这也是十分符合逻辑的。

最后，第58条(c)项并未包括依职权采取措施的条件，但就像第48条第2款一样，它对各成员的权利进行限制，即只有在执法过程中采取或拟采取的行动是出于善意的情况下，各成员才有权免除公共机构和官员采取适当救济措施的责任。①

3.19 第59条

> **第59条 救济**
>
> 在不损害权利持有人可采取的其他诉讼权并在遵守被告寻求司法机关进行审查权利的前提下，主管机关有权依照第46条所列原则责令销毁或处理侵权货物。对于假冒商标货物，主管机关不得允许侵权货物在未作改变的状态下再出口或对其适用不同的海关程序，但例外情况下除外。

本条款采用的还是"主管机关有权"这样的表达方式，它要求各成员授权主管机关（司法机关或行政机关）责令销毁或处理侵权货物。但须遵守

（a）被告寻求司法机关进行审查的权利；

（b）第46条所列原则，亦即，

——不给予任何补偿；

——避免对权利持有人造成任何损害；

——不违背现有的宪法上的要求。

此外，假冒商标货物不得被允许在"未作改变的状态下"（an unaltered state）再出口或对其适用不同的海关程序，但在例外情况下除外。《TRIPS协定》没有明确，此种改变所要达到的程度，这一点交由国内法来确定。一个合理的标准是，该改变足以将侵权货物与合法进入商业流通的货物区别开来，例如，通过消除侵权商标的方式。

---

① 参见上文第48条第2款。

3.20 第 60 条

> **第 60 条 微量进口**
>
> 各成员可将旅客个人行李中夹带的或在小件托运中运送的非商业性少量货物排除在上述规定的适用范围之外。

"微量"条款（"de minimis" clauses）在 WTO 体系的其他组成部分中也能够找到。① 第 60 条也是一条授权性条款（a *may* provision），这既反映了海关在控制少量货物进口方面所面临的困难，也反映了这样的事实，即权利持有人对于为此类情形的实施程序承担成本，通常并不感兴趣。"上述规定"指的是第 4 节其他条款的规定。

3.21 第 61 条

> **第 5 节 刑事程序**
> **第 61 条**
>
> 各成员应规定，至少对于具有商业规模的故意假冒商标或盗版的案件，将适用刑事程序和处罚。可使用的救济应包括足以起到威慑作用的监禁和/或罚金，并应与适用于同等严重性的犯罪所受到的处罚水平一致。在适当的情况下，可使用的救济还应包括扣押、没收和销毁侵权货物和主要用于实施犯罪的任何材料和工具。各成员可以规定，在其他侵犯知识产权的案件中适用刑事程序和处罚，特别是具有商业规模的故意侵权案件。

第 61 条为各成员创设了对具有商业规模的故意假冒商标或盗版案件适用刑事程序和制裁的义务。关于本条有几个方面需要强调。

首先，尽管在谈判过程中，一些代表认为应当广泛适用刑事程序和制裁，但本条并不强制各成员将同样这些规则适用于其他的知识产权领域。不过，各成员可以这样做，而在事实上，许多成员都在其他领域，显著的是在专利领域，也规定了此类救济和处罚。

---

① 参见，例如，《反倾销协定》（Antidumping Agreement）第 5 条第 8 款，《补贴与反补贴协定》（Agreement on Subsidies and Countervailing Measures）第 11 条第 9 款。

第二，刑事程序和处罚只是被要求适用于侵犯商标和版权的特定类型：假冒商标和盗版，这一点与在《TRIPS 协定》第 51 条所界定的范围相同。因此，这一规定并不涵盖其他类型的违法行为，比如对商标或作品复制件的非典型使用。

第三，第 61 条只包括"故意"侵权（willful infringement）的情形，因而排除了不知道或没有正当理由知道侵权行为发生而实施的行为。

最后，不能被视为"具有商业规模"（on a commercial scale）的侵权行为（例如，孤立的侵权行为，即使它以营利为目的）不适用本条规定。

第 61 条第二句和第三句列明了刑事救济的内容，但没有进一步详述细节。处罚必须包括监禁或者罚金，各成员可以依其意愿，同时适用这两种措施以及其他刑事处罚。评估各成员是否遵守第 61 条的标准，建立在以下两个因素上：(a)救济必须对侵权行为"足以起到威慑作用"；并且(b)这些情形中的处罚水平应当与适用于"同等严重性"的犯罪所受到的处罚水平一致。各成员有相当大的自由裁量权，来决定如何适用这些标准，特别是确定何为国内法中具有同等严重性的犯罪。在"适当的情况"（这应由国内法确定）下，可使用的救济还应包括扣押、没收和销毁侵权货物和主要用于侵权活动的任何材料和工具。第 46 条和 59 条要求销毁侵权货物不得违背现有的宪法上的要求，但与之不同的是，第 61 条并未包含这一限制条件。尽管这样的区别可以用侵权的犯罪性质来解释其正当性，但它也说明了，销毁货物确实可能是一项重大经济损失，并可能被认为是不为社会所认可的。①

第 61 条最后一句包含了一项授权性规定，强调各成员有权采取"超TRIPS"的方式，特别是对具有商业规模的故意侵权案件。这句话既指商标和版权领域的其他侵权类型，也指侵犯其他种类的知识产权。

必须指出，各国对于在侵犯知识产权案件中适用刑事处罚的问题上，做法不一。例如在美国，在联邦法律（以及部分州法）中，对于故意经营明知是使用假冒商标的货物或服务的，可以适用刑事处罚和严厉的民事救济。②

在许多发展中国家，刑事处罚也适用于侵犯专利权的情形。这可能会对

---

① 如果一项宪法条款和第 61 条的规定发生冲突，就可能出现一种有趣的情形，即WTO 规则在何种程度上限制了国家的主权。

② 联邦刑事处罚包括：(a)对个人处以最高可达 200 万美元的罚款（如属再犯，最高可达 500 万美元），或者不超过 10 年的监禁（如属再犯，最高可达 20 年），或两者并处；对企业或合伙处以最高可达 500 万美元的罚款（如属再犯，最高可达 1500 万美元）；并且(b)销毁带有假冒商标的物品。参见 Paradise，第 8 页和第 18 页。

那些有意围绕受专利保护的发明而开展经营的公司，尤其是这样的中小企业构成严重威慑。刑事指控会带来许多负面影响（从声誉、辩护成本、出境旅行受限等方面）。即使被告能够证明自己无罪，但遭遇刑事诉讼的风险本身常常就具有足够大的威慑力，使得一公司远离可能被权利持有人指控侵权的活动。与假冒商标和盗版的情形不同，对于侵犯专利权的行为，非经专家调查，包括确定是否存在"等同"，是无法加以确定的。这也许解释了为什么在一些为专利提供高水平保护的国家，比如美国，却没有根据联邦法律而对侵犯专利权的行为给予任何的刑事处罚。在美国，针对侵犯专利权的行为可以获得两种民事救济：一是针对将来侵权的禁令，二是补偿性损害赔偿（compensatory damages，至少相当于合理的使用费），后者可能进行 3 倍赔偿。[①]

通常，刑事制裁的等级依所涉对象、侵权严重程度以及是否系再犯而定。例如，1992 年修订后的《美国版权法》（U. S. Copyright Act）规定，与唱片有关的侵权行为，根据制作或发行的侵权复制品的数量及其零售价格而可以被定为重罪（felony）。复制或发行 10 件以上价值超过最低零售价的复制品的，最高可处以 5 年监禁，或者罚金，或两者并处。第二次或此后再发生侵权的，监禁最高可达 10 年。[②]

3.22　第 62 条

3.22.1　第 62 条第 1 款

第四部分　知识产权的取得和维持以及相关的当事方之间的程序
第 62 条

1. 各成员可要求遵守合理的程序和手续，作为取得或维持第二部分第 2 节至第 6 节下规定的知识产权的一项条件。此类程序和手续应与本协定的规定相一致。

第 62 条是《TRIPS 协定》第四部分唯一的条款。其第 1 款考虑到这样的事实，即在许多成员的国内法中，知识产权的取得和维持须满足某些程序和

[①]　参见，例如 Paradise，第 14 页。已经有人指出，对故意侵权行为处以三倍损害赔偿的程序可能会使那些在公司的员工甚至都不敢阅读可能与其技术相关的专利。参见 John Barton，*Issues Posed by A World Patent System*，Journal of International Economic Law 2004，Volume 7，Issue 2，第 341—357 页。

[②]　参见，例如 Paradise，第 11 页。

手续，例如注册。这些手续通常服务于特定的公共政策目的。① 第 62 条保护各成员在适用这些措施上的自主权，但同时确保它们不会阻止对知识产权的有效保护并且尊重某些正当程序标准。

第 62 条第 1 款承认，各成员规定某些取得和维持手续的权利并不涵盖所有在《TRIPS 协定》中所包括的知识产权。它只适用于第二部分第 2 节到第 6 节，因此就排除了版权和相关权利以及未披露信息保护的领域。之所以作如此规定，是因为这两个领域的保护并不要求任何注册登记。②

根据第 62 条第 1 款，一成员要求知识产权取得和维持须满足的程序和手续，必须是"合理的"（reasonable）。《TRIPS 协定》并没有为"合理的"一词作出定义。因此，各成员在这一要求的实施方面享有一定的灵活性。一般而言，"合理的"可以被解释为，允许成员所规定的手续既充分满足其目的，但另一方面又不能对申请人要求过严。换言之，一方面是这些手续的实施，另一方面是知识产权的取得，这两者之间应当达到平衡。正如本款第二句所明确的那样（要求此类程序和手续应与《TRIPS 协定》的规定相一致），权利的取得只能在《TRIPS 协定》实质性规则所允许的范围内受到限制。但既然这些实质性规则只包括最低保护标准，且本身要受到例外条款的限制，因此，各成员看来有某种余地，按照其国内政策和目标来解释"合理的"这一术语。

3.22.2 第 62 条第 2 款

2. 如知识产权的取得取决于该权利的授权或注册，则各成员应保证，在遵守取得该权利的实质性条件的前提下，该授权或注册程序允许在一合理期限内授予或注册该权利，以避免无根据地缩短保护期限。

第 62 条第 2 款试图避免时间过长的审查或注册程序。这条规则的重要性可以通过第 33 条来解释：专利保护期限（至少 20 年）从申请之日起算。这意味着，审查是否授予专利所需花费的时间将从有效保护期限中被扣除，而这会给权利持有人造成损害。为了避免对保护期限造成"无根据的缩短"（unwarranted curtailment），现在这项条款就规定，各成员有义务使得权利在一合理期限内授予或注册。本款亦没有对"合理的"一词给出任何定义，因此，上文所考虑的因素（参见第 62 条第 1 款）同样适用于本款。特别是，本

---

① 例如，知识产权的注册登记是为了做到透明度和法律的确定性：第三方可以轻易地证实一产品是否受到知识产权保护，以及如果受保护的话，谁是该权利的所有人。

② 就版权而言，《伯尔尼公约》第 5 条第 2 款实际上禁止其权利的享有和行使受到任何手续的限制。至于未披露信息，如果登记就将破坏保持这种信息之秘密性的目标。

款规定不应当妨碍专利局对专利申请进行充分的审查。如果一成员考虑到为了追求特定的政策目标，需要细致的、费时的授权程序，那么，只要没有更短的时间来实现该政策目标，它所耗费的时间都将被视为合理。①

3.22.3 第 62 条第 3 款

> 3.《巴黎公约》(1967) 第 4 条在细节上作必要修改后应适用于服务商标。

《巴黎公约》第 4 条涉及优先权 (right of priority)，而优先权在专利、商标、工业品外观设计、实用新型和发明人证书的取得方面都起着重要作用。②第 62 条第 3 款的宗旨是将服务商标 (service marks) 纳入商标法的范畴。本条对第 16 条第 2 款和第 3 款进行了补充，这两款将典型的商标规则（亦即关于驰名商标的规则）扩大适用于服务商标。第 62 条第 3 款也将另一项典型的商标规则（亦即优先权）的适用范围扩展至服务商标。之所以作这种扩展，原因是在《TRIPS 协定》之前，《巴黎公约》各成员并无义务通过商标法来保护服务商标。相反，它们可以选择知识产权制度以外的其他保护方式，例如不正当竞争的规则。③

优先权对于商标法（以及《巴黎公约》的其他工业产权）具有特别意义。它与《巴黎公约》所承认的对于服务商标记的非知识产权保护方式无关。通过将服务商标纳入到优先权之下，第 62 条第 3 款就为服务商标提供了具体的商标保护，使其脱离了非知识产权方式保护的范畴。

3.22.4 第 62 条第 4 款

> 4. 有关取得或维持知识产权的程序，以及在一成员法律对此类程序作出规定的情况下，行政撤销程序和诸如异议、撤销和注销等当事方之间的程序，应服从第 41 条第 2 款和第 3 款所列的一般原则。

---

① 例如，为了将药品价格保持在可承受水平，发展中国家的专利局应当在授予专利之前，对此类专利申请的可专利性进行仔细审查。根据无国界医生 (M'edecins Sans Fronti'eres) 的一份报告 (MSF, *Drug patents under the spotlight. Sharing practical knowledge about pharmaceutical patents.* Geneva, 2003 年 5 月，第 17/18 页)，一些国家的专利局（包括发展中国家的专利局）并不深入检查每一份申请，而只审查所提交的文件和是否已缴纳费用。这种做法对申请人是有利的，却破坏了关于获得可承受之药品的公共政策目标。因此，为进行更仔细的审查而花费的较长时间，并不构成第 62 条第 2 款意义上的不合理期限。

② 参见本书第 17 章。

③ 参见《巴黎公约》第 6 条之六，据此，各成员有不将服务标记注册为商标的自由。对《巴黎公约》第 16 条及相关条款的详细讨论，参见本书第 14 章。

本条款提到了适用于《TRIPS 协定》第三部分权利实施的一些关键性规则。因此，各成员承担的提供公平和公正程序的义务（第 41 条第 2 款）以及裁决要说理的义务（第 41 条第 3 款）也应当适用于权利的取得和维持程序。取决于各成员的国内法，同样的义务也适用于行政撤销程序和当事方之间的程序（*inter partes* procedures）。① 在这种情况下，行政撤销程序就涉及对知识产权的依职权撤销（*ex officio* revocation）。此种程序仅涉及行政机关和权利持有人。而当事方之间的程序则相反，它还涉及第三方，后者通常是对知识产权的注册提出异议或请求行政机关撤销或注销已授予之权利的人。

3.22.5　第 62 条第 5 款

> 5. 第 4 款下所指的任何程序中的行政终局裁决，均应受到一司法机关或准司法机关的审查。但是，在异议或行政撤销不成立的情况下，无义务提供机会对裁决进行此种审查，只要此类程序的根据可以成为无效程序的对象。

就像关于实施程序的第 41 条第 4 款那样，本条款也规定，各成员有义务提供这样的可能，以便对第 4 款下所指的任何程序中的行政终局裁决进行审查。② 获得此种审查，是法治原则（principle of the rule of law）之下的一项基本民事权利。③ 第二句话包括此种义务的一个附条件的例外。"异议不成立"（unsuccessful opposition）是指在当事方之间的程序中，第三方未能成功地阻止由行政机关授予权利。"行政撤销"是指仅涉及权利持有人和行政机关（通常就是当初负责授权的同一个机关）的程序。根据第 62 条第 5 款规定的撤销不成立的情形，是指行政机关一开始考虑撤销权利，但最终决定不予撤销。

在异议不成立的情形中，无需单独对行政机关拒绝异议的裁定进行审查，只要根据国内法，被裁定异议不成立的第三方可以在法庭上启动无效程序（invalidation procedures），以质疑行政机关拒绝其异议的理由。这就意味着，对授予某一特定知识产权提出异议的当事方理应容忍该权利的确立（而不能

---

① 关于第 41 条第 2 款和第 3 款的具体内容，参见本节上文。

② 请注意，根据第 41 条第 4 款，进行审查的机关必须为司法机关。而第 62 条第 5 款在此方面则较为宽松，它允许由准司法机关（亦即，不是由法院，通常是由独立于最始授权机关的另一行政机关）进行审查。

③ 这种理念是，每个公民都可以在法庭上质疑任何可能对其权利造成不利影响的行政行为。

通过一开始的异议成立而阻止授予权利），但其在之后将有机会在无效程序中对该权利提出挑战。在此种程序中，法官将检验行政机关拒绝该异议的理由是否正当。当行政撤销程序不成立时，也适用同样的规则。任何第三方在之后都可以基于被行政机关撤销的同样理由而启动无效程序。因此，行政机关拒绝撤销该权利的事实，并不会妨碍第三方在法庭上对该权利提出挑战。

4. WTO 案例

4.1 "哈瓦那俱乐部"案

2002 年 1 月 2 日，上诉机构发布了"哈瓦那俱乐部"（*Havana Club*）案报告，① 该案是欧共体就美国《1998 年综合拨款法》211 节而提出的申诉。② 在该份申诉书中，欧共体指控美国该法 211 节有若干之处与《TRIPS 协定》和《巴黎公约》不一致。③

美国法 211 节的目标是，对于与古巴政府在 1959 年 1 月 1 日当天或之后没收的"企业或资产所使用的相关商标、商号或商业名称相同或实质相似"的商标、商号和商业名称给予保护。④ 211 节意图防止未经授权的第三方通过使用受到没收影响的标记、商号或商业名称，而从这种没收中受益。因此，211 节规定，此类商标、商号或商业名称的注册取决于其原始所有权人⑤或者

---

① *United States-Section 211 Omnibus Appropriations Act of 1998*，WTO 文件 WT/DS176/AB/R。上诉机构的这份报告和专家组报告（2001 年 8 月 6 日 WT/DS176/R）于 2002 年 2 月 1 日由 WTO 争端解决机构所通过。两份报告的文本可访问 http：//www. wto. org。

② 《1999 年商务部拨款法》（Department of Commerce Appropriations Act）211 节，它被包括在《1999 年综合加强和紧急拨款法》（Omnibus Consolidated and Emergency Supplemental Appropriations Act 1999）中，Public Law 105—277，112 Stat. 2681，它在 1998 年 10 月 21 日成为美国法律［以下简称"211 节"（Section 211）］。211 节的相关部分在上诉机构报告第 3 段中有引用。

③ 下列分析仅限于上诉机构报告中涉及《TRIPS 协定》实施程序义务的部分。上诉机构也检查了美国法 211 节与《TRIPS 协定》关于国民待遇和最惠国待遇的一般义务的一致性以及与《TRIPS 协定》和《巴黎公约》关于商标条款的一致性。关于报告中涉及商标法部分的分析，参见本书第 14 章。

④ 参见 211 节(a)款第(1)项。

⑤ 亦即，用于与被没收资产相关的古巴商标的所有人。

善意的权益继受人（bona fide successor-in-interest）的明确同意。①

211 节进一步规定：

"[a]（2）对于任何指定国民基于普通法权利或对此类被没收的商标、商号或商业名称的注册而提出的权利主张，美国法院不得承认、实施或者以其他方式使之生效。

（b）对于任何指定国民或其权益继受人［……］就与被没收的企业或资产所使用的相关商标、商号或商业名称相同或实质相似的商标、商号和商业名称而提出的条约权利主张，美国法院不得承认、实施或者以其他方式使之生效，除非此类商标、商号或商业名称的原始所有权人或善意的权益继受人已明确表示同意。"

欧共体认为，这些条款与《TRIPS 协定》第 42 条不一致，因为它们"明确否定了［……］［美国］法院实施"由 211 节所授予"权利的可能性"。②

专家组接受欧共体的论点，认为 211 节（a）款第（2）项与《TRIPS 协定》第 42 条不一致。根据专家组的观点，这一规定从效果上来说，就阻止了权利持有人"获得证明其权利请求的机会"，而这是与第 42 条相矛盾的：

"有效的民事司法程序是指有可能产生未被立法预先推定的结果的程序。"③（脚注略）

上诉机构对于这样解释第 42 条未持不同意见。但是，它基于对美国的法律状况作出的不同评估，推翻了专家组的裁决。④

至于第 42 条（第一句）中的"权利持有人"（right holders）这一术语，上诉机构同意专家组的解释，确认该条款的受益人不仅包括已被证实为商标所有权人（owners）的当事方，同样还包括声称拥有主张该权利之法律地位

---

① 参见第 211 节（a）款第（1）项，它规定在此类情形中，除非有这样明确的同意，否则，不得接受申请人所缴纳的注册费。而如果没有缴费，注册就无法生效。因此，申请人若无法证明原始所有权人［或其善意的权益继受者（*bona fide* successor-in-interest）］对商标注册的明确同意（*express consent*），实际上就导致该商标注册被拒绝。

② 参见专家组报告，第 4.91 段和第 4.147 段。

③ 同上，第 8.100 段，在上诉机构报告第 210 段中予以引用。专家组拒绝了欧共体就有关 211 节（b）款提出的诉请，因为欧共体未能证明其诉请（专家组报告，第 8.162 段）。

④ 根据上诉机构的观点，211 节的规定并没有预先推定当事人有实施其权利的可能性。参见该报告第 227 段和第 229 段。

的当事人。换言之，推定所有权人（presumptive owner）也将被视为"权利持有人"：

"因此，按照我们的解释，该推定所有权人必须有机会参加民事司法程序，使之能够有效实施其权利，直至法院作出裁决，认为该推定所有权人在事实上并非注册商标的所有权人［……］"①

换言之，只要根据可适用的国内法，不能排除一当事方为权利持有人，则该当事方就可以受益于第 42 条所规定的程序性权利。② 为支持该种解释，上诉机构提到第 42 条所采用的术语［"权利持有人"（right holders）］，并将其与第 16 条第 1 款采用的术语"所有权人"（owner）进行比较，由此认为，如果《TRIPS 协定》将权利专门限定于"所有权人"的话，它就会采用明确的条款予以限定。③ 除此之外，上诉机构还引用下列事实，即第 42 条第四句提到的是复数的"当事方"（parties），而不是单数的"当事方"（party），因此，这里所指的不仅包括真正的权利持有人，同样还包括了最终被裁决不享有相关知识产权的当事方。④

不过，上诉机构强调指出，第 42 条是程序性条款，⑤ 因此，关于谁是一权利的所有权人，这一问题将留给国内的知识产权实体法来决定。⑥ 上诉机构继续陈述道，211 节构成关于决定所有权归属的实体性条款。⑦ 欧共体承认，尽管有 211 节的规定，那些想要注册商标的人仍有机会基于其他的美国法律［亦即《拉纳姆法》（Lanham Act）和《美国联邦民事诉讼规则》（U. S. Federal Rules of Civil Procedure）中的相关程序性条款］参加司法程序。

争论的关键点在于，一旦当事方根据后者这些规定有机会证明其权利请求，而法院认定依据 211 节的实体性理由必须否定其所有权时，那么，211 节就是在要求美国法院承担义务，避免审查任何承认知识产权所要求的实体性

---

① 参见专家组报告第 8.99 段，上诉机构在其报告的第 218 段中对此予以支持。

② 上诉机构和专家组关注的焦点是商标的"所有人"。如上文所评论（参见本章第 3 节关于第 42 条的评论），"权利持有人"这一术语并不限于所有权人，还可能包括其他被授权使用知识产权的主体（取决于国内法的规定）。

③ 参见上诉机构报告，第 217 段。

④ 参见上诉机构报告，第 217 段。

⑤ 参见上诉机构报告，第 221 段。

⑥ 同上，第 222 段。

⑦ 同上。

条件。①

根据欧共体的观点，关于是否审查任何其他的实体性条件，必须得由法院根据自由裁量权来决定。欧共体认为，如果国内法阻止原告提出所有的争议问题和由此产生的权利请求，并且阻止其提交所有与此相关的证据，那么，这就构成对第 42 条的违反。②

上诉机构不同意这种解释。它说明了《TRIPS 协定》第 42 条的程序性质，并且认定：

> "我们认为，如果法院在适用《联邦民事诉讼规则》和《联邦证据规则》(Federal Rules of Evidence) 后，基于 211 节得出结论，认为实施权利的诉讼未能证明所有权——这是实体法的要求——从而法院不可能作出支持原告或被告的商标权请求的裁决，那么，这样做并不构成对第 42 条的违反。第 42 条的程序性义务并不阻止成员在此种情形中，通过立法规定法院在作出裁决之前是否必须检查实体法的每一项要求。（着重号为原文所加）

记着这一点，我们接着分析 211 节 (a) 款第 (2) 项与第 42 条之间所谓的不一致。211 节 (a) 款第 (2) 项并不禁止法院给予权利持有人以获得公平和公正的民事司法程序的机会，以及证实其权利请求并提交所有相关证据的机会。211 节 (a) 款第 (2) 项只是要求，在适用《美国联邦民事诉讼规则》和《联邦证据规则》认定指定国民或权益继受人并不拥有 211 节 (a) 款第 (2) 项提及的商标之后，美国法院不得承认、实施该国民或权利继受人的任何权利要求或以其他方式使之生效。正如我们在前面所说的，211 节 (a) 款第 (2) 项是关于所有权的实体性规定。因此，我们不认为 211 节 (a) 款第 (2) 项否定了第 42 条授予的程序性权利。"③

总之，《TRIPS 协定》第 42 条具有程序性特点，这就给各成员留下了自由裁量权，由它们来决定权利持有人和所有权的概念。第 42 条并不要求各成员在其关于民事程序的国内规则中规定这样一项义务，即针对认定知识产权的若干累积性实体标准（cumulative substantive criteria），要求法院对它们逐条进行审查，即使这些标准中已有一项被确定不相符合。

---

① 除了所有权的问题，其他典型地与商标法相关的实体性要求包括如下问题：商标的使用；商标注册被指控存在瑕疵；一般性的关于标记的相同或近似；商标所使用的货物或服务的种类；是否存在许可以及许可的范围。参见上诉机构报告，第 213 段，脚注 148。

② 参见上诉机构报告，第 213 段。

③ 参见上诉机构报告，第 226 段和第 227 段。基于同样的理由，上诉机构接下来又否定了 211 节 (b) 款与《TRIPS 协定》第 42 条之间的不一致性（报告第 229 段）。

4.2 "美国诉瑞典"案和"美国诉阿根廷"案

美国根据 WTO《争端解决谅解》，就有关临时措施提出申诉，但这些申诉在磋商过程中已得到解决。其中一起案件是"美国诉瑞典"案（1997 年 6 月 2 日，WT/DS86/1），① 另一起是"美国诉阿根廷"案（2000 年 5 月 3 日，WT/DS196）。②

4.3 "欧共体—商标和地理标志保护"案

按照澳大利亚③和美国④分别提出的请求，WTO 争端解决机构（DSB）在 2003 年 10 月 2 日的会议上，成立了单独一个专家组，⑤ 审查针对 1992 年 7

---

① 美国、欧共体和瑞典向争端解决机构作出通知，它们已经协商达成了一个解决方案，依据是瑞典议会批准一项针对若干知识产权法的修正案，该修正案授权司法机关采取临时措施，包括在材料和文件面临被销毁和消失的风险时采取单方行动（1998 年 12 月 11 日，WT/DS86/2）。该修正案已于 1999 年 1 月 1 日生效。

② 作为磋商的结果，阿根廷政府同意对其《专利法》第 83 条提出一项修正案，以吸收下列关于初步措施（preliminary measures）的规定："司法机关有权就按照第 30 条、第 31 条和第 32 条所授予的专利，命令采取初步措施，以便：

1）防止对专利的侵权行为，特别是防止货物，包括进口货物，在结关后立即进入商业渠道；

2）保存与被控侵权行为相关的证据，只要满足下列条件：

a）存在着这样一种合理的可能性，即当被告请求宣告该专利无效时，该专利将被宣告为有效；b）大体上已经证实，如果授予此种措施存在任何迟延，都将对专利持有人造成不可挽回的损害；c）可能给权利持有人造成的损害，超过了被控侵权人在被错误采取措施的情况所遭受的损害；d）存在侵犯专利权的合理可能性。只要上述条件均被满足，在一些例外情形中，如能够证明存在着证据被毁灭的风险，则司法机关可以采取不作预先通知的措施。

在所有情况下，司法机关在采取临时措施之前，都应当要求一名依职权委托的专家，对上述 a）项和 b）项进行审查，审查期限最长为 15 天。

在采取任何由本条款所规定措施的情形中，司法机关应当命令申请人提供足以保护被告并防止滥用的保证金或同等的担保。"

③ WT/DS290/18，2003 年 8 月 19 日。

④ WT/DS174/20，2003 年 8 月 19 日。

⑤ *European Communities-Protection of Trademarks and Geographical Indications for Agricultural Products and Foodstuffs*〔以下简称"欧共体—商标和地理标志保护"案（EC-Protection of Trademarks and GIs）〕，WT/DS174/21 和 WT/DS290/19，2004 年 2 月 24 日，应美国和澳大利亚的请求所成立专家组的章程（Constitution of the Panel Established at the Requests of the United States and Australia）。

月 14 日第 2081/92 号《欧共体理事会条例》（EC Council Regulation），① 就农产品和食品地理标志和原产地标记的保护所提出的申诉。这些申诉的依据是，除其他方面之外，指控其违反第 41 条第 1 款、第 41 条第 2 款（关于知识产权公平和公正实施程序的一般义务）、第 41 条第 4 款（对行政终局裁决的审查）、第 42 条（公平和公正的知识产权实施程序）和第 44 条第 1 款（禁令）。② 申诉方主张，上述欧共体条例未提供充分的实施程序。③

5. 与其他国际文件的关系

5.1　WTO 诸协定

5.2　其他国际文件

如上所述，引进一套详细的实施规则使之成为《TRIPS 协定》的组成部分，是本协定的一个重大革新。之前的公约只包括若干与实施有关的条款。例如，《巴黎公约》包括第 9 条（扣押带有侵权商标和商号的进口货物）、第 10 条（虚假来源标记或原产地标记）、第 10 条之二（不正当竞争）和第 10 条之三（关于有效制止第 9 条、第 10 条和第 10 条之二所禁止行为的"适当的法律上救济手段"的一般要求）。

《伯尔尼公约》也包括一些与实施有关的条款（第 13 条第 3 款和第 15 条），而其他一些重要条约如《罗马公约》、《日内瓦录音制品公约》、《世界版权公约》和《华盛顿条约》，在实施条款上则付阙如。④

---

① 参见以上本章第 2.1 节。

② 参见以上由澳大利亚和美国分别提出的关于成立专家组的请求。有关违反《TRIPS 协定》第 44 条第 1 款的指控仅由美国所提出，而澳大利亚则更广泛地提到《TRIPS 协定》"第 41 条和/或第 42 条"。请注意，相同的申诉还依据《TRIPS 协定》的其他条款，特别是那些与国民待遇和最惠国待遇义务以及与商标和地理标志的保护相关的条款。参见本书第 4 章、第 14 章和第 15 章。

③ 参见美国关于成立专家组的请求，第 1 页。澳大利亚在其请求书（第 1 页）中只是提到，因为其中包括违反《TRIPS 协定》第 41 条和/或第 42 条，就导致降低了对商标的法律保护。

④ 参见，例如 Dreier，第 250—251 页。

6. 新近发展

6.1　国内法

如前所述，《TRIPS 协定》第三部分并不是意图协调各国国内的实施规则，而是要在遵守各成员所适用的法律方法和实践的前提下，保证知识产权具有最低程度的效力。考虑到本节条款是以结果为导向的，并未规定具体的义务，因而，第三部分的大多数条款可能被认为属于非自动执行条款（non self-executing provisions），甚至在那些按其宪法而认为国际条约具有直接适用效力的国家，也是如此。

第三部分明确针对各成员所作规定的措辞，毫无疑问是在表明，第三部分的条款还需要通过各成员的立法才能得以实施。（根据第 43 条第 1 款、第 44 条第 1 款第一句、第 45 条、第 46 条、第 48 条第 1 款、第 50 条第 1 款至第 3 款以及第 7 款、第 53 条第 1 款、第 56 条、第 57 条第二句和第 59 条，各成员"应确保"、"应使……能够"或者"应规定"；"司法机关"或"主管机关""应有权"命令实施某种措施）。

在某些法律管辖区域（例如在德国），第三部分的规定已被视为是不可直接适用的，① 而在其他国家的一些法院（例如在阿根廷）则承认了某些此类条款，比如第 50 条临时措施的直接可适用性。②

许多国家认为，没有必要修改国内法以符合第三部分的要求。例如美国就认为，其为符合《TRIPS 协定》在此方面的要求，并不需要对国内法作出修改，③ 由此表明，美国作为乌拉圭回合中对于实施规则的最主要支持者之一，那些能够获得通过的关于实施的规则，基本上就是受到其自身法律制度的启发，因而也是与其自身法律制度相一致的。

国内实施条款与《TRIPS 协定》的一致性问题已经产生，例如在欧洲共同体。欧洲法院（ECJ）被请求就荷兰法律（《民事诉讼法典》第 289 条）所

---

① 同前注，第 270 页。

② 参见，例如 Correa, *Medidas cautelares*，第 93 页。

③ 参见，例如，*Nimmer on Copyright*，Sec. 18.06（b）（2），No. 17。美国《乌拉圭协定法》（Uruguay Agreements Act，1994 年）对美国法的许多方面进行修正，以符合由《乌拉圭回合最终文本》（Uruguay Round Final Act）所衍生的义务，但该法只就有关可适用于版权、商标、地理标志和专利的某些领域的实体法规则进行修正（Public law 103—465，1994 年 12 月 8 日）。

规定的临时措施（"*kort geding*"）与《TRIPS 协定》第 56 条是否一致作出判决。在该案中，国内法条款的一致性得到了法院的支持。①

不过，在其他成员中，特别是在发展中国家，国内法已经或多或少地进行了广泛修改，以便符合新的监管架构，它们通常是把《TRIPS 协定》特定条款的用语直接引入其国内法之中。②

对实施方面的国内法条款是否与《TRIPS 协定》相一致进行审查，通常是 TRIPS 理事会对成员的国内法进行审议的重要部分，而进行这样的审议就是为了履行该理事会监督《TRIPS 协定》实施的职责，特别是审查各成员是否遵守其（在第 68 条下的）义务。不过，迄今为止还没有就国内法为符合《TRIPS 协定》第三部分所作的立法修改进行过系统的审查。

6.2　国际文件

6.3　地区和双边情况

6.3.1　地区

一些涉及知识产权的地区性贸易协定已经包括了实施知识产权的义务，例如《北美自由贸易区协定》（NAFTA）③ 和《三国集团协定》（Agreement of the Group of Three），④ 在这些协定中所包括的条款与《TRIPS 协定》第三部分的条款实质性相似。在关于建立"美洲自由贸易区"（Free Trade Area for the Americas）的谈判中，也已提出在实施规则方面的建议。

《安第斯共同体第 486 号决议》（Decision 486 of the Andean Community）也有一章，详细规定了实施规则，而这显然是受到《TRIPS 协定》第三部分的启发并将之吸收。该《决议》允许各成员国在某些情况下，⑤ 适用比《决议》和《TRIPS 协定》所确立的更高的保护水平。

---

① 参见 *Hermes v. FHT*，ECJ，1998 年 6 月 16 日，案件第 C 53/96 号。

② 参见，例如，《安第斯共同体关于工业产权共同制度的第 486 号决议》（Decision 486 of the Andean Community Common Regime on Industrial Property）。

③ 事实上，《北美自由贸易协定》（NAFTA）使得墨西哥有义务规定那些在美国现有的救济。有人将这些规定的特点描述为墨西哥法律的"美国化"（Americanization）。参见 R. Neff 和 F. Smallson，*NAFTA：Protecting and enforcing intellectual property rights in North America*，Shepard's/McGraw-Hill，1994，第 127 页。

④ 由哥伦比亚、墨西哥和委内瑞拉三国签署。对比之下，东盟自由贸易区（ASEAN Free Trade Area/AFTA）并未包含知识产权条款。

⑤ 比如依职权授予临时措施和边境措施方面（第 246 条和第 250 条）。

6.3.2 双边

美国所签署的许多双边协定,① 包括自由贸易协定，都包含了关于知识产权实施的规定，这些规定一般都确立了超 TRIPS 标准。例如，2002 年签署的《美国—约旦自由贸易协定》（USA-Jordan Free Trade Agreement）② 要求缔约各方必须遵守如下规定：

——第 24 条使得赔付利润损失变成强制性的，并且规定，在计算赔偿费时应当考虑合法产品的零售价格；

——第 25 条虽未确立应当适用的罚金水平，但它要求各缔约方承担义务，"确保其法定最高罚金高到足以去除对侵权人的经济诱因，以此作为威慑将来侵权行为的策略"，它还要求司法机关及其他主管机关有权"下令扣押所有涉嫌盗版和假冒商标的货物、主要用于实施侵权的相关工具以及书面证据。"

——缔约各方应规定，至少是在盗版和假冒商标的情形中，其主管机关可以提起刑事诉讼并依职权采取边境措施，而无需私人主体或权利持有人的正式起诉（第 26 条）。

——第 16 条规定了涉及版权或相关权利的民事案件中的推定（这是《TRIPS 协定》所没有规定的）。每一缔约方应规定，其名字以通常方式在作品、表演或录音制品上被显示为作者、制作者、表演者或出版者的自然人或法人，在无相反证据的情况下，应当被推定为该作品、表演或录音制品的指定权利持有人（designated right holder）。在无相反证据的情况下，应当推定在这些对象之上存在版权或相关权利。并且，此种推定在刑事案件中也应当适用，除非被告就争议的版权或相关权利的所有权归属或该权利是否存在而提出可靠的证据。

——最后，该协定扩大了"具有商业规模的"盗版的概念，以便包括"不以直接或间接获得经济利益为动机的重大故意侵权"的情形（第 28 条）。

《美国—新加坡贸易协定》（USA-Singapore Trade Agreement）与《TRIPS 协定》相比有过之而无不及。它所包含的具体规定，显著地扩大了根

---

① 参见，例如，《美中知识产权保护协定》（USA-China Agreement on Protection of Intellectual Property），1995 年 2 月 26 日。

② 另参见《美国—越南贸易协定》（USA-Vietnam Trade Agreement），2000 年 7 月 13 日。

据《TRIPS 协定》第三部分所产生的义务：①

——第 1609 条第 3 款要求缔约双方公开其在实施方面所做的努力，包括一国原本可以保留的实施统计数据可以为另一国所获得。

——第 1609 条第 4 款规定，一国关于如何在不同领域之间分配实施资源，包括在知识产权实施方面的决定，不能成为该国拒绝履行其在协定之下的"威慑"义务及相关义务的借口。

——第 1609 条第 6 款包括在国内法中必须实行的具体推定，这些推定涉及在所有受保护对象上的版权存在与否以及所有权归属。该协定的附录详细说明了这些推定将如何在新加坡实际执行。

——第 1609 条第 8 款还引入了一项在民事损害赔偿上的超 TRIPS 标准，至少是在盗版和商标假冒的领域。此类损害赔偿必须弥补权利持有人所遭受的损害，包括向权利持有人支付当事人因侵权所获得的利润。该协定还要求司法机关考虑被侵权的合法产品的建议零售价格，作为计算权利持有人损失的一种措施。

——第 1609 条第 9 款使得至少在盗版和商标假冒方面，支付法定（或"预定"）损害赔偿变成强制性规定。

——第 1609 条第 10 款至第 13 款对于《TRIPS 协定》的许多任意性救济（discretionary remedies）也作了详细规定，并且使之成为强制性（mandatory）规定，其中包括：向胜诉方支付合理的律师费；司法机关应有权下令扣押所有涉嫌侵权的货物、用于侵权的工具和其他材料与文件；销毁侵权货物，例外情形除外；销毁用于侵权的工具，即使其主要用于合法目的；去除侵权货物的商标绝不足以允许该货物被放行进入商业渠道；法院应有权命令侵权人指认其共犯、供应商和其他涉及侵权的第三人，若不能指认则有被处以罚金和监禁的风险。

——第 1609 条第 14 款要求在民事案件中应当"迅速"采取单方面（ex parte）的临时救济。

——第 1609 条第 15 款规定，要求原告交纳的任何保证金都应当是"合理的"并且不得因此"阻止"其援用此种程序，该款还补充规定，如果法院要

---

① 以下摘要主要是依据：*The U. S. -Singapore Free Trade Agreement（FTA）The Intellectual Property Provisions*，Report of the Industry Functional Advisory Committee on Intellectual Property Rights for Trade Policy Matters（IFAC-3），Advisory Committee Report to the President，the Congress and the United States Trade Representative on the U. S. -Singapore Free Trade Agreement Prepared By the Industry Functional Advisory Committee on Intellectual Property Rights for Trade Policy Matters（IFAC-3），February 28，第 14—15 页［以下简称《美国—新加坡自由贸易协定》（USA-Singapore Free Trade Agreement）］。

求专家证人出席且权利持有人必须向其付费，则所支付的费用不得因此阻止权利持有人援用此种救济。

——第 1609 条第 18 款要求，主管机关应有权命令侵权人向权利持有人提供关于侵权货物的发货人、收货人和进口商的信息。

——第 1609 条第 19 款要求缔约各方规定，在没有提起任何正式控诉的情况下实行边境措施，主管机关应有权依职权启动与进口、出口或发往当地一当事方的涉嫌侵权货物有关的行动。它还允许针对并非发往当地一当事方的转运侵权货物采取实施行动。

——第 1609 条第 20 款要求，假冒和盗版货物应予销毁，除非有例外情况。仅去除非法加贴的商标并不足以允许该货物放行进入商业渠道，主管机关在任何情况下都不得允许冒牌或盗版货物出口。

——第 1609 条第 21 款(a)项扩大了"具有商业规模"的含义，以便包括那些没有营利动机或商业目的但却造成损害的"具有商业规模"的侵权行为。

——第 1609 条第 21 款(b)项包括"鼓励"在商标假冒和盗版的情形中适用威慑性罚金。该协定要求两国政府奉行一种"去除对侵权人经济诱因的政策"。

——第 1609 条第 21 款(c)项不仅授权主管机关扣押搜查令中列明的产品，还授权其扣押属于该搜查令中指明的所有属于"一般种类"范围内的产品。

——第 1609 条第 21 款(d)项扩张了《TRIPS 协定》的范围，要求销毁假冒和盗版货物，除非在例外情况下，并且销毁与盗版有关的任何用于侵权的工具或其他材料。

——第 1609 条第 21 款(e)项(i)分项要求刑事机关依职权采取打击盗版及假冒的行动。

——第 1609 条第 21 款(e)项(ii)分项规定，新加坡适用的"命令"起诉制度（fiat prosecution system）不应成为确保有效实施的"主要手段"。该协定的附录概述了这一制度的变动。

同《美国—新加坡协定》相似的方式也被采用在美国与智利之间的双边自由贸易协定中，该协定于 2004 年 1 月 1 日生效。①

① 智利和美国之间自由贸易协定的实施条款采用了与《TRIPS 协定》相同的结构。相应地，该自由贸易协定包括：一般义务条款；民事与行政程序；临时措施；边境措施；以及刑事程序。对美国而言，或许在此方面最重要的成就是，将《TRIPS 协定》项下的许多任意性救济变成强制性规定。相对于《TRIPS 协定》和 WIPO 的因特网条约（WIPO Internet Treaties），该自由贸易协定的重要创新之处在于，它规定了"对网络服务提供商责任的限制"。参见《智利—美国自由贸易协定》第 17.12.23 条。另参见 Roffe, 2004。

6.4　审查建议

到目前为止，并无任何对第三部分进行审查的提议。

7. 评论（包括经济和社会意义）

正如本章所述，《TRIPS 协定》十分重视实施。但它并非要求各成员建立一套与一般法律实施相分离的、专门用于实施知识产权的司法制度。并且，《TRIPS 协定》没有产生这样的义务，要求将一般法律的实施资源转向知识产权的实施。尽管如此，资源匮乏的国家可能在决定如何分配其稀缺资源上面临着两难困境。[①]

知识产权的经济价值在很大程度上取决于能否有效地实施知识产权，以及与可适用程序（无论行政程序还是司法程序）相联系的成本。对于高度依赖知识产权的公司来说，实施规则至关重要，无论在发达国家还是在发展中国家，都是如此。[②]

盗版和商标假冒是在乌拉圭回合谈判中作为一个关键问题凸显出来的，但它们本身并非新现象。盗版在 19 世纪时就已经屡见不鲜了，包括在美国，它对外国人也只是提供较弱的保护。[③] 随着一些以版权为基础的产业（比如软件、音乐产业和动画产业）在美国发展壮大，而且变得更容易被盗版，美国政府转而变成一个竭力游说采用国际实施规则的支持者。

---

① 关于发展中国家在国内实施和管理《TRIPS 协定》标准方面所面临的挑战，参见 UNCTAD-ICTSD, *Intellectual Property Rights：Implications for Development*，政策讨论文件，Geneva，2003。

② 例如在美国，任何地方所出租的全部录像带中，有 5%—15% 属于冒牌货。参见 Paradise，第 135 页。

③ "早期的美国人因为盗版英国的文学作品而臭名昭彰。纽约城成为世界的盗版中心。英国人对此无能为力，因为按照 1790 年《美国版权法》，只有美国国民的作品能够获得版权保护。书籍盗版为早期的美国人带来了收入和文化。查尔斯·狄更斯（Charles Dickens）的作品也被随意盗版"（Paradise，第 131 页）。另参见 Doron S. Ben-Atar，*Trade Secrets：Intellectual Piracy and the Origins of American Industrial Power*，Yale University Press，New Haven & London 2004；B. Zorina Khan，*Does Copyright Piracy Pay? The Effects of US International Copyright Laws on the Market for Books，1790—1920*．全国经济研究局（National Bureau of Economic Research）工作论文，W10271，2004 年。

由于技术的进步和经济的全球化，国际性商标假冒现象在过去 20 年中已得到助长。尽管起初由于复制品质量低劣而被人忽视，但自 20 世纪 60 年代后期以来，假冒商标急剧增加，已成为那些立基于商标的产业的心腹大患。例如，美国产业界声称，由于假冒或者对其他由 TRIPS 所规定之权利的侵犯而造成的损失高达数十亿美元之多，① 尽管通过了《TRIPS 协定》，但情况依然如此，特别是由于新技术，比如互联网的持续发展，以及随之而来的盗版和假冒行为变得愈加容易。②

诉讼经济学决定着知识产权保护的效力范围。权利持有人无法为之提供防护的权利是毫无价值的。③ 尽管实施措施从原则上讲可以为所有的知识产权持有人所获得，然而正如上文指出的，高昂的诉讼成本对于个人权利持有人以及中小企业（SMEs）而言，仍可能构成有效实施的不利因素。正是由于这一原因，专利作为一种获得创新回报的手段，却被认为对于大多数中小企业而言，基本上没有什么相关性。④

还需要重点指出的是，就像知识产权的其他领域一样，一种平衡的方法在第三部分的适用中也是必需的。实施规则应当确保权利持有人的合法利益得到保护，但它也应当使其免遭可能的滥用。特别是专利诉讼，它可能为阻碍合法竞争而被滥用。⑤ 由于专利局在审查专利申请时所能获得的基础设施较为薄弱，并且在判断发明性步骤（创造性）时适用的标准较低，因此，当专利授权在法庭上经受更为严格的审查时，经常会被认定无效。在一些发达国

---

① 参见 Pury Tang, *The social and economic effects of counterfeiting*, IPI, London 2001。

② 参见，例如，《美国—新加坡自由贸易协定》。

③ 参见，例如，Barton, 1995，第 163 页。

④ 参见，例如，Carlos Correa, *Do small and medium enterprises benefit from patent protection?*，载 Carlo Pietrobelli 和 Aʹrni Sverrisson（编），*Linking Local and Global Economies. Organisation, Technology and Export Opportunities for SMEs*，Routledge, London and New York, 2003。

⑤ 例如，1993 年智利有一家当地公司被控侵犯一项关于氟康唑（一种治疗某类脑膜炎的重要药品，该类脑膜炎通常与 HIV 感染有关）的生产方法的专利。权利持有人获得一项初步禁令，禁止侵权人将该种药品进行商业化，而这项禁令使得专利持有人在数年之内有效地排除了竞争，在此期间相关药品的价格显著上涨。不过，该案最终因为没有被认定构成侵权而推翻。

家，滥用或不当使用专利可能导致反垄断制裁，[①] 而在大多数发展中国家却没有任何规则，来控制策略性（strategic）或"虚假"（sham）诉讼[②]的做法。

总而言之，各成员在实施第三部分时应当仔细地平衡所有相关利益，包括权利持有人保护其财产免遭故意侵权的利益，竞争者对处在公有领域的知识进行自由使用和发展的合法权利，以及从更广泛意义上，保证有效率的市场（efficient markets）发挥作用的社会利益。

---

① 参见，例如美国最高法院在 *Walker Process Equipment Inc. vs. Food Machinery & Chemical Corp.* （1965）一案中的判决，以及此后关于因企图实施无效专利而承担反垄断责任的判例法。参见 Arun Chandra, *Antitrust liability for enforcing a fraudulent patent in the United States*，Patent World，1999 年 4 月。另参见 J. H. Reichmann 与 C. Hasenzahl, *Nonvoluntar Licensing of Patented Inventions：The Law and Practice of the United States*，可查于 http://www.ictsd.org/iprsonline/unctadictsd/projectoutputs.htm#casestudies。

② 在美国，当一起诉讼毫无根据并且有意以此作为进行垄断的工具，就可以适用有关"虚假"诉讼的原则。

第五编

解释以及争端的预防和解决

第31章　透　明　度

第 63 条　透明度

1. 一成员有效实施的、有关本协定主题（知识产权的效力、范围、取得、实施和防止滥用）的法律和法规及普遍适用的司法终局裁决和行政裁定应以本国语文公布，或如果此种公布不可行，则应使之可公开获得，以使政府和权利持有人知晓。一成员政府或政府机构与另一成员政府或政府机构之间实施的有关本协定主题的协定也应予以公布。

2. 各成员应将第 1 款所指的法律和法规通知 TRIPS 理事会，以便在理事会审议本协定运用情况时提供帮助。理事会应努力尝试将各成员履行此义务的负担减少到最小程度，且如果与 WIPO 就建立法律和法规的共同登记处的磋商获得成功，则可决定豁免直接向理事会通知此类法律和法规的义务。理事会还应考虑在这方面就源自《巴黎公约》（1967）第 6 条之三的规定、在本协定项下产生的通知义务需要采取的任何行动。

3. 每一成员应准备就另一成员的书面请求提供第 1 款所指类型的信息。一成员如有理由认为属知识产权领域的一特定司法裁决、行政裁定或双边协定影响其在本协定项下的权利，也可书面请求为其提供或向其告知此类具体司法裁决、行政裁定或双边协定的足够细节。

4. 第 1 款、第 2 款和第 3 款中的任何规定均不得要求各成员披露会妨碍执法或违背公共利益或损害特定公私企业合法商业利益的机密信息。

1. 引言：术语、定义和范围

第 63 条中的透明度的概念，基本上是指各成员承担的就有关在其领土范围内保护知识产权的方式而向其他成员提供信息的义务。这项义务的履行包括：正式公布（第 1 款）、通知 TRIPS 理事会（第 2 款）以及双边的信息和获取请求（第 3 款）。该款义务以遵守安全方面的例外为前提（第 4 款）。

在就知识产权所保护之货物和服务进行国际贸易的环境中，国内知识产权立法的透明度，起到使外国经营者熟悉这些国内规则的目的，从而使得与知识产权有关之货物的国际交易更具有可预见性。

2. 条文沿革

2.1　TRIPS 之前的状况

透明度是 GATT 1947 制度的一个核心要素。其法律依据是 GATT 1947 第 10 条，该条规定在新的 GATT 1994 制度之下，仍然适用于货物贸易。第 10 条分为以下 3 款：

（a）第 1 款包含了各成员及时公布所有可能影响 GATT 调整对象（货物贸易）的法律、法规、具有普遍适用性的司法裁决和行政裁定。其明确规定的目的在于，使各政府和贸易商能够熟悉这些新的规则。

（b）第 2 款明确指出，第 1 款提到的任何规则，如果是对货物的进口造成更大负担的，那么该规则在根据第 1 款的要求正式公布之前，不得实施。

（c）第 3 款规定有关实施第 1 款所提到的规则的某些条件：

其一，该实施应当采取统一、公正和合理的方式。

其二，每一成员必须维持或设立独立的机构，对与海关事项有关的行政行为进行审查。只要该审查的客观性与公正性能够得到真实保障，则海关机构形式上的独立并非必须。

2.2　谈判过程

2.2.1　安奈尔草案

该草案①规定：

"1.1.1 ［各国的(73)］法律、法规、［普遍适用的(86，70，74)］［具有先例价值的(73)］司法裁决和行政裁定，［以及所有的国际协定和国际机构的决议(73)］［对任何一成员方生效的(70，74)］、有关知识财产［权利(68，74)］［的效力、范围、取得与实施(68)］［法律(73)］［保护(74)（68，70，73，74)］，［对上述第一部分第9点和第11点，以及第四部分第2A.1点(71)的原则和规范的实施］应当：

• 由各成员方及时公布。(73)

• ［公布，或者在前述公布不可行时，(74)］使其［及时地(74)］［公开地(74)］可以为人所获得，通过这种方式，可以使［各成员方的(74)］政府和［贸易商(68)］［其他利益相关方(74)］能够对之熟悉。(68，74)

• 应当在遵守《总协定》第10条规定的情况下。(70)

• 以成员方采纳该文本时所采用的官方语文而为公众可获取，并且根据任何另一成员方的请求而应当予以提供。(71)

1.1.2 一成员方的政府或政府机构与另一成员方的政府或政府机构之间实施的关于知识产权保护的协定，也应当予以公布或使之可公开获得。本款规定不得要求各成员方披露会妨碍执法或违背公共利益或损害特定公私企业合法商业利益的机密信息。(74)

（通知）

1.2A 各成员方应当向与贸易有关的知识产权委员会（Committee on Trade Related Intellectual Property Rights）通报上述法律和法规，以协助委员会审查本附件的实行情况。委员会应当与世界知识产权组织进行磋商，以使双方同意，在可能的情况下，建立一个包括上述法律法规的共同登记处。若该磋商获得成功，委员会可以决定豁免直接向委员会通知此类法律和法规的义务。(68)

1.2B.1 根据以下第八部分第1B点成立的委员会，应当与世界知识产权组织和其他国际组织合作，确保可以恰当的途径，获得与各成员方知识产权

---

① 参见 1990 年 7 月 23 日综合文本，由 TRIPS 谈判组主席安奈尔（Lars E. R. Anell）散发，文件 MTN. GNG/NG11/W/76。

法律相关的所有的国际协定，国际机构的决议，国内的法律、法规和具有先例价值的司法裁决与行政裁定。（73）

1.2B.2 成员方应当根据国民待遇原则和最惠国待遇原则之例外，及时通过委员会向其他成员方通知其所有的国际协定，国内的法律、法规，和具有先例价值的司法裁决与行政裁定。（73）

1.2C 各成员方应当将其国内有关知识产权保护的法律和法规的任何变动（及其在行政管理上的任何变动），通知根据以下第八部分第 1C 点而成立的 TRIPS 委员会。各成员方加入根据上述第二部分第 8B.2C.2 点所规定的一个特别安排的，应当将该特别安排的缔结及其内容的纲要通知 TRIPS 委员会。（74）

（应请求提供信息）

1.3A 一成员方有理由认为属知识产权领域的一特定司法裁决、行政裁定或双边协定影响其在本附件下的权利，可以书面请求为其提供或向其告知此类具体司法裁决、行政裁定或双边协定的足够细节。（68）

1.3B 各成员方应其他成员方的请求，应当尽可能及时地和全面地提供有关知识产权保护的国内法律和法规的适用和实施信息。各成员方应当向 TRIPS 委员会通知该请求和此类信息的规定，并且应其他成员方的请求，应将同样的信息提供给 TRIPS 委员会。（74）"

在安奈尔草案阶段，有关公布要求（publication requirement）的具体细节，正如第 1.1.1 段中被许多方括号重重包围的文本所显示的，存在非常大的争议。根据 1.2B.1 而提议的通知要求（notification requirement）则没有提到把与知识产权相关的法律向"TRIPS 委员会"〔TRIPS Committee，即后来的 TRIPS 理事会（TRIPS Council）〕作出通知。相反，它的提议是，TRIPS 委员会"应当确保"与 WIPO 的合作，以获取与知识产权相关的国内法律和国际法。这样的用语较之于 1.2A 相应的措辞，语气更加强烈，而后者在提到与 WIPO 的合作方面，则采用了非常谨慎的用语（"进行磋商"，"同意在可能的情况下，建立"）。

2.2.2 布鲁塞尔草案

在透明度方面，本草案①与乌拉圭回合最终文本在实质上相似，因此意味着在谈判的这个阶段，对于公布的必要性和通知要求，已经不再有大的争议。第 63 条第 1 款的用语是从 GATT 1947 第 10 条（参见前文）所引来的，从这

---

① 1990 年 12 月 3 日文件 MTN.TNC/W/35/Rev.1。

个意义上讲，它并无新意。

3. 可能的解释

3.1 第 63 条第 1 款

> 1. 一成员有效实施的、有关本协定主题（知识产权的效力、范围、取得、实施和防止滥用）的法律和法规及普遍适用的司法终局裁决和行政裁定应以本国语文公布，或如果此种公布不可行，则应使之可公开获得，以使政府和权利持有人知晓。一成员政府或政府机构与另一成员政府或政府机构之间实施的有关本协定主题的协定也应予以公布。

这一款包含的是基本原则，亦即，各成员负有使其与知识产权相关的规则为其他成员所知的义务。其目的在于，使外国政府和私人权利持有人对于一成员的知识产权立法的变动保持了解，以确保并促成一个稳定的、可预见的法律环境。① 但是，此种公布服从于"有效实施"（make effective），即作出通知的义务只有在相关法律已经实施之后才产生。如果要求对纯粹的法律草案作出通知，则这样的义务就很可能与各成员决策机关的主权性自主决定权（sovereign discretion）发生冲突。

公布的义务适用于与知识产权相关的法律、法规、普遍适用的司法终局裁决和行政裁定，以及与知识产权相关的双边或地区协定。正如第 1 款第一句所指出的，公布要求并不只限于知识产权的规则本身，也适用于与知识产权的取得、实施和防止滥用相关的任何规则。

3.1.1 法律

就本条款所使用的意义而言，"法律"应当被理解为由议会或立法机关颁布的普遍适用的强制性规则，它区别于由行政机关通过的"法规"。

3.1.2 法规

"法规"这个术语，可以从一个非常广泛的意义上来理解，它包括了所有类别的规则，其中就包括上面所提到的法律。不过，第 63 条第 1 款既然提到了"法律"和"法规"，因此表明这些术语应当彼此区分。

与法律相同的是，法规也具有普遍适用性（见上）。但与法律不同的是，

---

① 因此，对与知识产权相关的规则作出通知的这一基本义务，因为它对贸易体系的可预见性有所贡献，从而其最终目的可以被描述为促进了受知识产权保护之货物的贸易。

法规并不是由立法机关通过，而是源自行政机关。法规通常比法律更加具体。立法机关可能不会选择在法律中规定较多的细节，而是授权行政机关通过制定法规的方式来实施法律。一般情况下，法规不需要像法律那样经受宪法所规定的通过程序〔亦即，在国会以投票多数通过，有时可能是在协调委员会（conciliation committee）通过〕，并且可以更适合于应对快速变化的环境。

3.1.3　司法终局裁决

要完成一幅关于在某个 WTO 成员内如何处理知识产权的图画，不仅是行使立法权和行政权力的行为，而且是第三种权力，即行使司法权的行为，只要它们是终局性的，都必须公布。[①] 在普通法系的法律管辖区域内，司法裁决具有先例效力，因此会影响之后的裁决，而在大陆法系国家则没有这种情况。司法终局裁决是一项重要的指标，反映出一个社会针对知识产权保护所采取的方式，以及在什么范围内，权利持有人的利益是否优先于公众可获得受知识产权保护之货物或服务而产生的一般利益。

关于一份司法裁决在什么时候才是"终局的"（final），这个问题可能相当复杂。在某些法律体系中，一个在实质上等同的诉讼请求可以在司法体系的不同部分进行诉讼（例如，民事诉讼、行政诉讼或宪法诉讼），因此，在一个领域所作裁决的终局性，可能会在另一个领域受到质疑。即使在同一个上下级法院系统内，上诉在何时穷竭，这个问题也并不总是那么容易解决。但是，在大多数场合中，如果负责审理该类诉讼标的之最高级别的法院已经就该案件作出裁决（可以包括裁定对某一上诉案件拒绝审理），或者，当事人在对下级法院裁决提起上诉的期限届满之前未提出上诉的，那么，该裁决就应当被认为是终局的。因此，根据国内法的规定，某一案件的一项终局裁决，可以由一家较低审级的法院作出，只要该裁决没有受到任何进一步的上诉。[②]换言之，"终局"裁决并不一定要由最高审级的司法机关作出。

3.1.4　普遍适用的行政裁定

紧接着"法规"（见上）的是"行政裁定"，它是受到公布要求之约束的行政权力的第二类文件，如果它们是普遍适用的话。"普遍适用的行政裁定"这一用语，直接源于 1947 年 GATT，并且在 1994 年 GATT 的第 10 条第 1 款

---

① 请注意，从第 63 条第 1 款的用语中并不清楚的是，公布义务是否包括所有的（any）司法裁决，还是只包括具有普遍适用性的（of general application）司法裁决。而后一项标准显然适用于行政裁定。

② 例如在德国，直到 2002 年之前，尽管第三审通常也是存在的，但民事法院作出的某些二审裁决却不得上诉。

中也还能找到。WTO 专家组曾对此解释如下：

"我们注意到在 GATT 1994 第 10 条第 1 款也使用了"普遍适用"（of general application）这一用语，而它的范围则包括"行政裁定"。即使作为争议事项的限制（restrain at issue）是一个行政裁定，但仅仅这一事实并不能阻止我们得出结论，认为该限制是一种具有普遍适用性的措施。而作为一项针对具体国家的措施（country-specific measure），这一事实也不能排除这样的可能性，即它是具有普遍适用性的措施。例如，若该限制是针对一家具体的公司作出的，或者仅适用于某一次具体的运输，则其不能被认定为一种具有普遍适用性的措施。不过，如果该限制所影响的程度达到了针对不特定数量的企业经营者的程度，包括国内和国外的生产商，那么，我们就认定其为具有普遍适用性的措施。"① （着重号是后加的）

WTO 上诉机构确认了上述解释，称：

"专家组认定，美国施加的保护性限制措施是在第 10 条第 2 款设想范围内的"具有普遍适用性的措施"。我们同意这一认定。尽管该限制措施针对的是特定的，亦即具体点名的出口成员，包括申诉方哥斯达黎加，属于 ATC［即 WTO《纺织品与服装协议》（The Agreement on Textiles and Clothing）——译者注］第 6 条第 4 款所设想的范围，但是我们注意到，该措施并未试图仅具体针对单独的个人或组织，它们从事将特定的纺织品或服装产品出口至进口成员并因此受到所提议的限制的影响。"② （着重号是后加的）

正如由上述裁决所阐释的，"具有普遍适用性的行政措施"的一个特征性要素在于，它是针对不特定的人（自然人或法人）作出的。不过，在行政"法规"（administrative "regulations"）的情况下，同样具有这一要素，但它落入第 63 条第 1 款（见上文）。所以，通过观察其各自的适用对象的范围，并不能将这些概念区分开来。在那种意义上，行政法规与行政裁定都具有普遍性的特征［相对于仅对一个或数个特定个人所作出的行政行为

---

① 参见"美国—棉制和人造纤维内衣进口限制"案（*United States-Restrictions on Imports of Cotton and Man-made Fibre Underwear*），1996 年 11 月 8 日专家组报告，WTO 文件 WT/DS24/R，第 7.65 段。

② 参见"美国—棉制和人造纤维内衣进口限制"案（*United States-Restrictions on Imports of Cotton and Man-made Fibre Underwear*），1997 年 2 月 10 日上诉机构报告，WTO 文件 WT/DS24/AB/R，第 19 页。

(administrative acts) 而言]。但是，还存在另一个要素，可以借此将二者区分开来：即该措施所适用的案件的数量。一项法规就如同一部法律（唯一的区别就在于它们来源的不同，参见上文），普遍适用于不特定数量的经营者，以及不特定数量的案件。一般而言，一项行政法规抽象地规定了不特定数量的情形，并规定当满足一定的事实要求时，产生某一特定后果。就此意义而言，法规先于它在之后将适用的实际案件。相反，一项在第 63 条第 1 款（以及 GATT 第 10 条）意义上的"裁定"，则是对已然发生之事的一种反应。它因此所关心的是某一具体案件的具体事实（即使它并不限于特定的对象）。

这一点可以借助上述"美国—棉制和人造纤维内衣进口限制案"加以说明。本案的争议措施被认为是一项行政裁定，而不是一个法规。它所涉及的是有关从哥斯达黎加进口的棉制和人造纤维内衣的一项过渡性保护措施。[①] 该项限制具体针对若干特定的进口到美国的产品。它在 12 个月这一有限的（但是可续展的）时间内有效，并且是对一种特定情形（在此情况下，从某些国家进口的全部棉制品被看作有害于美国国内的棉制品产业）作出的一种反应。该措施并不适用非特定数量的案件，而是基于对棉制品进口数量与国内产量的事实数据的对比作出的。[②] 它是对于进口与国内生产产品的计算比率（据称它严重损害了国内产业）所作出一个反应。

3.1.5 协定

一成员的政府或政府机构与另一成员的政府或政府机构之间实施的有关知识产权的协定，也必须予以公布。其他成员的经营者或政府因此有机会了解在其领土范围之外的知识产权保护的最新发展。这对于最惠国待遇（MFN）义务而言具有重要意义：根据第 4 条，一成员对任何其他国家国民给予的与知识产权相关的任何利益、优惠、特权或豁免，应立即无条件地给予所有其他成员的国民。因此，如果两个或两个以上成员就高于 TRIPS 最低保护标准的某种知识产权保护形式达成一致，那么，这些成员必须把相同的优惠给予所有其他 WTO 成员的国民。在此情形下，公布要求就是为了这样的目的，即让第三国国民了解有关其因与知识产权相关的协定所产生的权利。

---

① 关于本案事实概要，参见《上诉机构报告》，第 2 页及以下。
② 参见专家组报告第 2.8 和 2.9 段。

3.2　第 63 条第 2 款

> 2. 各成员应将第 1 款所指的法律和法规通知 TRIPS 理事会，以便在理事会审议本协定运用情况时提供帮助。理事会应努力尝试将各成员履行此义务的负担减少到最小程度，且如果与 WIPO 就建立法律和法规的共同登记处的磋商获得成功，则可决定豁免直接向理事会通知此类法律和法规的义务。理事会还应考虑在这方面就源自《巴黎公约》（1967 年）第 6 条之三的规定、在本协定项下产生的通知义务需要采取的任何行动。

本款涉及的是一个具体事项，亦即，各成员与 TRIPS 理事会之间的合作。[①] 通知要求之目的在于，帮助该理事会履行其有关审查《TRIPS 协定》运行的任务。本条款的解读应当与《TRIPS 协定》第 68 条相结合，根据该条款，TRIPS 理事会应当监督本协定的运行；它还应当结合《TRIPS 协定》第 71 条第 1 款，该条款授权理事会就各成员实施《TRIPS 协定》规定的情况和协定本身的条文进行审议。[②] 为有效地履行该任务，TRIPS 理事会依赖各成员就其国内知识产权法律和法规的信息作出的通报。理事会对各成员的国内立法的审议，反过来又服务于透明度和可预见性的目标，使得各成员的政府熟悉其国民在其他成员的范围内所享有的权利。与第 1 款相反的是，通知要求仅适用于"法律和法规"，并不适用于司法终局裁决、普遍适用的行政裁定以及与知识产权相关的双边或地区协定（参见以上第 1 款）。

对于司法裁决，它们并不受制于审议，这是由于分权原则（division of powers）使得司法独立于一国政府的控制。

对于行政裁定，应当注意的是，第 63 条项下的透明度要求是为了使各成员能够更新了解在其他成员普遍实行的一般知识产权的习惯做法。由于它们的适用范围有限（参见上文），行政裁定就未被认为能够代表某一特定成员的一般知识产权实践。它们只是对具体案件的特定事实作出反应，并不必然显示一种普遍性的行动路线。

最后，与知识产权相关的双边或地区协定之所以没有落入通知要求的范围，是因为它们在任何情况下都不受制于理事会的审查。根据《TRIPS 协定》第 71 条第 1 款，理事会的审议活动仅限于《TRIPS 协定》和国内实施的立法。因此，根据第 63 条第 2 款所产生的通知要求，只能涵盖此类立法。

---

① 关于 TRIPS 理事会的更多详情，参见第 35 章。

② 关于这些条文的详情，参见本书第 35 章（第 68 条）和第 37 章（第 71 条）。

为了确保各成员与理事会之间的合作（以及后者对《TRIPS 协定》行为准则实施进行审议时的效率），本款的第二句意在减轻根据第一句所规定之要求施加在各成员身上的行政负担。如果通过建立一个共同登记处，能够确保一成员将其与知识产权相关的法律和法规向 WIPO 国际局（秘书处）〔International Bureau（secretariat）of the WIPO〕作出通知，并且由 WIPO 秘书处向理事会传递该通知的，则并非必须向 TRIPS 理事会直接通知。这一登记处已经根据 WIPO 与 WTO 之间的一项协定建立起来了①，该协定特别规定了 WTO 有权请求 WIPO 免费提供此类通知的副本。② 因此，各成员履行其在第 63 条第 2 款项下的义务，不仅可以通过向理事会直接通报其法律和法规的方式，同样还可以通过向 WIPO 秘书处通报的方式，因此避免承担双重义务。

本款最后一句与《巴黎公约》第 6 条之三相关。根据该条款，成员国应当通报其希望受到保护的国徽、官方符号和检验印章、旗帜等。当然，也有可能收到对前述标识予以拒绝的通知。总之，《世界知识产权组织—世界贸易组织合作协定》（WIPO-WTO Cooperation Agreement）规定，WIPO 将作为一个登记机构，从而根据《巴黎公约》第 6 条之三所作的通知应构成《TRIPS 协定》第 63 条第 2 款项下的通知。③

3.3 第 63 条第 3 款

> 3. 每一成员应准备就另一成员的书面请求提供第 1 款所指类型的信息。一成员如有理由认为属知识产权领域的一特定司法裁决、行政裁定或双边协定影响其在本协定项下的权利，也可书面请求为其提供或向其告知此类具体司法裁决、行政裁定或双边协定的足够细节。

本款包含了对第 1 款项下一般透明度义务的另一个具体适用。它指的是两项义务。第一句履行的是第 1 款中的公布要求（见上文）。各成员不仅应当公布与知识产权相关的法律、法规、司法裁决、行政裁定和协定；而且，它们应当做好准备，积极向其他成员提供有关上述事项的信息。与第 2 款相反，

---

① 《世界知识产权组织与世界贸易组织之间的协定》（Agreement Between the World Intellectual Property Organization and the World Trade Organization），见于 *http://www.wto.org/english/tratop-e/trips-e/wtowip-e.htm*。

② 《WIPO-WTO 协定》第 2 条第 3 款。

③ 《WIPO-WTO 协定》第 3 条。

这项义务不涉及在 TRIPS 理事会内部的多边合作，而是与两个成员之间的双边关系相关。

第二句看起来似乎高于根据第一句规定所承担的纯粹提供信息的义务。它提到各成员有权请求其他成员给予便利，使其获得与知识产权相关的具体的司法裁决、行政裁定或双边协定，如果其宣称该司法裁决、行政裁定或双边协定对其在《TRIPS 协定》项下的权利产生影响的话。这一规定在某种程度上补充了在第二款项下的通知要求，因为它提到了在该款的通知要求中所未包括的文件。不过，根据本款规定所产生义务的范围并不明确：它只提到成员有请求获得信息的权利，但是并未明确提及被请求的成员实际负有响应该请求的相应义务。相反，第一句则是明确提到了"提供……信息"的义务。另一方面，应当注意的是，此处的司法裁决、行政裁定和双边协定，无论如何都要遵守第 1 款项下的公布要求。

3.4　第 63 条第 4 款

> 4. 第 1 款、第 2 款和第 3 款中的任何规定均不得要求各成员披露会妨碍执法或违背公共利益或损害特定公私企业合法商业利益的机密信息。

最后这一款承认，存在某些领域，如果实行透明度义务就可能造成不当负担，从而规定了典型的公共利益例外（public interest exception）。这一规定的用语是基于 GATT 1994 第 10 条第 1 款。类似的用语还可见于 GATT 第 17 条第 4 款(d)项（国营贸易企业）。关于"公共利益"例外，这是一个非常宽泛的概念，从而给予 WTO 成员实质性的自由裁量权，决定哪些事项在它们看来落入了此术语的范围。对于企业的"合法商业利益"（legitimate commercial interests），情况也是如此。[①] 与 WTO 各协定的其他部分结合起来可以得出，成员被期待以善意方式（in good faith）行使其在这一范围内的自由裁量权，以免滥用权利。

在实践中，第 2 段成了第 63 条中包含的最具相关性的条款。这是因为如下事实，即 TRIPS 理事会的审议活动被证明是其最重要的任务。[②]

---

① 有观点称，对这些利益的损害包括对企业谈判地位的损害。参见 *D. Gervais*，第 246 页，脚注 50，其中提到根据《匈牙利加入贸易议定书》（Protocol of Accession on Trade with Hungary）所作的第 4 次审议，基本文件资料选编（Basic Instruments and Selected Documents，BISD）29S/139—140。

② 详见本书第 35 章。

4. WTO 案例

4.1 "印度—专利保护"案

在"印度—药品与农用化学品专利保护"案①中，专家组认为，印度违反了第 63 条项下的义务，因为它没有公布其接收与处理专利申请的系统的细节。② 事实上，1970 年《印度专利法》（Indian Patent Act）将药品和农用化学品排除在专利保护范围之外。根据《TRIPS 协定》的规定，印度和其他一些国家获得授权，可以推迟在上述领域内提供产品专利保护，直至 2005 年 1 月 1 日，但是必须在此日期之前为上述专利申请提供一个登记系统［"信箱系统"（mailbox system），第 70 条第 8 款］。③ 此外，因上述过渡期而受益的国家，应当在 2005 年 1 月 1 日之前，在特定的情况下授予专利申请人以专有销售权（EMRs）（参见第 70 条第 9 款）。④

为了履行第 70 条第 8 款和第 9 款的义务，印度政府在 1994 年颁布了《专利条例》（Patent Ordinance），以便对 1970 年《专利法》作出修改，直到开始实施相应的由议会制定的法律。根据第 70 条第 8 款和第 9 款，该《条例》规定在印度必须实施《TRIPS 协定》关于产品专利保护的规则之日以前，为药品和农用化学品的专利申请提供受理和处理。《条例》也规定为专利申请人提供专有销售权（EMRs）。然而，在这个临时性《条例》于 1995 年失效时，印度议会仍未能就一部修改 1970 年《专利法》的法律结束讨论，因此，在那个时候，印度并没有任何法律依据来运行信箱系统以及授予专有销售权。为确保与第 70 条第 8 款和第 9 款相一致，印度行政当局作出决定，指示专利局继续适用上述这两个文件。但是，这一行政决定既未发出公开通知，也未向 TRIPS 理事会作出通报。有关该事项而代表印度政府作出的唯一的公开声明，是印度工业部长对印度议会一位议员的质询而作的书面答复。这位部长确认，信箱系统只是基于上述行政命令而继续适用。⑤

---

① WTO 文件 WT/DS50/R（专家组报告）（以下简称印度—专利保护案）。该报告在此后被上诉机构根据程序性理由推翻。参见 WTO 文件 WT/DS50/AB/R（上诉机构报告），第 85—96 段。

② 请注意，该争议主要涉及指控印度违反对第 70 条第 8 款和第 9 款。关于本争议的更多详情，参见本书第 36 章第 4 节。

③ 详见第本书 33 章和第 36 章。

④ 详见第本书 33 章和第 36 章。

⑤ 参见专家组报告，第 27 段。

作为对美国指控的反应，印度提出了两项主要的实质性主张。① 第一，它主张第 65 条第 2 款的过渡性条款也包括第 63 条项下的义务，后一条款因此在 2000 年之前将不会适用。第二，印度声称，在第 63 条第 1 款项下的义务并不适用于本案争议的那类单一行政行为，因为那些行政行为不属于第 63 条第 1 款意义上的法律和法规或者普遍适用的行政裁定。②

专家组驳回了上述两项主张。就第一项主张，它这样评论道：

"0.1 专家组面临的争议事项是，这一例外究竟应当被理解为包含了第 63 条项下的透明度义务，抑或，这样一种将国内法律和法规进行公布和作出通知的程序性义务应当被理解为自成员有义务开始适用《TRIPS 协定》的实质性条款之时才可适用，亦即，透明度义务的开始时间是实质性义务开始时间的一个应变量（function）。在前一种情况下，印度没有义务从 1995 年 1 月 1 日起，对于使第 70 条第 8 款(a)项的要求得到有效实施的法律和法规而予以公布和作出通知。在考察这一事项时，我们注意到，《TRIPS 协定》包含了一系列的程序性条款和机构条款，不仅针对透明度，而且关于争端解决、TRIPS 理事会的建立以及国际合作，这些条款应当被理解为，而且已经被TRIPS 理事会在实践中理解为，要么从 1995 年 1 月 1 日起开始适用，要么自相应的实体性条款与第六部分和第 70 条相一致时开始适用。例子之一就是《TRIPS 协定》关于"争端的防止和解决"的第五部分，它既包括透明度条款（第 63 条）也包括了争端解决条款（第 64 条）。如果透明度条款由于第 65 条第 2 款的规定而不适用于印度，那么合乎逻辑的结论就是，争端解决的条款同样对印度不可适用。但这显然不是这么回事，我们因此根据这一点驳回印度的主张。

0.2 我们还注意到，WTO 各成员通过 TRIPS 理事会所采取的行动确认了这种理解。理事会认为，第 63 条第 2 款要求'自一成员有义务开始适用《TRIPS 协定》的某一条款开始，相应的法律和法规就应当公布，不得拖延'。③ 此外，世界贸易组织筹备委员会（Preparatory Committee for the

---

① 印度还提出一项关于专家委员会管辖范围的程序性论点。由于该论点并不直接关系到第 63 条，故与本章目的无关。

② 见 4.22 段，专家组报告缩排最后一段。

③ 《第 63 条第 2 款项下的国内法律和法规的通知程序和建立适当的共同登记处》（*Procedures for Notification of, and Possible Establishment of a Common Register of, National Laws and Regulations under Article 63.2*），1995 年 11 月 21 日 TRIPS 理事会决议（参见文件 IP/C/2）。

World Trade Organization）在 1994 年的会议中指出，'第 70 条第 8 款项下的实体性义务自《WTO 协定》实施之日起生效，该实体性义务被提及并且被承认为，根据第 63 条第 2 款，国内的法律和法规应当自相应的实体性义务适用之时起作出通知。[……]'"

回到上述主张的第二点，专家组明确指出，用于接收信箱申请的任何机制均构成在第 63 条第 1 款意义上的"普遍适用"的措施，不论它是通过法律抑或通过行政实践而生效。专家组认为，印度未符合其根据第 65 条第 1 款所承担的义务，将这一措施公开而可以为人获得，因为，政府对于由国会议员所提出的质询作出的书面答复并不能被看作第 63 条意义上的充分的公开方式。① 因此，印度被裁定其行为与第 63 条第 1 款不相一致。

既然印度没有将其行政措施向 TRIPS 理事会作出通知，专家组还认定，这是违反第 63 条第 2 款的。②

注意以下这一点具有重要意义，即上诉机构根据程序性理由推翻了专家组有关第 63 条的裁定［亦即，美国在其关于成立专家组的请求中并没有包含一项基于第 63 条的请求，因此该请求并不属于专家组的职权范围（terms of reference）］。鉴于上诉机构对本案中专家组法律分析的其他部分予以否认，故上述法律分析应当小心以对。

4.2 "美国—棉制和人造纤维内衣进口限制"案

如上所述，专家组在"美国—棉制和人造纤维内衣进口限制"案中根据 GATT 1994 第 10 条第 1 款分析了"普遍适用的行政裁定"这一术语。③ 因为《TRIPS 协定》第 63 条第 2 款包含了同样的术语，所以，专家组的分析在该条款的情形中也具有相关性（参见本章第 3 节）。

4.3 "欧共体—商标和地理标志保护"案

根据澳大利亚④和美国⑤分别提出的请求，WTO 争端解决机构（DSB）

---

① 第 7.48 段。
② 参见第 7.49 段。
③ 参见 1996 年 11 月 8 日专家组报告，WTO 文件 WT/DS24/R。请注意上诉机构支持了专家组的解释。
④ WT/DS290/18，2003 年 8 月 19 日。
⑤ WT/DS174/20，2003 年 8 月 19 日。

在其 2003 年 10 月 2 日的会议上成立了一个专家组①，调查有关 1992 年 7 月 14 日第 2081/92 号《欧共体理事会条例》(EEC)② 所作的起诉，该条例涉及地理标志和农产品与食品原产地名称。起诉的依据包括指控其违反《TRIPS 协定》第 63 条第 1 款和第 3 款。申诉书中称，上述《欧共体条例》 (EC Regulation) 并未采用透明的方式加以适用。③

5. 与其他国际文件的关系

5.1　WTO 诸协定

在第 63 条与其他 WTO 协定关于透明度的条款之间，不存在任何明确特定的关系。④

5.2　其他国际文件

6. 新近发展

6.1　国内法

6.2　国际文件

1995 年 11 月 21 日，TRIPS 理事会通过了《"第 63 条第 2 款项下的国内法律和法规的通知程序和建立适当的共同登记处"的决议》(Decision on

---

①　欧洲共同体—农产品和食品的商标和地理标志保护案 [*European Communities-Protection of Trademarks and Geographical Indications for Agricultural Products and Foodstuffs*，以下简称欧共体—商标与地理标志保护案 (*EC-Protection of Trademarks and GIs*)]，WT/DS174/21 和 WT/DS290/19，2004 年 2 月 24 日，《根据美国与澳大利亚成立专家组之请求》 (Constitution of the Panel Established at the Requests of the United States and Australia)。

②　参见上文第 2.1 节。

③　参见美国关于成立专家组的请求书第 1 页和澳大利亚请求书第 2 页。请注意，同一起诉书还以《TRIPS 协定》的其他条款为根据，特别是那些与国民待遇义务和最惠国待遇义务，以及与商标和地理标志保护相关的条款。参见本书第 4 章、第 14 章和第 15 章。

④　例如，GATT 第 10 条（参见上文）、GATS 第 3 条、《SPS 协定》第 7 条、《TBT 协定》第 10 条和《政府采购协定》第 17 条。此外，WTO 贸易政策审议机制（《WTO 协定》附件 3）所依据的理念就是提高透明度。

"Procedures for Notification of，and Possible Establishment of a Common
Register of National Laws and Regulations Under Article 63.2")。① 该《决
议》基本就以下两类国内法律和法规确立了规则：第一类是那些本身用于调
整知识产权的立法；第二类包括那些 "本身并非专门调整知识产权，但涉及
知识产权的效力、范围、取得、实施和防止滥用的立法（比如在实施和防止
滥用行为领域的法律和法规，即为著例）。"② 关于后一类，理事会还通过一项
决议，为它们的列表设定一种格式（亦即，一种模式）。③ 最终，理事会达成
一项决议，确立一份有关知识产权实施事项的清单。④

6.3 地区和双边情况

6.4 审查建议

迄今为止，尚无任何建议要求修改第 63 条。

7. 评论（包括经济和社会意义）

要求各成员将其知识产权立法公开而可为其他成员所获得，这是对国际
贸易关系的可预见性和安全性所作的贡献。

---

① 参见 WTO 文件 IP/C/2，1995 年 11 月 30 日。
② 同上，第 9 段。
③ 参见 IP/C/4，1995 年 11 月 30 日。
④ 参见 IP/C/5，1995 年 11 月 30 日。

第32章 争端解决

第64条 争端解决

1. 由《争端解决谅解》详述和实施的 GATT 1994 第 22 条和第 23 条的规定适用于本协定项下产生的磋商和争端解决，除非本协定中另有特别规定。

2. 自《WTO 协定》生效之日起 5 年内，GATT 1994 第 23 条第 1 款(b)项和(c)项不得适用于本协定项下的争端解决。

3. 在第 2 款所指的时限内，TRIPS 理事会应审查根据本协定提出的、属 GATT 1994 第 23 条第 1 款(b)项和(c)项规定类型的起诉的范围和模式，并将其建议提交部长级会议供批准。部长级会议关于批准此类建议或延长第 2 款中时限的任何决定只能经协商一致作出，且经批准的建议应对所有成员生效，无需进一步的正式接受程序。

---

1. 引言：术语、定义和范围

1.1 WTO 争端解决机制概述

在 WTO 的情形中，只要一成员认为 WTO 诸协定带给它的任何利益正在受到另一成员所采取措施的损害时，就产生了解决争端的必要。① 既然 WTO

---

① 参见《关于争端解决的规则与程序的谅解》（the Understanding on Rules and Procedures Governing the Settlement of Disputes/DSU）第 3 条第 3 款以及 GATT 第 23 条第 1 款。请注意，一成员在决定针对另一成员根据《争端解决谅解》提出起诉方面享有宽泛的自由裁量权，正如上诉机构在"欧共体—香蕉进口、销售和分销体制"（*EC-Regime for the Importation，Sale and Distribution of Bananas*）案［以下简称"欧共体—香蕉"（*EC-bananas*）案］中所阐明的那样，WTO 文件 WT/DS27/AB/R，第 135 段，该论述是基于 1994 年 GATT 第 23 条的用语（"若任何缔约方认为任何利益［……］正在丧失或受到损害［……］"）和《争端解决谅解》第 3 条第 7 款（"在提交案件之前，一成员应就根据这些程序采取的措施是否有效作出判断。"）。

各协定建立在通过贸易自由化带来互惠互利的经济利益的理念之上，① WTO 争端解决的首要目标就是要尽快地重新建立起这样一种状况，让每一成员都可以充分享有其根据各种不同的协定所应当享有的利益。② 为实现这一目标，《争端解决谅解》（DSU）规定了非常详细和有章可循的程序，而该程序由若干不同的阶段组成，每个阶段都要遵守强制性的时间限制。下文将对该程序作简要描述。《争端解决谅解》之下的解释方法，则将在本章结尾的附件 1 进行讨论。

1.2　程序概述

1.2.1　磋商

作为第一步，发生争议的各成员应当先进行磋商（consultation），它是由在法律上无约束力的外交谈判所组成，目的是为了达成一个令双方满意的解决方案。在这种情况下，可以采用传统的方式，如斡旋、调解和调停。③

1.2.2　专家组阶段

若磋商未能在 60 日之内达成解决方案，或被诉方（party complained）一开始便拒绝进行磋商，那么，申诉方（complaining party）可请求 WTO 争端解决机构设立一个争端解决专家组。④ 被诉方对于此种请求可以拒绝一次，但是如果该请求被再次提出，则只能通过争端解决机构的协商一致（unanimity）才能将之驳回（亦即，需包括请求设立专家组的成员在内一致反对）。⑤ 因此，一旦上述时限已过，就可以说申诉方（complainant）已经拥有了一项请求设

---

　　①　参见《马拉喀什协定》序言第 3 段以及《争端解决谅解》第 3 条第 3 款，后者强调了 WTO 的有效运转对于"保持各成员权利和义务的适当平衡"的重要性。

　　②　参见《争端解决谅解》第 3 条第 7 款。

　　③　对此《争端解决谅解》第 5 条有明确规定。磋商请求应当向 WTO 争端解决机构（DSB）作出通知，其中包括提出请求的理由，亦即，确认所争论的措施（measure at issue），并指出起诉的法律根据（legal basis for the complaint），《争端解决谅解》第 4 条第 4 款。

　　④　参见《争端解决谅解》第 4 条第 7 款，它还规定了另一种可能性，如磋商各方共同认为磋商已不能解决争端，则申诉方可在 60 日的期限内请求设立专家组。

　　⑤　参见《争端解决谅解》第 6 条第 1 款："如申诉方提出请求，则专家组应最迟在此项请求首次作为一项议题列入争端解决机构议程的会议之后的争端解决机构会议上设立，除非在此次会议上争端解决机构经协商一致决定不设立专家组。"（脚注略）

立专家组的实际权利。专家组通常由 3 名独立的贸易专家组成，① 他们将依据特定的职权范围（terms of reference）② 来调查争端，以查明被起诉的措施是否在事实上损害了申诉方的利益。③ 职权范围对于限定专家组的管辖权具有重要的作用。专家组只是对于在职权范围中明确提到的规定，才享有进行裁决的权力。④ 如要使一项诉请（claim）加入到职权范围中，则其必须在关于设立专家组的请求（参见上文）中有所提及。⑤ 这一点就强调了，认真起草关于设立专家组的请求是何等重要。这一请求就间接地决定了此后专家组报告的范围。根据《争端解决谅解》第 6 条第 2 款，该请求应当包括一份对争议中

---

① 参见《争端解决谅解》第 8 条第 3 款，它在原则上排除了其政府作为争端各方或第三方的个人来担任专家组的成员。根据 WTO 当前的惯例，专家组主席（panel's chair）通常由一经验丰富的专家组成员担任，辅之以一名来自日内瓦的谈判参加人和一名具有法律背景的学者（另参见《争端解决谅解》第 8 条第 1 款）。专家组成员的提名取决于各当事方，但它们在 50％以上的案件中无法找到令双方都能接受的 3 名人选。在这种情况下，根据《争端解决谅解》第 8 条第 7 款的规定，应当由 WTO 总干事与争端解决机构主席和有关理事会或委员会主席磋商，决定专家组的组成。

② 职权范围既可以采用《争端解决谅解》第 7 条第 1 款明确规定的标准职权范围，也可以由争端各方所议定的特别职权范围。参见《争端解决谅解》第 7 条第 1 款。

③ 若被诉方违反了对其所设立的任何 WTO 义务的，通常即可作如此认定。详细内容，参见本章以下第 3 节。

④ 参见上诉机构报告，"印度—药品与农用化学品专利保护案"（India-Patent Protection for Pharmaceutical and Agricultural Chemical Products），WT/DS50/AB/R，第 92 段："［……］专家组只能考虑那些根据其职权范围而有权考虑的诉请。专家组不能对其不享有管辖权的对象行使管辖。在本案中，第 63 条按照职权范围的定义，并不在专家组的管辖范围之内。因此，专家组无权考虑美国根据第 63 条提出的替代性诉请。"

⑤ 参见上诉机构报告，"巴西—影响椰子干措施案"（Brazil-Measures Affecting Desiccated Coconut），（脚注 9），第 22 页。另参见上诉机构报告，"印度—药品与农用化学品专利保护案"，WT/DS50/AB/R，第 88 段、第 89 段（部分引用 "欧共体—香蕉案" 的裁决）："［……］《争端解决谅解》第 6 条第 2 款要求的是诉请（claims）而非论据（arguments），必须在设立专家组的请求中全部予以充分地具体化，以使得被诉方以及任何第三得以了解该起诉的法律依据。若某一项诉请未在设立专家组的请求中予以具体化，则一项有缺点的请求（faulty request）不能进行事后的'补救'，无论是通过申诉方在其提交专家组的第一份书面陈述（first written submission）中提出论据（argumentation）的方式，还是后来在专家组程序中通过任何书面陈述或声明（submission or statement）的方式。因此，一项诉请应当被包括在设立专家组的请求中，以使其纳入某一特定案件中的职权范围［……］"。

具体措施的确认，以及起诉人认为受到影响的法律依据。① 需要着重指出的是，申诉方可以在任何时候请求专家组中止其程序。② 一旦专家组得出结论，则其将对争端各方发布一份中期报告（interim report），其中包括叙述部分以及专家组的认定和结论。③ 在专家组将最终报告散发给争端各方和争端解决机构（亦即，WTO 其他所有成员）之后，争端各方可以请求就中期报告的确切方面进行审查。该报告而后由争端解决机构通过，除非争端一方向上诉机构提出上诉（或者，争端解决机构经过协商一致，决定不通过该报告）。④ 根据《争端解决谅解》第 20 条，自争端解决机构设立专家组之日起，至该机构审议通过专家组报告或上诉机构报告之日为止，该期限在专家组报告未提出上诉的情况下，一般不得超过 9 个月；在提出上诉的情况下，通常不得超过 12 个月。

1.2.3 上诉阶段

专家组成员是在个案（case-by-case）中加以任命的，而与之相反，上诉机构（Appellate Body）则是一个常设机构，其任务被限定于对法律问题的审查。⑤ 上诉机构的成员是公认的权威，并且在法律、国际贸易和 WTO 各项协定所涉及主题方面具有高度的专业知识。⑥ 上诉审查受到严格的时间限制：自

---

① 根据上诉机构在"欧共体—香蕉"案的观点，申诉方为了满足《争端解决谅解》第 6 条第 2 款的要求，必须"列出被指控违反的协定条款，但无需针对所争议措施（measures at issue）有哪些具体方面是与这些协定的哪些条款相关而提出详细的论据。我们认为，在设立专家组的请求中所确定的诉请（claims）和支持这些诉请的论据（arguments）这两者之间，存在重大区别，前者根据《争端解决谅解》第 7 条而确立了专家组的职权范围，后者则是在首次提交的陈述材料、反驳材料和第一次与第二次专家组与争辩各方的会议上得到阐述和逐步澄清的。"（报告第 141 段；着重号是原文所加）。因此，专家组在其审查过程中，不得超越申诉方明确提出的法律诉请（legal claims）。但是，他们肯定不受争端各方所提交论据的约束。

② 《争端解决谅解》第 12 条第 12 款。这可能是争端各方成功进行外交磋商的结果（参见上文），它可以在专家组程序进行的同时继续进行（《争端解决谅解》第 5 条第 5 款）。若专家组的工作已中止 12 个月以上，则设立专家组的授权即告终止（《争端解决谅解》第 12 条第 12 款）。

③ 参见《争端解决谅解》第 15 条第 2 款和第 3 款。关于专家组工作的时间表，参见《工作程序》（Working Procedures，即《争端解决谅解》附录 3）第 12 款和以下本节最后框图 1 中的一览图。

④ 《争端解决谅解》第 16 条第 4 款。这还得要求胜诉方也同意不通过该报告。

⑤ 参见第 17 条，特别是第 1 款和第 6 款。

⑥ 《争端解决谅解》第 17 条第 3 款。

争端一方正式就其上诉决定作出通知之日起至上诉机构散发其报告之日止，通常不得超过 60 日。即使在例外情况下，最终报告也绝对必须在 90 日之内散发给争端解决机构。若上诉机构得出结论，认为争议中的措施与某一项 WTO 义务不相一致，则其建议相关成员应做到使该措施符合该项义务。① 同样，上诉机构的报告也应当由争端解决机构通过（除非各成员经协商一致决定不通过该报告，但这是不可能的）。②

1.2.4　对争端解决机构决定的执行

一旦获得通过，专家组报告或上诉机构报告的执行阶段就开始了。报告通过之后 30 日内，相关成员应当通知争端解决机构关于其执行该报告的意向。③ 争端解决机构负责监督该成员的有效执行。④ 原专家组可以再次设立，以评估被诉方所采取的执行措施是否符合相关的 WTO 义务。⑤

1.2.5　不执行报告的情形

如果相关成员未能执行一份已经通过的报告，则争议各方应当进行谈判，以期达成各方均可接受的补偿。⑥

若上述谈判失败，则援引争端解决程序的任何当事方都可以请求争端解决机构，授权中止该相关成员在 WTO 协定下的减让或其他义务。⑦ 若申诉方认为对相同部门或被认为存在违反的同一多边协定实行中止减让或其他义务并不可行或无效，则其也可以在满足一些详细限定的条件下，就 WTO 所包含协定的其他部门中止减让或其他义务［"交叉报复"（cross-retaliation）］。⑧ 因此，如果甲国被认为违反了《TRIPS 协定》，因为它使得属于乙国的在知识产权领域的利益丧失，那么，后者就可以在另一领域，比如在关税或服务上，中止对甲国的减让。

---

① 参见《争端解决谅解》第 19 条第 1 款。
② 《争端解决谅解》第 17 条第 14 款，再次暗示必须得有胜诉方的同意。
③ 《争端解决谅解》第 21 条第 3 款。
④ 相关成员将得到一个"合理期限"来执行争端解决机构的裁决。此期限可通过具有拘束力的仲裁加以确定，参见《争端解决谅解》第 21 条第 3 款（c）项。
⑤ 《争端解决谅解》第 21 条第 5 款。该程序被用来，例如针对欧共体在"欧共体—香蕉"（EC-bananas）案中的执行措施（涉及欧共体香蕉进口体制的违反 WTO 的行为）。
⑥ 《争端解决谅解》第 22 条第 2 款。请注意，对争端解决机构裁决的全面执行是优先选择；参见《争端解决谅解》第 22 条第 1 款。
⑦ 《争端解决谅解》第 22 条第 2 款。
⑧ 参见《争端解决谅解》第 22 条第 3 款及其进一步的细节。

1.2.6 争端解决程序的范围

最后应当指出的是，就货物贸易和服务贸易而言，上述程序不仅在申诉方指出一项对 WTO 义务的违反时适用［"违反之诉"（violation complaints），参见 GATT 第 23 条第 1 款(a)项］，而且在以下情形中同样发生作用，即一成员的措施虽未违反任何 WTO 规则，但还是对属于另一成员的利益造成了事实上的丧失或减损（factual nullification or impairment）［"非违反之诉"（non-violation complaints），参见 GATT 第 23 条第 1 款(b)项；GATS 第 23 条第 3 款］，或者由于"任何其他情势的存在"（existence of any other situation）导致了同样的结果［"情势"之诉（situation complaints），参见 GATT 第 23 条第 1 款(c)项］。"非违反"这一概念的特点是，它不像许多其他的国际条约那样关注于行为的合法性，而是着眼于保护来自于互惠关税和市场准入的减让（在 GATT 的情形中）① 或某一成员的具体承诺（在 GATS 的情形中）的期待。这些期待甚至会受到那些并未被 GATT 或 GATS 规则所禁止的措施的影响，因此，必须通过非违反之诉予以处理。② 最后，"情势"之诉是在 GATT 1947 中作为一种兜底类型（catch-all category）被提出来的，以解决不可预见的新的发展。③ 在 TRIPS 的情形中，无论非违反之诉还是"情势"之诉，目前均不适用（参见以下第 3 节）。

---

① 参见 Petersmann, *The GATT/WTO Dispute Settlement System. International Law, International Organizations and Dispute Settlement*, Kluwer Publishers, 1997, 第 73 页，特别是第 142 页及以下（以下简称 Petersmann）。根据该作者的观点，此方式可追溯至二战之前美国的双边贸易协定。

② 例如，A 国的某一项国内立法，尽管完全遵守了 WTO 的最惠国待遇（MFN）和国民待遇义务，但仍然对某些产品的销售状况产生了一种消极的影响，而不管这些产品来源于何处。B 国已经通过谈判给予了 A 国更低的关税，以期增加其自身产品在 A 国的市场机会，它在这种情况下就要考虑它的这些努力目的落空了，并且可以寻求对 A 国的国内立法提出异议。

③ 对于这种情形，彼得斯曼（Petersmann，第 73 页）提到了世界性的金融危机或伴随着广泛失业的大萧条。

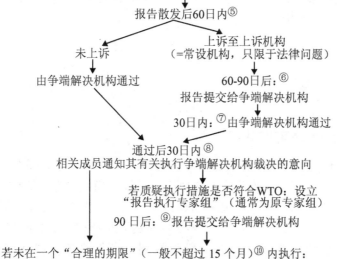

框图 1   WTO 争端解决程序一览图①

磋商（斡旋、调解、调停）

若60日内无解决方案

由争端解决机构设立专家组（通常由3名成员组成）

双方听审：书面和口头陈述

专家组设立后15-26周②：中期报告（事实加上专家组的认定和结论）

5周③后：最终报告散发给争端各方；3周后④散发给所有成员（争端解决机构）

报告散发后60日内⑤

未上诉

由争端解决机构通过

上诉至上诉机构
（=常设机构，只限于法律问题）

60-90日后：⑥
报告提交给争端解决机构

30日内：⑦由争端解决机构通过

通过后30日内 ⑧
相关成员通知其有关执行争端解决机构裁决的意向

若质疑执行措施是否符合WTO：设立
"报告执行专家组"（通常为原专家组）

90日后：⑨报告提交给争端解决机构

若未在一个"合理的期限"（一般不超过 15 个月）⑩ 内执行：

---

① 设计这个一览图的想法，仿自 Gervais, The TRIPS Agreement. Drafting History and Analysis, London, 1998，第 251 页。

② 参见《争端解决谅解》附件 3（《工作程序》）第 12 款（g）项。

③ 同上，第 12 款（j）项。

④ 同上，第 12 款（k）项。

⑤ 《争端解决谅解》第 16 条第 4 款。

⑥ 《争端解决谅解》第 17 条第 5 款。

⑦ 《争端解决谅解》第 17 条第 14 款。

⑧ 《争端解决谅解》第 21 条第 3 款。

⑨ 《争端解决谅解》第 21 条第 5 款。

⑩ 根据相关成员的提议，通过双方协商一致的方式或者通过有拘束力的仲裁而予以确定。参见《争端解决谅解》第 21 条第 3 款，特别是（c）项。

"合理期限"过后的20日内①：关于补偿的谈判

若未达成和解：申诉方请求争端解决机构授权其在一定程度上中止减让

若未仲裁　　　　　　　　仲裁（关于所提议的中止程度；一般由原专家组或仲裁员进行）

（执行的）"合理期限"过后 30 日内②：（执行的）"合理期限"过后60日内③：争端解决机构授权中止减让（直至不一致的措施消除或达成其他令双方满意的解决方案）

2. 条文沿革

2.1　TRIPS 之前的状况

知识产权和相关的争端解决通常被认为是在乌拉圭回合结束之后，才第一次被纳入 GATT/WTO 的范围。这种说法大致正确，因为《TRIPS 协定》第一次引入了知识产权保护共同的最低标准。保护知识产权的国际条约（例如《巴黎公约》），就其本身而言，提供了一定的知识产权保护的准则，但是，它们本身并未包含争端解决机制。反而提到，将争端解决提交国际法院（International Court of Justice/ICJ）。④

GATT 1947 的争端解决制度与今天的 WTO 机制相比，有相当大的区别。在那时并没有详细的《争端解决谅解》，争端各方所能依据的，是 GATT

---

① 《争端解决谅解》第 22 条第 2 款。

② 《争端解决谅解》第 22 条第 6 款（第一句）。

③ 《争端解决谅解》第 22 条第 6 款（第一句）。

④ 例如，《巴黎公约》第 28 条第 1 款和《伯尔尼公约》第 33 条第 1 款，它们均在其相关部分做了如下规定："(1)本联盟两个或两个以上国家之间对本公约的解释或适用有争议不能依谈判解决时，有关国家之一可以按照国际法院规约将争议提交该法院，除非有关国家就某一其他解决办法达成协议。[……]"

第 23 条相当宽泛的规定。①　该条同时包括了磋商条款（第 1 款）和争端解决条款（第 2 款）。主要差别在于，将争端解决从一种外交平台（diplomatic forum）转换为一种以规则为基础的、类似司法的程序。②

这个争端解决机制的"法制化"（legalization），以下事实就是最好的例证：根据 GATT 1947，专家组报告只有在经过所有缔约方，包括败诉一方的同意才能获得通过。这实际上与 WTO《争端解决谅解》下对报告采用准自动通过（quasi-automatic adoption）的程序正好相反。换言之，根据以前的 GATT，被认定违反了 GATT 义务的一当事方可以很轻易地阻碍报告的通过。它只需在 GATT 理事会投票反对该报告的通过，即足以阻止该报告获得通过，然而现在，这样的成员就必须去说服其他每一个成员，包括申诉方，来投票反对该报告的通过。③

上述争端解决机制"法制化"的第二个主要因素，就是上诉机构的创设。比较而言，根据 GATT 1947，并没有任何方法来对专家组建议的法律方面进行审查。而由于 DSU 之下的专家组报告是采用准自动通过的程序，因此，能够进行这样的审查就比 GATT 1947 更加重要了。

就 GATT 1947 的判例法而言，它最著名的争端之一实际上就是与知识产权有关的，虽然并不是直接相关。这就是专家组就"美国：1930 年《关税法》337 条款"（*United States：Section 337 of the Tariff Act of 1930*）案④所作出的报告。该争端由欧共体针对美国提出，涉及欧共体提出的诉请，即美国出于实施知识产权之目的，进口货物就仅仅因为它们的原产地不是美国而被适用一种独立的、不同的程序。欧共体因此认为，根据 337 条款适用不同的

---

①　GATT 第 23 条与 WTO 争端解决程序仍然具有相关性：《争端解决谅解》第 3 条第 1 款明确了，各成员应当遵守由该条款所形成的原则，而且《争端解决谅解》事实上是对 GATT 第 22 条和第 23 条的进一步细化与修改。

②　请注意，这一转换并不是随着《争端解决谅解》的通过一蹴而就的。毋宁说，它是在 GATT 1947 之下而逐渐产生的。在乌拉圭回合谈判之时，除了关于上诉机构的设立和对争端解决裁决采用准自动通过程序这些规则以外，《争端解决谅解》的大部分规则都已经属于当时的习惯做法的一部分了，详见下文。

③　这就是通常提到的在《争端解决谅解》项下的"反向协商一致（negative consensus）"，它与 GATT 1947 第 23 条下的"积极协商一致（positive consensus）"相对。自动通过原则，现在也同样适用于专家组的设立（参见以上本章第 1 节），在 1989 年对 GATT 争端解决程序作出改进之前，GATT 1947 并不属于这种情况。参见 Petersmann，第 182 页。

④　《基本文件资料选编》（Basic Instruments and Selected Documents/BISD）36S/345，由 GATT 各缔约方于 1989 年 11 月 7 日通过。

规则就构成了 GATT 第 3 条意义上的违反国民待遇原则，而且，不能以 GATT 第 20 条(d)项与知识产权相关的规定而被证明是正当的。专家组对双方提交的事项进行详细审查后，得出结论认为，美国 1930 年《关税法》337 条款在事实上与 GATT 第 3 条第 4 款（国民待遇）不相一致，并且这种不一致未能根据 GATT 第 20 条(d)项而被证明是正当的。

至于根据 GATT 第 23 条所提出的各种不同的申诉，在 GATT 1947 的适用时期，超过 90％ 的实际争端都是关于利益丧失和减损的违反之诉（violation complaints over nullification and impairment），而关于利益丧失和减损的非违反之诉（non-violation complaints over nullification and impairment）和情势之诉（situation complaints）的数目，则可以忽略不计。①

2.2 谈判经过

至少在 1989 年之前，大多数发展中国家都反对将知识产权纳入乌拉圭回合的谈判议程。而且，根据新的《争端解决谅解》，各成员将无法封锁（block）专家组报告或上诉机构报告的通过。正因为如此，发展中国家在乌拉圭回合谈判阶段对于将争端解决机制适用于任何有关知识产权的最终协定，显得十分犹豫。它们的想法是，将这个主题排除在新的争端解决机制的范围之外，这主要是因为，许多发展中国家还没有完全了解它可能带来的后果。特别是，它们以争端解决裁决的可执行性可能构成一种对国家主权的威胁为由而予以拒绝。这些担忧更由于如下事实而有所加重，即在乌拉圭回合谈判之前，发展中国家就已经面临着巨大的压力，被要求修改其国内立法，以与高水平保护的知识产权制度保持一致。② TRIPS 关于争端解决的谈判必须放在这样一种背景之下予以观察。

2.2.1 安奈尔草案

"2A 缔约各方应当在其宪法体制的框架内作出合理的努力，并根据请求，与其他缔约方就其知识产权法律法规以及与本附件相关的上述法律法规的实施的可能修改进行磋商。（68）

2B.1 当有关于或影响到知识产权保护和实施的法律、法规和实践在受到

---

① 参见 Petersmann，第 73 页至第 74 页。非违反之诉与"情势"之诉的概念，参见以上本章第 1 节及以下第 3 节。

② 特别是在 1984 年到 1990 年的这一时期，美国对来自那些不愿对知识产权保护采取更高标准的发展中国家的产品，威胁征收更高的关税。

审查或本协定一缔约方意图引入审查时，该缔约方应当

·在适当的早期阶段，以 GATT 的一种官方语文在出版物上公布一项通知，其提议引入、修订或废除立法或法规；（73）

·应请求而及时地向此类缔约方提供立法草案和法规草案，包括解释性资料；（73）

·毫无歧视地允许其他缔约方在不少于［X］月的合理期限内根据总协定提交书面意见；（73）

·应请求，以所提交的意见为基础，与存在利害关系的缔约方进行磋商。（73）

2B.2 上述义务均不得限制缔约各方为履行国际义务而进行立法、监管和裁判的主权。（73）

3. 争端解决（68，71，73）；磋商，争端解决（74）

3A 缔约各方同意在本附件所包含的与贸易有关的知识产权领域内，应当就其相互之间的关系而遵守总协定的争端解决规则和程序，以及缔约方全体提出的建议、裁决和决议，并且在与其他缔约方的关系上，不采取任何种类的单边决定的经济措施。而且，缔约各方同意应当对其国内立法与相关程序进行修改和实施，以确保因此采取的全部措施与上述承诺相符。（68）

3B(i)　在本部分之下产生的争端应当在第 22 条和第 23 条的基础上解决，并且遵守合并后的文件［名称］。（73）

(ii) 不遵守本部分之下义务的，应当被视为对于根据《关税与贸易总协定》所获得的好处和利益的造成了丧失和减损。（73）

(iii) 缔约各方不应采取任何措施以限制另一缔约方，除非是根据《关税与贸易总协定》有关争端解决的规则而规定的措施。（73）

3C 一缔约方非经遵守本节所列举的争端解决程序，不得中止或威胁中止其在本协定下的义务。（74）

3D.1 磋商（71）

(a) 对本协定任何规定的解释或执行产生争端时，一缔约方可就该事项提请另一缔约方注意，并请求与后者就此进行磋商。（71）

(b) 被请求的缔约方应当为该请求之磋商及时提供一个适当的机会。（71）

(c) 缔约方进行磋商的，应当在一合理期限内努力达成一项令双方满意的争端解决方案。（71）

3D.2 其他解决方法（71）

若根据第 3D.1 点进行的磋商未能在一合理期限内达成一项令双方满意的解决方案，争端各方可同意借助意在为其争端带来友好解决方案的其他方法，比如斡旋、调解、调停和仲裁。（71）

（另见以上第 II 部分第 11 点）"①

本草案第 2 段提到为使国内知识产权法律对其他国家保持透明所应当采取的措施。这项关于透明度的规定后来从争端解决的规则中分离出来。在《TRIPS 协定》的现行文本中，有一条关于透明度的独立条文（第 63 条）。②

就与知识产权相关争端的解决而言，安奈尔草案在第 3 段包括了四种不同的提案（参见上文，3A—D）。在此情况下，其中有两个问题需特别重视：首先，与贸易有关的知识产权是否应当有一种争端解决制度；其次，单边贸易措施的问题。

对于前一个问题，提案 A 和 B 都提到将 GATT 1947 的争端解决制度作为解决 TRIPS 争端的方法。提案 C 也提到了"争端解决的程序"。相比较而言，提案 D 则未有任何提及。相反，它被限定于磋商（D.1）以及其他不具有约束力的解决方法（D.2）。该提案的目的是为了将知识产权排除在 GATT 模式的争端解决机制的范围之外。

就单边贸易措施而言，提案 A 明确提到了"任何种类的单边决定的经济措施"。这些明确的术语在布鲁塞尔草案中得以保留（参见下文），但在此之后却消失了。提案 B 和 C 还提到，针对其他缔约方采取的贸易措施应当受到相关争端解决规则的约束。提案 D 未涉及任何的单边措施。因为它意图回避具有约束力的争端解决，故从逻辑上讲，它无论如何不可能有这种严格禁止的措施。它们只能通过磋商和其他无约束力的措施而获得解决（参见上文）。

2.2.2　布鲁塞尔草案

"缔约方不得对其他缔约方采取任何种类的单边决定的经济措施。而且，它们同意对其国内立法与相关程序进行修改和实施，以确保因此采取的全部措施与上述承诺相符。

注释：

关于争端解决程序，见本文本的附件。"③

（本附件的讨论，参见下文）

---

① 文件 MTN. GNG/NG11/W/76，1990 年 7 月 23 日。

② 关于这一规定的详情，参见本书第 31 章。

③《体现多边贸易乌拉圭回合成果的草案最终文本，修订，与贸易有关知识产权（包括假冒商品贸易）》（Draft Final Act Embodying the Results of the Uruguay Round of Multilateral Trade Negotiations, Revision, Trade-Related Aspects of Intellectual Property Rights, Including Trade in Counterfeit Goods），MTN. TNC/W/35/Rev. 1，1990 年 12 月 3 日。

布鲁塞尔草案再现了安奈尔草案中提案 A 的部分内容（参见上文，第 3A段）。与后者类似，布鲁塞尔草案也使用明确的用语，反对单边措施并要求相关国家借助此类做法来修改其国内立法，以确保其全部行动与其关于不寻求单边措施的承诺相符。①

关于是否可适用于与贸易有关的知识产权，1990 年 12 月的布鲁塞尔文本明确指出在此问题上尚无任何共识。因此，布鲁塞尔文本在一项附件中（参见上文）提供了三种选择。第一种选择是使争端解决程序"尽快"适用，但是将其排除在"交叉报复"的范围之外。② 第二种选择是承认 GATT 模式的专家组程序，但是不承认任何的贸易制裁。TRIPS 委员会（即后来的"TRIPS 理事会"）应当监督由专家组所作出任何裁决或建议的执行。第三种选择（亦即之后被《TRIPS 协定》所采纳的方案）是将与贸易有关的知识产权完全置于乌拉圭回合的有约束力的争端解决之下，包括寻求交叉报复。

2.2.3　邓克尔草案

"第 64 条

争端解决

由缔约方所通过的《关税与贸易总协定》第 22 条和第 23 条以及根据《关税与贸易总协定》第 22 条和第 23 条的《关于争端解决的规则与程序的谅解》应当适用于本协定之下的磋商与争端解决，除非另有特别规定。[脚注]

[脚注] 本条规定可能根据有关在《成立多边贸易组织协定》（Agreement Establishing the Multilateral Trade Organisation）之下形成《综合性争端解

---

① 可以说，这主要是针对美国及其 301 条款至 310 条款的立法（Section 301—310 legislation），据此，甚至在多边争端解决程序结束之前，美国贸易代表（U. S. Trade Representative/USTR）就可以决定另一 WTO 成员未符合 WTO 义务，并因此施加美国方面的贸易制裁。请注意，在后来的一起争端中，WTO 专家组针对欧共体指控美国法律与 WTO 不一致的诉请，却支持了该 301—310 条款（参见"美国—1974 年《贸易法》301—310 条款"（US-Sections 301—310 of the Trade Act of 1974）案，1999 年 12 月 22 日专家组报告，WTO 文件 WT/DS 152/R）。不过，专家组明确指出，其之所以认定 301—310 条款符合《争端解决谅解》第 23 条（亦即，对某些单边行动的禁止）的唯一原因在于，因为通过行政措施，上述美国贸易代表的法定自由裁量权（statutory discretion）就被限制在如下效果上，即在《争端解决谅解》程序走完之前，美国贸易代表将不得作出任何单边决定。专家组强调，如果取消对美国贸易代表的自由裁量权的这种限制，则 301—310 条款将被认为是与《争端解决谅解》第 23 条不一致的（专家组报告，第 7.126 段、第 7.136 段）。

② 因此，报复行动将只针对《TRIPS 协定》下的义务而可予以实施，并不针对其他适用协定。

决谅解》（Integrated Dispute Settlement Understanding）的工作结果而需要进行修订。"①

在 1990 年 12 月布鲁塞尔草案之后到 1991 年 12 月邓克尔草案之前的这段时间，工业化国家这一方付出进一步的努力，以说服与之相对应的另一方的发展中国家，同意将有关 TRIPS 争端完全纳入争端解决机制。在 GATT 总干事提交其草案时，他强调的重点是，这一领域将完全由这项新的争端解决制度所包括。如果一国想要对这一草案进行修改，就必须确保缔约各方达成共识，而这对于大多数发展中国家，即便不是全部的发展中国家而言，都证明是不可能的。② 在工业化国家看来，邓克尔草案中对争端解决的坚持是符合逻辑的：如果通过这样一种协定，但之后由各成员按照自愿基础遵守该协定，这样做是没有意义的。重点需要指出的是，包括在布鲁塞尔草案中所出现的对单边措施的明确引用，却没有出现在邓克尔草案中。只是在后来，一些被解释为反对单边措施的措辞（虽未提及"单边"一词）被《争端解决谅解》（第 23 条）和《建立 WTO 马拉喀什协定》（第 16 条第 4 款）所吸收。特别是《争端解决谅解》第 23 条，它可以被看做是回应了发展中国家对于工业化国家提出单边措施的关切。该条文明确规定，各成员有义务寻求《争端解决谅解》的规则和程序，而不得单边决定另一成员是否使根据一 WTO 协定所获得的利益丧失或者减损。

最后，邓克尔草案并未解决关于非违反之诉③是否应当适用于《TRIPS 协定》的问题。该问题只是在 1992—1993 年的法律起草小组（Legal Drafting Group）中曾被提起。一些国家认为，《TRIPS 协定》从本质上看，既不同于 GATT 在关税方面的承诺，也不同于各成员在 GATS 的情况下所作的具体承诺。④《TRIPS 协定》与上述承诺无关，而是关于最低保护标准。因此，上述国家认为，非违反之诉完全不应当适用于《TRIPS 协定》，或者至少对于非违反之诉将如何适用于《TRIPS 协定》并不明确。这种观点背后的理由是，有一些成员担心，如果非违反之诉可以适用于《TRIPS 协定》，就可能最终导致事实上的

---

① 参见文件 MTN. TNC/W/FA，1991 年 12 月 20 日。

② 在介绍其草案时，这位 GATT 总干事（指邓克尔——译者）坚称，该草案是一份"标准"文件（"take it or leave it" document），因而要求 GATT 缔约各方以一致同意的方式支持任何修改。

③ 关于它的定义，参见以上本章第 1 节。

④ 请注意，GATT 中"非违反之诉"背后的目标是要确保由互惠关税减让（reciprocal tariff concessions）所带来的利益。参见以上本章第 1 节。

（*de facto*）知识产权保护标准，高于那些在谈判时实际达成一致意见的标准。①

另一方面，其他成员则担心，非违反之诉的阙如会导致一些政府通过寻求对 TRIPS 保护标准作出合法但是狭义的解释（lawful but narrow interpretation），减少其在 TRIPS 项下的义务。② 通过对该问题的深入讨论之后，缔约各方同意暂停非违反之诉在《TRIPS 协定》的可适用性。这种妥协反映在第 64 条第 2 款中，它规定了一个 5 年的暂停期，在此期间，非违反之诉不适用于《TRIPS 协定》。在此期间过后能否适用，还是一个存在争议的问题。③

3. 可能的解释

3.1　违反之诉（第 64 条第 1 款）

1. 由《争端解决谅解》详述和实施的 GATT 1994 第 22 条和第 23 条的规定适用于本协定项下产生的磋商和争端解决，除非本协定中另有特别规定。

与此目的相关的 GATT 第 23 条的部分规定如下：

"如一缔约方认为，由于下列原因，它根据本协定直接或间接获得的利益正在丧失或减损，或本协定任何目标的实现正在受到阻碍，

---

① Cottier/Nadakavukaren Schefer，Non-Violation Complaints in WTO/GATT Dispute Settlement：Past，Present and Future（以下简称 Cottier/Nadakavukaren Schefer），载：Petersmann（编），International Trade Law and the GATT/WTO Dispute Settlement System，London，The Hague，Boston，1997，第 145 页（第 156 页）。请注意，采取该立场的不仅有发展中国家，还有欧共体。后者担心其在音像部门的市场准入限制可能被美国以非违反之诉的方式而提出异议。参见 Abbott，Dispute Settlement Under the WTO Agreement on Trade-Related Aspects of Intellectual Property Rights（TRIPS Agreement），《UNCTAD 关于 WTO 争端解决手册》（UNCTAD Handbook on WTO Dispute Settlement）论文草稿，2002，第 32 页（以下简称 Abbott，UNCTAD Handbook）。

② 同前注。针对同样的情况，另参见 Roessler，The Concept of Nullification and Impairment in the Legal System of the World Trade Organization（以下简称 Roessler），载：Petersmann（编），International Trade Law and the GATT/WTO Dispute Settlement System，London，The Hague，Boston，1997，第 125 页（第 138 页），其中举出若干例子，涉及在《TRIPS 协定》中没有具体包括的事项，比如要求支付过高的专利注册费，或者采取无约束力的、纯粹非正式的国家行动。不过该作者认为，此类情况可以按违反之诉解决。

③ 参见以下本章第 3 节和第 7 节。

（a）另一缔约方未能履行其在本协定项下的义务，［……］"

以此为据，该条的第 1 款就为当事方之间提供了磋商，而第 2 款则建立了 GATT 1947 的争端解决制度，这也是目前实行的、更加具体的《争端解决谅解》的基础。

《TRIPS 协定》第 64 条第 1 款阐明，在乌拉圭回合谈判中所形成的争端解决机制将完全适用于本协定。它唯一的例外是，非违反之诉以及它对《TRIPS 协定》适用的问题，对此将在下文探讨。因此，根据第 64 条第 1 款，违反之诉可适用于《TRIPS 协定》。

《争端解决谅解》的完全可适用性就意味着，《TRIPS 协定》可以由 WTO 受理裁决。正是争端解决机制的自动性和具有约束力的特征（参见以上本章第 1 节），使得《TRIPS 协定》的条款具有完全的可实施性。

根据由上诉机构所确认的 GATT 长期形成的实践来看，① 违反之诉（GATT 第 23 条第 1 款(a)项）意在保护各成员对于它们自身产品与外国产品之间竞争关系（competitive relationship）的期待。如果这种竞争关系被打乱了，就会使该成员的国民、产品或者服务因竞争环境恶化而遭受不利，这就存在着该成员利益的丧失或减损。②

这种竞争关系反映在 GATT/WTO 规则所设定的法律义务上。③ 符合以

---

① 参见"印度—药品与农用化学品专利保护"（India-Patent Protection for Pharmaceutical and Agricultural Chemical Products）案——由美国提出申诉，上诉机构报告，1997 年 12 月 19 日，WTO 文件 WT/DS50/AB/R［以下简称"印度—专利保护"（India-Patent Protection）案］。

② 换言之，在违反之诉情形下，《争端解决谅解》第 3 条第 3 款和 GATT 1994 第 23 条第 1 款所称的"利益"（benefits）是指本国的知识产权权利持有人、产品或服务的所有权人与外国的权利持有人和所有权人之间所形成的一种未被扭曲的竞争关系（undistorted competitive relationship）。

③ 例如，最惠国待遇原则和国民待遇原则就保证了同样的产品获得同等待遇，并因而在国内产品或服务与进口产品或服务上形成一种公平的竞争关系。在 TRIPS 的情形中，该协定第 3 条（国民待遇）和第 4 条（最惠国待遇）就反映了各成员有权让其在国外的国民得到与其他成员的国民所得到的同样优惠的待遇。而且，遵守关于专利权和商标权之类的实质性知识产权的义务，就是在乌拉圭回合谈判中所产生的《TRIPS 协定》下的竞争关系的组成部分。知识产权的实体性规则，比如在专利方面的规则，就在于保证发明人尽管付出了高额的研究和开发成本，但仍然能够在市场上销售其产品。请注意，根据《TRIPS 协定》序言部分，知识产权是一种私权。因此，《TRIPS 协定》关于知识产权实质性规定的义务不仅仅适用于各个国家，也适用于个人。

下条件的，竞争关系就被打乱了：

* 如果一成员违反某项 WTO 义务（比如，国民待遇原则或者某一实质性知识产权），
* 如果这种违反行为不能被证明是正当的（比如，在专利领域属于第 30 条所规定的一种实质性例外；或者在货物贸易的情况下属于 GATT 1994 第 20 条规定的例外），
* 并且，作为额外条件，如果它对于权利受到侵犯的成员造成了不利影响（《争端解决谅解》第 3 条第 8 款）。

如果一成员要说服专家组或者上诉机构相信，这种竞争关系已经被打乱（亦即，存着竞争利益的丧失），那么该成员必须提供被诉方违反 WTO 规则的证据。一旦这种违反行为得到证实，就形成了一个初步证据的推定（prima facie presumption），被诉方已经造成申诉方利益的丧失或减损。① 《争端解决谅解》第 3 条第 8 款中第二句规定：

"这通常意味着一种推定，即违反规则对适用协定的其他成员方造成不利影响，在此种情况下，应由被起诉的成员反驳此指控。"②

由这一规定的用语可以得出，仅仅是"违反规则"（breach of the rules）尚不够充分，还需要被诉方的行为对申诉方成员造成"不利影响"（adverse impact）。这种"不利影响"就存在于竞争关系的丧失或减损。不过，正如上引条文的规定，申诉方并不需要证明这种利益的丧失或减损。它所需要表明的是，存在对 WTO 规则的违反行为，这就可以自动推定存在着利益的丧失或减损。③

如果被诉方意图推翻关于利益丧失或减损的推定，那就要反驳该指控。④ 它

---

① 参见《争端解决谅解》第 3 条第 8 款（第一句）。

② 在《争端解决谅解》生效之前，同样的规则也适用于 GATT 1947，正如由各缔约方在 1960 年所决定的那样，参见 GATT，BISD，11S/99—100。

③ 请注意，为了证明构成违反并且使《争端解决谅解》第 3 条第 8 款所规定的对利益丧失/减损的推定起作用，该种违反必须不属于根据相关协定的任何例外条款而被认为是正当的，比如根据《TRIPS 协定》第 30 条（专利权的一般性例外）或者第 31 条（强制许可）。换言之，被诉方可能证明其违反 WTO 规则的行为是正当，以此为由而阻止关于利益丧失或减损的推定。只有当专家组/上诉机构得出结论，认为所争议的措施不具有正当理由，这种违反行为才实际得到了证明，并且《争端解决谅解》第 3 条第 8 款的推定也才能开始发挥作用。

④ 参见上引《争端解决谅解》第 3 条第 8 款。

必须证明，尽管存在对 WTO 规则的违反，但这并未对申诉方造成"不利影响"。①

在这一点上，GATT/WTO 的实践无论是与《争端解决谅解》第 3 条第 8 款的规定，还是同 GATT 缔约各方在此前的类似裁决相比，都存在相当大的差别。在 GATT/WTO 争端解决的历史上，还未曾出现过一个案例，被诉方能够通过否认其行为对其他缔约方/成员造成不利影响，从而成功地推翻关于利益减损的推定。② 换言之，尽管《争端解决谅解》第 3 条第 8 款有此用语，但在实践中，根据对一项 WTO 规则的违反所建立起来的这种推定，是无可反驳的，它在事实上就是一个不可推翻的推定（irrefutable presumption）。③

因此，对于被诉方而言，要想赢得案子的唯一方法就是说服专家组或上诉机构相信，从一开始就不存在任何的违反行为；要么处理被指控的违反行

---

① 参见《争端解决谅解》第 3 条第 8 款。

② 参见 Roessler，第 125 页（第 127 页及以下），其中有若干 GATT 专家组报告的例子。

③ 同前注，第 129 页，它引用了专家组在"美国—汽油和某些进口物质税收"案（US-Taxes on Petroleum and Certain Imported Substances（Superfund case），BISD 34S/156—158）中的意见。为了解释这一方法，作者特别指出，在该报告的若干部分（154—159），专家组声称，违反 GATT 第 3 条第 2 款第一句，这一事实本身（ipso facto）就导致利益的丧失，驳回美国关于所争议措施并不存在对贸易的消极影响的论点。在"欧洲共同体—香蕉的进口、销售和分销体制"（EC-R-Regime for the Importation, Sale and Distribution of Bananas）案中，WT/DS27/AB/R, section IV, C, 6(d)，第 253 段，这一观点被上诉机构所确认。之所以在裁决中总是不愿考虑关于缺乏"不利影响"（参见《争端解决谅解》第 3 条第 8 款）的任何证明，这可以用如下事实来解释，即 GATT 以及今天的 WTO 所保护的都不是任何关于出口额（export volumes）的期待，而是关于在国内产品和进口产品之间（或者在 GATS 和 TRIPS 的情形中，则指国内和国外的服务提供者或知识产权权利持有人之间）竞争关系（competitive relationship）的期待。例如，假如成员甲违反了 WTO 规则，对成员乙造成损害，那么纯粹这一事实就是一种违反行为，打乱了由该规则（例如，最惠国待遇或者国民待遇，或者知识产权保护的实质性规则）所确立的竞争关系。在那种情况下，来自成员乙的产品或者国民的竞争条件当然就受到了负面影响，即使这可能没有立即反映在现实的贸易额上。如果这些行动只是很轻微地对外国的产品造成不利影响，那么贸易额可能就不会受到影响，因为尽管成本会略有上升，但外国生产商仍可能认为还是值得的，故而继续在给定的市场上销售同样数量的产品。但是，竞争条件总是会因为知识产权的权利持有人（或者在 GATT 或 GATS 情形中的产品或服务的供应商）受到损害而发生改变，因为在给定市场上的产品或服务的价格，就会比国内权利持有人的价格略低一点。换句话说，《争端解决谅解》第 3 条第 8 款中所要求的"不利影响"是由违反行为本身所引起的，打乱了正如 WTO 规则所表达的、通过细致谈判所形成的在竞争条件上的平衡。

为本身，要么提供证据，证明该项违反行为根据某一项例外条款是正当的。一旦被证实存在违反行为，又无正当理由的，那么，GATT 以往的实践表明，被诉方就不再有任何其他可能性，来阻止专家组或上诉机构明确地确认构成一个利益丧失或减损的案件。①

《争端解决谅解》第 22 条第 2 款规定，如果被诉方未能将已被认定与某一项 WTO 协定不一致的措施进行修改，以使之相符，那么，申诉方就可以采取以中止减让（suspension of concessions）为形式的报复行动（retaliatory action）。如果这种不一致性发生在《TRIPS 协定》的领域，已经有评论指出，尚有若干疑难问题，有待进一步考虑。② 这些问题将在以下各段加以处理。

3.1.1　相同部门的报复

作为一般规则，如果就《TRIPS 协定》发生违反行为的，报复行动将被授权在相同部门内实施。③ 比如，假设成员甲所采取的一项国内措施，未遵守《TRIPS 协定》关于专利方面的规定，受到影响的成员乙，在满足《争端解决谅解》第 22 条第 2 款所设定条件的情况下就将获得授权，对于来自成员甲的国民，同样不履行其在《TRIPS 协定》中关于专利方面的义务。不过，无论是《TRIPS 协定》还是《争端解决谅解》都没有阐明这种报复行动的确切范围。因此，由成员乙的机关已经向成员甲的国民所授予的专利将会变成什么样，这一点尚不清楚。举例来说，这是否意味着，许多国内生产商就可以不向来自成员甲的专利持有人支付报酬，而自行制造其专利产品？在商标的情形中，是否就是否定商标权所有人对于他人使用其商标而要求支付使用费的权利，并且，是否就是否定商标所有人当使用其商标的商品在成员乙的市场上销售时所享有的对这些商品质量进行控制的权利？以及对版权而言，如果在中止版权期间未经版权人同意而制作复制件，在中止被撤销之后仍然未经

---

① 因此，举证责任首先是在申诉方，它必须证明被诉方没有遵守一项 WTO 的实质性规则。在被诉方意图援引某一例外条款时，则证明其行为符合该例外条款之要求的举证责任就转移至被诉方。关于举证责任，另参见 1997 年"印度—衬衫和罩衫"（India-Woven Wool Shirts and Blouses）案的上诉机构报告，WT/DS33/AB/R，第 IV 节。

② 参见 Abbott, WTO Dispute Settlement and the Agreement on Trade-Related Aspects of Intellectual Property Rights（以下简称 Abbott, WTO Dispute Settlement），载 Petersmann（编），International Trade Law and the GATT/WTO Dispute Settlement System, London, The Hague, Boston, 1997，第 415 页（第 432 页、第 433 页）。

③ 根据《争端解决谅解》第 22 条第 3 款（f）项（iii）小项，"部门"（sector）这一术语是指在《TRIPS 协定》中所包含知识产权的一个类别（category），比如该协定第二部分第 1 节（版权和相关权利）、第 2 节（商标）、第 3 节（地理标志），等等。

版权持有人同意进行再复制的，那么，这样做是否合法？

3.1.2 在不同部门或不同 WTO 协定的报复

如果申诉方认为相同部门的报复并不可行或者没有效果，它可以根据同一协定在其他部门寻求中止减让或其他义务（参见《争端解决谅解》第 22 条第 3 款(b)项）。如果申诉方认为即使这种救济也不可行或者没有效果，并且如果它认为情势足够严重的话，那么，申诉方还可以根据由《争端解决谅解》所涵盖的其他 WTO 协定而寻求中止减让或其他义务。（参见《争端解决谅解》第 22 条第 3 款第(c)项：请注意，能否根据另一协定进行报复，其正当性取决于申诉方关于情势严重性的决定）。

举例来说，如果成员甲未能修改其被认定为不一致的措施，以便与，比如，《TRIPS 协定》关于专利的规定相符合，那么，可能就会在商标领域（亦即，《TRIPS 协定》项下的不同部门）甚至在货物贸易领域（亦即，不同的 WTO 协定）而对成员甲作出中止减让义务的报复。[①]

这样就产生了与在相同部门进行报复的同样的问题（参见上文），但是在交叉报复的情形中，还存在另一个特别复杂的问题。根据《争端解决谅解》第 22 条第 4 款，争端解决机构（DSB）授权的中止减让或其他义务的程度应等于利益丧失或减损的程度。[②] 为此，争端解决机构必须对由被起诉方的措施所导致的利益减损的实际程度进行事实评估，进而保证所提议的报复行为不会超过所造成的经济影响。此类评估是一件相当复杂的任务，尤其当争端解

---

① 根据《争端解决谅解》第 22 条第 3 款(b)项和(c)项，如果申诉方认为上述简单的报复形式（参见上文）不可行或者无效，而且当时情况足够严重的话，争端解决机构将会授权其行使这两种报复。就简单的报复是否可行和有效作出决定的特权是否归属于申诉方，这一问题在《争端解决谅解》中并未给出明确的答案。《争端解决谅解》第 22 条第 6 款也只是授权被诉方在"在第 3 款（即，中止减让义务的要求）所提及的原则和程序"未被遵守的情况下，享有请求设立仲裁专家组（arbitration panel）的权利。WTO 的裁决已经阐明，此类仲裁专家组有权复审并推翻申诉方关于报复形式不可行或无效的评估认定。专家组同样裁定，只有在简单报复不足以弥补申诉方利益丧失或减损的程度时，交叉报复才能适用。参见"欧洲共同体—香蕉的进口、销售和分销体制"案（EC-Regime for the Importation, Sale and Distribution of Bananas），其中援引了《争端解决谅解》第 22 条第 6 款，WTO 文件 WT/DS27/53，WT/DS27/ARB/ECU。在这起案件中，厄瓜多尔是第一个被授权对欧共体实施交叉报复的发展中国家，并被授予中止其在《TRIPS 协定》项下的义务，以回应欧共体对 GATT 1994 的违反。更多具体内容，参见以下本章第 7 节。

② 这一程度可以通过有拘束力的仲裁加以确定，参见《争端解决谅解》第 22 条第 6 款和第 7 款。

决机构需要对属于完全不同领域内的两种措施的经济影响加以对比时，比如说一方是专利，另一方是香蕉贸易。在这一点上，就面临这样一种风险，即被诉方因比例不当的报复所遭受的影响，超过了申诉方当初因被诉方措施所遭受的影响。①

3.2　非违反之诉和情势之诉（第 64 条第 2 款和第 3 款）

> 2. 自《WTO 协定》生效之日起 5 年内，GATT 1994 第 23 条第 1 款(b)项和(c)项不得适用于本协定项下的争端解决。

> 3. 在第 2 款所指的时限内，TRIPS 理事会应审查根据本协定提出的、属 GATT 1994 第 23 条第 1 款(b)项和(c)项规定类型的起诉的范围和模式，并将其建议提交部长级会议供批准。部长级会议关于批准此类建议或延长第 2 款中时限的任何决定只能经协商一致作出，且经批准的建议应对所有成员生效，无需进一步的正式接受程序。

GATT 1994 第 23 条第 1 款(b)项和(c)项的规定如下：

"如一缔约方认为，由于下列原因，它根据本协定直接或间接获得的利益正在丧失或减损，或本协定任何目标的实现正在受到阻碍，

［……］

（b）另一缔约方实施的任何措施，不论该措施是否与本协定的规定产生抵触，或者

（c）存在任何其他情况［……］"

以此为据，该条的第 1 款就为当事方之间提供了磋商，而第 2 款则建立了 GATT 1947 的争端解决制度，这也是目前实行的、更加具体的《争端解决谅解》的基础。

《TRIPS 协定》第 64 条第 2 款构成了对第 1 款的限制，它将《TRIPS 协定》从非违反之诉和情势之诉中排除出去（至少是在一段时间内）。下文在对它们适用于《TRIPS 协定》的争议性问题进行分析（参见以下第 3.2.3 节）之前，先以一般术语解释这两种救济手段的概念（参见以下第 3.2.1 节和第 3.2.2 节）。

3.2.1　非违反之诉（GATT 第 23 条第 1 款(b)项）

如同在违反之诉那样，非违反之诉情形中的诉因（cause of action）也是基于

---

① 参见 Abbott，WTO Dispute Settlement，第 433 页。

一成员在一协定项下所获得利益的丧失或减损。与在违反之诉中一样，这些利益也是指国内产品和进口产品之间的竞争关系；① 与在违反之诉中同样的是，这种利益的丧失或减损也是由于国内产品和进口产品之间的竞争关系被打乱所致。

违反之诉和非违反之诉这两种救济方式的区别在于，在前者的情况下，竞争关系是由于一成员违反某项 WTO 下的义务而被打乱的，而在后者的情形中，这种竞争关系被打乱的原因则是，一成员采取了与 WTO 规定相一致的行为（WTO-consistent action），但其结果却使得该成员所作的某些市场准入减让（market access concessions）对于其他成员的利益减少了。② 非违反之诉被理解为在国际货物贸易中引入了"衡平"（equity）的概念。③ 如果一

---

① 参见 v. Bogdandy, The Non-Violation Procedure of Article 23: 2 of GATT: Its Operational Rationale, 载 26 Journal of World Trade 1992, 第 95 页（第 98 页）："利益就是指在外国产品和本国产品之间所存在的竞争关系，这是通过相关关税地位受到约束而确定的。"

② 参见以上本章第 1 节。Cottier/Nadakavukaren Schefer, 第 161 页, 其中评论道，与 WTO 规定相一致的行动（WTO-consistent action）导致非违反之诉的，可以是作为（action）也可以是不作为（non-action, 即不遵守允诺）。对于前者，这些作者援引了专家组在"澳大利亚硫酸铵补贴"（Australian Subsidy on Ammonium Sulphate）案中的意见（BISD II/188, 通过于 1955 年 3 月 3 日）；对于后者，他们提到了专家组在"德国淀粉进口关税"（German Import Duties on Starch）案中的意见（BISD 3S/77, 1955 年）。还是这些作者，他们指出（在该书第 160 页，引用 Petersmann 的话），即使在非违反之诉的相关规定（《争端解决谅解》第 26 条第 1 款，GATT 第 23 条第 1 款(b)项："任何直接或间接获得的利益"）中所使用的措辞是广义的，并且从理论上讲，它包括了各种各样不同利益的损害，但是在实践中，GATT 的专家组还是把非违反之诉限制在根据 GATT 第 2 条而从关税减让中所能期待的、与市场准入相关的利益（market access related benefits）。换言之，非违反之诉典型地发生在当各成员之间通过谈判达成的关税减让平衡被其中一成员的国内措施打乱的情况下，上诉机构对此予以确认，参见"印度—专利保护"案，第 36—42 段。关于 GATT 案例法中关于非违反之诉的一个详细调查，参见 Petersmann, 第 150 页及以下。

③ 根据 Cottier/Nadakavukaren Schefer, 第 151 页, 其认为，将非违反之诉作为一种衡平的表达（an expression of equity, 即对于正当期待的保护）而引入国际贸易关系，从以下两个因素来看是必需的：首先，20 世纪 20 年代的贸易协定涉及的完全是关税减让和配额限制，而不处理国内措施，比如关税、补贴以及技术管制，而这些将很容易被用来削弱有约束力的关税减让。其次，在第二次世界大战之前占主导地位的是法律实证主义（legal positivism），这就使得任何将衡平理念整合到国际贸易法的企图都是不可能的：各个国家可以做任何事情，只要该行为在一协定的文本中未被明确排除其实施的可能性，甚至在此类行为将使得其他缔约方对于其产品在国外市场竞争环境的正当期待落空的情况下，亦同。既然这些正当期待的落空无法以违反国际法为由加以处理，因此，就必须引入这样一种特殊的救济，以对付这些没有违反法律的国家行为。

成员通过某种纯粹的国内措施而使得其他成员的正当期待（legitimate expectations）落空，因为后者期待其产品可以从一项通过谈判达成的关税减让中获得竞争优势（competitive advantages），那么这就被认为是一个有效的诉因。然而，如果申诉方在关税减让谈判时可以预料到（anticipate），被诉方可能在将来采取国内措施，而该措施使得申诉方因关税减让所导致的竞争优势由此丧失，那么，此种正当期待即不得加以援引。① 这一要求所欲达到的目的是，保证将非违反之诉实际应用于正当期待落空（frustration of legitimate expectations）的情形中，而不是纯粹以一种负面的经济影响为根据。②

在《争端解决谅解》中，第 26 条第 1 款是特别用于处理非违反之诉的。根据该条款，非违反之诉在以下三个关键方面与违反之诉相区别：

a）举证责任（《争端解决谅解》第 26 条第 1 款）

在违反之诉中，申诉方如果已经证明被诉方违反某项 WTO 义务，则其可以获得一种优势，可以得到按照《争端解决谅解》第 3 条第 8 款所规定的关于利益丧失或减损的初步证据推定（参见上文）。对于非违反之诉，第 26 条第 1 款(a)项则要求

"该申诉方应提供详细的正当理由，以支持任何就一项不与适用协定产生抵触的措施而提出的申诉；"

这就意味着，与违反之诉相反，在非违反之诉中，利益的丧失或减损自身必须由申诉方来证明。③ 在非违反之诉中，申诉方不享有违反之诉下的初步证据推定，来协助其完成举证责任（参见《争端解决谅解》第 3 条第 8 款）。相反，申诉方自身必须建立起关于利益丧失或减损的初步证据推定。为此，对于申诉方而言，仅仅声称正当利益的期待落空尚不够充分。相反，申诉方

---

① 这种限制条件已被许多 GATT 专家组所强调，参见 Cottier/Nadakavukaren Schefer，第 162 页，其中引用"澳大利亚硫酸铵"案（Australian Ammonium Sulphate）。

② Cottier/Nadakavukaren Schefer，第 163 页。这些作者在该书第 160 页指出，非违反之诉是保护平衡之竞争关系的一种手段，但绝不是用来保护一成员对具体交易流量的期待。

③ 同上（第 162 页），其中引用了"日本－半导体贸易"（Japan-Trade in Semi-Conductors）案的专家组报告，BISD 35S/116（1989）。

还必须提供详细的推理，说明为什么被诉方的争议性行为是未曾预期发生的。①只有在申诉方成功地证明了关于利益丧失或减损的推定之后，被诉方才必须采取行动，亦即，通过证明所争议的行动在事实上是可预见的（forseeable），从而反驳申诉方的推定。

b）可获得的救济（《争端解决谅解》第 26 条第 1 款(b)项）

对于违反之诉，《争端解决谅解》第 22 条第 1 款规定被诉方有义务撤销违反 WTO 义务的措施。而另一方面，对于非违反之诉，第 26 条第 1 款(b)项规定：

> "如一措施被认定造成有关适用协定项下的利益丧失或减损，或此种措施妨碍该协定目标的实现，但并未违反该协定，则无义务撤销该措施。但在此种情况下，专家组或上诉机构应建议有关成员作出使双方满意的调整；"

这就意味着，在非违反之诉下可以获得的救济，仅限于为达成一个使双方满意的补偿（compensation）而进行谈判，或者，当这种方式被证明不可能时，申诉方就有权请求争端解决机构中止根据 WTO 协定而对被诉方适用的减让。与违反之诉相反，非违反之诉中的被诉方并无义务撤销其措施。

c）补偿的最终性（《争端解决谅解》第 26 条第 1 款(d)项）

在违反之诉的情形中，《争端解决谅解》第 22 条第 1 款规定，撤销（与 WTO 不一致的）争议措施这一救济通常优先于其他可获得的救济。这就意味着，补偿或者中止减让只是临时措施。② 既然在非违反之诉中，被诉方并无义务撤销（与 WTO 一致的）争议措施（参见上文），《争端解决谅解》第 26 条

---

① 参见 1990 年"美国根据 1995 年豁免声明并根据关税减让表税目对糖类和含糖产品进口实行限制"（US Restrictions on Importation of Sugar and Sugar-Containing Products Applied Under the 1955 Waiver and Under the Headnote to the Schedule of Tariff Concessions）案的专家组报告，BISD 37S，第 5.21 段："根据第 23 条第 1 款(b)项提出的申诉必须还要得到其他理由的支持，而不仅仅说明所争议措施具有与《关贸总协定》不一致的特征"，引用自 Cottier/Nadakavukaren Schefer，第 159 页。不过，这些作者同时也指出，并不是所有的 GATT 专家组都一直是如此严格的："尽管在一些案件中，专家组提出了一种广泛的解释，说明为什么申诉方本来可以从现状（status quo）中合理获得期待，但在另一些案件中，专家组几乎仅仅根据被诉方的行为就推定存在着一种利益的丧失。"

② 《争端解决谅解》第 22 条第 1 款规定："补偿和中止减让或其他义务属于在建议和裁决未在合理期限内执行时可获得的临时措施。但是，无论补偿还是中止减让或其他义务均不如完全执行建议以使一措施符合有关适用协定。补偿是自愿的，且如果给予，应与有关适用协定相一致。"

第 1 款(d)项规定,双方同意的补偿可以成为作为争端的最后解决办法。

3.2.2 情势之诉 (GATT 第 23 条第 1 款(c)项)

这种救济(关于该条款的文本,请见上文)极少被人主张,而且在整个 GATT 1947 以及 WTO 的争端解决历史上,从未构成一项裁决的依据。这就导致了这样一种评论,认为情势之诉"似乎已被弃用"。①

为什么无论是 GATT 缔约方还是 WTO 成员都不采用这种救济,主要原因是该救济不切实际(impracticability)。根据《争端解决谅解》第 26 条第 2 款,基于情势之诉作出的专家组报告,只能经协商一致而获得通过,而这就要求连被诉方也表示同意才可行。

此外,根据该相同条款的用语所示,② 情势之诉只有在违反之诉和非违反之诉都不适用的情况下才会被援用。要界定此种救济的确切适用范围,看起来很有难度。有评论认为,情势之诉指的是一种经济大萧条,由此引发商品价格体系的崩溃、失业率上升,等等。③ 既然某一特定成员不可能对经济的整体减速承担责任,因此,只有在该成员本来在一开始就能够阻止该经济危机的发生,但它却未能采取必要措施时,才能对它提出情势之诉。④ 不仅如此,申诉方还必须证明,它是可以合理期待被诉方采取那些措施的。

在实践中适用这些要求,将可能在法律确定性(legal certainty)方面导致相当大的难题。专家组将不得不就以下问题作出评估,即申诉方是否能够合理地预期被诉方采取具体的措施来阻止某一情势的发生。而在这种情形中,并无任何由 WTO 成员之间所达成的协定涉及有关政府干预(governmental intervention)的标准。⑤

---

① Petersmann,第 74 页,考虑到"情势"之诉这一概念并不明确,该文作者对这样的发展表示欢迎。

② 《争端解决谅解》第 26 条第 2 款在相关部分规定如下:"如 GATT 1994 第 23 条第 1 款(c)项的规定适用于一适用协定,则专家组只有在一方认为由于存在任何不属 GATT 1994 第 23 条第 1 款(a)项和(b)项规定所适用的情况而造成其根据有关适用协定直接或间接获得的任何利益丧失或减损,或此种情况妨碍该协定任何目标的实现时,方可作出裁决和提出建议。"(着重号是后加的)

③ 参见 Petersmann,在以上本章第 1 节。另参见 Roessler,第 139 页。

④ Roessler 提出,如果由于某一措施的实施(application)而引发危机〔与未能(failure)实施某一措施相对,参见上文〕,则不必求助于"情势"之诉,因为这种情况已经被非违反之诉覆盖了(GATT 第 23 条第 1 款(b)项明确提到了"任何措施……的实施……")。

⑤ 同上。

基于以上原因，如果说情势之诉在将来会变得更具相关性，这只能令人表示怀疑。①

3.2.3 非违反之诉是否可在 TRIPS 的情形中适用?

上文所述的非违反之诉，传统上只是在 GATT 的情形中适用。如果将之适用于 TRIPS 的情形，那么，非违反之诉就可以被用来反对另一成员的国内措施了，即指控该措施剥夺了权利持有人对于作为《TRIPS 协定》乌拉圭回合谈判的结果之一而可以合理期待的市场准入优势（market access advantage）。例如，当成员采取价格控制，特别是在药品领域实行这种措施的，就可能被认为损害了外国的专利持有人对于市场销售的期待。②

3.2.3.1 《TRIPS 协定》第 64 条用语的解释

在乌拉圭回合谈判期间，对于非违反之诉是否应适用于《TRIPS 协定》的问题，代表团之间出现了意见分歧（参见上文 2.2）。这种意见分歧一直持续，而第 64 条第 2 款和第 3 款的最后文本似乎做到了将这两种意见兼顾，这就缘于它在用语上的模糊性。回顾一下，这些条款是这样规定的：

"2. 自《WTO 协定》生效之日起 5 年内，GATT 1994 第 23 条第 1 款(b)项和(c)项不得适用于本协定项下的争端解决。

3. 在第 2 款所指的时限内，TRIPS 理事会应审查根据本协定提出的、属 GATT 1994 第 23 条第 1 款(b)项和(c)项规定类型的起诉的范围和模式，并将其建议提交部长级会议供批准。部长级会议关于批准此类建议或延长第 2 款中时限的任何决定只能经协商一致作出，且经批准的建议应对所有成员生效，无需进一步的正式接受程序。

正如第 2 款所表明的，自《WTO 协定》生效之日起 5 年内，即在 2000 年 1 月 1 日之前，非违反之诉并不适用于《TRIPS 协定》。而在此时限内，TRIPS 理事会应当就《TRIPS 协定》项下的非违反之诉的范围和模式向部长级会议提出建议（第 3 款）。然而，TRIPS 理事会的各成员至今未能提出此类建议。这种新的现象，似乎未曾为《TRIPS 协定》的起草者所预见到，而第

① 考虑其相关性有限，情势之诉在本书中将不再单独处理。在下文叙述中，如果提到非违反之诉，就表示它同样包括了情势之诉。

② 关于可能提出非违反之诉的更多例子及其对发展中国家的意义，参见以下本章第 7 节。

3 款的含义以及它与第 2 款的关系，也并不完全清楚。① 第 2 款似乎暗示着，关于争端解决的 5 年延缓期（moratorium）一旦结束，非违反之诉就应当自动适用。这一说法似乎也为第 3 款的要求所支持，后者规定，争端解决延缓期只有经协商一致后才能获得延长。

这种观点（亦即，非违反之诉在 2000 年 1 月 1 日之后自动适用）得到了一些代表团的支持，② 它们认为，对非违反之诉的适用延迟 5 年，已经构成一种减让，任何进一步的延迟都将打乱在乌拉圭回合谈判中所达成的减让平衡（equilibrium of concessions）。③

另一方面，由于第 64 条第 3 款的规定，又使得有关是否允许在 TRIPS 的情形中适用非违反之诉的决定，将视其能否获得部长级会议（基于 TRIPS 理事会的建议）作出一致同意的批准而定。那种认为在第 2 款所指的时限一结束，就自动引发非违反之诉的可适用性的观点，可以说是忽视了第 3 款关于协商一致性的要求（consensus requirement）。

因此，这里就存在着一个矛盾：一方面，关于争端解决延缓期的延长需要经协商一致同意；另一方面，非违反之诉的引入也需要经协商一致同意。

这一矛盾的产生，是由于各成员未能就 TRIPS 下的非违反之诉的范围和模式达成一致意见。第 64 条的起草建立在如下假设上，即各成员在第 2 款所规定的争端解决延缓期结束之前能够达成一致意见。正是在这一背景之下，1997 年上诉机构在一报告中指出：

"'非违反'之诉能否适用于根据《TRIPS 协定》所产生的争端，是一个留待与贸易有关的知识产权理事会（即'TRIPS 理事会'）根据《TRIPS 协定》第 64 条第 3 款来决定的问题。它不是一个由专家组或上诉机构通过解释来解决的问题。"④

---

① 参见，例如，WTO 秘书处所作备忘录，Non-Violation Complaints and the TRIPS Agreement，IP/C/W/124 1999 年 1 月 28 日；另参见 WTO 秘书处摘要备忘录，Non-Violation Complaints and Situation Complaints IP/C/W/349，2002 年 6 月 29 日。

② 特别参见 Non-Paper from the United States of America, Non-Violation Nullification or Impairment under the TRIPS Agreement, JOB(99)/4439, 1999 年 7 月 26 日。

③ 同前注，第 3 页。

④ "印度—药品与农用化学品专利保护"（India-Patent Protection for Pharmaceutical and Agricultural Chemical Products）案，上诉机构报告，1997 年 12 月 19 日，WTO 文件 WT/DS50/AB/R，第 42 段（着重号是原文所加）。

上诉机构并没有处理如下问题，即如果各成员未能在 TRIPS 理事会通过协商达成一致时，应当怎么办。不过它坚持认为，非违反之诉的问题应由各成员决定（换言之，通过一致同意的方式），这可以说是支持了如下观点，即在争端解决延缓期未经协商一致同意而得到延长的情况下，非违反之诉不应当自动得到承认。

在对于非违反之诉与《TRIPS 协定》的基本相容性问题有着深切关注的文献中，此类观点也是与其中所表达的意见相一致的。[1] 根据这些评论意见，非违反之诉原本是被打算用于典型的 GATT 情形的：一成员通过其国内措施而使其他成员的期待落空，因为后者期待按照各成员的关税减让而形成在国内产品与进口产品之间的竞争关系。可以说，TRIPS 的情形却完全不同，并可能因此不适合作为一种典型。在 GATT 的情形中，非违反之诉是被打算用来保护（关于竞争性市场条件的）正当期待的，而这种期待就超出了纯粹地遵守 GATT 义务；与此相反的是，已经有评论指出，《TRIPS 协定》并不保护任何超出有关遵守知识产权实质性标准之外的期待。《TRIPS 协定》的主要宗旨在于，通过有效的知识产权保护，来促进某些公共政策目标（比如技术转让，参见该协定第 7条）。这一目标通过遵守由该协定的实质性条款所规定的法律义务，就完全可以达到。对于不遵守这些义务的行为，通过违反之诉就可以解决。而涉及知识产权商业利用的任何进一步的期待（亦即，超出了纯粹的遵守法律的期待），则无论如何不受 TRIPS 的保护。[2] 可以通过非违反之诉予以保护的此类市场准入利益（market access benefits），是通过 GATT 和 GATS 获得的，但并不是通过《TRIPS 协定》获得。为保护知识产权的权利持有人所期待的市场利益而将非违反之诉适用于《TRIPS 协定》，将因此导致知识产权从消极权利（negative rights）到积极权利（positive rights）的转变。[3]

因此，非违反之诉的概念是自外于（extraneous）知识产权的。作为一项政策

---

[1] 参见 Roessler，第 135 页及以下；Abbott，WTO Dispute Settlement，第 434；Petersmann，第 149 及以下。下文的论述在很大程度上是以这些著作为基础的。

[2] Roessler，第 136 页，该书通过以下例子加以说明：作者可以正当信赖其将受到保护，以反对在 WTO 各成员领土范围内对其图书的非法复制（illicit copying）。不过，由于《TRIPS 协定》对于这些受保护的图书并未规定任何的销售权（marketing rights），因此，其销售只能通过其他法律（比如，出于公共利益的原因）而加以禁止。

[3] Abbott，WTO Dispute Settlement，第 434 页。在此情形中，"消极"权利是指知识产权的典型功能，即禁止未经授权而使用受保护的对象。"积极"权利就此是指在禁止权以外的对受保护权利的扩张，包括对有关商业机会的主张。

问题，这可能因此而暗示着，在一项关于知识产权的协定中加入这一概念将是一个例外之举，从而必须用明确的用语来达成一致意见。纯粹因为延迟期的结束，不应代表一个充分的依据，在知识产权领域作出这样一种根本的改变。

各成员有理由将第 64 条第 2 款和第 3 款的用语解释为，它们留给各成员以自由裁量权，可以拒绝将非违反之诉适用于《TRIPS 协定》。然而，在各成员未能就起诉的"范围和模式"协商达成一致的情况下，关于上诉机构将如何解释第 64 条第 2 款和第 3 款之间的关系，还是存在着根本的不确定性。

3.2.3.2 多哈会议与坎昆会议的发展

在对第 64 条第 2 款和第 3 款的条文用语进行解释之后，再来强调一下关于最近以来的一些进展，以及它们对于《TRIPS 协定》项下非违反之诉的处理所可能造成的影响，看来还是有所裨益的。

TRIPS 理事会各成员未能在规定的截止时间，即 2000 年 1 月 1 日之前（参见第 64 条第 3 款），就有关非违反之诉的任何建议协商达成一致。不过，在 2001 年的多哈部长级会议上，WTO 各成员延长了这一截止时间以及关于非违反之诉的明确延缓期。它们的决议如下：

> "TRIPS 理事会受到指示应继续审查属 GATT 1994 第 23 条第 1 款(b)项和(c)项规定类型的起诉的范围和模式，并将其建议提交第五届部长级会议供批准。与此同时，各成员之间就在《TRIPS 协定》下不启动这些起诉达成了一致。"[1]

尽管作了这种延期，但 2003 年 9 月在坎昆举行的第五届部长级会议上，TRIPS 理事会各成员仍然未能就任何建议达成一致。另外，在此次坎昆部长级会议之后，也没有就非违反之诉的延缓期作出任何明确的延长。因此，在有关协商一致性要求上的矛盾（参见上文）所引发的不确定性仍然在持续。[2]

既然在延长该延缓期上未能协商达成一致，因此就可以认为，该延缓期在坎昆部长级会议结束之后就届满了，从而，在 2003 年 9 月起就将可以接受非违反之诉了。

然而，这种理解方式忽略了在第 64 条用语上还有另一种可能的解释；亦

---

[1] 参见《与执行相关议题和问题的决议》（Decision on Implementation-Related Issues and Concerns），WT/MIN(01)/W/10，第 11.1 段。

[2] 请注意，在本书完成之后，WTO 总理事会决定延长根据《TRIPS 协定》提出非违反之诉争端解决的延缓期，直到 2005 年 12 月举行的第六届 WTO 部长级会议。参见 Decision Adopted by the General Council on 1 August 2004，WT/L/579，2004 年 8 月 2 日，第 1.h 段。

即，允许在 TRIPS 的情况下采用非违反之诉的决定，应视在部长级会议上协商达成一致而定（第 64 条第 3 款）。在《多哈宣言》（参见上文）中得到延长的延缓期，明确地只是包括到坎昆部长级会议之前的期限，这一事实并未改变关于协商达成一致的要求。在起草《多哈宣言》时，各代表团是基于如下假设而采取行动的：在第五届部长级会议上，各成员能够就非违反之诉的范围和模式协商达成一致。但目前的情况是，关于协商达成一致性要求上的矛盾并未由各成员在多哈部长级会议期间作出修改。考虑到一些成员已经就这些起诉类型表达了严重关切，因此，无论是将此问题提交第五次部长级会议，还是未能就明确的延缓期作出延展，这些都不应当被解释为各成员以默示方式放弃了它们的自主权，即拒绝非违反之诉在 TRIPS 情形中的可适用性。假如说在多哈会议上已经达成了一致，认为在坎昆会议之后，非违反之诉就应当予以适用，那么，各成员就应当以明示条款的方式加以规定。可以认为，任何其他的解释将不仅有违于各成员的主权，而且同样使得在第 64 条第 3 款中关于协商一致的要求变得冗余，而这是与条约解释的有效性原则（principle of effectiveness）相悖的。[①]

也就是说，这里无论如何还是存在着一个重大的风险，[②] 由于各成员未能在多哈部长级会议上明示延长关于非违反之诉的延缓期，因此，此类起诉现在就有可能被启动了。关于它对于发展中国家的特别意义，请参见下文（本章第 7 节）。

4. WTO 案例

除了"印度—药品与农用化学品专利保护"（*India-Patent Protection for*

---

① 这一原则也体现在《维也纳条约法公约》第 31 条中。用上诉机构的话来说，就是："从《维也纳公约》'解释之通则'（general rule of interpretation）中所提出的一个推论是：解释必须对条约中的所有术语都赋予意义和效力。解释者并不能自由采纳这样一种解读，如果它会导致整个条款或者一条约各款变得冗余或无用的话。"〔参见"美国—配方和普通汽油标准"案（United States-Standards for Reformulated and Conventional Gasoline），上诉机构报告，WT/DS2/AB/R，1996 年 4 月 29 日，第 23 页〕。关于在《TRIPS 协定》中条约解释规则的分析，参见本章附件 1。

② Abbott，Non-Violation Nullification or Impairment Causes of Action under the TRIPS Agreement and the Fifth Ministerial Conference: A Warning and Reminder，Quaker United Nations Office，Occasional Paper 11，Geneva，July 2003，第 1 页（以下简称 Abbott，A Warning）。

Pharmaceutical and Agricultural Chemical Products）案①之外，还没有任何其他 WTO 案件专门涉及《TRIPS 协定》第 64 条本身。

5. 与其他国际文件的关系

5.1　WTO 诸协定

根据《争端解决谅解》附件 1 的规定，《争端解决谅解》适用于所有的 WTO 多边协定（亦即《马拉喀什协定》的附件 1A 至 1C）。至于诸边协定（亦即《马拉喀什协定》的附件 4），《争端解决谅解》的适用将受到每一诸边协定的缔约方所作的关于采用《争端解决谅解》的决定的约束，因为在每一诸边协定中都会设定在该协定中适用《争端解决谅解》的条款，包括任何特别的或额外的规则或程序。

5.2　其他国际文件

5.2.1　WIPO 管理的公约

由 WIPO 所管理的知识产权保护条约，提供了国与国之间的争端解决机制，但过去的情况已经证明，它不如《争端解决谅解》有效率。② 现在就有一份《WIPO 关于成员国之间在知识产权领域争端解决条约草案》（WIPO Draft Treaty on the Settlement of Disputes between States in the Field of Intellectual Property）。③ 但此种条约的功效却备受争议。一些国家坚持认为，在《TRIPS 协定》生效之后，就没有必要再去创设一套 WIPO 的争端解决机制。④ 而另一方面，也有观点认为，建立这样一种与 WTO 的《争端解决谅解》相平行的制度，将带来确定的、特别是在政治方面的好处。⑤

假如该条约草案成为正式文本，就会在这两套争端解决制度之间的关系

---

① 上诉机构报告，1997 年 12 月 19 日，WTO 文件 WT/DS50/AB/R。

② 参见以上本章第 2.1 节。

③ WIPO 文件 SD/CE/V/2，1993 年 4 月 8 日，被引用于 Abbott，WTO Dispute Settlement，第 434 页，注 80。

④ Abbott，WTO Dispute Settlement，第 435 页，提到了 WIPO 专家委员会（WIPO Committee of Experts）美国代表团的意见。

⑤ 同上，提到一些国家对于争端解决机制可能的偏好是不要与贸易制裁挂钩。这位作者还指出一个事实，即并不是所有与知识产权相关的问题都能由 WTO 专家组解决。最后他也指出，并不是所有的国际知识产权公约的缔约方都是 WTO 的成员。

上产生出重要问题。以下强调的是三个主要问题，即：

a）一旦 WTO 或者 WIPO 被申诉方选择作为争端解决的管辖机构，那么，其他机构是否就被排除对同一事项声称拥有管辖权？如果是这样，那么，这种排除仅在实际程序中适用，抑或永久性适用？[①]

b）其中一个争端解决机构所作的裁决，将怎样影响其他争端解决机构的工作？它们应当具备法律约束力，起到一种指导作用吗？抑或是互不相关的？[②]

c）如果两个争端解决机构对于同一事项都主张其有管辖权，并且它们的裁决得出了截然相反的结论，那么，为解决知识产权和贸易自由化之间的关系，需要的是什么样的结果？

6. 新近发展

6.1 国内法

6.2 国际文件

《多哈宣言》关于非违反之诉的方面，可能有不同的解释方法，以上本章第 3 节已经对此予以分析。关于《争端解决谅解》条款作总体性改革的努力，请参见以下本章第 6.4 节。

6.3 地区和双边情况

6.3.1 地区

6.3.1.1 争端解决机构所作裁决在欧共体法律秩序中的地位

在一系列引发高度争议的案件中，欧洲法院（ECJ）已经作出判决认为，即使欧共体受到 WTO 各协定的约束，并且由争端解决机构（DSB）所作的裁决也对其具有法律约束力，但是，无论欧盟成员国还是欧盟的公民都不得援引 WTO 规则或争端解决机构所作的裁决，来对欧共体立法行为的有效性提

---

① 同上，第 436 页，他支持欧共体向 WIPO 专家委员会所提交的建议，根据该建议，选择了一个机构作为争端解决的管辖机构就排除了向另一机构起诉的权利。

② 同上，他支持对于其他争端解决机构所作出的裁决赋予"重大意义"，但不同意承认其在法律上的约束力。

出异议。① 这种观点已经遭到法律学者的强烈批评。②

　　欧洲法院提出了两点理由，说明其为什么否定 WTO 法在欧共体法律秩序中具有直接效力：首先，这是维持欧共体的自由裁量权所必需的，即欧共体有权就补偿进行谈判，而不是直接执行争端解决机构所作的裁决；③ 其次，从事实上看，无论美国还是日本，它们在其国内法律体系中至今也未对 WTO 法和争端解决机构所作裁决赋予直接效力，如果欧共体对此授予直接效力，将导致在 WTO 法的执行上出现失衡。④

　　不过，欧洲法院确实承认有以下两种例外情形，据此，WTO 规则可以被

----

　　① ECJ-Portugal/Council，C-149/96-European Court Reports（ECR）1999，I-8395（以下简称 Portugal/Council）；ECJ-OGT Fruchthandelsgesellschaft mbH/Hauptzollamt Hamburg-St. Annen，C-307/99-ECR 2001，I-3159；专门针对《TRIPS 协定》的，参见 ECJ-Dior and Layher，joint cases C-300/98 and C-392/98-ECR2000，I-11307，和 ECJ-Schieving-Nijstad vof and others/Robert Groeneveld，C-89/99-ECR 2001，I-5851。上述各案的判决可查于欧洲法院（ECJ）网站 http：//curia. eu. int。

　　② 对于不同观点的综述，参见 Cottier/Nadakavukaren Schefer，The Relationship between World Trade Organization Law，National and Regional Law，载 Journal of International Economic Law 1998，第 91 页及以下；Peers，Fundamental Right or Political Whim? WTO Law and the European Court of Justice，载 de Burca/Scott（编），The EU and the WTO，2001，第 111—130 页（脚注 1、14、15）；Rosas，Case C-149/96，Portugal v. Council. Judgment of the Full Court of 23 November1999，nyr.，Common Market Law Review 2000，第 798 页及以下，特别是脚注 11 和 12。

　　③ 如果违反行为在可预见的时间范围内不可能撤销，为了避免受到报复，可以根据《争端解决谅解》第 22 条授权选择采取（纯粹临时性）的补偿。请注意，这是给予 WTO 成员一种可能性，临时保留其与 WTO 不一致的措施。如果欧洲法院允许 WTO 规则在欧盟成员国的国内法院直接可执行（directly enforceable），那么受影响的个人或者欧盟成员国都可以让欧共体承担义务，立即撤销其与 WTO 不一致的措施。因此，《争端解决谅解》（DSU）第 22 条所提供的这种临时可能性就无效了。关于直接效力（direct effect）所引发的剧变，可以通过欧共体关于香蕉进口体制所产生的争端为例加以阐释：假如 WTO 就这种体制与 WTO 规则不一致作出的裁决对于欧盟各成员国的国内法院是直接可执行的，那么，欧洲的香蕉进口商本来就能够在其国内法院和欧洲法院成功地对相关欧共体条例提出异议。这本来可以成为一种方法，避免在 WTO 就香蕉问题而展开漫长的法律之战。

　　④ 尽管欧共体本可以被迫立即遵守 WTO 义务（参见上文），但美国和日本都没有受到同样的压力。

用来对欧共体立法的有效性提出异议：①

·如果发生争议的欧共体立法行为是为了执行某一项 WTO 义务；

·或者，如果欧共体的该行为引用了特定的 WTO 条款。

在上述情形中，欧共体就放弃它的自由裁量权，并承诺履行其在 WTO 下的义务。

除此以外，WTO 法对于欧共体法律的影响还存在第三种可能。欧洲法院一直强调，对于欧共体法律措施以及各成员国的国内立法，要求尽可能根据 GATT/WTO 的规则进行解释［"一致性解释"（consistent interpretation）的义务］。②

最后，可以看出，对于作为欧盟公民的个人来说，通过声称第三国所采取的措施与 WTO 规则不一致而对该国的措施提出异议，相比于对欧共体的措施提出异议更为容易。第 3286/94 号《欧共体理事会条例》（EC Council Regulation）③ 在之后被修改为第 356/95 号条例，④ 它就预见到了这样的可能性，即个人、公司或者欧盟成员国请求欧共体委员会（EC Commission）启动针对其贸易实践违反了 WTO 规则的第三国的 WTO 争端解决程序。欧共体委员会在决定是否批准该请求上享有自由裁量权。迄今为止，此类请求都得到了妥善处理。⑤

6.3.2 双边

在双边和地区的自由贸易协定中，最近以来的倾向是，宣布非违反之诉可适用于各个协定中的知识产权条款。在大多数情况下，这些非违反之诉条款并不是

---

① 参见 ECJ-Fediol，C-70/87-ECR 1989，1781 和 ECJ-Nakajima，C-69/89-ECR 1991，I-2069。两份判决涉及的都是 GATT 1947，但欧洲法院（ECJ）在其 Portugal/Council 案（参见上文）的判决中确认，这些判决对于新的 WTO 规则具有可适用性。

② 关于 GATT 1947，参见 ECJ-Interfoods，C-92/71-ECR 1972，231；关于《TRIPS 协定》，参见 ECJ-Herm`es International，C-53/96-ECR 1998，I-3603，第 28 段；ECJ-Schieving-Nijstad vof and others/Robert Groeneveld，C-89/99-ECR 2001，I-5851，第 35 段、第 36 段和第 55 段。欧洲法院在有关自由贸易之要求和知识产权保护这两者之间，运用了一种平衡标准。

③ 《1994 年欧洲共同体公报》（Official Journal of the European Communities 1994），No. L 349，第 71 页及以下。

④ 《1995 年欧洲共同体公报》（Official Journal of the European Communities 1995），No. L 41，第 3 页。

⑤ 参见 Nowak，Der Rechtsschutz von Beschwerdeführern im EG-Wettbewerbs-und EGAuäenhandelsrecht，载 Europäische Zeitschrift für Wirtschaftsrecht 15/2000，第 453 页（第 456 页）。

在协定的知识产权这一章出现，而是出现在单独的争端解决这一章之中。①

6.4　审查建议

在 1994 年的一项《适用和审议〈关于争端解决规则与程序的谅解〉的决议》(*Decision on the Application and Review of the Understanding on Rules and Procedures Governing the Settlement of Disputes*) 中，② 部长们达成一致意见，决定在 1999 年 1 月 1 日之前对 WTO 争端解决规则和程序进行全面审议。尽管在 1997 年，争端解决机构在特别会议上已经开始此项审议，并且将最后期限延长至 1999 年 7 月 31 日，③ 但是，各成员无法就《争端解决谅解》可能的修正案达成一致意见。④

针对同样的问题，2001 年的《多哈宣言》规定如下：

"我们同意就《争端解决谅解》的改进和澄清进行谈判。谈判应当建立在各成员目前为止所作的努力以及所提出的任何额外建议的基础上，并旨在就其改进和澄清在 2003 年 5 月之前达成一致意见，到那时我们将采取措施，以确保该结果尽快生效。"⑤

不过，2003 年 5 月的最后期限已经过去，各成员仍未就此达成一致意见。2003 年 7 月 24 日，WTO 总理事会承认，争端解决机构特别会议还需要更多的时间来总结其工作，并将特别会议的最后期限延长至 2004 年 5 月。⑥

---

① 参见，例如，《智利—美国自由贸易区协定》(Chile-USA FTA) 附件 22.2；《中美洲自由贸易区协定》(Central American Free Trade Agreement/CAFTA) 附件 20.2。关于在地区和双边层面的非违反之诉的一个综述，参见 South Centre/CIEL IP Quarterly Update: First Quarter 2004. Intellectual Property and Development: Overview of Developments in Multilateral, Plurilateral, and Bilateral Fora，可查于〈http://www.ciel.org/Publications/IP Update Spring04.pdf〉。关于《智利—美国自由贸易区协定》的具体分析，参见 Roffe 2004。

② 参见〈http://www.wto.org/english/docs e/legal e/53-ddsu.pdf〉。

③ 参见争端解决机构在 1998 年 12 月所作的裁决，WT/DSB/M/52。

④ 参见〈http://www.wto.org/english/tratop e/dispu e/dispu e.htm♯negotiations〉.

⑤ 参见 2001 年 11 月 14 日《部长宣言》(Ministerial Declaration)，WT/MIN(01)/DEC/W/1，第 30 段。

⑥ 参见〈http://www.wto.org/english/tratop e/dispu e/dispu e.htm♯negotiations〉.

7. 评论（包含经济和社会意义）

7.1 非违反之诉

通过对《TRIPS 协定》第 64 条第 2 款和第 3 款的法律分析（参见以上本章第 3 节），可以得出结论，有关《TRIPS 协定》项下非违反之诉的当前形势并不明朗。这是由于在以下两个方面都存在着相互矛盾的协商一致之要求，一是延长在非违反之诉适用上的延缓期，二是在引入非违反之诉的方面。在目前这种情况下，就存在一个重大风险，即一些成员未来将企图诉诸非违反之诉，它们的依据是如下主张：随着明确表示的延缓期结束，此类起诉一般就应予承认。[①]

这对于发展中国家来说，具有多方面的意义。在进入具体分析之前，着重需要强调的是，从法律的角度看，一个发展中国家目前面临在 WTO 被成功提起非违反之诉的风险还是很低的。[②] 上诉机构极不可能为了实施某些明显超出《TRIPS 协定》项下明确义务的非常模糊的期待，而偏离其通常对于相关协定中明确文本[③]的强烈信赖。

尽管如此，发展中国家成员可能被迫针对非违反之诉的诉请（nonviolation claims）进行辩护，再加上此类诉讼活动所导致的法律成本，这将对它们构成一种很大的挑战。更为重要的是，在任何法律诉讼中所固有的结果的不确定性，对于发展中国家的国内立法活动也可能产生一种恐惧效应（chilling effect）。提出非违反之诉的成员可能主张，某些公共政策限制了受知识产权保护之产品的市场准入，从而剥夺权利持有人基于《TRIPS 协定》关于知识产权的实体性规则所产生的某些期待（参见以上本章第 3 节）。这可以通过以下若干例子来说明。[④] 例如，发展中国家采取价格控制措施，特别是在

[①] 不过请注意，总理事会在 2004 年 8 月 1 日决定延长该延缓期，直至 2005 年 12 月的第六届部长级会议。参见本章第 3 节。

[②] 参见 Abbott，A Warning，第 3 页。

[③] 关于强烈依赖协定之明确文本的例子，参见"印度—药品与农用化学品专利保护"（India-Patent Protection for Pharmaceutical and Agricultural Chemical Products）案，1997 年 12 月 19 日，AB-1997-5，WT/DS50/AB/R。

[④] 参见 Abbott，A Warning，第 2 页、第 3 页。

药品领域采取此种措施，就可能被认为损害了外国专利持有人的市场销售期待。① 同样，政府利用《TRIPS 协定》在其他方面的灵活性，比如有关专利权的一般例外条款（第 30 条）、授予强制许可（第 31 条）、版权合理使用之例外，或者甚至是在可专利性标准上采取严格限缩，都可能成为非违反之诉的目标。另外，尽管《TRIPS 协定》在知识产权的实施方面给予了相当大的自由裁量权，但是，各成员还是能够对另一成员所选定的救济方式提出质疑，认为其还不够严格。最后，通过国内税收、在包装和标签上的要求、消费者权益保护规则以及环境标准等而寻求的公共政策选择，也可能影响到知识产权的盈利能力，并因而构成对于这些权利所期待利益的丧失或减损。

此类限制针对的是每一成员对共同利益进行管制的权利，这不仅会影响到发展中国家，同样也会成为发达国家的重大关切。毕竟，正是欧共体在乌拉圭回合谈判中对于在《TRIPS 协定》中适用非违反之诉表示了怀疑，因为它在视听作品领域的市场准入上就存在着限制（参见以上本章第 2.2 节）。《TRIPS 协定》通过谈判达成的知识产权实体规则，代表了在私权持有人利益与公共利益之间的一种经过仔细权衡的平衡。如果在 TRIPS 的情形中允许适用非违反之诉，将会打乱这种平衡，损害这些公共政策目标，而促进这些目标的实现恰恰就是《TRIPS 协定》的核心目标之一。

7.2　交叉报复的问题

《TRIPS 协定》规则要受到有拘束力的争端解决之裁决的约束，这一事实对所有 WTO 成员来说，都构成一种重要的新变化，但它对于发展中国家而言，尤其如此。与工业化国家相反，发展中国家成员的国内知识产权制度还远谈不上发达，因此，它们要想按照 TRIPS 所要求的标准进行调整，就需要付出更大更多的努力，而不仅仅是在财政状况方面。如果这些成员未能履行其义务，它们就面临着风险，可能遭受以中止减让为形式的贸易制裁。

交叉报复的可能性②就意味着，当发展中国家未能履行其在《TRIPS 协定》项下的义务时，它们就会看到，在其当地产业的基本领域，比如某些产品（纺织品、农产品）的出口上被撤销了减让。从工业化国家的视角看，

---

①　参见 Abbott，UNCTAD Handbook，第 33 页，不过，作者强调这样的非违反之诉是不可能成功的：任何成员都不能合理地期待其他成员不采取价格控制，因为价格控制这一做法在 TRIPS 谈判阶段就已经被许多政府所采用。另外，《TRIPS 协定》也没有包含任何关于价格控制的规则，因而不可能产生关于不采用此类控制的合理期待。

②　参见以上本章第 1 节。

这是保证发展中国家成员努力改进其知识产权保护制度的一种有力而管用的工具，而反过来讲，发展中国家成员改进其知识产权保护制度，对于发达工业化国家的先进产业来讲也是基本必需的。不过，从发展中国家成员（特别是最不发达国家成员）的角度看，提高知识产权保护水平可能并不总是代表着（从中短期考虑的）最优的政策选择，本书若干篇章都已经说明了这一点。因此，发展中国家会感受到它们是在被迫做一些不符合它们国家利益的事情。

7.3　对 WIPO 管理公约的约束力所带来的结果

除此以外，《TRIPS 协定》吸收了此前那些最重要的知识产权公约，① 因此自动地为发展中国家施加了遵守这些公约规则的义务，而不管它们是否遵守各该公约本身。已经有评论认为，在这种情形下，不仅公约本身，而且是相关的国家实践（state practice）也同样被有意地合并到《TRIPS 协定》之中了。② 这包括了司法判决、行政行为以及立法措施。③ 但在这一点上就产生了如下问题，即主要在工业化国家的有限情形中所形成的关于知识产权保护的司法解释，能否可以不作任何改动而直接移入《TRIPS 协定》的情形之中，而就后者而言，绝大部分 WTO 成员都是发展中国家。④ 也有评论指出，并非所有由发达国家的国内法院所作出的、针对 WIPO 知识产权公约的解释，都必然取得国际习惯法（customary international law）的地位。⑤ 事实上，一些成员的习惯性做法就从未被其他成员所遵循（例如，由于它们具有不同的经济和社会偏好），这样的习惯做法对后者就不具有约束力。⑥ 因此，如果一发展中国家成员的知识产权立法或实践因为被指控违反了 WIPO 的某一个知识产权公约，从而面临质疑的话，那么，该成员就应当去核实，起诉方的观点是直接依据各该协定的措辞，抑或只是由一国内法院对该问题进行解释所得出的结果。

---

① 参见《巴黎公约》第 2 条第 1 款，《伯尔尼公约》第 9 条第 1 款以及《集成电路条约》第 35 条。不过请注意，这一点并不适用于《保护表演者、录音制品制作者和广播组织罗马公约》。那些不属于《罗马公约》成员国的 WTO 成员，并无义务遵守该公约的规则；参见《TRIPS 协定》第 2 条第 2 款和本书第 3 章。

② 参见 Abbott，WTO Dispute Settlement，第 421—422 页。

③ 参见 Abbott，WTO Dispute Settlement，第 421—422 页。

④ 参见 Petersmann，第 214 页。

⑤ 参见 Abbott，UNCTAD Handbook，第 35 页。

⑥ 参见 Abbott，UNCTAD Handbook，第 35 页。

7.4 《争端解决谅解》中与发展相关的规定

为兼顾发展中国家在 WTO 争端解决方面所表达的关切,《争端解决谅解》包含了某些专门针对发展中国家/最不发达国家的条款:①

• 《争端解决谅解》第 3 条第 12 款:

"尽管有第 11 款的规定,但是如依据任何适用协定的起诉是由一发展中国家成员针对一发达国家成员提出的,则申诉方有权援引《1966 年 4 月 5 日决定》(BISD14 册 18 页)的相应规定,作为本谅解第 4 条、第 5 条、第 6 条和第 12 条所含规定的替代,除非如专家组认为该决定第 7 款规定的时限不足以提供报告,则在申诉方同意下,该时限可以延长。如第 4 条、第 5 条、第 6 条和第 12 条的规则和程序与该决定的相应规则和程序存在差异,则应以后者为准。"

《1966 年决定》作为《争端解决谅解》条款的替代方案,规定了快捷的争端解决程序。自 WTO 协定生效以来,任何发展中国家都没有诉诸过这项《1966 年决定》。②

• 《争端解决谅解》第 4 条第 10 款:

"在磋商中,各成员应特别注意发展中国家成员的特殊问题和利益。"

有评论指出,各成员是否遵守这一条款,此处没法评判,因为它没有对于何谓"特别注意"(special attention)的确切意思加以具体说明。③ 该条款因此只具有宣示性,实际作用非常有限。④

• 《争端解决谅解》第 8 条第 10 款:

"当争端发生在发展中国家成员与发达国家成员之间时,如发展中国家成员提出请求,专家组应至少有 1 名成员来自发展中国家成员。"

---

① 关于《争端解决谅解》条款的综述,参见 The South Centre, Issues Regarding the Review of the WTO Dispute Settlement Mechanism, Working Papers, Geneva, February 1999,第 18 页及以下(以下简称 The South Centre),以及 Kongolo, The WTO Dispute Settlement Mechanism. TRIPS Rulings and the Developing Countries,载 The Journal of World Intellectual Property, vol. 4, March 2001,第 257 页及以下(以下简称 Kongolo)。

② 参见 The South Centre,第 19 页。

③ 参见 The South Centre,第 19 页。

④ 参见 The South Centre,第 19 页。

在"印度—羊毛衣裤"（*India-Shirts and Blouses*）案①以及"阿根廷—纺织品"（*Argentina-Textiles*）案②中，3名专家组成员全部来自发展中国家。③

• 《争端解决谅解》第 12 条第 10 款：

"在涉及发展中国家成员所采取措施的磋商过程中，各方可同意延长第 4 条第 7 款和第 8 款所确定的期限。如有关期限已过，进行磋商的各方不能同意磋商已经完成，则争端解决机构主席应在与各方磋商后，决定是否延长有关期限，如决定延长，则决定延长多久。此外，在审查针对发展中国家成员的起诉时，专家组应给予该发展中国家成员充分的时间以准备和提交论据。[……]"

迄今为止，争端解决机构主席还从未就磋商期限的延长作出任何正式的决定。④

• 《争端解决谅解》第 12 条第 11 款：

"如一个或多个争端方为发展中国家成员，则专家组报告应明确说明以何种形式考虑了发展中国家成员在争端解决程序过程中提出的适用协定中有关发展中国家成员的差别和更优惠待遇规定。"

该条款迄今未被任何的专家组报告明确引用过。⑤

• 《争端解决谅解》第 21 条第 2 款：

"对于争端解决中的措施，应特别注意影响发展中国家成员利益的事项。"

如同前述第 4 条第 10 项，该条款由于"特别注意"一词的模糊性而实际作用有限。

• 《争端解决谅解》第 21 条第 7 款：

"如有关事项是由发展中国家成员提出的，则争端解决机构应考虑可能采取何种符合情况的进一步行动。"

发展中国家成员作为申诉方从未采用过该项规定。⑥ 原因之一可能就在于，诸如"可能"、"符合"之类的用语具有模糊性。

---

① WTO 文件 WT/DS33，专家组报告（原文如此！但实际应为"美国—羊毛衣裤"案——译者）。
② WTO 文件 WT/DS56，专家组报告。
③ 参见 The South Centre，第 19 页。
④ 同上，第 20 页。
⑤ 同上。
⑥ 同上，第 21 页。

• 《争端解决谅解》第 21 条第 8 款：

"如案件是由发展中国家成员提出的，则在考虑可能采取何种适当行动时，争端解决机构不但要考虑被起诉措施所涉及的贸易范围，还要考虑其对有关发展中国家成员经济的影响。"

迄今为止，争端解决机构从未使用过该条款。①

• 《争端解决谅解》第 24 条：

"1. 在确定涉及一最不发达国家成员争端的起因和争端解决程序的所有阶段，应特别考虑最不发达国家的特殊情况。在此方面，各成员在根据这些程序提出涉及最不发达国家的事项时应表现适当的克制。如认定利益的丧失或减损归因于最不发达国家成员所采取的措施，则申诉方在依照这些程序请求补偿或寻求中止实施减让或其他义务的授权时，应表现适当的克制。

2. 在涉及一最不发达国家成员的争端解决案件中，如在磋商中未能找到令人满意的解决办法，则应最不发达国家成员请求，总干事或争端解决机构主席应进行斡旋、调解和调停，以期在提出设立专家组的请求前，协助各方解决争端。总干事或争端解决机构主席在提供以上协助时，可向自己认为适当的任何来源进行咨询。"

既然没有任何最不发达国家曾被卷入过 WTO 争端，因此，目前也不可能对该条款作出评估。

• 《争端解决谅解》第 27 条第 2 款：

"在秘书处应成员请求在争端解决方面协助成员时，可能还需在争端解决方面向发展中国家成员提供额外的法律建议和协助。为此，秘书处应使提出请求的发展中国家成员可获得 WTO 技术合作部门一名合格法律专家的协助。该专家在协助发展中国家成员时应保证秘书处继续保持公正。"

已经有人评论道，尽管这种支持很重要，但发展中国家从未倾向于向国外寻求费用高昂的法律建议。WTO 法律专家有义务在争端各方之间保持不偏不倚。他们的目标不可能是在案件讨论中偏向于争端的其中一方。②

---

① 同上，建议对发展中国家方面为什么对于诉诸差别性待遇的条款"不感兴趣"的原因作一仔细分析。

② 同前注，第 23 页。

7.5 《争端解决谅解》以规则为基础的机制（rules-based system）所具有的一般含义

尽管很显然，通过《争端解决谅解》来实施《TRIPS 协定》规则的可能性，给发展中国家带来了一项重大挑战，但它同时也有可能带来一些好处。事实上，《争端解决谅解》试图将 WTO 各成员置于平等的地位，而不管这些成员之间在发展水平以及经济和政治力量上的差异。所有的成员都受到相同规则的约束。在理论上，不管各成员的政治或经济力量如何，那些规则对它们都是可实施的。在《争端解决谅解》阙如的情况下，解决争端的唯一可行方式就是传统的外交程序，这种方式所能够做的就是单方面施加经济或者政治压力。而根据《争端解决谅解》，争端解决结果的唯一决定性标准是法律，它平等地适用于每一成员。《争端解决谅解》第 23 条第 2 款(a)项清楚地指出，各成员不得单方面确定其他成员是否违反 WTO 规则。得出这一结论的唯一方式，便是诉诸《争端解决谅解》（参见《争端解决谅解》第 23 条第 1 款）。

对于发展中国家而言，不应当低估了这个方面的意义。考虑到国内的知识产权制度在水平上有着很大的差异，工业化国家和发展中国家之间就某些国内立法是否与《TRIPS 协定》相一致的问题上，必然会存在许多的分歧。不过，在这种情况下，发展中国家不再面临发达国家对其立法进行的单方面评估（unilateral assessment）。WTO 专家组和上诉机构才被认为是公正的裁判机关（参见《争端解决谅解》第 8 条第 2 款关于专家组的规定；第 17 条第 3 款关于上诉机构的规定）。它们的义务是，只以法律问题〔questions of law，与政治性考虑因素（political considerations）相对〕为基础而作出裁决，这就有助于争端解决机制的可预见性和透明度。

在 GATT/WTO 争端解决的历史上有过一些例子，发展中国家成功地对抗它们强有力的全球化竞争对手，来维护它们与 WTO 相符的利益。在"金枪鱼—海豚 I"（*Tuna-Dolphin I*）争端中，① 墨西哥成功地对美国的立法提出异议，后者禁止进口通过某些特定捕捞技术所捕获的金枪鱼。专家组认定，具有域外效力的单方面行动（unilateral action with extraterritorial effects）违反了 GATT 规则，并且一般不能根据 GATT 第 20 条而被认为是正当合理的。在旧的 GATT 体制下，败诉方还有可能阻挠（block）该专家

① BISD 39S/155—205。

组报告的通过。但随着引入关于专家组报告的准自动通过（quasi-automatic adoption），这样的阻挠就已变得不再可能。因此，在新的《争端解决谅解》下对争端解决程序的进一步"法制化"，不能必然看作是违反发展中国家利益的。

在"虾—海龟"（*Shrimps-Turtle*）争端中，印度、马来西亚、巴基斯坦和泰国对美国的一项法律提出申诉，该法律规定禁止进口以某种捕捞技术所捕获的虾。上诉机构①认为，美国适用该项国内法，根据 GATT 1994 第 20 条就构成了"不合理歧视"（unjustifiable discrimination）。如此评定的原因是，美国方面在对其他 WTO 成员采取单方面行为之前，未进行认真的多边谈判程序来解决在有关捕钓技术上的分歧。② 由于该案是根据新的《争端解决谅解》提起的，美国就无法阻挠报告的通过。

7.6　《争端解决谅解》涉及发展中国家的一些缺点

7.6.1　采取报复措施的有限性

即使是根据《争端解决谅解》而对争端解决实行法制化的方式，也无法消除 WTO 各成员之间在经济实力上的实际差别。这在争端解决机构裁定的执行阶段表现得最为明显，以"香蕉"案（*banana case*）③ 为例就说明了这一点。由于欧共体未能将其有关香蕉的规定修改得与 WTO 规则相符，厄瓜多尔请求争端解决机构授权对欧共体实行中止减让，厄瓜多尔也因此成为 GATT/WTO 历史上第一个针对 WTO 的发达国家成员提出这种请求的发展中国家。争端解决机构根据仲裁专家组（arbitration panel）的建议，批准了这项请求，数额为 2.016 亿美元。④ 不过，在该程序进行过程中，厄瓜多尔也不得不承认，中止减让毋宁说是让厄瓜多尔自身感受到了不利的经济影响，

---

① 参见"美国—禁止特定虾及虾类产品进口"案（US-Import Prohibition of Certain Shrimp and Shrimp Products），上诉机构报告，1998 年 10 月 12 日，WTO 文件 WT/DS58/AB/R。

② 同上，第 Ⅵ 节 C.2.，第 165—180 段。

③ 参见"欧洲共同体—香蕉的进口、销售和分销体制"案（European Communities-Regime for the Importation，Sale and Distribution of Bananas），上诉机构报告，WT/DS27/AB/R。关于本案中所涉及的复杂的程序问题有一个详细的综述，参见 Jackson/Grane，The Saga Continues：An Update on the Banana Dispute and its Procedural Offspring，载 Journal of International Economic Law 2001，第 581 页及以下（以下简称 Jackson/Grane）。

④ 参见 WTO 文件 WT/DS27/53，WT/DS27/ARB/ECU。厄瓜多尔获授权可采取交叉报复措施（关于它的定义，参见以上本章第 1 节）。

而不是欧共体。① 之所以如此，是基于以下原因：

在货物领域，提高关税壁垒将阻止欧共体产品供应厄瓜多尔的国内市场，而后者对这些货物却是高度依赖的。并因此将加重经济危机。另一方面，被阻止进入厄瓜多尔这样相对小得多的市场，对欧洲公司来讲几乎感受不到什么影响，后者出口货物的主要目标是欧共体自身、美国以及日本等大市场。

在与贸易有关的知识产权领域，厄瓜多尔的意图是不经欧洲的权利持有人同意而将录音制品向第三国出口，从而中止其根据《TRIPS 协定》第 14 条（亦即，表演者、录音制品制作者和广播组织的保护）对欧共体所承担的义务。不过，厄瓜多尔这一提高出口量的企图，被证明只是一厢情愿。仲裁专家组对此予以澄清，所有其他 WTO 成员仍需对欧共体承担《TRIPS 协定》项下的义务。因此，对于任何 WTO 的第三方成员而言，厄瓜多尔以上述方式寻求向其出口欧共体录音制品的，它们还必须适用《TRIPS 协定》第 51 条，各成员的海关有义务中止放行这些录音制品进入自由流通。换言之，对厄瓜多尔授权采取交叉报复措施被证明起到了相反的效果，这其中的部分原因在于，厄瓜多尔较之欧共体在经济上处于相对弱势。

7.6.2 争端解决的高成本

由于国内缺乏相关人才，许多发展中国家为了争端解决，都必需求助于外国专家。这就意味着需要付出很高的成本，并常常因此限制了这些国家行使其权利，援引《争端解决谅解》来对抗其他国家。已经有提议指出，WTO 应当形成一些方法，以减轻发展中国家的此类经济负担。②

7.6.3 政府和私人部门之间信息交流匮乏

在许多发展中国家，往往缺乏一套有效的机制，保障政府和私人部门之间的信息流通。考虑到只有政府才有权启动 WTO 争端解决机制，政府维护其国内产业利益的能力就显得重要而且意义深远。如果私人企业并不知晓 WTO 规则，它也就无法确定其他国家政府的行为是否违反 WTO 规则。从而，国内产业界就不会要求其政府在 WTO 作出对它们有利的干预行为。而作为政府这一方，要想知道其本国出口产业的市场机会所受到的外国限制是否违反了 WTO 规则，也有赖于国内私人部门所提供的信息。③

---

① Jackson/Grane，第 589 页，请注意在这种情况下，甚至仲裁员也意识到，由厄瓜多尔来执行所授权的实施报复措施，可能并不现实。

② 参见 Kongolo，第 261 页

③ 参见 Kongolo，第 261 页。

7.6.4 《争端解决谅解》的补偿方式

根据《争端解决谅解》第 22 条第 2 款，对于争端解决机构所作裁决不执行的，应支付有效的补偿，但其取决于争端各方达成共同的一致意见。如果不能达成此种一致意见，则申诉方就不能获得补偿，但将被授权对被诉方实行中止减让或其他义务。如上所述，贸易报复对于发展中国家而言价值有限。如果它们能够转而主张请求获得补偿，就将更有利于它们的利益，因为补偿是一种实实在在的收益。这就是为什么有建议认为，争端解决机构应当向发达国家施加压力，要求其对各该发展中国家给予补偿。[①] 否则，《争端解决谅解》就可能被认为是在很大程度上忽视了在经济上相对弱势的发展中国家利益的机制。

---

① Kongolo，第 263 页，引用 Petersmann。

附件 1 《争端解决谅解》的解释方法

1. 引言

《TRIPS 协定》并未包含任何用来处理条约解释的具体条款。不过，该协定在《争端解决谅解》（DSU）的附件 1 中被列为适用《争端解决谅解》的"涵盖协定"（covered agreements）之一（《争端解决谅解》第 1 条第 1 款）。《争端解决谅解》第 3 条第 2 款规定，争端解决机制用于

"保护各成员在涵盖协定项下的权利和义务，及依照解释国际公法的习惯规则澄清这些协定的现有规定"……（着重号是后加的）。

《争端解决谅解》第 3 条第 2 款还规定

"争端解决机构的建议和裁决不能增加或减少适用协定所规定的权利和义务。"

类似的条款也出现在第 19 条第 2 款中，涉及到专家组报告和上诉机构报告。

这就意味着，争端解决机构、上诉机构以及专家组的职能被限定于根据 WTO 协定来阐明各成员的权利和义务。对涵盖协定的权威解释（authoritative interpretation），被保留给 WTO 各个成员，正如《WTO 协定》第 9 条第 2 款的如下规定：

"部长会议和总理事会应专门有权通过对于本协定和多边贸易协定的解释。［……］"

在其就"日本—酒精饮料税"（*Japan-Taxes on Alcoholic Beverages*）案作出的裁决中，上诉机构认定，就《争端解决谅解》第 3 条第 2 款而言，《维也纳条约法公约》第 31 条和第 32 条构成解释国际公法的习惯规则。[①] 另外，上诉机

[①] "日本—酒精饮料税"案（Japan-Taxes on Alcoholic Beverages），上诉机构报告，WT/DS8, 10, 11/AB/R, 1996 年 10 月 4 日，第 9 页，援引"美国—配方及普通汽油标准"案（United States-Standards for Reformulated and Conventional Gasoline），上诉机构报告，WT/DS2/AB/R, 1996 年 4 月 29 日。请注意，GATT 专家组已经在应用条约解释的习惯方法，参见 E.-U. Petersmann, The Dispute Settlement System of the World Trade Organization and the Evolution of the GATT Dispute Settlement System since 1948, 31 Common Market Law Review, 1994，第 1188 页。

构在其第一份裁决中明确表示，WTO 法不能孤立于国际公法而予以考虑。①

有评论指出，在所有的 WTO 协定中，《TRIPS 协定》"可能是最难解释的"。② 这是由于以下几方面的因素：③

a）各个社会因其经济发展和技术进步的水平不同而对知识产权的感受也会有所不同。鉴于这种差别化感受，WTO 专家组和上诉机构将从以下视角受到密切关注，即"对于协定中所规定的权利和义务做到既不增也不减"。对于专家组和上诉机构来说，这就要求它们运用一种微妙的平衡方法。

b）《TRIPS 协定》吸收了在 WTO 之前的知识产权公约（通常就是由 WIPO 所管理的公约）。这些条约的成员并不必然与 WTO 的成员相同。这就产生了这样的问题，即 WTO 专家组和上诉机构是否有权就这些公约作出具有约束力的解释。而且，了解下面这一点也具有重要意义，即根据《TRIPS 协定》，那些 WIPO 诸公约究竟应当受到习惯上所采用之相同解释的约束，抑或要考虑到它们在《TRIPS 协定》项下的不同成员以及不同知识产权的性质而有所不同。

c）《TRIPS 协定》条款的用语，特别是一旦涉及到例外，往往显得非常模糊。这使得对于专家组和上诉机构来说，更为重要的是要依靠那些明确的、国际公认的条约解释规则，比如《维也纳条约法公约》。

2. 历史回顾

2.1 TRIPS 之前的状况

WTO 专家组并没有义务适用《维也纳条约法公约》④ 第 31 条和第 32 条所设定的条约解释规则，尽管一些专家组已经在某些情况下实际引用了这些条款。但是，《维也纳公约》的规定并不是强制性的。

---

① "美国—配方及普通汽油标准"案（United States-Standards for Reformulated and Conventional Gasoline），WT/DS2/9，第 19 页。

② 参见 O. Cattaneo，The Interpretation of the TRIPS Agreement：Considerations for the WTO Panels and Appellate Body，Journal of World Intellectual Property，2000 年 9 月，第 3 卷，第 5 期，第 627—681 页（第 679 页）（以下简称 Cattaneo）。

③ 参见 O. Cattaneo，The Interpretation of the TRIPS Agreement：Considerations for the WTO Panels and Appellate Body，Journal of World Intellectual Property，2000 年 9 月，第 3 卷，第 5 期，第 627—681 页（第 679 页）（以下简称 Cattaneo）。

④ 《维也纳条约法公约》(Vienna Convention on the Law of Treaties)，1969 年，1155 United Nations Treaty Series，331。

2.2 《维也纳条约法公约》第 31 条和第 32 条①的谈判经过

在《维也纳条约法公约》缔约之前，已有的关于条约解释的任何规则，至少来讲都是靠不住的。② 审理案件的国际机构所适用的若干解释原则，通常相互矛盾或者彼此抵消，但就如何解释条约而言，也不存在任何强制性规则。

在《维也纳公约》之前的这些原则，就条约解释上的三种不同方式作出回应。首先，"当事人意图"说（"intention of the parties" school）认为，解释的唯一正当目的是为了确定当事方的意图或推定意图，并赋予其效力。③ 这种方法可类比于普通法上的合同解释，其基础在于如下原则，即最重要的价值是要保护一方的合理期待，④ 并允许自由地求诸条约的准备工作（travaux

---

① 这些条款规定如下：

"第 31 条 解释之通则

1. 条约应依其用语所具有之通常意义按其上下文并参照条约之目的及宗旨，善意解释之。2. 就解释条约而言，上下文除指连同弁言及附件在内之约文外，并应包括：（a）全体当事国间因缔结条约所订与条约有关之任何协定；（b）一个以上当事国因缔结条约所订并经其他当事国接受为条约有关文书之任何文书。

3. 应与上下文一并考虑者尚有：（a）当事国嗣后所订关于条约之解释或其规定之适用之任何协定；（b）嗣后在条约适用方面确定各当事国对条约解释之协定之任何惯例；（c）适用于当事国间关系之任何有关国际法规则。

4. 倘经确定当事国有此原意，条约用语应使其具有特殊意义。"

"第 32 条 解释之补充资料

为证实由适用第三十一条所得之意义起见，或遇依第三十一条作解释而：（a）意义仍属不明或难解；或（b）所获结果显属荒谬或不合理时，

为确定其意义起见，得使用解释之补充资料，包括条约之准备工作及缔约之情况在内。"

② 一般性参见，V. D. Degan, L'interpr'etation des accords en droit international, Martinus Nijhoff, The Hague, 1963 年。

③ 参见 McDougal, S. Myres 等，The Interpretation of Agreements and World Public Order 90, 1967。关于对 McDougal 的条约解释方法的一个批评，参见 G. Fitzmaurice, Vae Victis or Woe to the Negotiators! Your Treaty or Our Interpretation of It?, American Journal of International Law, 第 65 卷，1971 年，第 358 页及以下。

④ Peter C. Maki, Interpreting GATT Using the Vienna Convention on the Law of Treaties: A Method to Increase the Legitimacy of the Dispute Settlement System, Minnesota Journal of Global Trade 2000, 第 9 卷，第 343—360 页。不过，必须指出的是，大多数国际法领域的学者并不研究在国内法中存在的解释原则，因为他们认为，由国际法所产生的解释问题不同于在国内法上的问题，前者需要适用不同的原则。例外的是，凯尔森指出，在条约上并不存在任何特殊之处，以致于要求适用与在其他法律文件上所适用的不同的解释原则。（H. Kelsen, Principles of International Law, New York, Holt Rinehart and Winston, 1966 年，第 321 页）。

préparatoires）以及其他可以表明缔约国意图的证据，以此作为解释的手段。其次，"文本意思"说（"meaning of the text" school）认为，解释的主要目的是，根据文本条款的通常含义或表面意思来确定文本的意义。最后是"目的"说（"teleological" school），它认为，真正起作用的是条约的一般宗旨（general purpose），后者被认为具有与"条文自身得以独立存在的相同内容，而不依赖于原来制定者的意图。"①

《维也纳条约法公约》第 31 条是基于如下观点，即条约文本必须被推定是缔约方真实意图的体现；因此，解释的出发点在于对文本意思的阐明，而不是从一开始就对缔约方的意图进行调查。② 条约用语的通常含义（ordinary meaning）不是抽象确定的，而是按其上下文并参照条约之目的及宗旨加以确定的。

第 31 条第 2 款试图定义，就条约解释而言，"上下文"（context）是由哪些内容组成的。根据该款规定，以下两类应包括在内：

（a）全体当事国间因缔结条约所订与条约有关之任何协定；以及（b）一个以上当事国因缔结条约所订并经其他当事国接受为条约有关文书之任何文书。③

第 31 条第 3 款(a)项所体现的是一个非常确定的原则，即在条约缔结之前或缔结当时所确立的一项关于条约规定之解释的协定，应当被认定构成了该条约的组成部分。④

该条第 3 款(b)项专门规定，当事国"在条约适用上嗣后的实践"都可以构成当事国在理解该条约的意义时的客观证据（objective evidence）。

该条第 3 款(c)项规定，在解释条约时必须考虑到"适用于当事国间关系之任何有关国际法规则"，这样就确立了"共时性"（contemporaneity）或"演变性"（evolutionary）解释的原则。关于这一规定应当如何解释，存在争议。"共时性"原则的倡导者强调，对条约的解释有必要紧密结合各该规则在

---

① 对这三种条约解释方法的详细描述，参见 G. Fitzmaurice, The Law and Procedure of the International Court of Justice：Treaty Interpretation and Certain Other Treaty Points, British Yearbook of International Law, 1951 年，第 1 页。

② 联合国条约法大会（United Nations Conference on the Law of Treaties），官方记录，第一次和第二次会议（维也纳，1968 年 3 月 26 日—5 月 4 日和 1969 年 4 月 9 日—5 月 22 日），第 40 页，第 11 段。

③ 同上。第 41 页，第 13 段。

④ 同上。第 41 页，第 14 段。

通过之初的理解，然而，"演变性"解释的支持者则认为，法律规则不可能脱离社会、政治及经济的变化，而且，只有在将这些变化加以考虑时，这些规则才能继续保持相关性。

最后，第 31 条第 4 款规定了有些例外的情形，哪怕一用语在上下文中的含义很明显，倘经确定当事国有此用意，则该条约用语应使其具有特殊意义。

尽管第 31 条设定了条约解释的不同原则，但它仍然不能被适当地认为规定了条约解释规范之间的位阶关系（hierarchy）。《维也纳条约法公约》（VCLT）的准备工作（preparatory work）揭示出，不同条款之间的联系就意图表明，把这些解释方法适用于一项规定之中，是一种单独的组合式应用。在任何特定的情形中，所有这些不同因素都将被看作一个整体，而且它们之间的相互作用就提供了在法律上具有相关性的解释。需要强调的是，解释一条款的过程是一个整体，而该条款的规定也就形成了一项单独的、紧密结合的规则。①

第 32 条考虑的是，在适用第 31 条之后，意义仍属不明或难解，或所获结果显属荒谬或不合理时，借助于条约的准备工作的可能性。必须指出，该条中的"补充"（supplementary）一词，就强调了不能把第 32 条看作是一个替代性的或者自主性的解释资料，而仅仅是用来帮助根据第 31 条所包含原则作出解释的一种手段。②

3. 《TRIPS 协定》的解释

在介绍上诉机构实际应用的解释方法③之前，先来谈谈涉及《TRIPS 协定》解释的一些总体性观察，还是很有用的。④

《TRIPS 协定》的一个共同特征是，它在有关义务的规定上，措辞往往采用一种非常宽泛的方式，从而为 WTO 各成员在其国内履行该义务时，留有相当大的自由裁量权。⑤ 此外，这些义务所代表的，仅仅是最低标准。⑥ 例

---

① 同前注。第 39 页，第 8 段。

② 同上，第 43 页，第 19 段。

③ 参见以下本附件第 4 节。

④ 关于《TRIPS 协定》每一条款的恰当解释，更多具体内容请参见本书各该章节。

⑤ 参见《TRIPS 协定》第 1 条第 1 款第三句："各成员有权在其各自的法律制度和实践中确定实本协定规定的适当方法。"

⑥ 参见《TRIPS 协定》第 1 条第 1 款第二句："各成员可以，但并无义务，在其法律中实施比本协定要求更为广泛的保护，只要此种保护不违反本协定的规定。"

如，第 15 条第 1 款并未对商标可予注册的标准进行穷尽式列举；它只是为商标可予注册的资格设定了最低要求的规则，而 WTO 各成员可以根据在其国内法中所确定的其他理由，来拒绝对商标的注册。

因此，对 TRIPS 义务的解释方式也一定是宽泛的，在实施义务的立法方面留给各成员相当大的自由裁量权。对专家组和上诉机构而言，这意味着它们要实行司法的自我节制（judicial self-restraint）。①

就有关例外的规定而言，它们的解释可能必须遵循一种不同的观念。一般而言，对有关例外的规定应当以一种狭义方式进行解释，以防止因为它们而使得基本义务失效。② 另一方面，这也不应当阻止各成员依靠这些例外条款追求更重要的政策目标。因此，对专家组和上诉机构而言，既要确保这些例外符合政策目标，又不会阻挠知识产权的持有人行使其权利，就成了它们面临的一项艰巨的任务。如同有关义务的规定那样，关于例外规定的用语也是非常宽泛且含义模糊的。因此，就它们的解释确立一般性指导原则，也非常重要。③

在由 WIPO 所管理的各种不同的知识产权公约中，各成员国对于在这些文件中的例外规定，已经作出了它们自己的有时有冲突的解释。因此，WTO 专家组和上诉机构必须确保这些以引用方式被《TRIPS 协定》所吸收的规定，能够以一种统一的方式进行解释。促进统一性的另一方法是，对于不同的例外采用相同的解释。在"加拿大—专利"（Canada-Patent）案中，专家组为了解释《TRIPS 协定》第 30 条项下的与专利相关的例外，就借用了《伯尔尼公约》第 9 条第 2 款（亦即，一个与版权相关的例外）的谈判经过和文本规定。④ 对此可以根据以下事实来解释，即《伯尔尼公约》第 9 条第 2 款的用语⑤或多或少地在《TRIPS 协定》关于例外的多个规定中重复出现，它不仅出现在第 13 条（关于版权的例外："正常利用"、"没有不合理地损害权利持

---

① J. H. Jackson, *Dispute Settlement and the WTO. Emerging Problems*, 1 Journal of International Economic Law 1998，第 329 页，第 342 页，评论认为，在上诉机构的裁决中有一种遵从国内法的趋势。

② 根据这一解释规则，WTO 专家组和上诉机构迄今为止，对于《TRIPS 协定》各种不同的例外规定都是采用一种狭义的方式，参见以下本附件第 4 节。

③ 如需进一步了解，参见 Cattaneo，第 638 页及以下。

④ "加拿大—药品专利保护"案（Canada-Patent Protection of Pharmaceutical Products），上诉机构报告，2000 年 3 月 17 日，WT/DS114/R，第 7.70—7.72 段。

⑤ 该条规定如下："本同盟成员国法律得允许在某些特殊情况下复制上述作品，只要这种复制不损害作品的正常使用也不致无故侵害作者的合法利益。"（着重号是后加的）。

有人的合法利益"），而且部分地出现在第 17 条（关于商标权的例外："有限的例外"、"合法利益"），以及第 30 条（关于专利权的例外："有限的例外"、"不会不合理地与专利的正常利用发生冲突"、"不会不合理地损害专利所有权人的合法利益"）。这就意味着，在解释这些类似用语时可以采用相同的标准。在实践中，哪些构成"正常利用"、"合法利益"以及"不合理的损害"，显然取决于各该知识产权的种类以及个案情况。然而，所有这些不同例外规定的共同特性（common denominator）是，它们的基本宗旨都是为了防止这些权利的滥用。① 这正是《TRIPS 协定》基本结构的体现，正如在它的序言以及第 7 条和第 8 条中所明确规定的那样。该协定并非单方面强调对知识产权的保护，而是意图在私权保护与贸易自由化和各种各样的公共政策目标（例如保护公共健康）之间取得平衡。这就意味着，对任何知识产权的"正常利用"是指不会限制国际贸易或对公共政策目标的追求。"合法利益"是指那些不与合法贸易或者其他公共政策目标发生抵触的利益，而所谓对知识产权的"不合理损害"，则是指对这些权利的限制要么不是为达到公共政策目标所必需，要么失去比例性。

4. WTO 裁决

4.1 《TRIPS 协定》的特性

《TRIPS 协定》谈判的复杂性就反映在它的规定显得相当模糊，特别是在有关例外的领域。正如赫德克（Hudec）所指出的，

"……当一国政府不能保证能够真正保护某些利益时，其首先的敷衍之计通常是作出在法律上不完善的承诺。[……]而国际诉讼能成为其第二阶段的缓兵之计。"②

在"印度—专利保护"（India-Patent Protection）案中产生了一个问题，对于可适用于其他涵盖协定的原则是否应当同样适用于解释《TRIPS 协定》。专家组认为，

"我们必须记住，虽然《TRIPS 协定》的整个文本都是在乌拉圭回合谈判

---

① 参见 Cattaneo，第 640 页。

② R. E. Hudec, Transcending the Ostensible: Some Reflections on the Nature of Litigation Between Governments，72 Minnesota Law Review 211，1987，第 218 页。

中最新形成的，并且在《WTO 协定》中具有相对自足的、特殊的地位，但是，它仍然是 WTO 体系中一个不可分割的组成部分，而 WTO 体系自身是建立在 GATT 1947 的将近半个世纪的经验之上的。［……］按照事实而言，《TRIPS 协定》是作为在乌拉圭回合中总体减让平衡（overall balance of concessions）的一部分而进行谈判，如果在解释《TRIPS 协定》时不适用那些可适用于解释 WTO 其他协定的相同原则，那么这将是不合适的。"① （着重号是后加的）。

4.2 有效性原则

反映在《维也纳条约法公约》（VCLT）第 31 条中的第一项解释原则便是有效性原则（principle of effectiveness）。在"美国—汽油案"（*United States-Gasoline case*）中，上诉机构已经承认，该原则适用于有关"涵盖协定"，并因此适用于《TRIPS 协定》。上诉机构认定：

"从《维也纳公约》的'解释之通则'（general rule of interpretation）中得出的推论之一是，解释必须要对条约的所有用语都赋予意义和效力。条约解释者不能自由采用这样的解读，如果它导致整个法律条款或者条约各项变得冗余或无益。"②

上诉机构对条约用语的这种强烈依赖，又出现在"印度—专利保护案"（*India-Patent Protection case*）中，上诉机构在该案中推翻了专家组就有关"善意解释"（good faith interpretation）问题所作的认定。按照专家组的意见，《维也纳公约》第 31 条第 1 款中的"善意解释"就必需保护 WTO 各成员对《TRIPS 协定》的合法期待（legitimate expectations）。③ 此种保护在《TRIPS 协定》中并未明确要求，但是，按照专家组的意见，《TRIPS 协定》总的来说是保护知识产权的，由这一事实就可能推导出关于提供此种保护的

---

① "印度—药品与农用化学品专利保护"案（India-Patent Protection for Pharmaceutical and Chemical Agricultural Products）（由美国提出申诉），WT/DS50/R，专家组报告，1997 年 9 月 5 日，第 7.19 段。

② "美国—配方及普通汽油标准"案（United States-Standards for Reformulated and Conventional Gasoline），上诉机构报告，WT/DS2/AB/R，1996 年 4 月 29 日，第 23 页。

③ 在 TRIPS 的情形中，这些合法期待就涉及各成员的相关国民之间的竞争关系。参见"印度—药品与农用化学品专利保护"案（India-Patent Protection for Pharmaceutical and Chemical Agricultural Products），专家组的报告，1995 年 9 月 5 日，WT/DS50/R，第 7.21 段、第 7.22 段。

义务。① 上诉机构否认此种解释，认为其脱离了该协定所使用的实际用语。它认为：

> "专家组错误适用《维也纳公约》第 31 条。专家组对于国际公法解释习惯规则意义上的合法期待的概念存在误解。条约当事国的合法期待反映在条约本身的措辞上。条约解释者的职责是审查条约措辞以确定双方当事国的意图。这就应当根据《维也纳公约》第 31 条所规定的条约解释的原则进行。但这些解释原则既不要求也不容忍在一条约中掺入在那里并不存在的用语，或者在一条约中加入该条约并不想要的概念。"②

换言之，上诉机构表达了这样的意见，即一条约清楚的用语就为任何目的解释（teleological interpretation）施加了明确的限制。对于发展中国家成员而言，上诉机构所适用的这一解释具有重要意义。如果上诉机构同意了专家组关于对《TRIPS 协定》下的合法期待应予以保护的观点，那么，各成员实际上就能够对其他成员启动 WTO 程序，称其在国民的合法期待落空了。因此，即使作为被诉方的成员遵守其所有的 TRIPS 义务，但假如它的公共政策目标打乱了其国民和外国权利持有人之间的竞争关系，尽管没有违反任何的 TRIPS 规则，它也可能在 WTO 中被起诉。这种诉请就将构成非违反之诉，而这种起诉在目前尚未被《TRIPS 协定》所接受。③ 上诉机构认为，一条约缔约方的合法期待就反映在该条约本身的措辞上，据此，它就阐明了，向争端解决机构提起的与《TRIPS 协定》相关的起诉，只能基于指控其违反了该协定中明确规定的条款。上诉机构因此就拒绝了通过后门（back door）而引入与《TRIPS 协定》相关的非违反之诉（TRIPS-related non-violation complaints）。因此，各成员只要遵守了《TRIPS 协定》明确规定的义务，它们就可以自由采取特定的公共政策目标，以追求它们的发展目标。在那种情况下，一成员的国内政策措施对于外国知识产权的权利持有人的经济期待所可能造成的冲击，就不会使作为东道国的成员在 WTO 争端解决专家组那里受到任何有效的诉请。

---

① 同前注，第 7.18 段："在我们看来，'善意解释'就是要求保护根据《TRIPS 协定》所规定的知识产权保护而产生的合法期待。"

② "印度—药品与农用化学品专利保护"案（India-Patent Protection for Pharmaceutical and Chemical Agricultural Products），上诉机构报告，1997 年 12 月 19 日，WT/DS50/AB/R，第 45 段。

③ 参见以上本书第 32 章。

4.3　条约用语的上下文和条约的目的与宗旨

根据《维也纳公约》第 31 条第 2 款的规定，就解释条约而言，上下文（context）除了指连同序言及附件在内的约文外，并应当包括全体当事国之间因缔结条约所订与条约有关之任何协定，以及一个以上当事国因缔结条约所订并经其他当事国接受为条约有关文书之任何文书。在《TRIPS 协定》序言中，WTO 成员期望：

"保证实施知识产权的措施和程序本身不成为合法贸易的障碍"。

这当然也为确定《TRIPS 协定》的目的和宗旨提供了明确的指导。在"加拿大—专利"（Canada-Patent）案中，专家组采取了与《维也纳公约》第 31 条第 2 款相当一致的观点：

"在《TRIPS 协定》的框架中吸收了现有的主要知识产权国际条约中的特定条款，因此，专家组为了对《TRIPS 协定》具体条款进行解释而可能求助的上下文［……］并不被限定于《TRIPS 协定》本身的文本、序言和附件，而且包括了被《TRIPS 协定》所吸收的其他知识产权国际条约的规定，以及在这些协定当事方之间所达成的、在《维也纳条约法公约》第 31 条第 2 款意义上的任何协定。因此，［……］《保护文学和艺术作品伯尔尼公约》第 9 条第 2 款就是一个重要的上下文因素，以利于《TRIPS 协定》第 30 条的解释。"①（着重号是后加的）。

4.4　嗣后的国家实践和先前的专家组报告在 WTO 法中的地位

《维也纳公约》第 31 条第 3 款(b)项规定，就解释条约而言，应当与上下文一并考虑的还有"嗣后在条约适用方面确定各当事国对条约解释之协定之任何实践"。根据专家组在"日本—酒精饮料税"（Japan-Taxes on Alcoholic Beverages）案中的观点，"嗣后实践"（subsequent practice）是指先前通过的专家组报告。上诉机构推翻了这一结论，并认为，先前的专家组报告（previous panel report）并不是具有约束力的先例（binding precedent），因而并不具有构成《维也纳公约》第 31 条第 3 款(b)项意义上的"嗣后实践"的充分的影响力和一致性。按照上诉机构的看法，已通过的专家组报告应当在

---

① "加拿大—药品专利保护"案（Canada-Patent Protection of Pharmaceutical Products），WT/DS114/R，专家组报告，2000 年 3 月 17 日，第 7.14 段。

特定争端解决中予以考虑，但专家组没有义务遵循与该等专家组报告相同的推理。即使未通过的专家组报告，也能为 WTO 各项协定的解释提供指导。但是，正如上诉机构所指出的，要通过具有普遍约束力的 WTO 各协定的解释，其专有权限（exclusive authority）是在部长级会议。它认为：

"通常，在国际法上，对于解释条约时的嗣后实践的实质，就被认为是'和谐、共同以及一致的'系列行为和看法（'concordant, common and consistent' sequence of acts and pronouncements），它们足以确定一个可以从中看到各当事国对条约解释之协定的可识别模式。一个孤立的行为通常不足以构成嗣后实践；用以确定当事人协定的一系列行为，才是相关的。

尽管 GATT 1947 项下的专家组报告是根据缔约方全体的决定获得通过的，但是，根据 GATT 1947，有关通过一项专家组报告的决定并不构成缔约方全体就该专家组报告的法律论理所达成的协议。根据 GATT 1947 被普遍接受的观点是，在已通过专家组报告中所作出的结论和建议，只是对特定争端案件中的当事国具有约束力，而后来的专家组在法律上并不认为受到一先前专家组报告中的细节和论理的约束。

我们并不认为，缔约全体方在决定是否通过专家组报告时，已经打算让它们的决定构成对 GATT 1947 相关条款的一种明确解释。我们也不认为这是 GATT 1994 的构想。这一结论可以在《WTO 协定》中找到具体理由。《WTO 协定》第 9 条第 2 款规定：'部长会议和总理事会应有排他性权力通过对于本协定和多边贸易协定的解释。'第 9 条第 2 款进一步规定，对一项解释的决定'应由成员 3/4 多数通过'。在条约解释上的这一"排他性权限"（exclusive authority）被如此具体地规定在《WTO 协定》之中，这一事实就足以因此而得出结论，即这种权限就在这里明确存在，并非在别处以默示方式或者不经意的方式存在。

从历史角度来看，根据 GATT 1947 第 23 条所作的关于通过专家组报告的决定不同于根据 GATT 1947 第 25 条由缔约方全体采取的联合行动。如今，它们在本质上仍然不同于由 WTO 部长会议或者总理事会对《WTO 协定》下的 GATT 1994 以及其他多边贸易协定的解释。这一点从《争端解决谅解》第 3 条第 9 款的解读中可以看得很清楚。该条规定：

'本谅解的规定不损害各成员通过《WTO 协定》或一属诸边贸易协定的适用协定项下的决策方法，寻求对一适用协定规定的权威性解释的权利'。

《WTO 协定》第 16 条第 1 款以及将 GATT 1994 吸收到《WTO 协定》中的附件 1A 的第 1 款(b)项(iv)小项，就将 GATT 1947 下的法律历史和经验带入了 WTO 的新领域，以这样一种方式确保在从 GATT 1947 的平稳过渡中保持连续性和一致性。这就证实了 GATT 1947 缔约方全体所获得的经验对于 WTO 成员的重要性，并承认了这些经验与 WTO 下新的贸易体系的持续相关性。已通过的专家组报告是之后 GATT 的一个重要组成部分。它们常常会被后来的专家组予以考虑。它们在 WTO 各成员中产生了合法期待，并因此当其与任何争端具有相关性时，都应当得到考虑。不过，它们并不具有约束力，除非是为了解决在该已通过报告的当事方之间所发生的特定争端。简言之，它们的性质及其法律地位并未随着《WTO 协定》的生效而有所改变。

基于上述原因，我们并不赞同专家组报告第 6.10 段所得出结论，即'GATT 缔约方全体和 WTO 争端解决机构所通过的专家组报告在特定的案件中构成了'在《维也纳公约》第 31 条中所使用的'嗣后实践'一语。而且，我们也不赞同专家组在专家组报告的同一页当中所得出的结论，即根据将 GATT 1994 吸收到《WTO 协定》的附件 1A 第 1 款(b)(iv)项，已通过的专家组报告自身就构成'GATT 1947 缔约方全体所达成的其他协定'。

然而，我们却赞同该专家组报告中的如下观点，即未通过的专家组报告'在 GATT 或 WTO 体系中没有法律地位，因为它们没有获得由 GATT 缔约各方或 WTO 各成员所作决定的支持'。同样，我们同意，'不管怎么样，专家组还是能够从一份被认为具有相关性的未通过专家组报告的论理中找到有用的指导。'"①

"印度—专利"（India-Patents）案提出了一个具体的问题，即在解释《TRIPS 协定》时，GATT 嗣后实践是否应当予以考虑。专家组直截了当地得出结论，

"既然《TRIPS 协定》是多边贸易协定之一，我们在解释《TRIPS 协定》的规定时就必须遵循在 GATT 1947 下所确立裁决的指导，除非存在着相反的规定……"②

该结论同《WTO 协定》第 16 条第 1 款的规定相一致，后者规定如下

---

① "日本—酒精饮料税"案（Japan-Taxes on Alcoholic Beverages），WT/DS8/AB/R，WT/DS10/AB/R，WT/DS11/AB/R，上诉机构报告，1996 年 11 月 1 日，第 13 页及以下（在 E 节 "Status of Adopted Panel Reports"，脚注略）。

② "印度—药品与农用化学品专利保护"案（India-Patent Protection for Pharmaceutical and Agricultural Chemical Products）（由美国提起诉讼），WT/DS50/R，专家组报告，1997 年 9 月 5 日，第 7.19 段。

"……WTO 应以 GATT 1947 的缔约全体方以及在 GATT 1947 框架内建立的各机构所遵循的决定、程序和惯例为指导。"①

《争端解决谅解》第 3 条第 1 款就此规定如下

"各成员确认遵守迄今为止根据 GATT 1947 第 22 条和第 23 条实施的管理争端的原则，以及在此进一步详述和修改的规则和程序。"

4.5 演变性解释的原则

《维也纳公约》第 31 条第 3 款(c)项被解释为：或者是指所谓的当时性解释原则，或者是指演变性解释原则（参见以上本附件的引言部分）。

第 31 条第 3 款(c)项是处理 WTO 规则与其他国际法规则之间相互关系的关键性规定，也是解释《TRIPS 协定》某些条款（比如第 27 条第 2 款）的关键性规定。《TRIPS 协定》第 27 条第 2 款规定如下：

"各成员可以排除某些发明的可专利性，如在其领土内阻止对这些发明的商业利用是维护公序良俗或道德，包括保护人类、动物或植物的生命或健康，或者避免对环境造成严重损害所必需的，只要此种排除并非仅仅因为此种利用为其法律所禁止。"

《TRIPS 协定》第 31 条(b)项的解释也是如此。该条款规定，在全国处于紧急状态或在其他极端紧急的情况下，或者在公共非商业性使用的情况下，允许进行强制许可。诸如"公序良俗"（ordre public）、"道德"（morality）、"全国紧急状态"（national emergency）或者"极端紧急"（extreme urgency）之类的概念就可能需要适用这一解释原则。在确定什么是保护人类、动物或植物的生命或健康，或者避免对环境造成严重损害所"必需"（necessary）时，也同样需要适用这一解释原则。另一方面，可以认为，任何对这些术语的解释都应以在谈判时对这些术语的理解为指导。这种方式将更多地强调条约缔约方的主权，并且使对条约解释的改动取决于条约文本的明确修改。

另一方面，可以认为，上述观念从本质上讲也是在演变的。一条约只有在考虑到法律、政治、经济和社会的重要发展之后，才能有效地实现其调整国家之间关系的目的。"虾—海龟案"（*Shrimp-Turtles case*）是上诉机构适用这种方法的典型案例。上诉机构引用了国际法院（International Court of

---

① 同样地，GATT 1994 第 1 条(b)款(iv)项规定："GATT 1947 缔约各方的其他决定"是 GATT 1994 的组成部分。

Justice）对"纳米比亚（法律后果）"案［*Namibia（Legal Consequences）*］案的咨询意见（Advisory Opinion），以支持如下观点

"［在一条约中所体现的概念］由于定义和演变，［它们的］解释不可能不受到嗣后的法律发展的影响［……］。而且，国际文件必须在解释时处于主导地位的整个法律体系框架范围内进行解释和适用。"①

在另一案件中，上诉机构认为

"WTO规则并非如此僵硬或缺乏弹性，以致在面对现实世界的真实案件中一直不断变化的事实时，没有为理性判决留下空间。如果在解释WTO规则时能够谨记这一点，它们就能最好地为多边贸易体系服务。"②

4.6　借助于条约的准备工作、当事国意愿以及目的解释

在"印度—专利"（*India-Patent*，欧共体为申诉方）案中，专家组根据《维也纳条约法公约》第32条引用了《TRIPS协定》的谈判历史，"只是为了确定通过适用《维也纳公约》第31条所设立规则而得到的结果。"③ 同样，在"加拿大—专利"（*Canada-Patent*）案中，专家组参考了《伯尔尼公约》第11条之二的准备工作，因为专家组认为，解释可能超出《TRIPS协定》谈判历史的适当范畴，从而需要调查被吸收的关于知识产权国际文件的谈判历史。④

可以认为，《维也纳公约》第31条所体现的各项解释规则，尽管对于文本解释原则（principle of textuality）给予优先地位，但还是为探求当事国的意图或者目的解释留下了一些空间。法官采用这种边缘做法的限制，在某种程度上取决于司法政策。采保守主义的法庭就有可能几乎只执着于文本的用语，然而，一个更为能动主义的法庭则可能为条约的目的和宗旨，或者为进

---

① "美国—禁止特定虾及虾产品进口"案（United States-Import Prohibition of Certain Shrimp and Shrimp Products），WT/DS58/AB/R，上诉机构报告，1998年10月12日，第130页。参见 Ph. Sands, Vers une transformation du droit international, Cours de l'IHEI, Droit International 4, Pedone, 2000，第179页及以下。

② "日本—酒精饮料税"案（Japan-Taxes on Alcoholic Beverages），WT/DS8，10，11/AB/R，第34页（第H(2)c节）。

③ "印度—药品与农用化学品专利保护"案（India-Patent Protection for Pharmaceutical and Agricultural Chemical Products），由欧共体提出申诉，专家组报告，1998年8月24日，WT/DS79/R，第60页，第7.40段，注110。

④ "加拿大—药品专利保护"案（Canada-Patent Protection of Pharmaceutical Products），WT/DS114/R，专家组报告，2000年3月17日，第150页，第7.15段。

一步探寻当事国的意图而留有更大空间。

条约解释的这些主观方法看来主要是与多边条约相关。正如瑟尔韦（Thirlway）在分析国际法院的判例法时指出：

> "至少在多边条约中，明示或默示地作为条约解释的起点的，正是该条约的'意图'或目的。"[1]

WTO各成员在有关知识产权保护上的不同认识，就可能导致它们在提交争端解决机构的争端中对解释《TRIPS协定》采取不同的方式。发展中国家在解释它们的义务时，可能采取一种狭义的观点，而在《TRIPS协定》所包含的例外规定的解释上则采取一种广义的（演变性）观点；与此相反的是，发达国家可能希望对这些例外的范围进行狭义解释，以避免破坏对私权的保护。迄今为止，WTO专家组和上诉机构对于在《TRIPS协定》中所包含的这些例外也都采取了狭义解释，[2] 而它们在将来的挑战性任务是，如何在解释该协定时在不同观点之间达成一种平衡。

4.7　国内法的解释

在"印度—专利"（*India-Patent*）案中，上诉机构赞同专家组在解释印度国内法时所采用的方法，该法律是为了实施《TRIPS协定》第70条第8款项下的"信箱规则"。[3] 尽管承认了WTO各成员在原则上有权自由确定用以履行TRIPS义务的适当方法（第1条第1款），但是上诉机构坚持认为，WTO专家组必须审查一成员是否违反了那些义务。专家组可以验证国内法与TRIPS义务的兼容性，也只是出于这一目的，而不是为了审查各该国内法"本身"。上诉机构认为：

64."印度声称，专家组在对待印度的国内法上存在错误，因为，国内法

①　H. W. A. Thirlway, The Law and Procedure of the International Court of Justice 1960—1989, British Yearbook of International Law, 1992，第19页。

②　C. Correa, The WTO Dispute Settlement Mechanism, The Journal of World Intellectual Property，第4卷，2001年3月，第251页，第253页，第2段（以下简称Correa）。

③　《TRIPS协定》第70条第8款要求：各成员在过渡期内不提供药品和农用化学品专利保护的，应当设立一套机制以接收和保存专利申请（即所谓的"信箱"申请）。关于本案的更多细节，参见本书第2章关于第1条第1款的部分，以及本书第36章关于第70条的部分。

是必须由适用该法的当事国在国际法庭上予以证明的一个事实。根据印度的观点，专家组并没有把印度法作为应当由美国加以证明的一个事实（fact）进行评估，而是把它作为一个由专家组进行解释的法律（law）。印度认为，关于信箱制度在国内法的地位，专家组本来应当做出对印度有利的解释。此外印度主张，专家组本来应当就有关印度法的解释问题向印度寻求指导。

65. 在国际公法上，国际法庭对待国内法有若干种方法。国内法可以作为事实的证据，并可以为国家实践（state practice）提供证据。不过，国内法也可能构成遵守或不遵守国际义务的证据。例如，在'德国在波兰上西里西亚的某些利益'（*Certain German Interests in Polish Upper Silesia*）案中，常设国际法院（Permanent Court of International Justice）认为：

可能有人会问，在本法院必须就 1920 年 7 月 14 日的波兰法律作出处理时，是否就不会产生疑难呢？不过，看来不存在这样的问题。从国际法以及作为其机关的本法院的立场看，国内法仅仅是表达意志的事实，它就如同法律判决和行政措施一样，以同样的方式构成了国家的行为。本法院当然没有被要求解释波兰法本身；但这不能阻止本法院就如下问题作出判断，即在适用该法律时，波兰是否在从事着与《日内瓦公约》下它对德国所承担义务相符的行为。

66. 在本案中，专家组仅仅在以下方面履行其自身工作职责，即确定印度用于接收信箱申请的'行政命令'（administrative instructions）是否与印度在《TRIPS 协定》第 70 条第 8 款(a)项下所承担的义务相符合。显然，审查印度国内法相关方面，尤其是审查同该"行政命令"相关的《专利法》中的相关条款，对于确定印度是否遵守其在《TRIPS 协定》第 70 条第 8 款(a)项下所承担的义务是必要的。如果不对印度法律进行审查，专家组就不可能作出这样的确定。但是，正如以上所引述的常设国际法院那起案件那样，在本案中，专家组并不是对印度法'本身'进行解释；毋宁说，专家组对印度法的审查，仅仅是出于确定印度是否遵守其在《TRIPS 协定》项下的义务的这一目的。如果要说专家组本来应当按其他方式去做，那就等于是说只有印度才能评定印度法是否与其在《WTO 协定》项下的义务相一致。而这显然是行不通的。

67. 以往的 GATT/WTO 专家组在评估国内法与相关的 GATT/WTO 义务是否相一致时，也是对该成员的国内法进行详细审查的。例如，在'美国—1930 年《关税法》337 条款'（United States-Section 337 of the Tariff Act of 1930）案中，专家组就相关的美国立法及实践展开了详细的审查，包括根据 337 条款所可能获得救济以及在以专利为基础的 337 条款程序和联邦地区法院司法程序之间的区别，都进行了详细的审查，以便确定 337 条款是否与 GATT 1947 第 3 条第 4 款不一致。对于我们来说，似乎就是一个可以对比的案例。

68. 而且，正如对本案专家组而言，必需将与'行政命令'相关的《专利法》的应用给予详细了解，以便评估印度是否遵守了《TRIPS 协定》第 70 条第 8 款(a)项的规定，因而对于我们审理本案的上诉而言，也必需就专家组对该印度国内法的审查作出复查。"①

5. 结论

鉴于许多《TRIPS 协定》条款存在着相当大的模糊性，因此，在界定各成员的权利和义务时，法律解释就起着一种决定性作用。取决于专家组究竟更多地强调知识产权保护的目的，还是更多地强调某些诸如技术转让之类的公共政策，《TRIPS 协定》项下的义务就会或者对于发展中国家或者对于发达国家变得负担更重。因此，求助于那些可被接受的解释方法，对于所有成员来讲都具有重要意义。② 由于纯粹的文本解释并不总是能够澄清一项权利或一项义务的内容，这就必须结合关于各该条款的目的和宗旨的分析（目的解释）。在这种情况下，就可以考虑到发展中国家的利益了。专家组应当强调在《TRIPS 协定》序言以及第 7 条和第 8 条中所阐述的该协定在发展和技术上的目标。这当然不能与特定条款的明确用语相矛盾；并且必须保证对知识产权的有效保护，也需要实现利益的平衡。但是，重点是我们需要承认，在《TRIPS 协定》现有形式中，它在相当大程度上提高了知识产权的保护，并因而服务于在技术上更加先进国家的利益。③ 另一方面，只有发展中国家的合作，对知识产权的全球性有效保护才有可能实现。为了确保发展中国家这一方能够采取合作的态度，就必须认真对待它们关于高水平知识产权保护和超TRIPS 方式的关切。鉴于 WTO 各成员在发展水平上的差别殊异，要让最弱

---

① 上诉机构报告，第 64—68 段。

② 参见 Cattaneo，第 636 页。

③ 相比于传统的 WIPO 公约，这种提高保护水平的主要因素在于，确立（相对较高）的最低保护标准（《TRIPS 协定》第 1 条第 1 款），以及规定有义务建立一套机制，来接收和保存根据《TRIPS 协定》第 70 条第 8 款所提出的专利申请。最后，《TRIPS 协定》为知识产权持有人提供的明确好处是，存在一套根据《争端解决谅解》而进行的具有约束力的争端解决程序。

的国家都有可能达到更高的经济水平，这是非常重要的。通过对《TRIPS 协定》中发展目标的解释，这也是有可能的。一旦发展中国家有机会奠定它们自身的产业，它们出于自身利益的需要，也会实现从促进公共政策目标到对知识产权实行更有效保护的转变。① 以《TRIPS 协定》及其目标和原则的内在灵活性为基础，通过一种文本解释和目的解释相结合的方式，就可能实现这种在偏好上的转变（shift of preference）。

① 关于提高知识产权保护水平与技术转让之间的关系，更多内容请参见本书第 34 章。

第六编

过渡性安排与机构安排

第 33 章　过　渡　期

第 65 条　过渡性安排

1. 在遵守第 2 款、第 3 款和第 4 款的前提下，任何成员在《WTO 协定》生效之日起 1 年的一般期限届满前无义务适用本协定的规定。

2. 一发展中国家成员有权将按第 1 款规定的实施日期再推迟 4 年实施本协定的规定，但第 3 条、第 4 条和第 5 条除外。

3. 正处在从中央计划经济向市场和自由企业经济转型过程中的，并且正在进行知识产权制度结构改革并在制订和实施知识产权法律和法规方面面临特殊困难的任何其他成员，也可受益于第 2 款设想的推迟期限。

4. 如一发展中国家成员按照本协定有义务将产品专利保护扩大至该成员在按第 2 款所规定的适用本协定的一般日期而在其领土内尚未受保护的技术领域，则该成员可再推迟 5 年对此类技术领域适用本协定第二部分第 5 节关于产品专利的规定。

5. 一成员利用第 1 款、第 2 款、第 3 款或第 4 款项下的过渡期的，应保证其在该过渡期内对法律、法规和做法的任何变更，不会导致与本协定规定相一致性的程度降低。

> **第 66 条　最不发达国家成员**
>
> 　　1. 鉴于最不发达国家成员的特殊需要和要求，其经济、财政和管理的局限性，以及其为创立可行的技术基础所需的灵活性，不得要求此类成员在按第 65 条第 1 款所确定的适用日期起算的 10 年期限内适用本协定的规定，但第 3 条、第 4 条和第 5 条除外。TRIPS 理事会应按照最不发达国家成员提出的有根据的请求，延长该期限。
>
> 　　2. 发达国家成员应鼓励其领土内的企业和组织，促进和鼓励向最不发达国家成员转让技术，以使这些成员创立一个良好和可行的技术基础。

1. 引言：术语、定义和范围

在 WTO 内设立过渡期（transitional periods）这一概念，应当被理解为 WTO 一成员为了能够完全符合某一 WTO 协定所规定的义务而必需的时间。过渡期一直被认为是有利于发展中国家的特殊和差别待遇（Special and Differential Treatment）的一个重要组成部分。然而值得注意的是，在各种各样不同的 WTO 协定中，不是只有发展中国家才被授予了过渡期。因此，在《纺织品与服装协定》（Agreement on Textiles and Clothing）中，事实上是发达国家被授予了 10 年的过渡期以消除配额。但是，在《TRIPS 协定》的情形中，过渡期基本上是指 WTO 一成员（包括发达国家、发展中国家或最不发达国家成员）为了使自己完全符合该协定项下之义务所能够获得的时间。

2. 条文沿革

2.1　TRIPS 之前的状况

根据 WTO 的前身，即 GATT 1947,[①] 对于所有的缔约方而言均无任何过渡期，无论其是否为发达国家成员。[②] 这也许可以从如下事实来解释，即

---

　　① 在 WTO 框架中，GATT 1947 被与之相同的 GATT 1994 所取代。

　　② 在另一方面，GATT 承认"祖父条款"（grandfather clauses），允许加入 GATT 的国家保留其已有的与该协定相冲突的国内立法。此外，GATT 在第五部分（贸易与发展）包含了对发展中国家给予特别待遇的一些规定。例如，根据 GATT 第 36 条第 8 款，"发达的缔约方对它们在贸易谈判中对发展中的缔约方的贸易所承诺的减少或撤除关税和其他壁垒的义务，不能希望得到互惠。"

GATT 主要是关于降低关税的问题。它相比于《TRIPS 协定》的原则而言，对一国国内法律制度的影响要小得多，而《TRIPS 协定》则要求缔约方引入最低保护标准、边境控制措施以及国内强制执行程序，并要求建立相应的主管机构。与引入过渡期的做法相反的是，GATT 第四部分（贸易和发展，第 36 条）也力图增加发展中国家和最不发达国家（LDCs）的出口收入，其方法是要求发达国家向这些国家开放初级产品市场①以及在关税减让承诺方面放弃对等要求②。

2.2 谈判经过

既然《TRIPS 协定》是 WTO 的一个全新且无先例的协定，而且很明显的是，对于发展中国家和最不发达国家的内部法律制度进行调整，将需要付出一种非常实质性的努力，③ 因此，过渡期的问题对这些国家来说，意义至关重要。该问题直到 TRIPS 谈判的最后阶段方才得到解决。其原因是，发展中国家直到谈判的后期才同意引入知识产权保护的实质性条款。在实质问题上尚未达成一致意见的情况下，遑论过渡期问题的解决了。

在 1987 年年初开始乌拉圭回合正式谈判之时，以巴西、印度和阿根廷为首的大约 14 个发展中国家联合抵制关于建立知识产权实质性标准的授权。不过，1989 年 4 月在日内瓦举行的关于乌拉圭回合中期审议的会议上，由"贸易谈判委员会"（Trade Negotiations Committee/TNC）提交的谈判草案，对发达国家的利益而言，可以说是一大胜利，而对于那些反对将知识产权保护的实质条款纳入其中的发展中国家来说，则是一个挫折。由各国部长同意的该草案文本，专门提到了过渡期。这是各国部长们第一次明确提到了《TRIPS 协定》的过渡期。该文本虽然采用一种含蓄的方式，但它明确了这一点，即如果想要确保所有国家完全参与谈判的结果，那么，某种过渡期将是必需的。

在上述中期审议之后，1989 年 7 月至 1990 年 12 月间的谈判文本又有了重要的修改。不过，就过渡期问题而言，安奈尔草案与布鲁塞尔草案均未就此产生一个最终的一致意见。④ 现在就来分析这些草案与《TRIPS 协定》最

---

① 参见 GATT 1994 第 36 条第 4 款。

② 参见 GATT 1994 第 36 条第 8 款。

③ 这是因为在许多发展中国家或最不发达国家的法律制度中，并不存在一种具有可比性的关于知识产权保护的传统。

④ 该一致意见只是在 1991 年 12 月的邓克尔草案中有表达（参见下文）。

终文本第 65 条和第 66 条第 1 款之间的差别。①

2.2.1　安奈尔草案②

"1. 过渡期(68)；为发展中国家及技术合作所设的过渡安排(73)；过渡安排(74)

1A 缔约各方应当采取任何必要措施，保证其法律、法规及做法在不超过本附件生效后的 [一] 年的期限内，符合本附件的规定。与贸易有关的知识产权委员会 (Committee on Trade Related Intellectual Property Rights) 可以根据恰当提出的请求，决定对于那些在准备和实施知识产权法律方面有特殊困难的发展中国家，给予不超过 [一] 年的额外期限，但第二部分第 6 点、第 7 点和第 8 点除外，它们不得适用该额外的期限。此外，对于最不发达国家，该委员会还可以按照它们恰当提出的请求，对该额外期限再延长一个不超过 [一] 年的期限。(68)

1B.1 发展中国家(73)

(i) 为了全面而有成效地调整并且遵守以上第三部分、第四部分所规定的保护与执行水平，只要不减少现有的保护与执行水平，则发展中国家缔约方可以在其接受或加入之日起总共 [X] 年内不适用此类标准，但不得晚于 [Z] 年。(73)

(ii) 根据以下第八部分第 1B 点所设立的委员会，按照发展中国家恰当提出的关于给予一个不超过 [X] 年进一步期限的请求，可以决定允许其推迟履行第三部分与第四部分项下义务。此种决定应考虑到提出请求的缔约方的技术与商业发展水平。(73)

(iii) 若在约定之过渡期最终届满之后仍没有适用以上第三部分和第四部分所规定的保护水平，则其他缔约方有权在不损害《总协定》项下之其他权利的情况下，暂停适用以上第二部分的第 7 点和第 8 点以及基于对等原则给予知识产权保护。(73)

1B.2 最不发达国家(73)

(i) 为全面而有成效地调整并且遵守第三部分、第四部分所规定的保护与执行水平，最不发达国家在总计 [X+Y] 年的期限内无需适用此类标准。(73)

---

①　为此，对于这些在后来变成《TRIPS 协定》中的两项独立条文（即第 65 条和第 66 条第 1 款）的草案条款，将结合起来进行讨论。

②　参见 1990 年 7 月 23 日综合文本，由 TRIPS 谈判组主席拉尔斯·E.R. 安奈尔 (Lars E. R. Anell) 发布，MTN.GNG/NG11/W/76 。

（ii）根据以下第八部分第 1B 点所设立的委员会，应最不发达国家提出的请求，可以进一步延长推迟履行义务的期限。

以上不同的提案，彼此之间及其与《TRIPS 协定》第 65 条和第 66 条第 1 款的最终版本之间都有着相当大的差别。与《TRIPS 协定》相比，1A 项下的提案针对发展中国家和最不发达国家的初始过渡期（initial period of transition）以及之后可能的延期，都规定了更严格的要求。

对发展中国家来说，1A 项下的提案规定，初始过渡期受到两个条件的约束：第一，该发展中国家必须"在准备和实施知识产权保护法律方面有特殊困难"；第二，该国家还必须向与贸易有关的知识产权委员会（亦即，后来变为 TRIPS 理事会的机构）提交"恰当的请求"。① 一旦提交该请求，则完全由该委员会行使自由裁量权，决定接受还是驳回该请求。没有任何可能进一步延长有利于发展中国家的过渡期。②

针对最不发达国家，"A"草案在发展中国家所可以获得的过渡期的基础上，提供了一个专门的、更长的过渡期。但是，与现有《TRIPS 协定》第 66 条第 1 款（它授予一项无条件的权利）相反的是，它也要求恰当提出请求，并且与发展中国家的情形相似，该请求取决于委员会的自由裁量权，此外，"A"草案并未提供这样一种可能，即延长针对最不发达国家的特殊期限（LDC-specific period）。③

与"A"草案相比，在 1B 项下的提案包含一项发展中国家的无条件的权利，使其受益于初始过渡期（参见 1B.1（i）），这是与《TRIPS 协定》第 65 条第 2 款类似的。而且，与《TRIPS 协定》不同的是，这里存在一般可能性，即可以进一步延长有利于发展中国家的初始过渡期（参见 1B.1(ii)）。

关于最不发达国家，正如《TRIPS 协定》第 66 条第 1 款所规定的那样，"B"提案包含一个具体的（更长的）期限，可以无条件享有。而且，它规定

---

① 与此相反的是，《TRIPS 协定》第 65 条第 2 款授予发展中国家的是一种无条件的权利，享有四年的过渡期（参见以下本章第 3 节）。

② 一般而言，在《TRIPS 协定》项下也没有进一步延长过渡期的可能性。不过，在第 65 条第 4 款针对将产品专利保护扩大至该成员在按第 2 款所规定的适用本协定的一般日期而在其领土内尚未受保护的技术领域，给予发展中国家成员以额外的期限（参见以下本章第 3 节）。此外，延长过渡期可作为根据《WTO 协定》第 9 条第 3 款对一项 WTO 义务的免除。

③ 相反的是，在《TRIPS 协定》第 66 条第 1 款第二句中存在此种可能性（参见以下本章第 3 节）。

了这样一种可能性，可以延长针对最不发达国家的特殊期限，就像第 66 条第 1 款所规定的那样。

最后，1B.1 项下的第三段值得注意。它处理了在过渡期届满之后不遵守实质性知识产权义务的情形。对这种不遵守情形所提议的救济方法，包括暂停最惠国待遇（MFN）的义务，① 以及针对被认定不遵守义务的国家，根据对等原则而撤除对其国民的知识产权保护。另一方面，这里没有明确提到任何的争端解决程序，以使各该国家的国内法律或做法符合相关的知识产权实质标准。

2.2.2 布鲁塞尔草案②

迟至 1990 年 12 月举行的布鲁塞尔会议上，TRIPS 谈判组（TRIPS Negotiating Group）主席发布了一份报告，其中声明，除其他事项外，缔约各方还在针对发展中国家和最不发达国家的过渡期问题上存在实质性分歧。发展中国家感兴趣的是，过渡期至少应当为 10 年。而另一方面，美国则支持与此背道而驰的"管道保护"（pipeline protection）的理念。③ 造成本次谈判陷入僵局的另一原因是，有关农产品与纺织品的问题尚未解决。对于发展中国家来说，有关农产品与纺织品的协定的谈判进展与《TRIPS 协定》的谈判之间是存在关联的。④ 在布鲁塞尔会议上，在时间框架问题上就没有取得任何突破。

下文将就布鲁塞尔草案的相关规定作出分析。这是与《TRIPS 协定》第 65 条最相接近的前身，其规定如下：

"1. 在遵守以下第 2 款和第 3 款的前提下，缔约各方在本协定对其生效之日起［……］年的期限届满之前，并无义务适用本协定的规定。

2. 一发展中国家缔约方可以按第 1 款规定的实施日期再推迟［……］年

---

① 在上述所引用提案的第 7 点和第 8 点提到了最惠国原则和某些例外；即现在的《TRIPS 协定》第 4 条和第 5 条。

② 文件 MTN.TNC/W/35/Rev.1，1990 年 12 月 3 日。

③ 美国的立场可见于安奈尔草案第 7 节专利部分。"管道保护"是指这样一种保护方式，即迫使成员国从一外国专利在其起源国（country of origin）被授权之日起即为之提供保护，从而否定任何形式的过渡期。详细内容，请参见本书第 36 章（过渡性规定）。

④ 这一立场是基于发展中国家的愿望，即把它们担心在《TRIPS 协定》与服务协定之类的新兴领域所可能遭受的损失，能够在纺织品与农产品领域有所收获。事实上，在纺织品协定的过渡期届满和为药品提供专利保护之过渡期的届满之间确实存有一种谈判上的联系，即这两种过渡期都在 2005 年 1 月 1 日届满。不过请注意，对于最不发达国家来说，它们在药品领域享有更有利的条件，因为这些国家要到 2016 年才必须执行《TRIPS 协定》关于专利和未披露信息的规定。详细参见以下本章第 6.2 节。

实施本协定的规定，但第 3 条、第 4 条和第 5 条除外 [，在需要修改国内法律、法规及相关做法以遵守这些规定的情况下。]

3. 任何其他缔约方正在进行知识产权制度结构改革且在制定和实施知识产权法律和法规方面面临特殊困难的，也可受益于第 2 款设想的推迟期限。

4. 无规定。

[5.] 任何缔约方利用第 1 款、第 2 款或第 3 款项下的过渡期的，应保证其在过渡期内对法律、法规和做法的任何变更，不会导致与本协定规定一致性的程度降低。

5. 任何缔约方利用第 2 款或第 3 款项下的过渡期的，应当在其加入时提供一份表明适用本协定时间表的日程安排。[该日程表无需承诺。][根据以下第七部分设立的委员会按照所提出的有根据的请求，并且在符合上述第 2 款或第 3 款的情况下，授权一方可以不遵守时间表的规定。]"

上述草案的第 1 款和第 2 款与《TRIPS 协定》第 65 条第 1 款和第 2 款实质性相同。不过，上述第 1 款确定用来计算过渡期的起算点是该协定对各该缔约方（for the respective Party）生效之日。这就有别于第 65 条第 1 款，后者的起算点是《WTO 协定》本身的生效日期。这一区别对于在此后的时间点上加入 WTO 的成员，有着重要影响（参见本章第 3 节）。

该草案的第 3 款被解释为比《TRIPS 协定》现有文本中的对应部分的范围更加宽泛。它适用于正在进行知识产权制度改革的"任何"国家，而第 65 条第 3 款将其限定为转型中的经济体（transition economies）。在第 4 款中也存在一个重要的差别：对于在某些技术领域的产品专利保护的特殊过渡期（参见以下本章第 3 节），尚未在布鲁塞尔草案中有所体现。直至 1991 年的邓克尔草案，才出现了相关的内容（参见下文）。最后，布鲁塞尔草案出现了两个第 5 款（参见上文）。带着方括号编号的([5]) 文本，后来成为《TRIPS 协定》最终版本相应部分的第 5 款。它规定，在过渡期内对法律、法规和做法的任何变更，不应导致与本协定规定一致性的程度降低。

第二个文本被编号为草案第 5 款，其所体现的想法最终未被采纳。根据这一提案，每一个从过渡期中受益的国家，均应当向其他缔约方提交一份时间表，注明其在何时将全面适用实质性的知识产权准则。这一规定的目的是为了提高透明度（transparency）。既然一国过渡期的结束是按照各该国家为基础计算的（亦即，以协定对所涉及国家各自生效之日开始计算，参见上述草案第 1 款），那么随着各该国家的国内批准程序所需花费的时间长度不同，协定完全可适用的日期在各国之间也有所不同。在这种情况下，就不能期待各国了解协定在其他国家的多种多样的适用日期。不过，随着各国采用各自时间标准的做法被放弃，转而引入了一种用来计算过渡期的共同可适用的依据（亦即，采用《WTO 协定》的生效日，参见下文），上述规定也就不再必需了，并因此未再出现在《TRIPS 协定》的最终文本中。

最后，布鲁塞尔草案还包含一项针对最不发达国家的额外规定（该规定后来成为《TRIPS 协定》第 66 条第 1 款），其内容如下：

"1. 鉴于最不发达国家成员的特殊需要和要求，其经济、财政和管理的局限性，以及为创立可行的技术基础所需的灵活性，不得要求此类缔约方在按以上第［65］条第 1 款所确定之适用日期起算的［……］年期限内适用本协定的规定，但第 3 条、第 4 条［和第 5 条除外，在需要修改国内法律，法规及相关做法以遵守这些规定的情况下。委员会应当按照一最不发达国家缔约方恰当提出的请求，延长该期限。］以上第［65］条第 5 款的规定不适用于最不发达国家缔约方。"①

该草案条款与《TRIPS 协定》第 66 条第 1 款十分相似。关于过渡期的时间仍然被放在方括号之中。关于有可能按照恰当提出的请求而延长初始过渡期的规定，也同样被加了方括号。上述条款的最后一句看起来就是指草案中不加方括号的第 5 款关于提交时间表的规定，因为（a）它同样是未加方括号的，并且（b）它无论如何看起来与草案中不加方括号的第 5 款的第一句更为一致，显然都涉及对过渡期的确定。这最后一句无论在邓克尔草案还是在《TRIPS 协定》最终文本中，都没有再出现。②

2.2.3　邓克尔草案③

《TRIPS 协定》的过渡期问题在 1991 年基本得到解决。1991 年 12 月，最终的时间框架达成一致意见，并反映在邓克尔草案中，它包含了与我们今天在《TRIPS 协定》中所看到的关于过渡期的同样的规定。特别是，与布鲁塞尔草案（参见上文）相对应的是，本草案第 65 条第 1 款所提到的是"本协定"（this Agreement）的生效日，由此引入了一个用于计算过渡期的共同标准，而不管协定对于各个国家来说何时开始具有约束力（《TRIPS 协定》保留

---

① 该草案规定的第 2 段与《TRIPS 协定》第 66.2 条基本相同，但后者并非本章讨论的主题（请参见本书第 35 章）。

② 关于现行《TRIPS 协定》文本中就最不发达国家在这方面的待遇问题，请参见以下本章第 3 节。

③ 文件 MTN. TNC/W/FA，1991 年 12 月 20 日。

了这种计算过渡期的客观方法，但它参照的是《WTO协定》而不是《TRIPS协定》本身的生效之日）。

邓克尔草案第65条包括了一个重要的、额外增加的第4款，内容如下：

"4. 如一发展中国家缔约方按照本协定有义务将产品专利保护扩大至该缔约方在按第2款所规定的适用本协定的一般日期而在其领土内尚未受保护的技术领域，则该缔约方可再推迟5年对此类技术领域适用本协定第二部分第5节关于产品专利的规定。"

之所以纳入这一款，原因在于这样的事实，即很多发展中国家在乌拉圭回合谈判时，并未对农产品和药品领域提供专利保护。实际上，对于大多数发展中国家来说，在这些敏感领域的产品专利保护问题是TRIPS中最引起争议的特征。第4款就因此被引入其中，以处理此类关切。不过，这个额外的过渡期受到第70条第8款项下的信箱规则和第70条第9款项下关于提供专有销售权（exclusive marketing rights/EMR）的义务的约束（参见以下本章第3节）。①

3. 可能的解释

第65条包含了可适用于发达国家（第1款）、发展中国家（第2款）以及转型中的经济体（第3段）的过渡期的规定。第66条第1款则包含了针对最不发达国家（LDCs）的过渡期。这些过渡期都是自动生效的，无需经过特别请求或者保留程序。

3.1 第65条第1款

1. 在遵守第2款、第3款和第4款的前提下，任何成员在《WTO协定》生效之日起1年的一般期限届满前无义务适用本协定的规定。

这一规定为WTO所有成员都设置了一个一般过渡期，无论其经济发展状况如何。因此，任何成员在《WTO协定》生效之日（1995年1月1日）起1年

---

① 简而言之，信箱规则（mailbox rule）要求受益于过渡期的成员为了之后的专利审查而对即将到来的专利申请进行登记，从而为相关发明保留其优先权和新颖性。专有销售权（EMR）是指在过渡期内作为对专利的替代而授予的一种权利，只要它满足了一些重要的前提条件。请注意，提供专有销售权的义务并不适用于最不发达国家，参见以下本章第6.2节。关于信箱规则以及专有销售权的概念，更多内容请参见本书第36章（过渡性规定）。

内，亦即，在 1996 年 1 月 1 日之前，并无义务完全适用《TRIPS 协定》的规定。请注意，这个一般过渡期受到第 65 条第 2 款、第 3 款和第 4 款的约束。

一方面，这些款项进一步扩展了有利于发展中国家和转型经济体的一般过渡期。另一方面，第 2 款中的一般性延长，并未解除各成员有遵守国民待遇与最惠国待遇原则的义务（参见下文）。

3.2　第 65 条第 2 款

> 2. 一发展中国家成员有权将按第 1 款规定的实施日期再推迟 4 年实施本协定的规定，但第 3 条、第 4 条和第 5 条除外。

本款处理的是专门针对发展中国家的过渡期。它将第 1 款的一般过渡期再延长 4 年。因此，针对发展中国家的过渡期，就是从《TRIPS 协定》生效之日起的 5 年，亦即，直至 2000 年的 1 月 1 日。

本款规定还有一个非常重要的例外。根据第 2 款所赋予的额外延长期，并不适用于各成员国在第 3 条、第 4 条和第 5 条项下的义务（国民待遇原则、最惠国待遇原则以及关于取得或维持知识产权的多边协定）。这些规则因此就落入第 65 条第 1 款，发展中国家必须自 1996 年 1 月 1 日起即开始实行第 3 条、第 4 条和第 5 条。[1]

之所以特意要求 WTO 全体成员立即实施国民待遇原则和最惠国待遇原则，是由于意识到上述规则对于《TRIPS 协定》发挥其作用具有根本性的重要意义。[2] 从发达国家的角度来看，立即实施国民待遇原则和最惠国待遇原则，就可以保证知识产权的权利人，无论是其本国国民还是第三国国民，都能够在发展中国家获得公平的对待。作为一项一般性规则，发展中国家的政府不得再以诸如保护国内幼稚工业（domestic infant industries）等为理由，而给予外国权利人以低于其本国知识产权权利人的待遇。[3] 至于最惠国待遇原

---

[1]　根据第 65 条第 3 款与第 66 条第 1 款，同样的规定也适用于转型经济体和最不发达国家。

[2]　WTO 上诉机构已经将国民待遇原则与最惠国待遇原则称为包括《TRIPS 协定》在内的世界贸易体系的"基石"[参见 WTO 上诉机构，"美国—《1998 年综合拨款法》—211 节"案（United States-Section 211 Omnibus Appropriations Act of 1998），WT/DS176/AB/R，2002 年 1 月 2 日（即"美国—哈瓦那俱乐部"案（U. S.-Havana Club），第 297 段]。关于国民待遇与最惠国待遇原则的更多内容，参见本书第一编（第 4 章）。

[3]　参见《TRIPS 协定》第 3 条的相关规定："在知识产权保护方面［脚注省略］，每一成员给予其他成员国民的待遇不得低于给予本国国民的待遇，［……］"（着重号是后加的）。

则，发达国家现在可以确信，在发展中国家那里，其他发达国家国民在知识产权保护方面所得到的待遇不会更优于自己的国民。①

3.3 第 65 条第 3 款

> 3. 正处在从中央计划经济向市场和自由企业经济转型过程中的，并且正在进行知识产权制度结构改革并在制订和实施知识产权法律和法规方面面临特殊困难的任何其他成员，也可受益于第 2 款设想的推迟期限。

针对发展中国家的 5 年过渡期（第 2 款）也适用于转型过程中的国家。与第 2 款不同的是，第 3 款的适用并不是自动的，而是取决于进一步的条件。享受本款规定的成员必须正在进行知识产权制度结构改革并且在制订和实施知识产权法律和法规方面面临特殊困难。此处并未具体说明何为制订和实施知识产权法律和法规方面的"特殊困难"（special problems）。不过可以这样认为，从中央计划经济到自由企业经济本身即构成一项巨大的挑战，且不仅是经济领域的挑战。建立一套与自由市场要求相配套的知识产权制度，就因此看来是一个强有力的表面证据案件（*prima facie case*），说明存在着上述意义上的"特殊困难"。它提到了第 2 款的规定，就说明转型经济体与发展中国家一样，也必须早自 1996 年 1 月 1 日起即遵守国民待遇及最惠国待遇的义务。

3.4 第 65 条第 4 款

> 4. 如一发展中国家成员按照本协定有义务将产品专利保护扩大至该成员在按第 2 款所规定的适用本协定的一般日期而在其领土内尚未受保护的技术领域，则该成员可再推迟 5 年对此类技术领域适用本协定第二部分第 5 节关于产品专利的规定。

---

① 参见第 4 条的相关规定："对于知识产权保护，一成员对任何其他国家国民给予的任何利益、优惠、特权或豁免，应立即无条件地给予所有其他成员的国民。"请注意，在确立《TRIPS 协定》之前，贸易谈判各方日益关切这样的问题，即由于双边压力，导致一些发展中国家只是选择性地对某些国家的国民给予某种知识产权方面的特权，这样既损害其本国国民的利益，也损害第三国国民的利益。但此类做法并不违反国民待遇原则。因此，就需要将最惠国待遇原则也纳入《TRIPS 协定》之中（更多内容，请参见本书第 4 章）。

这是对一般性适用于发展中国家的 5 年过渡期的基础上再额外增加的一个重要的过渡期。与第 1 款至第 3 款适用于各种知识产权的一般过渡期不同，这一额外期限仅限于这样的义务，即把产品专利保护扩大至一成员在适用《TRIPS 协定》之日（亦即，2000 年 1 月 1 日）在其领土内尚未受保护的技术领域。它适用于诸如药品或农业化学品之类的领域，许多发展中国家在《TRIPS 协定》生效之时尚未对此给予专利保护。不过，这项规定应当与第 70 条第 8 款和第 70 条第 9 款结合起来理解，后两者规定发展中国家在适用第 65 条第 4 款时，有义务在过渡期内为上述专利申请的登记提供某种方法，并且提供专有销售权。①

3.5　第 65 条第 5 款

> 5. 一成员利用第 1 款、第 2 款、第 3 款或第 4 款项下的过渡期的，应保证其在该过渡期内对法律、法规和做法的任何变更，不会导致与本协定规定相一致性的程度降低。

本款实质上是为了防止 WTO 成员在过渡期内发生"倒退"，亦即，在其国内法中降低对知识产权的保护标准。另一方面，这一规定也确认，如果某些发展中国家成员在双边协议中选择了"超 TRIPS"的保护水平，那么，《TRIPS 协定》并不禁止其退回到 TRIPS 的一般保护水平。这个问题应专门由各自的双边协议加以调整。

在这种背景下就产生了这样的问题，即第 5 款是否适用于最不发达国家。第 5 款所涉及的仅仅针对第 65 条项下的过渡期问题，而不涉及第 66 条第 1 款项下特别适用于最不发达国家的期限。在第 66 条第 1 款中，没有一处提到可与第 65 条第 4 款相比的任何禁止性规定，也未对本款规定作任何引用。在第 70 条第 2 款项下关于对现有对象提供保护的义务，在第 66 条第 1 款所显示的时间内，对于最不发达国家并不适用（参见下文）。基于这些原因，最不发达国家不受第 65 条第 5 款约束，从而可以在 10 年的过渡期内，使其知识产权法在实际上发生"倒退"。很明显，这一规定并不改变这样的事实，即一旦其开始要承担 TRIPS 义务，则最不发达国家应当确定其知识产权法完全符合《TRIPS 协定》的规定。

---

① 　具体内容，请参见本书第 36 章（过渡性条款）。

3.6 第 66 条第 1 款

> 1. 鉴于最不发达国家成员的特殊需要和要求，其经济、财政和管理的局限性，以及其为创立可行的技术基础所需的灵活性，不得要求此类成员在按第 65 条第 1 款所确定的适用日期起算的 10 年期限内适用本协定的规定，但第 3 条、第 4 条和第 5 条除外。TRIPS 理事会应按照最不发达国家成员提出的有根据的请求，延长该期限。

本条款适用于最不发达国家成员。值得注意的是，在当时只有一个最不发达国家即坦桑尼亚，积极参与了 TRIPS 的谈判过程。第 66 条承认，最不发达国家成员存在着特殊的需要和要求，[①] 因此允许它们在 10 年内实施《TRIPS 协定》即可，除了需要履行国民待遇与最惠国待遇义务（第 3 条至第 5 条）。这就意味着，最不发达国家总体上必须在 2006 年 1 月 1 日之前适用《TRIPS 协定》。在此日期之后，第 70 条第 8 款与第 70 条第 9 款就要求它们像发展中国家那样，为药品和农业化学产品提供一套专利申请的注册系统（信箱），并提供专有销售权（EMRs）。不过，WTO 已经通过一项对最不发达国家的豁免，免除了在 2016 年之前对药品给予专有销售权的义务。[②] 第 66 条第 1 款还规定，最不发达国家可以恰当地向 TRIPS 理事会提出请求，进一步延长该过渡期，而后者应当批准其请求。在这个问题上，应注意 TRIPS 理事会关于实施《TRIPS 协定与公共健康的多哈宣言》第 7 段的决议，根据这一决议，最不发达国家在 2016 年之前可以不适用《TRIPS 协定》有关药品专利与未披露信息的规定。[③] 上文所提到的对授予专有销售权义务的豁免，应当与这种对过渡期的延长结合在一起理解。假如最不发达国家必须规定专有销售权的话，则过渡期的延长就变得收效甚微，因为这就可据以推定给予了该

---

① 请注意，《TRIPS 协定》序言同样认识到，最不发达国家成员在国内实施法律和法规方面特别需要最大的灵活性，以便它们能够创造一个良好和可行的技术基础。

② 该项豁免在 2002 年 7 月 8 日由 WTO 总理事会批准。详细内容，请参见以下本章第 6.2 节。

③ 参见 TRIPS 理事会《关于针对药品为最不发达国家根据〈TRIPS 协定〉第 66 条第 1 款延长过渡期的决议》（Decision of the Council for TRIPS *on the Extension of the Transition Period under Article 66.1 of the TRIPS Agreement for Least-Developed Country Members for Certain Obligations with respect to Pharmaceutical Products*，IP/C/25，2002 年 6 月 27 日）。关于该《决议》与《多哈宣言》的更多内容，请参见以下本章第 6.2 节。

权利持有人以在药品的市场销售上排除他人的权利。①

最后，应当指出的是，上述所有关于计算时间的规定均应参照第 65 条第 1 款或者第 2 款（亦即，《WTO 协定》的生效之日）。这就意味着，对于在此后的某一时刻加入 WTO 的成员，仍将适用相同的过渡期截止时间。举例来说，在 2005 年 1 月 1 日之后加入 WTO 的发展中国家，就无权再主张任何有关产品专利的过渡期。在 2006 年 1 月 1 日之后加入 WTO 的最不发达国家，将不会自动获得一个可与原先那些最不发达国家成员根据第 66 条第 1 款所享有的过渡期相比的过渡期。请注意，这一情形与布鲁塞尔草案的规定有所不同，根据后者的规定，新加入的成员本来可以享有与原始成员同样的时间计算框架。②

4. WTO 案例

4.1 "欧共体—商标和地理标志保护"案

根据澳大利亚③与美国④分别提出的请求，WTO 争端解决机构（DSB）在其于 2003 年 10 月 2 日举行的会议上，成立了单一专家组⑤来审查 1992 年 7 月 14 日第 2081/92 号《欧共体理事会条例》（EC Council Regulation），⑥ 该条例是关于地理标志和农产品、食品原产地标志的保护。申诉状指控该条例

① 请注意，在《TRIPS 协定》项下并没有关于专有销售权的定义。即使各成员因此在其国内设定专有销售权的时候有一定的灵活性，但是，从该术语本身就能得出，它至少在所包含产品的市场销售上存在某种程度的专有性。关于专有销售权的具体内容，特别是它与专利权的区别，请参见本书第 36 章。

② 参见以上本章第 2.2 节，该草案条款的第 1 款后来变成了《TRIPS 协定》第 65 条。该草案关于过渡期的计算是依据《TRIPS 协定》在各个国家的各自的生效之日而起算的，并不是从《WTO 协定》的一般生效日起算。

③ WT/DS290/18，2003 年 8 月 19 日。

④ WT/DS174/20，2003 年 8 月 19 日。

⑤ "欧洲共同体—农产品和食品的商标和地理标志保护"案［*European Communities-Protection of Trademarks and Geographical Indications for Agricultural Products and Foodstuffs*，以下简称"欧共体—商标和地理标志保护"案（*EC—Protection of Trademarks and GIs*)］，2004 年 2 月 24 日，WT/DS174/21 和 WT/DS290/19，应美国和澳大利亚提出的请求成立专家组（Constitution of the Panel Established at the Requests of the United States and Australia）。

⑥ 参见以上本章第 2.1 节。

违反了《TRIPS 协定》第 65 条。① 申诉方主张，上述欧共体条例不符合《TRIPS 协定》的某些实质性条款（特别是关于国民待遇、最惠国待遇、商标及地理标志的规定），② 因此，欧共体没有遵守其根据第 65 条第 1 款而应于 1996 年 1 月 1 日起适用《TRIPS 协定》的义务。

5. 与其他国际文件的关系

5.1 WTO 诸协定

5.2 其他国际文件

第 65 条、第 66 条第 1 款所包含的过渡期，仅仅涉及《TRIPS 协定》项下的义务。最不发达国家成员可能因得益于第 66 条第 1 款或者《TRIPS 协定与公共健康的多哈宣言》第 7 段而不违反《TRIPS 协定》，但与此同时却可能违反了非 TRIPS 义务，比如《巴黎公约》关于专利的规则（假如它也是《巴黎公约》成员国的话）。③ 不过，这样的非 WTO 协定（non-WTO agreements）是无法通过贸易制裁方式执行的，因为它们缺少可与 WTO 的《争端解决谅解》相比的争端解决体系。

6. 新近发展

6.1 国内法

6.2 国际性文件

6.2.1 多哈宣言

6.2.1.1 在第 7 段中的延伸

多哈部长级会议达成一致意见，允许最不发达国家成员将其针对药品而在专利和未披露信息领域的义务延长过渡期，直至 2016 年。该宣言第 7 段的相关部分规定如下：

"［……］关于药品，我们同意在不影响最不发达成员国成员寻求延长

---

① 参见上述由澳大利亚和美国提出的关于成立专家组的请求。

② 参见本书第 4 章、第 14 章和第 15 章。申诉状主要依据的就是这些规定。

③ 《巴黎公约》成员国名单中包含了相当数量的最不发达国家，具体名单请参见〈http：//www.wipo.org/treaties/documents/english/pdf/d-paris.pdf〉。

《TRIPS 协定》第 66 条第 1 款规定的过渡期的权利的情况下，最不发达国家成员在 2016 年 1 月 1 日之前没有义务实施或适用《TRIPS 协定》第二部分第 5 节和第 7 节的规定或者实施这些节所赋予的权利。责成 TRIPS 理事会采取必要措施，根据《TRIPS 协定》的第 66 条第 1 款使上述条款生效。"①

尽管本宣言的法律性质尚存争议，② 但其清晰地显示出，各成员同意将第 66 条第 1 款中所涉及的过渡期从 2006 年 1 月 1 日放宽至 2016 年 1 月 1 日。因此，就药品而言，最不发达国家成员在 2016 年 1 月 1 日之前仍无义务适用《TRIPS 协定》关于专利与未披露信息方面的实质性规定。

最不发达国家成员内部之间可以平等地从事仿制药（generic drugs）的进口和出口。③ 最后，考虑到由不属于最不发达国家的成员（non-LDC Members）将药品进口到最不发达国家成员（LDC Members）的情形，则需要区分以下两种情况。④ 如果由不属于最不发达国家的成员出口一种在其国内不受专利保护的药品（无论是因为该专利已经保护期届满或者由于出口成员属于发展中国家而根据第 65 条第 4 款的规定，在 2005 年之前不必给予其专利），那么，将该低价药品进口到最不发达国家成员是可行的。在另一情况下，如果该药品在出口国是受专利保护的（特别是在 2005 年 1 月 1 日之后，像印度之类的发展中国家也必须对药品给予专利保护了），那么，不再允许仿制药的生产厂商像以前那样，提供受专利保护药品的低价仿制产品。自 2005 年 1 月 1 日起，主要的发展中国家药品出口国必须对药品提供专利保护，但这一事实并不意味着，从上述日期起即禁止任何仿制药品的生产。专利保护

---

① 参见《TRIPS 协定与公共健康的多哈宣言》，WTO 文件 WT/MIN（01）/DEC/W/2，第 7 段。

② 参见 F. Abbott, *The Doha Declaration on the TRIPS Agreement and Public Health：Lighting A Dark Corner at the WTO*，载 *Journal of International Economic Law*（2002），第 469—505 页［以下简称 Abbott, Doha Declaration］。有的观点可能与该书作者所持立场相反，认为《多哈宣言》并不具有法律约束力，因为它没有按照《WTO 协定》第 9 条第 1 款为权威性解释所规定的形式要件而获得通过的，亦即，该《宣言》不是基于 TRIPS 理事会的推荐。但是，这种解释过于形式主义了，它不但不考虑《宣言》本身的明确用语（特别是这里所引用的第 7 段），而且不顾《维也纳条约法公约》第 31 条关于条约解释的规则，其视条约的用语（按其上下文并参照条约之目的和宗旨）为基本的解释标准。

③ 参见 Abbott, *Doha Declaration*，第 503 页。

④ 参见 Abbott, *Doha Declaration*，第 503 页。

仅仅适用于那些在 1995 年 1 月 1 日①之后申请专利的药品，且其必须满足该国对于可专利性的要求。其他药品则不享受专利保护，因此可以继续用来制造低价的仿制药。对于那些受专利保护的药品，在 2005 年 1 月 1 日之后，仍可以根据一项强制许可而以低价出口到符合资格的进口国，其依据是 2003 年《关于执行〈TRIPS 协定与公共健康的多哈宣言〉第 6 段的决议》。②

6.2.1.2 第 7 段与信箱义务

除上文所述情况外，还有更多方面在限制最不发达国家成员可以从《多哈宣言》第 7 段所获得的利益。特别是，已经有评论指出，《多哈宣言》第 7 段并未明确提到《TRIPS 协定》第七部分第 70 条第 8 款与第 70 条第 9 款项下的义务。③ 因此，若对第 7 段采用一种严格解释的方法，就会得出这样的结论，即该段并未免除最不发达国家成员在 2016 年之前提供信箱保护（mailbox protection）和授予专有销售权（EMRs）的义务。④ 其中专有销售权问题，已经通过 2002 年 WTO 总理事会的豁免（WTO General Council waiver）而得到解决（参见下文），但是在信箱义务问题上，尚无任何来自 TRIPS 理事会的澄清。根据《维也纳条约法公约》第 31 条第 1 款，条约应依其用语按照上下文所具有之通常意义并参照条约之目的和宗旨而予以解释。第 7 段的用语确实没有涉及《TRIPS 协定》第七部分。不过，第 7 段的目的是防止《TRIPS 协定》的专利规则成为各成员为保护公共健康所付出努力的障碍。据此可以主张，这种对过渡期的延长，只有在最不发达国家成员并不

---

① 参见第 70 条第 8 款（"信箱规则"），并详见本书第 36 章。另参见 *Implementing the paragraph 6 decision and Doha Declaration：Solving practical problems to make the system work*，贵格会联合国办事处（Quaker United Nations Office）2004 年 5 月 21 日至 23 日所主办研讨会的报告，Jongny-sur-Vevey，Switzerland，Section I。

② 详细内容请参见本书第 25 章。从本质上讲，2003 年 8 月 30 日这项决议（WTO 文件 IP/C/W/405，或由总理事会通过的文件 WT/L/540）授权具有制药能力的成员，为那些存在公共健康方面需求的成员而制造并出口的药品，无需考虑《TRIPS 协定》第 31 条(f)项关于按照强制许可所制造的产品应当主要供应生产国的国内市场的要求。关于这项"第 6 段解决方案"（paragraph 6 solution）的一个批判性分析，请参见 C. Correa，*Recent International Developments in the Area of Intellectual Property Rights*，作者向第二届 ICTSD-UNCTAD Bellagio 发展与知识产权系列（the Second ICTSD-UNCTAD Bellagio Series on Development and Intellectual Property）提交的论文，2003 年 9 月 18 至 21 日，可查于 ttp：//www. iprsonline. org/unctadictsd/bellagio/docs/Correa _ Bellagio2. pdf。

③ 参见 Abbott，*Doha Declaration*，第 502 页。

④ 参见 Abbott，*Doha Declaration*，第 502 页。

同时负有提供信箱保护之义务时，才有意义。固然，这样的义务并不影响最不发达国家成员所享有的权利本身，即它们在 2016 年之前无需对药品给予专利保护。但是，此项义务将使最不发达国家成员必须建立并维持这样的机制，允许为以后的（即从 2016 年开始的）专利审查而接受和保留药品专利申请。这意味着它们需要相当多的经济与管理投入，从而将会给相应国家的公共健康预算带来额外负担。更重要的是，信箱义务将为在 2016 年过渡期届满之后的低价药的可承受性带来相当大的问题。假如其符合可专利性的要求，那么，在过渡期内接受的专利申请，就将于 2016 年 1 月 1 日转变为可执行的专利。相反，如果没有信箱义务的约束，那么，在 2016 年前产生的发明将在 2016年 1 月 1 日之后不再具有新颖性，由此所带来的结果就是，在此日期之后该发明仍不可授予专利，药品也将继续以仿制药（generics）而可为人们所获得。①

根据以上观点，《多哈宣言》第 7 段可以被解释为，它也免除了最不发达国家的信箱义务。然而，无论如何不能确定 WTO 专家组或上诉机构也必然赞同上文所提出的这种解释。也可能提出如下主张，认为这种解释将与第 7段的明确用语相违背，因为第 7 段中并未提到第 70 条。此外，只有在过渡期届满之后，仿制药的无偿可获得性才会受到影响。这些效果可以因此而被认为超出了第 7 段所欲保护的范围。最后，由总理事会发布的豁免（参见下文）明确提到的只是专有销售权，而未涉及信箱义务，这一事实也很可能被解读为这样一种信号，即人们意图让信箱义务得到维持。

6.2.1.3　第 7 段与医药方法专利

另一个解释上的不确定性在于，第 7 段是否延伸至医药方法专利（pharmaceutical process patents）。该段用语直接提到的是医药"产品"（pharmaceutical "products"）。② 但它并不意味着必然将方法专利排除在外。已经有人评论道，第 7 段可以解释为包括了那些随药品一起被授予的方法专利。③ 这就把用于制造药品的方法也包括在内了。

TRIPS 理事会 2003 年 8 月 30 日《关于执行〈TRIPS 协定与公共健康的

---

① 参见 Abbott，*Doha Declaration*，第 502 至 503 页。

② "［……］我们还同意，最不发达国家成员针对药品将不承担义务，来执行和适用《TRIPS 协定》第二部分第 5 节和第 7 节的规定［……］"（参见同上）。

③ 参见 Abbott，*Doha Declaration*，第 504 页，脚注 102 提到包含了方法专利的《TRIPS 协定》第 28 条第 1 款(b)项，可以被认为与《多哈宣言》第 7 段意义上的"药品"的对象相关。

多哈宣言〉第6段的决议》（WT/L/540）中，包含了关于"药品"的定义，规定如下：

"1. 就本决议而言：

（a）'药品'指在医药领域用来处理《宣言》第1段中确认的公共健康问题的任何专利产品，或通过专利方法制造的产品［……］"

该定义并未完全澄清上文所强调的需要解释的问题。它是在方法专利属于为生产一种被专利所包含的产品所必需的范围内，才将方法专利纳入该定义的。而且无论如何，在第6段的特定上下文中所采用的定义，并不一定也适用于第7段。

6.2.1.4　在国内层面适用第7段

重点需要注意的是，第7段所涉及的仅仅是 WTO 成员针对其他成员所承担的义务。因此，一成员不能以最不发达国家成员在 2016 年之前未在其领土内实施、适用或执行专利权为由而对其提出异议。但是，如果一最不发达国家成员并不利用其在第7段项下的权利，并且在 2016 年之前就在其国内法中规定了产品专利的保护，那么，一专利的持有人可以适用其根据当地法律所取得的专利权，并且以仿制药的生产商侵犯其专利权为由提起诉讼。①

因此，在最不发达国家成员的国内法已经提供了专利保护的情况下，要使第7段延长过渡期的规定发生效力的一种方法是，在授权第三方生产仿制药之前，通过其国内立法程序修改国内法。正如上文所述（本章第3节），最不发达国家成员在《TRIPS 协定》项下并未被禁止在过渡期内通过新的法律，降低与《TRIPS 协定》的一致性程度。除了修改国内法，最不发达国家成员的政府还可以选择采取措施，允许其执行机关——无论是行政机关还是法院——拒绝有关强制实施专利权的请求。事实上，此类授权并非必须在事件发生当时授予，其甚至可以在"事实发生之后"补授。不过，正如在大多数法律事务中那样，如果事先采取行动，就可以让政府本身以及政府采购部门免于遭受因为与知识产权的权利人涉及法律纠纷所带来的时间耽搁和额外费用，并且免于受到来自知识产权权利人所在国的潜在的政治压力。

因为各国的政治和宪法架构都会有某种程度的不同，所以，很难就最不发达国家政府应当采取何种步骤而提出一般性指导意见，以便为其在仿制药

---

① 这与如下问题无关，即在相关国家，个人是否可以在当地法院直接引用 WTO 法作为审判依据。发生争议的专利权并非直接出自于 WTO 法，而是基于当地的国内法，而后者通常是可以直接引用的。

的采购及供应上避开知识产权方面的障碍而铺平道路。如果其行政当局和议会（或立法机关）合作起来，授权政府采购部门可以为促进和保护公共健康而不必考虑知识产权保护，那么，对于大多数或者全部最不发达国家来说，都将是达成目标的合适途径。当然也还有其他可能并且可行的程序。[1]　不过，政府应当避免针对来自不同国家的知识产权权利人而给予歧视待遇，以便遵守《TRIPS 协定》关于国民待遇与最惠国待遇的规定。

6.2.2　TRIPS 理事会关于执行延长期的决议

2002 年 6 月 27 日，TRIPS 理事会根据第四次部长会议针对第 7 段的指示，通过了关于执行《TRIPS 协定与公共健康的多哈宣言》第 7 段的决议（参见上文）。该决议规定如下：

"考虑到《TRIPS 协定》第 66 条第 1 款；

考虑到部长会议就《TRIPS 协定与公共健康的多哈宣言》（WT/MIN(01)/DEC/2）（简称'《宣言》'）第 7 段向 TRIPS 理事会所作的指示；

考虑到《宣言》第 7 段构成了最不发达成员恰当提出的请求，要求根据《TRIPS 协定》第 66 条第 1 款而延长过渡期；

决议如下：

1. 就药品而言，最不发达国家成员在 2016 年 1 月 1 日之前并无义务实施或适用《TRIPS 协定》第二部分第 5 节和第 7 节，或者实施由这两节所规定的权利。

2. 本决议并不影响最不发达国家成员有权寻求在《TRIPS 协定》第 66 条第 1 款所规定期限的其他延长。"[2]

该决议的第 1 段与第 2 段基本上就是重复《TRIPS 协定与公共健康的多

---

① 由行政当局或者议会单独采取行动，可能就非常合适了（取决于各成员的宪法安排），并且，法院也有权以自己的方式采取行动，考虑到《TRIPS 协定》的原则而决定不适用专利保护。在所有这些可能采取的方法中，最可靠的方法看来还是对法律进行实际修改，而后由法院加以适用（参见上文）。但另一方面，这种方案的缺点在于其过程比较费时。此外，在过渡期结束之前还必须再次对法律进行修改，以消除可能引发延迟实施《TRIPS 协定》的风险。

② TRIPS 理事会《关于针对药品为最不发达国家根据〈TRIPS 协定〉第 66 条第 1 款延长过渡期的决议》 （Decision of the Council for TRIPS *on the Extension of the Transition Period under Article 66.1 of the TRIPS Agreement for Least-Developed Country Members for Certain Obligations with respect to Pharmaceutical Products*），WTO 文件 IP/C/25，2002 年 6 月 27 日。

哈宣言》第 7 段所使用的语言。就第 7 段所遗留的在解释上的不确定之处（参见上文的讨论），则未作任何澄清。① 本决议开头引言的第 3 段（"考虑到……"），确认了根据第 7 段而对过渡期所作的延长，是依据《TRIPS 协定》第 66 条第 1 款的第二句。

6.2.3 关于提供专有销售权义务的豁免

2002 年 7 月 8 日，WTO 总理事会批准了由 TRIPS 理事会提交的一项豁免草案，涉及最不发达国家成员在延长的过渡期内提供专有销售权（EMRs）的问题。② 该豁免（waiver）规定如下：

"总理事会，

考虑到《马拉喀什建立世界贸易组织协定》（《WTO 协定》）第 9 条第 1 款、第 3 款和第 4 款；

根据《WTO 协定》第 4 条第 2 款，在两次会议的间隔期应由部长会议行使职能；

注意到《TRIPS 理事会关于针对药品为最不发达国家根据〈TRIPS 协定〉第 66 条第 1 款延长过渡期的决议》（Decision of the Council for TRIPS on the Extension of the Transition Period under Article 66.1 of the TRIPS Agreement for Least-Developed Country Members for Certain Obligations with respect to Pharmaceutical Products，IP/C/25，简称'《决议》'），已由 TRIPS 理事会在 2002 年 6 月 25 日至 27 日举行的会议上，遵照部长会议在《TRIPS 协定与公共健康宣言》（Declaration on the TRIPS Agreement and Public Health，WT/MIN(01) /DEC/2，简称'《宣言》'）第 7 段中的指示予以通过；

考虑到《TRIPS 协定》第 70 条第 9 款项下的义务，即使可以适用，也不应阻止《宣言》第 7 段目标的实现；

注意到由于存在上述的例外情形，说明对于最不发达国家而言，有必要在药品上给予针对《TRIPS 协定》第 70 条第 9 款的豁免；

决议如下：

1. 在 2016 年 1 月 1 日以前，最不发达国家应就药品而被免除其在

---

①　不过请注意，关于专有销售权（EMRs）的问题，已经根据由总理事会所通过的一项豁免得到了解决。参见下文。

②　该项免除声明的草案由 TRIPS 理事会于 2002 年 6 月 27 日通过。免除声明的文本可查于 http：//www.wto.org/english/news_e/pres02_e/pr301_e.htm。

《TRIPS 协定》第 70 条第 9 款项下的义务。

2. 根据《WTO 协定》第 9 条第 4 款的规定，此项豁免应当在其被授予之后的 1 年内由部长会议进行审查，此后应每年进行审查，直至该项豁免终止。"

该项豁免完成了《多哈宣言》第 7 段的一项重要的补充性功能。如前文所提到的那样，第 7 段就其确切的适用范围，特别是就专有销售权和信箱申请制度而言，留有解释上的不确定之处。该项豁免就说清楚了，最不发达国家在药品领域的专有销售权的义务应当予以免除，直至 2016 年（但受到年度审查的约束）。

这在相当程度上提高了根据《多哈宣言》第 7 段延长过渡期所带来的实践价值。如果最不发达国家成员必须提供专有销售权的保护，那么，还能否获得某一药品的低价仿制版药品，就将被打上大大的问号。取决于当地的法律，专利申请人可能就无法引用专有销售权，来反对该专利申请所包含药品的制造或进口。但是，如果存在专有销售权，专利申请人就可据此而在各该最不发达国家成员全境禁止销售较低成本的仿制药品。[①]

另一方面，在该豁免的用语中，明确提到了第 70 条第 9 款，这就可以推断出，该豁免并不意图包括最不发达国家在该延长的过渡期内提供信箱申请制度的义务（第 70 条第 8 款）。

6.3　地区和双边情况

6.4　审查建议

对于在第 65 条和第 66 条第 1 款所包含的过渡期，尚无任何正式的审查。

7. 评论（包括经济和社会意义）

考虑到在发展中国家和最不发达国家实施《TRIPS 协定》，需要付出巨大

---

① 参见 Abbott, *Doha Declaration*，第 502 页，脚注 99，另请注意，如果在国内法没有作出任何澄清，那么，专有销售权（EMRs）可能就会受到与专利相同的那些限制的约束（比如《TRIPS 协定》第 30 条项下的一般性例外条款，或者第 31 条项下的强制许可的规定），因此，它甚至会给以促进廉价药品的可获得性为目标的公共健康政策带来更大的负担。不过需要注意的是，印度在其国内法中就规定，专有销售权要受到强制许可的约束。

的适应性努力，因此，设立过渡期对于这些成员来讲，具有重大意义。如果说针对发展中国家的 5 年过渡期，或者针对最不发达国家的甚至长达 10 年或（在药品上的）20 年过渡期，看起来时间颇为长久，但是需要指出的是，这些国家本身通常并不像对应的发达国家那样，拥有一种知识产权保护的传统。韩国①和日本的例子已经表明，一个国家如欲建立以知识产权为基础的产业（IPR-based industries），从事创新性与发明性活动，那么，该国拥有人力资源、企业家能力、制度和政策都将是必不可少的，这些要素在一个坚实可行的技术基础中起着核心作用。只有在这个时候，一个较强的知识产权保护才具有相关性。但在另一方面，如果不具备这些要素，那么一种较强的知识产权保护制度就会阻止国内产业从事合法的模仿与创新，发展中国家就只能听命于外国知识产权权利人的意愿来分享其知识。就此意义而言，过渡期构成了发展中国家的一个重要工具，以此帮助建立一个坚实可行的基础，并进而发展其自己的以知识产权为基础的产业。

---

① 关于韩国在知识产权方面的经验及其对技术转让的影响的一个具体分析，请参见 Linsu Kim，*Technology Transfer and Intellectual Property Rights：Lessons from Korea's Experience*，UNCTAD-ICTSD，Geneva，2003（可查于 http：//www.iprsonline.org/unctadictsd/docs/Kim2002.pdf）。

第34章 国际技术合作和技术转让

第69条 国际合作

各成员同意相互进行合作，以消除侵犯知识产权的国际货物贸易。为此，它们应在其政府内设立联络点并就此作出通知，并准备就侵权货物的贸易交流信息。它们特别应就假冒商标货物和盗版货物的贸易而促进海关之间的信息交流和合作。

第67条 技术合作

为促进本协定的实施，发达国家成员应发展中国家成员和最不发达国家成员的请求，并按双方同意的条款和条件，应提供有利于发展中国家成员和最不发达国家成员的技术和资金合作。此种合作应包括帮助制定有关知识产权保护和实施以及防止其被滥用的法律和法规，还应包括支持设立或加强与这些事项有关的国内机关和机构，包括人员培训。

第66条 最不发达国家成员

1. ［……］
2. 发达国家成员应鼓励其领土内的企业和组织，促进和鼓励向最不发达国家成员转让技术，以使这些成员创立一个良好和可行的技术基础。

---

1. 引言：术语、定义和范围

以上引用的《TRIPS 协定》条款，为其成员之间在国际合作、技术合作和鼓励技术转让方面形成一个国际体制创设了基础。这三个要素之间彼此不同，因此有必要加以明确区分。

国际合作（《TRIPS 协定》第 69 条）旨在消除侵犯知识产权的国际货物贸易。该规定明确提到了假冒商标货物和盗版货物的贸易，因而是对于在乌拉圭回合谈判之前工业化国家所强烈呼吁的主要关切的回应。根据第 69 条，侵犯知识产权的国际货物贸易应当通过国际合作予以消除。要达到这一目标，就需要在其政府内设立联络点并通知其他成员，目的是为了在有关侵权货物的贸易方面互相交换信息。特别是，各成员应当就假冒商标货物和盗版货物的贸易而促进海关之间的信息交流和合作。本条规定适用于所有成员，而不论其发展程度如何。它的目标是要加强在这个领域合作的国际程序。①

与之相反的是，其他规定虽然也有助于建立这种合作体制，但它们是专门针对发达国家成员所规定的，目的是为了对发展中国家和最不发达国家所面临的特殊困难给予救济。其中包括了两方面的政策：技术合作（《TRIPS 协定》第 67 条）与鼓励技术转让（《TRIPS 协定》第 66 条第 2 款）。根据第 67 条，发达国家成员在某些条件下，② 有义务提供有利于发展中国家成员与最不发达国家成员的技术与资金合作。尽管有此义务，但第 67 条项下的技术合作的总体目的，还是符合发达国家利益的，因为此处提供技术合作的目的，是"为了促进本协定的实施"。

第二个政策方面仅仅适用于最不发达国家成员，正如第 66 条第 2 款所表述的那样。与上述关于国际合作和技术合作的规定不同，本款规定是为了促进最不发达国家成员的利益。通过规定发达国家成员有义务提供激励，以促进和鼓励向最不发达国家成员转让技术，这一规定就考虑到了这样的担心，即《TRIPS 协定》所带来的收益可能会绕过世界上最贫穷的国家。

技术转让可以通过正式的以及非正式的方式而得到实现。非正式的技术转让是通过模仿来实现的，并且通常不需要建立在任何金钱交易和法律协议的基础上。③ 正式的技术转让则是一项商业操作，需根据包含金钱交易的法律安排进行。它包括如下方式：外商直接投资（FDI）、合资、全资子公司、许可、技术服务协议、联合研究与开发（R&D）、培训、信息交换、销售合同以及管理合同等。④

---

① 请注意，本条款中相当概括性的术语是由其他关于知识产权执行、获得及维持等方面的最低要求的具体条款加以补充的（第 41 条至第 46 条；第 51 条，它涉及对假冒商标货物和盗版货物的边境措施）。更多具体内容，请参见本书第 30 章。

② 这些条件将在以下本章第 3 节中予以详细考察。

③ 参见 UNCTAD-ICTSD, *Intellectual Property Rights：Implications for Development*, Policy Discussion Paper, Geneva, 2003, 第 5 章（以下简称 UNCTAD-ICTSD Policy Discussion Paper）。

④ 参见 Keith Maskus, *Encouraging International Technology Transfer*, UNCTAD-ICTSD, Geneva, 2004, 可查于〈http：//www.iprsonline.org/unctadictsd/projectoutputs.htm＃casestudies〉.（以下简称 Maskus, 2004）。

2. 条文沿革

2.1　TRIPS 之前的状况

在《TRIPS 协定》通过之前，发展中国家的知识产权制度普遍被认为缺乏适当的保护。特别是，拥有先进的知识产权保护制度的发达国家，以及总部位于这些国家的跨国公司均表达了这样的担忧，即由于发展中国家的知识产权保护与执行不力，导致权利在其母国受保护的产品遭到了广泛的复制，从而给其贸易和投资带来了负面影响。这些复制品又可能通过贸易方式，轻松地流出国界，因此减损相关知识产权所有人所受到的保护。通过加强合作来消除这样的侵权性贸易，也就因此成为 TRIPS 的倡导者所希望实现的主要目标之一。

另一方面，发展中国家虽然被认为在知识产权制度上较为薄弱，但它们也被认为在获得对其发展有帮助的技术上存在着真正的困难。为了解决此类问题，《联合国关于技术转让的示范法草案》(Draft UN Code on the Transfer of Technology) 包含了这样的规定，强调了发达国家有必要实施旨在鼓励向这些国家转让技术的政策。① 同样，1976 年缔结的《经济合作与发展组织跨国企业指南》(OECD Guidelines for Multinational Enterprises)，也包含关于"科学与技术"的一章，鼓励跨国公司在其经营所在国实行科学与技术政策的合作。② 此外，在国内法层面，许多发展中国家以及某些发达国家采用了特别的技术转让制度，以调整输入型技术转让交易 (inward technology transfer) 的条款和条件。③ 因此，在 TRIPS 之前，人们普遍承认发展中国家在技术转让方面所存在的特殊困难，无论在国内法还是在国际方面。

---

① 参见 S. Patel，P. Roffet 和 A. Yusuf，*International Technology Transfer. The Origins and Aftermath of the United Nations Negotiations on A Draft Code of Conduct*，Kluwer Law International，The Hague，2001（以下简称 Patel/Roffe/Yusuf）。另请参见 UNCTAD，*International Investment Agreements：A Compendium*（New York and Geneva 1996，United Nations）第 I 卷至第 III 卷（特别参见第 I 卷第 2、6 和 7 章，第 184 页至第 186 页、第 195 页至第 198 页）[以下简称 UNCTAD，Compendium (IIAS)]。

② UNCTAD，Compendium (IIAS)，第 II 卷，第 192 页。

③ 参见 Michael Blakeney，*Legal Aspects of the Transfer of Technology to Developing Countries*（Oxford 1989，ESC Publishing）。

2.2 谈判经过

谈判经过表明，《TRIPS 协定》的这些规定在此过程中没有受到任何大的修改。前后草案之间的显著差别将在下文概要说明。

2.2.1 第 69 条

2.2.1.1 安奈尔草案①

"4. 国际合作（68）

缔约各方同意相互进行合作，以消除侵犯知识产权的国际货物贸易。为此，它们应在其政府内设立联系点并就此作出通知，并准备就侵权货物的贸易交流消息。它们特别应就假冒商标货物的贸易而促进海关之间的信息交流和合作。（68）（另参见以下第九部分第［一］点）"②

2.2.1.2 布鲁塞尔草案③

"缔约各方同意相互进行合作，以消除侵犯知识产权的国际货物贸易。为此，它们应在其政府内设立联系点并就此作出通知，并准备就侵权货物的贸易交流消息。它们特别应就假冒商标货物的贸易而促进海关之间的信息交流和合作。"

第 69 条的主要变化，涉及对由信息交流和合作义务所涵盖的、在知识产权方面的违法贸易的类型做了扩展。因此，尽管安奈尔草案和布鲁塞尔草案专门提到的只有"假冒商标货物的贸易"（trade in counterfeit goods），而《TRIPS 协定》最终文本中提到的则是"假冒商标货物和盗版货物"（counterfeit trademark goods and pirated copyright goods）的贸易。

2.2.2 第 67 条

2.2.2.1 安奈尔草案

"2. 技术援助（68）；技术合作（73）；国际合作，技术援助（74）

2A 发达国家缔约方如果被发展中国家缔约方请求，应就其制定和实施有关本附件所包含知识产权以及防止其被滥用的法律和法规提供咨询，并且应按双方同意的条款和条件给予它们技术援助，设立与实施知识产权立法相关

---

① 文件 MTN. GNG/NG11/W/76，1990 年 7 月 23 日。

② 请注意，这里所提到的第九部分相关规定如下："期望提供适当的程序和救济，以打击假冒商标货物和盗版货物的国际贸易，同时确保合法货物的自由流通。"

③ 《体现多边贸易谈判乌拉圭回合成果的草案最后文本（修订）》（Draft Final Act Embodying the Results of the Uruguay Round of Multilateral Trade Negotiations, Revision），与贸易有关知识产权（包括假冒货物贸易）谈判组，MTN. TNC/W/35/Rev.1，1990 年 12 月 3 日。

的国内机关和机构，包括在其各自政府内所雇用官员的培训。(68)

2B 本协定的缔约各方应当在根据以下第八部分第 1B 点规定所设立的委员会与世界知识产权组织以及其他国际组织的协调下，视适当之情况为发展中国家和最不发达国家提供技术合作。应这些国家的请求，此种合作包括有关以下内容的支持和咨询：人员培训，对国内法律、法规和实践的介绍、修改与实施，以及争端解决委员会的协助。(73)"

2.2.2.2　布鲁塞尔草案

该草案与《TRIPS 协定》最终版本的第 67 条实质性相同。

在安奈尔草案与《TRIPS 协定》最终版本第 67 条之间可以注意到两大修改。第一项修改涉及在制定有关知识产权的法律与法规方面提供技术援助的职责范围。安奈尔草案使用的术语是"应当给予它们技术援助……"（参见以上提案 2A），表明了履行此项义务有一定程度的强制性。最终版本放弃使用"给予"（grant）这一字眼，而只是表述为"此种合作应包括帮助……"。这就显示出在履行帮助义务时的一种命令性较低的方式，暗示在该领域的这种帮助可以是发达国家成员所采用的更广泛政策的一部分，并且在事实上，这种帮助是经由这些成员的自主决定和判断的基础上给予的，从而与强制性义务相反。第二项修改是在最终文本草案中删除了所提议的第 67 条第 2 款（参见以上提案 2B）。这项规定概述了根据本条款所将进行合作的机构程序。它涉及通过为此而设立的一个委员会和世界知识产权组织进行合作，以协调针对发展中国家和最不发达国家的技术合作。这一草案条款在布鲁塞尔草案阶段即已放弃。

2.2.3　第 66 条第 2 款

第 66 条第 2 款并未体现在安奈尔草案中。它在布鲁塞尔草案中才开始出现的，并且与《TRIPS 协定》最终文本的该条款实质性相同。布鲁塞尔草案中的规定与《TRIPS 协定》最终文本第 66 条第 2 款一样，都专门适用于最不发达国家成员。

3. 可能的解释

3.1　第 69 条

根据本条规定（"各成员同意相互进行合作……"），WTO 各成员承诺进行合作。该条用语就暗示着，通过在各成员的政府中所建立的联络点采用强制性合作的方式。这些联络点的存在必须向其他成员作出通知。

它们还必须"准备就……交流信息"。因此，各成员并没有向其他成员自愿提供信息的积极义务（positive duty），但是在接到请求时应当提供相关信息。

最后，它特别提到应就假冒商标货物和盗版货物的贸易而促进海关之间的合作。

3.2　第 67 条

根据本条规定，发达国家成员并没有在合作方面的强制性规则或方法。不过，发达国家成员如果收到由一发展中国家成员或最不发达国家成员所提出的请求，就激活了它们提供合作之义务，随后双方就应该就合作过程的条款和条件达成一致。

合作的本质被描述为是在"技术和资金方面"的。鉴于发展中国家成员或最不发达国家成员有提出请求的自由，而被请求的发达国家成员也有自由通过双方同意的方式，来决定据此请求所进行合作的本质和范围，因此，该合作可能涉及技术合作、资金合作或者两者兼而有之。当事方在谈判过程中可以对此自由作出决定。

第 67 条的其他部分补充了三条可能的合作途径，以供发达国家成员、发展中成员或者最不发达成员考虑：

——帮助制定有关知识产权保护和实施的法律和法规；

——帮助防止滥用那些用来保护和实施知识产权的法律和法规（此项内容与第 69 条的更一般性目标相关）；

——支持设立或加强与这些事项有关的国内机关和机构，包括人员培训。

3.3　第 66 条第 2 款

本条为发达国家成员设定了一项义务，要求鼓励其领土内的企业和组织，促进和鼓励向最不发达国家成员转让技术，以使这些成员创立一个良好和可行的技术基础。

该义务的确切范围和本质并未作具体界定。因此，看起来发达国家成员这一方就如何履行该义务而言，拥有相当大的自由裁量权。[①] 不过，有一点很清楚，即这项义务的确存在并且必须得到履行。这样理解符合《TRIPS 协定》第 7 条和第 8 条中所列明的《TRIPS 协定》的总目标，亦即，知识产权的保护应有助于促进技术革新及技术转让和传播，有助于技术知识的创造者和使用者的相互利

---

① 不过请注意，这一规定已经通过 TRIPS 理事会所作的关于执行《TRIPS 协定》第 66 条第 2 款的决议而增加了某种精确性。更多详情，请参见以下本章第 6.2.3 节。

益，并有助于社会经济福利及权利与义务的平衡。而且，《多哈部长宣言》(Doha Ministerial Declaration) 明确重申了第 66 条第 2 款项下规定的强制性特征。①

最后，该义务涉及的鼓励转让的技术包括了他人享有所有权的技术，而不仅仅是处于公有领域的技术。② 后者较容易获得，而前者的转让则属于相关权利持有人专有的自主决定的范围。

3.4　上述这些规定的整体效果

因此，这些条款组合起来就在《TRIPS 协定》各成员之间，特别是发达国家成员与发展中国家成员或最不发达国家成员之间，创设了一种合作的模式，其目标在于：

——控制假冒商标货物的国际贸易（第 69 条）；

——为发展中国家与最不发达国家的知识产权保护建立一套有效的法律和行政制度（第 69 条和第 67 条）。

——鼓励发达国家成员的企业和组织向最不发达国家成员转让技术，以帮助创立一个良好和可行的技术基础（第 66 条第 2 款）。

根据这些条款，TRIPS 理事会经常从发达国家收到许多关于其技术合作项目的通知。

4. WTO 案例

到目前为止，尚未有任何与这些规定相关的争端被提交到 WTO 争端解决机构。

5. 与其他国际文件的关系

5.1　WTO 诸协定

WTO 的多项协定在各种不同的条款③中，都特别规定了有必要向发展中

---

① 更多详情，请参见以下本章第 6.2.2 节。

② 参见 C. Correa, *Can the TRIPS Agreement Foster Technology Transfer to Developing Countries?*

2003 年 3 月向杜克大学会议提交的论文草稿（以下简称 Correa, Draft）。

③ 关于这些条款的一个具体综述，参见 UNCTAD（2001），Compendium of International Arrangements on Transfer of Technology. Selected Instruments, New York and Geneva，第 52 页及以下 ［以下简称 Compendium (TOT)］。

国家成员和最不发达国家成员提供技术援助。① 这些规定中的每一条，都具体地与各项协定的特定主题相关。以下诸项条款尤其值得参考：《技术性贸易壁垒协定》（TBT）第 11 条、第 12 条；《服务贸易总协定》（GATS）第 4 条；《实施卫生与植物卫生措施协定》（Agreement on the Application of Sanitary and Phytosanitary Measures）第 9 条；以及《关于实施 GATT 1994 第 7 条的协定》［Agreement on Implementation of Article VII of the GATT 1994，简称《海关估价协定》（Customs Valuation Agreement）］第 20 条第 3 款。

5.2 其他国际文件

其他多边文件中也含有此类规定，以就母国（home country）承诺采取有利于发展中国家的措施而提供谈判机会。②

6. 新近发展

6.1 国内法

6.2 国际文件

6.2.1 WIPO-WTO 关于技术合作的协议

1996 年，WTO 与 WIPO 达成了一项技术合作协议。与此处讨论议题相关的是其中的第 4 条，它处理的是"法律技术援助与技术合作"（Legal-Technical Assistance and Technical Cooperation）：

"（1）［法律技术援助与技术合作的可获得性］国际局应当保证不属于 WIPO 成员国的 WTO 发展中国家成员可以获得与 WIPO 成员国中的发展中

---

① 对于所承担的义务，特别是针对最不发达国家成员义务，而采取一般性的灵活方式，这是作为《1994 年乌拉圭回合最终文本》（Final Act of the Uruguay Round of 1994）附件的《关于采取有利于最不发达国家措施的决定》（Decision on Measures in Favour of Least Developed Countries）所支持的。

② 由于相关协定数量众多，对此一一进行讨论就超出了本书的范围。关于技术转让方面的国际文件的一个概述，参见 Compendium（TOT）。关于在国际协定中母国采取措施以鼓励向发展中国家进行外国直接投资（FDI）与技术转让，对此所作的一个详细分析，参见 UNCTAD，*Home Country Measures：Facilitating the Transfer of Technology to Developing Countries*，UNCTAD 国际投资协定系列丛书，New York and Geneva（即出，2005 年）。

国家相同的与 TRIPS 相关的法律技术援助。WTO 秘书处应保证不属于 WTO 成员但属于 WIPO 成员国的发展国家可以获得与 WTO 的发展中国家成员相同的与 TRIPS 相关的技术合作。

（2）［国际局与 WTO 秘书处之间的合作］国际局与 WTO 秘书处应当就《TRIPS 协定》为发展中国家提供法律技术援助与技术合作方面加强合作，以最大程度地发挥此类行动的效用并保证其相互支持的本质特性。

（3）［信息交流］为实现上述第（1）段和第（2）段的目标，国际局与 WTO 秘书处应当保持定期联络并就非保密信息进行交流。"

因此，只要发展中国家属于这两大组织中的任何一个，这两大组织的秘书处就应当向其提供相同的技术和法律援助。

此外，还应注意 2001 年 6 月 14 日 WTO-WIPO 的联合倡议（joint initiative），提出为帮助最不发达国家成员遵守其在《TRIPS 协定》项下的义务而向这些国家提供技术援助。该联合倡议建立在 WIPO 与 WTO 的现有合作①以及该两大组织各自技术援助项目的基础之上。这与 1998 年启动的一个 WIPO-WTO 联合项目②相似，该项目旨在帮助所有的发展中国家，特别是那些必须在 2000 年以前遵守《TRIPS 协定》③ 的、不属于最不发达国家的发展中国家。而最不发达国家则是要等到 2006 年 1 月 1 日才必须遵守《TRIPS 协定》。这些发展中国家必须保证其关于版权、专利、商标以及知识产权其他领域的立法与《TRIPS 协定》相一致。④ 它们还须提供有效执法的措施，以处理各种各样的侵犯知识产权行为。为帮助这些国家履行义务，在联合倡议之下的技术援助就包括在以下方面的合作：筹备立法、培训、机构建设、知识

---

① 《世界知识产权组织与世界贸易组织协定》 （Agreement between the World Intellectual Property Organization and the World Trade Organization），参见〈http：//www. wto. org/english/tratop _ e/trips _ e/intel3 _ e. htm〉。

② 参见 WTO 在 1998 年 7 月 21 日发布新闻，载〈http：//www. wto. org/english/news _ e/pres98 _ 3/pr108 _ 2. htm〉。

③ 请注意，根据《TRIPS 协定》第 65 条第 4 款，对于向在适用《TRIPS 协定》的一般日期（即 1996 年 1 月 1 日）在该发展中国家领土内尚不受保护的领域提供产品专利保护的义务，这个最后期限已经延长到 2005 年 1 月 1 日。

④ 请注意，在某些条件下，这个最后期限已经根据《TRIPS 协定与公共健康多哈宣言》第 7 段的规定（WT/MIN（01）/DEC/W/2）而获得了延长：各成员同意，"针对医药产品，最不发达国家成员在 2016 年 1 月 1 日之前并无义务实施或适用"《TRIPS 协定》关于专利权和关于未披露信息的规定（不影响它们根据《TRIPS 协定》第 66 条第 1 款而寻求进一步延长过渡期的权利）。详情请参见本书第 33 章。

产权制度的现代化以及执法。① 所有最不发达国家均可以参与到该项目所提供的技术援助中来。它们并非必须属于 WIPO 或者 WTO 的成员。②

技术援助是促进发展中国家适度融入多边贸易体系的重要手段。它也是实现贯穿本书所强调的、在《TRIPS 协定》中固有的灵活性的一种手段。

6.2.2　关于《TRIPS 协定》第 66 条第 2 款的多哈授权

在 2001 年 11 月于多哈举行的 WTO 部长级会议上，各成员国同意了一项与实施有关的问题和关切的决议。③ 该决议处理了若干发展中成员关于在其国内法中实施 WTO 协定的一些成见。④ 就《TRIPS 协定》而言，该决议的第 11.2 段规定如下：

"重申《TRIPS 协定》第 66 条第 2 款的规定是强制性的，各方同意 TRIPS 理事会应建立一套机制，以保证相关义务得到监督并被彻底执行。为此目的，发达国家成员应在 2002 年年底之前提交详细报告，说明其为履行第 66 条第 2 款项下的承诺而在激励企业进行技术转让的实践中所发挥的作用。所提交的报告应受 TRIPS 理事会的审查，并且各成员应每年对信息进行更新。"

根据上述决议的第二句，发达国家成员应就其为技术转让提供激励机制的"在实践中所发挥的作用"而作出报告。这就表明，该用语可以被解释为要发达国家成员承担义务建立实际促进成功的技术转让的激励制度。⑤

6.2.3　TRIPS 理事会的最新发展

根据《与实施有关的问题和关切的多哈决议》　（Doha Decision on Implementation-Related Issues and Concerns），WTO 的 TRIPS 理事会于

---

　　①　在联合国所定义的 50 个最不发达国家中，就有 31 个属于 WTO 成员（另外还有 9 个国家正在谈判以获得 WTO 成员资格）。参见〈http：//www. wto. org/english/thewto _ e/whatis _ e/tif _ e/org7 _ e. htm〉。

　　②　世界知识产权组织/世界贸易组织于 2001 年 6 月 14 日举行的新闻发布会（Press/ 231），*WIPO and WTO launch new initiative to help world's poorest countries*。

　　③　《与实施有关的问题和关切的决议》（Decision on Implementation-Related Issues and Concerns），WTO 文件 WT/MIN（01）/17，2001 年 11 月 20 日。

　　④　参见该决议的第 3 项，内容如下："决定采取切实行动，以解决许多发展中国家成员提出的关于执行某些 WTO 协定与决议的问题和关切，包括在不同领域中履行其义务时所面临的困难和资源限制。"

　　⑤　参见 Correa，Draft。

2003 年 2 月 19 日通过了一项关于执行第 66 条第 2 款的决议。① 从本质上看，它为发达国家设置了一项义务，需提交其为鼓励其领土的企业和组织向最不发达国家成员转让技术所采取的或计划采取的行动（包括任何特定的立法、政策或监管架构）的报告。该报告应每年更新，且每三年应提交新的详细报告。TRIPS 理事会在每年年底的会议上将对这些报告进行审查，其他成员将有机会针对报告进行提问或者请求获得更多的信息。发达国家成员有义务披露有关其激励机制的信息，特别是这些激励在实践中所发挥作用的情况。② 最后，包含在本决议中的安排，应于三年后由理事会进行审查，以便对其加以完善。

本决议构成了一项意图让第 66 条第 2 款得以执行的重要步骤。它在相当程度上减少了发达国家成员在执行该条规定时所享有的自由裁量权。

6.2.4　WTO 贸易和技术转让工作组

在《多哈部长宣言》（Doha Ministerial Declaration）第 37 段，各成员同意建立一个贸易和技术转让工作组（Working Group on Trade and Technology Transfer）。其授权如下：

"37. 各方同意在总理事会授权下的工作组针对贸易与技术转让的关系，以及任何可能在 WTO 命令范围内被采纳的用以促进向发展中国家进行技术转让的措施建议进行检查。总理事会应当向部长大会第五次会议报告该检查的进展情况。"

6.2.5　《生物多样性公约》缔约方大会

在 2004 年 2 月举行的第七次会议上，《生物多样性公约》（Convention on Biological Diversity/CBD）的缔约方大会（Conference of the Parties/COP）决定，邀请 CBD 秘书处、WIPO、联合国贸易和发展会议（UNCTAD）以及其他相关组织来准备：

---

① 参见 WTO 文件 IP/C/28.

② 根据该决议第 3(d) 段，此类信息包括：

"—有资格的企业或组织使用相关激励的统计数据和/或其他信息；

—已由这些企业和组织所转让的技术类型与技术转让的合同条款；

—技术转让的模式；

—接受这些企业和组织所转让技术的最不发达国家以及专门针对最不发达国家的激励程度；以及

—任何其他能够获得的、用以帮助评估促进与鼓励向最不发达国家转让技术使其建立起良好而可行技术基础措施的效果的信息。"

"进行专业研究，进一步探索和分析在生物多样性公约的语境下，知识产权在技术转让中的作用，并确定潜在的选择方案，以加强合作和克服阻碍技术转让与合作的障碍，符合《约翰内斯堡执行计划》（Johannesburg Plan of Implementation）第 44 条的规定。应当全面考虑到知识产权所带来的收益和成本。"①

6.3 地区和双边情况

6.3.1 地区情况

6.3.1.1 发达国家成员与发展中国家成员之间的协议

2000 年《科托努协定》（Cotonou Agreement）② 意在鼓励发展中国家缔约方更加全面地融入到全球经济中来。为此目的，欧共体与发展中国家缔约方之间在经济发展领域的合作就包括了在科学、技术和研究的基础设施与服务方面的开发，还包括新技术改进、转让与吸收方面的发展（参见该协定第 23 条(j)项）。

特别相关的是，所有缔约方在该协定的第 46 条中承诺，保证对于《TRIPS 协定》所涵盖的知识产权以及其他权利提供一种适当和有效的保护水平。其中就包括这样一种共识，即在制定和实施有关本领域的法律和法规，设立行政机关和训练人员方面加强合作。

利用同样的方法，在欧共体与拉丁美洲经济一体化组织之间也达成了一项协定，其中承诺在包括鼓励技术转让在内的方面进行经济合作。③

---

① 参见 UNEP/CBD/COP/7/L.20，2004 年 2 月 19 日，第 11 页。

② 欧洲委员会（EC）（2000），*Partnership Agreement between the Members of the African, Caribbean and Pacific Group of States of the one part, and the European Community and its Member States, of the other part, signed in Cotonou, Benin on 23 June 2000* 。（参见〈http://www.acpsec.org/gb/cotonou/accord1e.htm〉）

③ 参见《欧共体与卡塔赫纳协定及其成员国合作框架协议》（Framework Agreement for Cooperation Between the EC and the Cartagena Agreement and its Member Countries），1993 年，第 3 条［UNCTAD, *International Investment Agreements: A Compendium* (New York and Geneva, 2000)（以下简称 UNCTAD, 2000），第 V 卷，第 187 页］；以及《欧共体与南方共同市场地区间框架合作协议》（EC-MERCOSUL/R Interregional Framework Cooperation Agreement），1993 年，第 11(2)条和第 16(2)(b)条（UNCTAD, World Investment Report 2001，第 162—164 页）。［卡塔赫纳协定（Cartagena Agreement）于 1969 年签署，是由南美洲国家所组成的安第斯共同体（Andean Community）的基础。——译者］

6.3.1.2　发展中国家成员之间的协议

在一些发展中国家成员和最不发达国家成员之间的内部区域经济一体化协议中，也包含某些鼓励在该区域运营的企业进行技术开发和转让的条款。这些条款可分为两大类：一类是强调在该区域内就相关领域的技术开发和转让进行合作的一般性条款；另一类是建立区域性跨国企业（regional multinational enterprises）的专门条款，而这转而又服务于在该区域内进行技术开发和转让之目的。①

6.3.2　双边情况

尽管几乎所有的双边投资条约（bilateral investment treaties/BITs）都不涉及有关技术转让的问题，但应当指出的是，1997 年的荷兰示范协议（Dutch model agreement）在其前言中这样表述，"协议对于［由一缔约方国民在另一缔约方境内所作］投资而给予待遇的规定，将刺激资本和技术的流动以及缔约各方的经济发展。"② 因此，荷兰示范协议就在促进和保护投资者及其投资（可以认为还包括知识产权）与刺激技术转让之间建立了一种清晰的关联。不过，提高知识产权保护标准是否就会自动导致更多的技术转让，这一点还远没有肯定的答案（参见以下本章第 7 节的讨论）。

7. 评论（包括经济和社会意义）

7.1　技术合作

考虑到许多发展中国家成员和最不发达国家成员缺乏知识产权相关方面

---

① 关于一般性条款，参见，例如，1991 年《建立非洲经济共同体条约》（Treaty Establishing the African Economic Community），它号召共同体统一各成员国关于科学技术的政策，促进成员国在工业技术及实施技术培训项目方面的技术合作与经验交流（第 4 条第 2 款(e)项和第 49 条(h)项，载 UNCTAD 2000，第 IV 卷至第 V 卷，见第 V 卷，第 16—18 页）。类似的承诺还可见于 1993 年《西非国家经济共同体修订条约》（Revised Treaty of the Economic Community of West African States/ECOWAS）第 26 条第 3 款（i）项（UNCTAD, 2000a，第 V 卷，第 40 页），以及 1993 年《建立东非和南非共同市场条约》（Treaty Establishing the Common Market for Eastern and Southern Africa/COMESA）第 100 条(d)项和第 103 条第 2 款（UNCTAD Compendium (IIAS)，第 III 卷，第 102 页）。关于专门条款，参见，例如，《建立东非和南非共同市场条约》（COMESA）第 101 条第 2 款(iv)项（UNCTAD Compendium (IIAS)，第 III 卷，第 103 页）。

② UNCTAD, 2000，第 V 卷，第 333 页。

的经验和专门知识的情况比较普遍，因此，对这些国家提供技术援助的必要性也是显而易见的。在这方面具有至关重要意义的是，决策者和技术援助的提供者要充分意识到，《TRIPS 协定》固有的灵活性是可以被用来实现发展目标的。在这方面，比如向发展中国家提供技术援助的适当性及其本质特性，已经引发了很多关切。① 特别是，任何涉及技术性知识产权援助的组织或者机构，应当考虑到援助目标国不同的发展水平，以及这些国家在知识产权实施方面的不同需求。

技术援助的另一重要方面是，促使发展中国家积极参与目前在日内瓦正在进行的谈判，并且在有关知识产权的国际会议上能够有专家来代表它们。此处就明确了两种援助的途径：② 第一，扩大国际组织的资金来源，以便为发展中国家支付相关费用；第二，通过为发展中国家永久性提供咨询而提高它们的参与质量。

7.2 技术转让

考虑到一国的财富和竞争力越来越多地依赖于它为世界市场生产出高科技产品的能力，因此，发达国家与发展中国家之间的技术差距已经成为发展

---

① 这种批评不仅来自许多的非政府组织（NGO），而且知识产权委员（IPR Commission）也表达了批评意见（参见 IPR Commission，第 158 页）："我们认识到，世界知识产权组织（WIPO）在促进知识产权保护方面起到了某种作用。不过，我们认为，它的工作应当更加细致，以便与联合国以及整个国际社会所认可的经济和社会发展目标相一致。将一种更加平衡的方法（A more balanced approach）用于知识产权的分析，以及 WIPO 的项目，无论对该组织还是对于占成员国大多数的发展中成员来说，都将是有益的。"并参见该报告第 161 页："同样有证据证明，在认可 WIPO 所提供技术援助的情况下，其结果并没有把所有的《TRIPS 协定》的灵活性都吸收在内。例如，非洲知识产权组织（OAPI）国家认可 WIPO 的技术援助，但这些国家之间的《班吉协定》（Bangui Agreement）在修订之后，有许多方面甚至比《TRIPS 协定》还走得更远，从而广受批评。它要求最不发达国家成员（OAPI 成员国中绝大多数属此）提前适用《TRIPS 协定》；它在比《TRIPS 协定》更广的范围内，限制颁发强制许可；它没有明确允许平行进口；它在协议中吸收了 1991 年国际植物新品种联盟（UPOV 1991）的要素，并且规定版权保护期为作者死后 70 年。"另参见 S. Musungu/G. Dutfield, *Multilateral agreements and a TRIPS-plus world：The World Intellectual Property Organisation（WIPO）*, TRIPS Issue Paper 3, Quaker United Nations Office, Geneva 2003（可查于〈http://www.geneva.quno.info/pdf/WIPO（A4）final0304.pdf〉）。

② 同上注，第 165 页。

中国家融入全球经济的主要障碍之一。① 考虑到大多数发展中国家是新技术的净进口方（net importers），引进这些转让技术对其来说，就是技术变革的一个关键来源。② 第 66 条第 2 款正是考虑到这一点，故由各成员承担义务，采取激励措施以促进和鼓励向最不发达国家成员转让技术。

　　然而，对于鼓励向最不发达国家成员转让技术并帮助其建立可行和良好的技术基础方面，第 66 条第 2 款所起到的效果还是非常有限的。③ 这里提出了诸如适当性（appropriateness）的问题，不仅针对第 66 条第 2 款，而且涉及《TRIPS 协定》从总体上对于培养有效的技术转让是否适当的问题。④ 关键问题在于，在发展中国家和最不发达国家提高知识产权保护标准，正如《TRIPS 协定》所促进的那样，是否就会实际导致向这些国家的技术转让增加。在这个方面，各种意见差别很大，目前所能够得到的实证性证据也无法对此得出明确结论。⑤

---

　　① 这种差距的重要意义可由 2000 年的下列数据加以说明：10 个发达国家占到了全球年度 R&D 投入的 84%，收到了全球跨境技术许可使用费的 91%，并且占 1977 年到 2000 年间美国所授予专利总数的 94%。数据来自 Correa Draft，表 1。

　　② 参见 Policy Discussion Paper，第 5 章，以及 Maskus，2004。

　　③ 参见 Keith Maskus，*Intellectual Property Rights in the Global Economy*（Washington DC，Institute for International Economics，2000），第 225 页。另参见 IPR Commission，第 26 页。

　　④ 参见 IPR Commission，第 26 页。另参见 Correa，Draft，他的结论是："《TRIPS 协定》基本上被设想为一种由权利持有人对受保护的技术加强控制的手段，其目标并不是为了促进全球范围内的技术转让和使用。事实上，技术转让并不是 TRIPS 的支持者所关心的话题，而且这种新的保护主义标准（new protectionist standards）对技术转让可能造成的影响，从未在谈判过程中得到认真考虑。"

　　⑤ 参见 Policy Discussion Paper，第 5 章，以及 Maskus，2004。

第 35 章　TRIPS 理事会

第 68 条　与贸易有关的知识产权理事会

TRIPS 理事会应监督本协定的运用，特别是各成员遵守本协定项下义务的情况，并为各成员提供机会就与贸易有关的知识产权事项进行磋商。理事会应履行各成员所指定的其他职责，特别是在争端解决程序方面提供各成员要求的任何帮助。在履行其职能时，TRIPS 理事会可向其认为适当的任何来源进行咨询和寻求信息。经与 WIPO 磋商，理事会应寻求在其第一次会议后一年内达成与该组织各机构进行合作的适当安排。

---

1. 引言：术语、定义和范围

TRIPS 理事会负责监督 WTO 成员遵守其在《TRIPS 协定》项下的义务。① 建立该理事会的法律依据是《WTO 协定》第 4 条第 5 款，其中规定了该理事会"应当负责"《TRIPS 协定》的"运行"。为了从 WTO 的总体组织结构中理解 TRIPS 理事会的作用，以下先对此作一简要介绍。

a）部长会议（Ministerial Conference）是 WTO 的主要机构，由所有 WTO 成员的部长级代表组成，每两年至少召开一次会议。根据《WTO 协定》第 4 条第 1 款，部长会议"有权对各多边贸易协定项下的所有事项作出决定"，其中就包括了《TRIPS 协定》。部长会议对于多边贸易协定，享有作出具有普遍约束力之解释的排他性权力（《WTO 协定》第 9 条第 2 款）。

b）总理事会（General Council）由所有 WTO 成员的代表组成，这些代表通常就是各成员向 WTO 递交国书的常驻日内瓦的大使，其在适当时候召开会议（《WTO 协定》第 4 条第 2 款）。根据该条款的规定，在部长会议休会期间，总理事会行使部长会议的职能。换句话说，部长会议的决策权在大多数时候是委托总理事会行使的。除此之外，总理事会还具有另外两项职能：

---

① 关于该理事会职能的更多具体介绍，参见以下本章第 3 节。

根据各种不同的规则，它也可以作为争端解决机构（Dispute Settlement Body）（在此情况下，它本身有责任通过由争端解决专家组和上诉机构所作的报告）和作为贸易政策评审机构（Trade Policy Review Body）开会（参见《WTO 协定》第 4 条第 3 款、第 4 款）。

c）TRIPS 理事会、货物贸易理事会和服务贸易理事会是在"总理事会的一般指导下"进行工作（《WTO 协定》第 4 条第 5 款）。根据同一条款，这些理事会的成员资格对所有 WTO 成员的代表开放。

2. 条文沿革

2.1　TRIPS 之前的状况

正如本书其他部分所解释的那样，与贸易有关的知识产权是在 GATT-WTO 结构中的一个全新而复杂的主题，因此有必要建立一个新的机构，负责处理该项新协定的运行和实施。

2.2　谈判经过

第 68 条的谈判历史与谈判中的实质性问题相互交织在一起。既然在《TRIPS 协定》本身设定实质性标准的想法，一直到 1989 年 4 月乌拉圭回合中期审议时才被普遍接受，所以，在此之前对于建立什么样的组织来监督在这一领域的协定的运行，并没有引起太多关注。而关于作为 GATT 继承者的机构究竟应当是什么样子的争论，更增添了上述问题的复杂性。

总的来说，发展中国家在乌拉圭回合开始之后的很长时间内都坚持认为，《TRIPS 协定》与《服务贸易协定》应当被放在不同的轨道上，而不应与货物贸易领域的谈判混在一起。它们的想法是，不能让这两项主题根据任何可能的争端解决规则诉诸裁决（non-justiciable）。但事情并未朝着它们的设想发展，这也是后来为什么发展中国家赞成设立一个单独的机构来监督《TRIPS 协定》的主要原因。

2.2.1　安奈尔草案
该草案规定如下：①

"与贸易有关的知识产权委员会（68）；与贸易有关的知识产权法委员会

---

① 参见 1990 年 7 月 23 日由 TRIPS 谈判组主席安奈尔（Lars E. R. Anell）发布的综合文本，文件 MTN. GNG/NG11/W/76。

(73)；TRIPS 委员会(74)

1A 缔约各方应建立一个由每一缔约方的代表所组成的与贸易有关的知识产权委员会（Committee on Trade Related Intellectual Property Rights）。委员会应选举自己的主席，建立自己的程序规则，并至少在每年召开一次会议，或者应任何缔约方的请求召开会议。委员会应当监督本附件的执行情况，特别是缔约各方履行义务的情况，并应向其缔约方提供在贸易相关的知识产权问题上进行磋商的机会。其应履行缔约全体方所指定的其他职责，特别是根据《总协定》第 22 条和第 23 条规定的程序中提供缔约各方要求的任何帮助。在履行其职能时，该委员会可向其认为适当的任何来源进行咨询和寻求信息。(68)

1B (i) 缔约各方在与贸易有关的知识产权委员会（以下简称'委员会'）中都应有代表。它应每年选举主席，并在必要时召开会议，但不得少于每年一次。它应履行在本部分规定的或由缔约各方所指定的职责。它可以成立工作组。(73)

(ii) 委员会应当考虑其目标而监督本部分的实施与运用。它应检查由 GATT 秘书处所准备的与知识产权相关的或者对之造成影响的法律、法规、惯例和国际条约的定期国别报告（periodical country reports）。它应在适当的时候，向相关的缔约方提出建议。(73)

(iii) 委员会应定期商定一份关于国别报告的计划表。它应当通过一项工作计划，协调缔约各方在技术合作领域的活动。(73)

(iv) 委员会应当每年向缔约方全体报告。它可以提交建议。(73)

(v) 委员会有权制定和通过有关解释的指南，特别是针对上述第三部分和第四部分的解释。它应当考虑已通过的专家组报告的相关认定结果。(73)

1C 应当建立由缔约各方代表所组成的 TRIPS 委员会。TRIPS 委员会应根据本协定履行职能，或者由缔约各方所指定的其他职能。(74)

联合专家组(68)，专家联合组(73)

2A 为促进与贸易有关的知识产权委员与 WIPO 下设机构进行合作，委员会应邀请后者与 GATT 秘书处作为一个联合专家组（Jjoint Expert Group）的秘书处，该联合专家组由缔约方全体的代表和巴黎联盟以及伯尔尼联盟的成员国代表所组成。专家组应当按照委员会的请求，就委员会所考虑的技术问题而提供咨询意见。

2B 为促进与贸易有关的知识产权委员会与 WIPO 下设机构进行合作，委员会可在适当时候建立专家联合组（Joint Groups of Experts），后者由缔约方全体的代表和由《巴黎公约》（1961）与《伯尔尼公约》（1971）各自所创设之联盟的成员国代表组成。按照委员会的请求，专家联合组应当就其所考虑的技术问题提供咨询意见。(73)"

提案"A"和提案"B"都比《TRIPS 协定》最终文本第 68 条所包含的范围宽泛。后者只限于 TRIPS 理事会的实质性职能，而安奈尔草案项下的这些提案还额外包含了若干关于该机构的组织结构的规定（特别是关于其组成、主席人选以及程序规则）。此类组织规则后来从专门的《TRIPS 协定》的上下文中被移除，并为《WTO 协定》所吸收（参见第 4 条第 5 款、第 6 款）。不过，与安奈尔草案相反的是，《WTO 协定》并未明确提到主席的选举。至于"委员会"（Committee）（该机构就是后来的 TRIPS 理事会）的实质性职能，《TRIPS 协定》最终版本更接近于提案"A"，而不是提案"B"。后者包括了比前者更具体的内容。就委员会的监督职能而言，它明确提到应当考虑《TRIPS 协定》的目标。在安奈尔草案阶段，这些目标是被包括在一个条款中的，那就是后来的《TRIPS 协定》第 7 条。这项草案条款规定如下：

"1B 缔约各方认识到，知识产权的授予不仅是对发明人和创造者所作贡献的承认，而且是为了有助于技术知识向可能从中受益的那些人扩散和传播，从而有助于社会和经济福利，并且同意应当遵守在所有知识产权制度中固有的这种权利和义务的平衡。

2B 缔约各方同意，知识产权的保护和实施应有助于促进技术革新，提高技术转让以提升知识的创造者和使用者的相互利益。"①

在关于委员会的监督职责的上下文中引用上述这些目标，就凸显出部分发展中国家对于在处理知识产权问题时缺少灵活性所表现的关切。现有的《TRIPS 协定》第 68 条已经没有了可与之对比的引用。

最后，在两项草案的提案中，各有单独一个条款提到了与 WIPO 的合作。提案"A"与提案"B"在这一点上区别不大，特别是它们都提到，委员会应当接受 GATT-WIPO 联合专家组的咨询意见。在这方面，这两个草案的提案都比《TRIPS 协定》最终版本规定得更为具体，后者只是一般性提到应与 WIPO 各机构建立"合作的适当安排"（参见以下本章第 3 节）。

2.2.2　布鲁塞尔草案

1989 年 4 月，当所有国家都同意在知识产权实质性标准上进行谈判确保之后，讨论随即在有关机构安排上展开，而到 1990 年在布鲁塞尔召开会议

---

①　请注意，《TRIPS 协定》最终版本的第 7 条更接近于这里所引用的第 2 段。

时，该草案①就包含了如下规定：

"缔约各方应建立一个由每一缔约方的代表所组成的与贸易有关的知识产权委员会。委员会应选举自己的主席，建立自己的程序规则，并至少在每年召开一次会议，或者应任何缔约方的请求召开会议。委员会应监督本协定的运用，特别是缔约各方遵守本协定项下义务的情况，并为缔约方提供机会就与贸易有关的知识产权事项进行磋商。它应履行缔约各方所指定的其他职责，特别是在争端解决程序方面提供缔约各方要求的任何帮助。在履行其职能时，委员会可向其认为适当的任何来源进行咨询和寻求信息。经与世界知识产权组织磋商，委员会应寻求在其第一次会议后 1 年内达成与该组织各机构进行合作的适当安排。ᵃ

注释：（a）本规定有赖于为本协议的国际实施所作机构安排而作出的相关决定。"

该草案条款与今天的《TRIPS 协定》第 68 条在实质上是非常相似的。只有三处细微的差别。第一，草案条款在它最初的两个句子中提到了委员会的机构组织（现可见于《WTO 协定》第 4 条第 5 款和第 6 款）。第二，该草案使用的术语与今天略有不同，即称为"委员会"（而不是"TRIPS 理事会"）以及使用的是"缔约方"（Parties）而非"成员"（Members）。后者可以用这样的事实来解释，即 GATT 1947 缺乏法律人格（legal personality），因为它并不是一个国际组织，而只是一项协议。因此，它没有"成员"，只有"缔约各方"（Contracting Parties）。同样，"委员会"一词所反映的也是 GATT 及其各项协定中的用法。第三，该草案条款末尾的注释在《TRIPS 协定》第 68 条中不再继续保留。与 WIPO 的《合作协定》随后于 1995 年订立（参见以下本章第 3 节）。

2.2.3 邓克尔草案

邓克尔草案②在 1991 年 12 月提交时，已经采用了"理事会"一词，而不再使用"委员会"。这是因为在邓克尔草案关于机构安排的规定发布之前所进行的密集谈判。除此之外，邓克尔草案的第 68 条与现行《TRIPS 协定》的规定基本相同。

简而言之，正是在这一时期，以下问题获得了解决：第一，乌拉圭回合的成果是一个单一承诺（single undertaking），亦即，一国必须要么接受所有

---

① MTN. TNC/W/35/Rev. 1，1990 年 12 月 39 日。

② MTN. TNC/W/FA，1991 年 12 月 20 日。

的协定，要么全部放弃；第二，作为 GATT 继承者的，将是一个称为 MTO
［多边贸易组织（Multilateral Trade Organization），后来更名为世界贸易组织
（World Trade Organization）］的国际组织；第三，将设定一个统一的争端解
决机制，亦即，具有约束力的争端解决规则将跨越边境而得到适用。① 最后，
处于其顶层的是总理事会，其下直接成立三个理事会（货物贸易理事会、服
务贸易理事会和 TRIPS 理事会）。

3. 可能的解释

3.1　理事会的职能

> TRIPS 理事会应监督本协定的运用，特别是各成员遵守本协定项下义
> 务的情况，［……］

监督各成员遵守其义务的情况，这是理事会的首要任务。为便于实现该
目标，第 63 条第 2 款规定，各成员有义务将其与 TRIPS 相关的法律和法规通
知理事会。② 这种方法可以降低成员因违反本协定而诉诸争端解决程序的必要
性。③ 第 68 条第一句中提到了"特别"（in particular）一词，表明这种监督
并非限于各成员对《TRIPS 协定》的遵守情况的审议。从更一般性的情况看，
理事会被设想为要监督本协定的"运行"（operation），该术语指的是保证本
协定顺利运行这一整体目标，包括其目的和原则。除监督各成员履行义务的
情况外，理事会还要承担其他职能，具体如下文所述。

> ［……］并为各成员提供机会就与贸易有关的知识产权事项进行磋商。
> ［……］

理事会还要提供一个平台，以就与贸易有关的知识产权事项进行磋商。
这对于各成员建立互相信任与合作来说真是一大贡献，从而可以有效地防止
各成员诉诸争端解决程序。

---

① 这意味着交叉报复（关于这个概念的定义，参见本书第 30 章）的可能性。
② 更多具体内容，参见本书第 31 章。
③ 不过请注意，就 TRIPS 相关的国内规则作出通知的义务，只有在它们生效之后才
可适用（参见本书第 31 章）。

［……］理事会应履行各成员所指定的其他职责，特别是在争端解决程序方面提供各成员要求的任何帮助。［……］

假如各成员之间无法解决一项争端时，理事会的一项重要职责就是在 WTO 专家组或者上诉机构的争端解决程序中，为各成员提供帮助。

［……］在履行其职能时，TRIPS 理事会可向其认为适当的任何来源进行咨询和寻求信息。［……］

理事会在采集为正确履行其主要职能所必需的相关信息时，享有相当大的自由裁量权。

经与 WIPO 磋商，理事会应寻求在其第一次会议后一年内达成与该组织各机构进行合作的适当安排。

WTO 与 WIPO 之间的合作协定于 1995 年签订，已于 1996 年 1 月 1 日起生效。① 从实质上看，它涉及三个不同领域的合作。第一，WIPO 同意向 WTO 成员、WTO 成员的国民、WTO 秘书处以及 TRIPS 理事会提供在 WIPO 数据库中包含的法律和法规，以及向上述各方提供服务以接入国际局（International Bureau）的包含法律和法规的电子数据库。第二，就《TRIPS 协定》而言，两大组织均同意关于实施《巴黎公约》第 6 条之三的程序。这涉及由 WTO 成员就有关不应被作为商标使用的国家徽记向国际局作出通报。② 第三，也是对于那些并未全部加入 WTO 和 WIPO 这两大组织而只加入其一的发展中国家和最不发达国家来说最重要的一点是，两大组织同意向这些国家提供由其成员有权享有的与 TRIPS 相关的法律——技术援助和/或技术合作，即使它们是属于另一组织的成员。同样，为了使这些活动的效用最大化，两大组织同意在它们的技术援助活动中加强合作。

除了在第 68 条中明确规定的职能，TRIPS 理事会同样被赋予在《TRIPS 协定》其他条款中所提到的其他职责：③

• 在《TRIPS 协定》不同部分规定的各种例外必须通知该理事会，特别是在下列条款中规定的例外：第 1 条第 3 款、第 3 条第 1 款、第 4 条（d）项以

---

① 该协定的文本，可查于 〈http：//www. wto. org/english/tratop ＿ e/trips ＿ e/wtowip ＿ e. htm〉。

② 《巴黎公约》第 6 条之三禁止将国徽用作商标或商标的组成部分而予以注册。

③ 关于这些条款的更多信息，参见本书各章。

及第 63 条第 2 款。[①]

· 根据第 23 条第 4 款，理事会为建立葡萄酒与烈性酒地理标志的通知与注册多边制度，应当承担谈判职责。[②]

· 根据第 24 条第 2 款，理事会被授权监督有关地理标志条款的适用情况。

· 根据第 63 条第 2 款，理事会应接受 WTO 成员关于与 TRIPS 相关立法的通知。

· 根据第 66 条第 1 款，理事会应最不发达国家成员提出的请求，在过渡期届满从而 TRIPS 准则对最不发达国家成员完全生效时，有权给予其过渡期的延长。

· 根据第 71 条，理事会负责针对《TRIPS 协定》的实施情况每两年进行审查。

3.2　理事会的实际活动

3.2.1　会议

根据《WTO 协定》第 9 条 5 款，TRIPS 理事会"应在必要时举行会议"以履行其职责。理事会在实践中遵循了这一建议。会议的数量由主席经咨询各成员并考虑下一年的工作量之后决定。也就是说，TRIPS 理事会视情况在适当的时候举行会议。根据最近的情况来看，每年四五次正式会议已经成为惯例。这些会议的主要目的是监督《TRIPS 协定》的运行。此外，TRIPS 理事会也举行"特别会议"（special sessions），以协调第 23 条第 4 款规定的葡萄酒与烈性酒地理标志的注册与通知多边制度（参见上文）。

3.2.2　决策过程

根据《WTO 协定》第 9 条第 5 款，TRIPS 理事会制定了自身的程序规

---

① 关于通知程序的具体技术信息，可以从《关于通知要求的技术合作手册》（Technical Cooperation Handbook on Notification Requirements）中找到，WTO 文件 WT/TC/NOTIF/TRIPS/1，可见于 WTO 网站的在线文件部分（http：//www.wto.org）。另参见 WTO 的 IP 门户网页〈http：//www.wto.org/english/tratop _ e/trips _ e/trips _ e.htm〉（"Notifications under the TRIPS Agreement"）。

② 请注意，根据《多哈部长宣言》第 18 段（2001 年 11 月 20 日，WTO 文件 WT/MIN(01) /DEC/1)，各成员同意在"部长大会第五次会议"（the Fifth Session of the Ministerial Conference）之前就该多边制度进行谈判。然而，直至 2003 年 9 月 10 日至 14 日在墨西哥坎昆举行的第五次部长会议，尚未就该多边注册达成一致意见（详细内容，参见本书第 15 章）。

则，并已经总理事会批准。TRIPS 理事会的程序规则与总理事会的程序规则基本上相同，但略有调整。

正如其他 WTO 机构那样，TRIPS 理事会的决议通常也采取协商一致（consensus）的方式。在无法达成一致意见的情况下，TRIPS 理事会将该事项提交总理事会，由后者做出决定。这意味着当 TRIPS 理事通过决议时，不应有任何出席会议的成员正式表示反对。在理论上，这意味着任何一个成员如果不同意某一提议中的决议，都有权予以阻止。当然在实践中，采取这样一种立场就需要有足够的理由，而且采取如此做法的成员，可以预见到将会受到其他意欲推进该决议的成员所施加的压力。在 WTO 各种不同机构的谈判中，也遵循同样的模式。当一代表团提出其认为重要的事项时，它通常可以召集其认为可能支持该议题的具有同样想法的代表团，举行非正式会议（这可以在 TRIPS 理事会范围之外举行）。一旦获得关键性大多数的支持，该代表团就可以向主席提出，请求将该事项纳入下一次 TRIPS 理事会正式会议的议程之中。若该事项比较简单，主席无需进一步咨询就可以将此纳入议程。另一方面，若该事项可能是一个争议性问题，则主席可以召集所谓的小组非正式会议，以寻求一项可为各方同意的妥协方案。

3.2.3 对遵守义务的审查

在实践中，TRIPS 理事会付出很大精力在这项职责上。各成员根据第 63 条第 2 款对理事会负有的通知义务，构成了理事会对该成员实施立法情况进行审议的基础。[①] 显然，行使这项职责的前提条件是，该成员实施《TRIPS 协定》的义务已经开始。[②] 因此，在《TRIPS 协定》生效一年之后，理事会才开始针对过渡期于 1996 年 1 月 1 日届满的发达国家的立法进行审查。这项任务现已完成。目前，TRIPS 理事会正在针对绝大多数发展中国家的立法着手审查。[③] 对于最不发达国家成员，则尚未启动审查，因为考虑到它们实施《TRIPS 协定》的义务尚未开始（总体说来，自 2006 年 1 月 1 日开始，参见第 66 条第 1 款）。

---

① 第 63 条第 2 款在相关部分提到："各成员应将第 1 款所指的法律和法规通知 TRIPS 理事会，以便在理事会审议本协定运用情况时提供帮助。[……]"详细参见本书第 31 章。

② 参见第 65 条与第 66 条关于过渡期的规定。更多详情，参见本书第 33 章。

③ 其立法目前正在受到审查的国家的名单，参见 WTO 的 IP 门户网页〈http：//www. wto. org/english/tratop _ e/trips _ e/trips _ e. htm〉（"Review of members'implementing legislation"）。

至于审查本身，它的实施程序如下。该成员就其法律和法规作出通知，最好是全部法律和法规，但如果未能全部备齐，哪怕只有部分也可。① 然后，其他有兴趣的 WTO 成员有机会对其进行书面询问；后由被审查立法的相关 WTO 成员以书面方式作答，最好在理事会举行会议之前。通常，针对该成员提供的回答还会有进一步的提问，而这些问题必须在之后的理事会会议上予以回答。为使相应的回答具有令人满意的实质性内容，被审查立法的成员应从其首都请来专家和政府官员参加会议。

可以看到，关于提问和回答的时间以及最后期限都是非常灵活的。这也是为什么审查可能持续 6 至 9 个月而跨越两次甚至多次会议的原因。该程序的时间较长，另一个原因是由于这样的事实，即一些发展中国家成员和最不发达国家成员并没有财力将它们所拥有的全部专家都带来参加这些会议。

最后，应当强调指出的是，对于被审查立法的 WTO 成员来说，该项审查并不影响其权利和义务。即使其他成员对于这些条款与 WTO 的兼容性表示怀疑，该成员仍然可以自由决定是否维持其立法。唯一可能迫使该成员修改其立法的方式是通过《争端解决谅解》（DSU）［特别是中止减让（suspension of concession）的方式］。但是，这也只能在专家组报告或上诉机构报告获得通过之后才可以授权采取此种方式。这个程序是与 TRIPS 理事会的审查过程完全独立的。在审查立法的过程中，WTO 一成员对另一成员的国内法所表达的意见，并不导致专家组或上诉机构在进行相关审查时提早做出结论。

4. WTO 案例

第 68 条并不包含任何实质性义务，因此，迄今尚未成为任何 WTO 争端的特定目标。不过，专家组或上诉机构在审查一成员的立法是否遵守《TRIPS 协定》时，可能会引用其他成员在理事会的审查程序中所提供的评论。

5. 与其他国际文件的关系

5.1　WTO 诸协定

TRIPS 理事会是为监督《TRIPS 协定》的运行而专门设立的。WTO 的

---

① 这是为了鼓励各成员就其相关立法作出通知，即使在该立法只是部分完成的情况下。

任何其他部门都无法替代其职能，除非是总理事会在特定情况下，即必须做出某一决议而 TRIPS 理事会各成员处于一种无法达成此决议的状态时。

如果把它与服务贸易理事会（GATS Council）相比较，可能需要指出的是，对 TRIPS 理事会所赋予的权力要大得多。与《TRIPS 协定》第 68 条相反的是，GATS 第 24 条并未授权服务贸易理事会监督各成员遵守其在 GATS 项下之义务的情况。这种在权力分配方面的差别是由于这样的事实，即根据《TRIPS 协定》，每一个成员都必须遵守共同的（最低）标准。相反，GATS 的义务范围则取决于每一成员的具体承诺表（schedule of specific commitments），因此，成员之间都各不相同。从实践的角度看，对此类承诺的监督看来就比对于《TRIPS 协定》项下的共同标准的审查要复杂得多。

5.2 其他国际文件

6. 新近发展

6.1 国内法

6.2 国际文件

伴随着 2003 年总理事会《关于执行〈TRIPS 协定与公共健康的多哈宣言〉第 6 段的决议》的《主席声明》（Chairperson's Statement）中，有几处地方都提到了 TRIPS 理事会的工作与职能：

"［······］第三，下列措施对于各成员寻求快速而友好地解决在本《决议》使用和实施过程中所出现的问题，具有重要意义：

• 为提高透明度，避免争议，《决议》第 2 段(a)项(ii)小项中的通知应包含相关成员如何根据《附件》证明其在制药领域生产能力不足或没有生产能力的信息。

• 按照 TRIPS 理事会的通常做法，根据本制度所发出的通知应当被提交下一次会议中接受审议。

• 任何成员都可以将有关本《决议》使用和实施的任何问题，包括与产品的转移出口有关的问题，提交 TRIPS 理事会进行快速审议，以求采取相应行动。

• 任何成员如果担心本《决议》的条款未获得全面遵守，则该成员可向总干事或者 TRIPS 理事会主席求助，以寻求一个双方都能接受的解决方案。

第四，所有采集到的与《决议》实施有关的信息均应在 TRIPS 理事会根据《决议》第 8 条所作的年度审查中，提请其注意。

[……]"①

6.3　地区与双边情况

6.4　关于审查的建议

没有任何提议要求修改 TRIPS 理事会的职能。

7. 评论（包括经济和社会意义）

对于来自发展中国家和最不发达国家的代表，正式与非正式地参加 TRIPS 理事会的会议，都为它们提供了一个机会，以更好地熟悉该审查过程。因此，当轮到它们被审查时，就能够更有效地与 TRIPS 理事会及其成员进行合作。在这种情况下，就应当再次强调，对国内知识产权法的审查并不构成争端解决程序（参见以上本章第 3 节）的前置环节。相反，这一过程应当被理解为是通过成员之间的合作与对话而避免诉诸争端解决机制的一种手段。就该审查过程而言，这些审查的书面记录提供了一种具有很高价值的信息来源。②

发展中国家适当参与诸如 TRIPS 理事会这样的高度专业的机构，这一问题值得进一步考虑。它们派来出席 TRIPS 理事会的常常并不是 TRIPS 方面的专家，而是负责各种各样不同事务的贸易外交代表。发达国家的情况就不是这样，一般来说，它们出席会议总能得到由政府出资的专业人士的支持。这个问题不仅值得发展中国家和最不发达国家的决策者注意，而且对于国际组织和非政府组织（NGO）来说，也是如此。为改善上述情况，首要的措施就是要使前述这些组织意识到，让发展中国家和最不发达国家获得相关信息并有效参与 TRIPS 理事会的审议，是具有重要意义的。不过，应当指出的是，近些年来针对 TRIPS 理事会的会议，已经连续组织了一系列的活动，以切实支持发展中国家适当参与到这些讨论中来。

---

① 复制自总理事会记录，WT/GC/M/82。

② 各代表团的介绍性陈述的记录、向它们提出的问题以及所给出的回答，在发布之后 6 个月于 WTO 的在线数据库上向公众开放（http：//www. wto. org）。关于这一问题的背景，另参见 WTO 的 IP 门户网页〈http：//www. wto. org/english/tratop _ e/trips _ e/trips _ e. htm〉（"Review of members'implementing legislation"）。

第 36 章　过 渡 措 施

第 70 条　对现有对象的保护

1. 对于在本协定对所涉成员适用之日前发生的行为，本协定不产生义务。

2. 除非本协定另有规定，否则，对于在本协定对所涉成员适用之日已存在的、在上述日期在该成员中受到保护、或符合或随后符合根据本协定条款规定的保护标准的所有对象，本协定产生义务。就本款及第 3 款和第 4 款而言，关于现有作品的版权义务应仅根据《伯尔尼公约》（1971）第 18 条确定，关于录音制品制作者和表演者对现有录音制品享有权利的义务应仅按照根据本协定第 14 条第 6 款适用的《伯尔尼公约》（1971）第 18 条确定。

3. 对于在本协定对所涉成员适用之日已进入公有领域的对象，该成员无义务恢复保护。

4. 对于有关包含受保护对象的特定物品所采取的任何行为，如在与本协定相符的立法条款下构成侵权，且如果该行为在该成员接受《WTO 协定》之日前已经开始，或已经为此进行大量投资，则任何成员可就权利持有人可获得的救济规定一种限制，以便在该成员适用本协定日之后继续实施此类行为。但是，在此类情况下，该成员至少应规定支付公平的补偿。

5. 一成员无义务对于在其适用本协定之日前购买的原件或复制品适用第 11 条和第 14 条第 4 款的规定。

6. 如在本协定公布之日前政府已授权使用的，则各成员对于此类未经权利持有人授权的使用，不必适用第 31 条的规定或第 27 条第 1 款关于专利权享有不应因技术领域的不同而有所歧视的要求。

7. 在知识产权的保护是以注册为条件的情况下，应允许对在本协定对所涉成员适用之日前未决的保护申请进行修改，以便申请人要求本协定项下规定的任何加强的保护。此类修改不应包括新的事项。

8. 如截至《WTO 协定》生效之日，一成员仍未按照其在第 27 条下的义务而使药品和农用化学品获得专利保护，则该成员应：

（a）尽管有第六部分的规定，自《WTO 协定》生效之日起，提供一种据以对此类发明提出专利申请的方法；

（b）自本协定适用之日起，对这些申请适用本协定规定的授予专利的标准，如同这些标准在申请日已在该成员中适用，或如果存在并主张优先权的，则是在优先权日适用这些标准；以及

（c）自授予专利时起和在依照本协定第 33 条自提出申请之日起计算的剩余的专利期限内，依照本协定对这些申请中符合（b）项所指的保护标准的申请，提供专利保护。

9. 如依照第 8 款（a）项，一产品在一成员中属专利申请的对象，则尽管有第六部分的规定，仍应给予专有销售权，期限或为在该成员中获得销售批准后 5 年，或为在该成员中被授予或被拒绝一产品专利时为止，以时间较短者为准，只要在《WTO 协定》生效之后，已在该成员中提出专利申请，并且在另一成员中已对该产品授予专利和在该其他成员中已获得销售批准。

1. 引言：术语、定义及其范围

《TRIPS 协定》对于各国在处理知识产权方面的权利和义务，作出了重大改变。决定改变之程度的一个重要问题是，新协定在生效时，对现有的对象将会产生何种影响，或者新协定在过渡期内将会变得怎么样。因为《TRIPS 协定》已于 1995 年生效，所以，与现有对象的保护相关而可能产生的问题，绝大多数显然已经提出并且得到了回答。不过，既然某些种类的知识产权保护期限很长，并且某些过渡性安排还未届满（而有些已得到了延长），因此，阐述第 70 条的含义仍然具有重要意义。

由于 TRIPS 谈判是由 GATT 1947 中的发达国家缔约方所推动的，它们寻求迫使新成立的 WTO 的其他缔约方加强对知识产权的保护，那么，合乎逻辑的结论就是，提出要求的国家（*demandeur countries*）必然寻求在最大程度上将现有的对象都纳入新的《TRIPS 协定》的保护伞之下；按照同样的逻辑，发展中国家也必然寻求对现有对象维持现状（*status quo ante*）。将现有对象纳入新体制之下的范围愈大，就会有愈多的静态租费（static rent payments）流向占据优势地位的新的知识产权持有人。

2. 条文沿革

2.1 TRIPS 之前的状况

《TRIPS 协定》第 70 条涉及当该协定生效时对现有对象的知识产权保护，或者对于在过渡期内所产生对象的保护。其规定因而在该协定中是非常独特的，并且，它是特殊化谈判（particularized negotiation）的产物。这并不意味着在它之前处理知识产权的条约就没有包括关于现有对象保护的规定。它们通常也是有规定的。因此，例如《伯尔尼公约》就规定：

"第 18 条

［本公约生效时已经存在的作品：1. 在其起源国尚未保护期满的可受保护；2. 在要求给予保护的国家保护期已期满的，不予保护；3. 上述原则适用的条件；4. 特殊情况］

（1）本公约适用于所有在本公约开始生效时尚未因保护期满而在其起源国进入公有领域的作品。

（2）但是，如果作品因原来规定的保护期已满而在被要求给予保护的国家已进入公有领域，则该作品不再重新受保护。

（3）本原则应按照本同盟成员国之间现有的或将要缔结的有关特别公约所规定的条款实行。在没有这种条款的情况下，各国分别规定实行上述原则的条件。

（4）新加入本同盟时以及因实行第七条或放弃保留而扩大保护范围时，以上规定也同样适用。"

《伯尔尼公约》的规定要求各成员国，对于在公约生效时在"起源国"（country of origin，这是该公约的一个专门术语）尚未因"保护期届满"而进入公有领域的作品延伸提供保护。然而，如果上述作品已经在《伯尔尼公约》成员国的领土范围内因保护期届满而进入公有领域的，则该成员国可以不对其提供保护。请注意，这些规定对于新加入的成员国同样适用。因此，举例来说，美国是 1989 年加入《伯尔尼公约》的，只要外国作品在其起源国的版权保护期尚未届满，美国就必须对之提供版权保护，除非上述作品之前已经在美国享有版权保护（且已因保护期届满而失去该保护的）。

《巴黎公约》对于现有对象的保护问题很少涉及。考虑到该公约未对专利和商标的保护对象作出定义，这一点也就不难理解了。《巴黎公约》第 4 条之二在关于各国授予专利的独立性的规则方面，规定如下：

"（3）本规定适用于在其开始生效时已经存在的一切专利。

（4）在有新国家加入的情况下，本规定同样适用于加入时各方面已经存在的专利。"

WTO 的一个专家组和上诉机构都已经将《TRIPS 协定》第 70 条解释为，它与已经存在的专利相关。[①] 在这些报告中，关于《巴黎公约》对现有对象的处理未作任何讨论。[②]

2.2　谈判经过

2.2.1　安奈尔草案

安奈尔草案包括如下关于现有对象的主题（"A"代表发达国家的提案，"B"代表发展中国家的提案）：[③]

"第 1 节：版权和相关权利

9. 对本协定生效时的作品的保护

9A 每一缔约方对于本协定生效时在其领土范围内尚未进入公有领域的作品，应当提供与本协定相一致的保护。此外，每一缔约方在本协定在其领土范围内生效之前未对其他缔约方的作品或者任何作品种类提供有效的版权保护的，应当对于在本协定在其领土范围内生效时，在作品起源国尚未进入公有领域的其他缔约方的所有作品，提供与本协定相一致的保护。

第 5 节：专利

7. 过渡保护

7A.1 缔约各方对于体现了根据其接受本协定之前的专利法而被认为不可专利的对象的产品，应当提供过渡保护，只要符合以下条件：

（a）该产品相关的对象在该缔约方接受本协定之后将具备可专利性；

（b）在本协定生效前，该产品已在另一缔约方获得专利；并且该产品在提供此种过渡保护的缔约方领土范围内尚未投入市场。

7A.2 一专利所有权人的产品符合上述条件的，应当有权向提供过渡保护

---

① 参见以下本章第 4 节。

② 在上诉机构报告中提到了《巴黎公约》的条款，但是在另外一种语境中。*Canada*, *Term of Patent Protection*, Report of the Appellate Body, AB-2000-7 WT/DS170/AB/R, 2000 年 9 月 18 日，第 40 段。

③ MTN. GNG/NG11/W/76, 1990 年 7 月 23 日。

的缔约方提交一份该专利的副本。该缔约方应当将在其领土范围内制造、使用或者销售该产品的权利限定于该所有权人，其期限随着所提交之专利的保护期限届满而终止。"

发达国家关于版权的"A"提案，实际上要求每一成员将与本协定相一致的保护，延伸适用于所有在其领土范围内已经受到保护的作品（亦即，尚未进入公有领域的作品）。这一规定与《TRIPS 协定》第 70 条第 2 款吸收了《伯尔尼公约》第 18 条所产生的结果相同，除了它没有明确提到版权期限届满的问题。该提案还要求尚未对外国作品提供有效版权保护的国家，应当对于在作品的起源国尚未进入公有领域的作品，提供此种"与本协定相一致"（consistent with this agreement）的保护。①

发达国家关于专利的"A"提案的目标是，对于以前不可专利的对象，基于其他成员的现有专利而提供保护。这是一种所谓的"管道保护"（pipeline protection），在这种模式下，一国本来不提供专利保护的，却要承担义务，对于来自其他国家的专利和/或专利申请赋予效力，而不管在前者国家的领土范围内本来应当排除后来申请的专利（late-patenting）的事实。这实际上是发达国家方面比最终通过的条款更加野心勃勃的提案，因为它从实际上是要求所有成员将保护延伸至现有的由其他成员所授予的专利（带有某种限制）。最终通过的《TRIPS 协定》第 70 条并不要求各成员以此前已经由其他成员授予专利为据而授予专利。它的效力是面向将来的。

2.2.2 布鲁塞尔草案

1990 年 12 月布鲁塞尔部长会议文本规定如下：②

"第 15 条：对本协定生效时现有作品的保护

《伯尔尼公约》（1971）关于在生效时已有作品的保护的规定，应适用于根据该公约所取得的权利。

第 16 条：对于表演者、录音制品制作者及广播的保护

对于以上第 1 款至第 3 款所授予的权利，本协定任何缔约方可以在《罗马公约》所允许的范围内，规定其条件、限制、例外和保留。但是，本节第 15 条的规定经必要修改后应适用于表演者、录音制品制作者的权利。

---

① 《伯尔尼公约》第 7 条第 8 款规定，关于版权保护期限，将由被要求给予保护的国家规定，"除该国家的法律另有规定者外，保护期限不得超过作品起源国规定的期限"。至于安奈尔草案中的提议是否意在修改这一规定，并不清楚。

② MTN. TNC/W/35Rev. 1，1990 年 12 月 3 日。

第 73 条　对现有知识产权的保护

1. 对于按照以上第六部分所界定的本协定条款在一缔约方的适用之日而在该缔约方受到保护的对象，缔约各方应适用本条约第一部分的第 3 条、第 4 条和第 5 条，第二部分的第 2 节、第 3 节、第 7 节和第 8 节，第三部分以及第四部分。

2. 在遵守第 15 条和第 16 条第 6 款规定的前提下，缔约各方对于本协定条款在一缔约方的适用之日而在该缔约方受到保护的对象，并无义务适用本协定第二部分第 1 节、第 4 节、第 5 节和第 6 节的规定。在此日期已经启动关于取得权利的程序但尚未被授予知识产权的对象，不得从本协定的规定中受益。在遵守第 15 条和第 16 条第 6 款规定的前提下，本协定的任何规定不得影响到在上述诸节中包含的对象，它们在本协定条款对一缔约方的适用之日已经存在但在该缔约方不受保护。

3. 本协定第 2 条和第 6 条对现有知识产权的适用，应由本条第 1 款和第 2 款根据对所涉及知识产权相适当的方式予以调整。

在版权方面，布鲁塞尔文本开始接近于《TRIPS 协定》第 70 条的最终文本，因为它把传统版权对象的保护转向《伯尔尼公约》。既然《伯尔尼公约》并未涉及表演者、录音制品制作者的权利保护，所以有必要对这一对象作单独处理，尽管是采用交叉引用《伯尔尼公约》的方式。布鲁塞尔文本第 73 条第 1 款将保护扩展至商标、地理标志、未披露信息及竞争法领域中的现有对象，同时第 73 条第 2 款排除了对于在集成电路布图设计、工业品外观设计和专利领域的现有对象的保护。第 73 条第 3 款则要求有关适用其他知识产权条约以及权利用尽的规则，遵守第 73 条第 1 款和第 2 款的规定。至于专利保护这一敏感问题，谈判代表们未能在布鲁塞尔文本第 68 条中就实施专利保护的一般方式达成一致意见，而这就解释了如下事实，即后来在《TRIPS 协定》第 70 条第 8 款和第 9 款中出现的对药品与农用化学品给予特殊处理的规定，在布鲁塞尔文本中却没有出现。TRIPS 谈判组主席对布鲁塞尔部长会议的评论，反映出过渡性安排仍然是其中一个主要的争议问题。

布鲁塞尔文本第 73 条在很大程度上被放弃了，这也有利于在邓克尔文本中推出一个新的第 70 条。邓克尔文本与《TRIPS 协定》第 70 条的最终文本之间没有任何实质性差别，除了后者在第 9 款中添加了"尽管有第六部分的规定"这一短语。第六部分处理的是"过渡性安排"，并且看起来是为了阐明，（在符合相关标准的情况下）对于信箱申请（mailbox application）授予专有销售权（EMRs），尽管该成员尚无对相关的对象提供专利保护的义务。通过广泛地引用第六部分，该项阐明看起来延长了最不发达国家享受的一种过渡性免责。但是需要注意的是，最不发达国家在遵守第 70 条第 9 款的专有销售权上被授予一项豁免，只有按照《TRIPS 协定与公共健康多哈宣言》第 7 段采取行动才能做到（参见下文讨论）。

3. 可能的解释

3.1　第 70 条第 1 款

> 1. 对于在本协定对所涉成员适用之日前发生的行为，本协定不产生义务。

"义务"

第 70 条第 1 款规定，本协定对于某些行为并不产生义务（*obligations*）（着重号是后加的）。这里提出了一个入门问题，哪些当事方可能承担本协定项下的义务？从争端解决的角度看，只有 WTO 各成员（Members）才是争端的主体，因此看起来似乎只有各成员才要承担义务。然而，《TRIPS 协定》与其他各项 WTO 协定相比具有独特性，它明确表示，知识产权是私权（IPRs are private rights）。如果《TRIPS 协定》至少是以间接方式创设了私权（private rights），那么，它也可能间接地创设了"私人义务"（private obligations）。这就暗示着，对于第 70 条第 1 款中的"义务"，至少存在两种可能的解释。第一种解释是，各成员作为政府实体，对于它们在《TRIPS 协定》对其生效之前已经采取的行为并不承担责任。第二种解释是，在各成员之境内的私人当事方（private parties），对于在《TRIPS 协定》于该主体领土范围内生效之前所采取的行为，不承担责任。

这个解释的入门问题具有重要意义，因为它可能影响到各成员必须（或者曾经必须）针对那些在本协定适用之前所发生的行为而提供救济的范围。如果第 70 条第 1 款所处理的只是各成员的义务，那么，它可能就不处理这样的问题，即私人当事方在本协定适用之前所实施的行为是否会承担潜在的责任（potential liability）。如果对第 70 条第 1 款作更宽泛的解释，包括了政府与私人的义务，那么，对于《TRIPS 协定》之前所发生的行为都不需要提供救济。第二种观点似乎与本协定的"私权"特征更为一致。也就是说，《TRIPS 协定》并未直接或间接地确立在其适用于某一成员之前的私人义务。

"行为"

在《新节本牛津英语大词典》（New Shorter Oxford English Dictionary）中，"行为"（act）一词作为名词，被定义为"所做的某事；行动"（a thing done; a deed)。按照该条款的平常含义，第 70 条第 1 款排除了当事方为其在本协定适用之前所做的事情承担义务。

在 "加拿大—专利保护期"（Canada-Patent Term）案中，加拿大主张，"行为"一词应包括在《TRIPS 协定》适用之前的专利授权。加拿大认为，当《TRIPS 协定》第 33 条延长专利保护期至申请日起的 20 年，该规定并不影响到加拿大在该协定之前授予专利的 "行为"，并且也不要求加拿大承担义务，延长在此前已授予的专利的保护期限。

上诉机构不同意这一观点，而是认定，"行为"一词是指已经完成或结束的事情。它称，如果 "行为"被解释为包括了 "行为"的持续性结果（亦即，由 "行为"所创设的权利），那么，从效果上来说，这就否定了《TRIPS 协定》第 70 条第 2 款关于将保护延伸至在该协定适用时的现有对象的规定。

"协定适用之日"

第 65 条第 1 款对《TRIPS 协定》之于一成员的适用日与该协定的生效日做了区分。各种不同的过渡期，就确立了不同的适用日。[①] 最符合逻辑的解释是，第 70 条第 1 款在该协定的相关条文对一成员适用之前，并不对该各成员施加义务。否则，一成员就将对其在过渡期内发生的行为承担责任了，而这是违背提供该等过渡期的精神的。

总体而言，看起来对第 70 条第 1 款最合理的解释是，对于在《TRIPS 协定》相关条文对一成员的适用日之前，由该成员或私人当事方在其领土范围内所发生的行为，该条款就排除了该成员的义务（亦即，该成员无需采取措施来提供救济）。

3.2 第 70 条第 2 款

> 2. 除非本协定另有规定，否则，对于在本协定对所涉成员适用之日已存在的、在上述日期在该成员中受到保护、或符合或随后符合根据本协定条款规定的保护标准的所有对象，本协定产生义务。就本款及第 3 款和第 4 款而言，关于现有作品的版权义务应仅根据《伯尔尼公约》（1971）第 18 条确定，关于录音制品制作者和表演者对现有录音制品享有权利的义务应仅按照根据本协定第 14 条第 6 款适用的《伯尔尼公约》（1971）第 18 条确定。

---

① 关于过渡期的更多详细内容，参见本书第 33 章。

这一引导性条款表明，第 70 条第 2 款中所确定的一般规则，可能由于《TRIPS 协定》的其他条款而发生改变。当然，这就可能产生解释上的问题，即某一特定的其他条款是否意在改变第 70 条第 2 款的一般原则，但是，如果不确定具体的条款，就很难解决这个抽象的问题。

"所有已存在的对象"

因为《TRIPS 协定》所处理的就是"知识产权"，所以，可以合理地推定，该款的第二个从句所指的"对象"就是指知识产权所保护的无形对象。因此，如果在《TRIPS 协定》有关专利的条文对相关成员适用之后，一项发明通过提出专利申请并经过适当审查，符合可授予专利的标准，那么，该发明就是可授予专利的对象。但是，这一规则必须放在知识产权保护标准的上下文中加以理解。例如，一项发明如果已经向公众披露，就丧失了新颖性，[①]这从符合《TRIPS 协定》第 27 条第 1 款所承认的可专利标准上来讲，就成了不可授予专利的对象。因此，对于在某一阶段本来可以受到保护，但在《TRIPS 协定》适用之后变得不再可以按知识产权来保护的对象，《TRIPS 协定》并不予以追溯性保护（《TRIPS 协定》第 70 条第 8 款处理了这样的情况，其中那些对象因为适用专利过渡期和邮箱规则，本来就变得不可专利了）。

"在上述日期在该成员中受到保护"

第三个从句表明，如果当《TRIPS 协定》的规定对一成员发生效力时，相关对象已经在该成员中受到保护，那么，该协定的规则就适用于该对象。当然，这些新规则的适用可能带来重大的后果。这一点正是加拿大所提出的观点，它对于将《TRIPS 协定》第 33 条（20 年的专利保护期）适用于在之前所授予专利表示异议。加拿大主张，第 70 条第 2 款的本意并不是要延伸适用于在之前已授予的专利，而只是使这些专利获得承认而已。上诉机构对此不予认同，称第 70 条第 2 款的意图是对现有的已经获得专利的对象适用新的规则，从而在许多情况下就有效地延长了专利的保护期限。

"或符合或随后符合根据本协定条款规定的保护标准"

第四个从句规定，如果在一成员中的现有对象变得符合受保护的资格了，那么，该对象就将受到《TRIPS 协定》相关规则的保护。因此，举例来说，如果一项发明是在《TRIPS 协定》相关条款可适用之后开始投入实施的，那么，它就受到与 TRIPS 相一致的专利规则的调整。

---

① 除了某些例外情形，比如在美国有一年的宽限期。

"就本款及第 3 款和第 4 款而言，关于现有作品的版权义务应仅根据《伯尔尼公约》（1971）第 18 条确定，关于录音制品制作者和表演者对现有录音制品享有权利的义务应仅按照根据本协定第 14 条第 6 款适用的《伯尔尼公约》（1971）第 18 条确定。"

第 70 条第 3 款提到的是那些已经进入公有领域的对象。第 70 条第 4 款则提到，对于先前存在的构成侵权行为的情形，在提供救济上要有所限制。上述两款以及第 70 条第 2 款，就享有版权的对象而言，均受到《伯尔尼公约》第 18 条的调整。

《伯尔尼公约》第 18 条第 1 款规定，在本公约开始生效时尚未因保护期届满而在其起源国进入公有领域的作品，可以受到保护。第 18 条第 2 款中有一个但书（proviso），如果作品在一国家因原来规定的保护期已满的，则该作品不再重新受保护。第 18 条第 3 款则将一般原则适用于伯尔尼联盟可能就此主题所缔结的特别公约，并且进一步规定，"在没有这种条款的情况下，各国分别规定实行上述原则的条件。"第 18 条第 4 款要求新加入本公约的国家遵守这些规则。应当指出的是，《伯尔尼公约》第 7 条第 8 款将一国的版权保护期限定在起源国法律规定的保护期范围内，除非该国的法律另有规定。

上述规定也成为在美国（后来欧共体也加入到这一方）与日本之间发生争议的对象。① 美国方面主张，日本有义务对于 1972 年以前在美国制作的唱片（sound recordings）提供保护，因为这些唱片之所以在美国进入公有领域，并不是因为保护期届满，而是因为它们不享有版权保护。美国联邦版权法对于唱片的保护始于 1972 年。日本对唱片开始提供保护则始于 1971 年。美国主张，日本应对于源自美国的唱片，提供自 1946 年起的最低 50 年的保护期，因为这些唱片并非因为版权保护期届满而进入公有领域的，即使同样这些唱片，依据美国立法，从 1972 年才开始受到保护（在美国，版权保护期限是从作品固定时开始起算。）

日本则认为，《伯尔尼公约》第 18 条第 3 款允许其在实施第 18 条第 1 款和第 2 款的方式上享有灵活性。它提出，对作品提供的保护回到 1971 年，是

---

① *Japan-Measures Concerning Sound Recordings*, *Request for Consultations by the United States*, WT/DS28/1, 1996 年 2 月 14 日；*Japan-Measures Concerning Sound Recordings*, *Request for Consultations from the European Communities*, WT/DS42/1, 1996 年 2 月 28 日。参见 Stephen Obenski, *Retroactive Protection and shame Diplomacy in the US-Japan Sound Recordings Dispute*, *or*, *How Japan Got Berne-d*, 4 Minn. Intell. Prop. Rev. 183（2002）。

对溯及性规则的一种善意适用（good faith application）。如果由于适用《伯尔尼公约》第 18 条的结果，使日本对美国唱片提供的保护甚至比美国自己所提供的保护还要宽泛，这显然是不正常的。然而，日本最终同意采纳美国所提议的措施，因此，美国撤销了针对日本的申诉。①

3.3　第 70 条第 3 款

> 3. 对于在本协定对所涉成员适用之日已进入公有领域的对象，该成员无义务恢复保护。

当一无形财产进入公有领域时，就意味着它变成了人们的共同财产（common property），结果就是，它不再处于任何个人或任何人的排他性控制之下。通常，知识产权从它被赋予排除他人使用之权利的意义上讲，一旦丧失了这样的法律效力（一般是在保护期届满时发生），它就落入了公有领域。一般来讲，凡是落入公有领域的无形财产，它就对任何人的使用均予开放。但是，正如上述日本的例子所指出的，日本决定对已经进入公有领域的唱片追溯性提供版权保护，这就说明，对于在公有领域的无形财产，仍有可能恢复为私人所有权。

无形财产之所以进入公有领域，并非只是因为知识产权的保护期届满。因为，无形财产必须符合知识产权保护的标准，才能够被称为"知识产权"。如果未达到这些标准，无形财产就无法作为知识产权而从专有权中获益，它们也就因此成为公有领域的一部分。② 而且，除了保护期届满以外，知识产权还可能由于其他原因而丧失。例如，商标持有人如果不使用其商标，就可能丧失其专有权，而构成该商标的符号也因此落入公有领域。

第 70 条第 3 款使用了"恢复"（restore）一词，它的意思是指将某事物回到其原先所处的状态。这就意味着，该条规定并不是要对本来不符合保护标准的对象提供知识产权保护，而只是对那些曾经受到过知识产权保护，但

---

① 参见双方达成一致性解决方案所作出的通知，WT/DS28/41，1997 年 1 月 24 日；WT/DS42/4（1997 年 11 月 17 日）。

② 关于不属于"知识产权"的无形财产是否也可能落入公有领域，这是一个重要的理论问题，在此不可能加以充分阐述。请考虑，例如，那些不构成传统意义上的"知识产权"的数据库，却可以通过在数据上的特别权利（sui generis rights）而获得保护。数据库中的数据落入了公有领域了吗？

由于某种原因而丧失了保护的对象提供保护。①

重点需要指出的是，第 70 条第 2 款和《伯尔尼公约》第 18 条对以下两种对象都作了明确区分：一种是因保护期届满而落入公有领域的对象，另一种是因其他原因而落入公有领域的对象。而第 70 条第 3 款中并未出现这种区分。这也就意味着，除了由第 70 条第 2 款所包含的版权保护的特定情形外，第 70 条第 3 款选择对于已经落入公有领域的对象不提供保护，同样适用于那些因保护期届满以外的其他原因而落入公有领域的对象。

同样需要着重指出的是，第 70 条第 3 款只是规定各成员可以选择不恢复保护。但它并不是强制性的，各成员可以决定对于那些不管出于什么原因而落入公有领域的对象给予保护。不过，这并不意味着，作出这样一种决定就是正确的公共政策。

3.4　第 70 条第 4 款

> 4. 对于有关包含受保护对象的特定物品所采取的任何行为，如在与本协定相符的立法条款下构成侵权，且如果该行为在该成员接受《WTO 协定》之日前已经开始，或已经为此进行大量投资，则任何成员可就权利持有人可获得的救济规定一种限制，以便在该成员适用本协定日之后继续实施此类行为。但是，在此类情况下，该成员至少应规定支付公平的补偿。

第 70 条第 4 款使用了"该成员接受《WTO 协定》之日"一语，作为该条款提供例外待遇而可能依据的时间点。对于 WTO 的创始成员，该日期就是 1995 年 1 月 1 日。② 对于后来加入的成员，这一日期将有所不同。

第 70 条第 4 款从效果上看，就是对于由《TRIPS 协定》所保护的各种知识产权，允许确立一种"先用权"（prior user's right）。换言之，如果第三方在某一对象成为受保护对象之前（依照第 70 条第 2 款）已经使用的，那么，一成员的法律并非必然允许新的知识产权人将该第三方使用人从市场中排除。

---

① 这一解释与第 70 条第 2 款相一致，后者规定，在《TRIPS 协定》适用之日符合保护资格的对象，应当受到本协定保护。

② 尽管有人可能提出这样的主张，认为一成员"接受"（accepted）《WTO 协定》之日应当是它向 WTO 总干事提交其接受文件之日，而不是协定对该成员开始生效之日，但是，谈判者看起来不大可能意图在此问题上做如此细微的区分。毋宁说，正如以上所讨论的，这看起来是一种方法，用以区分作为 WTO 创始成员接受《WTO 协定》的成员与之后参加 WTO 的成员。

但是，该先用人需要为此支付"公平的补偿"（equitable remuneration）。至于"公平的补偿"，《TRIPS 协定》未予界定。《TRIPS 协定》第 14 条第 4 款在涉及录音制品出租的条款中，也用到了这一术语。该术语不同于在《TRIPS 协定》第 31 条(h)项（强制许可）中所使用术语，后者规定"在每一种情况下应向权利持有人支付适当报酬（adequate remuneration），同时考虑授权的经济价值"。

要想从这样一项例外中获益，第三方使用人应当在该成员接受《WTO 协定》之日以前，要么已经"开始"（commenced）实施行动，而该行动就受保护的特定物品而言本来属于侵权行为；要么已经针对受保护的特定物品进行了大量投资。对于侵犯知识产权行为的开始日期，并不那么容易确定，因为这需要对一项知识产权的范围作明确界定，同时需要掌握判定相关行为发生的证据。就"进行了大量投资"这一短语而言，对它的解释则具有灵活性，其中部分原因在于，何谓"大量"是随着投资人的经济状况、投资人所投资的国家以及该投资所承担的行业而有所不同的。总之，规则制定者和执行机关对于第 70 条第 4 款的先用权规定，无论在规则的确定还是适用上都有着某种自由裁量权。

3.5　第 70 条第 5 款

5. 一成员无义务对于在其适用本协定之日前购买的原件或复制品适用第 11 条和第 14 条第 4 款的规定。

《TRIPS 协定》第 11 条对于计算机软件和电影作品（即录像）规定了出租权（rental rights）。第 14 条第 4 款将同样的权利扩展适用于录音制品的制作者和其他的权利持有人。关于上述这些权利的条件与限制的讨论，在本书第 10 章和第 13 章。对于在本协定适用之日已经购买的作品，第 70 条第 5 款规定，各成员可以选择不为之提供出租权的保护。请回想一下前文对于第 70 条第 1 款的讨论，其中的适用日是指《TRIPS 协定》中与该对象有关的条款在一成员的生效之日，并且要遵守该协定的过渡性条款。

就作品原件或复制件的买受人而言，一成员决定不授予该作品的版权人以出租权，这从效果上看，就等于规定版权持有人的权利在作品原件或复制件首次销售时已经用尽。至于买受人决定出租其所购买的物品，版权人已无权加以控制。第 11 条和第 14 条第 4 款规定要求授予的出租权在范围上是受到限制的。另外，还存在其他情况，各成员可以对计算机软件、录像和录音制品规定权利用尽（亦即，对它们不给予出租权）。

受版权保护的作品可以是原件，也可以是原件的一个副本或者复制件。第 70 条第 5 款对于经授权的正版复制件和未经授权的复制件没有加以区分。如果一作品在《TRIPS 协定》适用日之前是受到版权保护的，而该复制件系未经版权持有人同意而复制完成，那么该复制行为就违反了该成员的国内法。一般来说，对于假冒盗版的复制件的销售，不会导致版权持有人对其作品权利的用尽。但是，如果该物品在此日期之前并不受版权保护，那么最初的销售就没有违反法律。因此，在条款中没有提及对复制的授权似乎并不影响版权人对复制件持有人行使权利。①

3.6　第 70 条第 6 款

> 6. 如在本协定公布之日前政府已授权使用，对于未经权利持有人授权的此类使用，则各成员不需适用第 31 条的规定或第 27 条第 1 款关于专利权享有不应因技术领域的不同而有所歧视的要求。

第 70 条第 6 款增加了另外一个具有法律效力的日期，即"本协定公布之日"。对于参加了乌拉圭回合谈判的所有成员来说，它们应当知道《TRIPS 协定》，故这样规定或许是公平的。但是，从更为保险的角度讲，在《WTO 协定》由各缔约方的部长们于 1994 年 4 月 15 日在马拉喀什签署之前，没有一位成员能够知道该协定的条款。虽然可以提出这样一种主张，认为公布之日（date of knowledge）可以再往后推至协定文本 [《体现多边贸易乌拉圭回合谈判成果的最终文本》（Final Act Embodying the Results of the Uruguay Round of Multilateral Trade Negotiations）]② 的批准之日，即 1993 年 12 月 15 日，但是，在这一阶段，各项协定还必须由各成员的部长们批准。在 1993 年 12 月 15 日至 1994 年 4 月 14 日的这段时期，实际上没有出现任何授予强制许可的案件，因此也就不可能产生涉及本协会公布之日的争议。如果说在这一谈判的后期阶段还会出现关于强制许可这样的案件，这也是非常值得怀疑的，因此，再进一步探索这个解释上的问题，就没有什么实际意义了。我们说第 70 条第 6 款的起草者心里所想的，是比《WTO 协定》（以及《TRIPS 协定》）生效之日或者《TRIPS 协定》对相关成员适用之日更早的某一日期，这就足够了。

---

①　除非或许在此类情况下，即善意购买人（good faith purchasers）是在不知情的情况下以正当方式购买该复制件。

②　GATT Doc. MTN/FA，1993 年 12 月 15 日。

从效果上看，第 70 条第 6 款规定，一成员对于任何在《TRIPS 协定》公布之后所颁发的强制许可，必须适用该协定第 31 条的规定。但是，根据第 70 条第 1 款（它规定，对于在本协定对所涉成员适用之日前发生的行为，本协定不产生义务），这只能意味着，它是在本协定条款可适用于相关成员之后才具有的将来效力（prospective effect）。换言之，在本协定公布之后授予的强制许可，如果未遵守本协定（例如，在许可中没有包含关于支付适当补偿的条款），那么它就必须做到与本协定相符，但是，也只有在第 31 条对该成员适用之后才必须这样做。对于发展中国家成员而言，第 31 条自 2000 年 1 月 1 日起适用。

第 70 条第 6 款的第二分句规定，对于在《TRIPS 协定》公布以前授予的强制许可，无需适用该协定第 27 条第 1 款的规则，即对于专利权的享受不因技术领域而受到歧视。同理可知，对于在本协定公布之后授予的强制许可，各成员必须适用第 27 条第 1 款的规定。"加拿大—仿制药品"（*Canada-Generic Pharmaceuticals*）案的专家组就是用这一方法来解释第 70 条第 6 款的。①

第 70 条第 6 款这种独特的制定方式，几乎可以肯定是反映了在美国和加拿大之间的特殊关切。在 1993 年缔结《北美自由贸易协定》（NAFTA）的谈判过程中，美国向加拿大施压，要求后者修改其关于药品强制许可的法律。在此前，加拿大根据以往的制度，例如，将药品发明与其他技术领域作出不

---

① 参见 *Canada-Patent Protection of Pharmaceutical Products*，*Report of the Panel*，WT/DS114/R，2000 年 3 月 17 日。在解释第 30 条时，专家组接受了欧共体和加拿大的推定，即第 31 条是受到非歧视待遇规则（rule of non-discriminatory treatment）约束的，即不因发明地点、技术领域、产品是进口的还是当地生产的而受歧视。专家组由此推断得出，第 27 条第 1 款同样适用于第 30 条，但是，这一结论并不必然如此，因为第 30 条与第 31 条是出于不同目的而按照不同方式起草制定的。至于第 27 条第 1 款的非歧视要求是否可适用于强制许可的问题，我们在前文已经评论道，专家组在"加拿大—仿制药品"案（*Canada-Generic Pharmaceuticals*）中的解释是，要对"歧视"（discrimination）和出于善意目的的"区别"（differentiation）加以区分（参见本书第 25 章）。此外，有观点认为，第 27 条处理的是可专利的对象问题，而第 31 条是一个自立条款（self-standing Article）。如果认为第 31 条一般性地受到第 27 条的约束，就可能限制了它的适用，而这种限制方式既不是《TRIPS 协定》谈判者当初的意图，事实上也不是该文本所希望的。从事实上看，"欧共体—加拿大"（*EC-Canada*）案并不涉及强制许可，因此，专家组的报告也不可能被看作明确的裁决先例。

同对待，从而颁发了相当数量的强制许可。① 美国无法说服加拿大政府修改其已经颁发的许可，因为加拿大在《北美自由贸易协定》之前的制度仍属有效，但是，它希望加拿大在《北美自由贸易协定》之后不要再颁发不符合其在《TRIPS 协定》项下所承担新义务的强制许可。所颁发的任何此类许可，必须符合自 1996 年 1 月 1 日起适用的《TRIPS 协定》第 31 条。这样说并非暗示，第 70 条第 6 款对任何其他成员不会产生任何影响，而只是为了解释该条款的起草为什么不够干脆利落，特别是其中为什么有关于"本协定公布之日"这样的提法。

3.7　第 70 条第 7 款

> 7. 在知识产权的保护是以注册为条件的情况下，应允许对在本协定对所涉成员适用之日前未决的保护申请进行修改，以便申请人要求本协定项下规定的任何加强的保护。此类修改不应包括新的事项。

第 70 条第 7 款所涉及的，是以登记或注册为保护条件的知识产权。按照《伯尔尼公约》，作品的版权保护并不以登记为条件，因此，第 70 条第 7 款一般就与版权对象无关。专利是通过对一项申请进行审查之后才被"授予"（granted）的。"注册"（registration）* 一词通常与专利领域并无关联，因此，如果认为第 70 条第 7 款与专利申请相关，这也是值得怀疑的。在大多数国家，商标权是通过注册的形式授予的，而且，取决于各成员授予知识产权的国内制度的不同规定，注册也是工业品外观设计、地理标志、植物新品种和集成电路布图设计获得保护的前提条件。

不过，在一些国家，第 70 条第 7 款也被专利申请人引用，因为根据这些国家在《TRIPS 协定》之前的法律，药品是可以获得产品专利保护的。这种主张的论据是，第 70 条第 7 款赋予了一种将方法专利申请"转换"（conversion）为产品专利申请的权利，只要（实际情况也通常是）该产品已经在原始申请所说明［并因此不构成"新的事项" new matter)］的范围内。以阿根廷为例，该国的若干下级法院已经采纳了这种解释。但是，阿根廷最

---

① 参见 Jerome H. Reichman 和 Catherine Hasenzahl，*Non-Voluntary Licenses of Patent Inventions：The Canadian Experience*，UNCTAD/ICTSD，2002 年 10 月（可查于〈http://www.iprsonline.org/unctadictsd/docs/reichman hasenzahl Canada.pdf〉）。

* 该词既可指注册，也可以指登记，故在此条款中，注册和登记是同一意思。——译者

高法院①正确地驳回这种解释，认为如果接受这样的解释，就将违背《TRIPS 协定》适用于将来的特征（prospective character），特别是，它将使得第 70 条第 8 款变得毫无意义，后者确立了一种特别制度，以承认对药品的专利保护，只要该专利申请是在 1995 年 1 月 1 日之后（如果适用优先权的话，则为 1994 年 1 月 1 日）之后提出的。

第 70 条第 7 款允许申请人对于在《TRIPS 协定》适用日之前尚未作出裁定的申请进行修改，以便主张获得在该协定项下规定的任何更高的保护，但其限制条件是"此类修改不应包括新的事项"。大多数情况下，给予某一特定种类的知识产权保护并不是由申请人在申请中"要求的"（claimed），因为保护的范围是由该国的国内知识产权法律所决定的，并非根据申请人在申请表中所提出的要求而确定。换言之，一旦注册获得批准，申请人所享有的是由国内法所赋予的权利。再把这一点与关于不得包含"新的事项"这一限制条件相结合，就进一步缩小了本条款的适用范围。

举例来说，《TRIPS 协定》有关商标的规则（第 18 条）要求对商标首次申请给予的保护期限最低为 7 年。如果一成员在《TRIPS 协定》有关商标的规则对其适用以前，只给予 5 年的保护期，而申请人在申请表中提到了（亦即，要求了）这样的保护期，那么，该申请可以被修改为要求以 7 年作为首次商标保护期限。

《TRIPS 协定》在注册方面对于商标*和服务商标（service marks）作了相同的规定。② 对于相同的标记，一份商品商标的注册申请是否可以被修改为主张服务商标的保护（假如该成员在之前并不允许服务商标的注册），这一点尚不清楚，因为服务商标的保护可能会被认为包含了"新的事项"。也就是说，提供服务与销售商品，这两者是不同的，因此，一标记所注册的对象包括了服务，它相比于商品商标而言就可能被认为是在要求"新的事项"。不过，因为标记本身并未改变，所以这也可以解释为并未涉及对新的事项的要求。

关于第 70 条第 7 款的适用范围问题，只能根据特定国家的立法才能作出适当评估，因为关于权利是否以注册为条件的问题将随不同国家的立法而有所不同，并且在一项注册申请中所主张的要求的种类，在各国之间也有所差异。

---

① *Pfizer Inc. c/Instituto Nacional de la Propiedad Industrial s/denegatoria de patente*，2002 年 5 月 21 日。

* trademark，指狭义上的商品商标。——译者

② 它有效地改变了《巴黎公约》第 6 条之六的规则。参见本书第 14 章。

3.8　第 70 条第 8 款

> 8. 如截至《WTO 协定》生效之日，一成员仍未按照其在第 27 条下的义务而使药品和农用化学品获得专利保护，则该成员应：
>
> （a）尽管有第六部分的规定，自《WTO 协定》生效之日起，提供一种据以对此类发明提出专利申请的方法；
>
> （b）自本协定适用之日起，对这些申请适用本协定规定的授予专利的标准，如同这些标准在申请日已在该成员中适用，或如果存在并主张优先权的，则是在优先权日适用这些标准；以及
>
> （c）自授予专利时起和在依照本协定第 33 条自提出申请之日起计算的剩余的专利期限内，依照本协定对这些申请中符合（b）项所指的保护标准的申请，提供专利保护。

"如截至《WTO 协定》生效之日，一成员仍未……"

《WTO 协定》于 1995 年 1 月 1 日生效。第 70 条第 8 款的第一个分句将这一日期作为该款的首个参考时间点。

"按照其在第 27 条下的义务而使药品和农用化学品获得专利保护，"

第 27 条要求，专利授予所有技术领域的发明，除了要遵守第 27 条第 2 款、第 3 款所规定的例外。① 第 27 条第 1 款就中特别声明，

"在遵守第 65 条第 4 款、第 70 条第 8 款和本条第 3 款规定的前提下，对于专利的获得和专利权的享受不因发明地点、技术领域、产品是进口的还是当地生产的而受到歧视。"（着重号是后加的）

既然根据第 65 条第 4 款，如果一发展中国家成员在此前未对某一技术领域给予产品专利的保护，则其可以推迟这种专利的可获得性，直至 2005 年 1 月 1 日，② 又由于该成员的这一权利在第 27 条中得到了承认，因此，第 70 条第 8 款中提到该成员"在第 27 条下的义务"，在用词选择上显得欠妥。尽管用词不妥，但这一点似乎很明确，即第 70 条第 8 款提到了在《WTO 协定》

---

① 本书第 17 章中，考察了第 27 条适用于药品专利保护的范围问题，包括第 27 条第 2 款和第 3 款对于此种可专利性而可能允许的例外。此处不再赘述。

② 正如本书第 6 章第 1 节所讨论的，《TRIPS 协定》第 65 条第 4 款规定如下：

"4. 如一发展中国家成员按照本协定有义务将产品专利保护扩大至该成员在按第 2 款所规定的适用本协定的一般日期而在其领土内尚未受保护的技术领域，则该成员可再推迟五年对此类技术领域适用本协定第二部分第 5 节关于产品专利的规定。"

生效时尚未对药品和农用化学品提供专利保护的各成员（即便这些成员在那时并无提供上述保护的"义务"）。

"（a）尽管有第六部分的规定，"

《TRIPS 协定》第六部分解决的是针对发展中国家成员和最不发达国家成员的过渡安排。该部分延缓发展中国家成员承担对药品和农用化学品提供专利保护的义务，直至 2005 年 1 月 1 日（如果这些成员在此前并未提供此类保护的话），而对最不发达国家成员，这一日期则被推迟至少至 2006 年 1 月 1 日（由于根据《多哈宣言》所采取的行动，针对药品，这一日期更被推迟至 2016 年 1 月 1 日）。

"自《WTO 协定》生效之日起提供一种据以对此类发明提出专利申请的方法；"

如上所述，《WTO 协定》的生效日是 1995 年 1 月 1 日。自这一日期起，有关"提供"（provide）的要求就产生了。成员必须提供一种"据以对……提出专利申请的方法"。这就意味着，成员起码应当指定接收专利申请的机构，比如在该成员政府内某一个被指定的行政机关。"提出"一词暗示着该申请应当以某种方式加以登记和存放。"专利申请"是一个专业术语，指的是专利申请人用以请求对其授予专利权的申请表，其上载有具体列明的权利要求（claims）和相关的说明书（specification or description），以及可能适用的已有技术文献（prior art references）。第 70 条第 8 款提到的是"申请"，而没有提及专利申请的初步文件和表明申请意图的声明。因此，一成员应允许提交完整的申请。

因为第 70 条第 8 款(a)项要求各成员对于尚未被专利涵盖的对象，提供一种用以对此提出专利申请的方法，而不是要求授予专利，所以，第 70 条第 8 款(a)项下的申请通常就被称作"信箱"申请（"mailbox" application）。*

本款中的"为此类发明的专利"一词，看来就是指药品和农用化学品的专利。① "药品"（pharmaceutical products）和"农用化学品"（agricultural chemical products）这两个术语也需要解释。在最近关于实施《TRIPS 协定与公共健康多哈宣言》第 6 段而进行的谈判中，对此有过很多讨论。

＊ 这是形象的说法，比喻这些申请就像信件那样放在信箱中，到时间再打开信箱被人取走。实际指的是申请人可以据此向某一成员提出专利申请，但该成员可等到过渡期届满后再行审查授权程序。——译者

① 考察制药公司在这方面的做法，颇具意味。《关于执行〈多哈宣言〉第 6 段的决议》（Decision on Implementation of Paragraph 6 of the Doha Declaration）也提到了药品，从而，对于它所包含的范围，可能会成为解释上的问题。

《新节本牛津英语大词典》（Oxford New Shorter English Dictionary）对"pharmaceutical"（药品）一词交叉参见"medicinal drug"（医用药物）。① 对于"medicinal"（医用的）一词的定义是："1 Having healing or curative properties or attributes; therapeutic"（1. 具有治疗或康复的性质或特性的；用于治疗的），② 而"drug"（药物）的定义是"1. Any substance that affects the physical or mental functioning of a living organism; *esp.* one used for the treatment or prevention of an ailment or disease"（1. 任何对生物体的身体或精神机能产生影响的物质；特别是用来治疗或预防某种疾病的物质）。③ "药品"一词可以作广义的或者狭义的解释，取决于上下文的不同。

"农用化学品"可以包括具有多种用途的化学产品，而且一成员看来可以将该词限制适用于那些专门在农业领域主张用途的化学品，从而避免将来申请人试图将第 70 条第 8 款的保护范围，扩展至相同的化学品在农业领域之外的"多种用途"上。

"*（b）自本协定适用之日起，对这些申请适用本协定规定的授予专利的标准，如同这些标准在申请日已在该成员中适用，或如果存在并主张优先权的，则是在优先权日适用这些标准；以及……*"

对于一些新纳入专利保护范围的技术领域而言，《TRIPS 协定》在发展中国家成员的适用日期最迟为 2005 年 1 月 1 日。如果一发展中国家成员选择在 2005 年 1 月 1 日之前就扩大其专利保护范围（正如大多数此类成员所做的那样），那么就本款规定而言，从逻辑上仍应当将该日期看作是"本协定适用之日"。④ 如果说一发展中成员不能在 2005 年 1 月 1 日之前的不同时间里将专利

---

① "Pharmaceutical"作为一个形容词，其定义是"Pertaining to or engaged in pharmacy; pertaining to the preparation, use, or sale of medicinal drugs"（与制药业有关或从事制药业的；与医用药物的制备、使用或销售相关的）。作为一个名词，它被定义为"A pharmaceutical preparation; a medicinal drug"（药品制备；医用药物）（参见《新节本牛津英语大词典》，第 2182 页）。

② 同上，第 1730 页。

③ 同上，第 756 页。

④ 一发展中国家成员可能会主张，它提早扩大专利保护范围是"出于自愿"，因为它本来可以在时间上再作推迟，所以，它的上述扩大保护范围的行为，不应被视为对《TRIPS 协定》的适用。不过，根据第 65 条第 5 款项下的义务，与《TRIPS 协定》的一致性不得在过渡期内予以降低，因此，认为可以撤销这种与《TRIPS 协定》保持一致性的行为，这种观点是难以成立的。在这方面，"本协定适用之日"应当被理解为发展中成员将专利保护分别扩展至药品和农用化学品之日。

保护扩展至药品和农用化学品，这明显就没有什么道理。对于最不发达国家成员而言，其对药品提供专利保护的最晚日期为 2016 年 1 月 1 日（根据《多哈宣言》第 7 段），而对农用化学品，则不得晚于 2006 年 1 月 1 日。①

"自本协定适用之日起，对这些申请适用本协定规定的授予专利的标准"这一短语是与如下问题相关的，即按照第 70 条第 8 款（a）项提交的申请应当在何时开始进行审查程序。一项专利申请通常由专利局从申请日起的 18 至 36 个月内进行处理，具体所需时间则取决于各种不同因素，比如该专利局所受理的专利申请数量、申请的复杂程度、与申请人的通信往来等等。第 70 条第 8 款（b）项的前两个分句可以按以下两种方式解释。第一，它可以被解释为要求在专利申请于本协定适用之日（亦即，2005 年 1 月 1 日）从信箱中取出时，就应当按通常方式进入审查程序（亦即，开始进行程序性审查和实质性审查），以便按正当程序确定是否授予专利。因为这一短语后面跟着的是一个关于专利授权标准的指示（亦即，适用"本协定规定的授予专利的标准，如同这些标准在申请日已在该成员中适用"），所以，较为自然的解释就是，该短语是对专利审查员的一个指示，当该等专利申请最终进入审查程序时，应当如何适用有关授予专利的标准。从这个角度看，"适用本协定规定的授予专利的标准，如同这些标准在申请之日已在该成员中适用"就是对该成员的一种指示，必须在某个日期从信箱中取走专利申请并且开始进行审查。

第二种解释则更强调"自本协定适用之日起"这一短语，要求一成员必须在该日期，考虑到在后一从句中所提到的可授予专利的标准，从而实际作出关于是否可授予专利的决定。这一解释并不可行，并且与第 70 条第 8 款的一般结构以及通常适用的专利法不相一致。回想一下，第 70 条第 8 款（a）项是要求一成员提供一种据以提出一项专利申请的方法。它并没有要求一成员落实对专利申请进行实质审查的机制，包括与申请人的通讯联系，以及诸如此类。专利局之所以不能在收到申请后马上决定是否授予专利，自有充分理由。这些专利申请都是高度专业性文件，需要进行现有技术的检索、对权利要求的评估、与申请人通信联系，等等。除非一成员是在《TRIPS 协定》适用之日以前就被要求对专利申请进行审查，否则，要求该成员在本协定适用

① 而且，因为最不发达国家成员并不受第 65 条第 5 款的约束，所以，它们可以在 2006 年 1 月 1 日之前单独撤销其对农用化学品的专利保护，也可以在 2016 年 1 月 1 日之前撤销对药品的保护。因此，从理论上来讲，最不发达国家成员可以在接受根据第 70 条第 8 款（b）项所提出的申请，并开始启动审查程序之后，将该程序搁置，直到其因上述强制性规定而必须提供保护时为止。

之日即授予专利将是不可行的（即便说并非绝无可能）。可以推定，《TRIPS 协定》的谈判者们并不想要这种不可行的或者荒唐的结果，有基于此，那种认为在《TRIPS 协定》适用之日就必须对专利申请进行审查并就是否授予专利采取行动的解释，不应当采纳。

第 27 条第 1 款对于可否授予专利给出了三项标准，即发明必须"具有新颖性、包含发明性步骤，并可供工业应用"。第 29 条还给出了第四种标准，各成员应要求"专利申请人以足够清晰和完整的方式披露其发明，使本领域的技术人员能够实施该发明，各成员并可要求申请人指明发明人在申请日，或在要求优先权的情况下在该申请的优先权日所知的实施该发明的最佳方式"。

第 70 条第 8 款规定，成员适用可授予专利的标准，"如同这些标准在申请日已在该成员中适用，或如果存在并主张优先权的，则是在优先权日适用这些标准。"当专利申请首先在一个巴黎公约成员国提出时（这在《TRIPS 协定》下同样适用），该申请人就因此确立了一个优先权日（priority date）。自该优先权日起的一年内，申请人可以在公约其他成员国提出申请（《巴黎公约》第 4 条），而该申请"不应由于在这期间完成的任何行为，特别是另外一项申请的提出、发明的公布或利用……而成为无效，而且这些行为不能产生任何第三人的权利或个人占有的任何权利"。

一项申请的实际申请日与优先权日通常并不相同［除非是在首次申请（first filing）的国家］，因为除了在首次申请的国家之外，优先权日都要早于实际申请日。一成员如果在此前对于药品和农用化学品并不提供专利保护，那么，最早的此类专利申请可能只会来自于其本国国民（如果有的话），[1] 从而相对于在国外首次提出专利申请的发明人，具有在申请上的优势。大多数根据第 70 条第 8 款而提出专利申请的持有人，因此就得依靠以优先权日作为申请日，因为更早的日期可以阻止此后的专利申请人提出权利主张。

第 70 条第 8 款(b)项提到"如果存在并主张优先权的"。但是，除非根据第 70 条第 8 款(a)项所提出的专利申请是在《巴黎公约》所规定的优先权期限内（亦即，自首次申请日起的 12 个月内），否则，有关可授予专利的标准将依据实际申请日而非更早的优先权日予以适用。如果申请人未能在优先权期限内根据第 70 条第 8 款(a)项提出专利申请，则其发明就可能在其提出申

---

[1]　发明人如果身处一个不提供专利保护的国家之外，让他选择首先在这个国家提出专利申请，就没有什么道理。身处该国国内的发明人倒是有可能提出根据第 70 条第 8 款的专利申请，因为，国内法要求对专利申请进行国家安全方面的审查。

请时已经（由于披露公开而）丧失新颖性。

该成员的专利审查部门在根据第 70 条第 8 款(b)项审查专利申请时，就会受到指示，根据实际申请日和优先权日两者当中较早的日期，来确定适用可授予专利的标准。这就是意味着，在该日期之后发生的事件或行为，在专利申请的审查中将不作考虑。一般来讲，专利申请最迟在首次申请日之后大约 18 个月将被公开（它也可能提早被介绍并为公众所知）。

即便在提供专利保护的国家，一项专利申请在提交之后也需要经过数月才可能进行实质审查（因为专利局往往积压了大量申请），但是，专利审查员在评估该申请时，他或她所考虑的是在该申请的首次申请日或优先权日已经存在的那些技术背景。① 用申请日或者之前的知识标准来衡量发明人。

如果一发明人未在优先权期限届满之前向一国提交专利申请，② 那么，对于因国外专利申请的公开或者将该发明投入市场所导致的披露，该发明人就不能获得保护。在通常情况下，未能在优先权期限内提交专利申请，就使得发明人无法在之后再获得专利，因为该发明已经被披露，从而不再被认为具有新颖性了。[在某些情况下，有的国家对于一般来说不符合新颖性标准的发明，给予追溯性专利保护（retroactive patent protection），或者被称为"管道保护"（pipeline protection），但这是对一般所适用的专利授权标准的一种例外。]

第 70 条第 8 款(b)项处理的是如下这种情况。如果一成员对某种特定对象不提供专利保护，那么，对此类发明的专利申请也会被拒绝，而发明人也就无法享受优先权。如果之后此类发明可以获得专利了，但由于该发明在某一外国所提出的专利申请已被公开，或者在市场上可以获得该发明的产品（至少是在该国的市场上），就将否定该发明的新颖性。为避免发生这种情况，第 70 条第 8 款(b)项要求对优先权做出保留，即便该发明还不可能获得专利保护。通过专门规定，将有关可授予专利的标准的判定时间推回到优先权日，第 70 条第 8 款(b)项就避免了这样的怀疑，即该专利申请是否会受到后来发生的行为或者事件的影响，比如在申请人所在国将产品投入市场等。如果一项专利申请在 1996 年提出，那么它可能一直要到 2005 年才会进行审查，并

① 参见 *Biogen v. Medeva*，U. K. House of Lords，[1997] RPC 1，1996 年 10 月 31 日。

② 《专利合作条约》（Patent Cooperation Treaty）的实施对这项规则有所改动，该条约认为被指定国采纳的专利申请就是在优先权期限内提出的。但这一技术性问题并不影响此处的讨论。

因此会产生这样的担心，即对于可专利性的保留是否有这么长的延长时间。既然该条款的起草者所处理的是一种非常独特的法律情况，因此就必然有合理的根据来专门规定所想要的结果；那就是，根据实际申请日和优先权日两者当中较早的那个日期，来评估可授予专利的标准。

"（c）自授予专利时起和在依照本协定第 33 条自提出申请之日起计算的剩余的专利期限内，依照本协定对这些申请中符合（b）项所指的保护标准的申请，提供专利保护。"

（c）项的第一个从句要求对依照第 70 条第 8 款所提出专利申请进行审查的成员，"自授予专利时起"提供专利保护。回想一下上述（b）项的讨论，授予专利权是在对专利申请进行实质审查（substantive review）之后才作出的。第 70 条第 8 款（c）项并没有对授予专利的该成员施加任何义务，要求其将保护向前推至早于专利授予日的某一日期，或者要求在专利申请日之后到专利授予日之前的这一时期提供临时保护（provisional protection）（不过，请参见以下第 70 条第 9 款）。尽管可授予专利的标准是根据实际申请日和优先权日两者当中较早的那个日期来评估的，但是，专利的保护期则明确地从该专利申请的实际申请日起算。（请回想一下，除非专利申请是在《巴黎公约》所规定的优先权期限内，亦即，自首次申请日起的 12 个月内提出的，否则，有关可授予专利的标准将依据实际申请日而非更早的优先权日而予以适用。）《TRIPS 协定》第 33 条规定，专利的最低保护期限为"自申请之日起"的 20 年。"剩余的专利保护期限"因此就与之前（根据第 70 条第 8 款（a）项所作的）向处理该专利申请的成员提出申请之日相关。这一日期可能最早为 1995 年 1 月 1 日（即《WTO 协定》的生效之日）。当然，专利申请只有符合根据第 70 条第 8 款（b）项适用的可授予专利的标准，才会被授予专利保护。

多哈的关切

当 TRIPS 理事会就有关实施《TRIPS 协定与公共健康多哈宣言》第 7 段的问题向总理事会提交建议时，一些最不发达国家成员就表达了它们的关切。它们认为，要求其接受所提交的信箱申请并在随后对这些申请授予专利（例如，在 2016 年 1 月 1 日之后），将会降低在它们领土范围内开始药品生产的激励。尽管 TRIPS 理事会提交了上述建议，并且总理事会免除了有关要求这些成员根据《TRIPS 协定》第 70 条第 9 款提供专有销售权的义务，但是，它并没有免除最不发达国家成员的如下义务，即接受信箱申请，或者在有关专利保护的条款对其生效之后根据这些申请授予专利。

3.9 第 70 条第 9 款

> 9. 如依照第 8 款(a)项，一产品在一成员中属专利申请的对象，则尽管有第六部分的规定，仍应给予专有销售权，期限或为在该成员中获得销售批准后 5 年，或为在该成员中被授予或被拒绝一产品专利时为止，以时间较短者为准，只要在《WTO 协定》生效之后，已在该成员中提出专利申请，并且在另一成员中已对该产品授予专利和在该其他成员中已获得销售批准。

"如依照第 8 款(a)项，一产品在一成员中属专利申请的对象，"

第 70 条第 9 款只适用于根据第 70 条第 8 款在一成员提交的专利申请。第 70 条第 8 款(a)项已在上节讨论过。请回想一下，有关"药品"和"农用化学品"的定义和范围并不非常确定，因此，关于哪些发明符合第 70 条第 8 款所包含的领域，并进而扩大到是否符合第 70 条第 9 款的适用范围，都可能存在着问题。

"应给予专有销售权"

自"专有销售权"（exclusive marketing rights）这一术语在 TRIPS 谈判组（TRIPS Negotiating Group）中达成一致意见的那一刻起，它的含义就不明确。之所以使用这样的表述，是为了在以下两方之间实现一种妥协：一方是要求尽早实现对药品和农用化学品提供专利保护的国家；另一方是主张对上述产品提供完整的 10 年过渡期的国家。① 这一术语无论是在一般的知识产权法还是专门的专利法中，此前都不为人所知。它用在该条款中，就允许谈判各方按照适合于其各自的直接目的而赋予其含义，以便结束对此问题的谈判。既然引入这样一项机制是为了让 TRIPS 谈判能够得以结束，那么，对它的执行就不受习惯做法（customary practices）的指导了。

如果从如下问题开始讨论，可能会有所帮助，即哪些不是专有销售权。它们不等同于专利权。因为谈判者的本意是说，如果两者等同的话，那么，他们本来可以很容易地引用专利通常所赋予的权利即可。

《新节本牛津英语大词典》（Oxford New Shorter Dictionary）对"exclusive"

---

① 作者的这个评论，是依据作者在该协定文本达成之后不久，与 TRIPS 谈判组（TNG）的谈判者所进行的对话。其中，作者向几位谈判者提问，涉及他们意图赋予该短语的含义。他们的回答可以表述为"没人知道这是什么意思"。据称，印度和美国是在此问题上发生龃龉的两个主要缔约方。

（专有的）一词按形容词定义为："5. Of a right, privilege, quality, etc.: possessed or enjoyed by the individual（s）specified and no others; confined or restricted to"（关于一种权利、特权、资格等：由特定个人而非其他任何人占有或享有的；限定于或限制于）。"marketing"（销售）作为动词的定义是"1 b *spec.* The action, business, or process of promoting and selling a product etc., including market research, choice of product, advertising, and distribution"（促销和出卖一产品等的行动、业务或过程，包括市场调研、产品选择、广告营销以及产品分销）。"right"（权利）按名词定义为"5. A legal, equitable, or moral title or claim to the possession of property or authority, the enjoyment of privileges or immunities, etc."（一种为拥有财产或权限，或者为享受特权或豁免等而在法律上、衡平法上或道德上的所有权或请求权）。

第 28 条授予专利持有人以防止第三方未经其同意而制造、使用、许诺销售、销售（selling）或进口由该专利所包含产品的权利。"销售"（marketing）一词似乎并不包括有权阻止他人"制造"产品，或者阻止他人"使用"产品，除非是在促销和出卖该产品的意义上的使用。根据词典定义，"销售"一词似乎应当适用于商业企业就已生产的产品而从事的出卖行为；亦即，将该产品投放到销售渠道的行为。在涉及药品和农用化学品的情况下，对"销售"一词的合理解释是，专利申请的持有人不得阻止第三方在该成员的领土范围内生产该产品，但是可以阻止第三方对产品进行广告营销、许诺销售或者销售给专利申请人以外的人。

如果专利申请人有条件用一产品来供应该市场，无论是通过当地生产的方式还是通过进口的方式，那么，专有销售权就具有削弱当地潜在的竞争性生产者的效果，就如同授予一项专利所产生的效果，尽管它并不能阻止上述生产者将该产品出口和销售到对该产品并不给予专利保护的其他国家。

关于应当如何处理专有销售权的例外，对此也提出了问题。专有销售权并非专利权，因而并不受《TRIPS 协定》第二部分第 5 节有关专利的规则的约束。它们是由第 70 条第 9 款创设的特别权利。对于实行专有销售权（EMRs）的成员来讲，它们无需考虑在何种程度上，第三方未经专有销售权持有人的同意而进行使用的行为是否出于公共利益所必需。它们可以参考适用专利的例外，包括先用权、强制许可等等。根据《TRIPS 协定》第 1 条第 1 款，各成员有权"在其各自的法律制度和实践中确定实施本协定规定的适当方法。"

"期限或为在该成员中获得销售批准后 5 年，或为在该成员中被授予或被拒绝一产品专利时为止，以时间较短者为准，"

当药品和农用化学品在一国投放市场之前，该等产品的销售还必须获得该国监管部门的批准。正如"加拿大—仿制药品"案的专家组所指出的，在新药品的情况下，为获得批准所需花费的时间通常在六年以上。

将药品或农用化学品投放市场所必需的实体和程序条件，以及有关这方面的术语，在各国之间都会有所不同。销售批准（marketing approval）应当被理解为是指监管部门的最终决定，允许一产品在一成员内进入流通并使用。

第 70 条第 9 款涉及在一成员内被授予或被拒绝一产品专利的时间。假如产品已经获得销售批准，并且导致授予专有销售权，当专利申请被拒绝时，专有销售权也将随之终止。对专利申请的拒绝通常由专利局以正式行为（official action）的方式作出。如果被授予专利的，专有销售权也随之终止，因为专利保护由此就开始了。授予专利也同样通常需有专利局的正式行为。

专有销售权保护的最长期限是 5 年，如果该期限届满而专利申请尚未被批准或被拒绝的，则专有销售权也将终止。考虑到可授予专利的标准将根据第 70 条第 8 款(b)项而作预先保留，知识产权保护可以随后在被授予专利之时启动。

"只要在《WTO 协定》生效之后，已在该成员中提出专利申请，并且在另一成员中已对该产品授予专利和在该其他成员中获得销售批准。"

授予专有销售权需要一个重要的前提条件。首先，在该成员内已经提出一项专利申请，并且在另一成员已经就该产品被授予一项专利。这个条件是为了确保，该成员无需对最终不受专利保护的产品提供专有销售权。该条件不仅指授予专利，也指提交一项专利申请。专利申请包含了权利要求书和说明书，以界定发明的范围，并使得该发明能够被实现。《TRIPS 协定》第 29 条要求以使该发明能够实现之方式披露，并以此作为授予专利的条件。第 70 条第 9 款中要求提出一项专利申请，可能就是为了防止申请人依据在另一成员中所授予的未充分达到授予专利标准的专利而来申请专有销售权，尽管仅仅以专利申请作为要求是否符合本条款的设定目标，这一点尚不明确。

其次，在同一个"其他成员"中必须已经获得销售批准。对于药品和农用化学品而言，其销售批准通常明显晚于在产品上获得专利。当一种新的分子被创造出来并且可能显示出应用前景之后，专利申请就可以开始了。但是，要想获得批准，将该分子应用于人类本身，则涉及历经数年的提纯和测试。在对药品和农用化学品完成开发和测试阶段，并且获得销售批准之前，就不能指望从一成员那里获得专有销售权。没有任何明确的依据，可以阻止一个不够审慎的私人企业从一个只对专利申请进行最低限度审查的国家那里获得一项专利，而且，对产品的销售批准也不需要经受严格的审查程序。不过，受理专有销售权申请的成员还是可以控制这一程序的，因为除非该成员已经对内批准了该产品的销售，否则，它并不是必须给予此种权利的。而且，在所有法律制度中都存在着一种善意履行的义务，故一成员可以外国所授予的专利和销售批准明显理由不足或者"虚假"为由，而不给予其专有销售权。①

多哈的发展

最终，WTO 总理事会就有关《TRIPS 协定和公共健康多哈宣言》第 7 段的执行，免除了最不发达国家成员在药品方面适用第 70 条第 9 款的义务：②

"1. 在 2016 年 1 月 1 日以前，最不发达国家应就药品被免除其在《TRIPS 协定》第 70 条第 9 款项下的义务。

2. 根据《WTO 协定》第 9 条第 4 款的规定，此项免除应当在其被授予之后的 1 年内由部长会议进行审查，此后应每年进行审查，直至该项免除终止。"

4. WTO 案例

4.1 "加拿大—专利保护期"案③

在"加拿大—专利保护期"（Canada-Patent Term）案中，WTO 上诉机构就《TRIPS 协定》第 70 条第 1 款和第 2 款适用于一成员之前已经存在的对象，对这两个条款作出了解释。该案涉及由美国对加拿大提起的申诉，指控后者对于其根据《TRIPS 协定》之前的专利立法授予的专利未适用该协定第 33 条所要求的最低 20 年的专利保护期。

加拿大主张，它不必对之前所授予的专利延长其保护期，这些专利是依据在 1989 年之前适用的法律而授予的（而这些专利在《TRIPS 协定》第 33 条适用于加拿大时仍属有效），因为协定第 70 条第 1 款排除了将协定适用于在其适用日之前所发生的"行为"（acts）。按照加拿大的观点，授予一项专利属于在第 33 条适用于加拿大之前所发生的"行为"。加拿大认为，尽管第 70

---

①　在这种情况下，还会提出这样的问题，如果一项专利是未经审查而被授予的，那么它是否应当被看作是第 70 条第 9 款所指的"专利"。

②　General Council, Decision of 8 July 2002, Least-Developed Country Members-Obligations Under Article 70.9 of the TRIPS Agreement with Respect to Pharmaceutical Products, WT/L/478, 2002 年 7 月 12 日。

③　*Canada-Term of Patent Protection*, WT/DS170/AB/R, 2000 年 9 月 18 日（以下简称 "*Canada-Patent Term*"）。

条第 2 款确立了"对于在本协定对所涉成员适用之日已存在的、在上述日期在该成员中受到保护的……对象"的义务，从而包括了在本协定适用之前已经授予的专利，但是，这并不能使它承担义务，延长这些专利的保护期，因为这是属于之前发生的"行为"从而被第 70 条第 1 款排除了。

本案的专家组和上诉机构的裁决都集中在第 70 条第 1 款和第 2 款的通常含义（plain meaning）上。加拿大政府企图在确立专利保护期的行为（属于第 70 条第 1 款的范围）和被授予专利的发明根据第 70 条第 2 款而"存在"的一般性质之间作出区分，但无论专家组还是上诉机构都不认为这样的区分企图是具有说服力的。上诉机构认定，根据《TRIPS 协定》的明确用语，第 70 条第 2 款就要求将第 33 条适用于现有专利的保护期。

4.2 "印度—药品与农用化学品专利保护"案（"印度—信箱"案）①

依据《TRIPS 协定》提出的第一起案件是，美国指控印度未能履行其义务，对于尚不可能获得专利保护的药品和农用化学品提供一套适当的信箱机制（mailbox mechanism），来接收和保留就此提出的专利申请（《TRIPS 协定》第 70 条第 8 款），并且也未建立一套关于授予专有销售权的法律机制（第 70 条第 9 款）。印度主张，它通过由行政部门向专利局长发出行政命令（administrative instructions）的方式，履行了它所承担的信箱义务（mailbox obligation）。美国则认为，这些指示与《印度专利法》（India Patents Act）中的明文规定不相一致，后者要求专利局长驳回针对药品和农用化学品的专利申请，而且，《印度宪法》（Indian Constitution）也不允许行政部门以这种方式推翻《专利法》的条文。关于专有销售权的问题，印度声称，它并无义务建立这样一种授予专有销售权的机制，除非确有需要。美国则称，此项义务并不取决于将来事件，印度负有明确的义务，必须马上建立这样一种法律机制。

专家组和上诉机构均认定，印度未能履行其按照第 70 条第 8 款和第 9 款所应承担的义务。不过，上诉机构否定了在专家组所采取法律方法中的一个关键性因素（并且在一些小的程序问题上也有所不同）。专家组认定，印度履行其信箱义务的法律方法，并没有满足美国和私人的专利持有人的"合法期

① *India-Patent Protection for Pharmaceutical and Agricultural Chemical Products*，AB-1997-5，WT/DS50/AB/R，1997 年 12 月 19 日（以下简称"*India-Mailbox*"）。

待"（legitimate expectations），印度应当采用一种制度，以消除各方对于专利信箱申请的安全保障所持有的合理怀疑。

上诉机构指出了专家组的错误，在其看来，专家组对于《TRIPS 协定》的条款缺乏足够的重视。上诉机构称，"合法期待"的概念源于 GATT 1947 关于对进口产品给予不利待遇的裁决中。它一般在认定初步违反（*prima facie violation*）GATT 规则之后被用来评估竞争条件，它也在一成员寻求反驳其构成利益的丧失或减损（nullification or impairment of benefits）的情况下被使用。上诉机构认为，专家组反而在非违反的利益丧失或减损诉因（non-violation nullification or impairment cause of action）的意义上使用"合法期待"这一概念，而该诉因所指控的是，尽管不存在对某一规则的违反，但破坏了缔约方从谈判减让（negotiated concessions）中所期待的利益。而在这种意义上使用，专家组就超越了它的职权范围，因为按照《TRIPS 协定》第 64 条第 2 款和第 3 款，在该案件审理之时尚不能受理非违反之诉的诉因（non-violation causes of action）。因此，当专家组提出应当根据美国或其专利持有人的合法期待来解释《TRIPS 协定》时，或者要求印度承担义务来排除它们的"合理怀疑"（reasonable doubts）时，它就犯下了错误。

上诉机构强调指出，印度在《TRIPS 协定》项下按照文本所承担的义务，就是提供一种"方法"（means），以实施其信箱义务，而与此义务相类似的，就是提供一套"合理的法律机制"（sound legal mechanism）。除此之外，印度不需要承担任何进一步的义务。上诉机构认同专家组关于印度未能履行上述义务的观点，因为从证据中明显可见，《印度宪法》并不允许通过印度所主张的那种方式，由行政部门来推翻成文法上的要求。上诉机构否定了印度的主张，后者认为只有它自己才应当来认定在其法律制度中，哪种方法是适当的；而且上诉机构指出，法律规则可以被国际机构视为事实问题（matters of fact），它还提到如下事实，即美国在根据 GATT 1947 发生的"美国—337 条款"（*U. S. -Section 337*）案[①]中，同样接受过这样一种调查。上诉机构进一步认定，《TRIPS 协定》条款明文要求印度在该协定对其生效时起，提供一套关于授予专有销售权的机制。它认为，第 70 条第 9 款是与第 70 条第 8 款(a)项联合起来实施的，而后者明确规定自《WTO 协定》生效之日起发生效力，因此，印度关于其义务取决于是否存在授予专有销售权之需要的论据，无法

---

①　*United States-Section 337 of the Tariff Act of 1930*，专家组报告，1989 年 11 月 7 日通过，BISD 36S/345（以下简称"*U. S. -Section 337*"）。

在本协定的文本中找到依据。

在"印度—信箱"案的裁决中，上诉机构既强调了在解释过程中遵从《TRIPS 协定》文本的重要性，也强调了避免依据诸如消除合理怀疑之类的宽泛概念而对成员增添新义务的重要性。这样做就几乎挑不出什么错误，特别是因为各成员就其对《TRIPS 协定》的期待而言，可能有着殊为不同的观点。

4.3 "日本—关于录音制品的措施"案[①]

美国和欧洲共同体请求与日本进行磋商，后者被指控未能根据《TRIPS 协定》第 70 条第 2 款而对处于公有领域的唱片（但它们并非由于版权保护期届满而落入公有领域）提供追溯性保护。本案的讨论，参见以上本章 3.2 节。

5. 与其他国际文件的关系

《TRIPS 协定》第 70 条专门针对围绕着本协定生效所产生的义务。一般来说，这些义务与其他的 WTO 协定或者其他国际文件的规定无关。不过，因为《TRIPS 协定》，包括第 70 条本身，都通过引用的方式，吸收了《巴黎公约》、《伯尔尼公约》以及其他知识产权公约的条款，所以，它必然与这些文件存在着某种关系。正如在请求磋商的"日本—录音制品"案中所看到的，对《TRIPS 协定》第 70 条的解释可能取决于已纳入的 WIPO 各项公约的规定。而这也并非第 70 条所独有的特征。

与《TRIPS 协定》其余部分一样，对第 70 条的解释也必须考虑到《TRIPS 协定与公共健康的多哈宣言》，以及各成员达成的如下一致意见，即应当从有助于药品为所有的人所获取的角度，来解释《TRIPS 协定》。

6. 新近发展

6.1 国内法

WTO 每一成员在履行其《TRIPS 协定》项下的义务时，都要考虑到第 70 条的规定，因此，我们并不是对各成员的做法都要进行评议。不过，我们

---

① *Japan-Measures Concerning Sound Recordings*，美国提出的磋商请求，WT/DS28/1，1996 年 2 月 14 日；以及 *Japan-Measures Concerning Sound Recordings*，欧洲共同体提出的磋商请求，WT/DS42/1，1996 年 2 月 28 日。

来考察如下这个例子还是大有裨益的，它通过立法，确立了根据第 70 条第 8 款提出专利申请的信箱，并且建立了一套根据第 70 条第 9 款授予专有销售权的机制。

6.1.1　印度 1999 年《专利修正法》

随着 WTO 上诉机构对"印度—信箱"案作出裁决，印度于 1999 年修改其《专利法》，增设了一套针对药品提出专利申请的机制，① 以及有关授予专有销售权的机制。② 它在《专利法》中新加入第 4A 章，标题就是"专有销售权"（Exclusive Marketing Rights）。新增的这一章规定，在 2004 年 12 月 31 日之前，专利局局长（Controller General of Patents）并不会将有关药品的专利申请交由专利审查员进行审查。但是，如果提出一项关于授予专有销售权的申请的，则将交由专利审查员，以便由其完成一份报告，判断该申请是否属于在印度被排除在可授予专利范围之外的那些发明，③ 比如仅仅是对一科学原理的发现，④ 或者是一项针对已知物质的新用途所提出的发明。⑤ 如果审查员的这份报告得出结论，并不认为该发明因为落入可授予专利的范围之外而应当被拒绝（该报告不是关于该项主张权利要求的发明是否符合可专利性标准的审查），那么，专利局局长就可以根据特定条件而授予专有销售权。⑥ 1999 年《专利修正法》具体列举了《TRIPS 协定》第 70 条第 9 款规定的前提条件（亦即，1995 年 1 月 1 日或者之后在《巴黎公约》一成员国提交专利申请并且被授予专利，在该国已经被授予一项专利，并且"在根据［关于药品的条款］所包含之专利而主张权利要求之日或者之后，在该国已经根据 1995 年 1 月 1 日或者之后进行的适当检测而获得了销售和发行该物品或者物质的批准"。）如果这些条件都满足，并且在印度也已经获得该药品的销售批准，

---

① 印度的《专利法》在那时并未排除对农用化学品授予专利。而且，该《专利法》允许就有关药品的生产方法授予专利。参见 Patents Act, 1970，修正之前第 5 条。

② 1999 年《专利（修正）法》［Patents（Amendment）Act, 1999（1999 年第 17 号），1999 年 3 月 26 日，以下简称"1999 Amendment Act"］对 1970 年印度《专利法》进行了修改。请注意，《印度专利法》此后还因 2002 年《专利（修正）法》［Patents（Amendment）Act, 2002，2002 年第 38 号，2002 年 6 月 25 日］而被修改。该机制将在药品生产过程中所使用的"中间"化学物质（"intermediate" chemical substances）排除在外，参见 1999 Amendment Act，第 2 条。

③ 同上，第 3 条，第 24A(1) 条。

④ 《专利法》第 3(c) 条。

⑤ 《专利法》第 3(d) 条。

⑥ 1999 Amendment Act，第 3 条，第 24A(3) 条。

"那么，申请人本人、代理人或者被许可人享有在印度销售或者发行该物品或物质的专有权利，其期限为自专利局局长授权之日起五年，或至申请人被授予专利或专利申请被拒绝时为止，以两者当中时间较短者为准。"①

1999 年《专利修正法》还在以下条款中规定了先用权：

"24B（2）如果与第 5 条第（2）项所包含的物品或者物质［亦即药品］相关的一项发明，其说明书已经在某一文件中有记录，或者该发明已经被试验或者被使用，或者，该物品或物质于其在印度或公约的另一国就该发明主张专利的权利要求之前，已经另有人进行了销售，那么，该人在前述发明被主张专利权利要求之后进行的销售或者发行行为，不得被视为对根据第（1）项所授予的专有销售权或发行权的侵犯。"［着重号是后加的］

因此，在专利申请人提交申请日或优先权日之前第三方已经在印度销售某一药品的，可以继续销售和发行该产品。② 并且，既然专有销售权并没有处理药品的生产问题，因此，从效果上看，先用权还允许生产者在印度制造、销售和发行药品，只要他们在专利申请人的申请日或者优先权日之前就在制造和销售该产品。仿制药品的生产者（generic producers）是在原创药品发明人（originators）已经提交专利申请之后才开始制造的，则该项权利就不允许其继续进行制造活动，因此，从这种意义上讲，先用权并不是一种延伸性授权（extensive grant of rights）。先用权是符合专利之例外的，例如，它与在欧洲习惯上所采用的那种例外相一致。欧洲委员会（European Commission）提议，将先用权明确地纳入《欧共体专利条例》（Community Patent Regulation）之中。③

---

① 同前注，第 24B(1)条。

② 之所以如此，是因为在这种情况下，专利缺乏新颖性；第三方已经在该专利的优先权日之前销售了该产品。

③ "第 12 条

基于在先使用发明而产生的权利

1. 欧共体专利不得被用来禁止在专利申请日之前，或者如果主张优先权的，在优先权日之前出于善意和商业目的而已经在欧共体内使用该发明，或者已经为上述使用做好有效和认真的准备工作的第三方（以下简称"在先使用人"）；在先使用人有权出于商业目的而继续使用或按照其之前已经做好的准备使用相关的发明。

2. 在先使用人的权利不能转让，无论是该使用人在世时或其死后，除非与该使用人的企业，或者发生该项使用或为使用而作准备的部分企业一并转让。"

Proposal for a Council Regulation on the Community patent, Brussels, 1.8.2000, COM(2000) 412 final 2000/0177(CNS)。

印度关于专有销售权的立法将《专利法》中的强制许可规定，在细节上作必要修改后（*mutatis mutandis*）适用于这些新的权利，只是把专利项下的权利，更换为"专有的销售和分销权"。此外，该项立法还授权政府可以使用由专有销售权所包含的药品，具体规定如下：

"24D（1）在不影响本法生效时所存在的任何其他法律的前提下，如果根据第 24B 条第(1)项的规定，针对一物品或物质的销售或发行而授予专有销售权之后的任何时间内，中央政府认为有必要或者出于公共利益考虑，需要由根据第 24B 条第(1)项而被授予专有销售权者以外的人来对销售或者分销该物品或物质，那么，政府本身或者通常由其书面授权代表政府的任何人，可以销售或分销该物品或物质。

（2）中央政府可以官方公报作出通知的方式，在针对一物品或物质的销售或分销而授予专有销售权之后的任何时间内，出于公共利益或其他原因，指示上述物品或物质应当按照由其专门指定并代表政府的机关所确定的价格进行销售。"

这种政府使用权（government use right）是印度专有销售权立法模式中一个特别重要的特征，因为这将允许政府以保护公共利益的方式来管理药品专利的引入。正如前文所讨论的，专有销售权不等于专利权，因此，它们并不受《TRIPS 协定》有关专利条款的调整，印度也就有权针对专有销售权设定更为宽泛的例外，比对于专利所允许的例外还要多。例如，政府对专有销售权的使用，就不需要对权利持有人支付报酬。

6.2　国际文件

第 70 条是《TRIPS 协定》项下的一种过渡机制。它并不受其他国际文件的约束。[①]

6.3　地区和双边情况

6.3.1　地区

6.4　审查建议

第 70 条第 8 款和第 9 款对于药品的可获得性具有重要意义，就此而言，

---

① 关于 WTO 对最不发达成员在第 70 条第 9 款项下的义务的免除，参见以上本章 3.9 节（"多哈的发展"）。

它们应当成为今后研究的对象。从更一般意义上而言，第 70 条第 1 款至第 7 款涉及的是在这些条款生效时已经存在的对象，因此，并不会成为提议审查的主题。

7. 评论（包括经济和社会意义）

将知识产权保护扩展适用于在《TRIPS 协定》对一成员生效时、在其领土范围内现有的对象，就必然改变以下两者之间的平衡，一是思想与表达的公众获取，一是私人对这些思想和表达的权利主张。谈判者也许本来决定让《TRIPS 协定》只适用于该协定生效之后产生的对象，因为这样一来，就不会导致上述平衡发生太剧烈的改变。至少从短期来看，关于对现有对象提供保护的决定，还是有利于在知识财产的创造上具有优势地位的一方，其中大部分就是经合组织（OECD）成员国的企业。但是，迄今这一决定在很大程度上已经成为"老皇历"了，发展中国家当前所关注的焦点是，现有的《TRIPS 协定》在各方面的平衡是否符合它们的利益。并且，如果不符合的话，应当寻求什么样的改变。

对于少数尚未对药品提供专利保护的发展中国家成员来说，第 70 条第 8 款和第 9 款仍然具有重要意义，而第 70 条第 8 款也对最不发达国家成员继续发挥其重要性。2005 年 1 月 1 日，印度开始启动对药品的专利保护，并且随后应当开始对信箱申请进行专利审查。印度依据这些申请而授予专利和/或专有销售权，这在一定程度上阻碍了仿制药品在印度和为出口市场所进行的生产和销售，这就可能对许多发展中国家的公共健康带来巨大后果。对于世界卫生组织（WHO）和包括 WTO 在内的其他多边组织，重点是需要密切关注因为药品过渡期的结束而对药品价格和药品可获得性方面所带来的影响。

第 37 章　审议和修正

第 71 条　审议和修正

1. TRIPS 理事会应在第 65 条第 2 款所指的过渡期届满之后，审议本协定的实施情况。理事会应在该日期后 2 年内，考虑到在协定实施过程中所获得的经验，对本协定进行审议，并在此后以同样的时间间隔进行审议。理事会还可按照有理由修改或修正本协定的任何新的发展情况进行审议。

2. 仅适于提高在其他多边协定中达成和实施的、并由 WTO 所有成员在这些协定项下接受的知识产权保护水平的修正，在 TRIPS 理事会经协商一致所提建议的基础上，可依照《WTO 协定》第 10 条第 6 款提交部长级会议采取行动。

---

1. 引言：术语、定义和范围

第 71 条所处理的是两个不同的问题：《TRIPS 协定》的审议（review）和修正（amendment）。第 1 款主要涉及审议，而第 2 款则规定了一个（简易的）修正程序，以将《TRIPS 协定》的知识产权标准调整到更高的保护水平。一般来说，对一项协定的审议并不必然导致对该协定的一种修正；它也可能是对该协定的现状予以确认。尽管这两者涉及的内容有所不同，但从第 1 款中可以得出结论，即审议和修正是紧密相联的：进行一项 TRIPS 审议，目的不仅限于对各成员实施情况的检查（参见本条第 1 款第一句话）；它也同样是为了适应那些有理由修改或修正本协定的任何新的发展情况（参见本条第 1 款第二句话）。

1.1　审议

第 71 条第 1 款的目的是为了监督《TRIPS 协定》在实践中的应用情况，以保证其目标的成功实现。① 为此，本款规定了以下三种不同的审议程序：

---

① 关于《TRIPS 协定》的目标以及采纳这些目标的理由，参见本章第 7 节。更详细的分析，参见本书第 6 章（特别是关于第 7 条）和第 1 章（关于序言）。

a）本款第一句提到的是就各成员对《TRIPS 协定》的实施情况的审议。这一审议是强制性的（其用语是"TRIPS 理事会应当……"），而且在按照第 65 条第 2 款规定的过渡期届满之后，亦即自 2000 年 1 月 1 日起，必须开始审议。

b）与此相反，本款第二句涉及的是对《TRIPS 协定》本身的规定进行审议。这一审议同样是强制性的（其用语是"理事会应当……"），并且在按照第 65 条第 2 款规定的过渡期届满之后 2 年（亦即自 2002 年 1 月 1 日起）必须开始审议，此后每两年进行一次审议。在审议《TRIPS 协定》的过程中，TRIPS 理事会应"考虑在实施过程中所获得的经验"。

c）最后，本款第三句同样提到的是对《TRIPS 协定》规定的一种审议。但与上面两种类型的审议相反，这种审议是选择性的（其用语是"理事会可以……"），并且可以明确导致对《TRIPS 协定》的一种修改或修正，假如此类发展情况说明了有理由对该协定进行修正的话。与前两类审议不同的是，对于此种审议可以在何时开始，本款没有提到任何日期（关于所有三种审议类型的详细内容，参见本章第 3 节）。

1.2　修正

在第 71 条第 1 款第三句（参见上文）以及第 2 款中都涉及修正。与审议不同的是，修正必然导致对一项协定之文本的改变。正如第 71 条第 1 款第三句所示，修正可以是（但并非必须是）审议的结果。

该条款的后半部分提到了对《TRIPS 协定》的"修改或修正"。从字面意思出发，可以认为，对一项条约的修改和修正必须加以区别。"修正"（amendment）是为了在所有缔约方之间改变该条约；而"修改"（modification）则只在该条约的两个或多个缔约方的当事方之间（inter partes）发生。寻求对一项条约进行修改，是基于该条约的授权，或者反过来说，是在该条约并不禁止的情况下，而且修改的结果并不影响第三方的权利，也不影响协定的目标和宗旨。①

---

① 参见《维也纳条约法公约》第 41 条。不过，关于这一条规定是否可以直接适用于《TRIPS 协定》，仍然存疑。如果 WTO 成员之间通过投票未能达成一致性结果，则此种修改（modification）还是可以发生的。但在该种情况下，对协定所提出的修改将只适用于那些对此给予支持的成员。

2. 条文沿革

2.1　TRIPS 之前的状况

无论一项条约的审议还是修正或者修改，都不是《TRIPS 协定》专有的。条约的修正和修改都属于国际公法项下的传统手段，并被反映在《维也纳条约法公约》（Vienna Convention on the Law of Treaties）第四部分（第 39 条至第 41 条）。在 TRIPS 之前的那些最重要的知识产权保护公约，亦即《巴黎公约》和《伯尔尼公约》中，就规定有修订和修正。

2.1.1　《巴黎公约》

《保护工业产权巴黎公约》第 17 条规定，成员国可以对许多组织条款（orgainizational provisions）提议进行修正；该公约第 18 条则构成了陆续在某一联盟国家召开修订会议（revision conferences）的法律依据。上述修订涉及《巴黎公约》的实质性条款。每一项修订都是为了采用一些"旨在改善本联盟制度"的修正案（第 18 条第 1 款）。因此，自《巴黎公约》于 1883 年开始生效到 1967 年的最近一次修订，其间已经通过一系列的会议进行了修订。[①]

2.1.2　《伯尔尼公约》

《保护文学和艺术作品伯尔尼公约》采取了与《巴黎公约》相同的模式。该公约第 26 条规定，任何成员国都有权提出对公约的某些组织条款进行修正的建议。[②] 第 27 条规定，可以相继举行修订会议，以便引入"修正案，从而使本同盟体制臻于完备"（第 27 条第 1 款）。这些修正案涉及《伯尔尼公约》的实质性条款。[③]

[①] 《巴黎公约》修订会议分别于 1911 年（华盛顿）、1925 年（海牙）、1934 年（伦敦）、1958 年（里斯本）和 1967 年（斯德哥尔摩）举行。

[②] 相应地，《伯尔尼公约》在 1979 年修正。

[③] 《伯尔尼公约》1886 年的原始文本已经过多次修订和补充，它们分别是 1896 年（巴黎）、1908 年（柏林）、1914 年（伯尔尼）、1928 年（罗马）、1948 年（布鲁塞尔）、1967 年（斯德哥尔摩）和 1971 年（巴黎）。

2.2　谈判过程

2.2.1　安奈尔草案

该草案规定如下：①

"7. 审议和修正(68)；修正(73)

7A　缔约各方应在上述第七部分第 1 点规定的过渡期届满之后，审议本附件的实施情况。它们应在考虑实施过程中所获得经验的同时，在该日期后 [一] 年、并在此后以同样间隔进行审议。缔约各方还应按照有理由修改或修正本附件的任何新的发展情况进行审议。(68)

7B（i）对本部分的修正应根据有关条款生效以及临时适用的规定而生效。(73)

（ii）只有旨在提高在其他多边协定中达成和实施的、并由缔约各方接受的知识产权保护水平的修正，可以被委员会通过。(73)"

通过对比可以发现，提案 "A" 与《TRIPS 协定》最终版本的第 71 条第 1 款有着惊人的相似。该提案提到了与前述（本章第 1.1 节）相同的审议种类。两者唯一的实质性区别在于：在该提案中，缔约各方在相关的新的发展情况下必须（obliged）进行审议；而根据第 71 条第 1 款，TRIPS 理事会可以（may）进行上述审议。相反的是，该提案并未包含单独一款，用来处理像第 71 条第 2 款那样的修正。

提案 "B" 在两个重要的方面与第 71 条有所不同：第一，它对于审议各成员的国内立法实施情况未作任何规定；第二，对于因相关的新的发展情况而对本协定进行 "自发的" 审议，提案 "B" 未包含具体的法律依据。最后，为知识产权提供更高的保护水平这一点上，提案 "B" 与《TRIPS 协定》第 71 条第 2 款基本相同。

2.2.2　布鲁塞尔草案

该草案②与现行《TRIPS 协定》第 71 条非常接近。它规定如下：

"1. 缔约各方应在第 [65] 条第 2 款所指的过渡期届满之后，审议本协定的实施情况。它们应在考虑实施过程中所获经验的同时，在该日期后 [一]

---

①　参见 1990 年 7 月 23 日由 TRIPS 谈判组主席安奈尔（Lars E. R. Anell）发布的综合文本，文件 MTN. GNG/NG11/W/76。

②　文件 MTN. TNC/W/35/Rev. 1，1990 年 12 月 3 日。

年内、并在此后以同样间隔进行审议。缔约各方还可按照有理由修改或修正本协定的任何新的发展情况进行审议。

2. 只有旨在提高在其他多边协定中达成和实施的、并由缔约各方在这些协定项下接受的知识产权保护水平的修正，可以被委员会通过。"

第 1 款源于安奈尔草案的提案"A"，并因此确立了各成员有义务将其国内立法情况提交 TRIPS 理事会（对应于布鲁塞尔草案中的"委员会"）审议。① 第 2 款则直接取自安奈尔草案的提案"B"（参见上文）。

3. 可能的解释

3.1　第 71 条第 1 款

> 1. TRIPS 理事会应在第 65 条第 2 款所指的过渡期届满之后，审议本协定的实施情况。理事会应在该日期后 2 年内，考虑到在协定实施过程中所获得的经验，对本协定进行审议，并在此后以同样的时间间隔进行审议。理事会还可按照有理由修改或修正本协定的任何新的发展情况进行审议。

正如在本章引言部分所述，该条款确立了三种不同的审议方式：

a）本款第一句提到的是对 WTO 各成员的国内立法情况进行的强制性审议。对这句话的理解，必须与第 65 条第 2 款和第 63 条第 2 款相结合。《TRIPS 协定》第 65 条第 2 款规定了计算依据，用以确定理事会对所涉及成员实施《TRIPS 协定》的情况开始进行审议的实际日期，该日期也就是发展中国家的过渡期结束从而开始需要履行《TRIPS 协定》相关义务的日期（亦即，2000 年 1 月 1 日）。② 第 63 条第 2 款则要求各成员应当将其有关知识产权的法律和法规通知 TRIPS 理事会，以便协助理事会审议本协定的运行情况。③ 按照第 68 条的规定，此项审议是 TRIPS 理事会的主要职能之一。④ 从更广泛的角度看，之所以有必要根据第 71 条第 1 款进行该种审议，是由于每一成员有义务保证其国内法律、法规和行政程序与其在 WTO 各协定项下的义务相

---

① 关于就建立 TRIPS 理事会而在乌拉圭回合进行的谈判，其历史回顾请参见本书第 35 章。

② 关于具体内容，参见本书第 33 章。

③ 关于第 63 条的更多具体内容，参见本书第 31 章。

④ 关于第 68 条的更多具体内容，参见本书第 35 章。

一致（参见《WTO 协定》第 16 条第 4 款）。①

《TRIPS 协定》第 65 条第 2 款提到的 5 年过渡期，已于 2000 年 1 月 1 日届满。因此，对发展中国家实施《TRIPS 协定》相关的立法情况的首次审议，也已经于 2000 年开始。② 就发达国家而言，对其实施《TRIPS 协定》的立法审议则早于 1996 年即已开始。③ 第 71 条第 1 款并没有明确提到这一更早的开始审议的日期。不过，这可以从该规定中推断出来，即对一成员实施《TRIPS 协定》的立法情况进行审议，可以自适用于该成员的过渡期届满之后开始。对于发达国家成员而言，该日期就是 1996 年 1 月 1 日（参见《TRIPS 协定》第 65 条第 1 款）。

第 71 条没有对"实施"（implementation）一词做出定义。不过，根据第 63 条第 2 款，各成员有义务将其有关《TRIPS 协定》各项主题（亦即，知识产权的效力、范围、取得、实施和防止滥用）的法律和法规向理事会作出通知，以便在理事会对本协定运行情况进行审议时提供帮助。因此，对一成员实施情况的审议既包括由其议会通过的国内立法，也包括由行政机构通过的法规。但在另一方面，第 71 条第 1 款的审议并不扩展适用于一成员的司法终局裁判和普遍适用的行政裁定。这是与第 63 条第 2 款的规定相一致的，后者提到，只有法律和法规才是审议的对象。至于司法裁判，它们并不受审议的约束，因为按照分权（division of powers）原则，司法机关独立于一国政府的控制。而关于"普遍适用的行政裁定"（administrative rulings of general application），它们也必须与"法规"（regulations）相区别，后者根据第 63 条第 2 款受到 TRIPS 理事会的审议的约束。它们两者都是行政管理的手段，并且都是向不特定数量的人们作出的（从而区别于针对某一特定当事人所作）。两者的区别在于，任何种类的法规都可适用于多个案件中，而普遍适用的行政裁定，即便它也是针对一般公众作出的处理，但它涉及的只是某一特定案件的特定事实。这是"裁定"（ruling）的固有之义。称此种裁定为普遍适用，是从以下这种意义上而言的，即它并不仅仅针对某个单一当事人作出处理［就像行政行为（administrative act）那样］，而是针对不特定数量的被处理人所作的。但它又限定于某一特定案件，故此类行政裁定不受 TRIPS 理事会根

---

① 《马拉喀什建立世界贸易组织协定》第 16 条第 4 款规定："每一成员应当保证其法律、规则和行政程序，与所附各协定中的义务相一致。"

② 关于其立法目前正在进行审议的发展中国家成员名单，参见以下网站的知识产权门户页面：http://www.wto.org。

③ 同上，该页面还有关于被审议知识产权类别的一个概述。

据第 63 条第 2 款和第 71 条第 1 款所作的审议。与适用于无限定数量的案件的法律和法规不同，行政裁定的作出是针对特定个案的（case-specific），它即使针对一般公众所作，也并不表示它具有像法律那样的普遍有效适用性，并因而不得被认为属于就第 71 条第 1 款而言的、一成员对《TRIPS 协定》的实施。

在此情况下，着重需要强调的是，TRIPS 理事会对成员的国内法律和法规进行审议，既无关于 WTO 争端解决程序，也不属于争端解决机制的前置阶段。假如其他成员在审议中对于被审议之立法与《TRIPS 协定》的兼容性表示怀疑，也不会导致自动成立一个 WTO 专家组。就此目的而言，《争端解决谅解》（DSU）提供的是另外一套可供遵循的程序规则。① 专家组对于它所处理的案件必须作出独立评估，而不考虑 TRIPS 理事会在审议过程中所表达的某些观点。因此，对成员的国内立法进行审议，可以被看作是一种多边磋商的手段，以避免诉诸争端解决程序。这一点也在《TRIPS 协定》第五编的标题中得到了确认，该标题是 "争端的预防和解决"（Dispute Prevention and Settlement）。第五编只包括两个条文，即第 63 条和第 64 条。其中，第 64 条是关于 "争端解决" 的，因此，第五编标题所指的争端预防就只能是第 63 条，该条款就中规定了 TRIPS 理事会对成员的国内立法的审议。

b）第二句要求 TRIPS 理事会应当对《TRIPS 协定》本身进行审议（该句用语是 "review it"）。这一审议过程的开始时间与针对各成员实施协定义务的国内立法情况的审议不同，而是推迟两年（即自 2002 年 1 月 1 日）才开始。当初这一时间安排看起来是过于理想化了，从实际情况看，TRIPS 理事会迄今尚未开始根据第 71 条第 1 款的指定而对《TRIPS 协定》条款进行审议。这是因为在事实上，对各成员实施 TRIPS 的国内立法的审议（参见上文）都还没有完结。TRIPS 理事会在对《TRIPS 协定》本身进行审议时，应当 "考虑到在本协定实施过程中所获得的经验"，因此，在尚未充分获得此种经验的情况下就开始对《TRIPS 协定》进行实质性审议，将有违这一条款的精神。

第 71 条包含了对《TRIPS 协定》所有条款进行审议的一般授权。在特定情况下，《TRIPS 协定》其他条款中包含的、就某一特定条款进行专门审议（specific review）的授权，则优先于第 71 条。例如，就《TRIPS 协定》有关

① 关于在 TRIPS 情形中 WTO 争端解决的更多具体内容，参见本书第 32 章。

生物材料保护的规则的审议而言，第 27 条第 3 款(b)项就是一项特别法（*lex specialis*），从而优先于第 71 条第 1 款。①

按照第 71 条对《TRIPS 协定》所进行的审议，还会产生关于对 TRIPS 理事会的授权问题，即此种审议究竟是被限定于形成不具约束力的建议（涉及对《TRIPS 协定》某些条款的解释），抑或授权理事会按照《WTO 协定》第 10 条第 1 款而向部长会议实际提交具有法律约束力的修正提案。② 在这一方面，有观点就认为，第 71 条第 1 款并没有规定关于 TRIPS 理事会提交对《TRIPS 协定》的任何修正案的授权。③ 但如果照此方法，就可以这样认为，此种授权可根据如下条款的明确用语而推定得出，比如第 23 条第 4 款④、第 64 条第 3 款⑤和第 71 条第 2 款（参见下文）。另一方面，《WTO 协定》第 10 条第 1 款明确授权货物贸易理事会、服务贸易理事会和 TRIPS 理事会，可以"向部长会议提出动议修正……它们所负责运行的多边贸易协定"。此外，根据第 71 条第 1 款的第三句，理事会可以"按照有理由修改或修正本协定的任何新的发展情况进行审议"。这种审议也隐含着授权理事会向部长会议提交修正（或修改）案（参见下文）。这一款背后的目的，是在于保证《TRIPS 协定》能够以一种有效的方式来处理在知识产权实践领域的当前趋势。同样的推理也适用于第 71 条第 1 款的第二句。从对《TRIPS 协定》本身的审议应当以在本协定实施过程中所获得的经验为指导这样的表述看，这一规定就表明了各成员的意图，即调整《TRIPS 协定》的规定以适应实际需要和实践，包括对那些已经被证明难以实施的条款作出修正。《TRIPS 协定》在其目标方面的效率只有通过如下方式才能得到保证，即当该协定的条款被证明在国内层面违背实际可行性时，就可以实际修正。因此，认为根据第 71 条第 1 款第二句对 TRIPS 理事会的授权就包括了可以向部长会议提交实质性修正案，这一

---

① 请注意，根据第 27 条第 3 款(b)项进行的特别审议本应于 1999 年开始。但由于成员之间对于该审议的范围存在争议而被推迟。关于第 27 条第 3 款(b)项审议的更多具体内容，参见本书第 21 章。

② 根据这一规定，TRIPS 理事会可以向部长会议提出关于《TRIPS 协定》的修正案。对任何所提出修正案的最终接受（final acceptance），则取决于 WTO 各成员。

③ 参见《澳大利亚通报》2000 年 10 月 3 日，WTO 文件 IP/C/W/210，第 5 页。

④ 这一条款要求 TRIPS 理事会应进行谈判以建立关于葡萄酒地理标志通知和注册的多边制度。

⑤ 第 64 条第 3 款要求 TRIPS 理事会应当就 TRIPS 情形中非违反之诉（non-violation complaints）的可适用性提交建议以供部长会议批准。

推断看来是符合逻辑的。① 尽管理事会进行审议本身是强制性的（"理事会应当……审议本协定"），但理事会可以自由决定是否实际提出修正提案。

c）本条款第三句授权理事会按照有理由修改或修正本协定的任何新的发展情况进行审议。与其他种类的审议（参见上文）相反，此种审议并非强制性的，并且在任何时间都可以进行。如上所述，TRIPS 理事会在本条款第三句中得到明确授权，可以向部长会议提出对《TRIPS 协定》的修正。

综上所述，WTO 各成员根据第 63 条第 2 款和第 71 条第 1 款而采取行动的先后顺序如下：

·各成员就有关实施《TRIPS 协定》的相关法律和法规作出通知（第 63 条第 2 款）；

·对各成员的知识产权制度进行集体审议（第 71 条第 1 款第一句）；

·对《TRIPS 协定》条款进行集体审议（第 71 条第 1 款第二、第三句）；

·根据本协定实施经验（第 71 条第 1 款第二句）或相关的新的发展情况（第 71 条第 1 款第三句）考虑可能的修改或修正；

·将可能形成的修改或修正提案向部长会议提交（第 71 条第 1 款第二、第三句）。

3.2　第 71 条第 2 款

> 2. 仅适用于提高在其他多边协定中达成和实施的、并由 WTO 所有成员在这些协定项下接受的知识产权保护水平的修正，在 TRIPS 理事会经协商一致所提建议的基础上，可依照《WTO 协定》第 10 条第 6 款提交部长级会议采取行动。

《WTO 协定》第 10 条第 6 款规定：

"尽管有本条各款的规定，但对《TRIPS 协定》的修正，只要符合了该协定第 71 条第 2 款的条件，就可由部长会议通过而无需进一步的正式接受程序。"

《TRIPS 协定》第 71 条第 2 款的目的在于，免除适用《WTO 协定》第 10 条第 1 款所规定的冗长的接受程序（acceptance process），以此促进某些条款修正的通过。对于落入第 71 条第 2 款项下的修正，可以由部长会议直接通

---

① 此类提议将遵循《WTO 协定》第 10 条第 1 款所规定的程序：部长会议必须以一致意见作出决定，将所提议的修正案提交各成员以供接受。

过，而无需以达成一致意见的方式提交各成员来接受。①

就第 71 条第 2 款中所提到的"多边协定"而言，似乎任何在目前生效的多边协定均不属于这个范围。WIPO 主持通过的《版权条约》（WCT）以及《表演与录音制品条约》（WPPT）有可能最终落入该条款的范围。但是，第 71 条第 2 款要求，在相应协定项下的较高的知识产权保护水平应当为所有 WTO 成员所接受。

最后，为了将《TRIPS 协定》调整至更高的知识产权保护水平而对该协定进行的修正，必须与以下情况加以区分，即本来只是有限数量的 WTO 成员所订立的一项单独条约，其中各方同意采用更高的知识产权保护水平，之后该保护水平基于最惠国待遇原则（MFN）而必须适用于其他所有 WTO 成员。最惠国待遇原则要求，每一成员如果对任何其他国家（不一定是 WTO 成员）的国民给予更高的知识产权保护水平，就必须对其他所有 WTO 成员的国民给予同样的超 TRIPS 保护（《TRIPS 协定》第 4 条）。但是，此项义务仅适用于那些属于相关超 TRIPS 协定的缔约方。对于不属于此类协定的 WTO 成员，则并无义务给予相同水平的超 TRIPS 保护，即使它们有权为其本国国民主张此类保护。相反，对《TRIPS 协定》的修正则对所有 WTO 成员产生效力。以 WIPO 的 WCT 和 WPPT 这两项条约为例可以说明这一点。WTO 成员中同时也是上述两项条约的缔约方的，就必须把源于 WIPO 上述条约的任何超 TRIPS 的知识产权保护，给予其他所有 WTO 成员，即便这些成员不是 WIPO 上述条约的缔约方。② 但那些不属于上述条约缔约方的 WTO 成员，则不必在其领土范围内给予相同的权利。如果反过来，各方同意在《TRIPS 协定》的一项修正案中提供更高水平的保护，那么，这些保护就必须为所有的 WTO 成员遵守。

---

① 由一成员接受（acceptance through a Member），通常意味着所提议的修正案必须按照各国的宪法要求，由各该国的议会通过，而这通常需要相当长的时间。与之相比，由部长会议接受（acceptance by the Ministerial Conference）则在时间上会大大加快。

② 请注意，根据《TRIPS 协定》第 5 条，最惠国待遇的义务并不适用于 WIPO 关于取得或维持知识产权的条约。这些条约包括《商标国际注册马德里协定（及其议定书）》、《外观设计国际保存海牙协定》、《专利合作条约》、《商标注册条约》、《国际承认用于专利程序的微生物保存布达佩斯条约》以及《保护原产地名称及其国际注册里斯本协定》的某些条款。此类协定的名单不是固定不变的，由 WIPO 主持下订立的有关取得和维持知识产权的新的多边协定，也可以根据第 5 条而免于适用国民待遇和最惠国待遇。关于具体内容，参见本书第 4 章。

4. WTO 案例

到目前为止，在专家组或者上诉机构尚无任何案件是专门处理第 71 条的。

5. 与其他国际文件的关系

5.1　WTO 诸协定

如上所述，《WTO 协定》第 10 条第 6 款在关于简化通过程序的上下文中，提到了《TRIPS 协定》第 71 条。另一项涉及修正的 WTO 条款是 GATT 1994 第 30 条，但该条款仅限于货物贸易领域。

5.2　其他国际文件

正如上文（本章第 2.1 节）所示，有关审议和修正的条款并非为《TRIPS 协定》所特有，而且在《巴黎公约》和《伯尔尼公约》中也都存在类似条款。既然这些公约也必须为所有 WTO 成员尊重（参见《TRIPS 协定》第 2 条第 1 款、第 9 条第 1 款），因此，它们的文本发生任何修正，就会自动对 WTO 成员具有约束力，即便对于那些不属于这些公约之缔约国的 WTO 成员，亦然。但是反过来，《TRIPS 协定》的修正并不自动对那些不属于 WTO 成员的《巴黎公约》和《伯尔尼公约》成员国具有约束力。

6. 新近发展

6.1　国内法

6.2　国际文件

2000 年 2 月，WTO 总理事会达成一致意见，应当就相关协定对于发展中国家的贸易和发展的影响进行强制性审议。[1] 甚至更重要的是，在 2001 年于多哈举行的部长会议上，各成员在《部长宣言》（Ministerial Declaration）中提到了《TRIPS 协定》第 71 条第 1 款所规定的审议，具体规定如下：

[1]　WT/GC/M/53，第 39 段。

"我们指示 TRIPS 理事会，在实施其工作计划时，包括对《TRIPS 协定》第 27 条第 3 款(b)项的审议，以及按照第 71 条第 1 款对协定实施情况进行审议［……］，除其他之外，要特别审查《TRIPS 协定》与《生物多样性公约》之间的关系、审查传统知识和民间文学艺术的保护，以及由各成员根据第 71 条第 1 款所提出的其他相关新进展。在这一工作中，TRIPS 理事会应当以《TRIPS 协定》第 7 条和第 8 条所列目标和原则为指导，并应充分考虑发展问题。"①

上述两个文件都提到发展问题/影响，因此作出了一个重要的贡献，即澄清了在进行《TRIPS 协定》审议时所应当依据的标准。此外，上述引用的《多哈宣言》还要求 TRIPS 理事会应当考虑到《TRIPS 协定》第 7 条和第 8 条中的公共政策目标，其中特别包括技术革新、技术转让和传播、保护公共健康与营养、促进对其社会经济和技术发展至关重要部门的公共利益、以及控制对知识产权的滥用和其他限制性行为。这就意味着，在审议国内为实施《TRIPS 协定》的立法状况时，遵守《TRIPS 协定》的最低保护标准本身不应被看作是一个目标，毋宁说是促进以上所提到的、非知识产权政策目标的一种手段（参见以下本章第 7 节）。

上文引用的《多哈宣言》也对于根据第 27 条第 3 款(b)项以及第 71 条第 1 款而应当检审的主题（亦即，在《生物多样性公约》、传统知识和民间文学艺术以及其他相关的新的发展情况方面），提出了一些具体的建议。尽管这些主题并未被明确分派在某一特定的审议中，但一般认为，第 27 条第 3 款(b)是在生物多样性、传统知识和民间文学艺术领域的特别法（lex specialis），而"其他相关的新的发展情况"则是在第 71 条第 1 款项下的审议所提到的对象。

---

① 参见 2001 年 11 月 14 日《部长宣言》第 19 段，WTO 文件 WT/MIN（01）/DEC/W/1。《TRIPS 协定》第 7 条规定如下：

"知识产权的保护和实施应有助于促进技术创新及技术转让和传播，有助于技术知识的创造者和使用者的相互利益，并有助于社会和经济福利及权利与义务的平衡。"

第 8 条确立了《TRIPS 协定》的基本原则：

"1. 在制定或修改其法律和法规时，各成员可采用对保护公共健康和营养，促进对其社会经济和技术发展至关重要部门的公共利益所必需的措施，只要此类措施与本协定的规定相一致。

2. 只要与本协定的规定相一致，可能需要采取适当措施，以防止知识产权权利的持有人滥用知识产权或采取不合理地限制贸易或对国际技术转让造成不利影响的做法。"

6.3　地区和双边情况

6.3.1　地区

6.4　审查建议

没有任何提议要求对第 71 条本身进行审查。

7. 评论（包括经济和社会意义）

如上所述，《TRIPS 协定》第 71 条的目的在于保证各成员的国内立法与《TRIPS 协定》相一致，并且使《TRIPS 协定》的条款本身符合与贸易相关知识产权领域的实际需求和发展趋势。第 71 条意在保证本协定能够高效地达成其目标。这些目标就为 TRIPS 理事会确立了标准，据以审议各成员的国内立法情况和可能提出对《TRIPS 协定》的修正。对国内立法和《TRIPS 协定》条款的现状评估，以及因此而加以修改的必要性，将因为各成员对《TRIPS 协定》的主要目标的认识不同而有所差异。发达国家成员倾向于强调知识产权的私有财产权（private property）本性，而发展中国家成员则更强调《TRIPS 协定》的公共政策目标（public policy objectives）。前者的立场可部分地从《TRIPS 协定》序言那里获得支持，其中提到需要促进对知识产权的"有效和充分的保护"。除此之外，《TRIPS 协定》还详细规定了实质性和程序性的知识产权保护标准，而有关公共政策目标则采用了非常概括性的术语。在这一方面已经有人提出评论，认为：

"《TRIPS 协定》在本质上是被设计为一种权利人对受保护之技术加强控制的手段，而非以增加技术的全球性转让和使用为目标。技术转让实际上并不是 TRIPS 支持者所关注的问题，并且新的保护主义标准对此类转让可能产生的影响，在谈判期间从未被认真考虑过。"①

《TRIPS 协定》实际上是一个政治妥协的产物。为了使该协定更能被发展中国家接受，一些非常宽泛的关于技术转让和公共政策目标的条款就被写入

---

① 参见 C. Correa, *Can the TRIPS Agreement Foster Technology Transfer to Developing Countries?* 2003 年 3 月向杜克大学会议提交草稿（以下简称 Correa, Draft）。

该协定之中。①

　　另一方面，这些目标的宽泛表述，为各成员在 TRIPS 规则的解释方面提供了自由裁量权。而且，TRIPS 的目标出现在该协定的序言中，这是各成员的知识产权保护制度的基础。第 7 条提到以某些社会利益作为通过保护和实施知识产权所要达到的目标。② 除此之外，《多哈部长宣言》还明确表示，对《TRIPS 协定》的审议应当以第 7 条和第 8 条规定的目标和原则为指导，③ 充分考虑到发展的重要性。最后，总理事会达成一致意见，认为审议应当处理相关协定对发展中国家的贸易和发展所造成的影响（参见以上本章第 6.2 节）。

　　照此看来，对国内实施《TRIPS 协定》的立法情况以及《TRIPS 协定》条款本身的审议，都必须以这些规则是否适合于促进第 7 条和第 8 条所规定的公共政策目标作为评估的方向。此外，在该审议进行过程中，还需要评估知识产权保护标准对于实现非知识产权领域的发展目标所产生的影响，以寻求调和这两大领域之间的利益冲突。

　　因此，《TRIPS 协定》所设定的知识产权标准应当被设想为一种促进非知识产权领域公共政策目标的手段，而不是让两者背道而驰。所以，任何根据第 71 条所进行的审议，都应当同时考虑公共政策目标和对私权的保护。一方面，各成员必须检查用来实施《TRIPS 协定》的国内立法是否遵守了该协定的标准；另一方面，该审议也必须处理这样的问题，即上述标准是否为实现某些非知识产权的相关目标留有充分的余地。

　　在审议《TRIPS 协定》过程中处理好发展的问题，就包括要考虑到该协定在发展中国家所关切的关键部门的实施，比如技术转让、④ 第 40 条项下对限制竞争的滥用知识产权行为的控制措施、⑤ 数字环境、⑥ 传统和本土情形中

---

　　① 关于 TRIPS 谈判和发展中国家立场的历史概述，参见 UNCTAD-ICTSD Policy Discussion Paper，第 1 编，第 2 章（"The emergence of TRIPS"）。关于《TRIPS 协定》公共政策目标的一个具体分析，参见本书第 6 章（关于第 7 条和第 8 条）。

　　② 关于第 7 条的文本，参见以上本章第 6.2 节。

　　③ 关于第 8 条的文本，以及《多哈宣言》相关部分的内容，参见本章第 6.2 节。应当指出的是，根据《维也纳条约法公约》第 31 条，《TRIPS 协定》第 7 条和第 8 条构成了该协定解释的"目的及宗旨"（object and purpose）。

　　④ 参见本书第 34 章。

　　⑤ 参见本书第 29 章。

　　⑥ 参见本书第 7 章。

的知识产权①以及强制许可。② 此外，它也要考虑到对本协定适用非违反之诉救济的延缓期（moratorium）进行延长，③ 并且考虑因是否有必要在《TRIPS协定》中包含一般性例外条款所发生的争论。④

---

① 参见本书第 21 章。
② 参见本书第 25 章。
③ 参见本书第 32 章。
④ 参见 The South Centre, *Review of TRIPS Agreement under Article 71.1*, Occasional Papers No. 3 by M. Stilwell and C. Monagle, December 2000，该论文也包含上文所提到的其他方面。

第38章 保　　留

第72条　保留

未经其他成员同意，不得对本协定的任何规定提出保留。

---

1. 引言：术语、定义和范围

第72条规定，一成员未经其他成员同意，不得对《TRIPS 协定》的全部或部分提出保留。所谓保留（reservation），是指一项条约的某一缔约方在其成为该条约的缔约方时所作的、关于修改其条约义务的声明（参见《维也纳条约法公约》第2(d)项、第19条至第23条）。如果允许各成员对《TRIPS 协定》提出保留，就可能导致这样的情形，即不同成员适用不同的规则。如果这样，就跟各成员对《服务贸易总协定承诺减让表》（GATS Schedules of Commitments）提出不同例外的情形没什么差别了。《TRIPS 协定》并未采用此种模式。

2. 条文沿革

2.1　TRIPS 之前的状况

《维也纳条约法公约》明确规定了关于条约的保留及其法律效果（参见《维也纳条约法公约》第19条至第23条）。关于保留的性质和法律效果，已经有大量内容广泛的法律文献，[①] 也有国际法庭对此作过判决。总的来说，只要一项条约没有明文禁止其成员提出保留，或者如果提出保留就会与该条约的目的和宗旨不符，那么，该条约的成员在加入时就可以提出保留。如果条

---

① 一般性参见，*Parliamentary Participation in the Making and Operation of Treaties：A Comparative Study*（S. A. Riesenfeld & F. M. Abbott 编，1994；Martinus Nijhoff/Kluwer）。

约的其他缔约国对该保留不表示反对，则该保留即生效。如果有一缔约方反对保留，则该保留对该缔约方不发生效力。在此情况下，参加条约（亦即，提出保留的）的缔约方的义务将取决于特定情形而有所不同（参见《维也纳条约法公约》第 21 条第 3 款）。

2.2　谈判经过

在 1990 年 12 月的布鲁塞尔部长会议文本以前的谈判文本中，一直没有与《TRIPS 协定》第 72 条类似的条款。直到 1988 年蒙特利尔中期部长会议（Montreal Mid-Term Ministerial）期间，发展中国家整体上仍未接受关于《TRIPS 协定》将对全体成员具有约束力的观点，而保留问题也一直不是特别相关，直到该次会议作出一项决议，承认了一揽子承诺（single undertaking）的概念。[①] 在 TRIPS 谈判的整个过程中，关于条约义务可允许的例外问题，以及后来关于过渡安排的问题，都有过广泛的讨论。这些讨论考虑到未来该协定的成员之间在发展状况上的差异。以逐个成员为基础（Member-by-Member basis）而实行差别义务，这样的角度似乎从来就没有被具体考虑过，尽管这本来也是考虑不同发展状况的一种方法。

2.2.1　布鲁塞尔草案

布鲁塞尔部长会议文本[②]包含了《TRIPS 协定》第 72 条的前身，该条款原本允许在特定条件下提出保留：

"第 75 条：保留：

每一缔约方对本协定任何规定提出保留的，只可以在本协定对该缔约方生效之时，并且得到其他缔约方的同意。"

通过以一种肯定的方式提到保留（也就是说，通过表明缔约方在何时可以提出保留），布鲁塞尔草案的上述条款就意味着，各成员至少可以考虑这样

---

① 关于《TRIPS 协定》的谈判经过，参见 Silvia Ostry, *The Uruguay Round North-South Grand Bargain：Implications for future negotiations*，第 285 页；J. Michael Finger, *The Uruguay Round North-South bargain：Will the WTO get over it?*，第 301 页；Frederick M. Abbott, *The TRIPS-legality of measures taken to address public health crises：Responding to USTR-State-industry positions that undermine the WTO*，第 311 页；以及 T. N. Srinivasan, *The TRIPS Agreement*，第 343 页。上述各篇文章均载 *The Political Economy of International Trade：Essays in Honor of Robert E. Hudec*（D. Kennedy 和 J. Southwick 编，2002）（Cambridge University Press）。

② 文件 MTN. TNC/W/35/Rev. 1，1990 年 12 月 3 日。

的可能性，即以谈判的方式来达到以不同成员为基础形成差别的 TRIPS 承诺。如果在 TRIPS 谈判结束之前，谈判缔约方已经开始对部分条款的保留展开谈判并达成共识，那么，《TRIPS 协定》就可能最终呈现出与现行版本有着实质性差别的特征。① 布鲁塞尔部长会议文本的第 75 条反映了这样的事实，体现在《WTO 协定》中的"一揽子承诺"的概念，直至 1990 年晚些时候仍未得到确定。

2.2.2 邓克尔草案

1991 年下半年的邓克尔草案修改了布鲁塞尔部长会议文本关于保留的条款，将其替换为"未经同意不得保留"（no reservations without consent）条款。② 尽管看起来承认有提出保留的可能性，但邓克尔草案和《TRIPS 协定》关于保留的最终文本在起草时都采用了否定形式，这就标志着《TRIPS 协定》与 GATT 以及 GATS 之间的一个重大区别。尽管 GATT 和 GATS 均未专门规定保留，但这两个协定在关税约束和服务市场准入的承诺方面，都是以逐个成员为基础的（Member-by-Member basis），并且这些承诺是以个别化互惠谈判方式达成的。从实际效果看，这就类似于允许保留。《WTO 协定》不允许对其自身的条款作出保留，并且规定："对多边贸易协定的保留［包括《TRIPS 协定》］，只能在各协定允许的范围内进行"（《WTO 协定》第 16 条第 5 款）。

3. 可能的解释

第 72 条　保留

未经其他成员同意，不得对本协定的任何规定提出保留。

第 72 条规定的未经其他成员同意不得提出保留，这在解释上发生不同意见的实际可能性不大。根据《维也纳条约法公约》和国际习惯法，保留只能在加入条约时提出。③ 在《WTO 协定》最初缔结时，没有任何成员意图提出

---

① 《TRIPS 协定》考虑各成员之间在发展水平上的差异，主要是通过其过渡条款（第 65 条、第 66 条和第 70 条，参见本书第 33 章、第 36 章），尽管不是唯一的方式。

② 请记住第 72 条的最终文本，它规定："未经其他成员同意，不得对本协定的任何规定提出保留"。

③ 《维也纳条约法公约》第 19 条。从技术上讲，"一国得于签署、批准、接受、赞同或加入条约时"提出保留。同注。

对《TRIPS 协定》的保留。因此，在 WTO 的原始成员之间几乎不可能产生与第 72 条相关的问题。在理论上，当有新成员加入 WTO 时，就有可能产生与第 72 条相关的解释问题。① 然而该问题在实践中不可能发生，因为新成员加入 WTO（以及《TRIPS 协定》）的依据是一份加入协定［《加入议定书》(Protocol of Accession)］，而这份协定是在新加入成员与老成员谈判达成一致的基础上订立的（不允许例外情形）。如果各成员之间在一份加入协定中就新成员放弃或修改《TRIPS 协定》项下某一义务达成一致，这就实际上等同于在征得其他成员同意之后作出的一种保留。这种对《TRIPS 协定》义务的放弃或修改是否可以合法地构成一种"保留"，看起来是有疑问的，但是，如果它构成一种保留，那么它就满足了"经其他成员同意"这一条件，因而并不会产生解释上的问题。② 不可想象会有这样的情形，即一个正在加入 WTO 的成员可能通过在其《加入议定书》之外提出保留而提议修改《TRIPS 协定》的条款。

———————————

① 可能产生这样一个问题，即其他成员对一项保留的同意，是否必须采用某种积极的方式，抑或可以采取沉默（tacit）或消极（passive）的方式（亦即，对一项保留没有正式表示反对）。第 72 条没有明确规定其他成员接受保留所必须采取的方式，因此，这里就有余地提出这样的主张，即如果没有任何其他成员对一项保留表示反对，就可以构成对该保留的接受。《维也纳条约法公约》第 20 条第 1 款规定，凡为条约明示准许之保留，无须其他缔约国事后予以接受，但条约规定须如此办理者，不在此限。一般而言（除条约另有规定外），倘一缔约国在接获关于保留之通知后 12 个月内未提出反对的，即可推定此项保留业经该国接受（《维也纳条约法公约》第 20 条第 5 款）。《维也纳条约法公约》第 20 条第 5 款澄清了，提出保留必须"通知"其他成员，它可以被其他成员以沉默或消极方式表示接受，同时第 23 条第 1 款表明，保留必须以书面形式提出。既然必须以书面形式将一项保留"通知"其他成员，因此，当新加入的成员提出一项保留时，其他成员不可能因未提出反对而不小心接受了该项保留。

② 可能提出这样一个问题，即所谓"其他成员"的同意，究竟是指"所有"(all) 其他成员，还是指"某些"(some) 或"一些"(a few) 其他成员。如果当初的谈判者意在让有限数量的若干成员之间达成一致，对该协定进行保留，那么，他们最好对此作出明文规定。这里甚至都有可能提到被"另一成员"(another Member) 所接受的保留。这样一种个别化安排（例如，从最惠国待遇的角度看）的结果本就可以得到分析。如果不存在某种具有说服力的证据，证明当初谈判者意图相当戏剧性地打破《TRIPS 协定》的普遍适用性，那么，认为不到全部成员可以在它们之间接受一项保留，就没有什么道理了。

4. WTO 案例

还没有任何 WTO 争端涉及第 72 条。

5. 与其他国际文件的关系

5.1 WTO 诸协定

《WTO 协定》第 16 条第 5 款规定：

"5. 不得对本协定的任何规定提出保留。对多边贸易协定任何条款的保留，仅以这些协定之规定为限。有关诸边贸易协定的保留，从属这些协定之规定。"

根据上述《WTO 协定》第 16 条第 5 款，《TRIPS 协定》第 72 条就该协定可能被各成员提出保留的范围进行了调整。

5.2 其他国际文件

《维也纳条约法公约》在第 19 条至第 23 条规定了关于条约保留的规则。

6. 新近发展

6.1 审查建议

至今尚无任何对第 72 条进行审查的建议。

7. 评论（包括经济和社会意义）

《TRIPS 协定》不允许在未经其他成员同意的情况下提出保留。一般而言，同样这项规则适用于所有成员。过渡性安排就意图缓和潜在的政治和经济混乱。TRIPS 的谈判者本来还可以采取另一种方式，允许每一成员根据其自身情况而就其在知识产权上的承诺进行谈判。如果谈判者采取的是这种替代性方式，那么，他们可能不会采用目前这种允许保留的法律框架。更可能的做法是，他们将采用像 GATS 那样的承诺减让表的方式。第 72 条具有重要的意义，主要是因为它确认了《TRIPS 协定》所采用的一揽子承诺的方式。

第39章 安全例外

第73条 安全例外

本协定的任何规定不得解释为:

(a) 要求一成员提供其认为如披露则会违背其根本安全利益的任何信息;或

(b) 阻止一成员采取其认为对保护其根本安全利益所必需的任何行动;

(i) 与裂变和聚变物质或衍生这些物质的物质有关的行动;

(ii) 与武器、弹药和作战物资的贸易有关的行动,及与此类贸易所运输的直接或间接供应军事机关的其他货物或物资有关的行动;

(iii) 在战时或国际关系中的其他紧急情况下采取的行动;或

(c) 阻止一成员为履行《联合国宪章》项下的维持国际和平与安全的义务而采取的任何行动。

---

1. 引言: 术语、定义和范围

尽管在学者中间有一种相对普遍的倾向,认为国际贸易法在概念上与传统的国家主权的理念不同,并认为国家安全、边境和领土等与国家利益有关的概念很难与市场自由化相调和,[①] 但《TRIPS 协定》第 73 条,这个与GATT 第 21 条以及 GATS 第 14 条几乎一模一样的条文证明了,这些传统意义上的国家利益仍然是 WTO 成员的一个主要的关切。[②]

---

① 参见,例如,D. M. McRae, *The Contribution of International Trade Law to the Development of International Law*, Collected Courses of The Hague Academy of International Law, 1996, v. 260, pp. 99—238, 在第 130 页至第 131 页。

② 关于国际贸易法是否对现有的国际公法构成挑战,更详细的分析请参见 Mariano Garcia-Rubio, *On the Application of Customary Rules of State Responsibility by the WTO Dispute Settlement Organs-A General International Law Perspective*-Geneva, Studies and Working Papers, Graduate Institute of International Studies, 2000, 第 100 页, 特别是第 1 章 (以下简称 Garcia-Rubio)。

在 GATT 1947（它以"GATT 1994"而在 WTO 成员之间继续存在）的早期缔约方之间存在着一种明显的倾向，不愿意启动制度化的争端解决机制，来解决有关国家安全例外条款的解释问题。WTO 并不被认为是处理国家安全问题的适当场所。根据 GATT 1947，只有 4 起此类案件进入了正式的争端解决程序，而从 WTO 创立以来，为处理此类争端所成立的专家组就没有成功地提出过裁决报告。① 在各国之间似乎达成了一个默契，把源于因被指控的安全原因所施加的单方经济制裁所导致的贸易扭曲问题，排除在通过 WTO 的强制性争端解决机制所处理的争端范围之外。②

第 73 条允许各国采取以下三种措施，它们与各成员在《TRIPS 协定》项下所承担的正常义务相悖：保持与安全有关的敏感信息，使之不被泄露（a 款）；为履行《联合国宪章》规定的义务而采取行动（c 款）；或者采取其认为对保护其根本安全利益所必需的"任何行动"（b 款），涉及核物质（第 i 项）、武器、弹药及类似物资的贸易（第 ii 项），或处理战时或国际关系中的其他紧急情况（第 iii 项）。

目前还没有因为联合国安理会根据《联合国宪章》第 7 章所施加的经济制裁而向 WTO 争端解决机构提出的争端。尽管第 73 条(c)款是与《联合国宪章》第 103 条*相一致的，但是，根据联合国安理会命令而采取的措施，其所意图达到的兼容性（compatibility）还是可能成为 WTO 争端的对象。好在这种情况至今尚未发生过。③

---

① 参见以下本章第 4 节。

② 为了说明这一点，请参见下书所列举的欧洲理事会曾经采取的单方面经济制裁措施清单（这些措施从未成为 WTO 争端解决程序的对象），Ramses Wessel, *The European Union's Foreign and Security Policy-A Legal Institutional Perspective*, The Hague, Kluwer Law International, 1999，第 340 页及以下。

* 《联合国宪章》第 103 条规定："联合国会员国在本宪章下之义务与其依任何其他国际协定所负之义务有冲突时，其在本宪章下之义务应居优先。"——译者

③ 尽管如此，我们同意 Schlloemann 和 Ohloff 对于 WTO 专家组处理此类案件之职能的怀疑。参见 Hannes L. Schloemann 和 Stefan Ohloff, '*Constitutionalization'and Dispute Settlement in the WTO: National Security as an Issue of Competence*, American Journal of International Law, v. 93, no. 2, 1999, pp. 424—451，第 431 页（以下简称 Schloemann/Ohloff）。另参见 Garcia-Rubio，第 52 页。

2. 条文沿革

2.1　TRIPS 之前的状况

在关于成立国际贸易组织（International Trade Organization）的谈判开始之际，由美国在 1946 年所提议的该组织的《宪章》（Charter），由筹备委员会（Preparatory Committee）于 1946 年 10 月和 11 月在伦敦完成的第 1 稿草案以及由一专业起草委员会（technical drafting committee）于 1947 年 1 月和 2 月在纽约完成的草案都规定，国家安全例外（national security exceptions）只是作为有关商业政策和商品协定各章中的一般例外的组成部分。① 直到筹备委员会于 1947 年 4 月到 10 月在日内瓦举行的一次会议上，才决定将安全例外条款从一般例外部分移出，作为一个单独条款，置于该《宪章》的末尾，这就实际上与 GATT 第 21 条的现行文本是完全相同的。②

在日内瓦会议上提出了争端解决机制是否可适用于安全例外的问题。GATT 1947 第 21 条被置于一般例外条款（第 20 条）和争端解决条款（第 23 条）之间，通过这种方式，缔约各方明确了一点，即争端解决机制适用于这个新条款。

在福克兰/马尔维纳斯群岛事件（Falkland/Malvinas events）* 之后，对阿根廷采取经济制裁的国家认为，它们是在行使根据一般国际法而存在的一种固有权利，该权利仅仅体现在 GATT 第 21 条中。这种情况导致阿根廷请求对该条文进行解释，而后，GATT 缔约各方尽管没有对第 21 条作出解释，但通过了一项《关于〈关贸总协定〉第 21 条的决议》（Decision Concerning

---

① GATT, *Analytical Index：Guide to GATT Law and Practice*（6th. rev. ed.，1995），第 608 页（以下简称 Analytical Index）。

② GATT, *Analytical Index：Guide to GATT Law and Practice*（6th. rev. ed.，1995），第 608 页（以下简称 Analytical Index）。

* 指 1982 年 4 月到 6 月间，英国和阿根廷为争夺位于大西洋南端的马岛（阿根廷称"马尔维纳斯群岛"，英国称"福克兰群岛"）的主权而爆发的一场局部战争，简称马岛战争或福岛战争。——译者

Article XXI of the General Agreement)。①

《TRIPS 协定》第 73 条与 GATT 1947（1994）第 21 条基本上是相同的。相反，TRIPS 之前关于知识产权保护的主要国际条约，即《伯尔尼公约》和《巴黎公约》，都没有包含任何关于安全例外的条款。

2.2 谈判经过

无论安奈尔草案②还是布鲁塞尔草案③都没有包含一项安全例外的条款。与之相反，邓克尔草案④对安全例外作出了规定。邓克尔草案该条款与现行《TRIPS 协定》第 73 条基本相同。

3. 可能的解释

由于 GATT 第 21 条规定的含义和范围缺乏一般性解释，这就给分析《TRIPS 协定》第 73 条的可能解释带来了相关影响。第 73 条明文规定，由各成员决定哪些信息对于它们的根本安全利益是必需的，⑤ 并且界定哪些构成根

---

① GATT Doc. L/5426（1982），GATT B. I. S. D.（29th Supp.），第 23 页（1983年）。该决议文本的内容如下：

"考虑到《关贸总协定》第 21 条所规定的例外构成保护缔约方权利的一项重要因素，如果其认为涉及安全原因的话；

注意到第 21 条在某些特定情况下，可能造成对国际贸易的破坏和不确定，并影响到缔约方在《关贸总协定》项下所获得的利益；

认识到缔约各方在根据《关贸总协定》第 21 条所规定的例外而采取行动时，应当考虑可能受到影响的第三方的利益；

在缔约各方决定对第 21 条进行正式解释之前，宜先设定程序性指南，以资适用；

缔约各方决定如下：

1. 在遵守第 21 条 a 款所规定的例外的前提条件下，缔约各方应当就根据第 21 条所采取的贸易措施而得最充分的通知；

2. 如果根据第 21 条采取行动的，因此行动受到影响的所有缔约方均保有其在《关贸总协定》项下的全部权利；

3. 可在适当时候请求理事会进一步考虑该问题。"

② 参见 1990 年 7 月 23 日由 TRIPS 谈判组主席安奈尔（Lars E. R. Anell）发布的综合文本，文件 MTN. GNG/NG11/W/76。

③ 文件 MTN. TNC/W/35/Rev. 1，1990 年 12 月 3 日。

④ 文件 MTN. TNC/W/FA 的部分，1991 年 12 月 20 日。

⑤ 《TRIPS 协定》第 73 条(a)款。

本安全利益,① 这样,第 73 条就把自己置于这种纠结的核心,一边是传统国际法的分权式法律秩序 (decentralized legal order),另一边是体现在 WTO《争端解决谅解》(DSU) 中的制度化的争端解决机制。② 如果一成员以国家安全作为其违反"相关协定"项下义务的抗辩理由,那么,争端解决机构的作用,即便有的话,还能发挥出来吗?

关于第 73 条的一种解释是,不仅把该条款看作是一种正当理由 (justification),而且把它看作是一种程序性的在管辖权上的抗辩 (procedural jurisdictional defense),使得一项争端若单纯适用该条款,则根据事实本身即不可受理 (inadmissible *ipso facto*)。不过,无论从该条款的谈判经过,还是在其文本解释或上下文解释中,都无法找到支持上述观点的依据。③《争端解决谅解》第 1 条规定,它"应适用于按照本谅解附录 1 所列各项协定的磋商和争端解决规定所提出的争端",并且"应遵守本谅解附录 2 所确定的适用协定所含特殊或附加规则和程序"。在上述附件中并没有提到任何专门适用于有关国家安全例外之争端的争端解决规定。因此,《争端解决谅解》本身并不适用于国家安全例外,并且没有任何特别条款适用于下述争端,即关于《TRIPS 协定》第 73 条以及在 GATT、GATS 中类似条款的适用或解释的问题。而且,如果各成员仅仅通过适用 GATT 1994、GATS 或《TRIPS 协定》中关于国家安全例外的条款,就可以规避《争端解决谅解》的适用,那么,构成《争端解决谅解》第 23 条基础的、关于加强该制度的目的就可能落空。④

那么,对于根据《TRIPS 协定》第 73 条以及在 GATT、GATS 中的类似条款所采取的措施,专家组和上诉机构可以进行审查的范围究竟是什么?对于哪些构成"国家安全"问题而施加的政治性限制条件,看起来仍然属于保留在各成员手中的一项权利。不过,通过第 73 条对各成员在行使该权利时

---

① 《TRIPS 协定》第 73 条 (b) 款。

② 国际法的一个主要特点是,"每个国家都为自己建立起法律秩序,其他国家亦然。"参见 *Air Services Agreement case*,18 R. I. I. A.,Vol. XVIII,第 443 页,第 81 段;另参见 Abi-Saab,Georges;'*Interprétation*'et '*Auto-Interprétation*':*Quelques réflexions sur leur rôle dans la formation et la résolution du différend international*,in Recht zwischen Umbruch und Bewahrung,Festschrift für Rudolf Bernhardt,Springer Verlag,Berlin,1995,第 9 页至第 19 页。

③ 我们在此首先提到该条文的谈判经过,是因为这部分已在本章进行了讨论。但是,必须指出的是,如果正确适用《维也纳条约法公约》第 31 条和第 32 条,在分析条约文本时就应当首先从其上下文开始,而后才是参考其准备工作。

④ Schloemann/Ohlhoff,第 439 页。

施加目标限制（objective limits），还是一个解释上的问题，并因此应当受到司法审查。

这些目标限制之一是，无论《TRIPS 协定》第 73 条还是 GATT、GATS 中的类似条款，均不得用来保护经济安全利益（economic security interests）。① 不过在某些情况下，要在商业目的与安全原因之间明确划定一道界线，可能也是非常困难的。正像在知识产权与基本药物获取之间所发生的争论表明的，艾滋病之类的流行病可能就会对脆弱的社会存在造成根本性威胁。在此类情况下，就可能适用第 73 条的安全例外，来保护一国的根本安全利益。因此，诸如艾滋病之类的流行病就可以有资格成为第 73 条(b)款(iii)项所规定的"国际关系中的紧急情况"，这里的国际关系要素是指未能在多边制度框架下获得适当的药物供给）。这就是说，该问题尚有待进一步思考。

再举另外一个例子，瑞典在 1975 年对某一种类的鞋子设置了进口配额限制，理由是作为其国内"命脉产业"（vital industry）的制鞋业的生产力下降，威胁到该国的经济防御策略，并因此对其安全利益构成了威胁。许多缔约方认为，瑞典此举正是那种不可以根据 GATT 第 21 条得到合理解释的情形。1977 年 7 月 1 日，瑞典终止了在皮鞋和塑料鞋上所施加的配额。②

出于国家安全原因而采取的一项措施是否与《TRIPS 协定》第 73 条相兼容，这还可能涉及合理性的标准，以及需要对该项措施是否为保护其所声称的安全利益所"必需"进行解释。这正是国际法院（International Court of Justice）在"尼加拉瓜"（Nicaragua）案中所采纳的观点，该法院称：

> "根本安全利益这个概念当然比武力攻击的概念外延更宽，并且在过去曾受到非常宽泛的解释。因此，本法院必须就这些'根本安全利益'所承担的风险是否合理作出评估，其次还必须评估为保护这些利益所采取的措施是否不仅有用而且是'必需的'"。③

某一安全威胁是否合理存在，这也是一个解释的问题，而且，根据第 73 条而给予各成员以界定其国家利益的自由裁量权，无论如何都不能被看作是

① GATT 第 21 条要求的是一个非常微妙的平衡。正如该条款其中一位起草人所称，"我们必须规定一些例外。我们不可能规定得过严，因为我们不能禁止纯粹出于安全原因而采取的措施。另一方面，我们也不能规定得过于宽松，以致于让各国假安全之名，实出于保护商业利益之目的而采取措施。"引自 GATT, Analytical Index，第 600 页。

② GATT, Analytical Index，第 603 页。

③ *Case Concerning Military and Paramilitary Activities in and against Nicaragua*, ICJ Reports，1986，第 117 页，第 224 段。

一项绝对的自由裁量权。① 在讨论美国对尼加拉瓜采取的禁运措施时，一些代表指出，"一个资源有限的小国不太可能对美国的国家安全构成一种异常的威胁"。②

因此，WTO 各成员在界定"安全利益"是否"根本"时，必须出于善意，并且要防止对该自由裁量权的滥用。③ 这就要求在受到威胁的单一安全利益与为回应该威胁所采取的措施之间形成一种最低程度的比例原则（a minimum degree of proportionality），并且明确地应当由适格的 WTO 争端解决机构根据一般性国际法标准进行司法审查。④

4. GATT 和 WTO 案例

可以说，迄今已有 4 起涉及安全例外的案件，根据 GATT 1947 第 23 条进入了正式的争端解决程序：

在 GATT 形成之后不久的 1949 年，美国通过出口许可证制度，对出口到捷克斯洛伐克的某些产品施加禁令。捷克斯洛伐克转而诉诸第 23 条下的争端解决程序，而美国则引用第 21 条，但它以此提出的是一种实体性抗辩（substantive defence），并非程序性抗辩（procedural defence）。尽管缔约各方"决定驳回捷克斯洛伐克代表团的请求，即美国政府由于采取出口许可证制度而没有履行其在本协定项下的义务"，⑤ 但是，它们并没有将其根据 GATT 1947 第 23 条而对涉及第 21 条的问题所享有的形式上的管辖权也一并予以否定。

里根政府的中美洲政策也导致了两起与第 21 条有关的案件。1983 年，美

① 关于在国际法中的"合理性"（reasonableness）的概念，参见 Olivier Corten, *L'utilisation du "raisonnable" par le juge international：discours juridique，raison et contradictions*，Brussels，Bruylant：Ed. de l'Université de Bruxelles，1997。

② GATT Council, *Minutes of the Meeting Held May 29，1985*，GATT Doc. C/7/188（restricted），第 7 页，转引自 M. Hahn, '*Vital Interests in the Law of GATT：An Analysis of GATT's Security Exception*，Michigan Journal of International Law，v. 12，1991，第 558 页。

③ 一般性参见，Robert Kolb, *La bonne foi en droit international public-Contribution à l'étude des principes généraux de droit*，Paris，PUF，2000，特别是第 429 页及以下。

④ 参见 J. Delbrück, *Proportionality*，载 R. Bernhardt（编），*Encyclopedia of Public International Law*，v. 7，1984，第 396 页。

⑤ 1949 年 6 月 8 日裁决，2 GATT B. I. S. D. 28（1952）。

国决定大幅度削减分配给尼加拉瓜的食糖进口份额。此后，美国既没有阻止成立专家组，也没有妨碍专家组报告的通过。而且，美国既没有引用第 21 条，也没有试图依据 GATT 为其行动辩护。根据 1984 年的专家组报告，"美国声明，其既没有引用 GATT 所规定的任何例外，也没有试图根据该总协定的条款来为其行动辩护。……而美国的行动当然对贸易造成了影响，但该行动并不是出于贸易政策原因而采取的。"① 因此，美国并未要求引用，专家组也就没有审查该行动根据安全例外而是否合理。不过，该事实并未阻止专家组作出裁决，认定美国违反了 GATT 第 13 条第 2 款。②

1985 年，美国决定对尼加拉瓜实行全面的进出口禁运，后者遂再次要求成立一个专家组。在这起案件中，美国的立场与它在和尼加拉瓜的第一起争端中大相径庭。美国努力将下列事项从专家组的职权范围（terms of reference）排除出去，即"对美国引用第 21 条(b)款(iii)项的有效性或动机进行审查或判断"的可能性。③ 其他一些 GATT 的缔约方，比如加拿大和欧洲共同体都同意美国的观点，即有关第 21 条的问题属于政治问题，不应受专家组的审查。④ 然而，专家组还是在以下陈述中提到了该问题：

"如果人们接受这种观点，认为对第 21 条的解释完全保留在引用该条款的缔约方手中，那么，缔约方全体如何保证这一项针对《关贸总协定》项下所有义务的一般性例外不会被过度适用，或者被适用于设立该条款之目的以外的其他目的？如果缔约方全体要求专家组承担职责，来审查一起涉及引用第 21 条的案件，却未授权专家组审查该条款的正当性，难道它们不是在限制受到不利影响的缔约方根据第 23 条第 2 款请求调查其申诉的权利吗？"⑤

1991 年，由于前南斯拉夫联邦共和国发生内战，欧洲共同体明确依据 GATT 第 21 条，决定对其贸易进行限制。⑥ 南斯拉夫请求成立专家组，并主

---

① "美国—从尼加拉瓜进口食糖"案（*United States-Imports of Sugar from Nicaragua*），1984 年 3 月 13 日，GATT B. I. S. D.（31st. Supp.），第 3.10 段。

② 同上，第 4.3 段、第 4.5 段和第 4.7 段。

③ GATT Doc. C/M/196，第 7 页（1986 年）。

④ 该种解释是基于这样的观点，即仅仅引用一项有关安全例外的条款，这样的争端是不可受理的，参见以上本章第 3 节。

⑤ "美国—影响尼加拉瓜的贸易措施"案（*United States-Trade Measures Affecting Nicaragua*），1986 年 10 月 13 日（未通过），GATT Doc. L/6053，第 5.17 段。

⑥ GATT，Analytical Index，第 604 页。

张欧洲共同体的行动既不符合第 21 条(b)款的要求，也不符合同一条(c)款的要求。这本来可以成为第一起案件，让专家组适当分析第 21 条的适用范围。然而，考虑到塞尔维亚和黑山共和国（FRY）作为 GATT 缔约方的地位不确定，因此，该案程序由于 1993 年的一项理事会决议而被中止。

在 GATT 时期，还有两起与第 21 条有关的案件也值得一提，尽管这两起案件并没有根据第 23 条进入正式的争端解决程序。其中一起是上文（本章第 2.1 节）提到的因为 1982 年对阿根廷施加经济制裁所引起的案件。另一起涉及加纳于 1961 年对葡萄牙商品采取的抵制行为。该案的特殊之处在于，加纳引用了第 21 条，认为每一缔约方就是判断哪些为其根本安全利益所必需的唯一裁判者，因此，对于该项抵制行为不应有任何反对。①

在 WTO 成立之后，尚未出现关于《TRIPS 协定》第 73 条的任何争端。不过，有关其他 WTO 协定项下的国家安全例外而发生的争端已经出现，都是与某项美国立法的域外效力相关，其中著名的就有《1996 年古巴自由和民主团结法》（*Cuban Liberty and Democratic Solidarity Act of 1996*）② 和《伊朗和利比亚制裁法》（*Iran and Libya Sanctions Act*）。③

就《古巴自由和民主团结法》而言，欧洲共同体曾要求就美国对古巴施加贸易制裁而与美国进行磋商。欧共体认为，美国对源于古巴的货物实施贸易限制，并且可能对非美国公民拒绝签证并从其领土范围内驱逐出境，与美

---

① 同前注，第 600 页。

② 一般被称为《赫尔姆斯—伯顿法》（Helms-Burton Act），International Legal Materials 1996，第 357 页及以下。

③ 一般被称为《达马托—肯尼迪法》 （D'Amato-Kennedy Act），International Legal Materials 1996，第 1274 页及以下。关于该问题的研究，可参见资料包括：Andrea Giardina, *The Economic Sanctions of the United States against Iran and Libya and the GATT Security Exception*，载 G. Hafner 等编，*Liber Amicorum Professor Seidl-Hohenveldern-in Honour of his 80 th Birthday*，the Netherlands, Kluwer Law International, 1998；R. Dattu，和 J. Boscariol，*GATT Article XXI*, *Helms-Burton and the Continuing Abuse of the National Security Exception*, Canadian Business Law Journal, v. 28, No. 2, 1997，第 198—221 页；K. J. Kuilwijk, *Castro's Cuba and the U. S. Helms-Burton Act-An Interpretation of the GATT Security Exemption*, Journal of World Trade, v. 31, No. 3, 1997，第 49—62 页；A. Perez, *WTO and U. N. Law: Institutional Comity in National Security*, Yale Journal of International Law, v. 23, No. 2, 1998，第 302—381 页；K. Alexander, *The Helms-Burton Act and the WTO Challenge: Making a Case for the United States under the GATT Security Exception*, Florida Journal of International Law, v. 11, No. 3, 1997，第 487—516 页。

国在 GATT 1994 和 GATS 项下的义务不相一致。争端解决机构（DSB）在其 1996 年 11 月 20 日的会议上成立了一个专家组，① 不过，应欧共体请求，该专家组自 1997 年 4 月 21 日起已经中止工作。因此，根据《争端解决谅解》（DSU）第 12 条第 12 款的规定，该专家组的授权已于 1998 年 4 月 22 日期限届满。

更近以来，洪都拉斯和哥伦比亚两国针对尼加拉瓜因海洋划界纠纷而对其施加的贸易制裁，提起了申诉程序。② 该争端从 2000 年 6 月 26 日起进入磋商阶段，磋商的对象是尼加拉瓜的第 325 号法律（1999 年），该法律对源自洪都拉斯和哥伦比亚的货物和服务征收特别税收，并且决定实施第 129—99 号法令及第 041—99 号部长命令。洪都拉斯认为，尼加拉瓜第 325 号法律（1999 年）及其第 129—99 号法令与该国在 GATT 1994 项下的义务不符，特别是与第 1 条、第 2 条不符，而且，上述措施以及尼加拉瓜第 041—99 号部长命令与该国在 GATS 第 2 条和第 16 条（译者注：此处英文原文为"XVI"（16）条，但本章第 1 段所述为 GATS 第 14 条）项下的义务不符。③*

5. 与其他国际文件的关系

5.1 WTO 诸协定

《TRIPS 协定》第 73 条与其他 WTO 协定的安全例外条款没有任何特定关系。正如以上（本章第 1 节）提到的，第 73 条的文本是以 GATT 1947 第 21 条（此处英文原文为"XI"（11）条，根据前文所述，应为第 21 条——译者）为示范的，并且与 GATS 第 14 条之二几乎完全相同。

5.2 其他国际文件

第 73 条与其他国际文件的安全例外条款没有任何特定关系。

---

① WT/DS38.

② WT/DS201/1. 欧共体请求加入磋商，参见 WT/DS201/2。

③ 参见 http：//www. wto. org。

* 哥伦比亚提出的案件成立了专家组，但直至 2012 年年底尚未组成。洪都拉斯提出的案件至 2012 年年底仍处于磋商阶段。——译者

6. 新近发展

6.1　国内法

6.2　国际文件

6.3　地区和双边情况

6.4　审查建议

迄今没有关于对第 73 条进行审查的提议。

7. 评论（包括经济和社会意义）

在国际经济关系中适用安全例外条款的情形少之又少，这就说明，此种例外对于发展中国家来说，其重要性是有限的。这些国家在知识产权领域所面临的难题，往往是在经济和社会方面，而不是涉及国家安全的方面。